德宏傣族景颇族自治州行政区划图

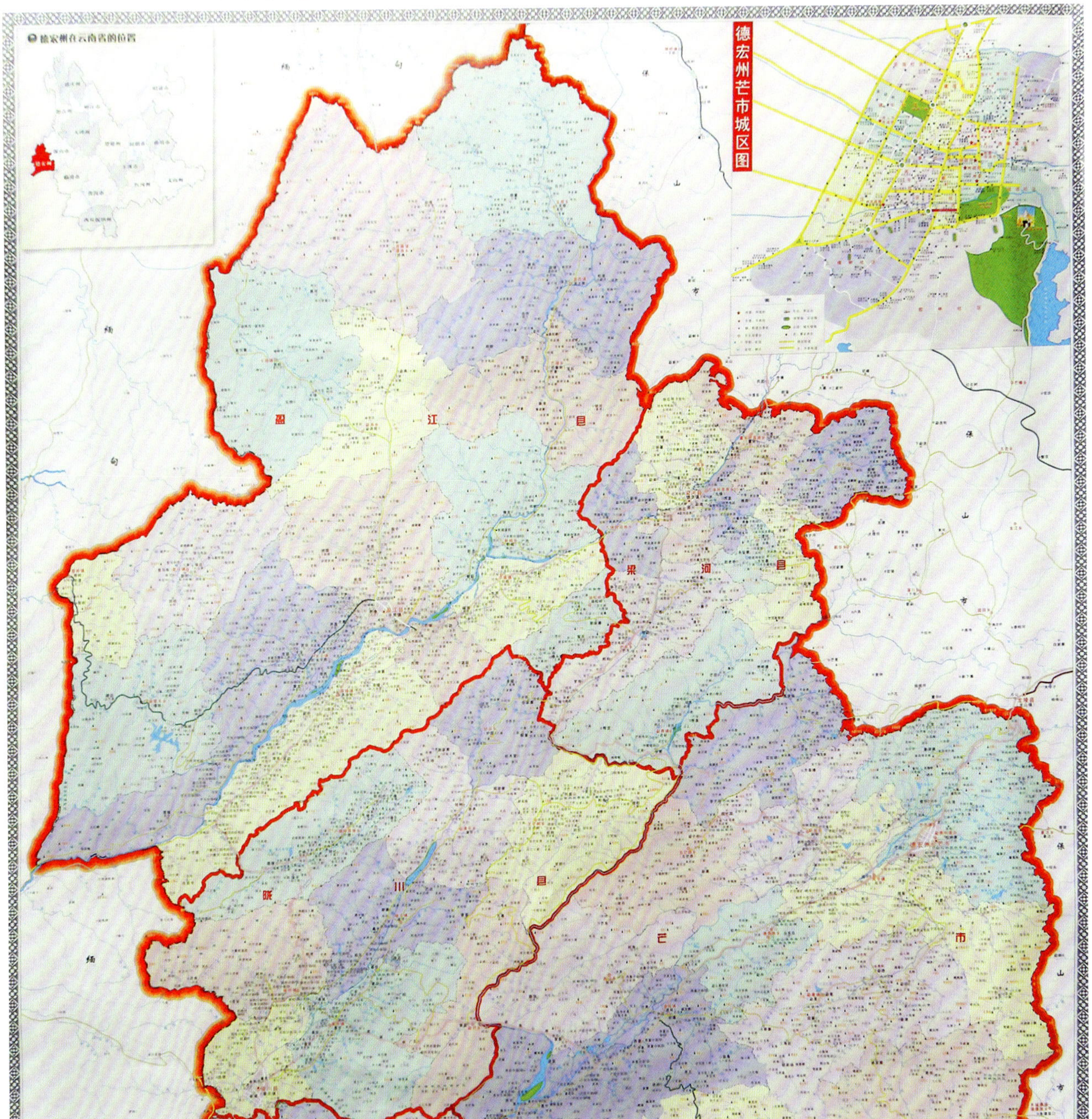

德宏州旅游景点分布图
德宏州主要旅游线路
国内旅游线路：
龙江漂游（戛中桥——瑞畹桥）
芒市——畹町（城关镇）——瑞丽沿线景点
芒市——三仙洞
芒市——畹町（城关镇）——瑞丽扎朵瀑布
芒市——畹町（城关镇）——瑞丽——章凤——盈江——梁河
国外旅游线路：
芒市——畹町（城关镇）——棒赛——木姐——南坎——瑞丽
芒市——畹町（城关镇）——腊戌
芒市——章凤——八莫
芒市——瑞丽——南坎
芒市——瑞丽——木姐
芒市——瑞丽——八莫
芒市——瑞丽——南坎——腊戌——瓦城——仰光
芒市——畹町（城关镇）——九谷——腊戌——瓦城——仰光
缅甸
保山市
芒市
梁河
盈江
陇川
瑞丽市
支那
苏典
神护关
白马塘公园
盏西镇
卡场镇
卡场瀑布
芒章
勐弄
万仞山
香云寺
河西
太平寺
九保
上司衙门
勐底佛塔
红云寺
平山
小厂
大厂
杞木寨
橡胶母树
新城
旧城镇
旧城温泉
油松岭
莲花山
傈僳族庆典标志
允燕佛塔
昔马镇
那邦镇
巨石关
太平
弄璋镇
铜壁关
榕树王
铜壁关省级自然保护区
皇帝下马石
马嘉理事件起源地
姐冒
姐冒仙人洞
芒允
虎跳石
皇阁寺
户撒
贺卯温泉
阿昌族佛塔
清平
王子树
护国
勐养
象滚塘
江东
五岔路
轩岗
轩岗温泉
村包塔
菩提寺
城郊镇
德宏民族风情游览区
孔雀湖生态游览区
勐巴娜西珍奇园
法帕尖山温泉度假区
风平佛塔
风平镇
法帕镇
三台山
三台山德昂族风情旅游区
城子镇
姐乌
赛号
陇把镇
西山
芒棒温泉（瑶池仙景）
遮放镇
遮放佛塔
勐戛镇
三仙洞
景罕镇
傣族佛教胜地
勐约
云南景颇园
章凤国家森林公园
东山
万马河热带雨林区
中山
芒海镇
怒江
莫里热带雨林景区
漂江游
森林公园
芒棒
畹町镇
独树成林
勐秀
姐勒佛塔
姐勒水库
姐勒
混板
勐卯镇
弄安佛塔
木姐
东南亚风情园
中缅街
喊沙奘房
户育
姐相
大等喊奘房
雷允奘房
弄岛镇
南坎
南坎曼坎寺佛雕
图例
州政府驻地
县、(市)政府驻地
乡镇及国外较大居民地
村委会
旅游景点
河流及水库
G320 高等级公路
省道
县乡道
国界
地、市界
县、市界
本图境界不作划界依据

抗震救灾 重建家园

2011年3月18日，温家宝总理、回良玉副总理一行到盈江指导抗震救灾工作。图为温家宝总理一行到盈江广场灾民临时安置点慰问群众。（张仁韬 摄）

2011年3月10日12时58分，德宏州盈江县发生5.8级地震，造成人员伤亡和重大财产损失，25人死亡，250余人受伤。地震发生后，党中央、国务院和省委、省政府高度重视。胡锦涛总书记、温家宝总理等中央领导，省委书记白恩培、省长秦光荣等省委、省政府领导多次作出重要指示，第一时间对抗震救灾工作作出部署安排，中央部委、省级部门、驻滇部队、社会各界给予了大力支持帮助。3月18日，全国“两会”刚刚结束，温家宝总理、回良玉副总理率领中央部委领导和省委书记白恩培、省长秦光荣等省委、省政府领导深入灾区，看望慰问灾区各族干部群众，指导抗震救灾和恢复重建工作。

国家减灾委、地震局迅速启动应急响应；中央财政安排5500万元救灾应急资金；民政部从中央救灾物资储备库紧急调拨5000顶帐篷、1万床棉被、1万件棉大衣、62吨彩条布运往灾区。四川省、红十字总会等有关方面立即组织力量支援灾区。云南省委、省政府，德宏州委、州政府及灾区各级党委、政府迅速启动应急预案，组织开展人员搜救、伤员救治、物资调运和灾情核查等工作，紧急转移、妥善安置受灾群众，全力保障人民群众生命财产安全。解放军、武警部队、公安民警和消防部队、民兵预备役人员和当地干部群众组成6100余人的救援队伍，卫生部门派出700余人的医疗救援队，全力以赴搜救被困群众、抢救伤病人员。云南省、德宏州紧急下拨2400万元救灾应急资金，调拨各种急需物资运抵灾区。截止3月15日17时，云南省各级共接收社会各界捐款捐物5958万元（接收捐款5618万元，物资折款340万元）。其中，北京、上海、山东、广东、海南、四川、甘肃和青海省（市）委、人民政府向灾区共捐款2500万元人民币。截止8月30日，省级单位筹集救灾款物共计16.18亿元，其中中央和省级财政补助11.90亿元、省级部门整合资金3.33亿元、救灾捐赠资金0.91亿元、捐赠物资折价406.73万元，资金实际到位率达89.25%。云南省红十字会的“德宏州盈江县地震灾区恢复重建项目”也随之启动，项目资金达1560万元。

4月1日，省政府在芒市召开了盈江“3·10”地震恢复重建工作会议，确定用5年左右时间，筹集55亿元资金，通过恢复重建和发展提升两个阶段，实施抗震安居、基础设施恢复重建、特色优势产业培育、防灾减灾体系建设等十大工程，努力建设一个美丽富饶的新盈江。（陈德寿 文）

一片废墟（陈子鸥　摄）

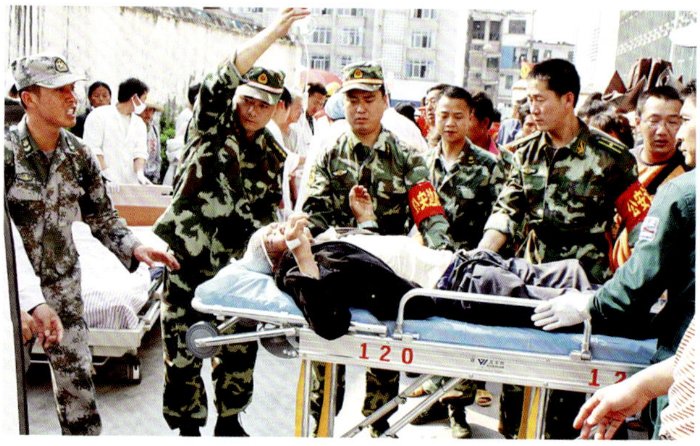

边防官兵紧急转移受伤群众（高飞　摄）

3月11日3时许，驻滇集团军某团官兵准备出发排危。（新华社记者　秦晴　摄）

废墟上的生命传递——又一名伤者被成功救出（殷昌荣　摄）

部队官兵正在抢救被困群众（李本才　黄巧　摄）

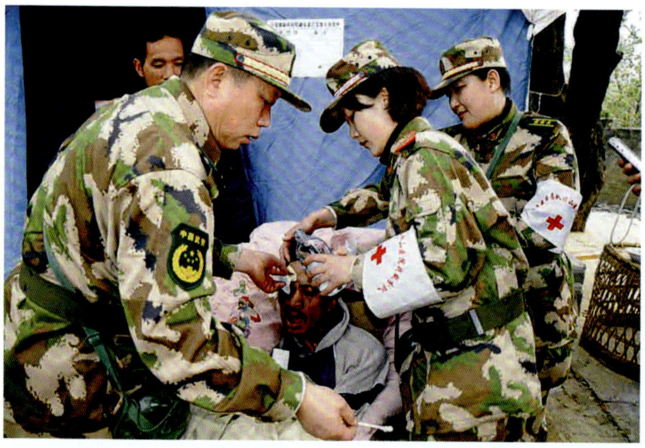

一家3口医疗小分队，成为灾区群众心中最温暖的一道风景。（邹清明　李善明　摄）

面对鲜红的党旗庄严宣誓（殷昌荣　摄）

消防官兵在灾区救援（张增宝　摄）

保山市公安消防支队在开展现场搜救
（明雄忠　摄）

突击队员正在拆除危房（陈子鸥　摄）

武警官兵帮助村民拆除危房（殷昌荣　摄）

傣族妇女为官兵送饭（陈子鸥　摄）

略表心意（陈子鸥　摄）

武警官兵在灾区全力救援（王振华　殷昌荣　摄）

一片真情送亲人（陈子鸥　摄）

武警官兵清理倒塌的房屋（王振华　殷昌荣　摄）

省委书记白恩培一行看望慰问农村受灾群众
（明雄忠　摄）

省长秦光荣了解盈江恢复重建规划情况
（何映荷　摄）

省政协主席王学仁在平原镇岗勐小学帐篷教室看望慰问学校师生（朱边勇　摄）

省委常委、常务副省长罗正富视察盈江灾区

2010年12月13至15日，中共中央政治局委员、中央书记处书记、中宣部部长刘云山（中）在省委书记白恩培、省长秦光荣的陪同下到德宏调研。

2011年4月22日，全国人大常委会副委员长兼秘书长盛华仁（中）率全国人大常委会调研组到德宏参观考察。图为盛华仁一行在姐告国门考察。

2011年1月2至3日，全国人大常委会副委员长严隽琪（左四）到德宏视察。

2011年1月11日至13日，全国政协副主席白立忱（中）在德宏调研。图为白副主席考察姐告国门

2011年5月5至6日，全国政协副主席、中央统战部部长杜青林（中）率调研组到德宏就加强新形势下民族工作进行调研并在银井村与村民座谈。

2011年4月2日，云南省政府瑞丽国家重点开发开放试验区调研工作座谈会在德宏州瑞丽市召开。

与会领导为大瑞铁路保瑞段建设奠基培土

与会领导为龙瑞高速公路工程奠基培土

2011年2月27日，州长孟必光（左一）、瑞丽市市长刀晓瑞（右一）与杨光民（中）共同签订《瑞丽国际华商产业园区合作开发框架协议》。

2011年2月23日，举行云南省德宏州凯邦亚湖旅游综合项目投资开发建设签约仪式。

2011年4月11日，德宏州政府与中国东航公司举行项目签约仪式。（曹园雅 摄）

2011年5月14日，孟必光、张祖林（左一）签署《昆明市——德宏州共同推进国际大通道建设合作框架协议》。（记者 蓝玉芝 文图）

2011年4月10日，龙江电站水利工程隧道建设一景。

2011年4月11日上午12点30分，首架中国芒市飞往缅甸曼德勒的包机准备起飞（张仁韬　摄）

2011年5月26日，参加仪式的领导为中国·瑞丽彩色宝石交易中心启动剪彩。（伏玉洁　摄）

2011年6月11日，出席芒市首届玉石（毛料）投标交易会开幕式的省、州领导为交易会开幕剪彩。（何春雪　摄）

2011年6月30日，参加典礼的领导为腾陇路通车典礼剪彩。（杨立　摄）

芒市机场大道（陈德寿　摄）

路梁二级公路建设进入攻坚阶段。图为新建成的路梁路。（杨立　摄）

2011年3月27日，路梁路第二隧道顺利贯通。

2011年4月11日，州长孟必光会见了泰王国驻昆明总领事陈维钦和领事王文贤。图为陈维钦（左）向盈江地震灾区捐赠。（刘晓燕 摄）

2011年3月25日，州长孟必光会见府尹甘通·塔文萨替及夜丰颂府、达府、清迈府贵宾。图为双方互赠礼物。（曹园雅 摄）

2011年4月11日，州长孟必光会见缅甸木姐代表团。图为州长与莫恒（左）亲切交谈。

为纪念建党90周年，德宏州召开纪念大会，举办唱红歌比赛、党的知识竞赛、书画展等多种活动。图为州委、州人大等州级领导参观书画展。（陈子鸥　摄）

2010年12月29日，潞西市举行更名为“芒市”的换印仪式。（陈子鸥　摄）

2010年12月29日，芒市国际咖啡节开幕。（陈德寿　摄）

张建章　吴贵均　钱明富　陈子鸥　摄影

圣水欢歌——德宏2011国际泼水狂欢节

迎宾晚会

舞姿翩翩

万人象脚鼓舞

欢腾瑞丽江

万人泼水

宗教仪式

浴佛

祭祀

圣水洗礼

德宏烟草
DEHONG TOBACCO

中国移动通信
CHINA MOBILE

牛车选美

德宏烟草
德宏团结报社
AOLUN

中国移动通信
CHINA MOBILE

寻找最美丽的傣族孔雀公主

2010年12月29日，东南亚风情小镇·国际会议中心奠基典礼

2010年12月26日，芒市清塘河水库工程建设启动仪式。

2010年12月29日，首届中国芒市（国际）咖啡文化节开幕。

齐聚昆明（孔志恩 摄）

傣家村寨新貌——万段村一角

遮放湿地风光（杨帮庆摄）

国家重点开发开放试验区

——瑞丽

2011年6月10至11日，国家发改委西部司巡视员费志荣率国家发改委、外交部、公安部、国土资源部等13个部委组成的联合调研组到瑞丽就试验区建设相关情况进行专题调研。图为召开座谈会。

2011年6月15日，中国共产党瑞丽市第十一届代表大会隆重开幕。

2010年，瑞丽市实现生产总值28.7亿元，同比增长15%；全社会固定资产投资总额29.7亿元，增长32.4 %；社会消费品零售总额15.2亿元，增长22.8%；财政一般预算收入3.7亿元，增长68.8%；口岸贸易进出口总额88.5亿元，增长47%；城镇居民人均可支配收入14935元，增长10.3%；农民人均纯收入4218元，增长12%。全市呈现出经济发展、社会进步、民族团结、边境安宁、生态环境不断改善、人民生活水平不断提高、党的建设不断加强的良好局面。

2010年是“十一五”规划的收官之年。“十一五”是瑞丽发展历程上极其重要的时期。面对日益激烈的区域竞争和资源环境的多重压力，市委、市政府团结带领全市各族人民，解放思想、锐意创新，攻坚克难、砥砺奋进，取得了辉煌成就。五年来，全市发展基础不断夯实，产业发展的协调性不断增强，保障和改善民生力度不断加大，生态文明不断加强，改革开放不断深入，安定团结的局面不断巩固，党的执政能力和领导水平不断提升。全市生产总值从“十五”末的13.17亿元增加到“十一五”末的29.68亿元，年均递增12.3%；全社

试验区启动仪式上，省委书记、省人大主任白恩培（中），省委副书记、省长秦光荣（右二），省委副书记李纪恒（左二），省政协主席王学仁（右一），省人大常委会常务副主任晏友琼（左一）共同开启试验区启动仪。

2011年5月30日，云南龙瑞高速公路建设动员会在瑞丽举行。省委书记、省人大主任白恩培，省委副书记、省长秦光荣，省委副书记李纪恒，省政协主席王学仁，副省长孔垂柱等领导出席动员会，并为龙瑞高速公路工程奠基。

2011年5月30日上午，瑞丽重点开发开放试验区启动仪式在瑞丽江边广场隆重举行，标志着瑞丽国家重点开发开放试验区建设正式拉开序幕。

会固定资产投资从4.91亿元增加到29.7亿元，增长5倍；财政一般预算收入从1.03亿元增加到3.73亿元，年均递增29.3%；口岸贸易进出口总额从32.44亿元增加到84亿元，年均递增21%；城镇居民人均可支配收入从8 873元增加到14935元，年均递增11%；农民人均纯收入从2130元增加到4218元，年均递增14.6%。全市经济发展实现“五连快”、人民收入实现“五连增”、社会各项事业实现“五连好”。

2010年，瑞丽市紧紧抓住国家将瑞丽确定为重点开发开放试验区的历史机遇，精心组织、迅速行动，试验区前期各项工作进展顺利、富有成效。年内，试验区实施方案通过省级评审，并上报国家发改

2011年5月30日，桥头堡建设重点项目——大理至瑞丽铁路保瑞段建设动员会在瑞丽隆重举行。

2011年3月19日，作为瑞丽国家重点开发开放实验区的先进项目，中缅跨境滨江国际旅游项目在瑞丽市大通实业有限公司举行。图为瑞丽市政府市长刀晓瑞与省城投集团董事长许雷、瑞丽大通实业公司总经理尚朝贤三方签署合作协议。

2010年9月1日，中缅签署跨境人民币代理结算协议。

龙瑞高速公路开工仪式

委待批。瑞丽国家重点开发开放试验区建设引起国内外广泛关注，更坚定了瑞丽各族人民抢抓大机遇、谋求大跨越的信心和决心，为推动全市经济社会超常规跨越式发展提供了强大的思想基础。

2010年，瑞丽旅游文化产业再创新辉煌。年内，成功举办中国·瑞丽第十届中缅胞波狂欢节暨第三届国际珠宝文化节、第四届中国边境口岸城市市长论坛，创办了《民族时报·瑞丽周刊》，《中国远征军》、《中国血》等影视作品在瑞丽拍摄。全年共接待国内外游客141.74万人次，同比增长

2010年11月16日，瑞丽市弄莫湖湿地公园开工兴建。

大瑞铁路开工仪式

2011年5月30日上午，动员大会在瑞丽召开。

2010年11月17至18日，全省边境地区基层党组织建设交流会在瑞丽召开。

7.4%；实现旅游总收入13.09亿元，增长13.6%。瑞丽的知名度、美誉度和影响力持续增强。

站在新的历史起点，瑞丽各族人民将以崭新的姿态，进一步解放思想、开拓创新，不断推进瑞丽国家重点开发开放试验区建设，让美丽的东方珠宝城再放异彩。

2011年1月15日，南卯湖公园开园迎客。

2010年10月3日，举行《民族时报·瑞丽周刊》创刊仪式。

2010年9月2日，瑞丽南亚红木家具国际博览中心竣工典礼。

抢抓新机遇 实现新跨越 再创新辉煌

中共盈江县委 盈江县人民政府

2011年3月18日，温家宝总理、回良玉副总理一行到盈江指导抗震救灾工作。图为温家宝总理一行在救灾现场动员指挥。（张仁韬 摄）

综合实力跃上新台阶。2010年，盈江县实现生产总值40.32元；财政总收入6.09亿元，财政一般预算支出11.07亿元；社会消费品零售总额13.65亿元；城镇居民人均可支配收入14324元，农民人均纯收入3716元；全县金融机构存款余额38.25亿元，贷款余额24.46亿元，城乡居民储蓄存款余额24.43亿元，经济实力得到了极大提升。

产业发展达到新水平。始终把培育产业体系，夯实发展基础作为重点，推动三次产业协调发展。2010年，工业经济快速增长，建成投产66座水电站，装机268.39万千瓦；建成500千伏和220千伏输变电网工程，以星云铝厂和芒允冶炼园区为代表的“水—电—冶”工业模式初步形成。全县规模以上工业企业39户，蔗糖、水泥、木材加工等支柱产业实现较快发展。年内，全县工业总产值、增加值分别达到36.32亿元、17.26亿元。特色农业迅速发展，以坚果公司和咖啡公司为代表的龙头企业逐步发展壮大，完成坚果种植8.6万亩，盈江成为中国坚果之乡。年内全县农林牧渔业总产值17.43亿元。第三产业蓬勃发展，国际翡翠城、旅游景区开发项目有效推进；对外贸易、珠宝产业、餐饮等持续升温；房地产行业快速发展，城乡消费不断增长。三次产业结构调整为26.6：49.9：23.5］经济发展呈现出提质提素

白恩培、姜力、李汉柏、李江、赵金、孟必光等国家、省、州领导在勐町村查看灾情，看望慰问受灾群众。（朱边勇 摄）

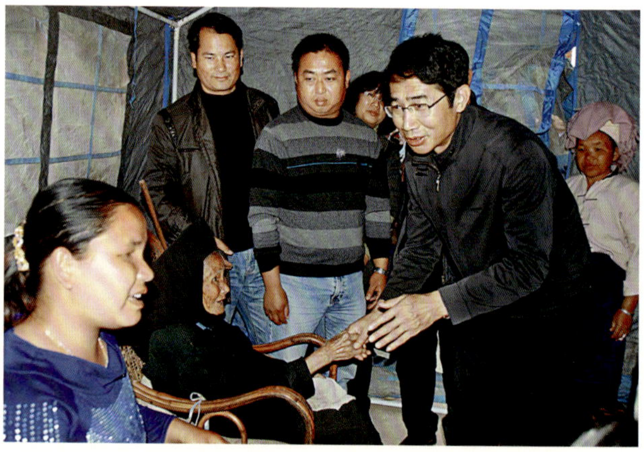

赵金亲切看望慰问受灾群众

召开中国人民政治协商会议盈江县第十三届委员会第三次会议

的良好态势。

全面发展城乡统筹呈现新面貌。 加强县城和中心集镇建设，不断提高城镇化水平；加大水、电、路、绿化、美化、净化工程投入，实施农村民房抗震安居工程和危房改造工程，新农村建设稳步推进，成功打造了弄璋允哏产业型、弄璋南永禁毒防艾型、平原屯董生态型、太平翁宾恢复重建型、那邦镇那邦村小集镇型五类特色新农村。

重点建设取得新突破。 “十一五”期间，累计完成固定资产投资126.84亿元。交通建设取得重大突破，县乡公路完成建设投资4.16亿元，通车里程增加到1601.73千米，乡镇公路通畅率66.7%，建制村通达率100%；水利基础设施建设长足发展，完成了回龙河水库及其配套灌溉工程，大盈江防洪续建工程、那邦界河治理工程顺利实施，大型灌区和人饮项目稳步推进，解决了全县8.5万人的农村饮水安全问题；实施山区五小水利工程，受益人口10万余人，农业灌溉条件得到全面改善；南部新区、允燕大道等一批城市基础设施建设全面推进，不断改善和提升了城市功能。

盈江仕明工业园区开工仪式

县城群众文化广场

勐底大金塔

2010年4月12日，中国德宏第二届葫芦丝文化节开幕式。

千人葫芦丝演奏

龙窝温泉大滚锅

龙潭公园一角

房地产开发

县城生活垃圾处理场

500千伏送电线路

县长方文信（左一）调研退耕还林情况

县城龙窝大道

中国人民解放军

德宏军分区司令员龚平

德宏州委常委、德宏军分区政治委员马福朝

加强边境管控，捍卫边防稳定。

2010年，德宏军分区坚持以邓小平理论和“三个代表”重要思想为指导，深入贯彻落实科学发展观，大力开展“培育当代革命军人核心价值观”主题教育，坚定官兵理想信念、筑牢思想防线、强化戍边观念、增强奉献意识，按照“学习实践强素质、聚焦打赢抓建设、科学统筹谋发展、保持稳定不出事”的工作思路，认真贯彻德宏双拥工作座谈会精神，积极开展双拥共建活动，出资30万元援建风平“八一”中学教学楼，全区干部参与“1+1”助学捐资20余万元，发动官兵向玉树灾区和云南旱区捐款30余万元，始终做到与人民群众“心连心、同呼吸、共命运”，军

苦练军事技能，提高军事素质。

德宏州党政干部军训

2010年6月3日，德宏军分区援建风平八一中学教学楼正式启动，图为奠基仪式现场。

云南省德宏军分区

2010年1月21日至22日，德宏军分区召开党委六届七次全体（扩大）会议。

2010年春节前夕，德宏州委州政府慰问德宏军分区机关官兵，图为召开座谈会。

政军民关系更加融洽，更加团结。着眼有效履行部队使命任务，狠抓边防战备执勤，继续深化信息主导强边、军地一体管边、资源聚集固边、人才为本兴边、基础建设护边的边境建管路子，积极探索新时期边境管控特点规律，不断提高部队管边控边能力，有效捍卫了边防稳定。坚持把军事训练作为提升战斗力的基本途径，从严从难摔打磨练部队，培养部队顽强的战斗作风，树立真打实备意识，提高部队应对多种安全威胁、完成多样化军事任务的能力。根据防区特点和部队实际，创新后装保障模式，提高后装保障效益，强化后装保障能力。以求真务实的作风大力加强国防和后备力量建设，不断促进国防和后备力量建设科学发展。

军分区机关扎实抓好官兵思想政治教育，坚定官兵理想信念，筑牢思想防线。

全国拥军模范赵淑芬率赵大妈拥军小组慰问新兵营

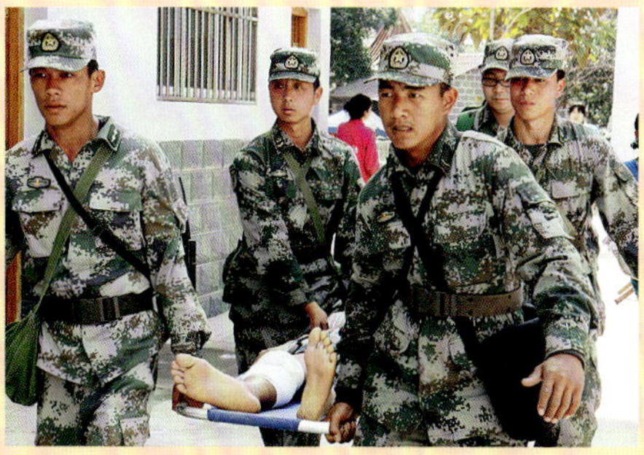

抢险救灾

德宏州公安局

2010年10月14日，云南省政协副主席王学智率“国际大通道建设”视察组一行视察德宏雷允通道，并亲切看望慰问公安边防部队执勤官兵。

2010年11月8至9日，由联合国毒品与犯罪问题办公室主任何塞·马里亚伊那勒赫斯及有关国家驻华禁毒警务联络官组成的国际禁毒参访团，到德宏考察缉毒查缉设备、货物及人员检查设备。

2010年，德宏州公安机关将全年工作确定为“三项重点工作推进年”、“警务信息化建设应用年”、“精细化管理落实年”、“民警教育培训年”；紧紧抓住社会矛盾化解、惩治毒品犯罪、严打“两抢一盗”、整治乱点地区、改进交通管理、织密防控网络、提升“虚拟”社会管理水平、推进信息化应用、做实战训合一、从严管理队伍十项重点工作不放松；以开展“爱民实践活动”和“创先争优”活动为平台；以强化责任、强化措施、强化落实为抓手；以各项工作提质增效、争先进位为目标；以改革创新的精神，求真务实，着力解决制约德宏公安工作和队伍建设的各种问题和难题，强力推进国门公安服务桥头堡黄金口岸建设，开创了国门公安工作的新局面。

全年共破获毒品刑事案件1000余起，打掉境外毒枭4名，抓获毒品犯罪嫌疑人1000余人，缴获毒品1000余千克，收戒了一大批吸毒人员，有效净化了社会治安环境，提高了对吸毒人员的管控水平。先后侦破各类刑事案件2835起，抓获犯罪嫌疑人1344人；侦破经济案件115起，抓获犯罪嫌疑人230人，挽回经济损失1189.64万元；查处治安案件9602起，查处违法人员9742人，同比分别上升

2010年7月29日，公安部治安管理局刘绍武局长到德宏检查指导边境禁赌、治爆缉枪工作。

2010年7月29日，公安部治安管理局局长刘绍武到德宏检查指导边境禁赌、治爆缉枪工作。

2011年3月28日，副州长马闻做客人民网。

2010年12月13日，云南省警察协会一届六次理事会在瑞丽隆重召开。

2010年2月10日，召开换发第二代居民身份证工作表彰会。

2010年2月26日，召开全州公安工作会议。

36.2%、37.5%；查处各类道路交通违法行为1779起，消除道路行车隐患500处，新增交通标示标牌221块。公安机关各项公安保卫工作取得了显著成绩，全州有41个单位和部门荣获先进集体称号，415名民警荣获先进个人称号，27人受到省级表彰；1个集体荣获国家级表彰，1人被国务院授予全国先进工作者、被公安部授予二级英模称号；2人被授予“云南省十大人民喜爱的人民警察”称号，1人获提名奖。德宏州公安局在全省公安机关综合考核中排名第五名，荣获三等奖。

2010年5月10日，首期全州公安民警“战训合一培训班”开班。

2010年1月28日，云南警官学院在陇川县举行实习基地暨跨区域禁毒防艾培训基地挂牌仪式。

德宏州农业农村经济工作再上新台阶

——德宏州农业局

省委书记白恩培到梁河调研烟叶生产情况

中缅综合农业示范园项目签约仪式

与缅方会谈

2010年,德宏州农业局紧紧围绕农业增产、农民增收、农村稳定、产业发展的中心任务，以新农村建设为契机，以“产业富州”为己任，结构调整为动力，以确保粮食生产持续稳定增长、冬季农业产业化开发为全州种植结构调整、农业增效、农民增收的优势产业，以生物特色产业为拉动全州农业产业化经营，水产养殖以稻田无公害养殖、池塘精养和冬闲田养殖为主，农业基础设施建设和农村生态建设不断加强，农业机械化水平持续提升。全年全州完成农林牧渔业总产值61.45 亿元，比上年增加9.92亿元，增19.25%；农民人均纯收入3368元，增加537元，增19%；完成粮食作物播种总面积200.4万亩，增10%，实现总产60.6万吨，增10.51%；完成冬农开发总面积101.28万亩，增10%，实现农业产值7.59亿元，增24%；新植茶园2213.6亩，茶园总面积355942.9亩，茶叶产量1.6万吨，产值达2.4亿元；完成竹子、咖啡、柠檬、坚果、油茶、核桃、番麻“六树一草”种植51.75万亩，“六树一草”总面积达150.45万亩，新带动农户9万余户，实现农业总产值1.9043亿元；完成水产养殖面积45887亩，增3356亩，增7.9%，水产品产量23880吨，增3090吨，增14.86%，鱼苗生产8.64亿尾，鱼种生产3557吨，大规格鱼种投放3413吨，分别增5.3%、7.4%和4.1%，全社会渔业总产值41800.65万元，增4897.83万

2010年4月20日，“中国咖啡之乡—云南省德宏州”授牌仪式在北京人民大会堂重庆厅举行。德宏州正式被评为“中国咖啡之乡”。

建设中的中缅综合农业示范园

柠檬加工

梁河县生态茶园一角

风平镇百亩大棚蔬菜示范基地之一甜椒基地

元，增13.27%，水产品人均占有量达18千克。

至2010年末，全州有农业产业化国家级重点龙头企业1家，农业产业化省级重点龙头企业12家，州级农业产业化重点扶持企业30家；有云南省著名商标14件，其中特色产业2件。

2010年，德宏州抓住中央、国务院进一步明确建设云南瑞丽重点开放开发试验区，德宏州成为中国面向西南开放桥头堡黄金口岸的机遇，德宏农业将充分利用生态环境的优势，农产品结构和作物生长节律等有利条件，加强德宏优势产业的培植，为桥头堡黄金口岸建设提供强有力的产业支撑，为德宏经济社会实现跨越式发展做出贡献。

农机跨区作业

后谷加工厂（3000吨）

咖啡种植

德宏州水利局

温总理到震损堤防视察

2010年以来，德宏水利投资再创历史新高，水资源配置工程、农村饮水工程、“五小水利”工程等取得新的突破。

全州共完成水利水电投资16.96亿元，其中水利投资4.4亿元，水电投资12.56亿元。水源工程取得新的突破。陇川麻栗坝大（二）型水库枢纽工程已完工，灌溉干渠工程正在紧张施工；盈江县回龙河中型水库工程已基本完工；瑞丽市芒林中型水库枢纽工程完工，渠道工程全线开工；续建畹町红石河和梁河县丛岗小（一）型水库工程、芒市清塘河中型水库工程建设开始启动。水库除险加固工程快速推进，全面完成了陇川县红卫水库、梁河县油竹坝水库、芒市蚌相水库、大草坝水库除险加固工程建设任务。防洪保安工程取得显著成绩：推进了陇川县界河防洪治理工程、盈江县那邦通道界河治理工程、芒市勐古河芒海通道界河整治工程，芒市大河芒市坝段治理工程一期、陇川县南宛河城子段中小河流治理建设。农田水利建设进一步加强：新增有效灌溉面积3.21万亩，改造中低产田0.51万亩，完成干支渠防渗61.65公里。农村饮水安全工程深得民心，解决了5.69万人的饮水安全问题。水土保持生态环境建设稳中有进。实施了芒市、梁河中央水保工程项目，治理水土流失面积42平方公里。中小水电建设继续保持迅猛发展势头，全州有11座水电站建

盈江“3·10”地震大盈江堤防应急除险加固

农村电气化建设

瑞丽市芒林水库枢纽工程完工

农村电气化

建设中的畹町红石河水库工程

芒市河一期治理工程

建设中的盈江县回龙河大坝

成并投产发电，新增装机容量41.65万千瓦，瑞丽市、芒市、陇川县、盈江县的“十一五”水电农村电气化县建设先后通过了省级达标验收。有序开展了各县（市）农村小型水利工程管理体制改革工作，水利法制建设和水利行业自身建设进一步加强。

2011年3月10日，盈江县发生了5.8级地震。地震对德宏州防汛水利工程设施造成严重影响，工程震损严重。在水利部和省水利厅的指导下，编制完成了《云南盈江“3·10”地震灾后水利设施应急除险加固实施方案》和《云南盈江“3·10”地震灾后水利设施除险加固实施方案》，概算总投资2.4亿元。大盈江震损堤防应急除险加固工程批准建设内容为除险加固堤防19.2公里，批准投资2405.46万元，工程于2011年3月21日开工建设，5月30日应急工程全部完成，共完成投资2049.73万元。大盈江盈江段震损堤防应急除险加固工程建设达到了预期目标，堤防质量标准已经达到或超过震损之前的水平。

治理后的陇川南洼河一角

陇川县中央财政小型农田水利重点县项目东支渠

除险加固后的红卫水库下游坝坡

团结拼博攻坚克难

2011年10月4日，民政部部长李立国在视察瑞丽口岸时与省民政厅厅长王树芬、州委书记赵金、代州长龚敬政、副州长板岩过、州民政局局长谷忠寿合影留念。

国家民政部党组成员、纪检组长曲淑辉到德宏瑞丽畹町口岸视察调研。

2010年，德宏州民政部门面对救灾救济、社会救助、优抚安置、基层政权建设等大量繁重而艰巨的任务时，认真落实中央、省、州关于民政工作的决策部署，感恩思进、创先争优，出色地完成了州委、政府和上级民政部门安排的各项工作任务。

民政工作五大亮点：一是德宏州被民政部确定为全国五个中国儿童福利服务示范区之一，云南省唯一的示范区。全州有3万儿童受益。二是盈江“3·10”抗震救灾工作卓有成效，切实加强抗震救灾工作的组织领导，及时核查灾情准确上报，灾民安置点社区化管理，筹款赈灾，真诚奉献爱心。三是瑞丽市被列入国务院第二次全国地名普查的19个试点县市之一，也是云南省唯一的试点单

2011年2月24日，国家民政部副部长孙绍骋率民政部优抚安置局、办公厅、区划地名司、双拥办政策研究组一行在省民政厅领导陪同下到德宏调研。

民政部李立国部长与省、州、市、区四级民政部门领导在畹町桥合影。

民政工作亮点纷呈

德宏州民政系统首届福彩杯运动会开幕式现场

北京市民政局对德宏灾区进行捐款

位。地名普查试点工作得到了民政部区划司、省民政厅领导的高度赞扬和肯定。四是对入境通婚边民实行备案登记管理制度。此举在全国属首创。该项工作引起了民政部的高度重视，部里派领导专题到德宏调研跨国婚姻的办法措施，并对德宏民政工作给予了高度评价。五是实行福彩一把手工程，创造了3个第一：第一次甩掉全省末尾的帽子，且年增长幅度排名全省第二；第一次举办了首届福彩杯职工运动会；第一次创刊了《德宏民政》。“十一五”期间，全州福利彩票共销售1.7亿元，累计筹集公益金0.6亿元。据统计，国家、省各级公益金先后投入2612万元，共资助德宏州社会福利和公益事业项目40多个。

“3·10”地震发生不久，灾区一群小学生在群众自发搭建的简易教室前玩耍。

“3·10”地震发生不久，灾区群众恢复正常生活。

德宏州民族宗教事务局

2010年11月6日，省委常委、省统战部黄毅部长在芒市福音堂调研。

2010年10月30日，省宗教局熊局长在陇川县调研。

德宏州民族宗教事务局成立于1982年2月，现有干部职工21人，设办公室、经济科、法规调研科、文化教育科、宗教事务办公室（副处级）。2010年，全州民宗系统干部职工团结奋斗、开拓进取、扎实工作，各项工作取得了新的成绩。

一、民族团结稳定工作。认真实施民族团结目标管理责任制，开展民族团结宣传教育活动，组织开展全州第28个“民族团结月”活动，积极创建“民族团结示范村”、“民族团结示范学校”、“民族团结进步示范社区”、“民族团结党建模式”村寨，积极营造民族团结、和谐发展氛围。10月28日，州委州政府召开全州民族工作会议暨民族团结进步表彰大会，31个模范集体、72名模范人受到大会表彰，州民宗局获得“民族团结进步模范集体”荣誉称号。

二、民族经济工作。2006至2010年，国家、省下达德宏州民族专项资金12939.60万元、1656个项目，上海对口帮扶德昂族发展资金2526.908万元、290个项目。扶持人口较少民族发展取得明显成效，芒市、瑞丽市、陇川县、盈江县相继列为国家“兴边富民重点县”建设范围，特困民族脱贫发展试点及民族特色村寨建设有序推进，创建“兴边富民示范村”37个，“民族团结示范村”8个，

2010年3月9日，省宗教局王爱国副巡视员看望州佛教协会会长。

2010年10月28日，德宏州民族宗教事务局被评为全州民族团结模范集体。

民族贸易和民族特需商品生产健康发展。全州阿昌族、德昂族聚居的28个村委会通过了省、州验收，各级建设指标达到“四通五有三达到”的目标，有力推动了人口较少民族经济社会的发展。

三、民族教育文化体育等社会事业有序发展。2006至2010年，协助州教育局选送169名初中、高中少数民族毕业生到省内外大中专院校学习，认真执行“两免一补”和对人口较少民族学生补助等政策，各级各类学校开展民族团结宣传教育。“2010年中国·德宏国际目瑙纵歌节”、“2010年中国第十届中缅胞波狂欢节暨第三届国际珠宝文化节民族服饰大赛”被评选为2010年度云南十大“民族狂欢节”；2010年全省第九届少数民族传统体育运动会上，德宏州代表团获3金、2铜的好成绩。

2010年3月19日，召开全州民族宗教工作会议。

2010年11月26日，召开德宏州参加云南省第九届少数民族运动会总结会。

2010年10月28日，召开全州民族工作会议暨民族团结进步表彰大会。

2010年10月，全国扶持人口较少民族发展“十二五”规划编制研讨会在德宏召开。

芒市三台山乡德昂族博物馆

德宏州扶持人口较少民族聚居村验收汇报会在芒市召开

德宏州扶贫

国务院扶贫办副主任高鸿宾视察陇川县景颇族贫困村

“十一五”期间，德宏州争取投入各类扶贫资金6.3亿多元和45万美元。其中：投入财政扶贫资金2.97亿元（省投入2.59亿元，州县市投入0.38亿元），外资扶贫资金45万美元，信贷扶贫资金2.39亿元。实施以“整村推进”、“整乡推进”、易地搬迁、安居工程、劳动力培训转移、产业扶持、兴边富民、信贷扶持、社会帮扶为主的一大批扶贫开发项目。全州贫困地区基础条件得到改善，生产得到发展，生活得到改观，劳动者素质得到提高，贫困程度减轻，贫困人口减少。扶贫开发工作取得显著成效。

一、贫困地区经济得到较快发展，贫困状况有效缓解。全州农民人均纯收入从2005年的1504元，提高到2010年的3368元，增长123.9%；五年共减贫10.24万人，贫困人口从2005年末的475258人，减少为2010年末的372824人，贫困发生率从57.1%下降为41%。

国务院扶贫办主任王国良视察芒市易地扶贫项目

二、贫困地区基础设施不断加强，生产生活条件明显改善。五年来通过扶贫开发项目的实施，全州共修建沟渠60条、69.05千米,建堤坝桥梁32座；修建道路500条815.92千米；架设输电线14条、39.8千米，解决14个自然村生产生活用电；修建人畜饮水工程172件、575.64 千米，解决改善21190人、7320头牲畜饮水困难；建设沼气池1329口；建盖扶贫安居房6863户；易地搬迁扶贫2016户、8259人；建盖多功能文化活动室194个，公厕10个，垃圾池6个。

三、贫困地区增收产业得到初步培植，自我发展

云南省委书记白恩培视察陇川县扶贫工作

云南省委副书记李纪恒（左四）视察盈江县兴边富民整村推进项目

开发办公室

能力不断增强。五年来通过实施扶贫产业项目，全州共发展茶叶、甘蔗、核桃、咖啡、坚果、水果、麻竹等经济作物、经济林果131335亩，养殖良种畜禽39711头（只），培训转移就业贫困劳动力8300人。

四、贫困地区社会事业发展进步，干部群众精神面貌发生较大变化。科技意识、商品意识、发展意识明显增强，科技水平、生产水平普遍提高。

五、扶贫开发长效机制初步建立，大扶贫工作格局初步形成。国家、省扶贫投入逐渐加大；州、县（市）级财政扶贫资金投入机制开始建立；信贷扶贫投入逐年增加；挂钩扶贫责任进一步强化，帮扶力度不断增强，全社会参与扶贫济困的良好氛围逐步形成；扶贫资金管理、监督机制进一步规范和完善。

新建的瑞丽市勐力易地搬迁点

开展农村实用技术培训会

产业扶贫项目——咖啡种植

贫困劳动力转移招聘会

贫困劳动力培训——电子电工专业

外资扶贫项目启动会

竭忠尽智筑基础

云南警官学院陇川实习基地、云南警官学院陇川禁毒防艾培训基地揭牌。

打开心扉听民声

2010年，陇川县公安机关按照打造“平安幸福州”的总体部署和要求，把深入推进“三项重点工作”和“三项建设”等基础业务作为全面加强公安维稳工作和队伍建设的重要抓手，以维护社会公平正义、提升群众安全感和满意度为目标，积极推进公安信息化、执法规范化和和谐警民关系建设，进一步提升全县公安机关的行政效能和服务水平，推动各项公安工作深入开展，全力维护边境安全和政治、治安稳定，努力为全县经济平稳较快发展创造更加和谐稳定的治安环境。

全年累计向一线所队拨付经费574.96万元，达保障标准的158.23%；投入信息化建设资金467.33万元，用于建设双向软视频会议、高清视频抓拍和“三台合一”系统，购置了公务用车、笔记本电脑、指纹采集仪、警务通、安检门等一大批警用装备，对二、三级公安网络进行扩容改造。全年发生八类命案6起，破6起；连续三年保持命案全破。全县受理治安行政案件2221 起，查处2221起，其中治安案件1808起、行政案件413起，查处率100%。依法有效管理390户出租房，4630名暂住人口；清理缅籍“三非”人员1234人，分77批次遣返其境内647人。全县查破毒品刑事案件75件，查获零星贩毒案件670件，缴获毒品79.4244 千克，抓获违法犯罪

众志成城 抗洪抢险

中缅警方联合扫毒

春风化雨保平安

——陇川县公安局

嫌疑人773人，侦办省督办目标案件1件，强制收戒吸毒人员1837人，社区（康复）戒毒632人。

2010年1月28日云南警官学院陇川实习基地、云南警官学院禁毒防艾陇川培训基地挂牌以来，累计接收警官学院实习学员116人，目前第二批66名学员正在一线所队实习。同时，邀请云南警官学院教授、省厅法制处、州检察院领导到该局举办专题培训7次，受训民警620人次。全年收集上报各类情报信息934条，被上级采用155条，排查各类敏感性群众性矛盾纠纷125件，协助党委政府及相关部门化解6件，调解民间纠纷127件，查控重点工作对象51人、群体38个。创办《陇川警察》专刊（季刊），开创了州县级警协创办刊物的先例，为民警搭建了一个多彩的育警园地。

2010年陇川县公安局有2名民警荣立个人二等功，17人荣立个人三等功，114名获嘉奖；有4个集体荣记三等功，5个集体荣获荣誉称号，27个集体受到嘉奖。

丰收的喜悦

敞开大门访民意

在建的陇川县公安局业务技术大楼

德宏州人民防空办公室

视察人防指挥所建设

开设人防救灾指挥所

德宏州人民防空办公室在新一轮机构改革中被确立为政府组成部门，这是党中央、国务院、中央军委高度重视人民防空工作的体现，也是人民防空建设战时和平时两个功能凸显的结果，是新时期军事斗争准备和防灾救灾对人民防空工作的新要求和必然选择。德宏州人民防空办公室认真贯彻“长期准备、重点建设、平战结合”的方针，坚持与经济建设、城市建设、重要经济目标建设和公共安全建设的融合式发展。2010年，人防办积极探索人防业务与经济建设特别是桥头堡建设的切入点，拓展与城市建设同步的隐蔽工程建设等多项业务工作取得了长足发展，各项业务工作得到全面推进，特别在人防建设工作业绩上取得较大进步，建设指标和工作业绩都有了较大突破。州人防办现有干部职工16人，机构改革调整后内设机构为办公室、指挥通信科、工程科、法规宣传科和信息保障中心。盈江

盈江抢险救灾

观摩野外通信训练成果展

召开全州人防工作会议

“3·10”地震发生后，人防应急队伍在抢险救灾工作中发挥了重要作用，得到了党委、政府和社会各界的高度评价。

德宏人防正按照新时期的特点，努力打造一支战时防空能力强，平时应急能力好的过硬队伍，为桥头堡大开发建设做出积极的贡献。

提供应急电源

学习杨善洲，植下纪念树。

慰问困难群众

凝心聚力　抢抓机遇

德宏州招商引资服务桥头堡黄金口岸建设

2011年1至6月，德宏州招商部门实施国内合作项目147项，其中结转项目96项，新增项目51项。项目协议总投资额486.09亿元，其中新增项目总投资额78.14亿元；实际到位资金43.47亿元（完成州政府下达引进州外资金66亿任务的65.86%），同比增加21.36亿元，增长96.64%，其中省内到位资金11亿元、占到位资金的25.31%，省外到位资金32.47亿元、占到位资金的74.69%（完成省下达引进省外资金42亿目标任务的77.28%），为区域经济社会发展做出了应有的贡献。

一、服务大局，桥头堡黄金口岸推介初见成效。招商合作部门充分发挥德宏区位优势，以大开放带动大发展，不断拓展与国内外的交流合作，把桥头堡黄金口岸建设与推进招商引资、国内合作工作有机地结合起来。一是积极做好与“桥头堡”建设相关的基础工作。建设配套机制、做好项目规划及储备，为招商引资融入“桥头堡”建设打下坚实的基础；二是先后参与省局组织和自行组织的成都推介会、第九届（昆明）东盟华商大会德宏专场推介会、德宏温州商会成立暨德宏桥头堡黄金口岸（瑞丽）推介会，缅甸曼德勒、仰光、泰国曼谷和郑州等七次德宏桥头堡黄金口岸专场推介会。据不完全统计，2011年1至6月，全州已签约72个项目。

二、强化基础，招商项目开发工作取得新进展。围绕生物特色、水能电冶、对外贸易、文化旅游、珠宝玉石五个百亿元产业和加快城市化建设，大力发展现代服务业。州和县市有关部门共编制包装招商项目200多个，州招商局经筛选确定2011年重点招商项目60个，并认真编写《2011年德宏州重点招商项目册》，为招商项目的宣传推介打好基础。

三、突出重点，多途径探索和开展招商活动。一是培育扶持异地商会发展，加大“请进来”力度。2011年，浙商在德宏的投资项目达21个，项目协议资金88.39亿元，实际到位7.2亿元。项目涉及商务服务业、批发业、旅游业、农业、水电等领域和产业。据此，上半年，州招商合作局与民政部门紧密配合，积极扶持，加强引导，促成了德宏温州商会的成立，借德宏温州商会成立之机，州招商局承办了德宏桥头堡黄金口岸推介会，德宏州、温州市政府分管领导，来自云南各地的浙江商会、温州商会代表约450多人参加了桥头堡

2011年6月5日，在第九届东盟华商投资西南项目德宏专场推介会期间，州委书记赵金、州长孟必光会见参加推介会的海外华人华商。

2011年6月6日，昆交会期间，副州长高铁英视察昆交会德宏展馆。

2011年4月7日，省招商合作局局长杜勇（右二）率队到德宏调研招商引资工作。

2011年6月，副州长高铁英率团赴缅甸进行招商引资推介。

2011年6月下旬，副州长高铁英率团赴泰国进行招商引资推介。

2011年7月7日，德宏州人民政府在河南省郑州市举行“中国面向西南开放桥头堡德宏黄金口岸（郑州）推介会”，州委副书记唐文祥、副州长高铁英出席推介会。

慰问盈江“3·10”地震中受灾的郝金香招商合作局

在全州招商引资工作会议上表彰先进

州政府在瑞丽举行云南德宏桥头堡建设推介会

专题招商会议。以此同时，我州充分依托商会的信息、融资平台，有针对性的开展商会招商推介活动，增强交流互动，建立与商会合作招商的长效机制。二是组织小分队招商，加快“走出去”步伐。2011年，德宏州接受北京、福建、浙江等省市及泰国、新加坡、马来西亚、香港、台湾等国家和地区1000多人次的客商咨询。组织昆交会签约项目16个，协议资金54.37亿元，其中馆内签约项目8个（内资签约6个，签约资金11.55亿元；外资签约项目2个，签约资金1.63亿美元）；馆外签约项目2个，签约资金10.3亿元，签约项目涉及商贸、旅游地产、轻工、电力、农产品加工、林产品加工、房地产等。昆交会期间，设立推介展洽台7个，是整个会议设立展洽台最多的地区，共洽谈项目33个，接待客商洽谈45户，进入VIP重点洽谈项目13个，实际推介接洽VIP重点华商客户19户，发出推介项目资料600多份，为华商投资了解德宏提供了详实的项目资料。举办德宏专场推介酒会，经洽谈11户侨商表示有迫切的投资意向。

四、优化环境，做好外来投资企业的后续服务。进一步做好对已签约项目的跟踪服务工作，主动上门服务，建立完善外来投资企业档案数据库，对外来投资企业进行部分走访服务，对重大引资项目跟踪走访，对重点项目、重点企业、重点领域的引资项目全程跟踪服务，及时协调解决项目落地、实施推进、生产经营中的实际困难和问题，努力营造良好的投资软环境。

中国·德宏2011国际泼水狂欢节期间，举行招商引资项目签约仪式。

昆交会期间，德宏企业签约16个项目，项目总金额达543741万元。

2011年3月29日，高铁英副州长率团参加在四川省成都市举办的云南省物流产业招商推介会，并做主题推介。

在中国·德宏2011国际泼水狂欢节期间，与外来投资商进行项目洽谈。

人保财险德宏州分公司

业务培训

向农民兑现水稻保险赔款

2010年，人保财险德宏州分公司积极稳妥地拓展保险市场，不断提高理赔管控水平，始终致力于“优质、高效、快捷”的理赔服务，并从各种制度规范、内部管控、技术、资金等方面加以保障，加强财务管控，进一步提升整体偿付能力，加强销售渠道建设，强化个代营销建设。2010年，人保财险德宏州分公司实现签单保费收入11695.29万元，比上年增长 14.81%；实收保费11849.89万元，增长13.97%；应收保费278.7万元，应收保费率2.38%，下降35.68%。产代寿保费收入480.63万元，完成全年计划的160%。全年已决赔款案件15954件，比上年下降27.22%，赔款金额5067.42万元，减少42.06%，综合赔付率为59.77%。

2010年8月27日，人保财险德宏州分公司的电子商务——车险电销业务正式上线。2010年6月3日，潞西市人民政府、人保财险潞西支公司在潞西市举行启动仪式，正式在全市开展农村小额人身意外伤害保险业务。为此，全州四个县市成功启动了农村小额人身意外伤害保险工作，人保财险不仅在

召开农村小额人身意外伤害保险启动会

3·24人保财险德宏州分公司向盈江地震灾区捐款

德宏保险市场占绝对领先地位，同时在保险服务三农、推动新农场建设中发挥了举足轻重的作用。

多年来，人保财险德宏州分公司始终致力于“优质、高效、快捷”的理赔服务，并相继实施“车险金牌服务工程”、“理赔无忧——车险快捷服务”、车险理赔程序公示制度及车险限时理赔服务承诺等一系列优质服务措施，实现了在全国范围内的“通保通赔、异地出险就地理赔”服务，为提高理赔速度、降低理赔周期，为社会提供及时、快速、有力的风险保障作出了积极贡献。

2011年国际泼水节公众责任险签字仪式

查勘理赔

中国人寿保险股份

表彰奖励先进单位和个人。图为公司2010年精英表彰大会。

公司总经理聂永祥与获奖精英合影

2010年中国人寿保险股份有限公司德宏分公司有员工1000余人，拥有5家县支公司及21家乡镇农村营销服务部。公司服务产品涉及人身险、养老险、医疗险、意外伤害险、分红险五大类，险种发展到100多个。公司以悠久的历史、雄厚的实力、专业领先的竞争优势及世界知名品牌赢得了社会广泛客户的信赖，始终占据德宏保险市场领导者的地位。

2010年10月12日，公司与州计生委联合召开全州计划生育系列保险工作启动暨业务培训会议。

截止2010年12月31日，公司总保费达到2.09亿元；支付死亡、伤残、医疗、满期、年金给付3726万元。公司取得了长足的发展和显著的成绩，为德宏地方经济发展、社会安定、民族团结做出积极的贡献，再次被评为甲类公司。在保持业务快速发展的同时，精神文明建设也取得了斐然的成绩。2010年公司继续被州委授予“州级文明行业”称号。

公司为提升服务品质，特别是理赔服务品质，先后出台了理赔限时制、服务承诺制和病员探望

2010年邀请德宏州服务质量社会监督员到公司指导工作

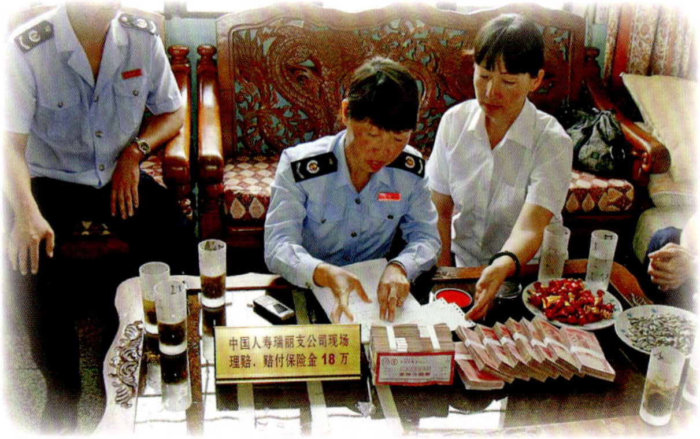

瑞丽公司进行现场理赔

有限公司德宏分公司

制，大大缩短了理赔周期，提高了理赔效率。出台了《中国人寿德宏分公司理赔业务管理规定》，更加全面、详细的规范了理赔业务，得到广大客户的好评，被行业协会评为“消费者最喜爱的服务”，为中国人寿德宏分公司树立了良好的服务形象。秉承着“诚信为本，稳健经营”的经营理念，公司通过开通95519免费客服热线以及在电台、电视台开办专题节目，免费为客户讲解保险知识，讲解投保程序、解答疑问。公司将每年的3月份定为诚信合规月，每年的9月16日定为公司的“诚信合规日”，通过开展各种丰富多彩的活动宣扬诚信理念、弘扬诚信精神。同时以“造福大众 回馈社会”为己任，积极参加地方政府组织的各项公益活动，在完善社会保障体系、服务社会主义新农村建设、安定民生、促社会和谐、禁毒防艾等方面做出积极的贡献。

2011年春节慰问

抗旱救灾捐款仪式

开展文体活动

中国移动云南公司德宏分公司

2011年2月24日，召开全州移动通信工作会议。

德宏分公司隶属于中国移动通信集团云南有限公司，下设8个专业部门和5个县市分公司。主要经营移动话音、数据、IP电话、多媒体、国际互联网、3G(TD-SCDMA)等业务，服务网号为："139、138、137、136、135、134、147、150、151、152、157、158、159、182、187、188"。

公司拥有"全球通"、"神州行"、"动感地带"和为政府、企业、农村等集团客户提供信息化服务的"动力100"等品牌。目前是德宏州最具实力的通信运营企业。

截至2011年10月，公司拥有客户数96万，固定资产达7亿元。建成基站500余个，全州100%的行政村、98%以上的自然村和98%的主干公路实现了网络信号覆盖。1000余个服务网点遍布全州乡镇、村寨，群众"足不出村"就可方便快捷地办理业务。德宏移动优质的服务赢得了广大用户的信赖和赞誉，树立了中国移动良好的品牌形象。

在实现发展的同时，公司大力开展文明创建活动，推进精神文明建设。现已在全州系统内建成"文明单位"6个，"国家级青年文明号营业厅"1个；连续6年（2005年~2010年）获得德宏州社会治安综合治理一等奖；2011年初被评为"省级文明行业"。

2011年7月1日，召开建党90周年纪念大会。图为受表彰先进党员重温入党誓词。

移动基站

通信保障应急演练

2011年9月1日，公司在德宏师范专科学校开展“校园迎新”活动。

2011年新春团拜会上，员工表演文艺节目。

2011年“3·10”盈江地震期间，向群众提供报平安电话。

畅想移动新生活

“红土地之歌”演讲比赛现场

德宏供电局

2010年11月18日，云南电网公司总经理廖泽龙，副总经理李品清、王文等到德宏调研。

云南电网公司德宏供电局隶属于中国南方电网有限责任公司云南电网公司，于2005年9月21日工商登记注册成立。现有员工223名，其中硕士研究生4人、本科生131人、专科生58人、中专生30人，平均年龄30.14岁。管辖变电站23座，其中500千伏变电站1座，220千伏变电站4座，110千伏变电站18座，变电总容量414.7万千伏安。线路总长2110公里。

德宏供电局以打造成为服务好、管理好、形象好的国际先进电网企业为目标，践行“万家灯火，南网情深”的核心价值观，为德宏电力发展、经济快速增长作出应有的贡献，为德宏州桥头堡黄金口岸和瑞丽重点开发开放试验区建设提供强有力的电力保障。

2010年，德宏供电局获德宏州“安全生产先进单位”称号；获云南电网公司“绿色，有你有我”动漫屏保设计大赛优秀奖；获云南电网公司2010年度“安全生产先进单位”称号。德宏供电局德宏城农网工程项目部获云南电网公司“2010年度农网工程管理先进集体”称号；局220kV盈江集控站获云南电网公司“和谐温馨变电站”称号；局自动化及远动组荣获“云南省工人先锋号”；局工会获省公司“2010年工会目标责任制考核先进单位”称号。

2010年3月24至25日，云南电网公司总经理廖泽龙到德宏了解旱情，并向当地政府捐赠了抽水机等抗旱救灾物资。

德宏供电局局长杨凡到500千伏德宏变电站检查指导工作

2010年6月17日，德宏供电局领导班子和部分党员干部到松山抗日战场遗址参观学习。图为党员在党旗下重温入党誓词。

召开2010年工作会

德宏供电局2011年新春答谢会上，员工表演电力时装秀。

2010年8月17日，云南省电力行业协会德宏办事处授牌仪式在德宏供电局隆重举行。

农行德宏州分行

农行德宏州分行自1979年恢复成立以来，经30多年的业务经营发展，现已成为德宏颇具实力的国有股份制商业银行。截至2010年末，全行各项存款余额突破100亿元大关，存款的市场份额多年保持全州金融系统第一；各项贷款余额达39.2亿元，贷款总

精品网点为民支行隆重开业

农行芒市刷卡无障碍示范点揭牌

农行云南省分行行长字如钧到德宏指导工作

量居同行业首位。多年来，农行德宏分行重点支持糖、茶、胶、咖啡、生物创新和水电发展，特别是对关注民生的教育、卫生、科技及农村小额贷款、城镇下岗失业人员担保贷款、个体私营经济贷款给予了积极支持。目前，全州农行涉农贷款达33.3亿元。农行始终牢记支农惠农使命，积极解决农村农户贷款难的问题，截至2010年末，累计发放惠农卡50740户，授信总户数7036户，授信总额13083万元，农户小额贷款余额7214万元。目前，惠农卡已覆盖全州25个乡镇、148个村委员会，发卡户数占总农户数的23%，既拓展了农村金融市场，也开辟了农业银行服务“三农”的新路径，成为农村金融业务发展的新亮点。

农行云南省分行行长助理孙旭东（左而）视察网点

州农行员工深入村寨办惠农卡

德宏年鉴

2011

（总第20期）

德宏民族出版社

图书在版编目（CIP）数据

德宏年鉴. 2011 / 德宏州史志办编. —潞西：德宏民族出版社，2011.9

ISBN 978-7-80750-547-1

Ⅰ.①德… Ⅱ.①德… Ⅲ.①德宏傣族景颇族自治州—2011—年鉴 Ⅳ.①Z527.42

中国版本图书馆 CIP 数据核字（2011）第 186899 号

书　　名	**德宏年鉴（2011）**
作　　者	**德宏州史志办公室　编**

出版·发行	德宏民族出版社	**责任编辑**	方　萍
社　　址	芒市勇罕街 1 号	**责任校对**	毕　兰
邮　　编	678400	**封面设计**	陈德寿　杨星明　田启云
电　　话	0692-2124877　2112886	**排　　版**	李维冉　朱晓虹
网　　址	www.dmpress.cn	**印　　刷**	昆明鹰达印刷有限公司
开　　本	大 16	**版　　次**	2011 年 11 月第 1 版
印　　张	40.75	**印　　次**	2011 年 11 月第 1 次
字　　数	800 千	**印　　数**	1-1000
书　　号	ISBN 978-7-80750-547-1/Z·165	**定　　价**	120.00 元

德宏州地方志编纂委员会

顾　　问　赵　金　余麻约　唐文祥　柳五三　田大余　马福朝　杨跃国
　　　　　郭志德　番跃平　李燕兰　赵镇康　何汝利　姜在君
主　　任　孟必光　龚敬政
副 主 任　孔勒干
委　　员　周湛鸿　侯　胜　岳麻空　袁少全　俄　吞　刘新光　刀保信
　　　　　陈德寿　王　梅
总　　编　陈德寿
副 总 编　杨星明　张保和

《德宏年鉴》编辑部

特约顾问　匡大一　张建章
执行主编　田启云
执行副主编　龙路云
编　　辑　金　陆
编　　务　线智林　罗　敏　线朝兰　陈　伟
目录翻译　龚　珊

《德宏年鉴》图片提供

州政府办、《德宏团结报》社、孔雀之乡网站、德宏之窗网站

德宏州人民政府公众信息网；陈德寿、钱民富、张建章、杨帮庆

《德宏年鉴》撰稿人员名单

（按出现先后顺序排名）

赵　金	孟必光	番跃平	何汝利	孔勒干	宋雨发	王绍山
李　娟	张建章	李志祥	聂茂华	陈友莉	黄华康	张红俊
何家松	尹丽莉	杨新旺	董书寿	郑海洪	张　健	毕　鸣
舒　平	母保生	李晓全	赵俊峰	尚正宠	杨恩杰	早兴生
闫自卫	王继华	侯天辉	崔继华	罗洪启	郑碧锋	熊　凯
张立宪	钟　珊	马振宇	李　燕	安顺川	郭　静	汤文耀
高芝红	李品春	张　旭	李宗旭	李文芳	黄益民	吕伟华
李　钢	鲍　平	杨　洁	杨星明	张青青	杨从德	郭明晓
甫如明	杨世洪	熊尚前	李加强	王菊芳	杨秋萍	闫信佳
杨清志	吴　翔	王安常	董履梁	赵兴荣	蒋　英	余连胜
项保英	谷泉音	王　浩	徐天泽	帕安茂	黄　蕊	陈娥昌
杨　芳	李怀明	谢志坚	穆丽梅	付灿娥	尹可谅	李　剑
董　娴	曩恩永	李玉和	思安玲	思院章	哏留强	明　艳
朗昌辉	罗组春	林念兰	思治明	李翼伶	尹朝红	李楠青
高芝红	蒋程春	般昌荣	陈亚松	张国军	陈裕江	高　蕊
杨新磊	赵振荣	杨庆东	黄德山	郭彩祥	岳志刚	王　刚
尹祖杏	何忠涛	陈玉田	赵新宏	王　婧	林　丽	冷　聪
赵颖慧	曾　志	王　波	黄学荣	李继云	杨晓亮	王　政
朱丽东	王　羽	孟成钟	李　斌	蒋志刚	杨恩才	余祖凡
杨惠萍	徐品飞	曹　英	王　涛	郭丽娟	李　黎	革加宽
雷存娣	蚌德启	乔小新	杨　涛	杨惠玲	郑加强	李　娟
朗恩存	黄　斌	何本华	蒋丽茜	王华明	林国钦	曾广济
杨　媛	罗怀建	尹佩依	刘金华	郭蔚华	冯家柒	郑利军
张正永	张弦清	袁文武	李傣静	陆　勇	胡　斌	杨菊芬
昊昆益	杨忠明	段惠兰	田启云	尹富才	线智林	李勒干
王文云	王瑞淼	王光惠	吴瑞萍	李松亮	宁显流	杨开纪
李碧莹	陈德寿	杨雁翥				

编 辑 说 明

一、《德宏年鉴》是德宏州人民政府主办，由州史志办公室年鉴编辑部编辑出版的综合性地方年鉴。它全面系统地记载了上年德宏经济和社会发展的主要情况，为读者了解德宏、建设德宏提供了翔实的信息资料。本期为第20期，向国内外公开发行。

二、本书采用原创新体式分类编辑法，由特载、专文、州情概览（综述条目）、大事专题（专题条目）、附录5块组成。州情概览设州概况、县（市）概况和州农垦分局概况。州概况由地理、历史、民族、宗教、民族节日、党政机构、经济简述、社会生活、年内大事、领导干部名录10个分目组成；县（市）概况及农垦由地理、历史、社会、年内大事和领导干部名录、乡镇概况一览表6个分目组成。条目是本刊的主要载体，以黑体字加【】号作为标题。为保持综述条目与专题条目的有机联系，采用了互见法，以解决一个系统的综述与专题割裂的问题。

三、稿件由德宏州相关职能部门提供，并经承撰单位领导审核。其主要数据以德宏州统计局提供的数据为准。为减少重复，本刊精减了部分部门、行业的统计表，并删除了附录中的年度统计资料选编。

四、本刊在卷首设中英文目录，卷尾设主题分析索引，索引按笔画、音序两种方法排列，以方便读者查阅。

五、《德宏年鉴》得到各界人士的关爱与帮助，特此表示感谢！由于成书仓促，本书在编纂质量方面仍存在不足，恳请广大读者多提意见，使《德宏年鉴》越办越好。

德宏年鉴编辑部

目　录

特　载

专　文

州情概览

梁河县

云南省农垦集团有限责任公司德宏分公司

大事专题

党政机构

人民团体

军 事

政 法

经济管理

贸 易

口岸管理

工　业

旅 游

交 通

邮 电

农　业

蔗 糖

林 业

水利水文

财税金融

财 政

保　险

国土建设

环 保

教 育

科　学

自然科学

社会科学

文　化

卫　生

体　育

社会生活

附　　录

Main Contents

Special Contains

Monographs

Overview of Dehong Situation

Party and Government Institutions

People's Organization

Military

Political Science and Law

Economic Management

Trade

Port Management

Industry

Traffic

Post

Agriculture

Social life

Appendix

特载

解放思想勇于争先　凝心聚力团结干事
为建设桥头堡黄金口岸而努力奋斗

——在中国共产党德宏傣族景颇族自治州第六次代表大会上的报告

中共德宏州委书记　赵　金

（2011年9月20日）

各位代表，同志们：

中国共产党德宏傣族景颇族自治州第六次代表大会，是德宏站在新的历史起点上，承前启后，继往开来，加快发展的关键时期召开的一次重要会议。大会的主要任务是：高举中国特色社会主义伟大旗帜，以邓小平理论和“三个代表”重要思想为指导，深入贯彻落实科学发展观，全面总结州第五次党代会以来的工作，确定今后五年的奋斗目标和主要任务，选举新一届州委和州纪委，选举出席省第九次党代会代表，动员全州党员和各族干部群众，解放思想，勇于争先，凝心聚力，团结干事，全力加快桥头堡黄金口岸和瑞丽重点开发开放试验区建设，大胆创造沿边开放新奇迹，努力开创德宏科学发展新时代。

下面，我代表中国共产党德宏傣族景颇族自治州第五届委员会作工作报告。

一、团结奋进，扎实工作，富裕开放和谐安宁的社会主义新边疆建设取得显著成就

州第五次党代会以来的五年是不平凡的五年。在党中央、国务院和省委、省政府的正确领导下，五届州委高举中国特色社会主义伟大旗帜，以邓小平理论和“三个代表”重要思想为指导，深入贯彻落实科学发展观，认真贯彻落实中央和省委的一系列重大决策部署，团结带领全州各族人民，围绕促进科学发展、增进民族团结、维护边疆稳定三大任务，高度重视发展第一要务，聚精会神加快经济建设；高度重视民族团结，全心全意凝聚民心民力；高度重视边疆稳定，坚定不移打击各种违法犯罪活动；高度重视民生民情，千方百计解决群众生产生活困难。在发展的道路上，积极应对国际金融危机冲击，有力战胜盈江“3·10”地震等各种自然灾害，妥善化解处置各种社会矛盾，圆满完成了州第五次党代会确定的各项目标任务。德宏发展步伐显著加快，呈现出经济发展、社会进步、文化繁荣、民族团结、边疆稳定的大好局面。

（一）始终坚持深化州情认识，发展思路更加清晰完善

思路决定出路。在深入学习实践科学发展观活动和新一轮解放思想大讨论中，州委组织动员全州干部群众开动脑筋，转变观念，拓展思维，跳出德宏看德宏，全面审视德宏发展的优势和劣势，客观分析德宏发展的基础和条件，正确认识德宏发展的不足和差距，准确判断德宏发展的潜力和前景，把

德宏的发展置于全省、全国乃至全球发展的大格局、大趋势中来思考和谋划。通过全州上下大学习大讨论，经过深入调查研究，集思广益，集中民智，群策群力，根据德宏边境、民族、山区、贫困，仍处于欠发达阶段的基本州情和地理区位、光热水土、生物资源、民族文化、人文环境等独具特色的发展优势，州委提出了“以科学发展观为统领，牢牢把握发展第一要务，紧紧抓住西部大开发、中国—东盟自由贸易区建成、中国面向西南开放重要桥头堡建设等重大机遇，围绕全面建设‘小康社会’这一目标，攻克‘毒品、艾滋病’两个难关，打好‘农业、教育、交通’三个基础，发展‘生物特色、旅游文化、水能电冶、外贸加工’四大产业，实施‘生态立州、科教兴州、产业富州、开放强州、和谐稳州’五大战略，全面推进桥头堡黄金口岸建设，把德宏建设成为富裕开放、和谐安宁的社会主义新边疆”的经济社会发展思路和“以经济建设为中心，以巩固党在边疆民族地区的执政基础为目标，强化‘一个武装’即强化用中国特色社会主义理论体系武装干部头脑,推进学习型党组织建设；加强‘两个建设’即加强干部队伍和党风廉政建设；抓好‘三个关键’即大力加强基层党支部建设、选好配强党支部书记、充分发挥共产党员先锋模范作用；坚持‘四个围绕’即围绕经济发展抓党建、围绕民族团结抓党建、围绕边疆稳定抓党建、围绕改善民生抓党建；实施‘五项工程’即农村党员发展工程、农村党员素质提高工程、农村带头人培养工程、农民服务站建设工程、红旗飘飘工程，推进科学发展，构建和谐德宏，为建设富裕开放、和谐安宁的社会主义新边疆提供坚强政治和组织保证”的边疆党建工作思路。全州各项工作思路更加清晰，目标更加明确，优势更加明显，特色更加鲜明，重点更加突出，措施更加有力。经过几年实践，经济社会发展思路和党的建设思路在全州上下形成广泛共识，科学发展的理念更加深入人心，有力地推动了德宏科学发展、和谐发展、跨越发展。实践证明，州委确定的发展思路符合科学发展观要求，符合全省经济社会发展和党的建设总体部署，符合德宏边疆民族地区实际，是全州各级党组织和各族干部群众集体智慧的结晶。今天，美丽的孔雀之乡正沿着科学发展的大道阔步向前迈进。

（二）始终坚持发展第一要务，经济实力显著增强

紧紧围绕经济建设这一中心，千方百计加快发展步伐，主要经济指标突破“双百亿双十亿”大关：生产总值从“十五”末的58.8亿元增加到“十一五”末的140.6亿元，年均增长13.6%，是改革开放以来的最高增速；固定资产投资从34.7亿元增加到131.3亿元，增长2.8倍，年均增长30.5%；对外贸易进出口总额从3.9亿美元增加到11.4亿美元，增长1.9倍，年均增长23.9%；财政总收入从7.3亿元增加到21.7亿元，增长2倍，年均增长24.4%，其中，地方财政一般预算收入从4.1亿元增加到13.2亿元，增长2.3倍，年均增长26.7%；财政支出从16.8亿元增加到58.1亿元，增长2.5倍，年均增长28.1%。三次产业结构由“十五”末的33：22：45调整为“十一五”末的26：34：40。非公经济快速发展，经济结构进一步优化。坚持夯实农业基础地位，实施“兴地睦边”工程和中低产田地改造，冬农开发成为全省亮点，粮食产量从40.3万吨增加到60.3万吨，增长49.7%，连续5年获得丰收，糖、茶、胶、畜等传统优势产业不断整合巩固提升。现代烟草农业扎实推进，成为全国最大的香料烟基地。林业生产稳步发展，完成中低产林改造98万亩。村庄规划全面启动，一批边疆社会主义新农村示范点相继建成，农业农村呈现出一派欣欣向荣的景象。按照“发挥优势、科学规划、把握重点、突出特色、打造亮点”的思路，坚持有所为、有所不为的原则，集中人力、财力，选择具有德宏特色和比较优势的产业做强做大。采取“一个产业由一个州级领导抓，制定一套扶持政策，建设一个大基地，做强一个大企业，打造一个大品牌”的方式，特色产业“五个百亿元工程”快速稳步推进。坚持在特色上作文章，在人均占有上下功夫，优势新兴生物特色产业异军突起。全州竹子、咖啡、坚果、柠檬、油茶、核桃、番麻“六棵树一棵草”种植面积达150余万亩，农民人均拥有2亩，已建和在建加工生产线24条，农民人均从生物特色产业获取收入1000多元。建成国内最大的万吨速溶咖啡生产线，获得“中国咖啡之乡”美誉。生物特色产业成为惠及千家万户的富民产业、促进地方经济社会发展的强州产业和提升德宏知名度的品牌产业。清洁载能工业快速发展，芒市30万吨/年硅铝合金等一批重大工业项目相继开工建设，盈江狮子山70万吨/年铅锌采选项目建成投产。全州工业园区入园企业216户，产业集聚效应日趋显现，工业总产值从27.2亿元增加到102.6亿元，增长2倍，年均增长24.4%，初步实现了边疆农业州的工业突破。珠宝玉石产业“一都三城、五大基地”布局基本形成，成为国内最大的市场集散地之一，年交易额达80亿元，中国·瑞丽国际珠宝文化节被人民网评选为“改革开放30周年中国30个最有影响力节庆品牌”之一。旅游文化产业加快发展，勐巴娜西珍奇园、德宏响声、景成地海温泉、南亚红木家具国际博览中心等一批重大旅游文化项目相继建成。培育了一批龙头骨干企业，形成了一批特色产业集群，走出了一条德宏特色产业发展新路子。今年上半年，全州经济继续保持强劲发展势头，生产总值同比增长16.3%，其他主要经济指标大幅增长，实现了“十二五”良好开局。

（三）始终坚持加强基础设施建设，发展瓶颈制约得到有效突破

坚持把加强基础设施建设作为实现德宏经济社会跨越式发展最重要的基础，加强力量，加大前期经费投入，以大项目带动大建设，大建设促进大发展。实行州级领导重大项目工程挂钩责任制，举全州之力实施了一大批事关全局和长远发展的重大基础设施建设项目。按照思路项目化、项目工程化、工程操作化、操作数字化的要求，坚持一手抓项目争取，一手抓项目落地，抢前期、抢立项、抢开工、抢进度，五年全州共实施固定资产投资项目4797个，同比增加2931个，增长1.6倍，其中亿元以上项目199个。完成芒市机场改扩建工程，通乡油路和乡村通达工程全面实施，大瑞铁路保瑞段、龙瑞高速公路、中缅油气管道建设正式启动。建成腾陇、芒梁两条二级公路，德宏迈入了环州“高等级公路网”时代。实施和建成麻栗坝、回龙河、芒林、红石河水库以及病险水库除险加固、山区“五小”水利、农村饮水安全、界河治理等一批水利工程，盈江大型灌区续建配套工程等农田水利基础设施建设加快实施。龙江水利水电枢纽、大盈江、勐乃河等水电站及电网建设加快推进，建成水电站122座，总装机容量254万千瓦。进一步完善口岸国门、出入境通道、联检查验中心、边民互市市场等建设，基本形成以国家一类口岸为核心、二类口岸为辅助、省级通道为补充的立体口岸体系。不断扩大移动通信和国际互联网覆盖面，以姐告为交换中心的中缅通讯光缆建成启用。完成芒市机场大道、瑞丽大道、梁河龙窝大道以及城市绿化亮化、供排水管网、污水及垃圾处理等一批市政基础设施重大项目建设。州府芒市成功创建省级园林城市。芒市体育运动中心、州医疗集团内科住院大楼、德宏职教园区等一批事关民生的重大项目相继建成或持续推进，城乡面貌焕然一新，为实现全州经济社会跨越式发展打下了坚实基础。

（四）始终坚持增强发展后劲，改革开放迈出坚实步伐

政府机构改革圆满完成，农村综合改革稳步实施，集体林权制度主体改革基本完成，教育改革成效显著，医药卫生体制改革不断深化，农垦、华侨农场改革稳步推进，电力体制改革实现新突破，投融资体制改革迈出较大步伐，成功申报潞西市更名为芒市。对外开放步伐加快，对外贸易呈现良好发展势头，增速位居全省前列。完善提升中缅边境合作机制，对外经济技术合作取得新成果。积极推进通关便利化，口岸综合流量跃居全省口岸第一位，车流量、人流量跃居全国沿边口岸第一位。特别是2009年以来，按照中央和省委、省政府的战略部署和要求，主动作为，超前谋划，快速行动，深入研究，大胆探索，先行先试，提出了桥头堡黄金口岸和瑞丽重点开发开放试验区建设的定位和思路，编制完成了瑞丽试验区《实施方案》和《总体发展规划》。桥头堡黄金口岸和瑞丽试验区建设扎实推进，引起国内外广泛关注，人流、物流、资金流、信息流迅速聚集，一批内联外通的基础设施相继建成，一批外向型特色优势产业快速崛起，一批招商引资重大项目正在规划推进。一个以大战略推动大开放，以大开放推动大发展的桥头堡黄金口岸建设正呈现出如火如荼、蒸蒸日上的喜人态势。

（五）始终坚持保障和改善民生，社会事业取得长足进步

我们顺民意、解民忧、增民利，以空前的力度保障和改善民生，全州用于保障和改善民生投入的增长速度远远高于生产总值增长速度。五年来，全州各级财政民生专项支出达85亿元，比“十五”期间增加76.5亿元，增长了9倍。扎扎实实解决了一批上学难、看病难、就业难、住房难等群众反映强烈的难点热点问题。城镇居民人均可支配收入从8395元提高到13788元，年均增长10.4%；农民人均纯收入从1504元提高到3368元，年均增长17.5%，各族群众生活水平明显提高。牢固树立在德宏“抓教育就是抓基础、抓发展、抓希望”的思想，坚持优先发展教育，从学前教育、义务教育、高中教育、职业教育到高等教育协调发展的德宏民族教育体系进一步完善，校舍安全工程强力推进，“两基”工作顺利通过国家验收，全州高考连续五年取得好成绩，荣获全省教育目标管理考核一等奖。加大科技运用转化力度，建立了后谷咖啡院士工作站和一批国家现代农业产业技术体系综合试验站，荣获全省建设“创新型云南行动计划”目标责任考核一等奖。加大公共卫生投入力度，建立健全覆盖城乡居民的公共卫生和基本医疗服务体系，新型农村合作医疗参合率达98.6%，连续三年居全省第一，实现了乡乡都有卫生院，村村都有卫生室。基本养老、医疗、失业、工伤、生育等社会保险覆盖面进一步扩大，城乡居民社会保障体系更加完善。一批经济适用房、廉租房建设和易地搬迁、安居工程加快实施，困难群众居住条件明显改善。千方百计扩大就业，城镇登记失业率控制在4%以内。安全生产和食品药品安全工作不断加强。人口和计划生育工作扎实开展。体育事业加快发展，成功举办了云南省第七届农民运动会。深入实施兴边富民行动和边疆解“五难”惠民工程，加大扶贫开发力度，减少贫困人口10万余人。科学、有序、有力、有效地组织开展盈江“3·10”地震抗震救灾并取得阶段性重大成果，中央和省委、省政府给予了“反应快捷，指挥有力，组织有序，成效显著”的充分肯定，以建设“美丽富饶新盈江”为目标的恢复重建工作顺利推进。大力实施“生态立州”战略，全州森林覆盖率达67%，节能减排成效明显，提前实现“十一五”目标，荣获全省“七彩云南保护行动”目标责任考核一等奖。

（六）始终坚持加快文化建设，边疆社会主义文化蓬勃发展

大力实施思想理论建设、文化阵地建设、民族文化传播、传统文化保护、对外文化交流和文化产业发展六大工程。加强社会主义核心价值体系教育，“自力更生、勤劳致富、感恩思进”主题教育活动和“花果乡村、和谐家庭、幸福家园”创建活动富有成效，公民思想道德素质和城乡文明程度不断提高。扎实推进边疆文化长廊建设，切实加强边境一线基层文化基础设施建设，乡镇文化站和行政村文化室实现全覆盖，一批县市图书馆、文化馆、科技文化活动中心、文化广场等公共文化设施建成投入使用。实施了一批“和谐文化村”示范点建设，初步建立起州、县、乡、村四级文化网络，边疆公共文化服务体系不断健全，基层宣传思想文化阵地进一步巩固。文化体制改革深入推进，新组建德宏传媒集团、德宏州民族歌舞剧院。文化产业加快发展，全州文化产业增加值占生产总值的4.3%。不断加强民族文化传承和保护，傣族剪纸入选联合国“人类非物质文化遗产代表作名录”，傣剧、目瑙纵歌节等12个项目被列为国家级非物质文化遗产。文艺创作取得丰硕成果，《南西拉》、《烈焰景颇》等一批民族歌舞剧目荣获国家和省级奖项。成功推出中缅胞波狂欢节、中国·德宏国际泼水狂欢节和中国·德宏国际目瑙纵歌节等民族节庆品牌，深入实施一个民族一本书、一首歌、一个电视片、一盘光碟“四个一”民族文化传播工程，深入挖掘和总结提炼出德宏民族文化、边地文化、生态文化、珠宝文化和抗战文化五大特色文化，建立中国电视剧导演工作委员会瑞丽创作基地，合作拍摄了《中国远征军》等一批影视作品，德宏知名度和美誉度显著提升。

（七）始终坚持加强民主法制建设，安定和谐的政治局面不断巩固

坚持党的领导、人民当家作主、依法治州有机统一。切实加强党对人大、政协工作的领导，人大、政协履职富有成效。统战、宗教、对台、侨务以及工青妇等工作进一步加强。深入开展依法治州和普法工作。扎实推进政务、厂务、村务公开。加强国防动员和后备力量建设，“双拥”工作卓有成效。关心下一代工作获得全国先进表彰，老龄工作成绩显著。牢牢把握各民族共同团结奋斗、共同繁荣发展的主题，全面落实民族区域自治制度，扎实推进民族团结进步事业，“民族团结模范州”建设迈出坚实步伐，平等、团结、互助、和谐的社会主义民族关系进一步巩固。采取特殊措施加大少数民族干部培养选拔力度，少数民族干部比例达35.4%，处级干部中少数民族干部达42.1%。始终把攻克毒品和艾滋病两个难关作为重要任务，明确提出“不重视禁毒防艾的领导是不称职的领导，不会抓禁毒防艾的干部是不合格的干部”，以“毒品不禁，我心不甘，艾滋病不灭，我夜不眠”的强烈责任感、使命感和紧迫感，以打攻坚战、持久战的思想深入开展禁毒防艾人民战争。建立了州、县、乡、村、组五级责任明确、联动作战的工作格局和“一打、二防、三戒、四教”的禁毒防艾工作模式。全州共抽调各级干部1万多人次、组成556支工作队长期进村入社开展禁防工作，随时保持强收、强戒、强打的高压态势。毒品犯罪活动大幅下降，2010年吸毒人数比2004年减少45%；吸毒人群感染艾滋病的比例逐年下降，艾滋病疫情蔓延的势头得到有效遏制。禁毒防艾工作目标责任考核连续6年荣获全省一等奖，德宏已由毒品、艾滋病危害的“重灾区”成为全国禁毒和防治艾滋病的“示范区”。加强和创新社会管理，认真做好新形势下的群众工作，进一步密切了党群干群关系。牢固树立“发展是第一要务，稳定是第一责任”和“发展是政绩，稳定也是政绩”的观念，建立完善边境管控、社会维稳工作机制和社会治安综合治理责任制，积极做好各种应急处突预案，加强社会治安综合治理，“平安德宏”创建扎实推进，依法严厉打击各类违法犯罪活动，严密防范境内外敌对势力的渗透、破坏和分裂活动，切实维护了社会稳定和边疆安宁。高度重视信访维稳工作，充分发挥网上“书记州长信箱”和“百姓留言板”作用，深入开展领导干部“大接访”、“大下访”活动，实行重要信访件包案、新提拔处级领导干部到信访部门顶岗锻炼等制度，信访工作成效明显。五年来，全州未发生过激失控的群体性事件，保持了全州和谐稳定。

（八）始终坚持加强和改进党的建设，党在边疆民族地区的执政基础进一步夯实

按照党建工作思路，紧扣“强组织，建阵地，聚人心，固边疆，促发展”的目标，全面加强党的思想、组织、作风、制度和反腐倡廉建设。深入开展学习实践科学发展观活动，根据德宏边疆民族地区少数民族干部群众普遍使用本民族语言文字的实际，突出实践特色，创新学习方式，丰富活动载体，采取“用民族干部宣传、用民族语言讲解、用民族文字阐述、用民族节庆展示、用民族文化体现科学发展观”的“五用”措施，以干部群众喜闻乐见，易于理解的方式宣传学习实践科学发展观，使边疆民族地区广大干部群众对党的科学理论，从不认识到认识，从认识到自觉实践，从自觉实践到推动科学发展。在边疆民族地区探索出了一个传播普及科学理论的有效方法。在深化和拓展“云岭先锋”工程，深入推进边疆党建长廊建设中，坚持固本强基，集中力量实施了重在夯实农村发展基础的基层党建“五项工程”。一是实施农村党员发展工程，发展壮大农村党员队伍。5年共发展农村党员5226名，全州党员人数达到5.4万人，扩大了基层党组织覆盖面，全面消除了党员空白村民小组。二是实施农村党员素质提高工程，建设高素质农村党员队伍。开展农村实用技术学校和农村党校“两校进村”活动，加强对农村党员的党性教育和致富能力培训，农村党员素质得到全面提高。三是实施农村带头人培养工程，选好配强基层组织领导班子。以基层党组织建设为核心，以党员带头致富能力培养为突破口，选拔优秀党员担任村党总支（支部）书记、村委会主任。农村带头人队伍不断壮大，带领群众致富的能力显著提高。四是实施农民服务站建设工程，构建服务群众网络体系。在城市，以县城为重点建立政务服务中心；在农村，以乡镇为重点建立为民服务中心，采取固定场所办公服务与流动服务队上门服务相结合，构建了州、县、乡、村、组五级为民服务体系，实现了全州为民服务城乡全覆盖，让群众“少跑一趟路、少进一道门、少找一个人、少花一点钱”就能办好事情。五是实施“红旗飘飘”工程，增强爱党爱国意识。使广大党员和边境各族干部群众牢固树立国家、国民、国门、国土、国防意识，激发了热爱伟大祖国、热爱社会主义、热爱中国共产党的热情。建立基层党建经费保障、村和社区“两委”激励考核以及基层党员培训教育长效机制，实现村级党员活动场所和农村党员干部现代远程教育站点建设全覆盖。非公经济组织和新社会组织党建工作扎实推进。深入开展创先争优活动，广泛开展了创建“百强支部，百佳书记，百优党员”的创“星”晋级争“三百”工程活动。实行党组织和党员公开承诺制，开展向杨善洲同志学习活动，基层党组织的战斗堡垒作用、党员的先锋模范作用和领导干部的带头表率作用得到充分发挥。加强各级领导班子建设，认真落实省委“个人形象一面旗，工作热情一团火，谋事布局一盘棋”要求，大力倡导领导班子“七要七不要”，各级领导干部以自己的良好形象影响干部群众，以自己的工作热情带动干部群众，以自己的党性修养教育干部群众，形成了“四套班子一条心，四个轮子一起转”的工作合力。严格执行《党政领导干部选拔任用工作条例》，深入贯彻落实干部选拔任用四项监督制度，坚持德才兼备、以德为先的选人用人标准，严格干部选拔任用规定程序。深化干部人事制度改革，加大竞争性选拔干部工作力度，对州政府副秘书长等12个处级职位和50个科级职位进行公开选拔，进一步提高了选人用人的公信度。圆满完成2011年县、乡两级党委换届选举工作。加强干部教育、管理和监督工作。

深入推进党风廉政建设和反腐败斗争，加强惩治和预防腐败体系建设，严格执行国家公职人员“五不准”，加强领导干部廉洁自律工作，严肃纠正损害群众利益的不正之风，成立了全省第一家公共资源交易中心，强化对权力运行的制约和监督，实行县（市）党政主要领导重大决策责任档案等三项制度，扎实推进农村基层党风廉政建设，惩治腐败和问责工作力度不断加大。2010年我州党风廉政建设责任制和惩防体系建设被省委考核评定为优秀。

可以说，州第五次党代会以来的五年，是德宏发展理念更加科学、发展思路更加清晰、发展成果更加显著的五年；是发展基础进一步夯实、发展瓶颈进一步突破、发展后劲进一步增强的五年；是经济社会发展最快、城乡面貌变化最大、人民群众得到实惠最多的五年；是全州经济建设、政治建设、文化建设、社会建设以及生态文明建设和党的建设取得重大成就的五年。五年来，我们战胜了前进道路上一个又一个困难和挑战，取得了显著成绩。德宏发生了广泛而深刻的变化，从城市到广大农村，从坝区到山区，从经济到社会各个领域，处处焕发出加快发展的蓬勃生机和旺盛活力，为“十二五”乃至更长一个时期跨越式发展奠定了坚实基础。这是党中央、国务院和省委、省政府坚强领导、亲切关怀的结果，是深入贯彻落实科学发展观的结果，是全州各级党组织团结带领各族干部群众锐意进取、团结拼搏的结果。在此，我代表五届州委，向所有为德宏改革发展稳定作出贡献的同志们，向所有关心支持德宏建设的朋友们，表示衷心的感谢并致以崇高敬意！

成绩来之不易，经验弥足珍贵。五年的生动实践启示我们，一是必须始终坚持用中国特色社会主义理论体系武装头脑，深入贯彻落实科学发展观，在思想上、政治上、行动上与党中央保持高度一致，坚定不移贯彻落实中央和省委、省政府的决策部署；二是必须始终坚持解放思想、实事求是、与时俱进，一切从实际出发，确定一个科学发展思路，走出一条符合德宏边疆民族地区实际的发展路子；三是必须始终坚持发展第一要务，以经济建设为中心，全州一盘棋、上下一条心、劲往一处使，认准目标不动摇、不旁顾、不懈怠、不争论、不折腾，集中精力抓发展；四是必须始终坚持自力更生、勤劳致富、感恩思进，树立“建设德宏、发展德宏、人人有责”的思想，大力弘扬“团结、开拓、创新、奋进、务实”精神；五是必须始终坚持把保障和改善民生作为一切工作的出发点和落脚点，让边疆各族群众共享改革发展成果；六是必须始终坚持把促进科学发展、增进民族团结、维护边疆稳定放在同等重要位置，作为各级党委、政府的第一责任，任何时候都不能有丝毫偏移；七是必须始终坚持全面加强和改进党的建设，不断提高德宏边疆党的建设科学化水平和党员干部领导科学发展的能力，为经济社会发展提供坚强有力的组织保障。

我们也清醒地看到，德宏作为一个边境民族欠发达地区，发展中还面临着许多困难和问题，主要是：经济基础薄弱，总体经济实力和自我发展能力还不强；基础设施建设仍然滞后；社会发育程度低，劳动者科技文化素质亟待提高；禁毒防艾和维护边境稳定任务仍然艰巨；一些党员干部的思想观念、能力素质、工作作风与当前发展的需要还不相适应，少数干部中以权谋私的问题仍然存在等。这些困难和问题，我们将高度重视，认真解决。

二、解放思想，勇于争先，努力开创德宏科学发展新局面

今后五年，是德宏乘势而上、跨越发展的黄金期，是强基础、攻难关的关键期，也是检验我们执政能力的考验期。沿边开放自古以来就是德宏的特色所在、优势所在、潜力所在。面向西南开放重要桥头堡和瑞丽重点开发开放试验区建设，带来了千载难逢的良机，创造了广阔的发展空间，历史性地把德宏推向了对外开放的最前沿，标志着德宏进入了一个划时代的发展新阶段。能够赶上大机遇，构筑大通道，参与大开发，推动大开放，实现大发展，是每一个德宏人人生中最光荣的一件大事、最闪光的一段经历。我们必须站在中国和世界发展的战略高度，以更加开阔的视野、更加宏大的气魄，以争分夺秒、时不我待的精神，出大力、流大汗，讲科学、重规划，全力推进桥头堡黄金口岸和瑞丽重点开发开放试验区建设。我们决不可坐等观望，错失机遇；决不可无所作为，贻误发展；决不可松劲懈怠，辜负党和人民的殷切期望。当前，桥头堡黄金口岸和瑞丽重点开发开放试验区建设已经全面启动，各族干部群众思进取、求发展的激情熊熊燃烧，迸发出无穷的智慧和力量。全州上下抢抓机遇、争先跨越的愿望比任何时候都更为迫切，鼓足干劲、创先争优的热情比任何时候都更为高涨。我们有历届州委打下的坚实基础，有实践中形成并不断完善的科学发展思路，有一支可信赖、敢担当、作风硬的干部队伍，有风清气正的干事创业环境，天时地利人和齐备，扬帆正当时。

今后五年全州工作的总体要求是：高举中国特色社会主义伟大旗帜，以邓小平理论和“三个代表”重要思想为指导，深入贯彻落实科学发展观，牢牢

把握促进科学发展、增进民族团结、维护边疆稳定三大任务，坚定不移地按照州委确定的发展思路，以科学发展为主题，以加快转变经济发展方式为主线，打基础，重三农，强产业，扩开放，兴文化，保民生，优生态，促和谐，抓党建，实现农业提升，工业突破，贸易转型，旅游崛起，城市升级，文化繁荣，着力推动桥头堡黄金口岸、瑞丽重点开发开放试验区和美丽富饶新盈江建设取得重大突破，努力探索沿边开放新模式，大胆创造沿边开放新奇迹，当好排头兵，再创新辉煌。

今后五年全州经济社会发展的主要目标是：生产总值年均增长15%以上；全社会固定资产投资年均增长30%以上；实现城乡居民收入与生产总值同步增长。使经济实力显著增强，基础设施建设全面提升，结构调整不断优化，改革开放取得重大进展，社会事业全面发展，人民生活更加殷实；使产业更有竞争力、社会更有创造力、文化更有影响力、环境更有承载力、美丽德宏更有吸引力、边疆各族群众更具幸福感，圆满完成“十二五”规划目标。

围绕上述奋斗目标，我们要勇于担当，敢为人先，敢闯敢试，全力打好“八大突破”攻坚战，努力实现历史性的大突破、大发展。

（一）全力打造桥头堡黄金口岸，在瑞丽重点开发开放试验区建设上取得重大突破

当好桥头堡建设排头兵，我们使命光荣、任务艰巨、责无旁贷。要把全州作为桥头堡建设先行先试区，在全省“一盘棋”总体布局下，重点围绕“一个通道枢纽，一个重点开发开放试验区，一个中缅跨境经济合作区，三个产业基地，三个服务平台，三个交流窗口”规划建设桥头堡黄金口岸。把瑞丽试验区建设作为工作的着力点和发展的突破口，坚持高质量开发、高水平开放、差异化发展，大胆探索，先行先试。按照“一核两翼，联动发展；一区多园，政策叠加”的思路，依托通道干线，以瑞丽为核心，芒市、陇川为两翼，重点建设跨境经济合作区、国际物流仓储区、国际商贸旅游服务区、进出口加工区、特色农业示范区（基本农田保护区）和生态安全屏障区六个功能区，构建土地利用、投融资、人才支撑三个平台，实施体制机制创新试验，加快推进一大批基础设施、产业和社会事业重大项目建设。围绕建设桥头堡内联外通重要通道枢纽目标，构建“东连滇中、西入南亚、南下缅甸、直进印度洋”的国际大通道综合立体交通网络。重点加快推进芒市机场开放为国际口岸机场，积极谋划搬迁至遮放前期工作。全力配合国家抓好铁路、高速公路、中缅陆水联运大通道和中缅油气管道建设。加快畹町连接弄岛的瑞丽大道建设。加强口岸基础设施建设，提升通关便利化水平，构建沿边现代立体口岸体系。推进芒杏120万千瓦水电站、天然气热电联产等重大能源项目建设，强化跨境能源合作和城乡电网建设。加快“数字德宏”建设，构建面向南亚、东南亚的区域性国际通信与信息服务枢纽。积极推动昆明—皎漂经济走廊建设，加快转变贸易发展方式，优化贸易结构，深化与南亚、东南亚及环孟加拉湾国家经贸交流合作，打造沿边重要国际贸易平台。努力把瑞丽重点开发开放试验区建设成为中缅边境经济贸易中心、我国面向西南开放重要国际陆港、国际文化交流窗口、国际绿色休闲度假黄金口岸城市、沿边统筹城乡发展先行区和中缅睦邻安邻富邻示范区。

（二）切实加强农业农村工作，在创建“花果乡村、幸福家园”上取得重大突破

始终把“三农”工作作为全部工作的重中之重，认真落实各项强农惠农政策，进一步加大对“三农”的投入力度，千方百计增加农民收入。大力实施建制村道路硬化全覆盖、农村中小学校舍安全改造全覆盖、村级卫生室附属设施建设全覆盖、农村广播电视全覆盖、农村安全饮水全覆盖、农村电网升级改造全覆盖等六个全覆盖工程。大力发展民生水利，积极推进“龙江引水”工程和盈江、麻栗坝两个大型灌区建设，新开工一批骨干水源、病险水库除险加固、山区“五小水利”等项目，掀起新一轮水利建设高潮。坚持用工业的理念谋划农业，继续实施好“兴地睦边”、中低产田地改造等工程，下大力气加快农业产业化步伐，推进农业和山区综合开发，整合巩固提升粮、糖、茶、胶、畜等传统产业，进一步提高冬农开发效益，促进农业持续稳定发展和提升。扶持龙头，做大规模，打造国家级亚热带农业示范区、国家级糖料生产基地和冬早蔬菜生产基地。加强新型农民培训，加大农村富余劳动力转移力度。深化农垦、供销社和农村综合改革，大力推进新农村建设，进一步改善农村生产生活条件。全面实施村庄规划，以交通干线、边境沿线、乡镇政府所在地周边为重点，加强水电路建设，实施民房改造提升工程，发展特色经济，加强绿化美化，把德宏的广大农村建设成为“山水田园一幅画”的“花果乡村、幸福家园”。

（三）着力调整优化产业结构，在打造外向型特色优势产业基地上取得重大突破

发展特色优势产业，形成沿边经济增长极是建设桥头堡黄金口岸的重要目标。要坚持有所为、有所不为的原则，大力发展生物特色、外向型工业、休闲度假旅游、现代服务和国际物流仓储等外向型特色优势产业。坚定不移地发展以“六棵树一棵草”为重点的新兴生物特色产业，加快世界最大的单体10万吨速溶咖啡生产线建设，把德宏的新兴生物特色产业打造成最具竞争力的支柱产业。加快德宏新烟区建设，打造云南特色优质烟叶后备战略基地，力争把德宏建成世界香料烟之乡。坚持走新型工业化道路，积极推进电矿结合的清洁载能工业。加快发展天然气化工产业。大力发展汽车、摩托车、农用机械制造装配、IT、家电、轻纺服装、医药器械、生物制药、食品加工等外向型工业。按照“两城、两江、两环线”的旅游产业布局，加快一批旅游基础设施、景区景点重点项目建设，全力打造“美丽德宏·养生天堂”，把德宏建成面向南亚、东南亚的重要旅游集散地和旅游目的地。大力发展金融保险、商务会展、国际物流、信息服务等现代服务业。围绕建立区域性国际金融服务中心的目标，大力提升金融业对建设桥头堡黄金口岸的支撑能力。加快现代物流发展，打造区域性国际物流中心和我国西南沿边地区重要物流基地。实施“大企业进入”战略，着力在招商引资上下功夫，引进大企业，做强产业园区，加快推进瑞丽国际华商产业园和芒市、瑞丽两个省级工业园以及陇川、盈江、梁河工业园区建设。努力把德宏打造成为传统优势产业、新兴特色产业和现代服务业协调发展的外向型特色优势产业基地。

（四）全力加快城镇化进程，在建设沿边国际口岸城市群上取得重大突破

城市是桥头堡黄金口岸的重要载体，城镇化是带动德宏实现跨越式发展的火车头。要抓住德宏进入城镇化加速发展的关键期，高度重视城镇化、工业化加速推进和德宏山多坝少、耕地资源十分宝贵这一矛盾，大力建设“山地城镇”，走出一条具有德宏特色的城镇化发展路子。坚持规划引领，围绕城乡规划“一幅图”、基础设施“一张网”、功能布局“一盘棋”的要求，按照“一核两翼三带四城”的区域空间布局，做精瑞丽“一核”，做强瑞丽—陇川、瑞丽—芒市“两翼”，做实芒市—遮放—畹町—瑞丽—陇川、陇川—盈江、芒市—梁河—盈江“三条经济带”，做大面向南亚、东南亚的瑞芒陇盈沿边国际口岸城市群。突出芒市全州政治经济文化中心的地位，努力实现规模升级、产业强化、功能提升，成为辐射带动全州城镇化、工业化的重要增长极；凸显瑞丽试验区的龙头地位，充分发挥国际陆港的区位优势，打造精品口岸城市，建成边境城市跨越式发展的典范；强化陇川与瑞丽在发展空间、产业布局和功能定位上的优势互补，发挥中缅陆水联运前沿港优势，建设外向型特色优势产业基地；抓住盈江恢复重建的重大机遇，以治理和建设大盈江为重点，加快产业发展，努力建设美丽富饶新盈江；发挥梁河连接腾冲和瑞芒陇盈沿边国际口岸城市群“中转站”的枢纽优势，建设德宏“北大门”。规划建设连结各县市的高速公路网，优化空间和产业布局，形成德宏一小时经济圈。以建设“山水田林园城市”为目标，突出“民族文化、绿色生态、现代气息”三个特征，规划建设好县城、中心集镇和沿边特色城镇。创新土地利用思路，加大收储力度，注重节约集约用地，加强坝区良田保护。统筹城乡协调发展，努力实现城乡公共服务均等化。以创建国家级和省级文明城市、卫生城市和园林城市为抓手，不断提升城市品位，增强城市魅力。

（五）全面加快社会事业发展，在保障和改善民生上取得重大突破

民生无小事，件件关民心。必须始终坚持“以人为本、民生至上”的理念。扎实推进新一轮“兴边富民”和边疆解“五难”惠民工程，从群众最关心、最直接、最现实的利益问题入手，着力实施“八大民生工程”。一是实施“城乡居民收入增长工程”。牢固树立强州必先富民的理念，加大生物特色产业发展力度，培育农民可持续收入来源，加大就业再就业工作力度，最大限度增加城镇居民就业岗位，千方百计提高城乡居民收入水平，让边疆各族群众尽快富裕起来。二是实施“教育质量提升工程”。牢固树立“教育能走多远，德宏的发展就能走多远”的理念，坚持教育优先发展，以办人民满意的教育为目标，加大投入力度，优化教育资源配置，推进义务教育均衡发展，加强高中阶段教育，打造全省一流中学，推进职教园区建设，加快综合性大学创办步伐，着力构建学前教育、义务教育、高中教育、职业教育、高等教育为一体的民族教育体系，使边疆的孩子不输在起跑线上。三是实施“百姓健康工程”。牢固树立健康是民生之本的理念，深化医药卫生体制改革，完善新型农村合作医疗制度，促进基本公共卫生服务均等化，加强食品药品安全监管，扎实做好人口和计划生育工作，不断提高城乡医疗服务水平和边疆各族群众健康水平，打造“健康德宏”。四是实施“科技创新工程”。牢固树立科技是第一生产力的理念，着力推进科技进步创新，着力提高劳动者科技素质，建设德宏科技创新园，充分发挥科技对经济社会发展的支撑作用。五是实施“社会保障工程”。健全完善社会保障体系，进一步扩大城乡居民最低生活保障、基本医疗保障覆盖面，实现城乡居民社会养老保险全覆盖。六是实施“安居工程”。以城市经济适用房、廉租房、公租房、棚户区改造和农村民居地震安全工程及农村危房改造工程为重点，加大保障性住房建设力度，进一步改善城乡居民住房条件。七是实施“米袋子、菜篮子工程”。按照科学规划、合理布局、政府引导、政策扶持的要求，保护基本农田，确保粮食稳产增产，加强县城所在地“菜篮子”基地、农贸市场建设，加强市场保障，对困难群众采取有力有效的救助措施，保持物价总体稳定。八是实施“扶贫攻坚工程”。围绕巩固提升现有扶贫成果、全面推进贫困人口脱贫、对深度贫困人口进行重点扶贫攻坚三个层次，开展以县为单位连片开发试点，加快国家扶贫开发工作重点县脱贫致富步伐，加大对景颇、阿昌、德昂三个人口较少民族和傈僳、佤族两个特困民族及山区贫困人口扶持力度，让边疆各族群众得到更多实惠和发展机会。

（六）大力推进文化建设，在建设民族文化强州上取得重大突破

文化兴、人心齐、边疆稳。围绕建设“民族文化强州”的目标，继续实施宣传思想文化“六大工程”，加强社会主义核心价值体系和社会主义精神文明建设，深入持续开展“自力更生、勤劳致富、感恩思进”主题教育和“花果乡村、和谐家庭、幸福家园”创建活动，让纯朴善良、勤劳智慧的民族品格世代相传。深化文化体制改革，健全公共文化服务体系，深入挖掘打造德宏“五大特色文化”，大力实施“四个一”民族文化传播工程。进一步加强国门书社、乡镇综合文化站、村文化活动室和农家书屋建设，大力推进乡镇文化信息资源共享工程，着力构建覆盖城乡的公共文化设施网络。繁荣发展哲学社会科学。加强对外宣传、舆论引导和互联网管理。加快芒市民族文化园区建设，重点抓好州博物馆等一批重点文化项目建设。加大民族文化、历史文物和非物质文化遗产的保护力度，重点培养一批具有代表性和影响力的民族文化领军人才、非物质文化传承人，集中推出一批有影响力的文艺影视精品力作。建立健全文化产业投融资体系，推进文化与旅游深度融合，建立珠宝翡翠、红木家具等专业交易中心，全力打造“美丽德宏·中国玉都”和“瑞丽东方珠宝城”。巩固提升我州特有的节庆会展品牌，积极培育具有南亚、东南亚区域民族特色的文化产业群。努力把德宏建成向外展示中华文化、对内推介邻国文化、促进国际人文交流合作的友好交流窗口，推动边疆社会主义文化大发展大繁荣。

（七）大力加强生态文明建设，在构建生态安全屏障上取得重大突破

德宏最优质的资源是环境，最宝贵的财富是生态。必须把生态建设与环境保护放在更加突出的位置，着力实施生态立州战略，坚持生态建设产业化，产业发展生态化，促进德宏经济发展与人口资源环境相协调。深入实施“七彩云南德宏保护行动”，加快推进林权制度配套改革，切实抓好以“森林德宏”为重点的生态工程建设，巩固退耕还林成果，把德宏建成森林强州。加强水源和生态湿地保护，全力做好瑞丽江、大盈江流域水污染综合治理以及流域内水电开发环境保护工作。加大环境污染综合治理力度，加强城市污染防治，减少农村面源污染。抓住国家将云南列为低碳试点省的机遇，大力发展绿色经济、低碳经济、循环经济，深入推进节能减排。完善矿产资源有偿使用制度，实现资源高效、可持续开发利用。全面加强防灾减灾体系建设，牢固树立变被动救灾为主动防灾减灾的思想，加大滑坡、泥石流等重点区域地质灾害治理力度，切实增强防灾减灾能力。加强生物多样性保护，努力把我州建设成为云南重要的生物多样性宝库和生态安全屏障，打造“车在林中行，人在画中游”的“绿色宜居德宏”。

（八）切实加强民主法制建设，在民族团结进步、边疆繁荣稳定示范区建设上取得重大突破

坚持党的领导、人民当家作主、依法治州有机统一。支持各级人大及其常委会依法履行职能，保障人大代表依法行使职权。支持人民政协围绕团结和民主两大主题，履行政治协商、民主监督、参政议政职能。坚持和完善民族区域自治制度，认真贯彻《民族区域自治法》，抓好我州《自治条例》的贯彻落实。充分发挥工、青、妇等人民团体广泛联系群众的桥梁纽带作用。加强基层民主政治建设，深化政务、厂务、村务公开。支持司法机关依法独立行使职权。认真落实党的民族、宗教、对台、侨务政策，巩固和发展最广泛的爱国统一战线。始终把民族工作作为“一把手工程”来抓，围绕建设“民族团结模范州”的目标，巩固和发展平等、团结、互助、和谐的社会主义民族关系，促进各民族共同团结奋斗、共同繁荣发展。切实加强政府自身建设，深入开展“六五”普法，努力提高政府依法行政能力。认真做好老龄、老干部和关心下一代工作。深化全民国防教育，巩固和发展军政军民团结。加强和创新社会管理，认真做好新形势下的群众工作。坚持“打、防、管、控”相结合，不断加大社会治安综合治理力度，扎实推进“平安德宏”建设。高度重视、高位领导，举全州之力继续强势推进第三轮五年禁毒防艾人民战争，坚持“两个前移”，切实加强村民理事会建设，充分发挥驻村工作队作用，不断巩固禁毒防艾成果。严密防范和严厉打击境内外敌对势力的渗透、破坏和分裂活动，巩固和维护好边疆和谐稳定大局。边境安则边疆稳、边民富则边防固、边境兴则全州强。要始终把加快边境地区的发展放在全州经济社会发展全局中谋划，坚持以发展促团结，以发展促稳定，以发展促和谐，科学编制规划，采取特殊政策，加大对边境地区的扶持力度，加快边境一线发展，把边境一线建设成边民富裕、边境安宁的风景线。

三、凝心聚力，团结干事，全面提高边疆党的建设科学化水平

实现未来五年的宏伟目标，关键在党。我们要始终坚持党要管党、从严治党，以加强党的执政能力建设和先进性建设为主线，以强组织为重点、建阵地为基础、聚人心为关键、固边疆为根本、促发展为目的，全面加强党的思想、组织、作风、制度和反腐倡廉建设，努力提高边疆党的建设科学化水平，为桥头堡黄金口岸和瑞丽重点开发开放试验区建设提供坚强保证。

（一）着力提高党员干部思想政治水平。科学理论只有被干部群众所掌握，才能形成推动科学发展的强大动力。要坚持用中国特色社会主义理论体系武装头脑、指导实践、推动工作，继续采取“五用”措施，传播普及科学理论，深入推进边疆民族地区科学理论的大众化。强化党员理想信念教育，加强领导干部党性修养，牢固树立正确的世界观、权力观、事业观，不断增强为党和人民事业不懈奋斗的自觉性和坚定性，永葆共产党人政治本色。扎实推进学习型党组织建设，大力弘扬理论联系实际的学风，把理论学习与研究解决桥头堡黄金口岸、瑞丽重点开发开放试验区建设等经济社会发展中的重大问题结合起来，切实加强党委政府决策咨询工作，不断提高全州广大党员干部领导和推动科学发展的能力。

（二）着力加强领导班子和干部队伍建设。紧紧围绕桥头堡黄金口岸和瑞丽重点开发开放试验区建设，大力加强领导班子和干部队伍建设，努力形成团结一心干事业、齐心协力谋发展、群策群力促和谐的生动局面。以提高领导水平和执政能力为核心，坚持和完善民主集中制，大力倡导“七要七不要”，努力把各级领导班子建设成坚定贯彻党的理论路线方针政策、善于领导科学发展的坚强战斗集体。坚持德才兼备、以德为先的选人用人标准，把干部的德放在首位，大力选拔任用政治坚定、有真才实学、实绩突出、群众公认的干部。坚持正确的选人用人导向，增强干部选拔任用工作的公信度和透明度，按照“四用四不用”要求，凭实绩使用干部，让能干事者有机会，干成事者有舞台，不让老实人吃亏，不让投机钻营者得利。深化干部人事制度改革，加大竞争性选拔干部力度，有计划地安排年轻干部到基层一线锻炼成长，形成在重点工作、重点项目、重点工程、艰苦地方发现干部、识别干部、锻炼干部、培养干部、选拔干部的选人用人新机制。采取特殊措施大力培养选拔少数民族干部，特别是人口较少民族干部，使少数民族干部队伍的整体素质不断提高。注重选拔年轻干部、妇女干部和党外干部，合理使用各年龄段干部。加强干部教育培训，创新完善边疆民族地区干部教育培训机制，深入实施干部教育培训“百千万工程”。加强干部监督管理，坚持从严管理干部。积极培养和引进桥头堡黄金口岸建设急需的各类人才，努力建设一支适应桥头堡黄金口岸建设需要的高素质干部和人才队伍。

（三）着力抓好边疆民族地区党的基层组织建设。党的基层组织是党的全部工作和战斗力的基础。要扎实推进边疆党建长廊建设，进一步巩固和扩大基层党建“五项工程”成果，继续深入实施“评‘星’晋级创三百”工程，把创先争优活动不断引向深入。扎实开展党建带工建、带团建、带妇建工作。严格执行基层党组织和党员公开承诺制，健全完善基层党建工作责任制。积极探索网络党建工作，不断创新党建模式。进一步加大非公有制经济组织和新社会组织党建力度，加强和改进流动党员管理，

扩大基层党组织覆盖面。抓好以基层党组织书记为重点的基层干部队伍建设，认真做好发展党员工作，保障党员民主权利，更好地发挥基层党组织的战斗堡垒作用、广大党员的先锋模范作用和领导干部的带头表率作用。着力改善基层党组织工作条件，将农村和社区党组织活动场所建设提高到一个新的水平。坚持用制度管权管事管人，不断推进边疆党的基层组织建设制度化、规范化、程序化。

（四）着力保持党同人民群众的血肉联系。始终牢记胡锦涛总书记“七一”重要讲话中强调的“只有我们把群众放在心上，群众才会把我们放在心上；只有我们把群众当亲人，群众才会把我们当亲人”的重要论断。牢固树立群众观点，自觉贯彻群众路线，坚持思想上尊重群众、感情上贴近群众、工作上依靠群众，顺应各族群众的新期盼、新要求，人对人、面对面、手拉手、心连心做好群众工作。坚持问政于民、问需于民、问计于民，真诚倾听群众呼声，真实反映群众愿望，真情关心群众疾苦，真正做人民利益的保护者和人民心声的代言人，以优良的党风政风凝聚党心民心。按照“七个不让”要求加强作风建设，坚持“一线工作法”，做到发现问题在基层、工作落实在基层、干事创业在基层，紧盯目标任务，一个个落实、一项项突破。深入开展向杨善洲同志学习活动，不断增强广大党员干部在推进德宏科学发展、和谐发展、跨越发展中开拓创新、苦干实干的勇气和魄力。

（五）着力推进党风廉政建设和反腐败斗争。坚持“标本兼治、综合治理、惩防并举、注重预防”的方针，严格遵守《廉政准则》，认真落实党风廉政建设责任制，深入推进惩治和预防腐败体系建设。围绕发展党内民主、保障党内监督，加强党内民主建设，积极稳步推进地方党组织党务公开试点工作，以党务工作的公开透明，最大限度地扩大党员群众对党内事务的知情权、参与权、选择权、监督权，增强党务工作的透明度，不断提高党组织的创造力、凝聚力、战斗力。深入开展农村基层党风廉政建设。进一步加强对重大决策部署执行情况的监督检查，特别要加强对桥头堡黄金口岸建设、盈江地震灾后恢复重建等重点领域、重大项目、重点工程的监督检查，确保工作推进到哪里，监督检查就跟进到哪里，始终盯住质量不放，抓住问题查处。继续完善提升“五级为民服务体系”建设，不断提升政务服务工作水平，用好公共资源交易平台，让权力在阳光下运行。坚持不懈抓预防，动真碰硬抓问责，态度坚决抓惩处，继续保持惩治腐败高压态势。正确处理惩处与保护的关系，既要在桥头堡黄金口岸建设先行先试中保护广大干部敢闯敢干的积极性，又要坚决与各种腐败行为作斗争，努力为桥头堡黄金口岸建设营造风清气正、积极向上、奋发有为、创先争优的干事创业氛围。

实现今后五年奋斗目标，必须突出“闯”、务求“快”、立足“实”。“闯”就是必须始终保持一股闯劲、一股拼劲、一股韧劲，把工作的激情、艰苦奋斗的精神和科学的态度结合起来，以开拓的精神、创新的勇气、奋进的斗志、包容的胸怀，大步先行，大胆先试。“快”就是切实增强加快发展的紧迫感，始终保持雷厉风行、只争朝夕、不甘人后的工作作风和超常规的工作节奏，争取用最短的时间走完发达地区走过的路程，迎头赶上，努力把德宏科学发展的步子迈得更大、更坚实，推动德宏进入跨越发展的新阶段。“实”就是牢固树立责任意识，脚踏实地，求真务实，始终盯紧目标、真抓实干，把各项工作做细做实做出成效。只要我们始终保持奋发有为的精神状态、求真务实的工作作风和永不懈怠的创新勇气，德宏就一定能够当好桥头堡建设排头兵，在新的历史征程中谱写更加壮丽的新篇章。

同志们，回顾过去，我们豪情满怀；展望未来，我们信心百倍。让我们更加紧密地团结在以胡锦涛同志为总书记的党中央周围，高举中国特色社会主义伟大旗帜，以邓小平理论和“三个代表”重要思想为指导，深入贯彻落实科学发展观，在省委、省政府的坚强领导下，团结带领全州各族人民，解放思想，勇于争先，凝心聚力，团结干事，为建设桥头堡黄金口岸和富裕开放、和谐安宁的社会主义新边疆而努力奋斗！

政府工作报告

——2011年1月11日在德宏州第十三届人民代表大会第四次会议上

德宏人民政府州长　孟必光

各位代表：

我代表州人民政府，向大会作政府工作报告。请各位代表连同《德宏州国民经济和社会发展第十二个五年规划纲要（草案）》一并审议，并请州政协委员提出意见。

一、团结奋进，圆满完成“十一五”各项目标任务

过去的五年，是我州发展史上经历挑战、经受考验较多的五年，也是我州经济社会发展快、城乡面貌变化大、人民群众实惠多的五年。面对复杂多变的国际国内环境和艰巨繁重的改革发展任务，我们在省委、省政府和州委的正确领导下，认真学习贯彻科学发展观，坚持发展第一要务，大力推进改革开放，紧紧抓住国家实施西部大开发、提升沿边开放等重大机遇，沉着应对，奋力拼搏，攻坚克难，圆满完成了“十一五”确定的目标任务。过去五年，我州的发展理念更加科学，发展思路更加清晰，发展成果更加显著；过去五年，我州的发展基础进一步夯实，发展瓶颈进一步突破，发展后劲进一步增强；更为可喜的是，在实践中全州干部群众的思想观念、精神面貌、工作作风发生了明显变化，全州人民对未来发展充满了信心。

（一）坚持又好又快发展，经济总量跃上新台阶

刚刚过去的2010年，预计全州实现地区生产总值140.3亿元，比2009年增长15%，是“十五”末的1.9倍；地方财政一般预算收入13.2亿元，增长34.6%，是“十五”末的3.3倍；全社会固定资产投资131.2亿元，增长30%，是“十五”末的3.8倍；社会消费品零售总额54.3亿元，增长22%，是“十五”末的2.5倍；对外贸易进出口总额11亿美元，增长44.2%，是“十五”末的2.8倍。

初步预计，“十一五”期间，全州地区生产总值年均增长13.6%，超“十一五”规划目标4.5个百分点；全州人均GDP达到1760美元，年均增长12.6%，超规划目标4.5个百分点；地方财政一般预算收入年均增长26.7%，超规划目标14.7个百分点；全社会固定资产投资年均增长30.5%，超规划目标10.5个百分点；城镇居民人均可支配收入和农民人均纯收入年均分别增长10.4%和17.5%，分别超规划目标3.4和10.5个百分点；社会消费品零售总额年均增长19.9%，超规划目标10.8个百分点；外贸进出口总额年均增长23%，超规划目标10.6个百分点；居民消费价格总水平平均上涨3.5%，保持了基本稳定；城镇登记失业率每年都控制在4%以内。

（二）经济结构日益优化，重点产业建设实现新突破

预计2010年三次产业比重由“十五”末的33.1:21.6:45.3调整为27.8:33.2:39。与2005年比，第一产业调低5.3个百分点，第二产业调高11.6个百分点，第三产业调低6.3个百分点，第二产业拉动明显，成为经济快速发展的主要增长点。

农业和农村经济持续稳定增长。预计2010年全州农林牧渔业总产值61.45亿元，比2009年增长9.9%，比“十五”末增长60.8%，年均增长10%。粮食生产取得突破，预计2010年完成粮食作物种植面积200.9万亩，产量60.6万吨。以烟叶、马铃薯、玉米为主的冬季农业开发成为农民增收的新亮点，开发面积达101.3万亩，实现农业产值7.6亿元。蔗糖产业稳定发展，2010年甘蔗种植面积达80.1万亩，甘蔗总产量400.3万吨。畜牧业生产持续发展，预计2010年全州完成肉蛋奶总产量8.5万吨，人均肉蛋奶占有量70.8千克。生物特色产业快速发展，

截至2010年末，全州竹子、咖啡、澳洲坚果、柠檬、核桃、油茶、番麻等“六树一草”种植面积达150万亩，已建和在建生物特色产业加工生产线10条，建成了全国最大的咖啡种植基地、澳洲坚果种植基地和速溶咖啡生产线；培育了“后谷咖啡”等产业龙头和一批知名品牌。

工业快速增长。预计2010年全州实现工业总产值102亿元，比2009年增长39.5%，年均增长24.1%，是“十五”末的2.9倍。已形成以水能电冶业为基础、制糖业为支柱、具有一定规模的建材、医药、木材加工、橡胶、造纸、茶叶、食品、珠宝以及生物特色等产业组成的工业体系。芒市、瑞丽两个省级重点工业园区建设不断推进。

服务业加快发展。预计2010年旅游总收入达43亿元，年均增长9.9%。接待海内外旅游者超过464万人次。旅游文化产业得到了快速发展，在原有民族传统节庆活动的基础上，新创办了中国瑞丽珠宝文化节、葫芦丝文化节。拥有瑞丽、芒市两个国家级优秀旅游城市；有国家4A级旅游景区点3个；星级宾馆酒店34家；创建了全国农业旅游示范点瑞丽大等喊傣寨，荣获“2010中国最具民俗文化特色旅游目的地”殊荣。物流、商贸、信息、会计、法律服务等现代服务业不断发展。

县域经济不断发展壮大，试点县工作进展顺利。芒市、瑞丽两个试点县以及盈江县的年生产总值、农民人均纯收入、地方财政收入等主要指标增速超过全省平均水平，发挥了示范带头作用。全面完成第一轮“兴边富民工程”，启动了第二轮“兴边富民工程”。用好国家扶贫开发工作重点县的政策，促进梁河县经济社会发展。

（三）基础设施建设快速推进，瓶颈制约有效缓解

5年累计完成全社会固定资产投资409.85亿，农业、交通、水利、通讯、市政等基础设施建设取得长足发展，较大程度地改变了基础设施落后的局面。芒市机场改扩建、机场菩提大道、瑞丽口岸连接线等工程相继完工，腾陇二级公路、潞梁二级公路建设加速推进，大瑞铁路德宏段、龙瑞高速公路开工准备工作基本就绪；麻栗坝水库、回龙河水库、芒林水库、盈江大型灌区等重大水利工程建设进展顺利；通乡油路、中低产田改造、土地整理开发取得成效；城市治污工程、城市供水管网改扩建工程、芒市和瑞丽市城市管道天然气等建设项目顺利推进；芒市会堂、芒市体育运动中心、芒市宾馆、梁河勐底文化广场等相继建成，瑞丽景成地海温泉度假中心项目投入运营；瑞丽口岸查验货场工程接近尾声，章凤口岸拉勐通道竣工投入使用；州博物馆建设已经启动，州“两校”新校区建设项目全面动工，全州14个乡镇卫生院和18个村卫生室建设接近尾声；突出抓好两江流域防洪治理等重点水利工程及农村饮水安全；能源建设成效显著，大盈江一至四级水电站、龙江水电站枢纽、龙江弄另水电站等一批骨干水电项目投入发电，德宏500千伏变电站及芒市、盈江、傣龙、卡场4座220千伏变电站投产运行，全州已建成水电站122座，装机容量246万千瓦，2010年发电量102.8亿千瓦小时，同比增长37.2%。全州累计安置大中型水利水电工程移民24869人。

（四）社会事业全面进步，人民生活明显改善

科技创新能力进一步加强。五年来，全州共有5人进入省创新人才培养计划，获7项云南省科学技术奖，专利授权157件。产学研相结合的技术创新体系建设加强，共建成5个国家级农业综合实验站和2个国家级品种资源库，认定国家高新技术企业4家，进入省创新型试点企业培育计划4家，建立后谷咖啡院士工作站。对外科技合作加强，先后与中国农科院、云南省农科院、云南农业大学建立了州院、州校合作机制。成立老年科技工作者协会，发挥老年科技工作者的余热。

教育事业快速发展。学前幼儿3年入园率达60.21%；小学适龄儿童入学率达99.8%；初中毛入学率达109.73%；高中阶段毛入学率达48.77%；高等教育健康发展，德宏职业学院已挂牌成立；各级学校办学条件不断改善，五年来，全州共投入资金8亿多元，新建和改扩建校舍53.5万平方米。教育管理水平明显提升，教育教学改革全面推进，校长和教师队伍建设得到加强，教育教学质量进一步提高。建立起了从学前教育、义务教育、中等教育到高等教育，职业教育、成人教育、基础教育协调发展的较为完善的民族教育体系。顺利通过国家“两基”督导检查验收，得到国家教育督导检查组专家和省政府领导的充分肯定。

医疗卫生服务能力明显提高。以艾滋病为主的传染病防治工作进一步加强，传染病发病率稳中有降；新型农村合作医疗平稳运行，农民受益水平逐步提高；卫生基础设施项目建设强力推进，州医疗集团内科住院大楼等重大项目相继开工建设；医疗卫生体制改革有序推进，基本公共卫生服务均等化全面实施，基本药物制度稳步推行，城乡“看病难、

看病贵”的问题得到缓解。

文化体育事业健康发展。加快文化馆站、图书馆等文化基础设施建设，推进农家书屋建设；鼓励文学艺术创作，进一步规范新闻出版及文化市场管理，加强民族文化遗产的抢救保护。广播、电视、电影、报纸、出版工作成绩显著，2010年广播电视覆盖率达93.3%和93.54%。具有德宏特色的全民健身服务体系基本建成，竞技体育水平不断提升，成功承办第七届省农运会。

民族团结进步和宗教管理工作成效显著。建立健全民族团结和宗教管理工作机制，有效维护了边疆民族团结和宗教和谐，州政府荣获“全国民族团结先进集体”称号。以完善双拥和优抚制度为重点，进一步巩固了军政军民团结。

就业和社会保障工作进一步加强。就业工作力度加大。五年来，全州新增就业1.4万人，农村劳动力转移6.64万人。初步建立起了以城镇职工基本养老保险、基本医疗保险、工伤保险、生育保险、失业保险、新型农村社会养老保险为重点的社会基本保障体系。2010年末，城镇职工基本养老保险参保4.7万人、基本医疗保险参保19.5万人、工伤保险参保7万人、生育保险参保5.7万人、失业保险参保4.8万人、新型农村社会养老保险参保15.4万人。大力推进城乡一体化的临时救助机制和困难群众医疗救助机制，有20.4万城乡居民纳入城乡低保。逐步建立和完善住房保障制度。五年新建廉租住房2419套12.16万平方米，已竣工1949套9.82万平方米，通过公示入住1246套。建设经济适用住房小区两个，面积11.5万平方米，928套。为1371户低收入家庭发放住房租赁补贴资金703万元。

人口和计划生育工作成效显著。低生育水平保持稳定，出生人口性别比趋于正常，人口控制目标全面完成；优生促进工程稳步推进，有效预防出生缺陷发生；计划生育家庭奖励扶助政策全面落实；计划生育服务体系建设加快，新建扩建34个县乡计划生育服务站。

扶贫攻坚成绩显著。积极开展“兴边富民”工程和人口较少民族、特困民族扶持工程，五年共有9.5万农村贫困人口实现脱贫；对1320个贫困村实施“整村推进”，对377个贫困村进行州县级重点扶持，启动了梁河“整乡整县推进”试点。德昂族、阿昌族两个人口较少民族扶持发展工作取得重大进展，共投入资金4.45亿元，实施28个行政村、311个自然村整村推进，其中上海对口帮扶德昂族287个项目，资金2520.9万元。两个人口较少民族生产生活条件明显改善，经济社会得到较快发展。

积极开展抗灾救灾，战胜了2008年盈江“8·20”、“8·21”和瑞丽“12·26”地震灾害，灾区的民房恢复重建任务全面完成；全面推进农村民居地震安全和中小学校舍地震安全工程。抗旱救灾工作扎实有效。民政、审计、红十字会、妇女儿童事业、人民防空、食品药品安全、残疾人事业、侨务、档案、史志、水文等工作全面推进。

城乡居民收入不断增长。预计2010年城镇居民人均可支配收入13750元，比2009年增长9.5%，年均增长10.4%。农民人均纯收入3368元，比2009年增长19%，年均增长17.5%。

（五）各项改革全面推进，对外开放成效显著

集体林权制度改革取得新进展，全面启动了林改工作，确权面积734.66万亩，已发证面积700.06万亩，确权面积和发证面积分别占全州集体林面积的98.66%和92.98%。中低产林改造和森林采伐管理改革试点全面启动，2010年完成中低产林改造60.65万亩。电力体制改革顺利完成，华侨农场、农垦改革迈出实质性步伐。供销合作社、教育、卫生体制改革进一步深化；文化体制改革稳步推进，成立州传媒集团。解决农村金融服务缺失工作取得突破性进展，提前两年实现基础金融全覆盖。瑞丽市农村信用社统一法人社改革全面完成。

对内对外开放进一步扩大。高位推进、全民招商氛围初步形成，突出重点、招大引强有新突破。连续五年超额完成省政府下达的年度招商引资目标任务，五年共引进项目262个，引进国内资金143.74亿元，实际利用外资1.2亿美元。2010年实际引进州外资金54.99亿元，比2009年增长53.2%。对外经贸、文化、教育等领域的交流合作不断加强，中缅边交会、中缅胞波狂欢节等会展、节庆活动规模、水平不断提升，与泰国达府结成友好州府，德宏在南亚、东南亚国家的影响进一步扩大。成功申报潞西市更名为芒市。

特别是2010年，我们按照胡锦涛总书记视察云南的重要指示和省委、省政府的战略部署，快速行动，超前谋划，明确提出把德宏建设成向西南开放重要桥头堡黄金口岸的目标。通过扎实工作，相继完成桥头堡德宏先行先试区课题研究、瑞丽重点开发开放试验区课题研究、实施方案及规划，正在逐级报批，为桥头堡黄金口岸和瑞丽重点开发开放试验区建设的全面启动打下坚实基础。

（六）坚持可持续发展，美好家园建设取得新进展

城市建设步伐加快，城市整体形象得到提升。预计2010年全州城镇化率达34%，比“十五”末提高5.5个百分点。2010年芒市被评为省级优秀园林城市。加快推进城乡统筹，以县城（市）为中心、集镇为支撑、新农村为基础的城乡一体化发展格局初见雏形。

环境保护得到加强，生态建设有序开展。环保工作“一岗双责”进一步落实，“七彩云南德宏保护行动”深入开展。环境治理工作进一步加强，环境影响评价制度进一步落实，全州环境安全，环境质量稳定。继续开展生物多样性保护和生态创建工作。大力推进节能减排，2010年全州淘汰5条水泥生产线，总产能36万吨，推广节能灯10.34万只。农村能源建设取得突破性进展，截至2010年底，全州新建农村户用沼气池3364口。五年造林绿化132.7万亩，森林覆盖率达67.07%，超规划目标6.5个百分点。森林防火工作连续五年被省政府考核为优秀。实行最严格的耕地保护制度，预计2010年耕地保有量保持在18.86万公顷。

（七）民主法制建设不断加强，禁毒防艾工作取得新成效

不断推进社会主义法制化进程，人民群众在政治、经济、文化和社会等方面的权益得到维护和发展；积极倡导社会公共道德，弘扬优秀的传统文化；基层民主政治建设取得实质性进展，民主选举、民主决策、民主监督得到进一步加强；州政府认真执行人大的决议，接受政协民主监督。5年共办理人大代表建议500件、政协委员提案634件。高度重视和正确处理人民内部矛盾，加强社会治安综合治理，构筑牢固的社会安全网，全力维护社会和谐稳定，努力创建“平安德宏”，物质文明、政治文明、精神文明建设取得新成绩。

长抓不懈开展禁毒防艾人民战争，禁防工作呈现出“三个进一步增强”的良好态势，即各族人民群众拒毒防艾意识进一步增强，全社会参与禁毒防艾斗争的积极性和主动性进一步增强，全州各级各部门领导驾驭禁毒防艾复杂局面的能力进一步增强。毒品渗透明显减少，大宗贩毒减少，边境吸贩毒、零星贩毒活动得到有效整治。五年来，全州吸毒人员新滋生率控制在1%以下。

（八）行政效能大幅提高，发展软环境显著改善

积极推进法治政府、责任政府、阳光政府、效能政府建设，先后建立了州县（市）政务服务中心，在全省率先建成公共资源交易中心，努力构建州、县（市）、乡（镇）、村、组五级为民服务体系，实现了为民服务城乡全覆盖，涌现出了州和芒市、盈江县、瑞丽市政务服务中心等一批典型，赢得了省委省政府和上级有关部门的一致好评，并在我州召开了全省深化政务公开推进服务工作现场会。不断加大问责工作力度，对不作为、乱作为、慢作为的行为进行纠正，2010年共问责国家公职人员41人。

总结五年来的实践，我们深刻体会到：一是必须始终坚持用科学理论武装头脑，在思想上、行动上与党中央国务院、省委省政府保持高度一致；二是必须始终坚持解放思想、实事求是、与时俱进，一切从实际出发，确定一个科学的发展思路，走出一条符合德宏边疆民族地区实际的发展路子；三是必须始终坚持自力更生、勤劳致富、感恩思进，树立“建设德宏，发展德宏，人人有责”的思想，大力发扬“团结、务实、开拓、奋进”精神；四是必须始终坚持全州一盘棋、上下一条心、劲往一处使，认准目标不动摇、不旁顾、不懈怠、不争论，集中精力抓发展；五是必须始终坚持把保障和改善民生作为一切工作的出发点和落脚点，让各族人民群众共享改革发展的成果；六是必须始终坚持把促进科学发展、增进民族团结、维护边疆安宁放在同等重要位置，作为各级政府的第一责任，任何时候都不能有丝毫偏移。这些经验弥足珍贵，需要我们在今后的工作中继续坚持和发扬。

各位代表！五年发展的历程令人难忘，发展的成就令人振奋。省委、省政府和州委的正确领导为我们指明了前进的方向，州人大、州政协的全力支持为我们做好政府各项工作提供了强有力保障，人民群众坚忍不拔、团结奋进是我们做好各项工作的力量源泉。在此，我谨代表州人民政府，向全州各条战线的广大工人、农民、知识分子、各级干部，驻德宏人民解放军、武警官兵、公安干警，中央、省驻德宏各单位，各级人大代表、政协委员以及所有关心、支持、帮助德宏发展的各界朋友们，致以崇高的敬意和衷心的感谢！

在看到成绩的同时，我们也清醒地认识到：全州总体经济实力和自我发展能力还不强；加快转变经济发展方式的任务还很艰巨；基础设施建设仍然滞后；社会发育程度低，劳动者科技文化素质亟待提高；禁毒防艾和维护边境稳定任务依然艰巨。同时，在前进的道路上还可能遇到各种风险和挑战。这些困难和问题在今后工作中我们将认真加以解决。

二、抢抓机遇，努力开创“十二五”新辉煌

今后五年是德宏大有可为的重要战略机遇期，是我州全面建设小康社会的关键时期，是抢抓机遇、加快发展，尽快缩小与发达地区差距的黄金时期，是破解发展瓶颈、增强发展内生动力的重要时期。从总体形势看，我州今后五年的发展，机遇大于挑战。特别是我们正面临新一轮西部大开发战略深入实施、我国面向西南开放桥头堡和瑞丽重点开发开放试验区建设加速推进、中国—东盟自由贸易区初步建成四大历史机遇，为德宏加快发展创造十分有利的条件。同时，我们面临的国际国内形势依然复杂，世界经济复苏进程缓慢曲折，国内通货膨胀压力上升，德宏基础薄弱、经济实力小的现状难以在短时间内根本改变，产业培植需要一个长期的过程，改革进程中新的矛盾会不断出现。我们要认真分析和准确把握发展趋势，坚定信心，突出优势，增强参与能力，在发展中不断壮大自己。

根据州委《关于制定国民经济和社会发展第十二个五年规划的建议》，“十二五”时期，我们必须高举中国特色社会主义伟大旗帜，以邓小平理论和“三个代表”重要思想为指导，深入贯彻落实科学发展观，牢牢把握历史机遇，紧紧围绕把德宏建设成为中国面向西南开放桥头堡黄金口岸的战略目标，以科学发展为主题，以加快转变经济发展方式为主线，以瑞丽重点开发开放试验区建设为突破口，着力优化经济结构，大力培育优势特色产业，加快工业化、城镇化、农业产业化和教育现代化步伐，加快体制机制创新，全面提高开发开放水平，切实保障和改善民生，更加重视生态建设和环境保护，不断推进富裕开放、和谐安宁的社会主义新边疆建设，努力实现经济社会跨越式发展。

“十二五”时期全州经济社会发展的主要目标建议为：

——综合实力大幅提高。全州生产总值年均增长13%以上，财政一般预算收入年均增长20%以上，全社会固定资产投资年均增长30%以上，实现经济持续快速协调健康发展。

——结构调整不断优化。加工装配制造业、现代服务业增加值比重和城镇化率明显提高，“五个百亿元工程”目标全面实现，非公经济快速发展。

——生态建设持续改善。资源开发利用与保护更加合理，耕地保护更加强化，森林覆盖率进一步提高，环境污染得到有效遏制，废弃物排放控制和综合利用能力明显提高，可持续发展能力显著增强。

——改革开放有新突破。经济管理体制、行政管理体制、社会管理体制和农垦管理体制等重要领域和关键环节改革不断深化，进出口总额、实际利用外资大幅增长，全方位、多层次、宽领域对内对外开放格局进一步形成，桥头堡黄金口岸和瑞丽重点开发开放试验区建设取得突破性进展。

——社会事业全面发展。科教文卫事业迈上新台阶，基本公共服务体系日趋完善，各族群众科技文化素质和健康水平明显提高，社会更加和谐稳定。

——人民生活更加殷实。社会保障实现全覆盖。城镇居民人均可支配收入和农村居民人均纯收入实现与GDP同步快速增长，分别达到22145元和6460元左右。贫困人口大幅减少，城乡居民生活质量普遍提高。

为实现上述目标，“十二五”时期，我们要切实做好以下九个方面的重点工作：

（一）加快推动经济结构调整和发展方式转变，提升德宏经济综合实力

努力保持投资快速增长。坚持投资与调整结构、转变方式、促进消费、推进城镇化、改善民生、夯实基础相结合，引导投资向基础设施、重点产业、农业农村、社会事业和改善民生倾斜，进一步扩大投资总量、优化结构、提高效益，推动经济结构优化转型。进一步加大招商引资工作力度，充分发挥市场在资源配置中的基础性作用，破除体制、机制障碍，整合招商资源，拓展引资领域，优化招商环境，提升引资质量，开放投资市场，扩大社会投资，形成多元化投资格局，有效促进招商引资转型，产业结构调整，发展方式转变。

切实增强居民消费能力。坚持扩大消费需求与改善民生、与农民增收相结合。认真抓好社会保障工作，发展社会保险、社会救助、社会优抚和社会慈善事业，落实失地农民、农民工社会保障和新型农村养老保险试点等工作，提高城镇职工基本医疗保险统筹层次，进一步扩大社会保险覆盖面，增强居民消费信心。通过实施积极的就业政策，创造更多就业岗位，扩大就业，强化居民消费基础。完善集体林权制度配套改革、土地承包经营权流转，探索建立农村产权交易市场，增加农民财产性收入，增强农民消费能力。努力营造消费环境，转变消费观念，支持合理住房消费，积极发展第三产业，引

导消费升级。积极促进消费与产业互动，健全德宏消费产业支撑体系，积极推动旅游业的转型提升，带动相关产业发展。

进一步优化对外贸易。配合国内经济结构战略性调整，推动外贸转型升级，提高对外贸易的质量和效益。将口岸优势、通道优势与两种资源两个市场结合起来，扶持本地企业实施品牌化战略，开拓国际市场。优化进出口商品结构，重点发展高档木材、珠宝玉石、金属矿产、海（水）产品、农产品、热带水果等进口原料加工项目，积极发展专业性出口装配加工区。扩大境外生物特色产业基地，提升替代种植，深化境外矿产、清洁能源、渔业、森林等的综合开发利用与加工，密切中缅产业联系，扩大双边经贸合作。大力发展边民互市贸易。加强对外金融合作与信息交流，推动提升中缅边交会的层次水平。着力构建以进出口加工、商贸物流产业为主，服务外包、金融保险、国际会展、技术研发和人才培养为支撑的对外贸易体系。

加快推进农业产业化。调整优化农业产业结构，提高粮食生产能力，加大优质农产品基地和现代农业示范区建设力度。构建以市场为导向、以科技为支撑、以基地为基础、以原料为依托、以企业为主体的龙头企业带动、主导产业拉动、同行业重组的产业化发展格局。培育和引进一批发展前景好、带动力强的龙头企业，加快发展农产品加工业，促进农业生产经营专业化、标准化、规模化、集约化发展。大力发展节水农业、立体农业、设施农业、观光农业，加快农业科技普及和基层农业服务体系建设，提高新优品种示范和推广能力，推广测土配方施肥技术、动植物病虫害现代测报技术、动植物疫病防治技术及农作物秸秆综合利用技术的应用。加大冬农开发力度。积极发展各类型农民专业合作组织，健全农业社会化服务体系，提高农业生产经营组织化程度。建立农业综合信息服务平台，强化农业信息服务。

加快推进新型工业化。坚定不移加快推进具有德宏特色、符合州情的新型工业化进程。整合巩固提升传统工业，鼓励支持企业自主创新，加强技术改造，延长产业链，提高附加值。加快发展农产品加工业，重点发展现代食品加工业、竹木加工业、生物制药工业。培育壮大清洁载能工业、珠宝玉石加工、汽车摩托车装备制造、化工、纺织服装、*IT*、通信器材等新兴产业。积极承接国内外产业转移，寻求与东部地区共建产业园区，吸引“央企”和沿海大型企业到德宏落户。支持产业园区适当扩区调位，积极创造条件把芒市、瑞丽省级工业园区升格为国家级工业园区，争取盈江、陇川、梁河工业园区列为省级重点工业园区。加大节能减排及落后产能淘汰力度，抑制产能过剩和重复建设。积极发展天然气化工产业，建设遮放天然气化工园。积极建设中缅陆水联运章凤口岸港口经济园、那邦口岸边贸经济园。

大力发展现代服务业。把推动现代服务业大发展作为产业结构优化升级的重点，大力发展现代物流、金融保险、商贸服务、信息咨询、科技服务等生产性服务业和创业成本低、吸纳就业能力强、市场需求大的生活性服务业，积极发展旅游业。拓展服务业新领域，发展新业态，培育新热点，推进规模化、品牌化、网络化经营。

加快推进质量兴州战略。围绕工业产品质量、工程质量、农产品质量、服务质量、环境质量、旅游质量六项重点工作，实施“质量兴县（市）、质量兴业、质量兴企、质量兴品”工作。

（二）进一步扩大对外开放，争当桥头堡建设排头兵

充分发挥德宏在向西南开放战略中的优势，全力推进桥头堡黄金口岸建设。把全州作为桥头堡建设先行先试区，突出瑞丽重点开发开放试验区，在试验区布局中缅瑞丽—木姐跨境经济合作区。重点建设桥头堡内联外通的重要交通枢纽、瑞丽重点开发开放试验区、中缅瑞丽-木姐跨境经济合作区，桥头堡黄金口岸经济区生物特色产业基地、进出口加工基地、物流仓储基地，桥头堡前端的金融服务平台、信息服务平台、文化交流平台，桥头堡通往南亚、东南亚的经济窗口、文化窗口、友谊窗口。在强化基础设施建设、外向型特色产业基地打造、跨境经济合作区建设、综合保税区建设、社会事业发展、民生保障和改善、边境集中连片困难地区脱贫等方面先行，在体制机制创新、优化区域发展布局、加强内外经贸合作、财税金融管理模式创新、加强生态建设和环境保护等方面先试，为云南桥头堡建设作出示范。

抓住深入实施西部大开发战略机遇，举全州之力建设瑞丽重点开发开放试验区。围绕把瑞丽重点开发开放试验区建设成为中缅边境经济贸易中心、中国向西南开放重要国际陆港、中国向西南开放国际文化交流窗口、国际绿色休闲度假黄金口岸城市、中缅睦邻安邻富邻示范区的目标，按照“一核两翼三带四城”的空间布局思路，以瑞丽全境为核心，以芒市、陇川县为联动两翼，构建瑞丽—畹町—遮放—芒市、瑞丽—陇川—盈江—梁河、芒市—梁河三条沿边经济带，打造中国面向南亚的瑞（丽）芒（市）陇（川）盈（江）国际口岸城市群，辐射带动滇西地区乃至云南省对外开放。努力实施基础设施建设、产业培育、对外开放、内联互动、城乡统筹发展、民生、生态建设和环境保护七大工程。通过不懈努力，实现试验区经济社会超常规跨越式发展，带动全州经济平稳较快发展，为我国沿边地区开发开放积累经验、提供示范。

（三）加强基础设施建设，构建连接印度洋国际大通道交通枢纽

积极构建现代综合交通运输体系。围绕国家向西南开放战略，构建包括航空、铁路、公路、水运在内的综合交通运输网络，完善大环线、打通大动脉、建设大通道，全力打造德宏连接印度洋国际大通道的重要交通枢纽。积极申报芒市机场开放为口岸机场，认真做好迁建至遮放的前期工作。全力配合做好大理至瑞丽、芒市至猴桥铁路，龙陵至瑞丽、腾冲至瑞丽高速公路建设，形成环州高速公路网。加大对边境山区道路建设投入力度，加快实施农村畅通工程、通达工程及农村客运站点、渡改桥建设，提高路网通行质量和等级。提升口岸公路等级，积极推进瑞丽至缅甸皎漂铁路、瑞丽至缅甸皎漂港高速公路、伊洛瓦底江中缅陆水联运通道等跨境交通运输网建设。

强化口岸基础设施建设。进一步加强口岸基础设施和软环境建设，完善口岸功能，提高服务水平，积极创造与黄金口岸目标相匹配的基础条件，全面提升德宏口岸整体形象。完善瑞丽、畹町口岸功能，加强口岸配套设施建设，不断提高通关便利化水平。完成瑞丽口岸弄岛通道经济区联检设施、进出口查验货场和边民互市交易场所项目建设。加快章凤口岸经济区建设，实施盈江（那邦）口岸联检楼、进出口查验货场和边民交易市场等配套建设项目，申报章凤、盈江口岸升格为国家一类口岸；加快芒海、拉勐等通道基础设施配套建设。

加强水利设施和能源基地建设。坚持以水源工程为重点，力争开工建设一批骨干水源工程。加快麻栗坝大型灌区建设，推进一批中型灌区续建配套改造和节水灌溉增效示范项目建设。抓紧防洪抗旱减灾工程建设，完善防洪减灾体系，提高防洪抗旱综合防御和防灾减灾能力。实施农村饮水安全工程，改善农民生产生活条件。积极支持国家建设、维护中缅输油输气管道。建设遮放500千伏输变电工程、芒市中山芒杏水电站和勐乃河流域龙头水库等重大能源项目，实施一批新能源和农村电气化工程建设项目。

加快信息基础设施建设。积极推进瑞丽“三网融合”试点建设，推动全州逐步实现电信网、广电网和互联网“三网融合”，建设数字德宏。提升电子政务、电子商务、远程教育等服务能力，建立基本完善的信息服务体系。扩大互联网业务，提高农村和边远地区的信息网络覆盖率。加强网络信息安全和保障设施建设。

（四）以打造瑞芒陇盈国际口岸城市群为目标，加快推进城镇化进程

加大城镇规划建设力度。围绕打造中国面向南亚的瑞芒陇盈国际口岸城市群和建设“花果园林城市”的目标，在城乡规划建设中突出“民族文化、绿色生态、现代气息”三个特点，建设新城、改造老城，以新城带动老城。按照桥头堡黄金口岸和瑞丽重点开发开放试验区建设的需要，进一步完善芒市、瑞丽、陇川、盈江的城市控制性详细规划、专项规划和村庄规划编制，力争2012年内全州城乡规划覆盖率达100%。拓宽城镇建设投资渠道，不断完善和提升城镇基础设施，加快州府、各县市政府所在地和中心集镇、口岸乡镇、特色小城镇建设，充分发挥城市在经济社会发展中的“火车头”作用。加大市政道路、绿化亮化、供水排水、污水处理、垃圾处理、燃气管道建设力度，完善城市功能，提升城市品位。加大保障性住房建设力度，增加中低收入居民住房供给。

提升城镇管理水平。完善城市管理体制机制，合理规范城市功能区布局，推进数字城市管理系统建设。加大城市环境综合整治力度，积极创建国家级或省级园林城市、卫生城市。引导市民文明行为。着力促进农民转移就业，放宽城镇户籍准入，消除制约农民工市民化的体制、机制性障碍，逐步引导人口向城镇聚集。注重保障农民身份转换后的土地、山林、宅基地、生育等权益，解决他们进城后的教育、医疗、社保、住房等实际问题。到2015年，力争城镇化率超过全省平均水平。

（五）大力培植支柱产业，强力推进“五个百亿元”工程

大力发展生物特色产业。在巩固提升粮食、蔗糖、茶叶、橡胶、畜牧等传统产业的基础上，坚定

不移地推进竹子、咖啡、坚果、柠檬、油茶、核桃、番麻等“六树一草”生物特色产业发展。把德宏建成全省最大的竹子基地、全国最大的柠檬基地、中国咖啡之乡和坚果之乡。把生物特色产业发展成为惠及千家万户的富民产业、促进县域经济发展的强州产业、提升德宏知名度的品牌产业和构筑绿色德宏的生态文明产业，走出一条规模化、龙头化、现代化、品牌化、市场化的生物特色产业发展路子。

提升发展水能电冶工业。以资源为依托、以科技为支撑，重点发展水电矿结合模式的清洁载能工业，积极开展矿电结合和争取大用户直供电试点，抓好与大型冶金集团的合作建设项目。强化政府对重点企业、重点项目建设的服务，继续落实好国家对中小企业的扶持政策，创新电硅铝价格联动措施。

推动旅游文化产业大发展。以“美丽德宏·浪漫之旅”为总体形象，突出“两城、两江、两环线”建设，全力打造芒市、瑞丽两座中国优秀旅游城市，大力开发瑞丽江—大盈江国家级风景名胜区，打造“芒市—畹町—瑞丽—陇川—盈江—梁河—腾冲”旅游精品环线和“德宏—缅甸密支那—仰光—泰国曼谷—清迈—昆明”跨境旅游精品环线，建设一批以民族文化、边境风情、生态体验、休闲度假、珠宝购物、影视拍摄为重点的特色标志性旅游文化产品。提升中缅胞波狂欢节、中国瑞丽国际珠宝文化节的层次与水平，办好泼水节、目瑙纵歌节等重要民族节会。深入挖掘德宏民族、生态、边境、抗战和珠宝“五大文化”，强化文化与旅游结合，强力打造边境休闲康体养生旅游品牌。

积极发展珠宝玉石产业。按照“一都三城”布局，发挥“玉美德宏”品牌效应，加紧建设珠宝玉石质量监测检测监督体系，重点建设瑞丽“东方珠宝城”、芒市“黄龙玉石城”、盈江“翡翠毛料城”，把德宏打造成为海内外知名的“美丽德宏，中国玉都”。

加快发展对外贸易。以外贸提质增效为目标，推进贸工结合，扩大加工贸易、一般贸易和边境贸易规模。建设进出口加工基地，大力发展以汽车、摩托车、农用机具、机电产品、家用电器、通讯器材、红木家具等为重点的进出口加工装配业。

（六）加大改革创新力度，完善有利于经济社会发展的体制机制

深化行政管理体制改革。扎实推进政府机构改革，优化政府组织机构，规范机构设置，完善行政运行机制，建立健全决策权、执行权、监督权既相互制约又相互协调的权力结构和运行机制。进一步转变政府职能，完善政府经济调节和市场监管职能，强化社会管理和公共服务职能。努力构建行为规范、运转协调、公正透明、廉洁高效的行政体系。完善政府绩效评价制度，提高政府公信力。

继续深化农村综合改革。建立完善农村财政专项转移支付制度，强化财政投资向农村倾斜的措施，推进城乡基础设施建设和社会事业均衡发展。积极构建农村经济服务体系，稳步推进农村土地管理制度改革，完善农村土地流转机制，规范农业用地经营制度，促进耕地保护和土地集约、节约利用。探索建立农村集体建设用地流转和宅基地管理机制。继续推进征地制度改革，健全征地补偿机制和安置办法。巩固深化集体林权制度改革，深入推进农垦和国有农（林）场改革。继续推进森林采伐管理改革和低效林改造试点工作。

深化预算制度改革。建立健全预算编制、执行、监督相互协调、相互制衡的预算管理体制。按照公共财政“以人为本”的基本要求，调整财政支出结构，不断加大对公共服务和社会事业等重点领域的投入力度。建立完善财政预算绩效评价体系，加强对财政支出效果的管理和预算支出的约束。加强政府性债务管理，防范财政风险；实施全州财政信息系统一体化建设，搭建互联互通、资源共享的财政信息平台。

深化投融资体制改革。推进政府投资体制改革，改善投资环境。加快社会投资体制改革，确立企业投资主体地位，吸引社会资本。做大做强专业投资公司，吸引和筹集更多的资金投入各项建设事业。整合金融资源，促进地方金融机构发展，加快建立股份制商业银行、社区银行、村镇银行、小额贷款公司等多层次的信贷供给市场，健全和完善小额信贷机制，扩大小额信贷业务，大力发展特色农产品保险。优化信贷结构，加大对“三农”、就业、优势特色产业、新兴产业等信贷支持。落实对中小企业融资担保、贴息等扶持政策，完善中小企业信用担保机制，加大对非公经济的信贷支持力度。积极培育上市后备资源，鼓励企业上市融资。深化农村金融体制改革，创新农村金融发展模式，着力改善农村金融服务。

深化医药卫生体制改革。扩大基本医疗保障，提高基本医疗保障水平；建立基本药物制度，规范使用基本药物，落实药品零差率补偿办法；健全基层医疗卫生服务体系，提高服务水平；促进基本公

共卫生服务逐步均等化，全面落实3类9项基本卫生服务项目；推进公立医院改革，完善管理体制，改革补偿机制。

（七）繁荣社会事业，促进经济社会协调发展

坚持教育优先发展。加快发展学前教育，提升义务教育成果，加快普及高中阶段教育，稳步发展高等教育和职业教育，关注特殊教育，积极扶持民办教育。加大教育投入，推进各级各类学校标准化建设。加快现有高中学校扩容和晋级升等工作，分别在芒市、瑞丽市和盈江县新办一所普通高中，加快州一中标准化建设步伐，争取晋升云南省一级一等高中。认真实施职业教育基础能力建设工程，全力推进州“两校”新校区建设。积极争取德宏师专升格为综合性大学。加强校长、教师两支队伍建设，稳步推进教育教学改革，全面提升教育教学质量。建立完善各类教育资助机制。

切实增强科技创新。建立健全科技创新的体制机制，提高全州科技创新水平。规划建设德宏科技创新园，主动承接国内外先进技术、成果转化，吸引研发机构、高新技术企业落户德宏，开展与南亚、东南亚国家科技合作。鼓励企业增加研发投入，支持重点科技创新项目。大力开展我州民族医药的挖掘、整理，制定民族药标准。大力推进信息、网络、生物技术等高新技术在现代农业中的应用，提升农业综合生产力和竞争力。认真落实国家、省对高新技术企业的优惠政策，营造良好的科技创新环境。

加快医疗卫生服务体系建设。坚持保基本、强基层、建机制、重预防，强化传染病和重点疾病预防与控制。有效保护妇女儿童健康，提高医疗救治、卫生应急、卫生监督等应对、处置能力，满足人民群众日益增长的医疗卫生服务需求。完善食品药品安全监管体系建设。

大力发展文化体育事业。加快建设公共文化服务体系，着力构建覆盖城乡的公共文化设施网络。全面推进五大“文化惠民工程”、文化信息资源共享工程、广播电视村村通工程，实现文化信息资源共享。积极培养民族文化艺术人才。加快推进体育事业发展，不断完善全民健身服务体系，实施“七彩云南全民健身设施建设工程”，加快体育基础设施建设。实施竞技体育发展战略，培育竞技体育后备人才。发展体育健身市场。协调推动体育产业与相关产业的互动发展。

实施人才强州战略。落实好人才发展规划，加强高素质管理人才、专业技术人才、基础人才及农村实用人才队伍建设。加快制定急需专业人才目录，有针对性地从省内外引进人才和智力。搭建人才市场化配置平台，培育人才服务中介组织，推进人才市场建设，为德宏经济社会发展提供人才支持和智力支撑。

（八）加强社会建设，切实保障和改善民生

着力提高城乡居民收入水平。努力实现居民收入增长和经济发展同步、劳动报酬增长和劳动生产率提高同步，低收入者收入明显增加，中等收入群体持续扩大，贫困人口显著减少。重点提高农民职业技能和创收能力，多渠道增加农民收入，鼓励农民优化种养结构、提高效益，完善农产品市场体系和价格形成机制，增加农民生产经营收入。壮大县域经济，促进农民转移就业，增加农民工资性收入。继续打好扶贫开发攻坚战，促进贫困地区经济社会持续快速协调发展。

强化就业措施。继续实施就业优先的发展战略和更加积极的就业政策，引导和促进劳动密集型企业、中小企业、民营经济加快发展，开发公益性岗位，创造更多的就业岗位。大力推进就业服务体系建设。加强职业培训，提高劳动者就业能力，积极推动以创业带就业，认真做好高校毕业生、农村转移劳动力和城镇就业困难人员就业工作。做好退役军人就业工作。

健全完善社会保障体系。完善城镇居民最低生活保障制度和医疗保障制度，逐步提高城镇居民最低生活保障水平；认真解决被征地农民、进城务工人员和残疾人的社会保障问题，加快建立和完善农村居民最低生活保障制度和农村社会养老保险制度；完善农村合作医疗制度，加大贫困家庭医疗救助、疾病预防控制、医疗救治工作力度。加快保障性住房建设。提高城镇和农村建筑抵抗自然灾害的能力。重视做好老龄工作，大力发展妇女儿童事业，切实保障妇女合法权益，进一步加强儿童福利机构建设。

完善社会管理。创新社会管理机制，加快建立政府调控机制与社会协调机制互联、政府行政功能与社会调节功能互动的社会管理模式。把社区建设作为社会管理的重要基础，全面开展平安文明社区建设，健全新型社区管理和服务体制。坚持安全发展的理念，切实加强安全生产工作。依托公安消防部队组建应急救援队伍，加强应急救援器材、装备建设。健全社会应急管理体制，有效应对和妥善处置自然灾害、事故灾难、公共卫生、社会安全等突

发公共事件，全面提高重大事件处置能力。推进社会信用体系建设，全面提升政府公信力、企业信用度和社会诚信意识。

继续深化禁毒防艾工作。坚持“预防为主，综合治理，禁种、禁制、禁贩、禁吸四禁并举”的禁毒工作方针，保持禁毒工作高压态势，使毒品危害得到更加有效治理。进一步加强艾滋病预防和监测机制及网络建设，以更加科学有效的措施，全力遏制艾滋病的传播，保障各族人民身心健康。

（九）加快生态文明建设，增强可持续发展能力

积极推进节能减排。坚持发展循环经济，通过技术和制度创新，努力形成我州低消耗、低污染、高效率的集约型发展方式。加大落后产能、工艺、技术和设备的淘汰力度。推进清洁生产，促进废水、废气、固体废弃物的减量化、再利用、资源化。积极鼓励节能减排技术引进，支持节能减排技术推广，完善节能减排技术服务体系。强化高耗能企业节能减排目标责任，严格节能减排指标考核。

加快发展低碳经济。大力开发可再生能源、新能源，不断优化能源结构。加强流域调节水库和输配送电网建设，增强水电调节能力。推进风能和太阳能利用。大力推进各个领域的低碳研究应用，倡导低碳生活方式，从生产、消费、体制机制三个层面推进低碳经济发展。积极开展试点示范，探索建设低碳城镇、低碳工业、低碳社区和低碳产业园区等示范工程。

强化资源管理和集约利用。强化自然资源保护，加强资源开采、生产消耗、废物产生、最终消费等环节的管理，加快建立全州资源循环利用体系。全面推进节能、节水、节地、节材和资源综合利用，明显提高单位土地面积产出率。

加强生态建设和环境保护。以“七彩云南德宏保护行动”为载体，大力推进“森林德宏”建设，继续实施污染减排工程、环境治理工程、生态创建工程和农村环境综合整治工程，促进生态文明全面发展。健全完善生态补偿机制，继续加强天然林保护、水土流失等生态建设重点工程，巩固退耕还林成果，加大重点地区生物多样性及森林生态保护力度。建立以工业污染防治、城镇污水和垃圾处理、农村农业面源污染控制为主的污染防控体系，抓好我州境内江河、水库等重点水功能区的环境保护工作。加强城乡饮用水源保护，确保饮用水安全。严格环境影响评价，强化执法监督，杜绝重大环境事件和污染事件发生。

三、真抓实干，全力做好2011年各项工作

2011年是全面实施“十二五”规划的开局之年，是国家实施新一轮西部大开发、支持云南建设中国向西南开放桥头堡和建设瑞丽重点开发开放试验区的起步之年，也是我州的“大干快上年”。做好今年的各项工作，保持良好的发展态势，对于德宏未来长远发展具有重要意义。

今年政府工作的总体要求是：认真贯彻党的十七届五中全会、中央经济工作会议、省委八届十次全会和州委五届十三次全会精神，以科学发展为主题，以加快转变经济发展方式为主线，坚持抓基础增强发展后劲，稳“三农”增加农民收入，调结构培育特色产业，促繁荣提升文化实力，保民生发展社会事业，重生态坚持绿色发展，建和谐维护团结稳定，凝心聚力，盯住目标，大干快上，全力推进桥头堡黄金口岸和瑞丽重点开发开放试验区建设，努力实现全州经济社会平稳较快发展，为顺利实施“十二五”规划开好局、起好步。

2011年全州经济社会发展主要预期目标建议为：全州生产总值增长13%以上；地方财政一般预算收入增长25%以上；全社会固定资产投资增长28%以上；社会消费品零售总额增长20%以上；城镇居民人均可支配收入实际增长10%以上；农民人均纯收入实际增长10%以上；城镇登记失业率控制在4.4%以内；居民消费价格总水平涨幅控制在3.5%以内；人口自然增长率控制在7.4%以内；单位生产总值能耗控制在省下达指标以内。

今年的政府工作，要围绕“十二五”规划纲要确定的目标任务，重点抓好以下八个方面的工作：

（一）强力推进瑞丽重点开发开放试验区和桥头堡黄金口岸建设

以瑞丽重点开发开放试验区建设为突破口，推动桥头堡黄金口岸建设。争取国家早日批准《瑞丽重点开发开放试验区建设实施方案》；积极争取省委、省政府批准德宏作为桥头堡建设先行先试区，在国家出台《关于支持云南省建设向西南开放重要桥头堡建设若干意见》的基础上，在全省“一盘棋”总体布局下，及时启动桥头堡黄金口岸实施方案的编制工作。借助外智，加快编制瑞丽重点开发开放试验区、桥头堡黄金口岸的各项专项规划。在条件基本成熟的领域，不等不靠，大胆先行先试，力争德宏在桥头堡建设中行动最快、融入最深、获益最多。进一步加强招商引资工作，整合招商资源、拓展引资领域、提升引资质量，吸引社会资本积极参

与桥头堡黄金口岸和瑞丽重点开发开放试验区建设，力争在引进央企、承接东部产业转移方面取得突破。继续推进中缅瑞丽—木姐跨境经济合作区申报工作，争取尽快与缅甸地方政府签订框架性协议。

（二）加强交通和城镇基础设施建设

认真做好龙瑞高速公路、大瑞铁路德宏段开工建设的各项准备工作。加快推进芒市机场开放为口岸机场的申报工作，认真做好迁建至遮放的前期论证工作。抓紧腾陇、潞梁二级公路建设，确保按期竣工通车，年内实现环州公路高等级化。切实推进农村“通达”、“通畅”工程建设，完成农村公路建设投资2亿元。积极配合国家做好瑞丽–腊戍、瑞丽–皎漂铁路、公路建设前期工作，加快中缅国际大通道建设进程。积极做好芒市–腾冲（猴桥）铁路、瑞丽–章凤高速公路建设的前期工作。

加大城镇基础设施建设。实施芒市勐焕路延长线、东二环路、团结大街北段、金孔雀大街、瑞丽市瑞江路片区5条道路、滨江大道、姐岗南路、盈江县滨河路改造、允燕大道工程、梁河县龙窝大道等市政道路建设。抓好重点城镇供水和“两污”处理建设工程。完成瑞丽市、陇川县城市污水处理及管网改造工程。完成潞西二期、瑞丽市、盈江县、梁河县城市垃圾处理工程。启动芒市二期、盈江县、梁河县城市污水处理及管网改造工程。加强城镇公共消防设施配套建设。提升城市功能，实施州级综合体项目建设。完善管理机制。加快制定城市管理以及城市景点、景区管理条例，推动制订《德宏州瑞丽江—大盈江保护管理条例》。修改和完善《德宏州商品房预售监督管理实施办法》，加强房地产商品房预售管理，确保房地产业健康发展。

（三）提高农业综合生产能力

扎实推进新农村建设，促进农业增产、农民增收、农村繁荣。加大农业产业结构调整，加快优势产业培育，确保农业增产增收。稳定粮食播种面积200万亩，产量60万吨。抓好订单农业发展，完成冬农开发总面积110万亩。进一步巩固蔗糖恢复性增长成果，认真实施“吨糖田”和“高优蔗园”项目建设，确保甘蔗种植面积达到80万亩以上、甘蔗产量400万吨以上。加快推进“六树一草”生物特色产业基地建设，年内完成43万亩新植任务。其中完成竹子新植16万亩，咖啡6万亩，柠檬1万亩，坚果3万亩，核桃9万亩，油茶8万亩。大力发展现代烟草农业，年内完成烟叶种植10万亩。做强做大畜牧产业，积极发展猪禽生产，重点发展以德宏水牛为主的草食家畜。继续实施“百村万头”奶水牛养殖小区技术工程，推进德宏水牛产业化发展步伐，完成肉蛋奶总产量95200吨，实现畜牧业产值14.5亿元。全年完成水产养殖面积4.38万亩，水产品总产量达到3.3万吨。继续支持和扶强农业龙头企业，不断发展壮大农民专业合作经济组织和农村集体经济。认真抓好农村劳动力转移培训、新型农民培训，全面提高劳动者素质，增加农民工资性收入，拓宽农民增收渠道。继续抓好农村能源建设、农村民居地震安全工程和危房改造工程建设，完成农村危房改造3500户。抓好农村水利基础设施建设。重点实施陇川县麻栗坝水库灌渠、盈江回龙河水库、瑞丽芒林水库建设，开工建设一批小（一）型水库；继续抓好病险水库除险加固工作；续建陇川界河防洪治理工程、南宛河陇川坝子段治理工程、芒市芒海界河整治工程。新增有效灌溉面积2万亩，解决农村5万人饮水安全问题，治理水土流失面积40平方公里，改造中低产田15.02万亩，完成干支渠防渗35公里，建成1万件“五小水利”工程，完成蓄水量1.5亿立方米。继续加快电源电网建设，新增农村水电装机容量8.58万千瓦。加大扶贫开发攻坚力度，年内解决4万农村贫困人口脱贫问题。

（四）积极推进新型工业化进程

加快推进工业园区建设步伐。切实加快芒市、瑞丽两个省级重点工业园区基础设施建设，引导和鼓励优势产业向园区集中。立足特色产业和优势资源，以产业集群发展为重点，以新产品开发、产业链延伸为突破，大力推进新型工业化进程。强力打造水能、电冶、食品、建材、药品、林竹、珠宝、化工八大产业集群，力争全年实现工业总产值115亿元。大力发展清洁能源，推动矿电结合，抓好余热发电试点，发展高附加值新型载能产业。加快全州已批硅厂、电站项目建设，继续抓好芒市弘安有限公司和畹町乔瑞水泥厂日产2500吨新型干法水泥熟料生产线、盈江昆润狮子山选矿厂日产2000吨铅锌矿、芒市后谷咖啡年产1万吨速溶咖啡生产线、云南铝业芒市30万吨硅铝合金等一批重点工业项目建设，加快推进盈江星云铝厂年产3万吨高纯度碳化硅项目、遮放500千伏变电站和15亿立方米天然气开发利用等重大项目建设前期工作。

（五）大力发展服务经济

继续加大旅游基础设施和公共服务设施建设的投入，完成《德宏旅游振兴计划》编制；继续推进瑞丽江旅游精品项目集群区域开发、景成地海温泉度假中心二期工程、德宏民族文化体育康乐谷、勐焕大金塔景区、勐卯傣王宫遗址公园、勐巴娜西旅游文化项目、中国德宏芒市目瑙纵歌文化园、德宏州旅客服务中心等重大项目建设。积极培育德宏旅游集团竞争力，实现市场化运作，增强旅游业发展活力。办好中国·德宏2011国际泼水狂欢节。力争2011年实现旅游总人数突破500万人次，旅游总收入达47.3亿元。

大力发展商贸服务业，以搞活流通、扩大消费和促进外经贸快速发展为首要任务，以提高对外经济技术合作水平、全面提升口岸通道服务能力和规范发展边民互市贸易为重点，努力实现进出口贸易总额增长15%以上的目标任务。继续与缅方合作办好中缅边交会。认真做好内贸流通工作。继续实施“万村千乡市场工程”、“乡村流通工程”，加快城乡农贸市场建设改造，建设一批标准化农贸市场；扎实开展家电下乡工作，引导企业做好产品供应和售后服务；推进流通领域食品安全工作，切实保障人民群众的身体健康和生命安全。加强对外经济技术合作，加强外经项目和替代企业管理。大力发展仓储物流业，积极推广连锁经营、百货超市、购物中心等现代营销方式。稳步发展科技、信息、金融、保险、培训、代理、评估、法律、咨询、鉴定等服务业，进一步完善中介服务体系。

（六）着力改善生态环境

以“七彩云南德宏保护行动”为载体，围绕自然保护区、重要生态功能保护区、饮用水源保护区、农村环境保护、滑坡泥石流治理等重点，不断加大生态监管力度和地质灾害监测力度。大力开展县市、乡镇、农村生态示范创建工作。切实做好退耕还林、特色产业基地建设、中低产林改造、生态林保护工程，争取完成低效林改造60万亩，新建农村户用沼气4050口，节柴改灶1000座。认真做好滑坡泥石流防治工作，确保人民生命财产安全。加强以自然保护区为主的森林生态保护体系建设。严格按照主要污染物总量减排目标任务的要求，强化对重点减排项目的督促检查和责任追究。

（七）促进社会事业全面发展

优先发展教育事业。以优化校点布局为前提，多渠道筹措资金，全力推进中小学校舍安全工程；加快推进学前教育试点工程，学前3年幼儿入园率达65%以上；巩固“两基”国检成果，小学毕业生升入初中就读率超97.5%；认真做好芒市、盈江、瑞丽三所新建高中各项前期工作，继续推进州民一中“创一流学校”晋升项目，高中阶段毛入学率超54%；加大县市职业高中学校改扩建力度，加快州“两校”新校区建设；加快推进德宏师专升本前期工作，积极吸引省内外大学到德宏设立学院，规划建设国门学校，建设云南国际珠宝学院。推进科技创新。加强知识产权保护，打造一批拥有自主知识产权的品牌；规划建设德宏科技创新园，引进和建立“院士专家工作站”，建设科技示范基地；搞好科普工作。强化医疗服务，继续实施重大疾病防控和国家免疫规划等重大公共卫生项目。加强食品药品安全监管工作。完善社会保障体系，积极扩大社会保险覆盖面。在城市低保实现应保尽保的基础上，力争农村低保也实现应保尽保。健全城乡医疗保障体系，继续扩大城镇居民医疗保险覆盖面，巩固完善新型农村合作医疗制度。落实低收入群体帮扶救助措施，保障困难群众基本生活需要。加大保障性住房建设。全面完成2010、2011年廉租住房建设任务，完善廉租房建设管理制度，继续为符合条件并提出申请的低保对象发放租赁补贴。保护妇女、未成年人、老年人和弱势群体合法权益，重视发展慈善、社会福利、老龄和残疾人事业，做好红十字会工作。逐步增加灾害救助投入，提高自然灾害应对能力。积极发展文化、新闻出版、体育、广播影视事业，加强城乡公共文化设施建设，推进州民族博物馆等重点项目建设，2011年计划在5个乡镇建设灯光篮球场、40个行政村和60个自然村建设篮球场。加强人口和计划生育工作，认真落实现行生育政策，稳定低生育水平，全面实施优生促进工程。继续加强国防教育和国防动员建设，扎实做好人民武装、民兵预备役和“双拥”工作。加强基层民主法制建设，推进普法教育。继续加强综治维稳和禁毒防艾工作，加大矛盾纠纷排查调处力度，深入推进“平安德宏”创建工作，努力营造良好社会环境。继续加强公民思想道德教育和精神文明建设。支持工会、共青团、妇联开展工作。基本完成第一轮修志工作和第二轮志书初稿送省审查工作。认真落实党的民族、宗教和侨务政策，进一步抓好打假打私、质量安全、外事、档案、审计、物价、气象、人民防空、防震减灾等工作。

（八）加强政府自身建设

加强政府自身建设，是实现“十二五”规划的必然要求，是完成今年各项目标任务的重要保障。要继续推进法治政府、责任政府、阳光政府和效能政府建设。一是全面推进依法行政。加强政府决策咨询和重大事项风险评估工作，规范政府决策程序，提高决策的科学化、民主化水平。进一步规范行政审批、行政处罚和行政复议，加强行政执法监督，提高依法行政的能力和水平，做到严格执法、公正执法、文明执法。做到令行禁止。严格执行人大的决定、决议，认真做好人大代表建议和政协委员提案办理工作，主动听取各人民团体、工商联和人民群众的意见建议。充分发挥新闻舆论的监督作用，让权力在阳光下运行。强化行政问责，对失职渎职、不作为和乱作为的，要严肃追究责任。二是大力提升行政服务水平。围绕新一轮政府机构改革的全面实施，进一步调整改善政府在经济调节和宏观管理方面的职能，加强社会管理和公共服务职能，增强处理突发公共事件和社会治安综合治理的能力。继续深化行政审批制度改革，加强对行政审批权的监督和制约。继续推进政务公开，完善五级为民服务体系。三是切实加强廉政建设。建立健全惩治和预防腐败体系的各项制度。进一步完善公共资源配置、公共资源交易、公共产品生产等领域的管理制度。坚持勤俭行政，反对铺张浪费，不断降低行政成本。加快公务接待、公车使用等制度改革创新。

为了切实做好上述重点工作，今年，州政府继续选择确定20项重大建设项目和20项重要工作进行重点督查，强化落实责任制和考核奖惩机制，确保各项工作措施落到实处。

各位代表！回顾过去，总结成就，我们深受鼓舞，信心倍增；展望未来，面对机遇和挑战，我们精神振奋，斗志昂扬。让我们高举中国特色社会主义伟大旗帜，全面贯彻落实科学发展观，在州委的坚强领导下，以更加坚定的信心、更加饱满的精神、更加务实的作风，凝心聚力，与时俱进，开拓创新，加快推进桥头堡黄金口岸和瑞丽重点开发开放试验区建设，为圆满完成今年全州经济社会发展任务，扎实推进“十二五”规划的实施，把德宏建设成为富裕开放、和谐安宁的社会主义新边疆而努力奋斗！

专　文

加快推进城镇化进程
为德宏桥头堡黄金口岸建设提供战略支撑

州委常委、州委秘书长　番跃平

一、加快推进德宏城镇化建设的重要意义

城镇化是近代工业革命以来的世界历史潮流和必然趋势，是现代化和现代文明的重要标志，对推动经济发展、缩小城乡差距、促进社会文明具有重要推动作用。当前，德宏正面临着深入实施西部大开发战略、建设中国面向西南开放重要桥头堡和瑞丽重点开发开放试验区等重大历史机遇，加快推进城镇化进程，对实现国家战略目标，加速德宏科学发展、和谐发展、跨越发展具有重要而深远的意义。

（一）加快推进城镇化建设是全面建设小康社会的重要内容

全面建设小康社会重点在农村，难点也在农村。事实证明，农业效益不提高，经济社会发展就要受阻；农民收入不提高，拉动内需就要受阻；农村经济不提高，农村稳定就要受阻。而造成农村经济落后和农民收入不高的根本原因就是城乡二元经济结构。加快推进城镇化建设，有利于以城带乡、以工促农，逐步消除城乡差别；有利于从根本上扭转广大农民固守农业找饭吃的传统格局，加快农业经济结构和产业结构调整，为实现农业现代化创造良好条件；有利于城镇和广大农村融为一个整体，合理配置城乡生产要素，充分整合城乡社会资源，协调发展城乡经济。

（二）加快推进城镇化建设是解决“三农”问题的重要途径

当前，解决“三农”问题面临着体制性和结构性的深层次矛盾。一方面，由于受长期城乡二元结构体制的影响，在处理城镇与农村关系问题上，依然不自觉或自觉地存在“重城轻乡”的观念；另一方面，由于受长期计划经济体制的影响，在体制、政策到各项管理制度上，都限制农民进城就业和定居，造成农村人口向非农产业和城镇转移进程过慢，农民人口比重过大，农业劳动生产率相对过低，根本障碍就是城镇化进程滞后。要从根本上解决“三农”问题，就农业论农业、就农村论农村永远没有出路，必须着力解决制约农业和农村发展的体制性矛盾和结构性矛盾，着力改革城乡经济社会二元结构，努力加快推进城镇化建设。

（三）加快推进城镇化建设是调整优化产业结构的重要举措

工业化是城镇化的加速器，城镇化是工业化的平台和载体，没有城镇化的大发展就没有工业化的快速推进，没有工业化的快速推进就不可能实现德宏跨越式发展，城镇化与工业化有着极为密切的依存关系。同时，城镇化也是加快发展第三产业的必然途径，是第三产业的孵化器，以服务业为特征的第三产业从来都是依托于城镇化的发展，传统的商贸、旅游、餐饮娱乐业离不开城镇化，现代的物流、金融、保险、信息以及中介服务等更离不开城镇化的大发展。只有加快推进城镇化建设，才能更好地调整优化产业结构，调优一产、调强二产、调快三产，为德宏桥头堡黄金口岸建设和经济社会跨越式

发展提供强有力的产业支撑。

（四）加快推进城镇化建设是实现经济社会跨越式发展的重要动力

城镇化发展的过程，是不断创造财富、培植税源和增加投资、扩大内需的过程。发达地区的成功实践表明，城镇建设是市场经济条件下的一块重大财源，只要遵循开放市场、科学经营的原则，善于捕捉商机，创新经营手段，就会促进城镇的健康发展和政府财源的稳定增长。据专家测算，城镇化每提高 1 个百分点，直接消费可拉动 GDP 增长 1.5 个百分点，对经济发展直接和间接的贡献率可达到 3 个百分点左右。由此可见，加快推进城镇化建设，不但可以直接拉动 GDP 增长、为经济持续增长提供更大空间，而且还可以为经济社会发展产生持续的推动力，极大地解放社会生产力，为德宏增强发展后劲、建设桥头堡黄金口岸、推动经济社会跨越式发展提供强大动力。

二、德宏城镇化建设的现状及形势分析

（一）正确估价德宏城镇化建设取得的成绩

西部大开发 10 年来特别是“十一五”以来，州委、州政府采取一系列措施，加快推进全州城镇化发展。按照城镇化发展的一般规律，城镇化水平只有年均提高 1 个百分点以上，才算真正进入城镇化加快发展阶段；城镇化率超过 30%，人均 GDP 超过 800 美元，是衡量城镇化进入快速发展阶段两个重要指标。2010 年全州城镇化水平为 34%，人均 GDP 为 11693 元，约合 1760 美元，这标志着德宏已经进入了城镇化加快发展、快速发展的阶段。具体表现在三个方面：一是规划工作有了明显进步。我州于 2004 年成立了州规划局，负责全州城乡规划建设的统筹协调和指导工作。目前，州域城镇体系规划和 5 个县市县城总体规划修编工作已经完成，全州乡镇总体规划覆盖率达到 74%，村庄规划全覆盖工作积极推进。二是城市基础设施不断完善。2010 年全州城市建成区面积 47.7 平方公里，城市市政道路总长 395.5 公里，城市年供水综合生产能力 14 万吨/日，城市供水普及率 85%，污水处理率 49%，垃圾处理率 50%，绿化覆盖率 26%，人均拥有绿地面积 7 平方米。三是城镇化水平明显提高。2010 年，全州有 2 个县级市、5 个县城、50 个乡镇、1 个街道办事处；城镇总人口为 41.49 万人，城镇化率达到 34%，比 2000 年的 22.7%提高 11.3 个百分点，比 2005 年的 28.5%提高 5.5 个百分点，全州初步形成了较为完善的城镇体系。

（二）科学分析德宏城镇化建设存在的矛盾和问题

一是城镇化水平相对滞后。在全州 51 个乡（镇、街道办事处）中，建制镇有 23 个，仅占 45%，这个比例是比较低的。2010 年全州城镇化率比全国的 49.68%低 15.68 个百分点，比全省的 36% 低 2 个百分点，省内的昆明、玉溪、曲靖、红河等州市的城镇化率分别为 64%、38%、37%、36%，均高于德宏水平。二是城镇规模小、规划水平低。目前，全州除芒市城区人口超过 10 万人以外，其他四个县市城区总人口加起来还不到 20 万人，均属于 20 万人口以下的小城市。城镇规划还存在着规划和建设机构不完善、调控不力、缺乏前瞻性、规划执行力不够等问题。全州 5 个县市均没有成立规划局，还有 26%的乡镇没有完成总体规划编制，且城市总体规划与各专业规划间衔接配套不够，一些专业规划亟需编制，详细规划覆盖率低。三是城镇品位低、功能不完善。全州大多数城镇建设几乎都是传统意义上的建筑扩张，没有形成自己区域特色、民族特色和文化特色。城镇的经营、管理水平也不高，脏、乱、差的顽症难以克服，一些小城镇至今没有必要的垃圾、污水处理设施和公益设施，城镇功能不完善，承载能力较弱，城镇品位较低。四是产业支撑后劲不足。西方发达国家的城镇化进程表明，二、三产业的就业比重每上升 1%，城镇化水平也同步提升 1%。2010 年全州三产结构比例为 26.5:33.9:39.6，与全国全省相比，农业比重仍然过高，工业发展仍然落后，第三产业仍然滞后。由于二、三产业比重不高，吸纳就业人员明显不足，致使城镇规模效益未能发挥出来，城镇化发展后劲不足。五是资金、土地等问题成为城镇建设的瓶颈制约。一方面，县域经济发展滞后，地方财力普遍匮乏，城镇建设资金投入明显不足，加之城镇建设欠账太多，历史债务包袱沉重；另一方面，随着经济社会不断发展，城乡建设用地需求不断加大，坝区耕地资源持续减少，土地开发与保护的矛盾越来越突出。同时，除了客观因素的制约，还有主观方面对推进城镇化建设的意义认识不足、重视不够，一些政策障碍难以突破，如户籍政策、社保政策、就业政策等因素。

三、加快推进德宏城镇化建设的思考和对策措施

“十二五”时期是德宏加快转变经济发展方式的

攻坚期，是建设桥头堡黄金口岸的黄金期，是全面建设小康社会的关键期，也是工业化和城镇化发展的加速期。我们必须深刻把握我州发展面临的新课题新矛盾，抢抓历史发展新机遇，立足德宏基本州情和优势特点，按照“守住红线、统筹城乡、城镇上山、农民进城”的总体要求，围绕“山水田园一幅画，城镇村落一体化，城镇朝着山坡走，田地留给子孙耕”的目标，积极创新体制机制，推进山地城镇建设，探索走出一条具有德宏边疆民族地区特色的城镇化发展路子。

（一）提高城镇规划水平，积极推进山地城镇建设

城镇规划编制工作是一项基础性、全局性、综合性、战略性的工作，是城镇化建设发展的龙头。要高度重视城镇规划编制工作，按照科学确定城镇定位、合理安排功能布局、统筹配置公共设施、突出区域发展特色的要求，坚持高起点、高标准、高水平，注重超前性和实效性，大力提高城镇规划编制水平,做到城乡规划“一幅图”、基础设施“一张网”、功能布局“一盘棋”。要注重各类规划之间的相融互补，既要注重城乡规划体系内各规划间的相互统一，更要注重与体系外相关规划相互衔接，尤其是要增强与土地利用规划、产业发展规划的关联度以及与桥头堡黄金口岸和瑞丽重点开发开放试验区建设规划的有机对接。要积极调整和转变城镇规划观念，立足德宏山多坝少、耕地资源十分宝贵的实际，从主要占用耕地、平地搞城镇建设，转变为向山地坡地要建设用地，实现城镇上山、工业上山；从“摊大饼”式建设城镇，转变为建设山地城镇、实现城市组团型发展；推动城镇建设由粗放扩张向集约高效发展转变，切实保护坝区农田，积极建设山地城镇，全力打造“车在林中行，人在画中游”的“绿色宜居德宏”。

（二）优化区域空间布局，打造沿边国际口岸城市群

大力推进城市群建设已经成为德宏科学推进城镇化建设的必然选择。要围绕州府、县城、中心集镇、边境口岸城镇几个层次的城镇体系建设构架思路，按照“一核两翼三带四城”的区域空间布局，做精瑞丽“一核”，做强瑞丽—陇川、瑞丽—芒市“两翼”，做实芒市—遮放—畹町—瑞丽—陇川、陇川—盈江、芒市—梁河—盈江“三条经济带”，做大面向南亚、东南亚的瑞芒陇盈沿边国际口岸城市群。突出芒市黄金口岸中心城市的地位，实现规模升级、产业强化、功能提升，成为辐射带动全州城镇化、工业化的重要增长极；凸显瑞丽试验区的龙头地位，充分发挥国际陆港的区位优势，打造精品口岸城市，建成边境城市跨越式发展的典范；强化陇川与瑞丽在发展空间、产业布局和功能定位上的优势互补，发挥中缅陆水联运前沿港优势，建设外向型特色优势产业基地；抓住盈江恢复重建的重大机遇，加快产业发展，努力建设美丽富饶新盈江；发挥梁河连接腾冲和瑞芒陇盈沿边国际口岸城市群“中转站”的枢纽优势，建好德宏“北大门”。规划建设连结各县市的高速公路网，优化空间和产业布局，打造德宏一小时经济圈，提升城市竞争力和辐射范围，带动中心集镇和沿边特色城镇快速发展，全面加速德宏城镇现代化建设步伐。

（三）加强基础设施建设，完善提升城镇综合功能

完善城镇基础设施，营造良好人居环境，是促进城镇经济发展、提高综合承载能力、构建和谐城镇的重要条件。要坚持“先规划、后建设，先地下、后地上”的原则，集中有限资金，综合配套建设各项城镇基础设施，大力实施城镇净化、绿化、美化、亮化工程，增强城市和中心城镇的辐射带动功能。既要加快以路桥为重点的市政设施建设步伐，完善城镇道路、电力、燃气、供排水、污水处理和垃圾处理体系，使婉蜒、曲折的山地城镇道路成为交通的主动脉和不断延伸的观景线；又要重视城市科教文体等公共设施建设，逐步形成功能完善、布局合理、管理规范、运行高效、服务便捷的公共服务管理体系，确保群众出行方便、购物方便、孩子上学方便以及就医方便等；还要加强公园、广场、绿化景观等公用设施建设，为各族群众工作生活营造优美环境。在山地城镇基础设施建设中要特别注意顺应地形，多利用荒山荒坡搞建设，充分利用自然山势和水系，以沟、谷等地貌特征为界，依据不同的地表内容来布置基础设施建设，依山就势布置建筑群，避免大开大挖，最大限度减少对原有环境的破坏，形成自由流畅而有机的组团结构。

（四）突出地方优势特色，提升德宏城镇文化品位

德宏是典型的边疆多民族聚居地区，有着丰富的自然资源、良好的生态环境、多彩的民族文化、优越的边境区位和善良的各族人民。推进城镇化一定要从本地区地域特征、历史沿革、民族文化等因素综合谋划，科学处理好人口布局、资源开发、生

态建设、城镇布局、城镇规模、农村发展等与城镇建设的关系，结合实际，因地制宜，强化功能定位，彰显优势特色，特别是要突出最佳人居环境的生态特色和以傣族、景颇族为主体的丰富多彩的民族文化特色，依托各地特有的资源禀赋，以建设“山水田林园城市”和“花果乡村、幸福家园”为目标，重点突出“民族文化、绿色生态、现代气息”三个特点。在规模上做到宜大则大、宜中则中、宜小则小，在特色上做到宜农则农、宜工则工、宜商则商、宜居则居、宜游则游，使全州城镇建设与产业布局、地形地貌紧密结合、融为一体，一切来自自然，又融入自然，形成“城在山中、房在林中、水在城中、人在绿中”的独特城镇风貌，不断增强城市的魅力和特色，提升城市的品位和档次。

（五）加大产业培育力度，不断壮大城镇经济实力

产业是城镇发展的基础和支撑。没有产业支撑，城镇就业解决不了，居民收入提不高，人气和商气上不来。必须坚持城镇建设与产业发展齐头并进的原则，以产业发展为中心，以农业产业化、新型工业化为动力，发挥比较优势，优化产业结构，形成合理的产业布局和各具特色的城镇经济，不断增强城镇经济实力，提高吸纳农村人口的能力，以产业的繁荣带动城镇的兴旺。要把新型工业化作为城镇经济发展的重点，以工业化带动城镇化，以城镇化促进工业化，打好特色、绿色、生态三张牌，加快芒市、瑞丽等重点工业园区建设，完善基础设施，增强配套功能，形成以大工业和由中小型企业组成的工业集群，引导产业向园区集中，园区向城镇集中，城镇向山坡、丘陵发展，带动农村人口向城镇转移。要把第三产业作为城镇经济发展的着力点，大力发展以休闲度假、康体养生为重点的旅游文化产业，积极发展金融保险、商务会展、国际物流、信息服务等现代服务业，提高第三产业增加值比重和就业比重，最大限度地增加城镇就业容量，最大限度地降低能源、资源消耗和环境损害。要把非公经济作为城镇经济发展的增长点，积极鼓励、引导、支持非公企业与大企业开展多种形式的经济技术合作，建立稳定的协作关系，积极推进中小企业向专业化、集团化发展，通过非公经济发展搞活城镇经济。

（六）提高全民综合素质，切实增强城镇发展动力

城镇化过程实际上就是农民变市民的过程，从农民到市民是历史性的跨越，从一般市民到文明市民又是历史性的跨越。建设、经营、管理城镇，最基础和首要的工作就要切实提高城镇人口的综合素质，促进城镇居民的全面发展，为城镇可持续发展提供不懈动力。要重视加强教育工作和人才培养工作，推动学前教育、义务教育、高中阶段教育、职业教育和高等教育、继续教育、民族教育、特殊教育全面协调发展，大力培养具有一定规模的各种类型、多种层次的建设人才队伍，特别在桥头堡黄金口岸和瑞丽重点开发开放试验区建设中要注重引进一批紧缺人才、高新技术人才和高端人才。要重视抓好科技宣传普及和技能培训工作，通过推进科技的宣传、普及、研究和转化，提高劳动者的生产能力、企业的科技创新能力和经济发展的市场竞争力，特别是要加大对农村富余劳动力和城镇新增劳动力的实用技能培训，切实增强他们在城镇就业的实际本领。要重视推进广大进城农民思想观念的变化、整体素质的提升和生活方式的改变，切实在加强公民思想道德建设和社会主义精神文明建设上下功夫，倡导积极、健康、科学的生活方式，不断提高全社会文明程度。

（七）推进体制机制创新，着力破解城镇发展难题

要继续深化土地管理制度改革，促进土地资源节约集约利用。加快调整完善土地利用总体规划，强化坝区耕地保护，积极推进山地综合开发试点工作，优化建设用地布局，提高规划建设用地中山地、缓坡、丘陵的比例，扩大新增山地建设用地占新增建设用地的比例，建立产业园区、工业项目向荒山荒地布局的激励机制，支持、引导城镇、村庄向坝子边缘和适建山地发展，创造山水城市、田园城市、山地城市等城镇建设新模式，实现土地高效利用、坝区有效保护和城镇化科学发展的有机统一。要完善城镇建设投融资机制，多渠道筹集城镇建设资金。加大地方财政资金对城镇建设的投入，加快推进政企、银企合作，坚持“谁投资、谁开发、谁所有、谁受益”的原则，积极鼓励社会资金、民间资金、外来资金参与城镇建设、经营和管理，实现投入产出和投融资的良性循环，努力形成“政府引资、社会集资、企业筹资、银行贷资、全面开发、滚动发展”的城建资金筹措新途径。要大胆改革体制机制，有效消除城乡二元结构。积极推进城乡规划、产业发展、市场建设、基础设施、公共服务、管理体制的一体化，尤其要努力推动公共财政向农村倾斜，

公共服务向农村覆盖，社会事业向农村延伸，全面提升农村公共服务水平。要完善“农民进城”的相关配套政策措施，既要进一步放宽城镇户籍限制，确保进城的农村居民能够进入城镇就业、养老、住房、教育、医疗等保障体系，充分享受城镇公共服务；又要为农民在城镇和农村发展留有余地，在一段时间内给予进城落户农民“城乡兼有”的身份待遇，使农民“退可回农村，进可入城镇”，实实在在解决好农民的长远生计问题，让农民进得来、住得下、留得住、过得好，真正实现“转移农民、减少农民、富裕农民”的目标。

借多彩民族文化之桨　行边疆基层党建之舟

——德宏州结合民族文化创新基层党建工作做法与经验

州委常委、州委组织部长　何汝利

德宏傣族景颇族自治州地处云岭边陲，国土面积 11526 平方公里，与缅甸接壤，国境线长 503.8 公里，是中国面向西南开放桥头堡的黄金口岸和云南对外开放的最前沿。全州境内居住有傣、景颇、德昂、阿昌、傈僳五种主要世居少数民族，少数民族人口占总人口的 49.7%，是全国 30 个、云南省 8 个少数民族自治州之一。众多的民族孕育了丰富多彩的民族文化，同时也不断衍生出了具有时代气息和民族特色的政治价值和文化内涵。

近年来，德宏州各级党组织把民族文化融入到边疆党的建设工作中，积极探索出了一条依托民族文化资源优势、创新基层党建的新路子。通过借多彩民族文化之桨，行边疆基层党建之舟，民族文化与基层党建实现了有机结合和良性互动，为推动科学发展、服务各族群众、维护民族团结、促进社会和谐提供了坚强的政治和组织保证。

一、采取“五用措施”，扩大边疆民族地区党的影响力

着力消除党的科学理论在边疆民族地区传播的障碍，是扩大党在边疆民族地区影响力的必然要求。实践中，德宏州采取“五用”措施，不断扩大党在边疆民族地区的影响力，进一步夯实党的执政基础。

（一）用民族干部宣传党的科学理论

在深入推进中国特色社会主义理论体系建设中，全州从素质优良、作风扎实的民族党员干部中培养了一批党建工作宣传骨干，建立 319 支党建理论宣传队，充分发挥了解民族风俗、熟悉民族群众的优势，走村串寨宣讲党的科学理论，把党的主张转变为各族党员群众的自觉行动，使各族党员群众积极投身到推动科学发展，创先争优的重要实践中来。

（二）用民族语言讲解党的方针政策

边疆少数民族群众对汉语的理解能力普遍不高，因此通过广泛使用民族语言开展党的理论政策宣传，开通有线电视、广播，用民族语言播放时政新闻、政策法规、民族歌曲，传授生产技能，宣传先进典型等，使党的方针政策在少数民族群众当中易于领会，乐于接受。

（三）用民族文字阐述党的基本知识

组织民语专家学者，用傣、景颇、载瓦、傈僳等少数民族文字出版报纸，编写党建手册，把党的基本知识、科学发展观要点、党的民族宗教政策和强农惠农政策、国家法律法规、乡村办事流程、外出务工知识以及党员教育管理制度、党员权利义务等内容融汇其中，使各族党员群众在生产生活中得到广泛的学习和应用。

（四）用民族节庆增强党的亲和力

基层党组织借助傣族（德昂族）泼水节、景颇族目瑙纵歌节、阿昌族阿露窝罗节、傈僳刀杆节等少数民族重大传统节日，带领党员群众开展丰富多彩的活动。通过制作宣传展板、发放宣传单，组织文艺演出等方式，努力搭建融合民族文化元素的宣传平台，在轻松愉快的氛围中拉近与少数民族群众之间的距离。

（五）用民族文化体现党的建设成果

全州各级党组织认真贯彻“百花齐放、百家争鸣”的方针，在推进党建工作的同时大力弘扬民族文化。利用少数民族作家队伍，创作了《丰收鼓舞》、《娥并与桑洛》、《南拉西》、《烈焰景颇》等一大批少数民族文化精品，使民族民间文化得到进一步弘扬。加大非物质文化遗产保护力度，积极培养民间艺人，传承和光大民间技艺，在升华民族

传统文化的同时，充分体现党领导各族人民建设社会主义的丰硕成果。

二、强化“六个着力”，增强边疆民族地区党的凝聚力

围绕建设桥头堡黄金口岸，推动边疆民族地区科学发展这一目标，全州各级党组织从扩大党组织覆盖面、构建为民服务体系、加强社会主义核心价值体系教育和人才培养等方面着力，不断增强边疆民族地区党的凝聚力。

（一）着力扩大党组织在民族地区的覆盖面

不断壮大少数民族党员队伍，扩大党组织在少数民族地区覆盖面，党的方针政策才能得到更加有效的贯彻落实。全州把发展壮大少数民族党员队伍，消除党员空白村（组）作为加强基层党组织建设的重要内容，通过实施“党员发展工程”，将优秀少数民族群众吸收进党组织，不断扩大党组织在边疆少数民族地区的覆盖面。截止2010年底，全州少数民族党员总数为21903人，占党员总数的40.4%，消除了党员空白村（组），少数民族村寨实现了党组织全覆盖。

（二）着力提高少数民族党员素质

针对边疆少数民族地区农村基层党组织和党员致富谋发展能力不强的实际，在全州实施“党员素质提升工程”，开展农村实用技术学校和农村党校“两校进村”活动，加强对农村少数民族党员的党性教育和致富能力培训，全面提高素质。目前，全州建立农村党校16所，农村实用技术学校79所，建立党员示范户726户，培训基地102个，培养少数民族党员致富能手1062名。

（三）着力抓好少数民族带头人培养

少数民族群众对本民族有较强的认同感，培养出优秀的带头人，就能起到较好的示范带动作用。全州将少数民族带头人培养纳入乡土人才培养范畴，注重抓好民族文化传承，产业经营等各类带头人的培养。同时以增强带富能力为突破口，加大“三培养”力度，重点在少数民族文化传承人才、表演人才、经营人才中发展党员，选拔优秀少数民族党员担任村级党组织书记、村委会主任，近年来培养了以国家级非物质文化遗产傣族孔雀舞传承人、原瑞丽市勐卯镇姐东村党总支书记约相，陇川县勐约栋村党支部书记、党员致富能手普勒业等为代表的一批少数民族带头人典型。

（四）着力构建边疆少数民族地区为民服务网络体系

采取固定场所办公服务与流动服务队上门服务相结合，构建州、县、乡、村、组五级为民服务体系。让群众“少走一趟路，少进一道门，少找一个人，少花一点钱”就能把事情办好。目前，全州5个县市均建立了政务服务中心，50个乡镇建立了农民服务站，设立了352个村级服务点，成立了159支流动服务队，便民服务深入各民族村寨，党同各民族群众的血肉联系更加密切。

（五）着力增强少数民族群众爱党爱国意识

针对境内外敌对势力利用少数民族跨境而居、同宗同源等特殊地缘、人缘关系不断对我进行渗透破坏的实际，自2009年起全州实施了以“同升一面旗、共爱一个家”为主题的“红旗飘飘”工程。在边境沿线各少数民族村寨开展升挂国旗、党旗等形式的爱国主义教育活动，使边境各族群众牢固树立国家、国民、国防、国门意识，激发了热爱中国共产党、热爱伟大祖国、热爱家乡的热情。

（六）着力建立完善有利于少数民族优秀人才脱颖而出的新机制

积极打造与维护边疆繁荣稳定形势相适应的少数民族干部队伍，正确把握坚持标准与在同等条件下优先选拔的关系，大力选拔少数民族干部。坚持班子换届时，优先选配少数民族干部；职位空缺时，优先充实少数民族干部；班子调整时，优先配备少数民族干部；机构改革时，优先安排少数民族干部，积极为少数民族干部的成长创造条件。坚持梯次培养少数民族后备干部，有效防止少数民族干部培养出现断层现象。截止目前，全州少数民族干部中，有厅级干部26人，处级干部288人，科级干部2022人，有科级、处级少数民族后备干部668人。

三、构建“六种模式”，不断激发边疆民族地区党的创新力

激发基层党组织的创新能力，积极探索与边疆民族文化相适应的基层党建工作内容与形式，是党在边疆民族地区始终保持生机与活力的重要前提。通过实践和总结，全州初步探索并建立了具有边疆少数民族地区特点的六种基层党建模式。

（一）宗教和谐党建模式

根据州内宗教种类多，信教群众多的特点，加强党对宗教工作的领导，“用好两支队伍，发挥两个作用，强化两个建设，解决两种需求”，即用好宗

教管理队伍，充分发挥宗教管理部门的职能作用，全面贯彻落实党的少数民族宗教政策；用好宗教团体组织队伍，充分发挥宗教团体组织联系党委政府和信教群众的桥梁纽带作用，积极引导信教群众爱国爱教。强化信教地区经济、文化建设，着力解决信教群众物质文化生活需求。芒市风平镇弄么村党支部把党建工作与宗教工作有机结合起来，利用奘房等宗教活动场所向宗教人士和信教群众宣传党的方针政策，传播党的科学理论，开展农村适用技术培训，加深了党组织和党员与信教群众的沟通交流，引导信教群众积极发展经济，建设美好家园，发挥宗教服务和谐社会建设的积极作用，受到了信教群众的广泛拥护和支持。目前，全州宗教和谐村寨达到了563个。

（二）产业协会党建模式

以党支部为龙头，以党建工作为抓手，积极探索有利于基层党组织和党员发挥作用、有利于促进产业做大做强、有利于带动农民增收致富的工作办法，逐步形成“支部+产业”、“支部+协会+企业+农户”的党建模式。把党组织建在少数民族文化产业链上，建在少数民族文艺队伍上，抓好“三个培养”（即把民间艺人培养成党员，把有文艺特长的党员培养成文艺宣传骨干，把党员文艺宣传骨干培养成党支部书记）。在抓好民族文化产业发展的同时，大力发展农业特色产业。陇川县户岛村以党组织为龙头，以农户为基础，以枇杷协会为载体，以富民强村为目标，通过支部抓协会，协会带农户的工作模式，加快了枇杷产业的快速发展，农民得到了实惠，实现了支部与协会联动、党建和经济双赢。目前，全州共建立各类产业协会党组织181个。

（三）禁毒防艾党建模式

针对德宏处于禁毒防艾前沿阵地的实际，州委坚持把禁毒防艾作为基层党建工作的一项重要任务，把基层党建工作与边境安宁稳定紧密结合起来，建立以各级党组织书记为第一责任人，以共产党员为骨干，以广大干部群众为基础，以创“两无”（无毒村、无艾滋病村），建“三村”（富裕村、文明村、和谐村）为目标的禁毒防艾党建工作模式。党建工作有力推动禁毒防艾不断取得新成效，五年来，全州吸毒人数减少47%，毒品危害和艾滋病蔓延的势头得到有效遏制。瑞丽市卡南村民小组是一个紧邻边境线上的景颇族村寨，2002年成立女子护村队后，在村党支部的领导下队员“进班子”，参与村务管理；“结对子”，一对一帮教吸毒人员；“找路子”，帮助村民尽快脱贫致富，使昔日的“吸毒村”如今变成了富裕、文明、和谐的新农村。

（四）国门社区党建模式

姐告是我国最早实行“境内关外”特殊监管模式的边境贸易区。姐告国门社区党总支针对党员结构多元化，人员流动频繁，从事行业多样的特殊性，科学设置组织，选优配强班子，发挥党员作用，让组织活起来，让班子动起来，让队伍强起来，成功探索出了“党员分类、组织分设、功能专属、特色突出”的国门社会党建新模式。同时，不断拓展社区服务功能，建立党员教育培训服务中心和国门书社，为党员和境内外各族群众提供了便利的学习条件。成立劳动力管理就业服务中心，使用傣、景颇等少数民族文字和缅文印制发放社区为民服务联系卡，积极为辖区内的各族群众和缅籍经商务工人员提供投资政策咨询、劳务就业信息，实现了便民、利民、安民，在边境线上树立了基层党组织和党员的良好形象，得到了中央和省委领导的肯定。

（五）市场诚信党建模式

在加强非公经济组织党建工作中，紧紧围绕“经济发展的主战场就是党建工作的主阵地”的发展思路，把加强党建工作与促进市场诚信经营有机结合，全力打造市场诚信党建品牌，通过发挥党组织和党员作用，引导、带动和监督市场经营户依法经营、诚实守信，营造人人讲诚信，店店无假货的市场环境，形成了商品经营户“诚信共建、品牌共创、资源共享、共同发展”的党建新模式。瑞丽市把基层党建工作延伸到珠宝玉石等商品经营市场，着力将珠宝街打造为“党建示范诚信经营一条街”，党员和入党积极分子经营户亮身份，讲诚信、比服务，争做诚信经营的模范户，勇当诚信市场的维护者，树立了共产党员的良好形象。

（六）民族团结党建模式

民族团结才会心齐气顺，心齐气顺才能和谐发展。始终坚持把党的领导作为促进民族团结进步事业的根本保证，紧紧围绕民族团结抓党建，把基层党建工作与民族团结工作结合起来，以抓党建促进民族团结，以民族团结促进和谐发展，以和谐发展体现党建成效。梁河县平山乡上河东村委会红祥村民小组是一个由4个寨子先后两次易地搬迁组成的少数民族聚居村寨，全村103户456人，有汉族、傣族、阿昌族、佤族、白族、哈尼族等多种少数民族，在村党支部带领下，一个村就是一个民族大家庭，各民族和睦相处，和谐发展。

四、总结“五条经验”，推动边疆民族地区党建工作再上新台阶

结合民族文化创新基层党建工作，是摆在边疆民族地区各级党组织面前的一个紧要任务和全新课题，在近年来结合民族文化创新基层党建工作中，我们有以下经验和体会：

（一）结合民族文化创新基层党建工作，必须抓住经济发展这个中心

德宏集“边疆、民族、欠发达”为一体，经济社会全面发展进步任重而道远。在推进党的建设工作中，一是要紧紧把握科学发展这个主题，坚持发展第一要务，牢牢抓住转变经济发展方式这条主线，以桥头堡黄金口岸和瑞丽重点开发开放试验区建设为突破口，全力推动边疆民族地区经济社会跨越式发展。二是要按照围绕经济抓党建、抓好党建促发展的思路，不断增强各级领导干部推动德宏边疆民族地区经济发展的能力。发挥基层党组织的组织优势，引领全州各族群众解放思想、居安思危，促进经济社会的全面、协调、可持续发展。三是要将民族文化与桥头堡黄金口岸建设有机结合，充分利用与周边国家地缘相连、人缘相亲、文缘相融、商缘相通的优势，积极开展文化交流与合作，努力营造睦邻友好的良好环境，不断增强先进文化引领经济社会又好又快发展的功能。

（二）结合民族文化创新基层党建工作，必须抓实民族团结这个基础

维护民族团结是各民族的共同责任，保持社会稳定是各民族的共同任务。加强少数民族地区党建工作，必须抓实民族团结这个基础，切实把基层党组织打造成维护民族团结和谐的坚强战斗堡垒。一是要认真落实关于选拔少数民族干部的相关政策规定，做到系统培养，择优使用。结合干部教育培训工作，不断提高各级领导干部做好民族工作的能力和水平。二是要依托州内丰富多彩的民族文化资源，不断深化“五用”措施，推进结合民族文化创新基层党建工作，充分发挥民族地区党组织在团结各族群众推动发展、促进和谐、反对分裂、维护稳定中的战斗堡垒作用，夯实党在边疆民族地区的执政根基。三是要正确处理党建与宗教的关系，区分党员信教与参加民俗活动的情况，积极引导宗教与社会主义相适应。

（三）结合民族文化创新基层党建工作，必须抓好边疆稳定这个关键

加强党的执政能力建设，必须高度重视维护边疆稳定，充分发挥基层党组织就是钢铁堡垒、党员就是钢筋铁柱、群众就是钢铁长城的作用。一是要切实筑牢边境一线各族群众思想防线，牢固树立中国特色社会主义理想信念，用先进文化不断充实和武装头脑。充分发挥各级党组织、广大党员的战斗堡垒作用和先锋模范作用，深入开展禁毒防艾斗争。二是要进一步探索和采取有效措施，切实增强领导干部处理急、难、险、重问题和驾驭复杂局面的能力，全力维护好边疆民族地区社会稳定。三是要加强党对民族宗教工作的领导，严密防范和坚决打击境内外敌对势力利用民族、宗教、非政府组织对我进行渗透、破坏和分裂活动，同时做好农村信教党员转化工作，帮助其转变思想观念，增强党性意识。

（四）结合民族文化创新基层党建工作，必须抓牢改善民生这个根本

在结合民族文化创新基层党建工作的同时，要关注民生，改善民生。一是要按照构建为民服务网络体系的要求，不断拓展和延伸便民服务范围和功能，健全机关和企事业单位对口帮扶少数民族村寨工作制度，促进城乡生产要素与党建要素优化配置，实现以城带乡、资源共享、优势互补、协调发展。二是要不断加强对农村少数民族党员和群众的人文关怀。借鉴瑞丽市“党员丧事补助制度”的做法，做到既注重从政治上、思想上关心爱护党员群众，又注重从党员群众的生老病死、婚丧嫁娶等方面给予感情上、生活上的关怀照顾，在少数民族党员和群众当中树立党组织亲民爱民为民的形象。三是要进一步推进边境一线村民小组党员文化活动场所建设。在建设风格上要体现少数民族文化特色，使之成为少数民族村寨的标志性建筑。

（五）结合民族文化创新基层党建工作，必须抓住创先争优这个目标

实现边疆民族地区科学发展，必须始终以“争科学发展之先、创和谐社会之优”为目标，把创先争优转化推动科学发展的强大动力。一是要深入开展以创建“百强支部，百佳书记、百优党员”为主题的创“星”晋级争“三百”工程。基层党支部争创“五星党支部”；党员按不同行业特点分类设定的争创标准争当“五星党员”。通过评先选优，在边疆民族地区营造学先进、赶先进、争先进的浓厚氛围。二是要坚持实行党员公开承诺。各级党组织和共产党员根据部门职能和岗位职责提出承诺事项，努力形成个个承诺，人人亮相，争创一流业绩的工作格局。三是要不断推进“五争三创”和“五带三帮”

活动。以职工争做“五个表率”、团员争当“五个先锋”、妇女争当“五个标兵”为主题，争创“三百工程”；通过带思想、带班子、带队伍、带作风、带创先争优；党组织帮助群团组织、上级群团组织帮助下级群团组织、党员帮助群团组织成员，有效激发群团组织参与创先争优的积极性，形成边疆民族地区广大党员与各族群众共创先进，同争优秀的良好氛围。

加快发展职业教育
为我州经济社会跨越式发展提供人才支撑

州人民政府副州长　孔勒干

在今年刚刚结束的州第六次党代会上，州委提出了今后五年全州经济和社会发展的总体要求、奋斗目标、战略重点和工作措施，确定了通过“打基础，重三农，强产业，扩开放，兴文化，保民生，优生态，促和谐，抓党建，实现农业提升，工业突破，贸易转型，旅游崛起，城市升级，文化繁荣”的宏伟目标。要求全州党员和各族干部群众，解放思想，勇于争先，凝心聚力，团结干事，全力加快桥头堡黄金口岸和瑞丽重点开发开放试验区建设，大胆创造沿边开放新奇迹，努力开创德宏科学发展新时代。因此，今后几年是我州加快发展职业教育最佳时期，我们各级政府和教育部门要认清形势，找准方向，抢抓机遇，强化措施，大力推进我州职业教育改革、创新与发展，为实现州第六次党代会提出的宏伟目标提供强有力的智力保证和人才支撑。

一、我州大力发展职业教育采取的主要措施和取得的成效

自1996年《中华人民共和国职业教育法》（以下简称《职教法》）颁布实施以来，我州各级党委、政府及其教育主管部门结合德宏实际，根据国家的有关法律法规，制定了一系列加快我州职业教育改革发展的政策措施，全州职业教育取得了历史性的突破，特别是近几年来，职业教育投入持续增长，办学条件明显改善，教师队伍素质不断提高，教育质量逐年提升，无论规模还是质量都得到长足发展，职业教育为劳动者素质提高和全州经济社会发展作出了重要贡献。

（一）广泛宣传《职教法》，提高对职业教育的认识

自1996年颁布施行《职教法》以来，全州各级党委、政府及教育、劳动等职能部门开展了多种形式的学习宣传活动。如：将《职教法》列入“四五”、“五五”普法内容，组织干部职工学习培训；利用广播、电视、报纸、网络等媒体开设专栏，广泛宣传《职教法》；结合每年“12·4”法制宣传日，在公共场所开展《职教法》宣传咨询活动；教育、劳动等部门分别举办《职教法》知识讲座，培训职教工作人员；各职业院校充分利用广播、板报、标语、演讲会、图片展、印发资料等形式，广泛宣传《职教法》。通过宣传，全社会进一步认识了职业教育的重要作用，全州形成了高度重视和支持职业教育发展的良好社会氛围，职业教育得到了前所未有的发展。

（二）加强领导，统筹规划，想方设法整合全州职业教育资源

各级党委、政府将发展职业教育纳入国民经济和社会发展总体规划，加强领导，科学布点，统筹规划，合理配置教育资源，积极推进全州职业教育改革与发展。在认真贯彻落实《教育法》、《职业教育法》、《国务院关于大力发展职业教育的决定》、《云南省职业教育条例》等国家、省有关教育法律法规的同时，结合我州实际，先后制定出台了《中共德宏州委　德宏州人民政府关于大力推进职业教育改革与发展的意见》、《德宏州2008—2012年高中阶段教育发展规划》、《中共德宏州委　德宏州人民政府关于进一步加快教育改革与发展的意见》等若干文件，使全州职业学校布局更趋合理，办学行为日益规范，办学思路更加清晰，办学效益不断提高。为优化职业教育发展环境，改善中等职业学校办学条件，盈江县职业高中、陇川县职业高中先后从乡村搬迁到县城；潞西市将原办在遮放、那目的潞西一职中和二职中合并搬迁到芒市后组建为潞西市职教中心（现在的“芒市职教中心”）；为进一步扩大

办学规模，瑞丽市职业高中正在重新选址建设；州师范、州农校先后并入德宏教育学院，使之成功改制为德宏师范高等专科学校；2008年，州委、州政府决定撤销州财校、州农机学校、州职教中心（州技工学校），将3所学校合并后组建了德宏州中等职业学校。

（三）加大投入，改善办学条件，切实履行政府发展职业教育的职责

2005年以来，州、县市党委政府高度重视职业教育的发展，州委、州政府领导每年深入州、县市职业院校调研，听取教育部门和学校关于扩大办学规模，提高办学效益的意见建议，并帮助学校解决在办学过程中遇到的困难和问题。由于措施到位，职业学校办学条件不断改善，办学规模迅速扩大。近3年来，先后建成的项目主要有：一是盈江县投资3200万元，为盈江县职业高中建成了学生宿舍、食堂、运动场及附属设施；二是芒市投资2000多万元，为芒市职业教育中心建成了1万多平方米的实训大楼，并购置了实训设备和设施；三是陇川县投资450万元，为陇川县职业高级中学建设了教学楼；四是梁河县投资250万元，为梁河县职业高级中学建成了教学楼。

为彻底改变我州州直职业学校管理体制不顺，校舍严重不足、办学条件差，专业设置重复，办学规模小，办学质量和效益低下的状况，优化职业教育资源配置，做大做强我州的职业教育，加快普及高中阶段教育的进程，在充分调查研究、科学论证的基础上，州委、州政府决定按照“一次规划，分步实施”的思路，整合州直4所中等职业学校，重新选址建设新校区。2008年9月26日，由原州财校、州农机校、州职教中心整合而成的德宏州中等职业学校（德宏州技工学校）正式挂牌成立，按照规划，到2015年，州中等职业学校在校生规模达到5000人以上。2008年9月16日，省政府批准在原州卫生学校的基础上，组建德宏职业学院。按照规划，到2015年，德宏职业学院在校生规模达3500人以上。由于两院校原址已不能满足院校升格及合并后的需要，州委、州政府决定，按国家级重点职业院校的标准，重新选址新建设德宏职教园区。建成后，将德宏职业学院及德宏州中等职业学校整体迁入。

2010年州委、州政府已把德宏职教园区建设列入全州20个重点建设项目之一。德宏职教园区按照两所院校的功能需求统一规划设计，教学区、学生生活区、教师办公区相对独立，体育运动区、礼堂会议区、绿化景观区、商业服务区共用。州中等职业学校、德宏职业学院两所学校新校区占地800亩，规划学校建筑面积14.68万平方米，原计划总投资4亿元人民币。但在实施过程中，很多当时没有考虑到的因素随之出现，致使项目建设总规模达21.6万平方米，总投资达10.4亿元。其构成因素：一是征地费增加；二是场地平整费、挡墙、护坡工程造价、监理等费用未能纳入预算；三是环评、林业、设计、办理开工手续等前期费用未列入预算；四是设计标准及物价上涨等因素影响，每平方米造价增加；五是实际设计面积从规划面积14.68万平方米增加到21.6万平方米。鉴于整个工程规划设计标准高，投资大，为缓解投资压力，2011年9月6日，德宏州第十三届人民政府第28次常务会决定，按照“一次规划，分步实施”的原则，以2012年9月两校顺利搬迁为目标，以基本满足教育教学需要为原则，确定一期工程投资7.2亿元，建设12.7万平方米。目前，一期工程面临许多困难，但州政府已多次召开专题会议和政府常务会议进行研究，目前整个工程正在努力推进。

（四）落实国家资助政策，确保每一位学生得到国家资助

根据《云南省中等职业学校贫困救助办法》、《国务院关于建立普通本科高校、高等职业学校和中等职业学校家庭经济困难学生国家资助体系的意见》、财政部、教育部《中等职业学校助学金管理暂行办法》等文件精神，各中等职业学校认真做好中等职业学校学生资助管理工作，2009年—2011年全州发放国家助学金3690.12万元，资助学生42900人次；2009年秋季—2010年秋季学期发放免学费资金494.51万元。

（五）深化改革，进一步理顺管理体制

1、转变观念，突出职业教育特点。以增强学生的职业技能和创业能力为核心，坚持“以服务为宗旨，以就业为导向”的办学方针，从计划培养向市场需求转变，从政府直管向宏观引导转变，从传统的升学导向向就业导向转变，建立与经济发展紧密联系的办学机制，更好地面对社会、面向市场办学。积极探索与就业市场有效对接的示范性专业建设及相应的课程开发和教学方式改革，重点开设实用性强的专业。如：畜牧兽医、计算机及应用、旅游服务与管理、电工、汽车工程车运用与维修、烹饪、水电设备及安装维修等专业。

2、改革体制，创新机制，大胆探索适合我州职业教育发展的新路子。坚持以专业发展为纽带，积极推行以校企合作为重点，以自主发展为主体，以提高劳动者素质为目的，优势互补、互利互惠，低投入、高产出的职业教育发展新模式。一是面向市场办学，推行“订单式”培养，创新人才培养模式，激发办学潜力和活力。二是推行半工半读、跨地域学习、工学交替，分阶段完成学业等职业教育培养、培训新模式，促进城乡之间、校企之间、校与校之间的联合招生合作办学等灵活的办学模式。三是改革以学校和课堂为中心的传统人才培养模式，加强实践环节教学，实行工学结合，校企合作模式，特别是做好高三学生顶岗实习工作，保证学生合法收入，健康实训。

3、实行岗位设置管理和教职工全员聘用制。职业学校在编制部门核对的编制内，在人事、教育部门的指导安排下，及时设岗招聘职工。按照“按劳分配、多劳多得、优劳优酬”的原则，建立重能力、重实绩、重贡献的分配激励机制，最大限度地调动教职工的工作积极性和创造性，提高教育教学质量。

4、加强职业教育实训基地建设。2010年，芒市职业教育中心建成共计投资300万元的汽车维修实训基地，占地2430.74平方米，其中申请中央财政资金180万元，芒市政府配套资金120万元；2011年投资320万元的盈江县职业高级中学计算机实训基地建设项目正在向教育部申报中。

（六）办学规模进一步扩大，人才培养成效显著

2010年，全州有职业院校9校（其中民办职业学校2所，开办中等职业学历教育的职业高校1所），当年招生5048人，比2005年增加3610人；在校学生11723人（含五年制前3年的学生），比2005年增加9094人；2005年普通高中与中等职业在校生之比为1∶0.38；2010年普通高中与中等职业在校生之比为1∶1.04。全州中等职业学校有教职工600人，其中专任教师417人，教师学历合格率为70%。

全州各职业学校以市场为导向，狠抓学生就业工作，毕业生就业率逐年提高。2006年毕业生人数为1225人，就业1146人，就业率为93.55%；2007年毕业生人数为1505人，就业1424人，就业率为94.62%；2008年毕业生人数为1832人，就业1784人，就业率为97.38%；2009年毕业生人数为2099人，就业2043人，就业率为97.33%；2010年毕业生2749人，就业2714人，就业率为98.72%。

（七）成人教育成效显著，农村劳动者素质普遍提高

目前，全州共有农村成人文化技术培训教学点164个，其中有独立建制乡镇成人文化技术学校8所，省级示范性成技校3所，省级合格成技校5所。2007年至今各县市乡村成人文化技术学校开展各种短期培训540048人次；开展农村剩余劳动力转移培训33632人次。各中等职业学校面向城镇职工、农村从业人员开展职业教育培训32702人次，为我州城乡经济社会发展、农民脱贫致富奔小康做出了突出贡献。

二、我州发展职业教育存在的主要问题

近年来，我州职业教育事业虽取得了一定的发展，但还不能完全适应我州经济社会发展对职业教育的需求，与其它州市职业教育发展情况相比，还存在一定的差距。主要表现在以下几个方面：

（一）对职业教育宣传和重视不够

由于宣传不到位，部分干部和群众对职业教育了解不够，对职业教育的地位和作用认识不深，还有重普教、轻职教的思想，还没有真正把职业教育与普通教育摆上同等重要的位置，少数家长不支持自己的子女到职业学校学习的现象仍然存在。

（二）实训基地设施设备建设滞后

实训基地设施设备落后和老化问题严重，学生实习用的机器设备在企业中很多已被淘汰，导致职业学校学生专业操作技能和动手能力难以适应企业一线生产需求。

（三）职业学校专业师资匮乏

一方面专业教师不足，特别是优秀实习指导教师和“双师型”教师缺口较大，很多专业教师由文化课教师和其他专业教师转行而来，技能教学与企业需求不能有效对接；另一方面职教师资培训的力度不够，专业师资的来源渠道不畅，使得专业师资、特别是实作教师十分匮乏。如：全州中等职业学校在校生与普通高中相当，仅教师比普通高中少370人，数量严重不足。

（四）劳动力市场管理不够规范，持证上岗，“先培训，后就业”的就业准入制度和原则在实际工作中得不到落实

（五）财政投入不足

州、县财政困难，投入不足，导致县市职业高中学校普遍存在专业设备、基础设施、师资严重不足的问题。

三、认清形势，强化措施，进一步加快我州职业教育改革与发展

（一）加强领导，切实落实大力发展职业教育的战略地位

牢固树立“抓经济必须抓职教、抓职教就是抓经济”的理念，切实加强对职业教育的统筹，坚定大力发展职业教育的战略地位不动摇，将加快职业教育发展作为破解我州高中阶段教育“瓶颈”的突破口，千方百计改善办学条件，扩大中等职业教育办学规模。

（二）加大力度，保障投入经费落到实处

严格按照《职业教育法》的要求，努力增加职业教育的财政拨款，进一步落实“城市教育费附加的30%用于职业教育”政策，借国家和省大力发展职业教育之机，加大对中职学校加强基础能力建设和实训基地建设，争取并落实相关配套政策。同时，认真贯彻《职业教育法》、《民办教育促进法》中的具体精神；支持和鼓励职业教育学校通过多种渠道筹措教育经费；鼓励和支持社会各界通过捐资、筹资支持职业教育的发展。

（三）深化改革，加强职业教育基础能力建设

一是扩大中等职业学校在校生规模。到“十二五”末，高中阶段毛入学率达到72%以上，中职在校生从现在的11036人增加到16250人，全州中等职业学校在校生与普通高中在校生比为1:1左右。重点建设2—3所在校生规模在3000人以上的示范性中等职业学校，建设5—6个职业教育实训基地，建设10个省级、20个州级具有现代职业教育特色的示范专业，带动我州职业教育整体水平的提高。二是加大投入，扩大职业教育资源总量，新建县市职业高中校舍10万平方米；加大县市职业高中学校改扩建、新建力度，使中等职业学校生均校舍面积达16平方米以上，基本满足全州中等职业教育发展需要。三是着力提升中等职业学校办学水平。“十二五”期间，将芒市职教中心建成国家级示范学校，德宏州中等职业学校、盈江县职业高级中学建设成国家级重点中等职业学校；力争把陇川县职业高级中学、瑞丽市职业高级中学建成省部级重点中等职业学校；梁河县职业高中建成农村劳动力转移培训和农村实用人才培训的州级中等职业教育优质特色学校；德宏州经济职业技术学校、瑞丽国际珠宝翡翠学校建成合格学校。

（四）进一步加强中等职业学校国家助学金和免学费补助资金管理工作

教育、财政、人力资源社会保障和审计部门要加强对中等职业学校国家助学金和免学费补助资金发放管理工作的检查和监督，建立和完善中等职业学校国家助学金和免学费补助资金发放管理工作考核机制，实行“半年一清查”和“一年一审计”制度，确保国家助学金和免学费补助资金的发放和管理符合国家政策的规定。

（五）强化监管，规范职业学校招生行为

继续将中职招生任务下达到各中等职业学校和初中生源学校，并严格考核。严厉打击有偿招生、买卖生源、抢拉生源等现象，对违反招生规定的相关部门、学校和个人一经查实，严肃处理。同时，加强对民办职业教育机构收费、办学行为的监管，规范民办职业教育机构办学行为。继续开展对民办职业教育机构培训效果调查每年一次的全面评估检查，对那些确实具有办学资格的学校免费予以签证，对办学效果差、社会影响差的学校进行限期整改，整改不合格的，一律予以取缔。

（六）创新机制，切实抓好毕业生就业推荐工作

以抓学生日常行为规范和养成教育为突破口，狠抓遵纪守法、职业思想、法律法规教育和集体主义思想教育。在教学工作中积极帮助后进生补习文化基础，使他们完成国家规定的培养计划，掌握一定的文化知识和技术技能；帮助优生复习迎高考，掌握较为高级的技术技能；面向全体学生拟订实习实作教学方案，突出培养学生实际操作能力。切实加强实习实训基地建设，在挖掘潜力，开发好校内基地的同时，积极与企业、事业单位加强合作，开发校外基地，切实保证学生的实习实作，确保学生获得国家职业技能鉴定中级证书或行业上岗证，在毕业时取得“双证”。加强就业指导及心理素质教育工作，进一步端正就业工作态度，真正把学生就业推荐工作作为为学生、为家长办实事、办好事的重要工作来做，多渠道促进学生就业，解决学生和学生家长的后顾之忧。

（七）创新办学模式，形成“全州职教一盘棋”的发展思路

经过反复调研，拟在“十二五”期间，由德宏州中等职业学校牵头，整合各县市职业高中办学资源，并充分利用州内相关行业、企业的资源优势，组建“德宏职教集团”，通过“政府推动、龙头带动、项目驱动、多方互动”的形式，实现资源共享、优势互补，扩大办学规模，努力打造适合德宏经济社会发展的品牌学校和品牌专业。“德宏职教集团”

组建后，将充分发挥职业学校、行业与行业协会、企业的优势，进一步优化州内职业教育资源配置，提高办学水平，实现资源互补、政策共享、连锁培养、科学发展的目标，走出一条低投入、高效益的职业教育发展新路。

（八）坚定信心，全力推进职教园区建设

建设职教园区，是州委、州政府作出的重大决策，是改善职业教育办学条件，提升办学水平的重要举措，目前虽然遇到很多困难，但必须严格按照德宏州第十三届人民政府第28次常务会议确定的一期工程建设内容（投资7.2亿元，建设12.7万平方米），千方百计确保2012年底德宏职业学院、德宏州中等职业学校整体搬迁。一是州宏康公司要尽快争取贷款及时到位；二是要督促开发商多渠道融资，加快工程进度；三是要积极做好园区建设的相关协调与服务工作。

（九）完善和落实职业教育发展的相关政策措施

1、严格按照国家相关法规和政策规定，加大职业教育投入。一是从2012年起，争取将中等职业学校生均公用经费补助列入同级财政预算，补助标准略高于普通高中学校；二是根据财力状况，每年为中等职业学校安排一定的专项经费，用于学校基本建设、实训设备、设施购置，改善办学条件；三是城市教育费附加安排用于职业教育的比例不低于30%。

2、对中等职业学校教师编制，严格按照国家规定的生师比，实行“一年一核，动态管理”，以满足职业教育快速发展的客观需要。

3、适当放宽中等职业学校专业课教师招聘条件，在招聘紧缺专业课教师时可适当降低学历要求，限期取得教师资格证。

4、根据《云南省人民政府关于报送瑞丽重点开发开放试验区实施方案及请求国家支持政策措施建议的函》（云政函〔2011〕73号）文件精神，继续争取国家对瑞丽国家重点开发开放试验区建设中我州职业教育项目的重点支持。

大力发展职业教育是政府的一项重要职责，是一项长期而又艰巨的任务，各级政府和教育行政部门一定要认真贯彻落实好州第六次党代会议精神和龚代州长在政府工作会上的讲话精神，不断强化发展措施，促进全州职业教育快速健康发展，为我州经济社会跨越式发展提供强有力的智力保证和人才支撑。

互利共赢共建中缅现代农业经济合作区

州农业局局长　宋雨发

2009年7月，国家主席胡锦涛视察云南后提出把云南建成中国面向西南开放的重要桥头堡。地处西南边陲的德宏州敏锐地抢抓这一机遇，结合德宏的区位优势，及时提出了把德宏建设成为中国向西南开放桥头堡黄金口岸的发展战略，随即围绕桥头堡黄金口岸建设的各项工作在全州各县（市）迅速展开。从维护国家经济安全，维护边疆和民族地区的稳定和维护中国良好国际形象的大局看，结合中缅两国的实情，以德宏为依托，在以缅北为主的区域，在互利共赢的基础上，在桥头堡“黄金口岸”建设中，共建中缅现代农业经济合作区显得尤为重要。

一、德宏在“共建中缅现代农业经济合作区”中有着十分重要的战略地位

德宏州与缅甸接壤，国境线长达503.8公里，5个县市中4个县市都处在边境线上，经德宏到曼德勒可直达仰光港，或到德穆口岸进入印度东北部，或到皎漂港，直抵孟加拉国吉大港，是我国陆上就近进入印度洋的最佳区位。如今，德宏已拥有2个国家一类口岸（瑞丽、畹町）和2个国家二类口岸（章凤、盈江），有28个渡口、64条通道、9条公路通往缅甸，形成了以国家一类口岸为核心、国家二类口岸为辅助、省级通道为补充的口岸体系。建立了畹町、瑞丽、姐告、章凤、那邦等边境开放城镇，分别批设了畹町经济开发区、畹町边境经济合作区、瑞丽边境经济合作区、姐告边境贸易区等国家级边境特殊经济开发区，成功展开了一系列沿边开放试验。目前，德宏与缅甸建立了诸多合作机制，涵盖了基础设施、贸易、旅游、农业、加工、科教文卫、司法、抢险救援等广泛领域。特别是双方共建的中缅边境经济贸易商品交易会、中缅胞波狂欢节，已经成功运行了10年，影响力极大。同时，中国—东盟自贸区、GMS次区域合作、印度—东盟自贸区、孟中印缅论坛等合作机制全面覆盖德宏，可直接利用并受益。

二、近年来德宏农业取得了辉煌的成就，有着共建的基础

德宏是云南省8个少数民族自治州之一，全州辖潞西、瑞丽2市和梁河、盈江、陇川3县，国土面积11526平方公里，全州共有耕地面积255.07万亩，其中水田118.48万亩，旱地136.59万亩。大自然无比地偏爱德宏，赐予德宏冬无严寒、夏无酷暑，光、热、水资源十分丰富。多年来，德宏州委、州政府高度重视“三农”工作，始终坚持以科学发展观为统领，坚决贯彻落实党中央国务院、省委、省政府农业农村工作的重大决策部署，充分结合德宏州情、农情，紧紧围绕“农业强州”的战略目标，加大对农业的扶持力度，使粮食、蔗糖、茶叶、橡胶、畜牧等传统优势产业稳步发展；咖啡，坚果、柠檬、油茶、核桃等特色产业发展迅速，咖啡、坚果种植面积居全国第一位，竹子、柠檬种植面积居全省第一位，“后谷咖啡、遮放贡米、云南坚果、德宏水牛奶”等一批带有浓浓地域特征的特色农产品，逐渐成为“德宏制造”的突出代表，全州特色产业呈现出良好的发展势头，即将成为德宏州新的支柱产业和新的经济增长点；近年来，德宏州全面落实扶持龙头企业的各项政策，积极为龙头企业技改扩建所需资金贷款、用电等问题做好协调服务，通过依托龙头企业，支持创新产业的健康发展，实现原料基地、工厂和营销体系同步建设，一大批民营企业脱颖而出，目前全州已拥有1家国家级龙头，8家省级龙头企业，30家州级农业产业化开发重点扶持企业，为德宏农业产业的快速发展打下了坚实的基础；在国家不断加大对农业、农村的投入下，德宏州农村基础设施建设得到快速发展，新农村建设进展顺利，农业机械化水平持续提升，新型农民

培训不断加强，农民素质不断提高，农村劳动力转移成效明显，全州农业和农村经济持续稳定增长，到2009年末，全州农业总产值达51.53亿元，农民人均纯收入2831元，较“十五”期末的1504元增加了1327元，增长率达88.23%。

三、共建中缅现代农业经济合作区有着许多有利的条件

缅甸位于中南半岛西部，是东南亚与南亚的结合部，缅甸自然条件优越，资源极其丰富，适宜多种植物生长，尤其是热带作物。缅甸是农业国，农业人口约占全国人口的66%，农业为国民经济的基础，主要农作物有水稻、小麦、玉米、花生、芝麻、棉花、豆类、甘蔗、油棕、烟草、天然橡胶、咖啡、水果、蔬菜、黄麻等。中缅两国人民自古以来亲密交往、友好相处、互称“胞波（兄弟）”，两国领导人1958年共同倡导提出的和平共处五项原则，至今仍在国际社会中发挥重要的作用。中缅两国早在经济领域中就有着广泛的合作，中国是缅甸的第二大贸易伙伴，仅次于新加坡，双边贸易额逐年上升，贸易总体上处于良好状态。多年来中国政府与缅甸政府在境外替代种植，农作物品种交换、育种和栽培技术的交流、农业科研技术人员培训等方面开展了一系列的合作项目，同时中国政府也对缅甸提供了一些无偿的援助。早些年，中国农机生产企业和农业企业就开始在缅甸从事有关农机制造、作物育种、渔业捕捞和橡胶种植等商业开发活动。部分外贸企业通过多种贸易形式将中国的农机、种子、化肥、农药等一些农用生产资料出口到缅甸，缅甸也向中国出口包括天然橡胶、木材在内的众多农产品，所以在桥头堡“黄金口岸”建设中，共建中缅现代农业经济合作区有着许多有利的条件。

四、在互利共赢的基础上共建中缅现代农业经济合作区正当时

就农业来讲，德宏建设桥头堡黄金口岸，不能只停留在一个通道的概念上，而应该更加充分地利用德宏与缅甸在自然条件、农业的生态环境相似，农产品结构和作物生长节律基本相同等有利条件，加强德宏与缅甸地区之间优势产业的培植，为桥头堡黄金口岸建设战略提供强有力的产业支撑，避免德宏黄金口岸建成后又成为其他地方对外贸易的过道。缅甸是一个农业国，近年来，缅甸政府也非常重视农业的发展，逐渐奉行较为灵活和务实的政策，走上了对外开放之路。缅甸拥有丰富的土地资源，可耕土地约4500万英亩，尚有1600多万英亩的空地、闲地和荒地待开发，种植、养殖的潜力巨大，德宏在农业方面技术先进，但可利用的土地资源有限，发展壮大产业的规模受到制约，因此在桥头堡黄金口岸建设中，本着互利共赢的原则，共建中缅现代农业经济合作区，促进中缅农业的发展正当时。

五、共建中缅现代农业经济合作区的着力点

共建中缅现代农业经济合作区的着力点：一是农业技术合作方面。德宏农业在种子种苗、生物制药、水稻免耕抛秧、农村生态沼气能源、兽药、疫苗等农业技术方面领先于缅甸，可以通过农业技术输出和技术培训等方式重点在农作物杂交育种、农村能源技术、植物保护、组培技术及动物防疫技术等方面加强与缅甸方面的合作。二是重点开拓在缅甸有优势的产品。近年来，德宏认真做好以“三品”认证为主的农业标准化示范推进工作，为德宏州的农产品走进缅甸市场及其他国家提供了品质上的保障，中国与东盟国家每年举办各种大型农产品展销，也为德宏农产品走出国门提供了一个很好的平台。三是在农业投资方面，采取“走出去”的发展战略。充分利用缅甸的土地资源，适宜与德宏生产种植相同农产品的条件，鼓励德宏有实力的企业到缅甸进行甘蔗、木薯等种植，为德宏发展蔗糖深加工、酒精、造纸等产业提供原料。四是发挥德宏农业技术人员的优势加强与缅甸的合作。鼓励和支持德宏职业学院及其他学校大力招收缅甸学生，帮助他们培养农业人才，扩大中国的影响力。此外还可以加大宣传力度，吸引外地企业前来德宏投资农产品深加工、物流、观光等农业项目，并利用中国的研究院所作为依托，进行区域内新品种、新技术的研究。

六、共建中缅现代农业经济合作区的初步构想

近年来，随着我国经济的飞速发展，缅甸与我国各项差距不断拉大，加大与缅甸的合作力度，加快缅甸的发展步伐，成为边疆稳定的关键因素。在桥头堡黄金口岸的建设中，选泽德宏州具有比较优势的重点产业作为突破口，本着互利共赢的原则，切实加大与缅方的交流合作力度，充分利用缅甸有着大量适宜农田的优势，努力将基地建到缅甸，不断扩大产业基地建设规模，实现农业层面的“边境线外移”。共建“中缅现代农业经济合作区”的具体

思路：1是将德宏州确定为国家南亚东南亚“后备粮仓”发展战略的先试先行区。2是国家立项，批准建设中国（德宏）优质水稻研究发展中心，面向南亚和东南亚，开展以“遮放贡米”、“泰国米”和“缅甸米”系列籼稻优质高产新品种的研发，为国家南亚东南亚“后备粮仓”建设提供坚强的技术支撑。3是将德宏州确定为“全国新增1000亿斤粮食生产能力规划”的重点基地，加大农业技术服务体系建设力度，重点给予解决全州5个县市农业技术推广中心，50个乡镇农业服务中心的体系建设，加大对缅农业合作项目援助建设的力度，在不同的区域有计划有针对性地建设综合农业试验示范培训基地。4是将德宏州确定为“中国咖啡、柠檬产业基地”并给予重点扶持。5是将水牛产业特别是奶水牛产业纳入国家“十二五”发展规划，并给予重点扶持德宏州实施“德宏水牛产业化开发项目”，总规模年产10万吨水牛奶（国内7万吨，境外3万吨）存栏肉牛100万头（国内30万头，境外70万头），年出栏肉牛30万头（国内10万头，境外20万头）。6是国家支持在德宏州和中缅现代农业经济合作区建立健全重大动物疫病防控体系，实施“德宏—缅北跨境重大动物疫病防控体系建设项目”进一步健全和完善德宏州动物疫病防控基础实施和仪器设备配置，帮助缅甸在合作区建立动物疫病防控体系，将我国的动物疫病防控体系外移，更好的做好疫病防控。7是扶持在缅北建设30万亩甘蔗现代农业示范基地和日榨1万吨甘蔗原糖厂建设，建成后可实现年产甘蔗150万吨以上，入榨甘蔗140吨，在境外生产原糖后回国加工，可产食糖18万吨，实现工农业产值7亿元以上。8是国家扶持德宏州9.5万吨蔗渣浆纸项目建设，逐渐将德宏州50万吨干蔗渣转化成高中档文化用纸。9是加大境外替代经济种植扶持力度，将天然橡胶和木薯的发展作为重点项目予以倾斜政策扶持。10是在保证有效防控重大动物疫病和确保畜产品质量安全的前提下，同意德宏州在活畜调运、活畜及畜产品进出口方面给予解除“禁令”，“先行先试”，并享受进出口“通关便利化”服务。

把云南建成我国面向西南开放的重要“桥头堡”是党和国家在新时期推进我国陆上开放、提升沿边开放水平的重大战略部署，突出了云南在国家对外开放战略中前沿性、重要性和带动性的作用，德宏因区位优势明显而成为桥头堡建设的黄金口岸，桥头堡黄金口岸的建设给德宏加快农业发展带来了千载难逢的历史机遇，结合中缅两国实际，建立中缅现代农业经济合作区，既是世界区域经济合作趋势的必然，也是中缅两国人民的共同愿望，符合两国的共同利益，是顺时势、合民意、兴邦国之举。

州情概览

德宏傣族景颇族自治州

地　　理

【州　境】　德宏傣族景颇族自治州是云南省8个少数民族自治州之一。德宏地处云南省西部，高黎贡山南麓，属滇西峡谷区；位于东经97°31′~98°43′、北纬23°50′~25°20′之间。其东和东北与保山地区的龙陵县、腾冲县毗邻，南、西和西北与缅甸接壤。全州除梁河县外均有国境线，国境线长达503.8千米，有24个乡镇、600多个村寨与缅甸村寨毗邻。全州东西最大横距122千米，南北最大纵距170千米，总面积11526平方千米。德宏州首府驻潞西市芒市镇（城镇规划面积25平方千米，已建成15平方千米），陆距省会昆明649千米，空距427千米。

【口　岸】　云南省有11个国家级口岸、10个省级口岸，其中德宏傣族景颇族自治州拥有2个国家级口岸（畹町口岸和瑞丽口岸）、2个省级口岸（陇川章凤口岸和盈江小平原口岸）。德宏口岸不仅是中国对缅贸易的主要口岸，也是通往东南亚和南亚的重要口岸。据考证，中国大西南的货运经中缅陆水联运大通道直入印度洋，可缩短运距5000千米，其运输费用最低。

畹町口岸：它与缅北九谷（捧赛）口岸毗邻，1937年成立畹町海关。1938年滇缅公路开通后，畹町成为重要的国家级口岸。二战期间，滇缅公路和史迪威公路通过畹町口岸，将国际上的大量援华物资运入我国。中国的10万远征军也从畹町出境，征战缅甸。1950年4月中国人民解放军进驻畹町时，每日进出境运货机动车达200余辆次。1985年畹町撤镇设市。1989年边贸商号达59户，进出口总值2.33亿元。按照当时汇率换算，人均国内生产总值突破800美元，已跨入小康生活水平。同年，畹町被列为全国人均国内生产总值超4000元的189个城市之一。1999年初，国务院决定撤销畹町市，将其行政区域划归瑞丽市。

瑞丽口岸：瑞丽是320国道终点。1987年被国务院定为国家级口岸，与缅甸的国家级口岸——木姐毗邻。历年来，通过该口岸的边境贸易进出口总值占云南省的70%以上、全国的34%，被誉为“口岸明珠”。1991年2月，云南省政府批准在姐告设立边境贸易经济区，建立跨国的中缅一条街，姐告迅速崛起，被誉为“云南的深圳”。1992年4月，国务院批准瑞丽为沿边开放城市，并撤县设市。1996年瑞丽以全省最大的边境口岸被国家评为“全国先进口岸”。1998年瑞丽被国家旅游局批准为“首批中国优秀旅游城市”。据统计，2000年瑞丽市接待中外游客152万人次，旅游收入达2.4亿人民币，占全市GDP的31%。

瑞丽地理位置特殊，东南、西南、西北三面与缅甸接壤，在长达169.8千米的国境线上，进出口通道多达33个。瑞丽与缅甸木姐、南坎，畹町与缅甸九谷共处瑞丽坝子之中，畹町与九谷、姐告与木姐，仅国门之隔。瑞丽优越的地理条件，构成了“一个坝子，两个国家，三个省邦（云南省、掸邦、克钦邦）交界，四大口岸，五座城镇（畹町、瑞丽、九谷、木姐、南坎）”和“一国两城”的独特地域景观。畹町九谷桥把320国道与滇缅公路直接连通。被称为“天涯地角”的姐告是320国道的终点，同时也是史迪威公路的交汇点。

瑞丽是年轻的城市，1954年才开始建设新城。从90年代起加大了城建力度，如今的瑞丽城区面积达12平方公里，城市道路总长291千米，年供水量468万立方米，建成了华丰大型综合商场、景成大酒店、口岸联检大楼、南卯湖水上公园、瑞丽江广场、珠宝城等一批上档次的硬件设施。

1999年，畹町加盟瑞丽市，从而使瑞丽拥有2个国家级口岸、2座边境开放城市、1个国家级边境经济合作区（瑞丽市内）、1个国家级经济开发区（畹町）、1个省级边境贸易经济区（姐告）、1个州级经济开发区（弄岛），成为云南省口岸和开发区最多的县市，也是云南省实施西部大开发，周边条件最好、发展潜力较大、基础设施较完善的县市。

陇川章凤口岸：它与缅北雷基（洋人街）口岸相依。陆距缅北重镇八莫最近，仅92千米，而八莫是中缅陆水联运大通道的第一港口。据史料载，1924年经章凤出口物资8万驮。1991年被列为云南省省级口岸。1997年缅政府定雷基为克钦邦与中国通商的唯一口岸。1998年8月13日，中缅两国举行了隆重的开通口岸典礼。2010年7月8日，章凤口岸经济区管委正式成立。

盈江小平原口岸：盈江古代便是滇缅通商要道，并在驿道上设有驿站。1894年中英《滇缅通商条约》签订后，曾一度成为滇缅最繁荣的商道，英国领事馆、海关等机构在芒允相继建立。经芒允出口的商品销往缅北、印度等大部分地区，进口的商品来自五大洲30多个国家。20世纪80年代中期，边境贸易重新崛起，成为盈江县经济主体之一。至20世纪90年代初，口岸公路网络以县城小平原为中心，分别经芒允、那邦、昔马、卡场、苏典、支那通向边境。其中经芒允出境的公路直通八莫，陆距131千米；经那邦出境的公路与“史迪威公路”连接，北上可达克钦邦首府密支那，陆距197千米。

渡口：1950年前，德宏无常设渡口码头，其水运是季节性的，由民间组织竹筏摆渡。1951年后，随着边境经济的日趋繁荣，民间往来频繁，沿江渡口昌盛。较大的渡口于1960年后改用载重1至20吨的木船，1980年后启用机动船。1990年已形成39个渡口。

【人　口】　据考古证明，早在3000至5000年前德宏地区就有人类繁衍生息，史书中的“濮人”、“朴子蛮”、“布雷”等便是今天德昂族的先民；“滇越”、“金齿”、“掸”、“百夷”等则是傣族的先民。明末清初，由于战争和屯垦戍边等原因，景颇族、傈僳族、汉族及其他少数民族相继迁入。

1950年前，由于瘟疫、战争、毒品等危害，各族人民处于“高出生、高死亡、低发展”状态。据1950年人民政府抽查估算，1949年德宏地区约有65000户，总人口约30万人。1950年后，国泰民安，医疗条件改善，生活水平不断提高，但人口发展失控，增长迅速。至1978年，德宏傣族景颇族自治州有12.72万户，总人口69.39万人。1979年开始实行计划生育政策，至80年代中期，控制了人口盲目发展的势头，人口发展纳入了计划轨道。

2010年末，德宏州有32.61万户121.38万人，分别比上年增1.7%。人口密度为每平方千米105.3人。人口出生率14.99‰，死亡率7.4‰，自然增长率7.5‰。在总人口中：农业人口97.3万人，比上年增0.9万人，占总人口的80.2%；当地少数民族人口58.34万人，比上年减1.1万人，占总人口的48.07%。在当地少数民族人口中，傣族35.06万人，占总人口的28.88%；景颇族13.46万人，占11.09%；阿昌族3.04万人，占2.51%；傈僳族3.16万人，占2.6%；德昂族1.45万人，占1.19%。

【政　区】　2010年，德宏傣族景颇族自治州辖2市3县，即瑞丽市、潞西市、陇川县、盈江县、梁河县。辖50个乡镇，1个街道办事处，336个村（居）委会，3810个村民小组。首府芒市。

【开发区】　2009年德宏傣族景颇族自治州有5个经济特区：

一、姐告边境贸易经济区：于1990年12月26日建立，是云南省第一个经国家批准的经贸、旅游型的经济开发实验区。2000年6月23日，云南省委省政府在瑞丽召开“姐告边境贸易区”现场办公会，会议明确了姐告边境贸易区是经国务院同意，由云南省政府决定设立，并按“境内关外”方式管理的边境贸易区，是集贸易、加工、仓储、旅游四大功能为一体，面向东南亚、南亚开放的重要口岸和云南省扩大对外开放的示范区和实验区。同年8月28日，德宏州委、州政府在瑞丽姐告举行“中共德宏州瑞丽姐告边境贸易区工作委员会”、“德宏州瑞丽姐告边境贸易区管理委员会”揭牌仪式。

二、瑞丽市边境经济合作区：于1992年12月3日建立，是经国务院特区办批准的云南省三个边境经济合作区之一。

三、畹町边境经济合作区：于1992年12月3日建立，是经国务院特区办批准的云南省三个边境经济合作区之一。

四、弄岛经济开发区：1992年12月28日由瑞丽市委决定建立。

五、芒市经济开发区：于1993年4月9日建立，是云南省人民政府批准的省级经济开发区。

六、瑞丽开发开放试验区：2010年6月，中共中央、国务院进一步明确要建设云南瑞丽等重点开发开放试验区，云南省委八届八次全会提出要把云南建设成为中国面向西南开放的桥头堡，德宏处于云南对外开放的前沿，处于中国经济区、东南亚经济区、南亚经济区的交汇点，是中国陆地连接东南亚、南亚，走向印度洋的最佳结合部和最便捷通道，在融入“桥头堡”建设、扩大对外开放中最具优势。德宏州委、州政府决定，德宏将抓住这个不容错失的重大历史机遇，把德宏建设成为中国面向西南开放桥头堡黄金口岸。

【地　貌】　德宏傣族景颇族自治州是横断山脉西南部、高黎贡山以西的一块自东北向南西倾斜的切割山原。地势的基本特点是东北高而陡峻，西南低而宽缓；峻岭峡谷相间排列，高山大河平行急下。全州最高点是盈江县北部的大娘山（大雪山），海拔3404.6米；最低点是盈江县西部的羯羊河谷（那邦坝的拉沙河与穆雷江交汇处），海拔210米；一般海拔800至2100米。州府驻地芒市，海拔920米。其地表景观主要由高黎贡山山脉南延的“三山”与“三江四河”构成。“三山”即大娘山、打鹰山和高黎贡山尾部主脉，“三江”即怒江、大盈江和瑞丽江，“四河”即芒市河、南畹河、户撒河与芒东河。

按海拔高度，德宏的地貌可分为七类地带：

一、海拔2700至3400米，其面积占全州土地面积0.22%。其特点是地势陡峭，多呈“V”型谷，跌水瀑布发育，森林茂密；冬有积雪，夏秋雨多雾浓，气候寒冷，无人居住。

二、海拔2200至2700米，其面积占全州土地面积5.64%。其特点是山顶浑圆，谷坡在20至30度，森林较多，局部地方已开垦为轮歇地，可种植苦荞、土豆等，林间牧场可饲养牛羊等牲畜。

三、海拔1800至2200米，其面积占全州土地面积16.52%。此类地带多为州内江河支流源头，次生林多，陡坡垦植也多。

四、海拔1600至1800米，其面积占全州土地面积44.1%。谷坡一般在15至30度，相对高度一般在100至500米之间。由于植被稀少，垦植较多，导致冲沟较多，是州内水土流失严重的地带。此外，该地带是旱粮、旱地甘蔗、茶叶、草果、八角及亚热带水果的主产地。

五、海拔950至1100米，其面积占全州土地面积15.25%。其谷坡一般在10至20度之间，植被多为灌丛、草地，冲沟切割较多，水土流失严重。

六、海拔600至950米，其面积占全州土地面积17.92%，其中耕地面积占全州总耕地面积57.03%。此类型属州内低热层地带之一，是橡胶等热带经济林木与热带水果的主产地。

七、海拔210至600米，其面积占全州土地面积0.39%，属热带河谷季雨林地带。未垦地多为热带原始森林和荒草坡地，植物种类繁多，是天然的热带动植物园。

【盆　地】　在德宏傣族景颇族自治州错综复杂的山峦河谷中，散布着28个大小不等的河谷盆地（俗称坝子），其面积占全州土地面积的17.1%。其中：10万亩以上的坝子有5个，即盈江坝（55.23万亩）、陇川坝（29.72万亩）、芒市坝（21.44万亩）、瑞丽坝（20.42万亩）、遮放坝（11.82万亩），其面积约占全州土地面积的14.32%；1至6万亩的坝子10个，即萝卜坝（57210亩）、户撒坝（48600亩）、南甸坝（45165亩）、勐养坝（43950亩）、轩岗坝（40890亩）、盏西坝（40320亩）、勐典勐弄坝（20340亩）、支那坝（13680亩）、昔马坝（13620亩）、苏典勐戛坝（10920亩），其面积约占全州土地面积2.33%；万亩以下的坝子13个，即南面坝（8700亩）、畹町坝（8010亩）、芒海坝（5250亩）、潞西腰刀坝（4230亩）、勐来坝（3300亩）、那邦坝（2550亩）、买桑坝（2010亩）、南俄坝（1980亩）、陇川腰刀坝（1230亩）、戛独坝、芒市轩岗坝、南多坝、芒捧坝，其面积约占全州土地面积0.43%。这些坝子，多系河流冲积的河谷平原，或陆盆型山间盆地，绝大多数位于海拔1300米以下地带，主要坝区平均气温18.3~20℃。它们是德宏的主要粮蔗产地，也是城镇的主要分布地区。

【气　候】　一、气候简述：德宏傣族景颇族自治州地处低纬高原，太阳辐射量大，是全国的光照高值区之一。其热量充足，气候温和，属南亚热带气候。年平均气温18.4~20.3℃，年最冷月（1月）平均气温全州11~13℃，最热月（6月）平均气温全州23~24.6℃，年较温差11.8~12.8℃，因而“冬无严寒，夏无酷暑”。德宏属云南省的多雨区，年平均降雨量1436.7~1709.4毫米，5~10月降雨量占全年降雨量的88~90%，其中7月是全年降雨高峰月。11月至次年4月，降雨量较少，仅占年降雨量的10~20%，冬、春旱较突出。州内有四种气候带：（一）北热带气候，年积温8000℃左右，年降雨量2655.5毫米；（二）南亚热带气候，年积温5980~7409℃之间，年降雨量1546~1717毫米；（三）中亚热带气候，年积温4641~6102℃，年降雨量1775~2080毫米；（四）北亚热带及其他气候，一般年温差小于15℃，年积温小于5000℃。（注：以上平均值均为1971~2000年30年的平均）。

德宏的主要气候特点是：四季不明显，春温高，夏季长，秋雨多，冬季短，雨热同期，干冷同季，年温差大。因此德宏优越的气候条件，为德宏州农、林、牧业发展提供了良好的条件和极大的发展潜力。

二、2010年气候

（一）气候特点

2010年主要气候特点：1、年平均气温芒市、瑞丽、梁河偏高，陇川、盈江特高，其中陇川年平均气温突破历史最高值，全州热量条件较好。2、年降雨量全州正常。3、年日照时数芒市、盈江、梁河正常，瑞丽、陇川偏少，全州光照条件差。4、全年全州因气象灾害造成的直接经济损失为28627.4万元，其中农业损失为22130.25万元。5、冬、春季森林火险等级较常年偏高，全年全州共出现森林火灾25起，森林受害面积82.03公顷。

总之，2010年年平均气温全州偏高至特高，年降雨量全州正常，年日照全州正常至偏少，即全州热量条件较好，降雨分布均匀为平稍偏丰年，光照条件差。2009年9月后，全州出现秋、冬、初春季连旱天气，出现了有气象记录以来最重的气象干旱。部分县市有不同程度的冰雹、大风、洪涝、泥石流滑坡、霜冻灾害，全州干旱、低温霜冻及大风、冰雹灾害较为严重，年内气候对工农业生产的影响属中等偏下年景。

1、气温

（1）年平均气温：全州年平均气温在18.9~21.1℃之间，与历年年平均气温相比梁河为+0.6℃、瑞丽为+0.8℃、芒市为+0.9℃、盈江为+1.2℃、陇川为+1.3℃，其中芒市、瑞丽、梁河（0.5℃≤气温<1.0℃）为偏高，盈江、陇川（气温≥1.0℃）为特高，全州属偏暖年份。

（2）季平均气温：冬季（12~2月）全州平均气温在11.9~14.7℃之间，与历年同期平均值相比梁河正常，芒市、瑞丽偏高，陇川、盈江特高；春季（3~5月）全州平均气温在19.9~22.6℃之间，与历年同期平均值相比瑞丽、梁河偏高，芒市、陇川、盈江特高；夏季（6~8月）全州平均气温在23.1~25.0℃之间，与历年同期平均值相比梁河正常，其他县市偏高；秋季（9~11月）全州平均气温在20.2~22.0℃之间，与历年同期平均值相比瑞丽、梁河偏高，其他县市特高。

（3）月平均气温：月平均气温最低值出现在1月，全州在11.2~13.9℃之间；最高出现在8月，全州在23.8~25.2℃之间。芒市1~12月气温在13.2~25℃之间，与历年同期平均值相比6月、7月正常，1月、4月、9月偏高，2月、3月、5月、8月、10月、11月、12月特高。瑞丽1~12月气温在13.9~25.2℃之间，与历年同期平均值相比1月、2月、3月、4月、6月、7月、8月、9月、11月、12月偏高，5月、10月特高。陇川1~12月气温在12.3~24.4℃之间，与历年同期平均值相比6月正常，7月、9月偏高，1月、2月、3月、4月、5月、8月、10月、11月、12月特高。盈江1~12月气温在13.2~25.1℃之间，与历年同期平均值相比6月正常，7月、9月偏高，1月、2月、3月、4月、5月、8月、10月、11月、12月特高。梁河1~12月气温在11.2~23.8℃之间，与历年同期平均值相比1月、2月、6月、7月正常，3月、4月、5月、8月、9月、12月偏高，10月、11月特高。

2、降水

（1）年雨量：全州年降雨量在1520.4~1771.8毫米之间，其中芒市为1771.8毫米，瑞丽为1524.1毫米，陇川为1667.5毫米，盈江为1681毫米，梁河为1520.4毫米，与历年平均年雨量相比芒市为+116.6毫米，瑞丽为+70.1毫米，陇川为-41.8毫米，盈江为+128.4毫米，梁河为+83.7毫米，全州均在±10%范围内属正常。

（2）季雨量：冬季（12~2月）全州偏少，在0.6~11.4毫米之间；春季（3~5月）芒市、盈江、梁河偏多，瑞丽、陇川正常，全州在206.3~362.2毫米之间；夏季（6~8月）全州正常，在

773.2~1036.8 毫米之间；秋季（9~11）瑞丽、陇川偏多，其他县市正常，全州在 323.8~490.2 毫米之间。

（3）月雨量：1 月雨量全州偏少，在 0.6~8.1 毫米之间；2 月雨量全州偏少，在 0.0~3.7 毫米之间；3 月雨量陇川偏少，瑞丽、梁河正常，芒市、盈江偏多，全州在 13.7~42 毫米之间；4 月雨量瑞丽正常，其他县市特多，全州在 55.5~145.7 毫米之间；5 月雨量梁河偏多，其他县市正常，全州在 126.0~202.5 毫米之间；6 月雨量瑞丽偏少，芒市、陇川正常，盈江偏多，梁河特多，全州在 214~434.5 毫米之间；7 月雨量芒市、瑞丽、盈江正常，其他县市偏少，全州在 224.8~397.2 毫米之间；8 月雨量陇川、盈江偏少，其他县市正常，全州在 174.7~309.8 毫米之间；9 月雨量梁河偏少，其他县市正常，全州在 122.6~176.7 毫米之间；10 月雨量盈江偏多，其他县市特多，全州在 163.8~305.8 毫米之间；11 月雨量全州特少，在 4.0~13.4 毫米之间；12 月雨量全州偏多，在 28.2~92.4 毫米之间。

（4）雨季开始期：全州均于 5 月 20 日开始，与历年同期平均相比芒市偏早，其他县市正常。雨季结束期：盈江于 10 月 11 日、梁河于 10 月 16 日、芒市于 10 月 21 日、陇川于 10 月 26 日、瑞丽于 11 月 1 日结束，与历年同期平均相比芒市、盈江、梁河、陇川正常，瑞丽偏晚。

3、日照

2010 年全州年日照在 1988.3~2192.1 小时之间，其中芒市 2113.5 小时，瑞丽 1989.0 小时，陇川 1988.3 小时，盈江 2051.4 小时，梁河 2192.1 小时，与历年年平均日照相比芒市为-139.4 小时，瑞丽为-326.6 小时，陇川为-313.1 小时，盈江为-208.3 小时，梁河为-105.0 小时，其中芒市、盈江、梁河在±10%范围内属正常，瑞丽、陇川 < 10% 属偏少。全年光照条件芒市、盈江、梁河稍差，瑞丽、陇川较差。从各季日照时数分析：冬季全州正常，在 703.0~810.3 小时之间；春季瑞丽偏少，其他县市正常稍偏少，全州在 529.0~644.5 小时之间；夏季梁河正常，其他县市偏少，全州在 220.9~325.5 小时之间；秋季陇川偏少，其他县市正常稍偏少，全州在 400.5~594.6 小时之间。从各月日照时数分析：1 月、2 月相对较多，其他月份相对较少。

（二）主要气候事件及影响

1、2009 年 12 月下旬至 2010 年 1 月上旬初受南下强冷空气影响，盈江发生严重霜冻灾害，十四个乡镇有不同程度的受灾，共造成各种作物受灾 6346.7 公顷，总经济损失 6692.27 万元。1 月 26 日陇川县发生冰雹灾害，使全县农作物受灾 3894.4 公顷，成灾 3115.5 公顷，产量损失 458.86 万斤，直接经济损失 750.4 万元。1 月 26 日受南支槽波动影响，芒市的江东乡、五岔路乡、芒市镇、风平镇、轩岗乡、三台山乡出现冰雹大风天气，共造成经济损失 56.8 万元。

2、3 月 30 日，芒市遮放镇受出现冰雹灾害性天气，造成受灾人口 397 户，1984 人，农作物受灾面积 172 公顷，成灾面积 134.4 公顷、绝收 37.6 公顷，造成直接经济损失 185 万元。3 月 31 日~4 月 1 日瑞丽市出现大风及大雨天气，使弄岛镇与姐相乡农作物受灾 407.4 公顷，房屋受损 106 户，直接经济损失 159.681 万元。

3、2009 年 9 月至 2010 年 3 月全州气温持续偏高，降雨持续偏少，出现了有气象记录以来最严重的气象干旱，截止到 4 月 25 日全州因干旱造成直接经济损失 23754.46 万元，其中农业损失 18770.1 万元（数据由州民政局提供）。

4、4 月 1 日，陇川章凤镇、陇把镇、景罕镇和城子镇出现冰雹灾害.造成红土晒烟和香料烟受灾 350.6 公顷，严重受灾 167 公顷。4 月 20 日下午 17 时至 18 时，瑞丽市出现雷雨大风强对流天气，瞬间极大风速达 23.0 米/秒（九级大风标准），全市各乡（镇）、农场不同程度受灾，因灾死亡 1 人、致伤 6 人、受灾群众 303 户，直接经济损失 616.35 万元。

5、5 月 15 日 12 时 30 分至 13 时，芒市五岔路乡、风平镇遭受大风灾害，芒市测站极大风速为 12.9 米/秒。受灾人口 503 户 2250 人、损坏房屋 968 间，五岔路乡、风平镇的大量经济林木造成严重受损，造成直接经济损失 460.8 万元。

6、6 月 30 日至 7 月 1 日，暴雨导致芒市西山乡 1200 人受灾，倒塌房屋 3 间，农作物受灾 84.7 公顷，共造成直接经济损失 66 万元。7 月 21 日至 23 日，盈江县出现连续强降雨天气，部分乡镇发生洪涝、滑坡等灾害，农作物、经济作物受灾 603.3 公顷。

7、7 月 22 日，瑞丽市出现强降雨天气，使城区、勐卯镇、姐相乡、弄岛镇、户育乡、勐秀乡发生了不同程度的洪涝灾害。截止 24 日 11 时，全市共有房屋进水受淹 21 户 62 间，农作物受灾 906.1 公顷，造成直接经济损失 325.6 万元。

8、8 月 11 日，瑞丽市出现强对流单点性暴雨天气，强降雨使城区、勐卯镇、户育乡、姐相乡发生不同程度的洪涝灾害，造成直接经济损失 643 万元。

9、10 月 7~13 日，陇川县出现了连阴雨天气过程，9 个乡镇、一个农场出现了不同程度的灾害，受灾人口 11200 余人，2665 户，共造成直接经济损失 838.6 万元，其中农业经济损失 615 万元。15~16 日芒市部分乡镇出现暴雨天气并伴有大风、冰雹、泥石流灾害，共造成直接经济损失 63.6 万元，其中农业经济损失 43.8 万元。21~22 日受强冷空气影响，全州出现连续性降温天气，其中陇川 5 个乡镇出现霜冻灾害天气，晾晒烟受灾 152 公顷，经济损失为 67.8 万元。

总之，2010 年全州因干旱灾害农作物受灾面积 123363 公顷，成灾 62311.63 公顷，绝收面积 17226.4 公顷。全州因气象灾害而造成直接经济损失 28627.4 万元（含农业经济损失 22120.25 万元），其中干旱损失 23754.46 万元，低温霜冻损失 1666.25 万元，大风、冰雹损失 2442.18 万元，洪涝损失 764.51 万元。

三、气候对各行业的专题影响评价

（一）气候与小春（小麦）（仅芒市资料）

小麦播种至成熟，全生育期 156 天，生育期间≥0℃的积温 2591.2℃，日照时数累计 1046.7 小时，降雨量合计为 111.8 毫米，极端最高气温 31.9℃（4 月 16 日），极端最低气温 5.2℃（1 月 8 日），全生育期日平均气温16.6℃。

气象条件分析：生育期间，降雨量与去年接近，热量条件较去年优越，日平均气温比去年偏高 0.7℃，有效积温偏多 176℃；日照条件略显不足，日照时数比去年多 42.0 小时，但与历年平均相比属偏少年份。11 月下旬至 3 月下旬，降雨量仅有 25.2 毫米，属特少年份，4 月上、中旬降雨较多为 86.6 毫米。前期降雨少，对苗期生长影响较大，后期降雨多，对小麦灌浆成熟不利，籽粒饱满度差，没有发生低温冷害和高温逼熟现象。

总之，小麦生育期间的气象条件有利有弊，生长全过程未发生大的自然灾害和病虫危害。充足的热量条件和光照条件有利于小麦生长，气象条件与历年相比属中等年景。

（二）气候与大春（水稻）（仅芒市资料）

2010 年水稻生育期 139 天，生育期间≥10℃的积温为 3329.3℃，平均气温 24.0℃，降雨量 1211.6 毫米，其中降雨量≥25 毫米的天数为 16 天，日照时数为 593.5 小时。极端最高气温 34.7℃（5 月 16 日），极端最低气温 13.3℃（4 月 8 日）。气象条件分析：平均气温与去年相同，积温偏少 79.4℃，降雨量比去年多 177.9 毫米，日照时数比去年多 48.1 小时。

苗期气象条件分析：5 月份平均气温 24.3℃，降雨量 152.8 毫米，光、温、水资源十分丰富，对水稻秧苗期生长十分有利。6~7 月是水稻营养生长关键期，该期平均气温 24.1℃，属正常偏高年景，降雨量合计 724.3 毫米，属正常年景，日照 132.8 小时，属特少年份，≥0.1 毫米降雨日数多达 56 天，≥25.0 毫米降雨日数为 11 天，降雨多、日照少对水稻的正常生长影响较大，热量条件偏好。

抽穗——灌浆期气象条件分析：7 月下旬至 8 月中旬是水稻抽穗灌浆关键期，该期热量资源丰富，积温高达 844.0℃。不利的条件是，降雨偏多，该时段降雨达 401.2 毫米，平均日降雨为 12.9 毫米，日照时数仅为 92.4 小时，日平均不足 3 小时，对水稻灌浆不利，籽粒饱满度差，千粒重只有 30.15 克，比去年低 4.47 克。

总之，2010 年水稻生长期间，前期气象条件较好，对秧苗生长有利，7~8 月降雨多，日照少，不利于水稻光合作用，对产量形成影响较大。

（三）气候与甘蔗

2010 年 1~3 月全州降雨少，气温特高，土壤商情差，出现了较为严重的干旱，对甘蔗出苗、发株极为不利，甘蔗出苗、发株时间较历年偏晚 20 天至 1 个月，分蘖能力较弱。4~5 月气温高，降雨适量，对甘蔗生长有利，茎伸长较快，长势好。整个汛期未发生大的洪涝灾害和病虫危害。10 月降雨除盈江偏多外，其他县市特多，日照时数偏少，对甘蔗正常生长有一定影响，尤其不利于甘蔗光合作用和糖分积累。11 月降雨特少，气温特高，光照资源丰富，有利于光合作用和糖分积累。雨季结束以后全州降雨偏少，部分山区、半山区出现干旱现象，对甘蔗生长有一定影响，对坝区灌溉条件好的地段影响不大。12 月下旬梁河、陇川及盈江部分地区气温降幅较大，部分地段出现了不同程度的低温霜冻灾害，给甘蔗生长带来影响，造成了一定的经济损失。

总之，2010 年甘蔗生长期间

光、热资源丰富，降雨充沛，利于甘蔗正常生长；不利条件是1~3月份降雨特少，干旱严重，对甘蔗苗期生长不利。4~9月份的光、温、水资源较为丰富，有利于甘蔗生长。10月降雨多，连阴雨天气明显，不利于甘蔗的光合作用，给甘蔗生长带来了一定影响。11~12月份的光、热、水资源匹配较为合理，对甘蔗生长有利，全生育期间热量、光照条件对甘蔗生长利多弊少，气候影响评定为中等稍偏下年景。

（四）其他行业

2010年全州因干旱、大风、冰雹、霜冻等气象灾害对农业生产而造成的损失较常年偏重，洪涝及滑坡泥石流灾害较常年偏轻；2010年晴天日数偏多，天气气候对全州交通、旅游业较为有利；由于冬春季雨量少、气温高、湿度小致使森林火险等级偏高，对林业的森林防火有一定影响，2010年全州共出现森林火灾25起，比2009年偏多8起，森林受害82.03公顷，比2009年偏多19.76公顷。

（王绍山　李　娟）

【水　系】　德宏傣族景颇族自治州主要有“三江四河”。“三江”即大盈江、瑞丽江（陇川江）、怒江；“四河”即芒市河、南畹河、户撒河、芒东河（萝卜坝河）。大盈江和瑞丽江属伊洛瓦底江水系，四河皆为其支流。怒江干流从潞西市东南角擦境而过，属萨尔温江水系。

大盈江：在德宏境内流长114.6千米，流域面积3546.8平方千米，上游分为槟榔江和南底河二支。大盈江南流51千米后，至37号界桩处出境，流入缅甸伊洛瓦底江。

瑞丽江：在德宏境内流长112千米，流域面积5576.3平方千米。至瑞丽市弄岛乡榕棒旺附近出境，流入伊洛瓦底江。

怒江：在德宏境内流长13.7千米，流域面积570平方千米。至潞西市中山乡小街丫口以南曼辛河的汇合处出境，进入缅甸后改称萨尔温江。

芒市河：发源于龙陵县荆竹坪乡和潞西市象滚塘乡诸山溪，至木康以下进入芒市坝，至遮放坝尾南蚌汇入瑞丽江。河长102.1千米，流域面积1830.5平方千米。

南宛河：发源于陇川县清平乡野油坝和蕨叶坝诸山溪，进入陇川坝即称南宛河，至等戛寨沿国境线经瑞丽坝西南55号界牌处汇入瑞丽江。河长65.7千米，流域面积1426.3平方千米。

户撒河：发源于陇川县户撒乡诸山溪，贯穿户撒坝，至虎跳石下汇入大盈江。河长38.5千米，流域面积273.6平方千米。

芒东河：发源于梁河县杞木寨乡水箐山，贯穿芒东坝（萝卜坝），至坝尾汇入龙江。河长38千米，流域面积514.4平方千米。

此外，州内还有属大盈江水系的三级支流：即大盈江水系的支那河、芒牙河、永海河、曩宋河、油竹坝河及户宋河，瑞丽江水系的轩岗河、红丘河、三岔河、芒回河、汤涨河、勐戛浪河、南卡河、红那河、南洼河，怒江水系的朗洼河、朗比河、香柏河、晒干河、万马河、芒杏河、勐古河。直接出境的河流有木笼河、勐戛河、勐典河、勐来河等37条。总流域面积11187平方千米。

【资　源】　德宏傣族景颇族自治州现有山坝土地总面积1728.9万亩，其中已垦植233.2万亩，非农用地122.2万亩，尚有农林牧可利用地1373.3万亩。这些土地分布在三个层次：即海拔210~1400米的面积，约占总面积的50.34%；海拔1400~2500米的面积，约占43.8%；海拔2500~3400米的面积，约占5.86%，因山高坡陡，气候寒冷，大多尚未开发。

州内江河年平均产水量136.3亿立方米，过境水量81.7亿立方米。共有水资源总量218亿立方米，按1999年人口计算，人均占有水资源2.18万立方米，均高于全省、全国人均占有量。地表水大部分未被污染，物理性能良好，符合工农业生产和生活用水要求。目前，德宏的水资源利用率仅占拥有量的2.3%。全州水能理论蕴藏量362.4万千瓦，其中可开发利用量250多万千瓦。2000年全州水电量仅有46390万千瓦小时，2007年发展到311790万千瓦小时，成为德宏新的经济增长点。

全州在地热异常带内有温泉50个，其中水温在40℃以下的12个，40~70℃之间的28个，70℃~100℃之间的9个，101℃的1个（即瑞丽市棒蚌温泉）。

全州有草场1088.69万亩，占土地总面积的64%，其中山地草场193.1万亩，疏林地草场221.9万亩，灌木丛草场81.68万亩，林间草丛类草场535.7万亩，旱谷轮歇地草场33.67万亩，农隙地草场22.64万亩。因雨量充沛，阳光充足，土质条件好，牧草生长旺盛，近年来德宏喂养存栏草食大牲畜已达20多万头。通过有选择地人工种植牧草，可进一步开发利用草场资源，促进畜牧业的发展。

德宏具有丰富的森林植被类

型和动物类型，是一个天然物种基因库，是中国半常绿季雨林最有代表性的地区。

境内有高等植物318科1886属6032种，其中原生植物有5414种、引种栽培植物618种。

森林分布在不同的气候带：热带、北热带季雨林，占全州森林总面积的5.4%，主要植被为龙脑香、阿萨姆娑罗双、柚木、美登木、肉楂、竹类等；在亚热带，主要植被为阔叶林，以红椎、栎类、栲类、木荷、红椿、楠木、柚木、油茶、松树等为主，面积约占57.2%；在温暖带，主要植被为常绿阔叶林、杉木、松树、油茶、核桃等，面积约占36.1%；在温带山地，主要植被为铁杉、高山栎、杜鹃灌木丛等，面积约占1.3%。属国家级、省级保护植物有红豆杉、秃杉、云南娑罗双、盈江龙脑香、桫椤、滇橄、鹿角蕨等159种。其中盈江龙脑香、云南娑罗双、羯布罗香、萼翅藤、鹿角蕨等近100种为德宏特有植物。德宏竹类品种繁多，历史就有"竹乡"美誉。还有普通野生稻、野生甘蔗、胡秃果、西番莲、林生芒果、菠萝密、山龙眼、橄榄、篓瓜、猕猴桃、番石榴等。此外，云南大叶茶群体种遍布全州，德宏小粒咖啡以味香质优享誉世界。

州境内有陆生野生动物719种，其中属国家和省级保护的野生动物有130种。现有国家规定的一类保护动物：绿孔雀、孔雀雉、白颊山鹧鸪、红腿小隼、黑颈长尾雉、赤颈鹤、红腹角雉、白尾稍虹雉、冠斑犀鸟、双角犀鸟、蜂猴、叶猴、金丝猴、熊猴、豚尾猴、马来熊、熊狸、黑颈长尾雉、巨蜥、长臂猿、云豹、云猫、金钱豹、孟加拉虎、亚洲象、云南野牛、扭角羚等。属国家二级保护动物有：草鸮（猴面鹰）、原鸡、绿斑鸠、竹啄木鸟、穿山甲、太阳鸟、岩羊、水獭、水鹿、麝、蟒、眼镜王蛇、秃鹫等。属国家三类保护动物有：白琵鹭、胡兀鹫、游隼、灰鹤、蛤蚧、娃娃鱼等。

已探明矿产资源有20多种。有色金属矿有锡、铅、锌、铜、钨、铬、镍，黑色金属矿有铁，能源矿产有煤和石油，稀有金属矿产有铍、铀、锗、粘土，特种非金属、建筑材料及其它非金属矿有云母、水晶、宝石、石灰石等。此外，还有10个重砂金测异常带。德宏矿产资源的特点是种类多，储量少，开采少。

【旅游胜地】 德宏州自然环境优美，历史文化灿烂，民族风情独特，被国内外誉为"孔雀之乡"、"神话之乡"和"歌舞之乡"。

德宏拥有瑞丽江、大盈江国家级风景名胜区和两个国家级优秀旅游城市——瑞丽市、潞西市。德宏四季如春，空气清新，鸟语花香，阳光明媚，是一块无污染的净土。德宏山川秀美、平坝广阔、翠竹遍野、四季鲜花、热带水果、独树成林、傣家竹楼、景颇山寨，构成了得天独厚的自然风光与人文风光，不愧是东南亚和南亚的精典画卷。参加瑞丽江原始森林漂江游，既可欣赏热带雨林景观，又可领略共饮一江水的中缅两国风光，"一个坝子、两个国家、三座县城"的奇观将使你留连忘返。潞西市的主要景点有4A级景区勐巴娜西珍奇园、勐焕大金塔、树包塔奇观、芒市镇教派齐全的南传上座部佛寺和三仙洞；瑞丽市的抗日名镇畹町、滇缅公路的终点——畹町桥、畹町生态园、4A级扎朵佛脚印风景区、姐勒金熊塔、麓川古城、淘宝场、姐告口岸、中缅一条街；陇川县的中国景颇园、景罕玉兔塔、邦角景颇山官衙门、品尝诱人的景颇绿叶宴和麻竹宴；盈江县的允燕佛塔、榕树王、马嘉里事件纪念碑、明代所建的"八关九隘"、姐冒仙人洞、虎跳石与落水洞奇观；梁河县的傣族故宫——4A级景区南甸土司衙门建筑群等风景名胜。

德宏具有特殊魅力的边贸集市和异国情调。德宏与缅甸的国境线长达500多千米，同一民族跨境而居，有2个国家级口岸和2个省级口岸，还有许多陆路通道和渡口。中缅两国人民历史上友好往来，有着边境贸易、通婚、互市的习惯。1985年4月8日，德宏州人民政府向国内外发出开放公告，把全州开放为边境贸易区。在瑞丽等口岸城市，不仅有来自缅甸的边民和华侨，还有来自港、澳、台地区及泰国、印度、巴基斯坦等国的客商。在这些现代化的边境城市，尤以珠宝玉石等商品多姿多彩，琳琅满目，独领风骚。神秘的南方丝绸之路经过梁河和盈江，从芒允镇出境，这条古道将吸引无数的寻古探险者。此外，德宏还有抗日战争时期的遗迹，如雷允飞机制造厂遗址、滇西抗日战争纪念碑和旧战场等。

德宏州内居住着傣族、景颇族、阿昌族、傈僳族、德昂族等少数民族，是全国景颇族、德昂族和阿昌族的主要聚居地。德宏的少数民族各具特色，观光民族风情，品尝民族餐饮，参加民族节日，对游客有着巨大的诱惑力。亦可跨出国门，饱览缅甸风光，领略异国风情。德宏之旅风光无限，前途无量。

历　史

【简　史】 早在新石器时代德宏地区就有人类繁衍生息。考古学家曾在陇川江流域的梁河勐养、潞西五岔路、瑞丽芒约及陇川芒胆发现新石器时代遗址。

据傣史记载，公元前 *364* 年后，傣族先民在今瑞丽江河谷建立勐卯果占壁王国（傣语称勐卯弄），建雷允城，遗址尚存。从有信史的公元 *568* 年立国开始，至 *1448* 年消亡，勐卯果占壁共延绵 *880* 年。约公元前四世纪，中国历史上最早的一条国际陆路交通线“西南丝路”开通，中印贸易便已开始，德宏即为西南丝路的必经之地。公元前 *122* 年，张骞出使西域探寻到的“滇越乘象国”，即指今德宏和缅甸的部分地区。公元前 *109* 年，汉武帝开西南夷，德宏为益州郡哀牢地。

东汉属永昌郡哀牢县（今盈江县）。魏晋南北朝属西城县（今盈江县）。唐南诏时，属永昌节度和丽水节度。宋大理国时，属永昌、腾越金齿部地。元代置茫施（潞西）、镇西（盈江）、平缅（陇川）、麓川（瑞丽）四路及南甸（梁河）军民府，隶属金齿宣抚司六路军民总管府。*1287* 年，意大利著名旅行家马可波罗随元军南下，途经德宏地区，他在游记中详细记载了德宏见闻。明代设南甸（梁河）、干崖（盈江）、陇川宣抚司，盏达（原莲山）、遮放副宣抚司，芒市、勐卯（瑞丽）安抚司，隶属永昌府腾越州。清沿明制，乾隆年间增设腊撒、户撒两个长官司（今属陇川县户撒乡），光绪二十五年（*1899* 年）增设勐板土千总（今潞西芒牛坝一带）。南甸、干崖、陇川、盏达、勐卯、户撒、腊撒土司隶属腾越厅管辖；芒市、遮放土司和勐板土千总隶属龙陵厅管辖。*1874* 年在今盈江县芒允乡发生震惊中外的“马嘉里事件”。*1911* 年 *10* 月 *27* 日，盈江土司刀安仁、张文光（均为同盟会员）领导“腾越起义”，推翻清政府在腾越边地的统治，宣告成立“滇西军都督府”。民国时期改府厅置道，设弹压委员；*1917* 年改弹压委员为行政委员，设立政区，隶属腾越道。*1927* 年废腾越道，隶属云南省第一殖边督办。*1932* 年改行政区为设治局，设潞西、梁河、盈江、莲山、陇川、瑞丽 *6* 个设治局（为准县级），属殖边督办。*1940* 年废殖边督办，隶属腾龙边区行政监督。*1938* 年 *8* 月 *31* 日，滇缅公路全线通车，成为抗战期间中国与国际联系的陆路唯一交通要道。*1942* 年 *5* 月，日军入侵，德宏沦陷。*1945* 年 *1* 月国土光复后，仍置设治局，先后隶属云南省第六区（保山）及第十二区（腾冲）行政督察专员公署。*1949* 年 *8* 月潞西设治局改为潞西县，县城设在芒市镇。

1950 年 *4* 月 *21* 日中国人民解放军进驻潞西，德宏解放。军政代表团接管设治局，建立潞西县和瑞丽、陇川、盈江、莲山、梁河 *5* 个各民族行政委员会，隶属保山专区。*1952* 年经政务院批准，瑞丽、陇川、盈江、莲山、梁河改设县，并设畹町镇（县级镇），均隶属保山专区。*1953* 年 *7* 月，成立德宏傣族景颇族自治区，*1956* 年 *5* 月保山专区并入德宏，改自治区为自治州，辖保山、腾冲、昌宁、龙陵、潞西、梁河、盈江、莲山、陇川、瑞丽 *10* 县及畹町镇。*1958* 年 *10* 月，莲山县与盈江县合并为盈江县。*1963* 年 *8* 月，德宏与保山地区的建置分开，德宏州辖潞西、梁河、盈江、陇川、瑞丽 *5* 县及畹町镇。*1969* 年 *11* 月撤销德宏州，并入保山地区。*1971* 年 *11* 月恢复德宏州，辖潞西、梁河、瑞丽、陇川、盈江 *5* 县及畹町镇。*1985* 年改畹町镇为县级市。*1992* 年 *6* 月瑞丽撤县改市。*1997* 年 *4* 月潞西撤县改市。*1999* 年 *2* 月 *8* 日，撤销畹町市，设立瑞丽市畹町经济开发区（副县级）。至此，德宏州辖 *2* 市 *3* 县，即潞西市、瑞丽市和陇川县、盈江县、梁河县。

民　族

【傣　族】 德宏傣族景颇族自治州的傣族约占全国傣族总人口的 *30%*，是傣族聚居最多的地区。傣族分布在全州各县市坝区和山间河谷地带；有傣德和傣勒之分。傣德，意为下边的傣人，主要居住在瑞丽市和潞西市遮放坝尾一带；傣勒，意为上边的傣人，分布于潞西市、梁河县、盈江县、陇川县及瑞丽市勐卯镇。语言属汉藏语系壮侗语族傣族语支傣语的傣那方言，使用“傣那文”。

傣族历史悠久，据傣文献记载，公元前 *424* 年（周威烈王二年），就有关于傣族部落战争的记述，公元前 *364* 年，傣人在今瑞丽江河谷建立勐卯果占壁王国。在汉文史书中，先秦时称其为“百越”，汉晋时称“滇越”、“掸”或“擅”，唐宋称“金齿”，元明称“白夷”或“僰夷”，清至民国称“摆夷”。傣人则自称为“傣”。中华人民共和国成立后定名为傣族。*11* 至 *15* 世纪，勐卯果占壁王国称雄于世，被尊为“勐卯弄”，即“大勐卯”。唐宋时隶属南诏、大理国管辖。元明属云南行省，实行土司制度。清袭明制。民国置县制。1949 年前，傣族已进入封建领主制社会，受南甸（今梁河）、干崖（今盈江）、盏达（今盈江）、陇川、勐卯（今瑞丽）遮放、芒市7个土司统治。

傣族文化灿烂，有珍贵的《贝叶经》、《嘿勐沽勐》、《俄并与桑洛》等傣文典籍。有著名的傣历、傣戏、傣医。男女老少能歌善舞，《孔雀舞》、《象脚鼓舞》及大型民间集体舞蹈《嘎秧》是其精品。自 11 世纪后，普遍信仰巴利语系佛教（南传上座部佛教），分摆奘、润、朵列和左底四个教派。同时还保留着原始宗教的残余，供奉树神和白马庙，每年皆按时祭寨神、地方神。实行一夫一妻制，恋爱自由，盛行“猎少”。服饰多样，傣勒和傣德差别较大：傣勒着传统、古朴、典雅的服饰，傣德则着缅装。傣勒多居土竹木结构的四合院瓦房，傣德则多居干栏式竹楼或铁皮顶吊脚楼。傣族精农耕，是最早种植水稻的民族之一。多依水而居，好洗浴，较卫生。主食大米、喜饮酒，好酸辣。常以“撒苤”、“巴撒”、“撒达鲁”等传统佳肴待客。男子有文身习俗。年长者尚保留嚼槟榔习俗。其民族节日多与佛教活动有关，主要有泼水节、进洼、出洼、干朵、堆沙塔、烧白柴节等。

【景颇族】 德宏傣族景颇族自治州的景颇族约占全国景颇族总人口的 95%以上，主要分布在各县市的亚热带山区。景颇族分景颇、载瓦、喇期（茶山）、浪峨（浪速）、波罗五个支系。语言属汉藏语系藏缅语族景颇语支，其中载瓦语支系的语言属阿昌语支的载瓦语。20 世纪初开始使用拉丁文拼音文字，1957 年创制了新景颇文和载瓦文，现通用景颇文和载瓦文。

景颇族起源于青藏高原北部，传说为“木转省腊崩”（今青海省日月山一带），约在 10000 年前沿金沙江、怒江和恩梅开江南迁，至 17 世纪末逐渐定居在德宏一带山区。其先民属氐羌，在史籍中唐代称为“寻传”、“裸形蛮”；元明称载瓦支和浪速支为“峨昌”、“莪昌”；明史称“羯些”，“遮些”、“结些”等；民国称为“山头族”，称景颇支为“大山”，载瓦支为“小山”。然而，各支系却自称景颇、载瓦、喇期、浪峨、波罗。1953 年 7 月德宏建州时，统一定名为景颇族。

景颇族历史悠久，但社会经济发展缓慢，至 1950 年仍处于原始酋长制经济末期，由山官直接统治。犁耕农业和个体家庭所有制虽已确立，但刀耕火种普遍存在，人民生活贫困。中华人民共和国成立后，实行“直接过渡”政策，于 1956 年彻底废除山官土司制，使景颇族获得跨世纪的飞跃。信仰原始宗教，部分群众信仰基督教和天主教。民间文学十分丰富，主要靠巫师口耳传承，如创世史诗《目瑙斋瓦》等。男女青年社交自由，实行一夫一妻制。通行单向姑舅表优先婚模式，形成独特的“姑爷种”和“丈人种”的婚姻关系。保留幼子继承制。居竹木结构干栏式住房。服饰式样不多，但特色鲜明：男子一般着黑布对襟短衣，裤腿短而宽，喜裹白布包头，以长刀和肩包为饰物；妇女一般着黑色对襟式左襟短上衣，下着编织艳丽的红毛线围裙，裹毛织裤腿，喜佩带银饰物。经济以农耕为主，辅以采集狩猎。主食大米，嗜烈酒，喜酸辣。民风豪爽骁勇，热情好客，常以各种春筒菜和特制的水酒待客。男女老少能歌善舞，每逢喜庆便跳集体舞“整戈”，当壮年人去世时，则跳集体丧葬舞，尤以祭祀、欢庆性大型集体舞“目瑙纵歌”著名和壮观。其主要节日是每年正月十五至十六日举行的目瑙纵歌节，届时人山人海，载歌载舞，通宵达旦。

【阿昌族】 德宏傣族景颇族自治州的阿昌族约占全国阿昌族总人口的 85%以上，主要分布在梁河县、陇川县和潞西市。中华人民共和国建立后，建有九保、曩宋、户撒三个阿昌族乡。阿昌族有昌撒和傣撒之别：昌撒主要聚居于梁河的九保、曩宋及潞西的江东一带，傣撒主要居住在陇川的户撒与腊撒。语言属汉藏语系藏缅语族阿昌语支，有陇川、梁河和潞西 3 种方言，一般都兼通汉语或傣语等。没有文字，使用汉文与傣文。

阿昌族起源于青藏高原北部，约在 13 世纪从澜沧江流域的云龙一带进入德宏，多定居于依山傍水的平坝或半山区。其先民属氐羌，在史籍中汉晋时称“嶲”，唐宋称“峨昌”、“莪昌”、“阿昌”等。阿昌人则自称“蒙撒”、“掸撒”、“汉撒”和阿昌。中华人民共和国成立后，定名为阿昌族。

1949 年前，阿昌族已进入封建社会，受领主、地主的双重统治。阿昌族的口头文学丰富，其创世史诗《遮帕麻与遮咪麻》是巫师口耳传承下来的精品。青年男女恋爱自由，对歌是他们最喜爱的文化娱乐活动，盛行“山歌恋”。结婚由父母决定，如女方父母不同意，则进行“抢婚”。实行一夫一妻制。住房多为土木结构，以穿斗瓦顶楼房居多，一户一院。在服饰方面，本民族衣着特点以腊撒地区保留得多，其妇女戴的黑包头，高达一尺，为国内外罕见。傣撒多信仰巴利语系佛教。昌撒过去多信鬼神，也供奉祖先。主食大米，好饮酒，嗜酸辣，常以“过手米线”待客。民族节日是“阿露窝罗节”，每年3月20至21日举行。

阿昌族精于农耕，擅长栽培水稻。相传水稻之王——“毫安公”，就是阿昌族培育的。在经济作物中，户撒烟享有盛名，畅销州内外。手工业较发达，有打铁、铸犁、木匠、石匠、银匠等，其中以打铁著名，制造刀剑的技术较高，其产品“户撒刀”远销国内外。

【傈僳族】 德宏傣族景颇族自治州的傈僳族约占全国傈僳族总人口的3.3%，主要聚居在盈江县西北的苏典一带，也散居于各县市山区。中华人民共和国建立后建有苏典傈僳族乡。傈僳族有自己的语言，属汉藏语系藏缅语族彝语支的傈僳语。原有拉丁文变体形文字，1957年又创制了以拉丁字母为基础的新文字，全民通用，并出版《德宏团结报》傈僳文版。

傈僳族先秦时期属氐羌，汉晋时属“叟”的一部分，“栗粟”一词最早见于唐代樊绰《蛮书》，宋称“施蛮”、“顺蛮”，元明清称“力些”、“栗粟”等。自称为“傈僳”。“傈僳”这个名称，除有关史籍用字稍异外，一直沿用至今。公元8世纪前，其先民居住于四川雅砻江及金沙江两岸的广阔地区；8世纪后，逐渐向云南西北迁徙。公元11世纪时，其先民为“乌蛮”的组成部分，与彝族、纳西族有着密切的渊源关系。12世纪后，受元朝丽江路军民总管府和明朝丽江土知府木氏的统治。16世纪中叶，由于丽江土知府木氏与西藏两个统治集团之间的长期战争，有大批傈僳族因不堪忍受本氏土司的压迫剥削与战乱，便在部落首领“土必扒”的率领下，迁入怒江地区。17世纪末，一部分傈僳族又“沿着太阳落的地方迁移”，从片马、古永进入德宏盈江地区，后又向四方迁居，形成大分散、小集中的特点。

1949年前，靠近坝区的傈僳族已进入封建地主经济，生产力接近汉、傣族水平；居住在边远山区的傈僳族虽已确立私有制，但还残存着原始公有制和氏族制残余。

傈僳族多信仰原始宗教，自19世纪以来，有部分群众改信基督教和天主教。德宏傈僳族系“花傈僳”，故妇女服饰较为鲜艳美观，衣裙镶数十片五色布块，绣五彩花边，头缠缀满流苏的花巾，耳戴铜环或银环。男服饰为黑布大包头，粗布长衫或短衫，宽裆裤长及膝，小腿另套布筒，喜佩腰刀、弓弩和皮箭袋。住房主要为竹木草结构，有木杈房和穿斗房二种。盖房采取互相帮助的办法，数天内将新房落成，进新房歌舞达旦。1980年后，部分傈僳族住上了瓦房。傈僳族是个能歌善舞的民族，他们采用唱调子的形式，把本民族的历史和重要的生活经验（即叙事长诗），一代接一代地传下去，成为傈僳族人民精神文化生活的重要组成部分。历史上习惯用自然历法，借助自然景物的变化，将一年划分为花开月、鸟叫月、烧山月、饥饿月、采集月、收获月、煮酒月、狩猎月、过年月、盖房月10个季节月。实行一夫一妻制，青年男女恋爱自由，实行幼子继承制，以大米、包谷、荞为主食。好饮酒，并以水酒为主。主要节日有阔时节，每年正月初九举行，节期2天。

【德昂族】 德宏傣族景颇族自治州的德昂族约占全国德昂族总人口的75%，分布在全州各县市山区，以潞西市三台山居多。中华人民共和国成立后，建有三台山德昂族乡。德昂族分“梁”（汉语称花德昂）、“别列”（红德昂）、“绕买”（黑德昂）三个大的支系，其他还有“绕景”、“雷陇”等。德昂语属南亚语系孟高棉语族的佤崩语支，许多人通傣语、汉语和景颇语。原有本民族文字，仅用于佛教界，群众主要使用傣文和汉文。其先民古代属百濮族群，汉晋时称“闽濮”、“苞蒲”，唐称“扑子蛮”，元明称“蒲人”，清和民国称“崩龙”。德昂族自称“德昂”，意为居住岩洞的有道德的人。中华人民共和国成立后，沿用“崩龙”之名，至1985年9月，正式更名为德昂族。德昂族是德宏最古老的世居民族之一，与“哀牢”关系密切，远在公元前2世纪，德昂先民便居住在怒江西岸一带。被史书称之为“茫蛮部落”。元代前，德昂族处于奴隶制阶段；元明时期属于傣族封建领主经济的一部分；晚清和民国时期属傣族封建土司和汉族地主管辖，社会发展滞后。中华人民共和国建立后，对其实行“直接过渡政策”。德昂族以农耕为主，种水稻、玉米、薯类等。擅长种茶，是最古老的茶农之一。住房多为竹木结构的干栏式，楼上住人，楼下关牛。青年男女恋爱自由，实行一夫一妻制，盛行姑舅表婚，很少与外族联姻。男子着盛装时，裹黑、白布包头，戴大耳环和银项圈，穿蓝、黑色侧襟短上衣及大裆裤，缠裹腿。妇女裹黑布包头，戴银耳筒和银项圈，穿蓝黑色对襟短衣，下摆边沿用彩色小绒球装饰，着长裙，腰系黑漆篾圈。男子有文身习俗。中年以上男女多嚼槟榔。信仰巴利语系佛教的左底教派，过去仅饲养牛、公鸡和猫。以大米为主食，嗜酸辣，饮食清淡，好饮茶喝酒，常以烤茶煨水招待客人。由于宗教信仰与傣族相同，故许多风俗都与傣族相同。主要节日是泼水节。

【汉族及其他民族】 德宏傣族景颇族自治州的汉族及其他民族占全州总人口的48.2%，其中汉族占47.2%，白族占0.5%，回族占0.2%，彝族占0.17%等。主要分布在全州山区和集镇，其次分布在农垦系统垦区（多为坝区）。

唐宋时期，今德宏系南诏辖区，有白族、彝族等官兵驻守德宏。据历史记载，元时召募内地民众赴该地屯田。公元1277年，缅蒲甘军5万余人入侵今盈江、梁河一带，元朝庭派遣大批军队捍卫疆土。1441年，明朝庭派10余万大军“三征麓川”。1594年，云南巡抚陈用宾为保卫边境，筑八关，开22屯甸，驻军数千人。清雍正二年（1724），又增补为27屯甸，计151村。据《南甸司谱》载，汉族及其他后来少数民族“至明中叶，迁入定居者寖多。清乾隆征缅，道光禁烟以及洪杨杜（太平天国运动及杜文秀领导的滇西回民起义）发难，入居者愈众，山区全部为汉族所居有，坝区亦有不少杂居。”清代移民主要来自保山、腾冲等邻近地区。抗日战争至解放战争时期（1937至1950年春），汉、白、回等民族的商贩、工匠、流散军人等陆续定居集镇。如1945年末，仅在芒市定居的各省籍抗日将士和海外华侨就达600多人。中华人民共和国建立后，为保卫和建设边疆，从内地调派干部、职工和复转军人到德宏工作，并组织部分农民到德宏落户。1959年12月至1960年11月，从内地移民12819人至德宏农场，其中来自保山地区8266人，来自湖南4416人。1969年11月，昆明知青16000人到德宏农村安家落户；1970年3月，上海、北京、成都、昆明知青13782人安置到德宏农垦系统。1976年后，知青大多返回原籍。1970年2月，保山地区革命委员会从保山、施甸组成3700人的“贫下中农毛泽东思想宣传队”到瑞丽、陇川、盈江安家落户。1996年8月，为开发位于潞西市与陇川县之间的龙江河谷，先后从东川市和巧家县移民132户，534人，其中东川16户，64人；巧家116户，470人。2001年5月，再次从昆明市东川区和巧家县移民500人。

由于德宏汉族的先民祖籍多为江苏、江西、四川、湖南、湖北等省区，并先居云南省内地，之后再渐入边区，故习俗大致与内地相同。其他少数民族因人口较少，故多被中原文化同化。

宗　　教

【原始宗教】 系统宗教传入前，德宏各民族皆信奉原始宗教，均有自然崇拜、图腾崇拜、祖先崇拜、鬼神崇拜、圣贤崇拜、圣物崇拜。其中尤以景颇族和傈僳族的原始宗教发展得较为丰富、完整。如在景颇族的鬼类中，仅叫得出名的就有130余种。时至今日，傣族、德昂族和阿昌族仍有原始宗教的残留，每年皆定期举行祭祀寨神、地方神等活动。景颇族与傈僳族的原始宗教则迄今基本保留完整，祭祀采用不同的牺牲，祭大鬼要用牛、猪，祭小鬼须用鸡或鸡蛋，有的仅用干鱼之类。1951年德宏约有800名巫师，其中傣族巫师200余人。据1989年初德宏州委统战部宗教科对瑞丽、陇川、盈江三县景颇族与傈僳族地区原始宗教活动情况的调查报告记载：共有大巫帅20人，其中景颇族16人，傈僳族4人。

【巴利语系佛教】 亦称南传上座部佛教，俗称小乘佛教。11世纪初传入德宏，首建“雷奘相”（今瑞丽市芒约佛寺）；14世纪中晚期麓川王思伦法皈依佛门后得到大发展，傣族、德昂族已多数信奉此教；14世纪末，阿昌族的“傣撒”支也改奉此教。清初仅芒市地区就有62座木结构瓦顶佛寺。普遍信奉此教的民族有傣族、德昂族及阿昌族，但受戒信徒仅占信教群众的五分之一，且多为五旬以上长者。2010年全州有巴利语系佛教寺院607所，僧侣等306人，信教群众40.59万人。

德宏巴利语系佛教分为摆奘、朵列、润和左底四个教派。其主要不同点是持戒的程度不同，并由此造成信众的日常生活方式也互有殊异。1949年前，各教派间矛盾较深，几乎不往来。1950年后，在党和政府的领导与疏通下，各派间的关系逐渐缓和。1982年德宏州佛教协会作出统一过泼水节、入夏安居（进洼）、出夏安居

(出洼)等重大宗教节日的决议，由此形成了各教派同庆佛节的局面。目前，各教派的门户之见日趋消失，彼此团结尊重。

巴利语系佛教与大乘佛教的主要区别是：一、上座部把释迦牟尼视为主教，认为只有一尊佛；大乘则提倡三世十方无数佛，并视佛是离情绝欲，威力无边的神。二、上座部追求个人自我解脱，把“灰身灭智”达到阿罗汉作为最高目标；大乘宣传大慈大悲，普渡众生，把成佛渡世、建立佛国净土作为最高目标。三、在饮食方面，上座部僧侣日食二餐，即早餐和午餐，可吃荤，但超过12时则不许进午餐，只能用糖果汁充饥；大乘则可日食三餐，但只能吃素。四、服饰方面，上座部僧侣头顶不燃香迹，披黄单，着人字形圆头靸鞋；大乘僧侣则燃香迹，着衣服袈裟，穿鞋袜等。

【大乘佛教】 亦称汉语系佛教。德宏的大乘佛教主要在汉族、阿昌族和城镇“傣勒”中传播。9世纪，滇僧李贤至今梁河一带传教。元代建今梁河县九保太平寺。主要有禅宗和常斋教二个教派。禅宗主要分布在梁河、盈江、陇川、潞西4县市汉族与傣勒聚居的城镇；常斋教于19世纪末自腾冲、龙陵转入德宏，主要分布在潞西市山区和梁河县山区。常斋教以观音、玉皇、释迦牟尼、韦驮及弥勒为本尊，以禅宗六祖慧能为祖师，经典全系大乘经典，主张佛、儒、道三教同源。2010年全州有寺院66所，僧侣等98人，信教群众5.45万人。

【基督教】 1894年，基督教内地会派遣美籍牧师高曼自六库到今潞西市中山乡木城坡传教。1942年前，德宏基督教属英国教会领导，分两股教会势力直接控制：一股是缅甸密支那总会与八莫总会，另一股是国内的内地会。境外教会的势力大，控制范围有瑞丽、陇川、盈江（含莲山）。内地会仅控制潞西、梁河。1945年抗战胜利后，德宏基督教属美国教会管辖。1947年，缅甸八莫教会在陇川广山成立海洋教会，此后传教速度加快。1950年4月，欧美籍神职人员全部撤离德宏，但仍通过代理人直接控制德宏的教会组织。基督教主要在景颇族、傈僳族和山区汉族中传播。同年底，全州有教堂30余座，信徒6000多人。1951年3月，陇川县300多名基督教徒签名要求坚决执行中国基督教的“三自革新”（自传、自治、自养），提出“爱教必须爱国”的口号。1956年10月，在云南省基督教三自爱国运动委员会的帮助下，在陇川县广山成立“中国基督教浸礼会广山总会”。此时，全州信教户有1467户，信徒10166人，教堂61座，牧师7人，传道员43人。1958年至1961年，中国的宗教政策受“左”的干扰，全州基督教神职人员与骨干大部分外流。10年浩劫，宗教活动被迫停止。1980年陇川县广山和户撒乡的平山寨同时恢复宗教活动，并举办圣诞节。2010年全州有教堂231所，教职人员58人，信教群众3.89万人。

【天主教】 1930年，法属圣心会大理教会派遣法籍神父郑绍基至盈江县傣族寨沙坡传教。1948年后发展教徒较多，截止1949年末，全州共有教徒148人，其中男62人，女86人。1950年外籍神父虽撤至境外，但仍操纵代理人建立吕保总堂，管辖陇川、瑞丽、盈江（含莲山）的天主教。1953年底，全州共有教堂11座，信徒169户，共875人。信徒为了有别于基督教，在住房的门头上插蓝色十字架为标记。1956年4月召开“德宏天主教上层人士座谈会”后，德宏天主教与境外教会脱钩。1958年天主教受到冲击，停止了公开的宗教活动。1980年后开始恢复宗教活动，当时全州仅有教徒百余人。1987年瑞丽、陇川两县先后成立天主教爱国领导小组，并联合在户兰举行圣诞节活动。2010年全州有教堂9所，教职人员17人，信教群众2228人。

【道　教】 1381年明朝廷派平西侯沐英率军进驻德宏，道教随之传入梁河、盈江、陇川等地，主要在汉族、阿昌族和部分傣勒中传播。德宏道教属全真龙门派，主张儒释道“三教合一”。因佛教先于道教传入德宏，故道观名称皆袭用“寺”。主要道观有建于明洪武年间（1368~1398）的陇川县户撒乡皇阁寺和建于1733年的报恩寺；约1665年建的盈江县油松岭青云寺。2010年有道观1所（青云寺），道姑1人，信教群众452人。

【伊斯兰教】 19世纪中叶，腾冲龙江回族马姓迁入今陇川县户撒乡，新建拉七寨，伊斯兰教随之传入。不久，马家又邀龙江回族柳姓迁居洗马塘，并建老马寨。德宏抗日战争期间（1942年5月至1945年1月），马家寨有一座土木结构的瓦顶清真寺。1966年底拆毁清真寺，赶走阿訇。1980年逐渐恢复宗教活动。德宏州人民政府于1984年7月16日作出决定，并下发24号文件《关于划固定的回族坟地和建盖水房的通知》。同年7月1日，瑞丽市回族首次举办开斋节，共80余人参加，其中旅缅华侨和巴基斯坦商人10余人。1986年潞西县人民政府为回族划7亩固定坟山和2亩盖水房的地基，州人民政府拨专款8万元建“芒市回族服务站”（即水房）。瑞丽县人民政府也给回族划面积约70余亩的坟地。1987年2月，来自全州各县市的回族500余人在芒市举行水房落成典礼。2010年有清真寺（老马寨清真寺）1所，教职人员8人，信教群众2278人。

民族节日

【泼水节】 德宏傣语称“摆爽南”，德昂语称“拱拍”，阿昌人称“浇花节”。它是傣历新年；也是佛教节日，即浴佛节或佛诞节；是从印度的“洒红节”和到圣河沐浴的习俗衍变而来。泼水节有浴佛、过年、祈雨、迎春耕、祝愿人畜兴旺和五谷丰登之意，在巴利语系佛教文化圈内，它是一年中最盛大的节日。

其传说较多，现德宏普遍流传的是民女智杀魔王，但魔头落地即起火，于是民女们只好轮流抱魔头，一人抱一天，交换时互相泼水冲洗的传说。

节期是傣历十二月三十一日至一月二日，约在清明后7至10天后举行，一般欢庆3至7天。1983年4月9日，德宏州第八届人民代表大会第一次会议决定将其定为民族民间传统节日，节期固定为阳历4月12日至14日。第一天是傣历除夕，人们上山采花，装饰佛亭，把水注入水龙浴佛。从元旦开始，各户都端着供品入寺，由法师主持滴水仪式。节期内人们互相泼水祝福，唱歌跳舞，放孔明灯等。

傣族、德昂族及阿昌族认为，泼水可消灾祛病，吉祥如意。1985年后，地方政府对这个节日赋予了诚邀四海佳宾，以水会友，进行经贸洽谈，振兴德宏的新内容。

【目瑙纵歌节】 是景颇族传统的盛大节日，源于创世英雄宁贯娃的传说：很久以前，只有太阳的子女会跳目瑙纵歌。有一次，太阳鬼邀请地球上的万物去参加目瑙纵歌盛会。太阳宫的盛会结束后，鸟类便返回地球，途中，它们见果林中硕果累累，就高兴地跳起在太阳宫跳过的舞蹈。景颇族的祖先宁贯娃听到鸟类跳目瑙纵歌的消息，便赶去观赏。他被目瑙纵歌所陶醉，于是向鸟类学跳此舞。从此，天上的目瑙纵歌就移植到人间。不久，他在“木转省腊崩”（今青海一带）的日月山下举行了首次目瑙纵歌盛会。

过去，景颇支系称其为“目瑙”，载瓦等支系则叫“纵歌”，均为大伙跳舞之意。举办庆祝胜利、五谷丰收、迎接贵宾、纪念重要节日或嫁娶喜事等都举行目瑙纵歌。盛大的目瑙纵歌一般都选定在农历正月中旬，为期3至7天。为便于组织节日活动，1983年4月9日德宏州第八届人民代表大会第一次会议决定，每年正月十五、十六日为景颇族目瑙纵歌节。

节日里，景颇族男女老少穿上节日盛装，一早便结队汇集到目瑙纵歌广场进行欢庆。目瑙纵歌由两位德高望重的“瑙双”领头。瑙双头戴犀鸟嘴和孔雀帽，手中挥舞长刀，边歌边舞。舞场中央竖立有高大的“目瑙示栋”标志，上刻目瑙纵歌的路线，人们围着“目瑙示栋”尽情歌舞，参舞者少至数百人，多至上万人，故有“万人舞”之称。目瑙纵歌从早跳到晚，通宵达旦，颇为壮观，称得上集体舞蹈之最。

1950年前，目瑙纵歌是景颇族区域内较大的祭祀活动，是祭祀最大的天鬼“木代”而举行的隆重仪式。1985年后，目瑙纵歌节成了广交朋友，进行经济文化交流和加强民族团结的盛会。

2010年2月27至28日，德宏州成功举办中国·德宏国际目瑙纵歌节。同时，举行寻找中国最美的景颇姑娘选秀活动。

【阿露窝罗节】 是阿昌族传统节日，于农历正月初四举行。关于它的来历，较普遍的说法是：纪念和歌颂阿昌族祖先“遮帕麻”和“遮咪麻”战胜危害人类妖魔“腊訇”的壮举。据《阿昌族创世纪》记载：远古时无天无地，是天公遮帕麻造天，地母遮咪麻织地，从此人们安居乐业。然而腊訇却造了个假太阳，钉在天幕上，毁灭了人类的幸福。天公和地母为了世间万物的生存，用神箭射落太阳，降妖伏魔，使人类获得新生。

窝罗节的前身叫“蹬窝罗”，即跳一种古老的原始宗教的祭祀舞蹈，也是昌撒支系的传统节日。“阿露节”（亦称“赶会街”）则是傣撒支系富有佛教色彩的节日。1983年4月9日，德宏州第八届人民代表大会第一次会议将其统一为“阿露窝罗节”，成为阿昌族的法定节日，每年3月20日举行，节期2日。

节日期间，阿昌人在舞场中央竖起壮丽的“阿露窝罗”标志，人们身着节日盛装，抬着白象和青龙，手持青枝绿叶，在象脚鼓声中围着阿露窝罗标志耍龙舞象，载歌载舞，欢迎佳节。

【阔时节】 亦称“拉歌”节，意即新年歌舞节。每年正月初九举行，节期2天。届时，各地选定场址，搭起台棚，附近村寨的人们聚集在一起跳三弦、芦笙或“木瓜瓜切”舞，举行火枪、弩箭射击比赛及对歌等活动。

1983年4月9日，德宏州第八届人民代表大会第一次会议将其定为傈僳族阔时节。1987年2月，在盈江县城允燕山建了阔时节的永久性标志“木多依”塔。1990年陇川县弄贤村也建了阔时节的永久性标志塔。

（以上撰稿除署名外，均为张建章）

党政机构

【州　委】 2010年，德宏州委坚持以邓小平理论和“三个代表”重要思想为指导，认真贯彻落实党的十七大、十七届三中、四中全会、中央经济工作会议和省委八届七次、八次全会精神，紧紧围绕把德宏建设成为中国面向西南开放桥头堡的黄金口岸这一目标，强化农业稳基础，建设生态转方式，突出特色调结构，改革开放增活力，团结固边保稳定，改善民生建和谐，抓好党建强保障，推动全州经济社会又好又快发展。年内经济社会发展的预期目标是：全州生产总值增长13%以上，全社会固定资产投资总额增长30%以上，财政总收入和地方一般预算收入增长13%以上，社会消费品零售总额增长22%以上，外贸进出口总额增长12%以上，城镇居民人均可支配收入增长8%左右，农民人均纯收入增长12%以上，居民消费价格涨幅控制在3%以内，城镇登记失业率控制在4.4%以内，人口自然增长率控制在7.5‰以内，万元GDP能耗下降3.26%。全州继续保持了经济发展、社会进步、文化繁荣、民族团结、边疆安宁以及生态文明建设和党的建设全面加强的良好局面。

一、桥头堡黄金口岸和瑞丽重点开发开放试验区建设工作扎实推进。按照中央和省委、省政府的战略部署和要求，州委多次召开常委会、州委理论中心组学习会和专题会议研究，明确提出建设德宏桥头堡黄金口岸的目标和总体构想，在全州上下形成广泛共识。成立专门工作机构，抽调工作人员，落实工作经费。州级主要领导带队到西部沿边口岸、东部改革开放前沿学习借鉴成功经验。主动加强与上级有关部门的工作对接，积极配合国家部委联合调研组和中央、省有关部门开展了一系列桥头堡和试验区建设调查研究。邀请国家相关部门领导和国内外专家到德宏现场指导，聘请国务院发展研究中心和云南大学开展了桥头堡黄金口岸和试验区建设重大课题研究。成立州内强有力的工作班子编制了《瑞丽重点开发开放试验区实施方案》和发展规划。桥头堡黄金口岸和试验区建设工作的有力推进，引起国内外广泛关注，人流、物流、资金流、信息流开始聚集，对外贸易进出口总额同比增长44.2%，出入境人员和货运量大幅增长。一个以大战略推动、大手笔规划、大开放合作、大贸易发展、大跨步迈进的面向南亚、沟通印度洋的桥头堡黄金口岸如一轮朝阳在祖国西南边陲冉冉升起。

二、基础设施建设取得重大突破。坚持大项目带动大建设，大建设促进大发展。年内，全州争取到中央新增投资项目147个，开工建设项目1287个，其中，5000万元以上115个，同比增加23个；亿元以上51个，同比增加9个。2010年是德宏历史上完成交通投资数额最大、公路建设力度最大的一年。大瑞铁路德宏段已完成前期工作，腾陇、芒梁二级公路建设全面推进，龙瑞高速公路开工在即，环州高等级公路网即将建成。麻栗坝水库、龙江水电站枢纽、大盈江四级水电站等一批重大水利水电工程项目相继建成，盈江回龙河、瑞丽芒林等水库建设顺利推进。瑞丽口岸查验货场、边民互市市场等一批口岸基础设施项目竣工投入使用，畹町、盈江、瑞丽三个口岸建设方案率先通过省级评审。建成芒市机场大道、瑞丽大道、梁河龙窝大道等一批市政标志性工程，州府芒市成功创建省级园林城市，各县城垃圾处理、污水处理和城市供排水项目全面推进。州医疗集团内科住院大楼、德宏职教园区等一批事关民生的重大项目相继开工建设。德宏发展的基础条件得到了明显改善。

三、农业农村经济实现大灾之年大发展。在百年不遇的大旱面前，州委及时采取抗旱救灾有效措施，切实把灾害损失降到最低程度。全年预计粮食总产60.6万吨，同比增11%，粮食连续7年增产，实现了大灾之年粮食大丰收。农业结构调整步伐加快，2010/2011榨季预计甘蔗农业总产410万吨，同比增12%。完成冬农开发总面积101.3万亩，同比增10%；实现农业产值7.6亿元，同比增24%。畜牧业发展加快。

中低产田地改造、“兴地睦边”农田整治工程成效显著，完成中低产田地改造7万亩、中低产林地改造60.65万亩。认真落实各项支农惠农政策，共兑付各种涉农补贴1.14亿元，农民人均所得补贴141元。劳务输出持续扩大，全州共组织农村劳动力转移29700人。加大农田水利基础设施建设力度，建成“五小水利”工程10088件；投资3.1亿元新改建农村公路1584公里，农村公路基本实现网络化。全州村庄规划工作全面启动，一批边疆社会主义新农村示范点相继建成。

四、新兴特色产业快速发展。“六棵树一棵草”新兴生物特色产业发展步伐加快，年内新增种植面积51.75万亩，种植总面积达150.45万亩，农民人均拥有2亩，实现农民人均生物特色产业收入1000元。成功申报“中国咖啡之乡”，隆重举办了首届中国芒市（国际）咖啡文化节。水电矿结合的清洁载能工业快速发展，全州已建成水电站112座，装机容量达246万千瓦，全年发电量104.1亿千瓦小时，同比增长36.7%，投资30亿元的芒市硅铝合金等一批重大工业项目相继开工和顺利推进。工业园区完成工业总产值45.1亿元，产业集聚效应日趋显现。瑞丽景成地海温泉、弄莫湖湿地公园等一批旅游重大项目顺利推进，成功举办了2010中国·德宏国际目瑙纵歌节，全年预计完成旅游业总收入43亿元，同比增长11.6%。瑞丽红木家具加工园区、南亚红木家具国际博览中心相继建成。芒市珠宝小镇、盈江国际翡翠城等珠宝产业重大项目顺利推进，全年珠宝玉石贸易额预计可达80亿元。“五个百亿元工程”成效显著，成为全州新的经济增长点。

五、社会事业发展成效显著。坚持优先发展教育，积极有效地开展了“两基”迎国检工作并顺利通过国家督导检查验收。大力实施校舍安全工程，投入建设资金5.7亿元，开工建设面积达40.9万平方米。与中国农科院签订了农业科技合作协议，与云南农业大学建立了“州校合作”机制，创建了后谷咖啡院士工作站，科技支撑产业发展的能力进一步增强。全面加强宣传文化工作，实施了宣传思想和文化建设“六大工程”，成立了州电影放映发行中心和少数民族语言电影译制中心，与中央电视台合作在瑞丽开机拍摄了大型历史剧《中国远征军》。覆盖城乡居民的公共卫生和基本医疗体系进一步完善，新型农村合作医疗参合率达98.57%。人口和计划生育工作扎实开展。体育事业蓬勃发展。切实帮助困难群体和零就业家庭解决就业困难，实现城镇新增就业2504人，失业率控制在4.4%以下。农村最低生活保障和城镇职工基本养老、医疗、失业、工伤、生育等社会保险覆盖面进一步扩大，新型农村社会养老保险试点工作稳步推进。廉租房建设全面开工，实施了一批安居工程建设。完成异地扶贫安置1090户4440人，对125个贫困村实施“整村推进”，对72个贫困村进行州县级重点扶持，“整乡推进”试点工作进展顺利，全年有3万农村贫困人口实现脱贫。大力实施“七彩云南德宏保护行动”，节能减排控制指标顺利完成，全州森林覆盖率达67.1%。

六、社会主义民主政治建设稳步推进。坚持党的领导、人民当家作主、依法治州有机统一。全面落实民族区域自治制度。切实加强和改进党对人大、政协工作的领导，召开了州委人大、政协工作会，人大、政协履职富有成效。启动了新一轮政府机构改革，效能政府建设取得积极进展。深入开展依法治州和普法工作，依法行政水平明显提高。对台、侨务工作成效明显，统战工作取得新成果。工会、共青团、妇联等人民团体充分发挥了联系人民群众的桥梁纽带作用。“双拥”工作取得明显成效，进一步密切了军政军民关系。关心下一代工作获得全国先进表彰，老龄工作成效显著。工商联工作进一步加强。党的基层组织党务公开和政务、厂务、村务公开扎实开展。农垦、华侨农场改革稳步推进。顺利完成了村两委换届选举工作。成功申报潞西市更名为芒市。结合德宏实际有针对性地开展了“自力更生，勤劳致富，感恩思进”主题教育活动。边疆民族地区安定和谐的政治局面得到进一步巩固。

七、团结稳定工作取得新进步。紧紧围绕建设“民族团结模范州”这一目标，扎实推进民族团结进步事业，召开了全州第六次民族团结进步表彰大会，组织开展了第28个“民族团结月”活动，“三个离不开”思想共识更加深入人心。少数民族干部培养选拔力度不断加大，全州少数民族干部占干部总数的比例达35.4%，其中处级干部中少数民族占41.85%。全面贯彻党的宗教工作方针，积极引导宗教与社会主义社会相适应。禁毒防艾人民战争深入开展，严格实行州级领导挂钩联系乡镇工作制度，在406个自然村建立了以村民理事会抓禁毒防艾的长效工作机制；开展

“大清查、大收戒、大整治、大打击”行动，全州现有吸毒人员与2004年统计数相比下降45%；无毒创建成果显著。艾滋病综合防治工作不断加强，“四免一关怀”政策得到进一步落实。按照“七个必须”要求加强信访维稳工作，选派了一批青年干部到全州各乡镇（街道）担任政法专职副书记，社会矛盾化解、社会管理创新和公正廉洁执法三项政法重点工作取得明显成效。组织开展了治安、消防、交通等专项治理工作，实施了“冬季铁拳”、“夏季严打”行动，人民群众安全感不断增强。安全生产和食品药品监管工作不断加强。严密防范和坚决打击境内外敌对势力利用民族、宗教、非政府组织进行渗透、破坏和分裂活动，有效维护了边境地区和谐安宁。

八、党的建设全面加强。以加强党的执政能力建设和先进性建设为主线，全面加强党的思想、组织、作风、制度和反腐倡廉建设，扎实推进边疆党建长廊建设。创新理论传播载体，采取“五用”措施传播党的科学理论，促进了边疆民族地区科学理论的大众化。坚持固本强基，全年发展农村党员1905名，全面消除了“党员空白村”，全州47家规模以上非公企业建立了党组织。村级党员活动场所和农村党员干部现代远程教育站点建设实现全覆盖。初步建立基层党建经费保障、村（社区）两委激励考核、基层党员培训教育长效机制。举办各类教育培训2769场次，培训农村党员、群众12.4万人次。新建党员示范基地104个、党员科技示范户911户，培养农村致富带头人2140人。干部人事制度改革不断深化，干部队伍素质不断提高、结构不断改善，选人用人公信度不断提高。科学编制了《德宏州中长期人才发展规划（2010—2020年）》。不断深化政务公开工作，全力推进政务服务体系建设，构建了州县乡村组五级为民服务体系，并组建了州和芒市公共资源交易中心。培育“红旗飘飘”工程产业实体20个。承办了全省深化政务公开现场会和全省边境地区基层党组织建设工作交流推进会。创先争优“评星晋级创三百工程”初见成效，创建了六种基层党建模式，党群共建创先争优全面启动，有力推动了德宏边疆基层党建工作创新发展。深入推进党风廉政建设和反腐败工作，认真学习和严格执行《廉政准则》，建立县（市）党政主要领导重大决策责任档案、单位作风档案和单位制度备案待查三项制度，积极探索对县（市）“一把手”的监督，不断丰富扩展惩防体系的内容和内涵。加大对违纪违法违规行为的惩处力度，全年立案查处违纪违法案件79件，给予纪律处分67人，问责干部36名。

（李志祥）

（见“大事专题·州委”208页）

【州人大】 2010年，德宏州人大常委会坚持以邓小平理论和“三个代表”重要思想为指导，认真落实科学发展观，全面贯彻党的十七大和十七届四中、五全会精神，紧紧围绕全州工作大局，忠实履行宪法和法律赋予的各项职权，为推动全州经济社会又好又快发展，顺利完成“十一五”规划，较好地发挥了地方国家权力机关的职能作用。

一、坚持围绕中心突出重点，监督工作取得明显成效。州人大常委会紧紧围绕全州转型发展、安全发展、和谐发展的战略目标，把推动全州经济社会又好又快发展作为人大监督工作的重中之重，依法行使监督职权，综合运用多种监督形式，督促和支持“一府两院”按照州十三届人大三次会议确定的目标任务做好工作，确保全州经济社会发展任务顺利完成。年内，常委会会议听取和审议“一府两院”专项工作报告11项，对3项工作组织了视察，主任会议听取相关工作汇报41项。

二、依法推进民主法制进程，切实做好立法工作。州人大常委会积极开展推进民主法制进程的调研活动，为相关立法和上级决策提供依据。做好《瑞丽江——大盈江国家级风景名胜区保护管理条例》的立法工作，多次召开“两江”立法工作座谈会征求意见，积极向省人大民族委汇报立法工作，修改完善“条例”，并提交州十三届人大常委会第十九次会议审议，现已报州委审核；组织召开《云南省德宏傣族景颇族自治州禁毒条例》修订座谈会，为条例的修订做准备；完成《云南省科学技术进步条例（草案）》和《云南省企业工会条例（草案）》征求意见建议工作。

三、依法行使重大事项决定权和人事任免权。州人大常委会坚持服从中心工作，紧紧围绕对关系全州经济社会发展有重大影响的国民经济和社会发展计划，财政预算执行情况和年度预算调整方案，预算执行及其他财政收支审计查出存在的问题整改情况、全州重大建设融资贷款项目、群众文化、生物特色产业作为监督重点，严格审查，依法作出决议7项、审议意见2项，有力地保障和促进了全州经济社会的健康有序发展。常委会坚持党管干部和人大依法任免相结合的原则，坚持会前审查人事任免议案、组织法律知识考试，会议听取和审议拟任人员提请报告、颁发任命书制度，规范任免程序，严格依法办事，强化任后监督，保障了地方国家机关的健康运行。

四、坚持尊重代表，强化服务，代表作用得以有效发挥。州人大常委会充分尊重代表主体地位，不断强化为代表服务的思想，进一步完善工作制度，提高服务水平，支持和保障代表依法履职，为代表作用的充分发挥提供了有力的保障。召开了200多人参加的人大代表法律培训会，提高代表履职能力，努力拓宽代表知情知政渠道；围绕德宏州经济社会发展重点、热点组织了9次州人大代表视察。重视代表议案、建议的办理和答复工作，坚持“以提高办理质量为重点，以代表满意为标准”的工作思路，完善工作机制，促进制度落实，确保办理质量。

（聂茂华　陈友莉）

（见“大事专题·州人大”242页）

【州政府】 （见“特载·政府工作报告”12页）

【政　协】 2010年，德宏州政协常委会紧紧围绕州委、州政府工作部署，牢牢把握团结和民主两大主题，认真履行政治协商、民主监督、参政议政职能，为促进全州经济社会和人民政协事业发展作出了积极贡献。一、致力发展，为促进经济社会发展献计出力。一是积极协商议政，为促进经济发展方式转变建言。在州政协十届三次会议上，通过组织小组讨论，举行大会发言，召开协商会议等形式，委员们提出了意见建议200余条。二是广泛集中民智，为科学编制“十二五”规划献策。通过听取州发改委工作和编制“十二五”规划情况，召开政协离退休领导干部座谈会、政协委员座谈会、主席会议，参加州委“十二五”规划建议征求意见会等，开展协商讨论，向党政有关部门提出了“要以中国面向西南开放桥头堡黄金口岸建设为目标和重点来编制‘十二五’规划”等方面的意见建议50余条。三是深入调查研究，为推进桥头堡黄金口岸建设出力。配合全国政协、省政协和国家、省有关部门调研组，到德宏开展国际大通道和桥头堡建设调研视察活动；组织政协委员和各界人士撰写文章；参加省政协举办的“各界共议大战略，全省同建桥头堡”恳谈会，在会上，德宏州参加论坛的文章多篇获奖，州政协被评为优秀组织奖；组织举办了“全州同议建设桥头堡黄金口岸”恳谈会，收到论文30余篇；组织委员和州直有关单位负责人赴缅甸实地考察，形成了考察报告。二、以人为本，为保障和改善民生履职尽责。一是选择劳动就业、重点工程移民搬迁、困难归侨危房改造等民生问题，组织委员开展专项视察，并与有关部门共商对策，推动相关民生问题的解决。二是继续推进农村路灯“村村亮”工程，在政府有关部门和南方电网公司支持下，在2009年完成8个村寨试点工作的基础上，投入专项资金370多万元，把“村村亮”工程实施范围扩大到5县市（区）的150多个村寨。三是与梁河县委、县政府联合召开禁防挂钩点——梁河县芒东镇的禁毒防艾工作专题会议，打好禁毒防艾攻坚战，促进新农村建设。四是参与德宏州教育“两基”迎国检工作，深入学校和教育部门调研视察，提出推进工作的思路和举措。五是参与抗旱救灾，深入受灾严重地区视察，与基层干部群众共同研究抗旱保生产、促增收的办法和措施。六是争取省政协、全国政协的支持和帮助，使潞西市更名为芒市的报批工作取得成功。七是按照州委的部署，州政协领导班子成员多次深入挂钩联系的乡镇和重点项目区调查研究，为基层、企业协调关系，解决实际困难和问题。同时，政协参加单位和各县市政协在改善民生方面做了大量工作。州总工会向困难职工、下岗职工和农民工发放“贷免扶补”和帮扶资金贷款402.93万元；团州委继续实施“希望工程”，募集爱心捐款25.95万元，资助贫困大学生86人。州妇联发放妇女发展循环金56.7万元，受益185户，为183名妇女发放小额贷款898万元，为240多名少数民族贫困妇女创造就业机会；州工商联争取到630万元光彩事业资金，用于梁河县勐养镇中心小学校舍建设；州科协推进科普惠农兴村和科普惠民工程，使76.68万人得到实惠；州侨联参与实施原芒市华侨农场非归难侨危房改造工程，为1907户兑付危房改造补助金2860.5万元，完成了2256户危房改造任务；芒市政协在捐资助学和新农村建设，瑞丽市政协在扶持指导农民发展石斛产业，陇川县政协在争取和实施爱德基金援助的民生工程项目，盈江县政协在关心群众疾苦、帮助基层改善基础设施条件，梁河县政协在帮助农民发展竹产业等工作中，都取得了明显成绩。三、协调关系，为维护边疆和谐稳定作贡献。一是通过开展宗教工作调研视察和“民族团结月”活动，召开民族宗教界委员、宗教团体、信教群众座谈会等，宣传党和国家的民族宗教理论和法律法规，引导宗教与社会主义社会相适应；听取民族宗教界委员和信教群众的意见和要求，维护他们的合法权益。二是对侨务工作开展专项调研视察，听取归侨侨眷、侨商侨领及侨务部门的呼声和诉求，针对涉侨方面存在的问题提出改进意见建议。三是与党政有关部门深入维稳工作第一线，了解改制企业引发的上访情况，宣传有关方针政策，解答相关问题，帮助理顺情绪、化解各种矛盾，维护团结稳定的局面。四、求真务实，努力推进履行职能的各项工作。一是选好课题，调研视察取得新成果。以党委政府的中心工作、关系国计民生的重要问题和经济社会发展重大建设项目为重点，对林产业、木材加工业、烟草产业、乡镇医疗卫生专业人才队伍建设等 7 个方面开展了重点调研，对边民互市贸易、个体私营经济等 8 个方面进行了专项视察，形成了相关的调研视察报告，向州委、州政府呈报了《关于加快推进全州林权制度配套改革的建议案》和《关于加快德宏木材加工业发展的建议案》等。二是突出重点，民主监督取得新进展。采取主席会议和常委会议等形式，听取州发改委、经济委、招商局、建设局、科技局、人事局、卫生局、国税局、地税局、工商局等 10 个部门的工作汇报，并开展民主评议，向有关部门提出书面评议意见。继续选派政协委员和机关干部参加州委、州政府组织的执法、综治维稳和禁毒防艾等专项检查和年终考核；担任领导干部公选、国家公务员招录、事业人员招聘笔试面试巡视员、监督员和司法机关、信访、工商等职能部门的人民陪审员、特约检察员及特约监督员、行风评议员等，发挥民主监督作用。三是总结经验，提案工作水平有新提高。制定了《关于提案人参与提案办理工作的办法》和《关于评选表彰优秀提案、办理提案先进单位和提案工作先进个人的办法》，推进提案工作制度化建设。引导委员提出立意高、反映问题准、建议可行的提案。支持参加政协单位、团体提出多层次、多角度的“精品”提案。提高办理实效，加强与承办单位的联系、沟通，促进提案所提问题的解决。五、体现特色，文史、宣传、联谊工作有新推进。出版了《梁河剿匪纪实》，征集了德宏世居少数民族系列丛书《德宏傈僳族百年实录》文稿。办好德宏政协网站和《政协信息》，创办了《德宏政协》专刊。鼓励政协委员和机关工作人员向《人民政协报》、《云南政协报》、《德宏团结报》、《孔雀之乡网站》等新闻媒体投稿。做好联谊接待工作，年内共接待来自各方面的调研视察团组 80 余批 900 多人次。六、继往开来，推动政协工作再上新台阶。协助中共德宏州委成功召开了政协工作会议。会议期间出台的《中共德宏州委关于支持人民政协履行职能发挥作用的意见》，作出了一系列新的决策和规定，为政协履行职能开展工作，推动德宏州人民政协事业的发展提供了政策和机制保障。七、固本强基，切实加强自身建设。一是充分发挥委员主体作用。通过举办培训班、报告会、学习讲座，提高广大政协委员的素质；通过为委员订阅报刊、寄发学习资料，落实相关待遇，组织政协委员参加学习研讨、协商议政、调研视察、建言献策、监督评议等活动，调动委员履职尽责的积极性和主动性。二是积极发挥专委会基础作用。为专委会开展工作提供保障，支持专委会关注发展、关注民生、关注和谐，突出工作重点，组织委员抓好政治理论业务学习，开展调研视察和协商议政活动。三是努力抓好制度建设。把贯彻落实中共中央、地方党委关于加强人民政协工作的有关文件精神作为工作重点，按照政协章程和有关规定，对原有制度进行探索研究，对现行规章进行修改完善。四是全面加强政协机关建设。以开展“感恩思进”和“创先争优”活动为载体，推进“学习型、服务型、创新型、务实型”和谐机关和干部队伍建设。加强政协机关干部政治理论和业务学习；安排政协机关干部参加全国政协、省政协和各级党校举办的培训班和外出参观考察；加强机关作风建设，动员和组织干部深入基层、深入群众、深入实际，体察民情、了解民意、集中民智，强化机关服务基层、干部服务群众的意识。

（张红俊）

（见“大事专题·政协”261 页）

【纪检监察】 2010 年，全州纪检监察机关紧紧围绕州委、州政府工作中心，服从服务于全州改革发展稳定大局，坚持标本兼治、综合治理、惩防并举、注重预防的方针，深入贯彻落实中央和省《建立健全惩治和预防腐败体系 2008—2012 年工作规划》及德宏州的实施意见，促进科学发展，狠抓了政令保畅、作风建设、促廉从政、惩治腐败、源头预防、能力提升六项工作，党风廉政建设和反腐败工作取得了新的成绩，为全州经济社会发展提供了坚强的政治和纪律保证。一是加大了政令保畅工作。认真抓好中央扩大内需项目、灾后恢复重建项目和州委重大项目、重点产业以及重点工作的监督检查，确保了中央和省、州重大决策部署的贯彻落实，保证了重点项目、重点产业、重点工作的顺利实施和抗旱救灾等工作的顺利进行。二是加强了作风建设工作。紧紧围绕群众反映强烈的突出问题开展纠风治乱工作，强力推进经济发展软环境建设和政务公开、政务服务工作，成功筹办了全省深化政务公开推进政务服务工作现场会，切实提高了机关效能、转变了机关作风。三是推进了促廉从政工作。坚持以领导干部为重点，以学习贯彻《廉政准则》为抓手，扎实开展宣传、教育和监督，初步构建了“大宣教”格局，加大了问责工作力度，领导干部作风建设和廉洁自律意识进一步增强。四是强化了惩治腐败工作。进一步加大查办违纪违法案件力度，坚决查处了一批性质恶劣、影响极坏、涉及重点领域和关键环节的典型案件，继续保持了惩治腐败的高压态势。五是创新了源头预防工作。积极探索预防腐败的体制机制，在全州实施了县市党政主要领导重大事项决策责任档案、单位作风档案、单位制度备案待查制“三项制度”以及动态管理党风廉政建设责任制内容、建立规范的农村党风廉政建设机制等做法，取得初步成效，反腐倡廉科学化、规范化、制度化水平进一步提高。六是狠抓自身建设。扎实开展“创先争优”、“三个一”和“感恩思进”主题实践活动，大力提升纪检监察干部队伍素质，全面推进纪检监察信息化建设，纪检监察干部综合素质和能力进一步提升，机关自身建设进一步加强。全州党风廉政建设和反腐败工作方向更加明确、思路更加清晰、重点更加突出、措施更加有力、特色更加鲜明，取得了新的明显成效，为推动全州科学发展、和谐发展发挥了重要保障作用。

(何家松　尹丽莉　杨新旺　董书寿)

(见“大事专题·纪检监察”267页)

【人　事】 2010年，德宏州人事局以“三个代表”重要思想和科学发展观为指导，全面贯彻党的十七大和十七届四中、五中全会精神，认真落实全省人事工作会议、州委五届十一次全会和全州人事工作会议精神，深入落实科学发展观，紧紧围绕州委州政府关于桥头堡黄金口岸建设的部署，以软环境建设为重点，以实施人才强州战略为主线，以树形象、抓学习、强素质、抓管理、提效率为工作思路，继续推进公务员法实施，认真贯彻实施政府四项制度建设，努力打造阳光人事，积极抓好全州公务员制度、机关事业单位工资制度和事业单位人事制度改革，大力加强高层次人才队伍、实用型人才队伍和人才市场体系建设，努力做好政府机构改革工作和军转维稳工作。深入开展各种学习活动：一、优化经济社会发展软环境建设活动。德宏州人事局积极开展了软环境建设专项活动，认真分析了局领导班子存在的问题，领导班子成员从思想观念、工作作风、服务态度、办事效率、廉洁自律、严肃执纪六个方面，结合各自工作实际，认真分析查找了存在的问题，提出整改措施。二、创先争优活动。德宏州人事局严格按照州委、州政府统一部署，积极开展“争先创优”活动。全局1个总支2个支部39名党员通过开展“创先争优”活动，公开承诺事项42项，结成帮扶对子23个，完成学习实践科学发展观活动后续整改事项4个。全局干部职工素质、工作作风、服务质量进一步提高。三、桥头堡黄金口岸建设。结合德宏州情况和桥头堡黄金口岸建设工作的需要，州人事局认真做好1452名大中专毕业生的报到登记、党团组织关系、户口、档案接转管理、就业指导、政策咨询、统计上报离校未就业高校毕业生信息等服务工作。年内到德宏州报到登记的大中专毕业生中有硕士研究生5人，占毕业生总数的0.34%；本科生475人，占毕业生总数的32.7%；大专生828人，占57%；中专生144人，占9.9%。州人事局与州委组织部密切配合，完成了德宏州年内选聘80名高校毕业生到基层村(居)委会任支书、主任助理的工作。年内共招募三支一扶大学生16名。11月27日在德宏师专举办了“2010年秋季全国高校毕业生就业服务周云南省德宏州人才招聘会”，州内外的53家企业和单位参与了此次的活动，共提供850多个就业岗位，求职毕业生及求职人才参会共计700余人，用人单位收到的求职登记表500多份，不少毕业生与用人单位达成了意向性就业协议，招聘活动取得了预期成效。人事人才工作迈出新的步伐，为德宏社会经济的跨越式发展提供了坚实的人事和编制保障。

(黄华康)

(见“大事专题·人事”256页)

【传媒集团】 *2010*年，德宏传媒集团紧紧围绕中央、省委和州委、州政府的决策部署，团结带领集团全体干部职工坚定信心、改革创新、开拓奋进，坚持一手抓宣传事业建设，一手抓经营创收，新闻宣传、事业建设、产业发展在上年的基础上实现了新发展、新突破。具体做法是：一、以新闻宣传为“第一要务”，开拓创新，努力推动新闻宣传工作上新台阶。坚持围绕中心，服务大局，紧扣州委、州政府的中心工作，重点对桥头堡黄金口岸、组织工作满意度和公信度等一系列重大工作、重大活动进行宣传报道，坚定了全州各族干部群众抓住机遇、加快发展的信心和决心。特别是国家提出新一轮西部大开发、桥头堡建设和瑞丽作为国家重点开发开放试验区后，各媒体充分发挥各自宣传优势，加大宣传力度，为推动桥头堡建设各项工作的顺利开展营造了强势的舆论氛围。同时，坚持推进改版创优工作，着力提高新闻宣传质量，坚持开拓创新，不断健全完善各项新闻宣传管理制度，新闻宣传统筹协调指挥体系更加科学合理。二、把事业建设作为集团发展的基础扎实推进。集团及所属各单位始终坚持两眼向上、两腿向外的思路，积极向上争取项目资金，全年共争取到中央、省、州项目资金*692.38*万元，新增固定资产*1600*多万元，为集团事业的健康发展提供了强有力的保证。三、把增加经营创收作为重要发展目标认真抓好。按照《德宏传媒集团关于广告、联协办经营管理的规定》，坚持“统一合同管理、统一收支管理、统一票据管理”的原则，通过集团全体干部职工的共同努力，年内广告（含联协办）经营收入完成年初确定目标任务数的*119.81%*，增长*19.81%*；与上年相比，增长*50.68%*。四、把产业发展作为集团的重要任务积极推进。在重点抓好新闻宣传工作的同时，盘活资源，积极向文化、印刷、出版、户外广告等衍生产业拓展。五、把党的建设和思想建设作为强班子、带队伍的保证。一是集团党委将学习社会主义核心价值体系、科学发展观、先进性教育，“感恩思进”主题教育，“创先争优”活动等贯穿于党建工作的各个环节，通过学习教育，使广大党员干部对集团发展的信念更加明确，思想更加统一，工作更加主动。二是进一步夯实基层组织建设，完成了集团机关及所属各单位党总支、支部的换届选举工作；加大对年青干部、妇女干部、少数民族干部以及技术骨干的培养。三是根据事业单位改革的总体要求，严格按照组织程序积极开展集团总部和各媒体二级班子的岗位竞聘；四是抓党风廉政责任制的落实和惩防体系建设，健全完善党风廉政建设责任机制和惩防组织领导机构，深入开展班子间交心谈心活动，真正做到敞开心扉谈认识，统一思想谋发展。五是采取“走出去”、“请进来”的方式，加强在职新闻人员选送培训和就地培训，不断提高新闻宣传队伍素质。对获省以上创优稿件、优秀新闻工作者、优秀通讯员进行表彰，鼓励先进，鞭策后进。六是进一步加强制度建设，实现了用制度管人、管事、管财、管物，使集团的管理更加规范，更加公开透明，更加有章可循，杜绝违法违纪现象的发生。六、抓好综治维稳，促进平安和谐建设。坚持“预防为主，打防结合，调处领先”的方针，紧紧围绕构建“和谐平安德宏”目标任务，深入贯彻落实全州政法工作会议精神，强化各项防范措施，认真做到制度到位、目标任务到位、责任落实到位“三个”到位，使综治维稳工作做到党委统筹，层层负责，人人尽职。七、扎实推进各项基础性工作。按照公开、平等、竞争、择优的原则，对各媒体聘用人员统一进行了重新招录，规范了聘用人员的管理。以重大节日为契机，对老党员、困难职工进行走访慰问，关爱职工，团结互助，不断增强凝聚力、向心力。

（郑海洪）

（见“大事专题·传媒集团”223页）

经　济

【经济简述】 *2010*年，德宏州大力推进改革开放，紧紧抓住国家实施西部大开发、桥头堡黄金口岸建设、瑞丽开发开放试验区、中国东盟自由贸易区的形成等重大机遇，沉着应对，奋力拼搏，攻坚克难，圆满完成“十一五”确定的目标任务，国民经济呈现出平稳较快增长、各项社会事业不断进步的良好局面。全年全州生产总值完成*140.3*亿元，比上年增*15%*，比计划目标高*2*个百分点，完成年计划的*106.3%*。其中：第一产业*39*亿元，比上年增*8.5%*；第二产业*46.6*亿元，增*23.6%*；第三产业*54.7*亿元，增*13.5%*。全社会固定资产投资*131.2*亿元，比上年增*30%*，完成年计划的*100%*；社会消费品零售总额*54.3*亿元，增*22%*，按新统计口径完成年计划的*100%*；外贸进出口总额完成*11*亿美元，增长*44.2%*，比计划目标高*32.2*个百分点，完成年计划的*128.65%*；

地方财政一般预算收入13.2亿元，增34.6%，比计划目标高21.7个百分点，完成年计划的118.8%；城镇居民人均可支配收入13750元，增9.5%，比计划目标高1.5个百分点，比上年增收1192元；农村居民人均纯收入3368元，增长19%，比计划目标高7个百分点，增收537元；城镇登记失业率控制在4%以内，比计划目标低0.4个百分点；人口自然增长率7.3‰，比计划控制目标低0.2个千分点；居民消费价格涨幅为3.5%，比计划目标高0.5个百分点；万元GDP能耗由上年的1.527吨标准煤/万元下降为1.484吨标准煤/万元，下降2.8%。

（张　健）

（见“大事专题·经济管理”308页）

【经　委】 2010年，德宏州经委认真贯彻落实全省工业和信息化会议及全州工业经济工作会议精神，按照“调结构、转方式、提质量、增效益、促发展”的总体目标，紧紧围绕“产业富州”战略、中国向西南开放桥头堡黄金口岸和瑞丽开发开放试验区建设，努力克服金融危机以及年初特大旱灾的影响，抓住全国经济企稳回升、国家宏观经济大环境持续好转的有利时机，上下同心，顺势而谋，攻坚克难，切实推进“五个百亿元”工程和“工业倍增”行动计划，着力加快八大产业发展和重点工业项目的建设，使全州工业经济实现了平稳、较快的发展。

一、全州工业经济保持良好发展势头。1、工业经济平稳较快发展。全州工业企业完成工业总产值102亿元，比上年增39.5%，其中规模以上工业实现工业增加值29.62亿元，增28.1%；实现主营业务收入75.48亿元，增44.3%；实现利税总额21.37亿元，增1.8倍；实现利润总额14.51亿元，增4.7倍。全部工业实现增加值36.96亿元，比上年增27.7%，超额完成“十一五”确定的25.6亿元的奋斗目标。主要工业产品产量：食糖45.47万吨，比上年下降4%；原煤1.69万吨，下降5.4%；发电量103.99亿千瓦小时，增36.6%，其中水电102.79亿千瓦小时，增37.2%；水泥168.32万吨，增22.6%；机制纸及纸板3006吨，增40.2%；酒精33354千升，增4.8%；精制茶6926吨，下降6.1%；塑料制品5043吨，增39.7%；饮料酒5586千升，增8.5%;工业硅13.38万吨，增27.7%；电解铝1.4万吨，增3.9%；锡精矿702吨，增30.7%。2、工业固定资产投资（非电）完成13.72亿元，比上年的8.5亿元增61.4%。

二、重点工业建设项目进展顺利。芒市弘安水泥有限责任公司日产2500吨熟料生产线、后谷咖啡有限公司年产1万吨速溶咖啡生产线、云南永利发林业有限公司30万吨工程板材建设、年产5万吨国际标准橡胶项目；畹町侨瑞水泥有限责任公司日产2500吨熟料生产线、源洋生物科技有限公司10万吨燃料乙醇项目；陇川年产10万立方米中密度板生产线和年产1万立方米指接板生产线项目；盈江日处理2000吨矿选厂生产线项目等一批重大项目以及全州在建硅冶炼项目顺利推进。全州组织申报国家和省扶持项目47个，获国家和省扶持项目21个，争取到扶持资金1804万元，促进和支持了全州工业项目的建设和企业的发展。

三、中小企业和非公经济稳步发展。全州进一步贯彻落实省委省政府《关于加快非公有制经济发展的决定》和全省中小企业暨非公有制经济发展大会精神，加强中小企业服务体系建设。年内，向省推荐申报中小（非公）重点培育上市企业8户，获省批准2户；推荐申报成长型中小企业15户，获省批准14户；推荐申报中小企业集合票据企业4户。培训中小企业管理人员和有关部门工作人员208人。全州中小（非公）企业完成增加值64.58亿元，比上年增28.13%；上缴税金17.36亿元，增53.16%；从业人员10.97万人，增26.95%。

四、节能降耗工作如期完成。为强化节能工作责任制，州政府和各县市政府签订年度节能降耗目标责任书，将节能指标分解到各县市。通过电视、报纸、网络等媒体向社会和民众加强节能知识的宣传，进一步倡导绿色办公，低碳生活。在工业企业中推广节能和节水技术，引导和鼓励企业开展资源综合利用工作，降低能源的消耗。年内，按期淘汰关闭5条水泥生产线，淘汰落后产能36万吨；完成1户企业的资源综合利用认定，4户企业的能源审计工作；2个省级重点工业园区全面启动了工业循环经济工作；推广高效节能灯103496只。全年全州实现单位GDP能耗下降3.48%，超额完成了年度和“十一五”节能工作的目标任务。

五、技术进步与创新工作取得新进展。年内，对20户企业技改项目进行验收，向省申报企业技术中心创新能力建设项目2个，企业信息化示范项目1个，并获得省工信委的认定和批准，实现了省级企业技术中心零的突破。

六、工业园区建设稳步推进。按照省政府《关于加快工业园区建设的若干意见》和《关于加快工业园区标准厂房建设的意见》精神，不断加大基础设施和标准厂房建设力度，使园区基础设施、软硬环境得到进一步改善，入园企业逐年增多，产业集聚发展效应日趋显现。全州工业园区完成工业总产值44.67亿元，工业增加值17.75亿元，销售收入37.25亿元，税收4.83亿元，利润8.67亿元，就业人数25951人，入园企业216户，累计完成基础设施投资12.35亿元。

七、“十二五”规划编制工作进展顺利。全州“十二五”工业发展规划及5个产业发展规划完成初稿，正在作进一步修改完善。各县市“十二五”工业发展规划正在抓紧编制、修改、完善中。

（毕　鸣）

（见“大事专题·经委”308页）

【农　业】　2010年，德宏州农业局面对百年未遇的特大旱灾，紧紧围绕农业增产、农民增收、农村稳定、产业发展的中心任务，以新农村建设为契机，以“产业富州”为已任，结构调整为动力，开拓创新，扎实工作，较好地完成年度各项目标和任务。全年全州完成农林牧渔业总产值61.45亿元，比上年增加9.92亿元，增19.25%；农民人均纯收入3368元，增加537元，增19%。

一、粮食生产在品种结构调整中稳步推进。各级农业部门始终主抓粮食生产不放松，坚决做到保面积、保总产、保稳定，不断提高土地产出率，提高单产，增加总产，确保粮食生产持续稳定增长。全年全州完成粮食作物播种总面积200.4万亩，比上年增10%；实现总产60.6万吨，增10.51%。

二、冬季农业开发再创新高。全州以冬玉米、冬马铃薯、冬早蔬菜等为主要作物的冬季农业开发已形成规模，面积逐年增加，单产逐年提高，效益十分显著。通过种植结构调整、增加投入、科技推广力度的加大，实现了增产增收。冬季农业产业化开发已经成为德宏州种植结构调整、农业增效、农民增收的优势产业，已经成为全州农民增收的最大亮点。全年全州完成冬农开发总面积101.2818万亩，比上年增10%；实现农业产值7.59亿元，增24%；参与冬季农业开发农户16.52万户、72.22万人；开发区农民人均开发收入1051元，增17%。冬季农业的增产增收，为全年农业增产、农民增收打下良好的基础。

三、传统产业进一步得到巩固提升。为做强做大茶叶产业，按照产业化经营、市场化运作（公司+基地+农户+科技）的机制，立足于培植带动型龙头企业。全年全州新植茶园2213.6亩，茶园总面积355942.9亩，茶叶产量达1.6万吨，产值达2.4亿元。全州通过绿色食品认证面积达18000亩，有机茶园认证面积7849.5亩，无公害茶园面积103510.6亩。同时，全州有41家茶叶企业已全部获得QS认证，其中“孔雀公主”、“勐巴娜”、“德凤”、“云宏”、“南甸”等品牌已见成效。茶产业覆盖全州50个乡（镇）、涉茶农户8.4万余户，涉茶人口33.4万余人，茶农人均收入373元，茶产业已成为全州支撑农民增收、农村经济发展的重要民生产业。

四、生物特色产业呈现良好发展态势。全州生物特色产业已形成，竹子以云南永利发林业有限公司、柠檬以云南红瑞柠檬有限公司、咖啡以德宏后谷咖啡有限公司、坚果以云南迪思企业集团坚果有限公司、番麻以云南海柯生物开发有限公司、优质米以潞西市遮放贡米有限责任公司、罗非鱼以潞西市柏林名特优水产养殖有限公司、奶水牛以德宏祥祥乳业有限公司为龙头企业的产业化开发格局，生物特色产业已成为拉动德宏州农业产业化经营，增加农民收入的重要产业，越来越受到广大农户的欢迎。全年全州完成竹子、咖啡、柠檬、坚果、油茶、核桃、番麻等“六树一草”种植51.7489万亩，其中竹子种植22.8847万亩、咖啡种植4.0962万亩、柠檬种植0.5679万亩、坚果种植3.2959万亩、油茶种植9.6597万亩、核桃种植10.8952万亩、番麻种植0.3492万亩。全州“六树一草”总面积达150.45万亩；新带动农户9万余户，实现农业总产值1.9043亿元。全州生物特色产业以原料基地开发种植为首的各项工作扎实、稳步推进，为“十二五”期间加快全州生物特色产业发展步伐打下了坚实基础。

五、名特优水产养殖力度进一步加大。水产养殖以稻田无公害养殖、池塘精养和冬闲田养殖为主。年内，德宏州水产养殖面积45887亩，比上年增3356亩，增7.9%；水产品产量23880吨，增3090吨，增14.86%；鱼苗生产8.64亿尾，鱼种生产3557吨，大规格鱼种投放3413吨，分别增5.3%、7.4%和4.1%；全社会渔业总产值41800.65万元，增4897.83万元，增13.27%；水产品人均占有量达 18 千克。

六、农业基础设施建设和农村生态建设不断加强。一是中低产田改造工程项目进展有序。全年完成德宏州 2008 年 3 县 2 市的退耕还林区基本口粮田的建设工作，完成 2008 年 0.9 万亩和 2009 年 0.42 万亩的建设任务。二是农村沼气建设（国债项目）有序进行。年内云南省下达德宏州新建户用沼气池 2700 户，新建农村服务网点 37 个，新建大中型沼气池 2 个，建设农村沼气养殖小区和联户沼气工程项目 3 个；已完成新建沼气池 1658 户，农村服务网点 27 个，大中型沼气池 2 个，其余未完项目正在有序实施。三是认真做好村容村貌整治。年内，德宏州争取到省级财政扶持村容村貌整治工程项目 12 个，争取扶持资金 120 万元。德宏州农业局按照中央提出的新农村建设总体要求，主动配合有关部门认真抓好新农村建设的总体规划调研，有重点、分步骤，全面组织实施省级财政扶持村容村貌整治工程项目，并抓紧实施，实施进度达 56%，按照方案要求明年 3 月底前完成任务。

七、各项惠农政策得到有效落实。按照“宣传好、组织好、兑现好”的工作原则，全州各级农业部门加强与有关部门配合，全面落实党和政府的支农、惠农政策，进一步调动广大农民的生产积极性。在粮食补贴方面：全年省级下达德宏州粮食补贴资金 9913.2 万元，比上年的 9494.53 万元，增 418.67 万元，其中油菜良种补贴 52 万元；对种粮农民农资综合直补金额 6716 万元；粮食直接补贴资金 909 万元；良种补贴 2236.2 万元。实际兑付粮食补贴资金 9886.04 万元，结余 27.16 万元，其中油菜良种补贴资金 52.04 万元；农资综合补贴资金 6716.36 万元；粮食直接补贴资金 909.18 万；良种补贴资金 2208.46 万元。在农机补贴方面：全年实际下达德宏州购机补贴资金 1472.80 万元，实际完成补贴资金 1472.65 万元，完成任务数的 100%。项目于 4 月 22 日启动至 10 月 31 日结束，全州 3 县 2 市 50 个乡镇 4266 户农户提交购机补贴申请，按照相关规定确定享受购机补贴农户 3182 户（均为辖区内的农户），补贴机具 3561 台，最终售价 5247.36 万元；带动农户投入购置资金 3999.71 万元。

八、新型农民培训、农村劳动力转移成绩明显。以“绿色证书工程”、“新型农民培训工程”为重点，组织开展农民科技培训工作。全年全州培训绿证学员 8831 人，其中获证 2770 人，结业 4486 人，培训投入经费 38.5 万元；开展农业科技培训 3768 场次，培训农民 370238 人次，其中妇女 135055 人次；发放科技宣传资料 184600 份，投入培训经费 258.97 万元。全州全年预计完成劳动力培训 12353 人，培训后转移就业 11092 人，占培训的 89.79%，完成省、州计划数的 108.36%。全州完成转移就业 51632 人，完成省、州计划数的 258.16%，其中境外转移 2671 人，省外转移 10300 人，省内县外转移 14062 人，县内乡外转移 17580 人，乡内转移 7019 人；有组织转移就业 10604 人，自发转移 33082 人，其他转移 7946 人。预计转移收入 12105.24 万元，农民人均工资性收入 650 元。召开现场招聘会 4 场次。

九、龙头企业不断壮大。全面落实扶持农业产业化龙头企业的各项政策，积极培育本地具有一定规模、发展潜力较大、辐射带动面广的农业企业，并采取政府推动、龙头企业带动、产业互动等多种手段，着力发展特色明显、带动能力强的特色产业集群，让农民依靠企业带动增收。至年末，全州有农业产业化国家级重点龙头企业 1 家，农业产业化省级重点龙头企业 12 家，州级农业产业化重点扶持企业 30 家；拥有云南省著名商标达 14 件，其中特色产业 2 件，为德宏州宏天实业（集团）有限公司“后谷”商标、潞西市粮油购销公司“遮放贡”商标。德宏已获得“中国咖啡之乡”的称号，并积极为打造“中国澳洲坚果之乡”品牌作充分准备。

十、农村专业合作组织不断发展，农村集体经济日益壮大。德宏州各级农业部门以《农民专业合作社法》为依据，狠抓农民专业合作社的规范化建设，进一步加大合作社法学习、宣传、培训力度，积极引导、帮助建立健全规章制度，在服务质量、利益连接、市场开拓能力及增强辐射带动能力上加大指导，使农民专业合作社逐步实现规范化运转，成为促进农村经济发展、实现农民增收的“助推器”。截至年末，全州依法登记注册的农民专业合作组织有 215 个，其中专业合作社 165 个，各类专业协会 50 个，合作社成员总数 1.99 万人，带动非成员农户 6.67 万户，统一组织销售农产品总值 4.68 亿元，培训成员和农民 2.66 万人；争取到中央、省财政扶持项目 11 个，扶持资金 127 万元，其中中央财政立项扶持项目 8 个，扶持资金 105 万元；省级财政立项扶持项目 3

个，扶持资金22万元。在发展壮大农村集体经济方面，全州继续深入贯彻落实省委8号文件精神，积极探索发展壮大农村集体经济的有效途径，增强集体经济的服务功能。上年省级财政扶持发展壮大农村集体经济5个项目已通过省级交叉检查验收；年内争取到省级财政立项扶持项目7个，扶持资金70万元。

十一、农业机械化水平持续提升。全年全州农业机械总动力达104456.59万瓦特，比上年增加5591.95万瓦特，增5.66%；农业机械原值达87450.91万元，增加13831.53万元，增18.79%；全年实现农机总收入34322.97万元，增长9.21%，其中农机化作业收入达31135.37元，农机维修收入958.80万元，其它收入2228.80万元。截至年末，全州拥有各类拖拉机52373台，比上年增加3354台，增6.84%；联合收割机达1377台，增190台，增16%；拖拉机配套农具58712部，增加2933部，增5.26%。全年完成机械化耕作业面积150.65万亩，比上年增加11.14万亩，增7.98%；机播面积0.35万亩，增加0.0089万亩，增2.58%；机电灌溉面积31.59万亩，增加20.58万亩，增186.85%；机械植保面积112.18万亩，增107.66万亩，增4.2%；机收面积59.33万亩，增加6.41万亩，增12.11%。

十二、农业执法和“三品”认证工作取得新进展。年内，德宏州农业局在开展“放心农资下乡进村活动”、“农资打假春季专项治理行动”中，认真做好农资市场日常监管工作。全年全州出动执法人员2379人/次，印发宣传资料53384份，检查企业1516个/次，整顿市场542个/次，受理举报案件5起，立案查处98件，已结案93件，查获假劣种子18668千克，肥料641230千克，农药1082千克，货值83.24万元。全年农产品质量监管工作出动执法人员454人次，车辆90车次，检查企业门店数量267个次，蔬菜种植场（地）83个次，农产品（批发交易）市场45个次，发放农产品安全宣传资料9500份；检查“三品”认证企业15家；接受农业部进行市场蔬菜、水果、水产品、粮经作物抽样3次。全州以无公害食品认证、绿色食品认证、有机食品认证为主的“三品”认证工作取得新进展，新获证3家绿色食品认证单位，“三品”获证单位达15家，面积69.779万亩，产品28个，产量134.3034万吨，产值49015.32万元。

十三、德宏州农业综合开发工作紧紧抓住增加农民收入的中心，结合德宏农业优势产业的发展，着力加强农业基础设施建设，改善农业生产条件。年内，土地治理项目按统筹规划、综合开发、突出重点、合理布局、集中连片、持续发展、推进科技进步、不断创新机制的要求，以改造中低产田为重点，对田、水、路、林、山进行综合治理，逐步实施高标准农田建设示范工程项目，并大力做好农业科技示范推广和农业生态工程建设，进一步改善和增强农业基础设施条件；产业化经营项目按照国家农业综合开发产业化开发的思路，突出德宏的特色和重点，推进产业化经营，扶持优势产业，采取“龙头企业+基地+农户”的方式，做优、做大、做强优势产业，带动农业产业化发展，从而提高农产品市场竞争力，实现农民增收的目的，为全州农业农村经济发展做出了重要贡献。年内，圆满完成农业综合开发的各项工作任务。一是抓上年度项目结转扫尾工程建设；二是组织实施本年度项目工程建设；三是进一步加强项目及资金管理；四是调研、评估、论证、申报下年度开发项目。

（舒　平）

（见“大事专题·农业”371页）

【畜牧业】　2010年，德宏州畜牧业坚持“增加总量、提高质量、突出特色、择优发展”的方针，抓住桥头堡黄金口岸建设和国家实施新一轮西部大开发的重大发展机遇，全面落实国家、省、州畜牧业发展的扶持政策，克服饲料价格上涨、畜产品价格起伏波动、动物疫病防控难度大等不利因素，积极发展猪禽生产，突出发展以德宏水牛为主的草食畜，大力推进标准化规模养殖，加快畜牧业生产方式转变，畜牧业生产保持了连续31年持续增长和较快发展的良好态势，成为农民增收的重要来源和社会主义新农村建设的重要产业之一。全年全州完成肉、蛋、奶总产85397.6吨，比上年同期增长8.8%，其中肉类产量78127.6吨，增9.1%；禽蛋产量4279.4吨，增11.5%；牛奶产量2990.6吨，减1.1%。全州肉、蛋、奶人均占有量71.2千克，比上年的65.4千克增加5.8千克，增8.9%。实现畜牧业产值13.11亿元（现价），比上年增1.21亿元，增10.2%，占农业总产值的21.33%。全州大牲畜存栏21.31万头，比上年增2.1%，其中水黄牛存栏20.01万头，增3.5%；生猪存栏67.82万头，增1.4%；羊存栏6.84万只，增4.3%；家禽存栏309.31万只，增

7.0%。全州完成肉猪出栏 64.83 万头，比上年增 8.98%；肉牛出栏 6.7 万头，增 8.5%；肉羊出栏 4.93 万只，增 4.5%；家禽出栏 528.38 万只，增 6.5%。德宏水牛特色产业稳步发展，全年全州水牛存栏 10.45 万头，比上年增 2.45%，其中能繁母牛 3.58 万头，增 4.13%。杂交水牛存栏 15303 头，比上年增 11.07%，其中奶水牛存栏 10178 头，增 36.4%；能繁奶水牛 5131 头，增 11.2%；挤奶水牛存栏 2026 头，增 10%。全州水牛奶产量 2255 吨，比上年增 7.6%；牛肉产量 7371 吨，增 8.49%。

（母保生）

（见“大事专题·畜牧业”379 页）

【蔗 糖】 2010 年，德宏州蔗糖系统围绕“节约资源、科学规划，政府引导、市场调节，科技攻关、增加产量，提高效益、巩固发展”的总体思路，以科技为先导，以增加总量、提质增效为主线，坚定信心，克服困难，真抓实干，全力做好蔗糖产业各项工作，较好地完成了各项目标任务。一、克服困难，超计划完成甘蔗种植任务。全年全州下达秋甘蔗种植计划 5 万亩，实际种植 5.32 万亩，占种植计划的106.4%。本年度全州下达冬春甘蔗种植计划 26 万亩（水田蔗 18.5 万亩，旱地蔗 7.5 万亩），实际种植 35.4 万亩，占种植计划的 136.15%，其中水田蔗 23.38 万亩，占种植计划的 126.38%；旱地蔗 12.02 万亩，占种植计划的 160.26%。全年新种甘蔗面积达 40.72 万亩，占下达计划的 131.29%，比上年增加 14.27 万亩，增 53.95%。二、强化技术服务，甘蔗种管水平明显提高。年内，州、县市行业主管部门和各制糖企业坚持科技是第一生产力的发展理念，努力让科技服务于甘蔗生产，提高甘蔗单产和品质，为在大旱之年稳定甘蔗产量，实现蔗农、企业、政府三盈目标奠定了较好的基础。一是面对甘蔗种植期严重旱情，积极争取抗旱资金，同时充分利用甘蔗保险机制，各制糖企业主动安排资金购置抽水设备、打井、修筑灌溉沟等措施，创造种植条件，帮助蔗农抢种甘蔗，对已种植和宿根蔗进行抗旱保苗。通过采取一系列措施，极大地促进了原料种植发展，原料蔗下滑势头得到有效遏制。二是以项目带动，做好甘蔗苗期管理工作。通过积极组织实施水田蔗间套种试验示范，一方面增加单位土地面积综合效益，让蔗农得到实惠；另一方面以种代管，保证甘蔗苗期管理工作的顺利完成。三是继续全力推行甘蔗第二次中耕管理。通过全州及各县市召开的甘蔗中耕管理工作现场推进会，以会代训，推广水田蔗增施肥、高培土等技术措施，提高植蔗管理技术，推动甘蔗二次中耕管理按期完成。四是继续推行宿根甘蔗铲蔸管理方法，宿根甘蔗管理水平明显提高。三、榨季制糖生产经营效益显著。本榨季自 2009 年 12 月 15 日景罕糖厂率先开榨，至 2010 年 4 月 29 日平原糖厂收榨，历时 136 天，全州 13 家糖厂 14 条生产线全部投入生产，共入榨甘蔗 323.55 万吨，平均产糖率13.29%，食糖总产量 43 万吨，生产酒精 2.58 万吨，榨季生产经营各项指标优于上榨季。

本榨季蔗糖生产呈现出以下特点：一是全州平均产糖率高。全州平均产糖率虽比上榨季略低，但仍比全省平均 12.94%高 0.35 个百分点；二是节能减排成效明显。近年来，各制糖企业围绕提质增效、节能降耗，不断加强技术改造、设备更新，本榨季各项能耗指标同比进一步降低，促进了全州节能目标的实现；各制糖企业加大生产用水循环利用投入，特别是德宏英茂糖业公司，在所属瑞丽、平原、弄璋、景罕等糖厂各投入上千万元，对全厂生产过程的尾水回收进行生化处理后循环利用，使全厂糖、酒生产生水取水量明显下降。同时，对酒精生产产生的废醪液经生化处理生产成有机液态肥进行农灌，污染物排放得到大幅削减。三是制糖企业经营效益明显。本榨季虽然食糖产量较上榨季减少，但由于食糖价格走高，制糖工业经济效益比上年提高。全州蔗糖产业实现工农业总产值 30.42 亿元，比上榨季增加 6.82 亿元；实现税收 18377 万元，增加 5132 万元；实现利润 44109 万元，增加 41055 万元。四是蔗农收入增加。本榨季全州平均甘蔗收购价格 295.83 元（含联动价），比上榨季增加 66.7 元，增 29.11%；平均吨蔗运费 17.28 元，增加 1.61 元，增 10.27%；全榨季按甘蔗农业总产 365.68 万吨计，收入 10.82 亿元（不含运费），蔗农人均甘蔗收入 1664 元，增加 202 元。其主要做法：一、各级领导高度重视，思想认识统一，精心组织。州政府出台《关于稳定蔗糖产业发展的意见》，调整充实蔗糖产业领导小组，进一步加强对蔗糖工作的领导。各县市及时出台切合实际的政策措施，精心组织，及时安排，广泛发动各级干部群众及制糖企业，努力做好蔗糖工作，确保全州产业一盘棋、政策一个样，充分调动了各级各部门的工作热情和广大蔗农的种蔗积极性，确保蔗糖生产各项工作的顺利完成。二、责任挂钩，目标明确，措施有力。各县市按照甘蔗生产目标考核责任书的要求，及时把甘蔗生产任务和目标考核层层分解到各植蔗乡镇、村社，进一步明确生产任务和责任，形成主要领导亲自抓、负总责，分管领导具体抓、负实责，一级抓一级，层层抓落实的工作格局。各职能部门全力以赴、制糖企业积极主动、相关部门大力支持，组成甘蔗种植工作队和甘蔗生产督导组，深入到各植蔗乡镇、村社，广泛宣传发动，全力抓好协调服务，扎扎实实开展工作。州县市蔗糖办干部职工、科技人员适时深入生产第一线，开展宣传、动员、指导、协调、服务工作，有力地促进了蔗糖生产各项工作的完成。三、依靠科技，巩固提升，增加效益。一是抓好甘蔗“吨糖田”和“高优蔗园”建设，确保蔗农种植效益。2009/10年度州政府下达甘蔗“吨糖田”建设25万亩、“高优蔗园”10万亩，州、县市蔗糖办和制糖企业严格按照实施方案，认真组织科技人员和蔗农实施建设，依靠科技，强化技术，现场指导，规范种植，加强管理。全州完成甘蔗“吨糖田”建设25.44万亩，占计划的101.76%，平均单产达8吨以上；完成“高优蔗园”建设10.29万亩，占计划的102.73%，平均单产达5吨以上。实施甘蔗“吨糖田”和“高优蔗园”建设，带动全州甘蔗生产的发展，提高了原料品质，增加了蔗农收入。二是加大科技培训力度，提高种管技术水平。采取“请进来，送出去”的培训形式，提高科技人员业务素质，推行产学研相结合的科技创新体系，引进推广先进适用技术，提高科技人员和管理人员的专业知识。州、县市糖办和科研站所针对宿根蔗管理粗放、病虫危害严重、宿根年限短、单产低等突出问题，组织开展科技培训工作。通过召开不同形式的种植技术培训会和现场推进会，推动科学种蔗，提高种植、管理技术水平。三是依托制糖企业，推进甘蔗专业合作社建设。各糖业公司始终把甘蔗生产作为公司发展的“第一车间”来抓，以乡、村为单位建立甘蔗专业合作社。注重原料基地建设，积极调配甘蔗良种，组织化肥、农药、地膜等农用物资供应，把技术、生产物资送到蔗农手中，搞好生产、技术指导服务，充分发挥了龙头企业在产业发展中的带动作用。四是加快优新良种推广，调优品种结构。各县市蔗糖办和糖业公司加大对甘蔗优新良种引进推广力度，州、县市糖办积极争取项目资金，建立甘蔗良繁基地和糖料生产基地，大力推广甘蔗优新良种，调优品种结构，甘蔗优新良种率逐年提高。年内，蔗糖系统有4个项目荣获德宏州科学技术奖。四、强化管理，注重环保，安全发展。一是各糖业公司认真做好榨前各项准备工作，按质按量完成了技改、检修工作，确保榨季生产中设备安全运转。二是准确估产，适时开榨。各糖业公司认真抓好甘蔗估测产工作，提高估测产准确率，确保适时开机生产，既保证了高糖高榨高收回，又按规定时间准时收榨，保证了甘蔗来年正常生长。三是强化管理，保证质量。本榨季，强化企业内部各项管理，一方面针对引用的先进装备，积极组织进行岗位培训，让操作工尽快掌握设备性能正确操作，稳定工艺控制；另一方面教育员工以厂为家，视产品质量为企业的生命，精心操作，保证每一个生产环节都不出质量问题。同时，严格糖用助剂的采购质量，确保产品质量安全。四是注重节能减排，提高综合利用效率。各糖业公司严格按照节能减排降耗和环保治理要求，采取一系列技术措施，对全厂三废进行综合治理，综合利用甘蔗渣作燃料，同时采用先进的热力方案，解决全州煤资源缺乏的问题，减少了烟气中SO_2排放；综合利用酒精废醪液生产液态肥用于甘蔗种植，既保护了环境，又降低了成本。五是狠抓安全生产。各糖业公司认真贯彻落实“安全第一，预防为主，综合治理”的方针，按照安全生产目标责任要求，企业内部各车间、班组做到层层建立安全生产责任制，强化员工的安全生产宣传教育，提高全员安全生产意识，全年未发生任何重大人生、设备安全事故。

（李晓全）

（见“大事专题·蔗糖”386页）

德宏州 2009—2010 年榨季甘蔗生产情况

单位：亩、吨、吨/亩

项目 单位	甘蔗收获面积			甘蔗总产量			甘蔗单产量		
	2009/10 榨季	2008/09 榨季	增减 ±%	2009/10 榨季	2008/09 榨季	增减 ±%	2009/10 榨季	2008/09 榨季	增减 +-
全州合计	743493	897044	-20.65	3656827	4070157	-11.30	4.92	4.54	0.38
德宏力量生物制品公司小计	64356	93975	-46.02	261258	399231	-52.81	4.06	4.25	-0.19
芒市糖厂	64356	93975	-46.02	261258	399231	-52.81	4.06	4.25	-0.19
遮放糖厂	—	—	—	—	—	—	—	—	—
梁河力量生物制品公司小计	76537	91718	-19.83	340695	410310	-20.43	4.45	4.47	-0.02
梁河糖厂	28323	34007	-20.07	123490	150751	-22.08	4.36	4.43	-0.07
芒东糖厂	16849	19648	-16.61	74810	82923	-10.84	4.44	4.22	+0.22
勐养糖厂	31365	38063	-21.36	142395	176636	-24.05	4.54	4.64	-0.10
德宏英茂糖业公司小计	539918	596605	-10.50	2640860	2655877	-0.57	4.89	4.45	+0.44
瑞丽糖厂	70496	95969	-36.13	369849	430526	-16.41	5.25	4.49	+0.76
景坎糖厂	182920	221935	-21.33	920264	917501	+0.30	5.03	4.13	+0.90
弄璋糖厂	87852	103838	-18.20	456035	490925	-7.65	5.19	4.73	+0.46
平原糖厂	57864	62445	-7.92	308788	307702	+0.35	5.34	4.93	+0.41
盏西糖厂	30827	35047	-13.69	146573	156134	-6.52	4.75	4.45	+0.30
龙江糖厂	68173	77371	-13.49	247683	353089	-42.56	3.63	4.56	-0.93
轩岗糖厂	41786	53610	-28.30	191668	227380	-18.63	4.59	4.24	+0.35
陇川糖厂	61069	59598	+2.41	404759	366422	+9.47	3.63	6.15	-2.52
康丰公司	1613	1538	+4.65	9255	10937	-18.17	5.74	7.11	-1.37
潞西市	150653	200753	-33.26	620205	809551	-30.53	4.12	4.03	+0.09
梁河县	59799	72904	-21.92	257738	321285	-24.66	4.31	4.41	-0.10
盈江县	177437	202028	-13.86	916297	958532	-4.61	5.16	4.74	+0.42
陇川县	285108	325390	-14.13	1492738	1535792	-2.88	5.24	4.72	+0.52
瑞丽市	70496	95969	-36.13	369849	444997	-20.32	5.25	4.64	+0.61

注：（1）遮放糖厂的统计数据并入芒市糖厂。（2）原奥环糖厂被英茂公司收购，更名为轩岗糖厂。

德宏州 2009-2010 年榨季制糖生产完成情况

单位：吨

项目 单位	甘蔗压榨量			食糖产量			酒精产量		
	2009/10榨季	2008/09榨季	增减±%	2009/10榨季	2008/09榨季	增减±%	2009/10榨季	2008/09榨季	增减±%
全州合计	3235537	3784744	-14.51	429975	503664	-14.63	25799	28593	-9.77
德宏力量生物制品公司小计	222601	375409	-40.70	27104	46322	-41.49	1977	2394	-17.42
芒市糖厂	126503	197418	-35.92	15372	24456	-37.14	973	1319	-26.23
遮放糖厂	96098	177991	-46.01	11732	21866	-46.35	1004	1075	-6.60
梁河力量生物制品公司小计	302594	381360	-20.65	38818	48999	-20.78	2564	2840	-9.72
梁河糖厂	110848	133671	-17.07	14319	17791	-19.52	895	1004	-10.86
芒东糖厂	61893	81378	-23.94	7903	10438	-24.29	538	572	-5.94
勐养糖厂	129853	166311	-21.92	16596	20770	-20.10	1131	1264	-10.52
德宏英茂糖业公司小计	2340245	2482867	-5.74	318421	338295	-5.87	18583	19289	-3.66
瑞丽糖厂	330738	397074	-16.71	46630	55082	-15.34	2444	2952	-17.21
景坎糖厂	774983	848223	-8.63	107401	116635	-7.92	5355	6329	-15.39
弄璋糖厂	434030	491696	-11.73	58133	65794	-11.64	4358	3668	+18.81
平原糖厂	271002	274450	-1.26	37304	38202	-2.35	2215	2017	+9.82
盏西糖厂	111784	134873	-17.12	14068	17365	-18.99	—	1012	—
龙江糖厂	268648	336551	-20.18	35967	45217	-20.46	2388	3311	-27.88
轩岗糖厂	149060	207005	-27.99	18918	26312	-28.10	1823	1735	+5.07
陇川糖厂	370097	338103	+9.46	45632	43736	+4.34	2675	2335	+14.56

德宏州2009-2010年榨季主要经济指标完成情况

单位：万元

项目 单位	工业总产值（按90年不变价）			利润总额			税金合计		
	2009/10榨季	2008/09榨季	增减±%	2009/10榨季	2008/09榨季	增减+−	2009/10榨季	2008/09榨季	增减+−
全州合计	195981	140936	+28.09	44109	3054	+41055	18377	13245	+5132
德宏力量生物制品公司	11748	15209	-29.46	758	-1148	+1906	1177	1386	-209
梁河力量生物制品公司	16896	14870	+11.99	1801	607	+1194	1696	1389	+307
德宏英茂糖业公司	148713	99142	+33.33	39318	4022	+35296	13866	10653	+3213
陇川糖厂	18624	11715	+37.10	2232	-427	2659	1638	875	+763

注：（1）税金合计不含所得税；（2）2009年底奥环糖厂被德宏英茂糖业公司收购，更名为轩岗糖厂，相关经济指标由英茂公司汇总上报。

【林　业】 2010年，德宏州有林业用地1238.7万亩，占全州总面积的73.9%。按林地所有权划分：国有369.7万亩，集体626.2万亩，个人241.2万亩，其他1.6万亩。林业用地面积中：有林地1093.0万亩，其中国有林面积345.15万亩，集体林面积747.44万亩。活立木总蓄积量为6863.3万立方米，活立木年净生长量288万立方米。森林覆盖率67.07%。按两类林划分：商品林面积877.62万亩，公益林面积361.03万亩，其中国家重点公益林270.12万亩，地方公益林90.91万亩。森林覆盖率高于全国全省平均水平，全州森林覆盖率上期为61.19%，本次调查为67.07%，森林覆盖率较上期提高5.88个百分点，实现林业用地面积和活立木蓄积双增长。全州林业用地面积增加89.8万亩，净增7.81%；有林地面积增加183.1万亩，净增20.1%；活立木蓄积量增加1341万立方米，净增24.3%。人工造林面积增幅迅猛，全州人工林面积158.7万亩，较上期35.178万亩增加123.6万亩，净增351.3%。全州林业用地单位面积蓄积量有较大提高，全州林业用地单位面积蓄积量为5.54立方米/亩，较上期调查全州林业用地单位面积蓄积量4.81立方米/亩提高了0.73立方米/亩。

德宏州属南亚热带季风气候，光照充足，雨量丰富，植被面积大，主要森林类型有热带或北热带季雨林、亚热带常绿阔叶林、温带山地苔藓林、温带高山针叶林等，是中国半常绿季雨林最有代表性的地区。德宏州境内最高海拔大娘山3404.6米，最低海拔那邦坝210米，海拔垂直高差3194.6米，具有多种多样的森林植被类型和动物类型，是一个天然物种基因库，有高等植物318科、1886属、6032种，其中原生植物有5414种，引种栽培植物618种。国家级、省级保护植物有红豆杉、秃杉、云南娑罗双、盈江龙脑香、桫椤、滇榄、鹿角蕨等159种。盈江龙脑香、云南娑罗双、羯布罗香、萼翅藤、鹿角蕨等近百种为德宏州特有植物。州境内有陆生野生动物719种，其中属国家和省级保护的野生动物有130种。

（赵俊峰）

（见“大事专题·林业”394页）

【对外经济贸易】 2010年，德宏州商务局通过认真贯彻落实国家和省的一系列外贸发展促进政策，积极为企业申报扶持项目和扶持资金，进一步加强国内外市场的开拓，不断壮大外贸经营队伍，努力规范对外贸易市场，全面取消对外贸进出口的地方性行政收费，加强对外贸经营管理人员的政策业务培训，积极开展边民互市试点工作，有效促进了口岸的繁荣，对外贸易实现了跨越式的发展。据海关统计：全年全州完成进出口总额113860万美元，其中对缅贸易104666万美元，占云南省对缅甸贸易17.59亿美元的59.48%，比上年增49.27%。其中：进口28790万美元，比上年增47.36%；出口85070万美元，增49.95%。按贸易方式划分：边境贸易完成98907万美元，比上年增46.3%，占全州贸易总额的86.86%，占全省边境贸易总额的56.99%，占云南省对缅甸边贸的69.65%，居全省第一位；一般贸易完成14725万美元，增74.18%；外资企业进出口229万美元，下降1.71%。按商务部门业务统计：全州进出口总额1128815.3万元人民币，比上年增33.77%，首次突破100亿大关，其中进口241400.61万元，增25.16%；出口887414.65万元，增36.33%。按贸易方式划分：一般贸易98711.32万元，比上年增34.46%，占全州进出口总值的8.74%；边境贸易988882.48万元，增37.65%，占全州进出口总值的87.6%，其中边境小额贸易858794.8万元，增40.21%，边民互市130087.68万元，增22.85%；对外经济技术合作29907.71万元，下降35.01%，占全州进出口总值的2.65%；外商投资企业进出口11313.75万元，增89.04%。

截至年末，全年全州具备进出口经营权的企业有829户，完成商品销售总额1038338.21万元，比上年增31.03%。累计缴纳各种税费26532.46万元，比上年下降9.47%，其中缴纳关税1386.27万元，增72.36%；海关代征增值税17154.06万元，增16.97%；进口商品增值税3298.48万元，下降22.41%；地税各项税收1537.49万元，增12.29%；出口商品口岸建设费3450.38万元，下降31.47%；各项管理费2304.09万元，下降33.95%。

（尚正宠）

（见“大事专题·对外经济贸易”325页）

【粮油购销】 2010年，德宏州粮食行政主管部门紧紧围绕保民生、保稳定的工作大局，以确保国家粮食安全为目标，以《粮食流通管理条例》和中发〔2010〕1号文件为工作依据，严格按照《粮食流通管理条例》，加强对粮食经营者的“指导、服务、监督、协调”力度，加强对经营者在粮油购、销、调、存等方面的监督管理，密切关注粮食流通市场变化情况，确保全年全州粮油市场有序流通、粮油价格平稳。同时，结合实际，不断充实地方粮油储备，加强和保障政策性粮油有效供给，完成年初预定的11项主要工作目标和任务。

一、确保国家粮食安全落在实处。在加强对全州粮油市场宏观调控力度、确保全州粮油价格基本稳定和有效供给、确保种粮农民增产增收、确保流通秩序井然、确保消费者放心和安全消费方面取得了实效。年内，州粮食局在认真调查、分析的基础上，及时向州人民政府提出调控方案，在组织收储、增加临时储备粮食、增加州级食用油储备方面如期按时落实到位。及时开仓放粮，针对年末粮油价格偏高的实际，在芒市、盈江分别设立晚籼大米定点销售点，以略低于市场价格的水平挂牌销售，为全州粮食市场有效供应、价格平稳提供了坚实前提保障。

二、确保国家粮食宏观调控有力。认真执行国家最低保护价收购政策，引导生产者、流通者、消费者及时收购、经营、消费粮食。对粮食流通市场变化密切关注，及时充实粮油储备规模，确保国家宏观调控有力、到位。全州动用县（市）级储备粮稻谷676吨。

三、确保种粮农民增收变为事实。年内，秋粮收购由于秋粮上市时，州内粮食交易价格高于国家规定的每千克1.94元，州县两级粮食行政主管部门积极指导粮食收购资格主体积极入市收购，既解决了全州种粮农民“卖粮难”的问题，同时解决各级政策性用粮的到位，体现了各级政府在保增长、保民生的承诺。

四、确保粮食行政首长负责制各项目标实现。粮食行政首长负责制考核工作取得好成效。粮食行政首长负责制改为由州统一考核后，考核所设定的6个大项、23个小项除利润指标因改革未实现全州盈利外，其余考核指标均超额完成。不论在粮食供需平衡、发展粮食产业化经营，还是在加强储备管理、加大国有粮食购销企业改革力度和效果等方面，都取得实质性的进展和效果。

五、确保粮食系统9项考核指标完成。围绕和加强对国有粮食购销企业的“指导、服务、监督、协调”力度，在9项系统目标除利润指标因深化粮食企业改革未完成到位外，其余的党风廉政建设、安全生产、购销总量等8项指标均实现或超额完成。

六、确保粮食流通市场平稳有序。州、县两级粮食行政主管部门在同级发改、物价、工商和税务等部门配合下，依照《粮食流通管理条例》、《粮食流通监督检查暂行办法》等法律法规，严格对粮食市场进行监督检查，确保了全年粮食流通市场平稳有序。

七、力争全州国有粮食购销企业实现盈利。全州国有粮食购销企业除梁河、畹町因改革出现亏损外，其余县、市均实现盈利。全州国有粮食购销企业抵扣盈利后，亏损总额达73.30万元，比上年减亏235.40万元。

八、加快国有粮食购销企业改革步伐。为进一步加快国企改革力度，州人民政府出台《关于加快和完善地方国有粮食购销企业改革工作的通知》，全州除芒市外，其余县市改革基本结束，为地方国有粮食购销企业做强做大、发挥主渠道作用创造条件。

九、科学规划好粮食产业发展“十二五”规划。面对西南桥头堡开发和“十一五”与“十二五”交接年，按州“十二五”规划领导小组的安排，在认真调研的基础上，科学规划“德宏州粮食产业‘十二五’发展规划”，并将“规划”及时与州“十二五”规划领导小组、省粮食局做好对接。

十、确保上级党委、政府及相关部门与州粮食局签订的责任书落实到位。全年在综治维稳、安全生产、食品安全、老干工作、禁毒防艾、新农村建设等均较好完成了工作目标和任务。

十一、完成上级党委、政府及上级业务主管部门临时安排和交办的工作任务。全年在做好行业工作的同时，认真完成政府工作报告征求意见修改、新农村建设、行政首长州集中考核、全国粮食清仓查库、农户科学储粮仓建设等工作任务。年内国家最低收购价中晚籼稻每千克1.94元，但由于受国际市场、干旱、国有粮食购销企业改革等因素影响，加之秋粮上市时全州稻谷交易市场“谷熟米涨价”，每千克稻谷（未达标）价格比上年平均上涨0.20元。据统计，全州国有粮食购销企业收购折合原粮4691万千克，比上年7024万千克减少2333万千克；销售折合原粮5999万千克，比上年6723万千克减少724万千克。全州非国有粮食购销企业收购折合原粮21870万千克，比上年14849万千克增加7021万千克；销售折合原粮21066万千克，比上年16324万千克增加4742万千克。年末，实现年初预定目标任务的主要原因是：一、客观上受国有粮食企业改革改制影响，全年经营量有所下降，企业实现盈利渠道不多，加之，全州粮食经营企业“小、弱、散”，抗风险能力较弱等因素制约。二、两级粮食行政主管部门在对企业的“指导、服务、监督、协调”方面还有待加强；全州粮食购销企业特别是国有粮食购销企业在应对市场、分析市场、抵御市场风险能力、对市场走势、发展分析和把握不到位。三、国企改革推进难度进一步加大，面临当地财力困难和余留问题集中。

（杨恩杰）

（见“大事专题·粮油购销”327 页）

【水　利】 2010 年，德宏州水利部门紧紧抓住国家实施新一轮西部大开发以及把云南建设成为中国面向西南开放桥头堡的机遇，围绕德宏州桥头堡黄金口岸建设，千方百计增加投入，努力提高水利管理服务水平，确保各项工作任务顺利推进，水利部门行业自身建设取得显著成效，水利投资再创历史新高，水资源配置工程、农村饮水工程、“五小水利”工程等取得新的突破。据统计，全年全州完成水利水电投资 19.1 亿元，其中水利投资 4.49 亿元（基本建设投资 3 亿元，农水投资 1.49 亿元），水电投资 14.61 亿元；新增有效灌溉面积 3.21 万亩，江河堤防护岸防洪治理工程新建堤防 2.051 公里、护岸 5.444 公里，加固堤防 0.928 公里，解决农村饮水不安全人口 5.69 万人，治理水土流失面积 42 平方公里，改造中低产田 0.51 万亩，完成干支渠防渗 61.649 公里，新增农村水电装机容量 40.8 万千瓦，征收水资源费 6050 万元，完成蓄水量 1.9 亿立方米。1 月中旬德宏开始发生旱情，并迅速蔓延，于 3 月下旬达到最大，至 5 月 20 日雨季开始后基本结束。据统计，全州小春和林经作物受旱总面积 156.44 千公顷，其中小春农作物（小麦、玉米、豆类、洋芋、油菜、蔬菜、西甜瓜、新植蔗等）受旱面积 45.186 千公顷（占小春作物播种面积 77.74 千公顷的 58.1%，其中轻旱 35.742 千公顷，重旱 8.6002 千公顷，干枯 0.843 千公顷），多年生经济作物（茶叶、宿根蔗、橡胶、咖啡等）受旱面积 76.614 千公顷（茶叶 14.55 千公顷，甘蔗 33.77 千公顷，橡胶 4.69 千公顷，咖啡 4.9 千公顷，其他 18.704 千公顷），林业（竹子、西南桦、油茶、核桃、坚果等）受旱面积 34.64 千公顷。因旱造成农村 8.2446 万人、2.3108 万头大牲畜饮水困难，涉及全州五县市 43 个乡镇、135 个村委会、278 个村民小组和 6 个乡镇政府驻地（潞西市五岔路乡、西山乡，陇川县清平乡、护国乡，梁河县勐养镇、囊宋乡）、14 所学校。全州因旱减产粮食 1.7006 万吨，造成直接经济总损失 45702 万元，其中小春作物损失 11750 万元，多年生经济作物损失 17290 万元，林业损失 16662 万元。干旱不仅对小春作物、大春生产和水力发电造成严重影响，还对多年生经济作物、林业生产和生态环境造成了重大影响，旱灾影响范围和影响程度是德宏州有史料记载以来最为严重，旱灾频率接近百年一遇。针对严峻的旱情形势，德宏州全力以赴投入到抗旱救灾工作中，及时启动抗旱重大级（II 级）应急响应，积极采取行之有效的抗旱救灾工作措施，最大限度的减轻旱灾损失。据统计，全州累计投入抗旱人数 80.031 万人次，机动抗旱设备 4.9502 万台次，机动运水车辆 1.4126 万辆次，投入抗旱资金 3507.5 万元，其中中央 1340 万元，省级 960 万元，州县级 199.5 万元，群众自筹 1008 万元，抗旱用电 5.5 万度，抗旱用油 433.3 吨，累计抗旱浇灌面积 32.0501 千公顷次。取得抗旱效益：粮食产量 1.0561 万吨，经济作物价值 2396 万元。

切实抓好防汛抗洪抢险救灾工作。全州水利防汛部门为做好防汛工作，及时安排部署，扎实做好汛前准备工作，大力开展防汛基础设施建设，层层明确防汛抗旱责任制，健全预案体系，严格审批程序，健全防汛抢险队伍，增加物资储备，全面开展防汛安全大检查，认真督促整改。德宏州 5 月 20 日进入雨季,除潞西偏旱外，其他县市正常，汛期无大范围强降雨过程，以局部性暴雨和连阴雨为主，江河水势总体平稳，局部性洪涝灾害重。据统计，全州有 6 个县市（区）37 个乡镇受灾，受灾人口 5.3586 万人；城市进水 2 座，倒塌房屋 16 间；农作物受灾 2.364 千公顷、成灾 2.1949 千公顷、绝收 0.4597 千公顷，其中粮食作物受灾 1.6166 千公顷、成灾 1.5148 千公顷、绝收 0.1774 千公顷，因灾减收粮食 4491 吨，经济作物损失 563.01 万元；死亡大牲畜 1 头，水产养殖损失 0.0012 千公顷 7 吨；损坏堤防 15 处长 0.428 千米，堤防决口 2 处长 0.05 千米，损坏护岸 17 处，损坏水闸 2 座，损坏灌溉设施 265 处，损坏水文测站 1 个；乡村公路一度中断 12 条次。造成直接经济损失 3503 万元，其中瑞丽市、潞西市、梁河县直接经济损失较大，分别为 1184 万元、698 万元、542 万元。全州下派防汛抗洪救灾工作组 11 个，各级各部门紧急动员、团结协作，广大军民顽强拼搏、奋力抢险，最大限度减少了人员伤亡和财产损失，取得了防汛抗洪抢险救灾工作的胜利。据统计，全年全州累计投入防汛抗洪抢险救灾人员 25049 人次，投入运输设备 543 班次、机械设备 374 台班，投入抗洪抢险资金 108.39 万元；投入抢险救灾物资：编织袋 8.0572 万条，砂石料 2976 立方米，木材 2652 立方米，钢材 12.8 吨，抗灾用油 31.92 吨，总物资消耗折算资金 146.02 万元；减淹耕 1.634 千公顷，避免粮食减收 4196 吨，减少受灾人口 3900 人，避让山洪灾害等紧急转移 155 人次，避免县级以上城区受淹 3 座，减灾经济效益 1766 万元。

以麻栗坝、芒林、回龙河水库为重点的水源工程取得新突破。年内，陇川麻栗坝大（二）型水库工程完成投资 5482 万元，水库枢纽工程已完工，灌溉干渠工程正在紧张施工；盈江县回龙河中型水库工程完成投资 5500 万元；瑞丽市芒林中型水库工程完成投资 5520 万元；畹町红石河小（一）型水库工程完成投资 161 万元；芒市清塘河中型水库工程建设于 12 月 26 日开始启动。病险水库除险加固工程快速推进，芒市大草坝水库除险加固工程投资 1132 万元，工程于 2010 年 3 月 17 日开工建设，至年底全部完工。

（早兴生）

（见“大事专题·水利”402 页）

【电　力】 2010 年，德宏供电有限公司安全生产形势平稳，基础管理达标工作有序开展，员工各类培训卓有成效，基础管理得到提升。全年完成售电量 28.18 亿千瓦时，比上年增长 22.33%，电网建设方面完成 3 个 110 千伏输变电项目，增加变电容量 13 万千伏安，投产输电线路 26.523 千米。公司内部机构有办公室、计划发展部、财务部、电力营销部、工程建设部、安全生产技术部、党群工作部、调度中心、职教中心 9 个职能管理部门，下辖潞西、梁河、盈江、陇川、瑞丽、畹町 6 个县市级分公司和德宏上源电力进出口有限责任公司、德宏金诚电能计量装置检测技术有限责任公司 2 个全资子公司，有 48 个供电所和 55 个变电站。公司依法设立党委、工会、团委、女工委等党群组织；有员工 2252 人，其中在岗员工 1540 人，待聘 45 人，退休、内退 672 人；拥有资产总额 9.45 亿元，其中固定资产 6.4 亿元。

云南电网公司德宏供电局坚持“对云南电网负责，为德宏经济发展服务”为宗旨，立足德宏、服务德宏，在“十一五”期间，抓住机遇，努力拼搏，克服重重困难，全面完成了“十一五”的目标任务。电网公司德宏供电局所辖变电站 7 座，其中 500 千伏变电站 1 座，220 千伏变电站 4 座，110 千伏变电站 2 座；110 千伏及以上变电总容量达到 301.3 万千伏安，110 千伏及以上线路总长达到 1007.41 千米。局资产总额达 14.25 亿元。德宏供电局设 10 个部门，有员工 176 人，平均年龄 29 岁。

（闫自卫）

（见“大事专题·电力”345 页）

德宏供电有限公司经济技术指标

指标名称	单位	2010 年	2009 年	同期相比（%）	备注
供电量	万千瓦时	296524	242613	22	
售电量	万千瓦时	281804	230368	22	
售电收入	万元	111776	67838	65	
售电平均电价	元 / 千千瓦时	390	340	18	
最高日供电量	万千瓦时	1199	1052	14	
最高日负荷	万千瓦	57.8	48.925	18	
线损率	%	4.96	5.05	0.09	百分点
主设备完好率	%	100	100	持平	百分点
综合电压合格率	%	99.72	99.61	0.11	百分点
供电可靠率	%	99.705	99.68	0.025	百分点

指标名称	单位	2010 年	2009 年	同期相比（%）	备注
负荷率	%	87	85	2	百分点
电费回收率	%	99.23	99.54	0.31	百分点
企业总资产	万元	94510	94494	0.02	
固定资产原值	万元	88505	80363	10	
固定资产净值	万元	63971	61408	4.2	
销售收入	亿元	9.76	6.78	44	
实现利税	万元	22693	7100	219	
全员劳动生产率	万元 / 人·年	60.24	30.81	96	

云南电网德宏供电局经济技术指标

指标名称	单位	2010 年完成	2009 年完成	同期相比（%）	备注
上省网电量	亿千瓦时	89.52	63.89	40.12	
售电量	亿千瓦时	10.07	6.95	44.89	
售电收入	万元	23027.92	15277.85	50.73	含税不含基金
售电平均电价	元 / 千千瓦时	228.59	219.82	3.99	含税不含基金
供电总成本	万元	57004.42	41093.35	38.72	
供电单位成本	元 / 千千瓦时	532.75	591.27	-9.90	
最高日供电量	万千瓦时	4691.18	3446.19	36.13	上省网
最高日负荷	万千瓦	201.48	48.11	318.79	上省网
线损率	%	2.36	2.38	-0.84	百分点
综合电压合格率	%	99.98	99.97	0.01	百分点
供电可靠率	%	——	——	——	无直供用户
电费回收率	%	100	100	持平	百分点
负荷率	%	75.38	73.57	2.46	百分点
企业总资产	万元	142508.10	146061.84	-2.43	
固定资产原值	万元	181312.01	162801.24	11.37	
固定资产净值	万元	149555.17	142143.08	5.21	
销售收入	万元	19681.98	13057.99	50.73	主营业收入净额
上缴税金	万元	731.27	1104.20	-33.77	
全员劳动生产率	万元 / 人·年	——	——	——	

【安全生产】 2010 年，德宏州安全生产工作认真贯彻落实“安全第一、预防为主、综合治理”的方针，紧紧围绕“查隐患、重整治、强基础、快发展、控事故、减损失、保安全、促和谐”的工作目标，认真落实安全生产责任制，深入开展“安全生产年”活动，根据《云南省人民政府办公厅关于继续深入开展安全生产年活动实施意见》和《德宏州人民政府办公室关于继续深入开展安全生产年活动实施意见的通知》精神，认真抓好工作落实，抓好“安全生产年”活动各项工作，全州安全生产状况持续稳定好转。一是召开各种会议贯彻落实。元月 18 日，州政府组织各县政府和州安委会全体成员单位，收听收看全国、全省安全生产电视电话会议，副州长马闻要求各县市政

府、州直各有关部门，要严格按照国务院和省政府的要求，认真总结上年安全生产工作，查找监管工作中的不足和薄弱环节，围绕“三项行动”和“三项建设”，继续深入开展“安全生产年”活动。元月21日、3月29日，分别召集州安监局、州公安消防支队、州公安交警支队等部门领导，认真分析全州安全生产面临的形势，要求各部门要继续强化安全生产监管，认真履行工作职责，深入扎实开展工作，把各项工作落实到位，坚决预防控制重特大事故发生。按照州政府领导的工作要求，3月31日、4月16日、5月7日、7月22日州安监局召开县市安监局长和安委会成员单位会议，对继续开展安全生产年活动提出要求。二是认真组织开展安全生产督促检查，有效预防和控制各类安全事故发生。1月22至24日、2月20至24日州安监局抽调专业人员组成检查组，分别对芒市、盈江、陇川等县市的水电站、公路、隧道等重点在建项目进行施工安全检查。4月6至9日，州政府分别抽调州安监、公安、消防、农业、政府督察室等部门领导组成2个督查组，分别由州长助理刀承贤、州安监局局长赵兴倬任组长，对一季度各县市政府及部份乡镇、企业安全生产情况进行督导检查，并要求各县市政府及企业要严格按照省州安全生产工作的部署和要求，深入贯彻落实“安全生产年”的各项工作，把各项工作落到实处。召集州安监局、州公安交警支队、州消防支队、州农业局等部门领导进行专题研究，并转发《云南省安全生产委员会转发国务院安委会关于立即开展全国安全生产大检查文件的通知》。4月16日州安委会召开全体安委会成员单位会议，传达省安委会关于立即开展安全大检查文件精神，全面深入开展安全生产大检查，并强调把各类矿山、道路交通、公众聚集所、在建水电站、危险化学品、水库等重点行业和领域列为检查的重点。5月10至15日，州政府组织5个安全生产大检查督查组，深入各县市进行督查，在听取各县市政府和部分乡镇、企业自查情况的基础上，对开展安全生产大检查工作进一步提出要求。州安监局针对全州非煤矿山、尾矿库安全隐患突出的实际，5月11日召开全州安监系统安全生产大检查推进会，会后组织检查组，深入各县市对煤矿、非煤矿山、尾矿库及施工隧道进行安全检查。三是认真组织开展安全生产“三项行动”和“三项建设”。全年全州开展安全生产执法行动1773次，查处无证或证照不全从事建设、生产、经营活动的680起，关闭取缔后又擅自建设、生产、经营的6起，私挖滥采、越界开采2起，重大隐患隐瞒不报或不按规定予以整改的29起，不按规定培训和持证上岗的513起，其它非法生产经营的528起。开展煤矿、非煤矿山等工矿企业隐患排查治理827户，排查出一般隐患1603项，现已整改1432项，整改率达89%；排查出重大隐患20项，现已整改15项，整改率达75%，已列入整改计划的重大隐患5项，累计落实隐患治理资金344万元。排查交通运输、建筑、电力、学校、商场市场等重点行业领域企业单位3966家，排查出一般事故隐患5096项，现已整改4715项，整改率达92%，排查出重大隐患23项，现已整改17项，整改率达66%，已列入整改计划的重大隐患6项。累计落实重大隐患治理资金148万元。

（王继华）

（见“大事专题·安全生产”348页）

【审　计】　2010年，德宏州审计机关以《云南省政府关于加强基层审计工作的意见》为指导，深入贯彻落实云南审计发展工程现场推进会精神，认真学习省审计厅尹建业厅长《强力推进云审工程建设，更好服务云南经济发展》的重要讲话，努力从加强认识、突出重点、完善制度、建设队伍、改善环境、营造氛围六大方面促进审计机关的发展。一是创新思路，深化财政审计，出台制度，加强培训，成立投资中心，购置造价软件强化投资审计，压数量、保质量稳步推进经济责任审计，扩大任中审计，不断完善评价体系，积极探索绩效审计，努力完成云审工程要求的“四大目标”。二是着力扩大审计公告项目范围，丰富公告传播媒介，努力加强“金审工程”系统软件应用，修订《州审计局报考职称奖励办法》，提高奖励标准，鼓励、督促审计人员参加职称考试提升素质，提高绩效审计项目数量，力争按期达到云审工程提出的“四项指标”。三是严格管理使用云审工程下拨经费，积极争取地方党委政府支持和配套资金，着力改善办公用房和业务用车等基础设施。年内，按照“依法审计、服务大局、围绕中心、突出重点、求真务实”的审计工作方针，全面依法履行审计监督职责，努力创造德宏审计工作科学发展的新业绩，为促进全州经济社会又好又快发展作贡献。全州两级审计机关完成审计项目226项，审计调查项目26项。通过对252个单位的审计，查出违规资金31090万元，管理不规范资金386237万元。查出的主要问题是：财政预算编报不真实18028万元，未按规定缴纳财政收入3308万元，财政收入核算不实6358万元，配套资金不落实1275万元，虚列成本4078万元，应缴未缴预算收入480万元，工程核算不实255万元，账外资产43万元，未落实收支两条线29万元，违规改变资金用途142万元；责令限期上缴财政1792万元，应减少财政拨款或补贴21万元，归还原渠道资金252万元，调账处理6723万元。

（侯天辉）

（见“大事专题·审计”311页）

【旅　游】　2010年，德宏州旅游部门认真落实州政府20项重点工程“关于旅游业发展”的要求，精诚团结，锐意进取，旅游业取得了长足发展，呈现良好的发展态势。全州接待旅游总人数470.12万人次，比上年同期增长13.75%，其中接待海外旅游者人数9.49万人次，增长15.45%；接待国内旅游者人数460.63万人次，增长13.71%。旅游业总收入达46.2亿元，比上年同期增长19.93%，其中旅游外汇收入2712.47万美元，增长16.06%；国内旅游收入39.68亿元，增长22.38%；入境一日游创汇收入6884.93万美元，增长40.35%。旅游业实现较快发展的主要原因是：边境商贸活动活跃，缅甸对中国的依赖越来越明显，口岸商务出入境人数继续增长；旅游项目建设有序推进，投资拉动效果明显；“桥头堡黄金口岸”建设备受关注，前来考察调研的人员空前增多；“内引、外联，走出去、引进来，点对点的宣传模式”有效拉动重庆、四川、贵州、广西等客源地游客较快增长；德宏旅游集团的整合效应明显；中国·德宏（国际）目瑙纵歌节等节庆活动的宣传和轰动效应巨大。年内，在成功创建6个旅游特色项目村建设的基础上，上报畹町回环村、芒市芒杏村、瑞丽姐相村3个村为云南省第三批特色村，同州农业局共同上报后谷咖啡、澳洲坚果等农业旅游示范点。

（崔继华）

（见“大事专题·旅游”351页）

【财　政】　2010年，德宏州财政系统认真贯彻落实全国和全省财税工作会议精神，紧紧围绕把德宏建设成为中国面向西南开放桥头堡的黄金口岸的目标，按照“保增长、抓管理、重民生、促发展”的思路，紧紧围绕财政主体工作，按照州委提出的目标任务以及十三届人大三次会议批准的预算，坚持好中求快、稳中求进，按照实施稳健的财政政策要求，着力推进经济结构调整和发展方式转变；坚持依法理财、科学理财、民主理财，深化财税改革，着力完善公共财政体系；继续优化财政支出结构，更加突出“三农”和改善民生，着力促进经济发展和社会和谐；加强财政科学化、精细化管理，着力提高财政资金使用效益；积极培植财源，打牢财政增收基础，狠抓财政增收，加强财政监管，努力增收节支，财政工作取得新的成绩。全年全州财政总收入首次突破20亿元大关，达到217292万元，比上年同期增长26.11%，增加44984万元，为年初预算194036万元的111.99%。其中：地方一般预算收入完成132390万元，较上年同期增长34.62%，增加34045万元，为年初预算111147万元的119.11%；税收收入完成93348万元，增长35.37%，非税收入完成39042万元，增长32.86%；基金预算收入完成9531万元，增长102.44%，增加4823万元。全州地方一般预算支出首次突破50亿元大关，达到581117万元，比上年同期增长18.9%，增支92420万元，为年初预算数351225万元的165%。基金预算支出完成39149万元，比上年同期增长65.16%，增支15444万元，有力地促进了全州经济社会持续、快速、协调、健康发展。

一、全州财政收支预算执行情况。全年全州财政收支实现“三个重大突破”，为“十一五”财政工作画上圆满的句号。“一是全州财政总收入突破20亿元大关；二是全州地方财政一般预算收入突破10亿元大关；三是全州地方财政一般预算支出突破50亿元大关”。具体为：全州财政总收入完成217292万元，比上年决算数172310万元增长26.1%，增收44982万元；全州地方财政一般预算收入完成132390万元，比上年决算数98345万元增长34.6%，增收34045万元。其中：税收收入完成93348万元，比上年决算数68959万元增长35.4%，增收24389万元；非税收入完成39042万元，比上年决算数29386万元增长32.9%，增收9656万元。全州地方财政一般预算支出完成581117万元，比上年决算数488697万元增支92420万元，增长18.9%。其中：一般公共服务支出完成70845万元，比上年增长7.16%；公共安全支出完成49825万元，增长17.42%；教育支出完成88728万元，增长18.69%；科学技术支出2346万元，增长26.26%；文化体育与传媒支出8794万元，下降25.80%；社会保障支出83188万元，下降2.42%；医疗卫生支出54787万元，增长27.20%；环境保护支出完成11399万元，下降13.20%；农林水事务支出109677万元，增长79.29%。

全州地方财政一般预算收支平衡情况是：地方财政一般预算收入132390万元，上级补助收入430583万元，上年结余23973万元，调入资金12470万元，收入总计599416万元；地方财政一般预算支出581117万元，上解省级支出6402万元，增设预算周转金200万元。收支相抵，年终结余11697万元，其中结转下年11077万元，净结余620万元。全州地方基金预算收入完成9531万元，比上年决算数增收4823万元，增长102.4%；地方基金预算支出完成39149万元，比上年决算数增加15444万元，增长65.2%。全州地方基金预算平衡情况是：地方基金预算收入9531万元，上年结余收入4633万元，上级补助收入33606万元，收入总计47770万元；基金支出39149万元，收支相抵，基金结余8621万元。由于大部分政府性基金实行当年收取，次年清算使用的管理办法，故形成一定规模的结余。

二、州本级财政收支预算执行情况。全年州本级财政一般预算收入完成17527万元，比州十三届人大三次会议批准预算数20011万元减少2484万元，下降12.4%；比州十三届人大常委会第二十次会议批准调整预算数13821万元增加3706万元，增长26.8%；比上年决算数16355万元增加1172万元，增长7.2%。一般预算支出完成91596万元，比州十三届人大三次会议批准预算数72862万元增加18734万元，增长25.7%；比州十三届人大常委会第二十次会议批准调整预算数84707万元增加6889万元，增长8.1%；比上年决算数97292万元减少5696万元，下降5.9%。

州本级财政一般预算收支平衡情况是：一般预算收入17527万元，上级补助收入430583万元，上年结余收入15488万元，调入资金6133万元，下级上解收入32331万元，收入总计502062万元；一般预算支出91596万元，上解省级支出6402万元，补助下级支出397052万元。收支相抵，年终滚存结余7012万元，其中结转下年支出7003万元，净结余9万元。州本级基金预算收入完成5265万元，比年初预算1699万元增加3566万元，增长210%，比上年决算数2103万元增加3162万元，增长150.4%；基金支出完成5230万元，比年初预算6451万元减少1221万元，下降18.9%，比上年决算数5503万元，减少273万元，下降5%。州本级基金预算平衡情况是：基金预算收入5265万元，上年结余收入2011万元，上级补助收入33606万元，收入总计40882万元；基金支出5230万元，补助下级支出30420万元。收支相抵，州本级基金结余5232万元。

（罗洪启）

（见“大事专题·财政”406页）

2010年度德宏傣族景颇族自治州本级一般预算收支决算总表（表一）

单位：万元

预算科目	调整预算数	决算数	预算科目	调整预算数	决算数
一、税收收入	3968	3968	一、一般公共服务	21246	18097
增值税			二、外交		
营业税	2711	2711	三、国防	576	576
企业所得税	19	19	四、公共安全	15599	12860
企业所得税退税			五、教育	13485	12822
个人所得税	410	410	六、科学技术	1073	738
资源税	17	17	七、文化体育与传媒	4754	4654
固定资产投资方向调节税			八、社会保障和就业	12786	11927
城市维护建设税	103	103	九、医疗卫生	11404	10617
房产税	139	139	十、环境保护	1760	1032
印花税	50	50	十一、城乡社区事务	577	577

预算科目	调整预算数	决算数	预算科目	调整预算数	决算数
城镇土地使用税	118	118	十二、农林水事务	11744	9751
土地增值税	39	39	十三、交通运输	1117	1117
车船税			十四、资源勘探电力信息等事务	999	820
耕地占用税			十五、商业服务业等事务	4118	3588
契税	362	362	十六、金融监管等事务支出	210	206
烟叶税			十七、地震灾后恢复重建支出		
其他税收收入			十八、国土资源气象等事务	697	697
二、非税收入	13559	13559	十九、住房保障支出	1208	1143
专项收入	2849	2849	二十、粮油物资储备管理事务	305	305
行政事业性收费收入	6692	6692	二十一、预备费		
罚没收入	2290	2290	二十二、国债还本付息支出		
国有资本经营收入			二十三、其他支出	149	69
国有资源（资产）有偿使用收入	1094	1094			
其他收入	634	634			

2010年度德宏傣族景颇族自治州本级一般预算收支决算总表（表二）

单位：万元

预算科目	决算数	预算科目	决算数
本年收入合计	17527	本年支出合计	91596
上级补助收入	36560	上解上级支出	-25988
返还性收入	1175	一般性转移支付	2270
增值税和消费税税收返还收入	850	体制上解支出	
所得税基数返还收入	325	出口退税专项上解支出	2270
成品油价格和税费改革税收返还收入		成品油价格和税费改革专项上解支出	
其他税收返还收入		专项转移支付	-28258
一般性转移支付收入	40954	专项上解支出	-28258
体制补助收入	7161	计划单列市上解省支出	
均衡性转移支付补助收入	3823		
民族地区转移支付补助收入	8359		
调整工资转移支付补助收入	8517		
农村税费改革补助收入	31		
县级基本财力保障机制奖补资金收入	244		
结算补助收入	3031		
化解债务补助收入			
资源枯竭型城市转移支付补助收入			
企业事业单位划转补助收入	1018		
成品油价格和税费改革转移支付补助收入			
工商部门停征两费转移支付收入			

预算科目	决算数	预算科目	决算数
一般公共服务转移支付收入	53		
公共安全转移支付收入	3418		
教育转移支付收入	1936		
社会保障和就业转移支付收入	633		
医疗卫生转移支付收入	75		
农林水转移支付收入			
其他一般性转移支付收入	2655		
专项转移支付收入	-5569		
地震灾后恢复重建补助收入			
省补助计划单列市收入			
财政部代理发行地方政府债券收入		财政部代理发行地方政府债券还本	
转贷财政部代理发行地方政府债券收入	2000	转贷财政部代理发行地方政府债券支出	
		增设预算周转金	
国债转贷收入		拨付国债转贷资金数	
国债转贷资金上年结余		国债转贷资金结余	
国债转贷转补助			
上年结余	15488		
调入预算稳定调节基金		安排预算稳定调节基金	
调入资金	6244	调出资金	
1.政府性基金调入		年终结余	12211
2.国有资本经营预算调入		其中：本级	12211
3.预算外调入	4187	减：结转下年的支出	8552
4.其他调入	2057	其中：本级	8552
地震灾后恢复重建调入资金		净结余	3659
预算稳定调节基金调入		其中：本级	3659
预算外资金调入			

【国　税】 德宏州国税系统全年组织国税收入9.85亿元，为年计划的121.5%，比上年增收2.39亿元，增长32.1%。其中：“三税”收入为8.74亿元，为年计划的118.9%，比上年增收1.99亿元，增长29.5%（其中：增值税7.52亿元，为计划的115%，增收1.48亿元，增24.5%；消费税3734万元，为计划的128.8%，增收1675万元，增81.4%；企业所得税8497万元，为计划的163.4%，增收3423万元，增67.5%）。储蓄存款利息所得个人所得税收入129万元，为年计划的64.5%，比上年下降74.4%，减收374万元。车辆购置税收入1.1亿元，为年计划的148.4%，比上年增收4391万元，增长66.6%。年内税收收入的总体特点是：德宏州国民经济继续呈健康、持续、快速的发展态势，主要是得益于全州经济结构日益优化，重点产业建设实现新的突破。特别是调整后的工业结构实现了快速增长，改变以往单一的制糖和商业两个核心，逐渐形成以水能电冶业为基础，制糖业为支柱，具有一定规模的建材、医药、木材加工、橡胶、造纸、茶叶、食品、珠宝以及生物特色等产业组成的工业体系。全年全州重点工业行业实现税收5.56亿元，比上年同期增加1.12亿元，增长25.3%，占全州增值税收入的74%。

（郑碧锋）

（见“大事专题·国税”421页）

【人　行】 2010年，人民银行德宏州中心支行认真贯彻执行中央经济工作会议和总、分行、昆明中支工作会议精神，克服国内外复杂多变的经济金融形势和地震、干旱等自然灾害的影响，认清形势，抢抓机遇，开拓创新，主动作为，依法执行国家货币政策，防范和化解系统性金融风险，认真履行央行服务职能，有效巩固和扩大促进经济发展的成果。年内，货币政策作用显著，信贷投放不断加大，防范系统性金融风险能力进一步提高，创新金融服务工作持续发展，金融体制改革不断深化，跨境人民币结算取得重大突破，外汇支持经济作用明显增强，农村金融环境不断改善，全面完成了确定的各项工作目标任务，确保了辖区金融稳健运行，有力支持了德宏州经济社会的平稳较快发展。全年全州金融机构人民币各项存款达2904898.14万元，比年初增加803076.93万元，增长38.21%，其中企业定活期存款413875.76万元，财政存款55258.48万元，机关团体存款311390.63万元，储蓄存款1831990.73万元，农业存款158936.26万元，委托存款1913.00万元，其他存款131533.30万元。全州金融机构人民币各项贷款达1622509.95万元，比年初增加306696.37万元，增长23.31%。其中：短期贷款413020.79万元，中长期贷款1209359.16万元，票据融资130.00万元。全年投放人民币现金49.68亿元，回笼人民币现金31.18亿元，净投放人民币现金18.5亿元，满足了全州经济社会生产生活需要。年末，全州涉农贷款达119.26亿元，比上年净增34.42亿元，超额35%完成目标任务；中小企业贷款达65.03亿元，净增4.12亿元，超额12%完成州委州政府涉农贷款、中小企业贷款增长的目标任务。

（熊　凯）

（见“大事专题·人行”426页）

2010年德宏州金融机构人民币存款情况

单位：万元

来源项目名称 \ 栏目	本月余额	比上月增减数		比年初增减数	
		今年	去年	今年	去年
一．各项存款	2904898	70788	56351	803077	483524
1.企业定活期存款	413876	–57357	–22434	92533	86394
（1）活期存款	344955	–28043	–20498	76535	82318
（2）定期存款	68920	–29313	–1936	15999	4077
2.财政存款	55258	4851	17395	–6840	6435
3.机关团体存款	311391	9788	30972	88789	36561
4.储蓄存款	1831991	79204	–2316	459443	310826
（1）活期储蓄	1131441	86252	5016	352265	203187
（2）定期储蓄	700550	–7048	–7331	107178	107639
5.农业存款	158936	31803	28510	58555	32340
6.信托存款					
7.委托存款	1913	–974	281	1475	362
8.其他存款	131533	3472	3942	109122	10606
二．金融债券					
三．应付及暂收款	30517	1515	162	7582	–4730
其中：应付及预提利息	18812	296	239	4339	532
四．同业往来（来源方）	3219	0	3	157	8061
其中：境外同业往来	3219	0		157	
五．行内资金往来（来源方）					
六．各项准备	39397	–233	4030	3095	8611
其中：贷款损失准备金	38205	–217	4030	2946	8687
七．所有者权益	61656	7122	–761	17357	–4044
其中：实收资本	16363	407	261	2583	888
八．其他	–242857	–135557	–96180	13300	–72835
资金来源总计	2796831	–56365	–36395	844568	418586

2010年德宏州金融机构人民币贷款情况

单位：万元

栏目 运用项目名称	本月余额	比上月增减数		比年初增减数	
		今年	去年	今年	去年
一．各项贷款	1622510	55357	16682	306696	293621
(一) 境内贷款	1622510	55357	16682	306696	293621
1.短期贷款	413021	35305	15570	82451	129874
(1) 个人贷款及透支	212903	10506	2493	80776	61861
其中：个人消费贷款	12544	615	1141	-3473	12589
(2) 单位普通贷款及透支	189075	20752	13078	-4368	68013
其中：经营性贷款	188688	20752		-2305	
固定资产贷款	387			-2063	
(3) 普通并购贷款					
(4) 银团贷款					
(5) 贸易融资	11043	4048		6043	
2.中长期贷款	1209359	19922	1112	224145	163717
(1) 个人贷款	439964	6815	7442	98992	41289
其中：个人消费贷款	170919	1644	2541	41641	24208
(2) 单位普通贷款	769395	13107	-6331	125153	122428
其中：经营贷款	112504	-3494		13209	
固定资产贷款	656890	16601		111944	
(3) 普通并购贷款					
(4) 银团贷款					
(5) 贸易融资					
3.信托贷款					
4.融资租赁					
5.委托贷款					
6.票据融资	130	130		100	30
其中：贴现	130	130		100	30
7.各项垫款					
(二) 境外贷款					
二．有价证券及投资	-692	-191	-2	-2255	-512
三．应收及预付款	3364	-7565	-4534	-369	1379
其中：应收利息	2599	-5814	-4634	50	1214
四．同业往来（运用方）	36000	-28000		36000	
其中：境外同业往来					
五．行内资金往来	1078543	-75128	-51718	497693	117129
六．金银占款					
七．外汇占款	0	0	0	0	
八．固定资产	35231	1093	2680	3170	2539
九．库存现金	21874	-1931	497	3633	4430
十．投资性房地产					
资金运用总计	2796831	-56365	-36395	844568	418586

【交　通】　2010年是德宏州建国以来完成交通投资数额最大、公路建设变化最大的一年。年内主要经济指标是：全州计划完成交通固定资产投资21亿元，比上年增长118.3%。年内，州交通系统围绕以牢固树立“一个意识”、做好“两个规划”、加快“三大建设”、深化“四项改革”、抓好“五项工作”为目标，较好完成各项建设工作任务。全州完成交通固定资产投资24.7亿元，比上年增加15.1亿元，增长157.3%，其中完成农村公路建设投资3.61亿元，新改建农村公路1584公里。腾陇、潞梁二级公路建设快速推进，龙瑞高速公路建设动员会正在筹备。截至年末，潞西至梁河二级公路完成投资11.5亿元，占总投资的48.3%；腾冲至陇川二级公路完成投资14.43亿元，占总投资的61%。全州纳入统计公路通车里程为7080公里（国道128公里、省道660公里、农村公路6169公里、专用公路123公里），其中等级公路4944公里（高等级公路441公里），比2005年增加1263公里，增长25%。

（张立宪）

（见“大事专题·交通”353页）

【邮　电】　2010年，德宏州邮政局坚持规模效益并重发展，坚持转变发展方式和业务结构调整，全面推进三大板块业务协调快速发展。全州邮政企业实现业务收入3845万元，比上年增8.74%；核心业务函件收入上新台阶，实现收入256.62万元，增7.34%；集邮业务持续增长，实现收入283.92万元，增13.01%；代理速递物流业务提升能力，攻坚克难再上新台阶，实现收入1481.02万元，增4.97%；代理金融余额规模再创历史新高，新增储蓄余额1.66亿元，余额达6.1亿元，新增余额增幅达37.58%，增幅在全省排名第四，代理金融业务实现收入1067.80万元，增30.44%，占邮政业务总收入的27.78%。全年全州有68个邮政局、所（不含银行一类网点），其中邮政支局18个，邮政所50处，自办邮政网点32个，代办网点36个；全州有邮路33条，邮路总长1930千米，农村投递路线4264.50千米。全州邮政建成电子化局所41个，投入邮运生产车辆35辆。年内全州有在职邮政员工285人，其他用工149人，离退休退养人员230人。在职职工中，有大学本科生40人，占总人数的14.03%；大专87人，占30.53%；中专、技校及职高47人，占16.50%；高中58人，占20.35%；初中及以下53人，占18.25%。有少数民族职工63人，占22.1%；女职工136人，占47.72%。

2010年是“十一五”规划的收官之年，也是中国电信德宏分公司实现全业务经营的第二年。电信德宏分公司认真贯彻落实集团、省公司各项战略部署，坚定不移地推进聚焦客户的信息化创新战略，把握全业务发展机遇，以跨越计划为主轴，有效益地推进品牌规模化发展和全业务快速发展。年内，德宏分公司综合评价得分83.90分，在全省排名第6名。全年全州经营收入比上年增长3.74%。整体收入完成率全省排名第12位，增长率排名第10位。在收入保持增长的情况下，非话收入占比连续几年快步提升，占比达到56.41%；移动和宽带2项重点业务稳步增长。

移动德宏分公司紧紧围绕“新客户、新话务、新业务”不断拓展市场空间，狠抓集团客户、高价值客户的维系，稳定存量市场，进一步完善渠道体系，强化渠道掌控，切实抓紧通信能力建设，巩固网络优势，认真抓好服务工作，提升客户满意度，强化精细管理，不断提高管理水平。全年在网客户78万户，运营收入突破4亿元，在网运行基站总数700余个，交换总容量105万门，光缆总长7000余皮长公里，全州所有城区、乡镇、主干道路、边境口岸、主要景区网络覆盖率达到100%，自然村覆盖率为98%。

中国联通德宏州分公司全年实现主营业务收入5308万元，完成年计划的89.9%。截至12月底，市场份额为7%左右，全年总收入与上年同期相比，实现10.8%的正增长突破；3G移动用户4566户，2G用户83327户，固定电话达1.38万户，宽带用户达1.62万户。

（蒋志刚　钟　珊　马振宇）

（见“大事专题·邮电”362页）

【国土建设】　2010年，德宏州为进一步提高依法行政水平，出台《德宏州国土资源行政处罚自由裁量权执行标准（试行）》，加强对行政权力的监督制约。年内，完成州政府确定的“2个20项”和“10件实事”，涉及国土资源工作的方方面面，其中由国土局负责牵头落实的9项（6.22万亩中低产田地改造、5.25万亩耕地占补平衡项目、1∶5000基础地形图测图项目、用地服务保障、土地市场专项整治行动、第二轮土地利用总体规划成果编制、第二次土地调查、实施“兴地睦边”工程、6.22万亩中低产田地改造）；完成由国土部门组织实施的6.22万亩5个中低产田地改造项目，总投资9724.05万元；顺利完成州和各县市第二轮矿产资源规划编制工作，并通过省厅预审，待省厅审查批准后由州政府发布实施。年内，向省厅争取建设资金152.48万元，确定7个所基础设施建设和6个所办公设备配置，改善25个所基础设施建设和办公设备。

德宏州住房和城乡建设局紧紧围绕州委、州人民政府建设美好家园的战略，进一步加大建设工作力度，加强规划编制力度，加大对房地产市场的监管力度，加强城市房屋拆迁监管力度，继续加大房地产市场管理，规范和调控房地产市场秩序，加强房地产开发企业资质管理和日常监管，深入开展工程建设领域突出问题专项治理工作，扎实抓好“阳光政府”四项制度实施，进一步指导城乡快速健康发展，认真开展《城市规划法》、《建筑法》、《房地产管理法》、《中华人民共和国招投标法》、《防震减灾法》、《城市供水管理条例》、《风景名胜管理条例》、《云南省绿化管理办法》等一系列法律法规的宣传工作，充分利用报刊、电视、广播、宣传栏、法律知识讲座、标语和举办各种培训班等多种形式，加大宣传力度，使建设法规进一步深入人心，从而保证了建设法规的顺利实施。年内，通过专项治理，政务公开、行政许可公示、办事程序公开和岗位职责公开等制度的实行，规范了招投标、规划、建管、房产等重大环节的行政行为。全年完成城乡建设领域固定资产投资38.43亿元，超出年初计划7.2亿元，比上年增长47.18%。年内，举办《德宏州建设工程规划验核管理》培训班，有50余人参加培训和学习；组织全州二级建造师的考试报名和考前培训工作，有59人参加考前培训；组织全州建筑企业人员进行中专学历培训，有97人参加培训；组织电工培训补考工作，有31人参加补考；举办德宏州建筑施工特种作业人员新取证及继续教育换证培训3个班，有388人次参加。

（安顺川　李　燕）

（见“大事专题·国土建设”446页）

【环　保】　2010年，德宏州环境保护局紧紧围绕“七彩云南德宏保护行动”和省政府主要污染物总量减排目标考核责任书，奋力拼搏，全力推进，顺利完成了各项工作任务。一是全面落实污染减排任务。云南英茂有限公司轩岗糖厂、龙江糖厂和力量生物梁河有限公司勐养糖厂完成“真空吸滤机及酒精废醪液生产PSB光合菌有机肥”减排工程，并通过竣工验收，投入运行；芒市陇遮水泥厂、成交水泥厂、三象通用水泥有限责任公司、盈江县剑雄水泥有限责任公司、畹町康达水泥厂在12月31日按期关停或关闭5条生产线；新建瑞丽市1.5万吨/日污水处理厂、陇川县0.5万吨/日污水处理厂建成，并投入试运行，芒市、盈江县、梁河县污水处理厂工程按计划开工建设。全年为企业争取污染减排专项资金590万元。二是“七彩云南德宏保护行动”工作进展顺利。环境法治行动：联合州发改委、州经济委等8部门，开展“整治违法排污企业环保专项行动”，对各级政府挂牌督办案件落实情况和城镇污水处理厂、垃圾填埋场、饮用水源保护区、重点流域集中整治工作，开展情况及污染减排违法问题查处，重金属污染物、环境风险源、尾矿库环境安全隐患排查，畜禽养殖业等进行检查，及时发现和纠正了存在的问题。全州出动环境执法人员500多人次，检查排污企业169家。经检查，全州集中式饮用水源地水质良好，污染企业污染治理设施运行正常。抓好建设项目环评审批工作，对符合国家产业政策的建设项目和国家扩大内需项目、“三农”项目、教育项目、州政府20项重大工程项目和20项重点工作等开设“绿色环评通道”，简化手续，优先审批办理；对事关德宏州经济社会发展的全局重大项目跟踪服务，特事特办；对于高耗能、高污染、资源型项目严格把关，在审批权限范围内优质高效依法办理。全年完成89个建设项目的环评审查及行政许可（含环评登记表），工程竣工验收11个，行政许可试生产项目12个，出具审查意见13份，参与省环保厅召开的环评审查8个，参与验收项目3个。环境治理行动：加强对主要出境河流的监测，每月1次对瑞丽江嘎中、芒市河风平、芒市河木康、芒究水库、勐板河水库、姐勒水库、勐卯水库7个国控、省控监测点位和勐板河水库、姐勒水库、勐卯水库做采样监测，出境水和饮用水质年平均符合国家规定的相关标准和要求。预计投资145.57万元的瑞丽江国家水质自动站已初步建成，国控、省控重点污染源自动监控室正在建设。城市环境综合整治工作得到加强，潞西市和瑞丽市分别排全省第4和第8名。与工商部门联合，认真开展全州70家污染源单位的“排污许可证”年检工作。完成全州污染源普查更新重点调查企业171个；完成全州饮用水源地更新调查、全州重金属企业调查工作。开展跨境水体调查、全州持久性污染物更新调查工作。加强环境信访工作，收到环境信访案件300件，已全部办结回复。组织开展环境污染隐患排查工作，排查相关企业和隐患源点21家（处），对新调整的15个国控企业及5个省级污染减排重点项目减排进度进行监督检查，对全州13家制糖业污染物排放实施全面监管，每个糖厂派驻监察专员，并安排1名科级领导对口管理，认真执行糖厂污染治理日报、周报、月报制度。建立健全污染源自动监控网络平台，安装在线监测20家，在线监控31家。加强对全州放射源和射线装置的监管，对全州23家放射性同位素和13个糖厂的54家射线装置企业，进行现场专项执法检查，查放射性同位素118枚和射线装置100套，安全收储6枚放射源。环境阳光行动：积极推进环境管理政务公开，按照“阳光政府”四项制度的要求，完善政务公开工作制度，将环保法律法规、政策、收费标准、办事程序、责任人和办理时限等内容，编制成《德宏州环境保护政务公开手册》，在环保网站、环保宣传栏上公布；对全州44家重点污染企业实行环境行为公开制度，接受公众对企业环境行为的监督。建立健全政府信息查询网络平台，提供环保10项行政审批项目的办理程序、办理时限、办事机构，提供15个环保主要业务问题查询，开通“96128”政府信息查询专线，方便群众，便民服务，接受社会的监督。生态保护行动：积极开展生态乡镇创建和生物多样性保护。潞西市遮放镇、瑞丽市勐卯镇、盈江县那邦镇3个乡镇被省政府命名为“云南省生态乡镇”；瑞丽植物园为“云南省生物多样性保护德宏教育基地和环境教育基地”，并举行揭牌仪式；编制《德宏州重点区域农村环境综合整治规划（2010—2020年）》；积极开展芒市风平镇等4个乡镇生态乡镇规划工作和《德宏州生态县市建设规划》。积极推进农村环境综合整治工作，组织实施盈江县太平镇莫扫村综合整治项目，投入经费160万元，对饮用水安全、生活垃圾收集、截污沟渠、公厕、道路硬化、村容村貌绿化美化和无害化等进行治理，改善了村庄环境状况。完成《德宏州瑞丽江、大盈江出境河流污染综合治理》规划编制工作，州人民政府已批准实施。绿色创建行动：与人民银行德宏州中心支行联合启动绿色信贷机制，每月向人民银行提供环保行政处罚、企业清洁生产、环评审批项目、竣工验收等情况，通过信贷来规范企业的环保行为；创建省级绿色学校13所、绿色社区8个、云南省环境教育基地3个。绿色传播行动：广泛开展绿色传播活动。参加“七彩云南生态文明建设大家谈”活动，征集和上报稿件22篇；对上年“环保杯”征文活动进行总结，并评出获奖文章22篇；与德宏团结报共同开展“环保杯”摄影大赛，已刊登作品38篇，在社会上产生非常好的影响。围绕“六·五”环境日开展丰富多彩的宣传活动，州政府柳五三副州长发表《凝聚社会共识·携手共建生态德宏》为主题的电视讲话；与州市团委和学校等部门，在芒市广场联合举办近3000人参加的以“低碳减排、绿色生活、快乐成长”为主题的红领巾跳蚤市场义卖活动，义卖所得捐赠给经济困难的农民子女；和德宏师专举办“我时尚，我环保，废弃物变宝”的环保服装设计大赛。各县市开展丰富多彩的环保宣传活动，全州悬挂环保宣传标语60条，展出展板80块，发送手机短信2802条，发环保布袋6200个，资料18000份，受理环保投诉等130件；编辑《环保动态》6期、870本。认真办理人大建议和政协提案，办理政协提案3件。三是队伍建设全面提升。认真开展党风廉政建设、“创先争优”、“学习型党组织”建设和“感恩思进”主题实践活动，积极推动效能政府建设和加强软环境建设工作，努力打造高效行政机关。通过各项活动的开展，全体干部职工进一步受到教育，学习得到加强，思想觉悟得到提高，工作热情得到激发，干部队伍思想更纯洁，步调更一致，服务更热情主动。

（郭　静）

（见“大事专题·环保”453页）

社会生活

【科　技】　2010年，德宏州科技局认真落实州委、州政府工作部署，扎实开展工作，较好地完成了全年工作任务。一、扎实抓好惩防体系和党风廉政建设。提出年度工作计划与业务工作同安排、同落实，与科室签订《德宏州科技局科协2010年度科室党风廉政建设责任书》，召开全州科技管理系统党风廉政工作会议，组织开展了一系列党风廉政文件学习，廉政工作得到扎实推进，为各项工作的开展打下坚实基础。二、认真抓好党建工作。1至10月先后组织开展“感恩思进”、优化经济社会发展软环境建设活动；5月，启动创先争优活动，组建领导机构，制定实施方案，机关

3个支部、25名党员认真按照实施方案组织开展活动。三、抓好“效能政府”四项制度的推进落实。3月，成立“效能政府”四项制度领导机构，制定《德宏州科技局行政机关效能政府四项制度实施方案》及《专题学习培训计划》，确定关键环节、重点科室和监督防范措施，制定和完善10项管理制度，推进机关规范化管理，提升机关工作效能。四、抓好建设创新型云南行动计划的落实。3月，与各县市政府分管科技工作的副县市长签订《建设创新型云南行动计划2010年度目标责任书》，明确目标、细化任务，并认真抓好落实。年内，4项目标任务均得到较好完成。五、组织开展“十二五”科技计划编制工作，提出“十二五”期间德宏科技工作的发展思路、目标和重点任务及科技发展的支撑条件、保障措施，完成了规划初稿。六、积极争取国家、省科技、科普计划项目支持，共争取到国家、省科技计划27项，争取项目经费1240万元。“十一五”期间，共争取到国家、省科技计划项目88项，争取经费支持4559.5万元，重点支持了德宏州传统产业、生物特色产业、新型工业的发展，加快了全州咖啡、柠檬、竹子、坚果、优质稻、德宏水牛、水电铝等产业的发展步伐。七、组织实施州科技计划、科普计划和扶持农业科技人员专项计划，下达州科技计划项目48项，下达科技经费60万元；下达扶持农业科技人员专项计划项目28项，下达专项经费50万元。“十一五”期间，共安排下达州级科技计划197项，下达科技经费280万元；下达扶持农业科技人员专项计划项目54项，下达专项经费100万元。上述项目重点支持了“德优”、“双多”优质稻新品种和“德超甜”、“德玉”杂交玉米新品种的德育推广，大面积推广了高糖优质甘蔗、脱毒马铃薯、冬早蔬菜和间套种栽培技术，加强了动物疫病防治及畜产品安全、农村实用技术推广，开展了禁毒防艾模式研究，支持了科技示范基地建设。八、组织完成2010年度州科学技术奖和第二届“突出贡献奖”评审工作，评选出2010年度德宏州科学技术奖励项目34项。其中：一等奖3项，二等奖7项，三等奖24项；评选出第二届“突出贡献奖”获奖人员9名，其中特等奖空缺，一等奖2名，二等奖7名。“十一五”期间，共评选出德宏州科学技术奖励项目177项，其中特等奖1项，一等奖12项，二等奖33项，三等奖131项；全州共有7个项目荣获云南省科学技术奖三等奖；组织完成了第一届、第二届“突出贡献奖”的评审工作，共评选出特等奖4名、一等奖5名、二等奖13名。董保柱等4人荣获“突出贡献奖”特等奖，每人奖金15万元；段松等5人荣获“突出贡献奖”一等奖，每人奖金8万元；王绍山等13人荣获“突出贡献奖”二等奖，每人奖金5万元。九、德宏州首家院士工作站挂牌成立。9月11日下午，由中国科学院院士周俊领衔的德宏州首家院士工作站在德宏后谷咖啡有限公司挂牌成立。院士工作站的成立，将为本州咖啡产业发展提供强大的技术支撑。十、启动云南农业大学与德宏州的科技合作。9月14日，州长孟必光代表德宏州政府与云南农业大学在昆明签订了州校合作协议。州校合作的建立为双方联合开展关键技术和难题攻关、促进德宏重点产业发展、加快人才培养、加快技术成果转化搭建了重要平台。十一、结合产业发展，大力开展农村实用技术培训。“十一五”期间，全州科技管理系统依托农函大和边疆解“五难”（学科技难）惠民工程的实施，结合县市、乡镇产业发展实际，积极组织开展咖啡、柠檬、竹子、坚果、油茶、畜牧、水产等农村实用技术培训，自编教材36种，印发3.5万册，开展培训3740多场次，培训农民29万人次，推广一批种植、养殖农村实用技术，提高了农民的生产技能和致富能力。十二、加强创新体系建设。“十一五”期间，全州有5个国家级农业综合实验站（水稻、玉米、柠檬、橡胶、马铃薯）和2个国家级品种资源库（咖啡、石斛）在德宏建成。截至年末，全州有科技人员22110人。其中：正高42人，副高967人，中级7772人。十三、知识产权工作取得进展。6月，按照《德宏州专利扶持及奖励的暂行办法》的规定，39件专利持有人获得了州人民政府奖励，奖金总额为7.3万元。其中：发明专利5件，实用新型专利14件，外观设计专利20件。“十一五”期间，全州专利申请252件，比“十五”期间申请量增长5.6倍；专利授权157件，其中发明专利9件，实用新型53件，外观设计95件。

（汤文耀）

（见“大事专题·科技”464页）

【文　化】 2010年，德宏州文化局坚持先进文化的前进方向，紧紧围绕州委州政府的中心工作，开拓创新，与时俱进，求真务实，圆满完成了“十一五”规划的既定任务，全面推进全州文化事业的平稳较快发展，为全州经济社会的全面发展营造了良好的社会文化环境。

一、舞台艺术。一是为充分挖掘德宏州民族文化精髓，打造民族文艺精品，向外推介德宏民族文化，促进民族文化事业的繁荣发展，在“云南省第十一届新剧（节）目展演”之际，组织全州民族文化艺术骨干力量，以景颇族文化为元素，历时2年，精心创作完成了大型景颇族舞蹈史诗《烈焰景颇》。二是完成州委州政府组织举办的“2010年首届德宏国际目瑙纵歌节”专场文艺演出任务。三是组织完成第二届中国·德宏葫芦丝文化节暨2010年梁河傣族、德昂族泼水节开幕式专场文艺演出《走进美丽的葫芦丝之乡·梁河》的演出任务。四是继续组织做好大型傣剧《刀安仁》创作的前期准备工作。此外，州民族歌舞剧院、州傣剧团、州景颇歌舞团完成新节目创作50余个。

二、群众文化。组织州直文化事业单位组成文化小分队深入各县市（区）部分乡镇、村组开展文化下乡活动，为基层各族群众提供文化服务，受到各族群众的欢迎和好评；安排组织文艺骨干深入乡镇、学校、社区、厂矿、警营等开展文艺辅导活动，全年组织辅导人员105人次，辅导学员3000余人次；克服困难，创造条件，组织州直、县市（区）文化部门利用节假日积极开展群众性广场文化活动，组织完成《2010年国际目瑙纵歌节》民族狂欢的闭幕式演出，完成“迎新春群众文艺晚会”、“三·八国际妇女节100周年及民族健身操展演”、“庆五·一及表彰业余文艺团队”、“手拉手走进同一片蓝天——六·一国际儿童节”、及“八·一”专场文艺晚会等演出24场次，观众60000余人；完成德宏州“爱家乡·颂德宏”德宏本土歌曲大家唱的复赛和决赛工作；完成德宏州代表云南省参加上海世博会“云南省宣传周”展演工作任务；组织推荐景颇族音乐《盏西哦然》、民间习俗项目《目瑙纵歌节》参加第九届中国艺术节大地情深暨第十五届“群星奖”比赛，喜获群众文化政府最高奖（群星奖）；完成“德宏州首届广场舞蹈集中展示月暨大家乐广场舞蹈大赛的启动仪式及参加全省首届广场舞蹈大赛”工作，取得1金2铜的优异成绩。全年全州图书馆接待读者77000人次，外借图书120000册次，电子阅览室接待网络读者10000余人次，网读点击达30000人次。此外，利用节庆日、“世界读书日”等深入警营、社区、学校、村镇，开展读书宣传活动，共接待读者15000余人次，发放宣传单20000余份。

三、公共文化基础设施建设。年内，完成芒市民族剧院、德宏博物馆、德宏州文化馆、德宏州图书馆重建项目规划上报工作，州傣剧团排练综合楼建设立项申报通过州政府审批；完成全州7个乡镇文化站的建设工程并投入使用，以及完成3个站的项目上报工作；畹町文化馆建设工程已选址，并开工建设；完成州图书馆州级支中心、畹町县级支中心及24个乡镇综合文化站文化信息资源共享设备的安装工作。年内，把建设农家书屋列为德宏州人民政府重点督查的20项重要工作及为民办好的10件实事之一，完成135个农家书屋的建设任务，其中潞西市50个，瑞丽市16个（含畹町4个），陇川县21个，梁河县19个，盈江县29个，配送图书1200种以上，册数达1500册，报刊20种，音像制品及电子出版物100种181张，配送书架、书桌到全州除梁河县以外的各个边境县市；完成第四批乡镇综合文化站绩效考评工作、第二批乡镇综合文化站评估定级工作及推荐上报了一批“2011年德宏州文化惠民示范村”。

四、文物保护。认真做好第三次全国文物普查工作。全州文物部门完成实地调查单位375处，其中复查56处，新发现301处，并通过省检查组验收。为保证中缅油气管道工程建设的顺利进行，同时使工程内的文物得到有效保护，与云南省文物考古研究所依据《田野考古工作规程》原则和方法，对工程开展了相关的文物保护勘探调查工作。年内，完成对省保单位潞西菩提寺、陇川皇阁寺第三期维修工程，瑞丽等喊弄奘寺第一期维修工程以及刀安仁墓周围环境整治工作。

五、非物质文化遗产保护。制定完成了国家级、省级非物质文化遗产“十二五”时期保护规划；完成第二批省级非物质文化遗产传承人的申报工作，申报17人，7人被正式公布；完成非物质文化遗产项目“泼水节”申报联合国教科文组织“人类非物质文化遗产代表作项目”工作；建立非物质文化遗产国家级12个、省级28个项目数据库；组织开展了第五届“非物质文化遗产宣传日”活动，并组织全州非物质文化遗产传承人参加省举办的“非物质文化遗产宣传日”活动。

六、文化体制改革。完成撤销德宏州民族歌舞团、德宏州民族艺术剧院，组建德宏州民族歌舞剧院；制定完成州文化馆、州图书馆、州文物管理所、州民族艺术研究所、州傣剧团、州民族歌舞剧院“三项制度”改革方案，待州委研究审批后执行；完成德宏州电影行政管理职能调整划转交接工作，州电影发行放映公司、州“2131”农村电影事业管理站于11月9日正式划归州广电局管理；12月20日德宏州文化市场综合行政执法支队正式成立。

七、文化市场监管。广泛开展文化市场法律法规宣传。全州各级文化市场管理和稽查部门利用音像市场法制宣传周、3.15国际消费日、世界艾滋病日、全国法制宣传日、综治维稳等活动，通过电视、广播、宣传标语、宣传栏等形式，向社会群众及文化市场经营户大力宣传相关法律法规知识。全州全年组织开展宣传24次，发放宣传单4050张。加强对文化、新闻出版市场的管理，做好各项专项整治工作。加强对网吧的管理，进一步净化社会文化市场环境。重点整治城乡结合部、农村、学校周边及各类变相经营的“黑网吧”，网吧接纳未成年人等违法违规行为，成立德宏州网吧行业协会，用行业自律来管理网吧。通过采取多种办法措施，使全州“黑网吧”得到有效清除，网吧接纳未成年人等违法违规经营行为得到有效遏制，网吧经营秩序明显改观，群众的满意度得到进一步提高。据统计，全年全州开展网吧检查工作中，出动检查人员921人次，检查821家次，对违法违规网吧立案处理5起，警告18次，处罚款14000元。加强歌舞及游艺娱乐场所管理。完善审批标准、规范审批程序、严把审批关，对不符合条件的，严禁核发经营许可证。年内，在对歌舞娱乐市场检查工作中，出动检查人员1087人次，检查1597家次，对违法违规场所给予警告10次，罚款5000元。加强校园周边环境工作的管理，进一步净化校园周边文化环境。全州检查校园周边文化市场经营户458家次，出动检查人员307人次，出动执法车辆45辆次，其中检查网吧121家次、电子游戏室55家次、歌舞娱乐场所卡拉OK厅79家次、音像制品经营户111家次、书报刊出版物51家次、印刷小三印41家次；收缴非法音像制品638本（碟），其中淫秽色情音像制品67本（碟），非法宗教宣传品95本（碟），查处黑网吧3家、警告5家、处罚网吧违规超时经营罚款4200元；查处取缔1家无证经营电子游戏室，并处罚款5000元；对辖区内歌舞娱乐场所的点播歌曲库曲目存在含有政治性、淫秽色情、暴力、低俗内容的艺人、乐队、曲目进行针对性彻底删除，删除1334首；开展“扫黄打非”专项行动，严密堵防有害出版物，严禁印刷、复制非法出版物，利用互联网传播的非法出版物及其他有害信息、取缔各类非法报刊。全年全州出动执法人员1856人次，查缴各类非法出版物5243册（张），检查经营场所1877家次，取缔非法游商、地摊27个。

（李品春）

（见“大事专题·文化”472页）

【体 育】 2010年德宏州体育局充分发挥体育在推进社会主义新农村建设和构建社会主义和谐社会中的重要作用，完善全民健身服务体系，深入开展全民健身活动，扎实搞好竞技体育人才培养，提升竞技运动水平，不断满足广大人民群众日益增长的体育文化需求，增强人民体质，全面推进德宏州体育事业发展，不断取得新的成绩。

一、群众体育。全州群众体育工作抓住建设社会主义新农村的机遇，坚持“活动与建设并举，重在建设”的工作原则，以满足广大人民群众日益增长的体育需求为出发点，重点抓好“三个环节”（建好群众身边的场地、抓好群众身边的组织、做好群众身边的活动）工作，初步形成政府领导、体育部门组织协调、有关部门各负其责、共同推进、社会力量积极兴办、人民群众广泛参与的格局。（一）广泛开展群众体育活动，丰富群众文化生活。州体育局主办8月8日“全民健身·你我同行”健步走、2010年芒市首届“德宏（国际）珠宝小镇杯”勐焕大金塔登山比赛、德宏州首届“后谷杯”围棋比赛、“国庆杯”象棋赛、海关滇西片区智力运动会，承办全州法院系统“天平杯”运动会、全州首届税务系统运动会、全州个私协会“光彩杯”运动会、全州电力系统“电力杯”运动会、全国沙滩排球巡回赛（盈江站）比赛、云南国际公园定向赛、全省老年人羽毛球比赛，提高了广大干部职工参与体育健身活动的积极性，扩大了德宏的对外影响力。盈江县举办第37届“邦实杯”篮球运动会、首届“人保财险杯”环大盈江公路自行车赛”、第2届“大盈江明坤杯”三人制篮球赛；梁河县举办第25届“南甸杯”职工运动会、“拥抱青春·移动同行”中长跑比赛；陇川县举办元旦越野赛跑活动、“五一·五四”排球联赛、“天成杯”乒乓球比赛、第六届“安踏杯”三人篮球赛、第20届“南宛杯”足球联赛、第36届篮球联赛；瑞丽市举办“体彩杯”元旦环城慢跑活动、“金星杯”篮球运动会、“电信杯”足球联赛、“瑞宝杯”篮球运动会、“体彩杯”健身操比赛，“珠宝杯”足球运动会、第4届农民篮球运动会；畹町举办“五·一”运动会；潞西市芒市地区第35届孔雀杯运动会、“全民健身日健步走”等活动深受广大人民群众的喜爱。州体育局参加“沃特杯”2010年云南省全民健身日云南省少数民族健身操展演比赛，获景颇健身操（斑色波）一等奖、傣族健身操三等奖、“体育道德风尚奖”、“优秀组织奖”。芒市财政局、盈江文体局、梁河县地税局、陇川县民族中学被评为2010年全省全民健身活动先进单位；芒市体育运动中心、瑞丽体育局荣获2010年全省全民健身活动优秀组织奖。（二）农村体育工作有新发展。各级体育部门高度重视农村体育工作，充分发挥体育工作在“禁毒防艾”中的作用，认真贯彻《农村体育工作暂行规定》，积极开展“体育三下乡”活动，加强农村体育场地设施建设，推广适合农民的健身方法，向农民传授体育科普知识，以健康向上的体育活动丰富农民群众的文化生活，促进农民的身心健康。12月14日，州体育局在瑞丽组织召开全州农村体育工作现场会，总结“十一五”期间的全州农村工作，安排部署“十二五”农村体育工作。（三）青少年体育工作不断发展。年内，州体育局联合州教育局在州民一中举办全州中学生运动会，培养和选拔了一大批体育后备人才；抽调10名体育教师参加省体育局、省教育厅为期一周的培训。各级体育部门不仅积极深入学校指导，并开展各种体育活动，使一大批沉迷网吧、电脑游戏室的青少年回到绿茵场和教室，还充分利用全州各级学校在冬季举办运动会的时机，认真指导学校规划建设体育场地，组织运动会，促进了学校体育工作的发展。（四）民族体育形成品牌。各级体育部门把推广民族传统体育项目与开展全民健身工作结合起来，不断推广“牛车赛”、“景颇健身操”、“傣族健身操”等民族体育品牌项目，深受广大人民群众的喜爱。“目脑纵歌”、“竹筏比赛”、“牛车赛”、“景颇健身操”、“傣族健身操”不仅成为“民族体育品牌”项目，还成为“旅游品牌”。11月16至23日德宏州组团参加在普洱市思茅区举办的云南省第九届少数民族传统体育运动会表演、武术、吹枪、蹴球、高脚竞速、板鞋竞速、射弩和陀螺等8个大项、10个小项的比赛，夺得3枚金牌、1枚银牌、1枚铜牌，其中杨四获武术项目男子拳术C组（孔雀拳）第一名；孔秀获射弩项目标准弩女子立姿第一名；表演项目谷斯伴获一等奖，入场式获二等奖。（五）体育社会团体和指导员队伍不断壮大。全州有批准的州级体育社团组织5个（州老年体协、州登山协会、州信鸽协会、州高尔夫球协会、州钓鱼协会），各级政府体育部门和各类体育社团组织新建立28个晨晚练点，动员、组织社会各界广泛参与形式多样的各种群众体育健身活动，营造良好的体育全民健身氛围，丰富了各族人民群众的文化生活。州体育局、潞西市文体局组织开展了芒市地区田径、足球、篮球裁判员培训，经考核批授三级裁判员100名，二级裁判员10名。举办了德宏州体育系统学习贯彻《全民健身条例》培训班，共有来自全州各县市体育系统的130人参加了培训。组织举办二级社会指导员培训班，有54人通过考核，并获得国家二级社会指导员证书。全年新增三级社会体育指导员89名，健身气功训练站点6个，健身气功站点4个。截至年末，全州有健身气功训练站点26个，健身气功站点12个，习练人数达1000多人。

二、竞技体育。德宏州竞技体育工作坚持“突出特色，强化重点，努力巩固原有重点项目，不断拓展新优势项目”的原则，想方设法办好州少体校，竭尽全力抓好业余训练工作，为上级部门培养、输送了一批体育人才，竞技体育工作呈现良好的发展趋势。（一）办好州少体校，起好示范带头作用。年内州少体校“体校5班”招录24名新生。州少体校在管理工作中坚持确保“四到位”（经费配套到位、训练场地建设到位、训练器材保障到位、教练和队员人数配置到位），使游泳、举重2个重点项目得到较好的发展，项目在训队员达150人左右（州县），专职教练15人，其中举重项目被国家体育总局批准为“全国举重高水平后备人才基地”。年内，体校2班学生参加中考19人，有16人考入高中（州民族第一中学9人、芒市中学7人），1人考入德宏师专；州少体高中部学生考取大专院校6人（北京体育大学2人、中央民族大学1人、首都师范大学1人、德宏师专2人），是州少体校参加历届高考取得的最好成绩。州少体校向省级输送6名运动员，其中举重1人、游泳3人、击剑

2人。（二）参加云南省第十三届运动会取得好成绩。云南省第十三届运动会于8月18至26日在文山召开，德宏州成立以副州长苏洪涛为团长，85名运动员和领队、教练员等112人的代表团参加田径、游泳、排球、网球、举重、击剑、拳击7个大项的比赛，获6.5金（在全国皮划艇项目比赛中获第三名，带入1.5枚），团体总分第九名的好成绩，顺利实现在全省奖牌排行榜“保十争九”的预期目标。（三）加强教练员队伍和裁判员建设见成效。各级体育部门加强教练员管理工作，认真对待考核，增强教练员的责任心，激发教练员的工作积极性。州体育局针对教练在选材上科学性不够，训练方法老化，输送上存在“本位主义”，以及沟通、信息不畅通等现象，采取了改进工作的措施：一是邀请省上教练到德宏州选拔优秀体育苗子暨指导业余训练工作；二是派出教练员参加国家和省上的教练员培训，逐步提高体校教练员的执教水平；三是组织教练员进行专题学习和讨论，营造知识互补、互相提高的学习氛围。通过采用举办培训班、学习班，参加学历考试以及比赛实战等方式，加强教练员的培训工作，提升教练员的素质。州体育局支持各县市在全州培训三级裁判员150名，二级裁判员60名，选送8名优秀二级裁判员参加一级裁判员培训，经考核，6名二级裁判员获一级裁判员资格。（四）加强县级业余体校工作。州级体育部门不断完善鼓励体校教练员、运动员为省、州争光的激励机制，认真落实《德宏州优秀运动员输送奖励办法》，对输送优秀后备人才做出贡献的单位和个人给予表彰奖励。州体育局加大对克服困难、坚持训练、成绩突出的县级少体校和体育传统学校的经费扶持和管理工作，共投入资金15万元扶持基层开展业余训练工作和改善训练条件。

三、老年体育。全州老年体协不断加强组织建设，强化老年体育骨干培训，积极开展各项活动，不断取得新成绩。年内组队参加全省老年钓鱼比赛、云南省老年地掷球比赛、保山市老年桥牌邀请赛、全省老年门球邀请赛、云南省老年人羽毛球比赛并取得较好成绩。在畹町成功举办“德宏州第一届轮办制老年人运动会”；举办全州老年运动员骨干培训班、全州老年门球09新规则培训班、“景颇族健身球操”培训班，老年门球、地掷球、乒乓球、羽毛球、网球、柔力球、桥牌、竞技麻将（新番、老番）9个单项协会组织了各种培训和丰富多彩、形式多样，适宜不同爱好、不同体质特点的各种老年人体育项目活动，深受广大老年人的喜爱。截至10月，全州有基层老年体协组织245个，县级老年体协组织7个；有老年体协会员27179人，其中农村会员11831人，农场会员5015人，城镇会员10233人。

四、体育设施建设。芒市老年活动中心综合楼、芒市体育运动中心室外游泳池续建工程建设正式启动；州、县、市体育部门完成“国家农民体育健身工程”15块篮球场建设、云南省村级农村文化体育广场15个项目的建设；被州政府列入为民办十件实事之一的建设100块篮球场地建设“德宏州篮球场建设进村工程”顺利实施，全部建成；州体育局用体彩公益金60.5万元支持各县市体育部门、中小学、农村进行体育场地建设。

五、体育彩票销售。德宏州体育局积极支持、配合云南省体育局加强对德宏体彩分中心的领导和管理，认真抓好基础工作和网点建设，加强营销宣传，强化销售员队伍建设，促进了体彩销售的上升，超额完成了省下达的7960万元的销售任务。

六、芒市体育中心经营开放。芒市体育中心积极探索运用市场化管理手段和企业化管理制度提升经营管理水平的模式，不断提高社会和经济效益，使各项工作驶上快速发展轨道。全年经营性收入突破70万元，超额完成年初既定70万元的经营性收入目标。芒市体育运动中心积极向社会寻求企业冠名举办比赛活动，举办芒市地区首届“远翔广告杯”小学生乒乓球、羽毛球比赛，芒市地区首届“明瑞达新龙杯”羽毛球大赛，进一步提高干部职工的专业素质，培育了一大批体育消费人群。年内，芒市体育运动中心被国家体育总局评为“青少年户外体育活动营地”，成为云南省继云南澄江后的全国第二个青少年户外体育活动营地。

（张　旭）

（见“大事专题·体育”492页）

云南省第十三届运运会青少年组德宏代表团获奖名次表

项　目	第一名	第二名	第三名	第四名	第五名
举重	1	8	3	5	1
网球	1		1		2
游泳	2	1	6	3	6

2010年德宏州参加云南省第十三届运动会比赛各项目前三名成绩

姓　名	项　目	名　次	奖牌数	比赛成绩	破纪录情况	教　练	备　注
张在辉	男子自游泳全能	第一名	1.0	299.8		杨　光 杨国华	潞西
郭成仪	男子蝶泳全能	第一名	1.0	291.6		杨　光 杨国华	潞西
赵兴成	男子蛙泳全能	第三名	1.0	304.1		杨　光 杨国华	潞西
朱周睿星	女子蝶泳全能	第三名	1.0	290.9		杨　光 杨国华	潞西
古琨之 (潞西)	女子4×100自由泳接力	第三名	1.0	4′45″32		杨　光 杨国华	瞿鑫鑫、古琨之 周　婷、鲁贵玲
古琨之 (潞西)	女子4×100混合泳接力	第三名	1.0	5′39″67		杨　光 杨国华	瞿鑫鑫、古琨之 周　婷、鲁贵玲
董婷婷 (潞西)	女子4×100自由泳接力	第三名	1.0	4′57″49		杨　光 杨国华	杨舒惠、许　睿 董婷婷、杨欣鑫
董婷婷 (潞西)	女子4×100混合泳接力	第三名	1.0	5′44″45		杨　光 杨国华	刘　莹、许　睿 董婷婷、杨欣鑫
青少年 女子团体	游泳	第二名	1.0	104.0		杨　光 杨国华	
青少年 男子团体	网球	第三名	1.0			贾卫东 杨丽华	
张智荣 杨　浩	网球	第一名	1.0			贾卫东 杨丽华	
道德风尚奖	德宏男队					贾卫东 杨丽华	
男子团体	举重	第二名	1.0	51		李祖爱 邓月红	
女子团体	举重	第二名	1.0	47		李祖爱 邓月红	
何果吧	女子44千克级	第二名	1.0	117		李祖爱 邓月红	陇川
冯旺娣	女子48千克级	第三名	1.0	130		李祖爱 邓月红	陇川

姓　名	项　目	名　次	奖牌数	比赛成绩	破纪录情况	教　练	备　注
姚海玲	女子 58 千克级	第一名	1.0	180		李祖爱 邓月红	陇川
郭素美	女子 69 千克级	第二名	1.0	148		李祖爱 邓月红	盈江
孙占才	男子 62 千克级	第二名	1.0	210		李祖爱 邓月红	陇川
朱　俊	男子 69 千克级	第二名	1.0	250		李祖爱 邓月红	潞西
张永随	男子 85 千克级	第二名	1.0	251		李祖爱 邓月红	盈江
李林清	男子 94 千克级	第三名	1.0	235		李祖爱 邓月红	
王绍帅	男子＋105 千克级	第三名	1.0	265		李祖爱 邓月红	潞西
道德风尚奖	德宏代表队						

【卫　生】 *2010* 年，德宏州有卫生机构 *338* 个（含诊所、医务室 *234* 家），病床 *4461* 张，卫生技术人员 *4486* 人。全州每千人口拥有病床 *3.7* 张，拥有卫生技术人员 *3.7* 人。属当地政府举办的医疗卫生机构 *85* 个，病床 *3241* 张，卫生技术人员 *2968* 人（正高 *37* 人，副高 *147* 人，中职 *1060* 人，初职 *1509* 人）。有医院 *29* 所（含个体办医、企业办医 *21* 个），卫生专业技术人员 *2714* 人；疾控机构 *7* 所，卫生专业技术人员 *298* 人；保健院 *7* 所，卫生专业技术人员 *194* 人；卫生监督机构 *6* 所，人员 *86* 人；乡镇卫生院 *49* 个，卫生专业技术人员 *575* 人；中心血站 *1* 个，卫生专业技术人员 *26* 人；社区卫生服务中心（站）*4* 个，专业技术人员 *34* 人；州急救中心 *1* 个；德宏出入境检验检疫局综合门诊 *1* 个，卫生技术人员 *12* 人；芒市特殊救助关爱康复中心卫生所 *1* 个，卫生技术人员 *7* 人。年内，全州设有村卫生室 *329* 个，覆盖率为 *98.2%*；有乡村医生 *739* 人。全州诊疗病人 *345.85* 万人次，治愈率为 *62.73%*，好转率 *33.57%*。卫生部门固定资产总额达 *62145.1* 万元。

（李宗旭）

（见“大事专题·卫生”479 页）

【医疗集团】 *2010* 年，德宏州医疗集团有编制科室 *52* 个，编制外科室 *1* 个，下属企业 *1* 个。其中：编制内科室为管理及职能保障科室 *16* 个，人民医院临床、医技科室 *27* 个，中医医院临床科室 *7* 个，以及德宏州民族医药研究所，德宏州紧急医疗救援中心；编制外科室为德宏州医疗集团司法鉴定中心；下属企业为工会职工服务中心。编制床位 *480* 张，实际开放 *800* 张。有离退休人员 *231* 人，在职职工 *712* 人。在职职工中：干部 *649* 人，工人 *63* 人；女职工 *476* 人，占在职职工总数的 *67%*；少数民族职工 *222* 人，占在职职工总数的 *31%*，其中傣族 *126* 人，景颇族 *24* 人，其他少数民族 *72* 人；有专业技术人员 *647* 人，其中卫技人员 *601* 人，其他专业技术人员 *46* 人；中专以上学历 *680* 人，占在职职工总数的 *96%*，其中硕士 *1* 人，研究生 *1* 人，大学本科 *388* 人，大学 *4* 人，大专 *221* 人，中专 *65* 人。集团党委下设 *9* 个党支部，实有党员 *255* 人，其中在职党员 *193* 人，离退休党员 *62* 人。集团团委下设 *4* 个团支部，实有团员 *253* 人。年内，集团人民医院共接诊门诊病人 *400772* 人次，比上年增 *24.21%*；出院病人 *20229* 人次，增 *0.59%*；开展手术 *6940* 台次，增 *11.52%*；病床使用率 *151.16%*；病床周转次数 *41.28* 次，降 *6.75%*；出入院诊断符合率 *97.07%*。中医医院接诊门诊病人 *7281* 人次，比上年增 *37.35%*；出院病人 *2478* 人次，增 *266.02%*；开展手术 *320* 台次，降 *19.4%*；病床使用率 *87.53%*；病床周转次数 *27.53* 次，上升 *150.30%*；出入院诊断符合率 *93.27%*。紧急医疗救援中心共出诊（车）*2552* 次，接送病人 *2583* 次，送尸体 *57* 次，各种原因空诊（车）*108* 次。

（李文芳　黄益民）

（见“大事专题·医疗集团”486 页）

【劳动和社保】 *2010* 年，德宏州劳动和社会保障局坚持以着力保障和改善民生为主线，以就业和社会保障为重点，认真开展劳动保障工作，为促进德宏经济社会平稳较快发展做出了贡献。继续积极应对世界金融危机，稳定德宏州就业局势。受国际金融危机的严重冲击，德宏州就业面临21219人农民工返乡，城镇下岗失业人员5736人、496人应届高校毕业生需要就业等重大困难，德宏州就业形势严峻。年底，全州城镇登记失业人员5736人，城镇新增就业2504人，完成目标任务2500人的100.2%；城镇下岗失业人员再就业1103人，完成目标任务700人的157.6%；就业困难人员再就业1043人，完成目标任务600人的171.7%；确保零就业家庭至少1人就业；开发公益性岗位947人，完成目标任务900个的105%，稳定困难企业就业岗位2823个，完成任务1500个的189%；高校毕业生就业见习140人，完成目标任务100人的140%；“贷免扶补”扶持创业人数1068人，完成目标任务1055的101%；城镇参加失业保险人47756人，完成目标任务45000的106%；农村劳动力转移就业培训6798人，完成目标任务6000人的113.3%；转移农村新增劳动力就业14732人，完成目标任务的272.8%；城镇登记失业率控制在4.4%以内。年内，全州城镇基本养老保险参保人数达到46120人，城镇基本医疗保险参保人数达到108597人，失业保险参保人数达到47648人，工伤保险参保人数达到70010人，生育保险参保人数达到56637人，基金征缴收入36409万元，德宏州盈江县被列为全国第二批新型农村社会养老保险试点县市之一，同年全县已参保人数达28473人。城镇居民医疗保险制度实现全州覆盖，待遇水平得到提高，最高支付限由原来的2.2万元提高到3万元，企业退休人员基本养老金、失业保险、工伤保险、生育保险待遇实现了省政府提出的提高10%以上的目标。全州用人单位与劳动者签订劳动合同率达到98%，比上年增加953人增长10.2%。年内，全州共审查用人单位2782户，立案处理劳动保障监察案件5件，结案5件；补签劳动合同2107人，为4061名劳动者追补工资等待遇1797万元，督促用人单位为15256名劳动者缴纳社会保险1040万元，清退童工1人。全州劳动争议仲裁委员会依法受理劳动争议案件47件，结案47件，结案率为100%。

（吕伟华）

（见“大事专题·劳动与社保”500页）

【民　政】 2010年，德宏州民政局积极开展救灾救济和城乡低保，城乡基础民主政治建设，服务军队和国防建设以及社会行政事务管理等方面的工作，把党和政府的温暖送到千家万户，切实履行改善民生，落实民权，维护民利的基本职责，为全州经济发展、民族团结和社会稳定做出了应有的贡献。

一、社会救助体系建设逐步完善，城乡困难群众的基本生活得到有效保障。一是适当提高城乡低保标准和扩面。全州共发放城乡低保金1.9亿元，低保金社会发放率达100%。据统计，到年底全州共有城市保障对象21891户45628人，低保标准统一提高到200元，低保对象人均差额补助标准水平达到125元，累计发放6949.33万元，比上年增长5%；全州共有农村保障对象159661人，低保对象人均差额补助标准由2009年的每月60元提高到70元，累计发放12104.57万元，比上年增长39%。二是全面推进城乡医疗救助。为有效缓解城乡困难群众看病难的问题，年内省级财政下拨城市医疗救助资金739万元，累计补助困难群众就医3.6万人次；资助农村低保、五保对象和边境一线行政村参加新型农村合作医疗31.5万人次，支出资金945.5万元。三是逐步建立城乡一体化临时救助制度。年内省财政下拨926万元临时救助金，州财政配套15万元，救助城乡贫困居民18716人次。四是农村五保供养政策全面落实。年内全州共有农村五保对象10568人，占农业人口的1.3%，其中集中供养340人，分散供养10228人。从2010年1月开始，全州10568人五保供养对象实现上级财政转移支付每人每年不低于960元的标准进行补助，结束了过去供养标准不一致的历史。五是进一步加大城市流浪乞讨人员救助。截至12月底，共救助流浪乞讨人员1190人次。

二、抗灾救灾工作扎实有效，灾民基本生活得到妥善安排。年内全州农作物受灾面积130734.8公顷，绝收面积25264.2公顷；受灾人口718054人，紧急转移安置897人，因灾死亡1人，因灾伤病110人；因灾倒塌房屋377间，损坏2657间；交通、水利、输电、通讯、教育等基础设施不同程度遭到破坏，造成直接经济损失26596.48万元，其中农业直接经济损失13873.5万元。年内共下拨各类救灾资金2655.28万元，其中省级2395万元，州级260.28万元。发放大米995吨，发放矿泉水2000多件，保证了灾区群众基本生活。

三、基层民主政治建设扎实推进，社会管理工作有效加强。一是圆满完成了全州第四届村级组织换届选举工作。二是民间组织发展迅速。工作中重点培育发展农村专业经济协会、公益组织、服务组织，全州在册登记民间组织359个，其中社会团体303个、民办非企业单位56个。开展一年一度社团年检工作，全州参加年检社团347个，对长期不开展活动未按时换届的进行了整改。

四、双拥优抚安置政策全面落实，有力地支持了国防和军队建设。一是认真落实优抚政策。全州共有五类老优抚对象6130人，其中“三属”420人，伤残人员557人，在乡老复员军人2199人，带病回乡退伍军人290人，“两参人员”2664人。共发放生活补助经费2064.6万元，发放医疗补助费231万元。二是双拥工作有新突破。年内，共发放慰问金182万元。调整加强了州双拥工作领导小组，州委、州政府、德宏军分区表彰了40个双拥先进单位和40名双拥先进个人。三是退役士兵和军队离退休安置工作健康有序开展。年内全州共接收退役士兵246人，其中符合城镇安置条件104人（含转业士官30人），经过文化考试，安置率100%；回农村安置142人，安置率达100%。

五、社会福利事业健康发展。一是对全州1390名受艾滋病影响儿童及芒市“母亲之心关爱之家”的29名艾滋病致孤儿童进行走访慰问，发放慰问金10.2万元。二是积极开展中国儿童社会福利示范项目活动，年初德宏被例为全省唯一的全国五个中国儿童福利示范区之一。三是积极组织开展“重生行动”、症气儿童手术康复计划。截至年底，组织“重生行动”送省红十字会医院手术治疗20名实施了康复手术。组织送潞西市人民医院疝气儿童手术康复项目手术治疗57名。积极开展儿童收养工作，年内，全州共办理国内收养手续46人。四是老龄工作得到加强。年内将80至90岁以上的高龄老人纳入长寿补助范围，全州共有10991名老年人享受了这一特殊待遇。五是福利彩票发行工作实现新的突破。年内全州共发行福利彩票6473万元，为国家筹集公益金1996万元，其中，为德宏州筹集公益金500万元。

六、专项社会事务管理工作进展较快。一是完成了瑞丽市作为第二次全国地名普查试点工作，编绘出版了《德宏州行政区划图》。二是协助省民政厅承办了2010年全省区划地名工作、第二次全国地名普查试点经验交流暨云南省第二次地名普查启动大会的召开。三是加强行政区划界线管理。通过积极推动“平安边界”创建活动，解决了德宏与保山和州内县与县、县与市边界双边存在的矛盾和纠纷。四是殡葬改革、婚姻登记工作全面推进。根据殡葬管理目标责任书的任务要求，全州共悬挂宣传横幅200多条，张贴标语900余幅，发放宣传单2.3万份；年内共火化遗体818具，民间火化580具，火化率11.6%。在全州范围内认真开展婚姻登记规范化建设活动，年内共登记结婚13540对（涉外结婚127对）、离婚947对（涉外1对）。

（李　钢）

（见“大事专题·民政”503页）

【民族宗教】 2010年，德宏州民宗局认真贯彻落实党的民族宗教政策和法律法规，认真执行州委、州政府的一系列决策部署，完成了民族宗教事务管理各项工作，取得了新的成绩。

一、坚持团结稳定，积极构建平安和谐德宏。（一）加强部门协调配合，形成民宗工作合力。全州建立健全了州、县、乡、村四级民族宗教工作网络；年内，州委、州政府《实施意见》（德发〔2010〕20号）把民族宗教工作经费由“十一五”期间的每年100万元提高到“十二五”每年200万元；为民族宗教工作提供了有力的组织和经费保障。（二）加强宣传教育，不断提高各族干部群众的思想认识。一是组织开展全州民族团结宣讲活动。根据州委、州政府办《德宏州深入开展民族团结宣传教育活动实施方案》（德办发〔2010〕10号），州委宣传部、州民宗局于3至8月在全州范围内组织开展了民族团结宣讲活动。通过一系列宣讲活动，进一步增强了全州各族干部群众知恩、明是非、识大体、讲团结、守法纪、求进取的意识，形成凝心聚力、共谋发展的良好氛围。二是组织开展“民族团结宣传周”活动。6月7至13日，与州委宣传部共同开展了全州范围的“民族团结宣传周”活动。活动期间，在《德宏团结报》、德宏州政府公众信息网和孔雀之乡网站上刊登发布《云南省民族团结知识竞赛题目》，组织发动各级干部群众涌跃参赛；在芒市五云寺举办“德宏民族出版物暨民族书画摄影展”，展出德宏民族出版社、德宏州文联、德宏团结报出版的反映民族文化的图书、期刊、报纸、书画摄影作品等300多种

3000多册（幅）。三是组织开展“民族团结月”活动。今年是全州的第28个“民族团结月”，按照州委办、州政府办《2010年德宏州第28个“民族团结月”活动方案》（德办发〔2010〕47号），各级各部门认真组织、精心策划，开展了丰富多彩的活动。为持续开展的“民族团结月”活动增添着光彩和活力。四是组织开展民族团结进步表彰活动。10月28日，州委、州政府在芒市会堂召开了全州民族工作会议暨第六次民族团结进步表彰大会。近5年来全州各行各业、各条战线、各民族干部群众中涌现出来的31个模范集体、72个模范个人受到了州委、州政府的表彰和奖励。（三）完善工作机制，积极化解影响民族团结稳定和宗教和睦的矛盾纠纷及热点难点问题。充分发挥民宗助理员和信息员的作用，以月报、季报、年报形式，适时收集动态，进行分析、研判，及时将有关信息报送上级和相关部门，同时，对发现的矛盾隐患进行布防监控，预防矛盾隐患的转化升级。建立了民族团结宗教工作预警机制和涉及民族宗教方面的群体性事件预案机制，积极应对和及时消除影响民族团结稳定的矛盾纠纷和隐患。各级各部门将大量的矛盾纠纷化解在基层，解决在萌芽状态，年内，没有发生过涉及民族、宗教方面的群体性事件，有效地维护了民族团结稳定和宗教和睦。

二、坚持改革发展，努力解决少数民族和民族地区的特殊困难问题。（一）认真组织民族专项资金的项目申报及实施工作。年内国家及省共下达德宏州各类民族专项发展资金3671万元409个项目（不含上海资金及项目）。上海对口帮扶资金607万元，68个项目。两项共计4278万元，477个项目。（二）民族教育文化体育等社会事业协调发展。民族教育方面，协助州教育局开展少数民族学生招生工作，共选送65名初中、高中少数民族学生到省内外大中专院校学习；在全州中小学校开设民族团结教育课程；积极创建“民族团结示范学校”。文化及科技方面，配合科技局完成德宏州推进《全民科学素质行动纲要》调查报告，初评上报23名“少数民族农民科技致富带头人”候选人。组织申报少数民族传统文化抢救保护专项经费296万元29个项目；省下达72万元7个项目，目前正在实施。

三、坚持依法管理，维护宗教和谐稳定。（一）加强学习培训，提高综合素质。年内，全州共举办培训班（会）85次，培训各级干部、教职人员和信教群众13843人次。（二）加强依法管理，提高服务水平。针对南传上座部佛教寺多僧少、汉传寺院管理混乱的问题，经过调查研究和试点论证，州佛教协会第六次理事会第二次全体会议讨论通过了《德宏州南传上座部佛教贺露管理办法（试行）》和《德宏州汉传佛教寺院管理办法》，已由州民宗局转发各县市执行。认真贯彻落实省委“6·15”会议精神，切实解决宗教代表人士和宗教教职人员社会保障问题。年内为15名州级宗教团体副秘书长以上负责人办理城市低保。（三）深入调查研究，有效解决问题。年内，重点对全州宗教工作基本情况、宗教工作与桥头堡建设和边境地区基层党组织建设、城镇基督教信徒基本情况和私设基督教聚会点情况、境外宗教渗透情况等开展了全面深入调研，形成了一批调研报告，提出了解决宗教热点难点问题的应对措施，有效地将问题解决在基层，消除在萌芽状态，切实维护了宗教领域和谐稳定。年内全省宗教工作目标管理责任制考核评选中，德宏州民宗局获得优秀奖。

（鲍　平）

（见“大事专题·民族宗教”505页）

【人民生活】 2010年，德宏州城乡居民人均储蓄存款余额15232元，比上年增长32%。职工收入继续增加，在岗职工年人均工资25511元，比上年增长14.5%。其中：国有经济单位在岗职工年人均工资26110元，比上年增长15.9%；城镇集体经济单位在岗职工年人均工资26923元，增长19.3%；其他经济单位在岗职工年人均工资24202元，增长11.6%。城乡居民居住条件继续改善，年末全社会竣工住宅面积70.04万平方米，其中城镇竣工住宅面积62.65万平方米；农村竣工住宅面积7.39万平方米。

城镇居民生活：2010年城镇居民生活水平继续提高。据抽样调查，居民家庭有收入人数占家庭人口数的比重达到68.0%，比上年提高2个百分点。全州城镇居民年人均可支配收入13788元，比上年增长9.8%。其中工薪收入11259元，比上年增长8.6%，是城镇居民收入的主要来源；人均经营净收入851元，增长38.5%；人均养老金和离退休金1722元，增长11.6%。居民收入的持续稳定增长为消费水平的提高奠定了基础，市场繁荣、商品丰富，城镇居民消费质量不断提高。从居民各类消费构成看，居民生活最基本的吃的开支逐年减少，而发展及享受型消费越来越受到青睐。家庭耐用品消费更新换代，家用电脑、摄像机、移动电话、摩托车成为消费热点，交通通讯工具为城市居民的生活提供了极大便利，而作为大件耐用品的汽车成为居民消费的新亮点，逐渐进入居民家庭生活中。计算机、移动电话普及率提高，方便了人们在工作及生活中的交流沟通。据调查：2010年人均消费支出10392元，比上年增长8.7%；人均食品支出3973元，增长8.4%；人均用于交通与通信消费支出1979元，增长14.1%；人均医疗保健支出733元，增长11.2%；人均教育文化娱乐支出1002元，下降0.4%。年末，每百户家庭拥有彩电128台；冰箱83台；家用电脑50台；摄像机2.7架;移动电话211部；摩托车96辆；家用汽车16辆。居民的住房向设计合理、设施配套、宽敞舒适方面发展。到年末城镇居民人均住房使用面积37.2平方米。

农村居民生活：据抽样调查，2010年德宏农民人均纯收入3368元，比上年增长19%。从纯收入构成看，工资性收入、家庭经营收入、转移性收入快速增长。在纯收入中，家庭经营纯收入2632元，比上年增长19.4%;工资性收入423元，增长17.6%；转移性纯收入275元，增长16.1%；财产性收入38元，增长26.2%。可以看出家庭经营收入仍然是农民家庭收入的主要来源。随着农民收入的快速增长，农村居民生活水平、生活质量有了较大提高。2010年人均消费支出2893元，比上年增长18.5%，其中食品支出1430元，增长17.6%；衣着支出120元，增长16.1%；家庭设备用品支出154元，增长47.6%；医疗保健支出171元，增长4.5%；交通通讯支出274元，增长11.3%；文化教育娱乐支出133元，增长16.3%。年末农村居民人均居住面积25.3平方米。每百户拥有彩电96.4台、电冰箱14.3台、摩托车83.4辆、移动电话117.3部。

（杨　洁）

年内大事

【德宏职业学院成立】 2010年1月1日，德宏职业学院成立并揭牌，该校是在德宏卫校基础上升格成立的。德宏卫校成立50年来共为云南省和邻国缅甸培养医药卫生技术人才近2万名，1999年被省政府认定为合格中专学校，2003年被省政府认定为省（部）级重点中专学校，2006年被国家教育部认定为国家级重点中专学校；2008年9月省政府批准组建德宏职业学院，2009年11月29日新校区建设作为全州重点工程之一开工。在该校成立仪式上，州委书记赵金、州长孟必光为其授印，州党政领导赵金、孟必光、余麻约、龚敬政为其揭牌，孔勒干受赵金、孟必光委托讲话。孔勒干在讲话中指出，该校成立是优化教育资源配置，提高全州高等职业教育的办学水平、办学规模、办学效益的重要举措，要努力把德宏职业学院打造成富有专业特色和示范性的，集普通高等教育、成人高等教育、现代远程开放教育、社会职业培训为一体的综合性高职专科学院。

【潞西（遮放）至陇川二级公路通过竣工验收】 2010年1月7日，云南省公路局在德宏州交通局主持召开潞西（遮放）至陇川二级公路竣工验收会，对潞西（遮放）至陇川二级公路工程进行竣工验收。潞西（遮放）至陇川二级公路起于潞西市遮放镇户拉，经芒良、勐约、贡瓦垭口、景坎镇，止于陇川县章凤镇，为地方经济干线，全长60.65公里，设计速度为40公里/小时，于2004年12月27日开工，2007年12月22日完工。州交通局于2007年12月27日对该工程进行了交工验收。省公路局竣工验收委员会认为：该工程各项技术指标符合批准设计与变更设计要求，路面基本平整，挡墙、防护工程满足质量要求，综合评价为合格工程，同意通过竣工验收。

【州委五届十一次全委会】 2010年1月12至13日，中共德宏州委五届十一次全体（扩大）会议在芒市召开。全委会由州委常委主持，受州委常委会委托，州委书记向全委会作工作报告，州委副书记、州长孟必光总结2009年全州经济工作，对今年经济社会发展的具体工作提出要求，州委副书记唐文祥主持大会开幕式。全委会要求，做好2010年工作，必须全面贯彻党的十七大、十七届三中、四中全会，中央经济工作会议和省委八届七次、八次全会精神，以邓小平理论和“三个代表”重要思想为指导，深入贯彻落实科学发展观，紧紧围绕把德宏建设成为中国面向西南开放桥头堡的黄金口岸这一目标，强化农业稳基础，建设生态转方式，突出特色调结构，改革开放增活力，团结固边保稳定，改善民生建和谐，抓好党建强保障，继续把促进经济平稳较快发展作为首要任务，把加强基础设施建设作为重中之重，把发展特色产业作为主攻方向，把招商引资作为重要手段，把改革创新作为强大动力，把维护稳定作为基本要求，把禁毒防艾作为攻坚目标，把改善民生作为根本目的，把党的建设作为坚强保障，在发展中促转变，在转变中谋发展，全力推动全州经济社会又好又快发展，确保“十一五”规划各项目标任务圆满完成，认真做好“十二五”规划编制工作。

【邓学海当选2009年度云南法治新闻人物】 2010年1月18日，“2009年度云南法治新闻人物”评选揭晓，德宏公安边防支队木康公安检查站副站长，中国第六支、第八支海地维和警察防暴队员邓学海再获殊荣。邓学海1998年入伍，至2007年12月一直战斗在边境缉枪缉毒第一线，直接查获毒品案130余起，查获走私案110余起，共查获毒品海洛因750余千克、冰毒3千克、鸦片5千克、罂粟壳50吨、制毒配剂1吨、追缴毒资100多万元，查获五四式手枪1支、子弹70发，抓获各类违法犯罪人员130余名，被誉为“云岭雄关”的“缉毒雄鹰”。2007年12月，邓学海凭借良好的综合素质入选中国第六支赴海地维和警察防暴队；2009年8月13，邓学海再次参加中国第八支海地维和警察防暴队，先后完成11个执勤区域的武装巡逻、查缉任务，赢得联合国、海地政府和人民及国际警界同仁的广泛赞誉。

【全国总工会副主席张鸣起到德宏慰问】 2010年1月25至27日，全国总工会副主席、书记处书记张鸣起一行7人，在云南省工会副主席王惠萍，德宏州委副书记唐文祥，州委常委、瑞丽市委书记杨跃国，州委常委李燕兰，州人大常委会副主任、州总工会主席孙春兰，州政府秘书长周湛鸿等陪同下，到德宏州瑞丽、潞西两市慰问部分困难职工、农民工和劳模。

【政协德宏州十届三次会议】 2010年2月2日，中国人民政治协商会议德宏州十届委员会第三次会议在芒市会堂隆重开幕。会议实到260名委员。会议审议通过了州政协德宏州第十届三次会议议程。龚敬政代表政协德宏州第十届委员会常务委员会作工作报告。杨庆华向大会作提案工作情况报告。州政协十届二次全会以来共收到提案148件，经审查立案143件，截止2009年11月底已全部办复完毕。副州长苏洪涛代表州政府向会议通报了州政府对州政协十届二次会议提案办理的情况。为期四天的会议中，政协委员们认真履行政治协商、民主监督和参政议政职能，共商建设德宏、振兴德宏大计，为全面完成“十一五”规划的各项任务，建设富裕开放、和谐安宁的社会主义新边疆建言献策。

【州十三届人大三次会议】 2010年2月3日，德宏州第十三届人民代表大会在芒市会堂隆重开幕。会议由州人大常委会主持，州人大常委会主任余麻约、副主任汪宝泉、毛勒端、杨红、王兴才、管国芳、孙春兰、副秘书长夏阳在主席台就座。州长孟必光代表州政府向大会报告工作。会议选举产生了德宏州第十三届人民代表大会第三次会议主席团和秘书长，通过了州十三届人民代表大会议程。推举产生了主席团常务主席，表决了会议日程；推举产生了大会全体会议执行主席，表决通过了大会副秘书长；决定了大会表决决议、议案办法和代表议案提出截止时间；听取了关于十三届人大三次会议补选州十三届人大常委会秘书长、委员办法草案的说明；表决了选举办法草案，并提请大会审议。会议以举手表决的方式通过了以上议程。

【德宏州首家“全国科普教育基地”揭牌】 2010年2月27日，州气象局隆重举行了“全国科普教育基地”及“全国气象科普教育基地”揭牌仪式。州气象局是德宏州首家被命名为“全国科普教育基地”的单位，2005年州气象局率先被云南省政府命名“云南科学普及教育基地”，通过不断完善，目前已建成了既有边疆民族特色又有气象部门特色且功能完善的科普教育基地，为气象科学知识的宣传普及和教育作出了积极的贡献。揭牌庆典上，省科技厅巡视员徐宝明、州人大常委会副主任王兴才为其揭牌，副州长板岩过与徐宝明发表了讲话，州科协主席何琳与中国气象学会科普部部长吴建忠分别宣读了中国科协和中国气象局的命名通知。

【2010中国·德宏国际目瑙纵歌节在芒市举行】 2010年2月27日，以“和谐发展，繁荣进步”为主题和“弘扬民族文化，促进交流合作，增进民族团结，推动繁荣进步”为宗旨的2010中国·德宏国际目瑙纵歌节在芒市广场开幕。云南省委常委、省委统战部部长黄毅，省人大常委会副主任杨建甲，省政协副主席罗黎辉及德宏州党政领导赵金、孟必光、

余麻约、龚敬政出席了开幕式，开幕式由余麻约主持，孟必光致辞。2月28日上午，在芒市广场万人狂欢共舞纵歌，黄毅、杨建甲、罗黎辉、孟必光、龚敬政、番跃平为“瑙双”授冠。下午举行了中国·德宏目瑙纵歌文化园奠基仪式。该园位于潞西市风平镇芒别村，占地面积260亩，总投资1.6亿元，规划建设州景颇发展进步研究学会办公楼、景颇族博物馆、目瑙纵歌场、旅游购物步行街、民族工艺品开发区、美食城、宾馆、民居建筑等设施。晚上，寻找中国最美的景颇姑娘在芒市广场举行，孟必光、余麻约、番跃平、孔勒干等领导观看了决赛，来自陇川的排南东技压群芳一举夺冠。

【州经普办荣获国家级先进集体称号】 2010年3月，德宏州第二次全国经济普查办公室荣获国家级先进集体称号，受到国务院第二次全国经济普查领导小组的通报表彰。德宏州第二次全国经济普查工作历时1年多，在州经济普查领导小组和州经济普查办公室的精心组织指挥以及各有关部门、普查对象的大力支持和密切配合下，经过全州2296名普查工作者的辛勤努力，完成了各项主要任务，并取得了丰硕成果。

【州中心血站荣获国家级先进集体称号】 2010年3月，德宏州中心血站荣获国家级先进集体称号，受到国家卫生部、国家食品药品监督管理局、国家医药管理局的通报表彰。2003年8月，州中心血站独立建站运行采供血业务，建站6年来，实现了德宏州无偿献血率从2003年的几乎为零到医疗临床用血100%来源于无偿献血的目标，血液质量合格率100%，临床用血和献血者满意率均在99%以上，几年来无一例输血纠纷和责任事故。

【陇川县乡村医生尹祖鸾被授予“贝利·马丁”奖】 2010年3月10日，贝利·马丁基金会的发起人、瑞士银行家马丁·哥顿先生在陇川县景罕镇举行的贝利·马丁基金会颁奖仪式上，授予陇川县景罕镇广宋村村医尹祖鸾2009年度“贝利·马丁”奖。贝利马丁基金会是由英国慈善家马丁·哥顿创办的慈善机构，基金会每年颁发数额不等的奖金（“贝利马丁奖”），以表彰在中国为艾滋病教育、预防、治疗和关怀做出突出贡献的医务工作者或医疗机构。基金会还通过邀请英国医护人员到中国举办艾滋病专题研讨会，以及资助中国的相关人员赴英国培训等多种方式，建立一座连接英国和中国的桥梁，以帮助中国的艾滋病防治工作。

【瑞丽滨江三项目奠基】 2010年4月6日，德宏州党政领导赵金、孟必光、龚敬政、田大余、杨跃国、番跃平、赵镇康、卜金富出席了瑞丽滨江三项目（景成地海温泉度假中心二期、瑞丽江沙滩不夜城、瑞丽市傣王宫遗址公园）奠基仪式。州委书记赵金宣布滨江三项目正式开工，瑞丽市委书记杨跃国要求景成公司要把三个项目建设成为瑞丽经济发展的增长点、城市形象的新亮点、旅游文化的展示点，全市各有关部门要积极主动地为企业做好协调服务工作，及时帮助企业解决建设过程中遇到的困难和问题，努力为项目建设提供更加优质、高效的服务。

【省委副书记李纪恒到德宏调研】 2010年4月8至11日，云南省委副书记李纪恒在省委副秘书长林金宏、省农业厅厅长张五明、省国土资源厅厅长和自兴、省扶贫办主任王智、省发改委副主任李新平的陪同下到德宏调研，检查指导抗旱救灾和春耕备耕工作。德宏州党政领导赵金、孟必光、唐文祥、柳五三、杨跃国、番跃平、孔勒干、板岩过等陪同视察，李纪恒一行先后深入到德宏州职教园区、潞西市香料烟基地、宏天咖啡公司、陇川胜德苗圃基地、景罕糖厂、盈江大型灌区、瑞丽姐告、陇川章凤等地，对德宏经济发展、社会稳定、文化繁荣、民族团结、边疆安宁、生态文明建设和党的建设全面加强的良好局面十分高兴。李纪恒强调：要做好桥头堡建设这篇大文章，努力把德宏建设成为云南沿边开放的先行区。同时还指出：面对百年不遇的特大旱灾，边疆民族地区干部群众要坚定信心，振奋精神，全力保持经济平稳较快发展。

【第二届葫芦丝文化节葫芦丝大奖赛开赛】 2010年4月8日上午，由德宏州委、州政府主办，梁河县委、县政府、中国民族管弦乐学会葫芦丝巴乌专业委员会、云南省音乐家协会葫芦丝巴乌学会承办的中国·德宏第二届葫芦丝文化节葫芦丝大奖赛在梁河礼堂正式开赛。本届葫芦丝大奖赛有来自全国各地163名葫芦丝爱好者报名参赛（其中：省外选手24人，省内州外选手42名，州内选手97名），参赛选手中年龄最大的60岁，最小的只有6岁。本届葫芦丝大奖赛一等奖奖金10万元，是当前在全世界范围内举办过的葫芦丝比赛中奖金最高的一届。大赛评委由中国民族管弦乐学会葫芦丝、巴乌专业委员会、云南省音乐家协会葫芦丝巴乌学会等单位的9名专家担任，为确保比赛的公平、公正，整个赛程由公证机关全程监督。经过角逐，最终本地选手倪开宏获得了一等奖。

【国家交通运输部部长李盛霖到德宏调研】 2010年4月12至13日，国家交通运输部部长李盛霖在云南省副省长刘平、省交通运输厅厅长杨光成陪同下到德宏州调研国际大通道和农村公路建设情况，德宏州党政领导赵金、孟必光、唐文祥、柳五三、杨跃国、番跃平等陪同调研。李盛霖部长一行先后对龙瑞高速公路筹建、320国道德宏养护段、德昂族等少数民族聚居地农村公路建设、畹町口岸、瑞丽市弄岛南畹河大桥、姐告边境贸易区、口岸交通运输等进行深入调研。通过实地视察，李盛霖部长表示：要充分发挥德宏独特的区位优势，加快推进国际大通道建设，交通运输部将全力支持德宏加快交通建设，为桥头堡建设提供交通运输保障。

【大型电视连续剧《中国远征军》在德宏开机】 2010年4月15日，抗战史诗巨献《中国远征军》开机仪式暨新闻发布会在瑞丽举行。云南省委常委、省委宣传部长张田欣，国家广电总局副总编辑、宣管司司长金德龙，中国人民解放军军事科学研究院世界军史研究室主任贺新城，省委宣传部常务副部长、省文产办主任尹欣，省广播电视局局长张德文，省新闻出版局局长杨文虎，德宏州党政领导赵金、孟必光、余麻约、龚敬政、田大余、杨跃国、番跃平出席了开机仪式暨新闻发布会。张田欣部长在发布会上指出，《中国远征军》在德宏开机，既是德宏和云南的一大喜事，也是我省发展影视产业的良好契机。《中国远征军》在瑞丽开机，为做强做大云南省影视文化产业增加了浓墨重彩的一笔，必将促进我省影视产业的进一步发展。我们将全力以赴为摄制组提供优质服务，确保拍摄工作顺利完成。预计，该剧将于2011年与全国电视观众见面。

【德宏州获“中国咖啡之乡”称号】 2010年4月20日，原全国政协副主席孙孚凌，全国人大常委、农业与农村委员会副主任尹成杰，中国特产之乡推荐暨宣传活动组委会副主任、原国家科技部副部长韩德乾，中国农科院党组书记薛亮，中华全国新闻工作者协会党组书记翟惠生，中国特产之乡推荐暨宣传活动组委会副主任刘远念，中国日报社编委、秘书长张德修，中央研究室政治研究局局长谢义亚，中国特产之乡推荐暨宣传活动组委会常务副主任、中国产业报协会副会长、中国特产报社社长、总编辑刘真，国务院参事、著名经济学家任五岭及农业部、商务部、国家民委、国务院扶贫办、中国进出口银行相关负责人、德宏州委书记赵金、副州长板岩过、省政府发展生物产业办公室副主任李晓霞等出席授牌仪式。德宏是我国引种咖啡最早的地区和最适宜云南小粒咖啡种植的区域之一，种植咖啡已有上百年的历史。上年底，德宏州咖啡种植面积已达12.09万亩，产咖啡干豆1万多吨，实现总产值5.3亿元，种植面积和产量均占全国30%以上。鉴于德宏州在发展咖啡产业中取得的优异成绩和在带动农民增收致富中发挥的作用，经相关专家、学者评审，中国特产协会决定授予德宏州“中国咖啡之乡”称号。

【省委常委、副省长李江到德宏调研】 2010年5月12至14日，云南省委常委、副省长李江在省委组织部副部长、省人力资源和社会保障厅厅长解毅等陪同下到德宏调研经济社会发展情况。德宏州党政领导赵金、孟必光、唐文祥、杨跃国、番跃平、板岩过先后陪同调研。李江一行深入到德宏芒市、瑞丽市、陇川县的企业、基地、田间地头和农户家中，实地考察了德宏后谷咖啡有限公司、潞西市迅达养殖厂、瑞丽市红瑞柠檬开发有限公司、陇川县林业局中心苗圃等，对德宏州劳动就业工作、新型农村养老保险工作及近年来经济社会发展中支柱产业、新兴产业培育、农业产业化、工业发展等方面工作进行全面调研。并指出：德宏在产业发展过程中要严把质量关，注重科学规划，注重品牌打造，注重改善民生，让人民群众共享改革发展成果，促进全州经济社会全面协调可持续发展。

【省委书记白恩培到德宏调研】 2010年5月21至23日，云南省委书记白恩培在省委副秘书长、省委政研室主任郑维川，省公安边防总队总队长那顺巴雅尔，昆明海关关长张金城，省出入境检验检疫局局长范国珍，省商务厅副厅长、省口岸办主任朱晓阳，云南日报报业集团副总编辑沈向兴等陪同下到德宏调研。德宏州委书记赵金、州长孟必光陪同白书记一行先后深入到潞西市彩云琵琶食品有限公司、遮放贡米有限责任公司、三台山德昂族允欠村民小组异地搬迁点、瑞丽市畹町经济开发区、姐告边境贸易区等地调研。白恩培书记在调研中指出，省委省政府提出的建设面向西南开放的重要桥头堡战略是云南也是德宏的一次重要机遇，德宏要顺势而为，抓好口岸建设和边防管理，积极融入桥头堡建设。

【景颇族音乐节目“盏西哦嗦”获群星奖】 2010年5月10日，在由文化部、广东省政府主办，广州市政府承办的第九届中国艺术节“大地情深”暨第十五届“群星奖”评奖活动中，由德宏州文化局组织选送的景颇族音乐节目“盏西哦嗦”喜获文化部颁发的全国社会文化艺术政府奖——“群星奖”。

【省委常委、省纪委书记李汉柏到德宏调研】 2010年6月8至10日，云南省委常委、省纪委书记李汉柏到德宏调研经济社会发展情况和纪检监察工作。在德宏州党政领导赵金、孟必光、柳五三、杨跃国、郭志德、赵镇康陪同下，李汉柏一行先后深入到潞西市遮放镇农民服务站、畹町口岸、瑞丽市勐卯镇卡南禁毒防艾示范点、景成地海温泉度假村、德冠红木家具厂、工业园区红木加工区、姐告边境贸易区、国门社区党建示范点。通过实地查看和听取汇报，李汉柏要求：各级党委、政府和纪检监察机关要高度重视和切实抓好反腐倡廉建设，为德宏经济社会又好又快发展，服务桥头堡建设，维护边疆和谐稳定营造风清气正的良好环境。

【州公安边防支队被授予“拥政爱民模范单位”称号】 2010年6月29日，在昆明召开的全省第八届双拥模范城（县）命名表彰大会上，德宏公安边防支队被省民政厅、省双拥办、省军区政治部授予“拥政爱民模范单位”荣誉称号。

【章凤口岸经济区管委成立】 2010年7月8日，德宏州委、州政府在陇川举行章凤口岸经济区管委、云南金岸城市建设投资开发有限公司揭牌仪式。州党政领导孟必光、余麻约、龚敬政、番跃平为章凤口岸经济区管委、云南金岸城市建设投资开发有限公司揭牌。孟必光在仪式上讲话，指出引进战略合作开发建设章凤口岸经济区，是为滇沪合作注入了政府指导、市场配置、企业运作、科学发展的新鲜元素，并开启了滇沪合作的新领域、新平台、对打造县域经济发展、民族团结进步、边关和谐安宁具有重大意义。

【国家部委联合调研组到德宏调研桥头堡建设】 2010年7月16日，由国家发改委副主任杜鹰率队，国家发改委、税务总局、人民银行、银监会、国土资源部等多部门组成的工业组、能源调研组、交通通讯组、对外经贸组、旅游文体组5个调研综合组在云南省委常委、常务副省长罗正富和省政府办公厅、省发改委、省财政厅、省国土资源厅、人民银行中心支行等负责人陪同下，深入到德宏州潞西、瑞丽、姐告口岸、畹町口岸、章凤口岸，围绕制定支持云南建设我国面向西南开放桥头堡的指导意见开展调研。杜鹰指出，把云南建设成为中国面向西南开放的重要桥头堡，是全省和德宏千载难逢的机遇，也是历史赋予德宏的重大考验。德宏要抓好胡锦涛总书记重要指示精神的贯彻落实，要按照省委、省政府加快桥头堡“通道、基地、平台、窗口”建设的总体部署，认真做好产业规划等调研的服务保障工作，为推动桥头堡建设打下基础。

【龙江水电站首台机组正式并网发电】 2010年7月21日，龙江水电站枢纽工程首台机组正式并网发电。龙江水电站位于潞西市境内的龙江干流上，是龙江流域重要的防洪控制性工程，此工程于2006年11月28日开工建设，电站装机240兆瓦，保证发电68兆瓦，工程总投资约22.71亿元，是云南省百项重点工程之一。全国政协委员、原水利部翟浩辉，水利部综合事业局局长王文珂，省发改委能源局副局长王勇，省水利厅副厅长陈坚、楚雄市副市长王厚军，德宏州党政领导赵金、孟必光、柳五三等出席了庆典仪式。

【副省长顾朝曦到德宏调研】 2010年8月4至6日，云南省副省长顾朝曦率省口岸管理等部门负责人深入到瑞丽口岸，就口岸信息化建设、重点通道建设、边民互市示范点规划建设等进行调研。在瑞丽市听取了州委、州政府、瑞丽市委、市政府工作汇报，州委书记赵金主持汇报会，州长孟必光作汇报。顾副省长强调，要德宏州抓住重大历史机遇，提高口岸管理服务水平，推进瑞丽的开发开放试验示范区、桥头堡建设。

【副省长孔垂柱到德宏调研】 2010年9月9至11日，云南省副省长孔垂柱在德宏州委书记赵金、瑞丽市委书记杨跃国、副州长板岩过等领导陪同下，深入到潞西市风平镇龙昌新村、瑞丽芒林水库、潞西市彩云瑟琶食品有限公司、陇川县集强产业有限责任公司、德宏后谷咖啡有限公司等地进行调研。孔垂柱在调研中指出：德宏要充分利用得天独厚的气候资源和区位优势，在确保粮食稳步发展的基础上，科学调整产业结构，做大做强优势特色产业。

【中国·瑞丽第十届中缅胞波狂欢节暨第三届珠宝文化节隆重举行】 2010年10月1至3日，中国·瑞丽第十届中缅胞波狂欢节暨第三届珠宝文化节隆重举行。云南省人大常委会副主任程映萱，省政协副主席倪慧芳，省人大常委会财经委主任何远灿，教科文卫主任马坚，省委宣传部副部长、文产办主任尹欣、省文联主席郑明，缅甸驻昆总领事馆总领事佐朴温、木姐地区和平发展委员会主席吴通明若、八莫地区和平发展委员会主席貌貌纽及德宏州党政领导赵金、孟必光、龚敬政、杨跃国、刀晓瑞出席了开幕式。赵金在开幕式上致辞。程映萱宣布“两节”开幕。10月2日上午中国·瑞丽第三届国际珠宝节国际珠宝展隆重开展。此次珠宝展一改往届集中设馆、集中展览的老模式，将全市范围内的所有珠宝园区、公司店铺都作为珠宝展的展馆，还通过珠宝时装走秀表演，展示珠宝首饰精品。10月3日中缅胞波节保留比赛项目中缅牛车选美如期举行；晚上“勐拱杯”珠宝公文评选赛在瑞丽广场激情上演，中缅双方各一位选手摘得大赛桂冠。

【董保柱荣获国家水稻岗位竞聘第一名】 2010年9月21日，在国家水稻现代产业技术体系全国岗位竞聘会上，国家水稻德宏综合试验站站长董保柱研究员高票获得水稻岗位竞聘第一名。这是他继2007年被国家农业部推选为全国十名科研标兵代表之后，在全国获得的又一重大殊荣。这次全国岗位竞聘共设科学家和站长8个岗位，全国共有18名农业科技人员参加8个岗位的竞聘。在68张有效选票中，董保柱研究员得票60票，名列第一名。

【副省长刘平到德宏调研】 2010年10月18至20日，云南省副省长刘平率省政府办公厅、省发改委、省财政厅、省旅游局、省国土资源厅、省住房和城乡建设厅等部门领导组成的调研组，到德宏就旅游文化发展进行专题调研。赵金、孟必光等州党政领导陪同调研。刘平指出，德宏的旅游文化产业发展，要突出特色，以特取胜，全面构建美丽德宏。

【省委书记白恩培到德宏调研“两强一堡”落实情况】 2010年10月26至27日，云南省省委书记、省人大常委会主任白恩培在省政协主席王学仁，省委常委、省委秘书长杨应楠，人大常务副主任晏友琼，副省长孔垂柱、和段琪、省人大秘书长白保兴，省政协秘书长车志敏及全省16个州市及省级相关部门负责人陪同下到德宏进行专题调研。白恩培书记强调：德宏要抓住当前重大历史机遇，继续努力，确保将省委提出的“两强一堡”（建设绿色经济强省、民族文化强省、中国向西南开放的桥头堡）战略落到实处。

【国家发改委西部司司长秦玉才到德宏调研】 2010年11月5至8日，国家发改委西部司司务长秦玉才在德宏州党政领导赵金、柳五三、杨跃国、番跃平陪同下，深入到芒市后谷咖啡产业工厂、原料基地，遮放天然气工业园区，畹町、姐告两个国家一类口岸联检中心等地进行深入调研。秦玉才指出：德宏要抓住国家深入推进西部大开发战略，尤其是瑞丽重点开发开放试验区建设的机遇，结合云南桥头堡建设战略的实施，加大开发开放的力度。

【国家“两基”督导检查组到德宏调研】 2010年11月30日至12月1日，以国家总督学顾问、教育部原副部长、江苏省原副省长、原人大副主任王湛为组长的国家“两基”督导检查组一行，在云南省副省长高峰、省教育厅副厅长王建颖、省财政厅副厅长刘德强、省妇联副主席陈洁陪同下，到德宏州检查“两基”工作。“两基”国检组先后到陇川陇把镇春雨双语幼儿园及陇川9所中小学和幼儿园，采取“听、查、看、访”等形式进行检查。国检组要求：要坚持优先发展教育，继续巩固提高“两基”成果。

【全国妇联“送温暖三下乡”云南行在德宏启动】 2010年12月2日，全国妇联“送温暖三下乡”活动云南行仪式在芒市松树寨启动。国务院妇女儿童工作委员会副主任、全国妇联党组书记、副主席、书记处第一书记宋秀岩，云南省委副书记李纪恒、省妇联主席胡有兰，德宏州委书记赵金出席了仪式，同时深入基层一线走访，调研妇联组织工作情况。在启动仪式上，全国妇联向全省妇女儿童捐赠了“母亲健康快车”等项目资金和物资共计508万元；省妇联向德宏州捐赠233万元的项目资金，并支持德宏州妇女小额担保贷款及工作经费900万元。

【芒市国际中学开工奠基】 2010年12月9日，芒市国际中学开工奠基，州党政领导龚敬政、毛勒端、孔勒干、沙玉庄出席了奠基仪式。龚敬政宣布“芒市国际中学奠基开工”。该中学位于芒市体育中心西侧，项目占地310亩，规划办学总规模72个教学班3600人（初中24个班，高中48个班），总建设面积7.2万平方米，估算总投资约1.3亿元人民币，建成后将极大地缓解芒市因高中教育资源匮乏而导致的招生压力。

【中宣部部长刘云山到德宏调研】 2010年12月13至15日，中共中央政治局委员、中央书记处书记、中宣部部长刘云山在云南省委书记白恩培，省长秦光荣，中宣部副部长、中央外宣办主任王晨，全国“扫黄打非”领导工作小组专职副组长李长江，国家新闻出版总署副署长蒋建国，云南省委常委、省委秘书长杨应楠，省委常委、省委宣传部长张田欣的陪同下，到德宏州芒市、瑞丽市进行调研考察。刘部长一行深入到乡镇、村寨、边境口岸和基层文化单位，与各族干部群众亲切交谈，了解他们的生产生活情况和对精神文化生活的要求，召开民族地区文化建设座谈会，了解云南边疆民族地区基层文化建设情况。调研中，刘云山要求各有关部门加大对云南省边疆文化长廊建设的扶持力度，把文化建设作为促进经济社会又好又快发展的重要支撑，把保障人民群众基本文化权益作为改善民生的重要内容，坚持重心下移，面向基层，坚持创新思路，拓宽渠道，切实加快边疆民族地区文化发展步伐，让各族人民群众共享文化改革发展成果。

【德宏入选'2010中国最具民俗文化特色旅游目的地】 2010年12月18日，'2010年中国民俗文化旅游论坛暨“最具民俗文化特色旅游目的地”颁奖典礼在人民大会堂举行，德宏荣获'2010中国最具民俗文化特色旅游目的地殊荣。此次活动由人民网主办，人民网旅游频道承办，全国190多个地方参与评选，近370万网民投票和专业评审团评选，最终评出8个地方，德宏州是其中之一。

【潞西市更名为芒市】 2010年12月29日，在芒市会堂潞西市举行市名更名授印揭牌仪式。云南省政协主席王学仁、原省委副书记王天玺、原省政协副主席朗大忠、省政协秘书长车志敏、省人大财经委主任何远灿及德宏州主要党政领导参加了仪式。长期以来，由于地名的缘故，“德宏”、“潞西”、“芒市”三个地名让不少外地到德宏的人感到迷惑，身在芒市找潞西的现象时有发生，严重制约了芒市的对外开放和经济发展。基于此，经国务院批准、省政府发文，潞西市正式更名为芒市。更名仪式上州党政领导赵金、孟必光、余麻约、龚敬政为芒市授印揭牌。

【首届中国芒市（国际）咖啡文化节隆重开幕】 2010年12月29日，首届中国芒市（国际）咖啡文化节在芒市体育中心隆重开幕。省人大财经委主任何远灿，中、日、韩经济发展协会常务会长史大红，省民政厅副厅长郝坚峰，省交警总队副总队长赵云岗，云南农业大学副校长毛昆明，亚太经合中国投资集团董事局主席罗荣熙，国际和谐基金会秘书长兼常务副理事长龙霞龄，德宏州及芒市党政主要领导出席了开幕式。开幕式上芒市委书记蔡四宏发表了讲话，德宏后谷咖啡有限公司总裁熊相人致辞。州委书记赵金宣布文化节开幕。参加开幕式的有关领导触摸了显示“首届中国芒市（国际）咖啡文化节”开幕字样的水晶球。活动期间还举办了“后谷欢乐颂，奏响新芒市”交响音乐会，后谷发展模式与基层村企党建工作论坛、记者招待会。

（《年内大事》撰稿 张青青　杨星明）

领导干部名录

中共德宏州委常委、书记、副书记名录

常　委　赵　金（彝族）　孟必光（傣族）
唐文祥（瑶族）　柳五三（白族）
田大余（2010年12月止）　马福朝
杨跃国　陈德金（彝族,2010年12月任）
马永福（回族，2010年4月止）
郭志德（彝族）　番跃平（景颇族）
李燕兰（女，藏族）　赵镇康（回族）
何汝利（2010年4月任）
书　记　赵　金（彝族）
副书记　孟必光（傣族）　唐文祥（瑶族）
秘书长　番跃平（景颇族）
副秘书长　邵　强（傣族，2010年10月止）
侯　胜　党宽利　李枝济
车发云（白族）　陶继清
宋雨发（2010年10月止）

中共德宏州委各部门领导干部名录

州委办公室

主　任　侯　胜
副主任　党宽利　李枝济

机要局

局　长　袁昆贤（傣族）
副局长　李明柳（女）

州委组织部

部　长　马永福（回族，2010年4月止）
何汝利（2010年4月任）
常务副部长　赵海维（2010年2月任）
副部长　向明亮（傣族）　岳麻空（景颇族）
李富炳　宋雨发（兼）
副处级组织员　尹可舰　冯祖懿（傣族）

州委宣传部

部　长　田大余（2010年12月止）
陈德金（彝族，2010年12月任）
常务副部长　方桄明（兼文明办主任）
副部长　董家垠　赵云山
杨宏成（兼文产办主任）
文明办副主任　管　斌（女，傣族）

州委统战部

部　长　李有升（兼）
常务副部长　刀承祎（傣族，2010年2月任）
副部长　何庆国（景颇族，2010年2月任）

州委政法委

书　记　郭志德（彝族）
副书记　曾学亮　王　奇（兼综治维稳办主任）
张维平（兼州委“610”办主任）
政治部主任　鲁志坚（2010年2月止）
办公室（调研室）主任　李学成(彝族,2010年9月止)
综治维稳办副主任　冯祖威　李培忠（2010年9月任）
执法监督室专职副主任　杨　斌（2010年10月任）

州委政研室

主　任　何春嵘（景颇族）
副主任　李仲钦（阿昌族）　杨新凯
州委农村工作领导小组办公室副主任　张力才

州直机关工委

书　记　岳麻空（景颇族，兼）
副书记　董有湘　丁如松（女）

州委老干部局

局　长　李富炳
副局长　雷　准（景颇族）

州委保密局

局　长　邵强（傣族，兼）

姐告边贸区工委

书　记　杨跃国（兼）
副书记　刀晓瑞（女，傣族，兼）　许毅刚

德宏州第十三届人大常委会

主　任　余麻约（景颇族）
副主任　汪宝泉　毛勒端（景颇族）
杨　红（女）　王兴才（景颇族）
管国芳（女，傣族）
孙春兰（女，阿昌族）
秘书长　夏　阳（2010年2月任）
委　员　刀红艳（女，傣族）　刀承祎（傣族）
向光泽（傣族）　闫信能　李富炳
杨天明（傣族）　肖占先
张盈生（景颇族，2010年1月止）
张滇晋　陈耀洪（布依族）
金学明（景颇族）　周启昌
方洪明（傣族）　江　滇
杨五青（德昂族）　张勒干（景颇族）
罗星明（彝族）　郑光永（傈僳族）
赵文胜（白族）　夏　阳（2010年1月止）
倪国强　排　生（景颇族）

排正忠（景颇族，2010年1月止）
龚元政（傣族） 瑞 红（女，傣族）
岳麻空（景颇族，2010年2月任）
赵立新(白族，2010年2月任)
段晓光（2010年2月任）

德宏州人大常委会各工作机构

办公室

副秘书长 夏 阳（2010年2月止）
副秘书长、主任 赵立新（白族）
副秘书长、副主任 汪绍东

民族华侨工作委员会

主 任 龚元政（傣族）
副主任 汪国平

法制工作委员会

主 任 闫信能

财政经济工作委员会

主 任 向光泽（傣族）
副主任 杨祥时

教科文卫工作委员会

主 任 金学明（景颇族）

选举联络工作委员会

主 任 张滇晋
副主任 张新跃（傣族）

农业环境资源保护工作委员会

主 任 方洪明（傣族）
副主任 杨顺昌

研究室

主 任 段晓光
副主任 王 伟

德宏州人民政府及政府组成部门（包括部门管理机构和承担行政职能的事业单位）

州人民政府

州 长 孟必光（傣族）
副州长 柳五三（白族） 田大余
孔勒干（景颇族） 板岩过（傣族）
马 闻（回族） 苏洪涛
高铁英（挂职，2010年6月任）
州长助理 刀承贤（傣族）
龚能政（傣族，2010年10月止）
全洪涛 刀承福(傣族,2010年10月止)
秘书长 周湛鸿
副秘书长 袁少全 王建江（2010年10月止）
普金发（2010年2月止）
郗育铎（傣族，2010年10月止）
蔺以卫 刀保信（傣族） 沈 澎（女）
蔺汝健 韦德斌（2010年2月任）
杨 洪 孙孔龙（景颇族）
李全民（兼，2010年10月止）
宋雨发（兼，2010年10月止）
李立奎（2010年11月任）

州人民政府办公室

主 任 袁少全

信访局

局 长 蔺以卫（兼）
副局长 克琼芬（女，傣族，2010年2月止）
尹丽芳（女） 钱 华（哈尼族）

法制局

局 长 吕泽霆
副局长 王 猛

无线电管理处

主 任 何国山

住房公积金管理中心

主 任 杨旭辉

机关事务管理局

局 长 普金发（兼，2010年2月止）
副局长 杨丽萍（女，白族）

政务服务中心

主 任 刘 星（2010年9月任）
副主任 克宝玉（女，傣族，2010年9月任）

公共资源交易中心

主 任 刘 星（兼，2010年9月任）
副主任 尹可谅（傣族，2010年10月任）
罗本成（2010年10月任）

州发改委

主 任 俄 吞（傣族）
副主任 李兴光 杨立刚 王 莉（女） 唐宏君

州经委

主 任 闫生赞
副主任 成保平 岳太湘 罗宏榆

州教育局

局 长 王根顺
副局长 肖丽华（女，傣族） 寸待龙 陈寿昌
教育督导室主任 彭武国

州科技局

局 长 何 琳（女）
副局长 江宗宽

州财政局

局 长 刘新光

副局长　尚立雄（景颇族）　帕安胜（傣族）
党组副书记　黄德明
农业综合开发办主任　雷宝才（阿昌族）
总会计师　徐祖林
非税收入管理局局长　杨善武

州人事局

局　长　向明亮（傣族）
副局长　保孔陇（景颇族）　李定林
　　　　周　莛（女，满族）
编办副主任　徐丽华（女，白族）

州劳动和社会保障局

局　长　赵科丁（景颇族）
副局长　龚云政（傣族）　郑　宇　鲁国良

州公安局

局　长　马　闻（回族）
副局长　麻　勇（回族）　甘宏伟
　　　　杨守刚（白族）　徐云春（傣族）
　　　　岳　钢（景颇族，2010年3月任）
党委副书记　杨长林　麻　勇（回族）
纪委书记、督察长　瞿生怀
政治部主任　万永刚（傣族）
交警支队支队长　杨从品
交警支队政委　施学志（2010年2月任）
交警支队副支队长　孙建疆（哈尼族）　王志明
警令部主任　张　明
禁毒支队支队长　穆晓康
禁毒支队政委　许连学
特警支队支队长　刘江南
特警支队政委　张　斌
治安支队支队长　宋　云
治安支队政委　刘盈红
刑侦支队支队长　肖新卫
刑侦支队政委　何银林（彝族，2010年2月止）
国保支队支队长　吴云疆
国保支队政委　龚自春（傣族）
行动技术支队支队长　徐自斌（傣族）
警卫处处长　施学志（2010年2月止）
　　　　　　王晓敏（2010年2月任）
经济犯罪侦查支队支队长　罗绍华（彝族）
州强制戒毒所所长　陈连昌
州强制戒毒所政委　何银林（2010年2月任）
州强制戒毒所副所长　沈国云
州禁毒委办公室副主任　张　华

州司法局

局　长　赵祖平（2010年3月止）
　　　　尹有才（景颇族，2010年3月任）
副局长　尹有才（景颇族，2010年3月止）
　　　　张云华　刘明钦（2010年11月任）
党委副书记、纪委书记　贾　波
政治处主任　万　琦（女）

州劳教所

政　委　尹有才（景颇族，2010年2月任）
所　长　尹有才（景颇族，兼，2010年10月止）
　　　　刘明钦（2010年10月任）
副所长　乔跃生、刘明钦（2010年10月止）

州民政局

局　长　谷忠寿
副局长　李春明
　　　　李穆仙（女，景颇族，2010年2月任）

州民宗局

局　长　王二软（傣族）
副局长　韩　锦　陈绍昌　龚明海（傣族）
党组书记　韩　锦

州交通局

局　长　闫信统
副局长　杨天积　聂国强

州农业局

局　长　宋雨发
副局长　李　鹏　王立岗　杨爱军（白族）
农技推广中心主任　黄廷祥
茶办主任　周启昌

州水利局

局　长　胡琦龙
副局长　周云生　段兆雄　王家华（兼）

州林业局

局　长　钱　强（哈尼族）
副局长　谭新贵（景颇族）　於会荣　李发良
森林防火指挥部专职副指挥长
　　　　龚延麟（傣族，2010年2月止）
　　　　何勒定（景颇族，2010年2月任）
州森林公安局局长　董建川（景颇族）
州森林公安局政委　杨从宽

州商务局

局　长　李舟宇（白族）
副局长　思　伟（傣族）　张景邦

州文化局

局　长　许贵荣（傣族）
副局长　高庆鹤（白族）　杨韬南

州卫生局

局　长　田树明

副局长　赵兴海（阿昌族）　邵国荣（傣族）

　　　　滕　云（女）

州中心血站站长　郭兆富

州艾滋病防治办

主　任　段祝聪（女）

州人口和计生委

主　任　番绍芬（女）

副主任　雷麻腊（景颇族）　沈丽平（女）

州审计局

局　长　郝豫昆

副局长　刘宗燕　雪　琳（女）

州统计局

局　长　王　梅（女）

州国土资源局

局　长　肖利生（傣族）

副局长　闫敬东　王成钢　蒋恩顺

党组副书记　高星光

州建设局

局　长　杨晓平

副局长　赵恩泽　陈　争

　　　　罗本成（2010年10月止）

党组副书记　吴礼全

城乡规划局局长　刘子明

州环保局

局　长　杨成礼

副局长　刀小周（傣族）

州外事办

主　任　杨国胜

副主任　李永海（景颇族）

州侨务办

主　任　聂河云

副主任　左利民（女）

州人民防空办

主　任　于江辉

副主任　杨　怡（女）

州粮食局

局　长　杨　弄（景颇族）

副局长　景生安（傣族，2010年2月任）

　　　　杨忠承

州扶贫办

主　任　李　兵

副主任　王兴全（景颇族）

州广播电视局

局　长　段培相

副局长　排禄强（景颇族）

　　　　杨　玲（女，2010年2月任）

州旅游局

局　长　彭文才

副局长　王明亮

党组成员、旅游集团总公司副董事长　王云祥（女）

州蔗糖办

主　任　刀忠明（景颇族）

副主任　余　忠（傈僳族）　余加崇

州防震减灾局

局　长　王绍昆

副局长　张德刚

州驻昆办

主　任　郗育铎（傣族）

副主任　何秀娟（女，景颇族）

州接待处

处　长　张　云（傣族）

副处长　龚艳辉（女）

州史志办

主　任　陈德寿

副主任　杨星明　张保和（傣族）

州民语委

主　任　跑承梅何腊（景颇族）

副主任　快永胜（傣族）

州供销社

主　任　杨海生

州档案局

局　长　段丽冰（女）

州麻栗坝水库管理局

局　长　王建江

副局长　王家毕　毛从祥

姐告边贸区管委

主　任　刀晓瑞（女，傣族，兼）

副主任　蔡映春（女，回族）　杨常纪

　　　　李其贵（傈僳族）　龚翠莲（女，傣族）

州安全生产监督管理局

局　长　赵兴倬（阿昌族）

副局长　黄国荣

州招商局

局　长　赵　敏

副局长　姚宏科　李　磊（2010年1月任）

州体育事业局

副局长　段　敏

州畜牧兽医局

局　长　谢　波（傈僳族）

副局长　潘　伟　何朝阳（壮族）

州政府研究室

主　任　李全民

副主任　李维森　蔺如程

州卫生监督支队

支队长　董保锐

州移民开发局

局　长　杨世彪

副局长　张哲铭（傣族）

州交通运政管理处

处　长　李本泽

党总支书记　赵永明

德宏铁路建设领导小组办公室

主　任　柳五三（白族，兼）

常务副主任　刀承济（傣族）

副主任　李志坚

德宏州中级人民法院

院　长　马真荣（回族）

副院长　杨华相（2010年3月止）

王　建（彝族）　雷永华（景颇族）

薛文定（女，傣族，2010年10月任）

党组书记　马真荣（回族）

纪检组长　李顺芬（女）

政治部主任　刀继纲（傣族）

政治部副主任　杨常伦

执行局局长　贾云宏（2010年9月止）

张文华（2010年10月任）

执行局副局长　夏少华（白族，2010年10月止）

立案庭庭长　陈　波（2010年3月止）

刑一庭庭长　李本纪

刑二庭庭长　余　菲

刑三庭庭长　陈本启

民一庭庭长　高　立（女）

民二庭庭长　邵　文

监察室主任　王肃宏

办公室主任　王昌省（2010年10月止）

行政管理处处长　马光华（回族）

司法警察支队支队长　保建芳

审监庭庭长　丁志翔

行政庭庭长　田振宇（2010年2月任）

德宏州人民检察院

检察长　铁　楠（女）

副检察长　普　瑞（景颇族）　高应科

李云虎（2010年3月任）

党组书记　铁　楠（女）

纪检组长　孙学锦（景颇族，2010年10月止）

曹明厘（阿昌族，2010年9月任）

反贪局局长　李云虎（2010年2月止）

赵　斌（2010年2月任）

反贪局副局长　牛晓东（2010年9月止）

政治部主任　曹明厘（阿昌族，2010年9月止）

孙学锦（2010年10月任）

政治部副主任　普明堃

王莉琼（女,布依族,2010年9月任）

监所检察处处长　帕三崃（傣族）

监察处处长　们发寿（阿昌族）

检察技术处处长　李江涛（白族 2010年9月任）

法警支队支队长　熊辉品

人民监督办公室主任　李寒梅（女,2010年2月止）

向明荣（傣族，2010年10月任）

公诉一处处长　李　明

控告申诉处处长　姜　雁（女）

反渎职侵权局局长　徐国旗

侦查监督处处长　康　磊（2010年2月止）

法律政策研究室主任

王莉琼（女，布依族，2010年9月止）

犯罪预防处处长　王瑞兴

办公室主任　李江涛（白族，2010年9月止）

专职检察委员会委员

赵振荣（景颇族，2010年9月任）

政协德宏州第十届委员会

常　委　刀小周（傣族）　马占炜

马昆龙（回族）　王圣春　王振泽

尹以稳　尹可丹

玉　波（女,傣族，2010年2月止）

召系利（傣族）　刘　英（女）

闫信统　江宗宽　祁美春（女，景颇族）

许连文　孙定发（景颇族）

苏洪涛（2010年2月任）

李茂文（2010年2月任）

沈甸钦（2010年2月任）

杨　杏（女）

杨晓红（女，2010年2月止）

杨翠芳（女，佤族）

杨常锁（2010年2月任）　肖阳和

肖丽华（女，傣族） 何 方
何 庆（女，景颇族）
何干桑（景颇族） 何朝阳（壮族）
张 宽（女，景颇族） 张义兰（女）
张益俊（阿昌族） 陈 丽（女）
陈川云 陈德寿 岩 板（傣族）
罗富强（2010年2月止） 金 华
郑振泉 郑海洪 胡永强 钟焱芳
倪建明 曹发成（傈僳族）
密秉兴（傈僳族） 蒋 华（德昂族）
董保柱 谢 波（傈僳族） 詹茂胜
熊相入

主 席 龚敬政（傣族）
副主席 杨庆华 李有升（兼） 董成宝（景颇族）
卜金富（兼） 杨丽云（女,傈僳族）
秘书长 管国照（傣族）
副秘书长 尹以稳 赵福所 王金华 包丽海

政协德宏州第十届委员会办公室及各专门委员会

办公室

主 任 尹以稳（兼）
副主任 赵福所（兼） 王金华（兼）

经济人口资源环境委员会

主 任 何 方
副主任 宋光明

提案社会法制委员会

主 任 王圣春
副主任 岳秀英

教科文卫体委员会

主 任 陈川云

民族宗教侨务委员会

主 任 蒋 华
副主任 焦小帕

文史资料委员会

主 任 杨常锁

中共德宏州纪律检查委员会

书 记 赵镇康（回族）
常务副书记 李 友（纳西族）
副书记 思利章（傣族） 孙金发（阿昌族）
常 委 王立东（景颇族） 何家松
李映杰（达斡尔族）
方安品（女，傣族）
调研员 何永盛（景颇族）
监察局局长 思利章（傣族）
副局长 王立东（景颇族）

工作机构

办公室主任 何家松
干部室主任 方安品（女，傣族）
宣教室主任 李映杰（达斡尔族）
案审室主任 周一丁
副处级纪检员 冯学军
纪检二室主任 杨朝友
纠风办专职副主任 侯永涵
纪检一室主任 蒋必戎
党风室主任 段 滨（2010年2月任）

州纪委监察局派出纪工委

党政纪工委书记 徐开卫（傣族）
副书记 克宝玉（女，傣族，2010年9月止）
苟洪文 尹可谅（傣族，2010年10月止）
分局长 克宝玉（女，傣族）
群团纪工委书记 刘 星（纳西族,2010年9月止）
副书记 马麻弄（景颇族） 刀文华（傣族）
帅喊岩（傣族，2010年1月止）
包 锐（2010年10月任）
财经纪工委书记 李维仲（傣族）
副书记 李茂林 余 忠 游荞宁（女）
分局长 李茂林
教科文卫纪工委书记 许枝熙
副书记 杨园林 尹定耀
人事民政纪工委书记 邓莉华（女）
副书记 梁昌权（阿昌族） 何培元（傈僳族）
寸待礼
分局长 梁昌权（阿昌族）
农林水纪工委书记 哏留兴（傣族）
副书记 张 芬（女） 蒋太平 岳太贵（景颇族）
分局长 张 芬（女）
政法纪工委书记 杨锡伟
副书记 杨春城
分局长 杨春城

德宏州群众团体、企事业单位

州总工会

主 席 孙春兰（女，阿昌族）
常务副主席 张 宽（女，景颇族）
副主席 孟必和（傣族）

州妇联

主 席 李燕兰（女，藏族，2010年2月任）
常务副主席 刀红艳（女，傣族，2010年2月任）
副主席 杨翠芳（女，佤族） 杨玲艳（女，傣族）

共青团德宏州委

书　记　刘桢梅（女，白族）

副书记　李君川　孙　坚（2010年10月任）

州工商联

主　席　卜金富

常务副主席　肖占先

副主席　管有成（傣族）

岳秀英（女，景颇族，2010年4月止）

刀承祎（傣族，2010年4月任）

党组书记　刀承祎（傣族，2010年2月任）

州科协

副主席　何　琳（女）　江宗宽

州侨联

主　席　聂河云

副主席　左利民（女，2010年3月任）

州文联

主　席　龚家强（傣族）

副主席　倪国强

州老年体协

主　席　杨大荣

专职副主席　寸丽萍（女）

州残联

理事长　谷云芳（女）

副理事长　杨立志（女）　李兴强

州社科联

主　席　林念兰

副主席　陈　旭

州红十字会

会　长　苏洪涛（兼，2010年8月任）

常务副会长　张蕾红（女）

州医疗集团

总院长　赵文胜（白族）

副总院长　何明庚　李宗禹(傣族,2010年9月止)

张益俊（阿昌族）

党委副书记　沈赵留

州疾病预防控制中心

主　任　张保森

州妇幼保健院

院　长　郭云松（女）

州委党校

校　长　李兴顺（兼，2010年2月止）、

唐文祥（瑶族，兼，2010年2月任）

副校长　谢大鹏　线庆升（傣族,2010年2月止）

杨晓兰（女）　高正伟（2010年10月任）

党委书记　谢大鹏

党委副书记　毛成才

州民干校

校　长　谢大鹏

副校长　线庆升（傣族，2010年2月止）

杨晓兰（女）　高正伟（2010年10月任）

州行政学校

校　长　孔勒干（景颇族，兼）

副校长　谢大鹏　线庆升（傣族，2010年2月止）

杨晓兰（女）　高正伟（2010年10月任）

州社会主义学校

校　长　李有升（兼）

副校长　谢大鹏　线庆升（傣族,2010年2月止）

杨晓兰（女）　高正伟（2010年11月任）

德宏职业学院

院　长　李长富

副院长　赵家福（阿昌族）　杨清成

党委书记　杨子平

州中等职业学校

校　长　邵维涛

副校长　李春萍（女）　郑海景（2010年11月任）

州民一中

校　长　党　颖

副校长　王希和　线时盛（傣族）　杨　伟

党总支副书记　谭德学（景颇族）

德宏传媒集团

总　裁　董家埌

党委书记　董家埌

党委副书记兼纪委书记　熊　艳（女）

副总裁　张　健　舒生跃（傈僳族）

舒迎春（傣族）　韩启祥

谷泉音（女）　岳太龙（景颇族）

德宏团结报社社长　张　健（2010年2月止）

熊　艳（女,2010年2月任兼）

报社副社长、副总编　李永斌　杨增洪

德宏州广播电台台长　韩启祥（2010年5月止）

陶　明（2010年5月任）

德宏电视台台长　舒迎春（傣族）

德宏电视台常务副台长　杨　艳（女，德昂族）

德宏民族出版社社长　舒生跃（傈僳族）

国际互联网德宏新闻中心主任　谷泉音（女）

州民语译制中心主任　岳太龙（景颇族）

中央、省属驻德宏工作机构

德宏师范高等专科学校

党委书记　克明亮

校　长　江　滇
党委副书记　景德萍
副校长　刘建平
纪委书记　杨德贵

中国人民银行德宏州中心支行
副行长　罗本祥（主持工作）　郑艳玲　杨占福
纪委书记　张金湛
工会主任　尹微波

中国银行业监督管理委员会德宏监管分局
局　长　鲁建华
副局长　杨国胜　袁虹英
纪委书记　杨雁翥

中国农业发展银行德宏州分行
行　长　金珞德
副行长　杨文会　吴　飞

中国工商银行德宏州分行
党委书记、行长　刁文利
党委委员、副行长　黄　亮
党委委员、工会工作委员会主任　沙永华

中国农业银行德宏州分行
行　长　郑守廉（2010年5月任）
副行长　许连存　欧润湘　王健骅
　　　　张信茂（2010年8月任）

中国建设银行德宏州分行
党委书记、行长　杨庆华（傈僳族）
党委委员、副行长　梁二麟（壮族）　杨继康
党委委员、副行长、纪委书记、工会主席
　　　　李志芳（女）
风险主管　段红锋（女）

中国银行德宏州分行
党委书记、行长　解近宏
党委委员、纪委书记　朱　江
党委委员、副行长　何建富

农村信用社联合社
副主任　杨银彪

州国税局
局　长　杨家正
副局长　余正保　赵成继（傣族）
纪检组长　叶　剑
总经济师　线　三（傣族）

州地税局
局　长　岳志新
副局长　孔　亮
纪检组长　终继光　尹可山（2010年2月任）
总经济师　董瑞义（景颇族）

中国人保财险股份有限公司德宏分公司
总经理　杨雁翔
副总经理　陈　黎　许本清

中国人寿保险股份有限公司德宏分公司
总经理　管　波
总经理助理　聂永强　明黎强（2009年7月任）
　　　　李仕忠（2009年7月任）
资深主管（副处）　孙家良（2009年1月任）

芒市民航站
总经理　钟　敏
党委书记　马召保
副总经理　方川龙　杨　磊

州气象局
局　长　王绍山
副局长　李　进　徐八林
纪检组长　杨世杰

德宏电信分公司
党组书记、总经理　段　勇
党组成员、副总经理　杨富华（白族）
工委主任、副总经理　刘宏斌

云南电网德宏供电有限公司
董事长、总经理　岳志强（2010年3月1日止）
执行董事、总经理　岳志强（2010年3月任）
党委书记　杨　凡（2010年3月任）
副总经理　寸时建　李茂增（2010年3月任）
　　　　林宝德（2010年3月任）
党委副书记、纪委书记　纳　斌（2010年3月任）
工会主席　龚启武
监事、工会主席　龚启武（2010年3月）
财务总监　段雪伟（2010年3月任）

云南电网公司德宏供电局
局　长　杨　凡
党委书记　岳志强（2010年3月任）
副局长　谭　林　肖　颖
　　　　叶煜明（2010年9月任）

中国移动通信德宏分公司
总经理　倪建明
副总经理　袁国志　杨林波

中国联合网络通信有限公司德宏州分公司
总经理　赵　杨（2010年7月6日止）
　　　　卜海泉（2010年12月23日任）
副总经理　杨开亮（2010年12月23日任）
　　　　张庆东（20010年12月23日任）

缪志明（20010年12月23日任）
林　毅（2010年12月23日任）

州邮政局

局　长　杜国才
党委书记　王建云
副局长　段春燕（女）　周　斌

德宏烟草专卖局

书记、局长、经理　赵　强
副局长　尹跃邦
副经理　赵之福　吴庭发

德宏州工商行政管理局

党组书记、局长　黄春伟
副局长　马向红（2010年9月任）　卢振伟
赵卫平　罗德宏（2010年9月止）
纪检组长　胡　宁

德宏州食品药品监督管理局

局　长　魏有曙
副局长　吴基权　杨　灵
纪检组长　李蕙萍

德宏州质量技术监督局

局　长　李维新
副局长　洪　德　杨加祥
纪检组长　杨洪钦

国家统计局德宏调查队

队　长　张明明
副队长　岳志刚　王　涛

德宏州水文水资源局

局　长　张正强

瑞丽海关

关　长　黄孝荣
副关长、缉私分局副局长（主持工作）　蒋旭峰
副关长　杨道生　刘光梅
钏文军（2010年10月任）
昆明海关驻瑞丽、畹町纪检监察特派员　高　斌

瑞丽海关缉私分局

局　长　李飞虎（2010年5月止）
政　委　董诗强
副局长　蒋旭峰（2010年5月任，主持工作）
马应旭　付光林（2010年5月任）
李家明（2010年5月止）

海关总署缉私局瑞丽缉毒犬基地

主　任　张卫华
副主任　徐晓昕

芒市海关

关　长　何　勇（2010年5月任）
黄孝荣（2010年5月止）
副关长　徐　文　付光林
杨清渊（2010年5月止）

盈江海关

关　长　张丽珍
副关长　丁小宝　徐　文（2009年4月止）
李光庆（2009年4月任）

昆明海关派驻盈江海关、章凤海关纪检监察特派员
赫建权

章凤海关

关　长　孟跃贤
副关长　张文斌　钏文军（2010年10月止）

畹町海关

关　长　朱建国
副关长　陈树森　李志东

德宏出入境检验检疫局

副局长　张继光（主持工作）　寸待凯
纪检组长　王利民
盈江办事处主任　焦德勇
章凤办事处主任　邓仙树
综合技术服务中心主任　杨新武

瑞丽出入境检验检疫局

局　长　李自飞
副局长　杨雁雄　王　泽
纪检组长　易红云
姐告办事处主任　杨洪禄
畹町办事处主任　蔺以东
综合技术中心主任　吴贵宏
机关服务中心主任　荣启明

瑞丽边防检查站

站　长　何嘉林
政　委　吴勇军
副站长　柳继明（2010年7月任）
赵永奇（2010年7月任）　罗绍峰
何院军　杨加学
副政委　谭新华
参谋长　王　强（2010年7月任）
柳继明（2010年7月止）
政治处主任　阳广举
后勤处处长　周铁花（2010年7月任）
赵永奇（2010年7月止）
姐告分站站长　吴景初
姐告分站政委　王岗平（2010年7月任）

杨　能（2010年7月止）

畹町边防检查站

站　长　邓　冰

政　委　喻泽辉

副站长　彭国发（2010年7月任）　李秋明

钱中华（2010年3月止）

副政委　杨晓田

司令部参谋长　李跃江

政治处主任　伍万贵

后勤处处长　李昌宏（2010年7月任）

彭国发（2010年7月止）

德宏交通运输集团公司

总经理　秦国苍

副总经理　王跃华　胡梦卿　段兆云

杨世苍　张谢龙

纪委书记、监事会主席　林成钧

工会主席　王跃华

芒市公路管理总段

总段长　高尔朴

副总段长　杨定忠　张敏才

沈传宏（2010年7月任）

党委书记　李家旺（2010年1月任，白族）

纪委书记　王向宏

工会主席　李开贤

芒　市

地　理

【市　境】　芒市地处云南省西部，德宏傣族景颇族自治州东南部，位于东经98°01′~98°44′，北纬24°05′~24°39′之间。东西长约71千米，南北宽约62千米。总面积2987平方千米，其中山区占74%，坝区占26%。东、东北接保山市龙陵县，西南连瑞丽市畹町经济开发区，西、西北与梁河县、陇川县隔龙江（陇川江）相望，南与缅甸交界，国境线长68.23千米。市政府驻勐焕街道办事处（城镇规划面积25平方千米），同时是德宏州州府驻地。芒市陆距省会昆明649千米，空距427千米。其地形特点是：“八分山，二分坝，三山两坝一河”。东北至西南走向的山地之间为宽谷盆地，通称“坝子”，盆地中部被三台山隔断，形成芒市和遮放两个坝子，地势东北高，西南低。其最高海拔为2889.1米，最低海拔528米。芒市与缅甸毗邻，长期以来，中缅两国边民跨境而居，相互通婚，边民互市历史久远。全市有33个自然村与缅甸贵概县接壤，拥有5条通商通道，具有陆路边贸区位优势。

【气　候】　芒市地处低纬高原，热量丰富，气候温和，属南亚热带季风气候，具有夏长冬短、干湿分明、冬无严寒、夏无酷暑，日照时间长、雨量充沛、冬季多雾等特点。历年平均气温19.6℃，最热月（6月）平均气温24.1℃，最冷月（1月）平均气温12.3℃，极端最高气温36.2℃（1960年4月29日），极端最低气温-0.6℃（1963年1月5日），年积温7170℃。历年平均降水量1654.6毫米，年最多降水量2294.4毫米（2001年），年最少降水量1177.3毫米（2006年），雨季（5~10月）降水量占全年降水量的89%，年平均降雨日数170天，一日最大降水量158.3毫米（2002年10月25日）。历年日照时数2252.9小时，年蒸发量1710.2毫米，无霜期315天。2010年，芒市热量条件较好，雨量为平稍偏丰年，光照条件略差。年平均气温20.5℃，比上年高0.1℃；比历年平均值偏高0.9℃，属偏高年份。降雨量正常略多，年降雨量1771.8毫米，比上年多440.4毫米，比历年平均值偏多116.6毫米，偏多7%，属正常年份。日照时数正常略少，年日照时数2113.5小时，比上年多11小时，比历年平均值偏少139.4小时，偏少6%，属正常年份。2009年10月至2010年3月中旬，芒市降雨持续偏少，出现秋、冬、春三季连旱天气，是芒市有气象记录以来最严重的气象干旱灾害。年内，全市发生森林火灾3起，森林过火面积34.66公顷，林木经济损失174.94万元。部分乡镇出现不同程度的冰雹、大风灾害。6、9、10月西山、风平、遮放、芒市等乡镇出现不同程度的洪涝灾害；9、10月江东乡和五岔路乡发生滑坡、泥石流灾害。10月上旬出现秋季连阴雨天气，对秋收秋种造成一定影响。气候对工农业生产的影响属中等偏下年景。13.85万人因气象灾害受灾，1人因灾伤病；农作物受灾2.98万公顷，成灾1.79万公顷，绝收1.13万公顷；房屋损坏716间，倒塌67间，共造成经济损失3711.19万元，其中农业经济损失3242.7万元。

【行政区划】 2010年，芒市辖芒市镇、风平镇、遮放镇、勐戛镇、芒海镇5镇，轩岗乡、江东乡、五岔路乡、三台山乡、西山乡、中山乡6乡，1个街道办事处（勐焕街道办事处）；80个村民委员会，13个社区居委会，719个自然村，1008个村（居）民小组。辖1个国营农场（遮放国营农场），遮放农场下辖4个农业分场（31个生产队）；辖2个直属单位。

【人口民族】 2010年，芒市有城镇农村居民住户10.28万户，比上年增8.3%；总人口39.08万人，比上年增2.2%；其中：男性20.05万人，女性19.02万人。城镇人口14.75万人，农村人口24.33万人，城镇化率36%，人口自然增长率7.13‰，出生率11.4‰。死亡率7.02‰。在总人口中：汉族20.45万人，占总人口的52.3%；傣族13.27万人，占34%；景颇族2.93万人，占7.5%；德昂族1万人，占2.6%；傈僳族0.38万人，占1%；阿昌族0.25万人，占0.6%；其他少数民族0.79万人，占2%；人口密度每平方千米130.8人。

历　　史

【简　史】 芒市历史源远流长，早在新石器时代就有人类繁衍生息。考古学家曾在五岔路乡、中山乡发现新石器时代遗址。潞西古为“滇越乘象国”地。西汉为不韦县，属益州郡。东汉永平十二年（公元69年）划入哀牢县，属永昌郡。西晋秦始七年（公元271年）属宁州辖地。唐初称茫施，属金齿部，隶属剑南道姚州都督管辖。宋大理国时易名怒谋，属永昌府，为金齿白夷地。元朝中统二年（1261年），在金齿地设安抚司，属贺天爵安抚使管辖。至元八年（公元1271年）分金齿司地为“路”，今县城划入东路地区。翌年，东路改名镇康路。至元十三年（公元1276年）从镇康路划出，设茫施路，隶属金宣抚司六路总管府。明洪武十五年（公元1445年）废茫施路，置茫施府，隶属云南承宣布政司。万历十三年（1585年）在遮放地区置遮放副宣抚司。崇祯十三年（1640年）芒市御夷长官司升格置为芒市安抚司。清初属永昌府。乾隆三十五年（1770年）改属龙陵厅。光绪二十五年（1809年）置勐板土千总（今芒牛坝一带），属龙陵厅管辖。民国元年（1912年）划芒市、勐卯两司为芒板弹压委员辖地，划遮放、勐板两司为遮卯弹压委员辖地，均隶属滇西道观察使。民国四年（1915年）改划芒遮板三司地为芒遮板行政区，属腾越道尹，公署设在勐戛，后废道制，改属第一殖边督办公署。民国二十一年（1932年）改为芒遮板设治局（准县级）。民国二十三年（1934年）改设潞西设治局，因其位于怒江以西而得名，局署仍在勐戛。民国二十五年（1936年）11月始设区、乡（镇），与土司制度原设合一，共设3区24乡4镇。1949年3月，潞西设治局从勐戛迁入芒市，隶属第十二区行政督察专员公署，8月改为县治，县名仍为“潞西县”。芒市土司代办、设治局长方克胜任县长，治所设在芒市。

1950年4月21日，中国人民解放军陆军14军41师121团进驻芒市，潞西和平解放，随解放军一同到达的军政代表团接管了国民党潞西县政府。1950年建立了潞西县人民政府，隶属保山专署。1952年，置3区24乡（镇、街），划出畹町镇。1953年7月，潞西划入德宏傣族景颇族自治区。1954年高埂田等7个乡从梁河县划入。1956年德宏自治区改自治州，潞西县隶属德宏州，置9区（站）61乡（镇）。1958年10至12月，设15个人民公社，县辖曼令等8寨划归畹町镇。1959年县辖莫里等15寨划归瑞丽县。1960年县辖崩补乡50%乡域划归陇川县。1966年置12区（站）78乡（镇）。1969年，撤销德宏州后潞西县隶属保山专区革命委员会管辖，置14个人民公社80个大队。1971年恢复德宏州建制，潞西划归德宏管辖。1984年人民公社改区乡。1987年，改区、乡（镇）为乡镇、村公社（办事处），辖14镇11乡84个行政村办事处。1996年10月28日，潞西撤县设市（县级市）。1998年，风平、法帕、城郊3乡撤乡设镇，全市辖7镇8乡80个村委会、4个居民委员会。2004年，新设芒市经济开发区居委会，全市有80个村委会、5个居民委员会。2005年11月潞西市撤并乡镇，撤城郊镇、象滚塘乡并芒市镇，撤法帕镇并风平镇，撤东山乡并遮放镇，撤并后全市有5镇6乡；12月，根据（潞机编〔2005〕23号）成立潞西市工业园区管委会。2007年12月，经云南省人民政府《关于潞西市芒市镇行政区划调整的批复》，设置勐焕街道办事处。至此，全市有80个村民委员会，10个社区居委会。2009年4月，原芒市华侨农场3个分场（芒市分场、帕底分场、遮相分场）划归潞西市管辖，现有80个村委会、13个社区居委会。2010年7月12日，经国务院批准，潞西市更名为芒市。

社　　会

【经济简述】 2010年，芒市实现生产总值44.3亿元，完成年计划的107.3%，按可比价格计算比上年增14.9%。其中：第一产业11亿元，比上年增5%；第二产业13.8亿元，增28.2%；第三产业19.5亿元，增12%。完成工业总产值33.2亿元，完成年计划的112.6%，比上年增36.1%；完成农林牧渔业总产值16.5亿元，完成年计划的102.5%，增5.6%；社会固定资产投资完成41.62亿元，完成年计划的104.8%，增36.3%；实现财政总收入5.51亿元，完成年计划的115.6%，增31.4%；地方一般预算收入3.3亿元，完成年计划的113.8%，增29.4%；社会消费品零售总额18.3亿元，完成年计划的100%，增22.5%；外贸进出口总额12.02亿元，完成年计划的117.9%，增32.3%；旅游总收入13.06亿元，完成年计划的113.5%，增12.8%。

【固定资产投资】 2010年，芒市完成固定资产投资41.62亿元，完成年计划的104.8%，比上年增36.3%。其中：交通投资10.42亿元，农林水投资1.79亿元，工业投资5.21亿元，电力投资2.9亿元，城镇投资7.9亿元，房地产投资6.3亿元，旅游业投资1.19亿元，社会事业投资4.14亿元，其他投资1.77亿元。全市计划投资项目148个，其中新开工86个，续建62个。年内审批项目112项，备案项目74项，涉及投资145.79亿元；实施项目297个，其中新开工项目180个，续建项目117个。招商引资签约项目20个，签约资金203.13亿元，到位资金20.1亿元，比上年增11.5%。龙江水利枢纽工程、潞梁二级公路、芒象公路、中山隔界洼至畹町公路，机场大道、金孔雀大街、城市供水、遮放集镇供水、垃圾处理、珠宝小镇、财富中心、澳鑫农贸市场、城市道路、城市小景点建设、美化绿化工程，金塔水乡、德瑞花园、海贝曦谷、弘映山庄、盛世佳园、靓园小区，1万吨速溶咖啡、弘安水泥厂，芒市一小搬迁、校安工程等重点工程项目进展顺利，投资拉动明显。

【农　业】 2010年，芒市完成大小春农作物总播种面积82.35万亩（不含甘蔗、茶叶及生物创新产业），比上年增7.54万亩，增10%；总产量29.14万吨，比上年增0.35万吨，增2%；总产值7.08亿元，增1.67亿元，增31%。其中：粮食作物65.24万亩，产量19.7万吨，产值5.05亿元；经济作物17.11万亩，产量9.44万吨，产值2.03亿元。完成订单面积11.54万亩，总产量53867万吨，产值17768.8万元。其中：甜脆玉米1.25万亩，产量0.9万吨，产值1620万元；烟叶3.54万亩，产量0.49万吨，产值6960.83万元，实现烟叶税1531.39万元；优质稻5.22万亩，产量2.09万吨，产值5637.6万元；冬早马铃薯1万亩，产量1.5万吨，产值2700万元；冬早蔬菜0.6万亩，产量0.9万吨，产值1350万元。

年内，肉奶蛋总产完成24326吨，比上年增11.87%；年末畜禽存栏情况分别为：猪19.66万头，牛5.34万头，羊1.99万只，禽83.71万羽。全年出栏：猪18.2万头，牛1.62万头，羊1.22万只，禽130.03万羽。年内，投入项目扶持资金1676.87万元，完成4个生猪标准化规模养殖场（小区）改造，1个奶牛标准化规模养殖场（小区）改扩建，建成5个奶水牛养殖场（小区）。规模养殖场发展到189户，牛奶、牛肉加工企业及个体小作坊21户。

年内，拥有农机总动力33544.65万瓦特，农业机械原总值22186.75万元，拖拉机拥有量21339台，其中大中型拖拉机（变形拖拉机）2751台，小型拖拉机18588台；联合收割机381台，微耕机945台，水稻机械插秧15台，配套农机具17956台，农副产品加工机械5574台（其中粮食加工机械4967台，油料工机械92台，茶叶工机械515台），农业机械化拥有量继续保持稳定增长。完成机耕面积42.2万亩，机收面积20.79万亩（其中：水稻机收面积13.91万亩，比上年增1.6万亩，增13%；小麦机收面积3.29万亩，增3852亩，增13%；跨区机收面积3.59万亩，增4960亩，增16%）；作物秸秆还田面积18.73万亩，比上年增3.53万亩，增23%；机械脱粒粮食量7.17万吨，增0.03万吨，增0.4%；农机运输总量5320.14万吨，增26.54万吨/千米，增0.5%；机械初加工农产品数量10.82万吨，增0.91万吨，增9%；新培训拖拉机驾驶员686人，新培训汽车驾驶员796人；检审拖拉机2494台，农机手出事故率、重伤率、死亡率三项指标分别为：0.281‰（事故6起）、

0.047‰（重伤1人）、0.281‰（死亡6人），均未突破控制指标。农机经营总收入11140.4万元，比上年增720.7万元，增7%。

【林　业】　2010年，芒市林业局投入林改资金919万元，完成确权面积243.99万亩，确权率为99.02%；确权发证102314宗，发放林权证48926本，发证面积243.99万亩。落实贴息贷款2400万元；落实退耕还林国家补贴8200万元。有公益林83.7万亩，占林业用地面积的27.2%，生态效益补偿基金484.67万元，配备公益林管护人员983人，签订管理责任书及限伐协议书18634份，支付各项管护经费45.46万元。安排集体商品林木总采伐限额90万立方米，依法承办林权流转变更1033件，面积11.37万亩，流转金额5000万元。办理各种林权证错误更正2214件，遗失补证78件。承办林权抵押贷款28宗0.4万亩，信用社发放林权贷款742万元；承办林权担保贷款林地82宗5万余亩，委托担保公司承办林权担保贷款4.8亿元。实现社会资金向林区产业投入5.7亿元。完成造林23.72万亩，中低产林改造3.9万亩，义务植树56.12万株，建成义务植树基地712亩，完成州市领导样板林400亩。收取以资代劳绿化费8万余元。

年内，全市出现卫星热点22个，发生森林火灾3起，过火总面积34.66公顷，受害森林面积4.33公顷；调运检疫木材99449.5立方米，苗木56.76万株，竹材3026.5吨，活立木1525株，药材423吨。开出检疫证书5794份，收取检疫费27.59万元。年内，发生野生动物肇事5起，报批野生动物驯养繁殖中华竹鼠2家，上报野生动物疫情监测快迅332份。植物保护工作方面：人工种植石斛852亩，其中集约化种植402亩，仿野生种植450亩。办理石斛种植、加工、经营、利用许可证10户。查处各类行政案件899件，查处违法行为人899人，查处非法木材3867立方米，为国家挽回经济损失183.3万元。

【对外贸易】　2010年，芒市完成外贸进出口总额12.02亿元，比上年增32.25%，完成州、市政府下达进出口任务11亿元的109.29%，在全州商务系统排名第四位。其中：进口3017.92万元，比上年增13.66%；出口11.72亿元，增32.81%。实现各项税费1026.84万元，比上年降32.39%（原因为3月份起取消口岸三费项目），其中关税374万元，海关代征增值税242.44万元，进口商品增值税229.43万元，地税各项税收32.85万元，出口商品口岸建设费78.36万元，各项管理费69.76万元（海关收费5.34万元，检验检疫收费11.92万元，其他收费52.5万元）。

【旅　游】　2010年，芒市有旅游住宿单位123家，客房4229间，总床位7457个，其中星级宾馆、酒店12家（按五星级标准建设1家，三星级3家，二星级8家），招待所55家，非星级宾馆36家，社会旅馆20家。有国际旅行社1家，国内旅行社8家，在芒市辖区内有导游92人。有4A级景区1个（勐巴娜西珍奇园）；其他景区景点8个：勐焕大金塔、孔雀湖生态游览区、菩提寺、勐垅沙（五云寺）、佛光寺、树包塔、法帕尖山温泉度假区、勐戛三仙洞。有旅游汽车运输公司1家（德宏州孔雀之乡旅游汽车公司），拥有旅游车57辆。年内，接待中外游客154.6万人次，比上年增13.5%。其中：国内旅游者153.38万人次，比上年增13.6%；海外旅游者1.22万人次，增2.8%；实现旅游社会总收入13.06亿元，比上年增12.8%；实现外汇收入364.84万美元，增3%；全年累计完成固定资产投资16527万元，比上年增1737万元，增11.7%。

【财税金融】　2010年，芒市本级财政完成收入55088万元，比上年增13163万元，增31.4%。其中：地方一般预算收入33021万元，比上年增7500万元；上划中央两税14044万元，增5246万元；上划所得税7855万元，增2951万元；上划耕地占用税168万元，增89万元。地方一般预算支出133597万元，占年初预算数的173.9%，比上年增支30090万元，增29.1%。年内，财政收入总合计为144300万元，其中地方一般预算收入33021万元，返还性收入4775万元，财力性转移支付收入30446万元，专项转移支付收入67089万元，调入资金4100万元，上年结余4869万元；财政支出总合计为142632万元，其中地方财政支出133597万元，上解上级支出8886万元，增设预算周转金149万元；收支相抵，年终结余1668万元，其中专款结转1468万元，净结余200万元。国税完成税收收入25828万元（不含海关代征进口货物增值税152万元），比上年增5089万元，增24.5%。其中："三税"收入20076万元，比上年增3043万元，增17.9%；"两税"收入17697

万元，增 2978 万元，增 20.2%。地税完成收入 42722.2 万元，比上年增 11197.4 万元，增 35.5%。地方各费收入 11079.3 万元，其中社会保险费 10190.1 万元，文化事业建设费 46.1 万元，地方教育附加 256.3 万元，代征工会费 581.2 万元，其他 5.6 万元。

【教 育】 2010 年，芒市有各级各类学校 148 所，其中幼儿园 22 所，小学 107 所，普通中学 15 所，高级中学 1 所，初级中学 12 所，九年制学校 2 所，职业高中，教育科研中心，成人文化技术学校，青少年活动中心各 1 所。有教职工 3632 人，其中幼儿园职工 106 人，专任教师 88 人；小学教职工 2160 人，专任教师 2101 人；初中教职工 1004 人，专任教师 927 人；普通高中教职工 165 人，专任教师 139 人；职业中学教职工 117 人，专任教师 99 人；成人文化技术学校教职工 7 人；教育科研中心教职工 31 人；课外活动中心 8 人；教育局机关 34 人。有退休教职工 1207 人，临时工 110 人。各级各类学校有在校学生 63244 人，其中幼儿园（班）9820 人，幼儿入园率 72.84%；小学在校生 32017 人，适龄儿童入学率 99.87%，巩固率 99.94%；初中在校生 16004 人（含德宏州民族初级中学 2120 人，黄冈中学 48 人），毛入学率 102.64%，巩固率 98.91%；普通高中在校生 1995 人，职业高中在校生 3408 人；高中阶段毛入学率 52.7%；15 周岁初等教育完成率 99.32%；17 周岁初级中等教育完成率 96.45%；青壮年人口非文盲率 99.89%，近三年脱盲人员复盲率 1.29%。年内，校安工程开工 133 个单体项目，建筑面积 16.17 万平方米，总投资 2.53 亿元；启动了芒市中学改扩建项目 1800 平方米 3000 万元，芒市一小二期工程 1600 万元，新建芒市国际小学 15346 平方米 4205 万元，芒市国际中学总投资 1.3 亿元，农村教师周转房 6 个单体建设项目 2000 万元。

年内，教育保障机制补助小学贫困生 9733 人、486.66 万元，初中贫困生 9051 人、678.8 万元，市级助学金补助初中生 13620 人、204.3 万元，补助高中学生 1880 人、28.2 万元，补助职教学生 3114 人、46.71 万元，补助特殊教育学生 67 人、4.85 万元。补助 7 个人口较少民族学生 1583 人、39.58 万元，补助职教学生春季国家助学金 1884 人、141.3 万元。年内，有 889 人次接受希望工程和其他社会团体、个人捐资 16.97 万元，接受建校捐资 120 万元。

全年全市有 4498 人参加中考（含州民族初中的芒市生源），比上年增 1530 人；600 分以上 369 人，比上年增 72 人。有 527 人参加全国高考，本科上线 207 人，比上年增 98 人，上线率 39.28%，比上年升 19.02%；专科上线 297 人，比上年增 69 人，上线率上升 13.98%。理工类最高分 603 分，文史类最高分 553 分。

【科 技】 2010 年，芒市科学技术局向国家、省、州申报科技项目 21 项，申请扶持资金 1180 万元；获审批 10 项，下达资金 666 万元。建立咖啡种植示范基地 1 个，面积 1330 亩；项目区选派 4 名特派员，培养科技辅导员 28 名；发展农村专业技术协会 2 个，培训农民 431 人。年内，围绕德宏州“六棵树，一棵草”及芒市的“一粒米、一杯奶、一片叶”等特色产业开展培训 206 期，有 16085 人次参加了培训。

年内，知识产权局与工商、公安等部门联合开展了知识产权宣传活动，发放宣传资料 10678 份，展出展板 14 块，接待公众咨询 1185 人。申报认定了高新企业 1 家；试点企业 2 家；受理专利申请 26 件，获得专利 14 件。开展了以“节约能源资源，保护生态环境，保障安全健康”为主题的全国科普日活动及各种科普宣传 8 次，累计发放科普资料 3.1 万份，挂图 500 幅，实用技术手册 7 万册，展出科普展板 182 块。与相关部门组织开展了以“体验、创新、成长”为主题的第二十五届德宏州青少年科技创新大赛，收到参赛作品 426 件，获州级奖作品 109 项，市级奖 200 项。本年度全市有科普学会、协会 16 个，会员 40246 人；农村专业技术协会 12 个，会员 1078 人。农函大招收学员 1360 人，其中少数民族 894 人，妇女 363 人。开办 17 个单科专业的培训，推动了实用技术普及，提高了农民素质。

【文化体育】 2010 年，芒市文化体育局着力推进“艺术创作精品工程”、“文化遗产保护工程”、“农村文化惠民工程”、“文化人才培养工程”、农村电影放映“2131”工程等建设，在丰富人民群众精神文化生活内容和提高身心素质上下功夫。深入农村、社区、校园、军营开展文艺骨干辅导培训 152 场次、3360 人次，编排、培训文艺节目 68 个，民族健身操 2 套；举办剪纸、书画展 4 场次，展出作品 400 余幅。民族歌舞团编创了《军民一家亲》、《父母的恩情》等 32 个不同形式的新节目。全年到基层进行专场演出 143 场次，观众达 42 万余人。巴扎乐队到昆明、浙江开展旅游文化宣传推介活动演出52场次，得到较高的赞誉。图书馆全年接待读者21234人次，外借图书29721册次，新增借阅证311本。“流动书箱”送出流动书籍2100册，期刊100册，实现网上书籍“通借通还”服务。年内，完成全市范围内田野调查，新发现文物点47处（总数达56处），将25处申报为市级文物保护单位。配合省考古所完成中缅输油管道工程沿线芒市段文物调查，新发现2个古城遗址。全市有20个项目列入非物质文化遗产名录，其中国家级6个，省级3个，州级10个，市级1个。有各级非物质文化遗产项目代表性传承人25人。“2131”放映工程发展了17支乡镇电影放映队，22名放映员，639个放映点，全年放映电影2810场次，观众达73万人次。全市有文化市场经营户247户，受理业务咨询107人，办案件166件，办理许可证110户，出动稽查人员673人次，检查1768户次，行政处罚23件，收缴非法出版物2496本，非法宗教宣传品95本。年内，投资180万元完成了50个农家书屋、20个农村运动场和3个农村体育文化广场等文体阵地建设。成功开展全民健身周活动2次，老年健身月活动6次，体育健身进农村活动周6次，城区职工业余运动会3次，民间传统体育项目大型展演活动1次。

【卫　生】　2010年，芒市有市乡卫生机构16个，其中市直医疗机构3个（市人民医院、市疾病预防控制中心、市妇幼保健院），卫生监督大队1个、社区卫生服务中心1个，中心卫生院4个和普通卫生院7个。有病床642张，技术人员455人，其中执业医师166人，执业助理医师65人，其他卫生技术人员224人；全市每千人拥有病床1.69张，拥有卫技人员1.19人。有行政村卫生室72个，在职村医220名；有卫生持证执法人员21人，持证率100%。

全年全市参合农民28.33万人，收缴个人参合资金849.93万元，参合率99.2%。总补偿68.83万人次，补偿金额3344.63万元，其中门诊补偿65.92万人次，682.37万元；住院补偿2.91万人次，2662.26万元。大病救助农村群众2962人333.3万元，城镇居民医疗救助726人120.3万元。资助了4.71万名城乡最低生活保障对象、农村五保供养对象以及边境行政村的农村居民参加城镇居民医保或新农合对象，累计建立农村居民健康档案12.78万人（年内新建10.94万人），建档率44.07%，社区居民健康档案5.23万人（年内新建1.53万人），建档率61.79%。芒市电视台共播出防艾知识宣传节目57期，村组播放艾滋病防治和无偿献血知识1852场次；各级各部门利用各种节庆日及主题宣传日等开展防艾宣传文娱活动21场次，张贴悬挂各类宣传标语2737条，入户宣传74700户次，发放各类宣传材料2万余份，受教育人数2.16万人次。

年内，开展各类监测检测34275人份，检出感染者271份，阳性检出率为0.79%；对符合治疗条件的艾滋病人完成抗病毒治疗821例，因各种原因出组106人，死亡36人，现在组治疗679人。美沙酮在组人数460人（含流动点130人），其中HIV感染者166人，占36.09%。累计治疗161例（感染1例，因患者不按照医生的要求规范服药），阻断160例，成功率达99.38%。年内，全市发生输入性甲类传染病1起（霍乱），收报乙类传染病10种555例，发病率145.91/10万，比上年降15.1%；疟疾发病48例，发病率12.62/10万，降50.51%。其基础疫苗接种率均达到90%以上。

【民　政】　2010年，芒市先后发生严重的干旱、风雹、洪涝、泥石流滑坡等多种自然灾害，造成13.85万人受灾，因灾伤病1人；农作物受灾面积2.98万公顷，成灾面积1.79万公顷，绝收面积1.13万公顷；因灾造成房屋倒塌67间，损坏716间。灾害造成直接经济损失3711.19万元，其中农业直接经济损失3242.7万元。年内，市民政局筹措抗旱救灾资金608.07万元，发放抗旱资金599.53万元，发放救灾大米153吨、棉被248床、矿泉水600件、饮料2400件。

【民族宗教】　2010年，芒市民族宗教事务局对全市28位宗教界知名人士进行慰问。依法取缔了芒海镇基督教协会开办的幼儿学前班，认定挂牌“和谐寺院”20所。配合相关部门积极查处一批非法印制出版的宗教读物，其中汉语版35本，傣语版52本。举办南传上座部佛教贺露培训1次，协助市基督教爱国会开展教牧培训2次，乡镇分管民族宗教工作领导、民宗助理员宗教政策培训1次，宗教协管员培训1次。完成芒市基督教交流培训中心总体规划，土地征收，前期土地平整工作。年内，省、州下达少数民族发展项目161项，资金1270万元，其中中央和省级少数民族发展项目 124 项，资金 987 万元；上海对口帮扶云南德昂族发展项目 36 项，资金 278 万元；民贸企业财政贴息项目 1 个，资金 5 万元。完成固定资产投资 2074 万元，占年计划数的 103.7%。

【治　安】 2010 年，芒市公安局化解各类矛盾纠纷 416 起，调解治安案件 542 起，免予起诉的轻微刑事案件 11 起。破获和查处各类案件 21497 件（其中刑事案件 896 件，毒品刑事案件 205 件，行政案件 20396 起），比上年多破 4270 件（刑事案件 52 件，毒品刑事案件 38 件，行政案件 4180 件），增 24.79%。全年，辖区内共发各类警情 3277 起，比上年减 568 起，降 14.77%；发各类刑事案件 1489 件，降 35.15%；发"两抢"案件 108 件，降 54.24%；发命案 3 件破 3 件，并取得了 26 年首次全市 300 天命案"零发案"这一历史性突破的好成绩，为全州命案大幅度下降奠定了坚实基础，得到省公安厅、州公安局、市委、市政府的高度肯定。通过破案，缴获各类毒品 140.4 千克；追缴被盗汽车 2 辆，摩托车及电动车 91 辆，笔记本电脑 2 台，数码相机 2 台，手机 36 台，人民币 3.6 万元，金属项链 1 根，翡翠坠子 1 个，玉石手镯 3 个，玉石挂件 3 个，香烟 62 条及电缆线一批，追缴财物折合人民币达 110 余万元；查缴各类假发票、违规票据 79340 份，假币 4450 元，挽回经济损失 276 万元，抓获和查处各类违法犯罪人员 20717 人，比上年增 4334 人，增 26.45%；收戒吸毒人员 847 人。铲除犯罪团伙 19 个，抓获成员 82 人，破案 251 件，打架斗殴警情比上年降 49.89%。强势推进"白天治乱、夜间治飙"行动，查处纠正各类交通违法行为 77172 起，依法暂扣机动车 2890 辆，教育处理 60685 人次。交通事故、死亡人数、受伤人数、经济损失与上年相比分别下降 19.05%、8.33%、46.67%、49.88%，全市交通违法率从原来的 50% 下降到 30%，"飙车"行为得到有效遏制。

【人民生活】 2010 年，芒市城镇居民人均可支配收入 14540 元，完成年计划的 100.2%，比上年增 10.2%；农村居民人均纯收入 3603 元，完成年计划的 103.6%，增 16%。居民消费价格指数为 103.4%。城镇登记失业率为 4%。农村拥有拖拉机 21339 台，配套农机具 17956 台，农产品初加工机械 4936 台，联合收割机 381 台，小型微耕机 945 台，农机总值 22186.75 万元。

年内大事

【全国妇联"送温暖、三下乡"活动云南行到芒市】 2010 年 12 月 2 日，由中华全国妇女联合会主办，云南省妇女联合会、中共德宏州委、州人民政府承办的全国妇联"送温暖、三下乡"活动云南行在芒市松树寨举行。全国妇联党组书记、副主席、书记处第一书记宋秀岩，中共云南省委副书记李纪恒，云南省妇联主席胡有兰，德宏州委书记赵金，芒市委书记蔡四宏及相关领导 30 余人出席。启动仪式后，宋秀岩一行现场视察了芒市松树寨"妇女之家"、芒市妇幼保健院宫颈癌免费筛查，观看了州和芒市科教、文卫、公安、防艾、农林等部门展出的"送温暖、三下乡"活动和妇女创业、就业、"贷免扶补"、禁毒防艾、法制宣传等展板。本次活动有州、市宣传部、妇联、文化局、卫生局、科技局、农业局等 17 家单位参加。

【中宣部部长刘云山到芒市调研】 2010 年 12 月 13 至 15 日，中共中央政治局委员、中央书记处书记、中宣部部长刘云山在云南省委书记白恩培，省长秦光荣等陪同下，先后深入芒市的乡镇、村寨和基层文化单位，与各族干部群众亲切交谈，了解他们的生产生活情况和对精神文明文化生活的要求、愿望。

领导干部名录

中共芒市委

常　委　蔡四宏
沙玉庄（回族）
李　川（景颇族）
成文章（2010 年 3 月任）
陶　明（傣族）
杨航深
范　坤（2010 年 4 月止）
李亚凌（2010 年 4 月任）
穆勒准（景颇族）
韦德斌（2010 年 2 月止）
董自明（2010 年 2 月任）
赵海维（2010 年 2 月止）
鲁志坚（2010 年 2 月任）
郭　山
赵家云（女，阿昌族，2010 年 1 月任）

书　记　蔡四宏（傣族）
副书记　沙玉庄（回族）
李　川（景颇族）
成文章（2010 年 3 月任）

芒市人大常委会

主　任　张勒干（景颇族）
副主任　窦泽民（景颇族）
杨五青（德昂族）

腾二召（傣族）
杨世寿

芒市人民政府

市　长　沙玉庄（回族，2010年1月任）

副市长　郭　山
穆勒准（景颇族）
金二保（傣族）
潘　宁
李　奇（傣族）
杨试纲　岳太科

政协芒市委

主　席　李茂文

副主席　段吉永
何　庆（女，景颇族）
杨太生（傣族）
闵勇胜

秘书长　黄国伟

中共芒市纪委

书　记　赵家云（女，阿昌族，2010年1月任）

副书记　何勒弄（景颇族）
黄培新（2010年8月止）
孙庆华（2010年10月任）
刘鸿儒

芒市人民武装部

部　长　张全清

政　委　范　坤（2010年4月止）
李亚凌（2010年4月任）

中共芒市委工作机构、市群团组织领导名录

办公室

主　任　韦德斌（2010年2月止）
董自明（2010年2月任）

副主任　杨明伟
黄双虎（傈僳族）
祁叶弄（景颇族，2010年7月任，挂职）
杨爱明（德昂族，2010年7月任，挂职）
摆岩相补（傣族，2010年7月任，挂职）
朗岩练（傣族，2010年7月任，挂职）

机要局

局　长　李伟寿

保密局

副局长　文　洪

市委宣传部

部　长　陶　明（傣族）

副部长　刀保英（女，傣族）
李荣宽

市委组织部

部　长　赵海维（2010年2月止）
鲁志坚（2010年2月任）

副部长　石为民
景伸靖（傣族）
彭海林（景颇族）
杨荣信
杨加芳（女，白族）

市直机关工委

书　记　石为民

副书记　蔡　玮（回族，2010年8月止）
徐　龙（景颇族）

市委政法委

书　记　杨航深

副书记　查大伟　刘云江
赵新开

市委统战部

部　长　段吉永

市委督查室

主　任　程　之

市委政研室

主　任　段体泽

市委老干局

局　长　杨加芳（女，白族）

市委党校

校　长　李　川（景颇族）

副校长　郭宏龙（常务）
罗炳智　金家璧

市总工会

主　席　闵勇胜

共青团市委

书　记　李春梅（女，景颇族）

市妇联

主　席　方安品（女，傣族，2009年12月止）
番绍琰（女，2010年11月任）

市残联

理事长　朗玉相哏（女，傣族）

市工商联

主　席　何庆（女，景颇族）

市侨办、侨联

主任主席　刘晓玉（女）

文联、社科联

主　席　陶　明（傣族，2010年6月兼）

党史研究室

主　任　孔志恩（景颇族）

市人大常委会工作机构领导名录

办公室

主　任　杨新常（傈僳族）

法制工作委员会

主　任　方文俊（女，傣族）

科教文卫工作委员会

主　任　郭玉锁

财政经济工作委员会

主　任　龙玉明

选举联络工作委员会

主　任　杨　叁（傣族）

农业环境工作委员会

主　任　黄国旺

民族侨务工作委员会

主　任　石木比（女，景颇族）

市人民政府工作机构领导名录

办公室

主　任　董自明（2010年2月止）
黄培新（2010年8月任）

副主任　李茂新　岳发坤
姚丽萍（女）
刘宏春（女，景颇族，2010年8月止）

市招商局

局　长　官运邦

市网管中心

主　任　董自明（2010年2月止）

市信访局
局　长　姚丽萍（女）
市法制局
局　长　刘　政
市外事办
主　任　尹振祥
市政务中心
主　任　银保强（傣族）
市发展改革局
局　长　岳太科（兼）
市经济局
局　长　杨国海
市安监局
局　长　杨锡武（白族）
市教育局
局　长　杨连升
市政府教育督导室
主　任　窦云飞
市教育科研中心
副主任　姜和志
市科技局、科协（加挂知识产权局）
局　长　周安明
市财政局
局　长　周润生
市人事局
局　长　彭海林（景颇族）
市劳动和社会保障局
局　长　陈茂永
市民政局
局　长　鲍孔洪（景颇族）
市委老龄委员会办公室
主　任　鲍孔洪（景颇族，兼）
市民宗局
局　长　李志能（傣族）
市交通局
局　长　李家仁
市农业局
局　长　杨绍刚
市林业局
局　长　晏祥文
市水利局
局　长　汤成毕
市商务局
局　长　江宗保（傣族）

市调处办
主　任　孙庆华（2010年10月止）
市人防办
主　任　彭韶荣
市文体局
局　长　杨黎蓉（女）
市计生局
局　长　文恩贵
市审计局
局　长　董菊萍（女）
市统计局
局　长　匡国庆
市国土资源局
局　长　蒋恩顺（傣族）
市建设局
局　长　李小山
市监察局
局　长　何勒弄（景颇族）
市环保局
局　长　陈东晓
市扶贫办
主　任　杨朝余
市糖办
主　任　杨　红
市广电局
局　长　杨　宏（傣族）
市粮食局
局　长　袁国升（彝族）
市旅游局
局　长　马　剑
市茶叶局
局　长　项　赛（傣族）
市畜牧局
局　长　余绍秦
市卫生局
局　长　曾继康
市爱卫会办公室
主　任　杨惠帆
市防治艾滋病工作委员会办公室
主　任　杨国石
红十字会
会　长　穆勒准（景颇族）
市档案局
局　长　通　四（景颇族）

驻昆办事处
主　任　黄建贵
市接待办
主　任　邵维勇
市工业园区管委会
主　任　郭　山
市移民开发局
局　长　张永绍
市供销联社
主　任　曹发成（傈僳族）
市司法局
局　长　和金春（纳西族）
市公安局
局　长　潘　宁
政　委　李兴忠（2010年2月任）
市人民检察院
检察长　赵　斌（2010年3月止）
徐江涛（2010年3月任，代理检察长）
市人民法院
院　长　张文华（2010年11月止）
吴兴国（2010年11月任，代理院长）
市防震减灾局
局　长　排永明（景颇族）
市食品药品监督局
局　长　杨丛愿（女）
市森林公安分局
局　长　尹建明
政　委　目晓东（景颇族）
工商行政管理局
局　长　李春涛
市地税局
局　长　黄　勇
市国税局
局　长　赵克平
市技术监督局
局　长　董建祥
书　记　陈　刚
芒市华侨农场
场　长　杨荣信
党委书记　杨荣信

遮放农场

场　长　缺

党委书记　彭支边

市政协工作机构领导名录

办公室

主　任　黄国伟(2010年5月止)

张春林(2010年5月任)

教科卫体文史委员会

主　任　柏秀娟（女）

提案社会法制委员会

主　任　朱如东

经济人口资源环境委员会

主　任　朗　岩（傣族）

民族宗教侨务委员会

主　任　赵早翁（景颇族）

中共芒市纪律检查委员会领导名录

办公室

主　任　尹新勇

纪检监察室

主　任　熊　渊

宣教室

主　任　龙盈惠（女）

案审室

主　任　金　玲（女，傣族）

信访室

主　任　聂丽琼（女，景颇族）

干部室

主　任　祁永清（景颇族）

执法室

主　任　杨善斌(2010年8月任)

市纪委派驻领导名录

派驻党政纪工委、监察分局

书记、分局长　唐恩存

派驻群团纪工委、监察分局

书记、分局长　潘　黎（女）

派驻财经纪工委、监察分局

书记、分局长　陈德全

派驻教科文卫纪工委、监察分局

书记、分局长　尹忠德（阿昌族，2010年4月止)

派驻人事民政纪工委、监察分局

书记、分局长　梁红东

派驻国土建设纪工委、监察分局

书记、分局长　方荣华（女，傣族）

派驻农林水纪工委、监察分局

书记、分局长　革　新

派驻政法纪工委、监察分局

书记、分局长　杨占升

（《芒市》撰稿　杨从德）

芒市乡镇概况一览表

单位：（米、公里、平方公里、亩、个、户、人、%、‰、人/公里、万元、吨、头、张）

内容		乡镇	勐焕街道办事处	芒市镇	遮放镇	勐戛镇	芒海镇	风平镇
地理位置			北	北	西南	南	南	西南
政府驻地			阔时路19号	遮安路上段	街道村	勐戛村	芒海村	风平村
海　拔			913.8	920	820	1370	900	835～2890
距县城距离			0	2	42	33	84	10
土地总面积			14.7	349.5	411	389	105	374
耕地面积			1072	51798	146052	61115	12340	119119
其中	水　田		1020	30354	77727	15653	4123	87346
	旱　地		52			45462		
	人均耕地					2.06		
行政区划	辖村委会（社区）		11	10	13	9	3	12
	自然村		17	128	120	64	19	99
	村民小组		17	175	120	108	21	191
人口民族	总户数			9276	13966	7239	1412	14686
	总人口		85198	42208	55224	31201	5934	67051
	其中	傣　族			33229	916	638	54245
		汉　族			13976	27909	2443	8860
		景颇族			4936	288	2132	193
		阿昌族			16	32		496

内容		乡镇	勐焕街道办事处	芒市镇	遮放镇	勐戛镇	芒海镇	风平镇
人口民族	其中	傈僳族			286	704	598	95
		德昂族			1285	1787	5	291
		其它						
	人口出生率							
	自然增长率							
	自然增长率							
经济收益	总收入		7023	38979	37529	16300	3828	45215
	纯收入		2717	14415	18451	9401	1739	26323
	人均纯收入		6278	3653	4090	3165	3119	4094
	总费用		5020	22595	19068	7717	2144	19906
	税收		53	2028			13	
农业产值	总产值		894	17399	35236	13039	3674	36245
	增加值							
	其中	农业	250	8382	23140	5880	1976	22512
		林业	33	2128	4526	2264	854	2073
		畜牧业	600	5801	6369	4454	664	9788
		渔业		700	752	22	11	1372
		服务业	11	388	449	419	169	500
农作物总播种面积			1973	80665	218213	95995	24342	213651
其中	甘蔗			3315	31807	7943	2384	15524
	粮食		1430	53332	139714	78989	17717	146025
	油料		250	3419	10105	2491	460	6721
	茶叶		229	21188	11084	25115	3496	7311
	园林水果		0	1032	2579	815	105	4184
农作物总产量			1083	41508	214143	43961	15821	161976
其中	甘蔗		0	12714	132041	23611	9982	74255
	粮食		557	17172	51779	14089	4167	58016
	油料		9	206	777	131	28	550
	茶叶		12	984.6	384	1558.7	119	387.6
	园林水果		0	1074	1628	143	16	2468
畜牧	牛存栏			5583	6527	7737	1352	5953
	猪存栏		2601	25267	31702	21188	4061	49257
	羊存栏			2162	566	5129	170	7547
教育	中学	中学在校学生	12787	1756	2145	874	321	2627
		教师总数	656	112	129	66	20	174
	小学	小学在校学生	7411	3107	4482	2310	927	5075
		教师总数	368	237	296	154	49	354
	幼儿	在校幼儿						
		教职工人数						

内容＼乡镇		勐焕街道办事处	芒市镇	遮放镇	勐戛镇	芒海镇	风平镇
卫生	医生数	517	21	27	6	6	13
	病　床	1463	143	90	30	33	72
	卫生院（社区卫生服务中心）	11	2	2	1	1	1
文化	文化站	2	1	1	1	1	1
	广播站						
领导名录	乡（镇）党委书记（工委书记）	杨国彪	雷二旺补（傣族）	李君川	杨从安	缪　刚	李支宏
	乡（镇）政府乡（镇）长（办事处主任）	黄贵邦	方志荣（傣族）	金小三（傣族）	赵国兴	张勒弄（景颇族）	双国强（傣族）
	乡（镇）人大主席（工委主席）	段玉明	岳发科	目勒用（景颇族）	李占清	赵永春（景颇族）	岳三过（傣族）

芒市乡镇概况一览表

单位：（米、公里、平方公里、亩、个、户、人、%、‰、人/公里、万元、吨、头、张）

内容＼乡镇			西山乡	中山乡	轩岗乡	江东乡	五岔路乡	三台山乡
地理位置			西南	南	西	西	西	西南
政府驻地			弄丙村	小街丫口	轩蚌村	河头村	五岔路村	帮外村
海　拔			1480	523~2836	960	2303	1800	1136.75
距县城距离			64	71	20	40	45	22
土地总面积			257	296	152	228	202	158
耕地面积			48654	34563	50301	33011	72803	39799
其中	水　田		10161	11032	20468	18005	13577	4154
	旱　地				11440			35645
	人均耕地							
行政区划	辖村委会（社区）		6	5	6	8	6	4
	自然村		40	49	50	52	50	31
	村民小组		48	58	65	108	63	34
人口民族	总户数		2724	2970	4946	7477	441	1828
	总人口		11816	12736	21584	32128	18419	7267
	其中	傣　族	11	25	12853	127	15	24
		汉　族	1342	9115	5779	30363	11746	1698
		景颇族	10071	1339	158	136	5418	1265
		阿昌族	18	3	10	1024	6	2
		傈僳族	8	889	20	164	59	6
		德昂族	221	762	17	77	1047	4026
		其　它						
	人口出生率							
	自然增长率							
	人口密度							

内容		乡镇	西山乡	中山乡	轩岗乡	江东乡	五岔路乡	三台山乡
经济收益		总收入	8332	7899	19168	16590	12560	4723
		纯收入	3632	3284	7864	8965	5177	1709
		人均纯收入	3205	2782	3749	2900	2980	2489
		总费用	5022	4362	11632	8667	8077	3248
		税收		3		130		
农业产值		总产值	7283	6002	12743	10018	10481	5181
		增加值						
	其中	农　业	4567	2553	8568	4879	6305	3409
		林　业	1412	2035	1192	1899	2064	853
		畜牧业	1117	1281	2367	2534	1756	742
		渔　业	9	26	314	248	156	14
		服务业	178	107	302	458	200	163
农作物播种总面积			61598	35275	72387	63477	82997	41512
其中		甘　蔗	29123	5148	18677	7993	29048	21384
		粮　食	29615	58043	45168	45344	45667	17578
		油　料	1326	58	1757	2490	3643	1527
		茶　叶	6805	12944	13419	22376	18514	7212
		园林水果	767	85	2490	529	646	1772
农作物总产量			105205	27922	107096	53722	100163	73422
其中		甘　蔗	98500	20774	88117	31452	89368	69023
		粮　食	5745	5835	14131	10975	9377	3852
		油　料	34	2	145	169	179	101
		茶　叶	257.9	730	791.2	1124.3	713	342.9
		园林水果	120	13	2257	124	290	405
畜牧		牛存栏	5874	2223	3407	7625	4949	2253
		猪存栏	7391	11168	14033	12923	9364	6998
		羊存栏	36	3613	168	323	147	5
教育	中学	在校学生	248	440	847	1473	700	242
		教职工人数	24	40	61	97	56	27
	小学	在校学生	977	1018	2060	2461	1601	588
		教职工人数	78	78	148	180	111	48
	幼儿	在校幼儿						
		教职工人数						
卫生		医生人数	3	2	6	4	3	11
	其中	乡村医生						
		病　床	12	30	35	18	30	15
		卫生院	1	1	1	1	1	1

内容 \ 乡镇		西山乡	中山乡	轩岗乡	江东乡	五岔路乡	三台山乡
文化	文化站	1	1	1	1	1	
	广播站						
领导干部	乡（镇）党委书记	贾云山（白族）	李怀韬（白族）	乔保坐（傣族）	杨明望	杨顺昌	线加强（德昂族）
	乡（镇）政府乡（镇）长	张云科（景族族）	赵早门（景颇族）	李二喊过（傣族）	左安卫	孔建坤（景颇族）	赵腊卓（德昂族）
	乡（镇）人大主席	何建国（景颇族）	李茂志	金三团（傣族）	林正强	李学军（景颇族）	包永春（景颇族）

瑞 丽 市

地 理

【市 境】 瑞丽市地处云南省西部，德宏州西南部。位于东经97°31′～98°02′，北纬23°38′～24°11′之间。陆距省会昆明752千米，距州府芒市103千米，为东起上海西达瑞丽的320国道终点，是昆（明）瑞（丽）公路与中印公路（史迪威公路）的交汇处。其东连芒市，北接陇川，西北、西南、东南3面与缅甸克钦邦、掸邦山水相连，村寨相望。中国瑞丽与缅甸木姐共同构成了1坝（勐卯坝），2国（中国、缅甸），3省邦（云南省、克钦邦、掸邦），4区（瑞丽经济合作区、姐告边境贸易区、畹町经济开发区、畹町经济合作区），5座城市（瑞丽、畹町、木姐、南坎、九谷）以及一桥两国、一街两国、一寨两国、一院两国、一岛两国的特殊地理景观。瑞丽城区距缅甸国家级口岸木姐4.5千米，距缅甸南坎32千米，距缅甸水陆码头八莫138千米，距缅甸仰光981千米。有瑞（丽）木（姐）、瑞（丽）南（坎）、瑞（丽）八（莫）、畹（町）九（谷）4条跨境公路，是中国对缅贸易的最大口岸，是通向东南亚、南亚的重要门户。瑞丽市有2个国家级口岸，2个经国务院批准的经济合作区，是西南沿边对外开放的国际商贸旅游城市。国境线长169.8千米，有界碑（附碑）65座，大小渡口和通道36个，是云南边境界碑最密集和渡口通道最多的地段，是开通中缅陆水联运大通道及泛亚铁路西线的内陆港。全市总面积1020平方千米，山区面积占80%，坝区面积占20%。山区平均海拔1000米，坝区平均海拔760米，瑞丽市人民政府驻地勐卯镇，海拔780米。截至年末，有耕地面积189701亩，其中水田108441亩，旱地81260亩，全市森林面积61640.9公顷，森林覆盖率达58.7%。

【气 候】 瑞丽市地处北回归线北侧，属南亚热带湿润性季风气候，全年分旱、雨两季。2010年平均气温偏高，出现秋、冬、春三季连旱天气，属有气象记录以来最严重气象干旱。年平均气温为21.1℃，极端最高气温36.4℃，极端最低气温4.0℃。全年降水总量1524.1毫米，其中冬季降水量0.6毫米，春季降水量206.3毫米，夏季降水量773.2毫米，秋季降水量451.6毫米；雨季于5月20日开始，11月1日结束。年日照时数1990.8小时，与历年同期平均值相比偏少328.4小时，属偏少年份。

【行政区划】 2010年，瑞丽市下辖瑞丽经济合作区、姐告边境贸易区、畹町经济开发区、畹町经济合作区4区，勐卯镇、弄岛镇、畹町镇3镇，姐相乡、户育乡、勐秀乡3乡，29个村委会，212个村民小组，274个自然村，11个居民委员会，辖瑞丽国营农场、畹町国营农场2个国营农场。

【人口民族】 2010年，瑞丽市总人口（含在瑞丽居住半年以上中国籍人口）18.12万人，比上年增1.14万人，增6.7%，人口自然增长率7.3‰。人口密度为每平方千米178人，比上年增11人。在总人口中，少数民族人口76778人，占总人口的42.4%；其中：傣族5519人，景颇族13406人，德昂族1789人，傈僳族840人，阿昌族441人，其他民族5109人。

历　　史

【简　史】 瑞丽，古称勐卯，历史悠久，是德宏开发最早的地区之一，是傣族先民的发祥地，被誉为傣民族的摇篮。据南姑坝和芒约的考古发现，瑞丽早在三、四千年前就有其先民在这里劳作生息。据傣文史籍《嘿勐沽勐》记载，公元前364年，傣族先民在瑞丽江河谷建立了勐卯古国。秦汉时属古哀牢地。唐代属永昌郡。宋隶属大理腾越府。元至元十三年（1276年）置麓川路军民总管府。明洪武十五年（1382年）置平缅宣慰使司，明万历二十四年（1596年）建平麓城，三十二年（1603年）设勐卯安抚司。民国四年（1915年）设勐卯行政委员；民国二十一年（1932年）设瑞丽设治局，与勐卯土司并存。1950年4月，瑞丽和平解放，建立各民族民主联合政府。1952年，经中央人民政府政务院批准设瑞丽县。1990年，国务院批准瑞丽为旅游开放县，1992年6月9日，国务院决定将瑞丽设为中国沿边开放城市，实行沿海地区一些开放政策；6月26日，国务院批准撤瑞丽县，设立瑞丽市（县级）。1999年2月8日，经国务院批准撤销畹町市，将其行政区域并入瑞丽市，设立畹町经济开发区（副县级）。2000年8月，经国家计委批准，在姐告设立边境贸易区。

社　　会

【经济简述】 2010年，瑞丽市实现生产总值（GDP）28.74亿元，按可比价计算，比上年增15%。其中：第一产业增加值5.73亿元，比上年增7.4%；第二产业增加值5.86亿元，增13.2%；第三产业增加值17.15亿元，增18.2%。一、二、三产业结构由上年的20.2 ：22.0 ：57.2调整为19.9：20.4：59.7。人均生产总值15914元，比上年增8.7%；居民消费价格指数（CPI）为103%，上涨3.8%；商品零售价格指数104%，上涨4.2%。城镇登记失业率控制在4.3%以内。

【固定资产投资】 2010年，瑞丽市完成固定资产投资29.69亿元，比上年增32.4%。其中：城镇固定资产投资26.85亿元，比上年增41.7%；农村投资1.94亿元，降11.8%；农村私人投资0.91亿元，降29.7%。年内，全市有施工项目466个，比上年减28个，其中亿元项目27个，比上年增11个；投资上亿元的项目完成投资11.72亿元，比上年增75.8%，占全社会固定资产投资总额的39.5%。在固定资产投资总额中，电力、燃气及水利完成投资0.71亿元，比上年增29.9%；批发和零售业完成投资0.99亿元，增1.6倍；房地产完成投资5.06亿元，增19.9%；制造业完成投资3.25元，增2.5倍。

【农　业】 2010年，瑞丽市完成农林牧渔业总产值8.27亿元，按可比价计算，比上年增8.3%。其中：农业产值3.73亿元，比上年增9.4%；林业产值1.27亿元，增9.8%；牧业产值2.52亿元，增7.4%；渔业产值0.52亿元，增3.2%；农林牧渔服务业0.23亿元，增3.5%。完成农作物总播种面积37.22万亩，比上年增13.3%。其中：粮食播种面积23.6万亩，比上年增18.8%；总产量77083吨，增11.2%。甘蔗种植面积55007亩，比上年降4.6%；总产量37.73万吨，增6.8%。油料种植面积16248亩，比上年降26.1%；总产量1229吨，降35.0%。蔬菜种植面积20973亩，比上年增11.7%；总产量16318吨，增15.5%。烟叶种植面积9605亩，比上年增3.8倍；总产量1507吨，增5.5倍。全年实现畜牧业产值2.52万元，比上年增7.4%。肉类总产量14815吨，比上年增11.0%；禽蛋产量11058吨，增8.0%；牛奶产量47吨，增4.4%；水产品产量5980吨，增5.7%。

年末，全市拥有农业机械总动力13536万瓦特，比上年增8.0%；农用排灌机械动力327万瓦特，增1.9倍；大中型拖拉机869台，增4.3%；小型拖拉机6715台，增0.5%；农用运输车辆221台，降37.3%；联合收割机200台，增32.5%；机动脱粒机131台，降0.7%。年内，实现机耕机耙面积23.1万亩，比上年增10.5%；机电灌溉面积9.9万亩，增1.6倍；机械收获面积11.45万亩，增5.5%；有效灌溉面积13.1万亩；农村用电量579万千瓦小时，比上年增6.8%。

【工业和建筑业】 2010年，瑞丽市实现工业总产值13.23亿元，按可比价计算，比上年增23%。其中：主营业务收入500万元以上工业（简称规模以上工业）完成产值4.66亿元，比上年增27.3%；规模以下工业完成产值8.58亿元，增20.8%。在总计中，轻工业总产值6.55亿元，比上年增1.4%；重工业总产值6.69亿元，增55.5%。规模以上工业企业14户，亏损企业6户，减亏3户；主营业务收入完成6.31亿元，增53.2%；主营业务成本5.06亿元，增43.8%；实现利税总额1.0亿元，增2.7倍。主要工业产品产量：食糖51260吨，比上年增14.3%；酒精3346千升，增20.2%；发电量2082万千瓦小时，增20.6%；水泥13.25万吨，降12.7%；实木地板19.82万平方米，降4.6%；工业硅9451吨，增3.5%；饮料酒3580千升，增12.8%。

全年全市建筑业完成增加值2.5亿元，按可比价计算，比上年增24.4%。资质以上建筑业37个，从业人员8635人，完成建筑业总产值15.2亿元，增1.6倍；实现利润总额1.3亿元，增11.7倍；房屋建筑施工面积89.4万平方米，房屋建筑竣工面积42.2万平方米。

【贸　易】　2010年，瑞丽市完成社会消费品零售总额15.22亿元，比上年增22.8%。按城乡分：城市实现消费品零售总额11.24亿元，比上年增24%；农村实现消费品零售总额3.98亿元，增19.4%。按行业分：批发业实现零售总额1.6亿元，比上年增25.3%；零售业实现零售总额11.64亿元，增23.7%；住宿业实现零售总额0.16亿元，增55.4%；餐饮业实现零售总额1.81亿元，增45%。按经济类型分：公有经济实现零售总额2.25亿元，比上年增45%；非公经济实现零售总额12.97亿元，增19.6%。年内，完成口岸对外贸易进出口总额88.45亿元，比上年增47%，其中进口总额21.21亿元，比上年增37.8%，出口总额67.24亿元，增50%。

【财税金融】　2010年，瑞丽市实现财政总收入12.04亿元，比上年增47%。其中：地方一般预算收入3.73亿元，比上年增69%；财政总支出11.69亿元，比上年增44%。其中：一般预算支出9.89亿元，增39%。市本级财政完成总收入10.67亿元，比上年增43%，其中地方一般预算收入3.44亿元，基金预算收入1924万元，上级补助收入66991万元，上年结转收入3296万元；市本级财政总支出10.35亿元，比上年增46%，其中一般预算支出8.64亿元，基金预算支出7777万元，上解支出9126万元，增设预算周转金200万元。收支相抵，年终滚存结余3130万元。年末，金融机构各项存款余额113.29亿元，比年初增46.1%；其中：企业存款11.13亿元，比上年增93.7%；居民储蓄存款89.02亿元，增39.8%。金融机构各项贷款余额44.8亿元，比年初增64.0%。其中：短期贷款18.82亿元，比上年增68%；中长期贷款25.99亿元，增61.2%。全年全市实现各类保费收入10975万元，比上年增14.3%。其中：财产保险费收入3712万元，比上年增15%；人寿险保费收入7263万元，增14%。

【非公经济】　2010年，瑞丽市非公经济创造增加值14.24亿元，占全市生产总值的比重为49.6%；有个体工商户10106户，从业人员25094人，注册资金4.31亿元；有私营企业856户，注册资金34.85亿元，从业人员1660人。

【乡镇企业】　2010年，瑞丽市乡镇企业实现总产值6.79亿元，比上年增10%；实现增加值1.64亿元，增10.17%；实现营业收入6.58亿元，增9.9%；实现利税2697万元，增8.48%。年末，有从业人员23万人，比上年增11.26%。

【旅游招商】　2010年，瑞丽市有旅行社10家，旅游接待住宿宾馆饭店189家，其中星级饭店18家（四星1家，三星8家，二星9家），星级饭店共有客房1745间，床位3498个；拥有大小景点景区16处，其中国家AAAA级景区1处，AA级景区2处，全国农业旅游示范点1个，云南省旅游特色村4个；有中高档旅游车22辆。年内，有获得全国导游资格证的导游75人，旅游直接从业人员4000余人，间接从业人员1万余人。全年全市共接待旅客141.74万人次，比上年增7.4%，其中接待海外旅客8.18万人次，比上年增19%；接待国内游客133.56万人次，增6.7%。实现旅游总收入13.09亿元，比上年增13.6%。

全年全市招商引资项目立项批复46项，协议资金70.89亿元，实际到位资金11.4亿元。其中：工业项目21项，协议资金13.17亿元；房地产项目4项，协议资金14.95亿元；商业项目18项，协议资金41.6亿元。

【教　育】　2010年，瑞丽市有公办学校51所，其中幼儿园1所，小学43所，中学7所。民办学校24所，其中义务教育阶段学校1所，幼儿园22所，民办职高1所。有在职教职工1384人，其中幼儿园35人，小学798人，中学476人，职业高中56人，教育局机关19人。小学、初中、高中专任教师的学历合格率分别为85.4%、97.5%和94.5%，小学教师大专以上学历比例为40%，中学教师本科以上学历比例为60%。

有在校学生25806人，其中幼儿园4230人，小学13746人，初中6017人，高中1813人。拥有多媒体电教室60个，远程教育卫星站点36个，光盘播放点设备60套，教学用计算机1135台，计算机教室29个。

全年全市参加普通高考395人，其中本科上线236人，上线率59.75%；专科上线147人，上线率37.22%；总上线率比上年上升10.94个百分点。参加中考1655人，参考率95%，创历史新高。参加小学毕业水平测试2075人，统测成绩与上年相比，语文平均分提高了6.33个百分点，及格率提高了9.17个百分点；数学平均分下降了0.02个百分点，及格率下降了1.21个百分点；小学学龄儿童入学率为99.86%；初中阶段学龄人口入学率为99.14%。

【科　技】　2010年，瑞丽市科技工作围绕各乡镇重点产业进行实用技术培训，共培训85期8170人次，扶持科技示范基地5个，培育科技示范户100户。年内，争取到国家、省科技计划项目24项，专利申报项目25项，有41项专利获国家授权。全年全市获州级科学技术进步三等奖1项，获市级科学技术进步一等奖2项、二等奖4项、三等奖5项。全年在实施“科技富民强县、非公经济专项、国家星火计划、国家火炬计划”项目中，瑞丽市科技、科研站所、企业共24个项目立项，获科技经费支持600万元。

【文化体育】　2010年，瑞丽市有艺术表演团队1个，电影院1座，文化馆2座，公共图书馆2座，藏书8.71万册；有中转播台2座，电视差转台1座，地面卫星收转战9494座；有线电视用户2.47万户，电视人口覆盖率93.41%。年内，瑞丽市体育局举办了“体彩杯”、“光彩杯”、“金星杯”、“电信杯”、“瑞宝杯”、“珠宝杯”及第四届农民篮球运动会，中缅胞波节期间举办了中缅民族拳、棍、刀展演、藤球比赛、啤酒狂欢大赛。瑞丽市游泳队参加了省级比赛，并获得了1.5枚金牌、1枚银牌、9枚铜牌的好成绩。

【卫　生】　2010年，瑞丽市拥有卫生机构23个，病床750张，卫生技术人员651人，其中执业医师181人，执业助理医师45人，注册护士267人，其他卫生技术人员158人。全年诊疗病人35.1万人次，其中急诊4.42万人次，门诊30.69万人次，入院1.64万人次，出院1.62万人次，治愈率为61.44%，病床使用率53.12%。

年内，艾滋病防治共完成HIV抗体检测20676份，检出HIV感染者316人，感染率1.53%；完成自愿咨询检测305份，检出阳性43人，阳性率为14.1%。报告乙类传染病528例，死亡50例，发病率为316.39/10万，比上年降12.87%；死亡率为26.37/10万，降21.88%；病死率9.47%，降10.32%。报告丙类传染病340例，发病率为203.73/10万，无死亡病例发生，发病率比上年上升42.26%。完成发热病人血检7128人，其中本地居民血检2626人，阳性101人；流动和外籍人口血检4502人，检出阳性286人，血检覆盖全市5个乡镇和瑞丽农场6个分场，并对血检阳性病例387人按疟疾正规治疗方案进行治疗。结核病防治共报告结核病疫情174例，收到转诊到位率为88.69%。新法接生产妇1610人，新法接生率99.75%。

【民　政】　2010年，瑞丽市发生了低温冷冻、持续干旱、风暴、暴雨等自然灾害，造成经济作物受损面积13720公顷，直接经济损失5360余万元，受灾人口8287人，倒塌房屋34间。灾害发生后，共投入救灾资金656万元，发放救济粮35吨。全年共救助患大病农村困难群众721人，支付救助金88.24万元；救助106名城镇患大病的困难居民，支付救助金18.71万元；救助流浪乞讨人员409人次，支付救助金11.7万元。全市444名孤儿（城市孤儿35名，农村孤儿409名）全部纳入城乡最低生活保障范畴，其中有35名城市艾滋致孤儿童享受城市低保，救助标准为每人每月130元；有127名农村孤儿享受农村低保，救助标准为每人每月60元；有88名农村艾滋致孤儿童属“五保”供养对象，每人每月补助80元。年内，办理结婚登记1803对，离婚登记161对，补领证142对，为1508名老年人办理了《老年优待证》，并为全市687名80岁以上老年人发放高龄保险和长寿补助12.16万元。

【扶　贫】　2010年，瑞丽市投入扶贫开发资金1804.5万元。其中：无偿扶贫资金604.5万元（中央、省级资金404.5万元，州级资金50万元，市级配套资金150万元）；有偿小额信贷扶贫资金1200万元。年内，实施了22个整村推进项目，项目涉及全市4个乡镇12个村民委员会的22个村民小组，项目区共有1458户5804人受益，其中傣族、景颇族和德昂族 4358 人，贫困人口 3843 人，占该项目区总人口的 66%。易地搬迁 21 户 87 人。

【人民生活】 2010 年，瑞丽市城镇居民人均可支配收入 14935 元，比上年增 10.3%；农民人均纯收入 4218 元，增 12%。城镇居民人均消费支出 12255 元，比上年增 9.7%；农村居民人均消费支出 3433 元，增 10.1%；城镇居民人均住房使用面积 38.77 平方米，比上年增 1.34 平方米；农村居民住房使用面积 30.3 平方米，增 1.7 平方米。城镇居民每百户拥有家用汽车 18 辆，摩托车 92 辆，电脑 70 台；农村居民每百户拥有摩托车 126 辆，手机 100 部。

全年全市参加基本养老保险职工 7976 人，比上年增 11.8%；参加医疗保险职工 20505 人，增 11.0%；参加失业保险职工 7317 人，增 5.2%。全市城镇登记失业率 4.3%，低于控制目标。城市居民最低生活保障标准由 178 元提高到 200 元，享受城市低保的有 3768 户 7419 人，全年发放低保金 859.24 万元。农村最低生活保障标准由 50 元提高到 60 元，享受农村低保的有 7400 户 7881 人，全年发放低保金 567.43 万元。农村“五保”供养对象 1448 人，“五保”供养标准为每人每月 80 元，全年共发放“五保”供养金 142.85 万元。全市农村新型合作医疗保险参保率为 97.97%；年末，全市有敬老院 1 家，床位 108 张，护工 2 人，五保户老人入住 12 人。

年内大事

【2010 年云南国际公园定向赛德宏站比赛在瑞丽举行】 2010 年 3 月 31 日至 4 月 1 日，由云南省体育局、国际公园定向组织主办的“2010 年云南国际公园定向赛德宏站比赛”在瑞丽举行。有来自瑞典、挪威、芬兰、丹麦、瑞士、捷克、俄罗斯、拉脱维亚、中国等 11 个国家的 140 多名运动员参赛，这对进一步提高瑞丽市的知名度，增进瑞丽与世界其他国家和地区的体育、文化、旅游交流起到积极的促进作用。

【13 个国家林业部门高管到瑞丽考察】 2010 年 7 月 14 日，加拿大、泰国、印度等 13 个国家林业部门的高级管理官员与西南林业大学、国家湿地研究中心的专家和学者共 20 人组成考察团到瑞丽市考察，考察团深入到瑞丽市勐秀乡小街村麻坎地村民小组参观了柠檬种植基地和石斛集约化种植的庭园经济现场之后，对亚太区域林权总体状况及各国林改政策措施进行对比分析、研讨和经验交流。同时对瑞丽开展集体林权制度改革、荒山造林、退耕还林、生态环境与自然资源保护、林产业发展与农户生计改善所取得的成效给予了充分肯定。

【教育部领导莅临瑞丽市调研】 2010 年 10 月 28 日，国家教育部副部长陈小娅，教育部办公厅秘书李华在云南省政府办公厅处长王汪红，德宏州副州长孔勒干等领导的陪同下到瑞丽调研，调研组一行深入瑞丽市姐告国门小学，考察了学校的办学条件，教师队伍建设，校园文化建设，学校生源组成等情况。通过调研，陈小娅副部长要求努力提高教育教学质量，改善办学条件，加强教师队伍建设，积极稳妥的安排好缅籍学生的生活和学习。

【瑞丽建设水稻高产示范区】 2010 年，瑞丽市组织实施了“百亩核心区、千亩展示区、万亩示范区”3 个水稻高产示范区。其中“百亩核心区”在瑞丽姐相乡云井村种植面积 120.9 亩，实收单产 623.9 千克，完成计划数 750 千克的 83.2%；在瑞丽姐相乡顺哈村、云井村种植面积 1009.7 亩的“千亩展示区”，实收单产 607.5 千克，完成计划数 700 千克的 86.8%；“万亩示范区”在瑞丽勐卯镇姐东村种植面积 10142 亩，实收单产 576.4 千克，完成计划数 650 千克的 88.7%。在示范区内推广种植了“宜香 2292”、“冈优 188”、“冈优 827”、“宜香 9 号”、“金谷 202”、“川丰 2 号”、“滇瑞 456”、“德双 3、4 号”等优良稻种。

领导干部名录

中共瑞丽市委

常　委　杨跃国
　　刀晓瑞（傣族，女）
　　罗加强　董　潇
　　党文军
　　罕贞晓依（傣族）
　　雷　政
　　尚丽霞（女，景颇族）
　　李德松（白族）
　　戴邴仕
　　岩　补（2010 年 2 月任，傣族）
　　黄　彪　尹可舰
　　雷　瑞（2010 年 3 月任，女）

书　记　杨跃国

副书记　刀晓瑞（女，傣族）
　　黄　彪　尹可舰
　　雷　瑞（2010 年 3 月任，女）

瑞丽市人大常委会

主　任　排　生（景颇族）
副主任　板帅吞（傣族）
　　　　童国斌
　　　　瑞　红（女，傣族）
　　　　陈永山

瑞丽市人民政府

市　长　刀晓瑞（女，傣族）
副市长　董　潇
　　　　罕贞晓依（傣族）
　　　　排桂红（女，景颇族）
　　　　何立洪　赵兴会
　　　　龙汝林　蒋元海

瑞丽市政协

主　席　岩　板（傣族）
副主席　勒排干刀（景颇族）
　　　　马昆龙（回族）
　　　　尹宁华　艾　徐（女，德昂族）
秘书长　杜增发

瑞丽市纪委

书　记　罗加强
副书记　排云祥（景颇族）
　　　　孔　强
　　　　依　喊（傣族）

瑞丽市人武部

部　长　雷　政

法　院

院　长　蔡金海

检察院

检察长　杨　刃

瑞丽市委工作机构、群众团体领导名录

办公室

主　任　戴邴仕
常务副主任　杨朝恩

组织部

部　长　李德松（白族）

宣传部

部　长　尚丽霞（女，景颇族）

统战部

部　长　岩　岚（傣族）

政策研究室

主　任　段兴海

团市委

书　记　焕　宝（女，傣族）

工　会

主　席　童国斌（兼）
常务副主席　邵晓应（傣族）

妇　联

主　席　马芙蓉（女，阿昌族，*2010*年*10*月止）
副主席　姚淑芳（女,主持工作）

工商联

会　长　佐　咩（女，傣族）

党　校

校　长　尹可舰
常务副校长　徐新华（女,白族）

机关工委

书　记　陈继萍（女）

老干局

局　长　杨本强

机要局

局　长　饶文明

保密局

局　长　相　亮（女，傣族）

文　联

主　席　刘和云

侨　联

主　席　邓庆飞（女）

政法委

书　记　黄　彪（*2010*年*4*月止）
　　　　岩　补（*2010*年*4*月任，傣族）
副书记　杨兴才
　　　　祁弄纳（景颇族）
　　　　肖航先
　　　　岩　占（*2010*年*5*月止，傣族）
　　　　荣丽强（纳西族）

瑞丽市人大工作机构领导名录

办公室

主　任　夏延克

财经委

主　任　张仕元

选联委

主　任　王建国

民侨委

副主任　吞　静（女，傣族，主持工作）

法工委

主　任　李自品

科教文卫委

主　任　彭果门（女，景颇族）

农环委

主　任　李建军

瑞丽市政府工作机构领导名录

办公室

主　任　张家祺

法制局

局　长　美　静（女，傣族）

政务服务中心

主　任　程宝宏（*2010*年*9*月止）
　　　　郭亚利（*2010*年*9*月任）

接待办

主　任　金　剑

外事办

主　任　张玉造（白族）

信访局

局　长　杨　谋（白族，*2010*年*12*月任）

人事局

局　长　木然南（景颇族）

劳动和社会保障局

副局长　杨佳宏（女,主持工作）

财政局

局　长　尹宁华

公安局

局　长　蒋元海
政　委　岳　钢（景颇族，*2010* *2*月止）
　　　　吕孝云（*2010*年*2*月任）

交警大队

大队长　蒋　力（主持工作，*2010*年*11*止）
　　　　谢华明（*2010*年*12*月任）

消防大队

大队长　朱能忠

森林公安局
局　长　陈华国
政　委　进航荣（景颇族）
经济局
局　长　邓有忠（傣族）
发展和改革局
局　长　董诗文
安监局
局　长　杨瑞华
国土资源局
局　长　王成钢（彝族）
统计局
局　长　王　懿（女）
工商局
局　长　朱卫华
文化局
局　长　康丽年（女）
史志办
主　任　杨进才
广电局
局　长　毛　竹（女，傣族）
教育局
局　长　亢宏伟（傣族）
科技局
局　长　李　强
体育局
局　长　帅很三冷（傣族）
卫生局
局　长　杨建军
计生局
局　长　张仁勇
档案局
局　长　杨嘉琪（白族）
审计局
局　长　和耀辉（普米族）
司法局
局　长　于恩东
农业局
局　长　濮易磊（傈僳族，*2010*年*10*止）
书　记　张应清（主持工作）
畜牧局
局　长　刀保勇（傣族）
水利局
局　长　杨从柱
林业局
局　长　苏正双
民政局
局　长　杨增明（白族）
民宗局
局　长　干　喊（傣族）
扶贫办
主　任　罗繁荣
移民开发局
局　长　依　闷（傣族）
交通局
局　长　杨世福
旅游局
局　长　杨正瑜
建设局
局　长　樊景洲
环保局
局　长　段黎鸿（白族）
防震减灾局
局　长　张志勇（彝族）
气象局
局　长　於慧玲（女）
商务局
局　长　杨仕勇
残　联
理事长　张贵华
供销社
主　任　谭　彬
人防办
主　任　寸永庚
红十字会
会　长　排桂红（女，景颇族）
常务副会长　彭　素（女）
防艾办
主　任　张苗云（女）
瑞丽市民族医院
院　长　普日刚（景颇族）
瑞丽市第一民族中学
校　长　郭晓阳

瑞丽市政协工作机构领导名录
办公室
主　任　杜增发
教科文卫体委
主　任　雷木介（女，景颇族）
经侨委
主　任　李汶苍
民宗联络委
主　任　岳麻干（景颇族）
提案法制委
主　任　黄国荣

瑞丽市纪委工作机构
主　任　王　云
监察局
局　长　排云祥（景颇族）
纪委监察局派出机构
派出群团纪工委监察分局
书　记　麻　仁（女，景颇族）
派出财经纪工委监察分局
书　记　赵映猛
派出教科文卫纪工委监察分局
书　记　杨　聪
派出人事民政纪工委监察分局
书　记　许伟生
派出农林水纪工委监察分局
书　记　唐章德
派出党政纪工委监察分局
书　记　岩　冷（傣族）

瑞丽市金融系统领导名录
银监办事处
主　任　金德华（傣族）
人　行
行　长　李　锋
农发行
行　长　岩　过
中　行
行　长　张少波（*2010*年*12*月止）
工商行
行　长　谷继红（女）
农　行
行　长　屈永胜
建　行
行　长　李　季
农村信用社

理事长　彭明昌
监事长　苏　娜（女）

中国人寿保险公司

经　理　王　燕（女）

财产保险公司

经　理　普加冰（傣族）

中央及省州驻瑞丽单位

海　关

关　长　黄孝荣

检验检疫局

局　长　雷心恒（2010年10月止）
　　　　李自飞（2010年10月任）

边防检查站

站　长　何嘉林

热作所

所　长　白燕冰（女，回族）

省农科院甘蔗所瑞丽育种站

站　长　岳建强

州林科所

所　长　卢　靖

瑞丽公路段

段　长　杨永贵（白族）

瑞丽国家安全局

局　长　左盈川

瑞丽中波台

台　长　邵惠群

国营瑞丽农场管委会

主　任　高洪军
书　记　刘雪源

药监局

局　长　姚月媛（女）

住房公积金管理部

主　任　姚淑波（女）

质监局

局　长　刀明忠(2010年2月任)

瑞丽烟草专卖局

局　长　高　峰

国税局

局　长　雷春林(2010年5月止)
　　　　禹春梅(2010年5月任)

地税局

局　长　尹可山(2010年5月止)
　　　　饶光助(2010年6月任)
党组书记　尹可山（2010年5月止）
　　　　饶光助（2010年6月任）

瑞丽电信分公司

局　长　尹兴伟

邮政局

局　长　罗有系

（《瑞丽市》撰稿　郭明晓）

姐告边境贸易区

【区　境】　姐告边境贸易区位于瑞丽市城区东南方向4千米处，隔江与瑞丽相望。东、南、北三面与缅甸掸邦木姐市（国家级口岸）相连，有3个出入境通道，国境线长4.18千米，总面积2.4平方千米。2000年7月1日，经云南省批准设立了姐告边境贸易区，设立“姐告边境贸易区工作委员会”，其是隶属于德宏州委、州政府派出的县处级机构。姐告具有保税区、出口加工区、自由贸易区和边境贸易区的功能，可开展一般贸易、加工贸易、转口贸易、边境贸易、边民互市和国际经济技术合作。是经国务院批准设立的实行“境内关外”特殊监管模式的边境贸易区。

【贸　易】　2010年，姐告边境贸易区内企业完成进出口贸易额4.89亿元，完成全年任务数的122%，其中出口4.79亿元，进口0.1亿元；完成固定资产投资2.02亿元，完成年任务数的112%，其中公共及市政基础设施投资2363万元，房地产投资1.79亿元。实现工业产值1.14亿元，比上年增18%。年末，姐告财政总收入10193.2万元，比上年增367.7%。其中：预算内拨入经费923.4万元，上级专项拨款84.5万元，预算外收入9269.8万元，市级财政拨边交会资金12万元；财政支出5476.8万元，比上年增114.1%。

年内，经姐告边境贸易区的进出口贸易总额为83.25亿元，比上年增46.4%。其中：进口17.73亿元，比上年增33.3%；出口65.52亿元，增48%。进出口货物总量111.49万吨，比上年增24.7%。其中：进口60.37万吨，比上年增10.4%；出口51.12万吨，增39.4%。经姐告边境贸易区出入境的人员有879万人次，比上年增20%；出入境的车辆有200万辆，增34%；进出境的车辆和人员分别居全国陆路口岸的第一位和第三位。

【城建国土】　2010年，姐告边境贸易区完成市政道路改扩建、绿化、亮化等基础设施建设项目4项，建筑面积6.7万平方米，计划投资1259万元，开工建设至今累计完成投资1640万元，本年度完成投资1460万元。其中：完成城市道路修复面积1.2万平方米，投资230万元；完成人行道铺设约12万平方米，剩余约5.3万平方米；完成精品亮化工程投资122万元；为加快美好家园建设的进程，对区内的重要街道、景点进行绿化种植和改造，年内种植树木4990株、草坪4542平方米，新增绿化覆盖面积约为2.4万平方米，区内绿化率增加至5.1%，工程投资850万元。全年有外来投资建设项目在建工程28项，建筑面积27.33万平方米，计划投资52826万元，自开工建设累计完成投资59532万元，本年度完成投资18770万元。姐告边境贸易区总体规划面积2.4平方千米（含部分江面），其中陆地面积为 1.92 平方千米（含防洪堤、国境线占地）。从 1988~1995 年，区内土地分 8 次完成统征，面积 141.76 公顷，土地配套基础设施已基本完成。截至年末，原姐告村、原姐告农场、公安、消防、边防、海关、电力等各部门划拨占地 308.5 亩，公共设施用地 694.27 亩，市政设施用地 58.45 亩，按规划出让土地 1682.65 亩。

领导干部名录

中共德宏州瑞丽姐告边境贸易区工作委员会

书　记　杨跃国

副书记　许毅刚

工委委员　龚翠莲（女，傣族）

姐告边境贸易区管理委员会

主　任　刀晓瑞（女，傣族）

副主任　蔡映春（女，回族）

杨常纪　李其贵

龚翠莲（女，傣族）

副调研员　杨立新

帅喊岩（2010 年 2 月任）

姐告工委管委办公室

主　任　魏海燕（女，2010 年 1 月任）

姐告工委政治工作办公室

主　任　杨晓梅（女）

姐告工委纪检监察办公室

主　任　张继鸿（女）

姐告工委综治维稳办公室

主　任　刘晓东（2010 年 1 月任）

姐告管委外事办公室

主　任　田怀刚

姐告管委经济发展局

局　长　孟　明（傣族）

姐告管委土地城市建设规划局

局　长　范云珊

姐告管委财政局

局　长　杨生才

姐告管委社会事业管理局

局　长　沈泽英（女）

中共姐告边境贸易区机关委员会

书　记　邵元武

（《姐告边境贸易区》撰稿　郭明晓）

畹町经济开发区

【区　境】　畹町经济开发区位于东经 97°58′~98°10′，北纬 24°02′~24°08′之间。东北与芒市接壤，南与缅甸九谷市相邻，西北与瑞丽市姐勒乡隔江相望。最高海拔 1675 米，位于曼棒乡回龙山顶；最低海拔 778 米，位于混板乡畹町河与瑞丽江交汇处；城区海拔 830 米。国境线长 28.656 千米，由西往东有 86、87、88、89、90、91、92、93 号界碑。距省城昆明 733 千米，距州府芒市 82 千米，距瑞丽市区 23 千米，是中国对缅贸易的国家一级口岸。全区总面积 103 平方千米，其中坝区面积 14.2 平方千米，山区面积 88.8 平方千米。年末，全区耕地面积 13375 亩（其中水田 6671 亩，旱地 6704 亩），有林地 68711 亩，园林地 8770 亩，森林覆盖率 70%。

【气　候】　畹町经济开发区属南亚热带山地湿润季风气候，干、湿分明，雨热同季，冬无严寒，夏无酷暑，终年无霜，日照充足，雨量充沛。年温差小，日温差大，一月平均气温 12.9℃，七月平均气温 22.7℃，年平均气温 20.7℃；最高气温 36℃，最低气温 1.2℃。年平均降雨量 1522.4 毫米，5 至 10 月为雨季，雨季降雨量占全年降雨量的 85.9%。年均日照总时数为 2343.4 小时，年均相对湿度为 79%。

【行政区划】　畹町经济开发区成立于 1999 年 2 月 8 日，其前身是畹町市，现行政区域属瑞丽市。畹町经济开发区下辖畹町镇和国营畹町农场。畹町镇辖 3 个村委会，16 个村民小组，3 个城区居民委员会；国营畹町农场辖 8 个生产队，农场场部驻混板乡。

【人口民族】　2010 年末，畹町经济开发区总人口 13906 人。其中：农村人口 7299 人，城镇人口 6607 人，城镇化率 47.51%；人口出生率 7.89‰，死亡率 3.2‰，人口自然增长率 4.69‰，人口密度为 135 人/平方千米。在总人口中：汉族 7955 人，占总人口的 57.21%；傣族 4119 人，占 29.62%；景颇族 681 人，占 4.9%；德昂族 469 人，占 3.37%；阿昌族 34 人，占 0.24%，傈僳族 51 人，占 0.37%，其他 597 人，占 4.29%。

【简　史】　“畹町”系傣语译音，意为“太阳当顶的地方”，含阳光普照、万物生长之意。西汉属益州郡哀牢地，东汉属永昌郡，唐归南诏国，宋归大理国，元属大理金齿宣慰司，明清属遮放副宣抚司和勐卯安抚司，民国时期属潞西县。早在唐代（公元 618~907 年）畹町就是“南方丝绸之路”至蜀身毒道滇缅段的重要通道之一；元十九年（公元 1282 年），南方丝路主线从腾冲府站（时称金齿站）入缅有天部马道、阿郭道、骠甸道、蒙光路等 4 条支线，其中天部马道即沿龙川江经茫施路（今芒市）、宛顶（即畹町）入缅到江头城（即杰沙）。明代（公元 1368 年~1644 年）沿元代形成的中庆辰元道，开通了湖广辰沅普安云南道。该道至腾冲后分5路入缅，其中东南路即经畹町入缅。1928年芒市土司和遮放土司联合修建芒畹公路后，腾越海关把设于龙陵的税务司迁至畹町，畹町成了真正的口岸。1937年日本帝国主义封锁了中国海路，为打通盟国援华抗战物资的运输线，于1938年9月筑成了滇缅公路，畹町成为连接中缅惟一的陆路口岸。10万远征军从畹町桥出国抗战，大量的援华物资经此入境；滇缅公路成为我国抗战的大动脉和生命线。此时，畹町居民骤然增多，一时车水马龙，机关林立，发展成为我国大西南惟一的边境口岸和军事重镇。1942年5月2日，日寇侵占缅甸，继而占领了畹町。1945年1月20日，畹町光复。

1950年4月29日，中国人民解放军把五星红旗插上了畹町桥头，10月设畹町办事处，属保山专区潞西县；1952年12月，经政务院批准，畹町镇由潞西县划出，升格为县级镇，为全国惟一的县级镇，属保山专区管辖；1955年1月，经保山地委批准，畹町镇划归德宏傣族景颇族自治区管辖；1958年10月，瑞丽县混板乡和潞西县嘎中乡的5个自然村划归畹町镇。1965年又将潞西县新民乡的6个村寨划归畹町镇，并批准建立了曼另乡。1985年1月31日，国务院批准撤销畹町镇建立畹町市，隶属于德宏州。1992年6月，国务院批准畹町市为沿边开放城市；9月国务院批准设立畹町边境经济合作区（5平方千米）。1999年1月1日，国务院批准撤销畹町市，将其行政区域并入瑞丽市。2月8日，中共云南省委、省政府决定成立瑞丽市畹町经济开发区，设置中共瑞丽市畹町经济开发区工委和管委会（副县级），作为瑞丽市委、市政府的派出机构，实行“政经合一”的管理体制，行使县级经济管理权限和行政职能，原管辖范围不变。实行计划单列、财政自收自支，由德宏州直接管理。根据省委关于原市级部门机构只换牌不降格的精神，原畹町市级部门机构全部保留，畹町经济开发区工委管理原市委工作机构，畹町经济开发区管委管理原政府工作机构。2005年12月，乡镇机构改革，将畹町经济开发区混板乡、曼棒乡并入城关镇，将城关镇更名为畹町镇。2007年，州委、州政府决定将瑞丽市畹町经济开发区工、管委高配为正县级。

【机构设置】 2002年机构改革，根据中共德宏州委关于畹町经济开发区机构参照小县设置的精神，畹町经济开发区工委设置7个工作部门；畹町经济开发区管委设置16个工作部门；设6个行使行政职能事业局。上述机构中，监察局与纪工委合署办公，监察局列入管委工作部门序列，不计入管委机构个数；发展计划和经济贸易局加挂安全生产监督管理局牌子；机构编制委员会办公室为机构编制委员会的常设办事机构，既是工委的工作部门，也是管委的工作部门，与人事劳动和社会保障局合署办公。此外，设置议事协调办事机构1个：即扶贫开发办公室为扶贫开发领导小组的常设办事机构。2010年政府机构改革，不再保留事业单位，管委设置16个工作部门（其中29名科级以上干部提前退休（或退养），干部队伍年轻化。

【经济简述】 2010年，畹町经济开发区完成生产总值27185万元，比上年增17.2%。其中：第一产业6628万元，比上年增18%；第二产业6945万元，增26.5%；第三产业13558万元，增12.3%。完成财政总收入13759万元；完成对外贸易进出口总值16.37亿元，比上年增52.3%；工业总产值18201万元，增37.66%；旅游行业总收入6729.67万元，增15.6%；农林牧渔业总产值10481万元，增30.4%；固定资产投资17747万元，增130%；社会消费品零售总额13242.7万元，增22.6%。

【私营经济】 2010年，畹町经济开发区有在册内资企业42户，其中新开业1户，注销2户（含吊销1户）；注册资金5108万元，比上年增7%。有在册私营企业127户，其中新开业私营企业24户、注销11户（含吊销5户），比上年增11.4%；注册资金29325万元，增22.58%；从业人员1705人，增18.89%。有在册个体工商户757户，其中新开业个体工商户141户、注销69户（含吊销14户），比上年增10.51%；注册资金2317万元，增27.02%；从业人员2005人，降8.8%。全年参加网上年检的内资、私营企业157户（含吊销6户），完成年检率99.36%；网上年检合格户数145户（含注销3户），年检合格率95.36%；年检后户数142户（不含注销数），检存率90.45%；年检期间办理变更登记20户，其中因前置许可证件失效变更1户。年内应参加验照的个体工商户685户，已验照683户，验照后户数606户，验存率88.47%；验照期间办理变更登记18户。

【农 业】 2010年，畹町经济开发区实现农林牧渔业总产值10481万元（现行价），比上年增30.4%。其中：农业产值4446万元，比上年增34.4%；林业产值1836万元，增85.9%；畜牧业产值2809万元，增13.7%；渔业产值530万元，增25.6%；服务业860万元，增3.4%。农民人均纯收入3868元，比上年增12.2%。

全年完成冬季农业开发农作物种植面积11878亩，比上年增569亩，增5%；冬季农作物开发总量10618.3吨，减2634.49吨，减19.9%；总产值1978.5万元，增746.16万元，增60.5%。完成大春农作物推广种植24985亩，比上年增7097.63，增39.68%；产量14499.64吨（薯类折粮），增4287.04吨，增41.98%；产值2316.72万元，增973.85万元，增72.52%。09/10榨季，甘蔗砍收面积1350亩，总产5522吨，比上榨季减产7521吨，减幅为-57.7%，平均单产4.2吨，产值142.2万元，比上榨季减212万元。境外替代种植甘蔗4969亩，总产20371吨，入榨量14689吨，用种5682吨，创税约100万元。橡胶种植12590.5亩（其中新植363.5亩），产量290吨，产值599万元（含农场），比上年增107%。茶叶种植922.9亩，产量5吨，产值5.75万元，减32.35%。木薯种植24361.4亩（其中州内6580.55亩，国外替代种植17780.85亩），产鲜木薯8000吨，生产淀粉2100吨，产值536万元。咖啡种植1250.4亩（新植315.4亩），产量78.02吨，产值98.58万元，增21.3%。水果种植3149.9亩，产量1583.5吨，产值506.3万元，增28%。柠檬种植10920株、198亩，产柠檬鲜果85.4吨，产值16.38万元。

全年全区完成肉、蛋、蜜总产1940吨，比上年增220吨，增12.79%。年内，生猪存栏10028头（母猪540头），比上年增952头，增10.49%；肉猪出栏14062头，增1708头，增13.83%；销售仔猪7368头；大牲畜存栏2065头（匹），增424头（匹），增25.84%；家禽存栏9.84万羽（鸡8.22万羽，鸭1.35万羽，鹅0.27万羽），增0.83万羽，增9.25%；水产养殖1368亩，产量530吨，总产值530万元。

年末，全区拥有拖拉机743台（其中大中型126台，小型轮式43台，手扶拖拉机574台），联合收割机17台，农副产品加工机械44台，各类小型抽水机234台。拥有农机机械总动力1195.11万瓦特，农业机械总值1270.62万元。全年完成各项惠农补贴144.63万元，其中粮食直补14000亩，补助金额51.52万元，受益农户1312户6035人（不含农场）；农资增支综合直补15320.9亩，补助金额74万元，受益1299户5997人（不含农场）；良种补贴15482.78亩，补助金额19.11万元，受益农户1312户6035人（不含农场）。完成农户购置农机补贴金额49.7万元，带动农户投入购机资金149.74万元，受益农户54户；为31个养殖专业户贷款80万元，贴息15万元。

【林 业】 2010年，畹町经济开发区林业局以推进现代林业建设为主题，以全力构建林业三大体系为目标，按照森林分类经营管理体制改革的要求，推进森林生态效益补偿制度建设，落实公益林管护责任。全年兑现中央森林生态效益补偿基金33万元；完成历年6000亩退耕地还林年度检查验收，兑现政策性补助124.24万元；落实了畹町退耕还林后续工程建设项目（回环村80台太阳能安装工程）；完成竹产业造林2000亩，松材线虫病采伐迹地更新造林200亩（柚木150亩，菠萝蜜50亩），退耕还林补植补造450亩；石斛种植5334平方米，石斛人工集约化种植5334平方米，完成义务植竹4000余株，完成零星及四旁植树5300余株。本年州局下达畹町商品材采伐指标蓄积量为6500立方米，材积4500立方米。实际完成采伐蓄积量1739.3立方米，材积1242.56立方米；调运边贸木材13711.23立方米，林产品4081.89吨，再次运输517.37立方米，剩余物157.6立方米；完成林地薇甘菊除治2075.2亩（化防975.2亩，人工除治1100亩）。全年查处森林和野生动物行政案件28起，处理违法犯罪人员28人，挽回经济损失13.47万元。收缴石斛2077千克，收缴油茶树（幼树）1322株，其他各类树49棵；解救国家一级保护动物蜂猴1只，果子狸1只，竹鼠3只；检疫木材7427.62立方米，林产品11880.97吨，果品13067.4吨，药材50.18吨，活立木2502立方米，调运检疫率达99.9%；签发林业植物检疫证书1980份。全年向上级争取到林业项目资金471.74万元，林业工作经费8万元。

年内，畹町发生了60年一遇的持续干旱高温天气，给森林防火造成严峻形势，畹町林业局认真落实防火目标管理责任制，狠抓火源管理，加强监督巡查，巡山督查、设置临时森林防火检查站等方法，严格控制火源，确保了辖区内无森林火灾发生。但干旱使畹町林业遭受严重灾害，许多新造林、中幼林树木干死，受灾面积 0.372 万亩，中幼林及有林地受灾 0.365 万亩，苗木受灾 30.4 万株，加之病虫灾害，共造成林业经济损失 158.1 万元。

【水　利】　2010 年，畹町经济开发区水利局共完成各类水利工程 10 件，总投资 463.14 万元。主要是：投资 52 万元的农村人畜饮水工程，新建 200 立方米蓄水池 1 座，架设 PE110 输水管道 2934 米；小型农田水利建设工程，投资 173.42 万元；衬砌芒新小型灌区一标段渠道 3 千米，投资 92 万元；衬砌索阳引水渠道 0.28 千米，投资 11.2 万元；芒新小型灌区东干渠工程，投资 20.81 万元；曼另灌溉沟工程，投资 1.49 万元；法坡东沟及南帕冷村灌溉沟防渗工程，投资 15 万元；弄弄水库管理房建设，投资 28.8 万元；畹町红石河水库大坝清基完成工程量 4.7 万立方米，投资 39 万元；输水隧洞工程洞身浇注 142 米，投资 101 万元；弃渣场挡土墙，投资 38.60 万元；天湖水库输水隧洞回填灌浆工程灌浆进尺 1603 米，投资 55 万元；畹町河上游段护岸工程，投资 4.12 万元。

上半年，畹町旱情严重，历时 128 天滴雨未下，有 0.17 万人、0.12 万头大牲畜发生临时饮水困难。畹町水利局合理进行水利工程调度，发挥水利工程设施为抗旱减灾保障的作用，区内各水库累计供水 90 多万立方米，有效缓解 8300 多亩农田小春作物旱情。

【对外贸易】　2010 年，畹町经济开发区商务局围绕“抓外贸促进口、抓内贸促消费、抓队伍促工作、抓建设促发展”的工作思路，以“保存量、促增量、调方式”为主线。努力扩大外贸进出口主体，培植进出口新增长点；积极争取项目资金与指标，促进外贸企业健康发展；强化外贸企业品牌意识，提升企业自主发展能力；转变外贸发展方式，促进了外贸进出口业绩稳步增长。全年引进 16 户外来投资企业到畹町落户，协议投资额 16.2 亿元，外来投资项目到位资金 5107 万元。正在建设实施的项目有：景成沥青搅拌站、畹町银翔商贸公司、乐兴石斛种植、乔瑞水泥制品，有 9 个项目处于筹建阶段。年末，有 3 户企业在境外实施罂粟替代种植，面积达 12.76 万亩，返销国内农产品 1.6 万吨，返销金额 2235 万元；同时为境外替代种植企业争取项目补助资金 164 万元。经云南省政府及相关职能部门批准同意在畹町口岸设立边民互市交易点，开展云南省边民互市贸易试点工作。畹町商务局积极申报了畹町曼满物流区设施项目及畹町口岸基础设施建设专项资金补助项目，争取到省级预算扶持资金 541.7 万元，投入口岸基础设施建设资金 86 万元，对原交通集团公司老货场交易市场进行改造（建成占地面积 7100 平方米，建筑面积 4000 余平方米的封闭式轻钢结构交易场），交易市场于 9 月 5 日开始开展边民互市贸易试点运行工作。

全年全区实现对外贸易进出口总值 16.37 亿元，比上年增 52.3%。其中：完成进口总额 9.44 亿元，比上年增 53.6%；出口总额 6.93 亿元，增 50.5%。外经贸企业完成进出口货运量 33 万吨，比上年增 46.8%。其中：进口 26 万吨，比上年增 53.6%；出口 7 万吨，增 25.4%。全年口岸出入境 35 万人次，其中出境 17.3 万人次，入境 17.7 万人次。年末，全区有对外贸易经营权的企业 56 户，外贸企业共缴纳各种税费 11596 万元，比上年增 50%。其中：关税 335 万元，海关代征增值税 8610 万元，进口商品增值税 502 万元。

【工　业】　2010 年，畹町经济开发区工业经济持续平稳运行，畹町民鑫制药厂、金谷硅业有限公司、金华硅业有限公司进行了技术改造升级。泉力啤酒厂、源洋生物有限公司生产线也进行了技术改造。全年实现工业总产值 18201 万元，比上年增 37.66%，完成年计划的 113%。实现轻工业产值 3808 万元，完成年计划的 127%；实现重工业产值 14393 万元，完成年计划的 109.6%。工业主要产品产量：水泥 5.89 万吨，比上年降 8.61%；木制品 58135 立方米，降 7.77%；大输液 1010 万瓶，增 13.87%；工业硅 9451 吨，增 3.48%；啤酒 3454 千升，增 13.96%；木薯淀粉 2859 吨，增 2.4 倍；饲料 1522 吨，卫生香 140 吨。

【旅　游】　2010 年，畹町经济开发区旅游局加大旅游宣传促销力度，在《中国自驾游》书刊中做了两个畹町旅游宣传版面；配合州旅游局、德宏旅游集团制作了《云南·德宏——探秘滇西“1944”暨 2010 年中缅胞波狂欢节自驾车之旅》宣传册。在第十届中缅胞波狂欢节暨第三届国际珠宝文化节上，选送了 1 辆牛车彩车参加中缅牛车美女评选赛，获优秀奖；同时，选送两名选手参加中缅民族服饰评选大赛，两人均获优秀奖。

在旅游产业开发项目上，抗战博览一条街建设项目已完成了旅游卖场和赌石大厅的基础设施、商品布展工作，成功导入3家旅行社的客人进入卖场。生态园开发建设项目，畹町生态园有限公司计划投资10亿元，在原生态园的基础上开发建设畹町勐垅沙生态园项目，主要建设内容有会务中心、商品房住宅区、温泉SPA水疗区、万只孔雀观赏园、鸟类博物馆、佛教文化园、各类运动场及配套设施，该项目可研报告已完成。畹町国门风情旅游项目，畹町工管委11月签订了项目开发框架协议，项目预计总投资1.5亿元，建设内容包括购物街、度假宾馆、特色餐饮、艺术博览、休闲景观等。

全年全区旅游接待总人数7.63万人次，比上年增22.45%；旅游行业总收入6729.67万元，增15.6%。

【财　税】 2010年，畹町经济开发区完成财政总收入13795万元，比上年增30%。其中：一般预算收入2846万元，比上年增26%；调入资金144万元；各项转移支付补助3303万元；税收返还771万元；各部门专款补助6368万元（一般预算专款6199万元，基金专款169万元）；上年结余351万元（一般预算结余221万元，基金结余130万元）；基金本年收入12万元。财政总支出1.34亿元，完成年初预算11712万元的114%，比上年增支3096万元，增30%。其中：一般预算支出1.24亿元，完成年初预算8276万元的150%，增支2879万元，增30%；基金预算支出106万元，上解支出871万元。收支相抵，年终滚存结余413万元。全年国税完成收入3025万元，其中上划两税2159万元，上划中央所得税103万元，上划省级所得税41万元，地方入库722万元。地税完成收入1406万元，其中上划中央、省级所得税216万元，上划省级营业税46万元，地方入库1144万元。财政组织非税收入981万元。

【教　育】 2010年，畹町经济开发区有1所完中，6所小学（其中3所教学点）和1个幼儿园。初、高中共有班级15个班，有在校学生681人，其中高中112人（少数民族学生30人），初中在校生569人（少数民族学生264人），入学率98.93%；小学在校生1209人（少数民族学生623人），入学率99.69%；幼儿124人（少数民族学生50人），入园率75.8%。全区有教职工190人，其中专任教师169人，学历达标率100%。

全年全区参加高考36人，上线人数29人，上线率80.5%；参加中考152人，600分以上的考生20人，500分以上35人，是历年来成绩最好的一年；升入高中就读63人，升入职业高中就读46人，高中入学率达到72%。

9月，完成了和平小学高段（五、六年级）与畹町小学的合并，校点布局的调整进一步优化了城乡教育资源配置。本年，畹町财政预算安排公用经费以小学每生每年300元、初中每生每年600元作为基准定额，困难学生生活补助费小学每生每年880元、初中每生每年1000元，全额纳入财政预算，并及时拨付。年内，筹措助学基金1.15万元，资助高、初中困难学生35人次，发放助学基金1.35万元。

【科　技】 2010年，畹町经济开发区科技局围绕农民增收和农村经济发展，开展了石斛种植及粗加工技术、养猪、番木瓜种植技术、香料烟栽培技术、柠檬综合管理技术等培训会8次，受训959人次。开展“科普”宣传活动2次，发放科普宣传资料4469份，受教育群众2394人次。至年末，基本建成新型农民科技培训示范村10个，培训新型农民1000名，培养科技示范户850户。

【文化体育】 2010年，畹町经济开发区文化局开展了送戏、电影放映下乡和广泛开展“大家乐”群众文化广场活动，丰富群众文化生活。同时，多次选拔各类艺术人才参加省、州、县（市）各种文艺大赛，参加瑞丽市“迎七一、颂瑞丽”大型歌咏晚会，荣获二等奖；选送歌手参加州级“感恩思进”颂德宏歌咏大赛，获一等奖；选派人员参加上海世博会云南馆活动周开馆文艺表演活动；选送书法美术作品参加中缅胞波狂欢节展览。

本年度，畹町经济开发区正式成立文物管理所，工作人员由文化馆人员兼任。文物管理所成立后，完成了第三次全国文物普查资料汇总工作和对现有15个文物点日常巡查和管理工作。年内，畹町红色记忆博物馆建设项目已投入资金200万元，完成了博物馆土方挖掘和项目整体建设场地的平整、入口桥梁的搭建等工程。

畹町经济开发区体育局积极组织开展各类体育活动。一、开展全民健身活动，全面提高人民群众身体素质。组织畹町庆“五一”运动会，各部门、单位、学校、乡镇、企业的22个代表队132人次参赛；8月，开展了全国第二个“全民健身日”活动——健步走，全区22个单位、400余人参加，进一步掀起全民健身热潮。二、组织少体校运动员参赛。畹町少体校有在训运动员25人，完成训练日265个；2月，组队参加了云南省儿童游泳锦标赛，获1块银牌、1块铜牌；组队参加云南省第十三届运动会，获金牌1.5枚、铜牌9枚。三、老年人赛事。11月，德宏州老年人运动会在畹町举办，有来自州直机关、芒市、畹町、瑞丽、陇川、盈江、梁河的250名运动员及工作人员参加，比赛项目设老年排球、乒乓球、陀螺、篾弹弓。年内，畹町老年体协参加德宏州桥牌邀请赛，荣获第二名；6月，参加瑞丽市桥牌邀请赛，荣获第三名；9月，参加芒市桥牌邀请赛，荣获第三名。

【卫　生】 2010年，畹町经济开发区投入经费20.38万元，主要用于基本公共卫生服务均等化；年内，建立城镇居民健康档案3200份，建档率55%；建立农村居民健康档案4655份，建档率62%。全年全区有参合农民1577户6720人，参合率达99.9%，筹集参合资金13.44万元。“八苗”接种2775人次，接种率98.16%；接种乙脑疫苗1000份；调查各医疗单位接诊15岁以下儿童2447例，未发现麻疹、新生儿破伤风、AFP、乙肝病例报告。全年无甲类传染病发生；报告乙类传染病5种34例，发病率248.97/10万，比上年降41.38%。有262人参加无偿献血，完成州下达任务数的104.8%。改造农村卫生厕所100座，完成州下达任务数的100%。核发、校验《食品卫生许可证》42户、《公共场所卫生许可证》6户；核发、校验医疗机构执业许可10件；受理放射诊疗许可申请2件，核发、校验《放射诊疗许可证》1件；受理护士首次执业注册3件；受理执业医师地点变更申请1件；查处违法案件3起；取缔非法牙医2起；下达监督意见书责令整改11户次。管理孕产妇221人，孕产妇管理率为100%；管理0~7岁儿童853名，儿童管理率91.5%。

【劳动社保】 2010年，畹町经济开发区城镇新增就业人员108人，下岗失业人员实现再就业32人，城镇登记失业65人，新增农村劳动力转移121人，新增公益性岗位10个，补贴公益性岗位人员43人；申报“贷免扶补”14户，发放金额70万元。年内，开展了3场次公共就业服务宣传，发放《工伤保险条例》、《农民进城就业指南》等相关劳动保障政策法规资料1050余份。为6家企业进行招工宣传，提供就业岗位186人，成功推荐就业46人。对下岗失业人员、农民工等有创业意愿的人员开展了为期8天的培训，受训208人。年内，畹町仁慈医院被成功推荐为高校毕业生见习基地。

1至10月，全区完成企业职工基本养老保险参保1262人，领取基本养老保险金190人（新增退休人员8人），离退休人员月人均基本养老金1192元，社会化发放率为100%；完成养老保险基金收入270万元，支出231万元，结余39万元，累计结余养老保险基金640万元。根据《云南省养老保险离退休人员调整待遇的通知》精神，对183名符合规定的离退休人员进行了调整，调整后的养老金已全部兑付；完成养老保险扩面64人。年内，医疗保险参保5019人，收缴医疗保险费276.9万元，支出217.2万元，累计结余587.74万元；工伤保险参保439人，收缴工伤保险费9.5万元；失业保险有参保单位40家，参保803人，征收失业保险基金8.25万元，支出27.43万元，一次性创业补助0.96万元，新增扩面99人；收取农村养老保险费4.68万元，支出6.69万元，累计参保385人，历年基金积累38.28万元。

【治　安】 2010年，畹町经济开发区公安分局把维护社会稳定作为首要政治任务来抓。全年立刑事案件54件，破39件，破案率72.2%，破案绝对数45件；破获毒品案件13件，缴获毒品12.89千克，抓获犯罪嫌疑人61名，追回被盗摩托车4辆，挽回经济损失5万余元。收缴小口径步枪1支，自制小口径手枪1支，小口径子弹2发，“TNT”炸药1块，雷管68枚，管制刀具12把；群众主动上交猎枪4支，自制火药枪2支，炸弹4枚，子弹272发。发现受理治安管理案件163起，查处163起，查处率为100%；查处违法人员133人；110接受报警364起，救助群众71人次。全年投入警力1652人次，完成各种安全警卫任务65次。

【人民生活】 2010年，畹町经济开发区完成社会消费品零售总额13242.7万元，比上年增22.6%。

其中：国有及国有控股经济 446.1 万元，比上年增 25.2%；城镇居民消费品价格指数平均 104%，上涨 4 个百分点；商品零售价格指数 104.9%，上涨 4.9 个百分点；城镇居民人均可支配收入 14605 元，比上年增 8.5%；农村人均纯收入 3868 元，增 12.2%。全年发放低保金 287.9 万元，享受最低生活保障的人口 1127 户次 2538 人次。

年内大事

【王岐山副总理视察畹町口岸】 2010 年 6 月 6 日下午，中共中央政治局常委、国务院副总理王岐山在国家质检总局局长王勇，海关总署署长盛光祖，国家旅游局局长邵琪伟，云南省委书记白恩培，德宏州委书记赵金等领导的陪同下到畹町口岸视察。瑞丽市市委常委、畹町工委书记党文军，工委副书记、管委主任帅罕罗等两委班子成员、各联检部门班子成员参加迎接。王岐山副总理听取了口岸建设和“百年畹町桥”历史沿革介绍，看望了海关、检验检疫、边防检查站执勤人员，并与执勤人员亲切交谈，还与畹町主要领导合影留念。

【省纪委书记李汉柏视察畹町口岸】 2010 年 6 月 8 日，云南省委常委、省纪委书记李汉柏一行在德宏州委书记赵金，州委常委、州政府常务副州长柳五三，州委常委、州纪委书记赵镇康等领导的陪同下到畹町口岸视察。在口岸视察期间，李书记看望了联检部门值班人员，听取了关于畹町口岸建设情况的汇报，并与瑞丽、畹町领导合影留念。

【中组部干部监督局副局长侯续伦视察畹町口岸】 2010 年 7 月 1 日下午，中组部干部监督局副局长侯续伦一行在云南省委组织部副部长刘绍平，德宏州委常委、瑞丽市委书记杨跃国，州委常委、州委秘书长番跃平等领导的陪同下到畹町口岸视察。畹町工管两委和联检部门负责人进行了热烈迎接。侯副局长一行听取了关于畹町口岸建设的介绍后，对畹町口岸建设提出了希望和要求，并与参加迎接的领导合影留念。

【孟必光州长在畹町召开现场办公会】 2010 年 7 月 7 日下午，德宏州人民政府州长孟必光在畹町召开现场办公会，就畹町生态园二期开发工作进行专题研究。州政府相关职能部门主要领导、畹町经济开发区工管两委及相关职能部门主要领导参加会议，会议由州政府秘书长周湛鸿主持。会上，畹町工委副书记刘永益代表工管两委向孟州长汇报了畹町生态园二期开发工作进展情况，畹町管委相关职能部门结合各自工作实际作了补充发言，开发商胡信任总经理提出了请求，州政府相关职能部门提出工作建议并表态将积极支持该项目立项开工。最后，孟州长要求，畹町生态园二期开发项目的立项要坚持“低标准、简单化”的原则，能变通的变通，能简化的简化，先在州内审批立项，以使工程尽快开工建设，一次性规划，分步骤实施，州政府将把这个项目列为重点督办项目。

【全国人大副秘书长何晔晖一行视察畹町口岸】 2010 年 7 月 14 日下午，全国人大副秘书长何晔晖一行在德宏州人大主任余麻约，瑞丽市人大主任排生等领导的陪同下视察畹町口岸。瑞丽市委常委、工委书记党文军和联检部门领导进行了热情迎接。何晔晖一行对畹町口岸建设提出了希望和要求，并与参加迎接的领导合影留念。

【畹町曼满至木姐东坎二级公路改扩建工程开工】 2010 年 7 月 15 日上午，“畹町曼满至木姐东坎二级公路改扩建工程”在畹町口岸曼满通道中缅边境结合部举行开工典礼，中缅双方相关代表 800 余人参加，州政府州长孟必光、缅甸木姐地区和发委主席吴吞敏若出席并致词。开工典礼由瑞丽市委常委、工委书记党文军主持。参加开工典礼的中方人员还有：州人大主任余麻约，州委常委、瑞丽市委书记杨跃国，州政协副主席、州委统战部部长李有升，瑞丽景成集团有限公司董事长董勒成，瑞丽市人大主任排生，畹町工委副书记、管委主任帅罕罗等州市四班子领导和州市相关部门领导，畹町工管委班子及各部门主要负责人，省、州驻瑞丽、驻畹町单位领导等。参加开工典礼的缅方代表还有：缅甸建设部总工程师吴昂特，缅甸边贸处处长阳奈吞中校，缅甸掸邦主任工程师吴赛觉莫，缅甸木姐镇区和发委主席吴棉汉，缅甸木姐地区和发委秘书吴钦貌伍等。该工程的建设，对于增进中缅胞波友谊、改善畹町口岸环境、扩大中缅双边贸易、推动“桥头堡黄金口岸”建设起到举足轻重的作用。

【畹町傣族姑娘夏静荣获全国葫芦丝演奏比赛金奖】 2010 年 7月 29 日，畹町小学三年级傣族女学生（8 岁）夏静在北京 2010 年

“第六届华夏艺术风采国际交流展示活动”全国葫芦丝专业少儿B组比赛中荣获金奖，成为畹町第一个荣获全国少儿葫芦丝演奏比赛金奖和录入中华少年英才库的人。

【国家民政部在畹町召开区划工作调研座谈会】 2010年10月27日，国家民政部在管委二楼会议室就畹町区划工作召开调研座谈会。工管委班子成员、相关职能部门负责人及政协委员、人大代表、侨界、离退休老领导等各界代表参加座谈会。会议由市委常委、工委书记党文军主持。

【全国人大代表视察畹町口岸】 2010年11月6日下午，由云南省人大常委会常务副主任、党组副书记晏友琼带队的全国人大代表瑞丽专题调研组在工管委班子成员及相关职能部门负责人陪同下视察畹町口岸。

【中央宣传部部长刘云山视察畹町】 2010年12月14日上午，中央政治局委员、书记处书记、中央宣传部部长刘云山同志在省、州、市、区领导的陪同下视察了畹町南洋华侨机工回国抗战纪念碑、中缅友好纪念馆和畹町桥。期间，工管委领导向刘部长汇报了畹町文化建设工作的情况。

领导干部名录

畹町经济开发区工委

书　记　党文军

副书记　帅罕罗（傣族）

　　　　刘永益

畹町经济开发区管委

主　任　帅罕罗（傣族）

副主任　杨瑞勇　杨卫平

　　　　金岩保（傣族）

主任助理　李开忠（景颇族）

　　　　刘安真（兼）

畹町经济开发区工委工作机构领导名录

纪工委

书　记　刘继红

工委办

主　任　赵双应（女）

组织部

部　长　张　平

宣传部

部　长　张自达

统战部

部　长　尤金川（女，景颇族）

政法委

书　记　金依凹（傣族）

副书记　梁建忠　杨秉周

　　　　张正刚（兼）

防范和处理邪教问题领导小组办公室

主　任　张正刚

政研室

主　任　李　泽

机关党委

书　记　周文明

老干局

局　长　付开伦

机要局

局　长　赵双应（女，兼）

保密局

局　长　玉　所

畹町经济开发区管委工作机构领导名录

管委办

主　任　武勋廷

发展改革和经济局

局　长　刘晋玖

科教文化局

局　长　王　晓

监察局

局　长　唐勒弄（景颇族）

民政民宗局

局　长　金小伍（傣族）

公安分局

局　长　沙　冰（2010年11月任）

教导员　沙　冰（2010年11月止）

　　　　董爱民（2010年11月任）

司法局

局　长　陈畹晨

财政局

局　长　刘安真

人事劳动和社会保障局

局　长　汤成有

国土资源局

局　长　赵文兴

建设交通局

局　长　段玉平

农牧局

局　长　孔自武

水利局

副局长　番成山（2010年9月止）

　　　　李秀娟（2010年9月，主持工作）

林业局

局　长　郭云仲

商务局

局　长　杨保宏

卫生局

局　长　苏瑞芹（女）

审计局

局　长　甫如春

统计局

局　长　杨永萍（女）

外事侨务办

主　任　郭云朱

扶贫办

主　任　田家声

人口与计划生育局

局　长　段建德

安全生产监督管理局

局　长　李贵权

信访局

局　长　王治平

畹町经济开发区行使行政职能事业单位领导名录

粮食局

副局长　梅盛虎（主持工作）

广电局

局　长　杨世科

旅游局

局　长　陈留继

档案局

局　长　甫如明

体育局

局　长　马昆龙（回族，瑞丽市政协副主席兼）

畹町经济开发区检察室、法庭领导名录

检察室

主　任　王丕和

法　庭

庭　长　陆登尚（藏族）

畹町经济开发区群团组织领导名录

工　会

主　席　杨钧龙

妇　联

主　席　旺　所（女，傣族）

团工委

书　记　赵国梁

老年体协

副主席　和卫全（主持工作）

科　协

主　席　匡大伟

侨　联

副主席　刘永珍（主持工作）

残　联

理事长　金依补（傣族）

畹町经济开发区事业单位领导名录

畹町医院

院　长　蔺应章

畹町中学

副校长　杨保团（主持工作）

省、州驻畹单位领导名录

畹町海关

关　长　朱建国

瑞丽检验检疫局畹町办事处

主　任　蔺以东

畹町边防检查站

站　长　邓　冰

政　委　喻泽辉

工商局

局　长　黄佳琪（*2010*年*11*月任）

国税局

局　长　董继仁

地税局

局　长　高建平（藏族）

（《畹町经济开发区》撰稿　甫如明　杨世洪）

瑞丽市乡镇概况一览表

单位：（米、公里、平方公里、亩、个、户、人、%、‰、人/平方公里、万元、元、吨、头、张）

项目＼乡镇		勐卯	弄岛	姐相	户育	勐秀	姐告	畹町
地理位置		中部	西南	南	西	西北	东	
政府驻地		团结村		姐相街	帕叠坝	勐秀村委会		畹町
海　拔		1386.6	1226	752.2	1267.3	1312		
距县城距离		1	28	19	20	22		
土地总面积		232.3	99	60	204	283.3		
耕地面积		34906	29604	41206	28622	57752		
其中	水　田	23885	18881	32712	8585	10035		
	旱　地	11021	10723	8494	20103	47717		
	人均耕地	1.21	2.3	2.54	4.1	5.25		
行政区域	辖村委会	7	4	4	4	7		
	自然村	65	32	40	30	89		
	村民小组	69	32	40	30	44		
人口民族	总户数	26092	3341	4022	1939	2661		
	总人口	78740	13173	16643	7403	10992		
人口民族 其中	汉　族	5533	1990	1622	2137	5497		
	傣　族	22259	10096	14964	11	36		

项目		乡镇	勐卯	弄岛	姐相	户育	勐秀	姐告	畹町
人口民族	其中	景颇族	791	937	15	4488	4232		
		阿昌族		10	0	0	13		
		傈僳族		135	0	45	248		
		德昂族	263	5	17	433	523		
	人口出生率		6	13	3.37	0.9	10.15		
	自然增长率		11	10	1.44	0.32	3.95		
	人口密度		339	131	277.38	36.29	38.80		
经济收益	总收入		22797	9038	10699	7618	7781		
	纯收入		13267	4869	6842	2591	1516		
	人均纯收入		4681	3937	4217	10672	3752		
	总支出		9530	4169	4494	5027	4013		
	国家税金		150	568		0			
	集体提留		0			0			
农业产值	总产值		12211	9130	12834	7618	7034		
	增加值		488	788	2567	2273			
	其中	种植业	7329	6026	8083	3363	3770		
		林业	467	564	387	1203	422		
		畜牧业	3097	1953	2699	2348	2446		
		渔业	843	388	1450	198	234		
		服务业	1087	199	215	506	162		
农作物总面积			73831	49934	73908	46045	79692		
其中	甘蔗		5578	8672	3767	12560	20500		
	粮食		43173	33046	52737	27922	48021		
	茶叶		456	1000	41	3732	150		
	油料		3877	1031	1650	1577	6779		
	水果		2969	3764	3906	254	300		
农作物总产量			485845.2	90448.8	64185	104182	137060		
其中	甘蔗		290880	71823	32821	90086	117100		
	粮食		17808	12879	21712	4846	7811		
	茶叶		295	40.5	2	86	1		
	油料		265.2	518	182	1688	4470		
	水果		6788	3877	2306	419	7678		
畜牧	牛存栏		2592	2182	3380	2058	3645		
	猪存栏		20103	5495	7611	4717	8072		
	羊存栏		783	165	0	282	364		
教育	中学	中学在校学生	1417	626	625	0	284		
		教职工人数	99	60	48	0	31		
	小学	小学在校学生	8383	1475	1341	873	863		
		教职工人数	416	106	101	62	66		

项目 \ 乡镇		勐卯	弄岛	姐相	户育	勐秀	姐告	畹町
卫生	医务人员	30	18	14	10	9		
	病床	51	54	30	9	10		
	卫生室	7	4	4	7	7		
	乡村医生	13	8	8	8	14		
文化	文化站	1	1	1	1	1		
	电影院		0	0	0	0		
	广播站			1	1	0		
领导干部	乡镇党委书记	岩　补	冯祖威	散　孟	棍　么	金　宏		
	乡镇政府乡长	刀承平	岩吞亮	赵瑞仁	周德银	董志明		
	乡镇人大主席	张家有	李金才	杨再富	黄兴道	明正丛		

陇　川　县

地　　理

【县　境】 陇川县地处云南省西部德宏州西南部，位于东经97°39′~98°17′，北纬24°08′~24°39′之间，东邻芒市，南连瑞丽市，北接梁河、盈江两县，西与缅甸毗邻，国境线长50.899千米；全县由山区、半山区、盆地组成，南北长58千米，东西宽63.7千米，总面积1931平方千米，其中山区1429.55平方千米，占全县总面积的76.72%；坝区433.9平方千米，占23.82%。县政府驻地章凤镇（国家二级口岸），距州府芒市130千米，距省府昆明779千米，距缅甸八莫市92千米。陇川县全境由高黎贡山余脉纵贯，东北高峻，西南低平，最高海拔2618.8米，最低海拔780米；境内有大小河流98条，总长752.85千米，地表水量为77亿立方米。

【气　候】 2010年，陇川县热量条件优越，年平均气温异常偏高，突破历史最高值。年平均气温19.9℃，比上年偏高0.2℃，较历年平均偏高1.3℃，属特高年份；年最高气温34.1℃，年最低气温1.1℃，年总积温7263.5℃，比上年偏多73℃，较历年偏多474.5℃，突破历史最高值。全年总降雨量正常略少，冬春干旱突出，汛期洪涝灾害不突出，三秋雨量异常偏多；总降雨量为1667.5毫米，比上年同期偏多452毫米，较历年同期偏少41.9毫米，属略少年景；雨季于5月20日开始，10月26日结束。全年总日照时数偏少，年总日照时数为1988.3小时，比上年偏少65.8小时，较历年偏少313小时，属偏少年景。全年主要气象自然灾害为冬春干旱灾害、冬季低温霜冻灾害、冬春冰雹灾害、三秋连阴雨灾害，气候对工农业生产影响总体上属中平年景。

【行政区划】 2010年，陇川县下辖章凤、城子、陇把、景罕4个镇，户撒、清平、勐约、王子树、护国5乡和1个国营农场。各乡镇有68个村民委员会，3个居委会，689个自然村，741个村民小组；陇川农场下辖4个分场45个队（站）。

【人口民族】 2010年，根据县公安局提供的人口统计数据，陇川县总户数有49554户，总人口181779人。其中：男91591人，女90188人；非农业人口31378人，占总人口的17.3%；年内迁入1666人，迁出1896人。全县有汉族78823人，占总人口的43.36%；有22种少数民族，少数民族人口102956人，占56.64%。其中：景颇族48204人，傣族30973人，傈僳族5083人，阿昌族14868人，德昂族1344人，其他民族2484人。人口出生率为13.6‰，人口自然增长率为7.4‰，人口密度为94人/平方千米。

历　　史

【简　史】 陇川，傣语称“勐宛”，意为太阳照耀的地方。东汉归永昌郡哀牢县，唐南诏时属永昌节度，宋属大理金齿。南宋绍兴三十年（*1160*），麓川思氏部酋兴起，在勐卯（今瑞丽）统一了几个部落，随之兼并勐宛（陇川），建立麓川王朝政权。元至十三年（*1276*），在麓川统辖范围置麓川路、平缅路（置首府于今陇川坝北）。至顺元年（*1330*）置麓川军民总管府，统管原麓川地。至正十五年（*1335*），在姐兰（今缅甸南坎附近）置麓川平缅宣慰使司。“三征麓川”后，明正统九年（*1444*）撤麓川平缅宣慰使司，立陇川宣抚司，辖今陇川、瑞丽、遮放及缅属高丽等地区。清沿明制。民国时期，*1912* 年设弹压委员，划入户撒、腊撒两司地。*1916* 年改为行政委员，行署旱季住章凤，雨季住杉木笼。同年，户撒划归干崖，腊撒归勐卯。*1932* 年改设陇川设治局，隶属云南第一殖边督办。*1951* 年 *12* 月 *21* 日，成立陇川县各民族联合政府，隶属保山专区管辖。*10* 月，瑞丽陇川两县合并，称瑞丽县。*1959* 年 *9* 月，瑞、陇分开，重置陇川县，隶属德宏州。

陇川历史悠久，公元 *450* 年，居住在保山卡斯洼的傣族部落首领法赛练率 *367* 户，迁徙到陇川坝尾南宛河畔定居。法赛练氏部落统治勐宛 *480* 年，传 *19* 代。*900* 余年，德昂族首领莽达良率众征服勐宛，在雷基（今洋人街）建立德昂王城。莽氏家族统治陇川 *304* 年。*1233* 年，勐宛被勐卯王混贺罕兼并。元至元六年（*1340*）思可法立为勐卯王，迁都“姐兰”，建立麓川王国，并开始向德宏及保山地区扩张。明王朝为巩固其统治，派兵“三征麓川”，于正统九年（*1444*），立陇川宣抚司（正四品）。*1447* 年，明朝庭废恭项，立原同知多歪孟为陇川宣抚使，沿袭 *28* 代，执政 *503* 年。

1950 年 *5* 月，陇川解放。*1951* 年 *12* 月，末代土司多永安选为陇川县各民族联合政府县长，原邦瓦山官排早堵选为副县长。*1957* 年完成和平协商土地改革，建立家庭联产承包责任制。*1993* 年修复“洋八公路”，县委、政府正式迁到章凤挂牌办公。*1998* 年 *3* 月 *20* 日，陇川县城正式搬迁至章凤口岸。*2001* 年原驻老县城各机关相继完成搬迁工作。*2002* 年，邦瓦乡撤并城子镇、勐约乡，姐乌乡撤并城子镇。

社　　会

【经济简述】 *2010* 年，陇川县完成生产总值 *17.33* 亿元，比上年增 *15.8%*，完成“十一五”目标的 *128.36%*。其中：第一产业增加值 *6.81* 亿元，比上年增 *11%*；第二产业增加值 *4.89* 亿元，增 *29.4%*；第三产业增加值 *5.63* 亿元，增 *10.1%*。一、二、三产业比重由上年的 *40.1* ∶ *25* ∶ *34.9* 调整为本年的 *39.3* ∶ *28.2* ∶ *32.5*，结构进一步优化。

【固定资产投资】 *2010* 年，陇川县实施项目 *130* 个，随着龙江水利枢纽工程、腾陇二级公路、潞梁二级公路和部分重点工业项目的快速推进，拉动了投资的较快增长。全年完成固定资产投资 *151491* 万元，比上年增 *34.5%*，完成年计划的 *103.47%*。其中：城镇固定资产投资完成 *133295* 万元，比上年增 *32.4%*；农村投资完成 *4352* 万元，增 *46.4%*；农村私人投资完成 *12984* 万元，增 *120.9%*。正在实施的龙江水电枢纽工程、麻栗坝水库、南宛河二级水电站、正丰硅冶炼厂、搏鑫硅冶炼厂、腾陇二级公路、潞梁二级公路、城市污水处理及网管配套工程、小型农田水利等重点项目工程进展顺利。

【农　业】 *2010* 年，陇川县实现农林牧渔业总产值 *11.41* 亿元，比上年增 *12%*。完成农作物播种面积 *93.49* 万亩，比上年增 *2* 万亩，增 *2%*；总产量 *168.84* 万吨，减 *5.12* 万吨，减 *3%*；实现产值 *82782.6* 万元，增 *14008.42* 万元，增 *20%*。其中：粮食作物播种面积 *38.1* 万亩，比上年增 *3.02* 万亩，增 *8.6%*；粮食总产 *12.74* 万吨，增 *0.53* 万吨，增 *4%*；实现产值 *26644.3* 万元，增 *2836.1* 万元，增 *12%*。油料种植面积 *8.37* 万亩，比上年减 *1.05* 万亩，减 *11%*；产量 *0.51* 万吨，减 *0.45* 万吨，减 *47%*；实现产值 *1897.4* 万元，减 *1944.5* 万元，减 *50.6%*。甘蔗实收面积 *28.5* 万亩，比上榨季减 *4.04* 万亩，减 *12%*；甘蔗农业总产 *149.3* 万吨，减 *4.7* 万吨，减 *3%*；甘蔗工业入榨 *133.7* 万吨，减 *8.6* 万吨，减 *6%*；实现产值 *3.9* 亿元，增 *6000* 万元，增 *18%*。蔬菜、瓜类、青饲料种植面积 *5.04* 万亩，总产 *3.27* 万吨，实现产值 *5055.9* 万元（其中蔬菜、瓜类作物种植面积 *3.87* 万亩，产量 *2.77* 万吨，实现产值 *4880.2* 万元）。名、特、优、新、茶等作物生产面积 *5.92* 万亩，总产 *0.29* 万吨，实现产值 *1749* 万元（茶叶生产面积 *45583.5* 亩，投产面积 *30582* 亩，茶叶总产量 *1448.2* 吨，茶叶总产值 *930* 万元）。烟种植面积 *2.66* 万亩，比上年增 *1.1* 万亩，增 *70.5%*；产量 *3084* 吨，增 *1215.62* 吨，增 *65%*；产值 *4602* 万元，增 *1686.52* 万元，增 *58%*（晾晒烟种植面积

2.54万亩，产量2932吨，实现产值4402万元；烤烟种植面积0.12万亩，产量152吨，实现产值200万元）。种草养畜0.41万亩，产量2.13万吨，产值426万元。草果、八果生产面积4.49万亩，产量0.29万吨，实现产值3408万元。

全年全县农业机械总动力26190.94万瓦特，比上年增972.62万瓦特，增3.85%。年内组织检修农机5918台/次，组织拖拉机7704台、联合收割机198台、排灌机械597台、脱粒机25台投入农业生产，实现农机收入7889万元，实现利润3988万元。完成机耕作业面积44.2万亩，比上年增2.68万亩，增6.45%；机电灌溉面积15.25万亩，增11.84万亩，增327.27%；机收面积11.98万亩，增2.3万亩，增23.79%；组织完成农机运输作业量120.74万吨；组织农用机械完成农副产品初加工数量8.55万吨；机械脱粒粮食数量6.26万吨，比上年增1.07万吨，增20.16%。

年内，完成跨区机耕作业8068亩，跨区机收作业6860亩；完成跨国机耕作业8266亩，跨国机收作业3200亩。认真开展拖拉机驾驶员培训4期，培训驾驶员183人，通过理论、操作科目考试合格173人；检验拖拉机1262台，新注册拖拉机283台，核发拖拉机驾驶证173本，审验换发驾驶证21本。层层签订农机安全生产责任书，其中与各乡镇签订9份，与农场签订1份，与机手签订7050份；大力宣传了农机法律、法规及农机使用知识，受教育面达1万余人次。

年内，认真落实中央财政农机购置补贴强农惠农政策，兑付补贴资金299.769万元，959户农户享受到购机补贴政策，完成购机1044台。其中：购买大中型拖拉机53台，手扶拖拉机61台，耕地机械392台，收获机械5台，农产品加工机械40台，排灌机械288台，茶叶机械7台，植保机械198台。年内，还落实了各项扶农惠农政策，开展油菜补贴、种粮农民补贴、综合直接补贴面积共65.02万亩，补贴资金1633.31万元，惠农补贴涉及全县9个乡镇及农场，68个村民委员会，738个村民小组，31068户农户132111人。全年向上级争取实施农业项目20项，资金732万元。项目主要有，投资205万元的重点退耕还林地区基本口粮田建设项目，投资40万元的粮食间套种项目，投资100万元的水稻高产创建项目等。

年内，全县完成农村劳动力培训2515人，完成上级下达任务数的81%；转移3423人（县内就近转移1356人，省内转移523人，省外转移1544人），完成任务数的85%；实现转移收入638万元。

【林　业】　2010年，陇川县林业局完成特色产业造林任务10.15万亩，按林产业发展树种分：完成竹子3.65万亩，西南桦、旱冬瓜3.11万亩，油茶1.53万亩，核桃1.76万亩，澳洲坚果0.1万亩；产鲜笋8700吨，干笋278.93吨，竹材15万根，干竹叶20吨，实现竹业产值2187.82万元。至年末，全县林业特色产业规模达44.72万亩，超任务完成特色产业发展目标。开展巩固退耕地还林成果技术培训22期1484人次，发放宣传材料3124套，推广竹子施肥新技术436.9亩，83户竹农完全掌握了该项新技术。

全年办理征占用林地项目8份，获批准8份，审核批准率100%，批准同意使用林地41.68公顷，预交森林植被恢复费125.76万元。森林采伐限额建议指标39.48万立方米（生态公益林4.4万立方米，商品林35.08万立方米）。检审换证木材经营加工单位49户，换发新木材加工经营许可证73本。年内办理木材运输4.12万立方米，其中国内材2.59万立方米，边贸材0.96万立方米，边贸竹藤414.5吨，边贸木炭3421.11吨，剩余物1532.07立方米，林产品348.73吨。

年内，森林公安、稽查队、检查站、林业站共出动警车1268辆次，警力3484人次，依法查处各类森林资源及野生动物案件351起。其中：刑事案件20起，治安案件1起，林业行政案件329起，野生动物行政案件1起；打击处理各类违法犯罪人员395人；依法收缴非法木材（立木蓄积）540.44立方米，锯材58.66立方米（含红豆杉0.43立方米），野生植物兰科（节节高）840千克，野生植物石斛2805千克，芒果树6株，榕树3株；依法扣押国家一级保护野生动物金钱豹骨架2付、皮2张，国家一级保护野生动物巨蜥1只，国家二级保护野生动物黑熊6头、穿山甲2只、豪猪1只（活体，已移交德宏州野生动物拯救收容中心），国家二级保护野生动物制品穿山甲鳞片10件330千克、活体果子狸1只（已放生），为国家挽回直接经济损失63.7万元。积极开展野生动植物保护管理工作，办理调运鸡血藤382.1吨，水麻皮60.25吨，丁公藤13.5吨，三股经藤31.3吨，人工石斛81.71吨，累计征收育林基金13.43万元；收容黑熊、燕隼、仓鹰、豹猫等野生动物9只（头），精心喂养康复后放归了大自然；扶持扩大石斛种植面积，全县人工种植石斛面积达282亩，对3家人工石斛种植经营户许可证进行年检，并新审批5家；开展了野生动物肇事损害补偿工作，兑付补偿经费7560元。

全年全县发生较大森林火灾2起，过火面积16.8公顷(252.15亩)，受害森林面积13.06公顷（196.4亩），受害率0.78‰，火灾控制率为6.53公顷/起，侦办森林火灾刑事案件2起，抓获犯罪嫌疑人2人（现已刑事拘留和逮捕），火灾案件查处率为100%。共接收、反馈省、州通报卫星热点28个，经核实均属炼山造林和农事用火，核实正确率为100%。

年内，全县林业有害生物成灾率为0；无公害防治面积2.46万亩，无公害防治率为87.2%；测报准确率为97.8%；受检苗木461.11万株，产地检疫率为100%。对防治单位和个人下达“限期防治通知书”1000份。共查处检疫违章案件2起，查获水苹果、柑桔50件，柚子25件，依法处罚100元。全县发生林地薇甘菊面积为3.97亩，先后共召开群众大会10场次、除治现场会13场次，举办技术培训25期，下达薇甘菊《限期除治通知书》1000份，有效防止和杜绝了林业有害生物传入，维护了森林资源和林业生产安全。

年内召开护林防火宣传专题会3次，发放防火宣传单1200份；巡山1872次，查处到保护区非法采摘非木材产品黄草2起，教育、警告4人，移交森林公安处理1起；没收非法捕猎工具15套；采取多种形式积极开展宣传培训，会议宣传11次，悬挂标语50条，结合中低产林改造技术开展简易林木采伐作业设计业务培训9次。

年内，低效林改造工作稳步推进。完成低效林改造面积3.8万亩，其中更新改造0.15万亩，林分抚育3.65万亩。积极开展了“林业宣传月”活动，发放各类宣传材料6.29万份。撰写林业工作简报80篇，在各级报刊上发表宣传稿件27篇，州、县电视台采用15篇（条）。全年接待处理群众来信来访25起，转办案件办结率100%。

【对外贸易】 2010年，陇川县完成口岸进出口总值15.79亿元，比上年增73.5%，完成年计划的154.95%。其中：进口3763万元，比上年增10.73%；出口154142万元，增75.98%。章凤口岸进出口货运量17.36万吨，比上年增58.8%。

【水　利】 2010年，陇川县完成水利水电投资8172万元。实施了病险水库除险加固工程，总投资1058万元的红卫水库除险加固项目按计划完成除险加固任务并顺利通过州级验收；投资1570万元的芒允、章凤2座病险库除险加固工程已陆续开工；投资6221万元的骨干水源工程弄回水库正式开工建设。年内，完成渠道整治106.9千米，配套建设斗渠82.7千米，完成渠道防渗2.5千米，完成新建配套“兴边富民”项目、“五小水利”工程26件，改善灌溉面积5.07万亩，建设实施农村饮水安全项目第一、二批及抗旱应急水源工程，解决9244人的安全饮水及因旱饮水困难问题，投入项目资金395.58万元。

年内，旱灾造成经济损失8815.8万元。农作物受灾面积41.25万亩，新造林地受灾3.56万亩，苗木受灾面积105亩36.55万株，发生森林病虫害0.78万亩。因旱造成9个乡镇、30个村委会、80个村民小组、7所学校及2个乡直机关共18399人和3209头大牲畜饮水困难。全年全县累计投入抗旱救灾资金907万元，投入抗旱救灾人数28.4万人次，投入机动抗旱设备2.1万台套次，抗旱用油157.7吨，抗旱保苗18.8万亩次，抗旱浇灌面积3.7万亩次，临时解决12262人和2387头大牲畜饮水困难；同时，通过另辟水源、架设管道、打井等措施有效解决6137人和822头大牲畜饮水困难。全年全县水库防洪减灾直接经济效益达2828万元。县内1037件农村小型水利工程实施了改革，资产总额达6000余万元，确权率达100%。

年内，完成小水电投资900万元，南宛河三级、麻栗坝水库电站建成投产发电，新增装机5210千瓦，南宛河二级电站建设进展顺利。年内，利用“3·22”世界水日等有利时机，在电视屏幕滚动播出宣传标语15条，悬挂宣传横幅18幅，发放宣传画80余份，宣传单150份，“人、水、法”宣传册400份，投入宣传经费1万余元。

年内，全县有取水许可证19套，新办理取水许可3套，共征收水资源费152万元，水土设施补偿费和水土流失防治费64.5万元，组织开展6次专项执法行动，出动执法检查36人次。

【工　业】 2010年，陇川县完成工业总产值13.38亿元，比上年增68.8%，完成年计划的

145.43%。其中：轻工业完成 8.3 亿元，比上年增 43.4%；重工业完成 5.09 亿元，增 114.6%。企业效益明显提高，规模以上工业实现利润总额 1.8 亿元，比上年增 44.18 倍。主要工业产品产量：食糖 16.6 万吨，比上年增 0.2%；酒精 10354 千升，增 15.9%；发电量 34644 万度，增 261.2%；工业硅 34249 吨，增 70.8%；精制茶 557 吨，增 100.2%。

【乡镇企业】 2010 年，陇川县有乡镇企业（含个体工商户）3795 户，比上年增 8%；从业人员 6169 人，增 8%。完成增加值 7150 万元，比上年增 28%，完成州经委下达目标任务数的 67%（其中：工业增加值 3889 万元，比上年增 179%，完成任务数的 138%）；农产品加工销售产值完成 53602 万元，增 308%，完成任务数的 177%；农产品加工总产值 65563 万元，增 331%，完成任务数的 114%；完成税金 673 万元，增 179%，完成任务数的 91%。

【非公经济】 2010 年，陇川县有个体工商户 4168 户，比上年增 10.3%；从业人员 7231 人，增 7.8%；注册资金 10964 万元，增 25.5%。有私营企业 181 户，比上年增 8.4%；从业人员 2499 人，增 10.2%；注册资金 35101 万元，增 18.7%；个体私营企业上缴税金 6036 万元，比上年增 60.6%。全县非公经济实现增加值 30085 万元。

【旅　游】 2010 年，陇川县接待海内外游客 51.97 万人次，比上年增 12.2%；实现社会旅游总收入 4.5 亿元，增 24%；春节、“十一”黄金周共组织自驾车 123 辆次、424 人，接待海内外游客 5.95 万人次，旅游总收入 2873.5 万元。积极配合城市森林公园建设工作，完成投资 1050 万元；做好“昔马温泉自驾车营地”开发前期工作，完成规划、上报工作，总投资 4999 万元，年内计划完成投资 500 万元。加强旅游从业人员队伍建设、提高旅游服务水平，举办旅游服务礼仪培训 1 次 23 人，乡村旅游发展培训 2 次 110 人，歌舞培训 2 次 95 人，宾馆酒店服务培训 1 次 46 人，取得了良好效果。

【财政金融】 2010 年，陇川县完成地方财政总收入 18072 万元，比上年增 4069 万元，增 29.1%。一般预算收入 8895 万元，比上年增 1962 万元，增 28.3%；地方一般预算支出 84083 万元，增支 19046 万元，增 29.28%。其中：工资支出 19522 万元，增支 1273 万元，增 7%。全县地方财政预算平衡情况是：一般预算收入 8895 万元，返还性收入 2531 万元，财力性补助收入 23758 万元，专项转移支付收入 51709 万元，上年结余 474 万元，调入资金 58 万元，共 87425 万元；一般预算支出 84083 万元，上解上级支出 2888 万元，共 86971 万元。收支结余 454 万元（专项结转 414 万元，净结余 40 万元）。

年末，陇川县金融机构存款余额 23.01 亿元，比年初增 45811 万元，增 24.7%；贷款余额 12.61 亿元，增 16105 万元，增 14.4%，金融对地方发展的支持力度进一步加大。

【教　育】 2010 年，陇川县有各级各类学校 108 所，其中初级中学 6 所，普通高中 1 所，九年一贯制学校 3 所，职业高级中学 1 所，小学 67 所（完小 47 所、教学点 20 所），幼儿园 18 所（公办 3 所，民办 15 所），特殊教育学校 2 所，教科中心 1 所，成人文化技术学校 9 所（其中独立建制 3 所）。有在校学生 31810 人，其中普通中学 10029 人（初中 8010 人，高中 2019 人），职业高中 451 人，小学 17193 人，特殊教育 44 人，幼儿园 4093 人。有在校民族学生 18016 人，占在校学生总数的 56.64%。有在岗教职工 2171 人，其中教科中心 25 人，普通中学 574 人，高中 171 人，小学 1155 人，职业高中 60 人，幼儿园 183 人，特殊教育 3 人。年内，举办教师培训 20 余期，培训教师 2000 余人次；其中：中小学教师学习方法指导培训 4 期，培训教师 233 人次；中小学班主任培训 3 期，培训中小学教师 228 人次；“参与式”教师培训 4 期，培训中小学教师 358 人次；其他学科培训 10 余期，培训教师 1000 余人次。

年内，有 54 所学校 60 个班开办了双语学前班，有 1868 人进入双语学前班学习。其中：傣语班 10 个，景颇语班 4 个，载瓦语班 8 个，阿昌语班 9 个，傈僳语班 2 个，汉语班 27 个。有 19 所学校开设了双文班，其中傣文 8 个班 321 人，景颇文 6 个班 242 人，载瓦文 10 个班 375 人。

年内，全县累计开工建设项目 46 个，面积 58647 平方米；竣工项目 18 个，面积 17481 平方米。投资 7200 余万元，排除危房面积 48055 平方米；正在建设 100 套廉租房和 48 间单身宿舍作为教师周转房。筹资 90.93 万元，添置了 10 万册图书和 5 套实验仪器设备；筹资 30 万元，配备了高中通用技术设备。

年内，中央、省下达农村义务教育保障专项经费1729.36万元。其中：免学杂费和补助公用经费913.66万元，受益25273人；贫困家庭寄宿学生生活补助经费566.02万元，补助8842人；免费教科书补助249.68万元，补助学生25273人。七种少数民族学生补助资金66.4万元，补助学生2656人。全县有勤工俭学基地115个，拥有勤工俭学土地面积1443亩，有勤工俭学服务铺面1940平方米，出租房1578平方米；年内，勤工俭学完成收入165.62万元，生均收入52.06元。

全年全县有479人参加普通高考，上线455人，上线率达95%，比上年提高12个百分点。600分以上3人（加分后4人），居全州各县市第一名；理科考生张云霞以634分的高分居全州各县市第一名。本科上线256人，其中一本（重点大学）上线51人，二本上线141人，三本上线64人；专科上线199人，其中一专上线83人，二专上线116人；职高参加“三校生”高考36人，上线31人，上线率86.11%；其中：二本上线2人，一专上线27人，二专上线2人。全县中考成绩600分及以上人数达104人，其中陇川一中考生金金以688分的成绩位居全州并列第四名，总分及格率为47.96%，位居全州各县市第三名，语文、数学、化学、物理、政治等学科及格率均位居全州第三名或以上。全县有2701人参加了小学毕业测试，180分及以上优秀人数为322人，数学90分及以上人数为377人，及格率62.6%，语文90分以上人数为561人，及格率90.3%。

【科　技】　2010年，陇川县科技局获县政府科技进步奖励项目6项，获州政府科技奖励项目2项；向省、州推荐科技先进集体7个、先进个人18人次，为12个村科技活动室配备桌椅302套，电教设备5套，科技图书1200册；举办茶叶产业技术培训12期432人次；为县食用菌、户撒优质稻等协会申请科技项目5项。年内，根据上级提出的年培训5万人次进行任务分解和责任划分工作，组织成员单位深入乡村、协会开展科技培训1445期5.84万人次，其中以农函大形式办学4个专业28个教学班，培训学员1239人；发放农村适用技术手册2万册，制作微甘菊危害、无公害肥料制作与使用、无公害农药使用等实用技术及民生科技光碟15种1000盒；举办辅导教师培训1期42人次；举办大型科普宣传活动4次，受教育群众3.42万人；举办科普节目48期；组织各中小学开展青少年科技创新活动，收集教师论文、科幻绘画等共159篇（幅）作品进行初选，择优推荐67篇（幅）参加州第26届青少年创新大赛。年内，依托协会强化产业技术培训与服务，指导和支持13个农技协会举办奶水牛饲养管理、枇杷丰产栽培、优质稻精准栽培与病虫害统防统治、姬松茸种植、生态茶生产等产业技术培训48期，受训2360人次，进村入户技术指导625人次，发放各种技术资料、科普图片、科教光碟等3400余份，发放知识产权宣传资料和书籍180份。全年接待专利咨询10人次，鼓励和帮助金泰茶厂、广山景颇文化生态园申报专利4项。年内，加大专利行政执法保护，深入3家农机修理店调查核实章凤李家农机公司举报的有关起垄机专利侵权事实，并做好双方的沟通协调工作。

【文化体育】　2010年，陇川县文化体育局不断加强文化体育法律法规学习，全系统集中学习12次；3·15活动期间，与工商、公安等执法部门开展专项行动，设立咨询台、展板、播放宣传法律法规知识；对全县文化经营户进行文化市场相关法律法规培训2次；利用“文化遗产日”在章凤城区印发文化遗产知识3500份。年内，景颇歌舞团先后新创作编排了一批以景颇族为主兼有各少数民族的歌舞节目32个，声乐曲7首，分两个阶段到8个乡镇巡演22场；接待演出36场；到上海、昆明、广州、缅甸八莫、拉影洋人街、迈扎央等地进行对外交流演出96场次。年内，在县文化馆举行了纪念陇川和平解放60周年暨“感恩思进”主题教育书画摄影展，收到书法、绘画、摄影作品来稿400余件，通过展览组委会评选后展出作品188件，参观人数达3000余人次；充分发挥文化馆、歌舞团专业人才作用，到县直单位、乡镇、村寨辅导节目56个，辅导1008人次；举办乡镇音响设备使用培训，创建户撒乡项姐村为文化惠民示范村等。拓展“2131”农村电影放映工作，年内放映267场，放映覆盖全县111个自然村，观众32095人；发放放映员补助经费21970元。

年内，目瑙纵歌“万人舞之首——瑙双”岳麻通入选国家级第三批非物质文化遗产保护传承人；朗增荣（目瑙纵歌瑙巴传承人）、娄宗培（阿昌族户撒刀锻制技艺传承人）入选省级第四批非物质文化遗产保护传承人。年内，在县图书馆召开了非物质文化遗产代表性传承人培训会，为入选国家级传承人——目瑙纵歌“万人舞之首——瑙双”岳麻通老人颁发了命名状，为阿昌族户撒刀锻制技艺传承人项老赛（国家级）发放了8000元补助金，为入选省级9位传承人发放2.7万元补助金（3000元/人），为入选州级的18位传承人发放3.6万元补助金（2000元/人）。年内，普查文物112项，普查点列全州各县（市）之首（其中复查13处，新发现99处，登记消失文物5项），拍摄图片资料1500余幅，绘制区位图、平面图110余幅，并在各村委会、自然村及街道张贴宣传图片500余幅。清平乡新山坝塔遗址、早乐东墓、芒棒奘寺、朵列奘（贺姐奘）等4处历史文化遗迹列入州级保护单位；芒棒奘寺和加孔奘寺已通过省级评审，并已向国家申报。文物普查办公室被省文化厅、省文物局授予“先进工作单位”称号。县级文保单位——陇川县宣抚司署，自筹5万余元进行了抢救性的维修和院内环境治理，制止了商户违规占用院落的行为。投资5.85万元完成了县级文保单位——景罕镇姐冒奘的抢救性、加固性维修；投资7.3万元（其中群众自筹1.3万元）完成了省保单位——户撒皇阁寺的第三期维修工作。

年内，县图书馆到8个农家书屋指导图书分类11次；接待读者245人次，借出图书593册，解答读者咨询86条。做好综合阅览室的管理工作，接待读者1215人次，4985册次。完成年度期刊报纸订购工作，订期刊201份，报纸9份，经费19640元。做好县支中心电子阅览室的开放管理，接待上机读者32792人，为青少年上网搭建了一个绿色平台。年内，完成景罕镇、护国乡资源共享工程基层站点建设，分别到拉影文化中心、7个乡镇指导共享工程技术维护共16次。图书馆承接全县教育系统县（乡）中、小学校图书业务培训任务，共培训30人。“3·15”联合检查期间，发放宣传资料120余份，销毁非法盗版音像制品6000余碟（其中淫秽光碟120碟）、盗版出版物500余本，对违规的经营户进行警告4户次。对全县4户（含新华书店和邮政局）书报刊发行户进行检查，未发现盗版书刊；对11户歌舞厅、22户卡拉OK室进行检查，删除艺人5名，歌曲65首，没收歌曲光碟106碟。引导办证办照6户，向有关部门通报无照经营户1次，取缔无证无照经营户1户，并依法进行了处理。年内，共组织各类检查65次，出动人员195人次，出动车辆65辆次，检查经营场所307户次，没收非法音像制品6000余碟，没收非法出版物500册，罚没款共计5000元。

“元旦”期间，全县举行了迎新年——第一届“鼎金杯”元旦越野赛，比赛分小学男子组、小学女子组、老年男子组、老年女子组、初中男子组、初中女子组、中年男子组、中年女子组、青年高中女子组、青年高中男子组等10个组，1700余人参加比赛，500名运动员分别获得了不同的名次。“五一至五四”期间，在体育馆举行了排球联赛，分青年男子组和青年女子组两个组别，有来自全县的14个代表队150余名运动员参加。完成篮球架进村工程，篮球场地规划、篮球架安装23块（付）；在云南省第九届少数民族传统体育运动会上，陇川县少体校承担训练的吹枪、高脚竞速参赛项目成绩优异，被省体育局、省民政厅授予“少数民族工作先进单位”称号；孙正留被表彰为“先进个人”。老年体协在全民健身活动期间开展了62次活动，共4918人次参加活动。

【卫　生】　2010年，陇川县卫生局认真开展各项工作。全县有新农合参合农民14.07万人，比上年增8445人；参合率98.33%，增4.02%；人均筹资140元，到位基金1974.67万元。城乡五保户、低保家庭成员以及边境一线行政村农村居民参合率100%。调整提高补偿水平，门诊补偿平均提高1元，住院补偿平均提高170.85元，统筹基金最高支付限额达农民年人均纯收入的6倍以上，最高支付限额为3万元；参合人员住院费用实际报销比例为47.3%，比上年提高3.3个百分点；全年全县获参合补偿30.97万人次，补偿资金1720.26万元。年内，对部分不执行村卫生室收费标准的违规行为进行处罚58例次，扣减不合理补偿金8.85万元。开展各级新农合知识、业务培训61期，受训743余人次。年内，全县102家定点医疗机构，14个采购网点，通过上网统一向6家中标企业进行竞价采购。全年共采购药品4365种，金额1703.17万元，无违规违纪行为发生。全面抓好基层医疗卫生机构基础设施建设。县人民医院住院楼工程，总投资2100万元，拟建面积6700平方米，已完成投资600万元；清平乡卫生院门诊楼工程，总投资108万元，拟建面积640平方米，已完成投资80万元；投资6万元，新建了清平乡新山村卫生室和景罕镇景罕村卫生室，每个卫生室建筑面积80平方米。基层医疗卫生队伍建设，新招聘了1名乡卫生院执业医师，招录医护人员14人；在岗培训各类学科带头人及乡镇卫生院、社区卫生服务机构全科医师和护士、乡村医生698人次；抽调12名县级医生继续对4个乡卫生院开展对口支援，提高基层卫生机构综合服务能力。

全年全县报告传染病14种543例，发病率为302.61/10万，发病数比上年降49.77%；没有发生重大传染病疫情和重大突发公共卫生事件。全县0~6岁儿童预防接种率为90%，15岁以下人群乙肝疫苗补种全程接种率在90%以上。

全年全县减免农村孕产妇住院分娩1854人，减免74.043万元；给予交通费及生活费补助127人，补助5830元，提高了农村孕产妇产前检查率、孕产妇系统管理率、住院分娩率、降低孕产妇死亡率、婴儿死亡率和新生儿破伤风发生率，收到了良好的社会效益。建立城市居民健康档案1.44万人，建档率56.77%；农村居民健康档案4.26万人，建档率27.86%。启动高血压、糖尿病人群等慢性病及重性精神疾病患者管理工作，完成高血压病管理人数4113人，管理率100%；完成糖尿病管理人数599人，管理率100%；筛查出重性精神病患者150人，规范化管理率100%。监督检查医疗机构220户次，立案查处12户次；取缔流动牙医摊点4个，没收药品及器械14种。调解医患纠纷10起，无医疗事故发生。

全年播出艾滋病公益短篇104次，各乡镇开展大众宣传活动426场次，进村入户宣传19762户，受教育58896人次；发放各种宣传资料22859份。在“世界艾滋病日”、“世界禁毒日”、“世界献血者日”均开展了为期1周的宣传活动，起到了很好的宣教作用。截至当前，全县所有乡镇卫生院均设立了VCT室，有78名医务人员取得VCT资格证开展自愿咨询检测工作，HIV检测40529人，新检出HIV抗体阳性205人（本县138人，缅甸55人，县外12人），外县检出陇川县居民阳性20人，全县新增艾滋病病毒感染者/艾滋病病人225人，高危行为干预工作队员23人。新入组美沙酮维持治疗174人，累计入组823人，在组服药448人；对476名美沙酮在组服药人员进行HIV抗体检测，无转阳病例，阳转率0。新入组抗病毒治疗88人，累计入组777人，死亡52人，因毒副反应等原因退组97人，实际治疗628人（儿童16人）。抗病毒治疗工作稳步推进，对婚前保健人群进行HIV检测，婚姻登记人群及申请生育妇女“持卡领证”工作，到民政部门领取结婚证的2530人，持健康抽检卡2426人，持卡率95.89%；到计生部门领取生育证的2113人，持健康抽检卡2108人，持卡率99.7%。全年共管理HIV阳性孕产妇56例，均实施了母婴阻断服务，实施母婴阻断措施覆盖率为100%。全县有受艾滋病影响儿童966名（孤儿340名），民政部门投入资金48.06万元，各部门争取项目资金19.23万元，救助艾滋遗孤337人，遗老40人次，困难艾滋家庭55户。中英项目投入资金10万元，继续对46户贫困感染者实施小额贷款。全县有在校受艾滋病影响儿童602名（艾滋病致孤儿童256名），在校艾滋遗孤全部实行了“两免一补”政策。年内州中心血站到陇川采血30多次，自愿献血1746人次，献血量达2341个单位47.9万毫升，完成州下达任务1150人次的152%。

【民　政】 2010年，陇川县新增农村低保8500人，农村低保累计达36971人，月人均保障标准为60元；保障城市困难群众3773户7950人，停发67户238人，增发285户521人，达到有进有出动态管理的目标；做好全县3663名五保对象的供养工作，发放供养资金351.6万元。民政“三保”对象（城市低保、农村低保、五保供养）达到40084人，占全县总人口的22%，下发城乡低保资金3239万元。为62549名城乡低保、农村五保、沿边居民支付了新型农村合作医疗资金，支出救助资金近310万元，有29824名城乡困难群众受益。全年全县有346人次纳入临时救助范围，安排临时救助资金10.36万元；发放沿边居民生活补助389万元，提高了边民13226人的生活水平。年内，开展了军地“双拥”共建活动，认真宣传退役士兵安置政策，加大退役士兵培训力度，安置城镇退役士兵9人。开展“两参”人员调查登记，有347人符合补助条件，每月每人发放130元生活补助，有效维护了“两参”人员的既得利益。稳步推进救灾救济工作，全县各种自然灾害受灾人口累计达12.8万人（次），特别是年初的旱灾，造成水稻、甘蔗、茶叶、玉米等受灾14.5万亩，绝收1.5万亩，直接经济损失9600万元。年内，下拨各种救灾资金5343万元；其中：用于恢复建设资金3887万元，修复民房9146间；为受灾群众、困难群众发放棉被2120床、衣物1600余件，救济14340余人，受灾群众和困难群众的基本生活得到保障。对全县新选举产生的387名村“两委”成员进行了业务培训，编报68个村委会建设项目和3个社区建设可行性研究报告，编报资金总额9000余万元，解决34个村级办公用房简陋和办公条件差的问题。年内，办理结婚登记1114对，离婚登记124对。认真落实《老年人权益保障法》，办理老年优待证780人。进一步增强社会保障功能，投入305.7万元，创建了章凤中心敬老院，占地29.8亩，共有床位60余张，在敬老院的基础上投入150万元加建儿童福利院，该项目正在实施中，建成后有门球场、综合活动厅、棋牌室、健身房、医疗门诊室等设施；投资100万元，建成城子镇敬老院1所；投资80万元，建成户撒老年活动中心1所；投资180万元，正在建设县城救灾仓库、户撒和清平敬老院。

【民族宗教】 2010年，陇川县民宗局办理符合民族成分更改政策申请32份，退回不符合变更民族政策成分申请2份。到上海市民宗委为5个未得到扶持的德昂族村民小组申请列入扶持规划，年内5个德昂族村民小组已全部列入扶持规划，每村投入50万元；景罕镇朋生二队列为省级特困民族示范村，投入资金50万元；共上报少数民族发展项目资金1347万元。年内，加强对民族宗教3支队伍的培训。对爱国宗教团体负责人、各宗教活动场所负责人和教职人员举办培训班1次，受训27人；对全县9个乡镇主管民族宗教工作的领导、民宗助理员进行了以会代训。

【治 安】 2010年，陇川县公安局机关收集上报各类情报信息934条，被上级采用155条，排查各类矛盾纠纷125件，化解6起，调解各类民间纠纷127起，查控重点工作对象51人、群体38个；办理涉法涉诉信访案件45件，办结43件。年内，清遣滞留在县内各乡镇的缅籍“三非”人员77批647人次，抓获缅籍犯罪嫌疑人18人，为缅方解救被拐卖妇女5批11人，移交缅籍违法犯罪嫌疑人10人（涉嫌拐卖妇女儿童7人、吸毒人员3人）；侦破涉枪刑事案件18件，收缴民用枪支41支，收缴了一批危爆物品和管制刀具；查处各类交通违法案件14327件，依法扣留违法车辆1103辆次，行政拘留10人。年内，对473家单位进行了防火检查，发现火灾隐患263处，下达《责令改正通知书》42份，报请县人民政府挂牌督办重大火灾隐患单位1家，罚款5.5万元。年内，法制部门审核各类案件693件945人，向检察机关提请逮捕犯罪嫌疑人137件205人，批准逮捕121件182人，不批准逮捕11件14人，批捕率为93%，移诉犯罪嫌疑人143件206人，起诉141件204人，不起诉2件2人，起诉率为99%。

年内，立各类刑事案件618件，比上年增260件，增72.6%；侦破各类刑事案件240件，减23件，降8.75%；破案绝对数446件，增95件，增27.1倍。查破毒品刑事案件75件，比上年增13.6%；查获零星贩毒案件670件，增2.6%。发现受理治安案件1771件，查处1771件，查处率100%。通过严打，共抓获各类刑事作案嫌疑人183人，抓获毒品犯罪嫌疑人100人，毒品违法人员673人，强制收戒吸毒人员1837人，打掉各类犯罪团伙13个57人，追缴被盗摩托车35辆、汽车1辆、计算机2台，其他财物折款2万余元，缴获毒品79.42千克，重点整治村寨、娱乐场所649个（次），摧毁零星贩毒窝点63个63人，捣毁吸毒窝点187个284人。年内，接收处置预警情报2278条，通过落地查处工作，抓获网上逃犯24名，查获吸毒人员216名，利用视频监控系统，协破刑事案件49起，抓获犯罪嫌疑人56名。全年办理居民身份证5937份（16周岁以上换发率达到93%），采集入库捺印指纹2708份、现场指纹470枚，采录抓获在逃人员捺印指纹124人份，采录立破案信息1352条、违法犯罪人员信息194条、吸毒人员信息776条、重点人口列管信息409条。年内成立治保会79个，治保小组442个，有专职治保主任18人，兼职治保主任61人，治保人员1714人，年内已组织培训1714人。治保组织在开展巡逻防范、法制宣传、“五防”安全检查、重点人员管控、治安信息收集等警民联勤中的作用明显提升。

【人民生活】 2010年，陇川县城镇居民人均可支配收入12090元，比上年增10%，农民人均纯收入2740元，增25.3%；城镇居民人均消费支出9361元，增8.01%；农村居民人均消费支出2578元，增26.88%；城乡居民人均储蓄存款6671元，增13.1%。全年实现社会消费品零售总额40624万元，比上年增17.6%，消费对经济的贡献作用逐渐体现，城乡居民收入快速增长。

年内大事

【省林业厅副厅长刘一丹到陇川调研林业工作】 *2010*年*1*月*6*日，云南省林业厅副厅长刘一丹率省林业厅科技教育处处长胡志林等同志到陇川调研集体林权制度改革、森林防火、木本油料建设、中低产林改造和林业产业等工作。州林业局局长钱强、州林改办副主任、州森林公安政委杨从宽，县委常委、县委政法委书记张开家、县委常委、县委办主任陈绍昌、县人大常委会副主任许连昌、县政府副县长李维献、县政协副主席们发忠及县林业局领导陪同调研。刘副厅长一行先后深入到景罕胜德苗圃中心、陇把镇卡起村小组，实地查看了核桃、油茶种苗繁育情况及老油茶园油茶长势情况。

【外交部边海司领导到陇川县调研边境界务工作】 *2010*年*1*月*22*日，外交部边海司司长宁赋魁一行在云南省外办副主任王伟，州长助理刀承贤，州外办主任杨国胜及相关部门领导的陪同下到陇川县调研边境界务工作，县委书记杨世庄，副县长、县公安局局长杨刚及县外办、商务局相关部门领导陪同调研。宁司长一行先后到界河沿岸、章凤口岸拉影通道、拉勐通道进行了实地调研。

【国家民政部新春慰问组到城子镇送温暖】 *2010*年春节，由国家民政部社会福利和慈善事业促进司司长王振耀带队的国家民政部新春慰问组一行于*2*月*4*日上午到陇川县城子镇开展春节慰问活动。联合国儿童基金会艾滋病处处长卜一田、省民政厅副厅长刘智、副州长板岩过、州民政局领导及相关科室负责人和陇川县委常委、副县长李兴庄，县人大常委会副主任雷天四，县民政局、县防艾办、城子镇领导等陪同慰问。慰问组一行采取集中慰问和个别走访慰问相结合的方式，分别到城子镇曼冒小学和曼冒村上寨坝村民小组，对*32*名致孤儿童、单亲儿童进行了看望慰问，为他们送去了总价值*6400*余元的棉被、牛奶、饼干、糖果等慰问品和慰问金，把党和政府的温暖、关怀送到孩子们的心中。

【省水利厅副厅长谢雁琦到陇川县检查指导抗旱救灾工作】 *2010*年*3*月*11*至*12*日，云南省水利厅副厅长、省防汛抗旱指挥部常务副指挥长谢雁琦及省防汛抗旱指挥部办公室副主任郭进贤一行，在州水利局副局长段兆雄的陪同下到陇川县检查指导抗旱救灾工作。指导组详细听取了陇川县水利局局长李学宏就当前全县旱情的发展及采取的抗旱应对措施的情况汇报，然后又深入到受旱较重的城子、景罕和因旱饮水水源干枯造成人畜饮水困难的户宛村民小组进行现场察看。

【省委副书记李纪恒到陇川调研】 *2010*年*4*月*9*日，中共云南省委副书记李纪恒率领省委办公厅、省农业厅、省发改委、省扶贫办等相关部门负责人到陇川调研，检查抗旱救灾和春耕备耕工作以及基层党建工作，与各族干部群众共商扩大对外开放、促进兴边富民的好思路、好措施、好办法。德宏州委书记赵金，州委常委、州委秘书长番跃平，副州长板岩过，县委书记杨世庄，县长李正环，县人大常委会主任多守辉，县委副书记陈绍昌，县委常委、组织部长排正有，县委常委、景罕镇党委书记肖章以及州、县相关部门负责人陪同调研。期间，李副书记在州、县领导的陪同下来到章凤口岸，看望慰问边防官兵，并为官兵送上了慰问品。李副书记一行还视察了章凤国门和章凤口岸货检大楼，了解章凤口岸进出口货物流量和进出口人员、车辆的管理等方面的情况，并嘱咐口岸执勤官兵要树立国家利益至上的思想，守好国门，保卫平安。

【国家民委调研组到陇川调研民族工作】 *2010*年*5*月*7*日，以国家民委政策调研室副主任王军为组长的国家民委调研组在云南省民委、州民委相关部门领导的陪同下到陇川调研民族工作。县委副书记陈绍昌，副县长李益民和相关部门负责人陪同调研。调研组一行先后深入景罕、章凤镇进行实地调研并召开汇报会，县委副书记陈绍昌就陇川基本情况、民族工作和影响民族和睦团结的因素以及存在的困难、问题等向调研组分别做了汇报。

领导干部名录

中共陇川县委

常　委　杨世庄
李正环（景颇族）
陈绍昌
龙　岗（*2010*年*3*月任）
尹银胜（白族）
排正有（景颇族）
何　华　张开家
李兴庄　张益伟
肖　章（傣族，*2010*年*2*月任）

王永山(2010年5月任)
多守辉（傣族，2010年2月止）
董　云(2010年5月止)

中共陇川县委

书　记　杨世庄
副书记　多守辉(2010年2月止)
陈绍昌(2010年2月任)

陇川县人大常委会

主　任　刀承祎（傣族，2010年1月止）
多守辉（傣族，2010年1月任）
副主任　翟元章
何勒崩（景颇族）
许连昌
雷天四（阿昌族）

陇川县人民政府

县　长　李正环（景颇族）
副县长　张益伟　李兴庄
李维献（阿昌族）
李益民（白族）
张富鸾（女，傣族）
毛从祥　杨　刚

陇川县政协

主　席　杨　杏（女）
副主席　们发忠　何庆国
杨德恒
廖小腊（女，傣族）
秘书长　陈宝华(2010年2月任)

陇川县纪委

书　记　尹银胜（白族）
副书记　排有明　李定刚
陈卫星

陇川县人武部

部　长　邓先荣(2010年4月止)
蒋明奉(2010年4月任)
政　委　董　云(2010年5月止)
王永山(2010年5月任)

陇川县人民法院

院　长　吴兴国

陇川县人民检察院

院　长　李兴明

陇川县委工作机构及群团领导名录

办公室

主　任　陈绍昌

组织部

部　长　排正有

宣传部

部　长　何　华

政法委

书　记　张开家

统战部

部　长　何庆国

政研室

主　任　彭武俊（景颇族）

团县委

书　记　刘珺琳（女）

县妇联

主　席　许玲聪（女）

县工商联

主　席　廖小腊（女，傣族，兼）

县残联

理事长　岳太昌

县总工会

主　席　雷天四（阿昌族，兼）

县科技局、科协

局　长　李文英

县侨联

副主席　李韶景

县委直属部门领导干部名录

保密局

局　长　杨　刚

老干局

局　长　陈明芝（女）

县直机关工委

书　记　刘　祥

县委党校

校　长　和永生（纳西族）

信访局

局　长　孙定荣

机要局

局　长　丁加田

县人大常委会工作机构领导干部名录

办公室

主　任　冯岩保（傣族）

法制委

主　任　莫自兴（傣族）

财经委

主　任　杨永娇（女）

民侨委

主　任　胡玉华

教科文卫委

主　任　康裕昌

选联委

主　任　何老五（景颇族）

农环工委

主　任　赵家济(2010年7月任)

县政协工作机构领导干部名录

办公室

主　任　陈宝华(2010年2月止)
崔学舟(2010年6月任)

经侨委

主　任　张　健

民宗委

主　任　线小焕（女，傣族）

提案委

主　任　谢瑞仙（女）

教科文卫委

主　任　郭永明

文史委

主　任　钟兴旺

中共陇川县纪律检查委员会领导干部名录

办公室

主　任　何从明

纪检监察室

主　任　甘朝良

案审室

主　任　王学刚

纪风办

副主任　刀勒定（景颇族）

干部室

主　任　周书丹

信访室

主　任　杨惠珍（女）

宣教室
主　任　吴经伟
执法室
主　任　许元在
综合室
主　任　段宝华

县政府行政事业机构领导干部名录
办公室
主　任　杨恩增
财政局
局　长　任祖荣
发展计划局
局　长　李维刚
经济局
局　长　杨　森
教育局
局　长　董宝强
人事局
局　长　孔建华（傣族）
劳动和社会保障局
局　长　冯祖文
监察局
局　长　排有明（景颇族）
公安局
局　长　杨　刚（兼）
司法局
局　长　姜小回
民政局
局　长　杨恩传
民宗局
局　长　银开云
交通局
局　长　杨德恒
农业局
局　长　董树宝
林业局
局　长　李益新
水利局
局　长　李学宏
文体局
局　长　刘永恩
卫生局
局　长　蔺富有
统计局
局　长　赵兴芳
国土资源局
局　长　刀　宏
建设和环保局
局　长　段宏巍
计生局
局　长　岳麻孔（景颇族）
商务局
局　长　杨绍龙
招商局
局　长　张益周
移民局
局　长　张益海
审计局
局　长　彭武清
旅游局
局　长　李紫云（女）
广播电视局
局　长　陈　刚
扶贫办
主　任　胡剑钧
外事办
主　任　石麻龙（景颇族）
史志办
主　任　戴成柱
档案局
局　长　朱卫东
畜牧局
局　长　张　勇
防震减灾局
局　长　寸待富
陇一中
校　长　邓美和
陇川县民族中学
校　长　马永波
陇二中
校　长　张德勐
陇三中
校　长　陈建川
陇四中
校　长　刘　晓
陇川县职业高级中学
校　长　白保生

县工贸企业领导干部名录
县供销联社
主　任　杨　涛
甸川工贸（集团）股份有限公司
总经理　赵　勇
党委书记　周德学
云南省德宏州英贸糖业有限公司
陇川景罕糖厂
厂　长　余　彬
陇川糖厂
厂　长　陆志明
书　记　叶　强

陇川县金融系统领导干部名录
人　行
行　长　濮德刚（2010年11月止）
张　华（2010年11月任）
农　行
行　长　谭柏阳
农发行
行　长　陈昌堂
信用社
理事长　杨　莉（女）
财保公司
经　理　余发鹏
人寿保险公司
经　理　张海锋

省州驻陇川机构领导干部名录
章凤海关
关　长　孟跃贤
气象局
局　长　龙建国
工商局
局　长　杨明方
国税局
局　长　张　伟
地税局
局　长　佟继光（2010年1月止）
副局长　李建方（2010年1月，主持工作）

邮政局

局　长　李振宇

德宏州检疫局驻章凤办事处

主　任　王利民

边防大队

大队长　戢永兴（2010年1月任）

政　委　高　益

消防大队

大队长　车加朝

教导员　朱天才

技术监督局

局　长　刀明忠（2010年2月止）

副局长　王　军（2010年2月，主持工作）

药监分局

局　长　白陇生

麻栗坝工程管理局

局　长　王建江

陇川电信公司

经　理　钱振雷

陇川移动公司

经　理　孔祥鹏

陇川联通公司

经　理　刘昆湖

德宏州景颇歌舞团

团　长　石勒干（景颇族）

（《陇川县》撰稿　熊尚前）

陇川县乡镇概况一览表

单位：（米、公里、平方公里、亩、个、户、人、%、‰人/每公里、万元、吨、头、张）

内容 \ 乡镇			章凤镇	陇把镇	景罕镇	城子镇	户撒乡	护国乡
地理位置			坝尾	西南	坝中	中部	西北	北部
政府驻地			章凤街	陇把街	景罕街	城子街	户撒街	护国街
海　拔			930	1519	1498	1498	1769	1755
距县城距离			0	15	10	26	32	61
土地总面积			134	203	248	214	244.2	160
耕地面积			72625	21576	100306	50429	59175	8969
其中	水　田		56443	13857	48144	24683	51106	4780
其中	旱　地		16182	7719	52162	25746	8069	4189
其中	人均耕地		2.3	2.4	4	2.7	2.5	1.4
行政区划	辖村委会及居委会		9	5	8	9	11	6
行政区划	自然村		90	42	104	99	122	31
行政区划	村民小组		148	42	133	86	126	38
人口民族	总户数		12328	6406	7410	7359	5735	1739
人口民族	总人口		44114	19410	27302	25449	24339	6757
人口民族	其中	傣　族	17607	204	5015	5135	412	28
人口民族	其中	汉　族	19964	14122	11901	10316	7344	4204
人口民族	其中	景颇族	3841	3597	9632	9088	434	1770
人口民族	其中	阿昌族	559	142	178	353	13325	9
人口民族	其中	傈僳族	159	840	151	148	2586	686
人口民族	其中	德昂族	1207	5	108	10	2	0
人口民族	人口出生率							
人口民族	自然增长率							
人口民族	人口密度		329	96	110	119	100	42
经济收入	总收入		20028	7398	22624	10635	10257	3153
经济收入	人均收入		3527	2653	2988	2676	2386	2185
经济收入	人均净收入		11192	2383	9187	4826	5351	1413
经济收入	总费用		8836	5015	13437	5809	4906	1740

内容 \ 乡镇			章凤镇	陇把镇	景罕镇	城子镇	户撒乡	护国乡
农业产值	总产值		13997	9372	17302	13862	11322	8759
	农林牧渔服务业		174	87	127	129	116	83
	其中	种植业	10202	6478	12581	9631	7223	6143
		林　业	974	1048	1073	1132	1648	918
		畜牧业	2073	1580	2889	2422	2136	1615
		渔　业	574	179	632	548	199	
农作物总面积			159449	58269	130239	94262	122413	40093
其中	甘　蔗		58679	21273	67156	31918	0	6325
	粮　食		68286	27489	45535	47676	61871	21346
	茶　叶		50	55	1789	2167	492	12966
	油　料		7791	3211	1977	2927	37254	4172
	水　果		6750	63	1942	375	0	0
农作物总产量								
其中	甘　蔗		296423	103806	320816.5	168975	0	20000
	粮　食		25716	8004	17229	16686	18890	4457
	茶　叶		2.6	2.6	44.9	131.6	10.2	260
	油　料		420	98.8	75.4	263.3	3303	250.3
	水　果		9545.3	29.9	2872.2	387.5	0	0
畜牧	牛存栏		4066	2088	4352	5173	6593	1728
	猪存栏		19942	6158	17884	21211	26382	3791
	羊存栏		218	681	2533	1708	1432	2220
教学	中学	在校学生	1886	675	1247	1211	1168	191
		教职工人数	267	66	97	116	50	22
	小学	在校学生	5173	1846	2473	2202	2276	616
		教职工人数	334	128	149	144	148	48
卫生	医务人员		131	4	14	35	16	7
	病　床		177	0	40	81	20	10
	卫生室		9	5	8	9	11	6
	乡村医生		21	10	19	18	15	7
文化	文化站		1	1	1	1	1	1
	电影院							
	广播站							
领导干部	乡（镇）党委书记		刘永全	徐斌黎	肖　章	张树保	常枝旺	杨新梅
	乡（镇）政府乡长		赖正章	杨顺东	何胜富	李文安	阙永芳	尚正实
	乡（镇）人大主席		杨太荣	金麻干	王　干	董跑忠	许本学	寸守东

陇川县乡镇概况一览表

单位：（米、公里、平方公里、亩、个、户、人、%、‰人/每公里、万元、千克、头、张）

内容＼乡镇			清平乡	王子树乡	勐约乡	陇川农场		
地理位置			坝头	东北	东南			
政府驻地			清平街	王子树街	营盘村			
海　拔			1063	1531	1250			
距县城距离			42	68	30			
土地总面积			199.6	256	200.15			
耕地面积			29487	23004	29021	42221		
其中	水　田		11866	7969	7491	21063		
	旱　地		17621	15035	21530	21158		
	人均耕地		2.7	1.6	4			
行政区划	辖村公所		9	9	5			
	自然村		56	88	64			
	村民小组		62	72	41			
人口民族	总户数		2963	3590	2024			
	总人口		11869	14914	7625			
	其中	傣　族	2454	92	57			
		汉　族	2087	7266	1619			
		景颇族	6849	7113	5880			
		阿昌族	22	270	10			
		傈僳族	427	69	17			
		德昂族	4	0	8			
	人口出生率							
	自然增长率							
	人口密度		59	58	38			
经济收入	总收入		4235	5704	4072			
	人均收入		2246	2137	2130			
	人均净收入		2412	3028	1554			
	总费用		1823	2676	2518			
农业产值	总产值		10224	10698	8867	9672		
	农林牧渔服务业		103	91	87	120		
	其中	种植业	6857	7707	6377	7026		
		林　业	1287	925	974	79		
		畜牧业	1672	1869	1361	370		
		渔　业	305	106	68	77		
农作物总面积			43588	72759	48856	46256		
其中	甘　蔗		17720	26621	21815	42573		
	粮　食		18881	28875	21980	2772		
	茶　叶		5013	19923	378	1200		
	油　料		2494	10495	3581	160		
	水　果		14	0	0	62		

乡镇 内容			清平乡	王子树乡	勐约乡	陇川农场		
农作物总产量								
其中	甘蔗		92828	97566.5	68600	290987		
	粮食		4424	5542	5577	1350		
	茶叶		107.9	529	21.5	140		
	油料		158.2	289	172	14		
	水果		7	0	0	93		
畜牧	牛存栏		3899	6414	4089	351		
	猪存栏		10294	12919	6750	2098		
	羊存栏		2088	772	787	0		
教学	中学	在校学生	450	486	217			
		教职工人数	35	41	15			
	小学	在校学生	1075	1140	700			
		教职工人数	84	104	62			
卫生	医务人员		11	7	6			
	病床		19	20	10			
	卫生室		9	9	5			
	乡村医生		15	11	8			
文化	文化站		1	1	1			
	电影院							
	广播站							
领导干部	乡（镇）党委书记		彭武镏	刘永生	谭永辉	田琦辉		
	乡（镇）政府乡长		郭春荣	闫 有	陆 晓	张洪彩		
	乡（镇）人大主席		李自勇	陈德帆	何志强			

盈 江 县

地　　理

【县　境】 盈江县地处云南省西部，德宏州西北部，位于东经97°31′~98°16′，北纬24°24′~25°20′之间。其东北面与腾冲县接壤，东南面与梁河县接壤，南面与陇川县接壤，西、西北、西南面与缅甸联邦为界。国境线长214.6千米，有33条通道通往缅甸。全县总面积4429平方千米，占全州总面积的37.5%。县城小平原海拔826米，距州府芒市165千米，距省会昆明864千米，距缅甸联邦密支那197千米，距八莫131千米。

【气　候】 2010年，盈江县年平均气温20.6℃，与历年同期平均值相比偏高1.2℃，属特高年份。本年度年平均气温与2001年、2009年年平均气温持平，为有气温记录以来的最高值。年极端最高气温35.0℃，出现在5月5日；年极端最低气温3.7℃，出现在12月25日。冬季平均气温14.0℃，与历年同期平均值相比偏高1.2℃；春季平均气温22.0℃，与历年同期平均值相比偏高1.4℃；夏季平均气温24.4℃，与历年同期平均值相比偏高0.5℃；秋季平均气温21.6℃，与历年同期平均值相比偏高1.4℃。月平均气温最低出现在1月，最高出现在8月。全年降雨量1681.0毫米，比上年偏多128.6毫米，属正常稍偏多年份。年内月降雨量最多的是6月，最少的是2月；全年降雨日数（日降雨量≥0.1毫米）158天，比上年多20天，比历年同期平均值少1天。年内出现大雨（日降雨量≥25.0毫米）天数20天，比上年多11天，比历年平均值多3天。年内出现暴雨天（日降雨量≥50.0毫米）数3天，比历年平均值少1天。年内一日最大降雨量63.5毫米，出现在8月12日。冬季降雨量11.4毫米，属偏少年份；春季降雨量362.2毫米，属偏多年份；夏季降雨量944.7毫米，属正常年份；秋季降雨量333.2毫米，属正常年份。雨季于5月20日开始，10月11日结束。全年日照时数2051.4小时，比上年偏少186.8小时，与历年同期平均值相比偏少208.3小时。冬季日照正常，春节正常稍偏少，夏季偏少，秋季正常稍偏少。7月日照时数特少，5、6、9、10月偏少，2月偏多，全年光照条件稍差。主要气象灾害有霜冻、干旱、洪涝和滑坡。

【行政区划】 2010年，盈江县辖15个乡镇，即平原、太平、旧城、弄璋、昔马、那邦、卡场、盏西8个镇，铜壁关、油松岭、新城、芒章、支那、勐弄、苏典傈僳族乡7个乡，97个村民委员会，6个居委会，1151个村民小组；1个国营农场，国营农场下辖4个分场。

【人口民族】 2010年，盈江县总户数75560户，总人口305167人。其中：男158989人，占总人口的52.1%；女性146178人，占47.9%；农村人口216249人，占总人口70.86%；少数民族人口170709人，占总人口55.94%；少数民族人口中：傣族99972人，占总人口的32.76%；景颇族44733人，占14.66%；傈僳族20182人，占6.61%；阿昌族1303人，占0.43%；德昂族426人，占0.14%。

历　史

【简　史】 公元前四世纪，“蜀身毒道”形成，今盈江即为主要通道。随着这条通道的打开，中原政权开始开发关隘之地。盈江地区西汉属滇乘象国。东汉明帝永平二年（59年）为永昌郡所辖，永平十二年（69年）属永昌郡哀牢县。南朝属永昌郡辖西城县。唐初为腾越软化府辖地。唐南诏时期在旧城设押西城，隶属永昌节度软化府。宋（大理）属腾冲府乞兰部辖地。元初属大理金齿等处宣慰司都元帅府，至元十三年（1276）隶属镇西路军民总管府。明洪武十五年（1382）改设镇西府，为云南52个土府之一；永乐元年（1403），置干崖长官司；正统九年（1444）升为宣抚司，直隶布政司；天顺二年（1458），刀思忠任干崖副使，管盏达地。清顺治十六年（1659），置盏达副宣抚司；清宣统二年（1910）盏达副宣抚使停袭。民国元年（1912），国民政府在干崖、盏达各设弹压委员一职；民国二年（1913）改为行政委员，设行政公署；民国二十一年（1932）年干崖、盏达改设为盈江、莲山设治区，为建县过渡机构，隶属云南第一殖边督办。1950年5月15日，盈江、莲山解放；5月30日，成立盈江县各民族行政委员会；6月，成立莲山各民族行政委员会。1951年12月，成立盈江县各民族联合政府。1952年1月，成立莲山县各民族联合政府。1955年6月，曾先后直属于保山专区和德宏州管辖的盏西区划归盈江县。1958年10月，盈江、莲山两县合并为盈江县，合并后下辖先锋、红城（新城）、弄璋、边防（姐冒）、遮坎、支那、平原、太平、支勐（勐弄）、飞跃（苏典）、昔马、铜壁关12个公社，64个大队。1959年2月，撤销公社，恢复区、乡行政建制。其中，飞跃公社改设苏典文化站，支勐公社改设卡场文化站。1961年10月，建立勐弄区。1962年12月，建立油松岭区。1969年3月，全县开展“人民公社化”运动，区站改建为人民公社，乡镇改为大队。1974年1月，从太平、铜壁关公社划出3个大队，建立芒允公社；从盏西公社划出4个大队建立芒章公社；从盏西划出3个大队，从苏典划出1个大队，建立支那公社；4月，从平原公社划出3个大队，建立平原镇；10月，从弄璋公社划出5个大队，建立姐冒公社。1975年1月，将原卡场文化站辖区从勐弄公社划出，建立卡场公社。1982年3月，设立盏西区公所，为县人民政府派出机构，协助县政府领导盏西、芒章、支那3个公社工作。1984年4月，撤销公社、大队，恢复区、乡建制，盏西区公所改建为盏西办事处（副县级），1987年1月开始区乡体制改革，原旧城区岗勐、富联、喊撒乡的部分村社和弄璋区丙辉乡的部分村社划出组建岗勐乡；原旧城区改设为乡级镇建制；原莲花山区胜龙乡划归平原镇；原苏典区黑河乡划归卡场乡。1988年7月，盏西办事处改建为县委、县政府驻盏西工作组（正科级），1994年7月撤销。1996年4月成立那邦镇。2001年5月，原弄璋、盏西、昔马、卡场4个乡撤销，改设为镇建制。2005年10月，撤销莲花山乡、岗勐乡整建制合并平原镇；撤销姐冒乡整建制合并弄璋镇；撤销芒允乡、太平乡整建制改设太平镇，撤并后全县有8镇7乡，97个村民委员会，6个居民委员会。

社　会

【经济简述】 2010年，盈江县完成生产总值（GDP）40.32亿元，比上年增15.4%；其中：第一产业11.21亿元，比上年增8.6%，支撑生产总值增2.6个百分点，对GDP增长贡献率为16.8%；第二产业19.41亿元，增24.1%，支撑生产总值增9.5个百分点，对GDP增长贡献率为61.3%；第三产业9.67亿元，增11.2%，支撑生产总值增3.4个百分点，对GDP增长贡献率为21.9%。一、二、三次产业结构由上年的30.6∶41.9∶27.6调整为27.8∶48.2∶24。人均生产总值13408元，比上年增3158元。

【固定资产投资】 2010年，盈江县完成固定资产投资35.01亿元，比上年增18.6%。其中：城镇固定资产投资完成28.91亿元，比上年增59%。在城镇投资中：电力投资11.08亿元，比上年降16.3%，占城镇投资的38.4%；房地产投资2.14亿元，增2.5倍。农村固定资产投资19951万元，比上年降1.8%；农村私人投资19598万元，降56.6%。全年全县有294个施工项目，比上年增9个，增3.2%；在建项目中：计划总投资亿元以上项目23个，比上年增1个；5000万元以上项目39个，减2个；1000万元以上94个，增12个；500万元以上120个，增21个。

【农　业】 2010年，盈江县完成农林牧渔业总产值16.45亿元，比上年增8.9%。其中：农业产值11.4亿元，比上年增14.3%；林业产值1.63亿元，增1.7%；牧业产值3.4亿元，增5.7%；渔业产值4921万元，增10.9%；农林牧渔服务业产值5186万元，增6.7%。完成大小春粮食播种面积58.57万亩，占农作物种植面积的53.56%，比上年增6.24万亩，增11.9%；总产量16.78万吨，比上年增1.98万吨，增13.37%；人均拥有粮食558千克。完成冬季农业开发复种34.56万亩（不含冬春蔗），比上年增4.92万亩，增17%；实现产值2.11亿元，增4772.8万元，增29.3%；全县农民平均冬农开发收入1038元，比上年增204元，增24.5%。种植烟草1.82万亩，比上年增0.99万亩，增119%；烟叶（丝）产量2187.63吨，增1380.89吨，增171%；总产值3103.47万元，增1848.29万元，增147%。种植甘蔗21.65万亩，比上年增3.07万亩，增16.5%；产量105.2万吨，增12.7%；实现工业产值5.48亿元，增1.12亿元；实现农业总产值2.6亿元，增4156万元，增19%。油料种植面积49787亩，比上年增670亩，增1.4%；产量3899吨，降10.9%。蔬菜种植71108亩，增10.5%；产量36884吨，增3.0%。瓜类2.2万亩，增30.9%。茶园10.05万亩，增0.3%；投产5.63万亩，产量2497吨，增167吨，增7.4%；产值3942.03万元，增1962万元，增99%。咖啡面积6.67万亩，投产1.5万亩，产量6031万吨，实现产值3000万元。年内，肥猪出栏20.18万头，比上年增6.3%；牛出栏1.65万头，增7.2%；羊出栏1.4万只，降2.9%；家禽出栏93.7万只，增1.6%；大牲畜存栏7.55万头，比上年增0.5%；生猪存栏17.93万头，增2.8%；羊存栏2.52万只，降0.1%；家禽饲养76.7万只，增5.5%；肉类产量2.29万吨，比上年增6.6%；水产品产量5316吨，增408吨，增10.6%。年内，建设冬马铃薯高产示范11860亩，平均单产1667千克；开展马铃薯早春繁育试验2475亩，平均单产1488.7千克，总产3684.5吨；实施德宏州马铃薯品种区试验8个，最高单产2960千克，最低单产1510千克；建设作物展示区624亩，完成粮食作物间套种示范片区10万亩，辐射带动推广40万亩，平均亩增产0.03千克以上。投资40万元，完成地膜玉米推广4万亩，平均单产355.67千克，总产1.42万吨，总产值2847.17万元；投资80万元，建立水稻示范4.65万亩，平均单产553.6千克，总产2572.88万千克，实现亩增产值358.26元，总产值1665万元；投资25万元，建立水改旱示范3793亩，平均单产533.73千克，总产202.45万千克；投资20万元，推广水稻旱育秧示范样板1000亩，移植栽培水稻1.5万亩；完成测土配方施肥示范62.37万亩，推广80.4万亩。全年全县发生病虫草鼠害104.55万亩，防治146.04万亩次，挽回损失3.88万吨；上报病虫害资料136份；检疫农作物产地2400亩，检疫农作物产品调运388批次，产品1.6万吨；出动人员83人次，检查种植基地15个次；抽取农产品样品1133个，合格1077个，合格率95.51%；采集测试土样624个，采集植物样品75个，测试55个。综合防治薇甘菊3858亩。年内，因干旱致农作物受灾59.09万亩，成灾33.87万亩，绝收7.33万亩，造成经济损失5680.7万元；渔业受灾1400亩，水产品损失212吨，造成经济损失212万元；投入救灾资金233万元。争取国家、省立项项目19个，扶持资金1865万元；落实订单作物4.85万亩，产量5.3万吨，产值9942.8万元；兑付农补资金2956.28万元，17.74万农户受益；兑付其他补助资金931.58万元；投资6556万元，财政奖补“一事一议”项目79个，4.32万人受益。投资63.39万元，出动车辆403辆次，举办科技培训班2596余场次，培训92.34万人次，展出展板500余块，张贴标语1500余条，发放宣传资料24.67万份，播放音像60余场次，电视播出10余次；举办农村财务管理人员培训班60期，培训856人次；举办种子培训班1期，培训135人，发放资料738份，取得资格证95人。发布农产品市场价格信息36条，宣传视频文件6个，图片152张，访问网站49.89万次，网站独立TP访问量35.74万次。乡镇农经站代管集体资金257.53万元。

年内，办理农药经营备案74份，肥料经营备案74份，农膜经营备案74份；农业法律咨询服务36次，调解涉农纠纷5起，追回蔗款360元；处理农业环境污染事故2起，挽回经济损失1.41万元。出动人员350人次，车辆71辆次，发放宣传资料1.81万份，整顿农资市场179个次，检查农资3.68万吨，处理坑农害农行为70件，涉及金额74.97万元；查处不合格农资1506.13吨，货值183.09万元，挽回经济损失208.78万元；查处涉农案件167件，结案114件。

全年全县有农业机械总动力19399万瓦特，比上年增5.1%；农用排灌机械动力358台，增46.1%；农用大中型拖拉机2343台，增22.8%；农用小型拖拉机9820台，增12.1%；农用联合收割机589台，增20.7%；农用运输车348辆，降51.7%；农用机械总值16649万元，增9.2%。有拖拉机驾驶证7601人，持证率61.5%；收割机驾驶证9人，持证率1.5%。投资1300万元（国家补贴409.99万元），配置农业机械3835台（件）；引进大中型农业机械111台，完成耕地5.2万亩；装备种植和收割机械356台（套），培训操作员1886人。出动人员64人次，车辆32辆次，检查拖拉机2500台次、农机加工修理点35个次、农机配件销售点18个次、农机作业现场32个次，排查安全隐患46个次，纠正违章3起，整改46个次，整改率100%。

【林　业】　2010年，盈江县完成辖区生物走廊带划定及考察结果编制上报工作；调查大娘山白眉长臂猿种群数量、分布及致危因子；完成铜壁关自然保护区滇藏榄调查监测；配合中科院、云南农业大学、西南林学院、州林科所对昆虫、苔藓植物、竹类和白鹇等进行调查；在弄璋镇南永村建立云南省第一家村级林业有害生物防治农民合作社，建立薇甘菊监测点11个。全县有持证驯养繁殖野生动物经营者和个体户4户，发生野生动物肇事案件1起。发生森林火灾11起，过火面积4738.5亩，受害面积772.8亩，控制在下达指标内；霜冻和干旱造成14.09万亩林木受损，直接经济损失4235.3万元；完成绿化造林12.19万亩，其中核桃2.03万亩，油茶3.78万亩，竹子3.88万亩，澳洲坚果2.01万亩；完成中低产林改造29万亩，完成任务数的100%，其中更新改造12.48万亩，植补造林1.11万亩，结构调整3.33万亩，封山育林3.43万亩，低林抚育7.09万亩，嫁接复壮1.13万亩，零星改造0.43万亩，经济林和用材林12.48万亩；种植草果0.7万亩，四旁义务植树42万株。兑现2009年公益林生态效益补偿金679.03万元（国家级森林生态效益补偿基金612.61万元，省级公益林生态效益补偿金66.42万元）；完成油松岭乡至梁河县九保乡国家级公益林森林防火通道项目建设5.49千米；投资894万元，实施林产业和能源建设；投资30万元，除治薇甘菊9450亩；实施人工林木化学药物治理3.73万亩。建立农村能源服务网点4个，建设沼气池891口，其中省级项目建设580口，巩固退耕还林沼气项目225口，国债投资项目86口（跨年度实施项目），节柴改灶100户，维修沼气设备117次。

全年全县办理林木采伐许可证1311份，面积20.1万亩，总蓄积量20.84万立方米；批采林木10.28万立方米，其中天然林5.92万立方米，人工林4.36万立方米。进口边贸木材8.88万立方米，承办调县外边贸木材9.32万立方米（含库存），国内运输木材9.6万立方米；检验检疫调运木材20.17万立方米，林木种子0.3吨，苗木50.49万株，竹材891.68吨，药材52.42吨，收检疫费59.75万元。全县集体林权应确权面积296.95万亩，完成确权293.17万亩，确权率98.73%；发生林权纠纷853起，调处830起，调处率97.3%；集体林到户面积262.09万亩，核发林权证37246本，签订管护协议1857份，确权宗地107104宗，发证宗地105211宗，发证率98.2%，确权到户率95.86%。

年内，开展了“利剑2010”森林植物检疫专项执法行动、“冬季铁拳”、“春绿行动”、“夏季严打”等专项行动，查处林业案件499件。其中：森林刑事案件22件，野生动物刑事案件3件，毒品行政案件2件，火灾案件4件，治安案件1件，林业行政案件465件；依法查处嫌疑人514人，收缴木材796.12立方米（活立木），锯材599.66立方米，木炭100.3吨，非法移植树木19株，挽回经济损失152.54万元。

【水　利】 2010年，盈江县有抢险队183支7673人，防汛专业工89人；储备编织袋4万条，竹桩5万节，竹梢150吨，块石2500立方米，钢筋20吨，汽灯30盏，圆笼80条，竹筏50张。投入工日39721个，放置钢筋石笼34条439米；打竹桩坝16070米，竹桩76705节，放置竹梢221.92吨。汛期实行24小时值班制，安全转移群众83人，调拨发放物资价值19.4万元。投入抗旱应急资金417.94万元，人员12万余人次，实施抗旱应急水源工程31个，架设管道85.33千米，解决10556人饮水困难；投资72.8万元，实施取水工程10件，解决水产养殖500余亩，灌溉作物43552亩；投资122万元，修复沟渠16件；投资1.1亿元，完成回龙河水库主体工程，库容1478.2万立方米；投资123万元，治理穆雷江1.85千米，放置钢筋石笼导流坝12道380米；投资300万元，建设勐乃河龙头水库；投资2000万元，开工建设大型灌区节水配套项目；投资1000万元，开工建设东大沟、弄满沟干支渠防渗衬砌项目；争取资金1127.31万元，实施人畜饮水安全工程98件，完成主体工程64件，解决21756人饮水安全问题；投资913万元，实施挖苦河一级水电站小水电代燃料项目；投资200万元，实施山区五小水利工程24件，改善农田灌溉5万余亩；投资3万元，开展“世界水日”、“中国水周”、“安全生产日”宣传活动，制作展板14块，发放宣传资料1万份。审批《水土保持方案》10份，取水许可证10份。查办水事违法案件21件，发放《责令停止违法行为通知书》28份，《责令整改通知书》6份，取缔违法采沙13户，搬迁采沙场10户，调解水事纠纷2起。全县有用水户协会120个，比上年增41个。征收水保“两费”76.45万元，征收率80%。征收水资源费6500万元，入库2600万元。

【电　力】 2010年，盈江县已批建电站106座，装机容量268.37万千瓦；投产67座，装机容量198.79万千瓦；在建电站16座，装机容量49.75万千瓦；已批未建电站27座，装机容量25.57万千瓦。电力实现工业产值15.35亿元，比上年增41.2%，占全县工业产值的42.3%；上缴税金3.05亿元，占工业税收总额的74.4%。全年全县发电量84.95亿度，比上年增32.3%。

【工　业】 2010年，盈江县完成工业总产值36.32亿元，比上年增45.2%；完成工业增加值16.58亿元，比上年增29.2%，占GDP比重的46.7%，拉动GDP增14个百分点，居全州第一。其中：规模以上工业完成27.38亿元，比上年增47.2%；规模以下工业完成8.94亿元，增39.2%；轻工业完成7.09亿元，比上年增49.0%；重工业完成29.23亿元，增44.3%。全县有规模以上企业39户，实现工业增加值15.03亿元，占全县工业增加值的94%，比上年增29.2%；电力生产和供应业实现增加值11.81亿元，增31.6%；有色金属冶炼业实现增加值9286万元，增17.7%；制糖业实现增加值1.74亿元，增51.5%；集体工业产值实现5814万元，增3.2%；非公经济工业产值实现35.74亿元，占工业总产值的98.4%，比上年增0.5个百分点；上缴税金4.1亿元，比上年增4.22%；完成固定资产投资15.3亿元，增3.8%。规模以上工业企业实现主营业务收入27.5亿元，实现利税11.67亿元，利润85348万元。主要工业产品产量：水泥503130万吨，比上年增45.5%；工业硅49429吨，增39.1.7%；铝14009吨，增4.0%；酒精8799吨，增30.8%；食糖120971吨，增7.6%。年内，开工建设工业园，建成工业硅生产线12条，装机容量14.48万千伏安；在建工业硅生产线9条，装机容量11.25万千伏安。

【乡镇企业】 2010年，盈江县有乡镇企业4172个，比上年增1.1%；从业人员11512人，增1.1%；完成增加值4.75亿元，增34.64%；完成工业增加值3.69亿元，增43.19%；完成营业收入14.8亿元，增27.4%；完成现价总产值14.58亿元，比上年增27.4%（现价）；上缴税金8504万元，增13.2%；实现利润21867万元，增98.3%。实现农产品加工业总产值81332万元。职业技能鉴定75人，完成任务数的100%；企村结对4对。

【非公经济】 2010年，盈江县有非公经济7602户，比上年增19.58%。其中：私营企业656户，个体工商户6946户；注册资金33.6亿元，比上年增32.97%；从业人员23882人，增19.6%；上缴税金4.8亿元，增15.68%；增加值19.8亿元，增12.4%，占全县生产总值的56.1%。

【财税金融】 2010年，盈江县完成财政收入6.09亿元，比上年增0.91亿元，增17.5%；县级一般预算收入2.89亿元，比上年增0.72亿元，增33%；上划中央两税2.57亿元，增43%；财政一般预算收入中：增值税收入8503万元，比上年增43.1%；营业税8537万元，增39.1%；企业所得税580万元，增58.5%。财政一般预算支出11.07亿元，比上年增1.23亿元，增12.5%；其中：社会保障和就业支出1.68亿元，比上年降16.6%；教育支出1.89亿元，增17.4%；医疗卫生支出0.8亿元，增8%；农林水事物支出2.66亿元，增80.1%；一般公共服务支出1.13亿元，增17%。年末，金融机构存款余额38.25亿元，比年初增8.11亿元，增26.9%；其中：居民储蓄存款24.43亿元，比年初增6.11亿元，增33.3%；各项贷款24.46亿元，减1986万元，降0.8%，其中短期贷款5.59亿元，比年初增1951万元，增3.6%；中长期贷款18.87亿元，减3937万元，降2%。全年实现现金收入92.44亿元，比上年增17.25亿元，增22.9%；现金支出100.7亿元，增18.3亿元，增22.2%；收支相抵，累计投放现金8.26亿元，比上年增1.05亿元，增14.5%。

【对外贸易】 2010年，盈江县完成进出口额14.38亿元，比上年增20.5%，完成县下达任务数13.37亿元的107.52%，完成州下达任务数14.32亿元的100.42%。其中：进口总额26381.36万元，比上年降17.21%；出口11.74亿元，增34.24%。进出口总额中：一般贸易完成1.19亿元，比上年增86.4%；对外经济技术合作完成2.16亿元，降43.4%，占全县进出口总额的14.99%；边境贸易完成10.93亿元，增57.48%，占全县进出口总额的76%（其中边境小额贸易进出口9.59亿元，比上年增66.8%；边民互市进出口1.34亿元，增12.6%）。全县有进出口经营权企业129家，缴纳税费3665.16万元（关税245.34万元，海关代征增值税1519.92万元，进口商品增值税1124万元，出口商品口岸建设费256.4万元，实现税收352.56万元，管理费166.94万元）。口岸出入境120.97万人次，比上年增15.63%，其中出境60.48万人次，入境60.49万人次；出入境交通工具19.85万辆次，比上年增23.58%，其中出境9.92万辆次，入境9.93万辆次；进出货物36.24万吨，比上年增39.35%（出口15.36万吨，进口20.88万吨）；进出口总额16130.23万美元，比上年增71.58%，其中出口12412.14万美元，进口3718.09万美元。成品油销售30080吨（汽油11875吨，柴油18205吨）。

【旅　游】 2010年，盈江县有宾馆（酒店）、公寓、招待所、旅社67家，有房间2079间，床位3466个，旅游从业人员651人，其中三星级2家，二星级4家，床位704个，房间503间，从业人员185人。全年全县接待游客77.36万人次，比上年增20.1%；住房出租率58%，其中星级宾馆（酒店）接待13.88万人次，住房出租率59%；实现收入7.83亿元，比上年增27.6%；出入境35.13万人次，比上年增19%。

【科　技】 2010年，盈江县编制了《2010年盈江县边疆解“五难”（学科技难）惠民工程可行性研究报告》，申报计划项目26项，立项支持23个，争取资金398万元；申报专利12件，完成任务数的120%。县级投入科技资金885万元（科普经费90万元），占预算支出的1.3%。年内，成立澳洲坚果协会1个，会员60人；草果协会1个，会员276人；养牛协会1个，会员37人；老科技工作者协会1个，会员59人；成立草果深加工企业1家。创建科普惠农服务站1个，配置办公桌4套，书柜1个，电脑1台，图书500册；建立科技示范村5个，配置课桌100套，电视、DVD各5台，扶持科技示范户30户，投入资金15万元。完成草果种植2.05万亩，种植面积达10万亩，老园改造2000亩，低产林地改造1100亩，安装多功能无烟节能烤窑12座；草果投产面积4.5万亩，产果3万余吨，实现农业产值2.1亿元。建立优质速生核桃“云农一号”种植示范基地200亩。在平原镇、太平镇、新城乡实施边疆解“五难”（学科技难）惠民工程，选配科技特派员3名，选配村级科技辅导员34名，在新城乡创建澳洲坚果示范基地500亩；完善乡镇科技活动室3个，

配置课桌 *80* 套，书柜 *3* 个，电视、*DVD* 各 *3* 台，图书 *900* 册；完善自然村科技活动室 *7* 个，配置课桌 *150* 套，图书 *1400* 册；举办科技技术培训班 *8* 期，培训 *400* 人次。举办实用技术培训 *1396* 期，培训 *12.34* 万人次，发放资料 *56715* 份；举办农函大培训班 *24* 期，开设 *8* 个专业，培训 *1043* 人。与 *15* 个部门联合开展以“创造、保护、发展”为主题的知识产权宣传活动，出动人员 *31* 人，发放宣传资料 *400* 余份，接受咨询 *427* 人次，悬挂横幅 *16* 条，红拱门柱 *1* 个，展出展板 *12* 块，侵权假伪标识图画 *15* 张，*DVD* 机（侵权产品）*10* 台，假冒走私香烟 *18* 种，播放知识产权资料 *5* 场次，销毁侵权盗版制品及非法出版物 *9635* 盘（册），淫秽、色情音像制品 *149* 盘，淫秽、色情书刊 *89* 册，境外走私光盘 *462* 盘；与 *29* 个部门、*6* 个社区联合举办以“携手建设创新型盈江”为主题的科技周活动，出动人员 *106* 人；与 *17* 个部门联合举办“全国科普日”活动，出动人员 *57* 人，发放宣传资料 *6000* 份，实用技术手册 *2850* 份，展出展板 *80* 块，发放安全套 *200* 个，播放科技资料 *9* 场次，受教育 *5000* 余人。征集县级科技成果奖 *29* 项，评选获奖项目 *20* 项（其中农业 *7* 项，医药卫生 *10* 项，畜牧业 *2* 项，其他 *1* 项），其中获特等奖 *1* 项，一等奖 *2* 项，二等奖 *6* 项，三等奖 *11* 项。在第二十五届德宏州青少年科技创新大赛活动中，有 *4* 人获科幻绘画一等奖，*9* 人获二等奖，*11* 人获三等奖；有 *5* 人获科幻作文一等奖，*11* 人获二等奖，*12* 人获三等奖；青少年校外活动中心获组织奖。

【教　育】 *2010* 年，盈江县有学校（幼儿园）*214* 所，在校生 *54161* 人。其中：幼儿园 *30* 所（公办幼儿园 *1* 所，民办幼儿园 *29* 所），在园（班）幼儿 *6597* 人，比上年降 *3.9%*；小学 *164* 所，在校生 *29284* 人，增 *0.2%*，入学率 *99.79%*，比上年提高 *1.45* 个百分点；初级中学 *18* 所，在校生 *13722* 人，初中毛入学率 *120.77%*；普通高中 *1* 所，在校生 *2191* 人；职业高级学校 *1* 所，在校生 *1721* 人；高中阶段入学率 *42.15%*。有在编教职工 *3031* 人，年内招聘本科及研究生教师 *9* 人，招聘特岗教师 *30* 人，普岗教师 *58* 人。开展“双语双文”教学乡镇 *11* 个 *51* 所学校 *103* 个教学班（其中傣语班 *54* 个，景颇语班 *15* 个，载瓦语班 *27* 个，傈僳语班 *7* 个）。本年度小学毕业测试平均分 *79.76* 分；中考 *600* 分以上 *205* 人；高考本科上线率 *42.29%*，综合上线率 *98.12%*，名列全州第一。

全年全县投入教育经费 *19466.67* 万元，其中上级投入 *5266.92* 万元，县本级财政投入 *13929.84* 万元，社会捐赠 *2699.5* 万元。投资 *2750* 万元（国家开发银行贷款 *1700* 万元，信用联社贷款 *300* 万元，县级配套 *600* 万元，学校自筹 *150* 万元），实施了县一中基础设施配套建设；投资 *380* 万元，实施了县职高校园道路、大门、绿化等工程；投资 *2931* 万元，实施了弄璋镇芒线小学、旧城镇中心小学、新城乡中心小学等 *13* 所学校校舍危改工程，项目 *23* 个，新建面积 *19682* 平方米，排除 *D* 级危房 *11400* 平方米；投资 *460* 万元，建设教师住房 *80* 套，面积 *4000* 平方米；投资 *90* 万元，配备了学校电子监控设备和保安人员警棍、警示杆等器械，在 *38* 所中小学安装摄像头 *197* 个。全县建成计算机网络教室 *47* 个，多媒体电教室 *27* 个，语音教室 *4* 个，现代化远程教育卫星接收点 *143* 个，教学光盘播放点 *294* 个；开设信息技术教育课学校 *58* 所，有教学用计算机 *1544* 台，生机比例为 *33:1*。开展农村成人教育文化班 *82* 个，参加学习 *2541* 人；开办农村劳动力转移培训学校 *42* 所，培训 *11950* 人次，就业 *604* 人次；开办农民文化知识学习和农村实用技术培训班 *421* 期，培训 *37364* 人次。开展校园不安全隐患整治 *84* 次，配备保安人员 *472* 名。

【文化体育】 *2010* 年，盈江县完成县体育运动中心、县影剧院建设选址、设计方案规划和《初步可行研究报告》等前期工作；完成《盈江县“十二五”文化体育事业发展规划》编制工作；完成允燕塔景区活动广场和天心湖建设项目的前期准备工作；完成省级非物质文化遗产项目——傈僳族“阔时木刮”资料整理和申报，制定《“阔时木刮·十二五”规划保护书》；将秦鼎彝墓、神护关遗址、万仞关遗址、巨石关遗址、铜壁关遗址、万象城遗址、勐乃古碉楼、刀盈廷墓、刀安仁故居、干崖宣抚司护理府和南算奘房申报为第七批省级文物保护单位；将刀安仁墓、故居和马嘉理事件发生地申报为全国文物保护单位。年内，开展了第三次全国文物普查田野调查工作，对 *15* 个乡镇 *103* 个村（居）委会进行田野文物普查，整理、录入、汇总和档案制作不可移动文物点 *80* 处，并通过省、州验收。开展以“文化遗产日在我身边”为主题的文化遗产日宣传活动，发放宣传资料1600余份；开展文物保护法宣传活动，发放宣传资料1500份，宣传画册530本，悬挂布标3条，展板4块。全县有艺术表演团体1个，全年演出65场次，辅导业余文艺队100余次，培训1000余人次；培训少儿兴趣爱好者300余人次。投资1098.54万元，完成16个文化站建设，总建筑面积5500平方米；投资850万元，实施边疆解“五难”工程和“兴边富民工程”，建设46个村级（村民小组）文化活动室，面积4660平方米；投资800多万元，建设15个村民小组篮球场地；投资150万元，实施了第四批“兴边富民工程”中央投资项目，建设勐弄乡文化体育运动广场、勐弄村麻立园文化广场，苏典傈僳乡勐嘎村杨家寨、河西文化活动室；投资24.5万元，为15个文化站配备电脑105台，投影机15台；投资24万元，为16个文化站配备书架63组，书立756个，办公桌32套，期刊架32组，阅览桌48套，文件柜16组。为16个文化站配置图书9600册，价值2.4万元；为40支业余文艺队配备音响设备55套，价值56万元；为13个文化站配备电视机、摄像机、DVD、打印机、照相机等设备，价值11万元。完成15个文化站“信息共享工程”基层服务点建设，配备电脑105台，投影机1套；为乡镇文化站维护设备35次，维修设备51台。实施农村电影“2131”工程，为13个文化站配备电影机13台，平均每月放电影11场次。深入军营、乡村放电影32场次41部，观众达1万余人次。全年放电映979场次，观众达16.41万人次。完成11个“文化共享工程”基层点和55个行政村基层点的建设工作；完成2009年度29家“农家书屋”建设工作；完成2010年35家“农家书屋”选点、定点、申报工作。年内，全县有图书馆1个，藏书5.9万册，订阅期刊145种，接待读者4896人次，流通图书20326册次；“共享工程”电子阅览室接待读者1307人次，购置图书3152册，价值7.5万元。积极开展“送书下乡活动”，送图书216册，价值9016元。出动执法人员416人次，检查经营单位731户次，收缴非法音像制品698盘，查处案件1起（音像制品），处罚2000元；受理举报2起，办结2起，取缔无证照游商地摊2户。

年内，盈江县投资200万元，建体育场地28个，发放篮球架18付，乒乓球桌7套，健身路径设备7套。组织民族民间体育竞技活动1次，参赛11项3000余人；协办“2010年全国沙滩排球巡回赛（盈江站）”比赛；举办第二届“大盈江明坤杯”3人制篮球赛；组织开展健身操展演1次，参赛18项400人；举办“第二届乒乓球比赛”活动，参赛60余人；举办“首届人保财险杯环大盈江公路自行车赛”，参赛134人；举办“第37届邦实杯篮球运动会”，参赛38项400余人。积极参加德宏州中学生运动会，获田径初中组第二名、高中组第三名，男子篮球第三名。积极支持“两基”迎国检工作，建设学校体育场地15块，为20所小学赠送篮球架40余副，乒乓球桌10余张，足球50余个，篮球10余个，跳绳100余条，价值4.84万元，捐资助学4800元。

【卫　生】 2010年，盈江县有卫生机构23个，床位870张，卫生专业技术人员611人，其中医师及助理医师264人，护士187人；乡镇卫生人员16个，床位251张，卫生专业技术人员137人；疾控中心1个，卫生专业技术人员50人；妇幼保健院1个，卫生专业技术人员21人；村卫生室164个，乡村医生192人，取得乡村医生资格证书186人，执业助理医师资格6人。年内，举办培训班43期，培训1132人次。选送学科带头人14人参加进修，省、省外进修学习11人，州级进修3人；参加“华医网”远程可视医学教育120人，全科医学知识培训2人，参加全国卫生专业技术、医师和高级职称资格考试384人。选派5名业务骨干对口支援卫生院和村卫生室“乡村合并经营”工作；选派15名专业骨干对口支援5个乡镇卫生院。

全年全县报告乙类传染病11种769例，发病率260.85/10万，比上年降9.1%；疫情报告及时率99.05%，疫情漏报率为“0”。报告疟疾病例362例，疟疾发病率122.18/10万，比上年降16.23%；应根治5000例，实际根治5007例，根治率100.14%；规范化治疗2560例。举办艾滋病防治知识宣传培训577场次，培训7361人次，受教育23.1万余人次。检测新婚人群3868人份，完成率154.7%；检测孕产妇6155人份，完成率162%；监测娱乐场所综合哨点400人份，完成率100%，检出率2%；检测VCT456人，完成率101.3%。感染者/病人告知率96%，随访率96%，CD4检测率83.4%；累计报告感染者/病人CD4检测率65.1%，累计报告感染者/配偶检测率76.8%。西医抗病毒治疗780人，完成率114.7%；中医和中西医结合治疗艾滋病48

人，完成率96%。婚姻登记人群HIV自愿咨询检测4111人，完成率158.12%；孕产妇HIV自愿咨询检测940人次，检测率87%，完成率156.67%，阻断率100%。美沙酮门诊维持治疗210人（脱失18人，转诊20人），完成率70%，治疗保持率37.6%，在治人员HIV感染者比19.6%。有艾滋孤儿289人（18岁以上52人）。年内，举办娱乐场所服务人员培训班3期，培训120人次，为服务人员检测HIV、HBV、HCV和梅毒400人次，检出HIV阳性率2%。全县有针具交换点3个，向目标人群发放针具15.12万只，回收14.64万只，回收率96.7%；发放安全套7000只，发放宣传资料3.1万份。

年内，开展鼠疫监测98次，其中固定点12次，室内外鼠密2.19%，黄胸鼠密2.10%，染蚤率16.18%；流动点86次，总鼠密1.31%，黄胸鼠密1.23%。检验样本793份，其中啮齿动物584只，黄胸鼠血清108份，啮齿动物昆虫101组，均未发现阳性，无鼠间鼠疫疫情发生。举办狂犬病防治培训班1期，培训36人，发放宣传资料4031份，接种人用狂犬疫苗1370人份，犬用狂犬疫苗10685份，捕杀犬只2300只；年内无狂犬病疫情报告。监测腹泻病人大便、外环境水样、海产品样品172份（其中外环境水样129份，腹泻便12份，食品31份），未检出霍乱弧菌。出动人员15人次，车辆5辆次，调查麻风病密切接触者20人次，筛查家属10人，发放宣传资料700份；走访慰问麻风病患者21人，发放慰问金4000元。转诊疑似肺结核病人326人，转诊到位297人，纳入结核病控制项目管理139人，管理率、转诊率、转诊到位率、涂阳病人2月末查痰阴转率、涂阳病人3月末查痰阴转率分别为100%、100%、90.5%、94.4%、98.3%。病人追踪到位率86.1%，病人家属复查率100%，发现新涂阳肺结核病人76人。全县开展预防接种单位120个，疫苗免疫公示率100%；免疫规划冷链运转12次，卡介苗接种率98.78%，脊灰疫苗99.44%，百白破疫苗97.87%，流脑疫苗89.1%，乙脑疫苗98.38%，甲肝疫苗93.83%，麻腮风疫苗98.82%，乙肝疫苗99.35%。接种乙脑疫苗33970人份，完成15岁以下人群乙肝疫苗接种5417人份，甲流感疫苗接种17000人份，狂犬疫苗接种1800人份。接种麻疹疫苗强化免疫28736人份，接种率97.84%；接种脊灰疫苗强化免疫31000人份。检测儿童麻疹抗体500人次，查验新生入学5807人，查验率51.8%。抽血送检AFP50份（主动监测36次），报告AFP疑似病例19例，其中调查排除17例，送检排除2例，排除麻疹9例。接生新生儿358例，监测新生儿破伤风2例（死亡1例），乙脑9例（死亡2例）。出动63人，开展妇女保健知识宣传活动2次，受教育1082人次，发放宣传资料1500份；培训妇幼卫生保健人员培训班4期，受训100余人次；培训“新生儿窒息复苏”业务人员25人。全县有孕产妇4371人，活产婴儿4363人，孕产妇保健覆盖率90.12%，系统管理率65.51%；新法接生4305人，新法接生率83.89%；住院分娩4003人，住院分娩率91.75%；高危产妇642人，检出率14.69%；高危住院分娩637人，高危孕产妇住院分娩率99.22%。

年内，发生突发公共卫生事件6起，报告及时率100%，处理及时率100%，无人员死亡，无漏报和瞒报现象发生。开展第十六届防治“碘缺乏病日”宣传活动，悬挂标语4条，发放宣传资料1.15万份，电视播放7次，受教育20余万人，抽检居民食用盐288份，合格率100%。全年受理许可事项951件，其中餐饮服务许可404件，公共场所卫生许可240件，医疗机构执业许可222件，医师执业注册和变更43件，护士注册和变更24件，乡村医生注册18件，办结率100%。完成食品卫生保障任务27次，保障47727人次；开展“地沟油”、“一次性筷子”等食品卫生专项整治24项。监督检查存在职业病隐患企业17家，处理投诉案件13起，处理率100%。受理医疗纠纷11起，协商解决10起，医学鉴定为四级医疗事故1起。开展无偿献血活动12次，献血1528人，献血419900毫升；有用血机构5家，专项检查2次，无非法采供血行为和用血事故发生。创建卫生乡镇（村）活动4个，完成2009年改厕任务500座，组织实施2010年改厕任务3000座，农村卫生厕所普及率27.4%，比上年提高2.8个百分点；对10个监测点进行枯水期出厂水和末梢水检测，采水样40个，硝酸盐超标2个，合格率90%。农村居民健康体检87849人，建档率35.94%；城镇居民30433人，建档率51.89%。健康指导慢性病患者4252人，重性精神病患者130人。

年内，全县参加新型农村合作医疗的有24.33万人，参合率99.8%；比上年增1.07万人，提高0.15个百分点。投入农合工作经费 17.1 万元，补偿参合农民 53.72 万人次，支出 3004.85 万元，资金使用率 88.23%。

年内，实施卫生基础设施建设项目点 14 个，其中投资 3092.42 万元，实施了县医院门诊综合楼建设，建筑面积 20641 平方米；投资 271.55 万元，实施了盏西镇、勐弄乡中心卫生院业务用房建设项目，建筑面积 1549.15 平方米；投资 120.43 万元，实施了卡场镇中心卫生院业务用房建设项目，建筑面积 599.85 平方米；投资 36 万元，实施了旧城镇贺勐村丙汉桥头分室等 6 个村卫生室建设项目，建筑面积 480 平方米；投资 404.71 万元（中央资金 190 万元，地方配套 214.71 万元），实施了县中医院住院楼建设项目，建筑面积 2378 平方米；投资 30 万元，实施了苏典傈僳族乡勐嘎村、河西寨村，勐弄乡勐弄村、麻栗园村卫生室建设项目，建筑面积 200 平方米。投资 100 万元（上海世茂建设有限公司捐资 50 万元，自筹 50 万元），实施了新城乡卫生院世茂爱心门诊楼项目，建筑面积 462.29 平方米；投资 78 万元，完成中医急诊科和康复科建设。发放重点工作通报 11 项，受理“96128”专线来访 7 件，来访案件 9 件，办结 8 件，调处 1 件。

【民　政】　2010 年，盈江县累计受灾 23.56 万人，重灾、连灾户、特困户占 30%；需救济 7.07 万人。其中：冬春需救济 2.46 万人，民房倒塌、重损 75 户 225 间，一般受损 737 间（企业厂房、职工住房 7 间），临时紧急转移 739 人，因灾饮水困难 6018 人，大牲畜饮水困难 2912 头，死亡大牲畜 16 头；农作物、经济作物受灾 59.5 万亩，成灾 16.57 万亩，其中绝收 3.04 万亩，直接经济损失 8498.14 万元（农业经济损失 3248.24 万元）。年内，下达救灾资金 827.28 万元，其中中央资金 300 万元，省级资金 483.28 万元，州级资金 44 万元。拨付抗旱救灾资金 447.27 万元，支出 244.84 万元。发放救灾大米 236 吨，棉被 7000 床，矿泉水 400 件，救助特困群众 2.85 万人次。接收抗旱救灾捐赠资金 128.89 万元，接收“4·14”玉树地震捐款 21.7 万元，全部捐赠玉树地震灾区。支出保障金 1254.5 万元，发放 40154 户次 88592 人次。发放农村低保金 2719.42 万元，41203 人受益。全县有农村五保供养 2015 人，发放资金 193.44 万元。支出城市医疗救助金 7.45 万元，救助 112 人次；支出农村医疗救助金 69.77 万元，救助 928 人次。全县有军队退休干部 11 人，无军籍退休职工 3 人，接收退役士兵 58 人，安置 19 人，推荐农村退伍军人就业 9 人。全年办理结婚登记 2596 对，离婚登记 164 对。全县有孤儿 612 户 749 人，其中社会孤儿 414 户 483 人，艾滋病致孤儿 198 户 266 人。有唇腭裂患者 12 人，做康复手术 5 人；有疝气儿童 55 人，做康复手术 42 人；资助就学困难儿童 12 人，投入资金 1.2 万元。申请登记收养 13 人，办理协议收养 4 人，不符合弃婴收养 9 人。救助 28 人，发放救助金 5900 余元。中心敬老院有工作人员 23 名，入住五保人员 110 人。开工建设了太平镇、盏西镇敬老院。全县有老年人 3.52 万人，投入工作经费 5 万元，发放百岁和高龄定补资金 46.95 万元。解决五保户和贫困老人生活困难 1789 人次，发放救助金 26 余万元，发放办事指南 450 份，办理老年优待证 2300 本。

【人民生活】　2010 年，盈江县城镇居民人均可支配收入 14324 元，比上年增 8.6%；人均消费支出 11184 元，增 10.5%，其中人均购买食品消费支出 4449 元，增 14.7%，占消费支出的 39.8%，比上年减 1.5 个百分点。农村居民人均纯收入 3716 元，比上年增 19%；农民人均消费支出 2820 元，增 8.6%；其中：人均购买食品支出 1469 元，增 16.4%，占消费支出的 52.1%，比上年增 3.5 个百分点。城镇居民人均房屋使用面积 41.2 平方米，比上年增 1.7%；农村居民人均住房面积 26.8 平方米，增 2.3%。城镇居民每百户拥有轿车 14 辆，拥有摩托车 100 辆；农村居民每百户拥有摩托车 76 辆，拥有手机 133 部。

【治　安】　2010 年，盈江县公安局搜集上报信息 1630 条，立刑事案件 792 起，破 467 起，其中破“两抢一盗”案件 323 件，抓获犯罪嫌疑人 295 人，比上年增 5.73%；抓获逃犯 164 人；立命案 9 起，破 9 起。破获毒品刑事案件 151 起，其中万克以上案件 14 起，抓获犯罪嫌疑人 180 人，缴获毒品 399.53 千克（海洛因 87.97 千克，冰毒 3.99 千克，鸦片 307.56 千克，罂粟壳 3579.11 千克），破案数比上年增 0.67%，抓获犯罪嫌疑人数降 15.89%，缴毒数上升 9.79%；收戒吸毒人员 1822 人，社区戒毒 485 人，查获零星贩毒案件 739 起，捣毁吸贩毒窝点 133 个。查处治安案件 1644 件，查处违法人员 2216 人（其中治安拘留 1217 人）。年内，调解民间纠纷 223 起，受理公民求助485起。收缴民用枪支50支，子弹283发，危险物品10.91千克，管制刀具3把。换发二代身份证2298人，遣返“三非”人员出境484人。立经济犯罪案件21起，破17起（含破年前案3起），挽回经济损失45.1万元。看守所在押270人，拘留所在拘1人，戒毒所在所1687人。开展矛盾纠纷排查18次，排查矛盾纠纷654件，成功调处488件，其中复杂疑难纠纷及突发性群体事件29件；防止群体性上访20件4270人，避免“民转刑”案件发生15件。受理纠纷197件（其中山林118件，土地59件，其他20件）。发生道路交通伤亡事故6起，死亡8人，受伤1人，财产损失3700元，无重特大道路交通事故发生。拘留醉酒驾驶32人，拘留无证驾驶65人，查扣无牌无证摩托车2021辆。发生火灾22起，死亡1人，财产损失20.41万元。

年内大事

【中缅边境盈江县支那乡发生过境大火】 2010年1月3日，缅甸联邦边境发生森林火灾，向中国境内盈江县支那乡蔓延。德宏州委、州政府，盈江县委、县政府领导赶赴火灾现场，在支那乡成立后方指挥部，在火灾前方成立3个前沿指挥部。经77332部队83分队、德宏公安边防支队、盈江县消防大队官兵、当地干部、群众500余人的连续奋战，于1月6日下午16时50分，将火场全部扑灭，扑灭着火点40余处，挖隔离带1000多米，过火面积1000多亩，火线3千米，无人员伤亡。

【举行盈江·国际翡翠城暨盈江大酒店工程奠基仪式】 2010年1月16日，盈江县举行盈江·国际翡翠城暨盈江大酒店工程奠基仪式。盈江·国际翡翠城和盈江大酒店由云南阿诗玛文化产业投资有限公司投资，占地面积1510亩，建筑面积16万平方米，旨在打造翡翠毛料、翡翠成品、翡翠加工、翡翠博物馆、翡翠精品会所、公盘大道及五星级盈江大酒店、餐饮一条街、休闲一条街、娱乐一条街、旅游广场等为一体的综合功能齐备的特色珠宝城。

【“盈江·国际翡翠城杯”全国沙滩排球赛巡回赛盈江站比赛揭幕】 2010年4月10日，由国家体育总局排球运动管理中心主办，云南省体育局、德宏州政府、盈江县政府共同承办的2010年“盈江·国际翡翠城杯”全国沙滩排球巡回赛盈江站比赛在盈江揭幕。来自辽宁、上海、浙江、福建、山东、山西、海南、四川、新疆、八一、香港特别行政区队和东道主云南队等17个省、市、自治区的64支队伍，130余名运动员参加比赛。经过4天角逐，男子组冠、亚、季军分别由八一队的周顺、刘伟，山东队的李磊、孙元坤，浙江队的王帅、窦甲夙获得；女子组冠、亚、季军分别由八一队的田佳（北京奥运会银牌获得者）、王菲，山东队的孙艳青、张丹，浙江队的王凡、丁晶晶获得。此次赛事最为突出的特点是将沙滩排球体育与珠宝玉石文化融合在一起，特意用15千克的翡翠毛料制作奖杯，价值26万元，着力打造“盈江——翡翠毛料城”品牌，使二者相得益彰，受到各界人士好评。

【“2010中国昆明泛亚博会德宏珠宝文化宣传周”活动在昆明举行】 2010年7月10至18日，“2010中国昆明泛亚博会德宏珠宝文化宣传周”活动在昆明国际会展中心举行。盈江县46名珠宝商参加了活动，参展翡翠玉石毛料2800余件，总量2.8吨，成品参展1360件，成交额2026万元。盈江永林珠宝公司、亚通珠宝公司、红运珠宝公司、玉锦珠宝公司、聚缘珠宝、太会珠宝、恒生珠宝7户珠宝商家举行义拍活动，筹得善款3.8万元，将全部善款捐赠州红十字会。

【盈江县成立德宏州首个党员志愿者服务队】 2010年9月29日，盈江县成立德宏州首个党员志愿者服务队，设1个总队，6个大队，有队员187名。这是盈江县委为加强和改进新形势下党的建设工作，鼓励党员参与志愿服务，增强党员队伍生机活力，深入推进创先争优活动，充分发挥党组织和党员战斗堡垒及先锋模范作用的一个新尝试。

【盈江允燕大道工程开工建设】 2010年10月10日，盈江允燕大道工程开工建设。为解决市政建设资金问题，盈江县委、县政府创新投融资模式，引进BT项目经营模式，由景成集团路桥建筑工程有限公司承建，全长4.4千米，路面宽50米，投资1.36亿元。

领导名录

中共盈江县委

常　委　王明山
卫　岗（傣族）
杨荣凡　谭丽昆　李智仁
沙政成（傣族）　罗祥荣
何生兰（女，景颇族）

李林山（景颇族）
陈卫东
李漾湖（回族）
书 记 王明山
副书记 卫 岗（傣族）
杨荣凡

盈江县人大常委会

主 任 郑光永（傈僳族，2010年1月任）
副主任 孟成武（傣族）
寸待能
余 梅（女，傈僳族）
杨立祥（傣族）
副调研员 李俊涛（傣族）
赵国洪
主任助理 帕安仁（傣族，2010年10月止）

盈江县人民政府

县 长 卫 岗（傣族，2010年1月任）
副县长 李智仁
沙政成（傣族）
赵冬梅（女，傣族）
毛 晓 张宏生
尚腊边（景颇族）
李红彦（挂职）
赵泽宽（挂职，2010年8月任）
副调研员 侯佰楼 陈春刚
王明显
尹以品（傣族）
县长助理 杨永刚（2010年10月止）
杨 华（2010年10月止）

盈江县政协

主 席 王振泽
副主席 管国林（傣族）
杨恩宏
李穆仙（女，景颇族）
武剑军（景颇族）
副调研员 景跃章（傣族）
沙玉兰（女，景颇族）
主席助理 赵治海（白族，2010年10月止）
秘书长 杨新强（傣族）

中共盈江县纪委

书 记 谭丽昆
副书记 龚健蓉（女，傣族）
早来春（傈僳族）
谢 波

盈江县人武部

部 长 邝云亮
政 委 陈卫东

边防大队

大队长 徐永春
政 委 宁玉文

盈江县人民法院

院 长 薛文定（女，傣族，2010年10月止）
夏少华（白族，2010年10月代理）

盈江县人民检察院

检察长 赵振荣（景颇族，2010年10月止）
牛晓东（2010年10月代理）

中共盈江县委工作机构及群众团体领导名录

办公室

主 任 李林山（景颇族）

组织部

部 长 李漾湖（回族）

宣传部

部 长 沙政成（傣族）

统战部

部 长 杨恩宏

政法委

书 记 罗祥荣
副调研员 张建边

政研室

主 任 寸守在（2010年5月止）
余天平（傈僳族，2010年12月任）

机要局

局 长 杨学灿（回族）

保密局

局 长 赵崇兴（2010年5止月）
司银荃（2010年5月任）
专职副局长 早玉贵（傣族）

关工委

主 任 缺

督查室

主 任 尹丽鸿（女）

机关工委

书 记 张定刚

老干局

局 长 岳文俊（景颇族）

总工会

主 席 李穆仙（女，景颇族，2010年3月止）
孟成武（傣族，2010年3月任）
常务副主席 张 瑛（女）

共青团县委

书 记 侯 华（女，傣族，2010年12月止）
岳麻糯（景颇族，2010年12月任）

妇 联

主 席 何生兰（女，景颇族）
常务副主席 刀保英（女，傣族，2010年12月任）

残 联

理事长 思永忠（傣族，2010年12月任）

侨 联

主 席 雷金升（景颇族）

工商联

会 长 武建军（景颇族）
常务副会长 何腊拥（景颇族）

红十字会

会 长 赵冬梅（女，傣族，兼）
常务副会长 杨云清（女，傣族）

县委党校

校 长 杨荣凡（兼）
常务副校长 杨自新（傣族，2010年12月止）
李云玲（女，2010年12月任）

总支书记　杨自新（傣族，2010年12月止）
李云玲（女，2010年12月任）

盈江县人大常委会工作机构领导名录

办公室
主　任　项仕保（傣族，2010年12月止）
赫林祥（傈僳族，2010年12月任）

农业环境资源保护工作委员会
主　任　张　忠

选举联络工作委员会
主　任　刀建华（景颇族，2010年12月止）
陈朝云（2010年12月任）

法制工作委员会
主　任　寸守斌

财经工作委员会
主　任　何忠海

教科文卫委工作委员会
主　任　雷自良（傣族）

民族华侨工作委员会
主　任　武学鼎

盈江县人民政府工作机构及有关企事业单位领导名录

办公室
主　任　罗有兆（2010年12月止）
孟宏山（傣族，2010年12月任）
总支书记　张自周（2010年12月任）

信访局
局　长　罗有川

政务中心
主　任　冯镓濠（2010年11月任）

外事办公室
主　任　排金明（景颇族）

教育局
局　长　李绍波
党委书记　杨自新（傣族，2010年12月任）

商务局
局　长　杨清向（傈僳族，2010年12月止）

经济局
局　长　杨永刚（2010年12月止）
党委书记　彭武全（2010年12月止）

工业和经济局
局　长　杨永刚（2010年12月任）
党委书记　刀保盛（傣族，2010年12月任）

民政局
局　长　屈生金
总支书记　杨泽鹏（2010年4月止）
杨必章（2010年5至12月）
廖莎杰（傣族，2010年12月任）

发展和改革局
局　长　张芝能（2010年12月任）
总支书记　董玉明（景颇族，2010年12月任）

粮食局
局　长　杨云芳（2010年12月止）
王贵忠（布依族，2010年12月任）

人口和计划生育局
局　长　马卫祖（回族）

人事局
局　长　姜吉华（2010年12月止）

劳动和社会保障局
局　长　肖建平（傣族，2010年9月止）
副局长　左显全（主持工作，2010年12月止）

人力资源和社会保障局
局　长　姜吉华（2010年12月任）

财政局
局　长　罗安纪（2010年12月止）
杨　华（2010年12月任）
总支书记　罗安纪

统计局
局　长　方保合（傣族，2010年12月止）
李正阳（2010年12月任）

建设局
总支书记　尹安强（主持工作，2010年12月止）

住房和城乡建设局
局　长　尹安强（2010年12月任）
总支书记　王兴浩（2010年12月任）

环境保护局
局　长　李连宏

审计局
局　长　刀安美（女，傣族）

广播电视局
局　长　周湛禄（女，2010年12月止）

旅游局
副局长　万云华（女，傣族，主持工作，2010年12月止）

文体局
局　长　张芝能（2010年12月止）
总支书记　张芝能（2010年5月止）
杨永辉（2010年5至12月）

文体广电旅游局
局　长　杨永辉（2010年12月任）
总支书记　徐永文（傣族，

2010年12月任)

司法局

局　长　赵　兴（景颇族，2010年12月止）
尹明海（景颇族，2010年12月任）
党组书记　赵　兴（景颇族）

公安局

局　长　张宏生
政　委　李兴忠（景颇族，2010年2月止）
戴贤辉(2010年2月任)

科学技术局

局　长　李正阳(2010年2月止)
杨必章（2010年12月任）

卫生局

局　长　瞿炳生(兼防艾办主任)
党委书记　刀保莲（女，傣族）

食品药品监督管理局

局　长　徐学周（2010年12月任）

林业局

局　长　龚永强（傣族，2010年12月止）
罗有兆（2010年12月任）
总支书记　毛国生（景颇族）

森林公安局

局　长　王德能
政　委　李兴光

水利局

局　长　杨　华（2010年12月止）
闫信泉（2010年12月任）
总支书记　杜　斌（傣族）

民宗局

局　长　刀小发（傣族）

交通运输局

局　长　李开洲（2010年12月任）
总支书记　王贵忠（布依族，2010年12月止）
刀保彦（2010年12月任）

农业局

局　长　杨恩德
党委书记　徐　维（2010年12月止）
彭武全（2010年12月任）

蔗糖生产办公室

主　任　尹卫东

安全生产监督管理局

局　长　刘学刚

监察局

局　长　龚健蓉（女，傣族）

盈江县人民政府纠风办公室

主　任　龚健蓉（女,傣族,兼）
专职副主任　龙显成（傣族，2010年3月止）
翟云芬（2010年3月任）

国土资源局

局　长　杨　媚（女）

档案局

局　长　徐全英（女）

扶贫办

主　任　董玉明（景颇族，2010年12月止）
方保合（傣族，2010年12月任）

史志办

主　任　李林忠

招商引资局

副局长　杨庆忠（主持工作，2010年12月止）

招商合作局

局　长　刘　辉（2010年12月任）

畜牧局

局　长　窦相发（傈僳族）
总支书记　孟明宽（傣族，2010年12月止）
杨庆忠（2010年12月任）

人民防空办公室

主　任　杨贤章（2010年12月止）

防震减灾局

局　长　曹永富（傈僳族）

移民开发管理局

局　长　何　林

卫生监督大队

大队长　武学义
教导员　李志萍（女，景颇族）

疾病预防控制中心

主　任　杨增源

县人民医院

院　长　张　涛

中医院

院　长　张晓明

县供销联社

主　任　马家庚（回族）
总支书记　孟明宽（2010年12月任）

盈江县第一中学

校　长　冯映熙
总支书记　冯映熙

盈江县民族中学

校　长　梅　咏
总支书记　梅　咏

公路管理段

段　长　杨国有

供电公司

经　理　何业松

信用联社

理事长　易岩保（傣族）
总支书记　易岩保（傣族）
主　任　谢金华

芒桑水泥厂

厂　长　杨宗全

盈江县政协工作机构领导名录

办公室

主　任　杨新强（傣族）

提案工作委员会

主　任　宋　桦（女）

文史资料工作委员会

主　任　万云华（女，傣族，2010年12月任）

经济工作委员会

主　任　徐永文（傣族，2010年12月止）
　　　　杨贤章（2010年12月任）

民族宗教侨务工作委员会

主　任　周　涛（2010年12月止）
　　　　向雁平（傣族，2010年12月任）

教科文卫工作委员会

主　任　王盈边

中共盈江县纪律检查委员会工作机构领导名录

办公室

主　任　陈　鸻（白族，2010年7月止）
　　　　蒋自成（2010年7月任）

纪律监察室

主　任　李根强（2010年3月止）
　　　　何开助（2010年3月任）

案审室

主　任　周洪邦（2010年3月止）
　　　　李根强（2010年3月任）

信访室

主　任　缺

教育调研室

主　任　李　艳（女，傣族，2010年7月止）
　　　　韦子江（2010年7月任）

监察综合室

主　任　翟盈芬（女，2010年3月止）
　　　　杨珍珍（女，傈僳族，2010年7月任）

执法监察室

主　任　龙显成（傣族，2010年3月任）

干部室

主　任　思永飞（傣族，2010年3月止）
　　　　帕成莲（女，傣族，2010年3月任）

民宗畜牧纪工委

书记、监察分局局长　钏有政

教科文卫纪工委

书记、监察分局局长　徐加云

人事民政纪工委

书记、监察分局局长　李定强

农林水纪工委

书记、监察分局局长　向富祥（傣族）

交通建设纪工委

书记、监察分局局长　尹可国

政法纪工委

书记、监察分局局长　何　东（女，景颇族）

党政纪工委

书记、监察分局局长　亢红映（傣族）

财经纪工委

书记、监察分局局长　徐绍省

中央省州驻盈江单位领导名录

国税局

局　长　董保能（2010年5月止）
　　　　侯俊华（2010年5月任）

地税局

局　长　饶光助（2010年5月止）
　　　　毕宏彬（2010年5月主持工作）

海　关

关　长　张丽珍（女）

工商局

局　长　杜　江

德宏出入境检验检疫局盈江办事处

主　任　焦德勇

气象局

局　长　梁　刚

技术监督局

党组书记、局长　段德祥

中国电信盈江分公司

经　理　陶现名

邮政局

局　长　王建跃（2010年7月止）
　　　　杨开琴（女，2010年7月任）

移动公司

经　理　杨安虎（2010年9月止）
　　　　屈云松（2010年9月任）

联通公司

经　理　王建赟

人　行

行　长　杨永鸿

农　行

行　长　杨万明

农发行

行　长　余庚鹏

建　行

行　长　赵治江（白族）

银监办

主　任　李良辉

人寿保险公司

经　理　周　颖

财产保险公司

经　理　明　黎（回族）

（《盈江县》撰稿　李加强　王菊芳）

盈江县乡镇概况一览表

单位：（米、公里、平方公里、亩、个、户、人、%、‰、人/平方公里、万元、吨、头、张）

项目		乡镇	平原镇	太平镇	弄璋镇	旧城镇	新城乡	油松岭乡
地理位置			中部	西南	南	东	东北	东
政府驻地			县城小平原	太平街	弄璋街	旧城街	新城街	油松岭街
海拔			826	810	810	850	850	1960
距县城距离			0	12	19	19	36	50
土地总面积			386.13	419.03	392.31	133.3	290.05	83.34
耕地总面积			61401	62157	99101	27207	54979	11679
其中		水田	43767	37795	79571	21743	22958	8967
其中		旱地	15974	24362	19530	5464	13489	2712
其中		人均耕地	1.07	2.16	2.07	1.25	2.9	0.81
行政区划		辖村（居）委会	18	11	15	6	8	4
行政区划		自然村	136	97	167	64	65	22
行政区划		村民小组	161	109	190	104	83	71
人口民族		总户数	16769	7320	11524	5198	4581	3329
人口民族		总人口	57623	28679	47485	21845	18967	14395
人口民族	其中	汉族	25340	10230	16243	7129	5316	13427
人口民族	其中	傣族	22197	11863	25188	12964	10758	113
人口民族	其中	景颇族	6472	5343	3219	944	2268	370
人口民族	其中	阿昌族	207	71	419	211	97	52
人口民族	其中	傈僳族	2061	915	1732	335	208	388
人口民族	其中	德昂族	30	2	2	98	259	6
人口民族		人口出生率	8.02	14.01	16.48	12.85	14.58	17.22
人口民族		自然增长率	4.75	9.93	12.20	9.08	8.51	12.54
人口民族		人口密度	149	68	121	164	65	173
经济收益		总收入	21446	17764	28069	14194	11804	4862
经济收益		纯收入	14783	11760	19144	9669	8042	3255
经济收益		人均纯收入	4706	4860	4726	4837	4486	2399
经济收益		总支出						
经济收益		国家税金						
经济收益		集体提留						
农业产值		总产值						
农业产值		增加值						
农业产值	其中	种植业						
农业产值	其中	林业						
农业产值	其中	畜牧业						
农业产值	其中	渔业						
农业产值	其中	服务业						

项目		乡镇	平原镇	太平镇	弄璋镇	旧城镇	新城乡	油松岭乡
农作物总面积			176869	131104	202568	75435	92925	35180
其中		甘　蔗	47304	33147	47362	13567	23904	3768
		粮　食	101346	66976	112761	45294	55599	21812
		茶　叶	2254	3421	554	102	2493	18295
		油　料	4529	5890	6500	1200	2139	700
		水　果	1015	4054	523	64	624	0
农作物总产量			295518	217301	315291	92338	133213	31957
其中		甘　蔗	252195	176890	251739	70011	108325	21596
		粮　食	27159	22890	38855	16192	18566	5661
		茶　叶	83	85	3	4	70	412
		油　料	3350	5310	3260	1200	2796	350
		水　果	700	782	611	348	465	0
畜牧		牛存栏	5638	5381	6220	2333	3832	3180
		猪存栏	18146	22937	39340	15705	11618	7064
		羊存栏	2029	758	828	1233	1297	1959
教育	中学	中学在校学生	3801	1445	1703	1085	964	471
		教职工人数	220	87	97	62	45	27
	小学	小学在校学生	3705	2633	3587	1886	1614	1060
		教职工人数	285	178	205	136	110	55
卫生		医务人员	14	20	21	20	10	5
		病床	30	23	52	32	15	10
		卫生室	28	20	25	10	14	11
		乡村医生	30	20	26	13	14	12
文化		文化站	1	1	1	1	1	1
		电影院						
		广播站						
领导干部		乡（镇）党委书记	杨晓梅（2010年2月任）	寸守在（2010年5月任）	杨必章（2010年5月止） 赵崇兴（2010年5月任）	闫信泉（2010年12月）	许庆龙	李开洲（2010年12月止） 黄永助（2010年12月任）
		乡（镇）政府乡长	思治荣（2010年3月任）	项仕保（2010年12月代理）	刀保胜（2010年12月止） 金老芒（2010年12月代理）	刀保彦（2010年12月止） 孟永政（2010年12月代理）	孟成琨	黄永助（2010年12月止） 催铭（2010年12月代理）
		乡（镇）人大主席	杨兰强（2010年3月任）	孟老楠	金老芒	左太庚	张为民	栋明辉

盈江县乡镇概况一览表

单位：（米、公里、平方公里、亩、个、户、人、%、‰、人/平方公里、万元、吨、头、张）

项目 \ 乡镇			芒章乡	盏西镇	支那乡	苏典乡	勐弄乡	卡场镇
地理位置			东北	北	北	北	西北	西北
政府驻地			芒章街	关上街	芒棒	大寨	勐弄街	盆代洋
海　拔			1010	1000	1030	1700	1800	1200
距县城距离			66	79	94	42	32	53
土地总面积			260.63	351.41	374.37	466.22	228.12	347.12
耕地总面积			31578	53319	28858	11317	18428	12085
其中	水　田		9478	23832	8982	5600	7952	5783
	旱　地		22100	21831	19876	3334	10476	6302
	人均耕地		2.56	2.23	2	1.43	1.84	1.47
行政区划	辖村（居）委会		6	8	5	4	3	5
	自然村		39	67	56	35	22	33
	村民小组		59	101	60	49	52	35
人口民族	总户数		3006	5405	3578	2043	2422	1988
	总人口		12354	23884	14446	7935	10002	8353
	其中	汉　族	2965	4684	1168	2149	8472	1660
		傣　族	3545	11232	6328	23	66	14
		景颇族	5446	5606	5234	261	336	4412
		阿昌族	14	16	4	3	0	3
		傈僳族	367	2246	1690	5491	1098	2259
		德昂族	98	0	0	0	6	0
	人口出生率		12.24	13.60	8.23	11.06	12.54	8.61
	自然增长率		5.70	8.56	4.04	6.15	9.89	5.70
	人口密度		47	68	39	17	44	24
经济收益	总收入							
	纯收入							
	人均纯收入							
	总支出							
	国家税金							
	集体提留							
农业产值	总产值							
	增加值							
	其中	种植业						
		林　业						
		畜牧业						
		渔　业						
		服务业						

项目（乡镇）			芒章乡	盏西镇	支那乡	苏典乡	勐弄乡	卡场镇
农作物总面积			38673	93648	57982	29963	30120	36845
其中	甘　蔗		10173	17614	8568	0	0	0
	粮　食		15970	44631	22734	11880	20465	17997
	茶　叶		11152	10770	5711	2414	10407	10764
	油　料		2500	8450	4691	3610	2185	2010
	水　果							
农作物总产量			46613	100142	39442	7472	8470	4700
其中	甘　蔗		40692	76462	29475	0	0	0
	粮　食		2681	11391	4904	3048	4784	2375
	茶　叶		87	472	2	38	217	283
	油　料		2000	8457	3039	2420	2230	870
	水　果		0	159	201	16	41	35
畜牧	牛存栏		4188	6170	5218	7325	6069	3801
	猪存栏		6340	17709	8881	4917	5576	4913
	羊存栏		1019	3718	1356	5822	709	1190
教育	中学	中学在校学生	557	915	901	320	494	494
		教职工人数	35	49	32	18	28	20
	小学	小学在校学生	1260	2186	1480	1069	1206	1367
		教职工人数	66	131	79	51	54	71
卫生	医务人员		3	8	8	6	7	8
	病床		10	50	10	10	20	20
	卫生室		11	11	9	4	7	4
	乡村医生		9	16	9	4	10	6
文化	文化站		1	1	1	1	1	1
	电影院							
	广播站							
领导干部	乡（镇）党委书记		黄永权	周巍（2010年2月任）	姜加刘（2010年12月止） 赵明智（2010年12月任）	谢金龙	刘辉（2010年12月止） 邵维常（2010年12月任）	管有任（2010年12月止） 尹有山（2010年12月任）
	乡（镇）政府乡长		尹有山（2010年12月止） 石洪文（2010年12月代理）	赵明智（2010年12月止） 沙晓舟（2010年12月代理）	陈立兴（2010年7月代理）	早志灵	邵维常（2010年12月止）	尹伟明（2010年11月止） 武必锦（2010年12月代理）
	乡（镇）人大主席		尹兴志（2010年12月止）	石兵华	孙志华	曹兴光	王兴浩	曹　金

盈江县乡镇概况一览表

单位：（米、公里、平方公里、亩、个、户、人、%、‰、人/平方公里、万元、吨、头、张）

项目			昔马镇	铜壁关乡	那邦镇			
地理位置			西	西南	西南			
政府驻地			昔马街	嘎独	那邦			
海　拔			1660	1350	240			
距县城距离			53	46	92			
土地总面积			299.2	314.41	87.35			
耕地总面积			20745	13898	1762			
其中	水　田		8275	6123	731			
	旱　地		12470	5855	1031			
	人均耕地		1.74	2.13	0.06			
行政区划	辖村（居）委会		3	4	3			
	自然村		23	31	9			
	村民小组		37	31	9			
人口民族	总户数		2691	1704	410			
	总人口		11913	6501	1570			
	其中	汉　族	10309	2110	1270			
		傣　族	47	46	10			
		景颇族	463	4203	199			
		阿昌族	3	4	0			
		傈僳族	1050	107	16			
		德昂族	1	5	0			
	人口出生率		10.34	13.55	9.48			
	自然增长率		4.98	7.68	7.22			
	人口密度		40	21	18			
经济收益	总收入							
	纯收入							
	人均纯收入							
	总支出							
	国家税金							
	集体提留							
农业产值	总产值							
	增加值							
	其中	种植业						
		林　业						
		畜牧业						
		渔　业						
		服务业						

项目 \ 乡镇			昔马镇	铜壁关乡	那邦镇			
农作物总面积			37873	45710	2311			
其中		甘蔗	0	2900	10			
		粮食	24400	13898	1460			
		茶叶	8605	6563	0			
		油料	2750	2595	0			
		水果						
农作物总产量			6960	15009	578			
其中		甘蔗	0	11600	56			
		粮食	3181	2861	371			
		茶叶	89	84	0			
		油料	1251	2536	0			
		水果	63	188	1330			
畜牧		牛存栏	4018	3360	657			
		猪存栏	5888	4567	966			
		羊存栏	2314	0	31			
教育	中学	中学在校学生	831	319	0			
		教职工人数	45	19	0			
	小学	小学在校学生	1519	610	328			
		教职工人数	77	50	17			
卫生		医务人员	4	8	4			
		病床	20	15	22			
		卫生室	3	6	3			
		乡村医生	4	6	3			
文化		文化站	1	1	1			
		电影院						
		广播站						
领导干部		乡（镇）党委书记	余星达	杨永辉（2010年5月止）段其含（2010年5月任）	尹庆丰			
		乡（镇）政府乡长	王继伟	孙体龙	王兴和（2010年11月止）侯　华（2010年12月代理）			
		乡（镇）人大主席	武必锦	李成铭（2010年2月任）	王忠华（2010年3月任）			

（备注：此表总户数、总人口、人口民族为户籍数字）

梁 河 县

地 理

【县 境】 梁河县地处云南省西部横断山脉西南端、高黎贡山西麓坡阶地中的峡谷地带，位于德宏州东北部，介于东经98°06′~98°31′、北纬24°31′~24°58′之间。东北与腾冲县接壤，东南与龙陵县交界，南与芒市、陇川县毗连，西与盈江县为邻。县城遮岛距省会昆明690千米；距州府芒市，经潞盈公路114千米（经腾龙线160千米）。梁河县是半山半坝县，全境有中山、低山、火山锥、台阶地、河谷平坝5种地貌类型。入境的大盈江、龙江将全县分割为两山夹一坝。较大的坝子是遮岛坝、萝卜坝、勐养坝。境内地势由北向南渐低，最高点是北部的瘌瘌山顶，海拔2672.8米，最低点是南部的勐养镇老芒东，海拔860米。县境南北纵距49千米，东西最大横距45千米，总面积1159平方千米，其中坝区面积144平方千米，占总面积的12.42%；山区、半山区面积1015平方千米，占87.58%。全县耕地面积为21.11万亩。森林覆盖率62.23%。境内有温泉17处（其中水温90°C以上的沸泉1处，80°C以上的4处，50°C以上的12处），较大的温泉群有勐蚌温泉、热水塘温泉、丙赛温泉和龙窝寨温泉；有蓄积量较多的思茅松用材林；有药材类、芳香类、竹类等野生经济植物55科、101属、400多种；有锡、铁、硫、煤、铝、锌、铀等30多种矿产资源，其中锡和煤的储量较大。

【气 候】 梁河县属南亚热带季风气候，其明显特点是：一、四季不分明，雨量充沛。历年平均气温为18.3℃，最热月平均气温为23℃，最冷月平均气温为11℃；历年平均年降雨量为1436.7毫米。二、立体气候明显。温度随海拔升高而减少，递减率平均为0.65℃/100米。三、冬季寒冷天数少，春夏秋季时间长。全年有11天左右的冬季，117天左右的夏季，237天左右的春秋季。四、日照时数长。年日照时数平均为2314.9小时，年平均积温为6679.5℃。五、农业灾害性天气种类多。一年四季有干旱、洪涝、低温、大风、冰雹等灾害重叠交错出现。2010年，梁河县年均气温18.9℃，极端最高气温31.9℃（8月11日），极端最低气温0.5℃（1月30日）；年降雨量1520.4毫米；年日照时数2192.1小时。本年度气象灾害主要有：2009年11月至2010年3月，梁河总降雨量仅为45.9毫米，比历史同期偏少112.5毫米，由于降水偏少，气温偏高，出现了严重旱情。5月9日，全县农作物受灾面积20406.7公顷，成灾8486.7公顷，绝收1500公顷，全县受灾人口57710人，有3565头大牲畜饮水困难，预计造成直接经济损失6082.82万元；7月31日，受洪水长时间冲刷，大盈江梁河中学段的堤防冲坎冲毁100余米，直接经济损失30万元。该堤防冲坎冲毁后，导致上下游河道下切，部分堤防护岸基础悬空，威胁该段堤防安全。

【行政区划】 2010年，梁河县辖平山、小厂、大厂、河西、九保、曩宋6乡（后2个为阿昌族乡），遮岛、芒东、勐养3镇，62个村委会、4个社区，396个自然村，674个村民小组。

【人口民族】 2010年末，梁河县总户数41961户、总人口154228人（常驻人口），其中城镇人口36830人，农业人口117398人。人口密度每平方千米133.1人。有少数民族人口51002人，占全县总人口的33.1%，其中傣族31895人，占总人口20.7%；阿昌族12643人，占8.2%；景颇族2228人，占2.4%；傈僳族1406人，占0.9%；德昂族787人，占0.5%；佤族824人，占0.5%；其他少数民族1219人，占0.8%。

历 史

【简 史】 梁河，古名南宋，又名南甸，傣名勐底。西汉时属益州郡不韦县，东汉时属永昌郡哀牢县。从元置南甸军民总管府起，开始成为一个独立的政区。明设南甸宣抚司。清袭明制。民国时期土流并治，先后设置八撮县佐和梁河设治局。从元朝至元二十六年（1289年）设军民总管府至1950年，南甸土司历史长达661年。1950年5月，梁河解放。1952年始设为县。1958年10月22日，国务院批准撤销梁河县，并入腾冲县。1961年4月15日，国务院批准恢复梁河县建置。全县辖7区、1镇、61个乡。1969年4月，改区乡为公社、大队，全县辖7个公社、43个大队。1984年，设区建乡体制改革结束后，全县辖1个区级镇、9个区，

9个乡级镇、52个乡（含7个民族乡）、2个办事处。1988年1月，撤区建乡体制改革结束后，全县辖9乡（含2个民族乡）、1镇、61个行政村（含7个民族行政村）、2个办事处。2000年，村级体制改革结束后，全县有63个行政村、办事处改为63个村民委员会。2002年，勐养、芒东2个乡撤乡设镇。2004年1月，遮岛镇撤销下属的遮岛村，成立团结、勐底、振兴和南甸4个社区。2005年11月，实施撤并乡镇工作，杞木寨乡被撤销，分别并入芒东镇和遮岛镇。至此，全县所辖6乡3镇62个村民委员会和4个社区。

社　　会

【经济简述】 2010年，梁河县完成地区生产总值99405万元，比上年增10.2%（按可比价计算）；人均生产总值6295元，增12.5%；其中：第一产业完成29862万元，比上年增6.3%；第二产业完成29406万元，增10.7%；第三产业完成40137万元，增12.1%。一、二、三产业的比例由上年的30.2∶30.1∶39.7调整为30∶29.6∶40.4。完成农林牧渔业总产值（现价）53567万元，比上年增9.5%（按可比价计算）；工业总产值59000万元，增17.8%（按现价计算）；工业增加值20699万元，增4.5%。完成社会消费品零售总额31250万元，比上年增22%；从经济类型看：公有经济3957万元，比上年增60%；非公经济27293万元，增18%。全年居民消费价格指数比上年上涨3.1%，其中食品类上涨8%，商品零售价格指数上涨3.5%，生产资料价格指数上涨0.9%。

【固定资产投资】 2010年，梁河县完成固定资产投资总额98474万元，比上年增37.3%；在总投资中，城镇固定资产投资77534万元，比上年增63.5%；房地产投资7151万元，增2倍；农村固定资产投资4772万元，降33.7%；农村私人投资9017万元，降38.6%。有施工项目108个，其中亿元项目5个，新开工项目62个，竣工70个。

【农　业】 2010年，梁河县农作物总播种面积33.88万亩（不含茶叶、番麻、蚕桑、食用菌等栽培面积），比上年增4.8%。主要农作物情况为：粮食总播种面积19.03万亩，比上年增5.1%；总产量53296吨，增6.6%。甘蔗面积6.34万亩，比上年减1.28%；总产量28.14万吨；减1.1%。油料面积2.85万亩，比上年减3.4%；总产量2075吨，减22.5%。蔬菜（含菜用瓜）面积1.7万亩，比上年增2.8%；总产量1.22万吨，增8.1%。烟草面积7740亩，产量943吨。茶园面积51955亩，比上年增0.7%；干茶总产量1725吨，比上年增13.6%。全县共有初精制茶场（所）151个，其中初制茶所143家，获QS认证精制茶厂8家；有各种小包装品牌及品名10余个。有茶农15000余户，涉及人员6万余人。年内，完成冬水田养殖3200亩，池塘养鱼3600亩，稻田养鱼33000亩，养殖名优鱼类示范面积504亩，开展鱼病防治3400亩；完成水产品产量2303吨，比上年增76吨，增3.4%。食用菌开发实际种植香菇59户15万袋，种植黑木耳60万袋，种植香菇20万袋。种植番麻604.7亩，并已通过县级验收。

全年全县农业部门主要开展了以下几方面工作：一是狠抓抗灾减灾措施落实，冬季农业开发损失得到有效缓解。投入抗灾机械1505台套，抗旱浇灌7.5万亩，地膜覆盖4.7万亩，开展秸秆覆盖4万亩，玉米改种0.86万亩，马铃薯改种0.62万亩，蔬菜改种0.76万亩、补种面积1.8万亩，救灾种子处理778吨，病虫害发生9.98万亩，防治8.6万亩次。与县气象局合作开展人工增雨作业5天次，发射增雨弹15枚。组织抗旱运输车41辆、订做运液灌8个投入抗灾减灾工作。二是办样板、强科技，促粮增效明显。在芒东镇那勐村委会大树寨完成马铃薯百亩核心样板133.5亩，总产量333吨，平均亩产量2496千克，平均亩净产值3620元；在大树寨完成马铃薯套种冬玉米97.5亩，马铃薯平均单产1897千克，玉米平均单产257千克。在曩宋乡曩宋村完成冬玉米百亩核心区103亩，一类26亩，单产627千克。在河西乡芒杏村完成百亩油菜浅耕直播规范栽培116.6亩，品种为“花油7号”、“渝油21号”，平均单产218千克。在九保乡勐宋村实施冬马铃薯高产创建100.5亩，平均亩产1676千克。在河西乡芒陇村下芒别自然村实施甘蔗套种马铃薯110亩，平均单产1491千克（最高单产2106千克，最低单产863千克），亩新增净产值2509元，亩增加粮食298.2千克（折原粮）；在上芒别开展宿根蔗套种甜玉米30亩，每亩新增净产值670元。完成大春玉米高产创建百、千、万工程面积23065.4亩，涉及农户8835户，占全县大春玉米播种面积的58.3%。百亩核心区平均亩产达718.3千克；千亩展示区平均达600.6千克；万亩示范区达554.35千克。完成水稻高产创建3片，面积34505.2亩。完成百亩核心区3片，面积384.7亩，平均亩产512.3千克；千亩展示区3片，面积3160.5亩，平均亩产465.6千克；万亩示范区3片，面积30960亩，平均亩产430.2千克；项目区平均产量434.4千克，辐射带动亩增产5.2%。全县推广地膜玉米覆盖3.8万亩，超计划26.7%。推广间套种37.2万亩，超计划0.54%，平均亩增粮食30.2千克。完成农业综合开发南甸挑手鱼和优质鲤鱼稻田养殖科技示范面积250亩，鱼产量合计9.29吨，稻谷产量102.05吨，稻鱼总产值50.78万元，平均亩产值2031元，效益明显。在大厂、小厂、平山3个乡及芒东镇杞木寨村完成扩繁优质种薯5097亩，平均亩产鲜薯1520千克，总产7747吨，每亩纯收入2311元，总收入1178万元。完成山区水改旱玉米种植中心示范面积425.8亩，平均单产567.9千克，总产241.8吨。三是加强基层服务体系建设，农业110平台功能进一步显现。农业110平台共接到咨询服务电话3240条次，来人咨询1020次，答复4260次，答复率达100%；有30余篇科技文章被省级及以上刊物刊登，有12人申报中级职称，有9人申报副高职称，为每个乡站配备了数码相机，共配备9台。四是强化农业信息平台建设，为三农提供优质信息服务。截至11月底，采集各类农业信息化资料400余份，审核发布信息总量150余条，总访问量12693次，独立IP访问量7903次。五是多措并举，茶叶产业整体质量得到提升。年内，完成低产茶园改造5300亩，占计划的106%；投入各类茶叶修剪机械65台，完成茶园机械修剪3.5万亩，占茶园总面积的67%。2008至2010年实施的国家科技支撑项目《生态及有机茶园关键技术研究与示范》——梁河县2000亩生态茶园、1000亩有机茶园及50亩有机茶园示范项目，于年内通过省科技厅、云南农大、中国茶科所等部门领导及专家的验收，并获省农业厅2000亩无公害茶叶认证及中国茶科所1050亩有机茶叶认证。六是设施农业建设取得新进展。通过多渠道筹资，共建盖插地式钢架大棚28座，每棚占地面积240平方米，总面积6720平方米。七是土地流转模式探索取得成效。年内，在外引3个种植大户的同时，动员发动芒东镇农民何志忠流转承包种植烤烟90亩。2009年至2010年浙江商人赵又震到梁河县曩宋乡芒林村投资建设标准蚕桑基地，流转耕地408亩。八是积极开展科技培训工作，农民科技素质得到提高。开展各类培训会283场次，培训农民3.11万人次，发放宣传资料1.55万份，完成农村劳动力转移就业特别行动计划培训0.26万人，占州下达计划数的124%；完成农村劳动力转移就业特别行动计划转移0.42万人，占州下达计划数的113%。九是加强病虫草鼠预测预报，统防统治工作有序开展。发布主要农作物病虫简报5期，上报重大病虫草鼠害发生预防信息周报、月报108期。开展病虫草鼠害防治72万亩次。十是加强农机推广、强化培训和安全管理工作，农业机械化进程加快。全年全县农业机械总动力11451.68万瓦特，比上年增0.89万瓦特；有拖拉机2526台，农副产品加工机械2981台；全年实现农机总收入4760.85万元；共组织协调大型拖拉机40台，小型拖拉机215台投入农业生产，完成机耕机耙面积6.2万亩，机收面积1.93万亩；完成农副产品加工量11.61万吨，农机运输量3698万吨/千米；完成跨区作业0.5万亩。完成购机补贴项目资金130万元，兑现享受补贴农机具440台；完成拖拉机驾驶员培训207人，汽车驾驶员培训380人，新增教学用大中型拖拉机1台套。全县累计在册拖拉机2400台，在册拖拉机驾驶员2790人。开展农机安全宣传教育活动18次，出动宣传车辆21辆次，宣传人员138人次，展出展板138块次，播放警示音像7场次28小时，张贴发放宣传画47张，发放宣传单3570份，《农机安全宣传手册》100本，《中华人民共和国农业机械化促进法、农业机械安全监督管理条例》50本，组织驾驶员开展安全教育集中培训9次314人，媒体宣传3次（梁河新闻报道），受教育机手群众11116人次。技术检验拖拉机1220台，办理拖拉机注册登记228台，与农机操作手签订安全生产责任书1680份，与德宏生物力量有限公司梁河3个糖厂签订企业交通安全责任书3份。十一是认真做好农经工作、及时掌握全县农业农村经济动态。完成农民补贴资金发放811.95万元，其中油菜良种补贴7.3万元，种粮农民综合直补579万元，农作物良种补贴225.65万元；在“数字乡村”网站上发布信息17.52万条，图片4112张，数据报表387套，视频87个；在九保乡、大厂乡、勐养镇3个乡（镇）选取4个点60户调查户开展以农业生产经营和收入为重点的入户调查统计工作，同时通过走访市场、获取信息实行农产品价格信息月报制度；开展农产品成本核算，截至11月底，全县完成会计委托代理的乡镇4个（遮岛、九保、勐养和平山），涉及26个村委会、237个村民小组，完成财务清理的村委会66个582个村民小组；开展农民负担专项检查，未发现乱收费、乱摊派现象；开展农村土地承包矛盾纠纷调处，全年接待来访3起；开展家庭承包耕地流转情况和农民专业合作社调查，全年全县耕地流转总面积11723亩，至年末，全县有农民专业合作社32个；组织上报了本年度一事一议财政将补项目，项目涉及86个自然村，项目总投资898.08万元。十二是加强农业执法，维护农民合法权益。检查农资经营网点216个次，出动执法人员648人次，办案27件（查处肥料案10件，种子案6件，农药案11件），立案查处15件，结案15件，结案率占100%；举办渔业法规培训10次，受训2000余人次，发放宣传资料2000余份，出动渔政执法25次，参与执法80人次，没收非法渔获物、网具电捕鱼器具20台件。十三是加强项目申报工作，有效增加农业投入。共上报农业项目40余个，到位项目27个，涉及项目资金1825.75万元。十四是农业保险试点工作取得新进展。全年全县共收农户水稻保险费12489.04元，参保面积9909.67亩，其中小厂乡1500亩，勐养镇3359.42亩，芒东镇4642.45亩，遮岛镇407.8亩。

【畜牧业】 2010年，梁河县完成肉奶蛋总产8862吨，其中牛奶产量63吨，比上年降42.7%；禽蛋产量266吨，增6%；肉类总产量8533吨。年内，生猪存栏11.62万头，比上年增3.2%（能繁母猪存栏1.3829万头，降5.1%）；大牲畜存栏25583头，增2.6%；山羊存栏6083头，增11.7%；家禽存栏26.06万只，增3.7%。猪出栏7.7万头，比上年增13.2%；牛出栏5436头，增10.3%；羊出栏4229只，增8.3%；家禽出栏36.28万只，增8.6%；出售仔猪14.71万头。

年内，县畜牧兽医部门主要完成以下几个方面工作：一、防疫工作。完成猪W病免疫22.77万头，免疫密度为101.05%；牛W病免疫4.39万头，免疫密度为107.87%；羊1.13万只，免疫密度达100.27%；高致病性禽流感免疫50.7万羽，免疫密度98.29%；鸡新城疫免疫48.52万羽，免疫密度102.92%；猪瘟免疫24.11万头，免疫密度106.97%；高致病性猪蓝耳病免疫20.55万头，免疫密度91.17%；猪肺疫免疫6.38万头，仔猪副伤寒免疫2136头，牛出败免疫7109头，牛气肿疽免疫424头，禽霍乱免疫11.38万只，狂犬病免疫3042只。二、检疫工作。完成产地检疫5.51万头（只），其中生猪2.73万头，禽类2.64万只，牛羊1377头；检出病畜禽326头（只），其中检出病猪97头，病禽229只；完成屠宰检疫4.62万头（只），其中生猪1.7万头，牛羊1189头，禽类2.79万只，检出病害动物44头（只）；交易市场病害畜禽监督检查畜类2.72万头，禽类5.82万只，动物产品1521.76吨。检出的病害畜禽全部按有关规定进行无害化处理。三、畜牧兽医执法工作。年内，开展动物卫生监督执法检查活动159次，出动执法人员772人次，出动执法车辆157辆次，处理违法行为3次，处理违法案件1件。先后组织11次大型的法律法规宣传活动，发放动物防疫法律法规宣传材料1.6万份，提供广大市民咨询服务1.6万人次，出动宣传车11车次，悬挂宣传标语6条。与相关部门联合执法，开展了畜产品质量安全专项整治活动。四、项目申报与管理工作。编制上报退耕还林养殖业发展项目、生猪标准化养殖场（小区）建设项目、奶水牛标准化养殖小区建设项目、县乡两级防疫体系建设项目等一批项目建设规划或实施方案，在建项目有2009年生猪标准化养殖项目、2009年巩固退耕还林后续产业养殖业建设项目、“百村万头”奶水牛养殖业建设项目、2009年第三批扩大内需乡站基础设施建设项目，新建项目有2010年生猪标准化养殖小区建设项目、2010年奶牛标准化养殖小区建设项目、2010年冬闲田种草养畜项目。五、标准化规模养殖工作。全县有涉牧农民专业合作组织17个（其中：养羊合作社1个，养兔协会1个，养牛合作社5个，养猪合作社10个）；培育年出栏生猪100头以上规模养殖大户35户，生猪标准化养殖场（小区）20个，“百村万头”奶水牛养殖小区7个，标准化奶水牛养殖小区3个。六、养殖技术培训推广工作。年内，完成猪杂交改良2.22万窝（其中人工授精4252窝）；完成牛冻精改良554头（其中水牛416头，黄牛131头，奶牛7头），产杂交牛138头；推广种植优质牧草9703亩，推广青贮氨化饲料4633吨；举办各种科技培训64期，培训8736人次。精心编制《梁河县畜牧业“十二五”规划》。

【林 业】 2010年，梁河县林业部门主要开展了以下几方面工作：一是集体林权制度改革工作。受理修改有问题林权证392本；规范了乡镇村一级的林改档案；积极推进配套改革，成立了梁河县林权交易服务中心，办理变更林权4起，修改错误林权证15本。二是特色产业开发。全县完成竹子种植10157.3亩，占任务数的102%；番麻种植604.7亩，占任务数的121%；核桃种植2.51万亩，占任务数的100%。三是中低效林改造工作。分别在平山乡和芒东镇开展中低效林改造外业规划设计，整合资金520万元。据统计全县共完成改造7.45万亩，占任务数的106%，其中更新改造1.95万亩，零星改造0.5万亩，封山育林4万亩，森林抚育1万亩。四是良种培育。积极向上申报油茶良种认定，认定白花油茶梁河2个品种（德林油B1和德林油B2），建设白花油茶良种采穗圃1个（面积250亩），为梁河县油茶健康发展提供坚实的种苗基础。种苗培育实行订单育苗、定点育苗、定向供苗，建立苗木质量档案，苗木来源清、去向明。全年共培育苗木499.4万株，其中油茶146万株、竹子25万株、核桃15万株、西南桦59万株、水冬瓜4.4万株，为下年度白花油茶备隔年苗250万株，造林Ⅰ级苗使用率85%以上。五是退耕还林工程。完成退耕还林工程荒山荒地造林5000亩，完成任务数的100%；完成巩固退耕还林成果后续产业种植4300亩，补植补造310亩，农村能源建设沼气20口，节柴改灶50户，技术培训400人；协助国家林业局对梁河县2002年实施的退耕还林工程进行阶段性验收工作，保存面积5000亩，合格率100%；兑现2009年度退耕还林工作补助款442万元，兑现率100%。六是资源林政管理。全年依法核发林木采伐许可证1451份，办理采伐木材5万立方米，其中天然林3.5万立方米、人工林1.5万立方米；收取育林基金78.19万元。审核上报各类工程征占用林地4起，省林业厅批准4起，林地面积8.73公顷，审核和批准率达100%。受理各类林业案件224起，比上年降16.7%；查处223起，查处率99.5%，处罚、教育224人。立林业行政案件196起，查处196起，查处率100%；缴获木材1511.6立方米，珍贵树木15株，野生动物活体26只，国家一级重点保护野生动物制品云豹头盖骨1个，非洲象象牙4根、蟒皮5幅，国家二级保护野生动物制品灰叶猴骨架1副、黑熊下牙床1副、肩胛骨1块；立刑事案件28起，比上年升100%，侦破27起，破案率96.4%。七是森林防火工作。利用赶集日、民族节日、电视台等多种形式宣传《森林防火条例》、《云南省人民政府2010年森林防火命令》等法律法规知识。发放森林防火户主通知书3.2万份，张贴塑料板防火条例500张，订防火宣传牌60块，悬挂五色彩旗50面，播放电影25场次，发放防火知识宣传手册1万册。对护林员、乡镇森林防火指挥员、专业扑火队员、扑火应急分队和部分群众进行扑火技能、扑火战术等知识培训。防火期内实行野外用火申报制度，戒严期内实行入山登记制度，严禁火种进山，严格“五烧、五不烧”制度，在三岔河林场增设7个临时检查哨所，严格执行24小时值班制度和领导带班制度，组建了30人的半专业扑火队，各乡镇、林场也组建12支扑火应急分队；与县气象局协作开展人工降雨作业9次，发射火箭弹24枚。全年全县发生森林火灾5起，过火面积36.8公顷，受害面积10.51公顷，烧死幼树1.29万株，森林受害率为0.013‰。出动扑火车辆48辆次，扑火人员368人（次），成功破获4起火案，刑事拘留3人，取保候审1人。年内，梁河县被云南省人民政府评为防火工作先进县。八是森林病虫害防治监测。开展“利剑2010”森林植物检疫执法专项行动，对68家森林植物及其产品生产、经营、使用单位、个人及26家使用木质包装箱经销商进行联合检疫执法检查。完成林业有害生物监测面积723.52万亩，林业有害生物累计发生面积2.3万亩，发生率5‰，成灾0.06万亩，成灾率0.13%。防治松毛虫2.3万亩，薇甘菊除治69亩，无公害防治率100%。检疫育苗面积100亩，苗木产地检疫率达100%；检疫调运木材2.35万立方米，竹材376.4吨，活树858株，中药材25.23吨，苗木调运检疫24.43万株，检疫率达100%。九是农村能源建设。全年完成沼气建设120口，其中巩固退耕还林成果20口，省级项目100口，完成率100%。完成节柴灶460座，其中巩固退耕还林成果50座，完成率100%；省级项目410座，完成率205%。举办沼气安全操作和综合利用技术培训6次，在勐养、河西和曩宋3个乡（镇）分别挂牌成立农村能源管理服务点和3个村级能源技术服务队。十是野生动植物保护。完成2009年（跨年补偿）全县野生动物肇事补偿21.72万元，完成较严重的黑熊伤人补偿1起；

开发石斛种植户5户，种植面积160亩，野生动物驯养9户，主要养殖竹鼠、野鸡、七彩山鸡等野生动物。十一是生态公益林管护。与下辖的5个管护站签订了管护合同，聘请了82名专职护林员进行管护。完成国家重点公益林补偿基金兑现108.56万元，兑现率100%；完成省级公益林补偿基金兑现41.61万元，兑现率100%。十二是其他工作。年内，组建了梁河县林业调查规划设计队，资质为丁级，填补了梁河县没有林业调查设计队伍的空白。全年共编发信息、动态60期，林业职工在德宏团结报上发表8篇（条），在梁河时政上发表14篇（条）。同时加强与县委宣传部和县广电局的沟通协调，在德宏团结报刊登林业信息22条，梁河电视台播出31条，省林业厅刊登7条。

【水 利】 2010年，梁河县重点开展了农村人畜牧水安全工作。年内，完成投资678.86万元，解决人口15917人。其中：完成抗旱应急水源工程投资123.86万元，解决人口3391万人；完成年内第一批农村饮水安全工程投资407.84万元，解决人口8092人；完成第二批学校饮水安全工程投资76.16万元，解决师生1584人；完成小农水资金投入71万元，解决2850人。全年共完成水利建设总投资2178.42万元，完成油竹坝除险水库的除险加固工程，设计概算投资826.44万元，已完成投资678.06万元，主要完成了主坝防渗及坝坡处理、输水隧洞工程、金属结构工程，副坝工程。新建丛岗水库建设工程，水库为小（二）型，工程等别为IV等，坝轴线长168米，最大坝高35.8米，工程估算投资2730.85万元。水库设计的主要功能是农田灌溉，其次是兼顾县城备用水源。年内下达600万元，一期工程已完成投资240万元，新建输水隧洞175米。投资81万元，完成五小水利工程50件，投工0.3万个工日，渠道修复3.2千米，清淤渠道7.25千米，新建渡槽0.03千米，涵洞埋设0.43千米，取水坝1座，改善灌溉面积0.13万亩。投资240万元，完成油竹坝水库和西沟干支渠渠道衬砌13.4千米。投资150万元，实施了勐养南庆河小流域坡耕地水土综合治理工程，治理坡耕地水土流失治理面积0.5平方千米，完成各项工程措施：坡改梯50平方千米，沟渠1.5千米，蓄水池16口，生产道路3千米。完成了南庆河流域坡耕地水土综合治理工程（第二期）施工组织计划，工程计划投资120万元。完成全县易灾地区生态环境综合治理专项规划，规划治理小流域5个片区。组织进行水毁修复，修复加固堤防1.2千米，拦河坝150米，串石铺筑188米，铺筑预制块140米，投入资金81.5万元。

全年全县水利部门积极开展了以下工作：一是加强水土保持预防监督工作。共审批开发建设项目水土保持方案报告书5个，组织检查组对弄另电站、硝塘电站、葫芦口电站、垃圾处理厂等工程水土保持方案执行情况进行监督检查。二是抗旱防汛工作。6月13日，县政府专门召开全县防汛抗旱工作会议，对《梁河县防洪预案》、《梁河县城市防洪应急预案》、《梁河县山洪灾害防御预案》进行修编，并编制《梁河县油竹坝水库抢险应急预案》。年内组建登记造册的抢险队伍10支870人，组织各项防汛检查20余次，进行防汛培训演练5次，参训500余人，储备编织袋5万条、串石250立方米、木桩328根、钢筋（竹）笼200个，救生衣、发动机、抽水机等防汛器材共投入资金20余万元。三是水电完成情况。编撰完成《梁河县“十二五”水电新农村电气化规划报告》、《梁河县“十二五”小水电新代燃料工程规划报告》、《梁河县农村水电增效减排工程规划报告》，开展农村水电安全检查和对违规水电站督查整改；完成水电投资14.64亿元，年末运行的小水电站13座，装机26台，总容量21.96万千瓦，全年发电量85950万千瓦时。四是水利管理工作。组织农灌用水水费征收，召开灌区代表大会，拟定工程建设管理规定，完成阶段性水利工程管理体制改革工作，对新建工程建档、组案。五是水政执法工作。开展水法宣传，张贴大型标语40条，小标语520条，办专栏、板报10块，发宣传资料5000余份，出动宣传车辆1部，利用电视台宣传水法规1周；办理取水许可证5套，收取水资源费128.12万元，采砂费1.15万元，水保设施费7.19万元；参与及办理水土保持方案报告书及方案报告表8份。发放责令整改通知书16份，办理采砂许可证14套；认真做好“阳光政务”工作。六是规划计划工作。编制完成了抗旱规划、“十二五”水利建设规划、五小水利规划、小型农田水利规划、中央财政小型水利重点县建设方案、粮食安全规划、小河头、箐头河水库可行性报告和初步设计、中小河流治理规划。

【工　业】　2010年，梁河县实现工业总产值59000万元，比上年增17.8%（按现价）。其中：规模以上工业企业完成总产值40535万元，比上年增20.8%，占全县工业总产值的68.7%；规模以下工业企业完成总产值18465万元。

【财税金融】　2010年，梁河县完成财政总收入12594万元，比上年增14.8%；财政一般预算收入6765万元，增18.3%；财政总支出64369万元，比上年增17%；财政一般预算支出62281万元，增17%。国税完成税收收入6852万元，比上年增473万元，增7.40%。其中：增值税6297万元，比上年增381万元，增6.40%；消费税65万元，增0.37万元，增0.06%；企业所得税53万元，增34万元，增178.95%；利息所得个人所得税11万元，减25万元，降67.6%；车辆购置税426万元，增89万元，增26%。地税完成地税费收入7439.7万元。其中：工商税收4681万元，完成州局下达年计划任务数的106%，比上年增570.3万元，增13%；征收社会保险费2506.2万元；代收工会经费184.7万元，地方教育费附加66.2万元；征收文化事业建设费及其他1.6万元。完成地方税收收入4404万元，完成下达任务数的100.5%。金融机构存款余额159298万元，比年初增30.1%；贷款余额101985万元，增24.9%。全年全县完成保费收入2902万元，比上年增8%。其中：财产保险保费收入805万元，比上年增10.7%；人寿保险保费收入2097万元，增7%；保险赔付额805万元，比上年降10.1%；其中：财产险赔付450万元，比上年降40.6%；人寿保险赔付355万元，增155%。

【教　育】　2010年，梁河县有各级各类学校101所，其中幼儿园10所（含私立幼儿园8所）；小学52所；小学教学点27个（附设学前班的小学19所），比上年减38所。普通中学9所（其中九年一贯制学校1所，初级中学8所），比上年减1所；高级中学1所；职业中学1所；教师进修学校1所。全年有在校生24955人，其中职中430人，高中1607人，初中6864人，小学13449人，幼儿园（班）2605人（含学前班1489人）。有教职工1947人（含民办85人），其中职中45人，教科中心37人，普通中学656人，小学1085人，幼儿园124（含民办85人）。有专任教师1807人（含民办40人），其中职中38人，教科中心36人，高中112人，初中500人，小学1060人，幼儿园61（含民办40人）。全县中小学总占地面积62.93万平方米，学校校舍总建筑面积17.26万平方米，其中危房3.63万平方米，危房率为21.05%。

年内，全县有2329人参加小学毕业水平测试，数学平均分70.5分，居全州第一名；及格率71.86%，居全州第一名。有1354人参加中考，总平均分431.83分，居全州第二名；及格率58.94%，居全州第二名。中考成绩600分以上考生125人，居全州第三名。梁河一中有452人参加全国普通高考，本、专科上线（不含照顾分）409人，上线率90.49%；县职中有11人参加高考，上线7人，上线率63.64%。

年内，县教育部门主要抓了以下几个方面工作：一是坚持做好“控辍保学”和成人扫盲提高教育工作。建立健全“县——乡——村”和“教育局——中心校——村完小”控辍保学“双线目标责任制”，采取增加财政投入、动员社会捐资等多种渠道筹资救助贫困家庭学生，保证学生不因贫困而辍学。年内，按时发放贫困家庭寄宿学生生活补助金676.06万元，10843名学生受益；发放免费教科书20916套（中学6839套，小学14077套），共计373512册；成立了梁河县贫困学生救助基金会，与学生、家长签订贷款合同417份，贷款金额221.52万元；上海肯特公司·新长城自强班资助全县52名学生，每人每年1800元，项目期限3学年，共计27万元，第一年度项目资金9万元已全部到位；上海芬奇商贸有限公司资助贫困初、高中生12名，发放助学金5万余元。全年适龄儿童入学率达99.64%，初中阶段毛入学率达99.46%。二是做好云南省人民政府对梁河县政府教育工作督导评估准备工作，制定下发《关于印发<开展县级政府教育工作督导评估教育局各股室及学校任务分解>的通知》，成立领导小组。6月4日，州人民政府进行复查，复查考评分为94分。三是抓好学校管理，促进学校科学发展。完善义务教育质量评价体系，打造遮岛中心小学、民寄校、光彩小学等10所示范学校，积极创建“平安校园”，成立教育科学发展调研组，深入学校对教育热点问题进行专项调研。四是坚持科研兴校、科研兴教，全面提高义务教育质量。组织召开全县中小学校长会3次，教导主任会2次，专题研究安排布置相关工作。举办“梁河县2010年小学毕业复习研讨暨毕业班教师培训会”，组织初中毕业班教师参加中考研讨会，参加州教育局组织的2010届及2011届高考复习研讨会4次。举办“联片教研”交流活动，开展“送教下乡交流活动”加强山坝区教学交流和“同上一节课”活动，申报微型课题。五是加强教师队伍建设，引进高校优秀毕业生8人，首次招聘特岗教师10人，招聘普岗教师36人，招聘紧缺教师（音、体、美、英语）15人，共录用新教师69名；继续与云南师范大学联办，开设4个成人本科班，共319名教师参加学历进修。全县小学专任教师学历达标率98.11%；初中专任教师学历达标率99%。共有93名教师退休，44名教师调动，其中17名教师通过公开选拔到县城及周边学校工作。选拔20人参与到学校领导班子交流活动中。分批分期送中小学校长和学校班子成员到省内外学习，组织23名初级中学校长、副校长参加德宏州第二次校长培训，利用暑假期间对全县83名中学、中心校、完小校长进行主题为“集思广益谋发展，拓展梁河教育篇”培训；利用现代信息技术加强学习，全县99名中小学校长参加远程培训，合格率达70%。举办各种课堂教学竞赛3次，完成全县中小学教师“三笔字”、“简笔画”考核110人；组织全县中小学教师参加《当代青少年心理问题反思与回应对策》、《初中语文课堂教学问题诊断与教学技能应用》等继续教育培训655人次。组织全县中小学教师参加“参与式”教师培训、“2010年国陪计划”、“2011年知行中国——班主任培训”、“中小学班主任远程培训”、“美国环球志愿者”初中英语教师培训、“云南省骨干教师培训”、“云南省第三批农村中小学骨干教师第一阶段集中培训”、“置换培训”等共计511人次。六是全力推进各级各类教育协调发展，发展和规范8所私立幼儿园办学条件，积极引导民办学校教育。全年全县学前3年幼儿在园2605人，入园率48.06%；在校残疾儿童25人，入学率80.65%。职业学校共招生237人，完成州下达招生任务数的119%。积极开展短期培训业务，共培训1186人。毕业生整体就业率达96.2%。年内，投资632万元，建盖梁河一中教学楼4182平方米；投入10万元，购买了高中新课改所需多媒体设备。召开全县中小学校长专题会研究普通高中发展问题两次，教育局领导定期深入梁河一中听取校班子、教师意见。首次到高校引进优秀大学生7人，全县内选拔优秀教师3人充实到高中教师队伍，同时昆明理工大学选派6名教师帮扶梁河一中。进一步扩大招生规模，共招录高一新生600人。七是努力改善办学条件，积极排除中小学危房，促进校点布局科学合理。撤并小学校（点）38所，普通中学1所（芒东中学杞木寨分校）。接受捐款建设资金近1100万元，排除D级危房47396平方米，开工建设校舍34栋，建筑面积42359平方米，投入资金6574.97万元，到位资金2282.57万元，施工单位垫资4292.4万元。投入86万元，增购小学Ⅱ类升Ⅰ类实验器材5套，小学Ⅱ类实验器材33套，中学Ⅱ类升Ⅰ类实验器材2套；投入64万元，添置学校图书共计166004册；投入80万元，配置学校计算机200台，电脑桌200单人套。中小学实验开出率为：演示实验，完中开出率96.6%，初级中学开出率96.2%，完小开出率98.1%；分组实验，完中开出率95.7%，初级中学开出率96.5%，完小开出率93.1%。全县有开展养猪种菜活动项目学校17所，共养猪375头，实现经济效益近27万元；种植31亩，实现经济效益约16万元。

年内，各中心校、中学全部接入互联网，有5所学校建立独立校园网；梁河教育信息截至2010年12月点击量超过18万次，成为梁河教育宣传、服务的窗口，在全州教育系统内最早实现OA无纸化办公。

【科技科协】 2010年，梁河县科技局主要做了以下工作：一是编制梁河县科学发展“十二五”规划并申报《梁河县2010年粮食高产创建项目》、《梁河县科技辅导员培训》等科技计划项目12项（申报省科技厅4项，州科技局8项），申请专项补助经费286万元，获经费支撑146万元。向国家、省、州科协主管部门申请梁河县乡镇科普惠农服务站建设、梁河县有机茶园示范基地建设、梁河县青少年科普知识普及行动等项目8项（申报国家科协2项，省科协3项，州科技3项），申请科技专项资金126万元，获得经费支撑47万元。二是项目实施工作。年内，争取到玉米双百、双千、双万工程项目面积23065.40亩，占全县大春玉米播种面积的58.30%。其中：玉米百亩核心区2个，面积213.20亩；千亩展示片2个，面积2220.40亩；万亩示范区面积20631.80亩。三是科技宣传方面。利用“4·26”世界知识产权日、广播电视、召开现场观摩会、“办农函大”等形式，以“携手建设创新型梁河”为主题，以高新技术、现代科技成果、科学与文明、科技与生活、科技兴农等专题科技知识为主要内容开展宣传活动。全年发放各种宣传资料8000余份，接待群众咨询50余人次；召开玉米高产现场观摩会4次，参会1314人次；招收农函大学员606人（其中少数民族105人），13个教学班，12个专业；开展全县科普资源投入状况和工作运行状况摸底调查工作。四是组织实施“建设创新型云南行动计划”。成立梁河县建设创新型云南行动计划领导小组，以县委副书记徐峰为组长，副县长陈留英为副组长，县财政局、县科技局为成员单位，深入到三禾林业有限责任公司、弘梁茶叶精制厂、回龙生态茶叶有限公司进行走访调研，组织3家企业开展专利申请申报工作，并获专利号；组织申报梁河县复脑教育专利；在遮岛镇建设科普惠农服务站1个；开展茶叶、核桃、生猪养殖等特色产业技术培训，受训414人；发展小厂乡弘梁茶叶产业科技和梁河县水果种植技术2个农村专业技术协会。五是科技成果方面。奖励2008年评选出的10项县级科学技术，组织验收《梁河县薇甘菊综合防治》、《梁河蔗区3万亩梁蔗97/18推广应用》和《梁河蔗区4万亩甘蔗地下害虫综合防治技术推广应用》3项科技成果作为科学技术奖的备选项目，将《梁河县2009年粮食高产创建》项目申报州科学技术奖。县茶叶专业技术协会、县河西乡蔬菜技术经济合作协会被评为全州“十强农村专业技术协会”，县生态茶种植科普示范基地被评为全州“十强农村科普示范基地”。同时在举办的第二十五届青少年科技创新大赛中，县科协组织民族寄宿制学校和遮岛小学积极参加活动，获得一等奖5名，二等奖15名，三等奖23名。六是协会工作。11月26日，召开梁河县老科技工作者协会成立大会，通过了《梁河县老科技工作者协会章程》，选举产生协会第一届理事会领导机构，原县人大主任何忠凯当选为会长，尹广然、徐树春、刘沁梁3名同志当选为副会长，左显明当选为秘书长。

【文化体育】 2010年，梁河县文化体育部门开展了以下几项工作：一、辅导群众文艺基础。帮助指导农村、机关单位、企业、厂矿、学校编排节目共计40多个，辅导人数800余人；3月份，县葫芦丝艺术团组建，文化馆对其进行了3个月的基本功训练，共参加各类演出20场，演出节目近40个。二、实施非物质文化遗产挖掘与保护。申报了梁其美、杨叶生、曹连赞、杜德光4人为省级非物质文化遗产代表性传承人；为全县16位非物质文化遗产代表性传承人发放4.3万元补助，并根据民间艺人掌握的不同技艺分别签订了《2010年民间艺人传承展示工作目标责任》；编制完成了《遮帕麻和遮咪麻》、《葫芦丝之乡》、《阿昌民间音乐》、《阿露窝罗节》、《窝罗舞》、《十二五规划》；编制《遮帕麻和遮咪麻》、《阿昌民间音乐》2010年保护实施方案，扶持传承人开展传承展示活动5场，在党校开展阿昌语培训；召开阿昌族史诗《遮帕麻和遮咪麻》论文研讨会，共收到文稿38份，收入论文集28篇；并出版了新论文集和300张《遮帕麻和遮咪麻》的故事光盘。三、“葫芦丝之乡”文化品牌提升。为梁河县金孔雀葫芦丝制作有限公司争取到扩大再生产资金250万元，帮助该企业申报2000多万元的项目发展资金，同时拨出专款支持葫芦丝生产企业；举办全国范围内葫芦丝界奖项最高的“中国·德宏葫芦丝大奖赛”，在南甸宣抚司署免费举办青少年葫芦丝培训班，培训150余人；协助梁河县老年大学开展葫芦丝培训。积极组织葫芦丝等级考试。四、文物管理工作。加大对外宣传力度，开展“春节黄金周”、“五一假日”、“文化遗产日”宣传活动，在南甸宣抚司署增加陈列尹明德纪念室。6月份，省旅游局通过对南甸宣抚司署4A级旅游景区的复核；上报国家文物局5个保护项目，省文物局7个保护项目；开展文物普查第二阶段工作并通过省州验收，全县文物普查工作进展顺利，调查启动率为100%，完成率90%，调查登记不可移动文物51处，其中新发现文物点41处，复查文物点10处，基本完成野外调查工作任务；申报芒轩粜房、八留地遗址、杞木寨普恩寺等5个县级保护单位为州级文物保护单位。五、图书馆工作。组织职工参加国家中心、省分中心的远程培训8次，每个职工参加培训20小时以上；全年共录入书目数据5000余条，接待读者10030人次，图书外借阅览22000册次，接待资料查询120人次，解答咨询50余条；争取资金投入基础设施建设，投入20万元进行图书馆改扩建工程，对图书馆进行维修改造，新增建筑面积75平方米，更换老旧门窗、新铺地砖；在芒东镇平坝村、九保乡勐宋村、遮岛镇勐底社区等19个村（社）实施农家书屋工程；文化信息资源共享工程，全年共接收和下发种植、养殖知识、致富信息及优秀文学作品等数字资源100余GB，完成平山、九保、大厂3个乡级基层服务点和54个村级基层服务点建设工作，同时成立6个农民素质教育网络培训学校。六、文化市场监管。开展“阳光娱乐、和谐文化”法律法规宣传3次，发放宣传单1000余份，接待咨询群众300余人次；开展网吧、电子游戏室、歌舞娱乐场所业主法规知识学习培训2次；联合公安、消防、工商等部门开展6次专项整治活动，出动执法人员116人次，收缴侵权盗版光盘224碟，侵权盗版书籍36册，取缔非法销售的临时摊点1处，取缔无证网吧5家，无证电子游戏室1家，查处违规超时经营网吧2家，成功受理群众举报案件3起，打击游商摊点6处。七、稳步实施“2131”电影放映工程。全年共放映电影1093场，观众人数达109300余人次，覆盖64个行政村，覆盖率达97%，有效解决农村广大群众看电影难问题。

年内，成功举办第25届“南甸杯”职工运动会；积极参加全州中学生运动会，获得初中组6金5银6铜的好成绩；组织“梁河运动，梁河快乐，梁河健康，梁河幸福，全民健身志愿服务大行动”活动；开展老年健身月系列活动，组织参加“德宏州首届后谷杯围棋赛”、“德宏州首届轮办制（畹町）老年人运动会”，积极协助县医院、县电力公司举行行业杯运动会，协助县妇联举办“庆三八”拔河比赛，协助县总工会举办“迎面接力”比赛，协助团县委组织“拥抱青春、移动同行”中长跑比赛及乡镇文体艺术节，举办拳、剑、操培训等20多场有民族特色的县、乡、村体育赛事。体育基础设施建设，完成森林公安半个、勐竜行政村、盖岭自然村等18个，芒东镇芒东村、大树寨村、勐养镇弄坎村3个文化体育广场建设试点工程。

年内，县文化体育部门答复人大代表议案及政协委员提案8件，处理网上信访案件3件；向记者站、综治主管单位、州文化局、州体育局投递工作简报60余篇，上《梁河新闻》10条，《德宏团结报》12条，进一步提升了梁河文化对外影响力。

【卫　生】 2010年，梁河县设有医疗卫生机构13个，医疗床位345张。有在职职工374人，其中卫生技术人员300人，每千人口拥有卫生技术人员1.81人；其他技术人员9人，管理人员16人，工勤人员49人。有营利性医疗机构12个，有卫生技术人员260人；有民营医院1所，有卫生技术人员34人。有62个村卫生室，做到了村村有卫生室（除县城遮岛4个社区），覆盖率为100%，有乡村医生157人。

全年全县各医疗机构共诊疗病人16.17万人次，入院9239人次，治愈率、好转率、病死率分别为66.83%、30%、0.29%，病床使用率为69.63%，病床周转率为35次，平均病床工作日7天。完成医疗总收入3345.37万元，县、乡两级药品收入占业务收入之比分别为34.59%、65.71%；总支出3262.9万元，收支结余82.5万元。

年内，进一步加强基层医疗卫生机构建设。完成了曩宋乡、芒东镇2个中心卫生院业务用房的建设并通过验收。县妇幼保健院竞拍到相邻楼房1幢，建筑面积1213.98平方米，总投资200余万元，经改造作为门诊综合楼并已投入使用。争取到县人民医院门诊综合楼改扩建、大厂乡中心卫生院、小厂村卫生室业务用房3个项目，项目建筑总面积1.15万平方米，总投资2864万元。投资300余万元，为曩宋、芒东、大厂3个中心乡镇卫生院装备救护车及必备的办公设备；为县妇幼保健院装备乳房扫描仪、心电图机、尿分析仪、妇科检查床、输液床等医疗设备；为县人民医院装备全自动化学发光分析仪等设备；为村卫生室补充基本医疗设备。

年内，全县有13.95万人参加新型农村合作医疗，参合率96.04%，共筹集资金1952.71万元。有39.07万人次享受到补偿，共减免1622.89万元（住院补偿1258.54万元，门诊补偿364.34万元），基金使用率占全年基金的83.11%。

年内，处理了“县城犬伤人事件”、“芒东镇平坝村小学学生误食植物果（蓖麻子）中毒事件”、“梁河县民族寄宿制学校感染性腹泻”等突发公共卫生事件，无死亡病例发生。全县累计报告甲乙类传染病发病10种，共218例，发病率为133.68/10万。开展了春秋两季鼠疫防治工作，全年未发生鼠疫疫情。霍乱防治，共监测环境水21份、食品6份、腹泻病人大便26份，均未检出霍乱弧菌；对801份从业人员的大便进行伤寒沙门氏菌、志贺氏菌监测，均未检出伤寒沙门氏菌、志贺氏菌。疟疾防治，血检发热病人5552人份，发病32例，发病率19.62/10万，比上年降38.90/10万分点。开展流动人员预防服药565人次，使用哌喹2040片。对新疫点及发病地区开展灭媒喷洒工作，并对疑似病人涂片镜检20人、预防服药191人。结核病防治工作，完成初治涂阳46例，病人转诊率100%（指标85%）、医疗机构报告率100%（考核指标100%）、系统管理率100%（指标100%）、追踪到位率97.8%（指标85%）、涂阳病人家属筛查率100%（85%）。全民结核病防治知晓率达80%。狂犬病防控工作，未发生人感染狂犬病疫情。

年内，开展了疾病监测，没有监测到疑似病例。加强计划免疫工作，全年卡介苗应种1920人，实种1916人，接种率99.8%；脊髓灰质炎疫苗四次应种7199人次，实种7178人次，接种率99.71%；百白破四针应种7747针次，实种7714针次，接种率99.57%；白破应种1266人，实种1242，接种率98.1%；乙肝三针应种5820针次，实种5811针次，接种率99.85%；麻疹风疹联合疫苗应种2072人，实种2063人，接种率99.6%；麻腮风联合疫苗应种1680人，实种1650人，接种率98.2%；A群流脑两针应种3457针次，实种3440针次，接种率99.51%；A+C两针应种2684人次，实种2657人次，接种率98.99%；乙脑疫苗两针应种3464人次，实种3448人，接种率99.54%；甲肝应种1660人，实种1649人，接种率99.3%。对15岁以下儿童开展乙肝疫苗查漏补种，完成接种2029人，5661针；对6岁以下儿童进行麻疹强化免疫接种，应种11038人，实际接种10944人，接种率99.15%。乙型脑炎减毒活疫苗预防接种应种23090人，实际接种22311人份，接种率96.62%。

年内，全县有产妇2255人，活产婴儿2268人，住院分娩率达97.18%，新法接生率97.75%；孕产妇保健覆盖率99.34%，孕产妇系统管理率76.98%，高危孕妇管理率100%。孕产妇死亡2例，死亡率为88.18/10万。5岁以下儿童死亡37人，死亡率为16.31‰；婴儿死亡27人，死亡率为11.90‰，低于州下达指标（13‰）。无新生儿破伤风发生。开展了孕产妇、婴儿及5岁以下儿童死亡评估和漏报调查工作。选派211名妇幼医生分别参加了州县“新生儿窒息复苏”技能培训。年内，开展无偿献血活动8次，有763人次参与，超额完成州下达的献血指标任务（750人份）。

年内，利用街天开展了“中医药科普知识宣传周”活动，对2000名群众进行义诊。申报了风湿专科诊疗项目，同时引进并开展药酒内服治疗顽固性风寒湿痹、筋骨疼痛等适宜技术。组织全县100名医务人员进行了中医药适宜技术培训。加强了九保卫生院中医业务能力建设，将梁河县保汉中医诊所纳入新农合定点医疗机构进行管理。

年内，参加远程医学教育培训278人，选派人员外出进修学习26人，参加各种业务知识短期培训256人，选送6名医生、3名社区护士参加社区卫生人员全科医生培训，1人参加了中医类别全科医师培训，2人参加中医专科（专病）技术骨干培训；县直医疗卫生单位派送支援人员12人，对曩宋、小厂、平山、勐养卫生院4家基层卫生单位进行支援。年内，成立了梁河县深化医药卫生体制改革领导小组及办公室，制定印发了改革意见（试行）。于6月1日启动实施基本药物管理制度。10月，梁河县被评为“乙级卫生县城”。

年内，全县受理餐饮业服务许可申请104件，新发《餐饮服务许可证》104件。公共场所卫生许可申请41件，新发《卫生许可证》30件，校验、变更、换发《食品卫生许可证》11件。医疗机构执业许可证校验申请77件，办理餐饮、公共场所单位健康培训合格证1180本。举办食品安全业主培训会2次，培训业主114人、从业人员1180名，与业主签订食品安全责任承诺书。办理校验37家次，给予登记37家。组织开展对辖区内医疗机构的日常监督检查，共检查25家，限期整改3家。办理医师注册12人，护士注册6人。卫生执法监督工作，一是组织开展8个重点领域整治工作。出动卫生监督员504人次，车辆168台次，分别开展了餐饮消费环节乳制品专项检查、学校食堂专项检查等6次大型专项检查工作，检查餐饮消费单位1219户次，对不符合卫生要求的单位下限期整改意见书62份；二是做好大型活动、重要贵宾的食品卫生安全保障。出动卫生监督员96人次，车辆32辆次，为人代会、国际葫芦丝文化节等15次大型会议及重要贵宾接待执行食品安全卫生保障任务，保障27500人次，圆满完成各项餐饮保障任务；三是开展公共场所卫生监督量化分级管理工作。出动卫生监督员54人次，车辆18辆次，检查公共场所78户、从业人员198名；四是加强对医疗单位的传染病管理工作。五是认真贯彻实施《职业病防治法》。对硅厂、锡矿、煤厂等11个单位进行职业病宣传，发放宣传册260份，对4个不符合卫生要求的单位提出监督意见书并进行整改。

【民 政】 2010年，梁河县民政局切实做好灾民救助工作，投入救灾救济资金469万元，发放救济粮342吨，棉被504床，衣物5700余件，累计救助灾民和困难群众39558人次；组织全县干部职工向灾区捐款35.4万元，为青海玉树地震灾区捐款9.25万元。

年内，审批新增城市低保对象300户365人，取消不符合低保享受条件的对象18户150人。截至12月，全县有城镇低保保障对象2517户5265人，占全县城镇居民的15%，累计发放保障金780.8万元，人均补差123.5元；新增农村低保扩面指标1200人，保障标准自3月起提高至每人每月70元；有农村低保保障对象13090户28653人，占全县农村人口的22%，累计发放保障金2301.53万元。发放城乡医疗救助资金80.07万元，救助城乡困难人口1334人次。帮助农村低保户、五保户缴纳新农合资金30404人，助缴91.21万元。投入城乡社会救助资金308.23万元，其中社会福利资金3.43万元，城乡低保对象一次性生活补助资金162.6万元，临时救助资金142.2万元。全县共有农村五保供养对象1321户1751人，保障供养率为100%，累计发放保障金168.096万元。县中心敬老院于9月入住运行，计划集中供养48人，第一批集中供养30人。

年内，发放双拥慰问金和支出座谈会经费16万余元；向上争取资金6万元，帮助县公安边防检查站建设了图书阅览室；结合创建“双拥工作县”的目标要求，创建了“南甸路双拥一条街”，设立大型标牌3块，努力打造“双拥模范县”。组织开展城镇退役士兵“双考”安置工作，安置城镇退役士官、士兵10人（含三级三期转业士官1人），其中异地安置2人，县内安置8人；推荐农村退役士官就业4人。支出抚恤、安置事业经费216.7万元，其中优抚对象医疗救助补助资金14.7万元；全年经调查落实新增参战人员1人，因死亡减少2人，累计发放参战人员生活补助80万元。

年内，发放80周岁以上老年人高龄长寿补助1960人28.9万元。为60周岁以上老年人办理老年人优待证797本；慰问高龄长寿老人及困难老人36人，发放慰问金0.5万元；实施了九保乡九保村和勐宋村“百村建设”工程，投入资金1万元。完成州、县、乡3级行政区域界线联合检查工作任务，其中“保德线”、梁河与腾冲、龙陵界线联检94.25千米；州内县级“潞梁线”、“梁陇线”、“梁盈线”3条县级界线联检117.92千米；县内乡（镇）级界线联检18条206千米，埋界桩21棵；做好第三批门牌标牌设置后续工作，增制廉租房楼栋牌2块，单元牌4块，户牌40块，修复街、路二级牌13块，依法规范村居民门牌过户136户，收集异地搬迁待命名村名资料7份。办理结婚登记1591对，婚前HIV自愿检查2068人，办理协议离婚48对，补发结婚证18对，补发离婚证3对，复婚登记4对，出具无结婚登记记录证明38份，出具有结婚登记记录4份。救助流浪乞讨人员32人，救助资金0.2万元；办理收养登记6人，其中社会弃婴1人，协议收养5人；将5名孤儿送往州福利院供养；帮助33名儿童疝气患者进行了手术康复治疗。火化遗体25具；对腾陇公路涉及的无主坟14冢迁至小寨坪。全年新增登记社团组织5个。发行福利彩票260万元，比上年增62%；资助贫困大学生就学65人，投入社会福利事业建设资金55万元。答复人大建议1件、来信7件、来访29人次，办复率100%。配合县委组织部完成全县第四届村两委换届选举工作；按时兑付2000年村改委时被辞聘村干部生活补助，发放资金7.56万元；组织开展村民自治和村务公开工作，投入基层政权和社区建设资金13.6万元。

【人民生活】 2010年，梁河县城镇居民人均可支配收入12392元，比上年增9.6%；城镇居民人均消费支出7884元，增9.4%；农民人均纯收入2461元，增22.1%；农民人均生活消费支出2105元，增8.1%。社会保险覆盖面扩大，全县参加城镇基本养老保险4898人，比上年增295人；参加城镇基本医疗保险15236人，增6015人；参加新型农村合作医疗139479人，增5878人；参加失业保险5203人，减19人。全年领取失业保险金73人，比上年减32人。年末，城镇登记失业率为4%；有5263名城镇居民领取了最低生活保障金，比上年增213人；有28653名农村居民领取了最低生活保障金，增1200人。

年内大事

【梁河葫芦丝选手在云南省第十届“希望杯”艺术赛上获佳绩】 2010年2月8日，云南省第十届

"希望杯"艺术大赛在昆明市盘龙区青少年宫落下帷幕，梁河县选送的选手线加美获得葫芦丝专业组比赛一等奖，梁河代表团领队、指导老师龚廷政获得民族管乐专业组一等奖，张小行、龚莹莹、辛莲英等5名选手获得二等奖，苏宇欣、李姗姗、寸欣等4名选手获得三等奖，梁河县老年大学获得了本次大赛"优秀组织奖"。此次大赛由昆明市文学艺术界联合会、昆明市音乐家协会、云南艺术学院考级与培训中心联合举办，省音乐家协会葫芦丝巴乌专业委员会、省民族管弦乐学会葫芦丝巴乌专业委员会等11个单位协办；设有多项综合赛与单项比赛，是举办全省"希望杯"艺术大赛以来专业和参赛人数最多的一届。

【梁河县首批新建廉租住房正式投入使用】　2010年2月9日，梁河县举行首批廉租住房入住仪式，35户低收入家庭拿到了住房钥匙，喜迁新居。首批廉租房位于县城德茂坪小区，住房户型为2室1厅，建筑面积50平方米。廉租房建成后，县建设局对申请入住的家庭进行了认真统计和摸底调查，利用网络和电视等媒体对确定的39户住户进行了公示，在公示期间除4户低收入家庭要求享受货币补贴外，其余35户低收入家庭如期安排入住。

【梁河县举行本土抗战名人尹明德先生纪念室落成揭牌仪式】　2010年3月31日，梁河县举行本土抗战名人尹明德先生纪念室落成揭牌仪式。在尹明德先生纪念室落成揭牌仪式上，梁河县委副书记、县长方文信讲话；方文信和县委常委、宣传部长梁照佩为尹明德先生纪念室揭牌。尹明德先生纪念室设立于国家重点文物保护单位、4A级旅游景点南甸宣抚司署护印府内，整个纪念室共有5间展室，总建筑面积130平方米。尹明德先生生平事迹说明由52块展板、60余幅图片资料、10000多字文史资料和说明文字组成，在纪念室内还陈列展出了部分有关尹明德先生事迹的史料书籍。展板内容分"奋发未知的青年时代、对中缅界务的重大贡献、滇西抗战的宣慰全者、为国献出光和热的晚年"四个篇章，以尹明德先生在不同时期的图片、史料等形式，讲述了尹明德先生追求进步、赤诚报国的光辉一生，以及他为滇西抗战得胜、中缅边界划定、对边疆保持稳定等方面做出的不可磨灭的功绩和贡献。尹明德先生纪念室是梁河县设立的第一个名人纪念室。该纪念室的设立，对缅怀先辈，弘扬爱国主义精神，开展爱国主义教育提供了鲜活的素材。同时对进一步挖掘梁河丰富的人文历史资源，加大梁河对外宣传，提高梁河对外知名度和影响力具有十分重要的意义。

【梁河县城交通信号灯正式投入使用】　2010年4月8日，梁河县城南甸路与勐底路交叉路口、振兴路与勐底路交叉路口、南甸路与1号路交叉路口3个主要交叉路口的交通信号灯正式投入使用，标志着梁河结束了县城无交通信号灯的历史，掀开了梁河县交通管理事业的新篇章。

【梁河县启动党史大事记（1994~2010）编纂工作】　2010年7月5日，中共梁河县委召开了编纂《中国共产党梁河县历史大事记（1994~2010）》启动工作会议。会上成立了编纂领导小组，并下发《中共梁河县委办公室关于编纂〈中国共产党梁河县历史大事记（1994~2010）〉的通知》（梁办通〔2010〕36号），对《党史大事记》编纂工作进行安排部署。此次《党史大事记》的编纂上限为1994年，下限为2010年，初稿字数约60万字。编纂工作于7月启动，力争2011年5月交付出版印刷。

【浙江大华集团捐资630万元兴建梁河县勐养中心小学】　2010年10月26日，浙江大华集团（梁河弄另电站投资商）捐资兴建勐养中心小学签约暨奠基仪式在勐养镇中心小学举行。云南省工商联副主席、省光彩促进会副会长赵明辉，浙江大华集团副总经理王南中，德宏州副州长高铁英，州政协副主席工商联主席卜金富，梁河县县长方文信，县委副书记石道竜，县人大副主任杨元稳，副县长罗有彪，县政协副主席工商联主席尹可丹出席签约暨奠基仪式。浙江大华集团向勐养镇中心小学捐资630万元是梁河县公益事业有史以来接受的最大一笔捐款。仪式上，省工商联副主席、省光彩促进会副会长赵明辉，浙江大华集团副总经理王南中希望梁河管好用好资金，确保学生真正得到实惠。勐养镇浙江大华光彩小学校安工程项目建设规模4699.5平方米，含教学综合楼1幢（框架结构四层），建筑面积2078.42平方米；学生宿舍楼1幢（砖混结构四层），建筑面积1731.28平方米；学生食堂1幢（框架结构二层），建筑面积889.8平方米。

【梁河县污水处理厂配套管网工程全面开工建设】 2010年12月26日上午，在县城龙窝大道九保大桥旁举行梁河县污水处理厂配套管网工程开工仪式，标志着梁河县污水处理厂配套管网工程全面开工建设。梁河县城镇污水处理厂及配套管网工程概算投资5760万元，工程由污水处理厂和配套管网两部分组成，污水处理厂概算1340万元，根据省政府的要求，由省水务投资公司负责建设。管网工程概算投资4420万元（其中：污水管网工程长26.887千米、投资2440万元，雨水管长22.69千米、投资1980万元）。为便于九保乡污水收集和管道正常排污，在九保乡靠近曩滚河和新寨前龙窝大道旁各设中途提升泵站一座，污水收集处理后水质达到城镇污水处理厂污染物排放标准。

【表彰先进】 2010年，梁河县各级各部门获表彰如下：3月，县国家税务局稽查局局长郭永华被云南省公安厅、云南省国家税务局、云南省地方税务局评为2008年、2009年全省打击整治发展违法犯罪专项行动先进个人；4月28日，梁河县河西乡芒陇村委会永海自然村农民张宽才被评为全国劳动模范；5月，县国土资源局局长尹可跃被省国土资源厅评为地质灾害防治工作先进工作者；7月，杨常繁被省国税局评为“优秀党员”，“七一”期间县国税局党支部被被评为云南省国税系统创先争优活动“先进党支部”；11月，县国家税务局被推荐申报为云南省国税系统“三读”活动先进单位，张国灿同志被推荐为“三读”标兵。

领导干部名录

中共梁河县委

常　委　杨向宏（白族）
方文信（傣族）
石道竜（景颇族）
李发昌
梁照佩（阿昌族）
陈留英（女）
罗建明
梁其刚（阿昌族）
李培忠（2010年10月止）
李学成（2010年11月任）
段生平（傈僳族）
侯永晓
徐　峰（2010年3月任，挂职）

书　记　杨向宏（白族）

副书记　方文信（傣族）
石道竜（景颇族）

梁河县人大常委会

主　任　杨天明（傣族）

副主任　尹以顺　蔺以尧
杨元稳
赵建华（女，白族）

梁河县人民政府

县　长　方文信（傣族）

副县长　梁其刚（阿昌族）
陈留英（女）
景生安（傣族，2010年2月止）
罗有彪(2010年2月任)
欧阳继明　闫信淮
邵云峰

梁河县政协

主　席　孙定发（景颇族）

副主席　郑建云（女，傣族）
赵家富（阿昌族）
张自山　尹可丹

秘书长　朱良兴(2010年2月任)

梁河县纪委

书　记　李发昌

副书记　江朝伟　赵　林
杨忠承(2010年2月止)

梁河县人武部

部　长　唐敬斌

副部长　黄　勤

政　委　罗建明

梁河县人民法院

院　长　李勒腊（景颇族）

党组书记　李勒腊（景颇族）

梁河县检察院

检察长　徐江涛(2010年2月止)
康　磊(2010年2月任)

党组书记　徐江涛（2010年2月止）
康　磊（2010年2月任）

县委工作机构及群众团体领导名录

县委办

主　任　侯永晓

县保密局

局　长　董诗晓（2010年12月止）

县委机要局

局　长　张杰光

县机构编制委员会办公室

主　任　董保仲（2010年12月止）
何正波（2010年12月任）

县委组织部

部　长　段生平（傈僳族）

县老干局

局　长　冯怀启

县直属机关工作委员会

书　记　杨清旺

县委宣传部

部　长　梁照佩（阿昌族）

常务副部长　杨晓东（2010年12月任）

县文产办

主　任　杨常权（傣族）

县政策研究室

主　任　余绍权

县政法委

书　记　李培忠（2010年10月止）
　　　　李学成（2010年11月任）
专职副书记　车同流（兼综治委办公室主任）
　　　　寸永钦（兼县委610办公室主任）
　　　　屈继波（2010年12月任）

县委统战部

部　长　赵家富（阿昌族）
常务副部长　董纯金（女，2010年12月任）

县委党史研究室、县志办

主　任　孙稚泳

县委党校

校　长　石道竜（景颇族，兼）
常务副校长　雷逢荣（傣族）

县总工会

主　席　张自山
常务副主席　尹新平（女，2010年12月任）

团县委

书　记　龚茂丹（女，傣族）

县妇联

主　席　赵一娟（女，阿昌族）

县侨联

主　席　亢宏云（女，傣族）

县科协

主　席　杨兴荣（傣族）

县工商联

主　席　尹可丹

县残联

名誉主席　段生平（傈僳族，兼）
主　席　陈留英（女，兼）
理事长　周德山

县人大工作机构领导名录

办公室

主　任　尹定辉（2010年12月任）

法制工作委员会

主　任　叶达荣（2010年3月任）

财经工作委员

主　任　寸尊代

教科文卫委员会

主　任　张成海

选举联络工作委员会

主　任　尹定辉（2010年12月止）
　　　　赵　卿（2010年12月任）

民族侨务工作委员会

主　任　穆生龙（傣族）

农业环境资源保护工作委员会

主　任　罗本锐（2010年12月止）
　　　　杨文彪（2010年12月任）

县政府工作机构领导名录

县政府办

主　任　胡　疆

县信访局

局　长　王远涛

县政府接待办

主　任　邹昌梅（女）

县政务服务中心

主　任　线　敏（女，德昂族，2010年12月任）

县公共资源交易中心

主　任　线　敏（女，德昂族，2010年12月任，兼）

县外事办公室

主　任　孔有华（景颇族，2010年12月止）
　　　　张韶华（女，2010年12月任）

县发展和改革局

局　长　黄　磊
党总支书记　黄　磊

县人力资源和社会保障局

局　长　董保仲（2010年12月任）

县民政局

局　长　梁其祥（阿昌族）
党总支书记　梁其祥（阿昌族）

县审计局

局　长　赵家德（阿昌族）

县统计局

局　长　赵　洁（女）

县民族宗教事务局

局　长　赵兴光（阿昌族）

县住房和城乡建设局

局　长　董诗晓（2010年12月任）
党总支书记　董诗晓（2010年12月任）

县环境保护局

局　长　杨　敏（女，2010年12月任）

县人民防空办

主　任　张绍辉

县国土资源局

局　长　尹可跃
党组书记　尹可跃

县文化广电旅游局

局　长　张　燕（女，2010年12月任）
党总支书记　张　燕（女，2010年12月任）

县教育局

局　长　赵光耀
党总支书记　赵光耀

县科学技术局

局　长　杨兴荣（傣族）

县防震减灾局

局　长　李安成（傣族）

县卫生局

局　长　李丽娟（女）
党总支书记　张明德（2010年2月止）
　　　　李丽娟（女，2010年2月任）

县防治艾滋病局

局　长　李丽娟（女，2010年12月任）

县红十字会
会　长　陈留英（女，兼）
常务副会长　胡　艳（女）
县人民医院
院　长　杨文赞
县人口和计划生育局
局　长　穆晓丽（女）
县农业局
局　长　寸时雄
党总支书记　寸时雄
县工业和商务局
局　长　姜青山（2010年12月任）
党总支书记　姜青山（2010年12月任）
县安全生产监督管理局
局　长　罗维道
县林业局
局　长　杨荣敏
党总支书记　管国运（傣族）
县水务局
局　长　孙任宗
党总支书记　梁愿昌（阿昌族）
县交通运输局
局　长　刘在亮
党总支书记　刘在亮
县财政局
局　长　罗有彪(2010年2月止)
冯正才(2010年2月任)
党总支书记　罗有彪（2010年2月止）
冯正才（2010年2月任）
县监察局
局　长　赵　林
驻昆办事处
主　任　姜青山(2010年1月止)
副主任　孙家文（主持工作）
县司法局
局　长　刘一统
县公安局
局　长　邵云峰
政　委　杨自亮(2010年2月任)
党委书记　邵云峰
县森林公安局
局　长　孙宏庭(2010年2月止)
江宗省(2010年2月任)
政　委　何从舜(2010年2月止)
董生旺(2010年2月任)
县扶贫开发办公室
主　任　徐　明
县蔗糖生产办公室
主　任　李昌梁
县档案局
局　长　杨荣芳（女，2010年12月止）
刘黎清（2010年12月任，女）
县供销社
主　任　石德柱（傣族，2010年2月止）
赵兴伟（2010年11至12月）
寸待启（2010年12月任）
党总支书记　石德柱（傣族，2010年2月止）
赵兴伟（2010年11至12月）
寸待启（2010年12月任）
县畜牧兽医局
局　长　尹加荣
党总支书记　尹加荣
云南锡业集团梁河矿业有限责任公司
董事长　谭金有
党总支书记　梁永昌（阿昌族）
总经理　杨金福（苗族）
县信用联社
理事长　王兴军
梁河一中
校　长　邵维波
县职业中学
校　长　张本书

县政协工作机构领导名录
办公室
主　任　蔺　江（2010年12月止）
徐国增（2010年12月任）
提案社会法制工作委员会
主　任　许升华
民族宗教侨务工作委员会
主　任　张仕民（傣族）
教科文卫体工作委员会
主　任　李湘芝（女，阿昌族，2010年2月止）
经济人口环境资源工作委员会
主　任　板玉龙（傣族）
文史资料工作委员会
主　任　杨永强（2010年12月止）
蔺　江（2010年12月任）

中央、省、州属驻梁河单位领导名录
邮政局
局　长　张敬宏(2010年7月任)
中国电信梁河分公司
经　理　张映波(2010年1月任)
国税局
局　长　杨常繁（阿昌族）
地税局
局　长　赵　华（佤族）
气象局
局　长　李兆荣
县工商行政管理局
局　长　杨世体
党组书记　杨世体
县质量技术监督局
局　长　王　军
县食品药品监督管理局
局　长　艾寿兴（阿昌族）
人民银行梁河支行
行　长　段　斌（白族，2010年10止）
杨春尧（2010年11月任）

农业银行梁河支行
行　长　陈云峰
财产保险公司
副经理　寸志宏（主持工作）
人寿保险公司
经　理　车茂学
梁河移动分公司
副经理　段　维（2009年2月任，主持工作）
县运政管理所
所　长　雷　鸣(2009年2月任)
德宏州运输集团梁河分公司
经　理　莫建南
国家统计局梁河调查队
队　长　谢金保
烟草专卖局
局　长　张　伟
云南烟草德宏州公司梁河分公司
经　理　张　伟
（《梁河县》撰稿　杨秋萍　闫信佳）

梁河县乡镇概况一览表

单位：（米、公里、平方公里、亩、个、户、人、%、‰、人/平方公里、万元、吨、头、张）

项目 \ 乡镇			平山乡	小厂乡	大厂乡	九保乡	曩宋乡
地理位置			东北	东	东	东、西部	东北
政府驻地			平山村	小厂村	大厂村	九保村	曩宋村
海　拔			1620	2050	1820	1070	1080
距县城距离			33	36	18	2.25	10.07
土地总面积			122	52.8	31.16	156	111.2
耕地面积			18706	7028	6312	22195	27055
其中	水　田		8506	4443	1043	10445	16479
	旱　地		10200	1044	5269	11750	7959
	人均耕地						
行政区划	辖村委会		6	5	5	6	9
	自然村		49	23	22	39	49
	村民小组		81	46	54	67	111
人口民族	总户数		4435	2645	2372	3949	6548
	总人口		16897	10378	9327	14869	24454
	其中	傣　族	76	56	90	2169	1830
		汉　族	15926	9526	8941	7969	18036
		景颇族	193	122	120	69	64
		阿昌族	152	580	130	3791	4120
		傈僳族	2	72	12	427	79
		德昂族	2	2	6	298	11
	人口出生率		13.43	11.37	13.08	12.37	8.71
	自然增长率		8.4	5.01	8.04	4.23	3.23
	人口密度						
经济收益	总收入		5796	2961	5251	5755	8376
	纯收入		3231	2027	1825	3573	6400
	人均纯收入		1982	2020	2034	2646	2714
	总支出						
	国家税金						
	集体提留						

项目			平山乡	小厂乡	大厂乡	九保乡	曩宋乡
农业产值	总产值		4637	2854	4436	5175	8380
	增加值						
	其中	种植业	1989	1581	2418	2958	4157
		林业	654	250	384	361	499
		畜牧业	1579	714	1335	1130	3047
		渔业	125	150	9	429	396
农作物总面积			29414	13797	18270	35691	38603
其中	甘蔗		3723	737		7721	7466
	粮食		20589	9943	10876	19473	21792
	茶叶		10348	12761	10625	4011	3402
	油料		1000	1100	3402	2612	4581
	水果		513	185	841	478	775
农作物总产量							
其中	甘蔗		14892	2211		33792	33563
	粮食		4024	1890	2833	5311	6687
	茶叶		221	471	676	55	55
	油料		81	49	220	222	253
	水果		9	13	75	76	628
畜牧	大牲畜存栏		2841	1275	923	3389	2526
	猪存栏		15781	16541	14588	8667	12675
	羊存栏		506	327	700	766	580
教育	中学	中学在校学生	609	515	321	531	1200
		教职工人数	39	37	28	54	86
	小学	小学在校学生	1313	913	728	1204	1688
		教职工人数	109	60	42	114	180
卫生	医务人员		10	10	12	12	22
	病床		7	12	20	10	12
	卫生室		6	5	5	6	9
	乡村医生		18	10	10	14	24
文化	文化站		1	1	1	1	1
	电影院						
	广播站		1	1	1	1	1
领导干部	乡（镇）党委书记		李晓辉	杨鹏昌	杨恩庭	陈绍攀	徐国增（2010年12月止）赵兴伟（2010年12月任）
	乡（镇）政府乡长		陈朝从	杨荣富	陈绍华	李仲臣	赵　新（2010年12月止）
	乡（镇）人大主席		闫信伦	李文金	邵维新	曹先妹（女）	赵红玫（女）

梁河县乡镇概况一览表

单位：（米、公里、平方公里、亩、个、户、人、%、‰、人/平方公里、万元、吨、头、张）

项目			河西乡	芒东镇	勐养镇	遮岛镇		
地理位置			西北	西南	南	中部		
政府驻地			邦读村	芒东村	芒轩村	遮岛镇		
海拔			1180	1060	885	1042		
距县城距离			6	22	66			
土地总面积			123	231.7	256.9	25.62		
耕地总面积			29011	53595	38355	8827		
其中	水田		15843	25353	16342	3176		
	旱地		12844	15872	14464	5651		
	人均耕地							
行政区划	辖村（居）委会		8	13	8	2		
	自然村		55	78	49	26		
	村民小组		94	132	58	31		
人口民族	总户数		4926	7367	4163	5520		
	总人口		20002	33200	11713	17927		
	其中	汉族	2091	18130	8619	3311		
		傣族	15099	13658	7070	12582		
		景颇族	98	219	1027	139		
		阿昌族	1847	1058	922	926		
		傈僳族	369	98	16	199		
		德昂族	400		5	60		
	人口出生率		15.8	14.76	12.89	9.82		
	自然增长率		11.05	9.34	6.91	4.35		
	人口密度							
经济收益	总收入		9340	13844	7843	3636		
	纯收入		4632	7627	4247	2291		
	人均纯收入		2433	2384	2531	3190		
	总支出							
	国家税金							
	集体提留							
农业产值	总产值		6431	13159	9039	3543		
	增加值							
	其中	种植业	3359	8426	6378	1471		
		林业	263	1101	848	211		
		畜牧业	1958	2884	1193	1305		
		渔业	557	392	305	256		

项目＼乡镇			河西乡	芒东镇	勐养镇	遮岛镇		
农作物总面积			36885	90060	63970	12080		
其中	甘蔗		9183	14798	17544	2173		
	粮食		19596	49738	30488	6856		
	茶叶		2782	6005	976	1045		
	油料		4582	7201	2857	1161		
	水果		121	10377	2073	157		
农作物总产量								
其中	甘蔗		41230	61750	84515	9444		
	粮食		6146	14015	10314	2076		
	茶叶		49	133	25	40		
	油料		545	348	200	157		
	水果		57	10559	2320	52		
畜牧	牛存栏		2883	7044	3706	996		
	猪存栏		11662	21192	8240	6822		
	羊存栏		1489	1192	279	244		
教育	中学	中学在校学生	714	1342	577	1055		
		教职工人数	71	95	53	71		
	小学	小学在校学生	1509	2846	1456	1792		
		教职工人数	136	184	113	147		
卫生	医务人员		10	26	15	197		
	病床		10	23	20	170		
	卫生室		8	13	8	2		
	乡村医生		22	34	20	5		
文化	文化站		1	1	1	1		
	电影院							
	广播站		1	1	1	1		
领导干部	乡（镇）党委书记		余文龙（傈僳族）	邓有恒	郑　瑜（女）	李继鸿		
	乡（镇）政府乡长		屈继波（2010年12月止）	李佳敏	冯正才（2010年2月止） 景智富（2010年3月任）	陈　江（2010年2月任）		
	乡（镇）人大主席		杨　敏（2010年12月止，女）	龚帮仙（女）	曹先海	李文兴		

云南省农垦集团有限责任公司德宏分公司

地　　理

【位置面积】　德宏农垦位于德宏州境内，其所属各企事业单位分建于芒市、瑞丽市、陇川县、盈江县境内，主要分布于坝区。2010年，垦区土地总面积15300.47公顷，其中已开垦利用土地11748.6公顷，水域面积287.36公顷（其中生产用水域面积232.37公顷），已开垦未利用土地258.87公顷，可开垦荒地456.45公顷（其中宜植橡胶面积75.35公顷），其他土地面积2549.19公顷。年末，实有耕地4039.64公顷，其中水田面积2306.06公顷，旱地面积1723.58公顷。

【辖　区】　德宏州农垦分局是德宏农垦系统的主管局，设在州府芒市。其下辖5个国有农场和3个局直属企事业单位。5个国有农场中设有18个分场，167个生产队（其中：橡胶生产队94个、茶叶生产队17个、粮食生产队12个、咖啡和胡椒生产队1个）。国有农场及分布：盈江县境内建有盈江农场，陇川县境内建有陇川农场，瑞丽市境内建有瑞丽农场和畹町农场，芒市境内建有遮放农场；3个局直属企事业单位及分布为：云南农垦第二职工医院、德宏农垦商业公司均位于芒市，云南省德宏热带农业科学研究所位于瑞丽市。

【人　口】　2010年，德宏农垦有16718户42618人，其中女性21462人，少数民族人口2750人，家属及小孩18998人，其他人员1872人。年内，出生婴儿192人，死亡333人，人口自然增长率为-3.31‰。垦区有从业人员12742人（其中女性5950人），在岗职工12676人（其中女职工5169人）。有离退休、退职人员9006人（其中离休74人，退休8886人，退职46人）。

历　　史

【简　史】　1951年8月，中央召开橡胶工作会议。会后，政务院第100次会议通过了《关于培育橡胶的决定》，要求云南保护好现存的橡胶树并继续扩大调查。9月，云南省农林厅林业局建立林垦处；年底，中央从华北、四川调集一批干部到云南，在潞西县建立芒市林垦站，领导全区橡胶树引种试验。1952年，相继建立盈江、莲山、潞西3个林场。1953年3月，保山林业办公室撤销，建立云南垦殖局保山垦殖分局。同年，为贯彻中央“小型、重点”的试验方针，保山垦殖分局撤销，建立云南特种林试验指导所，盈江、潞西2场撤销，潞西、莲山林场改为特种林试验场。1955年3月，云南特种林试验指导所撤销，成立云南省热带作物试验指导所，潞西特种林试验场改为德宏州热带作物试验场，莲山特种林试验场撤销；12月，成立云南省农林厅热带作物局，保留德宏州热带作物试验场。1957年3月，建立云南省农垦局。1958年8月，筹建德宏州农垦局。1963年初，芒市、遮放、瑞丽、盈江、陇川农场总场相继成立，分别管辖所在地原有各农场。1967年初，建立德宏州军管会，州农垦局机关及各农场总场、农场、局直单位均实行军管。1968年各农场总场、农场相继建立了“革命委员会”。1969年初，德宏自治州建制撤销，德宏州农垦局随之撤销，农垦的一切事务分别由保山地区“革命委员会”下属的政工组、办事组和生产指挥组代管。1970年3月，云南省农垦局撤销后组建了云南生产建设兵团，德宏农垦也随之编为“云南生产建设兵团第三师”；陇川农场总场编为10团，瑞丽农场总场编为11团，遮放农场总场编为12团，盈江农场总场编为13团，芒市农场总场编为14团，潞江农场总场和新城农场总场合编为15团，畹町农场改为11团6营（总场下属农场改变为营，生产队改编为连的建制）。1974年10月，撤销云南生产建设兵团第三师，建立德宏州农垦分局，团改农场、营改分场（原11团6营改为畹町农场）、连改生产队；原15团改为潞江农场，并划归云南省农垦总局和保山地区领导。1978年7月，芒市农场划归云南省华侨办公室领导。1984年，德宏农垦兴办职工家庭农场，实行大农场套小农场的经营体制。1985年，经德宏州政府批准，建立“云南省农垦农工商联合企业总公司德宏分公司”，保留“德宏州农垦分局”行政建制（一套班子，两块牌子）。1996年2月，云南省农垦总局转制组建云南省农垦集团有限责任公司，德宏州农垦分局也相继组建为云南省农垦集团有限责任公司德宏分公司，同时仍保留德宏州农垦分局行政建制（实行一套班子，两块牌子）至今。

社　会

【经济简述】 2010年，德宏州农垦分局完成生产总值30262.03万元；实现工农业总产值47726.7万元，比上年增15724.52万元，增49.14%。其中：农业总产值28888.54万元，比上年增8825.05万元，增43.98%；工业总产值18838.16万元，增6899.47万元，增57.79%。农业总产值及工业总产值占工农业总产值的比重分别为60.53%和39.47%。完成固定资产投资总额6112.14万元，其中第一产业投资839.38万元，第二产业投资672万元，第三产业投资4600.76万元。资金来源为：国家预算内资金4294.21万元，自筹资金1448.7万元，其他资金369.23万元。年内，新增固定资产2994.03万元。

年内，垦区非公有制经济持续发展。有非公有制经济经营单位5391个，从业人员6417人，从业人员劳动报酬1666.68万元。其中：第一产业经营单位3847个，从业人员4573人，从业人员劳动报酬1163.59万元；第三产业经营单位1544个，从业人员1844人，从业人员劳动报酬50.09万元。非公有制经济生产总值达5177.81万元，拥有资产总额4976.95万元。其中：第一产业生产总值2700.83万元，拥有资产总额504.32万元；第三产业生产总值2476.98万元，拥有资产总额4472.63万元。年内，非公经济完成固定资产投资总额490.06万元，固定资产净值5235.77万元。其中：第一产业完成固定资产投资48.7万元，固定资产净值272.76万元；第三产业完成固定资产投资441.36万元，固定资产净值4963.01万元。实现利润总额3011.83万元，缴纳税金159.5万元。其中：第一产业实现利润总额1520.76万元；第三产业实现利润总额1491.07万元，缴纳税金159.5万元。

德宏农垦经济2010年基本情况

项目＼单位	计量单位	合计	陇川农场	瑞丽农场	遮放农场	盈江农场	畹町农场	局直单位
总人口	人	42618	12626	12776	6959	7227	1671	1359
在岗职工人数	人	12676	4486	3345	2138	1884	411	412
在岗职工工资总额	万元	12648.31	3038.75	4151.97	2798.07	898.8	179.23	1581.49
在岗职工年平均工资	元/人	9978.16	6773.85	12412.47	13087.33	4770.7	4360.83	38385.68
分场数	个	18	4	6	4	4		
农业生产队个数	个	167	40	60	28	31	8	
土地总面积	公顷	15300.47	3750.65	7376.42	1686.53	1953.69	432.18	101
耕地	公顷	4039.64	2831.8	513.23	159.44	463.72	71.45	
橡胶地	公顷	4887.57	9.67	2983.07	1011.19	574.75	277.25	31.64
茶园	公顷	518.7	80	49.69	106.37	279.78	2.86	
咖啡	公顷	382.37		85.69	244.67	17.03	20.88	14.1
水果	公顷	701.19	162.31	301.98	4.4	172.76	59.74	
造林	公顷	267.22	21.96	188.74	12.23	10.99	33.3	
水域面积	公顷	287.36	179.21	82.5	8.61	11.28	4.82	0.94
其中：生产用水域面积	公顷	232.37	164.67	44.81	8.48	11.28	2.59	0.54
热带亚热带作物年末实有面积	公顷	394.48		89.01	244.67	20.23	21.51	19.06
生产总值	万元	30262.03	10750.71	5547.51	6221.78	4888.09	433.92	2420.02
工农业总产值	万元	47726.7	28232.55	10843.7	4211.38	3747.64	674.01	17.42
其中：农业总产值	万元	28888.54	9672.65	10843.7	4054.76	3626	674.01	17.42
工业总产值	万元	18838.16	18559.9		156.62	121.64		

德宏农垦2010年非公有制经济基本情况

项 目 \ 单 位	计量单位	合 计	第一产业	第二产业	第三产业
一、经营单位个数	个	5391	3847		1544
其中：领取工商执照单位数	个	380			380
1.个体经济	个	5116	3614		1502
2.私营经济	个	18	9		9
二、从业人员	人	6417	4573		1844
1.个体经济	人	6232	4442		1790
2.私营经济	人	185	131		54
三、从业人员劳动报酬	万元	1666.68	1163.59		503.09
1.个体经济	万元	1611.29	1153.59		457.7
2.私营经济	万元	55.39	10		45.39
四、生产总值	万元	5177.81	2700.83		2476.98
1.个体经济	万元	4973.73	2700.83		2272.9
2.私营经济	万元	204.08			204.08
五、当年固定资产投资额	万元	490.06	48.7		441.36
1.个体经济	万元	490.06	48.7		441.36
六、资产总额	万元	4976.95	504.32		4472.63
1.个体经济	万元	4015.79	486.66		3529.13
2.私营经济	万元	961.16	17.66		943.5
七、固定资产净值	万元	5235.77	272.76		4963.01
1.个体经济	万元	4358.44	255.1		4103.34
2.私营经济	万元	877.33	17.66		859.67
八、税金	万元	159.5			159.5
九、利润总额	万元	3011.83	1520.76		1491.07

【农 业】 2010年，德宏农垦有橡胶面积5132.85公顷，实际开割面积3383.27公顷；有橡胶172.55万株，实际开割94.46万株；全年胶乳总产量12941.13吨，年产橡胶4372.67吨，比上年增118.74吨，增2.8%。甘蔗种植面积3133.82公顷；年产甘蔗31.7万吨，比上年增2.1万吨，增7.1%。茶叶种植面积680.22公顷，采摘面积622.94公顷；年产茶叶1037.57吨，比上年增85.09吨，增8.9%。咖啡种植面积382.37公顷，收获面积272.26公顷；年产咖啡368.19吨，比上年增19.99吨，增5.7%；粮食作物种植面积1322.66公顷，年产粮食7525.39吨，比上年增733.3吨，增10.8%。种植花生、油菜籽等油料作物24.27公顷，年产29.2吨。年末，有蔬菜、瓜果种植面积527.03公顷，年产蔬菜、瓜果9218.46吨。其他作物种植面积104.79公顷，年产量达982吨。水果种植面积701.19公顷，收获面积481.89公顷，年产水果6209.97吨。热带亚热带作物实有

面积394.48公顷，年产胡椒、咖啡、砂仁、澳洲坚果等产品278.92吨。年末，实有造林面积（不含橡胶林）267.22公顷，有自然林面积69.16公顷；全年采伐木材2135立方米，砍伐毛竹2.31万根，产竹笋1吨。

年内，垦区大牲畜存栏1030头、猪5406头、羊208只、家禽92278只、兔20只，生产牛、猪、羊、家禽等肉类总产量636.29吨（其中非公经济生产636.29吨，占总产量的100%），禽蛋产量307.16吨（均为非公经济生产）；养殖水域面积144.56公顷，生产鲜鱼等水产品878.39吨（其中非公经济生产鲜鱼等水产品870.59吨，占总产量的99.1%）。

年内，垦区拥有主要农业机械总动力64254千瓦，其中柴油发动机动力23872千瓦，汽油发动机动力928千瓦，电动机动力33222千瓦，其他机械动力6232千瓦。有大中型农用拖拉机178台，动力8384千瓦，大中型拖拉机配合农具200套；小型拖拉机1092台，动力7408千瓦，小型拖拉机配合农具1211套。有农业排灌机械68台，动力796千瓦；机动喷雾机27台，动力83千瓦；联合收割机5台、机动脱粒3套，动力171千瓦；农产品加工机械364台，动力33389千瓦；农用汽车129辆，动力5774千瓦；其他农业机械动力6705千瓦。年内机耕面积2600.46公顷，机械收割面积855.14公顷。垦区有输电线路14.4千米，变电设备数量10台，变电设备功率2410千伏安；有排灌站3座、排灌能力为26立方米/秒，水库16座、水库容量1281.28万立方米。全年农业用电量1533.03万度，有效灌溉面积2488.37公顷。农药施用量336.73吨，其中化学除草剂124.08吨，除草面积5926.37公顷；化肥施用量10038.97吨（氮肥3377.91吨、磷肥773.73吨、钾肥327.89吨、复合肥5559.44吨）；有机肥施用量21113.36吨。有沼气池304个，体积1536.4立方米。农用塑料薄膜使用量93.48吨，地膜覆盖面积2342.28公顷。

年内，垦区完成农业总产值28888.54万元，比上年增8825.05万元，增43.98%。其中：种植业总产值15382.97万元（粮食1470.93万元，茶叶898.01万元，水果1916.68万元，甘蔗9101.2万元）；林业总产值11288.82万元（橡胶产值11111.35万元）；牧业总产值1341.96万元；渔业总产值874.79万元。

全年全垦区农作物受灾面积1863.49公顷，绝收27.09公顷，灾害造成农作物损失情况为：粮食减产64.28吨，茶叶减产148.8吨，糖料减产2488吨，橡胶减产170.15吨，房屋倒塌2间，牲畜死亡2头，受灾人口达53071人，造成直接经济损失1075.74万元。

德宏农垦农业2010年基本情况

项目 \ 单位	计量单位	合计	陇川农场	瑞丽农场	遮放农场	盈江农场	畹町农场	局直单位
橡胶实有面积	公顷	5132.85	9.67	2662.7	1011.19	823.34	594.31	31.64
橡胶实际开割面积	公顷	3383.27	9.67	2136.04	642.08	411.62	178.73	5.13
实有橡胶株数	万株	172.55	0.52	84.9	38.09	25.81	21.97	1.26
实际开割橡胶株数	万株	94.46	0.52	59.42	20.32	9.52	4.57	0.11
橡胶产量	吨	4372.67	28.6	2808.79	1087.78	317.71	127.76	2.03
粮食播种面积	公顷	1322.66	184.76	290.37	227.7	550.33	69.5	
粮食总产量	吨	7525.39	1350.1	1668.2	1175.48	2903.91	427.7	
平均公顷产量	吨/公顷	5.69	7.31	5.75	5.16	5.28	6.15	
茶叶采摘面积	公顷	622.94	80	51.68	114.49	376.77		
茶叶产量	吨	1037.57	140	51.55	148.38	697.64		
平均公顷产量	吨/公顷	1.67	1.75	0.99	1.29	1.85		
甘蔗种植面积	公顷	3133.82	2822.26	93.06	11.33	207.17		
甘蔗总产量	吨	316912.45	290096.95	6804	765	19246.5		

项目 \ 单位	计量单位	合计	陇川农场	瑞丽农场	遮放农场	盈江农场	畹町农场	局直单位
平均公顷产量	吨/公顷	101.13	102.79	73.11	67.52	92.9		
咖啡种植面积	公顷	382.37		85.69	244.67	17.03	20.88	14.1
咖啡产量	吨	368.19		64.5	248.12	6	14.8	34.77
蔬菜、瓜果类种植面积	公顷	527.03	21.67	215.82	19.3	233.34	36.9	
蔬菜、瓜果产量	吨	9218.46	275.4	3914.56	231.4	3979.1	818	
水果种植面积	公顷	701.19	162.31	301.98	4.4	172.76	59.74	
水果产量	吨	6209.97	391.6	5365.87	85.1	306.2	61.2	
其他作物种植面积	公顷	104.79	28.92	18.08	30.26	24.33	3.2	
其他作物产量	吨	982	249.5	349.4	86.1	241	56	

【工　业】　2010年，德宏农垦有工业企业6个，从业人员489人，从业人员劳动报酬781.16万元。年末有固定资产总额207.15万元（生产经营用36.67万元），固定资产净值33.57万元。

年内，垦区生产白糖45632.25吨，比上年增1896.45吨，增4.3%；酒精2674.6吨，增339.9吨，增14.6%；发电量1205万度，增28万度，增2.38%；生产砖瓦450.52万块，增26.42万块，增6.23%。

年内，全垦区实现工业总产值18838.16万元，比上年增6899.47万元，增57.79%。其中：制糖业17378.3万元，比上年增6330.5万元，增57.3%；酒精制造业1181.6万元，增554万元，增88.3%；砖瓦及建筑材料制造业121.64万元，减13.26万元，减9.8%。全年德宏农垦工业销售产值18838.16万元（其中轻工业销售产值18559.9万元）。

德宏农垦工业2010年基本情况

项目 \ 单位	计量单位	合计	陇川农场	瑞丽农场	遮放农场	盈江农场	畹町农场	局直单位
工业企业数量	个	6	2	1	1	2		
1、白糖	吨	45632.25	45632.25					
产值	万元	17378.3	17378.3					
2、发电量	万度	1205	1205					
3、酒精	吨	2674.6	2674.6					
产值	万元	1181.6	1181.6					
4、砖瓦	万块	450.52				450.52		
产值	万元	121.64				121.64		

【卫　生】　*2010*年，德宏农垦有医疗单位*23*个，其中云南省农垦总局所属德宏农垦分局代管的医疗单位*1*个（云南农垦总局第二职工医院），农场所属医院*5*个，分场所属卫生院*17*个。本年度，农垦的医疗卫生机构正在实施改革，逐步移交属地管理。

【科　研】　*2010*年，德宏农垦有科研单位*1*所（德宏热带农业科学研究所），该所集科研——示范——教学——培训——服务为一体，占地面积*1317.3*亩，有橡胶试验示范基地*1175.2*亩，示范园内有橡胶林下间、套种咖啡、南药等多种经济作物立体种植生态模式基地*520*亩，橡胶良种繁育基地*150*亩，咖啡良种繁育基地*330*亩，咖啡、澳洲坚果品比试验基地120亩，咖啡种质资源苗圃40亩。同时设有组培室、农化室、温室大棚，并配有32种45台先进科研仪器设备。全所有职工106人，其中科技人员52人，工人54人。全年共投入科研经费186.94万元，其中国家拨款148.52万元，单位自筹38.42万元。

【社会保障】 2010年，德宏农垦支出在岗职工保险福利费2317.31万元，其中职工福利费503.92万元，社会保险费（单位缴纳部分）1361.99万元，住房公积金（单位缴纳部分）123.35万元，工会经费和职工教育经费325.89万元；年末，垦区有离退休、退职人员9006人，发放保险福利费用12962.5万元，其中离休金107.95万元，退休金12279.27万元，退职生活费34.38万元，医疗卫生费64.45万元，丧葬抚恤救济费412.74万元，其他费用63.71万元。

年内大事

【第二届全国割胶技能大赛德宏垦区选拔赛】 2010年1月11日，由德宏农垦分局举办的第二届全国割胶技能大赛德宏垦区选拔赛在瑞丽农场举行。参赛选手分别是：瑞丽农场6名、盈江农场2名、遮放农场3名、畹町农场1名、德宏热带作物研究所1名。经过激烈角逐，瑞丽农场坎兰分场选送的马光炳和勐卯分场选送的李俊德获得了此次选拔赛的冠、亚军，两位同志将于1月26日前往西双版纳参加云南垦区选拔赛，争取参加全国割胶技能大赛的决赛资格。

【组织召开纪念湖南青壮年支边50周年暨《情撒边关》出版发行会】 2010年2月2日，德宏农垦分局组织举行的纪念湖南青壮年支边50周年暨《情撒边关》出版发行会在芒市召开。原州委书记朗大忠，原州长刀安钜，副州长板岩过，副厅级离休老领导刘季纯，德宏农垦分局党委书记罗星明等发表了讲话；《情撒边关》总编对书籍的出版情况作了简介；支边二代代表作了表态发言。该书由在德宏创业的湖南乡亲筹资编纂而成，记录了50年前，为开发云南热区资源，建设祖国第二个天然橡胶基地，加速新中国社会主义建设步伐。云南省与湖南省政府达成协议，并经国务院批准，1959年12月至1960年11月，湖南醴陵、祁东、祁阳3县的21994名青壮年、14644名家属共36638人，分27批，奔赴祖国的西南边陲。其中到德宏垦区的支边人员共5000余人，分布在陇川、瑞丽、遮放、盈江、畹町5个农场，为德宏的经济社会发展做出了巨大贡献。会后，《情撒边关》编纂组将此书分发给与会代表。

【云南农垦保障性安居工程工作现场会在瑞丽召开】 2010年5月19日，云南省农垦总局在瑞丽市召开云南农垦保障性安居工程工作现场会。上午，与会代表参观了瑞丽农场部分保障性安居工程建设项目。下午，召开了云南农垦保障性安居工程建设会议，云南农垦总局党委书记、局长白建坤，云南农垦集团总经理苏维凡，德宏州政府副州长苏洪涛出席会议并讲话。云南农垦集团副总经理李民宣读了对2008~2009年度云南农垦保障性安居工程建设先进单位的表彰决定；云南农垦集团总经理苏维凡与各分局签订了2010年保障性安居工程项目目标责任书。瑞丽农场等5个农场分别在大会上介绍、交流了在保障性住房建设工作方面的情况和所取得的经验。

2008~2009年度云南农垦5万余户保障性安居房的目标，总投资30多亿元，目前已完成投资19.7亿元，建成21260户，开工率63.74%，其中德宏垦区计划5530户，已开工4860户，开工率86.58%，排在各分局之首（瑞丽农场计划1600户，开工率100%，预计6月底将全部竣工）。

【云南农垦集团公司与德宏垦区三农场签订资产移交协议】 2010年11月24日，云南农垦集团公司与德宏垦区三农场资产移交签订仪式在德宏农垦分局举行。云南农垦集团公司总经理苏维凡、总经理助理徐红、办公室副主任陈葵及德宏州政府副秘书长韦德斌、州财政局副局长帕安胜、州国土资源局国资科科长孙丽和德宏农垦分局机关全体人员，遮放、畹町、盈江农场的领导班子参加会议。徐助理首先对遮放、畹町、盈江3个农场的资产情况做了说明；苏总经理还分别与遮放、畹町、盈江3个农场签订了资产移交协议。仪式结束后，遮放、畹町、盈江3个农场的主要领导作了简要的表态发言；德宏州政府副秘书长韦德斌和云南农垦集团公司总经理苏维凡先后作了重要讲话。最后，德宏农垦分局党委书记罗星明代表分局对省农垦总局（集团公司）和德宏州委州政府长期以来对德宏垦区的关心支持表示感谢，并就今后新的州农垦局如何进一步适应改革新形势，继续履行好服务垦区职能，确保农垦改革顺利推进作了表态性发言。

【农垦改革】 为积极稳妥推进云南农垦改革，云南省委、省政府先后出台了云发（2007）12号和云发（2009）19号文件，对农垦的改革发展工作做出了总体部署。2010年6月，云南省深化农垦改革工作会在昆明召开。会议明确了农垦改革相关配套政策，并正式将39个农场和122所农垦医疗机构等移交相关州市实行属地管理。其中包括德宏农垦的遮放、瑞丽等5个农场和职工二院及5个农场医院。通过实现垦地经济社会发展的统一规划，逐步改变农垦封闭运行和政策边缘化的现象，改善职工生产生活条件，增强农场发展后劲。

德宏州委、州政府积极按照云南省委、省政府的工作部署，采取有力措施：一、成立领导组织机构。成立了以州长孟必光为组长、副州长板岩过为常务副组长的“推进农垦改革发展维护垦区稳定综合协调领导小组”，领导小组下设办公室于德宏州农垦分局，负责处理日常事务。二、多次召开会议研究部署德宏农垦改革工作。（一）5月6日，德宏州召开推进农垦改革发展维护垦区稳定综合协调领导小组第一次全体成员会议。会议传达学习了省委、省政府《关于推进农垦改革发展维护垦区稳定的若干意见》和省委副书记李纪恒在全省农垦改革发展工作会议结束时的讲话精神及副省长孔垂柱在全省农垦改革发展工作会议上的讲话精神，研究部署了近期德宏农垦改革发展的重点工作；会上还成立了德宏州推进农垦改革发展维护垦区稳定综合协调领导小组。（二）5月11日，德宏农垦分局组织召开了垦区企事业单位党政主要领导工作会议，传达学习了德宏州农垦改革工作领导小组第一次工作会议精神，专题研究部署德宏农垦改革、发展、稳定工作；（三）5月25日，德宏州农垦改革领导小组办公室召开农垦改革6个工作组的组长、副组长会议，研究部署调研工作有关事宜，全面了解和掌握全州农垦改革涉及的有关情况；（四）11月23日，德宏州召开深化农垦改革工作会议，会议贯彻落实省、州有关文件和会议精神，明确了德宏州农垦改革实施意见，举行了农场、医疗机构属地管理交接仪式，副州长板岩过代表州政府与有关县（市）政府分别签订了移交县（市）管理责任书，正式将5个农场和23所农垦医疗机构等移交相关县（市）实行属地管理。他强调近期要着力抓好8个方面的工作：各县（市）要结合实际，尽快制定农场改革具体实施方案；州组织人事部门要结合本州每个农场人口数、区域面积和经济发展状况等情况，研究出编制下达意见；对未完成的竞争上岗、资产公示等工作抓紧落实；撤销州农垦分局，组建州农垦局，尽快配齐、配强农场领导班子；力争今年年底前将职工和其他人员的社会保障分别移交州和有关县（市）社保机构；力争明年2月底前全面完成职工家庭土地承包合同的签订；妥善化解矛盾问题，确保改革如期推进；把垦区纳入地方的“十二五”规划，抓好基础设施、民生改善和产业培植等工作。三、出台改革相关文件。德宏州农垦改革领导小组结合德宏农垦实际，在深入调研的基础上，广泛征求有关县（市）及州各专业工作组的意见后，几经修改，最终拟定了《中共德宏州委德宏州人民政府关于推进农垦改革发展维护垦区稳定的实施意见》和《德宏州农垦系统医疗机构移交地方工作实施方案》、《德宏州农垦改革土地承包实施方案》2个配套实施方案。该“实施意见”及2个配套实施方案分别完成公示、听证程序后，于11月11日和11月13日经州人民政府第23次常务会议及五届州委第78次常委（扩大）会议研究后原则通过。此后，又针对农垦的机构改革、编制核定和人员分流等工作制定了相关文件。改革文件的出台，对全州农垦改革工作的稳步推进更具指导性和可操作性。四、将农垦的改革工作列为德宏州重点督查的20项重要工作来抓，德宏农垦也将工作进展情况及时上报德宏州委州政府。

领导干部名录

德宏农垦分局

局　长　（缺）
党委书记　罗星明（彝族，主持工作）
党委副书记　宋建国（负责工会工作）
纪委书记　宋建国（兼，负责工会工作）

瑞丽农场

场　长　刘雪源
副场长　柯利川
党委书记　李自森
纪委书记　陈化龙
工会主席　杨余康
总农艺师　刘红平

陇川农场

场　长　张洪彩
副场长　李自清　王　龙

党委书记　田琦辉
纪委书记　胡延光
工会主席　余　杰

遮放农场

党委书记　彭支边（主持工作）
副场长　严金佑　周安明
纪委书记　宋玉民
工会主席　周　斌

盈江农场

场　长　尹建元
副场长　邹求生　相明和
党委书记　刘昌生
纪委书记　万有桥
工会主席　万有桥

畹町农场

党委副书记　殷华平(主持工作)
副场长　鲁国兴
纪委书记　殷华平（兼）
工会主席　鲁秀兰

云南省农垦总局第二职工医院

院　长　尹克强（白族）
党委书记　尹克强（白族）

德宏热带农业科学研究所

所　长　白燕冰（回族）
党支部书记　张丽波

（《德宏农垦》撰稿　杨清志）

大事专题

党政机构

中国共产党德宏傣族景颇族自治州委员会

【出台《关于进一步加强和改进督促检查工作的实施意见》】 2010年1月4日，德宏州委深入贯彻落实科学发展观，建立健全抓落实的长效机制，切实推动中央、省委和州委重大决策及各项工作部署的落实，根据《中共云南省委关于进一步加强和改进督促检查工作的意见》（云发〔2007〕1号）要求，结合德宏州实际，州委提出进一步加强和改进督促检查工作的实施意见。进一步明确督查工作的指导思想、目标任务和基本原则。

指导思想：坚持以邓小平理论和“三个代表”重要思想为指导，全面贯彻落实科学发展观，紧紧围绕中央、省委和州委的中心工作、重大部署以及人民群众关注的热点、难点问题开展督促检查，不断增强工作的针对性和实效性，确保中央、省委和州委的重大决策及工作部署落到实处，为维护党的权威和最广大人民群众的根本利益、密切党同人民群众的血肉联系、全面建设小康社会、构建和谐德宏、推动全州经济社会跨越式发展提供力量。

目标任务：适应新形势、新任务、新要求，认真研究和把握督查工作规律，不断创新督查工作的方法和机制，建立完善督查领导体制，建立集决策督查、专项督办、综合协调、督查调研、业务指导等为一体的督查工作体系，切实加强督查队伍建设，努力形成党委统一领导、部门齐抓共管、运行机制完善、保障措施有力、工作网络健全的大督查工作格局。重点加强和改进对党的路线方针政策贯彻落实情况的督促检查；对中央、省委和州委重大决策和重要工作部署贯彻落实情况的督促检查；对中央、省委和州委重要文件和重要会议精神贯彻落实情况的督促检查；对上级领导的重要批示件、上级党委督查部门的交办件、州委领导的重要批示件和交办件的督促落实；对州委领导到部门或基层视察、调研时指示办理事项的督办落实；对县市和州直部门反映的需要州委帮助协调解决的问题的督办落实；对群众关心、社会关注的热点、难点问题的督办落实；对涉及党群、军队、政法等相关机构和部门的人大代表、政协委员议案、提案、建议的督促办理；对各级干部，特别是各级领导干部的总体工作状况、精神状态、政治纪律、工作作风的经常性监督检查。通过提升督查工作的能力和水平，进一步推动、促进和保障党委重大决策及重要工作部署的贯彻落实。

基本原则：一是明确主体，分级负责。坚持把对上级党委和本级党委决策落实的督促检查有机结合起来，按照党委总揽全局、协调各方的总要求，做到党委统一领导、统一部署，各级各部门分级负责、分工协作，自觉主动地抓好贯彻落实。二是突出重点，重在落实。紧紧围绕党委中心工作，准确把握党委工作重点，抓住影响全局的突出问题、主要矛盾和薄弱环节，集中力量，突出重大决策督查、强化重点工作督查、狠抓专项督办工作，围绕人民群众反映强烈的热点、难点问题开展督查，把督促检查贯穿到决策实施的每个阶段、每个环节、每个方面，全面推动决策的贯彻落实。三是实事求是，客观公正。全面、准确、客观地反映督促检查的实际，不以偏概全，杜绝弄虚作假。始终坚持求真务实、讲求实效的工作作风。坚持讲真理，一切从实际出发，用抓落实的成果检验督查工作的成效。四是权责统一，各方配合。坚持督促检查工作领导授权的原则，按照工作制度和工作程序，在领导授权范围内进行督促检查。认真落实属于县市（区）和部门职权范围内的事，加强协调配合，共同抓好落实工作。县市（区）党委要根据不同时期的工作重点，对督查业务部门提出明确授权和工作要求。督查部门要根据授权和工作要求做好工作并定期报告结果。五是科学规范，不断创新。遵循督促检查工作的规律，按照制度化、规范化、科学化要求，积极探索创新督查工作的方式方法，把思想认识从那些不合时宜的观念、做法和体制的束缚中解放出来，使督查工作从被动应付向主动服务、超前谋划转变，从满足于抓具体事务向抓大事、谋全局、当高参转变，从单打独斗向联合作战转变，从无序杂乱向制度化、规范化、科学化转变，不断开创督查工作的新局面。

【吉林省委专家组到德宏调研】 *2010*年*1*月*15*至*17*日，吉林省委政研室、省委决策咨询委员会组成专家组一行*7*人到德宏州瑞丽市进行考察调研。考察建设南向大通道情况；中缅跨境经济合作进展情况；瑞丽姐告海关特殊监管区运行情况。

【召开全州优化经济社会发展软环境建设动员大会】 *2010*年*2*月*25*日，德宏州委、州政府召开全州优化经济社会发展软环境建设动员大会。州委常委，州人大常委会、州政府、州政协实职副州级以上领导；州纪委常委，州纪委监察局各室负责人，各派出纪工委书记、分局长；各县市（区）委、人大常委会、政府、政协主要领导和分管经济工作的领导；各县市纪委书记、监察局长，执法室主任、问责办主任；各乡镇党委书记、乡镇长；州直和中央、省属驻德宏各单位正科实职以上领导；州纪委监察局特邀监察员、行风评议员；*28*家重点企业代表参加了会议。州委书记赵金作了讲话。

【召开州四班子联席会议】 *2010*年*2*月*26*日，德宏州委在芒市会堂新闻发布厅召开州四班子联席会议，讨论研究关于州级行政办公楼建设选址有关事宜；全省旅游现场办公会在德宏州召开的建议方案；听取和讨论关于陇川章凤口岸经济区合作开发框架协议有关情况的汇报；讨论研究傣王宫旅游景区规划及建设方案；听取和讨论关于芒市水岸边城建设中的有关情况汇报。州委常委，州人大常委会主任、副主任，州政府副州长、州长助理，州政协主席、副主席，州四班子秘书长、办公室主任；州建设局、州旅游局有关领导；潞西市委、陇川县委主要领导参加联席会。

【召开全州巡视工作动员大会】 *2010*年*3*月，云南省委巡视组到德宏开展为期近*5*个月的巡视工作。为保障巡视工作的顺利开展，确保巡视工作的圆满完成，根据省委巡视组的安排，州委决定于*3*月*17*日，在州委党校报告厅召开全州巡视工作动员大会。州委、州人大常委会、州政府、州政协、州纪委班子全体成员，州中级人民法院院长、人民检察院检察长，副厅级以上领导干部（含非领导职务）；州委副秘书长、州委组织部副部长、州委宣传部副部长，各县市（区）委书记、县市（区）长、州直各单位党委（党组）主要负责人，副厅级以上离退休老领导参加了会议。州委书记赵金主持并做动员讲话；省委巡视组组长讲话；会后进行了党风廉政建设民主测评。

【召开州委五届十二次全委会议】 *2010*年*3*月*17*日，在德宏州委一楼会议室召开州委五届十二次全委会议。推荐县委书记预备人选及州直主要部门负责人。五届州委委员，州委候补委员出席了会议。

【出台德宏州开展优化经济社会发展软环境建设的实施意见】 *2010*年*3*月*23*日，德宏州委加大优化经济社会发展软环境，全面加强舆论环境、政策环境、服务环境、法治环境、宜居环境建设，提高各级各部门的凝聚力、执行力、创新力，加速推进全州经济社会跨越式发展。州委、州政府加强全州经济社会发展软环境建设提出以下实施意见。明确软环境建设的指导思想和目标要求：以科学发展观为指导，认真贯彻落实州委五届十次、十一次全会精神，以改革创新为动力，以制度建设为突破口，以群众满意、客商满意、企业满意为标准，以建设服务政府、效能政府、法治政府、责任政府、廉洁政府为载体，进一步解放思想，转变观念，强化措施，切实解决影响德宏州经济社会发展环境的关键问题，全面优化舆论环境、政策环境、服务环境、法治环境和宜居环境，牢固树立人人是德宏形象、个个是发展环境的理念，围绕“服务全到位、建设零干扰、发展无障碍”和“办事成本最低、速度最快、心情最好”的目标，大力营造好干事创业环境，为推进全州经济社会跨越式发展提供强有力的支持。一、着力营造团结奋进的舆论环境。各级各部门要牢固树立“一盘棋”思想，自觉服从服务于经济社会发展的大局，把思想统一到“一切着眼于发展、一切服务于发展，用发展凝聚人心、用发展破解难题、用发展为民造福、用发展开创事业”上来。把软环境建设与当前正在开展的“自力更生、勤劳致富、感恩思进”主题教育活动结合起来，广泛宣传“团结、务实、开拓、奋进”的精神，使“建设德宏，发展德宏，人人有责”思想深入全州各族干部群众心中，形成推进软环境建设的思想共识。二、着力营造宽松优惠的政策环境。1、深化政策落实环境。2、深化行政审批制度改革。3、深化行政事业性收费制度改革。三、着力营造便捷高效的服务环境。1、进一步转变政府职能。2、进一步加强服务型政府建设。3、进一步加强效能政府建设。四、着力营造公正廉明的法治环境。1、进一步建立健全权责明确、行为规范、监督有效、保障有力的跟踪监督制度和责任追究办法。2、进一步强化社会治安综合治理，拓宽维权通道。五、着力营造文明和谐的宜居环境。1、开展形式多样的诚信宣传活动。2、加大守信激励与失信惩戒机制建设的力度。3、加大最适宜人类居住环境建设力度。全力打造宜居德宏，以“有一个美丽的地方——德宏”为标志性品牌，抓好以民族文化、绿色生态、现代气息为特征的5个县市政府所在地城市建设，在差异化、精品化、个性化上作文章，搞好城市规划、设计、建设、开发、管理、经营，完善城市功能，彰显城市特色。全力打造生态德宏，继续实施“生态立州”战略，重视生态保护和节能减排，加大污染治理力度，积极发展低碳经济和循环经济，走低碳经济、绿色发展之路，努力把德宏建设成为花果乡村、幸福家园。

【出台招商引资工作的决定】 2010年3月23日，德宏州委加大招商引资力度，促进全州经济平稳较快发展，州委、州政府出台加强招商引资工作决定。提出招商引资工作的基本思路：以邓小平理论和“三个代表”重要思想为指导，深入贯彻落实科学发展观，紧紧抓住中国——东盟自由贸易区全面建成、国家实施“扩内需、调结构、保增长、保民生”及新一轮西部大开发战略等重大机遇，把德宏建成中国面向西南开放桥头堡的黄金口岸，以充分发挥区位优势、发展开放型经济为主导，以园区建设为龙头，以改善投资环境、创新激励机制为突破口，以加大政策支持力度和加强队伍建设为支撑，强化招商意识、拓展招商空间、提升招商质量，发挥政府引导作用与突出企业主体作用相结合、“引进来”与“走出去”相结合，积极构建招商引资新平台，全力推进招商引资工作向更大范围，更宽领域发展。招商引资工作的目标任务：在扩大开放中优化资源配置，使全州经济布局合理、经济结构优化、经济运行质量提高，城市功能有较大提升和拓展，基础设施建设、生态环境建设呈现新面貌，实现利用州外资金及对外经济技术合作的新突破。以2008年全州实际到位州外资金22.77亿元为基础，保持年均递增不低于20%的速度，到2015年，全州引进州外（国内）资金达到81.52亿元人民币。招商引资占全社会固定资产投资的比重保持在30%以上，外协、外宣、外游、外联、外智等工作进一步加强，营造“诚信、效率、安全”的投资环境和建立科学、优良的管理服务体系。

【“2010年云南社科专家德宏行暨百名学者话德宏”大型调研活动】 2010年，由中共云南省委宣传部、云南省社会科学界联合会、中共德宏州委、德宏州人民政府主办，云南省社会科学界联合会、中共德宏州委宣传部、德宏州社会科学界联合会承办的“2010年云南社科专家德宏行暨百名学者话德宏”大型调研活动在德宏州举行。活动主题：拟将组织百名省内外社会科学界、自然科学界专家、学者，深入德宏基层第一线，围绕州委的发展思路，抓住云南建设中国面向西南开放的桥头堡这一历史机遇，以科学发展观为指导，以促进德宏经济社会发展又好又快发展为目标，开展大型调研咨询活动。省内外专家学者45人在德宏进行9天的调研活动。5月6日在芒市会堂新闻发布厅举行了社科专家见面会暨州情介绍会；5月14日在芒市宾馆二楼会议室举行了德宏经济社会发展高端论坛。

【全国政协重点提案调研组到德宏调研】 2010年5月20至21日，为结合国家战略对云南的要求与云南加快发展的需要，突破制约云南开发开放的瓶颈，抓住重点领域和关键环节，进一步明确桥头堡建设内涵，理清思路，从国家层面加快推进中国向西南开放桥头堡建设的实施，全国政协重点提案调研组孙淦一行到德宏州进行调研。省政协主席王学仁、省政协副主席陈勋儒、罗黎辉陪同。州委书记赵金，州委副书记、州长孟必光，州委副书记唐文祥、州政协主席龚敬政，州委常委、州委秘书长番跃平，州政府副州长苏洪涛、州政协副主席卜金富陪同调研。

【全国政协常委民革中央副主席钮小明到德宏考察】 2010年5月23至25日，全国政协常委、民革中央副主席钮小明一行62人到德宏州考察。州委副书记、州长孟必光，州委副书记唐文祥、州人大常委会主任余麻约，州政协主席龚敬政，州委常委、瑞丽市委书记杨跃国，州委常委、州委秘书长番跃平，州人大常委会副主任杨红，州政府副州长苏洪涛，州政协副主席李有升等领导陪同调研。

【"桥头堡建设大家谈沿边行"大型采访活动到德宏采访】 2010年，德宏州委认真贯彻云南省委、省政府把云南建设成为中国面向西南开放桥头堡的重大战略部署，省委宣传部组织人民日报、新华社、中央人民广播电台、中新社等中央驻滇新闻单位以及云南人民广播电台、云南电视台、云南政协报、春城晚报、云南经济日报、云南信息报、生活新报、都市时报等省内新闻单位，以"桥头堡建设沿边行"为主题，6月11至15日到德宏州采访。德宏传媒集团组织州级相关媒体随行参与采访报道，并从各个层面、各个角度做好新闻报道工作。云南日报、春城晚报、云南经济日报、云南法制报、云南科技报、云南民族时报、云南政协报等省级媒体驻德宏记者站参与采访报道。

【召开州委经济工作会】 2010年8月6日，德宏州委在芒市召开经济工作会议。会议的主要任务是：以"争当云南桥头堡建设排头兵，实现德宏经济社会跨越式发展"为主题，深入贯彻落实科学发展观，认真学习贯彻省委八届九次全委会精神，认真总结西部大开发10年来德宏州取得的成绩和经验，总结今年上半年工作，安排部署当前及今后一个时期涉及德宏的基础性、长远性、战略性的若干重大问题，全面分析德宏州面临的形势和任务，认真研究深入实施西部大开发、加快桥头堡黄金口岸建设、做好"十二五"规划以及全面完成今年各项目标任务的对策措施。州委常委，州委、州人大常委会、州政府、州政协四机关正科级实职以上领导干部；各部委办局，各人民团体，各院校，中央、省属驻德宏各单位正科级实职以上领导干部；各县市（区）委书记、县市长（管委主任），分管经济工作的副书记、副县市长（管委副主任），新农村建设工作队总队长，各乡镇党委书记或乡镇长；州内28家企业负责人参加了会议。州委书记赵金、州委副书记、州长孟必光作了讲话。

【国务院发展研究中心到德宏调研】 2010年9月，国务院发展研究中心瑞丽重点开发开放试验区课题研究组12人到德宏调研，在芒市召开国务院发展研究中心瑞丽重点开发开放试验区课题研究组与德宏州座谈会。云南省发改委领导、德宏州相关领导29人及州直相关部门负责人31人参加汇报会。

【出台关于建立德宏州公共资源交易中心的意见】 2010年10月12日，德宏州委州政府加强对公共资源交易市场的监督管理，推进行政管理体制改革，创新从源头上防治腐败的措施，提高行政效率，降低行政成本，切实打造规范、有序、高效、透明的公共资源交易平台，根据国家有关法律法规，结合德宏州实际，州委、州政府决定建立德宏州公共资源交易中心。

目的意义：建立公共资源交易中心是完善社会主义市场经济体制的重要举措，是加快政府职能转变、提高工作效能的有力抓手，是构建反腐倡廉防范体系、深化反腐治本控源的重要内容，也是改善德宏投资环境、推动经济社会又好又快发展的必然要求。它有利于激活市场要素、整合公共资源，有利于加强市场监管、降低交易成本，也有利于公开市场操作、预防滋生腐败。公共资源交易中心建成后，将从根本上扭转德宏州公共资源交易活动分散承办、多头监管、管办不分的局面，实现真正意义上的"阳光交易”，对于更好的发挥市场配置资源的基础性作用，促进权力运行的公开、公平、公正，加快德宏州市场体系建设都将具有十分重要的意义。

指导思想：坚持以邓小平理论和“三个代表”重要思想为指导，全面贯彻落实科学发展观，严格执行有关公共资源交易活动的法律、法规和政策，遵循规范有序、廉洁高效、守法诚信，公开、公平、公正和质量优先、兼顾效益的原则，按照政府引导市场、市场公开交易、交易规范运作、运作统一管理的模式，优化资源配置，降低项目成本，实现公共资源交易的透明化、运作的规范化、效益的最大化，推动党风廉政建设的深入开展，为实现德宏州快速发展创造优良的投资环境。

总体目标要求：一、统一进场。一是与公共资源交易相关的监督、中介、交易服务活动在公共资源交易中心进行。各类公共资源交易主体统一进场交易；有关行政监督部门统一进场行使各自职能；公共资源交易公告、中标公示统一在国家、省、州有关部门指定的报刊、信息网络、州公共资源交易中心和其他媒介同时发布；相关收费在州公共资源交易中心专设窗口统一结算；评标专家库统一建立、管理和使用。二是州本级按照规定必须招标的项目及下列公共资源交易事项统一纳入州公共资源交易中心公开交易：（1）依法必须招标的政府投资的新建、改建、扩建工程建设项目（包括房屋建筑、设备安装、管道线路、市政园林、信息、交通、水利、电力等）的设计、勘察、施工、监理以及与工程建设有关的重要设备、材料的采购招投标项目，依法分包的建设项目，采用BT、BOT等融资方式工程建设项目的单位选定，县属投资2000万以上的建设项目；（2）政府采购项目和医疗机构药品及医疗设备的招标；（3）国有土地使用权招标、拍卖、挂牌出让（包括法院裁决用于债务清偿等需要以拍卖或挂牌方式处置的土地使用权）、矿产资源勘探、开采权的出让；（4）国有及国有控股、参股、集体产权交易（包括全部产权、部分产权、企事业单位国有土地使用权、林权、股权和房屋、车辆、设备、物品、债权等）；（5）机电设备采购、进口和涉及有限自然资源开发利用、公共资源配置、司法机关和行政执法部门罚没财物的拍卖等交易活动；（6）需要政府重点监管的公共权益与服务（包括出租和旅游汽车营运权、城市公交线路营运权、市政设施经营权等权益和物业管理、城市基础设施养护等服务）的交易业务；（7）全部使用国有资金或以国有资金为主的项目规划编制、工程咨询、评估、招标代理等中介服务机构的选定；（8）农业综合开发、科技重大项目等财政性资金项目实施单位的选定；（9）机关事业单位的房屋租赁、资产处置；（10）其他依法必须招拍挂的公共资源交易活动。二、管办分离。行政监督职能和市场职能分离；行政监督部门和公共资源交易事务办理服务机构分设。行政监督部门做好监督规则的制订及公共资源交易过程的监督，不得介入市场操作；公共资源交易事务办理服务机构严格执行相关规则和程序，不得从事影响市场公正的任何活动。三、规则主导。凡是与公共资源交易活动相关的机构、岗位、程序都要严格按照有关法律、法规和规章的规定设置。与公共资源交易活动相关的机构和人员（相关行政监督部门、公共资源交易事务办理服务机构、中介服务机构、招标人、投标人、评标人和其它利害关系人）严格履行有关法律、法规和规章的规定；与公共资源交易活动相关的各个环节严格遵循有关规则和程序。四、依法监督。行政监督部门按照国家法律、法规和有关规定，认真履行行业管理和监督职能；监察机关对相关行政监管部门和人员履行职能情况进行执法执纪监察，及时纠正和查处违纪违法行为；维护公共资源交易过程的合法性和结果的公正性。

【召开全州民族工作会议暨第六次民族团结进步表彰大会】 2010年10月28日，全州民族工作会议暨第六次民族团结进步表彰大会在芒市召开。学习贯彻国务院第五次全国民族团结进步表彰大会和全省民族工作会议暨第六次民族团结进步表彰大会精神；研究部署当前和今后一个时期德宏州民族工作的主要任务；表彰在民族团结进步事业中做出显著成绩的模范代表。州委常委，州人大常委会、州政府、州政协副州级以上领导，州法院、州检察院主要领导；受国家、省表彰的民族团结模范集体代表和模范个人；州直各部委办局、各人民团体、各院校和中央及省属驻芒市各单位正科级以上实职领导干部；各县市（区）委、人大常委会、政府、政协主要领导，党委和政府分管领导及纪委、组织部、宣传部、统战部、民宗局主要领导，乡镇（街道办事处）党委和政府主要领导；受表彰的民族团结进步模范集体代表和模范个人；州级两个宗教团体的负责人参加会议，州委书记赵金、州长孟必光作了讲话。

【滇印合作论坛第六次会议在德宏召开】 2010年，由云南省政府发展研究中心主办，德宏州人民政府承办的滇印合作论坛（K2K）第六次会议，于10月28至29日在德宏州召开。主题：“加强多层次交流，推动务实合作”。研讨四个专项议题为：建立省邦政府间合作的工作机制；加强交通贸易旅游合作；开展教育文化合作；促进科技、扶贫、IT产业、茶产业、生物资源开发等领域合作。州四大机关主要领导，分管或联系商务、外事等有关工作的领导、秘书长，各县市（区）四班子主要领导参加了开幕式活动。

【召开州委第77次常委会议暨州委理论学习中心组学习会】 2010年11月2日，德宏州委召开五届州委第77次常委会议暨州委理论学习中心组学习会议。学习主题是：传达学习党的十七届五中全会精神，研究全州贯彻意见；传达学习全省党史工作会议精神，研究全州贯彻意见；听取德宏州“十二五”规划编制工作情况汇报；听取瑞丽重点开发开放试验区《实施方案》及《规划》编制工作情况汇报。州委常委、州人大常委会党组书记、州政协党组书记、州政府副州长，州委办公室主任、州委政研室主任、州委党校常务副校长出席。州长助理、州委副秘书长、州政府办公室主任、州发改委主任、州财政局局长、州法制局局长（全部议题）；州编办专职副主任、州史志办主任（第2议题）；州统计局局长（第3议题）；州国土局局长、州建设局局长（第3、4议题）；州经济委主任、州交通局局长、州商务局局长、州环保局局长、州外事办主任、州旅游局局长、州政府研究室主任、州桥堡办负责人、州国税局局长、州地税局局长、人行德宏州中心支行、州边防支队支队长、瑞丽市党政相关领导、瑞丽海关关长列席会议。

【省委民族宗教工作调研组到德宏调研】 2010年11月2至6日，云南省委调研组一行12人赴德宏调研民族宗教工作。调研组由省委常委、省委统战部部长黄毅带队。州委副书记唐文祥、州政府副州长孔勒干，州政协副主席、州委统战部部长李有升陪同调研。

【制定推进农垦改革发展维护垦区稳定的实施意见】 2010年11月14日，德宏州委全面贯彻落实中共云南省委、云南省人民政府《关于推进农垦改革发展维护垦区稳定的若干意见》（云发〔2009〕19号）及《关于农场公共管理和公共服务机构编制意见等5个方案的通知》（云政办发〔2010〕108号）等有关农垦改革的文件精神，积极稳妥地推进德宏农垦改革发展，结合德宏州实际，州委、州政府制定关于推进农垦改革发展维护垦区稳定的实施意见。

总体思路：以邓小平理论和“三个代表”重要思想为指导，深入贯彻落实科学发展观，全面贯彻党的十七大和十七届三中、四中全会精神，继续贯彻落实省委、省政府有关农垦改革发展的文件精神，按照全面建设小康社会和构建社会主义和谐社会的要求，在保持农场国有土地性质不变、企业职工身份不变的前提下，着力调整生产关系不适应生产力发展的体制机制，充分调动各方面的积极性，进一步解放和发展生产力，坚持“体制融入地方、管理融入社会、经济融入市场”的改革方向，实行属地管理、产权到场、承包到户，创新管理体制、激活经营机制、调整利益分配、理顺劳动关系、健全社会保障，进一步解决历史、现实的各种矛盾和问题，形成场地经济社会统筹发展新格局。

目标任务：力争用3年时间，基本完成主要改革任务，初步理顺垦地之间、农场与职工之间的管理体制和经营机制，使垦区基础设施明显改善，职工收入明显提高，发展活力明显增强，逐步建立起政企分开、垦地统筹协调、充满活力的管理体制和经营机制，确保垦区加快发展、民生改善和社会稳定。

基本原则：一是坚持产业发展和改善民生相一致。把解决广大职工和垦区群众最关心、最直接、最现实的利益问题放在更加突出的位置，不断培育壮大优势产业，着力改善生产生活条件，努力提高职工收入，切实减轻企业和职工负担，促进垦区又好又快发展，改善垦区广大职工和群众的民生状况。二是坚持积极改革与维护稳定相协调。通过改革消除影响和制约垦区科学发展的体制机制障碍，加快垦区发展，最大限度地使利益向一线职工倾斜，让大多数职工受益，调动职工积极性，充分发挥农垦职工的主体作用，以合理调整利益群体的关系作为发展的动力和稳定的基础，推动改革的顺利进行。三是坚持整体推进与分类指导相结合。德宏农垦历史遗留问题多，垦区分散，农场之间情况不同，改革要在理顺外部关系和完善内部管理两个方面整体推进，改革既要有统一要求，又不能一刀切，要从实际出发，因地制宜，一场一策，分步推进，分级负责，分类指导。四是坚持谋划长远发展与解决现实矛盾相统一。改革中既要妥善解决历史遗留问题，消除不稳定隐患，也要立足长远发展，关注职工的合理诉求，化解现实矛盾。同时，要从体制、机制上消除产生矛盾和问题的根源。

【中央党校秋季干修班一班二支部到德宏调研】 2010年12月10至12日，中央党校2010年秋季干修班一班二支部到德宏州开展调研工作。调研组组成人员有：中央办公厅机要局宣教处副巡视员罗清明（女）、中央办公厅中直机关采购中心主任杨芳珍（女）、中央办公厅警卫局管理处副巡视员陈忠义、中央办公厅机要交通局机关党委专职副书记李连生、中央办公厅国家档案局离退休干部工作办公室主任苏玉文（女）、中国科学技术协会中国科技会堂副总经理杨亮、中联部机关党委副局级参赞王俊岐、中国侨联中国华侨出版社副总编陈致远、人民日报海外版文艺部主任梁永琳、中央编办一司副巡视员朱苇青（女）。州委书记赵金、州委副书记唐文祥，州委常委、州政府副州长、州委宣传部长田大余陪同调研。

【创新运行机制拓展服务领域努力构建覆盖全州的五级为民服务体系】 2010年，德宏州委、州政府对全州各级为民服务中心的建设标准、服务内容、服务程序、管理机制进行规范统一，把独立于各级为民服务机构的政务服务工作联动、贯通起来，构建州、县、乡、村、组五级为民服务体系，形成“横向到边、左右互动，纵向到底、上下贯通”的服务格局，实现了精简事项、压缩时限、压缩环节、审批提速增效。主要做法是：规范服务。统一规范五级为民服务体系的服务内容、服务承诺、办事流程、申报条件、申报材料、法律依据、办理时限、收费依据及标准、投诉渠道等。公开服务。对群众和各类经济社会组织需要办理的事项实行服务内容、办事程序、申报材料、承诺时限、收费标准、办理结果“六公开”。并用少数民族语言文字标识有关内容，在各级为民服务机构设置“96128”专线、咨询电话、咨询台（或电子触摸查询机）。代办服务。各级服务机构的窗口工作人员采取对重大项目全程代办、对投资企业全程陪同办理、对基层群众指导或代办的方式，形成覆盖全州的行政审批系统。监督服务。从监督事、控制权和管理人入手，通过规范服务内容加强对事的监督，加强对权的控制监督；加强对人的管理，形成了“四位一体”的全方位监督格局。纪检监察机关对服务对象的投诉做到100%受理，受理的问题100%查清，查实的问题100%依纪依法处理。整合服务。把原来分散在各个部门的政府公共资源交易事项进行整合，建立公共资源交易中心。州本级建成了德宏州政务服务中心，与芒市政务服务中心合署办公。全州建成了5个县级政务服务中心、49个乡镇为民服务中心、359个村（社区）为民服务站，4320个村民小组配备了5223名代办员。各级为民服务机构按各自职责，为企业和办事群众提供“一站式办公、阳光下审批、一次性办结”的联动、便捷服务。全州各级政务服务中心共受理各类事项631032件，办结率99.4%；接受群众咨询190743人次。11月，此做法在德宏召开的全省深化政务公开推进政务服务工作现场会与会代表的充分肯定。

【加快环州公路建设突破沿边交通瓶颈】 2010年，德宏州委、州政府全力推进龙陵至瑞丽高速公路和腾冲至陇川、芒市至梁河两条二级公路的环州公路建设，突破沿边交通瓶颈，推动桥头堡黄金口岸全面建设。重点采取了五项措施：一是高位推动，强势推进。二是明确责任，攻坚克难。三是强化督查，跟踪问效。四是多方筹措，确保投入。五是特事特办，做好服务。通过全州上下努力，三大交通项目建设各项工作快速推进：芒梁二级公路仅用了不到3个月的时间就完成了项目前期工作并实现了开工建设，创造了德宏同类交通建设项目前期工作最快的记录；总投资108亿元的龙瑞高速公路项目前期工作顺利完成，云南省公路开发投资有限责任公司已经正式组建龙瑞高速公路建设指挥部，年内可实现开工建设；总投资22.4亿元的腾冲至陇川二级公路和总投资21.7亿元的芒市至梁河二级公路建设正在抓紧快速推进。其中，腾陇二级公路已完成投资13亿元，占总投资58%；芒梁二级公路已完成投资10.5亿元，占总投资48.4%。腾陇、芒梁二级公路、龙瑞高速公路建成后，全州迅捷的主干线交通网将基本建成，制约德宏沿边开放、发展的交通瓶颈问题将得到有效解决。

【突出特色创新模式提高边疆党建科学化水平】 2010年，德宏州紧密结合边疆民族地区实际，围绕工作思路，突出特色，创新模式，丰富载体，探索出了一条边疆民族地区党建工作的新路子。一、创建一个载体，积极推进党的科学理论的大众化。针对边疆少数民族干部群众广泛使用本民族语言进行交流、开展工作的实际，德宏州采取“五用”措施，即“用民族干部宣传、用民族语言讲解、用民族文字阐述、用民族节庆展示、用民族文化体现党的科学理论”，创建了一个实现科学理论大众化的有效载体。边疆民族地区广大干部群众对党的科学理论认识有了新的提高。二、突出两大抓手，着力深化边疆基层党建工作。一是突出固本强基，抓“五项工程”。二是突出创先争优，抓“三百”工程。三是抓“五争三创”活动，推进党群共建创先争优。三、构建六种类型，努力推动边疆党建工作创新。在边疆党建长廊建设中，德宏州结合实际，进行分类指导，初步构建了具有边疆民族地区特点的宗教和谐、产业协会、禁毒防艾、国门社区、市场诚信、民族团结等六种基层党建类型，推动边疆党建工作不断创新。11月18日，此做法在德宏召开的全省边境地区基层党组织建设交流推进会与会代表的充分肯定。

（《州委》撰稿　李志祥）

（见“州情概览·州委”57页）

组织工作

【创先争优活动】 2010年5月27日，德宏州委组织部按照中央和省委的统一部署，德宏州全面启动了创先争优活动，共133个党委、293个总支、2782个支部、51508名党员参与，做到了党组织和党员全覆盖。活动中，德宏州委组织部围绕“推动科学发展、构建和谐德宏、维护边疆安宁、服务人民群众、加强基层组织”的总体要求，积极创新活动形式和内容，广泛组织开展了以创建“百强支部、百佳书记、百优党员”为主题的“评星晋级创三百”活动。通过建立完善创先争优长效机制，做到动态管理、定期评选，积极营造“学先进、赶先进、争先进”的浓厚氛围。年内，州委常委班子成员带头向社会做出公开承诺，全州所有基层党组织和98%的党员根据部门职能和岗位职责做出公开承诺。同时，全州各级党组织以“五争三创”为载体，以“五带三帮”为抓手，扎实推进党群共建活动，形成了全社会共创先进、同争优秀的良好局面。

【农村“两委”换届选举工作】 2010年6月，德宏州336个行政村全面完成了村“两委”换届选举工作。共选举产生新一届村级党组织班子336个，村级党组织委员1438名，党组织书记336名，副书记187名。选举产生新一届村民委员会班子336个，村民委员会委员1226名，主任336名，副主任467名。885名村“两委”班子成员实行交叉任职，160个村实现了村党组织书记、村民委员会主任“一肩挑”。全州新配边境一线村委会武装干事57名，村级组织班子建设进一步加强。

【中组部调研组到德宏调研】 2010年10月28至29日，中央组织部政策法规局副巡视员邹自景一行在云南省委组织部部务委员兼干部一处处长董和春、州委常委、组织部长何汝利等领导的陪同下深入德宏后谷咖啡有限公司、遮放镇农民服务站、遮放镇戛中村，瑞丽市卡南村民小组、姐告国门社区、银井村民小组、党建示范诚信经营一条街对基层党建工作进行调研。通过调研，中组部调研组对德宏边境地区基层党建工作给予了高度评价。

【召开全省边境地区基层党组织建设交流推进会】 2010年11月17至18日，云南省边境地区基层党组织建设交流推进会议在瑞丽市召开。会议强调，全省各级党组织要认真贯彻党的十七届五中全会精神，深刻认识加强边境地区基层党组织建设的重要性和紧迫性，紧紧围绕桥头堡建设的目标、任务，深入开展创先争优活动，全面落实好边境地区党建工作各项任务，带领广大群众推动全省经济社会又好又快发展。省委常委、省委组织部长辛桂梓出席会议并作重要讲话。省级有关部门负责人和各州、市、边境县的有关领导参加会议，德宏州等10个州市在会上作了交流发言。会上，新华社《半月谈》杂志社向云南省边境25个县、迪庆藏区3个县的每个行政村赠送了一套《半月谈》期刊。

【学习实践科学发展观活动】 2010年，德宏州委组织部按照州委关于“实现一个目标、开展两项活动、抓好三个结合、强化四个着力、突出五个重点”的总体思路，组织全州农村、社区、非公经济组织、医院、学校等共793家单位、1589个党组织、30642名党员继续深入开展第三批学习实践科学发展观活动。通过不断深化“五用”措施，坚持围绕“五个更加注重”，圆满完成了第三批学习实践活动各阶段任务，成绩突出的5个乡镇党委、10个村（社区）党组织和10名农村基层党建先进个人受到州委表彰。至3月26日，全州学习实践活动全面结束，共有1280个单位、155个党委、256个党总支、2781个党支部、49877名党员参加了活动。通过开展学习实践活动，全州新出台政策制度1137项、修改完善1077项、废止159项，一批影响和制约科学发展的突出问题得到有效解决。州、县、乡、村、组五级为民服务体系建设得到全面加强，为基层群众办实事22479件。基层党组织凝聚力和战斗力显著增强，党员干部素质进一步提高，作风明显转变。特色产业发展、基础设施建设、社会民生、禁毒防艾、民族团结、边境稳定和党的建设等各项事业得到有力推动。为有效应对国际金融危机冲击、抗击严重自然灾害、加快经济发展方式转变和推进德宏桥头堡黄金口岸建设发挥了十分重要的作用，总体达到了“党员干部受教育、科学发展上水平、人民群众得实惠”的目标要求。

【共产党员抗旱先锋行动】 2010年，德宏州委组织部按照中央、云南省委和州委关于做好抗旱救灾工作的指示，以开展“共产党员抗旱救灾特别捐献活动”、“城乡党组织结对抗旱心连心活动”和组建“共产党员抗旱先锋队”为载体，3月18日，在全州范围内开展了“共产党员抗旱先锋行动”。全州共有444个党组织，17083名党员，参与了共产党员特别救灾捐献活动，共捐款303.78万元。248个机关党组织与禁毒防艾、新农村挂钩村党组织开展了结对帮扶活动，下派驻村蹲点党员领导干部762名，帮扶旱情严重村277个，帮扶党员群众52043名，解决抗旱救灾资金249.56万元，投入救灾物资折人民币90.55万元，落实抗旱救灾项目158个。组建党员抗旱先锋队341支，队员8603名投入到全州抗旱救灾工作中，为45774名基层群众解决生活用水问题，解决大牲畜饮水26847头，落实生产生活用水140.01万立方，解决生产生活困难问题311个。

【边疆党建长廊建设】 2010年，德宏州委组织部认真落实云南省委关于深入推进边疆党建长廊建设的要求，在组织设置、阵地建设、党员发展、服务方式等方面努力构建具有德宏特色的边境地区党建工作新机制，取得了明显成效。年内完成了2009—2010年度列入省级补助建设的128个村级组织活动场所建设任务并通过省、州验收，按照“七有”要求配备了办公设施。截至6月30日，全州所有行政村实现村级党组织活动室全覆盖。年内，由州级财政为每个乡镇（街道）安排10万元的党建工作经费，县级财政按比例匹配；县级财政为每个行政村安排2万元的党建工作经费；州县两级财政为农村党员安排每人每年不少于50元的培训经费；州县财政安排专项资金作为村干部绩效补贴。年内全州累计投入党建工作经费2000多万元，乡（镇）村（社区）党建经费保障、村（社区）党员培训、村干部绩效考核长效机制初步建立。认真做好农村困难老党员生活补助发放工作，为7984名60岁以上农村困难老党员发放补助资金共计134.3万元。春节及“七·一”前夕，各级党组织走访慰问老党员、困难党员4069人，发放慰问金、慰问品折合人民币112万余元。年内，昆明市所属的五个县市（区）共为德宏州援建村级活动场所5个，接收挂职干部5人，组织干部培训5期共计80人次，捐赠各类帮扶及抗旱救灾资金303.5万元。

【基层党建“五项工程”】 2010年，德宏州委组织部继续深入推进基层党建“五项工程”。农村党员发展工程：全州共发展农村党员1905名，党员空白村民小组得到全部消除。农村党员素质提高工程：建立农村党校16所，农村实用技术学校79所，新建立党员示范户911户、培训基地104个、培训党员123936人次。农村带头人培养工程：年内全州村“两委”换届选举产生的新一届村党组织委员中，致富带头人占52%，与上届相比提高了7个百分点。新培养农村带头人2140名，投入资金1252万元，发展产业93个，建立帮扶对象1743人。农民服务站建设工程：投入资金279.77万元，新建村级（社区）服务点84个，农民服务队22支，新增队员339人，增配专用服务车4辆。红旗飘飘工程：全州10个乡镇、11个村委会、88个村民小组完成了新建任务，3935户群众户和2393户党员户悬挂上国旗党旗，投入资金113.15万元，新培育“红旗飘飘”工程产业实体15个，建立帮扶对子537个。

【农村党员干部现代远程教育】 2010年，德宏州委组织部深入推进农村党员干部现代远程教育工作，年底全州共建成党员干部现代远程教育终端接收点436个。其中，电信宽带模式终端接收站点386个（含5个延伸建点），组织系统卫星模式建点48个，依托农村中小学卫星模式建点2个，实现了州、县（市）委组织部、乡（镇）、村（社区）站点全覆盖。年内全州利用远程教育开展党课教育2600多场次，开展各类培训7687场次，培训党员干部8万余人次，培训入党积极分子5200余人次，培训农民近6万人次，为农村群众提供致富信息1000余条，帮助解决生产、生活难题800多件。

【干部选任】 2010年，德宏州委组织部认真贯彻落实《党政领导干部选拔任用工作条例》和《干部选拔任用工作四项监督制度》，坚持德才兼备，以德为先的选人用人标准，树立良好的选人用人导向，切实加大深化干部人事制度改革工作力度。年内在全州范围内对州政府副秘书长等8个处级职位和50个科级职位进行了公开选拔。公开选拔了8名优秀村党组织书记担任乡镇（街道）领导干部。积极推进州直机关、县（市）直机关中层干部竞争上岗、公开选调工作，全年州直党群部门共有13个科级岗位实行竞争上岗。年内共组织召开民主推荐会议35场，对62个职位进行了推荐，对61名考察对象人选进行了考察。州委召开常委会12次，研究干部任免115人次（票决96名），其中：提拔38名（含职务提拔1名），平级调整24人，厅级领导兼职任免8人次，处级领导兼职任免3人，县市人武部进县市常委任免4人，改任非领导职务9人，军转安置1人，免职18人，挂职干部10人次。行政区划更名21名（未含在干部任免数中）。在提拔的38名干部中，提拔为正处级领导干部15人（含提拔为调研员3人），提拔为副处级领导干部23人（含职务提拔1人）。配合省委组织部完成了对德宏州2名县市委书记预备人选推荐考察及州政协副主席等副厅级领导干部的推荐、考察工作。“两会”期间，完成对州人大秘书长、3名委员和州政协4名常务委员的补（增）选工作。

【干部监督】 2010年，德宏州委组织部认真履行干部监督职责，不断提高选人用人公信度和组织工作满意度。年内认真抓好《干部选拔任用工作四项监督制度》的贯彻落实，加大干部选拔任用工作全程监督力度，共发出征求意见函20份，涉及120人，其中对任职满一年考核、试用期满考核征求州纪委意见48人（次）。对1起民主推荐过程中存在拉票行为的举报和1起用人问题反映进行了调查核实，对1起工人提干问题予以及时纠正，对3名处级干部进行了信访约谈。对梁河、盈江、瑞丽3县市委和州直30多个党委（党组）开展了“一报告两评议”检查，提出了整改意见。37名省管厅级领导干部和713名州管县处级领导干部报告了个人有关事项。对11名县处级领导干部进行了经济责任审计，其中离任审计8名，任中审计3名。年内进一步规范县市政府各级助理配备工作，州级调整助理4名，免副秘书长6名，县市调整助理28名。开通12380举报网站，构建和完善信访、电话和互联网“三位一体”的群众举报网，全年共受理来信100件，其中网上信访36件，全部办结。其余64件办结19件，存查17件，转县市及相关部门办理21件，7件按规定作了调查处理，接待来访29人次。年内创建了芒市、梁河县2个州级“满意度、公信度”示范县，州内每个县（市）分别创建了2个示范乡镇和10个示范村，全州选人用人公信度和组织工作满意度实现大幅提升。

【干部培训和挂职锻炼】 2010年，德宏州委组织部积极创新干部教育培训工作模式，不断提高全州干部队伍素质。年内继续实施“十大培训工程”，开设了中低产林规划设计、文化产业发展、珠宝文化、领导干部如何面对新闻媒体等17个专题班。增设了新任村干部培训班、大学生村官培训班，培训4210人次，完成了239人的调训任务。组织全州1078名机关、事业干部开展晋升副县处级领导职务资格基本知识考试，实际参加考试824人，及格727人，及格率88.23%。组织804名干部参加干部在线学习，参学率达到100%。制定出台了《德宏州开展村（社区）干部学历教育工作意见》，组织全州175名45岁以下、现有学历为初中及以上、大专学历以下的在任村（社区）党组织书记、村（社区）主任参加成人高考，147人被省农业大学录取。年内，全州共培训党政人才35039人，其中州委专题培训4038人，各县市和各部门培训31001人次；选派外出考察学习423人。选派1名厅级、2名科级少数民族干部分别到公安部和省直单位挂职，选派20名州直机关优秀年轻干部到乡镇挂职，选派3批共12名新提拔处级领导干部到州信访局锻炼。各县市结合农村“两委”换届，积极开展领导干部高职低挂工作，共选派20名副科级实职干部和10名副科级后备干部到村担任党组织书记。

【干部管理】 2010年，德宏州委组织部严格执行干部管理有关政策规定，完成对上年度州管干部的考核工作，共确定优秀等次138人、称职等次573人、基本称职等次2人、暂不定等次4人。年内共组织召开民主测评、评议会议48场次，对75名新提拔任职满1年的县处级领导干部进行了考核；对州妇联第七届执行委员会领导班子和班子成员进行了届末考核；配合省委、省政府集中检查考核组完成了对德宏州5名县市委书记的考核。全年办理调动手续13人、公务员登记40人、退伍安置3人、辞职1人；全州法检两院共确定录用公务员35人；办理因公出国人员政治审查或备案54人，因私出境政治审查21人；全年共办理工资审批1671人，其中职务变动106人，滚动晋级174人，正常晋升级别档次1173人，正常晋升薪级工资218人。审批离退休建房补助127人，其中离休28人，退休99人，办理工资接转手续68份。建成以中央公务员管理部门为数据中心和信息调度中心、组织人事部门按照权限分级分类管理的公务员基本信息库，年内共提供档案查、借阅900余卷（次），转入干部档案50余卷，转出干部档案5卷，审验干部学籍材料135份。

【人才工作】 2010年，德宏州委组织部制定下发了《德宏州2010年人才工作要点及任务分解》、《德宏州鼓励在职人员攻读硕士、博士学位的规定》、《德宏州中长期人才发展规划》和《关于加强少数民族干部培养工作的意见》等各项制度。年内深入实施“三培养”工程，组织召开全州人才工作会议。由州委主要领导带队赴中国农业科学院和省内高校商谈农业科技合作及州校人才培训合作事宜，与云南农业大学签订了州校合作协议。省科协在德宏后谷咖啡有限公司建立“院士工作站”，成为省内建立的第二个“院士工作站”。潞西市职业教育中心、盈江县农业广播电视学校、瑞丽市农机培训站等18个培训基地被列为全州农村劳动力转移培训基地。年内先后举办了德宏“突出贡献奖”、全州拔尖农村乡土人才和2010年度科技奖评选、“2010年云南社科专家德宏行暨百名学者话德宏”、在滇服务博士服务团专题报告和“桥头堡黄金口岸建设”学术研讨会等各项人才评选交流活动。全年共开展农村乡土人才培训322期，培训6826人，引进硕士13名。截止12月，全州各类人才达到9.25万人，其中，党政人才9793人，企业经营管理人才10612人，专业技术人才22000人，技能人才29664人，农村实用人才11000人，社会工作人才9426人。有正高职称以上专家44人，副高职称以上专家824人，高技能人才2462人。

【大学生“村官”选聘工作】 2010年，德宏州委组织部制定下发了《关于进一步加强大学生村官管理工作的通知》，确保大学生“村官”工资与财政供养人员同时足额发放。年内，德宏州共选聘大学生村官75名，共培训在岗大学生“村官”125名，54名大学生“村官”通过考试被录用为公务员和事业干部。结合村“两委”换届，165名大学生“村官”通过法定程序选拔进入村“两委”班子。借助村级农民服务站这一平台，组建大学生“村官”代办员队伍，全州共有大学生“村官”代办员177名。截止12月，全州在岗大学生村官共计288名。

【老干部工作】 2010年，德宏州委组织部和州委老干部局认真贯彻落实全国、全省老干部工作会议精神，全面加强全州老干部工作。一是着力抓好“两项建设”。在思想政治建设方面，组织离退休干部深入学习党的十七届四中、五中全会精神，56名老干部党支部书记参加了德宏州第十一期老干部读书班学习，分3期组织700多名老干部开展了感恩思进讲座，组织两批共7名离退休老干部党支部书记参加省委老干部党支部书记培训班学习。在党支部建设方面，积极指导离退休干部党支部开展工作，组织离退休党员深入开展创先争优活动。二是认真落实政治、生活待遇。健全和完善州级在职领导干部联系同级老干部制度，制定下发了《德宏州关于进一步加强新形势下离退休干部工作的实施意见》，年内邀请老干部参加重要会议、重大节庆活动650多人次。春节前夕分别组织召开州直单位驻昆明和芒市老干部春节慰问座谈会，向老干部发放慰问金31万元。年内完成对州直机关离休干部的住房补贴兑现。三是不断丰富老干部精神文化生活。年内举办纪念德宏解放60周年感恩思进“五老”书画展，利用社区资源积极为离退休干部开展

"四就近"服务，组织召开全州老有所为"双先"表彰会，对30个先进集体和50名先进个人进行表彰，树立了梁河县九保乡退休干部杨从政等一批先进典型。承办云南省老年大学第十八次协作会暨老年教育理论研讨会。年内州老年大学和老年活动中心设施环境进一步改善，办学规模进一步扩大，招收学员由609人增加1032人。四是切实做好信访接待工作。全年接待来访老干部58人次，收到来信1件，均及时予以受理和答复。截止12月底，全州有离休干部240人，退休干部10663人。

（《组织工作》撰稿　吴　翔）

宣传工作

【举办2010中国·德宏国际目瑙纵歌节】　2010年2月27日至3月1日，由云南省旅游局、中共德宏州委、德宏州人民政府联合主办的2010中国·德宏国际目瑙纵歌节在德宏州潞西市顺利举办。活动期间，分别举行了《欢乐景颇山》文艺晚会、个性化邮票发行及展览、"百名景颇姑娘秀德宏"、德宏州景颇族民俗文化展暨德宏州景颇族文学作品展、德宏州名特优新产品展销、德宏州景颇族目瑙纵歌园奠基、中外景颇族学者交流座谈会、德宏州首届景颇族水酒暨景颇族八大名菜评选、德宏民族服饰和特色饮食文化一条街展销等丰富多彩的活动，活动规格和层次高、规模和气势宏大、内容精彩纷呈。此次活动达到了扩大对外开放，促进了民族文化发展，优化了经济发展环境，加快了基础设施建设，改善了城市环境，丰富了群众文化生活，展示了德宏良好形象。

【召开全州宣传文化工作会】　2010年3月18日，德宏州宣传文化工作会议在芒市召开。会议全面学习贯彻省、州有关会议精神，回顾总结上年宣传文化工作，深入分析当前形势，部署今年工作任务。会上，州委副书记唐文祥充分肯定了全州宣传文化工作所取得的成绩，全面分析了宣传文化工作面临的新形势、新挑战，对做好今年工作提出了明确要求；州委常委、副州长、宣传部部长田大余简要回顾了全州上年宣传文化工作，对今年工作做了具体安排部署。会上表彰了荣获首届德宏州道德模范和道德模范提名奖的19名先进个人，并对荣获国家级、省级、州级中央、省、州文明单位、文明村、文明小城镇、文明社区、文明行业进行的233个单位（村）授牌。

【召开未成年人思想道德建设工作会】　2010年3月19日，德宏州未成年人思想道德建设工作会议在芒市召开。会议传达了全省会议精神，分析形势，交流经验，明确任务，研究部署当前和今后一个时期未成年人思想道德建设工作目标和任务。会上，州委副书记唐文祥全面总结了全州未成年人思想道德建设工作取得的成绩和经验，对做好下一步工作提出了要求。会议表彰了荣获全州未成年人思想道德建设先进县市2个、先进单位25个、先进工作者20个。

【举办首届珠宝玉石产业投资发展论坛】　2010年3月26日，由盈江县委、县政府主办，盈江县文产办和云南阿诗玛文化产业投资有限公司承办，以"生态盈江，翡翠盈江"为主题的首届珠宝玉石产业投资发展论坛在盈江县举行。盈江县委、县政府、县直相关部门领导及珠宝商人200余人参加了论坛，中国商业联合会珠宝首饰委员会副会长陈云城应邀出席论坛。

【举办中国·德宏第二届葫芦丝文化节】　2010年4月12日，中国·德宏第二届葫芦丝文化节在梁河县举行。活动以"弘扬民族文化、促进文化交流、增进民族团结、推动繁荣进步"为宗旨，以"坚持民族特色，打造葫芦丝品牌"为目的，开展了葫芦丝大奖赛、泼水狂欢、品土司宴、葫芦丝古韵探秘、民族歌舞晚会等系列活动，充分展示德宏纯朴的风土人情和独特的文化神韵，展现全州各族人民团结奋进、拼搏向上的时代风貌。

【举办德宏驻昆民族餐饮文化企业联谊会】　2010年5月2日，德宏驻昆民族餐饮文化企业联谊会在云南民族村隆重举办成立一周年庆典暨云南民族村民族美食节。活动期间举办了"如何让云南民族餐饮异军突起成为中国餐饮主流"的研讨会，瑞丽傣旺食品、相好傣餐厅、滇瑞茶叶等多家单位参加。美食节上，景颇人家的土司牛头、双家傣味的巴撒、傣家风情园的撒撇、傣乡情的干腌菜牛肉丸子等美食，让现场的嘉宾和游客驻足品尝、流连忘返。通过民族美食展示、美食尝鲜、民族文化互动等活动以及丰富多彩的德宏本土民族歌舞表演，宣传展示了德宏的民族餐饮文化。

【举办"云南社科专家德宏行暨百名学者话德宏"和"德宏经济社会发展高端论坛"】　2010年5

月5至14日，“2010年云南社科专家德宏行暨百名学者话德宏”和“德宏经济社会发展高端论坛”在芒市召开。大型调研活动在德宏州全州范围开展，来自全国各地和州内的百余位社科专家学者深入德宏各县市的特色产业基地、制糖企业、边境口岸、新农村示范点、重点工程建设项目和旅游景区，进行了为期8天的实地调研咨询活动。各位专家学者结合德宏实际，就德宏经济社会发展中的基础性、战略性问题进行深入研究，提出解决问题的新举措、新方法、新途径，形成了一批对促进德宏边疆民族地区跨越式发展，有理论高度、运用价值和指导意义的调研报告及研究论文。

【举办云南高级玉雕培训班】 2010年5月11至18日，中国工艺美术协会国家文化部培训项目——云南高级玉雕培训班在芒市举行。中国工艺美术协会从北京、上海、南京、扬州等地邀请了5名国家级玉雕大师和专家授课，德宏、保山和昆明的160名正式学员和旁听生参加培训。通过8天的规范培训，61名青年获得了结业证书。

【组织开展“绿色电脑进西部”活动】 2010年6月，德宏州开展绿色电脑进西部活动，把中央宣传部、中央文明办、教育部、文化部赠送给德宏州的250台电脑及时发送到基层，配发到基层最需要的地方，及时将中央对德宏的关心关怀送达到基层，推动了全州教育文化事业的发展，满足了中小学生学习科学文化知识的需要，丰富了基层群众的精神文化生活。

【省“桥头堡建设大家谈·口岸行”采访团到德宏采访】 2010年6月11至15日，云南省“桥头堡建设大家谈·口岸行”采访团一行19人到德宏州进行了为期5天的采访。采访团分别深入到瑞丽、畹町、姐告口岸一线，考察口岸联检部门、玉城、国门、中缅街，体验口岸通关，采访保税区建设、瑞丽边贸情况及桥头堡建设人文基础等情况。

【召开纪念中国共产党成立89周年和德宏解放60周年暨“感恩思进”主题教育活动总结表彰大会】 2010年6月28日，纪念中国共产党成立89周年、德宏解放60周年暨“感恩思进”主题教育活动总结表彰大会在芒市召开。大会回顾了党的光辉历程，热烈庆祝德宏解放60周年，表彰了一批在“感恩思进”主题教育活动中涌现出的先进集体和个人。颁奖仪式结束后，举行了革命歌曲和德宏本土歌曲展演。常青合唱团的老同志、“爱家乡·颂德宏”德宏本土歌曲大家唱活动部分获奖选手、潞西市幼儿园的小朋友们和州歌舞剧院的演员们进行了精彩的文艺演出。

【举行德宏珠宝文化产业发展高峰论坛】 2010年7月8日，德宏珠宝文化产业发展高峰论坛在昆明举办，论坛以“弘扬珠宝文化、推进和谐发展”为主题，是一个层次高、规模大、规格高的珠宝文化产业发展盛会。省委、省政协领导出席论坛，省商务厅、省旅游局、省质检局和省国土资源厅、省珠宝协会等部门领导和全国知名珠宝专家、学者、珠宝商、玉雕大师参加论坛。论坛会上，与会领导和专家学者从不同的角度，在深刻分析德宏珠宝文化产业发展现状和珠宝产业的发展趋势的基础上，为德宏珠宝文化产业发展方向、发展思路等提出宝贵建议。

【组织实施泛亚石博会德宏珠宝文化宣传周系列活动】 2010年7月10至16日，德宏州组织动员420多家德宏珠宝商参加了“2010中国（昆明）泛亚石博会”，在石博会期间开展了德宏珠宝文化宣传周系列活动，活动内容包括巨型珠宝形象广告，德宏珠宝文化宣传长廊、德宏珠宝型义拍活动、德宏珠宝特刊、东方珠宝创办三周年庆典活动、德宏珠宝形象电视宣传展示片等，进一步扩大了德宏珠宝对外的影响力。宣传周期间，德宏珠宝展销团的珠宝成交额达2亿八千多万元，珠宝商义捐的286件珠宝货品通过拍卖，筹得善款133440元，已通过州红十字会进行社会专项捐助给德宏州芒市、瑞丽、盈江的贫困学子。

【举办《美丽德宏》摄影大赛】 2010年8月，德宏州为进一步宣传德宏，让更多的人了解德宏、热爱德宏，推动招商引资和推进旅游二次创业，中共德宏州委、德宏州人民政府举办了《美丽德宏》摄影大赛，共收到全国各地168名摄影人的1800余幅参赛作品，评选出了金奖1名、银奖2名、铜奖5名。8月1日，《美丽德宏》摄影作品参加了第二届大理国际影会展出。

【开展向郑垧靖学习活动】 2010年9月3日，为激励全州广大宣传思想文化工作者以郑垧靖为榜样，牢记全心全意为人民服务的宗旨，强化“心忧百姓品自高”的意识，做群众喜欢的宣传干部，做群众欢迎的宣传工作。德宏州宣传思想文化系统召开视频会，全面启动“学习郑垧靖，做心系百姓宣传干部”主题实践活动，要求全州各宣传文化战线要加强组织领导，创新内容形式，切实把开展向郑垧靖学习活动作为加强宣传思想文化系统自身建设的一项重要内容。

【举办第十届中缅胞波狂欢节暨第三届瑞丽国际珠宝文化节】 *2010*年*10*月*2*至*5*日，第十届中缅胞波狂欢节暨第三届瑞丽国际珠宝文化节在瑞丽举行。节日期间，举行创新策划传统节目开幕式晚会、民族服饰评选、牛车彩车评选、民族风情大巡游、民族体育竞技、珠宝走秀、珠宝公主选美和吃柚子大赛等活动。此外，还有国际珠宝展、瑞丽赌石城开业、瑞丽第四届“神工奖”玉雕大赛等吸引游客眼球的活动，让广大游客充分感受“东方珠宝城”的珠宝文化魅力。

【举行“桥头堡黄金口岸建设”学术研讨会】 *2010*年*11*月*15*日，由中共云南省委宣传部、省社科联主办，中共德宏州委宣传部、州社科联承办的云南省第四届社科学术年会德宏州专场学术活动在芒市举行。州委常委、副州长、宣传部部长、云南省社科院德宏分院院长田大余在会上致辞。会议对德宏州第三次哲学社会科学优秀成果代表进行了表彰，*7*位省、州专家学者在研讨会上作了精彩的交流发言，为德宏桥头堡黄金口岸建设和经济社会发展提出了许多宝贵的意见和建议。

【召开文明卫生餐饮暨民族饮食文化研发工程建设推进会】 *2010*年*11*月*19*日，德宏州文明卫生餐饮暨民族饮食文化研发工程建设推进会在芒市召开。州和芒市文明卫生餐饮暨民族饮食文化研发工程建设领导小组成员单位、德宏州文明卫生餐饮暨民族饮食文化工程建设首批创建示范单位法人代表及芒市地区其它餐饮企业代表共*80*余人参加了会议。会议邀请了德宏师专经济管理系的老师为参会的芒市地区餐饮企业主进行业务培训。州工商局、州旅游局、州卫生局、芒市文明办和文明卫生餐饮暨民族饮食文化工程建设首批创建示范单位法人代表分别作了表态发言，对德宏州文明卫生餐饮暨民族饮食文化工程建设首批创建示范单位进行了授牌。

【组建成立德宏州延安精神研究会】 *2010*年*11*月*29*日，德宏州延安精神研究会成立暨第一次会员大会在芒市会堂举行。州延安精神研究会*73*名会员出席会议。省研究精神研究会会长吴光范、州委副书记唐文祥到会讲话，并为德宏州延安精神研究会授牌。会议审议通过了《德宏州延安精神研究会章程》，选举产生了德宏州延安精神研究会第一届理事会、常务理事会和会长、常务副会长、秘书长，赵家培当选为会长，聘请了州委书记赵金、州长孟必光、州委副书记唐文祥为德宏州延安精神研究会名誉会长。

【举行首届中国·芒市泛亚珠宝工艺品博览会】 *2010*年*12*月*27*日，首届中国·芒市泛亚珠宝工艺品博览会在德宏（国际）珠宝小镇举办。来自缅甸、印度、巴基斯坦、斯里兰卡等国家和国内上海、浙江、平洲、揭阳、四会等省市的珠宝商共*5000*多人参加了展销活动，展品涵盖了翡翠、黄龙玉、树化玉、红蓝宝石、和田玉、钻石、玛瑙、碧玺、黄金白银首饰及各种奇石、民族民间工艺品等，总成交额达*2*亿*4*千多万元。

【举办首届中国·芒市国际咖啡文化节】 *2010*年*12*月*29*日，首届中国·芒市国际咖啡文化节在中国咖啡之乡——德宏州芒市隆重举行。活动包括咖啡杯品大会、咖啡文化学术论坛、“后谷欢乐颂·奏响新芒市”交响音乐会、后谷发展模式与基层村企党建工作论坛、咖啡文化器具展示和咖啡文化主题文艺晚会等丰富多彩的系列活动。活动为咖啡产业发展搭建了良好的文化平台，对发展咖啡文化经济，打造咖啡文化品牌，推动芒市咖啡产业发展，对德宏特色产业发展起到了巨大的促进作用。

【学习贯彻党的十七届五中全会精神】 *2010*年，德宏州委召开五届第*77*次常委会专题学习贯彻党的十七届五中全会精神。*12*月*22*日，邀请云南省委宣讲团到德宏州举行党的十七届五中全会精神专题报告会，州直和中央、省属驻芒市各单位副科（含非领导职务）以上领导干部、芒市实职副科以上干部及德宏州年度第三期事业单位新进人员初聘培训班学员聆听了报告。州委及时下发了通知，要求全州各级各部门要把全会精神作为当前最重要的学习内容，采取党委（党组）中心组学习、集中学习培训、举办报告会、专题研讨班、座谈会等多种形式，全面、准确地抓好会议精神的传达学习。各级领导干部特别是县处级以上领导干部要带头学习、做好表率，把集中学习与个人自学、通读文件与结合实际专题研讨结合起来，认真研读原文，吃透文件精髓，以学习十七届五中全会精神为动力，继续加快推进德宏桥头堡黄金口岸和瑞丽重点开发开放试验区建设，为“十二五”起好步、开好局奠定坚实的基础。

【文化体制改革工作】 2010年，德宏州完成电影行政管理职能的调整划转工作，成立德宏州电影放映发行中心和德宏州少数民族语言电影译制中心；完成全州文化市场综合执法改革，成立德宏州文化市场综合执法支队，相关工作已按新的机制投入运行；在确保公益性文化事业单位性质不变、工作人员身份不变、财政供给不变的前提下，创新体制、转换机制、增强活力的原则，稳妥推进全州公益性文化事业单位内部人事制度、收入分配制度和社会保障制度的“三项制度”改革。

【开展“自力更生、勤劳致富、感恩思进”主题教育活动】 2010年，德宏州为进一步提高各族干部群众素质，增强全州各族人民爱党、爱国、爱家乡的感情，州委用半年时间在全州机关、企业、学校、农村、社区广泛开展“自力更生、勤劳致富、感恩思进”主题教育活动。活动自1月13日正式启动，分宣传动员、组织实施、共谋发展和总结表彰四个阶段进行集中教育，紧紧把握“一比二思三看四悟五干”五个环节，广泛开展了“百姓百言话党恩”、“感恩思进大访问”、“感恩思进除陋习”、“农业特色村寨建设”、“文明社区创建”、“民族节庆话感恩”等一系列活动。主题教育活动的开展进一步升华了各族干部群众对党、对祖国、对人民、对家乡的热爱，促进了边疆稳定、社会和谐。

【外宣及新闻出版工作】 2010年，德宏州委宣传部策划做好昆明旅交会、中缅边交会、畹町南洋华侨机工回国抗战70周年纪念活动、中国·德宏国际目瑙纵歌节、德宏航空市场营销会、云南国际公园定向赛德宏站比赛、全国沙滩排球巡回赛（盈江）、第二届葫芦丝文化节、第18届昆交会、国家39个部委赴德宏“桥头堡”建设调研、云南省与印度西孟加拉邦经济合作论坛（K2K）第六次国际会议等一系列重大节庆活动宣传方案，组织中央、省、州各级媒体记者进行了宣传报道。制定下发了《关于建立德宏州新闻媒体学习日制度的通知》、《德宏州新闻报道失实公开纠错和向社会公示制度》、《德宏州新闻媒体考核管理暂行办法》等文件。与CCTV-少儿频道合作，制作播出了《景颇族的万人舞》、《傣族织锦》、《懒猴回乡记》等一系列反映德宏民俗的专题片；与《昆航·私享家》杂志合作发布“魅力德宏”系列专题。多渠道组织培训，选送人员至“云南省重大题材报道中心暨高级新闻人才研修中心”学习，组织报刊责任编辑参加全省“三项学习教育”培训，组织开展了全州新闻宣传业务培训工作。收集、整理、出版了《2009年德宏州外宣稿件汇编》，与《云南日报》报业集团合作编辑出版《聚焦云南“桥头堡”建设》，编印出版了《德宏州新闻工作者协会》会刊，出版发行了《世界华人作家写德宏》。

【合作拍摄四十集电视连续剧《中国远征军》】 2010年，由中央电视台国际电视总公司、云南电视台、中共云南省委宣传部、中共德宏州委、德宏州政府、中共瑞丽市委、瑞丽市政府联合摄制的四十集电视连续剧《中国远征军》，于4月15日，在瑞丽市举行开机仪式暨新闻发布会。该剧以世界反法西斯战争中太平洋战场上中——缅——印战区为背景，以艺术手法全景式再现1941年12月至1945年初中国远征军的征战史实，着力讴歌中华民族面对外侮不畏强暴、血战到底的爱国主义精神，表达对战争与和平、正义与邪恶、侵略与反侵略主题的深刻反思，是一部震撼人心的史诗巨片。总投资4500万元，主场景设在德宏州瑞丽市（含畹町经济开发区），由董亚春、杨军导演，国内著名演员黄志忠、刘小宁领衔主演。

【举行“爱家乡·颂德宏”德宏本土歌曲大家唱活动】 2010年，德宏州为进一步激发广大干部群众热爱家乡、建设德宏的激情，大力弘扬本土民族优秀音乐文化，推动全州文艺创作和文化艺术繁荣，丰富各族群众的文化生活，州委、州政府决定在全州范围内广泛开展“爱家乡·颂德宏”本土歌曲大家唱活动。大家唱活动采取自下而上传唱比赛，组织广大干部群众参与演唱活动，让德宏本土歌曲从机关唱起，唱响全州城乡，形成热爱祖国、热爱家乡的浓厚氛围，树立人人都是主人公、人人都是德宏形象、人人都是德宏宣传员的自觉意识。6月

22日晚，“爱家乡·颂德宏”德宏本土歌曲大家唱活动决赛在芒市会堂隆重举行，来自州工商系统赛区的杨排和来自潞西赛区的王景夺冠。

【开展首届“德宏美德少年”评选活动】 2010年，德宏州为集中展示公民道德建设的丰硕成果，加强未成年人思想道德建设，推动社会主义核心价值体系建设，深化“做一个有道德的人”主题实践活动，在未成年人中树立一批身边的学习榜样，让广大青少年在学习教育实践活动中接受激励、陶冶和锻炼，在全州6-18岁中学（含中职学校）和小学在校学生中，开展了首届“德宏美德少年”评选活动，引导广大未成年人信守家庭美德，在家庭做个好孩子；恪守学生道德，在学校做个好学生；遵守社会公德，在社会做个好公民。从各县市和州属各级各类学校推荐的学生中，评选出了王兴蕾等20名同学为德宏州首届“德宏美德少年”并在5月30日“六一”童心感恩文艺晚会上进行了表彰。

【建立文化产业重大项目库】 2010年，德宏州制定《德宏州文化产业发展“十二五规划”》、《德宏州珠宝文化产业发展“十二五规划”》，确立德宏州“十二五”文化产业发展的思路和产业布局，即“围绕一个目标，打造三座珠宝文化特色城市，办好四大文化节会，打造五大文化品牌，开发七大系列特色文化商品，建设八大文化基地，发展十二个文化产业”，德宏珠宝产业按照“一都三城、一极两翼、多点辐射、联动发展，建设五大中心”的原则进行产业布局。在此基础上论证储备了58个对全州文化产业发展具有示范性、带动作用大的重大文化产业项目。

【举办干部专题教育培训】 2010年，德宏州委宣传部为深入开展创先争优活动，积极推进学习型党组织建设，全面贯彻落实科学发展观，不断提高干部队伍业务素养和履职能力，10月25至29日在州委党校举办了四期干部专题教育培训班，即：理论骨干培训班、新闻业务培训班、文化产业发展培训班、领导干部如何面对媒体培训班。内容涉及十七届五中全会精神、中国面向西南开放桥头堡黄金口岸建设、学习型党组织建设、生物特色产业、新形势下如何做好党的新闻宣传工作、新闻采访专题知识讲座、文化产业与民族地区经济社会发展、德宏州文化产业发展重点和思路、如何提升领导干部应对媒体的能力以及如何树立良好的公众形象、突发性应急事件的新闻处置与媒体应对策略等8个专题讲座，州县市宣传文化干部共计600余人参加了培训。

【创作编排《烈焰景颇》大型商演剧目】 2010年，德宏州剧目以景颇族“举族南下迁徙”为主线，以歌、舞、乐的形式，再现了景颇族独特的人文风貌，展示了景颇族坚强不屈的生命力和积极乐观的生活态度。剧目的成功编排创作，为德宏州民族歌舞实现商业化运作奠定了坚实的基础，对打造民族歌舞文化品牌，推动民族歌舞演艺业发展，促进文化旅游产业发展起到促进作用。

【推进芒市文化功能区建设】 2010年，德宏州政府成立了芒市文化园区规划建设协调领导小组，按照“统一规划，分步实施，逐项建设，逐步到位”的原则，芒市民族文化园区的主要建设项目分为公益性文化项目（6个）和经营性文化项目（1个），即“6+1”文化建设项目，具体是德宏州少数民族语言译制传播中心（含报纸、广播、电视、互联网、出版社）、德宏博物馆、德宏青少年活动中心、德宏民族大剧院、德宏珠宝博物馆、德宏州图书馆、德宏民族文化风情博览园7个工程项目。经过科学论证，项目列入德宏州“十二五”规划，并整体打包上报省发改委争取审批立项。

（《宣传工作》撰稿　王安常）

德宏传媒集团

【承办第11个记者节庆祝活动】 2010年11月6日，由德宏传媒集团承办德宏州第11个记者节庆祝活动。集团所属6家新闻媒体以及《春城晚报—新芒市》编辑部，各县市委宣传部、广电局等省州县的新闻工作者350余人欢聚一堂。州委副书记唐文祥、州人大常委会副主任杨红、州政协副主席杨丽云出席庆祝活动。会上，州委副书记唐文祥代表州委、州政府对一年来全州新闻宣传单位及全体新闻工作者为德宏经济社会发展所作出的成绩给予了充分肯定，并就今后如何做好新闻宣传工作提出了要求；州委宣传部副部长、德宏传媒集团党委书记、总裁董家垠通报了德宏传媒集团年内的主要工作。会议宣读了州委、州政府致全州新闻工作者的贺信，隆重表彰了13名优秀新闻工作者、47名优秀通讯员和获得省级以上新闻奖的获奖者。

晚上举行了记者节庆祝晚会，记者、编辑们登台献艺，展示新闻工作者多才多艺的风采。

【新闻宣传】 2010年，德宏传媒集团围绕州委、州政府的中心工作，以桥头堡黄金口岸建设为支点，加强新闻宣传管理，发挥传媒资源聚集的优势，所属各媒体及时开设专题、专栏、专版，精心组织采访报道，相互联动，圆满完成了各项重大宣传报道任务，为德宏州经济社会发展营造了良好的舆论环境。年内所属5家新闻媒体充分发挥报纸、广播、电视、互联网、手机等媒介平台优势，以汉、傣、景、载、傈僳、英等六种语言文字，共采访、制作（译制）、刊播各类新闻稿件约78198条，专题、专栏节目4480期；以傣、景、载三个语种译制播出电视剧283集、电影16部。其中，德宏团结报社“六报一网”宣传平台优势，适时开设专题、专栏，加大重点工作、重大活动、百姓民生和基层各项工作的宣传，全年共刊发稿件32068条幅；德宏人民广播电台以节目改版为抓手，围绕宣传重点，开设20多个专题专栏，全年以汉、傣、景、载四个语种制作播出新闻稿件1388组、22208条，制作播出专题专栏节目3352期；德宏电视台加大主题报道力度，全方位、多角度宣传德宏州经济社会发展新举措、新成就，全年以汉、傣、景、载四个语种采访制作播出新闻7523条、专题类节目504期，完成大型活动现场直录播25期、州级领导电视讲话7场；德宏少数民族语言文化译制传播中心以译播中央、省台重要新闻，报道国内外重大事件为主，全年用傣、景颇、载瓦语三种语言译制播出新闻944期、5500条、15340分钟，译制播出专题栏目624期11920分钟，译制播出影视剧283集、电影16部；国际互联网德宏新闻中心发挥新兴媒体优势，倾力打造德宏“孔雀之乡”品牌，共刊发稿件10899条，其中：视频1108条、英文10万字约1200条、傣文482条、景颇文217条、载瓦文267条；自采1100多条、转载9799条；策划、制作发布宣传专题21个；完成现场图文直播4场。

【改版创优】 2010年，德宏团结报社实现报纸双面全彩，创办星期刊，恢复县市版，与德宏电信分公司合作开通手机报；在上年汉文报纸印刷评比中获金奖，景颇、载瓦、傈僳文报获优秀奖的基础上，年内全省报纸印刷评比再获金奖；精心实施作品创优工程，35件新闻作品获省级以上新闻奖。德宏人民广播电台实施“孔雀之声”改版，新闻节目结构更加紧凑，内容更加精炼，体现出广播短、平、快优势，获得省级新闻奖30件，《法治德宏》被评为“云南省广播十佳栏目”。德宏电视台对综合频道、公共频道进行全面改版，实现节目栏目本土化、特色化，电视管理向频道经营转变，收视率大幅提升，社会效益和经济效益同步提高，获省级以上新闻奖17件。德宏少数民族语言文化译制传播中心努力打造“精彩德宏，尽在民语频道”品牌，对《德宏民语新闻》、《科普文化园》等13个节（栏）目片头重新定位包装，并合理调整节目播出时间，方便了少数民族受众收看；2件作品获省级新闻奖。国际互联网德宏新闻中心开设了傣语、景颇语、载瓦语频道，使全州少数民族语言文化通过互联网传向世界；配合桥头堡黄金口岸建设，同时大力建设东南亚小语种（缅甸语）频道。

【对外宣传】 2010年，德宏州所属5家新闻媒体发挥自身优势，不断拓展外宣渠道，加大外宣力度，努力提高德宏对外知名度、美誉度。据不完全统计，5家新闻媒体全年共向中央、省级各类媒体传送稿件被采用新闻2134条、专题15个，联合播出外宣节目54期。其中，德宏团结报社把每期《德宏团结报》上挂网站，通过“新浪城市联盟云南”、云网、孔雀之乡网等网络平台扩大对外宣传，各大网络刊载《德宏团结报》稿件约1700余条。德宏人民广播电台以《飞越城市》外宣栏目为载体，制作节目51期，以连线直播方式广泛宣传德宏，听众人群覆盖全国64座城市；制作的新闻节目被中央台、省台采用播出72条；积极与中国国际广播电台合作，对缅每天播出3小时缅甸语节目。德宏电视台加强与中央电视台、云南电视台的协作，上传新闻节目被中央电视台播出30多条（次）、专题节目2个、访谈节目1个；被省电视台播出208条（次）、专题节目14个；上传稿件采用率排名位居全省第五。德宏少数民族语言文化译制传播中心积极利用民语电视节目覆盖边境一线的优势，通过民语电视特别是国产优秀影视剧的译制播出，扩大了中华文化的对外影响力。国际互联网德宏新闻中心加强与国内权威网站合作，稿件被新华网、新浪网、网易、云南网等网站转载124篇；英文频道的世界排名、海外访问量位居云南省英文网站前列；建设了傣语、景颇语、载瓦语频道，使德宏州少数民族语言文化通过互联网传播到世界。

【新闻舆论监督】 2010年，德宏传媒集团积极开展新闻舆论监督，搭建党委政府与人民群众的“连心桥”。德宏人民广播电台《德宏热线》共制作播出节目309期，接进热线电话581个，接收短信97条，89位领导、专家、学者参与直播；《法制德宏》与春晖律师事务所合作，为听众提供法律援助，多次通过电波调解矛盾，反响良好。德宏电视台《第二视角》栏目组接待近百名群众来访，接听来访电话、手机信息400余条次，对群众提出的问题95%给予答复，有效化解了社会矛盾。互联网德宏新闻中心通过“百姓留言板”，正确引导社会舆论、及时疏导社会情绪、有效化解了社会矛盾。

【事业建设】 2010年，德宏传媒集团把事业建设作为集团发展的基础扎实推进，始终坚持两眼向上、两腿向外的思路，积极向上争取到一批项目资金投入新闻宣传设备设施建设，新增固定资产1600多万元，增强了发展后劲。其中，德宏团结报社投入80万元对报纸出版技术和部分设备进行了更新改造，进一步提高了报纸的印刷质量；德宏人民广播电台加大补点覆盖力度，分别在瑞丽勐秀山、盈江卡场镇设置调频发射机，在9个村寨安装了民语广播定时收听系统；德宏电视台购置了30多万元的摇背设备，初步解决了直录播设备难题；德宏民族出版社全年共出版发行图书117种，同比增长19.6%，有9种汉文图书和18种民文图书入选云南省农家书屋采购目录；“国门书社”被中宣部、文化部、国家广电总局、国家新闻出版总署四部委作为“服务基层、服务农民先进集体”命名表彰，并在全国沿边地区作为典型推广。德宏少数民族语言文化译制传播中心积极用好中央、省下拨的影视剧译制经费，译制播出电视剧283集、电影16部，受到了全州各族群众的欢迎；国际互联网德宏新闻中心筹措20万元事业建设资金用于网站的推广和多媒体数据库的建设，为搭建便捷高效的外宣平台提供了必要的经费保障。

【产业发展】 2010年，德宏传媒集团把产业发展作为重要任务积极推进，在重点抓好新闻宣传工作的同时，积极向文化、印刷、出版、户外广告等衍生产业拓展。德宏民族文化园招商引资工作由州政府同合作商家签署了框架协议，并向省发改委争取到项目前期规划论证费用；按照“自主经营、自负盈亏”的现代企业运作模式，对德宏团结报社印刷厂和德宏民族出版社印刷厂印务资源进行整合，组建成立了德宏印务中心；德宏州文化传播有限责任公司经营范围进一步拓宽，与商家合作投资在芒市广场建设的电子大屏现已建成并投入使用，为拓展户外宣传阵地向前迈出了实质性的一步；德宏州图书发行公司的筹建与相关单位就合作事宜进行了实质性洽谈，正在积极推进中；德宏少数民族音像出版社的申报工作取得实质性成效；坚持“统一合同管理、统一收支管理、统一票据管理”的原则，制定完善各项管理措施和奖励机制，广告经营收入同比增长36.25%。

【队伍建设】 2010年，德宏传媒集团加强和改进党的基层建设，完成了集团机关及所属各单位党总支、支部的换届选举工作；大力抓“党员发展工程”和“党员素质提高工程”，将4名优秀分子吸纳到党组织，培养了34名入党积极分子。根据事业单位改革的总体要求，严格按照组织程序完成了集团总部和各媒体二级班子的岗位竞聘。抓党风廉政责任制的落实和惩防体系建设，健全完善党风廉政建设责任机制和惩防组织领导机构，把党内监督和党外监督、专门监督和群众监督、自上而下的监督和自下而上的监督结合起来，形成一级抓一级、层层抓落实的工作局面。抓学习型班子建设和自身建设，注重民主生活会的质量，积极开展批评与自我批评，深入开展班子间交心谈心活动，使科学发展成为班子成员共识。采取“走出去”、“请进来”的方式，选送和就地培训36批1104人（次）。鼓励创优，激发干部职工干事创业的热情，在第11个记者节庆祝大会上对获省以上创优的76件稿件、13名优秀新闻工作者、50名优秀通讯员进行了表彰奖励。

【实施中层干部竞争上岗】 2010年，德宏传媒集团党委立足改革发展，深入推进干部人事制度改革，历时近2个月时间，顺利实施了39个科级岗位的竞争上岗。一批年轻化、知识化、专业化，政治上靠得住、工作上有本事、作风上过得硬、干部职工信得过的优秀人才，通过公开竞聘脱颖而出并进入管理岗位，营造了公正公平、风清气正的选人用人环境，为全集团今后的改革发展奠定了人才基础。实施竞争上岗后，集团中层干部的平均年龄比竞聘前下降 3.7 岁，本科学历比例比竞聘前增加 6 人，妇女干部比例比竞聘前增加 8 人。

（《德宏传媒集团》撰稿　郑海洪）

（见“州情概览·传媒集团”63 页）

德宏团结报社

【新闻宣传】　2010 年，德宏团结报社发挥“六报一网”（即汉、傣、景颇、傈僳、载瓦五种文报，手机报和网络版）的优势，重点围绕学习实践科学发展观活动、全州“两会”、“感恩思进”主题教育活动、抗旱救灾、效能政府和软环境建设、基层党建和创先争优活动、桥头堡黄金口岸建设和瑞丽重点开发开放试验区建设、“两基”迎国检、重点工程建设、组织工作满意度公信度、第六次全国人口普查、民族团结进步工作、全州妇女工作成效、学习贯彻中共十七届五中全会精神，以及禁毒防艾、新农村建设、生物特色产业、珠宝玉石产业、旅游文化产业等全州重大工作、重大活动开展宣传报道，取得了明显的宣传成效。为使宣传报道有力度、有声势，还推出了州人大常委会和州政协上年工作回顾、文明红祥村、社科专家德宏行、为了总理的嘱托、海地见证着我们的忠诚与光荣、国家桥头堡建设调研、全州教育改革与发展等深受领导和读者好评的系列报道。

【加强新闻采编培训】　2010 年，德宏团结报社积极加强新闻采编培训工作。一、进行星期刊试刊前培训。6 月，选派 4 名编辑记者到昆明《都市时报》进行了半个月的跟班学习培训，初步掌握了副刊应涵盖的内容、副刊稿件写作技巧、版面设计、广告运作与策划，为星期刊的出版发行奠立了较好的采编基础；二、加强经营管理的理念学习。由副社长、副总编李永斌、杨增洪带领汉编室主任、副主任到《曲靖日报》、《大理日报》学习副刊办报理念、副刊发展方向、副刊经营管理等，不断完善经营管理的运作模式和管理模式。三、采取“请进来、走出去”方式，对报社全体采编人员和技术维护人员进行制度化、规模化培训，全年共组织 376 人次先后参加了新采编系统运用、新闻业务、新闻摄影、宣传理论、文化产业发展等培训学习。

【创办《德宏团结报》星期刊】　2010 年，德宏团结报社根据德宏州委领导指示和《2010 年全州宣传文化工作项目责任分解》要求，报社于 8 月推出《德宏团结报》星期刊，内容以贴近民众的民生新闻和社会新闻为主，受到州级领导和社会各界的好评，提高《德宏团结报》的可读性，巩固和发展受众群体，扩大党报的社会影响力，增强党报的竞争能力。

【恢复县市专版】　2010 年，《德宏团结报》改版彩印时县市专版被撤销并入其他版面。年内，报社在原县市专版的基础上进行重新策划，国庆节后在汉文版第三版每期为各县市提供一个版面，围绕州委、州政府的中心工作集中宣传各县市深入贯彻落实科学发展观、加快建设桥头堡黄金口岸的重大举措，以及各县市的重大决策部署、重点工作和重要产业建设等各项工作的进展、经验、成效，充分展示各县市经济社会发展的最新成果，树立各县市的对外形象，使之成为报纸宣传的又一亮点。在恢复县市版的同时，与各县市委宣传部共同建设好县市记者站，为《德宏团结报》提供充足的稿源，凸显开办县市专版一举多得的特点。

【扩大手机报覆盖范围】　2010 年，德宏团结报社与德宏移动公司合作开通《德宏手机报》后，10 月又与德宏电信公司合作，在该公司管辖的无线通信领域开通手机报，扩大《德宏手机报》的覆盖范围，增加手机报受众群体，使报纸的新闻资源得到进一步利用，拓展了传统媒体的发展空间，增强参与市场竞争的能力。

【加大采编设备改造投入】　2010 年，德宏团结报社针对原采编系统模块仅用于汉文版的采编工作，采编系统中存在的缺陷，其余四种民文报仍停留在手工采编，五种文版发展不平衡的问题，报社向国家新闻出版总署和省新闻出版局争取了 80 万元的专款，用 30 余万元对采编系统进行了升级，增加了相应的功能模块，使五种文版同时用上采编系统，且采编功能进一步完善和优化，提高了采编质量和工作效率。针对一线采编人员手提电脑、摄影设备缺乏的现状，向州政府申请 10 万元专项资金，同时从专款中列支 14 万元购入一批笔记本电脑、家用数码相机、录音笔、高档单反数码相机及镜头，配发一线记者编辑和各县市记者站，不断改善办报条件，提高报纸质量。

【创优成果喜人】　2009 年，德宏团结报社共有 100 篇（次）、121 人（次）的新闻作品和编辑作品共分获“2009 年度本报好新闻奖”、“本社2009年优秀业务论文奖”、“2009年度云南报纸副刊好作品奖”、“第26届（2009年度）云南新闻奖”、“第12届（2009年度）云南报业新闻副刊好作品奖”、“第26届（2009年度）云南新闻奖”、“第12届（2009年度）云南报业新闻奖”、“2009年度中国少数民族地区报纸好新闻奖”、“第24届（2009年度）中国地市报新闻奖”、“云南省人大常委会第十九次宣传人民代表大会制度好新闻奖”、“德宏州2009年度宣传人民代表大会制度好新闻奖”等奖项。

【汉文版再获省级印刷质量金奖】 2010年，德宏团结报社加强五种文报的印刷管理，将《德宏团结报》汉文版由单面彩改成双面彩印刷，并对印刷质量进行跟踪管理，使汉文版继上年荣获云南省报刊印刷质量评比金奖后再获金奖，其余四种民文报分别获优质奖和优良奖。

【报纸征订工作】 2011年，德宏团结报社在五种文版报纸征订工作中，报社采取提高办报质量，增强报纸的可读性，协同州委督查组、州邮政局认真贯彻落实州委推行的“财政代扣，集订分送”等七项措施，并派遣民族文版编辑记者上山下乡征订民文报，确保了征订工作的顺利开展。年内，汉文报订阅数为13276份（含400份留存资料），比上年增加1519份，发行总收入（扣除邮发费用）151.4万元，比上年增收17.8万元；傣文版订阅数为2653份（含80份留存资料），比上年增加1048份。

（《德宏团结报社》撰稿　董履梁）

德宏人民广播电台

【感恩思进活动】 2010年3至5月，德宏人民广播电台积极响应州委开展“自力更生、勤劳致富、感恩思进”活动的号召，以共青团组织牵头，举办“感恩思进”征文比赛和演讲比赛，共收到征文43篇，评选出获奖作品16篇；“五·四”青年节当天举行了演讲比赛决赛，12名选手获奖。通过征文比赛和演讲比赛，激发了全台干部职工积极进取、昂扬向上的精神风貌，知恩、感恩的意识得到进一步增强。

【领导班子换届】 2010年4月7日，德宏人民广播电台党总支召开换届会议，根据《中国共产党章程》和《中国共产党基层组织选举工作暂行条例》的相关规定，选举韩启祥、聂正民、朱坚、晏兰芝、杨彦五位为新一届台党总支委员，韩启祥为党总支书记。根据德传媒字〔2010〕54号文件，10月29日任命朱坚、杨彦、田二团为德宏人民广播电台副台长。

【广播改版】 2010年5月，德宏人民广播电台再次完成“孔雀之声”频率的节目改版，节目编排上更加强化新闻意识，全天分布10个新闻时段，总计时长190分钟。新增转播中国国际广播电台《第一资讯》节目，传递世界的声音；本地新闻更加体现广播短、平、快优势，更好地体现了广播新闻以声取胜的优势；增加《边陲风采》栏目，与《乡村四季》相辅相成，构成社教节目的综合版块，突出本土人和事，加强了深度报道。

【参加全国广播电视技术能手竞赛】 2010年11月3日，德宏人民广播电台助理工程师罗本进代表云南省赴北京参加国家广电总局举办的2010年度全国广播电视（供配电系统）技术能手竞赛，荣获三等奖，并被授予“全国广播电视技术能手”称号，是云南代表队中惟一获奖的选手。

【节目创优】 2009年，德宏人民广播电台节目创优获佳绩。全台共获省级以上各类奖项30件，其中：获云南省广播电视奖18件、云南广播外宣奖2件、云南广播电视学术论文奖4件、云南新闻论文奖2件、云南省综治新闻奖2件、云南人民广播电台国庆主题报道1件、云南省“第十九次”人大好新闻奖1件。

【对外宣传】 2010年，德宏人民广播电台加强对外宣传力度，年内送中央台、省台的广播稿件被采用播出72条；《飞越城市》对外连线播出51期；转播中国国际广播电台缅甸语广播1095小时。7月，昆明泛亚石博会期间，广播电台记者共发回录音报道15条、直播连线7组。开幕当天与中国国际广播电台进行连线报道，播出专题节目2期；《飞越城市》、《德宏热线》节目主持人分别与前方记者连线，报道开幕式盛况；连线采访州委常委、州委宣传部部长田大余和《东方珠宝》总经理朱明才，畅谈德宏珠宝文化精髓。

【抗旱救灾】 2010年，德宏州发生特大旱情，德宏人民广播电台派出记者及时分赴受灾较为严重的县市采访。各语种播出“抗大旱、抓春耕、保民生、促发展”

相关稿件110条次、专题节目2期，为夺取抗旱救灾胜利营造了良好的舆论氛围。3月22日，民语频率参与了云南人民广播电台“不同的民族语言，共同的宣传主题——万众一心，抗旱救灾”13种少数民族语言广播大型宣传活动，展现了民语广播的联合宣传合力。为帮助受灾群众战胜旱灾、渡过难关，3月24日广播电台举行抗旱救灾献爱心活动，共捐款5100元。

【广播覆盖和传输】 2010年，德宏人民广播电台继续实施广播进村寨工作，年内分别为五岔路乡、江东乡、龙昌移民新村、木康检查站等11个村寨和单位安装了广播定时收听系统。10月，通过多种技术方案论证后，广播电台与德宏移动公司合作，通过光纤将调频广播信号传输到背阴山，解决了过去靠微波传输广播信号不稳定，恶劣天气造成停播的问题，节目播出质量得到提升。

（《德宏人民广播电台》撰稿 赵兴荣）

德宏电视台

【日环食直播报道】 2010年1月13至18日，德宏电视台携手瑞丽广电局配合中央电视台、云南电视台完成了日环食直播活动及系列报道。15日当天，中央电视台新闻频道对日环食进行直播报道，不仅长时间、大篇幅地使用了瑞丽观测点的画面，还报道了瑞丽市政部门、交通部门为日环食到来所做的各项应对工作，进一步提高了瑞丽在全国的知名度。

【两会宣传报道】 2010年2月2至6日，德宏州“两会”召开期间，德宏电视台整合新闻资源，精心策划，聚焦来自各行各业的人大代表和政协委员，以消息、新闻特写、系列报道、访谈等形式，及时报道“两会”盛况，准确传递“两会”精神，集中展示德宏州人大代表、政协委员参政议政的水平和风采，宣传工作取得圆满成功。会议期间，德宏电视台播出电视新闻39条、120多分钟，专题5个、140多分钟，译制播出“两会“傣语新闻、景颇语新闻、载瓦语新闻100多条。

【中国·德宏国际目瑙纵歌节宣传报道】 2010年2至3月，德宏电视台携手目瑙纵歌组委会倾力打造2010中国·德宏国际目瑙纵歌节“寻找中国最美的景颇姑娘”选拔比赛等系列电视宣传活动，取得圆满成功。活动期间，德宏电视台首次使用摇臂系统和移动导播数字系统，进行了“寻找中国最美的景颇姑娘”半决赛现场录播、总决赛现场直播，目瑙纵歌节开幕式暨《欢乐景颇山》文艺晚会现场直播、目瑙纵歌民族团结狂欢晚会现场录播等4场直录播活动，有效提升了节目的声画质量。

【频道和节目改版】 2010年3月，德宏电视台实施节目改版，对频道重新定位。将公共频道（DHTV-2）定位为都市生活资讯频道，引入光线传媒资源，开设《记录》、《主题电影院》等文化、休闲类栏目，同时开办全新的自办栏目《风尚德宏》，迅速提升了知名度和影响力。进一步强化新闻综合频道“新闻立台”的节目理念，扩容《德宏新闻》和《第二视角》；加强民语译播，译播范围扩展至中央、省台的部分新闻和优秀节目；开设了《德宏警方》栏目。通过节目改版，加强了全台节目制作和播出的规范性，较好地体现了频道特色，频道定位更加清晰，风格更加鲜明，播出时间更趋合理。

【业务培训】 2010年5月15日，德宏电视台邀请云南电视台灯光师秦小刚开展“演播室灯光系统操作实务与技巧”培训，为技术人员实地传授演播室灯光的具体应用知识，对布灯流程中可能出现的问题提出了相应的对策和解决方法。9月1至3日，邀请云南电视台高级化妆师高海燕老师为主持人、播音员面授电视妆面基本知识。经过专业指导，进一步提升了电视队伍的业务素质，提高了工作质量。

【新闻宣传】 2010年，德宏电视台围绕中心、服务大局，精心组织、强化引导，全年制作播出汉语《德宏新闻》260期，《第二视角》51期；制作播出专题类节目共154期，其中：《孔雀之乡》52期，《特别关注》22期，《法治德宏》7期，《风尚德宏》35期，《德宏警方》38期；年内完成大型活动现场直录播25期、州级领导电视讲话7场。

【外宣创优】 2010年，德宏电视台将节目创优和对外宣传工作相结合，加强与中央电视台、云南电视台、新华网云南频道等主流媒体的合作，不断挖掘外宣资源，扩大外宣规模，丰富外宣内容。1至11月，在中央级媒体播出新闻节目30多条（次）、专题节目2个、访谈节目1个；年内在省级媒体播出新闻208条

(次)，专题节目 *14* 个。全年报送创优节目 *17* 多件，其中：获国家级三等奖 *1* 件（《绿色支丹山》）、省级一等奖 *2* 件、二等奖 *2* 件、三等奖 *12* 件。

【舆论监督】 *2010* 年，德宏电视台《第二视角》栏目重点关注芒市瓜果园林城市建设项目，先后制作播出了《瓜果飘香惹人爱，香味长留靠大家》、《七月芒市果香四溢，花果园林城初步成型》等系列节目，使广大市民深受教育，提高了市民的文明素质。*8* 月果实成熟时，把市民提出举办水果品尝大会的想法与建设部门进行了交流，得到了建设部门的重视，将成熟的水果送往芒市敬老院和低保户家中，并在街心花园举办了免费品尝大会。积极与云南电视台联系，争取到《都市条形码》、《民生关注》栏目的支持，对城建部门将 *10* 万斤水果送到昆明福利院的过程进行了全程直播，最大化地发挥新闻资源效益，让外界感受了德宏城市建设的发展成果，提高了德宏的知名度和美誉度。

【民语电视宣传】 *2010* 年，德宏电视台立足边疆民情，进一步发挥少数民族语言电视译播的社会宣教作用，集中力量做好民语电视译播工作，以宣传促和谐。傣、景颇、载瓦 *3* 个语种全年译播新闻 *304* 组、*3543* 条、*942654* 字。其中：傣语组译播 *101* 组、*1176* 条、*258080* 字；景颇语组译播 *102* 组、*1154* 条、*326560* 字，载瓦语组译播 *101* 组、*1213* 条、*337343* 字。制作播出民语综艺节目《德宏艺苑》*291* 期，译播《德宏警方》*8* 期，自采新闻和专题 *30* 条。

（《德宏电视台》撰稿　蒋　英）

德宏民族出版社

【“国门书社”受到国家四部委表彰】 *2010* 年 *12* 月 *14* 日，中央政治局委员、中央书记处书记、中宣部部长刘云山到德宏调研时对德宏民族出版社在姐告开办的“国门书社”给予了高度评价，批示在全国沿边地区作为典型推广，全国各大媒体对此相继作出了报道。同时，“国门书社”继上年被云南省委宣传部授予“云南省宣传思想文化创新奖”后，又被中宣部、新闻出版总署、文化部、国家广电总局四部委联合评为“全国‘服务农民、服务基层’文化建设先进集体”。

【图书出版稳步增长】 *2010* 年，德宏民族出版社以民文图书为依托，科学分析出版资源、编辑力量、读者定位、发行渠道、市场份额以及地缘优势，认真做好图书选题策划工作，各类图书选题质量明显提高。年内经云南省新闻出版局审批年度选题和增补选题合计 *263* 种，比上年的 *201* 种增加 *62* 种，增长 *31%*。全年出版图书 *157* 种，比上年的 *132* 种增加 *25* 种，增长 *19%*。出版内容涵盖哲学、社会科学、政治、法律、经济、文化教育、语言文字、文学艺术、历史地理、医药卫生、农业科技等。

【图书印制与样书缴送取得突破】 *2010* 年，德宏民族出版社严把印刷质量关，杜绝粗制滥造，印制的《德宏奶水牛养殖技术手册》、《外出务工 *100* 问》、《祝您健康》、《感悟母爱》、《妇幼保健知识》、《结婚颂词》、《傈僳文农民识字课本》等 *21* 种民文图书共计 *25200* 册，均达到国家规定的印刷质量标准。向国家新闻出版总署图书司、中国国家图书馆、中国国家版本图书馆、云南新闻出版局版权处等部门缴送样书 *10* 批次，共计 *111* 种，*1319* 册，码洋合计 *106663.80* 元。

【图书发行成效明显】 *2010* 年，德宏民族出版社图书销售总计 *1.6* 万余册，码洋 *51.45* 万余元，实洋 *31.47* 万余元，比上年增加 *27* 万元，增长 *604%*。在公益性图书发行方面，按照中央、省委、州委文化开展“三下乡”，为“三农”和“禁毒防艾”工作服务的要求，以各种形式向全州 *27* 个乡镇无偿捐赠图书 *26215* 册，合计码洋 *382739* 元。

【重点图书申报获重大突破】 *2010* 年，云南省 *8* 家出版社有 *14* 本图书入选国家“十二五”重点图书，其中：德宏民族出版社申报的《孔然斋瓦》、《景颇族婚俗歌》、《傈僳族民间工艺美术精粹》、《阿昌族民间工艺美术精粹》、《傈僳族民间歌舞集》、《景颇族古典文学形容词》、《替代种植系列丛书》等 *7* 本图书入选，占全省的 *50%*，改写了德宏民族出版社无国家重点图书的历史。

（《德宏民族出版社》撰稿　余胜连）

德宏少数民族语言文化译制中心

【业务培训】 *2010* 年 *8* 月 *21* 至 *27* 日，德宏民语文化译制中心开展“提素质、增能力、强队伍”业务培训，邀请专家对全体人员较系统地学习了非线性视频编辑和 *EDIUS* 模式的设置与应用、基本特技应用，EDIUS 界面及功能、采集与设置，EDIUS 快速字幕应用、字幕插件应用，EDIUS 基本操作、轨道的关系与应用，EDIUS 输出作品，序列、布局及素材属性的设置和应用，EDIUS 进阶技术（三四点编辑与多机位编辑）、校色，EDIUS 雷特字幕插件应用等理论知识，并进行了实例训练。经过培训，参训人员均做到了能熟练使用 EDIUS 非线性视频编辑软件进行采集、编辑、输出 DVD 光盘等常规工作，对专题片制作流程有了更多的了解，能独立完成一般新闻专题片制作。

【新闻译播】 2010 年，德宏民语文化译制中心用傣、景颇、载瓦语三种语言及时把党和国家方针政策传递给少数民族群众。圆满完成了每晚 25 分钟《中央新闻联播》、《云南新闻联播》的译制播出任务，全年译制播出 1056 组 15680 条。

【重点宣传】 2010 年，德宏民语文化译制中心围绕州委、州政府中心工作，积极用傣、景颇、载瓦三种语言开展主题宣传活动，重点采访译制播出了“创先争优活动”、“感恩思进”、“桥头堡黄金口岸”、“建设学习型党组织”、“抗旱救灾”、“辉煌十一五，展望十二五”、“两基迎国检”、“党风廉政建设”等新闻专题专栏节目，圆满完成了宣传任务，受到少数民族群众的广泛欢迎。

【影视剧译播】 2010 年，德宏民语文化译制中心用傣、景颇、载瓦语三种语言译制影视剧共 283 集，电影 16 部，播出后，民语频道的整体收视率明显提升。其中：以傣语译制电视剧《济公》、《暖春》、《一双绣花鞋》、《潜伏》、《我的丑娘》、《女人的村庄》共 145 集，电影《少林小子》、《小英雄雨来》、《画皮》、《风声》、《沂蒙六姐妹》、《任长霞》6 部；以景颇语译制电视剧《济公》、《亮剑》、《乡村爱情》共 64 集，电影《妈妈再爱我一次》、《冲出亚马逊》、《继母日记》、《举起手来》、《燃烧的生命》5 部；以载瓦语译制电视剧《济公》、《我的兄弟连》、《清凌凌的水蓝莹莹的天》共 74 集，电影《平原游击队》、《斗牛》、《缉毒队》、《红河谷》、《无影剑》5 部。

【节目改版】 2010 年，德宏民语文化译制中心为使频道更贴近全州农村少数民族群众，增加亲和力，中心倾力打造“精彩德宏，尽在民语频道”品牌，以德宏最熟悉的家乡口音、最本土的民族文化、独具特色的少数民族风貌作为频道包装的整体基调，制作了 3 个形象宣传片，并对《德宏民语新闻》、《科普文化园》、《民语剧场》、《快乐新农村》、《文艺欣赏》、《今日点唱》等 13 个节目、栏目片头重新定位，重新制作，使民语频道以崭新的面貌呈现在全州农村少数民族群众面前。

【调整节目播出时间】 2010 年，德宏民语文化译制中心结合德宏州少数民族群众一般傍晚 7 点左右才收工的生活特点，将节目播出时间从 19：30 提前到 18：30，新闻播出时间延后至 20：00 时，方便了少数民族受众收看，并新增少儿节目，丰富了频道节目内容。

（《德宏少数民族语言文化译制中心》撰稿　项保英）

国际互联网德宏新闻中心

【对外宣传】 2010 年，国际互联网德宏新闻中心（孔雀之乡网）先后与《人民网》、《新浪七彩云南》、《中国日报网》（英文网站）、云南省亚太经贸联合会网站合作，以多种形式宣传推介德宏，达到了预期的宣传效果。其中：全国“两会”期间，经认真协调，全国人大代表孟必光州长做客人民网，通过视频直播宣传德宏；9 月，协调“新浪七彩云南网”对州委书记赵金进行视频直播专访并与网友互动，现场 2 万多人在线。据不完全统计，全年孔雀之乡网共采写、刊载各类新闻、消息、评论等稿件 10535 条次，其中视频 1509 条次。

【孔雀之乡网英文频道名列云南英文网站前茅】 2011 年，据中国日报网反馈的信息：孔雀之乡网英文频道的世界排名、海外访问量均列云南英文网站前茅，这对德宏州建设中国面向西南开放桥头堡的黄金口岸将产生积极的推动作用。

【民语频道上线】 2011 年，德宏傣语上国际互联网一直以来存在技术困难，年内孔雀之乡网开发了运用软件，并在德宏团结报社的帮助下建设了傣语、景颇语、载瓦语频道，使德宏州少数民族语言文化通过互联网传播到世界，为德宏州对外宣传增添了亮点。

【《中国日报网》（英文网）德宏专区上线】 2011 年，国际互联网德宏新闻中心为助力桥头堡黄金口岸建设，在德宏州委宣传部支持下，孔雀之乡网与中国最大的英文网站——中国日报网合作，对本网英文频道进行了全面改版。9月，在中国日报网德宏专区（英文）上线，成为一个面向东南亚、南亚全面展示德宏的高质量外宣窗口，网站影响力进一步增强。

【开设“百姓留言板”】 2010年，国际互联网德宏新闻中心孔雀之乡网开设《百姓留言板》，并提供简便易行、安全高效的技术保障。“百姓留言板”是联系群众、监测全州软环境建设成效的一个“晴雨表”，它的成功开设，对于畅通民意表达渠道、引导社会舆论、预防和及早化解社会矛盾产生了积极的作用。

【开展专题宣传】 2011年，国际互联网德宏新闻中心发挥网络媒体优势，积极主动围绕德宏州委中心工作做好专题宣传，共策划制作发布“自力更生、勤劳致富、感恩思进”主题教育活动、“建设中国面向西南开放桥头堡的黄金口岸”、“德宏——中国咖啡之乡”、“2010中国——德宏国际目瑙纵歌节”、“2010德宏两会”、“中国·德宏第二届葫芦丝艺术节暨2010年梁河县傣族、德昂族泼水节——葫芦丝大奖赛”、“2010年云南社科专家德宏行暨百名学者话德宏大型调研活动”、“学习型党组织建设”、“创先争优”、“普及九年义务教育和扫除青壮年文盲迎接国家‘两基’检查验收”等21个宣传专题。采用大量文字、图片、视频，全方位、多角度动态对德宏州各阶段中心工作进行了卓有成效的宣传，营造了良好的舆论氛围。

（《国际互联网德宏新闻中心》撰稿　谷泉音）

统战工作

【全州统战暨对台工作会】 2010年4月，德宏州委统战部在陇川县召开全州统战部长暨台办主任会议，州委统一战线、对台工作领导小组成员单位、州四套班子领导、州直有关单位领导、各县市委分管统战工作的副书记、各县市委统战部长及办公室主任参加了会议。州委副书记唐文祥到会并作重要讲话。会议传达了云南省统战部长暨台办主任会议精神，总结、交流上年和部署今年工作。会议确定年内全州统战工作重点是：深入学习贯彻党的十七大、十七届四中、五中全会，省委八届九次全会、全省统战部长会议、州委五届十一次全会和白恩培书记到德宏调研时的讲话精神，进一步增强围绕中心，服务大局的责任感和使命感；深入贯彻党的民族宗教工作方针政策，积极维护民族团结、宗教和谐，促进经济发展；继续动员统一战线成员投入禁毒防艾人民战争，全力维护社会稳定；加强非公经济人士和党外知识分子工作，凝聚力量，促进“桥头堡黄金口岸”建设和德宏州经济社会平稳较快发展作出贡献；密切与境外华侨社团交往，为促进德宏州对外开放和招商引资服务；贯彻落实中央对台方针政策，促进德宏州与台交往；加强调研和宣传工作，扩大统一战线社会影响力；加强自身建设，提高服务水平。

【民族工作】 2010年，德宏州各级统战部门认真贯彻落实省委常委、省委统战部长黄毅到德宏调研时的指示精神和州委对民族宗教工作的要求。认真组织学习贯彻省委、省政府，州委、州政府关于进一步加强民族工作，促进民族团结，加快少数民族与民族地区科学发展的决定和加强少数民族干部队伍建设的意见。学习贯彻国务院第六次全国民族团结进步表彰大会和全省民族工作会议暨第七次民族团结进步表彰大会及州委、州政府2010年第28个“民族团结月座谈会”精神，利用春节慰问和民族节庆活动，广泛宣传党的民族政策、国家民族区域自治法和德宏州自治条例，加强民族团结宣传教育工作，推进德宏州爱国主义和民族团结教育进社区、进村寨、进学校、进寺庙，增强了“三个离不开”的意识，促进民族团结，维护边疆和谐稳定。配合组织、民宗部门推荐了一批少数民族干部到昆明、北京参观和培训；抗旱期间，动员社会力量，帮助少数民族村寨抗旱、保生产，州委统战部积极向省委统战部汇报，争取到中央统战部抗旱救灾款390万元，由州民政局发放到各县市。年内，州委统战部被州委、州政府表彰为“全州民族团结进步模范集体”。

【宗教工作】 2010年，中共德宏州委统战部深入贯彻落实《中共德宏州委关于巩固和壮大新世纪新阶段统一战线工作的意见》，加强宗教团体建设和爱国爱教队伍建设，维护宗教和谐。按照州政府孔勒干副州长和州政协龚敬政主席的指示，联合州政协民宗侨委组织宗教界政协委员和州直有关部门领导对全州23个边境乡镇宗教活动场所管理情况进行了调研视察。联合州民宗局、州社会主义学校举办了全州边境一线宗教活动场所宗教骨干人士培训班，参训 80 人；在陇川县举办了全州天主教骨干培训班，参训 60 人。协助政府抓了德宏佛学分院、德宏州基督教培训中心、陇川县基督教培训中心的筹建工作，指导宗教团体加强自身建设，培养爱国爱教人士。组织全州 112 名宗教界代表人士参加了省委统战部、省宗教局举办的全省首届宗教运动会暨文艺汇演，在 4 个团体项目和 12 项个人比赛项目中，德宏州获 3 项团体项目，11 项个人项目奖，获文艺表演优秀奖一项、三等奖一项。积极向省委统战部为德宏州佛学分院、陇川县基督教培训中心、瑞丽市户育班岭土育坝教堂、梁河县九保太平寺等 9 所宗教活动场所争取到修缮资金 90 万元。

【对台工作】 2010 年，德宏州对台办认真组织学习传达云南省台办主任会议精神，贯彻落实中央对台工作方针政策和省台办提出的各项任务，深入基层，走访慰问台胞、台属、台商代表人士，协调关系，帮助他们解决生产、经营和生活中遇到的困难，让他们安心德宏求发展。安排州台办领导随同省台办到台互访，促进两地交流交往；发挥德宏州的地缘优势，做好对台招商引资工作；发挥德宏州的旅游资源优势，做好来德宏州观光考察台胞的服务和宣传工作。积极向昆明台商投资协会反映，在会长詹茂胜先生关怀下，为梁河县同年考入大中专的 17 名少数民族贫困生争取到资金 4.6 万元。建立完善州和县市台办联系制度及涉台突发事件的应急处理方案，及时稳妥处置涉台事件和信访，维护台胞合法权益。

【党外干部工作】 2010 年，德宏州各级统战部门认真贯彻云南省委、州委政协工作会议精神，支持和参与政协围绕团结民主两大主题，履行政治协商、民主监督、参政议政职能；协助政协加强对政协委员的培训，组织委员开展调研视察活动；鼓励党外代表人士、党外知识分子积极参政议政、建言献策，配合组织部门开展对党外干部的培训和培养及推荐党外领导人选工作；召开芒市地区民主党派成员、无党派人士和党外知识分子代表座谈会。配合省委统战部接待了由广东省委常委统战部长周镇宏率领 40 多名民主党派代表人士和民革中央一行 54 人；青岛市委常委、统战部长藏爱民率青岛市民主党派、工商联领导干部署休研讨班一行 43 人到德宏州的考察。

【非公经济组织党建工作】 2010 年，德宏州统战部加强非公经济党建工作。具体做法是：一、在调研的基础上，联合州委组织部、州委党校、州工商联举办了全州非公经济组织党支部书记培训班，参训 80 人，进一步加强非公经济党组织建设，在新经济组织中开展了“创先争优”活动，充分发挥非公经济党组织在加快企业发展中的战斗堡垒作用。二、继续抓好非公经济党组织的学习实践活动，全州参学的 65 个非公经济党组织圆满完成了各项任务；深入非公企业，积极为非公经济代表人士排忧解难；动员非公经济组织积极参与抗旱救灾和禁毒防艾工作及农村公益事业建设。三、开展了非公经济代表人士综合评价工作，抓了各级工商联党组织建设和制度建设以及会员企业的工作，引导非公企业代表人士积极参与特色产业“五个百亿元工程”；四、开展协调关系、落实政策、减轻非公企业负担、扶持非公企业发展的工作。

【调研工作】 2010 年，德宏州委统战部根据中央统战部、云南省委统战部有关通知，参照省委统战部下达的调研课题，德宏州以少数民族地区工作为重点，深入开展统战理论研究和调研工作，在加强基层统战调研力度、改进调研方法、提高调研质量、转化调研成果上下功夫，向省委统战部上报了《对德宏州加强宗教代表人士队伍建设，提高教职人员素质的思考》，并获 2010 年省委统战部优秀调研成果三等奖。

（《统战工作》撰稿　王　浩）

政法委（综治委）

【召开全州政法工作会】 2010 年 1 月 20 日，德宏州召开全州政法工作会议，州委副书记、州长孟必光主持会议，州委书记赵金作重要讲话，州委常委、政法委书记郭志德作题为《抓住机遇，迎难而上，全力推动德宏政法工作创新发展》的工作报告。州委常委、州委秘书长番跃平，州人大常委会副主任毛勒端，州政府副州长、州公安局局长马闻，州政协副主席杨庆华等领导出席会议；州委政法委全体委员，州级政法各部门班子成员，各县市政法委书记、政法各部门主要领导，州综治维稳委各成员单位主要领导共 160 余人参加会议。会上，郭志德、马闻分别代表州委州政府与各县市、部分州综治维稳成员单位签订了《德宏州2010年综治维稳目标责任书》。

【专项整治】 2010年3月，德宏州委州政府召开全州社会治安重点地区排查整治专项工作会议，对全州工作做了全面安排部署，强势整治吸贩毒窝点、“城中村”、校园周边、城郊结合部、交通站点、边境线及市场周边等重点区域社会治安。深入开展了“打黑除恶”专项行动，共侦办涉黑涉恶案件9件（涉黑1件，涉恶8件），抓获犯罪嫌疑人100余名，打掉了一批黑恶势力，净化了社会环境，得到上级部门的高度肯定。加强校园及周边治安整治，以“10个100%建设目标”为抓手，组织相关部门进行督查整治，共签订校园安全责任书740份，配备保安1486名，安装监控系统76处，排查学校安全隐患和突出治安问题780处，排查可能危害学校安全的重点人员250人。通过采取一系列行之有效的措施，确保了校园及周边环境安全。按照省委省政府的统一部署，扎实开展了边境地区社会治安整治专项行动，严厉打击“枪、毒、拐、赌”各种违法犯罪，共获取涉枪线索17条，立案4起、破案4起，抓获涉枪涉爆犯罪嫌疑人4名；共破获毒品刑事案件85件，抓获犯罪嫌疑人79人，缴获各类毒品139.13千克，缴获易制毒化学品210千克，查获零星贩毒案件329件，抓获零星贩毒人员337人，捣毁吸贩窝点69个，收戒吸毒人员724人；共破获跨境拐卖妇女儿童案件21件，解救被拐卖妇女儿童26人（其中缅籍妇女25人），打掉拐卖儿童犯罪团伙3个，抓获犯罪嫌疑人23人（其中公安部督办案件逃犯1人）；对迈扎央等境外赌场采取了“五断一停”（断水、断电、断通信、断物资供应、断网络，停边境旅游）措施。通过整治，社会治安进一步好转，人民安全感进一步增强，社会满意度进一步提高。

【召开德宏州委执法监督启动会】 2010年4月19日，德宏州委召开执法监督启动会，州委常委、政法委书记郭志德，州政协副主席、州委统战部部长李有升出席会议，州委执法监督领导小组成员、州委执法监督员参加会议。会上，郭志德、李有升等领导同志分别为州委执法监督员余永固、王圣春、李文德、刀保萍、滕杉、王猛、尚腊友、焦保、李其胜等同志颁发了聘书，郭志德作了讲话。

【禁毒防艾】 2010年5月5日，德宏州召开全州禁毒防艾工作大会，州委副书记、州长孟必光主持会议，州委赵金书记作重要讲话，州委常委、政法委书记郭志德宣读表彰决定。会议表彰了禁毒防艾先进县市、5个“无毒社区”先进乡镇、1个“无毒乡镇”、5个禁毒防艾先进乡镇、21个村民理事会、30个群防群治组织、51个州县挂钩联系单位、101名先进个人。年内，德宏州政法委坚持“强抽人，抽强人”的工作措施，明确167名州、县市领导分别挂钩联系乡镇、行政村，选派558个州、县市派工作队、1407名工作队员驻村，继续招聘315名辅警，组建2261支群防群治组织，明确2700名禁防工作联络员，全州上下形成“一张网”格局，深入开展禁毒防艾人民战争。州、县两级坚持把禁防工作经费列入财政预算逐步拨付，共投入经费437.4万元，确保禁防工作顺利开展。通过全州各族干部群众的不懈努力，禁毒防艾工作取得较好的成绩。

【召开全州“三项重点工作”推进会】 2010年10月29日，德宏州召开全州“三项重点工作”推进会。州委常委、政法委书记郭志德，州人大常委会副主任毛勒端，州政协副主席杨庆华等领导出席会议。各县市政法委书记、州直相关部门领导参加会议。会上，郭志德作了重要讲话，各县市政法委书记和州法院、州检察院、州公安局、州司法局等部门领导分别作了工作汇报。

【中央综治委与省委政法委对德宏进行督查】 2010年11月19至20日，中央综治委对德宏综治维稳工作进行督查，州委常委、政法委书记郭志德代表州委州政府就德宏州年内开展政法综治维稳工作情况作汇报，州委副书记、州长孟必光作补充汇报。中央综治委充分肯定了德宏州综治维稳工作取得的成绩，并指出加强综治维稳基层基础“六个一”的工作措施和瑞丽姐告国门社区调解工作，是全国综治维稳工作的亮点。12月5日，省委政法委、省综治维稳委对德宏州开展社会治安重点地区排查整治、推进风险评估和预警机制、建立应急处突机制、构建矛盾纠纷调处大格局、涉法涉诉处理和平安建设等工作进行检查督导和考核，州委常委、政法委书记郭志德代表州委州政府作汇报。此次考评，确定了潞西市为全省“平安县市”。

【社会矛盾大排查及源头治理有新

突破】 2010年，德宏州委州政府要求全州各级各相关部门要按照“全方位、不留死角和盲区、排查一起化解一起”的要求，全力排查化解各种社会矛盾，尤其注重排查化解重点区域、重点环节、重点部位的矛盾纠纷，确保矛盾隐患发现得早、处置得快、了结得好。各县市及州级相关部门严格按照州委州政府的要求，创新举措，加大工作力度，“大排查、大化解”工作取得了显著成绩。全州各级调解委员会共调解种类纠纷3056件，成功2936件，成功率为96%，制止群体性械斗15件，防止群体性上访3件。全州信访部门共受理来信来访3148件（批）次（来信1929件，来访1219批5143人次），全州信访呈现出“四下降一好转”的良好势头。自2008年建立风险评估机制以来，共组织各种重大事项听证会议26次，重要事项公示274项，重点工作通报302项，修改合同协议62份。及时预警并调解芒市卓信硅业合同纠纷案、华中电力与出境务工人员劳资纠纷案、陇川农场军转复原人员拟上访案、畹町国家森林公园涉嫌非法集资案、梁河云锡矿业有限公司不良债务执行案、芒市回旋村民与石场资源纠纷案。

【积案清理】 2010年，德宏州制定切实有效的疏通“出口”政策措施，有效地处置了一大批信访积案和现存矛盾纠纷。全州政法委机关共受理来信来访23件，其中涉法涉诉案件20件，办结20件。严格按照《关于进一步加强和改进涉法涉诉信访工作的实施意见》（云办发〔2009〕23号）精神，积极稳妥地处理各类涉法涉诉信访案件。认真贯彻落实涉法涉诉特殊困难群体救助机制，州级财政预算安排60万元，用于救助涉法涉诉特困群体和刑事被害人，切实解决了一批因“执行难”或刑事伤害而久拖不决、久诉不息的信访积案。

【治安防控】 2010年，德宏州政法委不断强化流动人口和重点人群的管理，建立健全管理机制，落实责任，切实加强对跨境婚姻、跨国婚姻的管理，重点加强对刑释解教人员、社区矫正对象、社会闲散青年、吸贩毒人员、精神病患者、涉法涉诉特困人员、邪教人员和“三非人员”等人群的管理，确保底数清、情况明、管得住、服务好。共管控各类特殊人员11158人（其中维稳重点人138人、重点青少年1423人、肇事肇祸精神病人19人、刑嫌374人、可能铤而走险的治安危险分子159人、社区服刑人员518人、刑释解教人员4010人、无稳定生活来源的社会闲散人员4517人）；共清查出租房屋5681户，流动人口97150人次，清理“三非”人员7847人，遣送出境945人；建立巩固社区矫正机构58个（州级1个，县市级6个，乡镇级51个），发展社区矫正志愿者601人，建立教育基地6个，建立公益劳动基地6个。高度警惕，内紧外松，进一步强化隐蔽战线斗争，不断加大情报信息收集研判工作力度，严密防范各种敌对势力的渗透破坏活动。共收集各类情报信息8000条，为党委政府及上级决策提供了可靠依据。严密监控网络动态，积极稳妥应对网上舆情，不断提高网络管理和实际运用能力。

【平安创建】 2010年，德宏州委州政府下发《德宏州深化爱民固边战略暨创建平安边境活动实施意见》、《德宏州深化爱民固边战略暨创建平安边境活动各成员单位职责》、《关于爱民固边模范乡镇村纳入新农村建设的总体规划》，各级各相关部门做了大量工作，共创建爱民固边模范村11个，爱民固边模范乡2个，实现了辖区33个村委会、社区中均有社区民警兼任村官。继续强化在金融、卫生、教育等的“行业平安创建”工作和“政企平安创建”工作，继续深化“十单位联防”、“片区联防”工作，形成条块结合、纵横发展的平安创建格局，努力实现社区和谐、行业和谐、企业和谐。继续加大村民理事会创建工作力度，在上年创建106个村民理事会试点工作的基础上，年内又在全州范围内推开创建300个村民理事会，带领村民抓产业发展、禁毒防艾、新农村建设和群防群治工作，进一步促进乡村发展、乡村和谐、乡村文明。继续强化治安防范能力，在上年已完成786个视频监控点建设的基础上，年内又在高发案地段、治安复杂区域、重点单位、娱乐场所、交通要道等重点区域安装了3000个视频监控点，实现无盲区、无死角、全天候、全方位监控，进一步提高全州技防水平。

【队伍建设】 2010年，德宏州委政法委主要从以下方面强化政法队伍建设：一、强化政法领导班子建设。共调整州、县市两级政法队伍领导班子成员（处级）25人，进一步优化班子结构，切实提高政法队伍领导班子的统筹能力、管理能力和干事创业能力。二、强化干警思想政治建设。认真组织政法机关开展“公正廉洁执法”、“感恩思进”、“创先争优”、“优化经济社会发展软环境建设”等专项活动，组织干警参观革命纪念馆、到基层挂钩点开展“结对子”活动，通过各种活动进一步凝聚人心，激发活力，增强战斗力。三、强化政法队伍组织建设。高度重视政法机关党组织建设，充分发挥了党组织、党员干部的先锋模范作用，始终做到以坚强有力的组织凝聚人心、以党员的先锋模范作用感染身边的干警、以务实创新雷厉风行的作风促进工作。四、强化政法队伍作风建设。教育和引导广大干警牢固树立群众观点，坚持群众路线，尊重群众、依靠群众、了解群众，真心实意为群众排忧解难；结合身边发生的案件，选择典型案例，适时开展警示教育活动，教育和引导干警带头遵守党纪国法，带头遵守社会公德、职业道德，带头弘扬法治精神，不碰高压线，不打擦边球，不做出格事。五、强化政法队伍执法能力建设。坚持把提高队伍素质作为一项先导性、基础性的战略措施来抓，注重干警实际工作能力的培养，切实解决政法干警“追不上、打不赢、说不过、判不明”的问题。六、强化政法队伍教育培训。5月，组织州、县、乡三级政法干部共300余人进行培训，邀请省、州教育界、政法界的一些专家学者授课，切实提高了政法干警，尤其是基层政法干警执法水平和办案能力。积极创造条件，组织州、县两级政法委班子成员外出培训，进一步提升领导班子驾驭全局、处理复杂问题的综合能力。七、强化党内执法监督。组织州委执法监督员对全州政法队伍进行了明察暗访，开展案件评查，督促政法各部门建立干警执法业绩档案。

（《政法委〈综治委〉》撰稿　徐天泽）

政策研究和新农村建设

【文稿撰写】 2010年，德宏州委政研室、州委农办围绕州委的中心工作和重点任务，以农业农村及新农村建设工作为重点，认真组织开展调查研究活动，形成了一批有质量的调研报告、重要文件、重要文稿，为州委决策、出台政策提供了有效服务。一、积极筹备州委农村工作既生物特色产业工作会议的工作，在会前广泛深入调研的基础上，形成会议主题报告、《中共德宏州委、德宏州人民政府关于加大统筹城乡发展力度，进一步夯实农业农村发展基础的实施意见》（德发〔2010〕16号）文件、在会上与各县市签订的《德宏州2010年农业农村工作目标责任书》等重要文件、文稿。二、根据州发改委关于德宏州“十二五”规划前期课题研究的要求，承担了“新农村建设专题”研究任务，形成《德宏州新农村建设专题研究报告》；通过专家评审委的评审后，纳入《德宏州“十二五”规划课题汇编》一书。三、组织政研、农办系统和州农业局等相关部门，对全州“十一五”农业农村工作情况进行深入调研和总结分析，形成了《德宏州“十一五”农业农村工作情况及“十二五”工作建议》的调研报告。四、撰写州委分管领导在全州第三批新农村建设指导员工作总结表彰会上的讲话、第四批全州新农村建设指导员工作座谈会上的讲话、省级重点村暨绿色产业推进会上的讲话文稿。五、完成了省、州党委和省委农办安排的调研任务，撰写了《德宏和谐社区建设调查报告》、《德宏州农村社会保障基本情况报告》、《德宏州农业产业化及龙头企业发展情况报告》等材料。六、撰写了《将社会主义新农村建设项目和现代农业科技示范推广园区项目纳入国家桥头堡建设项目规划的建议》、《德宏州社会主义新农村建设“十二五”规划整体推进项目的建议》等文稿，提供州委、州政府领导和相关部门参考。七、组织全州政研、农办系统干部到上海、江苏、四川等地考察，学习借鉴发达地区建设新农村和发展现代农业的经验，形成了《统筹城乡发展、加快新农村建设步伐》的学习考察报告。

【新农村建设】 2010年，德宏州委政研室、州委农办除抓好全州新农村建设综合协调工作外，重点承担了省级重点村、州级试点村项目的建设任务。围绕“两村”项目建设，突出抓好了四个环节的工作：一、积极争取省级重点村项目，全年共争取到省级重点村项目42个、资金630万元，比上年多争取项目2个、资金30万元。二、切实抓好省级重点村、州级试点村申报的审定工作，确保县市申报建设的村符合规定的条件，起到示范带动作用。年内全州共审批建设省级重点村、州级试点村66个，其中：省、州共建26个，下达资金2897.17万元，其中省级630万元、州县级1040万元、整合部门资金239万元、群众自筹资金988.17万元。各项目财政资金全部落实到位，工程建设按照计划有序开展，预计年内全部完工。三、抓好项目建设过程中的督促检查指导工作，确保项目资金专款专用，确保项目工程按质、按量、按时完成。四、抓好项目验收工作，确保“两村”建设取得实效，起到示范作用。9月，州委农村工作领导小组组织相关领导和专家组成项目验收组，对全州上年度下达实施的73个省级重点村、州级试点村进行了现场抽查验收，工程质量合格、档案资料齐全、群众满意，通过领导小组的验收和财政绩效评价工作，使全州50个乡镇、70个村委会、73个自然村、8055个农户、35906名农民受益。

【选派新农村建设指导员】 2010年，德宏州委政研室、州委农办开展第四批新农村建设指导员工作队。此工作队由413名指导员组成，其中省级22人、州级84人、县级287人、乡级20人；共设5个工作总队、51支工作队。省、州级指导员于3月3日从芒市出发，分赴各县市驻村开展工作。这批工作队指导员工作突出五个亮点：一、组织领导得到加强。5个县市分别成立了工作总队、设一名总队长、一名副总队长，各乡镇设工作队；县市总队长由省派出厅级或副厅级后备干部担任并兼任县市委副书记、县市工作队领导小组办公室主任或常务副主任，县市副总队长由州派处级干部担任，各乡镇工作队长由组织部门选派锻炼的科级干部担任并兼任乡镇党委副书记。二、工作经费得到了相应的保障。2010年州财政对每个县市工作总队安排了工作经费5万元、对每个乡镇工作队补助2万元，同时要求每个驻村指导员派出单位必须安排不低于1万元的驻村工作经费。三、指导员队伍整体素质高，全州413名指导员中，有厅级干部1人，处级或副处级干部17人、乡科级干部183人；有党员干部315人，占指导员比率的76%，且年轻化、知识高的特点突出；还有许多队员是省、州组织部门确定培养的后备干部。四、督促检查指导员工作得到加强。指导员驻村后，州工作队办每一季度都下发一个文件，安排阶段性工作；每个季度都采取明查暗访多种形式开展督促检查指导工作。五、指导员派出单位支持有力，工作亮点多。六、全州驻村指导员工作成绩显著。据不完全统计，全州指导员全年完成入户宣传党的政策2749次、完成调查报告225份，为老百姓办实事1430件，争取项目279个，争取资金3672万元，提出合理性建议117条，参与调节纠纷955起。

【专项工作】 2010年，德宏州委政研室、州委农办积极完成专项工作任务。一、认真编制《德宏州社会主义新农村建设“十二五”规划》。根据州人民政府关于编制”十二五”规划和重点专项规划的要求，州委农办承担了“新农村建设发展规划”的编制任务。2月，为编制好新农村建设专项规划，代州委、州政府拟定下发了州委办、州政府办关于印发《德宏州社会主义新农村“十二五”发展规划方案的通知》，成立了规划编制领导小组及办公室，组织全州政研、农办系统和全州新农村建设指导员开展大规模的调查研究工作。规划编制工作与云南农业大学产业经济研究中心合作，成立了规划编制课题组，制定规划编制大纲和规划编制计划。经过省农大专家、州委农办干部及州直相关部门的努力，7月，完成《规划》讨论稿，经多次修订后形成《规划》送审稿。11月，《规划》编制领导小组在芒市组织召开了评审会，通过省、州专家的评定，得到了省、州参会领导的肯定。二、认真组织抓好省、州年度集中检查考核工作。年内，本单位承担了省、州集中检查考核的新农村省级重点村、新农村建设工作队及指导员、农村民居地震安全工程、农村劳动力转移就业特别行动计划的具体任务，参与“六棵树一棵草”检查验收工作。

【农村劳力转移计划】 2010年，德宏州委政研室、州委农办认真组织实施农村劳动力转移就业特别行动计划。上年秋季以来，云南省遭受了有气象记录以来最严重的特大干旱，农业损失严重，农业增收难度加大，省委、省政府决定实施“全省农村劳动力转移特别行动计划”。州委、州政府高度重视，明确由州委农村工作领导小组牵头协调落实。一、牵头起草《中共德宏州委办公室、州人民政府办公室关于印发〈德宏州农村劳动力转移特别行动计划实施方案〉的通知》（德办发〔2010〕19号文件）。二、明确了新增任务，新增培训计划人数2.2万人、新增转移2.96万人、组织农民工招聘会10场次。三、建立工作落实机制，农办负责牵头，社保、农业、扶贫部门具体抓落实。四、建立跟踪督查和信息专报制度，3至5月实行一周一报、6月以后实行一月一报。

【禁艾挂钩点工作】 2010年，德宏州委政研室、州委农办切实抓好禁防挂钩联系点的工作。年内单位派出一名具有农村基层工作经验的业务骨干不间断驻扎在所挂钩村，开展禁毒防艾和帮助新农村建设工作。大力宣传发动“护家园、拒毒品、防艾滋、惜生命”宣传教育，帮助所驻村新农村建设规划，帮助改善村公所添置电脑设备等办公条件、帮助艾滋病困难家庭养鹅等办实事做好事活动。组织群众、发动群众对吸毒人员实行强收强戒工作，结合新农村建设大力宣传普及法律知识，强化农村学法、知法、守法、用法意识。使单位所驻村成为瑞丽禁毒防艾、新农村建设的一面旗帜。

（《政策研究》撰稿　帕安茂）

保密工作

【宣传新《中华人民共和国保守国家秘密法》】 2010年4月29日，新修订的《中华人民共和国保守国家秘密法》正式颁布。德宏州保密局组织各级保密专职干部先后两批次参加了云南省国家保密局举办的新保密法宣传学习骨干班的培训，对保密工作的方针政策、国家秘密范围和密级、保密制度、监督管理、法律责任等规定进行了全面系统的学习了解。8月、11月分别举办了州直单位涉密人员保密知识培训和全州保密系统专职干部培训。在9月、10月宣传月活动中，州委常委、州委秘书长、州委保密委主任番跃平在《德宏团结报》发表了《认真学习贯彻新保密法，依法维护国家秘密安全》的署名文章。各级各部门利用电视、广播、网络、短信、报刊等渠道开展了形式多样、内容丰富的宣传教育活动，征订并发放《信息公开保密审查工作手册》、《保密法释义》、《保密技术防范常识》、《保密工作》、《党政机关工作人员保密须知》等各类保密宣传学习资料书籍。宣传教育活动开展得有声有色，做到了电视有图像，广播有声音，报刊有文字，短信有内容，为新修订《保密法》实施营造了良好氛围。

【保密宣传教育】 2010年，德宏州突出宣传的针对性和实效性，全面推进“五五”保密法制宣传教育各项工作的落实，并认真全面总结5年来的保密法制宣传教育所取得的成果和经验。全州各级保密职能部门尽心竭力，各级保密组织协调指导，按照全州的《实施意见》规划要求认真抓落实，较好地完成了教育任务。全州共召开各种会议34次，州、县市领导发表电视讲话6次，播放《佟达宁间谍窃密案》、《小心你的手机》、《筑牢保密防线》、《信息化条件下主要技术窃密手段》、《警钟长鸣》、《保密技术演示》等10多部保密教育片，全州共组织378个单位66场次2716人观看；通报2006至2009年泄密案件；组织法规知识考试8次，组织各类保密业务知识培训29次3665人参与；征订《保密知识宣传挂图》64套896张，制作永久性宣传展板24块，悬挂标语横幅50幅，办板报墙报40期；各级各部门单位主要领导与保密要害部门部位的涉密人员签订《保密承诺书》2000份；向37名在职地厅级领导干部发送了《致厅级领导干部的一封保密提醒信》；征订各种书籍及保密宣传材料共6179册份；在《保密法》颁布20周年期间，通过手机短信的方式向全州5万名移动用户宣传了保密法知识。通过保密法制宣传教育，增强广大干部职工的保密法制观念和保密意识，促进保密规章制度的建设，推动了保密管理工作。11月14至18日，全州保密法制宣传教育工作接受了云南省第五检查组的检查验收，检查组先后检查了陇川县财政局、检察院、县保密局，芒市公安局、人民防空办、市保密局，州政府办、州人民银行、州保密局，听取了上述部门的情况汇报，查看了工作痕迹资料，实地抽看了工作情况，对全州的保密法制宣传教育工作给予充分肯定。检查组认为：德宏州“五五”保密法制宣传教育工作组织筹划有力，准备工作充分；党政领导重视，责任落实到位；宣传教育活跃，普法氛围浓厚；紧密结合实际，强化保密管理；全州保密普法工作扎实、宣传教育活跃、保密规章健全、保密技术得力、保密队伍整齐、工作成效显著。

【保密监督管理】 2010年，德宏州保密局加强保密监督管理制度。一、加强保密管理，完善保密规章制度。按照《信息系统和信息设备使用保密管理规定》的要求，对全州各级各部门的计算机和移动存储介质进行了清理登记，在清理过程中对计算机和移动存储介质进行了划分用途、分类造册、建立台帐、统一标识、定性管理，使计算机和移动存储介质日常保密管理更加规范；二、加强网络窃泄密防范工作。对州内注册的网站和政府信息公开门户网站及全州各单位的邮箱进行了全面的清理，并对百度、新浪、凤凰等网站是否登载涉及德宏州的涉密或敏感信息进行了搜索和查看，避免网络失泄密和网上交易涉密文件行为；三、加强办公信息设备保密管理。1月，采取单位自查和保密部门抽查的形式，对全州使用电脑远程操控器类产品情况进行了全面排查，要求各单位在涉密和内部计算机上严禁使用电脑远程操控器类产品，在非涉密计算机上使用的要报保密部门备案；四、加强涉密载体的管理。各级各部门单位的涉密纸质载体一律清退保密部门销毁中心进行统一销毁，涉密磁介质载体需进行销毁或改为其他用途的需先到保密部门进行数据清除。

【保密检查】 2010年，德宏州保密局积极开展保密检查活动。一、在全州范围内组织开展了地方党政机关保密检查整改落实“回头看”检查活动。抽查部分单位保密要害部门部位的涉密计算机、非涉密办公网络、移动存储介质，查阅调看了非涉密计算机存储的文件材料，检查保密管理规章制度，检查了单位与涉密人员签订的保密承诺书，查看了一些保密管理工作的痕迹材料。通过检查，发现了存在问题和泄密隐患，提出整改意见和建议，并将检查意见以书面形式反馈给受检查单位，要求按期整改。对于个别存在违规问题的单位，州委分管保密工作的领导找单位主要领导和办公室主任进行了整改谈话，存在问题单位进行了认真整改。二、开展全州废旧物品销售及再生资源市场保密检查。2至7月，各级保密职能部门联合工商、公安等部门对全州废旧物品销售及再生资源市场进行了12次拉网式检查，检查了部分网吧、打印室、印刷厂和废旧物品收购站（点）。通过检查，及时堵塞了泄密漏洞，消除了泄密隐患，达到了以查促教、以查促管、以查促改的目的。

（《保密》撰稿 黄 蕊）

老干部工作

【召开老干部工作会】 2010年3月25日，德宏州老干局在州老年大学报告厅召开全州老干部工作会议。会上，表彰了上年老干部工作目标管理先进单位，传达学习了全省老干部工作会议精神，州委副书记唐文祥总结回顾了上年全州老干部工作，安排部署了年度全州老干部工作。各县（市）委老干部工作领导小组组长、老干部局局长及办公室主任，州直单位分管老干部工作领导和老干部专兼职工作人员共195人参加了会议，会议由原州委常委、组织部部长、州委老干部工作领导小组组长马永福主持。

【举办感恩思进“五老”书画展】 2010年4月21日，是德宏解放60周年纪念日，德宏州委老干部局、芒市委老干部局，于4月16至25日联合举办了纪念德宏解放60周年感恩思进“五老”书画展，展出了100多幅作品。16日，州直单位、芒市的375名老干部专兼职工作者和离退休干部参加了开展仪式并参观了书画展。

【举办政策业务知识竞赛】 2010年9月1至27日，德宏州老干局在全州老干部工作队伍中开展老干部工作政策业务知识竞赛活动。下发德老〔2010〕14号《关于开展老干部工作政策业务知识竞赛活动的通知》，27日组织了全州决赛，决赛出个人一等奖1名，二等奖3名，三等奖10名。评选出了组织奖一等奖1名，二等奖2名，三等奖3名。

【召开全州老有所为先进集体和先进个人表彰大会】 2010年10月10日，德宏州老干局在州老年大学报告厅召开了全州老有所为“双先”表彰会。会上，州委副书记唐文祥、州委常委组织部部长何汝利在会上作了重要讲话，对受表彰的30个先进集体和50名先进个人发放了荣誉证书、授带和奖金。全州老有所为先进集体代表、老有所为先进个人、州委老干部工作领导小组成员单位的领导、各县市委分管老干部工作的领导、老干部局局长和州直单位分管老干部工作的领导、老干部专兼职工作者共160多人出席了表彰会。

【承办全省老年大学第十八次协作会暨老年教育理论研讨会】 2010年10月26至29日，云南省老年大学协会第十八次协作会暨老年教育理论研讨会在芒市召开。会议由省老年大学协会理事会主办，德宏州委老干部局、德宏州老年大学承办。参加会议的有州、市、县42名老干局的领导，59所老年大学的领导及工作人员，省委老干部局、省老年网络大学的领导也应邀参加了会议，参会代表共232人。会议期间，中共德宏州委常委、组织部部长何汝利代表德宏州委、州人民政府发表了欢迎词，省委老干部局副局长、省老年大学校长施均美作了重要讲话，省老年大学协会理事长童映河作了年度工作报告；与会人员观看了德宏州老年大学师生的文艺汇报演出，参观考察了国家改革开发开放试验区瑞丽市；会议共收到书面交流的材料63份，有17名代表作了大会交流发言；会议表彰了28个办学先进单位。

【离休干部基本情况】 截止2010

年12月31日，全州共有离休干部240人。其中：行政单位107人，事业单位59人，企业单位74人；享受副省单项待遇的1人、厅级待遇的4人、处级待遇的137人、科级待遇的90人、其他待遇的8人。全州有离休干部遗嘱177人。

【退休干部基本情况】 截止2010年12月31日，全州共有退休干部10663人。其中：机关单位退休干部4075人，事业单位退休干部5892人，企业单位退休干部696人；厅级退休干部44人（正厅14人、副厅30人）、处级退休干部652人（正处232人、副处420人）、科级及其以下退休干部9967人。全州有厅级退休干部遗嘱11人。

【落实老干部政治待遇】 2010年，德宏州老干局坚持八项制度，全面落实老干部的政治待遇。一、坚持政治理论学习制度。定期组织老干部学习，并为老干部征订各种报刊杂志，为老干部学习提供资料。二、坚持组织老干部学习阅读文件制度。定期组织老干部阅读文件，对生疾有病不能参加学习的采取送文、送学到家中，保证老干部及时掌握上级政策，理解党委、政府决策。三、坚持情况通报制度。全年仅州委老干部局就组织向州直机关离退休干部通报情况6次。四、坚持走访看望制度。春节前夕，州委、州政府分别组织召开了州直单位驻昆明和芒市两个老干部春节慰问座谈会，共发放慰问金31万元。会后，州四套班子领导和州委老干部局领导分别到医院和家中看望了未到会的离休干部和副厅以上退休干部。五、坚持联系制度。健全和完善了州级在职领导干部联系同级老干部制度。根据领导干部人事变动情况，以德办发〔2010〕62号文件《中共德宏州委办公室德宏州人民政府办公室关于调整州级领导干部联系同级老干部对象的通知》，对州级领导干部联系老干部对象进行了调整。坚持实行《老干部局局机关在职干部联系州直机关离休干部和副厅级以上退休干部及本局离退休人员制度》。六、坚持参加重要会议制度。德宏州召开的人代会、政协会、州委全委扩大会、干部推荐考察会、省委巡视组到德宏巡视动员会、总结反馈会等重要会议、重大节庆活动都邀请老干部参加，共邀请老干部参加重要会议、重大节庆活动650多人次。七、坚持参观考察制度。州委老干部局组织了3次工农业生产考察活动。3月18日，组织州直单位57名离休及副厅以上退休干部参观考察了潞西市风平镇芒赛村的圣丰牧业有限公司的种猪培育基地，轩岗乡拉哏村奶水牛养殖区，风平镇等稿村、户允村养鸡场和祥祥乳业有限公司；10月15日，组织州直单位58名离休干部和副厅以上退休干部参观考察了陇川县移民搬迁点和龙江水电站；8月18日，组织州直单位参加过抗日战争的老干部、老战士到龙陵县参观考察抗日战争纪念馆及陇陵城市建设。八、坚持组织生活制度。全州各老干部党支部能坚持定期组织离退休干部党员过组织生活，并做到了把党员上交党费80%留给老干部党支部使用。

【落实老干部经济待遇】 2010年，德宏州老干局加强健全和完善离休干部离休费保障机制、医药费保障机制和财政支持机制。州、县离休干部离休费按时足额发放，医药费实行州级统筹，离休费、医药费没有拖欠现象。离休干部公用经费每人每年1000元、退休人员公用经费每年每人500元已列入财政预算。老干部特需费、就地疗养费能及时兑现；能根据政策及时调整提高离休干部各项专项经费的标准，并及时有效地解决了老干部的一些实际困难，使老干部共享到了改革发展成果。

【老干部活动管理】 2010年，德宏州老干局利用老年大学、老干部活动中心、老干部党校等阵地平台，规范服务管理，完善服务措施，提升服务水平。一、改善基础设施。出资30万元建盖了多功能教室，落实了老年大学教学设备配套经费60万元（州财政配套了40万元，梁河、畹町各配套了10万元）。二、健全制度。州老年大学制定了《老年大学班委会选举办法》，建立健全了《校务委员会职责》、《教师职责》、《班委会职责》、《学员公约》、《联络员职责》等规章制度，有效地提高了办学水平。三、扩大了办学规模。州老年大学2010—2011学年，开设了14个专业、30个班级，招收学员由上学年的609人增加到本学年的1034人。四、丰富校园文化生活。州老年大学定期出版墙报、开办橱窗，编发校刊和简报，并适时举办书画展，组织开展了有3000多人（次）参加的第二课堂活动，丰富了校园文化生活。五、规范服务管理。加强对州老干部活动中心健身室、阅览室、乒乓球室、台球室、棋牌室、门球场、羽毛球场等活动场所的管理，为参加活动的老干部提供人性化服务。六、改进培训方式，加强老干部党校工作。采取短期培训、感受教育培训、专题报告培训等方式对老干部党支部书记、老干部社团（老年社团）负责人、老干部党员及老年大学学员进行培训。

【发挥老干部作用】 2010年，德宏州老干局本着自觉自愿和量力而行的原则，积极鼓励和引导老干部发挥余热。德宏州有39位离休干部和24位副厅以上退休干部利用自身优势在撰写回忆录、编写史志、关心教育下一代及禁毒防艾等方面继续发挥作用。4月14日，梁河县九保乡73岁的退休老干部杨从政为救山火献出了宝贵的生命；在“六一”儿童节期间，有19个州直机关老干部团体组织637位老干部，开展了“老手拉小手”活动与儿童共庆“六一”，并为儿童捐款捐物23842元；离休干部杨锦和创作的歌曲《景颇山，我的家乡》荣获全国中老年“歌唱舞动30年”经典节目展演暨（第三届）中华全国社区文艺汇演声乐类创作金奖等等。

（《老干部工作》撰稿　陈娥昌）

州直属机关工委

【加强机关党员思想建设】 2010年，德宏州直机关工委按照州委统一部署认真开展创先争优活动。工委及时成立以工委书记为组长、工委委员为成员的领导小组，主要负责承担上传下达，指导、督促所属81个基层党组织开展创先争优活动工作。一、领导重视，把加强基层党组织建设列入重要议事日程。二、分工明确，认真落实创建工作目标，主要领导亲自抓、分管领导具体抓，其他成员共同抓，形成了齐抓共管局面。三、与各基层挂钩点的党员进行了“1+1”共创活动。四、全体党员积极参与，各负其责，认真落实，做好机关目标管理工作，及时营造机关创先争优活动工作良好氛围。五、完善机关内部各项管理制度，进一步提高机关运行效能，以制度管事管人。六、党员身份亮出来，做出公开承诺。为充分展示党员的先锋模范作用，主动接受社会各方监督，各党组织结合自己的情况，确定了19个党组织作为党建示范点，扎实抓好党员先锋岗、党员示范岗建设和“三联三创”党组织及党员结对帮助，抓好党员和党组织评星晋级和窗口、服务行业“四亮四评”主题实践活动。

【机关党组织建设】 2010年，德宏州直机关工委认真抓好党建工作。一、健全基层党支部班子，为基层组织建设提供有力的组织保障，全年共审批基层组织换届11个，共成立6个机关党委（其中：总支转为机关党委的5个、支部转为机关党委的1个）；新成立的直属党支部2个。二、严格抓党的组织生活，认真执行“三会一课”制度，坚持开好专题民主生活会，不断完善民主评议党员工作，对不履行党员义务、不符合党员条件的党员及时给予帮助教育，促其改正。三、认真做好新党员的接收和预备党员的培养转正工作。按照“坚持标准、保证质量、改善结构、慎重发展”的十六字方针，认真贯彻执行《中国共产党发展党员工作细则〈暂行〉》的规定，根据年初制定的培养发展计划，认真考核，做到成熟一个发展一个，全年共找发展对象谈话40人次，提交委员会讨论接收的新党员40名，审批转正的预备党员55名；在规定的时间内办理完审批的各种手续。四、举办入党积极分子培训班。6月8至10日，机关工委在州委党校举办了入党积极分子培训班，州直各级党组织选送了207名入党积极分子参加培训。五、举办党务干部培训班。为达到“使机关党建走在全州前列”的目标，在州直机关党组织中开展一期有250人参加的州直机关党务干部培训班。六、严格党费收缴制度。认真做好党费收缴和管理工作，并按照中组部2008年新出台的《关于中国共产党党费收缴、使用和管理的规定》，完成州直属机关224个党支部的党费收缴情况摸底测算工作，截止12月7日已收党费10余万元。

【抗旱救灾】 2010年，德宏州直机关工委组织开展“共产党员抗旱先锋行动”全力支持抗旱救灾工作。旱情发生以来，机关工委为认真贯彻落实中央、省委和州委做好抗旱救灾工作指示和安排部署，充分发挥州直属各基层党组织和共产党员在抗旱救灾工作中的战斗堡垒作用和先锋模范作用，及时下发了《关于在全州各级党组织和广大共产党员中开展“共产党员抗旱先锋行动”的通知》（德直字〔2010〕9号），并组织开展了“共产党员抗旱救灾特别捐献活动”。3月23日上午，州直机关工委在芒市大会堂前举行“共产党员抗旱先锋行动”捐款仪式。4月2日，州直机关工委所属党组织和党员共捐款97.94万元。其中党组织捐款24.36万元，捐款1万元以上的党组织有10个；2991名党员捐款68.67万元，非党428名捐款4.85万元，捐款1000元以上的党员有64名。

【纪念建党89周年活动】 2010年，德宏州直机关工委以纪念建党89周年活动为主题，开展形式多样、内容丰富的组织活动。结合“创先争优”活动，加强机关党的建设，根据州委办公室《关于开展纪念中国共产党成立89周年活动的通知》精神，6月29日，组织98个党组织2800余人汇聚在芒市广场，以健步走的方式喜迎中国共产党成立89周年、德宏解放60周年纪念活动。各基层党组织也结合本单位的实际，以专题党课教育活动、党的十七大知识和“三个代表”重要思想知识竞赛、歌咏比赛、演讲比赛、座谈会、讨论会等形式纪念建党89周年。

（《机关工委》撰稿　杨　芳）

党校工作

【机构设置】 2010年，中共德宏州委党校是一个以党校为主体，州民族干部学校、州行政学校、州社会主义学校相配套的“四校合一”机构，是培训、轮训德宏州各级干部的主阵地、主渠道和党性锻炼的熔炉，是州委的一个重要工作部门。年内，党校内设办公室、培训部、教研室、科研办、函授部、组织人事科、职教科、行政科、计算机网络图书资料中心9个科室。现有教职工167人，其中在职教职工107人，离退休教职工60人。在职教职工中有公务员51人，专职教师36人，工人20人。在专职教师中，职称结构为正高3人，副高15人，讲师12人，初级职称1人。

【干部培训】 2010年，德宏州委党校在认真总结前一阶段大规模干部轮训工作的基础上，不断拓展办学思路，大力开展教学改革，培训轮训规模不断扩大，培训效果不断凸显，完成了全年干部教育培训工作。全年共完成36个培训班次，4444名学员参训。其中：专题类16个班、1635人次；综合类11个班、846人次；菜单式选学3个班、380人次；与部门联合办班培训1583人次。外请领导、专家、教师59人到校上课。教研室为建设银行德宏州分行素质培训工程设计专题、选聘优秀教师、组织教学实施，共举办专题讲座5场，参训人数达200多人次。与德宏州经济委共同成功举办了德宏州中小企业经营管理培训班（银河工程），参训人数为200多人。并通过建立现场教学基地，提高干部队伍服务地方经济社会发展能力。

【学历教育】 2010年，德宏州委党校函授学历教育共有在籍学员1879人，其中省委党校函授学院367人，昆明理工大1086人，云南民大424人。函授教育毕业人数852人，其中省委党校函授学院202人，昆明理工大550人，云南民大100人。2011级招生报考人数超过500人。形成包括高起专、专升本两种学历层次，经济管理、建筑工程项目管理、计算机信息管理、法律事务、供用电技术、发电厂及电力系统、法学、工程管理、经济学、会计学、计算机信息管理等多个专业的发展势态。党校五年制日制班共有在校生共计320人，其中2009级108人，2010级212人，开设中文导游、计算机及运用、宝玉石鉴定与营销、医药、护理5个专业。党校研究生教育共有在籍学员198人，其中四川省委党校08、09级区域经济管理和公共管理两个专业132人；云南农大农业推广专业24人，云南省委党校42人。

【科研工作】 2010年，德宏州委党校主要领导带头组织力量参与州内重大课题研究和“十二五”专项规划的编制工作，共37人次，完成了20多个州委、州政府科研课题。其中：2人参加《德宏州“十二五”规划前期30个课题研究》的撰写、指导、评审工作，并参与《德宏州国民经济与社会发展“十二五”规划纲要提纲起草》文本的修改工作；6人参加《德宏州县域经济发展“十二五”规划编制》工作；3人承担“德宏州‘十二五’能源规划、兴边富民工程‘十二五’规划编制”工作；2人参加《瑞丽重点开发开放试验区实施方案的修改制定和瑞丽重点开发开放试验区发展规划》编制；9人承担州委“县处级非领导职务干部管理”调研；6人承担“德宏州桥头堡黄金口岸建设研究”、“三个基地”和“三个平台”研究工作；3人承担州委组织部《边疆民族地区宗教与基层组织和谐发展问题调研》、《德宏州信教党员转化调研》；4人获得州民宗局“德宏州特困民族发展模式研究”资金资助；2人参加了云南社科专家德宏行活动，并在总结会上交流；1人参加教育部、文化部社科基金课题研究；2人参加国家社科基金《民族自治地方跨界公共事务治理》课题研究。校内完成上年5个校级课题结项和本年度5个课题立项工作。上述研究课题收集和形成上百万字的研究文字材料成果。年内，全校教职工共发表文章68篇，专著1本。其中：B级1篇，C级33篇，D级30篇，E级4篇。校办内部刊物《德宏论坛》始终坚持正确的办刊、办报方向，精编细校，严把质量关，共出刊4期，刊发文章80余篇，字数约45万字。

【开展专题宣讲活动】 2010年，德宏州委党校按照州委的统一部署，组织骨干教师积极参与州委州政府、州委宣传部组织的“感恩思进”主题教育活动、十七届四中、五中全会精神、“软环境建设”、“党风廉政建设”、“创先争优活动”、“桥头堡黄金口岸”建设等重大会议精神、时政议题和学习活动的宣讲，全年共计宣讲80场，听众达10000多人。党校的专题宣讲既有全州各县市的巡回宣讲，又有应邀对各行业部门的专题辅导；既有大规模的专场宣讲，又有进厂矿、进农村灵活多样的宣传；既利用多媒体现代技术教学手段，又结合边疆民族地区特点运用少数民族语言宣讲；方式有创新，宣讲有特色，受到各民族党员干部和群众的欢迎，提高了州委各项中心工作的社会影响力，为贯彻落实党的方针政策、推动经济社会健康发展，打下了扎实的基础。

（《党校》撰稿　李怀明）

德宏傣族景颇族自治州人民代表大会常务委员会

【监督工作】 2010年，德宏州人大常委会紧紧围绕全州转型发展、安全发展、和谐发展的战略目标，把推动全州经济社会又好又快发展作为人大监督工作的重中之重，依法行使监督职权，综合运用多种监督形式，督促和支持“一府两院”做好工作，确保全州经济社会发展任务顺利完成。

为保持经济平稳较快发展，常委会围绕“保增长、调结构、促发展”的发展主题，专题听取和审议了州政府《关于2010年1—6月份经济运行和上半年预算执行情况的报告》，组织开展了调研，并提交了《调查统计分析表》，充分肯定州政府应对金融危机采取的有效措施，客观指出存在的困难和问题，提出了推进五个百亿元工程建设、加快发展新兴产业、推进工业园区建设、创新金融体制、促进农业产业发展、改善投资环境等审议意见，并督促整改落实，全力支持州政府坚定不移地推进转型发展、调整经济结构、加快城乡一体化进程，使全州经济保持了平稳较快发展的良好态势。听取和审议了州人民政府关于德宏州国民经济和社会发展“十二五”规划《纲要》的报告，对《纲要》的修改和完善提出了意见、建议。

为确保财政预算依法执行，常委会对州人民政府提交的州本级上年度财政决算草案和本年度财政预算调整方案进行了审查，提出了修改完善意见建议。审查强调州人民政府应尽快制定出台全州财政供养部门分类公用经费基本保障标准，限期消除机构运转因公用经费严重不足而挤占、挪用专款的违规违纪现象；认真组织开展对州人民政府使用国家开发银行贷款和其他政府性融资举债项目的调研，对债务负担率、偿债率和债务依存度进行了测算分析。常委会审查提出年内扩大对州直部门决算的审计审签试点工作，限期做到在州人民政府向州人大常委会提交州本级决算草案前，州直各部门决算均经过州人民政府审计交由审计局局长签署意见。州人民政府认真贯彻落实州十三届人大常委会第三次会议关于在本届政府任期内住房公积金匹配缴存比例由5%提高到10%的审议意见，已决定住房公积金匹配缴存比例由5%提高到6%。组织开展了上年度审计查出存在问题整改情况调研及初审工作，认真监督落实审计查出问题整改情况，促使违规资金得到了追缴，有关问题得到了纠正，增强了计划、预算执行的严肃性。

为促进生物特色产业顺利实施，推动经济实现跨越式发展，常委会和各县市人大常委会联合对全州生物特色产业发展情况进行调研。调研组分别深入各县市和相关部门，以及企业、种植基地、育苗基地和农户等场所，重点调研了咖啡、坚果、油茶、竹子、核桃、柠檬和番麻等生物特色产业的发展情况，听取了州、县市人民政府、特色产业办和农业、林业等部门的汇报。常委会会议审议了调研报告，形成了审议意见，督促州政府改进工作，推动特色产业发展。

围绕涉及民生的重要内容实施了重点监督。对人口与计生工作进行调研，通过审议，提出了要加强对人口计生工作的领导，提高统筹解决人口问题的能力；注重人口与计生队伍建设，提升服务能力和管理水平等七条审议意见，为落实计划生育基本国策，提高全民族的健康水平，不断推动人口与计生工作的科学发展，起到了积极的促进作用。对全州开展群众文化工作情况进行调查，通过审议，提出了要提高对公共文化服务体系建设重要性的认识；要切实贯彻《关于加强农村公共文化服务体系建设的实施意见》，有力地促进了全州文化基础设施建设和群众文化事业的发展。对全州贯彻执行《中华人民共和国残疾人保障法》情况开展执法检查，提出了进一步加大残疾人保障法的宣传力度，提高对贯彻执行残疾人保障法重要性认识，重视残疾人教育事业，重视残疾人就业工作，完善残疾人的社会保障工作以及抓好残疾人无障碍环境建设等意见建议。开展德宏环保世纪行活动，大力宣传德宏州水资源保护及污染防治工作成绩和经验，督促相关部门加大对高污染、高能耗企业执法和整改力度，促进水资源保护工作，确保水资源安全；广泛宣传节能减排的重要意义，充分发挥舆论监督和社会监督的作用，促使政府职能部门加大环保监管和执法力度，切实做好节能减排工作，确保德宏州的生态环境不受破坏和污染。

围绕民主法制建设开展了对州安监局、州水利局、州建设局和州卫生局等四个州政府组成部门的工作评议；对全州两级法院贯彻执行《中华人民共和国刑法》情况进行专项执法检查；组织州人大代表对全州综治维稳工作情况进行了视察；开展了由省人大常委会委托德宏州组织实施《云南省外来投资促进条例》情况的执法检查。通过调查、检查等监督活动，进一步掌握了全州贯彻执行相关法律法规的情况，找出了存在的问题，有针对性地提出了意见建议，有力地促进了“一府两院”依法行政，严格执法，公正司法。

【立法工作】 2010年，德宏州人大常委会积极开展推进民主法制进程的调研活动，为相关立法和上级决策提供依据。积极做好《瑞丽江——大盈江国家级风景名胜区保护管理条例》的立法工作，多次召开“两江”立法工作座谈会，多方征求意见，逐条逐句反复修改完善。积极向省人大民族委汇报立法工作，以求得指导和支持。省人大民族委派专门立法调研组到德宏州进行实地勘察调研，对“两江”保护条例进行了结构调整，并作了全面修改，使“条例”基本成熟。现已完成第三稿，并经2010年8月31日德宏州十三届人大常委会第十九次会议审议，已报州委审核。组织召开《云南省德宏傣族景颇族自治州禁毒条例》修订座谈会，共收集意见、建议161条，为下步条例修订做好准备。组织完成《云南省科学技术进步条例（草案）》和《云南省企业工会条例（草案）》征求意见建议。

【重大事项决定】 2010年，德宏州人大常委会把依法行使重大事项决定权与贯彻州委重大战略结合起来。常委会坚持服从中心工作，服务全州大局，抓重点、议大事、求实效，紧紧围绕全州经济社会发展的重大事项，先后审议了州人民政府关于芒市至梁河县二级公路项目建设资金有关问题议案、芒市工业园帕底片区基础设施建设融资的议案、将瑞丽市傣王宫遗址公园项目建设借款转为入股资金的议案、大瑞铁路德宏段征地拆迁资金有关问题议案、请求变更《德宏州人民政府关于大瑞铁路德宏段征地拆迁资金有关问题议案》、增加州宏康投资开发有限公司资本金等议案，认真行使决定职权，先后作出决议、决定7项，有力地保障和促进了全州经济社会的健康有序发展。

【人事任免】 2010年，德宏州人大常委会始终坚持党管干部和依法任免干部相统一的原则，规范任免程序，坚持会前审查人事任免议案、组织法律知识考试、主任会议听取汇报制度；坚持常委会会议听取和审议拟任人员提请报告，依法表决、颁发任命书和任后表态发言制度，增强了任免工作的严肃性，使被任命人员进一步强化了法制意识、公仆意识和人大意识。常委会先后接受辞职、任免、批准任免国家机关工作人员46人，其中：接受州人大常委会委员辞职3人，任命27人，免职12人，批准任命1人，批准免职3人。

【代表工作】 2010年，德宏州人大常委会充分尊重代表主体地位，不断强化为代表服务的思想，进一步完善工作制度，提高服务水平，支持和保障代表依法履职，为代表作用的充分发挥提供了有力的保障。组织200多人参加州人大代表法律培训会，为提高人大代表的素质和履职能力起到了积极的促进作用。紧紧围绕德宏州经济社会发展重点、热点组织州人大代表视察9次。为代表订阅人大工作方面的报刊，发送履职学习资料等等，拓宽了代表知情知政渠道。坚持“以提高办理质量为重点，以代表满意为标准”的工作思路，完善工作机制，促进制度落实，确保办理质量，州十三届人大三次会议主席团交付审议和研究的2件议案，115件建议、批评和意见已全部办理答复代表。

【宣传工作】 2010年，德宏州人大常委会为切实加强对人民代表大会制度宣传的力度，制定了人大新闻宣传方案，建立健全了人大新闻宣传机制；按照《德宏州人大常委会宣传人大制度好新闻奖励办法》，对上年发表（播出）在各级新闻媒体的人大新闻稿件给予了奖励；认真组织州第十八次年度“宣传人民代表大会制度好新闻”评选活动，共有22篇作品在评选中获奖；德宏人大网站登载的文章中有17篇被全国人大网站转载，共完成了《德宏人大》杂志4期的编辑、发行任务；为积极参与桥头堡建设，州人大常委会与省人大常委会研究室联合确立了《关于在桥头堡建设中发挥人大作用的研究》的课题，为借鉴外地经验，组成考察组赴内蒙古满洲里、广西东兴两个口岸考察学习，课题报告已经由省人大印发全省各地人大。

【信访工作】 2010年，德宏州人大常委会重视人民群众来信来访，把信访工作作为联系群众、推动政府和基层组织解决实际问题的重要渠道，积极协调各方为群众解决实际问题。共受理群众来信来访106件、144人次，做到了信访事项事事有登记、件件有着落。始终坚持“以礼相待，热情服务，关注民生，依法办事”的原则，促进涉法信访案件依法及时解决和处理，切实维护了上访群众的合法权益，维护了法律的尊严。

【州十三届人大三次会议】

（2010年2月3至6日）

一、听取和审查州长孟必光关于政府工作的报告；批准该报告并作出决议。

二、审查和批准州人民政府关于德宏州2009年国民经济和社会发展计划执行情况与2010年国民经济和社会发展计划草案的报告；批准该报告并作出决议。

三、审查和批准州人民政府关于德宏州2009年地方财政预算执行情况和2010年地方财政预算草案的报告；批准该报告并作出决议。

四、听取和审查州人大常委会主任余麻约关于德宏州人民代表大会常务委员会工作的报告；批准该报告并作出决议。

五、听取和审查州中级人民法院院长马真荣关于德宏州中级人民法院工作的报告；批准该报告并作出决议。

六、听取和审查州人民检察院检察长铁楠关于德宏州人民检察院工作的报告；批准该报告并作出决议。

七、补选产生德宏州第十三届人大常委会秘书长夏阳,委员岳麻空（景颇族）、赵立新（白族）、段晓光。

【州十三届人大常委会第十四次会议】

（2010年1月22日）

一、听取和审议德宏州人大常委会代表资格审查委员会《关于德宏州第十三届人大代表资格审查和代表变动情况的报告》。

二、听取和审议德宏州第十三届人大三次会议有关事项。

三、审议并同意州十三届人大常委会委员张盈生、夏阳、排正忠等三位同志辞去委员职务。

【州十三届人大常委会第十五次会议】

（2010年3月16日）

一、听取和审议州人民政府关于潞西至梁河二级公路项目建设资金有关问题的议案及说明。并作出相应决议。

二、审议通过人事任免。任命尹有才为州司法局局长，免去赵祖平州司法局局长职务；免去杨华相州法院副院长职务，免去陈波州法院立案庭庭长职务；任命李云虎为州检察院副检察长，赵斌为检察院检察员、检察委员会委员。

【州十三届人大常委会第十六次会议】

（2010年4月29日）

一、审议并通过州人大常委会工作评议暂行办法。

二、审议州人民政府关于潞西市工业园区帕底片区基础设施建设融资的议案及说明，并作出相应决议。

三、审议通过人事任免。批准任命康磊为梁河县人民检察院检察长，免去其州人民检察院检察员、检察委员会委员职务；任命郭家恒、许洪敏为州人民检察院检察员。

【州十三届人大常委会第十七次会议】

（2010年6月8日）

审议通过人事任免。任命高

铁英为州人民政府副州长；任命桂云燕、滇自辉、王赶红、向建平、旦艳、杨杰、卓君佳、毛松清、姚军为州法院审判员；批准免去赵斌潞西市人民检察院检察长职务，批准免去徐江涛梁河县人民检察院检察长职务。

【州十三届人大常委会第十八次会议】

（2010年6月28至29日）

一、听取和审议州人民政府关于全州生物特色产业发展工作情况的报告，以及州人大常委会调研组的报告，并作出相应审议意见。

二、审议《云南省德宏州瑞丽江——大盈江国家级风景名胜区保护条例（草案）》（一审稿）及说明。

三、审议州人民政府关于将瑞丽市傣王宫遗址公园项目建设借款转为入股资金的议案及说明。

四、审议州人民政府关于大瑞铁路德宏段征地拆迁资金有关问题的议案及说明。并作出相应决议。

【州十三届人大常委会第十九次会议】

（2010年8月30至31日）

一、听取州人民政府关于2010年1—6月国民经济和社会发展计划执行情况的报告。

二、听取州人民政府关于2010年1—6月财政预算执行情况的报告。

三、听取和审议州人民政府关于全州群众文化工作的报告，以及州人大常委会调查组的调查报告。并作出相应审议意见。

四、听取和审议州人大常委会执法检查组关于检查全州两级人民法院贯彻执行《中华人民共和国刑法》的情况报告。

五、听取和审议州安监局、州卫生局、州水利局、州建设局工作情况报告，以及州人大常委会调查组的调查报告。

六、审议《云南省德宏州瑞丽江——大盈江国家级风景名胜区保护条例（草案）》（二审稿）及说明。

七、审议州人大常委会视察组关于对“两基”迎国检工作情况进行视察的书面报告。

八、审议通过人事任免。任命包洋为州法院行政审判庭副庭长，免去贾云宏州法院审判委员会委员、审判员职务。

【州十三届人大常委会第二十次会议】

（2010年10月26至27日）

一、听取和审议州人民政府关于德宏州2009年地方财政决算的报告，以及州人大常委会财经工委的审查报告。审查德宏州2009年度州本级财政决算。并作出相应决议。

二、听取和审议州人民政府关于2009年度州本级财政预算执行及其他财政收支情况审计工作的报告。

三、听取和审议州人民政府关于2010年州本级财政年度预算调整方案的报告，以及州人大常委会财经工委的审查报告。审查德宏州2010年州本级财政年度预算调整方案。并作出相应决议。

四、听取州人民政府关于德宏州国民经济和社会民发展第十二个五年规划纲要编制工作情况的报告。

五、听取和审议州人大常委会执法检查组关于检查《中华人民共和国残疾人保障法》实施情况的报告。

六、听取和审议州人大常委会有关工作委员会关于州十三届人大三次会议主席团交付研究的代表提出的议案研究结果的报告。

七、审议州人大常委会主任会议关于暂停制定《云南省德宏州农村卫生条例》议案及说明。并作出相应决议。

八、审议州人民政府关于增加宏康投资开发有限公司资本金的议案。并作出相应决议。

九、审议州人民政府关于调整大瑞铁路德宏段征地拆迁资金有关问题的议案。并作出相应决议。

十、审议并通过《德宏州人大常委会议事规则》（修订稿）。

十一、审议通过人事任免。任命薛文定为州法院审判员、审判委员会委员、副院长，任命张文华为州法院审判员、审判委员会委员。任命王瑞兴、王兴双为州检察院检察员。

【州十三届人大常委会第二十一次会议】

（2010年12月21至22日）

一、听取和审议州人民政府关于对2009年度审计查出存在问题整改情况的报告。

二、听取和审议州人民政府关于办理州十三届人大三次会议代表建议、批评和意见情况的报告。

三、审议并通过州人大常委会2011年工作意见。

四、审议《德宏州人大常委会工作报告（讨论稿）》及说明。

五、审议并通过《关于召开德宏州第十三届人大四次会议的决定》。

六、听取和审议州人大常委会代表资格审查委员会关于德宏州第十三届人大代表变动情况的报告。

七、听取和审议德宏州第十三届人大四次会议有关事项。

八、审议通过人事任免。免去王昌省州法院审判委员会委员、审判员，免去夏少华、向明荣州法院审判员职务。批准免去赵振荣盈江县人民检察院检察长职务，任命其为州检察院检察员、检察委员会委员，任命向明荣为州检察院检察员，免去牛晓东州检察院检察员职务。

（《州人大常委会》撰稿 聂茂华 陈友莉）

（见“州情概览·州人大”59页）

德宏傣族景颇族自治州人民政府

【重要通知】 2010年，德宏州人民政府共发布重要通知如下(按时间顺序排列)：

一、德宏州人民政府关于印发2009年经济工作情况暨2010年经济工作要点的通知（德政发〔2010〕1号）

二、德宏州人民政府关于稳定蔗糖产业发展的补充意见（德政发〔2010〕6号）

三、德宏州人民政府关于推进实施2010年全州重点督查20个重大建设项目和20项重要工作的通知（德政发〔2010〕47号）

四、德宏州人民政府关于2010年为民办好10件实事的通知（德政发〔2010〕48号）

五、德宏州人民政府关于印发政府工作报告的通知（德政发〔2010〕50号）

六、德宏州人民政府关于实施标准化发展战略的意见（德政发〔2010〕54号）

七、德宏州人民政府关于认真做好2010年全州重大项目建设和重点工作的通知（德政发〔2010〕55号）

八、德宏州人民政府关于印发《德宏州行政机关推行效能政府四项制度实施方案》的通知（德政发〔2010〕83号）

九、德宏州人民政府关于加快推进全州社会体系建设的意见（德政发〔2010〕88号）

十、德宏州人民政府关于科学推进全州中小学教育教学改革的意见（德政发〔2010〕105号）

十一、德宏州人民政府关于加强2010年省级污染减排重点项目工作的通知（德政发〔2010〕114号）

十二、德宏州人民政府关于加强综合性应急救援队伍建设的通知（德政发〔2010〕117号）

十三、德宏州人民政府转发省政府关于贯彻落实国务院进一步促进中小企业发展若干实施意见的通知（德政发〔2010〕120号）

十四、德宏州人民政府关于建立健全县市政务督查机构和配齐相应人员编制的通知（德政发〔2010〕126号）

十五、德宏州人民政府关于进一步深化农村移动信息富民工程的通知（德政发〔2010〕130号）

十六、德宏州人民政府关于加快和完善地方国有粮食购销企业改革工作的通知（德政发〔2010〕133号）

十七、德宏州人民政府关于印发2010年深化经济体制改革实施意见的通知（德政发〔2010〕138号）

十八、德宏州人民政府关于进一步加强消防工作的通知（德政发〔2010〕140号）

十九、德宏州人民政府关于加快番麻产业发展的通知（德州发〔2010〕143号）

二十、德宏州人民政府关于全面开展社会戒毒和社区康复工作的实施意见（德政发〔2010〕148号）

二十一、德宏州人民政府关于加快云南坚果产业发展的意见（德政发〔2010〕154号）

二十二、德宏州人民政府关于加快油茶产业发展的意见（德政发〔2010〕161号）

二十三、德宏州人民政府关于进一步规范管理加强政务中心建设的通知（德政发〔2010〕178号）

二十四、德宏州人民政府关于加快核桃产业发展的意见（德政发〔2010〕180号）

二十五、德宏州人民政府关于实施白村万头奶水牛养殖小区场建设的意见（德政发〔2010〕187号）

二十六、德宏州人民政府关于2011年晾晒烟生产安排的意见（德政发〔2010〕195号）

二十七、德宏州人民政府关于提高城镇基本医疗保险待遇的通知（德政发〔2010〕212号）

二十八、德宏州人民政府关于做好2010年州直机关退役士兵安置工作的通知（德政发〔2010〕213号）

二十九、德宏州人民政府关于2010/2011年度蔗糖工作安排的意见（德政发〔2010〕216号）

三十、德宏州人民政府关于

2010年竹产业发展扶持政策的意见（德政发〔2010〕218号）

三十一、德宏州人民政府关于加强新时期民族语言文字工作的意见（德政发〔2010〕224号）

三十二、德宏州人民政府关于全州2011年冬季农业生产安排的意见（德政发〔2010〕227号）

三十三、德宏州人民政府关于对城镇居民基本医疗保险实行门诊医疗费用统筹的通知（德政发〔2010〕241号）

三十四、德宏州人民政府关于印发《德宏州公共资源交易中心打击工程招标活动中围标串标等违法违规行为实施方案》的通知（德政发〔2010〕248号）

三十五、德宏州人民政府关于印发《德宏州国有土地使用权招标拍卖挂牌出让交易服务工作规程》的通知（德政发〔2010〕250号）

三十六、德宏州人民政府关于印发《德宏州公共资源交易特殊事项管理暂行规定》的通知（德政发〔2010〕252号）

三十七、德宏州人民政府关于印发《德宏州公共资源交易监督管理办法》的通知（德政发〔2010〕253号）

三十八、德宏州人民政府关于印发《德宏州建设工程评委抽取管理办法》的通知（德政发〔2010〕254号）

三十九、德宏州人民政府关于印发《德宏州国有产权交易管理暂行办法》的通知（德政发〔2010〕262号）

四十、德宏州人民政府关于进一步做好农村和城市广场公益电影放映工作的通知（德政发〔2010〕347号）

四十一、德宏州人民政府关于做好第二批新型农村社会养老保险试点工作的通知（德政发〔2010〕348号）

四十二、德宏州人民政府关于实施质量兴州战略的意见（德政发〔2010〕358号）

四十三、德宏州人民政府关于印发德宏州2010年七彩云南德宏保护行动工作计划的通知（德政发〔2010〕412号）

【表彰奖励】 2010年，德宏州人民政府作出表彰奖励如下（按时间顺序排列）：

一、德宏州人民政府关于对2009年度安全生产先进单位进行表彰奖励的决定（德政发〔2010〕30号）

二、德宏州人民政府关于对2009年度道路交通安全管理工作先进县市进行表彰奖励的决定（德政发〔2010〕31号）

三、德宏州人民政府关于对2009年度落实政府消防工作目标管理责任状先进县市进行表彰的决定（德政发〔2010〕32号）

四、德宏州人民政府关于对金融机构进行表彰奖励的决定（德政发〔2010〕38号）

五、德宏州人民政府关于奖励云南电网公司德宏供电局的决定（德政发〔2010〕46号）

六、德宏州人民政府关于表彰奖励集中换发第二代居民身份证工作先进集体和个人的决定（德政发〔2010〕52号）

七、德宏州人民政府关于兑现2009年畜牧产业发展和重大动物疫病防控责任考核奖励的决定（德政发〔2010〕59号）

八、德宏州人民政府关于各县市政府完成2009年食品安全目标责任进行表彰奖励的决定（德政发〔2010〕65号）

九、德宏州人民政府关于表彰2009年度商务工作先进单位的决定（德政发〔2010〕68号）

十、德宏州人民政府关于表彰全州人防工作先进集体和个人的决定（德政发〔2010〕69号）

十一、德宏州人民政府关于表彰信息公开先进单位的决定（德政发〔2010〕85号）

十二、德宏州人民政府关于表彰2009年度招商引资工作先进单位的决定（德政发〔2010〕90号）

十三、德宏州人民政府关于表彰杰出会计工作者优秀会计工作者的决定（德政发〔2010〕95号）

十四、德宏州人民政府关于表彰2009年度劳动保障工作先进单位的决定（德政发〔2010〕101号）

十五、德宏州人民政府关于表彰劳动模范和先进工作者的决定（德政发〔2010〕127号）

十六、德宏州人民政府关于表彰2009年度社区戒毒和社区康复试点工作先进县市的决定（德政发〔2010〕128号）

十七、德宏州人民政府关于表彰2009年度无毒乡镇及创建无毒社区先进乡镇的决定（德政发〔2010〕129号）

十八、德宏州人民政府关于表彰德宏州第三届拔尖农村乡土人才的决定（德政发〔2010〕173号）

十九、德宏州人民政府关于表彰2010年晾晒烟生产先进单位及个人的决定（德政发〔2010〕195号）

二十、德宏州人民政府关于兑现2009/2010年秋冬春甘蔗完成种植任务奖励的决定（德政发〔2010〕209号）

二十一、德宏州人民政府关

于奖励德宏州第三批获得“云南省著名商标”荣誉企业的决定（德政发〔2010〕367号）

二十二、德宏州人民政府关于奖励德宏州第四批获得“云南省著名商标”荣誉企业的决定（德政发〔2010〕368号）

二十三、德宏州人民政府关于表彰“十一五”全州森林防火工作先进单位的决定（德政发〔2010〕403号）

二十四、德宏州人民政府关于表彰2010年烤烟生产先进单位和先进个人的决定（德政发〔2010〕404号）

二十五、德宏州人民政府关于给予瑞丽市姐告公安消防大队集体和个人记功的决定（德政发〔2010〕405号）

（谢志坚）

政府研究室

【起草政府工作报告】 2010年11月，德宏州政府研究室召开多次会议，专题研究州第十三届人民代表大会第四次会议上的2011年《政府工作报告》起草相关事宜，确定“政府工作报告”调研起草方案。“政府工作报告”内容分为团结奋进，圆满完成“十一五”各项目标任务；抢抓机遇，努力开创“十二五”新辉煌；真抓实干，全力做好2011年各项工作3大部分撰写。撰写小组分赴州内5县市区开展调研，通过实地察看各县市区当年重大项目建设情况，听取县市“十二五”规划建议和来年打算、征求相关意见和建议等，完成政府工作报告初稿近2万字，并经德宏州第十三届人民代表大会第四次会议审议通过。

【文稿起草】 2010年，德宏州政府研究室根据政府工作需要，撰写了有关向国家、省综合汇报材料及领导重要讲话稿。主要有：《边境经济合作区》，《德宏桥头堡黄金口岸建设构想》，《德宏桥头堡黄金口岸建设情况》，《关于章凤口岸经济区情况报告》，《章凤口岸经济区开发座谈会记录》，《打造黄金口岸服务向西南开放桥头堡》，《德宏在建设向西南开放桥头堡中的定位和选择》，《德宏州桥头堡黄金口岸汇报稿》，《桥头堡黄金口岸总体方案（框架）》，《德宏参与中国向西南开放重要桥头堡建设初探》，《德宏州情和建设桥头堡黄金口岸情况》（建设黄金口岸部分），《德宏州桥头堡黄金口岸汇报通稿》，《桥头堡与交通跨越发展思考》，《桥头堡与工业能源发展》，《桥头堡与金融创新》等。

【决策咨询研究成就】 2010年，德宏州政府研究室紧紧抓住“把云南建设成为中国面向西南开放重要桥头堡”这一历史性机遇，结合部门职能，完成以下工作。完成德宏州桥头堡建设“三个方案”（即《桥头堡黄金口岸研究方案》、《桥头堡黄金口岸总体方案》、《桥头堡黄金口岸建设工作方案》），并提请州委67次常委会审议，会议采纳了决策建议，成立了桥头堡黄金口岸领导小组及其办公室，《桥头堡黄金口岸总体方案》成为向上汇报、对外宣传、对内动员的主要依据。6月，由本室牵头，会同州委党校、州交通局、州师范、州商务局及时开展德宏州向西南开放桥头堡黄金口岸研究，完成了以总体方案、通道、基地、平台、窗口建设为主要内容的《德宏州向西南开放重要桥头堡黄金口岸建设研究》课题，并形成决策咨询资料汇编，共70余万字，发行400册，汇编的发行为更高层面开展桥头堡黄金口岸建设提供了基础资料。年内还组织开展了《德宏州参与桥头堡建设思路研究》，《提升德宏在中国向西南开放重要桥头堡中的地位与作用浅析》，《瑞丽市重点开发开放试验区启动方案》，《州政府与缅甸木姐镇区和发委框架协议》，与省政府研究室共同完成《德宏州中缅边境贸易发展问题与对策研究》。组织骨干力量参与《瑞丽重点开发开放试验区实施方案》集中修改，起草向省政府德宏专题会议综合汇报材料，《德宏州委、州政府关于加快发展农业特色产业的实施意见（代拟稿）》提请审议材料。

【刊物及资料汇编发行】 2010年，德宏州政府研究室共组织发行《德宏发展研究》刊物6期、3600册，该刊物收集刊登了州内外决策咨询资料和研究性文稿120余篇，约90万字。还内部发行《农业特色产业》研究文集，共发行内部赠阅资料汇编300册，每册40余万字；发行《德宏州向西南开放重要桥头堡黄金口岸研究》资料400余册，每册70万字。刊物和资料汇编的发行，为全州各级各部门了解德宏决策咨询研究成果和对外宣传德宏提供了方便。

【重大建设项目和重要工作】 2010年，德宏州政府研究室根据德政发（2010）47、48、55号文件精神，组织召开会议，认真研究承担州政府两个20项分解任务，完成《提升德宏在中国面向西南开放重要桥头堡中的地位与作用》

和《德宏州县域经济发展研究》两个课题，两课题均通过州“十二五”规划专家组评审。完成撰写《德宏州县经济发展“十二五”规划编制纲要》、《县域经济“十二五”规划》，上报“十二五”规划领导小组办公室。积极推进跨境经济合作区前期工作，发挥部门职能作用，将申请国家扶持跨境经济合作区的政策写入德宏州建设桥头堡先行先试区和瑞丽重点开发开放试验区的实施方案中，实施方案经国家发改委在云南组织召开的“三个试验区”工作会上审议通过。参与芒市机场升格为口岸机场前期工作，代州政府起草培育德宏航空市场的《德宏州人民政府关于开发德宏旅游航空市场的意见》及相关资料。安排专人参与德宏农垦改革工作。

【县域经济发展指导工作】 2010年，德宏州政府研究室组织到州内外开展了大量的调查研究和学习，深入县市对县域经济进行指导，完成《德宏州县域经济发展研究》课题研究，撰写《德宏州县域经济发展“十二五”规划编制纲要》、编制了《县域经济“十二五”规划》，经州“十二五”规划专家组评审通过。12月，完成全州县域经济相关数据收集、整理、上报工作。

（《政府研究室》撰稿　思院章）

政务中心

【运行情况】 2010年，进驻德宏州政务服务中心的单位为42个，派驻窗口工作人员101名，受理省属部门行政审批事项40项、州级部门行政审批事项85项，服务管理事项86项；政务大厅共进驻两级行政单位86个，进驻窗口工作人员223人，受理行政审批事项216项，服务管理事项140项；进驻公共管理和服务部门14个，工作人员26人。进驻州政务服务中心的各部门共接受群众咨询23737人次。办件受理42722件，其中即办件32910件、承诺件9010件、上报件802件。实际办结42768件，其中即办件32910件、承诺件8924件、上报件931件、因申报资料不符合要求退回3件，办结率为100%。办事效率大大提高，极大的方便了办事群众。

【政务公开】 2010年，德宏州政务服务中心推行“六公开、五办理”制度，即：公开服务内容、办事程序、申报材料、承诺实现、收费标准、办理结果以及一般事项直接办理、特殊事项承诺办理、重大事项联合办理、上报事项负责办理、控制事项明确答复。根据州委、州政府的要求，按照“应进必进、进必授权”的原则，开展了“两集中、两到位”和“四进中心”工作。“两集中”：就是将部门的审批服务职能向一个科室集中，成立集中行使审批服务职能的行政服务科室；行政服务科室向政务中心集中，进入中心运作。“两到位”：就是所有审批服务项目进中心到位，中心窗口成为部门实施行政审批的唯一窗口；审批权限到位，对窗口负责人充分授权，使“接待型窗口”成为“审批服务窗口”。“四进中心”就是事项进中心、人员进中心、公章进中心、领导进中心。为解决“四进中心”工作，中心以行政审批事项为抓手，逐个部门、逐个事项进行对照落实，确保各部门事项进驻中心办理。中心实行“两次终结”办理，即在一个窗口办理审批手续，办事群众往返不得超过两次，第一次咨询服务，工作人员要一次性告知相对人所需审批材料和相关要求，第二次在手续齐备的情况下办结完毕，办结时间在法定期限要求内公开承诺压缩50%。

【监督管理】 2010年，德宏州政务服务中心加大对窗口工作人员的监督管理力度，形成严谨的工作作风。具体做法是：一、执行严格的考勤制度，每天上下班实行指纹打卡；二、中心工作人员不定时在政务大厅内进行巡视，及时发现和纠正各种违纪问题；三、设立意见簿、意见箱和投诉电话，接受广大群众监督。年内，收到群众意见22条，其中：肯定意见21条，否定意见1条；中心现场调解纠纷3件，受理群众投诉5件，接件后，中心高度重视，积极协调相关部门解决问题，使投诉件得到圆满解决，群众非常满意；四、全面实施电子监察和视频监察管理，实时跟踪窗口工作人员办件情况，对窗口服务情况进行视频监控，把窗口的各项工作流程置于全面监督中；五、安装了服务效率满意度评价仪，把评判权交给群众，极大改善了监督工作效率。从评价仪的后台管理系统上来看，有3615人次对窗口工作人员进行了满意度评价，其中：非常满意3570人次，基本满意45人次，不满意的为0，群众满意率达100%。通过以上方式，提升了中心的管理和服务水平，提高了窗口工作人员的工作效率和服务质量，工作作风得到明显改进，监察工作质量得到了提高。

【提高服务】 2010年，德宏州

政务服务中心大厅窗口工作人员严格按照首问责任制的要求开展各项工作。每位工作人员都是首问责任人，耐心细致对服务对象进行一次性告知，办理相关业务。各窗口实行 A、B 角制度，岗位互补，坚决避免空岗现象的发生，能够当场办结的事项立即办理完毕，不能当场办结的一律在承诺时限内办结，一切事项均在法定时限要求内压缩 50%办理完毕，从服务态度、服务时限、工作纪律和作风等方面对办事群众进行公开承诺，向群众公开行政（非行政）许可事项的前置条件、需提供的材料、办理程序、收费项目、收费依据等。同时，政务中心在电子显示屏上对以上内容进行滚动播出，还制作了窗口单位位置示意图和人员信息牌，摆放于显眼位置，使政务信息工作得到稳步推进，法制政府、责任政府、阳光政府和效能政府四项制度落到了实处。

【云南省深化政务公开及推进政务服务工作现场会】 2010 年 11 月 3 至 5 日，云南省深化政务公开推进政务服务工作现场会在德宏州芒市召开。云南省委常委、省纪委书记李汉柏，省委常委、副省长、省政务公开领导小组组长李江出席了会议，并分别作重要讲话。会议提出，要认真贯彻党的十七届五中全会和省委八届九次全委会精神，深化政务公开，加强政务服务，大力推进行政权力公开透明运行，力争在优化市场经济发展环境上取得新进展，在为人民群众提供良好公共服务上取得新突破，在促进政府自身建设和管理创新上取得新成效，全面提升政府公共服务水平，全省深化政务公开推进政务服务工作会议是全省深入开展政务公开和政务服务、推动各项工作不断取得新成效的一次重要会议。会议要求，全省各地各部门在贯彻落实会议精神中，要紧密结合地区、部门和行业实际，因地制宜，讲求实效，防止主观主义和形式主义；要认真梳理工作情况，确定工作思路，有针对性地推进各项工作，防止工作中的片面性和简单的照搬照套；要科学统筹，突出重点，周密部署，充分调动和发挥各方面的积极性和创造性，确保全省政务公开和政务服务工作取得新的更大成效。

（《政务中心》撰稿 穆丽梅 付灿娥）

公共资源交易中心

【建成公共资源交易中心】 2010 年 9 月，德宏州委、州人民政府为适应社会主义市场经济发展规律的要求，认真贯彻落实党的十七大和中纪委二次全会精神，以及云南省关于公共资源交易制度改革的部署，进一步完善中国特设社会主义市场经济体制改革，维护公平竞争的经济秩序，推进行政管理体制改革，从源头上预防和遏制在公共资源交易中的腐败行为。通过以下工作构建统一、有序、公开、透明的公共资源交易中心：一、加强组织领导。州委、州政府公共资源交易中心组建工作领导小组，领导小组组长由州委副书记、州长孟必光担任，州委常委、州纪委书记赵镇康担任常务副组长，下设办公室承办筹建的日常事务工作，成员由各相关单位负责人组成。二、学习先进地区经验。州政府组成的考察组分赴江西省南昌市和河南省驻马店市实地学习考察公共资源交易中心建设、运行、管理、监督等各个环节的工作经验。三、整合行政资源，保障建设资金，下达人员机构编制。为充分利用现有资源，中心选址位于交通便捷的芒市广场中缅友谊馆（州、市政务服务中心）二楼，使用面积 520 平方米。在州级财政极为紧张的情况下，划拨 125 万元用于办公场所建设。批准州公共资源交易中心机构为正处级，内设办公室、综合业务科、网络技术科、监督科 4 个科室。下达行政编制 30，工勤人员编制 3 人，四、强力推进，建成平台。在纪检监察机关的强力推进下，筹建工作组精心组织，发扬争分夺秒的工作精神，9 月，初步建成了“行政管理、资源配置、公共服务、效能监察”四大功能的德宏州共资源交易中心，并且是云南第一家建成运行的资源交易平台。交易中心实行“一委一办一中心”的管理体制，州委、州政府成立公共资源交易监督管理委员会，委员会主任由州政府州长担任为议事协调机构，主要负责州级公共资源交易的决策、协调和监督工作，下设办公室为常设办事机构，公共资源交易中心负责对公共资源交易活动的管理和服务工作。交易中心的建成和运行实现了“统一进场、管办分离、规则主导、全程监管”的运作模式，将建设部门管理的建设和市政工程招投标，国土部门管理的地产、矿产的招标（挂牌、拍卖），财政部门管理的政府采购，交通部门管理的公路建设工程招投标，水利部门管理水利建设工程招投标，卫生部门管理的医疗器材采购的上述职能进行剥离，由交易中心负责交易、办理和服务。交易中心在业务办理中实行“七个统一”的运行机制，即：统一交易平台、统一发布信息、统一受理报名、统一抽取专家、统一开标评标、统一监督体系、统一结果公示。为确保整个交易活动的公开、公正、透明运行，公共资源交易中心实行“场内监督、业务监管、行政监察、社会监督”相结合的“四位一体”的监督模式。从而保证公共资源交易公开、公平、公正交易，廉洁、高效、便民运作。

【州公共资源交易中心挂牌】 2010年9月21日，德宏州委、州政府举行德宏州人民政府公共资源交易中心挂牌仪式，州政府州长孟必光、州人大常委主任余麻约为州公共交易中心挂牌，挂牌仪式由州政府秘书长周湛鸿主持，出席和参加挂牌仪式的州级领导还有州委常委、州纪委书记赵镇康、州政府副州长高铁英、州政协副主席卜金富，以及州直相关部门负责人和社会各界群众70多人。州人大常委主任余麻约宣布德宏州人民政府公共资源交易中心正式投入运行。州政府州长孟必光要求州公共资源交易中心“要遵循规范有序、廉洁高效、依法诚信，公开、公平、公正和质量优先、兼顾效益的原则，按照‘政府引导市场、市场公开交易、交易规范运作、运作统一管理’的模式，建立起高效、集中统一的交易服务平台”。州政府副州长高铁英介绍了州公共资源交易中心的筹建情况。

【公共资源交易工作成效】 2010年9月21日，德宏州公共资源交易中心认真贯彻执行《招投标法》、《政府采购法》及德宏州公共资源交易的有关规定，按照公开、公平、公正的原则，在有关部门的监督下，规范运作、透明和廉洁交易公共资源和处置国有资产。截止12月底，共完成交易项目82项，交易金额46869.66万元。其中：建设工程公开招标25项，邀请招标2项，交易金额42980万元，节约资金1007.5万元；政府采购52项，交易金额2738.33万元，节约资金402.89万元；土地交易3项，交易金额1151.32万元，增加收入548.41万元。凸显出良好的社会效益和经济效益。

（《公共资源交易中心》撰稿 尹可谅）

信　访

【信访问题】 2010年，德宏州各级各部门切实加大解决信访问题力度，全州信访活动形势呈现出“信访总量下降、越级上访总量下降、重复上访下降、集体上访下降和信访秩序好转”的“四降一好转”特点，全州信访形势向良好的方向发展。一、认真办理群众来信，热情接待群众来访。同年，全州县级以上两级信访部门共受理群众传统来信来访总量1753件（批）次，其中：来信274件，接待来访群众1479批6382人次。做到“事事有回音、件件有着落”；二、切实解决信访突出问题。年内，各级信访部门切实履行职责，协调解决了多起信访突出问题；三、设立信访维稳救助资金。年内州政府列入州级财政预算60万元信访维稳救助资金，用于解决信访突出问题、群体性事件及涉法涉诉等，各县市也相应设立了信访专项资金，为疑难复杂信访问题的解决提供了资金保障。

【信访工作制度】 2010年，德宏州信访局继续坚持和完善信访工作制度，具体做法是：一、继续坚持州级党政领导重要信访案件包案制度。同年，州、县党政领导干部共包案114件，其中，厅级领导干部包案20件。包案领导主动带案下访，亲自协调解决信访问题，全州上下形成了党政主要领导负总责、分管领导具体抓、其他领导“一岗双责”信访工作责任体系；二、继续坚持和推进新提拔领导干部和后备干部到信访部门锻炼制度。各级组织、人事和信访部门深入贯彻州委有关精神，继续坚持和推进新提拔领导干部和后备干部到信访局挂职锻炼工作制度。同年，州委组织部选派了4批17名新提拔处级以上干部到州信访局锻炼；县市组织、人事部门共选派22批51名新提拔副科级以上干部和后备干部到信访部门锻炼。

【网上信访工作】 2010年，德宏州、县信访部门共受理网上信访邮件2063件。3月，按照州委领导的要求，孔雀之乡网站“百姓留言板”栏目的管理工作交由州信访局负责。正式接管以来，州信访局共受理103件，做到了“件件有着落，事事有回音”。多次受到省信访局在全省范围内通报表扬。

【圆满完成上海世博会及广州亚运会期间信访维稳工作】 2010年，德宏州各级党委、政府和信访部门以高度的政治责任感、历史使命感，紧紧围绕“保增长、保民生、保稳定”总体要求，以“确保建国60周年庆祝活动顺利举行，维护社会和谐稳定”为工作目标，深入贯彻落实科学发展观，坚持以人为本、统筹兼顾，深入排查化解矛盾纠纷，着力化解信访积案，妥善处置非正常上访和群体性事件，认真组织开展党政领导干部大接访大下访活动，全州信访工作扎实有效，信访形势平稳可控，顺利完成全国、省“两会”、上海世博会、广州亚运会和亚残运会及中央第二巡视组回访云南等各个敏感时期、特殊时段的各项工作任务，实现了工作目标，为维护社会和谐稳定做出贡献。

（《信访》撰稿　李　剑）

政府法制工作

【依法行政】　2010年，德宏州法制局自国务院发布《全面推进依法行政实施纲要》以来，对德宏州的依法行政工作做了全面分析总结。同时积极组织全州各级政府、各部门深入开展学习讨论全国依法行政工作会议精神，深入学习《国务院关于加强法治政府建设的意见》（国发〔2010〕33号），认真领会温家宝总理重要讲话的深刻内涵，全面分析新形势下德宏州依法行政工作面临的新情况、新问题，研究部署德宏州当前和今后一个时期的依法行政工作。

【重大决策听证制度】　2010年，德宏州法制局作为“阳光政府”重大决策听证制度的牵头部门，不断深化推进省政府关于增强政府决策科学化、民主化的要求，切实增加政府行政行为的透明度，在实际工作中努力探索出结合德宏州实情的重大决策听证制度。严格执行政府常务会召开前的议题预审制度，并将重大决策听证工作与规范性文件审查、政府合同审查、执法监督、行政复议等工作同步运行，详细规定了各种听证事项的内容、操作程序、步骤、方式和时限，进一步规范了工作程序。年内，共组织和指导实施重大决策听证27项，其中州政府实施2项，州直各单位实施9项，各县市政府及部门实施16项。

【行政审批制度改革】　2010年，德宏州法制局为进一步深化德宏州行政管理体制改革，组织开展对《德宏州保留实施的州级部门行政审批项目目录》中所涉及到州级部门及其管理机构实施的行政审批项目的新一轮全面清理。在时间紧、任务重的情况下，发扬不怕苦、不怕累的工作作风，本着“流程最短、质量最优、效率最高”的原则，提前完成了清理任务。清理前，州级48个行政审批部门共保留行政审批项目475项，其中行政许可项目298项，非行政许可项目177项。清理后，州级行政审批事项精简到85项，其中行政许可73项，非行政许可12项，服务事项86项。

【行政复议】　2010年，德宏州法制局认真按照《行政复议法》和《云南省行政复议条例》等相关法律规定，努力践行通过行政复议把行政争议化解在行政系统内部作为推进政府依法行政的重要内容，充分发挥行政复议的监督与救济功能，努力夯实行政复议工作基础，不断创新行政复议案件审理方式。德宏州行政复议机构切实做到审理的每一件行政复议案件，被申请人的主要负责人均做到出庭参加行政复议听证。年内共收到行政复议案件12件，受理7件，不予受理5件，审结7件，结案率达100%。

【规范性文件审查】　2010年，德宏州法制局为了切实维护政府法制统一，规范行政机关的抽象行政行为，从源头上保障行政执法行为合法、适当，不断加强对规范性文件的管理工作。按照“四级政府、三级备案”的规范性文件监督机制，积极发挥法制机构在规范性文件登记备案工作中的主观能动性，坚持合法性和合理性审查并重，实质性审查和程序性审查兼顾的原则，规范性文件审查质量明显提高，同时通过强化监督机制，进一步提高规范性文件的报备率。全年审查、登记的规范性文件共26件。

【行政执法监督】　2010年，德宏州法制局编制《德宏州行政机关行政执法文书辅导使用手册》，对执法文书制作和归档的基本要求以及注意事项等进行了详细规范，对规范德宏州行政执法文书，提高行政执法质量具有重要作用。年内组织全州行政执法人员1136人参加新办证和换证的培训考试。5月，德宏州行政执法综合检查组深入梁河、陇川、瑞丽和潞西等县市，对效能政府四项制度建设、行政执法情况进行了详细检查，并随机抽查了各县市行政执法处罚案件300余件。各单位对评查中发现的问题及时进行梳理汇总，从思想认识、制度机制、监督体系等方面，认真分析问题产生的原因，研究制定整改措施，切实提高了行政执法水平。云南省行政执法监督工作会议在德宏州召开，会议全面总结年内云南省的行政执法监督工作，并提出了年内行政执法监督工作的要点，会议的召开对德宏州的行政执法监督工作具有重大的推动作用。

（《政府法制工作》撰稿　董　娴）

住房公积金

【住房公积金归集】　2010年，德宏州住房公积金管理中心成立五周年。年内各项业务都有新突破，全年住房公积金归集30923万元，发放贷款26009万元，办理住房公积金提取3923笔，提取金额7016.66万元。截至12月31日，全州财政供养的行政事业单位已全部建立住房公积金制度，覆盖率达100%，210个企业建立了住房公积金制度，参与建立住房公积金制度人数达58115人，归集余额101383.94万元；累计发放个人住房公积金贷款10071户、发放贷款金额108900万元，放贷率达67.50%；收回贷款12213万元，逾期贷款77463.5元，贷款逾期率为0.011%。实现可分配增值收益1135.66万元，提取住房公积金贷款风险准备金137.84万元，提取上缴财政住房公积金管理费用884.26万元，提取城市廉租住房建设补充资金113.56万元。

【业务体系建设】　2010年，德宏州住房公积金管理中心加强业务体系建设。具体做法是：一、归集扩面呈现新气象。一是缴存比例得到新提高。芒市的缴存比例从5%提高到8%；州直从5%提高到6%。二是扩面工作得到新拓展。全州新增公积金缴存户26个单位、1668人。三是住房公积金欠配问题得到彻底解决。芒市教育系统挪用的2005、2006年财政匹配的住房公积金个人部分441.9万元全部配齐，维护了广大教师队伍的权益。二、业务管理更加人性化。一是经报州管委会审议同意，对发生重大疾病和遭受不可抗拒自然灾害造成的特殊群体，放宽了住房公积金的提取使用条件。二是在与工、农、中、建四家商业银行和盈江信用联社合作开办住房公积金组合贷款业务的基础上，推出了独立按揭贷款方式，加大了改善民生支持力度。又与陇川信用联社签订了业务委托协议，使德宏州住房公积金业务委托金融部门布局更加趋于合理性。三是与高原置业房地产有限公司、德宏州弘映房地产开发有限责任公司、保山玉辉房地产开发有限公司分别签订金塔水乡、弘映山庄、上龙湾、南甸名居楼盘按揭贷款协议。三、外部工作环境更加良好。借助德宏州政务公开信息网、孔雀之乡网、德宏电视台、德宏团结报、文件资料汇编等平台，全面及时地对德宏州住房公积金的业务办理流程、有关政策、工作动态进行了全方位跟踪宣传报道。通过不同渠道、不同层次的宣传，广大干部职工对住房公积金政策加深了了解，赢得了广泛的理解和支持，营造了良好的氛围。四、风险防范措施进一步健全。一是及时掌握房贷动向，严格执行房贷新政策。二是加强审批管理，确保贷款的安全性。三是加大贷款催收力度,建立对逾期贷款的预警催收机制。四是认真查缺补漏，开展贷款业务自查自纠工作。五是在2008、2009年每年分别归还50万元的基础上，今年已将剩余的被挪用的风险准备金140万元全部归还。五、工作效率进一步提高。7月20日州中心将归集科、信贷科两个科室搬进州政务中心，住房公积金归集、支取、贷款等业务统一集中在州政务中心办理，与其他部门实行一站式服务，大大方便了前来办事的干部职工。截至12月31日共受理住房公积金归集、提取、贷款业务2106件，办结1821件。

【基础设施建设】　2010年，德宏州住房公积金管理中心加强基础设施建设。一、基础设施建设有效推进。本着量力而行，争取一年解决一个管理部办公用房的原则，在解决了梁河、瑞丽两个管理部办公用房的基础上，8月份，通过采取购买楼盘的方式，为盈江管理部购买了面积为450余平方米的新办公楼，大大改善了该管理部的办公条件，为干部职工创造了良好的工作环境，有效增强了发展后劲。二、信息化建设得到新突破。一是实现了与银行的数据对接，改变了以往贷款收回的手工对账方式，实现了数据少出错，工作效率大大提高；二是全州实现了超限贷款网络审批，改变了以往县市（区）管理部每月往返到芒市审批贷款的落后做法，大大降低了行政成本，提高了工作效率。三是住房公积金管理信息系统升级工程的前期准备工作已基本就绪，为实现智能化、人性化的高效的公积金管理系统，实现信息化建设的跨越式发展做好全面准备。

【干部队伍建设】　2010年，德宏州住房公积金管理中心加强干部队伍建设。一、按照《干部选拔任用工作条例》，配备了信贷科，盈江管理部、陇川管理部、瑞丽管理部、畹町管理部5位副主任，让年轻同志走上了科级领导岗位。二、组织开展各种文体活动，进一步增强干部队伍的团结协作意识；三、修订了《德宏州住房公积金管理中心内部制度》，形成了涵盖各方面的管理规章制度和考核机制。四、举办法制知识培训，邀请州法制局副局长王猛给干部职工进行了依法行政知识讲座，增强了干部职工学法用法、依法管理、依法办事、依法维权的能力。五、以创先争优活动为契机，以创建“五好”党支部、争做“五带头”党员为目标，积极开展党员先锋岗、示范岗创建活动，打造“业务精通、形象良好、服务高效、清正廉洁”的公积金管理队伍。

（《住房公积金管理》撰稿　曩恩永）

事务管理

【公务用车管理】　2010年，德宏州机关事务管理局加强公务用车管理。一、为认真抓好效能政府建设目标方案的落实，机关事务管理局按照政策规定，加强公务用车的配备、编制管理，严格规范审批程序。全年在拟购车型车价、排量及资金来源等各个环节严格把关，共办理了公务用车审批配备手续439辆（其中州直89辆、芒市92辆、瑞丽92辆、盈江68辆、陇川57辆、梁河23辆、畹町18辆），无超编、超标准配置现象发生。年内，报废和淘汰高耗油、高污染公务用车42辆，处置高消费公务用车140辆。实现了全年全州公务用车购置费零增长的目标。二、由于德宏州特种业务用车一直占用普通车辆编制，致使公务用车指标紧张，为解决这一问题，本局积极向省公车办请示汇报，请求帮助增加特殊业务用车编制。经省公车办领导先后两次亲临德宏调研后，年内特为德宏州增加了680辆特殊业务用车编制，使德宏州公务用车编制紧缺问题得到了缓解。三、8月，中纪委、省纪委和省公务用车管理领导小组组成联合调研组对德宏州公务用车配备使用情况进行了专题调研，11月省财政厅行政成本控制办又到德宏州开展调研，为做好调研组到德宏的接待和汇报工作，年内公车办对全州公务用车使用情况从产牌型号、排量、价格、用途、数量及运行成本进行了详细的摸底，并向调研组领导做了书面汇报。为中纪委出台新的公车管理提供了有关数据和依据。

【芒市会堂会务管理】　2010年，德宏州机关事务管理局加强提升芒市会堂会务质量管理。一、建立健全会议服务人员培训制度，规范工作流程和标准，以优质服务为工作目标，做好会议服务；二、完善会堂硬件设备，年内增配了一批茶具、桌布、旗架、音响、灯具和消防设备。会堂档次明显提高，特别是舞台音响、灯光效果更为明显。全年共计服务会议463场次（会堂216场次），其中有7场次是国家和省级领导在德宏活动的会议。

【公共机构节能工作】　2010年，德宏州机关事务管理局认真贯彻实施《公共机构节能条例》，按照州委、州政府的部署，认真抓落实：一、全面建立能耗统计和管理体系。年内筹措资金10余万元，为全州县处级以上单位（县市省划拨）购置安装了能耗统计软件，建立了全州公共机构能耗统计、汇总、上报及节能工作的网络平台，规范统计口径和工作程序，制定了能耗统计年中、年末2次上报制度。二、建立健全各类痕迹资料。完成2006至2009年全州公共机构能耗历史数据的整理和台账建立、2010年全州上半年、全年能耗数据的统计、汇总、上报及分析总结工作。三、开展节能检查考评工作。对上年度全州公共机构节能工作进行了检查、考核、评比，对取得较好成效的州科技局、州财政局、州建设局、州地方税务局、梁河县政府办、盈江县政府办六个试点示范单位进行了表彰奖励（德政办发〔2010〕133号）。四、重视宣传，营造节能降耗氛围。6月3日召开专题会议，研究活动、宣传报道内容和工作要求，进一步强化了全州各级公共机构的绿色低碳理念，为全州节能工作营造了良好的氛围。五、做好节能灯推广使用工作。按照《云南省公共机构2010年财政补贴高效照明产品推广实施指导意见的通知》（云政管字〔2010〕128号）的要求，通过有关单位的共同努力，完成省下达德宏州财政补贴高效照明产品5万只，超额完成6万只推广任务。11万只节能灯全部投入使用，每年可节约用电630万千瓦时，可节约标准煤2119吨，可减少二氧化碳排放5300吨。六、有效开展节能工作检查验收。全州县处级以上单位节能灯使用率达到100%和节水率达到20%以上，未达标两项，主要原因是机构、人员、车辆增加和物价上涨等因素致用电、用油量与上年持平。七、拓展服务途径，改进服务方式。注重加强与政府领导和办公室系统各单位的沟通与协调，深入掌握他们的实际需求，急各单位所急，想干部职工所想，以满腔热情帮助各单位和政府机关干部职工解决实际问题，用优质周到的服务赢得信赖和支持。

（《事务管理》撰稿　李玉和）

无线电管理

【频率台站管理】 2010年，德宏州无线电管理处加强无线电频率台站管理工作，具体做法是：一、无线电频率台站行政许可工作。德宏州无线电管理处按照《行政许可法》和国家、省无线电管理的法规规章要求，遵循公开、公平、公正的原则，全年共对470个设台站进行受理：其中GSM 27个、WCDMA 226个、CDMA-2000 102个、TD-CDMA 79个、水纹报警27个、调频广播2个、对讲机7个。二、无线电频率台站核验工作。全年对128个台站进行了验收，验收率为28%。召开评审会3次，对移动、联通、电信新建基站进行评审。三、无线电频率占用费收缴工作。全年共发放缴费通知单64份，上缴数据与上年持平。四、是请四川省核工业地质局对芒市警馨小区的两个基站进行电磁环境监测，综合电磁辐射功率密度在2.39×10-4—3.41×10—3之间，符合GB9175—88一级标准，为安全区，解决了警馨小区住户投诉事件，为今后基站建设打下了基础。

【无线电监测】 2010年，德宏州无线电管理处加强无线电监测工作，具体做法是：一、无线电频谱监测月报工作。每月按时按质向省监测中心上报无线电频谱监测月报，全年监测时间长达12467.64小时。二、无线电台站设备检测工作。对移动公司、电信公司、联通公司基站总数的3%进行检测，共测基站72个。三、日常监测。（一）主要监测20—3000MHz频段，对民航、广播电视、护林防火、公安、消防、120急救、抗震、水文、移动通信频段实行重点监测，发现不明信号和无线电干扰时立即组织排查。（二）对边境口岸电磁环境进行了2次监测，及时掌握边境中外无线电频率使用情况，为今后开展无线电管理工作打下长远的基础。（三）认真做好日常监测工作，及时排查不明信号。6月1日，在进行日常监测时，发现487—493MHz频段有不明信号出现，初步分析该信号可能与广电局有关。经核查，广电局承认该频段用于数字移动电视的转播，但未办理过频率、台站使用手续。已协调处理。四、完成各类考试保障任务。根据云南省无线电管理办公室的要求，德宏州无线电管理处完成年内普通高校招生考试保障工作。在保障考试的工作中，积极与教育、公安等部门的配合，圆满完成了考试的反无线电作弊工作。考试期间，监测人员利用固定监测系统和移动监测系统对考区进行巡回监测监听。经过两天的紧张工作，未发现利用无线电进行考试作弊的行为。并按照当地考试应急指挥中心的要求参与年内成人高考、公务员考试、畜牧兽医资格证考试保障工作。五、无线电电磁环境测试工作。对广电系统的34套调频广播及电视发射机进行了检测，对广电的手机电视频段进行电磁环境测试，对教育系统的调频广播进行电磁环境测试。

【执法检查】 2010年，德宏州无线电管理处根据《云南省无线电监督检查处2010年工作思路》，结合德宏的实际情况，主要开展了下列行政执法监督检查工作：一、分别于3月和6月开展了对违法使用对讲机行为的清理整顿活动。2次活动中，共发出《责令改正通知书》4份，补办电台执照7份，2家宾馆承诺不再使用对讲机，如需使用则一定到按国家规定办理使用手续。二、协助瑞丽市姐告工商局对姐告开发区一商铺销售“网络共享”卫星电视广播地面接收设备3台进行查处。三、德宏州无线电管理处、德宏州广播电视局于7月1至8日对全州的广播电视无线电台站进行了行政执法专项检查。共检查台站64个，其中调频台30个，电视发射台34个，并对检查中发现的问题提出了整改意见。四、在瑞丽市开展了2次GSM手机信号放大器对中国移动通信的干扰排查活动，共拆除GSM手机信号放大器天线86付，依法没收GSM手机信号放大器24台，大功率无绳电话机7台，发出《责令改正通知书》24份，立案查处23起。有效维护了德宏州的无线电波秩序、公众通信安全和良好的投资环境。

【德宏州“十二五”无线电事业发展规划（2010—2015）】 2010年，德宏州无线电管理处根据云南省无委办和州政府的有关文件精神，为编制符合德宏州实情的“十二五”无线电事业发展规划，进一步明确无线电发展战略、目标和任务，促进德宏州无线电事业健康有序发展，德宏州无线电事业发展规划工作于上年9月初开始，州人民政府办公室高度重视“十二五”无线电事业发展规划工作，成立了德宏州“十二五”无线电事业发展规划领导小组及办公室（德政办发〔2009〕210

号），规划领导小组下设办公室在州无线电管理处，办公室主任由何国山兼任，具体负责“十二五”规划编制的日常协调工作。《德宏州无线电事业发展规划（2010-2015）》（征求意见稿）形成后，并向相关单位征求修改意见，发出修改意见稿35份，返回35份，有修改意见7条，修改工作完成。根据州“十二五”规划领导小组的安排，规划交州发改委，于年底组织专家对规划进行评审。

【县级无线电管理】 2010年，德宏州各县市政府成立了无线电管理工作领导小组，由副县长（市长）任组长，办公室主任或副主任任副组长，相关单位负责人为成员；人员配备，领导小组下设办公室，有专人负责无线电管理工作，明确了乡镇联络员；工作任务，州政府秘书长与各县市签订了《德宏州无线电管理工作责任状》；县级无线电管理兼职人员认真负责地做好新建基站的初审工作，并积极参加州无线电管理处在各县市的宣传工作和干扰查处工作，在干扰查处中起到了较好的协调作用。州无线电管理处及时把相关文件及有关简报转发给县级无线电兼职人员，让他们及时了解无线电管理的情况。

（《无线电管理》撰稿　思安玲）

人　事

【落实“四项制度”】 2010年，德宏州人事局积极开展便民服务。开展四项制度工作以来，全州各级行政机关实施“三项制度”工作初见成效：一是机关的作风和形象有明显好转，公务员队伍得到了不同程度锻炼，综合素质有了较大的提升；二是为民服务的质量和效率有明显提高；三是内部管理的制度和机制有明显改进；四是依法行政、诚信服务的能力有较大提升；五是机关的凝聚力、执行力和公信力有较大增强；六是人民群众对政府的满意度有较大提升。在州人事局内部高标准严要求地抓好“四项制度”工作，按州委办、州政府办《关于进一步加强机关和干部队伍作风建设的通知》（德办发〔2008〕24号）文件精神，一是进一步认真学习“四项制度”、宣传“四项制度”，把贯彻落实“四项制度”和贯彻落实州委“五不准”有机的结合起来；二是进一步转变了机关作风，树立人事部门良好形象。人事部门是全州实施首问责任制、服务承诺制、限时办结制三项制度的主管部门，全体干部职工模范地遵守了本局制定的“四项制度”和州委“五不准”；三是向全局43名干部发放了《德宏州人事局清理国家工作人员吸食毒品情况自检自查表》、《德宏州人事局清理国家工作人员个人经商办企业情况自检自查表》，各科室和个人如实进行了填报并进行自检自查，把州委“五不准”规定认真落在实处。

【公务员队伍建设】 2010年，德宏州人事局加强公务员队伍建设。一、在前几年实施《中华人民共和国公务员法》的基础上，继续认真开展《中华人民共和国公务员法》的实施工作。在全州进一步深入学习宣传《中华人民共和国公务员法》。根据《公务员法》的相关规定完成了全州档案馆48名工作人员的参照《公务员法》管理登记。二、做好干部任免工作。根据省人事厅云人开任〔2007〕27号文件，对省人事厅任命下派的2名干部进行了更换；同时完成了没有党组单位的43名科级干部的任命和行政职务确定，有力地促进了干部队伍建设。三、办理公务员录用手续。按中共云南省委组织部、云南省人事厅《关于印发国家公务员考试录用若干政策规定的通知》的精神，经研究，为27名从事业单位提拔为副科和乡镇连选连任副乡镇长的人员办理了公务员录用手续。四、根据云南省人力资源和社会保障厅、云南省公务员局、云南省公安厅《关于2008年政法院校招录培养体制改革试点定向招录培养学员毕业派遣等有关问题的通知》，办理德宏州公安局5名定向招录培养学员公务员录用手续。五、完成年度考核工作。完成了上年全州行政机关的考核审核、统计、汇总上报工作。上年全州应参加考核的公务员9369人，实际参加考核9205人，占考核人数的98.24%。其中：评定为优秀的1748人，占考核人数的18.98%；评定为称职及合格的7054人，占考核人数的76.63%；评定为基本称职等次6人，占考核人数的0.06%；评定为不称职等次8人，占考核人数的0.08%；参加考核不定等次379人，占考核人数的3.57%；未参加考核人员21人，占考核人数的0.22%；受行政处分29人，占考核人数的0.31%。六、加强公务员培训工作。根据中共中央《干部教育培训工作条例（试行）》的精神，完成了全州公务员以公共管理为核心的培训。组织全州党政机关8400名公务员开展以“忠诚教育”为核心的《公共服务职业道德与技术方法》的培训和考试，合格率为100%。组织全州216名新录用公务员进行了初任培训，合格率达100%。

举办了60人的州直党政群机关新任科级领导干部班。

【事业单位人事制度改革和职称制度改革】 2010年，德宏州人事局加强事业单位人事制度改革和职称制度改革。一、进一步深化职称制度改革，认真开展职称评审工作。年内，共推荐上报高级职务（资格）评审材料253份，省里评审通过了191份。审定中级职务（资格）参加评审材料886份，经各中级职务（资格）评审委员会评审通过了868份。审定州直单位初级职务（资格）参加评审材料132份，经各初级职务（资格）评审委员会评审通过了131份。全州国有企事业单位现共有专业技术人员18614人。其中：具有高级技术职务资格976人，中级技术职务资格7159人，初级技术职务资格9450人，未评聘技术职务资格1029人。非国有企业单位专业技术人员3490人。二、搞好特殊专业技术人才的推荐。年内德宏州按省的要求上报推荐“省贴”3人，“省突”3人，“国贴”1人。获通过“省贴”2人，“省突”1人。德宏州共有10人获国务院特殊津贴、25人获省政府特殊津贴、25人获云南省有突出贡献的优秀专业技术人才称号，8人获第三届云南科技兴乡贡献奖。三、完成事业单位岗位设置管理工作。根据省、州相关文件精神，以及省人事厅有关实施事业单位岗位设置管理工作的相关规定。州人事局组织州直事业单位及各县（市）事业单位制定、上报本单位《岗位设置实施方案》，通过认真科学的编排，现基本全面完成核准工作，核准总岗位数21225个，其中：核准管理岗位856个，专技岗位18086个，工勤岗位2283个。全州已完成认定工作共166个单位。四、进行事业单位公开招聘人员方式改革，不断完善事业单位公开招聘制度，拓宽招聘范围，提高了招聘的质量和透明度。杜绝了“内部招聘”、“人情招聘”和内定名单、设置歧视性条件、试题泄密、考场舞弊等各种违法违规事件，确保了公开招聘制度的公平公正。五、认真做好考试工作。全年组织全州各类考试工作11次，参考人数达14960人。在考试过程中均严格按照操作规程办事，严肃考场纪律，积极邀请人大、政协、纪委、组织、保密、教育等部门共同参与考试工作，切实加强考试工作的监督和巡视工作。采取有效措施，及时处理现场考试当中出现的各类问题，确保了考试工作的正常开展。六、积极加快事业单位急需人才的引进工作。一是在双向选择的基础上，经用人单位考核合格后报主管部门和组织人事部门批准，引进并免试聘用研究生19人；二是在审核编制的基础上，经资格审查、考核、体检全州共引进紧缺人才93人。

【完善社会化人才服务体系】 2010年，德宏州人事局积极完善社会化人才服务体系。一、谋划长远，完成了《德宏州中长期人才发展规划》和《德宏州十二五人才发展规划》的编撰工作。州人事局党组对此项工作极为重视，会同州委组织部共同成立了机构，设立了办公室和6个专题研究工作小组。立足州情和发展要求，科学分析事业发展形势，明确发展思路，目标和任务，按时完成了《德宏州中长期人才发展规划》和《德宏州十二五人才发展规划》的编撰工作，为今后的人才工作提供了指导方针。二、认真做好城镇退役士兵文化考试工作。根据《云南省人力资源和社会保障厅云南省民政厅关于做好2010年度云南省城镇退役士兵文化考试考务工作的通知》精神及2010年度云南省城镇退役士兵文化考试考务工作手册要求，州人事局主动与纪委、保密、民政等相关部门协调，认真做好考点选定、考场安排、试卷接送、培训考务人员、组织考试等各个环节的工作，圆满完成德宏州102名城镇退役士兵的文化考试任务。三、积极推进农村乡土人才的开发工作。为进一步推进德宏州新农村建设提供强大的智力支持和农村劳动者素质的提高，向省推荐优秀乡土人才5人，经省评审委员会评审，2人被评为云南省第三届拔尖农村乡土人才。在县市推荐上报州级评审表彰的39名候选人中，经组织州评审委员会评审，共评选出30名为德宏州第三届拔尖农村乡土人才。7月7至8日在瑞丽市组织召开了德宏州第三届拔尖农村乡土人才表彰会议。四、认真做好人事代理服务工作。为促使人才的所有权与使用权分离，以建立竞争机制和充满活力的用人制度，形成人才社会所有的新机制，实现人事管理工作的社会化。州人事局依据人事人才相关政策法规一方面在非公经济组织中积极宣传推行单位委托人事代理业务，为他们提供员工人事关系和档案托管、转正、职称申报、合同鉴证、交纳社会统筹保险等服务；另一方面，配合事业单位人事制度改革，认真做好事业单位新进人员的人事代理服务工作。11月，累计代理单位共116家，代理人员803人；在德宏人事网发布人才招聘信息11家，招聘岗位300余个；办理流动人才调档函30份；办理个人档案转递90份；办理党组织关系转接手续25人；办理聘用合同鉴证1101份；接收和移交各县市2010年应届毕业生学籍档案814册；整理人事代理人员档案350册。

【军转安置】 2010年，按照全国、全省军转安置工作会议精神以及州委、州政府的要求，结合德宏州实际，采取扎实有效措施，完成了德宏州的军转安置和维稳任务。一、继续做好军转安置工作。年内，德宏州共接收安置军队转业干部47名，其中计划分配3名,自主择业44名。妥善安置后，都达到了转业干部本人、部队组织和接收用人单位三方满意；二、维护稳定，深入细致做好企业军转干部解困稳定工作。按照中央和省委省政府、州委州政府的有关要求，认真做好企业军转干部解困维稳工作。切实解决了部份企业军转干部生活困难问题，分别给企业军转干部13名下岗失业、75名退休、6名内退人员，以及协议解除劳动关系领取过补偿金的11名下岗失业人员发放了困难补助，全州共兑付解困资金73.84万元；三、较好地完成了数据更新和信息强化工作。加强宏观管理、强化监督和制约机制，健立健全值班制度、上报制度，切实把不稳定因素和上访苗头处理在萌芽状态，到目前为止，德宏州仍无重点工作对象，无赴京到昆上访人员，较好地维护了社会安定团结。

【工资改革】 2010年，德宏州人事局切实做好工资改革工作。一、认真贯彻执行国家和省有关工资福利方面的文件精神和政策规定，严格按政策规定办事，做到不突破范围，不乱开口子，不超越标准，不无故拖延，切实加强了机关津贴补贴的管理；二、完成了义务教育学校实施绩效工资工作，全州5个县（市、区）和州直事业单位全部兑现了义务教育学校教师绩效工资，退休人员也相应增加了生活补贴；三、在国家出台全部事业单位实施绩效工资政策之前，对全州义务教育学校以外的其他事业单位按在职职工每人每月300元、退休人员每人每月225元的标准增发了临时补贴；四、对州直已经使用工资软件单位进行维护和升级工作。安排业务人员到各单位对操作人员进行一对一的培训指导，促进全州工资工作的顺利进行。

【信访工作】 2010年，德宏州人事局加大信访工作力度，为突出信访工作的重要地位，组建了强有力的信访工作机构，把信访工作纳入了重要议事日程。创新信访工作机制，逐步将网上信访建设成为群众信访活动的主渠道。一是加强网上信访宣传力度。将网上信访建设成为人事局密切联系群众的一条重要途径。通过多途径宣传网上信访网址、《网上信访须知》、《网上信访程序》等知识；二是专人专机负责网上信访工作。专门配置了一台电脑来落实办理网上信访工作，并安排了专人负责网上信访工作；三是加强“96128”专线管理。“96128”专线开通后，派专人负责接听电话，并有详细电话记录，认真回答群众来电，对群众询问的政策性问题给予认真解释，如不能当时回答的，耐心向询问者解释，并要求留下电话号码，在一个工作日内给予询问者答复。截至2010年11月30日，州人事局共接到信访件110件，其中网上信访100件，来信7件。来人信访2件2人次，集体来访1件6人次，所有信访来访都得到了较好的处理，答复率100%，办结率达98%以上。做到出现问题即时解决消化在局内部，较好地履行了信访工作责任制的目标要求，为保障人事系统稳定大局做出了努力。

【电子政务】 2010年，德宏州人事局不断加强电子政务服务水平。一、德宏人事网日趋完善，服务水平不断提高。随着电子政务信息化技术的逐步推广，州人事局十分重视运用信息化技术开展面向社会的人事信息服务工作。不断加强《德宏人事网》的建设工作，及时向社会公开人事的各类招考信息、人事法规政策、人事机构、人事办事指南、人事工作动态等信息。自建网以来服务群众60.4万人次，仅2010年登录德宏人事网的访问量就高达25.4万人次，最高日访问量高达5960次，社会影响十分广泛。二、做好网上政府信息公开工作，实现阳光人事。根据州委办州政府办关于实施网上政府信息公开工作的精神要求，州人事局率先做好网上政府信息公开工作，向社会公开了州人事编制机关的领导班子、机构设置、工作动态、行政许可、便民服务、政策法规等144项内容，积极推进制度政府工作，并被评为全州政务信息公开工作二等奖，受到州人民政府的表彰。

（《人事》撰稿　黄华康）

（见“州情概览·人事”62页）

外 事

【边境管理和界务维护】 2010年，德宏州外事办公室加强了边境管理及界务维护工作。一是积极配合外交部、省外办及省水利厅调研组到德宏州进行调研。经过对畹町、瑞丽、陇川和盈江的边境管理、口岸建设及界务维护问题进行深入调研，形成了《德宏州边境界务情况》汇报册子。此外，还根据省外办的要求，结合德宏州实际，与相关部门共同起草并上报省外办《关于德宏州涉缅边民婚姻登记的情况报告》、《德宏州领事保护工作情况及意见建议》等材料。二是积极参与配合缅方踏勘组对德宏边境县市区界河治理及边境公路改造工程进行踏勘，根据授权与缅方共同签署了踏勘记录。根据省外办通知，由州外办牵头，州水利局、州水利勘察设计院、潞西市外办、市水利局组成中方踏勘组与缅外交部、国防部、江河治理司、土地测量司及缅地方政府等组成的踏勘组，于3月24至26日和3月29日至4月1日分别对潞西市拟在S96-S97号界桩段中国境一侧修建490米的护岸工程和陇川县水利部门在S45—S46号界桩段基本完工的4公里护岸工程进行了实地踏勘。并先后就上述两段踏勘情况与缅方签署了踏勘纪要。同时，把缅方踏勘的情况和有关意见建议及时上报省外办。三是督促指导潞西、陇川、盈江三县市认真做好相关界务工程及经费核销工作。根据省财政厅、省民族事务委员会和省外办联合下达的去冬今春界务维护经费22.5万元，督促指导潞西市外办、陇川县外办和盈江县外办完成界务维护工程任务。利用有限的资金，共修筑钢筋石笼坝4道，长268米；竹梢坝189道，长2275米。界务工程的完成，严防了界河的改道、国土的流失、维护耕地和农田500余亩。同时按规定向财政部门核销了界务维护经费。四是进一步强化德宏州界河治理工程的管理工作。根据省外办通知要求，先后向边境县市区外办下发和转发了《关于实施界河治理工程有关问题的通知》（云政外邻〔2010〕6号）、《德宏州人民政府外事办公室关于规范界河治理工程报批程序的通知》（德政外办发密电〔2010〕7号）及《云南省人民政府外事办公室云南省水利厅、云南省发展和改革委员会关于加强界河治理工程管理的通知》（云政外邻〔2010〕44号）等文件。五是加强界务管理，及时上报相关情况。年内，州外办分管领导率边境科干部前往瑞丽，分别会同姐告管委、瑞丽市外办、姐告外办及当地驻军、弄岛镇镇政府等部门，先后对姐告金龙房地产公司拟在S71号界桩段中国境一侧修建拦水护岸工程位置，中方边民拟在S53-4至S53-5号界附近过耕地设立临时标识和缅木姐在S53-4号界桩段修建钢筋石笼坝进入中国境事进行实地踏勘，并提出相关处理意见及时上报省外办。此外，还及时将盈江县辖区段内受损的S26号界桩情况上报了省外办。

【因公出国（境）管理】 2010年，德宏州外办认真执行《德宏州因公出国（境）管理规定》和《德宏州人民政府关于贯彻落实云南省因公临时出入边境审批及持用边境通行证有关事项规定的实施意见》的有关规定，协同德宏州纪委、州委组织部和德宏州公安边防支队认真做好德宏州因公出国（境）及临时出境审批工作。经上报省外办并经外交部审核下达德宏州2010年因公出国（境）计划为12团组72人，根据省纪委关于2010年因公出国（境）人数压缩10%的要求，年内德宏州实际因公出国（境）团组数为11个65人。年内德宏州已完成经州委州政府同意上报省外办和省政府批准的因公出国团组7个45人；经州政府批准参团（搭车）的有19人次。审批因公临时出入境共13批123人次。通过严格执行因公出国境有关规定，使德宏州的因公出国境管理工作走上了规范化、制度化和科学化的轨道，有效地防范了党政领导干部公款出国旅游和私自临时出入国境现象的发生。

【边境维稳和边境调研】 2010年，德宏州外办加强边境维稳和边境调研工作。一是认真做好缅境信息调研工作，配合相关部门做好信息研判。由于缅北局势较为复杂，根据州委办、州政府办《关于认真做好边境维稳工作的紧急通知》，州外办向各县市区外办下发了《关于进一步做好边境维稳工作的通知》，要求各县市外办密切关注缅境动态，切实做好缅境情报信息的搜集和研判工作，并协同有关部门完善应急处突预案。年内，参加省外办、州政府及州边境维稳指挥部缅境形势研判会4次。同时，还加强与德宏州军分区、德宏州公安边防支队、州公安局做好相关缅境信息的互通工作。二是积极完成州边防委安排的各项工作任务。认真学习贯彻第四次全国边海防工作会议及全省边防工作会议精神，由于工作成绩突出，州外办及边境科杨黎军，分别被州边防委授予“全州边防工作先进单位”及“边防工作先进工作者”荣誉称号。三是切实做好涉外信访接待工作。年内，州外办处理涉外来信30件，接待来访29人次，并根据来信来访要求，积极与中国驻外领馆联系联络，按相关政策和规定做好来访人员的接待和解释工作。到年底，州外办在涉外信访接待工作中仍保持零投诉。

【友好往来】 2010年，德宏州对外友好往来工作呈现出良好的发展势头。一是加强德宏州与缅木姐及缅边境镇区的友好往来与合作，州外办领导多次拜会木姐县及其他缅边境镇区“和发委”主席，就友好往来，经贸合作和边境管理进行会谈，交换意见。二是2月27日至3月1日，德宏州举办“2010中国——德宏（国际）目瑙纵歌节”活动，州外办积极协助组委会做好中国驻缅曼德勒总领馆及对缅的邀请工作。同时参与接待了缅克钦邦密支那、八莫、拉咱及掸邦景颇学会约300余人的代表团。节日期间，还配合组委会妥善处理缅方代表团在中国境发生的交通事故，受到了缅方代表团的好评。三是4月9至11日德宏州举办2010德宏航空市场营销会及芒市机场通航20周年庆典活动。积极配合组委会做好缅甸驻昆总领馆及泰国驻昆总领馆到德宏州参加活动的邀请和接待工作，并为州领导起草了会见外宾的谈话提纲。四是积极推动德宏州瑞丽市与缅木姐县缔结友城的工作。年内，州外办多次敦促瑞丽市外办提供与缅木姐缔结友城的相关材料，并于4月23日将情况上报州政府、省外办，得到了省外办对外友协的指导。五是做好州政协主席龚敬政率团访缅工作。为出访团组制作了含出访目的、出访人员及分工、缅甸概况（含出访地、出访期间气候、货币兑换价等简况）、驻缅使领馆信息、拜会人员及团体简介，出国人员注意事项等众多内容的出访册子，为州政协代表团顺利访缅提供了保障。5月7至12日代表团访缅期间，按计划顺利拜会仰光、曼德勒同乡会、福建同乡会等，进一步促进了相互间的友好往来和相互了解。六是认真做好与泰王国的友好往来工作。在州外办的努力下，促成了泰北五府及泰国驻昆总领馆商务处代表团到德宏州的商务考察，不断推进德宏州与泰王国的友好往来与合作。5月21至23日以泰国达府副府尹吴提斯提素拉为首，由泰北达府、素可泰府、彭世洛府、碧差汶府、程逸府及泰国驻昆总领馆商务处组成的代表团一行41人前来德宏州进行商务考察，并拜会州长孟必光、瑞丽市市长刀晓瑞。州外办与州接待处、州商务局、州旅游局及瑞丽市政府、外办、姐告管委进行联系、协调，认真做好相关考察、商务座谈、宴请、州长会见等活动的安排。泰方代表团在德宏州参观访问期间，还与瑞丽市政府签署了进一步加强经贸、旅游合作的会谈纪要。七是认真做好孟必光州长赴昆参加中缅建交60周年座谈会的相关事宜。6月4日，省外办邀请孟必光州长、州外办杨国胜主任赴昆参加由省外办和缅甸驻昆总领馆共同举办的中缅建交60周年纪念座谈会。州外办积极做好相关联络工作，并起草了孟州长在座谈会上的发言稿。孟州长在座谈会上的发言受到了缅驻昆明总领事吴佐朴温的高度评价。八是认真做好孟州长出席在泰王国夜丰颂府举行的萨尔温江流域文化艺术、旅游经济合作发展论坛的相关工作。根据泰方的邀请，孟必光州长于8月8至13日率团出席在泰国夜丰颂府举行的萨尔温江流域文化、旅游、经济论坛活动，并顺访了清迈府、达府、素可泰府及彭世洛府。为做好代表团的出访工作，州外办就邀请函、在外行程、线路等事宜积极与泰方清迈府、达府及陈汉展先生、中国驻清迈总领馆等联系联络，受到了中国驻泰王国清迈总领事和泰方的关注，并做好孟州长的接待工作。孟州长的成功出访，进一步增进了德宏州与泰国北部各府的友好往来。九是做好赵金书记应邀率团出访韩国、日本等国的相关工作。8月16至26日赵金书记如期率各县市委书记及有关部门负责人一行6人赴韩国和日本成功考察了农业产业发展及农产品深加工。十是积极配合省政府研究室于10月27至30日在芒市成功举办了滇印K2K合作论坛第六次会议，并参与外宾的接待工作。十一是12月2至4日接待了中国新任驻缅大使李军华一行4人到德宏边境工作调研。十二是做好国内14家媒体记者一行14人12月16至18日到德宏州进行“睦邻友好和谐周边”主题宣传采访活动。州委赵金书记、孟必光州长及州直有关单位负责人接受了记者的采访。

【桥头堡黄金口岸建设】 2010年，德宏州外办积极配合有关部门做好桥头堡黄金口岸建设的相关工作。一是根据州政府的通知要求和课题研究的分工，积极配合州商务局做好桥头堡黄金口岸关于“提升中缅边交会的规格”、“建立中缅双方经贸合作会晤机制”、“建立中缅双方资源开发合作机制”、“搭建项目合作平台”、“定期举行中缅发展环境论坛”、“定期举行中缅经济发展、合作论坛”等平台方面的课题研究，并草拟了《德宏州人民政府外事办公室关于开展桥头堡黄金口岸平台研究相关课题的意见建议》及时提供课题研究牵头单位。二是根据州政府通知要求，积极配合州商务局做好桥头堡黄金口岸基地研究中的跨境产业合作课题研究，并草拟了《德宏州人民政府外事办公室关于跨境产业合作课题研究的意见建议》及时提供课题研究牵头单位。三是根据州政府6月23日关于中缅陆水联运及硅产业专题会议的纪要及分工，积极配合州交通局做好中缅陆水联运工作的前期准备工作，并草拟了《德宏州人民政府外事办公室关于中缅陆水联运大通道建设的意见建议》及时提供牵头单位州交通局。四是积极配合省委党校第26期中青班第五调研组到德宏州进行黄金口岸的调研工作，并草拟了《德宏州外事办公室工作汇报及意见建议》。五是根据州委、州政府的统一安排，积极配合国家有关部委、省直有关部门到德宏州就中国面向西南开放桥头堡建设和瑞丽重点开发开放试验区建设进行调研。

【外事界务员管理】 2010年，德宏州外办加强了对外事界务员的管理工作。一是对中山乡外事界务员进行调整。由于州外办禁毒防艾工作挂钩点潞西市中山乡木城坡村两委换届，对原聘请的19名外事界务员进行相应调整，并向新调整的12名外事界务员颁发了《禁毒防艾监督宣传员和外事界务员聘书》。二是对全州外事界务员培训3批32人次。

（《外事》撰稿　哏留强）

中国人民政治协商会议
德宏傣族景颇族自治州委员会

【德宏政协网开通试运行】 2010年1月14日，德宏州政协主办的“德宏政协网”开通试运行。该网站栏目包括新闻动态、政协简介、政协活动、领导讲话、委员提案、委员风采、建言献策、学习园地、机关建设和县市政协等栏目，设有网上提案、社情发意等交流联系栏目，并将与全国政协、云南省政协等网站链接。

【召开十届三次会议】 2010年2月2至5日，政协德宏州第十届委员会第三次会议在芒市召开。268名州政协委员出席会议。十届州政协主席龚敬政作常委会工作报告，十届州政协副主席杨庆华作关于提案工作情况的报告，州长孟必光作《政府工作报告》。与会委员列席了德宏州第十三届人民代表大会第三次会议，听取并协商讨论了《政府工作报告》、州人民法院工作报告、州人民检察院工作报告及计划、财政报告。会议期间，州委、州政府领导到会听取了委员发言。州委、州政府领导和州直有关部门负责人参加了分组讨论和《政府工作报告》协商讨论会及“两院”工作报告协商讨论会，听取委员的意见建议。会议增选了苏洪涛、李茂文、杨常锁、沈甸文为政协德宏州第十届委员会常务委员会委员。中共德宏州委书记赵金到会并讲话。会议收到提案135件，经提案审查委员审查立案132件。会议审议通过了州政协十届三次会议提案审查情况报告和决议。十届州政协主席龚敬政致闭幕辞。

【召开各族各界人士迎新春茶话会】 2010年2月10日，德宏州政协召开各族各界人士迎新春茶话会。州党政领导孟必光、余麻约、龚敬政、赵镇康、杨庆华、李有升、卜金富、杨丽云，州政协秘书长管国照出席会议。原省政协副主席朗大忠，历届州政协主席，以及州人大、州政府秘书长，驻军、公检法领导，民族上层代表，宗教界、艺术界人士共计80余人参加了茶话会。孟必光代表州委、州人大、州政府、州政协向各族各界人士、专家学者、归国侨胞、港澳同胞、海外侨胞及亲眷属和关心支持德宏经济发展的各界人士致以节日的问候，并通报了全州上年的经济社会发展情况。会上，各族各界人士踊跃发言，结合自身的工作和亲身经历畅谈感想，并为德宏今后的发展建言献策。

【上海闵行区政协到营盘小学视察】 2010年3月15日，上海市闵行区政协主席吴申耀一行21人到援建项目的——潞西市西山乡营盘小学视察教学楼等设施建盖情况，听取项目建设情况汇报，并与学校师生联欢。州政协主席龚敬政，副主席董成宝，秘书长管国照，潞西市市长沙玉庄等陪同视察，并听取了营盘小学项目建设情况汇报。营盘小学是一所半寄宿制村完小，2007 年 12 月，营盘小学在州政协的帮助下，得到了上海市闵行区政协捐赠的 80 万元资金，建盖了三层教学楼和学生食堂。

【省政协“滇西抗战中爱国主义和民族精神”调研组到德宏调研】 2010 年 4 月 21 至 22 日，云南省政协副主席罗黎辉率省政协文史委员会、省文史馆、省委党史研究室、省旅游局、省政协报社等部门负责人组成的调研组一行 16 人，到德宏州调研“滇西抗战中爱国主义和民族精神”工作，指导德宏州滇西抗战史迹的收集、保护、整理和开发利用工作。调研组由省政协文史委员会主任傅仕敏担任组长。州政协副主席杨丽云陪同调研，州政协主席龚敬政主持调研汇报会，副州长孔勒干就关于滇西抗战历史文化遗产保护与利用的情况进行了汇报。调研组与州政协文史委、州史志办等部门的同志进行了交流。

【召开全省政协系统秘书长办公室主任联席会暨接待工作座谈会】 2010 年 4 月 28 至 29 日，全省政协系统秘书长、办公室主任联席会议暨全省政协系统接待工作座谈会在瑞丽召开。会议提出要认真学习贯彻胡锦涛总书记在庆祝人民政协成立 60 周年大会上重要讲话和贾庆林主席来滇视察讲话精神，全面推动政协机关工作科学化上水平，并研究和部署全省政协机关和接待工作。省政协常务副主席管国忠，州政协主席龚敬政，省政协秘书长车志敏，副秘书长、办公厅主任张宁等领导出席会议。管国忠、车志敏、龚敬政分别在会上讲话，并就如何做好政协办公室工作和接待工作提出了要求。来自全省各市（州）政协的秘书长、办公室主任结合各自工作实际，围绕如何提高政协机关工作科学化水平进行了充分的交流。与会人员还讨论了《政协云南省委员办公厅关于进一步改进和加强全省政协系统接待工作的意见（草案）》，昆明、大理、德宏、迪庆、腾冲等地政协就接待工作进行了交流。州委常委、瑞丽市委书记杨跃国，省政协机关相关处室负责人及德宏州各县（市）政协主席等列席会议。

【爱德基金会援助陇川县陇把镇“艾滋病防治与社区发展”二期项目正式启动】 2010 年 5 月 26 日，陇川县陇把镇社区发展和艾滋病防治二期项目正式在陇川县启动。爱德基金会援助陇把艾滋病防治和社区发展二期项目预算总投资 747 万元，爱德基金会无偿援助 490 万元。政府配套 193 万元，群众自筹 64 万元。项目内容包括村道建设、教育设施、农田基本建设、人畜饮水、村卫生室设备、人员培训、艾滋病防治等 16 个方面。项目实施时间从 2010 年起到 2012 年结束。省政协副主席王学智，州政协主席龚敬政、副主席董成宝，省政协副秘书长雷耀民，省政协智力支边扶贫办公室主任李志明、副主任杨云生，省州扶贫办、防艾办的领导及陇川县相关部门的领导 90 多人出席启动仪式。

【召开侨商投资环境面商会议】 2010 年 6 月 2 日，德宏州政协民宗侨委委员会就全州侨务工作调研中存在的问题，组织有关部门召开侨商投资环境面商会议。州委办、政府办、政法委、发改委、公安局、武警边防支队、招商局、外办、侨联等部门领导参加会议。会上，调研组成员代表就侨商反映的注册资金、侨商出入境管理、玉石毛料运输等问题作了专题发言。与会部门领导对调研组提出的问题一一作了面商和解答。

【召开纪念建党 89 周年暨德宏解放 60 周年座谈会】 2010 年 7 月 1 日，德宏州政协召开建党 89 周年暨德宏解放 60 周年座谈会。州政协主席龚敬政，副主席董成宝、杨丽云，秘书长管国照，州政协离退休老领导和老干部，州政协机关全体干部职工及芒市地区政协委员代表、潞西市政协代表共 70 余人参加会议。州政协主席龚敬政从三个阶段回顾了中国共产党建党 89 周年的历史进程，回眸了德宏解放 60 周年走过的历程。龚敬政还向与会人员通报了全州 1—5 月份经济运行情况，以及州政协 2010 年上半年工作情况。座谈会上，与会人员回顾中国共产党走过的光辉历程，畅谈德宏解放 60 年来，在中国共产党领导下取得的成就，并就德宏黄金口岸建设、民族干部培养、高校教育、招商引资等问题提出了意见建议。

【《德宏政协》举行创刊首发式】 2010 年 7 月 1 日，德宏州政协举行《德宏政协》创刊首发式，《梁河剿匪纪实》同时编辑出版。州政协主席龚敬政，副主席董成宝、杨丽云，秘书长管国照出席首发式。《德宏政协》是州政协十届第八次常委会议决定创办的期刊，是德宏州各级政协和政协委员学习交流的综合性资料，是党委政府及部门领导了解社情民意的窗口，是集理论与实践为一体的综合性刊物。创刊号共收录了18篇文稿、2首诗，现为不定期发行。为纪念德宏解放60周年，德宏州政协文史资料委员会编辑出版了文史资料专辑《梁河剿匪纪实》。该专辑采用章回体式，分为引子、正文、附件，共13.5万字，收录历史照片33幅，记录了1950年1月至1953年底，发生在梁河的40多次剿匪战斗。专辑的史料主要由梁河县第一中学退休老教师王伯麟生前提供。

【为德宏州“十二五”规划建言献策】 2010年7月22日，德宏州政协召开座谈会，组织州政协常委、委员，邀请州政协部分老干部就德宏州“十二五”规划（征求意见稿）征求意见建议。州政协主席龚敬政，副主席杨庆华、李有升、董成宝、卜金富、杨丽云，秘书长管国照和各专委会有关负责人，原副州级以上离退休老干部和原秘书长等参加了座谈。7月26日，州政协召开十届二十九次主席会议，专题协商讨论《德宏州国民经济和社会发展第十二个五年规划纲要（征求意见稿）》。州政协主席龚敬政，副主席杨庆华、李有升、董成宝、卜金富、杨丽云，秘书长管国照以及州政协机关副处级以上领导出席会议。在座谈会和主席会上，与会人员围绕德宏州“十二五”规划内容发言，并就桥头堡黄金口岸的建设、产业布局、特色产业发展、新农村建设、城镇化建设、山区发展规划、重点项目建设、提高劳动者素质、老年人事业、分配制度改革、林权改革、禁毒防艾、土地征收、交通设施建设、珠宝产业、发展与环保、对外交流、城镇建设、教育及医疗卫生事业等方面提出了进一步完善《纲要》的意见建议。

【召开理论中心组学习会】 2010年8月31日，德宏州政协召开理论中心组学习会议，学习省委八届九次全体会议、州委经济工作会议和中央关于深入实施西部大开发战略的若干意见精神学习，并交流学习心得体会。州政协主席龚敬政，副主席杨庆华、李有升、董成宝、卜金富、杨丽云，秘书长管国照，副秘书长、办公室主任尹以稳出席会议，州政协副处级以上干部，州政协各参加单位领导列席会议，参会人员共24人。会上，中心组成员以“履行职能，积极为桥头堡黄金口岸建设献计出力”为主题，围绕桥头堡黄金口岸建设、履行职能发挥优势、充分认识统战工作的重要性、加强少数民族干部培训力度、促进民族和谐团结、重视非公经济建设、开展惠民行动，加强与归侨、台胞、海外侨胞的联系和沟通，加强与国外的文化交流合作，以及明年的工作计划等方面进行交流发言。

【召开“全州同议建设桥头堡黄金口岸”恳谈会】 2010年8月31日，德宏州政协召开“全州同议建设桥头堡黄金口岸”恳谈会。部分州政协委员、州级有关部门负责人参加会议。会上，10名各族各界代表踊跃发言，就德宏州打造桥头堡黄金口岸建设议政建言。恳谈会还对《搭建金融服务平台促进德宏桥头堡黄金口岸建设》等30篇“全州同议建设桥头堡黄金口岸”获奖稿件进行了表彰。

【召开各族各界代表人士中秋茶话会】 2010年9月20日，德宏州政协举行中秋茶话会，州政协主席龚敬政，州委常委、州委组织部部长何汝利，州政协副主席杨庆华、李有升、董成宝、卜金富、杨丽云，州政协秘书长管国照，州人大常委会主任余麻约，州政协退休的部分老领导，以及芒市地区各族各界人士代表出席茶话会，共庆中秋和国庆双节，共叙桥头堡黄金口岸建设和德宏州经济社会发展。会上，何汝利代表州委、州人大、州政府、州政协向各族各界人士、专家学者、归国侨胞、港澳同胞、海外侨胞及眷属以及一直以来关心和支持德宏州经济社会发展的各界人士致以双节的问候。来自教育系统、州委党校、畜牧局、宗教界的代表就德宏州桥头堡黄金口岸建设以及城市规划、关心下一代、提高教师素质等问题进行了发言。

【召开州政协第三次提案工作座谈会暨研讨会】 2010年9月27至28日，德宏州政协第三次提案工作座谈会暨研讨会在陇川召开。州政协副主席杨庆华，陇川县委书记杨世庄、县政协主席杨杏，副县长李兴庄，州委督查室、州政府督查室有关人员，州政协提案社会法制委员会委员，全州各县（市）政协分管提案工作的领导和提案委主任及有关人员参加会议。陇川县政协各委室、县委办督查室、县政府法制局负责人列席会议。会议围绕提高“提案质量、办理质量和服务质量”为主题进行了总结、交流；传达学习了云南省政协第十九次提案工作座谈会暨研讨会精神；讨论《云南省提案工作条例》，提出修改意见和建议。

【召开“民族团结月”座谈会】 2010年10月22日，德宏州政协召开“民族团结月”座谈会。州政协主席龚敬政，副主席李有升、董成宝、卜金富，秘书长管国照出席会议，芒市地区民族宗教界委员和州政协机关全体干部职工共40余人参加会议。会上，李有升就党的民族方针政策和国家、地区民族关系、民族问题、民族工作、民族发展、民族进步繁荣等作了题为《构建和谐社会加强民族团结教育》的工作报告。州政协民宗侨委主任蒋华介绍了州政协近年来开展的民族宗教侨务工作情况。与会人员以“感恩伟大祖国、建设和谐德宏”为主题发言。

【召开“村村亮”工程推进协调会】 2010年11月5日，德宏州政协召开“村村亮”工程推进协调会议。州政协主席龚敬政，副主席卜金富，州政府副秘书长韦德斌，州政协经济委负责人，各县市政协主席及县市政府分管新农村建设的副县市长，云南电网公司德宏供电局负责人，德宏供电有限公司业务人员，云南恒安电力公司负责人等参加会议。龚敬政就“村村亮”工程的来由、目的、意义作了阐述，参会人员讨论了《德宏供电有限公司“村村亮”工程供电用电协议》和《“村村亮”工程路灯委托管理协议》，并达成了共识。

【州委召开政协工作会】 2010年11月15日，德宏州委政协工作会议在芒市召开。州委书记赵金，州委副书记、州长孟必光，州人大常委会主任余麻约，州政协主席龚敬政，州委常委田大余、马福朝、杨跃国、郭志德、番跃平、赵镇康出席会议。副州长，州政协副主席，州法院院长，州检察院检察长出席会议。州委副秘书长，州人大常委会秘书长，州政府秘书长、副秘书长，州直各部门领导班子成员，州政协秘书长、副秘书长，各专门委员会、办公室主要负责人，各人民团体、大专院校、中央省属驻德宏单位负责人，各县市（区）委书记，政协主席、副主席，在芒市地区的州政协常委会委员等参加会议。赵金和孟必光在会上作了重要讲话，与会人员围绕赵金、孟必光的讲话精神，结合工作实际，对《中共德宏州委关于支持人民政协履行职能发挥作用的意见》进行了讨论。番跃平就如何贯彻好会议精神提出了要求。

【召开常委会议】 2010年，政协德宏州第十届委员会召开常委会议五次，即十届九次、十次、十一次、十二次、十三次常委会议。州政协十届九次常委会议于1月14日在芒市召开。州政协主席龚敬政，副主席杨庆华、李有升、董成宝、卜金富、杨丽云，秘书长管国照以及州政协十届委员会常务委员会组成人员共42人参加会议。不是州政协常委的州政协副处级以上领导干部，州委办、州人大办、州政府办有关负责人，潞西市政协主席列席了会议。会议听取《政协德宏州第十届委员会常务委员会工作报告（草案）》和《政协德宏州第十届委员会常务委员会关于提案工作情况的报告（草案）》起草说明；审议通过《政协德宏州第十届委员会常务委员会工作报告（草案）》和《政协德宏州第十届委员会常务委员会关于提案工作情况的报告（草案）》；审议通过《关于召开政协德宏州第十届委员会第三次会议的决定（草案）》；审议通过政协德宏州第十届委员会第三次会议议程（草案）及日程（草案）；审议通过政协德宏州第十届委员会常务委员会工作报告和提案工作报告报告人建议名单（草案）；审议通过《政协德宏州第十届委员会第三次会议秘书长、副秘书长名单（草案）》；协商增补政协德宏州第十届委员会委员（苏洪涛等十位同志增补为政协德宏州第十届委员会委员）；审议通过《政协德宏州第十届委员会常务委员会候选人建议名单（草案）》；审议通过《政协德宏州第十届委员会常务委员会关于撤销林文华政协德宏州第十届委员会委员资格的决定（草案）》；审议通过《关于授权主席会议审定政协德宏州第十届委员会常务委员会第九次会议未竟事宜的决定（草案）》。

州政协十届十次常委会议于5月28日在芒市召开。州政协主席龚敬政，副主席李有升、董成宝、卜金富、杨丽云，秘书长管国照及州政协十届委员会常务委员会组成人员共40人参加会议。不是州政协常委的州政协副处级以上领导干部，州委办、州人大办、州政府办领导，州发改委领导班子成员及有关科室负责人列席会议。会议听取州发改委工作情况汇报并进行民主评议；听取和审议关于全州林产业发展情况的调研报告；听取德宏州政协组团赴缅甸进行经贸旅游考察情况的报告。

州政协十届十一次常委会议

于8月27日在芒市召开。州政协主席龚敬政，副主席杨庆华、李有升、董成宝、卜金富、杨丽云，秘书长管国照及州政协十届委员会常务委员会组成人员共46人参加会议。不是州政协常委的州政协副处级以上领导干部，州委办、州人大办、州政府办领导，州林业局、州经济委员会、州劳动和社会保障局领导班子成员及有关科室负责人列席会议。会议听取副州长高铁英关于全州上半年经济运行情况的通报；听取并审议全州木材加工业发展情况的调研报告；听取全州劳动就业情况视察报告；听取州经济委员会工作情况汇报并进行评议。

州政协十届十二次常委会议于11月26日在芒市召开。州政协主席龚敬政，副主席杨庆华、李有升、董成宝、卜金富、杨丽云，秘书长管国照及州政协十届委员会常务委员会组成人员共38人参加会议。副州长板岩过，不是州政协常委的州政协副处级以上领导干部，州委办、州人大办、州政府办领导列席会议。会议听取州政府2010年全州经济运行情况通报；听取并审议关于德宏边民互市贸易发展情况的视察报告；研究并讨论州政协2011年工作要点；通过有关人事事项：卜金富，因年龄到限，免去其政协德宏州第十届委员会副主席职务，报政协德宏州第十届委员会第四次会议备案。

州政协十届十三次常委会议于12月27日在芒市召开。州政协主席龚敬政，副主席杨庆华、李有升、董成宝、卜金富、杨丽云，秘书长管国照及州政协十届委员会常务委员会组成人员共38人参加会议。不是州政协常委的州政协副处级以上领导干部，州委办、州人大办、州政府办领导列席会议。会议审议通过《政协德宏州第十届委员会常务委员会工作报告（草案）》和《政协德宏州第十届委员会常务委员会关于提案工作情况的报告（草案）》；审议通过《关于召开政协德宏州第十届委员会第四次会议的决定（草案）》；审议通过《政协德宏州第十届委员会第四次会议议程（草案）》和《政协德宏州第十届委员会第四次会议日程（草案）》；审议通过《常务委员会工作报告》和《关于提案工作情况的报告》报告人建议名单（草案）；审议通过《政协德宏州第十届委员会第四次会议秘书长、副秘书长名单（草案）》；协商增补政协德宏州第十届委员会委员；审议通过补选政协德宏州第十届委员会副主席建议名单（草案）；德宏州第十届委员长会副主席建议名单（草案）；审议通过《关于授权主席会议审定政协德宏州第十届委员会常务委员会第十三次会议未竟事宜的决定（草案）》。

【召开主席会议】 2010年，德宏州政协召开了5次主席会议，专题听取部门工作情况汇报，并进行评议。6月11日，州政协召开十届二十七次主席会议，分别听取州招商局和州建设局的工作情况汇报，并进行民主评议。州政协主席龚敬政，副主席董成宝、杨丽云，秘书长管国照出席会议，州政协原秘书长谷忠人，州政协副秘书长、各专委会主任，州招商局、州建设局领导班子成员列席会议。参会人员40人。8月20日，州政协召开十届三十次主席会议，分别听取州地税局和州国税局工作情况汇报，并进行民主评议。州政协主席龚敬政，副主席杨庆华、李有升、董成宝、卜金富、杨丽云，秘书长管国照出席会议，州政协副处以上干部，州地税局和州国税局领导班子成员及有关科室负责人列席会议。参会人员42人。10月21日，州政协召开十届三十一次主席会议，听取州卫生局工作情况汇报，并进行民主评议。州政协主席龚敬政，副主席李有升、杨丽云，秘书长管国照出席会议，州政协副秘书长、各专委会主任，州卫生局领导班子成员及有关科室负责人列席会议。10月22日，州政协召开十届三十二次主席会议，听取州科技局工作情况汇报，并进行民主评议。州政协主席龚敬政，副主席李有升、卜金富，秘书长管国照出席会议，州政协副秘书长、各专委会主任，州科技局领导班子成员及有关科室负责人列席会议。11月8日，州政协召开十届34次主席会议，分别听取州工商局和州人事局工作情况，并进行民主评议。州政协主席龚敬政，副主席杨庆华、卜金富、董成宝、杨丽云，秘书长管国照出席会议。州政协副秘书长、各专委会主任，州政协提案委、经济委全体干部职工及有关工作人员，州工商局、州人事局领导班子成员及有关科室负责人列席会议。

【开展专题调研视察活动】 2010年，德宏州政协组织开展了多次专题调研视察活动。3月9至10日，州政协主席龚敬政带领调研组，到梁河县调研冬农开发和抗旱救灾工作。3月15至31日，由州政协提案社法委牵头，州委办、州政府办相关人员组成调研组，先后对教育局、糖办等16个州直承办单位和全州5个县市政协就本届以来政协提案办理工作情况进行专题调研。3月18至30日，以州政协主席龚敬政为组长的林业调研组，赴全州各县市，对全州林业产业发展情况进行调研。4月3日，州政协主席龚敬政率州政协经济委一行4人，到州农业局茶技站大湾广相基地调研番麻种植情况。4月19至30日，州政协副主席董成宝率由州政协教科文卫体委员会、州卫生局负责人组成的调研组到各县（市），对全州医疗卫生系统的人才队伍建设、整体专业水平、机构改革、工资待遇等情况进行调研。5月10至18日，李有升副主席率州政协民宗侨委员会委员和侨联侨办、外办、发改委、教育局、招商局等部门领导一行20人到各县（市），对全州侨务工作情况进行调研。6月20至23日，由州委副书记唐文祥、州人大常委会副主任王兴才、州政协副主席杨丽云，州委组织部、州农业局、州林业局、州水利局、州旅游局、州交通局等部门相关领导组成的调研组一行16人到盈江县，对全县的农业农村、基层党建、禁毒防艾等工作情况进行调研。6月23日，州政协主席龚敬政率调研组到潞西市建设局调研，并就城市总体规划工作中要着重解决的问题、城市建设发展目标定位、城市职能、城市结构与总体布局、城市交通和重点工程项目建设等情况进行研讨。7月6至7日，州政协主席龚敬政率调研组一行4人分别到州地税局和州国税局，就全州税费收入和税源培植情况进行调研。7月9日，州政协主席龚敬政率部分政协委员到州蔗糖办，围绕如何采取有效措施巩固提升全州蔗糖产业、蔗糖产业发展中存在的主要问题和困难、糖业部门对加快发展糖业的意见建议等主题进行调研。7月14日，州政协主席龚敬率调研组到州财政局，对全州经济发展、财政收支、财源建设等情况进行调研。8月11日，州政协主席龚敬政率调研组到州劳动和社会保障局，对全州的劳动和社会保障工作情况进行调研。9月12至15日，州政协主席龚敬政率调研组到瑞丽、盈江、潞西等三县（市），就全州非公经济发展情况进行调研。10月12至16日，州政协副主席董成宝率调研组到陇川县，对全县“两基”迎国检工作情况进行调研。

5月4至7日，由州政协副主席杨庆华为组长的州政协委员视察组一行，到潞西、陇川、瑞丽等县（市）水利水电工程移民搬迁安置点，对重点工程建设移民安置工作开展情况进行视察。8月16至19日，由州政协主席龚敬政，副主席杨庆华、董成宝、杨丽云率领的州政协视察组，分别到全州各县（市），对全州的劳动就业工作情况进行视察，了解企业经营范围、企业与员工劳动合同签订、员工参加社会保险、企业和员工享受有关劳动就业优惠政策等情况；与各县市政府及有关部门负责人座谈，听取各县市劳动就业优惠政策的贯彻落实、农村劳动力转移输出、开展就业援助服务、促进就业采取的措施、存在问题、下一步工作思路以及扩大就业的意见建议。9月6日，州政协主席龚敬政，副主席杨庆华、卜金富，秘书长管国照率部分州政协委员，到州和潞西市政府政务服务中心视察中心，对中心的建设及开展工作情况进行视察。9月6至13日，州政协副主席、州委统战部长李有升率宗教界委员及州政协民宗侨委、州委统战部、州民宗局、州安全局、州公安局、州外办等部门有关负责人组成的视察组，到全州边境一线的宗教活动场所，对宗教界人士的生产生活情况和宗教生活情况及宗教活动场所的管理情况进行视察。9月21日，州政协龚敬政主席，副主席董成宝，秘书长管国照及州政协教科文卫体委员会和州教育局负责人一行，先后到州教育局、州民族第一中学，对“两基”迎国检工作进行视察。10月20日，州政协主席龚敬政，副主席董成宝，秘书长管国照及州政协教科文卫体委员会负责人、潞西市政协主席一行，到潞西市芒海镇，对“两基”迎国检工作情况进行视察。

【提案工作】 2010年，德宏州政协十届三次会议期间和会议之后，共收到提案135件，经审查立案132件，其中政协参加单位集体提案9件，委员提案123件。在已立案的提案中，分别送交州委、州政府的40多个部门承办。截止2010年8月底，132件提案全部办结，办复率为100%。提案所提问题已解决或基本解决的51件，占38.6%；正在解决或列入计划解决的63件，占47.8%；因条件限制或其他原因一时不能办理落实的18件，占13.6%。委员们对十届三次会议提案的办理工作表示满意或基本满意。州政协十届三次会议的提案具有以下特点：一是为产业富州和开放强州建言；二是为加快城市化进程和促进可持续发展献计；三是为推进科教兴州和促进文化事业发展献策；四是为群众排忧解难和维护社会稳定尽力。州政协常委会为推进提案工作整体发展，开展了以下工作：一是依靠各方支持，努力营造提案工作新氛围；二是狠抓提案质量，着力夯实提案工作基础；三是加强协商沟通，切实增强提案办理实效；四是拓展工作平台，提升提案工作水平。

（《州政协》撰稿　张红俊）

（见“州情概览·政协”60 页）

中共德宏州纪律检查委员会
德宏州傣族景颇族自治州监察局

【纪委全会】　2010 年 2 月 24 至 25 日，中共德宏州纪委五届五次全体会议在芒市召开。会议由德宏州纪委常委会主持。州委常委、州纪委书记赵镇康代表州纪委常委会向全会作了题为《扎实抓好党风廉政建设和反腐败工作，为建设德宏富裕开放和谐安宁新边疆提供坚强保证》的工作报告，总结了上年度党风廉政建设和反腐败工作，部署了年内工作任务。会议讨论通过了州纪委五届五次全会工作报告、公报。本次会议应出席的州纪委委员 30 人，因事、因病请假 3 人，实到会委员 27 人。不是州纪委委员的县市纪委书记，畹町纪工委书记，姐告纪检办主任，各县市（区）监察局局长，州纪委监察局各派出纪工委监察分局书记、副书记（监察分局长），州直和中央、省属驻德宏各单位党委（党组）、纪委负责人，德宏军分区、武警边防、内卫、消防支队纪委书记，州纪委监察局特邀监察员、行风评议员，州纪委调研员、各室负责人共 200 人列席了会议。会议期间，与会人员参加了全州党风廉政建设大会。

【政令保畅】　2010 年，德宏州纪检监察机关紧紧围绕中央、省、州重大决策部署的贯彻落实，切实加强监督检查工作，确保了政令畅通。一是开展扩大内需项目的监督检查。严格按照中央扩大内需项目三个“百分之百”要求，加大对中央扩大内需 1–4 批全州 402 个项目、15.45 亿元资金的监督检查，共组织开展监督检查 46 次，提出监察建议 8 条，扎实推进扩大内需项目的落实。二是加强对抗旱救灾的监督检查。为扎实抓好抗旱救灾工作，确保省州党委政府抗大旱、保民生、促发展的各项决策部署落到实处，州纪委监察局组成 5 个检查组，对 5090 万元救灾资金使用、监管和抗旱救灾物资的发放、管理等抗旱救灾工作落实情况进行了专项检查，提出监察建议 9 条。通过检查，全州各级各部门高度重视抗旱救灾工作，制定预案、健全机制，救灾款物和各项措施得到有效落实。三是扎实开展土地市场专项治理工作。按照州委、州政府关于在全州开展土地市场专项整治工作的要求，督促国土等部门依照职责和法规对全州土地市场进行全面清理和处理，共清理处置闲置用地 1010 宗，总面积为 288.14 公顷，收缴闲置费 134.42 万元、出让金 4785.56 万元。清查处理非法买卖土地 1071 宗，面积 810.38 亩，收缴罚款 179.73 万元、出让金 661.86 万元。会同州国土资源局对国家土地督察整改意见书中涉及瑞丽市的 10 宗闲置土地进行了督办，提出监察建议 3 条。四是抓好州委州政府重点工作、重大项目和重点产业工作情况的监督检查。对州政府 20 项重点工作、20 项重点工程和各县市落实州委州政府下达的 45.5 万元亩特色产业种植任务进行督查，确保州委、州政府决策部署落实到位。与州委督查室积极开展会风督查 9 次，对 5 名领导干部进行了批评教育、对 2 名领导干部进行了问责。加强村两委换届选举工作的纪律监督，336 个村委会顺利完成了换届选举工作。五是认真贯彻落实干部选拔任用监督制度。认真组织学习中纪委、中组部下发的《党政领导干部选拔任用工作责任追究办法（试行）》等四项制度，全州纪检监察机关把制度执行情况纳入检查考核和领导干部述职述廉内容，开展监督检查，对执行制度不力的坚决追究责任，对破坏制度的行为，发现一起、查处一起，以铁的纪律筑起防范用人上不正之风的“防火墙”和“高压线”。

【作风建设】　2010 年，德宏州纪检监察机关认真贯彻落实中央“六个着力”、“四个大兴”和省委“三个一”要求，加大对领导机关和领导干部作风方面突出问题的整治力度。一是着力纠正损害群众利益的不正之风。查处坑农害农行为 98 起，取消了一批涉企行政事业收费项目，深入治理教育乱收费，规范药品和医疗器械采购渠道，查处食品药品案件 74 件；开展公路“三乱”执法检查，查处瑞丽市擅自在 320 国道畹瑞江桥处设立检查站、陇川县营运车行业在县内乱设卡的违规行为；查处和纠正了芒市3个派出所乱罚款、罚款不开收据等违规行为，查处和纠正社保、住房公积金、扶贫和救灾救济“四项资金”违纪违规问题6个；通过《德宏热线》受理和解决群众问题345个，办结率97%。二是扎实开展发展软环境建设。采取纪检监察机关全程督导工作、开展责任追究以及新闻媒体和社会各界全面监督三项措施，加大对全州各级机关作风、干部作风及干部行政行为的监督检查和整肃力度，查处损害经济社会发展软环境案件3件，对4名国家公职人员进行责任追究，各级各部门的服务意识、服务效率、服务水平明显提高，全州发展软环境得到明显改善。三是认真落实厉行节约各项规定。从严控制因公出国（境）人员和经费，取消了21人次的出访计划；认真纠正超标准超编制配备公务用车问题，购车和运行经费开支比上年减少12%；取消了一批一般性节会、论坛活动，政府一般性支出得到有效控制，支出比上年减少24%。四是强力推进政务公开和政务服务工作。按照州委、州政府的要求，狠抓了行政审批事项清理、一窗式集中受理、阳光下审批、联动式服务和公共资源集中交易平台的建设等工作，初步构建起了州、县、乡、村、组五级为民服务体系。在全省率先建立了州和芒市公共资源交易中心，将建设工程招投标、国有土地招拍挂、矿产资源、政府采购、医疗器械采购、水利工程、交通工程等政府公共资源统一集中在一个平台上进行交易。成功筹办全省深化政务公开推进政务服务工作现场会，全州政务公开和政务服务工作跃上一个新的台阶。

【促廉从政】 2010年，德宏州纪检监察机关以学习贯彻《廉政准则》为重点，加强党性党风党纪以及先进典型教育和警示教育，加大问责工作力度，党员干部廉洁从政意识进一步增强。一是认真贯彻落实《廉政准则》。开展《廉政准则》“六个一”宣传教育活动，对全州34名厅级干部、520名处级干部、3500名科级干部进行了廉政谈话；开展领导干部任前谈话257人、诫勉谈话29人；对135名拟提拔对象、722名州管干部进行了廉洁自律情况核查；全州37名厅级领导干部和713名处级领导干部报告了资金、资产、学习培训、子女经商办企业等情况和婚丧嫁娶等事宜。二是狠抓反腐倡廉宣传教育工作。建成“德宏州纪检监察网”，设置了网上举报、书记局长信箱、边陲廉谈等特色栏目，搭起了反腐倡廉宣传教育新平台；开展有针对性的反腐倡廉教育，1200名科级以上干部参加了省纪委领导的作风建设专题讲座，对90名新提拔处级干部进行了廉政培训，开通德宏州纪委“廉政短信教育直通车”，向全州各级领导干部发送廉政短信2600人次，开展国家公职人员岗位廉政教育工作，组织党员干部廉政教育培训164期、19462人次。廉政文化示范点建设深入推进。加大纪检监察对外宣传力度，《心系抗旱》等9篇稿件在《中国纪检监察报》登载，《润物细无声》等14篇稿件在《云南纪检监察》登载，办好《清风》杂志，调研法规工作有新成绩。三是加大问责工作力度。制定出台《德宏州问责暂行办法》，共问责国家公职人员41人，其中副处级1人、科级16人、一般人员24人。抓好工程建设领域突出问题专项治理，查处了瑞丽市勐卯镇村社道路建设和路灯改造工程受贿案，纠正了瑞丽市姐告边境贸易区土地拍卖中竞买人的违规操控行为，挽回经济损失1000余万元。参与重大责任事故调查处理，问责各类安全事故相关责任人11人，抓好全州学校安全保卫和教育“两基”工作的监督检查，开展社会团体和国有及国有控股企业“小金库”专项治理工作，查处了德宏州电影发行放映公司“小金库”问题。组织开展非公有制经济挂牌保护工作。抓好效能政府“四项制度”和阳光政府“四项制度”的监督检查，受理各类投诉114件，办结率99%。加大执法监察工作力度，共开展执法监察65项，办理省级督办件2件，下达督办件9件，办理信访件8件。

【惩治腐败】 2010年，德宏州纪检监察机关坚持把查办案件作为严肃纪律、端正风气、维护改革发展稳定大局的重要举措，狠抓惩治腐败工作，案件查办的力度、质量和综合效果进一步提升。全年共收到群众来信、来访、电话举报601件次，其中来信392件，来访153件，电话举报44件，其他方式12件。初步核实违纪线索149件，立案79件，结案69件，处分75人，其中县处级6人、乡科级18人、一般干部11人、其他40人，移送司法机关处理12人，挽回经济损失188万元。对5人使用了“两规”措施。查处了德宏州中级人民法院执行局原局长贾云宏受贿案等案件。为46名受到失实举报的党员干部澄清了事实。继续深入开展商业贿赂专项治理，查处商业贿赂案件28件34人，挽回经济损失557万元。扎实抓好清理吸毒国家公职人员工作。高度重视安全文明办案工作，投入120万元完成了全州统一规范的办案场所建设，出台了7个案件查办工作制度，推行“一案双报告”等做法，建立《德宏州预防腐败工作办法（试行）》等长效机制，进一步提高了个案研究的水平和以案促改的效果。

【源头预防】 2010年，德宏州纪检监察机关坚持惩防并举、注重预防的方针，进一步推进各项改革和制度创新，采取有效措施健全制度，监督制度落实，进一步拓展监督的深度和广度，狠抓了从源头上预防腐败工作。一是切实加强重点领域反腐倡廉制度建设。立足让制度“有效、管用、记得住、能落实”，对原有制度进行了认真清理，新建和修订完善了廉政教育、作风建设、查办案件、信访举报、问责、执法监察、督查、自身建设等29个制度，并编印成册。在全州重点推行的县市党政主要领导重大决策责任档案、单位作风建设档案、单位制度备案待查制三项制度取得初步成效，共建立县（市）党政主要领导重大事项决策责任档案294份，单位作风建设档案546份，州和县市纪委对380个单位实施了制度备案待查制。进一步从源头上加强了对“一把手”权力运行的监督，完善了党风廉政建设责任制，初步探索出一条制度和监督并重、自律和他律结合、纠错和惩处并举的监督制约机制。二是进一步加强党风廉政建设工作机制。以“查缺补漏”的方式动态管理责任制内容，切实发挥党风廉政建设责任制的“龙头”作用。顺利完成5个县市、106个州直和中央、省驻德宏单位本年度党风廉政建设责任制考核工作，评定出优秀单位30个、合格单位80个、基本合格单位1个。认真贯彻落实中央《建立健全惩治和预防腐败体系2008—2012年工作规划》，建立盈江县、瑞丽市户育乡、芒市镇松树寨村委会3个惩防体系建设联系点，示范效应明显。三是规范完善农村党风廉政建设工作机制。采取在全州行政村（社区）设立农村党风廉政建设工作站、县（市）纪委派出纪工委分片联系乡镇纪委、在村组一级聘请党风廉政建设监督员等措施，形成了县、乡、村层层负责、级级参与、上下贯通的农村党风廉政建设合力，对农村基层的重大项目、重点工程、救灾救济款物的发放和各项强农惠农政策、资金的落实以及“三务”公开、“三资”管理等工作实施有效监督，促进了各级强农惠农政策的落实。全州已建立农村党风廉政建设工作站625个，聘请党风廉政建设义务监督员2500名。村级会计委托代理服务工作扎实推进，全州51个乡镇全部成立了代理服务中心，73%的乡镇、99.2%的村委会和92%的村民小组完成了财务清理。

【自身建设】 2010年，德宏州纪检监察机关以“建一流队伍、创一流业绩、树一流形象”为目标，以学习宣传纪检监察优秀干部王瑛、刀会祥的先进事迹为动力，积极开展“感恩思进”主题教育和创先争优活动，纪检监察干部的干事激情和工作动力进一步增强。一是继续认真贯彻落实中央纪委9号、10号和中央纪委《关于进一步加强和改进纪检监察干部队伍建设的若干意见》。全州各县市按要求落实了人员编制，配备了监察局非党副局长，完善了干部管理制度，工作经费得到进一步保障。二是基层纪检工作力量得到进一步增强。全州51个乡镇全部配备专职纪委书记和1名专职纪检监察干部。三是机关信息化建设步伐加快。投入300万元完成了州纪委机关涉密内网、分级保护系统、办公自动化系统和视频会议室等建设，开通了网上信访，实现机关各室与省纪委的内网链接；全面开通州和各县市电子监察系统，实现了适时网络监察和视频监察。四是加大干部教育培训力度。全年组织纪检监察干部培训25期，培训787人次，外派干部培训23人次。率先在全州实行公务员公开选调工作，充实了4名机关工作人员。五是进一步明确派出机构工作职责和规程，强化了办公经费、车辆等保障，充分调动了工作积极性，派出机构的职能得到进一步发挥，改革成果得到巩固。广大纪检监察干部在工作实践中得到锤炼，履职能力和工作水平进一步提高，全州纪检监察机关呈现出团结干事、开拓创新的良好工作氛围。

（《纪检监察》撰稿　何家松　尹丽莉　杨新旺　董书寿）

（见“州情概览·纪检监察”61页）

人民团体

工　会

【医疗互助】　2010年6月30日，德宏州医疗互助第六期结束，全州共组织动员934个单位6.33万人参加第七期医疗互助活动，同比增加3031人，收取互助金502万元，比去年增加199万元。第六期活动共补助5275人次，发放补助金333万元。这一活动的开展，有效缓解了生病住院职工的经济困难，充分体现了工人阶级团结友爱、互助互济的优良品质，塑造了工会组织和工会干部亲近职工、热爱职工、服务职工的良好形象，得到各级党委政府和广大职工群众的一致好评。

【组织建设】　2010年，德宏州总工会加强组织建设会员发展情况。截止9月30日，全州地方基层工会975个，涵盖法人单位1276个，有会员70960人，组建工会联合会44个，工会干部职业化人员11人，同比上年，新增基层工会涵盖单位127家，新增会员6139人，完成会员发展任务数3584人的171%。组建小型非公企业工会联合会44个，全州51个乡镇（街道）全部建立工会，实现了由乡党政副职兼任工会主席，落实了由一名乡镇干部兼任工会工作人员，并初步建立了相应的工作制度。

【困难帮扶】　2010年，德宏州总工会积极开展困难职工帮扶工作。一、送温暖工作。全州共发放送温暖资金153.67万元，同比增长4.9%，春节期间，深入企业238家，慰问职工4696人。其中困难职工2634人、农民工1170人、劳模96人，一线职工796人。同时，州总工会还为82名农民工购买了返乡车票。二、帮扶救助工作。帮扶困难职工691人，发放帮扶资金107.18万元。其中“金秋助学”资助学生362人，发放助学金52.33万元。三、贷免扶补工作。开展了以创业带动就业为核心，以下岗职工、农民工为主要对象的“贷免扶补”工作，共选树了50名创业示范户，发放贷款250万元，带动就业121名。四、农民工培训工作。年内全州共举办农民工培训9期，培训农民工360人。其中培训拖拉机驾驶员65人，农艺工20人，餐饮服务员50人，客房服务员195人，珠宝营销员20人，投入培训费15.74万元。

【抗旱救灾】　2010年，德宏州遭受了50年不遇的干旱。在组织开展职工抗旱献爱心活动中，全州各级工会和职工共捐款72.22万元，加上省总下拨专款25万元，共投入抗旱救灾资金97万多元，帮助全州30多个乡镇、62个村社和7个山区小学解决了生产生活用水困难。

【经费收缴】　2010年，德宏州总工会高度重视工会经费地税代收工作，将其列为“一把手”工程来抓，充分发挥工会主席高配的政治优势，积极协调政府、财政、地税和相关部门，为代收工作的推进创造了良好的条件。全州各级工会充分运用广播、电视、报纸等宣传媒体，广泛宣传省地税局、省总工会292号及州政府77号文件精神。为着力破解党政机关事业单位工会经费核拨问题，州财政局和州总工会联合下发了《关于足额拨付党政机关事业单位工会经费有关问题的通知》。随后，又下发了紧急通知。要求各县市（区）财政局务必于11月30日以前将应由本级财政安排的工会经费及时足额拨付到位，届时仍未落实的，州财政将根据州总工会统计情况，在年终决算中办理扣款，由州财政直接安排到各县市（区）总工会。11月2日，德宏州人民政府召开全州地税代收工会经费工作推进会，总结去年以来全州地税代收工会经费工作经验，研究了进一步做好地税代收工作的措施和方法。截止年底，全州地税部门共代收经费2508万元，其中工会经费2496万元，建会筹备金12万元。同比上年增加768万元，增长44%。

【民主管理】　2010年，德宏州积极开创新时期厂务公开民主管理工作。截止9月30日，全州13个国有企业推行了厂务公开民主管理制度，开展了职代会民主评议企业领导活动；已建工会的非公企业法人单位100%建立了职工大会制度，其中有81家实行了职代会制度；在已建会的企事业单位中，有257个单位推行了厂务公开民主管理制度。

【劳模管理】 2010年，德宏州总工会加强劳模管理工作。为体现党中央和国务院对全国劳模的关心和爱护，春节、国庆前夕，慰问全国劳模20人，送慰问金12.28万元；慰问省部级困难劳模28人，发慰问金7.62万元；组织40名省部级劳模进行健康体检，每人标准300元，体检费合计1.2万元。组织省（部）级以上劳模参加疗休养活动2批7人。

【信访工作】 2010年，德宏州总工会多次协助州委、州政府调解疏导职工群体性上访事件，做好职工队伍的稳定工作。全年共受理信访案件21件，办理信访案件18件，接待来访职工人85次。

【经费审查】 2010年，德宏州总工会为更好地落实《云南省经审工作规范化建设标准》，将组织建设、工作创新等方面工作融于目标责任中。一是制定了《德宏州2010年经审工作目标责任书》及《目标责任细化后分季度考核标准》。二是对全州736名财务、经审干部进行新《会计制度》培训，积极探索工会经审与新《会计制度》的衔接，寻找地税代收工会经费审计的新技术、新方法。三是州、县市（区）总工会结合工作实际开展建章立制，先后制定了《对本级预决算审计制度和对基层的互审制度》、《审计人员纪律规定》等制度和办法，进一步强化了经审监督制约机制。四是加大审查（审计）监督力度，对全州年度本级工会经费预算和上年收支决算审计，审计率达100%；对全州537家基层工会经费收支情况、抗旱救灾资金、上年度困难职工帮扶专项资金、第六期职工医疗互助活动资金、县级总工会上年财务收支情况和盈江县总工会原主席任期经济责任进行了审计，保障了工会资金、资产的安全完整。

【女职工工作】 2010年，德宏州总工会女职工委员会借助三方机制平台，对全州和县市（区）开展女职工权益保护专项集体合同工作进行督导、检查，全力推进女职工权益保护专项集体合同工作。组织开展了“和谐家庭”评比表彰活动，选树了12户具有影响力和感染力的先进典型。“三·八”节期间，在芒市街心花园开展预防控制艾滋病大型宣传咨询活动。“六·一”节前夕，全国总工会女职工部权益处处长封蕾，省总工会党组书记、常务副主席王惠萍、女职工部部长朱丹，到德宏州开展“六·一”关爱艾滋孤儿慰问活动，为陇川、瑞丽两县市的158名艾滋孤儿送去价值1.8万元的学习生活用品和2.2万元慰问金。在“12·1”第23个“世界艾滋病日”，州总工会在街心花园摆摊设点开展防艾基础知识和政策宣传，同时，联合州通用水泥公司、德宏秦瑞电力投资开发有限公司、州交通运输集团、州达程交通工贸公司等基层工会到农民工较为集中的工地、厂矿发放挂历、扑克、画册等宣传资料，提高农民工防治艾滋病知识的技能。

（《工会》撰稿　明　艳）

共青团

【“云南省青联委员边境行”——走进德宏】 2010年2月6至7日，由共青团云南省委、省青联首次发起的“云南省青联委员边境行”活动，走进活动第一站——德宏州。15名工商界别的省青联委员，及部分省内外企业家在团省委副书记、省青联主席陆平的率领下，深入德宏走访了全州多个重点发展区，并用专业的眼光为中国面向西南开放的桥头堡黄金口岸建设、未来德宏经济社会发展建言献策，青联委员们还考察了德宏州兴边富民、边疆党建长廊、边疆团建长廊建设情况，与德宏州青联组织和委员联谊交流，并为贫困青少年送爱心。

【召开共青团德宏州委七届三次全体（扩大）会暨德宏州少先队工作会】 2010年3月30日，共青团德宏州委七届三次全体（扩大）会议暨2010年德宏州少先队工作会议在州府芒市召开，州委副书记唐文祥出席会议并讲话，州人民政府秘书长周湛鸿、州委副秘书长车发云应邀到会指导。刘桢梅作了题为《抢抓机遇，奋勇争先，努力开创德宏共青团科学发展新局面》的工作报告，肖丽华作了少先队工作报告。会议还卸职递补了团州委第七届委员、候补委员，对德宏州“数字云青电子团务集成工作平台”推广应用先进单位、上年度共青团“贷免扶补文明诚信示范户”、德宏州青年文明号集体进行了表彰，举行了志愿者协会授牌和抗旱救灾捐款仪式，交流了团队典型工作经验，与各县市团委签订工作目标责任书，并表决通过工作报告的决议。

【举行德宏州百名团干话发展座谈会】 2010年5月4日，共青团德宏州委举行德宏州百名团干话发展座谈会，隆重纪念“五四”运动91周年，建团88周年，德宏解放60周年及德宏共青团建立57周年。德宏州党政军领导孟必光、余麻约、柳五三、马福朝、赵镇康、管国芳、李有升等，以及部分新老团干部、历届州青联部分委员、各县市团干部代表参加座谈。会上，展示了州四套班子主要领导赵金、孟必光、余麻约、龚敬政寄语共青团的题词，孟必光州长代表老团干发言，从一位老团干部的角度畅谈了对共青团工作的感受，向全州各级团组织和广大团干部提出了要求和希望，并为团州委的“德宏青年”门户网站题字，随即点击开通了网站。会上还进行了少先队献辞，重温团史，重温入团誓词，观看视频短片，新老团干部代表发言，启动12355青少年服务平台，开通青少年维权热线，重唱团歌等活动。并举行接受抗旱救灾捐款仪式，云南省青基会、黄思烈等单位和个人为德宏州捐赠了一批款物。

【举行德宏州“感恩、责任、奉献”演讲比赛】 2010年5月20日，共青团德宏州委与德宏州“感恩思进”主题教育活动领导小组办公室在芒市会堂联办的德宏州“感恩、责任、奉献”演讲比赛决赛。州委常委李燕兰莅临比赛现场并致辞，州人大秘书长夏阳，州“感恩思进”主题教育活动领导小组办公室常务副主任方桄明、团州委书记刘桢梅等领导出席演讲赛。来自全州各县市的14名优秀选手在演讲台上共话感恩、共谋思进。经过激烈的决逐，瑞丽选手伏玉洁演讲的《爱在脚下》以9.75的高分一举夺冠；芒市选手张林、盈江选手李凌凌获比赛二等奖；梁河选手龙晓银、盈江选手韦梦羽、州直选手杨紫涵获比赛三等奖。比赛结束后，评委对比赛情况作了点评，出席演讲赛的领导为获奖选手颁奖，并与选手合影留念。

【召开大学生志愿服务西部计划德宏州地方项目志愿者协仪签订暨培训会】 2010年8月31日，共青团德宏州委在芒市召开2010年大学生志愿服务西部计划德宏州地方项目志愿者协仪签订暨培训会。州委常委李燕兰出席会议并讲话，团州委书记刘桢梅、州群团纪工委副书记马麻弄、州人事局副调研员杨国方、州教育局副调研员刘平、州财政局办公室主任许华开等主办单位应邀到会指导。共青团德宏州委、德宏州人事局、德宏州财政局、德宏州教育局等19家用人单位参加了会议。会上，参会领导向州直40名2010年期大学生志愿服务西部计划德宏州地方项目志愿者颁发了录取通知书，用人单位代表与志愿者分别签订了志愿服务协议书。今年与上年德宏地方志愿者代表分别作了志愿服务感言，团州委、州项目办对新录用的40名地方项目志愿者进行了志愿者规范、青年礼仪规范等方面的培训。

【签订“边疆团建长廊”信息化战略合作协议】 2010年9月13日，共青团德宏州委与中国电信德宏分公司在芒市签订“边疆团建长廊”信息化战略合作协议，同时启动德宏州12355青少年服务台。州委常委、德宏军分区政委马福朝莅临活动现场并作指示，州政协副主席杨庆华，州政府秘书长周湛鸿，团州委书记刘桢梅及中国电信德宏分公司领导出席仪式。仪式上，杨庆华启动了德宏州12355青少年服务台；刘桢梅与中国电信德宏分公司副总经理杨富华签订“边疆团建长廊”信息化战略合作协议；参加仪式的领导向全州50个乡镇配发德宏共青团“边疆团建长廊‘网络加手机’团建模式”设备，为德宏州首批12355青少年服务台心理、法律志愿者咨询师颁发了聘书。全州各县市和乡镇团委相关人员，中国电信工作人员，芒市地区大中专院校、小学、初中、高中生代表，12355服务台首批心理、法律志愿咨询师三百余人参加了仪式。

【举行德宏州党员团员志愿服务行动启动仪式】 2010年9月30日，共青团德宏州委与中共德宏州委组织部、中共芒市委组织部、共青团芒市委在芒市建国社区联合举行2010年德宏州“共建创先争优，共创和谐社区”党员团员志愿服务行动启动仪式。州委常委、州委组织部部长何汝利出席仪式，团州委书记刘桢梅、中共芒市委常委、市委组织部部长鲁志坚、州委组织部副处级组织员冯祖懿、州委组织部办公室主任陈立、共青团芒市委书记李春梅等参加仪式。州志愿者协会志愿者代表、芒市志愿者服务队代表、社区工作人员、社区居民近百余人参加了启动仪式。启动仪式上，何汝利对开展党群共建创先争优活动，深化党员团员社区志愿服务行动提出了要求，来自芒市志愿者服务队的社区志愿者宣读了倡议书并作发言。仪式后，何汝利一行深入芒市建国社区慰问社区孤老，为孤老送上了慰问金和慰问品。来自州志愿者协会及芒市志愿者服务队的志愿者开展了社区服务行动有关知识、政策法规宣传，发放了居民服务需求征集意见表，现场招募社区志愿者，并开展义务诊疗、理发、修理服务。当天，全州各社区同步启动“共建创先争优，共创和谐社区”党员团员志愿服务行动。

【举行第四期青年马克思主义者暨边境线村级干部培训班】 2010年10月17至19日，共青团德宏州委在州委党校举行德宏州2010年第四期青年马克思主义者暨边境线村级干部培训班。共青团云南省委书记饶南湖出席开训典礼并为学员授课，州委副书记唐文祥在开班典礼上做动员讲话，州委副秘书长车发云，州委组织部副部长岳麻空，团州委书记刘桢梅、州委党校副书记毛成才出席了开班仪式。各县（市、区）团委分管农村工作的书记、副书记或相关负责人，边境线村团总支负责人，梁河县省、州级党建、新农村建设、基层团建示范村点团总支负责人，各县市边境线小学辅导员代表、州直大中专院校学生代表近200人参加了培训。培训期间，州委统战部副部长何庆国讲授了青年统战知识，州委国家保密局副局长李应喜讲授了保密知识，州委组织部干部岳建华讲授了党建带团建知识，团州委青农科副科长金妍伶讲授了农村团务知识并介绍创业就业项目，并请教员用景颇语、载瓦语、傣语三种语言教大家唱国歌、团歌，教念入团誓词。期间还举行了以“边境线团干部工作经验交流”为主题的座谈交流会，并在州委党校体育场举行丰富多彩的趣味体育比赛。

（《共青团》撰稿　朗昌辉）

妇　联

【妇女代表大会】 2010年10月20至22日，德宏州妇女第八次代表大会召开。大会选举产生德宏州妇女第八届执行委员会委员27名，常委13名，李燕兰当选州妇联主席，刀红艳当选常务副主席，杨翠芳、杨玲艳当选副主席。州党政领导赵金、孟必光、唐文祥、马福朝、李燕兰、何汝利、余麻约、龚敬政、杨红、苏洪涛、铁楠、孟必芬、方绍南、杨月帕、方文琴、刘季纯以及云南省妇联副主席和红梅出席大会。大会表彰妇女工作先进协调单位20个、“巾帼建功”先进个人50名、“双学双比”先进个人100名、表彰家庭教育先进集体20个、家庭教育先进个人30名、“双合格”父母50名、妇女工作先进集体50个、妇女工作先进个人50名、五好文明家庭50户、平安家庭50户。

【自身建设】 2010年，德宏州妇女联合会紧紧抓住党群共建创先争优活动的有利契机，把基层组织建设与党组织建设同谋划、同部署，制定了《德宏州党建带妇建创先争优活动实施方案》，以构建资源共享、优势互补、相互促进、协调发展的党建带妇建工作新格局为目标，以“巾帼建新功、岗位争一流”为主要内容，以争当“五个标兵”、争创“三百工程”为载体，深入扎实地开展党建带妇建创先争优活动，有效激发了全州基层妇女组织和广大妇女的内在动力，在全州妇女中形成了“学先进、比先进、超先进”的浓厚氛围。按照资源共享、一室多用、分区布局、分时使用的原则，年内实现370个村（社区）全部建家，解决了“有阵地做事”的问题。确立了于明年在全州规模以上43户非公企业中建立完善妇女组织的目标，增强妇联组织的战斗力和凝聚力，切实提升妇联组织的活力，形成了党妇共建、整体推进的生动局面。在干部队伍建设方面，实现了州妇联主席高配的目标，配齐配强了州妇联班子，并成立了德宏州妇联党组。州妇联机关增加了2个事业干部编制，7位县市妇联干部得到交流提拔。在女性素质提升方面，举办了德宏女性大讲堂活动，每季度邀请省内外知名专家为广大女性开展讲座，举办《将成功传给下一代》、《职业女性心理压力与调适》、《现代婚姻的挑战与应对》、《学习文明礼仪，打造阳光形象》4个专题讲座，1万多名妇女干部受益；举办妇联干部培训班10期，457人次，举办女干部培训班14期，2571人次，选送优秀妇女工作者、女村官参加全国妇联、省妇联举办的各类培训，进一步提升妇女干部的素质，提高妇女干部分析问题、推动解决问题的能力。

【关爱行动】 2010年，德宏州各级妇联按照中央、省委、州委保民生、保增长、保稳定的要求，针对德宏受毒品、艾滋病影响的弱势儿童的现状，德宏州妇联积极创造条件，改善儿童生存环境。共争取实施受毒品、艾滋病影响的各种关怀救助项目11个，项目资金302.74万元，受益妇女儿童6516人，营造了平等发展的机会，维护了儿童的生存权和发展权；围绕儿童所思、所想、所盼，组织州直女领导干部、女知识分子、女经理看望慰问受毒品艾滋病影响的特困儿童、孤残儿童392人，为儿童发放学习和生活用品，与儿童联欢、游戏，让儿童充分感受到党和政府以及社会各界的关爱。积极实施“春蕾计划”救助女童活动，438名大、中、小女学生获得社会各界人士的救助，救助金30.46万元。确实做到为党和政府分忧、为群众解难，受到广大群众的信赖和热爱。

【妇女创业就业】 2010年，德宏州各级妇联积极争取并实施了新一轮妇女发展项目，推动了妇女创业就业。同年，全州实施妇女发展循环金56.7万元，受益185户；实施“贷免扶补”项目，为188名妇女发放小额贷款923万元，并做好去年54名贷款人员的跟踪管理，确保还款率100%；创建3个省级创新业示范基地，带动就业80余人；为芒市、梁河县争取实施少数民族妇女乡村道路社区型养护项目资金120万元，为163名少数民族贫困妇女创造就业机会。为使农村妇女在生产生活中学有榜样、赶有目标，各级妇联组织注重发现典型，树立榜样，用身边的人和事教育引导广大农村妇女勤劳致富，共培树增收致富带头人273人，曹春叶、张润湘、方学书等一大批农村女能人脱颖而出，辐射带动周边村社更多的妇女走上致富路，并组织其中6名优秀典型深入各县市（区）巡回演讲，带动更多的妇女自主创业。

【未成年人思想道德建设】 2010年，德宏州各级妇联围绕小公民道德实践活动和州委“自力更生、勤劳致富、感恩思进”主题教育活动要求，联合州文明办开展了首届德宏美德少年评选活动，对10名品学兼优的美德少年进行了表彰，在全州少年儿童中形成了学先进、树榜样、讲文明、守纪律的良好氛围；在全州少年儿童中开展写一封感恩信活动，举办了芒市地区童心感恩文艺晚会，进一步弘扬爱党、爱国、爱家乡和相融和谐、知恩图报的良好社会风尚；联合关工委等成员单位开展德宏州“中华魂”主题教育活动，通过学习《中国精神颂》、举办征文比赛、演讲比赛，推进了未成年人思想道德建设深入开展。通过报告会、专题讲座等方式举办家长培训班，培训家长26.6万人次，进一步提高家长素质，从源头上防止未成年人不良行为的发生。针对儿童成长和家庭教育中的重点难点问题，完成了《边疆少数民族地区家庭教育观念的现状与对策研究》、《芒市地区流动人口与新市民的家庭教育指导研究》等三项“十一五”全国、省的重点课题；组织完成未成年人家庭教育抽样调查，及时掌握家庭教育状况及需求，实现家庭、学校互动，共同引导孩子全面发展。创建州级家庭教育指导中心6个。推动家庭和谐、促进社会和谐。

【禁防工作】 2010年，德宏州各级妇联按照州委、州政府禁防人民战争的决策部署，加强领导，明确职责，层层签订综治维稳、禁毒防艾工作《目标责任书》。一、以妇女之家（学校）为依托，组织妇女禁防文艺宣传队、互村互助队、帮教队、巡逻队等开展禁防宣传、帮教、管控等工作。建立妇女禁防组织1080个，创建“巾帼建功禁毒防艾示范点”27个，为1400多户受毒品艾滋病影响的家庭和人员送关爱和援助、送教育和健康，成为了一支强大的禁防工作主力军。二、做好禁毒防艾挂钩点的各项工作。进一步完善挂钩点村规民约，订立以村民小组、妇女、党员参加的对重点人群的“三帮一”制度，组织开展寓教于乐的宣传教育和文体活动。州妇联为挂钩点争取抗旱和新农村建设资金57万元；三、开展亲情帮教。坚持通过书信、走访、座谈等方式，对在监狱服刑的德宏籍女犯和戒毒女学员开展帮教活动。组织帮教团到省女子一监对253名德宏籍女犯进行帮教，鼓励她们认真改造、树立信心，早日回归家庭和社会。四、积极宣传在禁毒防艾和新农村建设中涌现出来的金木布、金木玲、尹祖鸾、卡南女子护村队等为代表的一大批妇女先进典型，大力推广“金木玲”模式，促进了全州禁毒防艾人民战争的深入开展。

（《妇联》撰稿　罗组春）

社科联

【组织策划实施大型学术活动】 2010年5月，德宏州委宣传部、州社科联共同组织策划“2010云南社科专家德宏行暨百名学者话德宏”大型调研活动。此次活动规模之大、层次之高，在德宏历史上尚属首次，意义非凡。活动组织了北京、省、州41名社会科学、自然科学方面和实际工作部门的专家、学者，分为经济、社会事业和对外开放（桥头堡建设）三个组开展调研，依次深入5个县市进行了为期8天的实地调研，针对桥头堡黄金口岸建设及德宏经济社会发展中的实际困难和问题，进行宽领域、多角度、全方位、深层次的调研、剖析研究。共举办了5场“专家学术报告会”、5场“调研咨询座谈会”、1场“德宏经济社会发展高端论坛”，对德宏经济社会建设中的现实问题进行把脉会诊，建言献策，探索解决问题的新举措和新方法。并将专家们在深入研究基础上形成的有理论深度、有学术新意、有应用价值、有指导意义的调研报告和研究论文汇编成《社科专家话德宏》文集，共收集55篇文章，约52万字。内容涉及德宏经济社会发展的方方面面，内容丰富，知识面广，对德宏经济社会发展有现实的指导意思和参考价值，可作为领导干部的一本工具书。“2010年云南社科专家德宏行暨百名学者话德宏”大型调研咨询活动，是德宏州认真贯彻落实胡锦涛总书记视察云南的重要讲话和省委八届八次全会精神，把云南建设成为“绿色经济强省、民族文化强省、中国面向西南开放的桥头堡”的一个重要举措，有力推进了德宏建设成为中国面向西南开放的重要桥头堡黄金口岸的进程。这次大型调研活动对于德宏来说不仅对经济社会发展是积极的推动，对德宏哲学社会科学事业的发展也是一次强大的促进。

【开展科普宣传活动】 2010年6月25日，德宏州社科联牵头，由州禁毒协会、青年志愿者协会、计生协会、金融学会、地税学会、税务学会等11家单位参加，在芒市街心花园开展了“6·26”国际禁毒日宣传活动，同时开展“云南省万名大学生志愿者暑期禁毒宣传‘六进’活动”德宏分会场的启动仪式。宣传活动由300余名志愿者及工作人员参加，在芒市街心花园周围摆放了禁毒宣传展板，向过往群众发放宣传单、宣传禁毒知识，共发放宣传画册、宣传单6000多份，让更多的群众了解毒品的危害。6月29日，州社科联党支部积极参加芒市地区州直机关组织的主题为“喜迎中国共产党成立89周年、德宏解放60周年”的健步走活动。州社科联党支部于2009年7月份成立，作为一个年轻的党支部，积极组织开展各种党员活动，充分发挥社团党组织在经济建设的战斗堡垒作用和党员的先锋模范作用。

【召开社科学术年会】 2010年11月5日，按照云南省第四届社科学术年会会务组的安排以及德宏创先争优办公室开展活动的要求，年内云南省社科学术年会在德宏设立分会场，由州委宣传部和州社科联在芒市共同承办主题为：“建设桥头堡黄金口岸”的学术研讨会。研讨会邀请了云南省社科联、社科院的领导、专家学者作学术交流，对德宏州经济社会发展中的现实问题、前瞻性问题、热点难点问题等进行深层次的把脉会诊，为德宏建设桥头堡黄金口岸建言献策。省社科联靳昆萍副主席、省社科院副院长边明社，州委常委、副州长、宣传部长田大余等领导亲临会场指导，并作重要讲话。在筹备研讨会期间，组委会组织开展了论文征集活动，得到了省州社会科学界、自然科学界专家学者、社会各界人士的极大关注，纷纷踊跃投稿，截止征稿时间共收到73篇学术论文。通过收集、整理，编辑出版《桥头堡建设·德宏先行》论文集。全书共38篇，约25万字，内容涉及对外开放、贸易、加工、交通、产业发展、教育、旅游文化等方面，为德宏各级领导干部建设桥头堡黄金口岸提供理论支持和智力支撑。

【德宏州延安精神研究会成立】 2010年11月29日，德宏州延安精神研究会正式成立并召开第一次会员大会，德宏州延安精神研究会正式挂牌成立，办公室设在州关工委，业务由州社科联主管。中共德宏州委书记赵金，德宏州人民政府州长孟必光，州委副书记唐文祥当选名誉会长；州人大常委会巡视员、州关工委主任赵家培当选会长。延安精神研究会的成立，将为社科学术研究，拓宽广阔的平台。

【县市社科联建设】 2010年，德宏州社科联积极争取上级的指导与支持，不断探索县级社科联建设的新路子。年内，州社科联深入全州各县市，围绕社科机构建设情况、专职人员配备、专家学者队伍建设、工作开展情况等方面的问题进行了调研。通过不断的努力，积极的争取，县市社科联组建工作取得了显著的成效。年底，梁河、陇川、瑞丽、盈江市（县）相继成立社科联组织，实现了德宏州县市社科联组织建设的满堂红，是全省唯一一个县市社科队伍建设全覆盖的民族自治州。德宏州社科资源的有效整合，为全州的社科研究提供了一个重要的平台。

【推进学术研究】 2010年，云南省社科院及上海国际问题研究所专家分别于7月、12月，就面向南亚互连互通、桥头堡建设等问题赴德宏各县市口岸开展工作调研。为配合做好调研工作，州社科联及时与相关县市协调联系，并专门安排人员、车辆全程陪同，围绕课题，深入县市口岸进行调研，举行座谈会，尽可能地为专家、学者开展学术研究提供便利条件和创造良好的工作环境。州社科联重视人才队伍建设，充分发挥州社科联的指导、协调、平台作用，引导各高校、党校、科研院所加强学科人才的培养，年内州社科联积极推荐上报2名符合省委联系专家人选，经过层层评审、审议，最终，德宏师范高等专科学校尹可丽教授被列为省委联系专家。

【期刊工作】 2010年，德宏州社科联继续办好期刊。《德宏社会科学》于2005年12月开始创办，开设特约、社科动态信息、经济动态、中缅问题研究、桥头堡建设、工作研究、文化与教育等栏目，为全州哲学社会科学工作者提供辛勤耕耘的园地。该刊每年出版发行4-6期，年发行量达6000余册，发行领域涵盖全州各县市（区）机关单位，全省各州市社科联及省外相关单位。创刊多年来，为德宏改革开放、全面建成小康社会重大理论和现实问题研究交流提供平台，为全州哲学社会科学事业发展和进步发挥了积极的作用，受到了社会各界的好评。支持和鼓励县市社科联及各学会、协会、研究会创办刊物，为专家、学者创造条件，构筑平台。年内，一些学会都创办了各自己的刊物，如芒市社科联的《芒市论坛》、德宏州金融学会的《德宏金融调研》、德宏教育协会的《德宏教育》、德宏州警察协会的《德宏公安》等。

（《社科联》撰稿 林念兰 思治明）

文 联

【举办“感恩思进”有奖征文活动】 2010年2月，德宏州文学艺术界联合会与州委宣传部、州“感恩思进”主题教育活动领导小组联合举办了德宏州“感恩的心”有奖征文活动。全州广大群众积极参与，踊跃投稿，广大作者深切地表达对祖国母亲的感恩之情，体现出关爱社会、懂得知恩、学会感恩、善于报恩、乐于施恩的情怀，作品生动地展示了全州各族人民爱党爱国爱家乡的精神面貌，极大地感召着广大干部群众勤劳致富、自力更生、感恩思进，增强了广大干部群众感恩思进的意识。活动经过发布公告、来稿收集、稿件初选、专家评选等环节，共评出一等奖1篇，二等奖3篇，三等奖6篇，优秀奖20篇。

【召开四届二次全委会】 2010年5月21日，德宏州文联召开四届二次全委会。会议的主要任务是，学习贯彻中国文联八届五次全委会、中国作协七届八次全委会精神，回顾总结一年来的工作，研究部署今后任务。州文联主席龚家强代表四届委员会作了工作报告，会议通过了州文联四届委员卸职和增补决定。工作报告认真总结了上年工作，主要工作，即加强文联机关队伍政治思想素质，增强工作实效性与指导性；积极做好联络、协调、服务工作，为促进出人才、出作品而努力；积极开展各种活动，营造良好氛围，促进全州文学艺术事业的发展；办好三刊，丰富各族群众文化生活。全会强调，根据中国文联五届八次全委会精神，年内文联工作的总体要求是：围绕大局，服务人民，要着力在用科学发展观统领文艺工作和文联工作上下功夫；在服务州委、州政府中心工作上下功夫；在丰富人民群众精神文化生活上下功夫；在培养德艺双馨文艺队伍上下功夫；为推动全州文艺大发展大繁荣，推动全州经济社会又快又好发展，推动民族文化强州建设作出新的更大的贡献。按照州文联章程规定，州文联四届二次全委会通过了关于增补刀保英（女，傣族）、刘和云、钱民富（傣族）3人为德宏州文联第四届委员会委员的决定，关于刘俊华、段体泽2人因工作岗位变化，其四届委员会委员职务自行卸免的决定。会上，州文联名誉主席李向前宣读了关于表彰奖励荣获“骏马奖”文学作品及优秀组织工作者的决定，并对3人骏马奖获得者玛波、孙宝廷、艾傈木诺和优秀组织工作者龚家强、倪国强2人进行了表彰和奖励。

【举办民族宣传周书法美术摄影展】 2010年6月，德宏州文联为进一步深入开展民族团结宣传，按照省委、省政府的部署，由中共德宏州委宣传部、德宏州民宗局主办，州文联承办的民族团结宣传周——书法、美术、摄影、出版物展在芒市五云寺举办。本次共展出各种民族文字出版物47种，3400册，各种图片、书法作品近百余件。入展的作品主题鲜明，风格多样，内涵丰富，具有强烈的时代感和浓厚的民族风情特色，对民族团结宣传具有很强的针对性。

【举行德宏本土歌曲大家唱】 2010年6月，由中共德宏州委宣传部主办，州文联与德宏州文明办等单位联合承办了“爱家乡·颂德宏”德宏本土歌曲大家唱决赛落下帷幕。德宏本土歌曲大家唱活动前后进行了3个月，全州分22个赛区开展了激烈角逐，经过初赛、复赛，从22个赛区遴选出18名代表参加决赛。此次活动意义在于进一步激发德宏州各族干部群众热爱家乡、建设德宏的热情；弘扬本土民族优秀音乐文化，推动全州文艺创作和繁荣，使全州干部群众人人会唱德宏本土歌曲、人人了解德宏州民族文化、人人有德宏自豪感，树立起人人都是主人公、人人都是德宏形象、人人都是德宏宣传员的自觉意识。最终歌曲《德宏青丝》夺冠，《德宏祝酒歌》、《德宏的秋天》分别荣获第二名、第三名。

【举办“宏兴”文学奖】 2010年10月，在盈江宏兴公司的资金支持下，举办了“宏兴”文学奖，表彰奖励2004年以来在州文联主办的《勇罕》、《文蚌》、《德宏文艺》三个文艺刊物上发表过优秀文学作品的各族作者和三刊的优秀编辑。《勇罕》获奖的有：一等奖：岳小保《姻缘》；二等奖：邵光南《金鸡阿銮》，屯亮《屯亮民歌唱词9首》，晚相牙、金莫栓《丙午寨“大摆”颂》；三等奖：金光亮《少生育，家庭美》，金星明《吸毒者，灾难临头》，朗妹喊《幸福有时很简单》，克有和《60年，祖国边疆如盛开的花朵》等。《文蚌》获奖的有：一等奖：沙明宝（MajiMaSan）gamung“Labaupratnagumhkonglamhtedaininaarong”；二等奖：沙红英（HpanJa，sumrai，“LohkumJaDim”）、左金惠（BokTong，kumyai，“Myitkyinaningtsing”）、赵敏（LahtoBrangJa，kumyai，“Mapratten”）；三等奖：木直南（MajiNan，gashagop，“HkrungngaaiLohkumJaDim”）、李明学（MaguiNoJa，gashagop，“Labaushingna”）、沙红梅（MajiHtuLung，kumyai，“Ngagamgaba”）、岳太龙（NhkumLaMai，gashagop，“Ngapunhtau”）等。《德宏文艺》获奖的有：一等奖：唐果《唐果的诗》；二等奖：曹家清《良家妇女》、胡蔷《六十岁说》、李秋雯《江水东流》；三等奖：杨启文《杨启文诗选》、李君川《扬弃的诗》、孙宝廷《恩泽大典》、闫自贤《弦歌的诗》等。《勇罕》主编冯霄、《文蚌》主编沙红英、《德宏文艺》主编倪国强荣获此次文学奖优秀编辑奖。

【《翡翠虫》荣获滇西文学奖】 2010年11月，在临沧召开的滇西文学创作年会暨云南少数民族文学翻译座谈会上，德宏州景颇族作家玛波用汉文创作的中篇小说《翡翠虫》荣获滇西文学奖。

【举办感恩思进书画摄影作品展】 2010年，德宏州文联为纪念中国共产党成立89周年、庆祝德宏解放60周年，进一步深化“感恩思进”主题教育活动，由州委、州政府主办，州委宣传部、州“感恩思进”主题教育活动领导小组办公室、州文联承办的“感恩思进暨德宏解放60周年”书画摄影作品展在中缅友谊馆展出。此次展览共展出作品157幅，其中书法作品57幅、美术作品54幅，摄影作品46幅。入展的作品都是各行各业精心创作的精美的书画摄影作品，充分展示了全州各族干部群众在践行感恩思进、淳化民风和爱党爱国爱家乡的良好风貌。

【推荐的乡村歌手获奖】 2010年，由中共云南省委宣传部、云南省文化厅、云南省文联、云南省广播电视局联合主办的“第一届全国乡村歌手大赛云南省优秀乡村歌手选拔赛”于同年11月在昆明举行。德宏州文联推选出5位优秀歌手代表德宏州参赛，诗密娃底组合荣获通俗组二等奖，板玉哏、谢波月纺二人荣获原生态组三等奖。

（《文联》撰稿　李翼伶）

侨　务

【推进“瑞丽国际华商产业园区”建设】 2010年，根据德宏实际，在云南省级侨务部门的大力支持下，推进“瑞丽国际华商产业园区”建设。截止8月，已完成项目的前期可行性分析及相关上报的准备工作。园区将积极争取国家的各种政策扶持，德宏将充分利用“两个园区”打造良好的投资环境，引进国内外知名大企业落户德宏。该项目实施将极大提升德宏对外开放的水平，并对德宏桥头堡黄金口岸建设起到积极的助推作用。

【签订“推进德宏桥头堡建设战略框架协议书”】 2010年，德宏州侨联认真贯彻国家关于云南省面向西南开放桥头堡战略，发挥侨力资源优势和作用，推进桥头堡黄金口岸建设，省侨办于10月11日组成调研组对德宏州桥头堡建设进行调研，并与德宏州人民政府签订了《云南省侨务办公室、德宏州人民政府促进德宏桥头堡黄金口岸建设战略合作框架协议书》，双方决定建立长期、全面、深度的战略合作，二者将在推动区域社会、经济发展中积极发挥各自具有的独特作用，发挥各自优势，共同推进德宏桥头堡黄金口岸建设，加快边疆民族地区经济社会跨越式发展。

【侨务招商引资】 2010年，德宏州侨联加强招商引资工作。一、首次组团参加东盟华商投资论坛，为德宏州招商引资工作搭建平台。由国务院侨办和云南省人民政府主办的第八届东盟华商投资西南项目推介暨亚太华商论坛（简称东盟华商会）于6月4至6日在昆明举行。来自23个国家和地区47个华商组织360余名华商以及230户中方企业出席了大会。州侨联积极与州招商局和各县市侨办多次商讨推介项目。经过多次反复斟酌，确定了全州53个项目向大会推介，24个项目列为重点洽谈范围，项目涉及经贸、医药、农副产品加工、投资、物流运输、仓储、种植、珠宝、水电、旅游、酒店、矿产、家具、园区建设和商业地产开发、文化产业等，并与30多位华商进行了交流。二、邀请海外及国内侨商侨属企业到德宏投资考察，拓展招商引资工作渠道。7月份邀请上海侨界企业家考察团6人到德宏州进行招商引资考察，分别到芒市、瑞丽市进行项目考察，通过考察与上海侨界建立了联系，为下一步招商引资工作奠定基础。同时为配合德宏州桥头堡黄金口岸建设，引进了侨商到芒市投资建设物流中心，该项目投资9250万元，主要用于物流代办、仓储、装卸包装，装运、配送、物流信息服务和停车、住宿，目前项目已完成前期报批工作，相关工作正稳步推进中。

【芒市华侨农场改革和发展工作通过省检】 2010年，德宏州侨联加强芒市华侨农场改革和发展工作通过省检。一、完成非归难侨危房改造任务。截至12月31日，确认符合非归难侨危房改造条件的危房户为1816户，现在建1606户，竣工210户，完成确认符合政策对象户的100%。投资完成情况:芒市华侨农场危房改造工程截止12月20日到位资金9703.8万元，其中个人补助资金8721万元，基础设施建设资金982.8万元；完成投资4208.9万元（其中：危房改造补助资金4051.5万元；基础设施建设资金157.4万元）。各级资金就位情况分别为：中央补助资金1184万元，省级补助资金4042万元，州级补助资金1840万元，市级补助资金1655万元。基础设施建设982.8万元。二、产业发展情况。一是制定了侨场产业发展“十二五”规划。二是按照全省华侨农场改革和发展要求，稳步推进管理体制深化改革，围绕产业发展加大项目资金扶持力度，强化科技培训，以提高归难侨生产能力和生产水平为出发点、重点搞好危房改造、基础设施建设和产业发展。三是坚持以市场为导向，因地制宜，充分发挥比较优势，在产业发展上，巩固提高粮、蔗、茶、胶、畜等传统产业，大力发展咖啡、石斛、核桃、奶水牛、种桑养蚕等新兴产业。四是适度发展热带、南亚热带水果，不断加强新品种、新技术的开发、引进、推广和应用。五是围绕清塘河水库建设等重大项目，进行基础设施建设。同时侨场维稳工作取得阶段性进展，侨场社会基本稳定。三、通过省检。年底，原芒市华侨农场改革和发展工作通过省检。

【纪念侨法颁布20周年纪念活动】 2010年，德宏州侨联积极开展纪念侨法颁布20周年纪念活动。一、为侨服务，开展送温暖医疗队暨侨法宣传活动。8月20至31日，德宏州侨联侨办与德宏州医疗集团共同开展为期8天的“侨爱工程—送温暖医疗队”暨侨法宣传活动，医疗队分赴侨场、农村为广大基层归侨侨眷送去党和政府的关心及关怀，8天来共接受义诊人数3667人、培训基层医务人员44人，为病人开据药方3264个，免费赠送价值4万余元的药品。在开展义诊活动的同时，向现场广大归侨侨眷及贫困群众发放了“一法两办法”宣传资料2500多份，发放医疗健康宣传资料500多份，接受广大归侨侨眷有关政策疑难解答和咨询100余人。二、维护侨益，开展形式多样的宣传活动。围绕《保护法》颁布20周年纪念活动，全州侨联开展各种活动，一是发动广大归侨侨眷、侨务干部及社会各界以自主学习、知识测验等形式踊跃参加各种法规学习，参与人数达12000人。二是举办各种座谈、讲座学习活动8次，参与人数达400人。三是开展“侨法进农村、进侨场、进社区”三进活动及“送温暖”活动宣传侨法，参与人数达5000人，发放各类宣传资料13000份。四是积极维护侨胞权益，妥善处理各类涉侨案件。

【侨界参政议政】 2010年，德宏州现有州、县（市）两级侨界人大代表42人（其中州人大代表8人，县市人大代表34人）；有州、县（市）两级政协委员82人（其中州政协委员23人，县市政协委员59人）。在德宏州第十三届人大常委会第二次会议上共收到侨界州人大代表提交6件议案，涉及维稳民生、经济建设、三农问题、法制建设等方面。在政协德宏州十届委员会二次会议上共收到侨界州政协委员提案18件，立案17件，占提案立案总数143件的11.8%。提案涉及德宏州经济社会发展的各个方面。同时州侨联通过认真调研，向政协德宏州十届委员会二次会议提交集体提案4个，提案工作受到州政协的充分肯定。

【海外侨胞公益事业】 截止2010年9月30日，海外侨胞对德宏州6所小学、3所乡村卫生院共11个项目捐赠285.5万元人民币。年内完成芒市那目、芒里侨心小学，盈江县东门、项撒、长地方侨心小学，陇川县王子树九年一贯制学校综合楼，梁河县荆竹林小学及瑞丽市等秀卫生院共7所学校1所卫生院的建设并投入使用，其他项目将在年内或明年初竣工投入使用。

【联谊工作】 2010年6月，德宏州侨联参加州政府海外交流协会赴缅甸考察团进行侨务工作及经贸考察，考察团分别赴仰光、曼德勒、东枝及眉苗等地考察访问，进一步加强与海外的经贸合作，为促进中缅两国人民友好、双边共同发展做出了积极的努力。

（《侨联》撰稿　尹朝红）

工商联

【贯彻中央“关于加强和改进新形势下工商联工作的意见”】 2010年9月16日，中共中央、国务院下发了《关于加强和改进新形势下工商联工作的意见》，同年11月召开了全国工商联工作会议。州工商联高度重视，迅速组织传达学习和贯彻，利用学习会、座谈会等各种形式，在广大工商联干部和非公经济人士中迅速掀起了学习贯彻的热潮，并积极开展调研，广泛征求意见，为德宏州出台《贯彻落实意见》打好基础。

【非公经济基本情况】 2010年，德宏州非公经济实现经济增加值64.3亿元，占全州GDP的45.7%，截止年底，全州共有个体工商户37581户，从业人员69718人，注册资金170932万元；私营企业3642户，从业人员7676人，注册资金1065777万元；农民专业合作社249户，从业人员6563人，出资总额15564万元。非公经济快速发展，为全州经济社会发展、财政税收和扩大就业等方面做出了重要贡献。

【思想政治工作】 2010年，德宏州工商联认真抓好机关创先争优活动，并精心做好全州65家非公企业党组织、7个异地商会的942名党员创先争优活动的指导工作，选派了50名党建工作指导员进驻非公经济组织指导党建工作，培育党员示范岗105个、示范行业50个。成立了1个党总支，2个党支部，8个商会组织，10个工会组织，8个团组织，1个妇委会，逐步实现党的基层组织和党的工作在非公经济组织中的全覆盖。配合州委组织部和州委统战部举办了80人参加的全州工商联党组书记和非公企业党支部书记培训班，研究探索新形势下非公经济人士思想政治工作的新变化、新特点。

【参政议政】 2010年，德宏州工商联上下联动，相互配合，深入民营企业，先后就农业产业、加快非公经济发展、创先争优、小额贷款担保、非公企业员工评职晋级等课题进行了大调研，撰写了《企业“引进来”与“走出去”的思考》、《关于全州木材加工产业的调研报告》等14篇调研报告。完成了《关于加快推进全州林权制度配套改革的建议案》和《关于加快德宏木材加工业发展的建议案》两个报告。工商联界的人大代表、政协委员针对德宏州经济社会发展的热点、难点等问题，在全国、省、州、县市“两会”上提出了《关于请求国家加大对边疆少数民族地区重大基础设施项目资金及相关配套资金扶持力度》、《关于强化行政执法案件监督，进一步优化投资发展环境建设》、《关于加强边境少数民族宗教信仰教育、引导和管理的建议》等82件意见、建议，为进一步营造非公经济发展的良好环境产生了积极的促进作用。

【会员队伍及服务】 2010年，德宏州和县市工商联加强会员发展工作，注重通过行业商会集中发展会员，更加注重发展规模大、有影响的企业会员，大大增强了相关产业会员企业的集中度和会员企业的代表性。全年共发展会员570人。其中：个人会员510人，同比增长54%；企业会员53人，同比增长22%；团体会员7

个，同比增长44%。年内，全州共有会员1764人，其中个人会员1443人，企业会员298人，团体会员23个。为帮助民营企业走出危机困境，各级工商联积极构筑服务平台，搭建服务载体，强化服务手段。一是组织开展培训。州和各县（市）工商联通过举办培训班和组织非公企业赴先进地区考察学习等方式，加大对非公企业的人才培训工作，全州有1000余名非公经济人士受到不同程度的培训。二是搭建企业服务平台。州工商联组织民营企业家参加省工商联和缅甸商会在仰光举办的滇缅经贸合作论坛和德宏州民营企业招聘会和高校毕业生就业服务人才招聘会，提供就业岗位1000余个，为企业和就业者搭建了供需平台。积极促进银企合作，全年共为劳动密集型中小企业提供小额担保贷款1720万元，缓解了德宏州中小民营企业融资难问题。高标准高质量完成省工商联下达给德宏州的200个“贷免扶补”名额，向农信社推荐245户，经农信社审核，放贷209户，放贷金额1034万元。三是搭建政企沟通平台。各级工商联及时向党委、政府反映民营企业在经营发展中遇到的困难问题，受到党委、政府领导重视，促成了相关问题的解决。全年维护会员合法权益案件10件。年内，12家企业商标被云南省人民政府授予“云南省著名商标”；德宏后谷咖啡有限公司荣获云南省第二届“光彩事业先进集体”；德宏交通运输集团有限责任公司和张建新等6人分别荣获德宏州民族团结进步模范集体和模范个人荣誉称号；熊相入等6人荣获潞西市优秀特色社会主义事业建设者荣誉称号。非公经济良好的发展态势，对全州经济增长起到了强有力的拉动作用，成为全州上下战危机、保增长的重要支撑。

【光彩事业和新农村建设】 2010年，德宏州和县市工商联紧紧围绕州委、州政府的中心工作，继续扎实推进光彩事业。认真做好省工商联光彩办、昆明诺仕达企业（集团）有限公司在德宏实施的2009、2010年资助高考文理状元及品学兼优少数民族贫困学生项目工作；争取浙江大华集团捐资630万投入农村学校建设；动员会员企业把企业的发展与新农村建设相结合，以“公司+基地+农户+科技”的经营模式，实施农业产业化方式发展经济。全年非公企业共投入新农村建设资金达800万元，为德宏州新农村建设作出了积极贡献。

（《工商联》撰稿　李楠青）

科　协

【学会活动】 2010年2月9日，德宏州观赏石协会在芒市风情街举行了带有浓重民族色彩的协会“长街宴”大餐，参加宴会的有德宏州市及保山市有关部门领导和州观赏石协会会员共250余人。2月27日，州气象学会在芒市举行全国气象科普教育基地暨全国科普教育基地揭牌仪式。3月7日，州兰花协会举办第八届兰花博览会，为德宏州兰花产业发展提供科技支撑；5月10日，州农学会与德宏后谷咖啡有限公司联合组织在潞西市轩岗乡丙茂村委会拉门村民小组举行咖啡栽培技术培训，共有60多名种植户参加培训会。并成立“德宏后谷咖啡、德宏州农学会驻拉门村农业技术咨询服务指导站”；6月27日至7月3日，由中国气象学会主办的“2010年全国气象科普教育基地培训研讨班”在德宏州举办，有来自全国各省市气象学会及全国气象科普教育基地的领导和专家学者共计70余名参加了培训研讨班，培训班上还特邀中国科协的王润生研究员进行了专题讲座；7月19日，邀请中国科协咨询服务中心总工程师李赤泉到德宏作了“创新方法理论巡讲”报告会，来自州内各科研、教育等部门及各学会、企业200余人员听取了报告，给参会者带来了创新方法的全新理念，开拓了视野，使参会者对技术创新的方法有了更深的理解和认识；8月12日，围绕桥头堡黄金口岸建设，开展“为桥头堡黄金口岸建设提供科技支撑”专题调研，组织编写《德宏州科技创新园建设调研报告》提供州委、州政府决策；围绕把德宏建设成为中国向西南开放的桥头堡黄金口岸建言献策，组织开展主题为“科技创新促桥头堡黄金口岸建设”征文活动，目前已收到论文20余篇。

【领导调研】 2010年3月6至8日，云南省科协党组书记、副主席唐兵一行4人到德宏州盈江县对科协工作进行了调研，整个调研活动深入到盈江县马铃薯协会、澳洲坚果与咖啡套种科普示范基地实地考察，并在县委会议室进行了座谈，听取了县委领导对科协工作的汇报，唐书记作了具有启迪性、建设性务实讲话。8月24至28日，州政府督查科、州科协、科技局、知识产权局组成联合调研督查组，先后深入梁河县、盈江县、陇川县、瑞丽市和潞西市，调研督查各县市实施建设创新型云南行动计划工作和相关企业实施党政“一把手”科技工程项目执行情况。10月20至23日，省科协副主席李仁一行5人到盈江调研科普兴边富民示范项目工作，整个调研活动深入盈江县平原镇富联村、杏板坚果、咖啡间作科普示范基地、仕明山咖啡、橡胶间作科普示范基地、盈江县咖啡协会，并听取盈江县科协在富联村拱别新老社村民小组实施“云南省科普兴边富民示范”项目方案的情况汇报。12月5至7日，中国科协决策咨询专委会主任、全国政协委员、中国科协副主席、中科院院士赵忠贤一行，在省科协副主席牟双江的陪同下，到德宏州开展“科技富民兴边”计划调研工作。并召开了中国科协决策咨询专委会“科技富民兴边”云南调研活动座谈会，德宏州人大常委会副主任杨红，副州长孔勒干，州政协副主席董成宝等领导出席座谈会。专委会一行还深入瑞丽市勐卯镇勐嘎和芒市三台山乡允欠等两个少数民族科普示范村，进行实地调研。

【召开五届四次全会】 2010年3月18日，在芒市召开全州科技工作暨州科协五届四次全委会会议。州委常委、州委秘书长番跃平、州政府副州长孔勒干出席会议并重要讲话，省科技厅巡视员、省科协副主席徐宝明到会指导，州科协第五届委员会委员出席会议，各县市（区）委、政府分管科技工作的领导、州直相关单位主要负责人、州直学会（协会、研究）负责人及秘书长、州及省驻德宏科研所站负责人、有关企业负责人、获2009年州科学技术奖获奖代表列席会议，共计200余人参加会议。会议审议通过《围绕中心工作，狠抓工作落实，加快推进创新型德宏建设》的工作报告，孔勒干副州长代表州政府与各县市政府签订《2010年建设创新型云南行动计划目标责任书》，颁发2009年科学技术奖，宣读关于州科协第五届委员会委员变更的决定，对2009年州级学会目标管理考核中荣获一等奖的州农学会等2个学会、二等奖的州观赏石协会等4个学会、三等奖的州老科协等7个学会、科学普及奖的州地震学会等5个学会、学术交流奖的州热作学会等5个学会、戴大国等15位优秀学会工作者以及潞西市风平镇法帕村奶水牛协会等4个农村专业技术协会，德宏后谷咖啡种植科普示范基地等4个农村科普示范基地，潞西市风平镇上东村邵维海等5名农村科普带头人进行表彰奖励。

【科技活动周】 2010年5月12至24日，德宏州第十届“科技活动周”暨第九届“社会科学普及周”启动仪式在芒市街心花园隆重举行。全州围绕“携手建设创新型国家”主题广泛开展了形式多样、内容丰富的科普宣传活动。本次活动周覆盖全州8个乡镇、4个社区、3所学校、出动车辆100多驾次、13个涉科部门、77个学会（协会、研究会）、参加工作人员300多人次，发放宣传资料、科普宣传画及各类宣传册234种、48000份，展出科普展板650块、图书2570多册，发放知识产权基础知识保护DCD光盘150套，科普宣传DVD光碟900多盘，受益群众达55000多人次，投入活动经费6.8万元。

【成立民营企业科协】 2010年7月17至18日，潞西市遮放贡米有限公司和德宏州后谷咖啡有限公司分别挂牌成立，中国科协咨询服务中心总工程师李赤泉、云南省科协副巡视员罗元明、云南省科协科技咨询中心主任高崇华出席挂牌仪式并讲话。州科协副主席、州科技局局长何琳，市科协主席、科技局局长周安明陪同。

【建立院士工作站】 2010年9月11日，云南省科协在德宏后谷咖啡有限公司举行院士工作站授牌仪式，德宏后谷咖啡有限公司院士工作站由中国科学院院士周俊领衔，云南省相关科技专家组成院士工作站科学研究团队。中国科学院院士周俊、中国科协科技咨询服务中心副主任王诚、省科协副主席、农科院院长黄兴奇、中国科协科技咨询服务中心合作处处长李力、农业部人力资源开发中心副处长周雪松、德宏州委副书记唐文祥以及省科协学会部、科技咨询服务中心、德宏州科协等专家领导参加授牌仪式。

【全国科普日活动】 2010年9月19日，在芒市街心花园举行“2010全国科普日”活动启动仪式，组织州级15个学会、协会、研究会，共70名科技工作者开展了主题为“节约能源资源、保护生态环境、保障安全健康”科普宣传日活动，发放各种宣传资料共3.26万份，展出宣传展板113块，展出实物32件，义务提供咨询服务2200余人次，义诊病人360余人次。同时，9月19至21日分别组织芒市地区五所小学1400余人，到“全国科普教育基地”德宏州气象学会开展气象观测、预防自然灾害等宣传活动。据统计，本次科普日活动全州共有60个单位300多人参加宣传活动，共展出展板433块、实物80件，发放各类宣传资料32600余份，发放计生药剂200套，播放科普影视18场次，接待咨询人次9700余人次，受益群众60000余人次。

【州校合作】 2010年9月14日，在云南农业大学举行德宏州政府与云南农业大学签订了州校合作协议，副省长孔垂柱、农业厅厅长张玉明、科技厅副厅长王建华；州委书记赵金、州长孟必光、州委副书记唐文祥、副州长孔勒干、云南农业大学党委书记张海祥、校长朱有勇以及相关部门负责人出席签订仪式；州长孟必光与云南农业大学校长朱有勇签订州校合作协议。赵金书记、农大党委书记分别在仪式上作重要讲话。同时，成立了州校合作委员会，负责双方合作的协调、规划制订和督促项目实施等，并决定合作的其他重大事项，主任委员由孟必光州长和朱有勇校长担任。合作委员会下设办公室(德宏州设在州科技局、云南农大设在科技管理处)，负责州校合作具体日常工作。双方定期召开工作例会，总结阶段合作成果，解决存在问题，提出下阶段具体的工作安排。

【协会建设】 2010年，德宏州科学技术协会在职在编人员45人；州级学会、协会、研究会39个，会员6540人；县市级学会、协会、研究会55个，会员49867人；农村专业技术协会91个，会员5604人；乡镇科普协会50个；成立遮放贡米有限公司和德宏后谷咖啡有限公司2家民营企业科协；建立了德宏后谷咖啡有限责任公司院士工作站，由中科院院士周俊领衔。

（《科协》撰稿　高芝红）

军　事

中国人民解放军云南省德宏军分区

【开展“培育当代革命军人核心价值观”主题教育】 2010年，德宏军分区坚持以“坚定信念、铸牢防线、忠诚戍边、精武强边”为着眼点，开展“培育当代革命军人核心价值观”主题教育。在教育中，牢牢把握坚定中国特色社会主义理想信念这个核心，拓宽教育渠道，开展实践启迪活动，利用两国相邻、对比直接的优势，引导官兵认识新成就、感受新气象，深刻感悟“一面旗帜、一条道路、一个理论体系”是成就辉煌的根本原因。深入学习党的十七届五中全会精神，解读“十二五”规划，结合驻地德宏全力打造中国面向西南开放桥头堡黄金口岸，邀请州委领导介绍建设新规划、阐释开放新格局，引导官兵理解宏伟蓝图顺时势、合民意、兴邦国。紧紧抓住听党指挥这个根本，充分发挥党史军史团史明理启智、育人化心的功能，引导大家秉承传统中校正价值取向，强化军魂意识。组织“听党指挥怎么办、戍边卫国怎么干、英雄传人怎么当”主题讨论，坚定官兵永远爱党信党跟党走的政治信念。坚持把反腐蚀教育融进主题教育、融入各项活动，引导官兵铸牢思想防线，坚守精神家园。开展“读反腐蚀格言、讲反腐蚀故事、看反腐蚀案例”活动，让官兵认清“诱惑就在眼前、渗透无所不在”的现状，时刻保持强烈的忧患意识和自律意识。借助边疆民族文化资源，组建葫芦丝表演队、嘎秧舞队、民族歌曲合唱队等文艺队伍，汲取边疆民族文化精粹。组织官兵读红色经典、唱红色歌曲、讲红色故事、看红色影视，用先进文化陶冶官兵道德情操、抢占思想阵地、抵制腐朽思想。开展“边防·责任·使命”大讨论，强化“边防我来守，稳定我来担”的责任意识。邀请“红色堡垒三连”老战士讲述当年远离家乡、奔赴边关，与驻地群众齐心勘界警卫作战、维护社会安定、携手巩固边防的峥嵘岁月，净化官兵思想、坚定“四边”意识。制定《践行当代革命军人核心价值观行为规范守则》，组织官兵对照践行核心价值观表决心、发倡议，引导大家把教育中焕发的政治热情转化为戍边卫国的实际行动。按照“五好”、“五带头”的要求，叫响“一个党员一面旗帜，一个支部一座堡垒”的口号，广泛开展“四比四看”活动，形成人人崇尚荣誉、个个争当先进的生动局面。

【深入持久开展“双拥”共建工作】 2010年，德宏军分区认真贯彻2009年度德宏双拥工作座谈会精神，积极开展双拥共建活动。坚持以树立文明军事机关和良好军人形象为重点，把拥政爱民教育与“三个文明”建设结合起来，深入开展我军性质宗旨、拥政爱民光荣传统以及严格遵守群众纪律等专题教育，牢固树立“人民是靠山”的思想，强化官兵的宗旨意识、拥政爱民观念和遵纪守法的自觉性。组织民兵到各村开展普法工作，参与解决各类纠纷20多起，增进邻里团结互助、和谐友爱的氛围。成立州、县（市）双拥工作领导小组办公室，县（市）在城区主街道设立永久性双拥宣传牌。投入资金250万元对潞西市烈士陵园进行重点建设，建成集爱国主义教育、国防教育、旅游为一体的综合性基地。全州公共服务单位、场所悬挂“军人优先”、“军人免费”标志，开设“绿色通道”。开展“文化进军营、科技到连队”活动，地方援建10个军营图书室。协调地方党委政府积极为官兵排忧解难，11名随军家属被安排到行政事业单位工作。军分区投资30万元援建芒市风平镇民族中学“八一”教学楼，全区干部参与“1+1”助学捐资20.17万元，发动官兵向玉树灾区和云南旱区捐款30.75万元。团以上单位和分队扶贫挂钩一个村（居）民委员会，帮扶群众解决生产生活上遇到的问题和困难，组织官兵和民兵1万余人次参加抢种抢收、疏通河道、打扫卫生、修筑公路等助民劳动。编印1000幅双拥、禁防宣传挂图、资料下发州（县、市）直和中央、省属驻德宏单位及50个乡镇365个村（居）民委员会。年内，芒市、瑞丽市分别被云南省委、省人民政府、省军区表彰为“双拥模范城”和“双拥先进城”。

【积极参加和支援西部大开发】 至2010年初，德宏仍有800余个贫困自然村，农村贫困人口40多万，扶贫帮困成为参加和支援西部大开发的重要内容。年内，德宏军分区发扬全心全意为人民服务的宗旨，把驻地当故乡，视人民为父母，发挥部队集中力量办大事、经常组织做好事的优势，积极参与“兴边富民”和“千里文明边防线”活动，着力在“精神扶贫”、“智力帮困”、“经济扶助”中，发挥部队的积极作用，展示边防官兵风采。一是积极援建基础设施。军分区投入部队和民兵8000多人次、机械设备50余台次，共改乡村道路137多公里，开挖引水渠200余公里，改造高产稳产田800多亩，修建沼气池23口，清理疏导河道200多公里，铺设水管10余千米。二是广泛参与扶贫帮困。采取“结对子、送知识；帮班子、出点子；找路子、求发展”的办法，开展科技扶贫、政策扶贫，积极为群众提供技术和信息服务。投入经费10多万元，建立扶贫挂钩点14个，帮扶特色产业2项，举办政治、法律、卫生、计算机知识、种养植等培训班30余期，培训群众1000余人次，受益脱贫群众60多人。三是积极支援文化建设事业。深入开展“‘三个代表’在基层到边关进村寨”、“科学发展观在边防在基层在岗位”和“民族文化进军营、军营文化入村寨”活动，部队官兵利用巡逻执勤、扶贫帮困、抢险救灾等机会，深入边境村寨、田间地头，大力宣传边防政策、民族法规和法律宣传教育，倡导“八荣八耻”社会主义荣辱观，培育驻地群众边防、国土和民族意识，树牢文明和谐新风。帮助贫困地区修建、改建学校，投入30万元援建芒市风平镇中学“八一”教学楼，改善了教学条件，开展“1+1”结对助学活动，资助97名失学儿童和贫困学生。四是积极完成急难险重任务。针对德宏自然灾害频繁、社会治安问题较多及边境情况复杂的实际，在抓官兵和民兵军事训练中，注重提高官兵完成急、难、险、重任务和维护边防稳定的能力。结合德宏发生的火灾、旱灾、局部泥石流等自然灾害，出动部队官兵和民兵5000余人次，车辆200多台次，帮助群众走出困境；协助公安机关捣毁零星贩毒窝点20余个、吸毒窝点10多个；协助派出所民警抓获零星贩毒人员和吸毒人员100余名；民兵骨干调解各类纠纷20余起，劝阻群众上访事件10余次，配合公安部门执勤20余次，有效维护了边疆社会稳定。年内，军分区司令员龚平被成都军区表彰为“参加和支援西部大开发先进个人”。

【党建工作】 2010年，德宏军分区坚决贯彻胡主席“四个从严”指示要求，努力锻造坚强有力、奋发有为的领导班子和干部队伍，为有效履行使命任务提供坚强组织保证。一是落实制度促团结。学习贯彻新修订的《军队党委工作条例》和《团以上党委常委民主生活会规定》，坚持民主集中制和“十六字”原则，强化党委集体领导意识，完善党委议事决策机制，召开军分区党委常委民主生活会，指导下级党委召开民主生活会，提高民主决策、依法决策、科学决策水平。深入开展治愚、治懒、治松、治粗、治软、治虚、治骄、治假等“八治”活动，经常进行思想分析，教育大家要全面不要片面、积极不要消极、主动不要被动、补台不要拆台、有度不要无度、内功不要虚功、他夸不要自夸、厚道不要“老”道、大气不要小气、低调不要高调。二是转变作风见成效。集中3天时间，扎实开展“增强党性、严守纪律”专题教育，借锤敲钟，层层报忧，着力纠偏、治粗、防虚。党委公开承诺办好转业干部安置、随军家属就业、解决历史遗留欠债、遗属就医、边防3连搬迁、减少“五多”等6件实事，收到明显成效。贯彻上级纪检政法电视会议精神，加大党纪条规学习和警示教育力度，规范领导干部用权行为。采取动员部署、分工展开、思想疏导、集体谈话等方法，按照调查摸底、自查自纠、总结验收的步骤，集中对超占干部士兵、多占多购住房、违规购置使用车辆进行了清理检查。三是创先争优激活力。采取调查摸底、思想发动、设计载体、分类指导等办法，注重与学习实践活动、基层全面建设、急难险重任务和反腐蚀工作结合起来，确定具体实在、富有特色、行之有效的主题和内容，引导和激励基层党组织和广大党员在围绕中心、服务中心、聚焦中心中充分发挥战斗堡垒和先锋模范作用。加强对基层党委支部的帮带指导，提高基层党支部的“三个能力”。四是勤奋学习强素质。认真落实“两课一讲评”制度，定期讲评干部履职情况。认真贯彻落实《军队干部选拔任用程序规定》，科学合理、公道正派选拔任用干部，扎实抓好年轻干部培训帮带、少数民族干部选拔培养，加大以会代训、送学培训、办班培训，实践锻炼力度，干部队伍素质结构不断改善。

【军事训练】 2010年，德宏军分区坚持以使命任务为牵引，着眼应对多种安全威胁、完成多样化军事任务，大抓军事训练，提高部队核心军事能力。一是各级高度重视。各级党委始终坚持以军事训练为主线统揽部队建设各项工作，成立训练督导小组，对训练实施全过程监督指导、跟踪问效，及时掌握落实质量。军分区党委常委先后5次到边防一线连队和5县市人武部对训练落实情况进行检查调研；各团级以上党委议训10次，集中研究解决3类7个制约部队训练的问题。二是坚持按纲施训。合理安排训练任务，科学分配训练时间，周密制定年度、阶段、月计划，并根据工作任务、训练条件、季节变化，及时进行调控，采取“大专业小集中，小专业大集中”和分片组织的方式灵活施训，增强可操作性。突出首长机关信息化条件下指挥、决策、管理理论的学习，深化对边境防卫作战和边境应急处突问题的研究，练谋略、练指挥、练战法。开展岗位练兵和比武竞赛，大力加强干部骨干训练。积极开展军警民维护社会稳定和边境应急处突实案化训练，检验完善各类方案预案，进一步提高部队遂行多样化军事任务的能力。三是坚持全面训练。严格按新大纲规范训练各个环节，严格落实参训比例、训练内容、训练时间和标准要求，扎实狠抓全要素、全员额、全过程训练，有效防止和克服偏训、粗训和漏训，建立正规的训练秩序，打牢部队战斗力生成基础。

【政治工作】 2010年，德宏军分区始终坚持把思想政治建设摆在首位，着眼解决“三个确保”时代课题，不断增强政治工作实效。一是深化理论武装。认真学习胡主席在全党深入学习实践科学发展观活动总结大会上的重要讲话，全面梳理成果，探索长效机制，推动活动向深度和广度发展。采取专题化学习、课题式调研、对策性研讨等形式，组织学习中国特色社会主义理论体系，重点学习胡主席关于新形势下国防和军队建设重要论述，着力引导广大官兵联系实际学理论，深化对科学发展观的认识和理解。大力加强学习型党组织建设，贯彻落实科学发展观的能力进一步提高。用党的创新理论成果建连育人，抓好基层官兵理论学习，购买学习资料和编印5期科学发展观理论知识要点下发基层，注重学习成果运用转化，着重引导大家把理论学习的效果体现到有效履行使命任务、推动部队建设科学发展上。二是加强政治教育。按照试点先行、探索方法，教育动员、全区实施，评估效果、总结经验的步骤，狠抓“深入开展培育当代革命军人核心价值观”主题教育，注重依据大纲抓规范、区分层次抓统筹、灵活方法抓实效，确保教育活动不缺内容、不落环节、不走过场，取得了实效。注重用好信息网络、用足边防历史、用活边疆文化，拓展方法载体，着力打造多样化的育人平台。深化向龚曲此里先进事迹学习活动，紧密联系上海世博会、广州亚运会等大事时事，适时开展形势政策教育，深化抵制“黄赌毒私特艾教”侵蚀教育，强化官兵精神支柱。三是推进双拥工作。落实德宏双拥工作座谈会精神，大力开展以“双十”（拥政爱民和拥军优属各十件实事）活动为主要内容的双拥共建工作，军政军民关系不断密切。组织开展“军歌嘹亮颂祖国”、“民族文化进军营，军营文化进村寨”等活动，官兵文化生活不断丰富，理想信念进一步坚定，思想道德进一步纯洁。

【后勤保障】 2010年，德宏军分区后勤工作紧紧围绕军分区党委的决策意图，加强后勤战备训练，强化后勤科学管理，提高保障能力，促进后勤建设协调发展。结合防区特点和部队担负任务，制定完善各类后勤保障方案，扎实做好遂行多样化任务中后勤保障各项准备。大抓后勤战备训练，广泛开展岗位练兵活动，参加云南省军区建制连炊事班“大锅菜”比武取得第二名。坚持党委集体理财、科学理财，全面推行军人保障卡和公务卡支付，实行物资集中采购，经费管理进一步规范，使用效益不断提高，卸下了背负多年的债务“包袱”，军分区龚平司令员履行经济责任情况被成都军区审计局审计评定为“好”（最高等级）。坚持军民融合油料保障路子，完善配套设施建设，软硬件质量不断提高，五县市人武部油料纳入社会化保障。积极抓好营院绿化美化工作，投入34万余元对各营区进行综合整治，协调地方政府投入近400万元对分区大门外道路和休闲景点进行改扩建，着力打造绿色生态营院。做好卫勤保障工作，定期巡查各单位饮食卫生情况，先后5次到基层巡诊，发病率控制在1.5‰以内，传染病发病控制在15‰以内，无食物中毒事件发生。重视做好计划生育工作，年内无计划外怀孕和超生问题。

【民兵政治工作】 2010年，德宏军分区坚持党管武装原则，确保民兵队伍关键时刻拉得出、危难时期用得上。一是狠抓民兵政治教育。针对德宏边境复杂形势，坚持用党的创新理论武装民兵预备役人员头脑，广泛开展“科学发展观在边关、在基层、在村寨、在岗位”活动，抓好主题教育和抵制“黄赌毒私特艾”侵蚀教育，保证教育“四落实”；订阅《国防》、《中国民兵》、《西南民兵》、《中国国防报》等报刊杂志，搞好刊授教育；有针对性开展“树好窗口形象，争当合格民兵”活动，学习先进典型龚曲此里先进事迹，组织民兵参观畹町桥纪念碑和南洋华侨机工回国抗日纪念碑，组织民兵260人次协助电视连续剧《中国远征军》拍摄，举行唱红色歌曲、看红色电影等活动，激发干部职工和民兵参与教育热情，增强教育的吸引力和感染力。二是强化队伍领导体制。坚持按照制度抓建设，认真落实领导现场办公、过国防日、武装工作述职等各项党管武装制度，充分调动各级党委、政府和领导干部的工作主动性和积极性，增强他们管武装、爱武装的政治责任感。结合防区特点，着眼边防民兵队伍可能担负的任务，建立起军警民协作机制，修订完善方案预案，全州各级民兵应急分队保证一有情况，能拉得出、用得上、起作用。三是切实加强基层建设。按照相关政策规定，采取整体规划、分步实施的办法，加强对人武部软硬件建设，实现了民兵执勤装备的制式化、军事训练的基地化和工作落实的制度化，极大地提升了人武部和民兵营连部正规化建设水平。按照“共建合用”路子，进一步加大“青年民兵之家”建设力度，强化阵地教育、刊授教育，促进民兵政治工作落实，繁荣农村群众文化生活。全州187个“青年民兵之家”已成为边疆农村精神文明建设的主阵地。四是在实战中锻炼队伍。利用民兵队伍人熟、地熟、情况熟，队伍整体作用大的优势，积极发动和组织民兵参与维护社会稳定、打击边境犯罪、禁毒防艾斗争等行动，充分发挥民兵在“三个文明”建设中的生力军作用。

【表彰奖励】 2010年，德宏军分区受表彰奖励先进单位和个人的情况是：

总参谋部、总政治部、总后勤部、总装备部表彰德宏军分区党委书记、政治委员马福朝为“全军优秀指挥军官”；国家粮食局、财政部、总后勤部表彰军分区后勤部助理员唐国平为全国军粮供应管理工作先进个人。

成都军区表彰77332部队为“全面建设先进旅团级单位”，表彰军分区司令员龚平为“参加和支援西部大开发先进个人”；军分区党委书记、政治委员马福朝被成都军区党委表彰为“优秀党务工作者”；表彰77332部队75分队政治指导员吴祥文为抗旱救灾先进个人；成都军区政治部表彰77332部队61分队排长达瓦扎巴为“学习成才先进个人”。

省军区表彰军分区为“安全稳定工作先进单位”；评定77332部队为“军事训练一级团”；表彰77332部队76分队为“基层建设标兵单位”，77332部队76分队党支部为“先进基层党组织”；表彰77332部队部队长李道银为“团职优等指挥军官”和“爱军精武标兵”，表彰77332部队政治委员刘同福为“团职优等指挥军官”并记“三等功”；表彰77332部队76分队指导员向海为“优秀基层主官”，军分区政治部干事杨武为“爱军精武标兵”，77332部队74分队指导员吉学京、芒市人武部干事薛力为“优秀共产党员”。

军分区表彰77332部队63分队、72分队、84分队、51分队为基层建设先进单位。军分区给向志军、魏祖龙、薛力、李魁、姜桂生、李少鹏、李利、刘明勇、杨武、先成斌分别记三等功一次。军分区表彰次仁加布、秦文武、朱府云、李剑、陈进、马鉴、陈琦、李斌、胡启精、缪繁为十佳官兵。

（《军分区》撰稿　蒋程春）

武警德宏支队

【召开支队党委扩大会议】 2010年1月30至31日，武警德宏支队在芒市召开党委（扩大）会议。会议传达学习了武警部队党委一届七次全体（扩大）会议和总队二届九次全体（扩大）会议精神，总结分析2009年度支队建设形势，安排部署2010年度主要工作，表彰了2009年度涌现出的先进单位和个人。德宏州政府副州长、州公安局长马闻出席了表彰大会。

【圆满完成“2010中国·德宏国际目瑙纵歌节”安全保卫任务】 2010年2月27至3月1日，2010中国·德宏国际目瑙纵歌节在德宏州府芒市举行。根据总队指示和州公安局统一部署，武警德宏支队出动20名兵力，车辆3台，圆满完成了城市武装巡逻和处突备勤任务。

【圆满完成“12·13”警卫勤务】 2010年6月6至7日，中共中央政治局委员、国务院副总理王岐山到德宏州视察工作。根据总队指示和州公安局统一部署，武警德宏支队出动50名官兵圆满完成了首长一行在德宏视察期间的住地警卫，专机、专车守卫及机动备勤任务。

【圆满完成第十届中缅胞波节暨第三届国际珠宝节机动备勤任务】 2010年10月1至3日，第十届中缅胞波节暨第三届国际珠宝节在瑞丽市隆重举行。根据瑞丽市公安局统一部署，武警德宏支队瑞丽市中队派出10名官兵担负10月1日开幕式晚会及10月3日闭幕式晚会的机动备勤任务。

【圆满完成滇印合作论坛第六次国际研讨会警卫勤务】 2010年10月28至30日，滇印合作论坛（K2K）第六次全会在德宏州芒市宾馆召开。根据总队指示和州公安局统一部署，武警德宏支队出动10名兵力、车辆1台，圆满完成了会场礼兵哨和机动备勤任务。

【圆满完成“中国·芒市泛亚珠宝工艺品博览会”安全保卫任务】 2010年12月27至31日，德宏州芒市委、市政府在珠宝小镇举行“中国·芒市泛亚珠宝工艺品博览会”，根据总队指示和德宏州公安局统一部署，武警支队出动11名兵力、车辆5台，圆满完成了博览会期间精品馆外围警戒和珠宝小镇武装巡逻任务。

【思想政治工作】 2010年，武警德宏支队始终坚持“首位首抓”，用“两个成为”、“三个确保”目标教育激励官兵，狠抓经常性基础性政治工作落实，从思想上、政治上牢牢掌握部队。一是主题教育紧贴任务实际。按照三个“求深入”的要求和“大课支队集中讲，小课基层结合学，人员内容抓落实，配合活动促深化”的思路，灵活运用自主式、网络式、互动式教育载体，采取领导宣讲、视频教学、小课辅导、热点辨析、心得交流、考核竞赛等方法，把学习理论和讨论交流、认清形势和回顾历史、明确岗位职责与审视自身行为有机结合起来，有针对性地回答和解决广大官兵在“培育当代革命军人核心价值观，永远做党和人民的忠诚卫士”中遇到的现实思想问题。结合德宏瑞丽被中央批准为特区实验区，扎实抓好“践行核心价值观，做桥头堡忠诚卫士”为主题的系列活动（演讲比赛、知识竞赛、周查月考等），增强官兵对教育内容的理解；深入开展“批歪理、明是非”群众大辩论、“当代革命军人核心价值观引领我成长”主题演讲、“讲身边小事，释军人价值”警营小广播、“唱红歌、看红色经典影片”、开展签名宣誓、理论串讲“有奖问答”、知识竞赛等群众性实践活动，打牢了官兵争做党和人民忠诚卫士的思想根基。投入10万余元为基层中队主官配发了16台笔记本电脑，解决了教育设施短缺问题，改善了基层办公和生活条件。完善了“指导员之家”和教案每周送审、每月下发优劣教案通报制度，开展评教评学、难点重点攻关等活动，不断提高指导员授课水平，增强了思想政治教育的“一感三性”。二是思想工作紧扣官兵实际。紧密结合当前形势任务和官兵的思想实际，广泛开展经常性政治思想教育。运用政工例会载体，坚持每月分析官兵思想形势、开展难点热点问题分析讨论，定期组织基层保卫委员、思想工作骨干和心理工作骨干培训。针对新兵“第二适应期”、考学落榜、技术学兵和预提指挥士官集训落选，及时组织思想排查，充分运用“三互”、“双四一”、“九知”、“五个过一遍”等载体，广泛开展群众性的思想互助及谈心活动，邀请地方心理专家、支队心理咨询师下基层巡诊，适时组织心理行为训练，有效缓解了官兵的思想压力。重视抓好遂行任务中政治工作，精心拟制支队中缅边境维稳政治工作预案，指导基层中队根据担负的任务制定政治工作计划，成立以政工干部、思想心理骨干、法律咨询员、新闻报道员为主的小分队，编写喊话提纲及宣传口号，按总队统一标准完善配齐各类装备器材，适时开展“三战”演练，有效提高了应急处置能力。严格官兵政治考核，针对面临的特殊复杂环境考验，扎实做好防间保密和预防犯罪工作，坚持每月开展“四反五防”教育，每季度组织法律咨询，部队没有发生任何违反政治纪律的人和事。三是文化建设紧跟时代步伐。深入开展学习成才和文化工作。年内，支队采取业务辅导、学习讨论、理论考核的方法，组织基层新闻、文化骨干进行了培训；组织基层广泛开展书画板报评比、教唱组歌，观看优秀军事题材影片，开展影视评论，丰富业余文化生活。大力开展读书育人活动，让官兵靠读书增智、靠学习成才、靠知识立身。年内支队有2名战士考取了武警部队院校，结束了支队连续6年无人考上军校的历史。坚持以经常化、群众化为目标，大力开展警营特色文化活动，投入43万余元建起所有中队的荣誉室，警营文化初步形成。5月24日，邀请德宏州傣剧团到支队演出，请驻地艺术家开展“送文化进警营”活动，既陶冶了官兵的业余文化生活，又使官兵获得了丰富的知识。支队选送DV的作品、唱红歌作品获总队优秀奖和组织奖。四是双拥紧连警民心。支队从边疆多民族实际出发，始终不渝地把拥政爱民工作作为加强民族团结、维护边疆稳定的大事来抓，以作为赢得地位。支队官兵每年义务献血3万余毫升、军训学生6200人余、植树造林100余亩；还大力开展捐资助学活动，发动广大官兵为禁毒防艾挂钩点户撒小学捐款3万余元，书籍、学习用具200余套；陇川县中队利用业余时间为驻地农民抢收水稻，盈江县中队自发组织清理县城排污沟渠。支队的积极作为，赢得了驻地党委政府的支持，全年共支持部队建设204万元，收到了“双拥双促进、共建共提高、警地同发展”的良好效果。2010年10月，支队被德宏州委州政府授予全州民族团结进步模范集体荣誉称号。

【班子建设】 2010年，武警德宏支队认真贯彻落实全军党建座谈会精神，坚持把“强自身”作为“带部队”的前提和关键，紧紧围绕建设“学习型党委”目标，练好“内功”，把准方向。年内，支队党委被总队党委评为先进党委。其具体做法是：一是深入抓好党的创新理论武装。坚持以课题牵引理论学习，今年来紧紧围绕“建设学习型党委机关，争做学习型领导干部”、“破骄防满，保持清醒头脑”、“创先争优”等重大现实课题，抓好党委中心组带机关理论学习，严密制定学习计划，严格落实学习制度，全年组织中心组集中学习24天，参加知识前沿讲座8次，政工领导授课辅导5次，保证了学习制度化经常化。注重以学习成果破解部队建设难题，党委班子成员带着课题下基层调研，认真撰写调研材料，全年班子成员人均上报调研成果2篇，通过深入抓好理论学习，“一班人”统班子、把方向、抓大事、驾驭全局的能力进一步提高。二是大力提高决策水平。支队党委注重用党的事业、党性原则和真挚感情凝聚班子履职尽责，在部队建设重大问题上，严格贯彻“十六字”方针，做到坚持原则与发扬民主的有机结合。修订完善《党委议事规则》，规范了支队领导、分管领导和群众意见相结合的决策机制，党委科学民主依法决策水平进一步提高。在正确分析判断部队发展形势和定位上，分析梳理出支队建设的特点规律，围绕总队工作思路，确定了“四个着力”（着力更新观念、着力提高素质、着力严格标准、着力搞好结合）和“八抓”（抓班子、抓学习、抓中心、抓基层、抓安全、抓风气、抓现代化建设、抓基础设施建设）的指导思想和工作重点，大大增强了工作指导和科学抓建的针对性和有效性。今年来，调整任免干部19人次，选送技术学兵13人，发展党员33人，都严格按照规定程序和原则办理，支队基建工程招标预算和大宗物资采购审减经费21万元，官兵对党委决策的满意度提高。三是勤政廉洁作风务实。面对德宏地处“四反五防”前沿的复杂环境，“一班人”心齐气顺，合心合拍，自觉以事业为重，做到了大事讲原则、小事讲风格、生活讲感情，部队建设重大决策无杂音，始终把心思和精力用在抓基层干工作上，保持了奋发有为的精神状态。严格落实党风廉政建设责任制，扎实开展党委机关风气教育整顿和“读书思廉”活动，自觉管好“三圈”，没有发生不良行为，树立了廉洁自律的良好形象。重大任务面前“一班人”坚持走在前、干在前，以自身的模范作用感召和带动官兵。年内班子成员下部队蹲点调研人均超过2个月，最长的达到90天。四是着力激发干部队伍活力。坚持以教育为牵引提高干部思想认识，以制度为保证加强干部管理。扎实开展“加强党性修养，振奋革命精神”教育活动，使广大干部在学习教育中明确职责、在正确对比中调整心态、在查找差距中珍惜岗位，进一步增强了事业心责任感。坚持用正确的用人导向激发干部动力，在选拔任用干部问题上，坚持德才兼备以德为先的原则，做到“五看两不用”（即：看品行、看本事、看态度、看协作、看潜力，不用实绩不突出、不用群众公论差）、“三优先”（优秀优先、基层优先、实绩优先），8人得到了提拔使用，其中3人提前晋职，在干部队伍中形成了靠素质成长、靠实绩进步的良好导向。建章立制，依法治官，修订完善《德宏支队干部管理补充规定》，做到年初教育培训有计划、半年有检查讲评、年终有考评定档。热心为干部排忧解难。年内，组织8名随军家属参加德宏州就业技能培训，协调地方政府为3名随军干部家属办理了调动手续，为两地分居的干部解决了后顾之忧。

【军事训练】 2010年，武警德宏支队坚持以中缅维稳任务为牵引，严格落实新《大纲》要求，突出抓好义务兵、士官、干部三个层次训练。训练中，坚持任务牵引抓训练，狠抓《武警法》暨中心工作网上集训成果转化，大抓按纲施训、依法组训、科学练兵，组织了军事会操和比武竞赛；突出不同勤务特点搞好专勤专训，狠抓了首长机关“卫士-10”演习，开展了1期特等射手集训、1期反恐分队集训、3批勤训轮换，圆满完成为期3个月的预提指挥士官集训，举办了1期军事教练员集训和开展了军事比武。6月2日，为检验部队战备意识和快速反应能力，在事先没有通知的情况下，支队进行了实兵实装拉动演练，从检查情况看，部队集结讯速，正规有序，装备携带齐全，效果明显，部队执勤处突能力得到检验。同时，针对德宏反恐维稳的形势特点，加强反恐维稳力量建设，先后投入20万余元经费对反恐装备进行补充，健全了一中队反恐装备专用库室，部队反恐作战和应急能力明显增强。为扎实做好应对中缅突发事件准备工作，单支队长率前指人员到盈江、陇川边境一线，进行实地勘查，了解掌握情况，认真拟制处突方（预）案，落实战备物资器材。5月，支队出动50余名兵力参加“德宏军警反恐维稳行动实兵演习”，受到各级领导好评。

【执勤战备】 2010年，武警德宏支队认真落实执勤工作“十六字”方针，大力推进“四防一体化”建设，狠抓执勤设施规范和执勤隐患整治。以“五小练兵”为主要形式、勤训轮换为主要载体、情况处置为主要内容，广泛开展专勤专训、专哨专训、专勤专教，增强了哨兵自卫防护、及时发现、正确判断、果断处置的能力。全年先后投入70万余元，为各哨位配备新式电击器、防割手套、防弹头盔、防弹衣，为基层中队哨位安装了避雷针、液晶显示器和语音对讲系统，为15个执勤哨位更换安装了彩色摄像头，改造了支队作战勤务指挥中心和机要室，建起了通信要素值勤监控系统，购买了14台空调为所有基层中队的备勤室和值班室进行了安装，极大地改善了官兵的执勤条件。严格落实“四全”要求和“三员一兵一组”组勤模式，突出抓好“三班四哨”的组织实施，定期进行方案演练，提高官兵快速反应能力和处置能力。为进一步夯实官兵正规执勤、文明执勤基础，支队党委决定将4月定为执勤业务大练兵月，期间，召开了安排部署会议，组织新兵上岗培训考核，举办执勤业务理论知识竞赛，组织工作组对活动开展进行检查，集中各中队中队长统一规范了执勤方（预）案，派出9批实地查勤组，纠正统一了执勤中17个问题。加大网络查勤和现地查勤力度，值班首长每天利用网络进行两次以上查勤，值副班的部门以上领导每天带机关干部实地查勤，检查各单位落实执勤制度的情况，并列入交班讲评内容，较好地克服了执勤“常见病”、“多发病”，执勤正规化水平进一步提高，固定执勤目标实现了安全无事故。全年累计用兵200多人次，圆满完成国务院副总理王岐山到德宏州视察工作的二级警卫等各类临时勤务15起。

【部队管理】 2010年，武警德宏支队把“管好干部带好兵、完成任务不出事”作为抓部队搞建设的出发点和落脚点，全力抓好部队安全稳定工作，较好实现了“六个确保”和“八个不发生”控制目标。一是树牢安全发展理念。支队党委把部队管理教育工作列入议事日程，坚持落实管理工作月通报、季讲评、年表彰和每季度分析部队安全形势制度，全面构筑安全防范体系。认真贯彻总部、总队管理教育工作会议精神，严格按照正规化管理两个《规定》实施管理，广泛开展《安全条例》学习宣传活动，把依法从严治警和安全发展的理念贯穿到部队建设始终，形成了时时讲安全、事事抓安全、人人关注安全的共识。二是狠抓经常性教育管理。坚持把落实条令和各项规章制度作为促进部队正规化建设的经常性工作长抓不懈，扎实开展“条令学习月”、“2·23”警示日教育活动和经常性的学法规、用法规、守法规活动，强化官兵的条令、法规意识。落实经常性管理制度，规范部队管理秩序，实行每天检查、每周讲评部队管理情况，狠抓部队作风养成。加强新训、“两个适应期”、“两会”、补选退等特殊时期的管理，深入开展安全隐患排查治理和作风纪律专项整顿，坚持做到重大节假日前期抓防护期战备教育，节假日结束抓收心教育，严格组织警备纠察，在重大节日、敏感时期，每天检查、每周讲评部队管理情况，狠抓部队作风养成，确保了部队秩序正规、安全稳定。三是突出重难点问题治理。紧紧盯住敏感时段和重点部位，扎实开展“五个过一遍”活动和“治‘三松’、严纪律、保安全”专项教育整顿，坚持不懈抓好倾向性问题治理和季节性事故预防，严格落实安全工作责任追究制度，实现了“六个确保”和“八个不发生”控制目标。加强两官队伍管理，形成部队、家庭、社会“三位一体”的共管体系，不断完善司务长、军械员、网管员等重点岗位人员的管理措施，确保不留“死角”、不挂“空档”、不发生“灯下黑”。扎实开展以“严作风、刹违章、树形象”为主要内容的驾驶员作风纪律教育整顿，严格规范和落实“五位一体”车辆联管责任制，严格控制节假日车辆动用和车辆跨区行驶，杜绝了车辆事故发生；深入开展“军械法规制度学习月”活动，严格落实“日检查”、“五同”、“双人双锁”、“双干联签”制度，及时下发加强特殊时期枪弹管理的通知，加强动态枪弹管理，支队军械管理工作有了质的提升；严格落实保密制度和“严防网络泄密十条禁令”，加强“四反五防”教育，对全支队办公电脑和移动硬盘、U盘等储存介质进行登记造册，有效防止了失泄密问题的发生。

【基层建设】 2010年，武警德宏支队牢固树立“基层第一”的思想，坚持在经常性基础性工作上花大气力下实功夫，有效地促进了部队全面建设。一是抓好学习培训建强基层组织力量。按照选准配强的要求，年初合理调配基层干部，每个中队都成立了5至7人支委会，建强了一线战斗堡垒。在认真组织党委机关和基层干部参加总部、总队网上《纲要》培训的基础上，支队也专门安排了1个月时间组织新《纲要》、《三十条》、《政治工作条例》的学习培训。依托总队“大练基本功”、《纲要》知识竞赛等活动平台，扎实抓好干部的经常性培训，促进干部队伍能力素质提高。充分发挥党管党员作用，扎实开展党员先进性教育，严格落实组织生活制度，党员的职责意识和党性观念明显增强。注重把两个群众组织作为考察帮建的重要内容，有效提高了他们实际工作能力，“参谋”和“助手”作用发挥明显。二是抓好帮建指导提高建设质量。认真贯彻总队《落实〈纲要〉实施办法》和基层工作会议精神，建立健全抓基层领导小组，修订完善《按纲指导计划》和《按纲建队计划》，坚持全面规范抓基层，基层全面建设稳步发展。潞西市中队连续7年被总队评为“标兵中队”。扎实开展第三批学习实践科学发展观、创先争优活动和党支部考察帮建工作，制作了红星党员专栏、活动展板，采取由部门以上领导带相关股室挂钩帮建的办法，规定任务，明确责任，深入基层进行蹲点帮建，扎实抓好“四项经常性工作”、“四个基本”等经常性基础性工作落实，进一步提高了基层党支部“三个能力”。年内，潞西市中队党支部被总队表彰为“先进党支部”。三是抓好风气建设夯实发展基础。认真贯彻落实总队风气建设讲评会精神，深入开展“深知兵、真爱兵”活动，进一步规范了基层士兵入党考学、选送技术学兵、选改士官、保送入学、报废物资处理和经费管理等敏感问题的组织程序和责任追究。重视发挥好两个群众组织的主渠道作用，严格落实队务公开制度，督促公平公正办理涉及官兵切身利益的敏感事务，维护了官兵的根本利益，纯正了部队风气，杜绝了影响支队风气建设的不良现象的发生。支队风气建设经验做法在总队风气建设讲评会上作了交流。

【后勤保障】 2010年，武警德宏支队坚持以中缅维稳任务为牵引，以扎实推进“六个体系”建设为目标，狠抓后勤规范化管理，综合保障效益明显增强。一是大力提高应急保障能力。严密制定后勤应急保障方案和训练计划。根据不同任务、不同保障环境，及时修订完善处突、反恐、维稳和抢险救灾等后勤应急保障预案；认真研究后勤应急保障队抽组，科学确定力量编成，按照保障训练野战化要求，落实日常管理、训练演练和应急动用机制，结合支队总体预案，每月组织不少于一次拉动演练，提高了机动输送、综合补给、快速抢修、紧急救治等保障能力；立足最大化抽组兵力保障需要，完善支队、中队两级后勤战备物资储备体系，使支队、中队均具备最大化保障能力。二是严格经费管控。严格执行上级有关规定，经费开支做到按权限、按程序、按范围审批，按照上级资金管理的有关规定，从严落实内控制度，充分发挥《资金管理系统》作用，下拨经费、转账、报帐等业务实现电子支付，支队本级基本上实现了“零现金”流量的目标。严格计划开支，坚持把基层单位预算经费和预算外经费及地方单位补助、慰问金一律纳入年度预算统一计划、统一管理，实现了基层单位经费全部达标。加强对易超难管经费的管理，接待费、公杂费、差旅费与去年相比有了明显下降。制订下发支队《公务卡管理实施细则》，积极推行公务卡报销，遏制了经费浪费的现象。三是加大对基层官兵服务力度。认真落实总队“四项设施”现场部署会要求，投入100余万元，为基层所属中队配齐了不锈钢厨具，改善了官兵的生活条件。完善了支队公寓房附属设施建设，10月，支队干部顺利搬迁入住。投入10万元为盈江中队、瑞丽中队解决了洗澡难和上厕所难的问题。积极搞好卫生防病工作，为167名官兵进行了体检，并注射了甲型H1N1、乙肝、流脑和伤寒等疫苗，为67名干部进行了体检，投入5万余元购买了210余种药品用于部队的防病治病工作，为兵服务的意识和能力进一步增强。

（《武警德宏州支队》撰稿　殷昌荣）

德宏公安边防支队

【组织建设】 2010年，德宏公安边防支队把各级党组织建设作为龙头工程来抓，从加强班子思想政治建设、民主集中制建设和党风廉政建设入手，不断夯实部队发展基础。一是坚持从学习抓起，努力提高政治素质。德宏边防支队始终把各级党委中心组学习作为学习新知识、交流新思想、谋划新思路的重要平台。无论工作多忙，任务多重，都保证每月1次党委中心组集中学习、每季度进行1次交流座谈。在加强理论学习的同时，支队还通过领导干部下基层当兵、蹲点帮扶和专题调研等方式开展学习实践活动。年内，支队常委下基层工作时间平均达70天，班子成员撰写调研文章46篇，有22篇分别被各级媒体刊发。二是加强集体领导，正确把握部队建设方向。德宏边防支队各项大型活动多、工作千头万绪、任务繁重，支队党委始终坚持集体领导，充分发挥集体智慧，注重在“结合”上下功夫。在深化爱民固边战略中，支队立足德宏边境实际，突出德宏特色，在提升创建质量上求突破，进一步明确了推进爱民固边战略的重点和方向；在禁毒工作上继续确保“四个第一”的目标；在部队正规化建设上坚持高起点谋划、高效率推进、高标准落实，下大力解决部队正规化建设中存在的各种问题，实现了在总队正规化管理中“走前列、当标兵、创一流”的工作目标。三是加强团结，努力营造干事创业的良好氛围。支队始终把团结作为政治纪律来遵守，自觉依靠制度维护和保证团结，充分利用党内生活时机，按照讲党性、讲原则的要求，把查摆思想、查摆问题作为党委全会和民主生活会的重要内容，大胆开展批评与自我批评，积极开展思想互助，班子成员在工作上互相关心，互相支持，共谋事业。在大是大非面前，都敢于坚持原则，立场坚定，爱憎分明，真正把团结建立在坚实的原则基础之上，主动把各自分管的工作放在建设好部队这个共同目标上，分工不分家、工作齐心抓，形成了团结心齐、人心舒畅的良好氛围。四是注重强化基层领导班子建设。德宏边防支队通过举办干部晋职、政工业务、一体化办公等各类培训班，突出培养基层领导干部的政治素养、业务能力以及带领部队遂行任务、解决自身问题和保持部队稳定的能力。同时，支队紧紧围绕创先争优活动的总体要求，组织开展了以机关联系基层共创、领导干部联系基层共创、机关党员联系基层党员共创、民警村官联系辖区党组织共创为主要内容的“四联四创”活动，促进了基层党组织建设水平的提升。

【思想政治建设】 2010年德宏边防支队坚持教育先行。深入开展以“弘扬海地维和精神，培育当代军人核心价值观”主题教育为内容的思想政治教育，通过抓试点、抓集体备课、抓教育准备会制度的落实、抓政工干部队伍建设，先后在木康站进行了学习实践当代革命军人核心价值观教育试点，组织巡回授课，开展政工业务练兵和海地维和精神事迹报告会等活动，打牢了官兵思想基础。坚持文化育警。重点开展了以书法、摄影、警营歌星大奖赛为主要内容的系列警营文化活动，努力做到“月月有活动，季季有比赛”，丰富警营文化生活，陶冶官兵情操。大力加强典型宣传，在各级新闻媒体刊发稿件700余篇，宣传工作走在了全省支队级单位前列。坚持典型示范，深入开展立功创模活动。年内，支队被评为“全国边海防工作先进集体”，被云南省民政厅、省双拥办、省军区政治部授予“拥政爱民模范单位”称号，姐勒所作为全省边防部队唯一代表被命名为“云南省公安机关爱民实践示范单位”，苏典站、支那所被部局荣记集体三等功，勐弄所被州政府荣记集体三等功，2名个人荣立一等功，4名个人荣立二等功，104名个人荣立三等功，8个集体、9名个人受到各级奖励表彰，涌现出了以为保护群众、见义勇为光荣负伤的优秀警官沈祥为代表的一批扎根基层、忠于职守、忠诚爱民的先进典型，为全面深化爱民固边战略提供了强劲的精神动力和思想保证。

【爱民固边战略】 2010年，德宏公安边防支队坚定不移地把爱民固边战略置于边防工作的中心地位，紧密结合德宏州情、边情、民情、社情开展工作，深入推动“五大工程”，着力推进“十个深化”。一是在提升爱民固边模范村建设质量和层次上下功夫。坚持按照“以点带面，辐射带动，逐步推开，巩固发展”的总体思路，全年支队积极协调政府和社会资金670万余元投入创建，共创建模范村38个，占边防辖区行政村总数的36.2%。有36个模范村实现了“零吸毒”、33个模范村实现了“零上访”、29个模范村实现了“零发案”、25个模范村实现了“零纠纷”。遮放镇、户撒乡、云井边防小学等8个单位被省委政法委、省综治维稳委评为爱民固边先进乡镇和爱民固边先进单位。二是在创建爱民固边模范县（市）、乡（镇）上下功夫。坚持“连点建乡、以乡推县”，着力开展瑞丽、芒市2个爱民固边模范市，遮放、勐卯、姐相、章凤、昔马5个爱民固边模范乡镇创建工作。经过一年的努力，年内“两市五镇”已将创建工作纳入社会主义新农村建设和平安创建工程总体规划，芒市市委政府、瑞丽市政法委把创建工作与地方各项重大工作同部署、同开展、同落实、同检查，分别召开了创建工作推进会，进一步加强了对创建工作的组织领导，明确了各职能部门的职责分工，扩大了创建工作社会影响力和群众支持度。三是在提升为民服务质量和边检服务水平上下功夫。支队党委把服务质量和水平作为检验和衡量爱民固边战略成效的“标尺”，开展了困难儿童救助、困难群众结对和开设绿色办证点、绿色通道、24小时通关等惠民工程和利民措施。全年，管理边境一、二线出入境人员364.5万人次，查验车辆86万辆次、货物120余万吨；协调政府和社会将119名、495名残疾人、126户五保户困难儿童全部纳入政府救助体系，帮助18名失辍学儿童重新返回了校园，选送5名少数民族孤儿到丽江民族孤儿学校读书，与困难群众结成帮扶对子253个，捐款捐物价值38.6万元。四是在赢取地方党委政府信任和支持上下功夫。年初，德宏州委、州政府专门召开了深化爱民固边战略及创建平安边境活动推进会，出台了《关于成立德宏州深化爱民固边战略及创建平安边境活动领导小组的决定》，进一步明确了23家领导小组成员单位的职责分工，形成了边防牵头、多部门联动创建和谐边境的良好局面。

【边境维稳】 2010年德宏公安边防支队在中缅边境特别是缅北局势极为严峻，加之上海世博会、广州亚运会等敏感节点安保工作任务较重的情况下，始终围绕维护国家和边境稳定这个总目标，立足全国稳定大局来谋划和开展工作，确保了德宏边境未发生影响全省、全国稳定的问题。一是认真做好中缅边境防控工作。针对复杂严峻的缅北局势，德宏公安边防支队坚决执行上级指示命令，迅速投入战备状态，及时组织支队赴南伞增援的处突分队转战盈江集结，加强情报收集研判和安全局势评估，严密出入境边防检查、治安防控、应急处突准备等各项措施，组织了300人的边境应急处突分队，预设了47个执勤点和13个边民安置点，增设了8个一类查缉执勤点、10个二类查巡执勤点，组建49个“打击刑事犯罪专业突击队”，加强边境管控。年内成功参与了中缅边境特大森林火灾扑救、阔时节安全保卫、抗旱救灾等重大任务。二是圆满完成重大安保任务。支队紧紧围绕两会、上海世博会、广州亚运会等敏感节点安保工作，突出对群体性上访事件、社会矛盾纠纷、边境吸贩毒和赌博等热点难点问题的排查和整治，坚持群防群治、综合治理，先后组织部队开展了纠纷隐患“大排查”和“大调解”、打击涉枪涉爆犯罪和境外人员非法入境活动、打击两抢一盗和夏季严打等专项行动17次。全年，共破获刑事案件489起，查处治安案件2251起，抓获网上在逃人员117名，向地方党委政府提供了遮放户拉农场百名群众集体上访、陇把农场群众集体闹事等9条预警信息，排查矛盾纠纷173起，成功化解70起，有力维护了边境地区安全稳定。

【禁毒防艾】 2010年，德宏边防支队始终把禁毒斗争作为事关边疆和谐稳定的大事来抓，牢固树立禁毒主力军意识，针对毒情不断变化更新的特点，坚持打零与截流并重、公开查缉与专案侦查并重、科技手段与侦查谋略并重、查缉毒品内流与查缉易制毒化学品外流并重，科学调配兵力部署，调整斗争策略，调整打击策略，及时组织召开各片区的缉毒工作座谈会和分析会，建立健全缉毒任务逐级量化分解责任制、定期业务分析会、专案侦查、大要案领导靠前指挥等工作制度。及时调整190名官兵充实到缉毒任务繁重的一、二线单位，并在重点地段、重点部位增设了61个机动查缉点，严密组织部队大力开展“铁拳”扫毒、“边境狩猎”专项行动，有力打击了各类毒品违法犯罪活动。同时，支队充分发挥边防派出所阵地控制作用，大力推进无毒村寨、无毒社区建设，强化禁吸戒毒工作，共组织集中收戒专项行动692次，破获零星贩毒案件605起，捣毁吸毒窝点48个、零星吸贩毒团伙96个，收戒吸毒人员1427名，创建无毒村寨280个，净化了社会环境，产生了良好的社会效果。截至11月15日，全支队共缴获毒品418.5千克，占公安机关缉毒总数的41.7%，始终保持了查获案件起数、缴获毒品数、抓获犯罪嫌疑人数、二线站查获毒品数“四个第一”。

【部队建设】 2010年，德宏公安边防支队坚持把推进部队正规化管理作为党委工作的头等大事和固本强基的战略性工程来抓，上下态度坚决、行动迅速、合力齐抓。年内支队结合单位类型多、整体发展不平衡、基础薄弱的实际，按照“机关基层齐抓、软件硬件并举、管理教育同步”的工作思路，先后投入780余万元为基层统一购置了380套床和衣柜，对2000块各种库室的门牌、标牌、13种基础台帐和各类记录本进行了规范和统一，对基层部队营区营貌进行了绿化、美化，在总队第一阶段考核中德宏支队排名支队级单位第一。同时，支队以筹备总队正规化管理现场会为契机，按照“只许成功，不许失败”的指示，积极协助总队工作组开展好试点工作，在总队现场会上，支队机动二分队、木康站、陇川大队部3个试点单位集中展现了支队正规化管理成果，赢得了总队首长和与会代表充分肯定。在年内总队军事业务竞赛中，支队取得了团体第一、4个单项第一的好成绩；并在部局军事业务岗位技能练兵考核中取得了优异成绩，充分展现了支队近年来大练兵成果和部队良好的精神风貌，受到了部局、总队的充分肯定。

【综合保障】 2010年，德宏公安边防支队始终把信息化建设、执法规范化建设和后勤保障能力作为综合保障能力的固本强基工程来抓。坚持以信息化推动执法规范化、以规范执法工作推动警务机制建设，精心谋划，全面部署。一是狠抓执法规范化建设。坚持从加强执法理念教育、提升执法主体素质等8个方面入手，先后制定了《毒品刑事案件办理规范》、《办理行李物品藏毒案件工作规范》等10余个规范性文件，编制了支队执法管理体系，进一步压缩了简单执法、随意执法空间，提升了官兵执法办案能力。建立了“日常学法、跟班学习、旁听庭审、轮值轮训、网上考试”五种培训机制，先后组织了3期41人次执法工作专题培训，分4批安排68名执法人员到属地公安机关跟班学习，组织15组137人次参加法院现场旁听。年内，支队为了鼓励基层官兵学法热情，专门拿出13万元对评为优秀办案单位集体和个人进行表彰，极大地激励了广大官兵岗位练兵热情。年内，支队以总分98.4分的成绩荣获全州执法质量综合考核第一名。木康站被省公安厅定为执法示范单位，陇川大队侦查队被总队列为执法办案场所建设样板单位。年内，支队还投入了80余万元加强执法办案场所规范化建设。陇川大队侦查队、木康检查站执法办案场所已投入使用。遮放、平原、姐勒、勐卯4个派出所已全面开始建设。二是狠抓信息化建设。牢固树立"一切为了实战、一切为了应用"的理念，不断加大信息化硬件投入力度，先后筹措82万元为边防派出所、侦查队配备了信息化查缉系统专用计算机，配置了3G无线上网笔记本电脑29台、普通上网笔记本电脑53台、单警执法记录仪50套，为5个单位开通了局域网，为弄岛、雷允、混板、拉线站安装了边防查控系统，完善了短波和超短波通信网络。大力加强信息化岗位练兵、基础技能和一体化办公平台培训，参训人员12场1500余人次，提高了官兵信息化应用水平。年内，通过信息化装备采集身份信息66.7万份，抓获网上在逃人员33名，协助破案251起，抓获在册吸毒人员698名。三是狠抓后勤保障能力。加强财务规范化管理，对经费管理、开支、使用全部实现了网上预算、网上公开、网上审批。完成了九条通道新建单位营建工作和11个单位灾后维修加固工程，腊撒、芒棒、姐相、屯洪、苏典5个单位已顺利搬迁新营区；始终坚持"三个第一"，先后筹措经费110余万元为基层解决了饮水、照明、洗澡等实际困难。大力发展农副业生产，加大以"小酒厂、小沼气池、小鱼塘、小猪圈"为主要项目的投入，蔬菜和肉食自给率比去年上升11%和9.8%。积极探索和加强重大任务的后勤保障工作，为部队遂行重大任务提供了强有力保障，积累了宝贵的实战经验。

（《德宏公安边防支队》撰稿 陈亚松　张国军）

政　法

司法行政

【劳教工作】 2010年，德宏州劳教所在职能转换、收治对象发生较大变化和收治任务异常艰巨的情况下，狠抓安全防控、安全排查、应急处置、责任追究"四项机制"，全面构筑人防、物防、技防"三道防线"全力维护场所的持续安全稳定。全年新收"两抢一盗"劳教学员19人，解除吸毒劳教人员25人，新收强制戒毒人员100人，解除强戒期56人，所内在册劳教人员19人，在册强戒人员1028人。认真落实安全生产责任书，积极开展安全生产月活动，定期召开安全生产分析和隐患排查整改活动，实现生产总值182.96万元，比上年增长466.3%。其中：工业生产157.77万元，增532.9%；农业生产25.19万元，增241.3%；为"以劳补所"提供了有力保障。

【安置帮教】 2010年，德宏州司法局安置帮教工作继续加强重点人群的管理，制定出台了德宏州《关于贯彻〈中央综治委关于进一步做好刑满释放解除劳教人员安置帮教工作的意见〉的实施方案》；制定下发了《关于认真做好2010年春节和两会期间对刑释解教人员开展走访帮教和管控工作的通知》，各县市（区）基层安置帮教工作机构对全州刑释解教人员进行了走访排查和基本信息核查工作；按照中央、省、州综治委关于进一步加强刑释解教人员安置帮教工作的要求，开展了安置帮教管理软件升级培训，建立了全州服刑在教人员信息库，保证全州服刑在教人员信息的真实有效；积极采取延伸帮教、分类帮教和委托帮教等多种措施开展帮教活动，有效解决刑释解教人员安置问题。全年共接收刑释解教人员454人，其中：刑满释放人员389人，解除劳教人员65人，帮教454人，帮教率100%，落实责任田378人，从事个体经营4人，原单位安置1人，社会救助2人。

【社区矫正】 2010年，德宏州司法局进一步构建社区矫正衔接管理、解矫跟踪和社会保障工作机制，加强对社区矫正对象的教育矫正、监督管理和帮困扶助，各项工作取得了新突破。年内要求各县市（区）积极做好社区服刑人员的衔接管控工作，严防在衔接接收环节出现社区服刑人员脱管、漏管，确保社区矫正工作有序推进；认真落实孟苏铁书记“关于深入推进社区矫正工作”的有关指示精神，与州民政局、州劳动和社会保障局等七部门联合出台了《关于给予社区矫正对象相关社会保障的通知》，为社区矫正对象提供了社会保障机制；初步建立起衔接、管控、教育、帮扶“四位一体”的管控模式，定期召开社区矫正工作领导小组成员联席会议，建立完善社区矫正工作信息互通机制，联合开展监督检查活动。全州累计接收矫正对象 1281 人，累计解矫 297 人，年内在册 984 人（其中管制 25 人，缓刑 466 人，暂予监外执行 261 人，假释 201 人，剥夺政治权利 28 人），发展社区矫正志愿者 510 人，建立教育基地 19 个，建立公益劳动基地 5 个，集中教育 50 次，个别谈话教育 1295 人次，组织公益劳动 41 次，为 551 人落实了责任田和住房宅基地，28 人落实了社会低保，19 人落实了就业就学。

【普法与依法治理】 2010 年是“五五”普法规划检查验收年，德宏州司法局加强对普法及依法治州工作的指导、协调和监督，积极推进“五五”普法规划的全面完成。大力推进“法律六进”活动，以组织普法讲师团、法律志愿者、法制文艺宣传队的形式送法进村寨、进社区、进校园、进企业、进单位。与省司法厅共同开展了边境地区法制新闻宣传采访活动，与州商务局共同举办了企业管理人员法制培训，与州妇联联合开展了维护妇女儿童保护法、与州残联联合开展了残疾人保障法、与州法制局在州政务中心开展了《行政许可法》等相关法制宣传活动。在劳教戒毒场所开展预防青少年犯罪警示教育。在农村普法工作中，开展了法律进寺庙、反邪教斗争、禁毒防艾人民战争等法制宣传活动。5 月 14 日，组织全州公务员和省属企事业单位管理人员共 2 万人参加全省“五五”普法统一考试，合格率为 100%。6 月 10 日，组织全州法律服务工作者 78 人参加“五五”普法统一考试。认真部署实施全州“五五”普法检查验收工作，6 月 9 至 14 日，组织了 4 个检查验收小组深入到各县市（区）及 23 个州直、省属中央驻德宏单位进行了检查验收工作，顺利通过了全省“五五”普法检查验收，其工作经验在全省受到了宣传和推广。此外，年内加强与州团结报、州电视台、州广播电台、德宏政法综治网等媒体合作，搭建舆论宣传平台，创新法制宣传形式，不断扩大法制宣传的影响力。全年在州团结报刊登法制宣传内容 150 篇，在州电视台播出法制宣传内容 30 期，在州广播电台播出法制宣传新闻 35 条，领导发表讲话 45 次，举办普法骨干培训 32 期，印发普法宣传材料、音像资料 38 万份，发放普法宣传读本 15000 册。

【法律服务】 2010 年，德宏州司法行政机关不断加强对法律服务行业的管理和指导，充分发挥律师、公证、法律援助、基层法律服务工作者的专业知识和技能优势，服务民生，疏导和化解社会矛盾，为经济社会发展提供优质高效的法律服务。发挥律师在政府依法行政中的法律顾问作用，协助政府运用法律手段管理经济和社会事务，提高政府依法行政、依法决策的水平；充分发挥公证在公正司法中的服务和保障作用，积极引导公证，及时介入全州重大项目建设、企业投资融资、对外贸易、房地产开发、招商引资、土地、林地承包流转、土地征用补偿等领域，提供法律服务和法律保障，增强服务经济社会科学发展的能力；认真开展法律援助便民服务主题活动，切实提高服务困难群众和社会弱势群体的能力和水平，认真贯彻落实第 5 次全国法律援助工作会议精神，广泛深入宣传《法律援助条例》，坚持以满足困难群众法律援助需求为目标，以维护社会弱势群众合法权益为主线，以建立便民、利民、惠民措施为重点，不断加大办案和接待咨询力度，使更多的困难群众获得法律援助；进一步加强基层法律服务工作，扎实推动“提高基层法律服务质量年”活动的开展，进一步引导基层法律服务工作者积极参与信访、诉讼和矛盾纠纷调解工作，切实发挥基层法律服务工作在服务基层经济发展和维护社会和谐稳定中的职能作用。年内，全州律师共办理各类案件 700 件，其中：刑事案件 194 件，民事案件 421 件，行政案件 9 件，非诉讼案件 31 件，援助案件 45 件。全州公证机构共办理各类公证事项 2769 件，其中：国内公证 2596 件，涉外公证 139 件，涉港澳台公证 34 件，接待来访 7760 人次。全州法律援助机构办理各类法律援助案件

768件，其中：刑事416件，民事352件，行政1件；接待来访856场次，代书86件。全州基层法律服务所代理诉讼事务143件，非诉讼事务36件，办理法律援助案件70件，调解矛盾纠纷228件。

【司法鉴定和司法考试】 2010年，德宏州司法鉴定工作继续深化司法鉴定诚信体系建设，开展三个规范性（司法鉴定文书规范、档案规范、收费规范）和一个科学性（司法鉴定意见书的科学性）。全年全州司法鉴定机构共办理司法鉴定案件590件，其中：法医临床鉴定587件，工程造价纠纷鉴定3件。年内全州报名参加国家司法考试人员204人，实际参考152人，共有53人通过考试，通过率为34.9%。

【基层司法行政工作】 2010年，德宏州司法行政机关紧紧围绕党委政府的中心工作，积极开展社会矛盾纠纷化解活动，全面开展“人民调解化解矛盾纠纷专项攻坚活动”。根据司法部、省司法厅有关意见精神，制定下发了《关于在全州司法行政机关开展人民调解化解社会矛盾纠纷专项攻坚活动方案》，各县市（区）司法局结合实际、精心组织、周密部署，重点开展了对陈年积怨、社会治安重点地区矛盾、旱灾引发的涉水纠纷、林权纠纷等四项问题攻坚活动；在全州司法行政机关中组织开展了“机关干部进乡村”，参加重点地区排查整治和矛盾纠纷排查化解活动；为缓解基层司法所人员紧缺，工作力量薄弱，年内从州劳教所选派了30名劳教人民警察分赴12个司法所帮助基层开展社会矛盾化解、社区矫正和安置帮教工作，完成全州社会矛盾纠纷情况统计及分析；在巩固现有人民调解组织的基础上，大力推进行业性、专业性调委会建设，不断完善人民调解组织网络，新建人民调解组织11个，其中：社区6个，企事业2个，行业性3个；按照分级培训的原则，州和各县市（区）司法局采取以会代训、专题培训等多种形式，大力加强对人民调解员的培训，全州共培训人民调解员5920人，培训率达80%。全州各级调解委员会共调解各类纠纷3056件，成功2936件，成功率为96%；制止群众性械斗15件，防止群体性上访3件。

【干部培训】 2010年，德宏司法行政机关根据司法部、省司法厅《2006—2010年司法行政系统干部教育培训规划》和省、州政法委《关于进一步加强政法干部教育培训工作的意见》文件精神，以深入开展“感恩思进”、优化经济社会软环境建设、创先争优活动为着力点，建立健全了社会主义法治理念教育长效机制；在律师、公证、法律援助、司法鉴定和基层法律服务队伍中，深入开展了“中国特色社会主义法律服务工作者”、“依法诚信执业、公证廉洁执法”警示教育、“提高法律服务质量”等主题实践活动，完善了执业监督和管理机制，保证了法律服务队伍公证廉洁执业；在劳教人民警察队伍中，以“抓亮点、出特色、岗位大练兵、执法大培训换取履职能力的大提升”为指导原则，以警察应知应会的基本知识和技能为重点内容培训，全面推进了劳教所人民警察执法大培训、大练兵活动的深入发展，切实提高了队伍的执法能力和执法水平。全州司法行政机关先后有8名领导干部参加了司法部、省司法厅在上海、河北等地举办的公共管理高级研修班学习；有1334人次司法干警、劳教人民警察、法律服务工作者先后参加了省、州党政机关，司法行政系统举办的各类业务培训和执法培训学习。

【表彰先进】 2010年，德宏州司法行政系统受到司法部表彰的先进集体1个，先进个人2名。其中盈江县旧城镇人民调解委员会荣获全国“模范人民调解委员会”称号，潞西市芒市镇人民调解委员会主任蔺以兵、瑞丽市勐卯镇人民调解委员会主任向明宏荣获全国“模范人民调解员”光荣称号。

（《司法行政》撰稿　陈裕江）

法　　院

【审判田振龙等七人贩卖毒品案】 2010年7月2日，德宏中级人民法院公开开庭审理了被告人田振龙、杨宗林、王森、卢升莲、李德山、卢升惠、曹先存贩卖毒品案。审理查明：2008年1月，被告人田振龙通过被告人李德山介绍认识被告人卢升莲，三人商谈了贩毒事宜。同年8月，被告人卢升莲、卢升惠（二人系姐妹）共同出资62000元人民币交由被告人曹先存帮购买毒品海洛因，曹先存通过境外毒贩购得2块海洛因（约700克）放于家中。9月17日，田振龙汇款人民币60000元给李德山，李德山将此款取出交给卢升莲，卢升莲又购得3块海洛因（约1000克），并将3块海洛因及6000元运费交给曹先存，伺机运往昆明。后因曹先存身体不适，不能将毒品运至昆明，卢升莲便让曹先存将5块海洛因及已支付的运费还给卢升莲。9月26日7时许，曹先存在瑞丽市边城街“冰客水吧”旁将5块海洛因及人民币6000元交给卢升莲时被瑞丽边防检查站侦查人员抓获。查获毒品海洛因5块（经称量净重1700克，含量为51.91%）、人民币6000元。随后，侦查人员在瑞丽市边城街13号3楼出租房将李德山抓获；当日8时许，侦查人员在瑞丽市迎宾楼202房间将卢升惠抓获，从房间内查获人民币50700元。同年8月底，被告人田振龙邀约被告人杨宗林一起贩卖毒品，杨宗林又邀约被告人王森参与贩卖毒品。9月20日，被告人田振龙、杨宗林、王森三人商定由田振龙出36万元、杨宗林出资30万元、王森出资22万元购买毒品。9月23日，田振龙、杨宗林携带所筹毒资到瑞丽，后田振龙与被告人卢升莲联系，让卢帮购买毒品。9月25日。卢升莲同境外毒贩购得四块海洛因，当晚卢升莲将购得的毒品送到东方温泉宾馆交给田振龙、杨宗林，随后杨宗林又将毒品转移到其租住的瑞丽市乐城街11-4号出租房藏匿，伺机运往安徽。9月26日中午，被告人田振龙、杨宗林取款人民币30万元。当晚被告人王森携带人民币9万元到瑞丽与田振龙、杨宗林汇合，准备于9月27日再找被告人卢升莲帮购买毒品。9月26日早上卢升莲被抓获后，主动供述了其帮田振龙等人购买四块海洛因的犯罪事实，并供述了田振龙在瑞丽的住处。后经侦查，侦查人员于9月27日10时20分对杨宗林租住的瑞丽市乐城街11-4号出租房进行搜查，当场从房间阳台的一编织袋内查获毒品海洛因19块，经称量净重6500克，含量为62.63%；在房间卧室的一黑色皮包内查获人民币9万元。14时45分，杨宗林、王森回到该房间时被侦查人员抓获；14时50分，侦查人员又将回到该房间的田振龙抓获，当场从田振龙所提的行李箱内查获人民币33万元。

法院审理后认为：被告人田振龙、卢升莲、杨宗林、王森、李德山、卢升惠、曹先存无视国家法律，为牟取非法利益，明知是毒品海洛因而非法进行买卖的行为已触犯刑律，均构成贩卖毒品罪，应依法惩处。在共同犯罪中，被告人田振龙起意贩毒，经李德山介绍认识卢升莲后，积极同卢升莲联系贩毒事宜，又邀约杨宗林、王森共同拼资购买毒品，并具体实施了支付毒资和指挥毒品交接的行为，其作用相对于杨宗林、王森较大，在案中起主要作用，系主犯；田振龙贩卖毒品数量特别巨大，罪行极其严重，应依法严惩。被告人卢升莲邀约其姐卢升惠出资购买毒品，并积极联系毒品卖方，帮田振龙等人购买毒品，在案中起主要作用，系主犯，其应对本案查获的全部毒品承担刑事责任；卢升莲贩卖毒品数量特别巨大，罪行极其严重，应依法严惩，鉴于其如实供述了侦查机关尚未掌握的罪行较重的同种罪行，可对其酌情从轻处罚。被告人杨宗林、李德山在本案中作用相对于田振龙、卢升莲作用较小，且有各自从轻处罚的情节，对其可从轻处罚。本院为严肃国法，惩治毒品犯罪，维护社会秩序，保护公民的身心健康，根据各被告人犯罪的事实、性质、情节、对社会的危害程度及在本案中的地位作用，经本院审判委员会讨论决定，依照《中华人民共和国刑法》第三百四十七条第二款（一）项、第二十五条第一款、第二十六条第一款、第二十七条、第四十八条、第五十七条第一款、第六十一条、第六十四条及最高人民法院《关于处理自首和立功具体应用法律若干问题的解释》第四条之规定，判决：1.被告人田振龙犯贩卖毒品罪，判处死刑，剥夺政治权利终身，并处没收个人全部财产。2.被告人卢升莲犯贩卖毒品罪，判处死刑，缓期二年执行，剥夺政治权利终身，并处没收个人全部财产。3.被告人杨宗林犯贩卖毒品罪，判处死刑，缓期二年执行，剥夺政治权利终身，并处没收个人全部财产。4.被告人王森犯贩卖毒品罪，判处无期徒刑，剥夺政治权利终身，并处没收个人全部财产。5.被告人李德山犯贩卖毒品罪，判处有期徒刑十五年，并处没收个人全部财产。6.被告人卢升惠犯贩卖毒品罪，判处有期徒刑十五年，并处没收个人全部财产。7.被告人曹先存犯贩卖毒品罪，判处有期徒刑十五年，并处没收个人全部财产。8.本案查获的毒品海洛因8200克及侦查机关扣押的各被告人涉案财物依法予以没收。

【审判黄福龙受贿案】 2010年11月18日，德宏中级人民法院公开开庭审理了原大唐（云南）水电联合开发有限公司总经理黄福龙受贿案。经审理查明：一、2007年底，被告人黄福龙在其担任大唐（云南）水电联合开发有限公司总经理期间，利用职务上的便利，借公司投资建设缅甸太平江水电站的机会，收受出口退税业务代办方瑞丽市黎昌商贸有限责任公司负责人江陈超送的人民币2万元。二、2008年年中，被告人黄福龙收受太平江水电站施工方电源电站进场道路（扩建段）施工方杨光礼送的人民币20万元。三、2009年1月，被告人黄福龙收受广西水电工程局太平江水电站Ⅲ标段项目经理姚桂禄送的存入银行帐户的人民币50万元。四、2009年春节前，被告人黄福龙收受广西水电工程局太平江水电站Ⅰ标段项目经理覃晓航送的存入银行帐户的人民币30万元。五、2010年春节前，被告人黄福龙收受太平江水电站开关站土建施工方长沙建筑工程集团公司项目经理苏斌送的人民币10万元。六、被告人黄福龙于2008年国庆期间、2009年春节前、2010年2月三次收受水泥供货商盈江县允罕水泥厂负责人杨利波送的人民币共计3万元。七、2010年2月11日，被告人黄福龙收受材料设备出口与退税业务代办方瑞丽驰达公司负责人范云江送的人民币1万元。

本院认为，被告人黄福龙作为国家工作人员，在其担任大唐（云南）水电联合开发有限责任公司总经理期间，利用职务上的便利，收受与其任职公司有工程承建及与公司有其他业务往来的相关单位及人员送的人民币共计116万元，其行为已触犯刑律，构成受贿罪。根据本案被告人的犯罪事实、情节、对社会的危害性，并充分考虑其归案后的认罪态度，以及赃款已全部追缴的事实，依照《中华人民共和国刑法》第三百五十八条第一款、三百八十六条、三百八十三条第一款第（一）项、第二款、第六十一条、第六十四条、第六十七条第一款、最高人民法院《关于处理自首和立功具体运用法律若干问题的解释》第一条之规定，判决如下：一、被告人黄福龙犯受贿罪，判处有期徒刑十二年，并处没收个人财产人民币10万元。二、被告人黄福龙犯罪所得赃款人民币116万元依法予以没收。

【审判卓信硅业系列案件】 芒市卓信硅业有限公司（以下简称卓信公司）是德宏州境内规模最大、设备最先进的金属硅业生产企业。2010年，由于受全球金融危机影响，卓信公司陷入严重的经济困境中。2010年3月30日该企业向德宏中院提出申请要求对该企业进行破产重整。本院经审查后认为，卓信公司及其提交的材料不足以证明其符合重整的主体及“不能清偿到期债务，且资不抵债或者明显缺乏清偿能力；或者有明显丧失清偿能力可能的”法定条件。据此，依照《中华人民共和国破产法》第十二条第一款的规定，裁定：不受理卓信硅业有限公司的重整申请。

在本案审查前，昆明中院受理以该企业为被告的借款纠纷6件案件，江苏省无锡市锡山区法院受理以该企业为被告的承揽合同纠纷1件，两地合计涉案金额达9200余万元，并作出了相应的诉讼保全。其他本地债权人在得知这一消息后，纷纷向政府有关部门上访，并向芒市人民法院提起诉讼。德宏中院得知这一情况后，为维护社会稳定，维护各方当事人合法权益，决定集中管辖，并发出了公告。1至10月德宏中院受理了卓信硅业公司为被告的债务纠纷案件115件，涉案标的3823.17万元。卓信硅业系列案件债权人多、债务大、涉及地区广，受到社会各界的普遍关注。为充分维护广大债权人的合法权益，消除了社会不稳定因素，德宏中院及时向省委政法委、省高院，州委、州政府汇报情况，向相关部门作出预警，争取将分散在三地法院的涉及该公司的系列案件集中管辖，并及时冻结了该公司的账户，对公司的来往资金进行监管。抽调精兵强将组成合议庭，邀请人民陪审员参与案件审理，仅用4个月时间，就将该系列案件全部审理完毕。对未申请执行的案件提前介入，与执行案件、委托案件通盘考虑，分层次、分步骤有序兑付债务。从2010年11月2日起，在德宏中院的有效监管下，卓信公司共分6次召集债权人兑付债务，为卓信公司系列案件的债权申请人发放执行款8476.71万元（含昆明法院委托执行），97%的债权人已领到执行款。所剩3%的债务，卓信公司在最短时间内将逐步兑付。

【刑事审判】 2010年，德宏州法院系统共受理各类案件4484件（含旧存384件），比上年增300件，增7.1%；办结4068件，结案率90.72%，比上年增7.02%。全年全州受理各类刑事一审案件1214件1833人（含旧存83件118人），比上年增0.98%；审结1151件1733人，结案率94.81%。受理刑事二审案件90件，审结90件，结案率100%。建议检察机关撤回起诉16件，撤诉率1.32%。在刑事审判工作中，全州法院严格执行刑法、刑事诉讼法和宽严相济刑事政策，着力加大对毒品犯罪、严重暴力犯罪、多发性侵财犯罪、涉众型经济犯罪及贪污贿赂犯罪的打击力度，全年共审结一审毒品案件454件646人、故意杀人案件16件20人、故意伤害案件64件104人、

“两抢一盗”案件310件512人、贪污贿赂案件43件48人、走私案件8件18人。坚持罪刑法定、罪责刑相适应等刑法原则，依法对被告人定罪处刑，确保无罪的人不受刑事追究，并对罪行轻微和认罪态度好的被告人依法从轻处罚，对23名被告人免予刑事处罚，4名单处罚金，21名判处管制，217名判处拘役、缓刑。生效判决中，共判处被告人1517人，其中判处5年以上有期徒刑至死刑的763人。在认真总结去年试行量刑规范化经验的基础上，全面落实《关于规范量刑程序若干问题的意见（试行）》，并于2010年10月正式在全州两级法院开展量刑规范化工作，促进量刑的公开和公正。在全面推行约束法官自由裁量权量刑规范化工作的同时，全州法院在审理部分刑事案件时，主动邀请各级人大代表、政协委员到庭旁听指导，并对代表、委员庭后座谈会上提出的意见予以落实。加大对刑事附带民事案件的调解力度，做到依法追究被告人刑事责任与化解矛盾并重。全州法院全年共审理一审刑事附带民事案件74件，其中民事部分以调解方式结案42件，调解率达56.76%。通过调解，既较好地保护了被害人及其家属的合法权益，又有效地缓和了双方当事人之间的矛盾。

【民事审判】 2010年，德宏全州法院共受理民商事一审案件2017件（含旧存173件），较去年上升7.33%；审结1808件，结案率89.64%。受理民商事二审案件253件（含旧存5件），与去年持平；审结232件，结案率91.7%。已结的民商事一、二审案件涉诉标的额为27285.32万元。年内，全州法院认真贯彻《最高人民法院关于进一步贯彻“调解优先、调判结合”工作原则的若干意见》，充分发挥人民法院调解工作在化解社会矛盾、维护社会稳定、促进社会和谐中的积极作用，运用调解方式，化解了大量的矛盾纠纷，共调解结案603件，调解率达33.35%。注重保护妇女、儿童、老人和无过错方的合法权益，促进家庭和谐、邻里和睦，共审结一审婚姻家庭、继承等与群众生活密切相关的案件710件；注重保护合同当事人合法权益，共审结各类一审合同纠纷案件726件；审结一审人身损害赔偿纠纷案件229件；注重维护农村稳定，共审结一审农村土地承包、土地流转等涉农纠纷案件8件。

【行政审判】 2010年，德宏全州法院共受理行政一审案件30件（含旧存2件），审结29件，结案率96.67%；受理行政二审案件11件，审结10件，结案率90.91%；审查行政非诉执行案件3件，审结3件，裁定准予执行3件。年内，针对德宏州近年来行政诉讼案件上升的趋势，全州法院以多元化协调沟通机制办理行政案件，使争议得到妥善解决。在支持行政机关依法行政过程中，州法院起草了《德宏州中级人民法院2007—2009年行政案件司法审查情况报告》，即行政白皮书。行政白皮书的发布，起到了为行政机关依法行政、提高执法水平提供参考借鉴的作用。

【审判监督】 2010年，德宏全州法院坚持有错必纠的原则，正确处理好纠正错误裁判与维护生效裁判既判力、权威性的关系，审慎开展审判监督工作。全年共审理再审案件12件，审结11件。提高了人民法院的公信力，保护了当事人的合法权益。

【执行工作】 2010年，德宏州法院系统创新执行工作机制，积极破解执行难。一年来，全州法院共受理执行案件765件（含旧存120件），比上年上升24.28%；执结648件，中止26件，执结率84.71%，执结标的额为17968.68万元。其中通过实施救助方式结案57件，支付救助金19.35万元。年内，全州法院一是充分运用执行措施，将调解切实落实到执行活动全过程，促进执行和解，最大限度减少不和谐、不稳定因素。二是在党委、政府的领导和支持下，发挥“执行联动机制”优势。三是推进执行工作信息化，争取党委、政府的支持和各职能部门的协调配合，建立社会诚信体系，努力实现执行工作良性循环。

【司法为民新举措】 2010年，德宏州法院系统继续在便民、利民、为民方面下功夫，不断探索司法为民新举措，切实给诉讼当事人带来方便和关爱。一、积极创新立案方式。为方便当事人诉讼，州法院实行“一站式”立案服务，对符合立案条件、手续完备的案件及时办理立案手续，实现了一小时以内立案，尽量减少当事人等候的时间。瑞丽市法院实行预约立案、电话立案和邮寄立案，收到很好的效果。盈江县法院与县司法局联合制定《巡回立案管理规定》，在昔马、卡场等5个乡镇设立立案点，由司法所代为收集诉讼材料，对符合立案条件的给予立案，能够调解的及时进行调解，不属于立案范围的告知纠纷解决渠道，进一步拓宽了司法调解与诉讼调解的对接方式。二、加大巡回审理力度。全州法院对当事人到庭诉讼不便的案件、群众关注的案件和涉及老年人权益保护的案件，加大巡回审理力度，共巡回审理案件 *261* 件，努力将矛盾平息在基层，化解在民间，实现了就地审理、就地宣判，降低了人民群众打官司的诉讼成本，提高了法律宣传的效果，实现法律效果与社会效果的有机统一。三、设立速裁庭开展速裁工作。为提高审判效率，盈江县法院和芒市法院专门设立速裁庭，审理事实简单，双方争议标的不大的案件，从而提高了案件的审判效率，有效化解了纠纷，节省了诉讼成本。四、设置无障碍通道。全州法院充分关注和关心社会弱势群体，对审判大楼的主要通道、审判法庭及当事人活动的区域进行全面改造，设置和完善无障碍通道。此外，还在值班室设立了残疾人士帮助中心，安排人员提供服务。五、积极开展司法救助。全州法院高度关注贫困群众的司法需求，对符合救助条件的当事人，积极采取减、缓、免交诉讼费措施，保护弱势群体的平等诉权，让那些权益受到侵害的弱势群众打得起官司，全年共减、缓、免交诉讼费 *110.8* 万元。瑞丽市法院还开辟了维权绿色通道，对涉及农民工追索劳动报酬、赡养费纠纷等案件，一律免收诉讼费，充分保障了弱势群体的合法权益。

【基础建设】 *2010* 年，德宏州法院系统积极争取党委、政府及相关部门的支持，努力协调资金，加强基础设施建设。全州已有 *6* 个人民法庭建成并投入使用，其余 *4* 个人民法庭正准备开工建设。投资七百余万元新建的州法院附属综合楼已基本完工，芒市法院审判法庭综合楼工程已于 *12* 月 *17* 日奠基。

【《德宏法苑》创刊】 *2010* 年，由德宏州法院及各基层法院联合主办，用以反映全州两级法院工作情况，交流办案经验，研讨法学理论的内部刊物《德宏法苑》创刊。此外，全州法院除梁河县外均开通了网站。

（《法院》撰稿　高　蕊　杨新磊）

检察院

【召开全州检察长会议】 *2010* 年 *1* 月 *28* 日，德宏州检察院在芒市召开全州检察长会议。会议首先贯彻落实全省检察长会议精神。会议强调，全州检察机关在要紧紧围绕“社会矛盾化解、社会管理创新、公正廉洁执法”三项重点工作，全面履行法律监督职能，大力加强自身建设，努力推动各项检察工作科学发展，为德宏经济社会又好又快发展提供更加有力的司法保障。会议宣读了德宏州检察机关第五次“双先”表彰决定：共表彰“先进集体”*5* 个，“集体三等功”*2* 个，“先进个人”*4* 名，“个人三等功”*6* 名。会上，州检察院检察长与各市县检察院检察长签订了党风廉政建设责任状。

【人大代表、政协委员视察反渎职侵权工作】 *2010* 年 *3* 月，为认真贯彻落实最高人民检察院《关于认真开展邀请人大代表、政协委员视察检察机关反渎职侵权工作活动的通知》的要求，德宏州检察院党组专题研究部署视察工作，结合德宏实际，制定了视察活动实施方案。同年 *4* 月，州检察院领导向州委、州人大、州政协分别作了视察活动方案的专题汇报，州人大常委会作了同意人大代表视察工作的决定。同年 *6* 月，人大代表、政协委员视察全州两级检察机关自 *2008* 年以来开展反渎职侵权工作情况，视察采取听、看、查、访问谈话的形式进行，人大代表、政协委员查看了相关材料，视察了办案工作区，找个别处（科）室局负责人访谈，同年 *7* 月 *23* 日，州检察院邀请 *21* 名本州的全国、省、州三级人大代表和政协委员召开视察工作总结座谈会，州检察院检察长向与会代表、委员介绍了 *2008* 年以来全州检察机关查办渎职侵权犯罪案件的基本情况、主要做法及下步反渎工作计划。*2008* 年以来，全州反渎职侵权部门共立案侦查渎职侵权案 *29* 件 *33* 人，为国家挽回经济损失 *475* 余万元。人大代表、政协委员通过视察工作，对全州检察机关反渎职侵权工作所取得的成绩给予了充分肯定，并形成四条建议。同年 *9* 月，全州两级检察院将人大代表、政协委员提出的意见建议全部落实到位，并将整改措施报人大常委会。

【公诉喊荣等 8 人拐卖妇女案】 *2010* 年 *5* 月 *28* 日，德宏州检察院指派检察员出庭支持公诉被告人喊荣等 *8* 人拐卖妇女一案。公诉机关指控：*2007* 年 *1* 月至 *2009* 年 *1* 月，被告人喊荣、喊闷、帅很、丁国文、坎特·省咪让、菊菊、团应、喊嫁等 *8* 人以找工作为名先后 *12* 次结伙将缅甸藉妇女马××、菊×、坎×、牙××、玲×、尤×、丁××、都××、波×及7名不知名的妇女，分别带至安徽省无为县、福建省宁德市和德宏州内，以9000元至36000元之间不等的价格卖给他人为妻，被告人喊荣等8人拐卖妇女共获利254800元。经过一天的法庭审理查明：2007年7月至2009年1月，被告人为牟取非法利益，以介绍婚姻为名实施拐卖妇女行为。其间，被告人喊荣参与实施拐卖妇女10起，拐卖16人；喊闷参与实施拐卖妇女6起，拐卖9人；坎特·省咪让参与实施拐卖妇女4起，拐卖9人；丁国文参与实施拐卖妇女4起，拐卖6人；帅很参与实施拐卖妇女2起，拐卖5人；菊菊参与实施拐卖妇女3起，拐卖4人；团应参与实施拐卖妇女2起，拐卖2人；喊嫁参与实施拐卖妇女1起，拐卖1人。根据《中华人民共和国刑法》第二百四十条、第二十五条第一款、第二十六条第一款、第二十七条、第六十八条、第六十一条、第六条第一款之规定，法院分别判处被告人喊荣等8人有期徒刑15年、13年、12年、8年、5年和3年，并判处罚金共计90000元。

【打击刑事犯罪】 2010年，德宏州检察院重点打击在德宏较为突出的毒品犯罪、拐卖妇女儿童犯罪、非法集资犯罪以及“两抢一盗”犯罪，全州侦查监督部门批准逮捕各类刑事犯罪嫌疑人1506人，不批准逮捕335人；全州公诉部门依法起诉各类刑事案件1300件1606人，不起诉93人。年内，加强检调对接，促成11件主观恶性不大、情节较轻或邻里纠纷引发的刑事案件达成和解，促成2件民事申诉案件达成民事和解。

【查办和预防职务犯罪】 2010年，德宏州检察院认真贯彻“保持惩治腐败高压态势”的精神，紧抓办案不放松，全州反贪、反渎职侵权部门立案侦查职务犯罪案件42件47人；其中，贪污贿赂案件32件36人，渎职侵权案件10件11人；大案28件，县处级领导干部4人。依法查处司法不公背后的职务犯罪案件，涉嫌徇私枉法、失职渎职、索贿受贿等职务犯罪案件3件4人。年内，注重职务犯罪预防工作，加快“侦防一体化”建设，结合执法办案对36件典型案件开展立项预防调查，发出检察建议31件，引起党委、政府领导重视，作出批示22件，促成行业系统整改；深入4个在建国家、省州级重大工程建设项目开展预防工作，确保政府投资安全；受理行贿犯罪档案查询61次；开展预防宣传和警示教育213次，6000余名国家工作人员受到教育。

【诉讼监督】 2010年，德宏州检察院明确监督方向，认真履行监督职责。依法监督侦查机关立案25件，撤案9件，纠正漏捕漏诉52人，依法对违法侦查活动提出书面纠正意见134件，提出检察建议75件；依法提出刑事抗诉11件，法院审结9件，采纳意见8件，纠正审判活动中的违法情形5件。依法提出民事行政抗诉3件，提出再审检察建议2件，法院审结5件，改变原判决裁定4件。

【刑罚执行监督】 2010年，德宏州检察院以保障刑罚执行和监管活动的严肃性为重点，监所检察部门监督纠正提请假释不当及呈报、决定暂予监外执行不当21人，监督纠正刑罚执行和监管活动违法246人，查办监管场所工作人员职务犯罪案件1件。监督检察社区矫正工作，建立健全工作制度，深入基层调研，了解和掌握矫正对象的档案和资料，监督检察监外执行罪犯1147人，纠正漏管监外执行罪犯173人。

【控告申诉】 2010年，德宏州检察院制定了《德宏州检察机关涉检信访风险评估预警办法》，在执法办案的各个环节排查、研判和处置涉检信访，从源头上防止和减少涉检信访，对2件作出不批准逮捕、不起诉决定的案件，进行风险评估预警。坚持首办责任、检察长接待日等工作制度，规范控告申诉检察工作，年内受理来信来访151件，立案复查刑事申诉案件8件、刑事赔偿案件3件；开展涉检信访积案排查活动，对排查清理出来的1件涉检信访积案，落实领导包案责任，做好稳控工作。

【坚持人民监督员制度】 2010年，德宏州检察院深入推进人民监督员制度，规范程序，保障“三类案件”和职务犯罪案件“五种情形”的监督。年内全州检察机关共立办职务犯罪案件42件，全都以案件告知卡的形式告知人民监督员，其中，州院反贪局立办的黄××涉嫌受贿一案因其不服逮捕决定，由省检察院启动人民监督员监督程序对案件进行监督，经人民监督员审查后认定黄××不服逮捕决定的理由不成立。州十三届人大三次会议闭幕后，州检察院对人大代表、政协委员提出的意见建议进行梳理，逐项整改落实，办理答复意见建议6件和人大常委会交办的申诉件1件。主动邀请人大代表、政协委员到检察院座谈3次、旁听重大刑事案件庭审5次；向代表、委员发送检察工作信息106期。实行特约检察员制度，全州聘请特约检察员18人，进一步加强了社会各界对检察机关执法活动的监督。

【检察委员会工作】 2010年，德宏州检察院检察委员会办事机构依照《人民检察院检察委员会议事和工作规则》，对各部门提请讨论决定的案件和有关事项，预先进行程序性审查；对重特大有争议的疑难案件，为检委会委员提供相应的法律法规和司法解释。年内全州两级检察院共有检委会委员60名，非专职51名，专职9名；共召开检委会会议128次，讨论决定各类重大疑难案件198件，讨论决定重大事项9件；检委会决定督办率和执行率为100%。其中，州检察院有检委会委员15名，共召开检委会议12次，讨论重大疑难案件28件，讨论重大事项4件，督办执行率为100%。

【队伍建设】 2010年，德宏州检察机关深入开展“感恩思进”教育活动、创先争优活动、“建设学习型党组织、创建学习型检察院”活动和《恪守检察职业道德、促进公正廉洁执法》主题实践活动。组织开展了检察英模事迹巡回报告会、案例剖析、自身反腐倡廉展览等活动，大力弘扬忠诚、公正、清廉、文明的检察职业道德，引导检察机关基层党组织和共产党员立足本职创一流业绩。全州检察机关涌现了以全国“模范检察官明立丽”为代表的一批先进典型，6个单位和部门、4名个人受到省级以上奖励和表彰。进一步优化领导班子结构，加强对领导干部的监督、管理和考核，实行诫勉谈话、述职述廉、重大事项报告制度，坚持民主集中制原则，不断增强班子的凝聚力、创造力和战斗力。以加强政治理论学习、专业知识学习为主要内容，开展大规模教育培训，采取在线学习、岗位练兵等措施，组织各类检察业务培训824人次，24名领导干部参加了领导素能培训；组织全州55名干警参加司法考试，通过30人，通过率为54.6%，高出全省检察机关13.2个百分点。选拔培养以优秀公诉人、侦查员、侦查监督能手等业务尖子为重点的检察业务人才，1名检察人员在全省检察机关业务竞赛活动中获得表彰。做好定向招录培养检察人员和少数民族检察人员工作，在全州参加高考的考生中，定向招录和培养少数民族检察人员12人。全州检察机关招录大学生13人，逐步缓解基层检察官短缺问题。

（《检察院》撰稿　赵振荣）

公　　安

【队伍建设】 2010年，德宏州公安机关以开展“创先争优”活动为契机，大力发扬基层党组织和党员的战斗堡垒和先锋模范作用，充分发挥各个领域党组织和广大共产党员的模范带头作用，继续深入开展学习实践科学发展观和“感恩思进”主题教育活动，以举办讲座、开展讨论、编发典型案例、组织征文活动等形式，打牢全州民警“立警为公，执法为民”思想基础，坚定政治建警方向，不断增进同人民群众的感情，坚决履行好人民群众利益维护者、捍卫者的神圣职责。紧紧围绕队伍正规化建设这条主线，切实做好“一岗双责”制度落实，健全和完善队伍管理的规章制度体系，从组织机构、教育训练、执法执勤、内务管理、监督制约、警务保障、工作职责、工作日志、考勤制度、绩效考核及奖励措施等各方面，全面推行“精细化”管理和“治虚、灭假、纠偏”责任追究力度，确保队伍教育、管理和监督各项制度、措施真正落实到位。推动各项公安工作“提质增效、争先进位”；进一步规范各级机关、基层所队工作秩序、内务秩序，促进民警队伍的养成教育，确保警营整洁有序，不断提升公安队伍的正规化水平。推进组织人事制度改革，进一步增强干部队伍的活力和创造力。年内，全州65个派出所中，所长进同级党委班子60人，105个基层所队和一线单位班子健全，并解决了县市城区中心派出所所长高配正科职级待遇，同时，选送全州5名科级干部到省公安厅及昆明市公安局挂职锻炼；州局一线部门和基层所队共建立党支部81个、团委6个；组建反恐特警支队，认真考核选调优秀民警42人充实队伍；新招录公务员（人民警察）56名（含省厅定向招录5名）全部充实到基层一线实战单位，基层科所队战斗力明显增强。

【开展公安民警“大走访”爱民实践活动】 2010年，德宏州公安机关深入开展公安民警“大走访”爱民实践活动，不断密切公安机关与人民群众的血肉联系。通过“大走访”努力树立公安机关亲民爱民、公正文明的职业形象；认真组织开展“警营开放日”、“警民关系民警谈”、“群众工作大家谈”主题征文活动，认真组织开展第二届“百姓最喜爱的十大人民警察”评选活动，加强警民沟通，增强人民群众对公安工作的理解和支持，用多种形式和载体深入推进警察公共关系建设。年内，走访单位4100多家、困难家庭6800余户，征求建议和意见3300余条，排查各类矛盾纠纷1314起，化解1023起；建成县级调解中心4个、基层派出所或警务室调解室294个、交通事故调解室8个，配备基层调解员523名（其中交警67人），已调解一般矛盾纠纷862件，调解处理交通事故1416起，预防恶性案件5件，侦破群众关注案件217余件。同时，全州公安民警积极响应号召，大力支持抗旱、抗震救灾工作及慰问英烈工作，共计捐款60余万元，并向新农村建设挂钩点盈江县南永村村委会和两所小学捐赠电脑20台、课桌80套。年内芒市公安局、瑞丽市公安局姐勒边防派出所被命名为“云南省公安机关爱民实践示范单位”。

【公安宣传】　2010年，德宏州公安局与新闻媒体建立良好的合作关系，开办德宏电视台《德宏警方》栏目，主动做好舆论引导工作，积极营造有利于公安工作和公安队伍建设的良好舆论环境。进一步完善州、县（市）两级公安机关新闻发布工作机制，充实各级公安机关新闻发言人队伍，强化培训，提高应对媒体的能力和水平。同时，加强公安宣传阵地和宣传队伍建设，充分发挥各县（市）公安宣传力量的积极性和创造力，上下联动，合力构建全州公安宣传阵地，服务中心工作。年内全州公安机关共在州级以上新闻媒体刊播公安工作报道4039篇，其中：中央级报道11篇（条），省级909篇（条），地州级3119篇（条）。

【培训训练】　2010年，德宏州公安机关一是认真组织全州公安机关深入学习实践科学发展观和党的十七届五中全会精神，牢固树立“立警为公、执法为民”的思想。二是按照州委“五不准”、“七要七不要”的要求，深入开展全州公安机关作风教育整顿活动。全州组织播放《第二届公安廉政文化之星挑战活动》、《远山的红叶》两部警示教育片7场次，共有1000余名民警、协管员观看了教育片；组织讨论60余场次，参与讨论的民警800余人。三是根据上级公安机关开展“大教育”、“大训练”的总体部署，本着“干什么、学什么、练什么”、“差什么、补什么”的原则，组织开展大培训、大练兵活动。筹措教育培训经费230万元，自5月10日开始全州公安民警分十期每期十天进行培训。培训期间州局党委委员轮流进行授课，并邀请省厅相关部门领导、警官学院、昆明市警校教授、检察官、法官、律师、党校教师进行专题讲座。年内，全州公安机关已完成“轮训轮值、战训合一”培训班10期，培训民警1778人，实现了全员培训。同时各级公安机关还举办各类业务培训63期、2615人次，并组织民警参加上级公安机关举办的各类培训班39期181人次。

【警营文化】　2010年，德宏州公安机关以警营文化建设为载体，坚持文化育警，积极营造温馨、和谐、有序的警营文化氛围，充分调动民警的工作积极性，确保公安队伍始终保持蓬勃朝气，制定了《德宏州公安机关2010年文体活动方案》，依托党、团、工、妇等组织，以各大节点为契机，认真组织开展警营文化活动，先后举行大众广播体操比赛、首届警营歌星大奖赛、“金盾杯”象棋、书画摄影比赛、德宏州公安机关“金盾杯”迎国庆红歌合唱比赛等活动，发掘警察文化资源，培养公安文艺专门人才，活跃警营生活，陶冶民警情操。

【关爱民警】　2010年，德宏州公安机关一是从关怀激励、祝贺慰问、教育奖励、体检休假、生病住院、抚恤优待等十个方面，认真贯彻落实《十项制度三十六条关爱民警措施》，创办了廉价大药房、开办了警官健身中心、警官餐厅、民警子女高考奖励等。二是组织了2009年度全州公安功模114人分别到北京、华东五市等地进行学习考察，先后安排全州公安机关领导干部和民警前往江苏南通、苏州、上海、西安、四川青阳、山东东营等地区学习开展“三项重点”和“三项建设”工作的先进经验，借外脑破僵化，增见识展视野，提升国门公安民警的内在素质。

【纪检督察】　2010年，德宏州公安机关对“三项建设”、“三项重点工作”、“冬季铁拳行动”、“夏季严打行动”、集中整治涉案人员非正常死亡问题、执法场所安全设施建设标准化工作、“警车、涉案车辆违规问题”、“绩效考核”等重大工作进行明查暗访和专项督察，全年开展各类（专项）督察工作70余次，出动警力1056余人次、车辆403余辆次，发督察（督办）通知书73份，提出督察建议130条。全州各级公安机关纪检监察部门共收到信访案件67件，其中州局纪委11件、县市公安局纪委56件，全部办结，查结率100%；维护民警执法权益23件，其中，州局3起、县市公安局20起。

【维护社会稳定】 2010年，德宏州公安机关切实抓好州、县、乡、村四级联动体系建设和调解场所规范、调解工作规范、调解队伍规范及行政调解、人民调解、司法调解工作机制建设，制定下发《德宏州公安局社会矛盾化解工作方案》、《关于建立健全矛盾纠纷调处长效机制的意见》、《德宏州公安局矛盾纠纷调处工作问责办法》，从源头上预防各种群体性和政治破坏性事件的发生。全年共排查各类矛盾纠纷1411起，化解1117起；建成县级调解中心5个、基层派出所或警务室调解室294个、交通事故调解室10个，配备基层调解员528名（其中交警67人），已调解一般矛盾纠纷958起，调解处理交通事故1734起，预防恶性案件5件。向各级党委政府和相关部门提出工作建议136条，开展重大社会决策、重大工程项目社会稳定风险评估43次，收集掌握内幕性、预警性情报信息135条。认真开展集中清理信访积案活动，已成功化解省厅交办21件涉法涉诉信访积案中的17件，化解率为80.95%，列年度全省第一。共收集各类情报信息11269条。

【创新社会管理】 2010年，德宏州公安机关按照“服务零距离、录入零差错、民警零投诉、人员零漏管”的要求，全面推行户政窗口“一站式”服务及“行政问责制”，制定下发《德宏州公安机关行政审批和管理服务承诺项目》，再次对34项行政许可项目的审批时限进行了删繁就简、缩短时限；出入境管理部门推出网上审批、网上大厅等十大便民服务新举措；交警部门推出车、驾管业务“一窗式”办理，设立车管便民服务点等十项举措提升车管服务水平；交警支队车管所、芒市公安局法制室、遮放边防派出所、消防支队姐告边境贸易区大队、瑞丽市公安局银河派出所、盈江县公安局信访办六个单位被省公安厅确定为云南省公安机关社会管理创新和社会矛盾化解“示范培养单位”。年内制定出台全州校园安全10个100%建设目标，确保了全州660所学校的校园安全。积极推行租赁房屋治安管理工作十项制度，建立完善工作倒查和问责七项措施，出租房屋管理趋于规范；制定出台《大型群众性活动安全风险评估办法》、《大型活动安全许可审批流程》，对大型活动举办提出具体标准；完善危险物品安全管理长效机制，打破传统模式，管理由静态管理向动态监控转变；出台《德宏州旅店业治安管理“八不放过”规定》，杜绝“问题旅馆”存在和“一人登记多人住宿”、“本人登记他人住宿”、“无证住宿”等现象发生；全面放开“亲情投靠”迁移落户、“人才引进”迁移落户，建立人才集体户、特殊贡献人员集体户、外来投资纳税人员集体户；结合第六次全国人口普查户口整顿工作，切实推进社区警务工作，建立流动人口居住证管理制度，与民政局联合制定《边民入境通婚备案登记证管理规定（试行）》，在全国率先将境内居住的缅籍入境通婚边民纳入管理，各项管理创新工作正在深入开展，稳步推进。

【治安管理】 2010年，德宏州公安机关对全州刑事案件高发、治安状况复杂、吸贩毒问题严重、交通秩序混乱、消防安全存在重大隐患的地区或区域，按照混乱现状和危害程度划分为A、B、C三个层级进行挂牌整治。确定各类治安整治重点64个，其中A级12个、B级27个、C级25个。治安整治重点地区已破获刑事案件173件，抓获犯罪嫌疑人141人；查处治安案件1158件，查处违法人员1907人，列管重点人口1692人。年内共受理治安案件9604起，比去年上升35.9%；查处9604起，比去年上升36.2%；查处率100%，比上年上升0.2个百分点；查处违法人员9742人，比去年上升37.5%（其中治安拘留4562人，比去年上升22%）。年内，共入户核对29.36万户、117.54万人，变更更正补充户口信息56.93万项，纠正公民身份号码重错号242个；补办居住证6698人；全州537家旅馆均已安装旅馆业治安管理信息系统，安装率达100%，下发停业整顿通知书6份，对42家不按规定登记旅客信息的旅馆业主进行了处罚。

【治安防控网络建设】 2010年，德宏州公安机关一是组织开展公安武警联合武装巡逻工作，共出动公安民警4970人次、武警官兵2613人次，出动车辆1609辆次，巡逻盘查人员12644人次，处置突发事件42起，抓获违法犯罪嫌疑人37人，救助遇危群众387人，查获毒品鸦片56克，查获被盗抢摩托车1辆。二是为大力加强社会巡逻防控工作，有效遏制

“两抢一盗”等可防性案件，充分发挥巡逻防控队伍在协助公安机关维护社会治安稳定中的重要作用，全力构建“大巡防”工作格局，制定下发了《关于进一步加强治安巡逻防控工作的通知》，在全州建立三级巡逻防控机制，组建专业巡逻防控队伍。即在州公安局设巡逻防控工作支队，在各县（市）公安局设巡逻防控工作大队，在各派出所设巡逻防控工作中队。共查获涉嫌黄赌毒案件276件，抓获犯罪嫌疑人443名，清理出租房2777户，处罚违规出租房业主26人；清理流动人口17020人，新登流动人口871人，注销居住证178人；清理境外人员2901人，清理“三非”人员1067人，遣送“三非”人员895人。

【打击刑事犯罪】 2010年，德宏州公安机关精心组织“冬季铁拳”“夏季严打”、“2010年严打整治”、边境社会治安专项整治、防范查处缅籍人员非法进入内地专项整治和新疆人员非法越境专项整治等专项行动，先后侦破以公安部挂牌督办的瑞丽市“2010·10·23”特大系列拐卖妇女案、芒市“2010·08·13”特大系列拐卖缅籍妇女案和省政府督办的“2010·03·03”特大假烟犯罪网络案等为代表的一大批刑事案件，铲除6个恶势力犯罪团伙，芒市、瑞丽、陇川、盈江、梁河五县（市）公安局实现命案全破，全州首次实现35件现行命案全部攻克的重大目标，破获命案积案1起，命案综合破案率达102.8%。全年，共立各类刑事案件4748件，已破1755件，全州刑事立案、八类案件、“两抢一盗”案件比上年分别下降2.6%、15.2%、5.9%；抓获犯罪嫌疑人1403人，比上年下降11.5%；抓获各类在逃人员1018人，比上年上升47.03%；打掉犯罪团伙164个658人，比上年分别上升22.4%、22.1%；逮捕犯罪嫌疑人1453人，劳教27人。

【打击经济犯罪】 2010年，德宏州公安机关侦破各类经济犯罪案件115起，首次超出百件，创历史新高，查获假发票、违规使用发票11.7万份，超额完成省厅下达的缴票任务，为人民群众挽回经济损失1189.6万元，全州实现了治安形势的好转和如实立案的双赢。

【禁毒斗争】 2010年，德宏州公安机关突出严打毒品犯罪，始终把这一主题列入每一次专项整治，坚持堵截、打击、整治、管控、教育多管齐下，共破获毒品刑事案件968起，其中破获“201·03·20”部督目标案件1起、“2010·04·29”省级目标案件1起、州级目标案件6起，抓获犯罪嫌疑人989人，缴获毒品1149.73千克，缴获易制毒化学品10.43吨，打掉犯罪集团60个223人，打掉境外毒枭4名。共查获零星贩毒案件（含行政案件）2580起，抓获嫌疑人2633人，缴获毒品5071.63克，捣毁吸毒团伙3个、零星贩毒窝点72个，摧毁吸毒窝点220个，清查村寨、社区、娱乐场所310个，清查人员22752人次。共收戒吸毒人员10861人，其中：强制隔离戒毒8136人、社区戒毒1287人，社区康复1438人。共建立吸毒人员登记卡、尿检卡、帮教卡“三卡”20335份，录入吸毒人员动态管控信息24520条。在强化全员收戒吸毒人员的同时，全州各级公安禁毒部门充分运用“1+3+N”运行平台，深挖犯罪线索，严打毒品刑事犯罪，通过“1+3+N”运行模式获取线索4054条，破获各类案件76起，抓获犯罪嫌疑人23人，收戒吸毒人员48人，摧毁贩毒网络窝点9个，缴获毒品2014.2克。

【道路交通管理】 2010年，德宏州公安机关先后开展了冬季“铁拳行动”、交通秩序乱点、事故黑点专项整治、“夏季严打”交通违法行为整治、交通安全隐患大排查大整治，以及“苦战八十天预防重特大道路交通事故”专项行动，始终保持对各类交通违法行为的高压态势，实现了道路交通秩序的进一步好转。全州交警查验各类车辆191.85万辆次，纠正交通违法18.71万人次，对交通违法人教育15.46万人次，警告1582人次，罚款30612人次，罚款466.67万元。对严重交通违法行为拘留307人（其中无证驾驶拘留218人、醉酒驾驶拘留89人），依法暂扣机动车6228辆；工作中查获被盗抢摩托车7辆，缴获海洛因465克，共抓获犯罪嫌疑人8人。全州辖区内共发生交通事故45起，造成48人死亡、34人受伤，直接经济损失57331元，与上年相比，事故次数下降34.78%，死亡人数下降23.81%，受伤人数下降48.48%，经济损失下降37.93%。全年发生一次死亡三人以上的道路交通事故2起，有效杜绝了一次死亡5人以上特大道路交通事故。全州公安交警系统交通安全宣传进行政村130个、进社区19个、进单位228个、进学校211所；共举办交通安全宣传展览529场次，自制宣传片50.4万份，出动宣传力量7896人次，受教育人数35.21万人。各级新闻媒体采用稿件共2002篇（条），其中，中央级媒体采用3篇（条），省级媒体采用稿件1445篇（条），州级媒体采用稿件554篇（条）。年内，强势推动公安交管社会管理创新工作。在车辆管理工作中，推出“一窗式”、“互联网选号”、“流动车管所”下乡办证等十项举措，车管工作不仅满足社会管理需要，更好地服务社会经济发展，以优质的服务积极构建和谐警民关系，更把牢了车辆和驾驶人源头管理关。年内全州拥有机动车33.58万辆（其中汽车57334辆，摩托车24.48万辆，低速载货汽车4322辆，挂车19辆，拖拉机29318辆）；拥有机动车驾驶人29.08万人（其中汽车驾驶人11.08万人，摩托车驾驶人13.88万人，轮式专用机械驾驶员2人，拖拉机驾驶员41143人）。针对道路交通事故源头管理，强势推出全州机动车驾驶员培训整风溯源工作制度，创新推出和建立了机动车驾驶人交通安全警示教育制度、驾驶培训学校考试质量排名通报制度及培训质量跟踪和倒查等八项工作制度。

【出入境管理】 2010年，德宏州公安出入境管理部门结合工作实际开展“效能目标、效能建设、效能竞赛”主题实践活动，以十大队伍能力、业务效率为建设目标，先后组织召开全州公安出入境管理基础业务工作培训会、内勤业务培训会、“效能竞赛”专项竞赛培训。共开展清理缅籍“三非”人员行动205次，出动警力1990余名、警车379辆次，共计清理遣送缅籍“三非”人员5672人（其中非法入境1104人，非法居留4472人，非法就业96人）。管理边境入境486.4万人次；出境共计80.75万人次。共受理审批出国（境）证照11811份。其中：受理审批普通护照2317份，受理审批内地居民赴港澳地区申请3065份，受理审批大陆居民往来台湾申请406份，受理审批《中华人民共和国出入境通行证》6023份。年内，与缅方进行会谈会晤46次，比上年上升30%。共从境外抓捕网上在逃人员7名，协助其他警种抓捕境外逃犯22人。上报省厅边境出入境管理科关于核查犯罪嫌疑人国籍身份函件共计64人。

【公安法制】 2010年，德宏州公安法制工作一是教育培训全面展开。投入经费230万元，对全州1828名民警分11期每期10天进行全员培训。二是制度建设全面推进。27个部门共建立规范执法管理体系13套26册，每套74万余字；制定《案件和卷宗质量考评规定》和《执法工作“日毕周清月办结”制度》、《“不合格案件”行政问责办法》及《执法过错认定程序规定》等制度，以常态化的工作模式推进执法规范化建设。三是执法问题全面整改。投入资金173万余元，设置标准执法场所66个，及时排出10大执法安全隐患、215个一般执法安全隐患，梳理出执法突出问题179个。四是案件评查工作全面深入。年内，累计上传案件卷宗4053件，民警上网评阅28400人（次），网上审批刑事案件408件、行政案件5312件；共组织开展执法质量考评57次，评查案件3537件，发现并纠正执法问题3885个。五是典型推广全面启动。在全州范围内继续组织开展了十大“精品卷宗”、“最差卷宗”、“十佳规范执法办案标兵”、“十佳法制民警”等评优评选活动。芒市公安局经侦大队被公安部命名为“全国公安机关执法示范单位”，德宏州公安局被省厅命名为全省公安机关执法规范化建设州市级示范单位（全省仅2个），盈江县公安局被命名为全省县级示范单位。全州确立19个基层科所队为州级执法示范单位。

【警察协会工作】 2010年，德宏州公安局党委采取一系列举措，强势推进警察协会工作。首先从加强协会组织建设方面入手，调整充实协会领导班子，增设一名专职副主席，选调一名专职秘书长和一名专职副秘书长充实协会工作班子。二是连续两次召开局长办公会，作出了一系列加强警察协会工作的决定，有力推动和促进了州警察协会工作跃上一个新台阶。州警察协会召开了一届五次理事会。全州警察协会“五个一工程”建设工作取得新突破。全州警察协会共增加18名专职人员，州和各县市警察协会都配备了专职副主席和专职秘书长。州警察协会对《德宏公安》刊物作了进一步改版和完善，制作完成了《德宏公安》电子杂志在州局信息网主页上与广大读者见面。年内，州警察协会先后组织开展了“第二届中国警学论坛”征文、“和谐、融入、发展理论调研”、“2010年全州警学理论调研”、“开展桥头堡黄金口岸建设课题研究”及“第五届海峡两岸暨香港、澳门警学研讨会”征文等五次调研征文活动，共收到各种调研文章290篇，比上年多51篇。全州有7篇论文入选省、州级有关刊物；有5篇论文被省警察协会评为特别奖、三等奖和优秀奖。有7篇论文入选中国西部城市警察协会《警察科学论坛》资阳年会优秀论文。积极协助做好省警察协会一届六次理事会在瑞丽召开的筹备工作，得到了领导和广大民警的肯定和好评。州警察协会继2009年后再次被省警察协会评为全省“先进警察协会”。

（《公安》撰稿　杨庆东）

消　　防

【队伍建设】　2010年，德宏州公安消防支队紧紧抓住班子建设，认真贯彻落实《公安消防部队党委班子建设标准（试行）》，党委领率能力、科学决策能力和把关定向能力显著增强。年内，支队先后提拔任用大队领导干部4人，调整中队干部21人。同时，利用部局、总队、支队（司政后防）各种培训提升干部素质，干部平均培训时间达到21天，官兵培训率达100%。鼓励官兵参加军队自学考试、函授教育等多种形式的在职教育，全州67名干部全部达到了大专以上文化程度，其中本科达55.2%以上，研究生达6%，支队先后选派60多名士官骨干参加了总队执勤中队长助理、预任装备技师、特勤队员暨灭火救援攻坚组培训，组织13名驾驶员开展了为期6个月的新训驾驶员培训，极大地提升了官兵业务素质和工作能力。年内，支队指导潞西市组建了以合同制消防员为主的遮放镇政府专职消防队（编制10人），指导盈江县和梁河县分别成立了盈江县弄璋镇政府专（兼）职消防队和梁河县芒东镇政府专（兼）职消防队。年内，全州分别有4个单位被省消防总队评为“基层建设达标先进大队”和“基层建设达标先进中队”，6人荣立三等功，5人被评为“优秀消防卫士”，31人被评为“优秀士兵”，10人被评为“优秀士官”。

【部队教育与管理】　2010年，德宏州消防部队开展了“云岭消防大走访”、“云岭消防党旗红”、“廉政制度宣传贯彻月”、“自力更生，勤劳致富，感恩思进”主题教育和纪念胡总书记“三句话”一周年等系列活动，认真开展党委成员、政治教员和地方院校专家教授视频授课，对《思想政治教育大纲》和新《共同条令》进行了全文学习，在姐告大队开展《思想政治教育大纲》试点，全面开展了历史使命、理想信念、战斗精神和社会主义荣辱观等基本教育，举办践行“三句话”演讲比赛和承办了全州庆祝建军83周年军警民联欢活动。同时，全州部队强化部队警示教育、法纪教育，严格实行安全风险抵押金制度和边境地区预防事故案件十条措施，健全安全监督员报告制度，严格责任奖惩。坚持人防物防技防并举，借助视频监控、指纹监控、电话点名、明查暗访等，推动督察工作常态化。实行《月情通报》、《重点工作月报》、部队管理和信息化《简报》制度，立足姐告中队精细化管理经验，深化部队管理教育，规范合同制消防员的招收与管理，有效保持了部队的高度集中统一和安全稳定。上、下半年，支队被总队授予“安全管理流动红旗”，并被评为“安全管理先进支队”。

【火灾防控】　2010年，德宏州消防部门以构筑社会消防安全工程为中心，建立健全了消防安全联合监管制度，全面统筹消防安全标准化管理、“三提示”等工作标准，着力开展社会单位“四个能力”建设活动，相继开展了冬、春旱季防火攻坚战、“抗大旱、迎世博、除隐患、保平安”消防安全专项行动、学校、幼儿园及校园周边消防安全专项整治行动、建筑消防设施专项治理等8个专项整治行动，消除了大批火灾隐患。全年全州消防部队共检查单位5290个，查处火灾隐患1471处，罚款78.5万元，实施三停处罚17起，临时查封11起，强制执行1起，警告4起，拘留1人，办理“两案”1起，提请政府挂牌督办9个重大火灾隐患单位。7月，州政府在芒市召开了构筑社会消防安全“防火墙”工程现场会，实地考察了“四个能力”建设试点单位，并根据构筑“防火墙”工程的四个方面内容制定了四个手册，实现了记录、工作、制度、存档四者之间的统一。8月，各县市政府组织相关部门对“四个能力”建设工作进行了自查验收，全州134个属于人员密集场所的消防安全重点单位全部完成了建设任务。

【落实消防安全责任制】　2010年，德宏州政府两次组织召开防火安全联席会议，分析火灾形势，研究安排部署消防工作。年初，各级党委政府、部门、单位逐级签订了《消防安全责任书》，落实消防安全责任。州政府组织文化、工商、安监、旅游、建设等部门6次组成联合检查组，指导5个县（市）和2个区130多个单位加强社会单位消防安全监督管理，组织开展“十一五”消防规划落实情况检查，进一步推动公共消防基础设施、消防力量体系建设，并对“十二五”消防规划进行安排部署。年内，州、县两级政府投入120.3万元为全州20.05万户农户购买农房火灾保险，投保覆盖率达100%。各单位认真履行消防安全主体责任，部队依法监督管理，群众积极参与，确保了全州火灾形势基本稳定，杜绝了重大以上火灾事故，尤其是群死群伤火灾事故的发生。2010年，德宏共发生火灾93起，死亡5人，直接财产损失213.5万元，过火面积92812平方米，受灾户数104户，受灾人数208人。与上年相比，火灾起数上升25.67%，死亡人数上升150%，直接财产损失上升147.33%。

【消防宣传教育】 2010年，德宏州消防部队始终把消防宣传工作放在重要位置，支队依托省、州、县三级新闻媒体，先后在人民公安报、云南法制报、德宏团结报、德宏电视台等媒体刊播稿件350余篇。同时，以“五进”宣传为载体，启动百场消防安全知识讲座，重点对全州村官、保安、重点单位管理人员、派出所民警进行培训，抓住开学的有利时机，联合各级教育部门开展“校园消防安全教育周”活动，对全州420余所大、中、小学校及幼儿园师生进行了培训。同时，采取以会代训、集中组织、实地开展相结合的方式，组织社区、农村、社会单位开展培训。制作了1.5万分宣传手册、5000分常识读本、5000份“四个能力”建设手册，发放到人员密集场所的消防安全重点单位。紧紧围绕“构筑社会防火墙·争当安全明白人”主题，精心组织了第18个“119消防日”系列宣传活动，积极发动全民参与消防宣传工作，招募、注册1.5万名消防志愿者，系统成立各级组织，结合驻地实际，招募少数民族义务宣传员136名，并经常性组织开展消防知识、法律法规宣讲活动，扩大消防志愿活动的规模与社会影响力。

【灭火救援与执勤保卫】 2010年，德宏州消防部队始终坚持“救人第一，科学施救”的指导思想，坚持以实战来检验练兵效果。全年全州消防部队共处警339次，出动消防车639辆次、官兵2960人次，抢救被困人员202人，疏散人员949人，抢救财产634.9万元。特别是在“2·01”瑞丽、姐告跨区域灭火作战、“5·27”畹町自来水厂氯气泄漏救援、“6·22”潞西深井救援、“8·10”潞西化学品爆炸泄漏排险、“9·25”潞西卧铺客车侧翻起火灭火救援等作战中，全州官兵全力以赴，出色地完成了任务。年内，全州消防部队强化执勤备战，圆满完成了“两节”、“两会”、“中国·德宏国际目瑙纵歌节”、“德宏第二届葫芦丝文化节”、“泼水节”、“第三届国际珠宝文化节暨第十届中缅胞波狂欢节”等地方节庆及重要活动期间的消防安全保卫任务。

【岗位练兵】 2010年，德宏州消防支队以提升部队战斗力为目标，结合打造云岭消防铁军和灭火救援攻坚组建设，深入开展执勤岗位大练兵。年初，支队研究制定了2010年铁军练兵实施方案，通过开展“每日必练”、“每周必训”科目，开展每月“练兵之星”评比，每季度“片区比武对抗”、“半年考核”、“铁军大比武”等措施，形成竞争激励的浓厚练兵氛围，年内支队组织开展了等级战斗员考评、攻坚组比武、专兼职消防队大比武活动，组队参加了滇西片区比武对抗赛。通过同台竞技、交流比武，营造了“比、学、赶、帮、超”的练兵氛围。年内，潞西消防中队、特勤消防中队、陇川消防中队被评为“德宏消防铁军练兵比武先进单位”，10名官兵被评为“德宏消防铁军大比武十佳标兵”，3名官兵被评为“德宏消防铁军大比武业务尖兵”。年内，支队还采取课堂熟悉演练与实地熟悉演练相结合的方式，分芒市片区、瑞丽片区、盈江片区组织开展了石油化工场所和大跨度大空间实战测试演练，汇总了40多项技术数据，为扑救辖区大跨度大空间建筑和石油化工场所火灾提供了科学依据；组织全州召开了7类灾害事故战术课题战术研究及战例研讨视频会，积累和丰富全州部队灭火救援技战术经验，提高部队灭火救援实战能力。

【应急救援队伍建设】 2010年，根据《国务院办公厅关于加强基层应急队伍建设的意见》，德宏州消防支队按照“先挂牌建队、边建边完善”的原则和思路，报请州政府将应急救援队伍建设纳入各级政府责任范围，制定下发了《德宏州人民政府关于加强综合性应急救援队伍建设的通知》，7月6日，德宏州应急救援支队和全州2市3县2区应急救援大队全部完成了挂牌建队，并建立了《德宏州综合应急救援联动机制》。11月，州政府组织了多警种、多部门联合参战的大规模应急救援综合演练，切实提高了各单位的救援应变能力。

【基层基础建设】 2010年，德宏州消防支队启动了陇川大队综合楼改造工程，各基层部队按要求建立和完善了荣誉室，以潞西、瑞丽和盈江大队为试点，进一步完善了抢险救援辅助训练设施。年内先后投入600万元，购买消防站装备器材及攻坚组装备1833件套，全州9个灭火救援攻坚组器材装备和普通执勤中队器材全部配齐；购置了5辆消防车(特勤队1辆高喷消防车，瑞丽、盈江各1辆抢险救援车，畹町、梁河各1辆水罐车)，部队装备建设迈上了新的台阶。完成了全州直连网络业务切割、网络扩容改造任务，实现了纵向以10兆连接总队和各级消防部队横向以100兆连接当地公安机关。投入66.6万元，完成了支队级信息中心第一期建设任务，增配了一批移动通信指挥设备和大功率智能转信台，部队信息化水平明显提升。

【和谐警民关系】 2010年，德宏州消防部队扎实开展“云岭消防大走访”爱民实践活动，坚持公开、公平、公正、便民的原则，认真贯彻落实公安消防部队服务承诺制、首问责任制和限时办结制“三项制度”，严格落实各项便民利民措施，大力开展走访慰问活动，深入基层、深入群众、问计于民，排查梳理消防部队在执勤执法、队伍管理、党风廉政建设等工作中可能引发矛盾纠纷的苗头性、倾向性问题。支队先后走访辖区消防队伍人员98人、单位消防从业人员75人、城镇失业下岗和低收入生活困难群众25人、农村贫困群众26人、贫困学生15人、留守儿童17人，走访慰问基层官兵19人，走访困难企业35个，开展扶贫帮困16对、帮扶贫困老党员17人，进一步密切了警民关系。年内支队积极投身于驻地“三个文明”建设，开展了“警营开放日”活动，拓展“国门消防巡查服务车”服务职能，推进构建和谐警民关系工作发展。在抗旱救灾活动中，全州部队为旱灾地区群众送水158次，出动消防车辆169辆次、官兵338人次，送水1000余吨，缓解了百姓用水之急。年内，全州官兵累计捐款9.8万元，文明创建和部队教育实现了“双丰收，两促进”。

（《消防》撰稿　黄德山）

经 济 管 理

发改委

【农业和农村经济】 2010年，德宏州在扎实推进新农村建设中，多措并举抗旱灾，积极应对特大干旱带来的不利影响，在大灾之年夺丰收，连续7年保持粮食增产。全年完成农林牧渔业总产值61.45亿元，比上年增9.9%；粮食总产量60.6万吨，增10.5%；甘蔗总产量400.3万吨，增9.5%；茶叶总产量1.4万吨，增14.3%；肉蛋奶总产量8.5万吨，增8.8%。冬季农业开发令人振奋，冬农播种面积、开发产值、开发区人均开发收入均有大幅度提高。马铃薯、烟叶收获面积分别达9.32、9.74万亩，比上年增12%、87%；产值分别达1.36、1.75亿元，增88%、62%。特色生物产业有新发展，全年种植特色生物产业面积53.35万亩，全州竹子、咖啡、柠檬、坚果、油茶、核桃、番麻产业种植面积累计达150万亩。拥有各类涉农企业111户，其中国家级、省级、州级农业产业化重点龙头企业分别为1户、12户和30户；全州以无公害食品、绿色食品、有机食品为主的“三品”认证工作取得新进展，“三品”获证单位达15户，认证产品达28个，获无公害生产基地认证69.8万亩；农民专业经济合作组织增加到81个，产业化水平有新提高。农村基础设施不断加强，全年实施中低产田改造1.83万亩，建成“五小水利”工程10088件，完成干支渠37.5公里，解决农村饮水不安全人口5.69万人，治理水土流失面积42平方公里；盈江回龙河、瑞丽芒林2座中型水库进展顺利；陇川红卫、芒市蚌相、大草坝等一批小（一）型病险水库除险加固任务基本完成。农村劳动力资源开发进展顺利，完成劳动力转移就业培训1.24万人，培训后转移就业1.11万人；全州累计转移输出农村劳动力3.44万人。实施“绿色证书工程”和“新型农民培训工程”，全州培训绿证学员8831人；开展农业科技培训3768场次，培训农民37.02万人次；发放科技宣传资料18.46万份。扎实推进“兴边富民工程”建设，实施整村推进、以工代赈、易地扶贫搬迁、小额信贷等扶贫项目，有3万贫困人口稳定并解决温饱，扶贫工作取得显著成效。新农村建设扎实推进，启动66个新农村示范点建设。

【工业生产】 2010年，德宏州完成现价工业总产值102亿元，比上年增39.5%，其中规模以上工业产值72亿元，增39.5%；规模以下工业产值30亿元，增39.5%。分行业看：制糖工业总产值17.7亿元，比上年增29.2%；电力生产和供应业总产值30.1亿元，增59.3%；有色金属冶炼业总产值11.6亿元，增68.1%。重点工业项目稳步推进，畹町源洋1万吨木薯淀粉生产线、东方硅谷3万吨金属硅等一批重大项目建成投产，芒市弘安水泥和畹町乔瑞水泥2条日产2500吨熟料生产线、后谷咖啡10000吨速溶咖啡生产线、永利发30万立方米工业用板等项目进展顺利。企业效益和主要工业品产量有所增长，全年规模以上工业实现主营业务收入75.6亿元，比上年增42%；利税总额23亿元，增1.8倍，其中利润总额16亿元，增长3.2倍。12种主要工业产品产量9升3降，发电量、水泥、机制纸及纸板、锡金属含锡量、酒精、精制茶、塑料制品、饮料酒、工业硅、电解铝等工业品有不同程度的发展，其中发电量、水泥、工业硅等产品产量增长较快，分别比上年增36.6%、22.6%、27.4%；食糖、原煤、精制茶3种工业产品产量有所下降。

【固定资产投资】 2010年，德宏州完成全社会固定资产投资131.2亿元，比上年增30%。重点建设项目稳步推进，腾陇、潞梁2条二级公路建设进展迅速，完成投资24.3亿元。中小水电站建设进展顺利，完成水电投资11.69亿元，实现新增装机容量40.88万千瓦。芒市金孔雀大街、金塔大街北段、团结大街北段、瑞丽瑞江路、江边广场道路、瑞章路、盈江允燕路、允罕路、陇川龙凤路等一批重点市政道路建设进程加快，完成投资5.61亿元。城市生活垃圾处理、城市污水处理及配套管网改造、城市供水管网改造等一批重大城市基础设施建设进展顺利。争取资金和招商引资成效显著，全年全州从发展和改革部门渠道争取到建设项目266项，上级补助资金8.25亿元，其中中央补助资金5.72亿元，省级补助资金2.53亿元；全州新签订51个招商引资项目，协议引资241.17亿元。年内，实际到位资金40.56亿元，比上年增26.9%。

【财政金融】 2010年，德宏州财政一般预算收入完成13.2亿元，比上年增34.6%，再创历史新高；全州财政一般预算支出完成58.1亿元，增18.8%，财政保障能力进一步提高，公共安全、社会保障、医疗卫生、环境保护、农林水事务等支出增长较快，其中教育、公共安全、医疗卫生和农林水事务支出分别增18.7%、17.1%、27.2%和79.3%。年末，全州金融机构人民币各项存款余额为290亿元，比上年增38%；各项贷款余额为158亿元，增21%。

【国内外贸易】 2010年，德宏州紧紧抓住建设中国面向西南开放重要桥头堡、深入实施西部大开发战略机遇，努力推动外经贸发展。全年完成外贸进出口总额11亿美元，比上年增44.2%，在全省排列第二，其中出口增45%，进口增43%。着力实施“走出去”战略，不断加强对外经济技术合作。全年执行对外承包工程项目25项，合同总额7745万美元；执行对缅投资项目4项，投资总额1425万美元；完成对韩国投资项目1项。

【社会事业】 2010年，德宏州始终把改善民生作为工作重点，认真落实中央和省委关于改善民生的各项部署，城乡居民收入继续增加。全州城镇居民人均可支配收入和农村居民人均纯收入分别达13750元、3368元，比上年增9.5%和19%。积极推进就业再就业工作，加强社会保障工作，建立健全社会保障体系。全年新增城镇就业2504人，城镇登记失业率控制在4%以内。年内，启动困难群体临时救助制度，灾害应急救援体系进一步完善。积极争取国家和省财政资金支持，争取中央和省预算内资金1.7亿元，用于教育、卫生、儿童福利、旅游等36个项目建设。科技对经济社会发展的支撑引领作用进一步增强，教育事业健康发展，各项义务教育保障政策得到较好落实，基层农村卫生服务体系、重点中医院项目逐步实施，医药卫生体制改革启动实施，芒市正式执行国家基本药物制度，凡是政府举办的基层医疗卫生机构全部配备使用基本药物目录药品，并实行零差率销售。文化、广电、计生基础设施建设进展顺利，乡镇综合文化站得到顺利实施，数字电视整体平移和“村村通”完成年度目标，全民健身运动深入开展，计划生育利益导向机制逐步完善。旅游基础设施建设得到加强，旅游产业持续发展。全年接待国内外游客 464 万人次，实现旅游总收入 43 亿元，分别比上年增 12.4%和 11.6%。

【节能降耗和生态环境】 2010 年，德宏州加大节能降耗的工作力度，确保全州载能产业的健康发展。年内，为实现节能降耗目标，采取措施，完成轩岗糖厂、龙江糖厂、勐养糖厂“采用真空吸滤机及酒精废醪液生产 PSB 光合菌有机肥”减排技术改造工作；全面加强节能、节水、节电、节材和资源综合利用，坚决淘汰落后产能，关停高耗能高污染水泥生产线，并拆除相关设备。严格整治社会影响恶劣的环境污染，推进城市垃圾无害化处理，使万元 GDP 能耗下降 2.8%，化学需氧量、二氧化硫排放量分别削减到 1600 吨和 2815 吨，城市污水集中处理率、城市垃圾无害化处理率分别达 46%和 29%。正确处理好保护与开发的关系，坚持产业发展生态化、生态建设产业化，深入实施“七彩云南德宏保护行动”，编制完成了《云南省德宏州国家级公益林分级区划报告》，自然保护区建设、天然林保护工程、退耕还林等各项工作有序推进。全州完成 48.19 万亩特色林产业种植任务，完成退耕还林荒山荒地造林 2 万亩，巩固退耕还林成果项目种植业 9.02 万亩，中低产林改造 50.23 万亩，义务植树 138.66 万株；完成 3364 口沼气池建设，推广节柴灶 1479 户，有效保护了天然林资源；森林覆盖率达 67.07%，高于全省、全国平均水平，城市绿化覆盖率、绿地率分别达 23.48%和 20.2%，碳汇能力不断增强，环境保护工作和生态建设取得新成绩，资源节约型和环境友好型社会得到加强，可持续发展能力明显增强。

【编制工作】 2010 年，德宏州发改委围绕“十二五”规划工作，坚持开门编规划，在广泛听取各部门、各县市（区）意见的基础上，相继完成 29 个重点课题研究、《德宏州“十二五”规划基本思路》、《德宏州国民经济和社会发展第十二个五年规划纲要（草案）》和 50 项重点专项规划及各县市（区）规划纲要初稿的编制工作。

（《发改委》撰稿　张　健）

（见“州情概览·经济简述”64 页）

宏康投资开发有限公司

【公益性项目融资】 2010 年，德宏州宏康投资开发有限公司以“委托代建”运作模式，争取国开行贷款资金支持全州 4 个项目的建设，贷款总额为 24800 万元。分别是德宏州职业学校新校区建设项目贷款 1 亿元，德宏州职业学院新校区建设项目贷款 1 亿元，盈江县人民医院门诊综合楼建设项目贷款 3000 万元，盈江县第一中学配套工程建设项目贷款 1700 万元。同时，公司以信用贷款的方式，向中国农业银行德宏州分行贷款 46000 万元，支持德宏州芒市至梁河二级公路建设；还利用财政资金，以委托贷款的方式支持全州重点项目建设，发放贷款 6.8 亿元。

【经营性项目支持】 2010 年，德宏州宏康投资开发有限公司在做好融资工作的同时，对储备的项目到各县市开展项目调研，并根据项目成熟情况和具备申贷条件的项目，进行筛选。经过认真的筛选，确定云南省德宏州遮放贡米陇川基地产业化开发经营性项目，项目总投资为 4850 万元，申报贷款金额为 3000 万元。该项目已完成开行前期申报工作，作为国开行审定项目，目前已进入评审阶段。

【贷款本息偿还】 2010 年，德宏州宏康投资开发有限公司本着求新、务实、守信的经营理念，严格履行借款合同条款，按时偿还贷款本息，创造良好的行业信誉和企业效益，得到社会的广泛认可。全年支付贷款本息 4735 万元，其中利息 4025 万元。

【检查全州信用贷款】 2010 年 3 月 3 至 10 日，由德宏州人大、州政府、州融资平台组成检查组，到盈江、梁河、陇川、潞西项目所在地就州人民政府使用国家开发银行贷款和其他政府性融资举债项目情况进行监督检查。通过检查，检查组了解了德宏州人民政府使用国家开发银行贷款情况，其他政府性融资举债项目实施情况，政府性投融资平台发展存在的主要问题，以及今后政府性投融资平台发展的措施。截至年末，德宏州经州人大常委会审议通过向国开行贷款的项目有 6 期，共 18 个项目，实际落实贷款项目 13 个，总投资 66140 万元，其中资本金29755万元，其他资金7695万元，银行贷款28600万元。贷款资金用于公路项目3个，贷款金额1.09亿元；城市建设项目3个，贷款金额7300万元；教育基础设施及配套项目4个，贷款金额7900万元；医疗卫生建设项目2个，贷款金额2000万元；农业产业化项目1个，贷款金额500万元。项目分别是潞西（遮放）至陇川县际公路（二级公路）、盈江（平原）至拉邦口岸县际公路、章八公路改建工程（陇川县章凤镇至缅甸八莫）、梁河县城市道路建设工程、陇川县城市垃圾处理场、潞西市城市污水处理厂配套管网工程建设项目、德宏师范高等专科学校配套设施建设项目、潞西职业中学建设项目、盈江职业中学建设项目、陇川民族寄宿制中学建设项目、潞西市人民医院住院部综合楼建设项目、梁河县人民医院建设项目、德宏祥祥乳业优质水牛奶加工项目。至2010年2月28日，13个项目完成投资57995万元，占总投资的87.7%；实际到位资金61019万元，到位率93%；贷款资金到位28450万元，到位率99.5%；其他资金到位6270万元，到位率81.5%。13个项目运行正常，检查组对检查的情况以及德宏州宏康公司的工作给予了充分的肯定。

【银企合作】 2010年，德宏州宏康投资开发有限公司注重开展银企合作业务，并取得如下成绩：一、助学贷款。积极配合国家开发银行开展年度生源地信用助学贷款扶持资金的发放工作，对德宏州1439个高考录取生发放助学贷款7508435元，让贫困家庭的子女圆了大学梦。二、与银行合作。德宏州宏康公司向国家开发银行融资支持建设项目13个，向农业发展银行融资建设项目1个，公司与中行、农行、农发行、建行、农信社、富滇银行形成业务代理结算和业务监管的合作关系。

【财务监管及项目管理】 2010年，德宏州宏康投资开发有限公司对项目贷款资金的使用和项目的监管，认真做好如下管理工作：一、财务管理。德宏州会计师事务所对公司2010年度会计报表结算审计，并出具《审计报告》；同时对董事长赵建平自2007年9月至2010年9月任职期间履职的经济责任情况进行审计，并出具《审计报告》。二、项目贷款管理。公司以月报、季报、年报和专题报告，实地检查等方式，对项目资金的支付情况、投资完成情况和工程形象进度等多方面进行跟踪监管。同时，按照相关协议和合同的约定，对项目进行检查监督，确保资金专款专用，安全高效运行。

【资本扩充和投资开发】 2010年，德宏州宏康投资开发有限公司根据州政府的文件精神，以货币资金和实物资产的方式注资，增加公司注册资本金，壮大公司投融资能力。公司注册资本金从1亿元增加到3.3亿元（实收资本金3.3亿元）。年内，采用入股的方式，参与瑞丽傣王宫遗址公园项目建设，使瑞丽傣王宫遗址公园投资入股资金达4000万元，开创了与其他企业之间的投资合作。

（《宏康投资开发有限公司》
撰稿　郭彩祥）

审　计

【预算执行审计】 2010年，德宏州审计机关以审查预算收支真实性为基础，以强化预算分配约束机制为重点，加强对重点领域、重点部门、重大投资项目、重点专项资金的审计。全年开展预算执行审计19项，查出预算编报不真实18028万元、未按规定征收缴纳预算收入3308万元、财政收入核算不实6358万元等问题，责令被审计单位上缴财政1553万元，现已足额上缴。

【领导干部任期经济责任审计】 2010年，德宏州审计机关有计划、有重点的开展领导干部任期经济责任审计工作，进一步促进干部廉政勤政，从源头上防治腐败现象的发生。全年完成领导干部任期经济责任审计16项，其中县处级党政领导2项，部门党政科局级领导14项；审计查出违规资金9501万元，管理不规范资金242万元。对查出的违规资金审计机关均依法进行了处理处罚，严肃了财经纪律，促进了领导干部正确履行经济责任。

【固定资产投资审计】 2010年，德宏州审计机关进一步开展固定资产投资审计工作。全年完成固定资产投资审计25项，审计项目投资额52541万元。通过审计，查出的主要问题为：资金不落实603万元，多计工程价款255万元，超计划、超标准、超规模202万元。审计机关针对查出的违规问题均依法进行了处理处罚，并责令被审计的单位上缴财政138万元，年末已上缴31万元，共计核减工程款1930万元。通过审计挽回或避免损失619万元，为国家节省了建设资金，为维护地方建筑市场秩序作出了积极的贡献。

【校安工程审计调查】 2010年，德宏州审计机关对全州“校安工程”项目前期准备工作开始之日起至2010年的工程实施、校舍安全排查鉴定、工程建设进展、资金管理和分配使用情况进行跟踪审计。全州排查鉴定单体建筑物并规划改造4190栋、单体建筑物面积1342271平方米。经审计调查，截至10月底，全州校安工程已开工188所，单体建筑物399栋，建筑面积348978平方米，已完工142所，单体建筑物248栋，建筑面积140513平方米，完成率占规划改造项目的40.26%，已竣工并交付使用135所，单体建筑物223栋，建筑面积133474平方米，工程累计投入资金26068.98万元。

【地税联网审计】 2010年，德宏州、县审计局分别派出审计组对本级地税征管情况进行审计。审计工作全面应用省审计厅新开发的地税联网审计系统，采取送达审计与就地审计相结合的形式开展，同时延伸调查部分纳税人税款申报、缴纳情况和扣缴义务人税款扣缴情况。全州审计查出问题资金1761.34万元，其中违规金额1471.09万元、管理不规范金额290.25万元，审计决定处理处罚金额1471.09万元，提出审计建议4条，有效帮助地方税务部门完善机制，堵塞了漏洞，进一步规范了地方税收征管工作。

【“两基”教育经费审计调查】 2010年，德宏州审计机关采取“五统一”的方式，组织审计力量对全州“两基”教育经费投入和管理使用情况开展专项审计调查。审计机关在全州范围内抽查54所学校，涉及“两基”教育经费137568万元。审计调查结果表明：全州在财政资金困难的情况下，对教育拨款各项指标基本达到逐年增长的要求，“两基”教育经费按时拨付，教育费附加依法足额征收，全额拨付并全部用于教育，做到专款专用。同时，揭示了教育经费投入和管理使用中存在的问题和不足。

（《审计》撰稿 侯天辉）

（见“州情概览·审计”77页）

德宏调查队

【统计调查业务】 2010年，德宏调查队认真开展统计工作，为地方政府服务。一、强化业务建设，提高数据质量。一是建立评审分析制度，按季组织业务骨干，对涉及面广、敏感性强的调查数据进行分析评估，确保调查数据的真实性和准确性。二是强化基层业务建设。以搞准源头数据为目的，以加强台账建设为重点，定期深入基层企业（公司）、城镇、农村个体经营户检查指导完善统计台账，提高源头数据的准确性。三是加强业务培训。通过召开业务会和深入基层组织统计人员集中培训，提高业务人员的综合素质和实际工作能力。二、组织完成各项定期调查任务。年内，完成国家下达的规模以下工业抽样调查、企业景气调查、畜禽监测、固定资产投资价格调查、服务业抽样调查、制造业采购经理调查等7项定期调查任务。在调查中加强源头数据的审核把关和数据上报的及时性管理，进一步增强样本的代表性，确保了定期调查资料的客观、准确、及时性。三、按质按量完成《云南省县（市、区）领导班子及领导干部群众公信度调查》、《云南省居民出省（境）旅游调查》、《组织工作满意度民意调查》、《云南省群众评议省直机关工作作风活动调查》、《云南省州、市公安机关工作与公众安全感调查》、《云南省公众对城市环境保护满意率调查》等一次性专项调查任务，为各级各部门科学决策提供参考服务。

【统计信息服务】 2010年，德宏调查队在完成国家调查任务的同时，积极围绕民生关注的热点、难点问题，开展多项统计调查，为地方党委政府提供优质服务。全年组织业务骨干深入部门、企业（公司）、农村（农户）2000余人次，开展统计调查，并撰写调查报告、统计信息78篇（条），其中调研报告12篇，调查信息13篇，信息专报8篇，调查简报45条。调查材料先后被省、州各类刊物和媒体采用，采用率达110%，为地方党委政府领导科学决策提供参考。年内，德宏调查队为德宏州人大、政协“两会”服务，为“两会”编辑出版《德宏景气调查》2本资料，供“两会”代表参政议政参考，得到“两会”代表的好评。“两会”期间发放资料800本。

【开展中国统计开放日和世界统计日活动】 2010年，德宏调查队在中国统计开放日和世界统计日之际，开展了一系列庆祝活动。一是成立活动领导小组。二是制定活动方案。三是以“国家调查和你在一起”和“走向公开透明的中国统计”为主题，开展中国统计日和世界统计日的庆祝活动。四是印制统计调查宣传册500册，向州县（市）国家机关、农村发放“统计和你在一起”和“走向公开透明的中国统计”宣传画近

100张，宣传册200册；深入基层开展宣传活动40余次。五是组织撰写先进典型材料4篇，对20名长期关心支持基层调查工作的农村辅助调查员进行表彰奖励。通过多种形式的活动，使德宏调查工作进一步走近社会大众，走向公开透明。

【统计执法】 2010年，德宏调查队在统计调查执法方面主要做了如下工作：一是结合“五·五普法”认真开展统计法法规普及和宣传活动。积极开展《统计法》和《统计违法违纪行为处分规定》的贯彻执行情况大检查，重点对20个单位及粮食产量、畜禽监测、价格指数、规模以下工业等专业的数据质量进行检查分析。检查中对违反统计调查制度规定、虚报瞒报调查数据者进行批评教育。二是加强调查项目管理。完善、报表签收制度，推进了依法调查工作的须利开展，为提高调查工作质量创造良好的工作环境。

【表彰先进】 2010年，德宏调查队在云南省调查业务考核中，获得企业景气调查和法治工作一等奖，人事工作和固定资产投资价格调查二等奖，畜禽监测三等奖，公文处理三等奖，安全保密工作二等奖，服务业调查三等奖；专项调查获全国组织工作满意度调查三等奖，县级领导班子和领导干部群众公信度调查三等奖。

【首次开展工业生产者价格调查】 2010年，德宏调查队按照国家统计局和云南调查总队的工作部署，在全州首次开展工业生产者价格（PPI）调查工作。为客观真实科学有效地反应德宏工业企业产品出厂价格变动及变动程度情况，德宏调查队主要抓了如下工作。一是成立以队长主抓、分管领导具体组织实施的工作机制。二是制定工业生产者调查实施方案，确保调查工作有计划有步骤地开展。三是采取科学的调查方法，在全州2市3县随机抽选限额以上工业企业43户，43户企业调查的出厂产品涉及大类11类，中类产品24类，覆盖全州限额以上工业企业生产的主要产品；调查购进生产原材料、燃料和动力产品涉及购进产品大类15类，中类产品23类。该项工作经过1年的试算，通过反复调查研究，不断总结经验，试算出来的数据符合德宏实际情况，并得到总队生产价格处的肯定，为2011年正式计算德宏工业生产者价格指数奠定了良好的基础。该项工作从2011年1月开始正式进入全省调查数据汇总，调查出来的价格指数，将代表德宏州工业企业出厂产品价格及生产购进的各种原材料价格变动情况。

（《德宏调查队》撰稿　岳志刚）

工商行政管理

【诚信市场建设】 2010年3月21日，德宏州工商行政管理局制定下发《3-4A级诚信市场认定管理办法及量化考核评分细则》，要求各县（市、区）工商局对上年评定的31个1-4A级诚信市场进行梳理分类，达不到新评定条件的先进行限期规范，到有效期满时无法规范的，不得被延续确认，自动失去称号，并由各县（市、区）工商局自行收回牌匾、证书。截至12月31日，全州有1-4A级诚信市场30个，其中1A级12个、2A级6个、3A级8个、4A级3个、5A级1个，5A级诚信市场1个，完成全年任务数的150%。

【举办“食品安全法”知识竞赛】 2010年5月28日，德宏州工商行政管理局举办《中华人民共和国食品安全法》知识竞赛。州政协、州食安委、州普法办、州政府法制局、州卫生局、州技术监督局、州农业局、州商务局等单位的领导应邀参加指导本次知识竞赛活动，全州工商系统的8支代表队参加竞赛。知识竞赛以各参赛代表队队员必答、集体回答、抢答、风险题等形式展开紧张角逐，抢答过程中，主持人不时请求裁判组对抢答结果进行评判，最终分出胜负。经过4轮激烈角逐，盈江县工商局代表队荣获一等奖，州工商局机关代表队、潞西市工商局代表队荣获二等奖。现场观众还积极参与抢答互动，现场气氛活跃，法制局副局长王猛对本次竞赛作出精彩点评。

【举行换发工商新版执法证暨宣誓仪式】 2010年5月31日，德宏州工商行政管理局举行换发工商新版执法证暨宣誓仪式。州局机关全体公务员参加换发仪式。换发仪式上，州工商局党组成员、副局长赵卫平要求全体执法人员以此次换发执法证为契机，珍惜自己手中的执法权，不断增强行政执法的荣誉感和责任感，增强学习和运用工商法律法规的主动性和自觉性，坚持持证上岗，亮证执法。在执法活动中做到既不失职，又不越权，既要树立行政执法机关的权威，又要维护行政管理相对人的合法权益，真正做到公正执法、文明执法、规范执法。为此，自2010年6月1日起，全州工商系统将启用新版执法证，旧版执法证同时停止使用。

【宣传《食品安全法》】 2010年6月1日，德宏州工商行政管理局在《食品安全法》颁布实施一周年之际，以“全面贯彻实施《食品安全法》，提高食品安全水平”为主题，在全州工商系统广泛学习宣传贯彻实施《食品安全法》。以全文学习培训、法律法规知识考试、召开食品经营企业座谈会、送法下乡等形式，组织干部职工学习《食品安全法》48场次，参加人员1961人次；组织《食品安全法》进企业、进市场、进学校、进农村、进超市等宣传、培训活动60余场次，受训人员5092人次；组织现场宣传、咨询活动36场次；张贴《食品安全法》公告及宣传布标500多张（条），发放《食品安全法》宣传单50000余份。

【全省工商局长座谈会暨现场会在德宏召开】 2010年8月10至11日，云南省工商局长座谈会暨全省流通环节食品安全监管现场会在芒市召开。省工商局党组要求以实施新一轮西部大开发战略和面向西南开放桥头堡建设为契机，牢牢把握国家工商总局“六个四”和全省工商系统“三个到位”“六个好”的工作目标，不断更新“三大理念”，创新完善“三大体系”，积极营造“三大环境”，在服务西部大开发和面向西南开放桥头堡建设上有新作为。一是要求更新监管理念，创新和完善监管体系，积极营造公平竞争、规范有序、诚实守信的市场环境。二是要求更新服务理念，创新和完善服务体系，积极营造宽松、开放、健康的发展环境。三是要求更新维权理念，创新和完善维权体系，积极营造安全、放心、和谐的消费环境。在全省工商系统流通环节食品安全监管现场会上，推广芒市工商局流通环节农村食品配送经验，参会代表现场观摩了农村流通环节食品配送工作。据统计，全州农村食品经营主体2858户，占总数的47.5%，许多经营场所位于山区和交通不便的农村，既给经营者进货带来不便，也给工商机关的食品安全监管带来很多困难。针对农村食品安全监管存在的突出问题，紧紧抓住食品配送环节，积极探索流通环节食品配送机制，规范食品批发源头经营行为，并决定在州府所在地、商品集散地和消费中心的潞西市进行农村流通环节食品安全监管工作试点。在州工商局的指导下，潞西市市工商局探索出“规范批发抓配送、规范零售抓台账、规范行业靠自律、规范监管强责任、部门协作出合力”的流通环节食品安全监管格局。截至6月30日，潞西市有食品配送经营户77户，在87辆配送车辆上粘贴备案标识，建立二级配送点17个，在全市11个乡镇、88个村委会进行配送，实现食品配送覆盖率100%。

【举办“光彩杯”篮球运动会】 2010年11月23日，德宏州个体私营经济协会2010“光彩杯”篮球运动会在芒市体育运动中心举行。4天的时间里，个私运动健儿们以坚韧顽强、奋力拼搏、团结一致的精神，展示了全州个私精神风貌。经过激烈角逐，最终产生各类奖项。分别为男子篮球组前三名为瑞丽市个私协会代表队、陇川个私协会代表队、盈江个私协会代表队；女子篮球组前两名为：盈江个私协会代表队、芒市个私协会代表队。州工商局党组书记局长、州个私协会会长黄春伟在闭幕词中赞扬本届运动会所取得的成绩，并希望大家以强健的体魄和饱满的工作热情，投入到德宏经济建设工作中，以优异的工作实绩，服务于德宏的经济社会发展，再创德宏个私新辉煌。

【开展“打击传销规范直销”宣传活动】 2010年11月25日，德宏州工商行政管理局执法人员走进德宏师专，开展丰富多彩的“打击传销规范直销”宣传活动。一是举行“防止传销进校园”活动启动仪式。在启动仪式上，该校学生处左处长做动员讲话，号召广大师生从自身做起，自觉抵制、防范传销；二是现场发放宣传资料800余份；三是向师生播放中国首部“打传”电影《黑梦》；四是德宏州工商局经济检查支队副支队长王绍宏从什么是传销和直销、传销的危害、当前德宏州面临的形势及打击传销的成效、德宏州打击传销的典型案例，向学校领导及师生讲授传销、直销知识，近400人聆听讲座。通过讲座，学生们接受了一次别开生面、形象生动的教育，对传销的历史渊源、如何识别与自救等方面有了一定的了解，充分认识到传销的隐蔽性、危害性、欺骗性，并表示今后一定要提高警惕，远离传销，正确择业，发挥所学专长，以自身贡献积极回报社会。

【国家工商执法检查组到德宏检查】 2010年12月21日，国家工商总局行政执法检查组一行4人在省局法规处王一丁处长的陪同下，对德宏州工商系统行政执法工作进行检查。检查组通过听取汇报、查看痕迹资料、抽查部分案卷的方式，系统了解德宏州行政执法工作现状。德宏州工商局赵卫平副局长向检查组做工作汇报，重点介绍了德宏工商坚持依法行政工作与建设法治工商的工作情况；规范执法行为，完善执法监督机制工作情况；加强法制机构和法制队伍建设情况；推进行政指导工作情况以及利用“五用”（用民族干部宣传法律知识；用民族语言宣传法律法规；用民族文字阐述法律知识；用民族节庆展示法制文化；用民族文化体现法制文化）宣传法制的情况。还针对说理式文书、案件查办及行政指导工作的开展等问题进行了研讨。检查组一行到芒市工商局与芒市工商分局分别进行检查与指导工作。

【农民专业合作社】 2010年，德宏州工商管理局为社会主义新农村建设，加大培育和发展农村经纪人的工作力度，大力培育发展农民专业合作社，拓宽农民专业合作社的经营范围，鼓励农民专业合作社从事手工艺、地方特色产品、农产品生产、加工、销售一体化的经济合作与贸易服务，提高农业产业化水平，拓宽致富渠道。全州登记在册农村经纪人253户，其中新登记67户，完成省局下达新发展任务18户的372.22%；全州登记在册农民专业合作社226户，其中新增85户，占全年完成任务数13户的654%。2月26日，德宏州工商局开展如下“护农“执法行动。一、开展为期3个月的“红盾护农保春耕”专项执法行动，全力以赴支持抗旱救灾和保春耕生产。二、全州立案查处制售假冒伪劣农资案件12件，已结案12件，案值35.13万元；受理解决涉农申（投）诉10起，挽回经济损失4.374万元。三、在全州范围内开展推进“家电下乡”、“汽车摩托车下乡”活动，为惠农政策保驾护航。全州查处销售不合格家电案件2件，以“汽车摩托车下乡”名义进行虚假宣传案件2件，查获劣质光波炉80台，不合格电视机12台，为农村消费者挽回经济损失4.28万元。

【表彰先进】 2010年，德宏州工商行政管理局在创先争优活动中，得到上级党组织的肯定，其中州工商局机关党委、瑞丽市工商局党总支、梁河县个私协党支部被州委确定为创先争优示范点；瑞丽市工商局党总支宝玉石协会党支部被省委组织部确定为基层党建工作示范点。年内有6个单位荣获省级文明单位，并顺利通过2011至2013年度州级文明行业的考核检查。6月州工商系统选送的杨排选手参加“爱家乡·颂德宏”德宏本土歌曲比赛获一等奖，梁河县个体私营经济协会选送的《欢乐阿昌唱新歌》荣获优秀奖。年内，芒市广告协会被中国广告协会评为2009—2010年度全国先进广告协会先进集体；盈江县工商局获中消协表彰“2009年主题活动先进单位”；芒市周承林、盈江杨进春被中国个体劳协评为全国个私协会先进工作者。德宏州工商局被云南省局授予全省推进商标战略实施工作先进单位二等奖；芒市局，州局的何艳、畹町的赵胜利、瑞丽的字瑞琪、陇川的赵宏伟、盈江的辜彬、梁河的李定阳被云南省局授予“2010年红盾护农保春耕专项执法行动先进集体和个人”荣誉称号。芒市局获芒市委先进党支部、先进基层党总支称号；瑞丽局获瑞丽市委2009年度党风廉政考核优秀单位、瑞丽市委先进基层党总支；陇川局获陇川县委2009年度党风廉政责任优秀单位，杨明芳获陇川县优秀党员；姐告分局获工管委2009年度党风廉政考核优秀单位、瑞丽市委先进基层党总支；梁河局获梁河县委2009年度党风廉政责任优秀单位；畹町分局获工管委2009年度先进基层党总支；芒市局获芒市委政府第三批新农村建设工作队及指导员工作先进派出单位、无邪教创建先进单位、《公开信》发表30周年人口计生工作先进集体；瑞丽局获瑞丽市委政府2010年度禁毒防艾先进工作组，张龙获优秀指导员；畹町分局获畹町工管委2009年度综治维稳先进单位；梁河局获梁河县委政府2008-2009年度综治维稳一等奖、无邪教单位、人口和计划生育治理一等奖、推套防艾一等奖、民兵军事训练先进单位，杨永英获计生先进工作组；姐告分局获姐告工管委综治维稳先进单位、民族团结工作先进集体；陇川局获陇川县政府2009年度新农村建设先进集体，许升留获政法综治先进个人；芒市局获省经济普查领导小组云南省第二次全国经济普查先进集体，获芒市委先进党支部、先进基层党总支；陇川孙国芹获云南省第二次全国经济普查先进个人；瑞丽局、姐告分局获瑞丽市委先进基层党总支；畹町分局获工管委2009年度先进基层党总支；芒市获云南省第二次全国经济普查先进集体，张志波被评为“州级注册能手”；芒市、瑞丽食品配送监管模式和外国食品管理办法获推广；芒市局获芒市政府2009年度食品安全一等奖；畹町分局获畹町工管委2008-2009年度食品安全先进单位；梁河局陇川局获县政府2009年度食品安全先进单位；畹町分局获畹町工管委2008-2009年度打击传销先进单位，获州局2009年度行政执法一等奖；陇川局获县委2009年度"普法、依法治理工作"先进单位、五五普法先进个人；盈江局获州级老年体育工作先进单位；瑞丽珠宝所、姐勒分局获第五批市级文明单位，瑞丽朱卫华获市委感恩思进先进个人；陇川局获县委感恩思进先进集体；梁河何芸君等获州委宣传部"爱家乡颂德宏"优秀奖；芒市李东红获州精神委员会未成年人思想道德建设先进工作者，陈晓丹获云南省公务员忠诚教育征文三等奖。

【党组织建设】 2010年，德宏州工商行政管理局制定《中共德宏州工商局党组关于建立健全党组抓基层党建工作责任制的实施意见》、《德宏州工商系统学习型党组织建设实施方案》和《德宏州工商系统基层党建工作责任目标量化考核办法》，进一步加强和改进全州工商系统基层党建工作。成立机关党委，下设5个在职党员支部，1个老干部支部，1个个私协会支部，并按照"一岗双责"的原则选好支部书记，配齐配强支部委员；在县、市工商局成立6个党总支，在24个基层工商所（分局）全部成立基层党支部；进一步加强个私经济党建工作，完成37113户个私企业的信息录入。截至年末，全州个私企业有党组织97个，党员1127人。

【机构改革】 2010年，德宏州工商行政管理局按照新一轮政府机构改革的目标任务，深入、扎实的实施各级机构设置建设，重新理顺职能关系，科学合理地配置资源。其主要做了如下机构改革：一、于6月30日召开机构改革动员会，机构改革正式启动。二、制定《德宏州工商局机关（姐告、畹町）科级领导干部竞争上岗工作实施方案》、《德宏州工商局干部双向选择轮岗交流工作方案》、《德宏州工商局"三定"干部双向选择轮岗交流落选人员调整工作岗位办法》、《德宏州工商系统在机改中选拔30岁以下年轻干部工作方案》等措施。三、通过公开职位和职数、任职条件，严格进行资格审查，开展民主推荐，进行笔试考试，组织竞岗演讲民主测评，认真双向选择，并按程序任用，完成竞争上岗和双向选择工作。四、全州27个工商所长（分局长）岗位，由各县市局根据州局党组委托，按照州局方案和统一部署、统一程序，组织实施，完成选拔任用工作。此次机构改革，全州工商系统新提拔正科级干部6人，副科级干部30人，其中提拔少数民族干部10人。年内州局机关在职公务员66人，事业人员7人，工勤人员2人；内设职能科室10个，代管社团组织4个。州局机关设机关党委，下设7个支部委员会，有党员77人，其中第1至第5支部为机关在职干部支部，有党员47人；离退休干部职工支部有党员14人；个体私营经济协会党支部有党员16人。德宏州工商局下辖芒市、瑞丽、梁河、盈江、陇川5个县、市工商局和姐告、畹町2个直属分局。全州工商系统在职公务员425人，事业人员47人，工勤人员7人。机构改革的推进，进一步调动了干部职工的积极性，为今后全面履行工商行政管理机关职能、较好服务地方经济发展打下了坚实基础。

【干部培训】 2010年，德宏州工商系统以开展"三读"活动、"忠诚教育"活动、"三个一"主题实践活动为抓手，深入创建学习型工商机关，扎实开展业务知识更新培训。年内由州局机关科（室）负责人和业务骨干担任授课人，分10个专题，用3天时间对州局机关、潞西市、瑞丽市、陇川县工商局和姐告、畹町分局的380名干部职工进行集中培训。同时，在全州工商系统公务员中，开展以忠诚教育为核心的公共服务职业道德与技术方法培训教育活动，并组织《中国工商行政管理概论》的学习考试，以岗位大练兵和技能比武活动为抓手，认真组织分级分类培训，重点抓好登记注册理论及操作、执法办案基础理论及操作、计算机一体化软件应用及上机操作等培训。全州工商系统50岁以下干部职工参加全国计算机等级考试，有218人考试合格，合格率49.5%。

【基础设施建设】 2010年，德宏州工商行政管理局制定《德宏州工商系统2010年度基层规范化建设工作方案》和《2010-2015德宏州工商系统基层规范化建设规划》，拟定量化考核标准，加强对各县、市局（分局）基层规范化建设工作的指导。加强基础设施建设，继续加大对基层的投入，完成盈江县工商局办公楼灾后恢复重建，建筑面积2005平方米，投资398万元；完成盏西工商所综合办公楼435平方米，投资126万元；完成瑞丽市工商局办公楼维修，投资50万元；对潞西市工商局勐焕分局和勐戛工商所办公楼进行维修。投入经费21万元，为23个基层工商所（分局）购置复印机23台，购置电磁炉、消毒柜、冰箱17套，较好改善了基层办公条件和生活条件。加大基层档案归档、分类指导的力度，统一内容、统一形式、统一标准，不断强化基层规范化建设。

【注册登记管理】 2010年，德宏州工商行政管理局继续贯彻落实云南省委、省政府加快非公有制经济发展的决策部署，简化个体工商户登记注册审批程序，全面实行当场办结制，结合查处取缔无照经营行为工作的开展，加大守法经营宣传力度，把监管与服务相结合，查处与引导相结合，进一步促进各类市场主体规范发展。全州有内资企业1060户，新开业85户，比上年减73户，减6%；注册资金279179万元，增加58340万元，增26%。私营企业有3642户，新开业675户，比上年增加506户，增16%；注册资金1065776.8万元，增加4114878万元，增63%。个体工商户有37581户，新开业9568户，比上年增加5496户，增17%；注册资金170932万元，增加44280万元，增35%。农民专业合作社有249户，新增89户，比上年增加88户，增55%；出资总额15564万元，增加9330.26万元，增150%；成员6563人，增加3943人，增150%。

【商标监管】 2010年，德宏州工商行政管理局积极开展云南著名商标认定活动的宣传、动员，重点推荐辖区范围内具有较大规模、较大市场份额、较高知名度的注册商标，参加云南省著名商标的认定活动。截至11月18日，全州完成新申报“云南省著名商标”12件和5件续展云南著名商标的初审工作，完成率分别达120%和100%；全州新申报注册商标83件，完成率达277%。主动联合畜牧、农业等部门，开展地理标志证明商标申请工作，着力打造“德宏水牛”、“德宏咖啡”为地理标志证明商标；结合市场巡查和片区监管加大宣传力度，侧重对农民专业合作社、农产品加工企业实地走访、宣传、引导其利用商标开拓市场。

【行政执法】 2010年，德宏州工商行政管理局围绕保民生、保增长、保稳定工作的大局，做了如下主要行政执法检查：一是认真开展流通环节食品安全专项执法检查。全州工商系统出动执法人员6385人次，检查经营户22946户次，检查食品添加剂经营户286户次，检查各类市场478个次，取缔食品无照经营户1户；查处制售假冒伪劣食品案件3件，案值0.08万元；查获假冒伪劣食品602千克，价值1.1万元。二是深入开展无照经营查处取缔工作。进一步推进查处取缔无照经营工作机制建设，建立以政府牵头、有关部门参与的查处取缔无照经营工作机制。全州出动执法人员7895人次，执法车辆1767台次，检查经营户11303户次，发出限期办照通知书451份，立案查处无证无照经营案件383件，案值936.6万元，引导办证办照549户，取缔无照经营170户。三是开展打击传销、规范直销工作。全面推进创建“无传销社区（村）”工作，强化重点环节监管，组织召开直销（申请直销）企业座谈会，加强对直销（申请直销）企业的行政指导，引导行业自律。全州工商、公安机关出动人员365人次，车辆82台次，开展打击传销专项检查行动3次，检查人员居住小区34个，步行街4个，市场35个，复查传销人员居住地16个。四是着力净化社会文化环境。认真组织实施“黑网吧”、“不良广告”、“扫黄打非”专项治理工作和校园周边环境整治工作。全州出动执法人员495人，车辆90台次；监测电视、报纸、广播、期刊、户外等媒体广告23850条次，立案查处违法广告22件，收缴保健食品、化妆品、印刷品广告1200余份，拆除布标小广告54条；监测检查互联网媒体网站658家，监测检查互联网媒体广告297条次；检查已登记的网吧户数65户，其中查出违法经营户数2户，查处取缔黑网吧9户。五是积极开展“两烟”打假打私专项行动。加大市场监管力度，认真开展“两烟”打假打私专项行动和取缔无证、无照经营卷烟专项检查工作。全州出动执法人员949人（次），检查经营户6319家，查获无证照案件2件，没收假冒卷烟1805条、非烟1108条。六是加大竞争执法力度，维护市场秩序。加强对重点市场、重点区域、重要商品、节假日市场、旅游市场、粮食市场、重大动物疫病防治等工作力度，严厉打击各类违法违章行为，有力地维护正常市场经营秩序。全州查处经济违法案件1017件，其中一般程序880件，简易程序137件。

【消保维权】 2010年，德宏州工商行政管理局加强“一会两站”建设，严格按照省局“一会两站”建设、“四个100%”的要求建设。全州应建105个，已全部完成，其中营业面积500平方米以上的超市、商场建立“两站”32个，县级以上政府所在地集贸市场、批发市场、专业市场建立“两站”31个，城镇街道社区（居民委员会）建立“两站”36个，国家、省级旅游景点建立“两站”6个。积极推进12315“四个平台”建设工作。全年全州工商系统接听热线电话6707个次，接待消费者来访、咨询6308人次；受理消费者申诉举报案件479件，其中申诉376件、举报96件，办结率为100%，涉及商品价值124.24万元，为消费者挽回经济损失53.1万元。

【消委会工作】 2010年，德宏州保护消费者权益委员会紧紧围绕“消费与服务”年主题开展工作。一是组织开展丰富多彩的纪念3.15国际消费者权益日系列活动。全年组织宣传40余场，接受咨询3550余人次，发放宣传汉、傣、景颇语宣传材料67320份，现场受理投诉23件，挽回经济损失12万多元；展览并销毁假冒伪劣商品货值371.5万元，收到锦旗2面，感谢信1封。二是开展消费者评议服务行业活动。年内组织72个行业、242户单位进行投票。三是开展“服务维权，感恩思进全州行”活动，努力推进消费维权七进工作。

【个私协会工作】 2010年，德宏州个私协会积极开展创业促就业工作，落实“1+3”跟踪服务机制，发挥引导功能，积极向农信社、劳动和财政部门推荐创业人员。全州成功扶持创业人员66人，完成任务数50人的132%；带动就业人员234人，完成任务数150人的156%；发放贷款330万元。其主要做了如下工作：一是与有关部门联合举办“为高校毕业生就业搭桥，为民营企业招聘人才服务”招聘会。全州81家企业为高校、高职、中职毕业生及下岗职工提供1996个岗位，达成就业意向1456人，其中高校、高职、中职毕业生1023人，农民工381人，失业人员52人，现场签订职业技能培训156人。二是开展“自力更生、勤劳致富、感恩思进”为主题的宣传教育活动。全州个私会员为抗旱、抗震救灾捐款捐物38万多元。三是各级协会充分发挥桥梁和纽带作用，帮助会员排忧解难。潞西市个私协会成立食品批发行业分会；州个私协会举办中小企业融资平台沟通会，为银企搭桥；梁河县个私协会建立12户会员优惠服务点；陇川县个私协会为会员聘请2名法律顾问，维护个私业主的权益；姐告个私协会积极帮助会员走品牌经营之路，帮助会员办理注册商标申请7件；盈江县个私协会制作6000份会员服务卡，发放到会员手中等。四是各级协会利用民族节假日、“三八”节、“五一”节，组织会员开展丰富多彩的活动。五是各级协会组织会员企业150多户，开展形式多样的为民服务活动。全州各协会为民理发400多人，修理电器、钟表200多台（个），为敬老院捐款1.4万多元等。六是成功举办2010年光彩杯篮球运动会，丰富了会员生活，增强了会员的凝聚力。

（《工商行政管理》撰稿　王　刚）

食品药品监管

【机构改革】 2010年8月5日，德宏州食品药品监督管理局按照《云南省人民政府办公厅关于做好省以下食品药品监督管理体制调整和机构移交工作的通知》文件精神，管理机构由省垂直管理正式移交德宏州政府管理；县市食品药品监督管理机构于9月8日移交各县市政府。根据改革方案，将州食药监局设置为同级卫生部门的部门管理机构（和省食药监局的设置一致），保持原机构规格不变，独立设置；县（市、区）食品药品监管机构单独设置为同级政府组成部门，统一在机构限额外增加一个限额。内设机构根据《德宏州人民政府机构改革实施意见》，设立德宏州食品药品监督管理局（正处级），为州人民政府部门。该局设8个内设机构（正科级）：为办公室（法制科）、财务规划科、药品安全监管及注册科、药品流通监管科、医疗器械监管科、食品安全监管科、保健食品化妆品监管科、食品药品稽查队。此次机构改革将食品药品监督管理部门承担的食品安全综合协调、组织查处食品安全重大事故的职责划给同级卫生部门；将卫生部门承担的餐饮服务环节食品安全监管和保健食品、化妆品监督管理的职责，划给同级食品药品监督管理部门。在机构改革的大局面前，全州食品药品监管系统的广大干部职工站在全局的高度，摒弃部门利益、个人利益，充分认识机构改革的重要性，坚定不移地贯彻落实好机构改革。

【食品监管】 2010年，德宏州有药品生产企业6家，药品批发企业13家，药品边贸企业3家，药品零售企业334家；有一类医疗器械生产企业1家（瑞丽彩云南集团药业有限公司），有1个品种3个规格（创可贴）；有医疗器械批发经营企业20家，其中专营性批发企业7家，药品批发兼营企业13家；有医疗器械零售企业

178家。医疗机构涉药单位1014家。全年全州有食品生产企业527家；食品加工小作坊852家；食品流通环节经营主体6227户，其中企业172户、个体工商户6055户；经营食品添加剂经营户11户；食品流动摊点1436户；餐饮经营户2577户；集体食堂46家、学校食堂395家;保健食品生产企业1家；保健品经营户329户（持有卫生许可证97户），从业人员823人次。

【干部培训】 2010年，德宏州食品药品监督管理局采取自学与集中培训相结合的方式，积极组织全局干部职工开展学习培训。年内参与国家、省局举办的各种培训班15期，培训人员50人次；参加州委、州政府组织的培训5期，培训人员49人次；食药系统举办各类培训13期，培训干部职工388人次，进一步提高了全系统干部职工科学监管、依法行政的能力和水平。

【食品安全专项整治】 2010年，德宏州食品药品监督管理局开展了如下食品安全专项整治工作：一是积极开展乳制品和含乳食品集中清查专项行动。2次专项整治全州累计出动执法人员2367人次，车辆732辆次；涉乳企业4895家，涉乳原料62批次，涉乳产品203批次，发放宣传材料15966份数，培训人员622人次。清查中尚未发现有销售不合格乳制品及含乳食品经营行为。二是组织开展节前食品安全检查。三是开展“地沟油”“不合格一次性筷子”专项整治工作。全州出动执法人员408人次，出动车辆145辆次，检查粮油生产企业1家，小作坊19家，一次性筷子生产企业15家，食品经营户926户次，餐饮经营单位345户。四是开展学校食堂及学校周边食品安全专项整治。全州出动执法人员1144人次，车辆290辆次，检查学校及其周边食品经营户873户，学校食堂333个，学校周边饮食流动摊点255户。五是组织开展建筑工地食堂食品安全专项检查。

【药械市场监管】 2010年，德宏州食品药品监督管理局认真开展查处假冒人用狂犬病疫苗、互联网销售假药“花旗·糖胰特康胰酶胶囊”、假冒“喜炎平注射液”、假药“消渴平”和“虫草芪参胶囊”等专项检查工作。完成对辖区内药品生产企业、药品经营企业（批发）的现场检查每季度不少于1次；对医疗器械批发、零售连锁企业和药品零售企业的监督检查，每年不少于2次。全年全州查处各类药品、医疗器械经营中的违法案件60起，立案查处46起，当场处罚14起，没收、销毁假劣药品价值27.94万元。

【药械质量检验】 2010年，德宏州食品药品监督管理局完成药品抽验609批，合格540批次，不合格47批次，合格率92.0%，比上年同期增2.4个百分点，不合格率为8.0%。其中：基本药物100批，监督抽验487批；完成器械监督性抽验14个批次，2个批次的靶向抽验及2个药包材（药用塑料瓶）的抽验，完成省局下达的抽验任务。充分发挥快检车的作用，快速检测549批，全年运行1700余公里。

【药物滥用监测】 2010年，德宏州食品药品监督局对药物滥用监测工作高度重视，与当地公安、卫生、司法部门协调配合，探索出一套药物滥用监测工作经验。2010至2011年，德宏州被国家和省食药监局选定为具有一定代表性的全国唯一一家“州市级药物滥用监测工作试点”单位，对研究探讨地市药物滥用监测工作模式，充分发挥示范州（市）的模范带动作用。全年全州药品不良反应监测共上报药品不良反应监测病例报告90份，药品滥用调查报告表1709份，医疗器械不良事件监测报告病例2份。

（《食品药品监督》撰稿 尹祖杏）

质量技术监督

【质量管理】 2010年，德宏州质量技术监督局在质量管理工作中，主要完成如下工作：一是全面实施“质量兴州”战略，及时成立领导小组，采取走访培训的方式，采集基础数据，多方征求意见，制定出台实施意见，并于11月9日召开全州质量兴州工作会议，部署质量兴州工作。二是开展“质量提升”活动。该局“质量和安全年”活动领导小组和办公室整体转为质量提升活动领导机构和工作机构，并制定下发了《德宏州质监系统“质量提升年”活动实施方案》。三是名牌创建工作取得重大突破。年内，推荐上报新申请企业2家，复评审企业1家，均通过名推委的审查，并已公告。截至年末，德宏州有3个企业的3个产品取得云南名牌荣誉称号，改写德宏州仅有1个云南名牌的历史。四是组织开展对质量信用档案数据及基层信息数据库的更新。各县市局对企业信息进行普查并核实正确后，将数据录入国家质量业务平台企业质量档案系统，建立企业质量信用等级评价。五是组织开展“质量月”宣传活动。制定《“质量月”宣传活动方案》，并通过群发“质量月”宣传短信、组织企业座谈、开展质监邀你看企业活动等形式，开展丰富多彩的“质量月”宣传活动。同时，举办“质量月”咨询日活动，期间发放“质量月”宣传资料 1260 余份，展示假冒伪劣产品 20 余种，接受现场咨询 100 余人；发动 18 家生产企业、3 家超市在厂区、门口张贴“质量月”宣传标语。

【标准化管理】 2010 年，德宏州质量技术监督局在标准化管理工作中，主要完成如下工作：一是力促州政府出台《德宏州人民政府关于实施标准化发展战略的意见》、《德宏州人民政府办公室关于成立德宏州推进和实施技术标准战略工作领导小组的通知》，建立了德宏州标准化工作联席会议制度，并于 3 月 26 日组织召开全州实施标准化发展战略会议，社会各界对标准化工作的重要性认识得到普遍提高。二是下发《德宏州质量技术监督局关于开展标准化良好行为企业创建活动的通知》，经认真宣传动员，有 3 家企业自愿开展标准化良好行为企业创建活动，相关申请正在完善。三是积极推进服务行业标准化工作，组织上报相关材料。瑞丽市珠宝街被列为省级服务行业标准化试点单位，盈江县云南坚果种植作为国家第七批农业标准化示范区上报国家局，芒市遮放贡米、梁河回龙茶列为今后申报国家地理标志保护产品。四是大力推进农业标准化工作。年内与州林业局、州科技局成立标准起草小组，完善《云南省西南桦栽培技术》地方标准，并形成地方标准送审稿；与德宏州林业局协作，组织了德宏州第一个地方农业规范《旱冬瓜人工林培育技术规程》技术审查；协助瑞丽市西南大地石斛开发有限公司制定《石斛种植加工综合标准》，按阶段完成农业标准化示范区工作及材料的上报；配合全省农业标准化示范区地区间互查第四抽查组，对陇川县麻竹种植农业标准化示范项目和在建的瑞丽柠檬、瑞丽石斛农业标准化示范项目建设情况进行检查。检查组对该局开展的农业标准化工作给予了高度肯定，陇川县麻竹标准化种植项目、瑞丽柠檬示范项目和瑞丽石斛分别评得 96、95 和 91 分的高分，对瑞丽市柠檬种植农业标准化示范区和石斛种植农业标准化示范区 2 个第六批国家级农业标准化示范区进行了考核，并通过验收。

【食品质量安全监管】 2010 年，德宏州质量技术监督局在食品质量安全监管中，主要完成如下工作：一是全面落实食品生产加工企业质量安全主体责任。制定《德宏州质量技术监督局在全州开展食品生产企业普查整治及落实企业主体责任工作实施方案》，组织开展为期 3 个月的食品普查整治及落实企业主体责任工作。普查食品获证企业 172 户，小作坊 397 户，无证照企业 55 户。二是建立重点食品生产企业质量安全联络员制度。在全州范围内确定 18 家重点监管企业，实行联络员制度，实施重点监控，开展德宏质监邀您看企业·食品安全大家行活动。特邀人大代表、政协委员、媒体记者、检察院、信访局、食安委成员单位等部门人员，到企业进行现场观摩检查，取得了实效。三是加强巡查，进一步规范食品生产企业行为。加强日常监管及巡查，认真学习贯彻《食品安全法》、《食品召回制度》，切实落实食品安全主体责任。截至 11 月，全州巡查食品生产许可证获证企业 413 家次，下发整改要求 11 份，巡查小作坊 642 家次，下发整改要求 54 份。四是开展重点产品专项整治，消除食品安全隐患。对乳制品生产企业进行检查，出动执法人员 168 人次，出动车辆 84 辆次，检查获证的涉乳企业 6 家，糕点小作坊 58 家，对 12 个批次的样品进行了抽样。五是开展专项执法打假活动，确保节日食品质量安全。对节日期间的食品安全工作作周密安排，有力地保障了“两节”、“两会”期间的食品安全。全州出动执法人员 646 人/次，执法车辆 255 辆/次，检查食品生产企业及小作坊 406 户，对 16 个产品进行监督抽查，合格率 100%。六是稳步推进生产许可证办证工作。全年受理企业申报材料 64 家，组织审查员现场核查企业 64 家，办理变更手续 10 家。

【特种设备安全监察】 2010 年，德宏州质量技术监督局在特种设备安全监察工作中，主要做了如下工作：一是加大开展特种设备安全监察工作的力度，完善考核机制，在节假日及重大活动期间，对特定条件、特定环境中的特种设备进行专项整治，确保节假日期间的特种设备运行安全。督促企业严格落实特种设备安全主体责任，严厉打击违规行为，对违法行为和安全隐患均进行有效查处，坚决遏制事故多发势头。同时，利用信息化网络，严格执行“三方联动”方案，各级安全监察机构与检验机构实现数据互动、信息共享。对特种设备实行动态监管，及时掌握和了解设备的变化情况，增强事故隐患的处置能力和应急救援能力。二是深化专项整治，深入开展隐患排查。从3月开始，用7个月的时间在全州开展特种设备普查整治工作。经普查，德宏州有注册特种设备2063台（套），其中锅炉454台，压力容器998台，电梯170台，起重机械426台，厂内机动车辆13台，游乐设施2台；持证特种设备作业人员2916人。全年办理特种设备注册68台，发放使用证68本，其中锅炉24台，压力容器36台，起重机械46台，电梯23台，厂内机动车辆2台，游乐设备2台；对特种设备作业人员考核发证817人。根据普查中发现的问题，及时向地方党委政府汇报，由州政府主持召开全州特种设备安全专项整治工作会议，对全州特种设备安全专项整治工作进行全面部署，并以会议的形式，首次通报全州特种设备安全状况。该局与安监、教育、蔗糖等部门联合开展了中小学校在用汽水两用锅炉、乡镇汽水两用锅炉、全州制糖企业特种设备安全专项整治。

【质量监督和执法打假】 2010年，德宏州质量技术监督局质量监督和执法打假工作主要围绕以下专项整治行动来开展。一是积极组织在全州范围内开展执法检查及专项整治行动。开展农资、烟花爆竹、家电下乡、抗旱救灾物资和化肥等重要农资产品、一次性塑料餐饮具等执法检查及专项集中整治行动，对重点工程、民心工程开展专项检查。全州出动执法人员901人次，查办案件245起，其中查处质量违法案件195起，查处特种设备违法案件13起，查处计量违法案件1起，其他违法案件36起。二是组织开展监督抽查及定期监督检验。印发《德宏州质量技术监督局2010年产品质量监督抽查及定期监督检验实施方案》，对监督抽查和定检工作进行监督抽查。全州抽查生产获证企业7家、11个批次产品，产品实物质量抽查批次合格率为90.9%，企业抽查合格率为85.7%；小作坊49家、50个批次产品，产品实物质量抽查批次合格率为75.5%，企业抽查合格率为75.5%。开展定期监督检验，全州抽查41家企业60个批次产品，产品实物质量抽查批次合格率为50%，企业抽查合格率为43.9%。

【“两码”工作】 2010年，德宏州办理代码2115份，其中新办335份，变更266份，换证293份，年检1172份，迁出4份，废置45份；条形码新办14家，续展9家。

【检验检测】 2010年，德宏州质量技术监督局扎实开展检测机构整顿工作。组织开展对全州384家企业“检测工作客户（企业）满意度”回访/调查，359家企业“委托检测协议履行评价”回访工作，满意度达98%，并通过对自查表进行统计分析，发现问题及时整改。年内有16项特种设备检验检测项目通过国家质检总局的核准，大幅度拓展了特种设备检验检测范围，为进一步规范全州特种设备安全监管和检验检测工作提供有力的技术保障。适时开展能力验证和比对检验工作。主要针对复混肥料样品开展能力验证和比对检验工作，并参加省计量院组织的“定量包装净含量”、“衡器”2项能力验证比对。全年出具产品质量检验/检测报告2368份；接检样品数2601个；检定/测试各类计量器具4882台（件），涉及长度、电学、光学、力学、医疗、理化等10大类、36种计量器具，出具各类证书4882份；特种设备完成锅炉产品监检196台，安装监检28台，锅炉水压试验8台，锅炉技术鉴定6台，锅炉修理改造监检7台，定期检验109台；完成压力容器安装监检21台，定期检验72台；完成压力管道安装监检400米，完成压力管道委托检验300米；校验安全阀231只；电梯监督检验46台（含复检），定期检验114台（含复检）；起重机械监督检验63台（含复检），定期检验120台（含复检）；厂（场）内机动车辆2台；检验道路运输液体危险货物罐车辆80辆；委托的水电站压力钢管焊缝超声波检测2000米，射线检测100张；完成珠宝各种检验近28万件/次。

（《质量技术监督》撰稿 何忠涛）

贸　易

经　委

【举办中小企业经营管理员培训班】　2010年1月15至17日，德宏州中小企业经营管理员培训班在州委党校举行。来自全州企业经营管理人员和有关部门人员208人参加了培训。培训期间，开设了企业经营管理、市场营销、桥头堡黄金口岸和瑞丽重点开发开放试验区建设、税收政策等专题讲座。通过培训，进一步提升了全州中小企业经营管理者的综合素质，增强了企业管理人员面对市场竞争和抵御风险的能力，提高了企业依法纳税意识，促进了全州中小企业的健康发展。

【召开工作总结暨表彰会】　2010年1月23日，德宏州经委系统2009年度工作总结暨表彰会在芒市召开。各县市（区）经济局、州盐务管理局、州经委80余人参加了会议。州财经纪工委领导应邀参加了会议。会议由州经委成保平副主任主持。会议传达贯彻了全省工业经济工作会议和全州工业经济工作会议精神，对上年全州工业经济工作认真进行总结，安排部署年内的工作任务。会上，各县市（区）经济局作了交流发言，并对上年度工业经济工作成绩显著的6个先进单位和35名先进个人进行表彰奖励，州经委与各县市经济局签订安全生产目标管理责任书。州财经纪工委领导作讲话，对进一步抓好全州经委系统党风廉政建设工作提出要求。

【召开工业经济工作座谈会】　2010年9月6日，德宏州经委召开工业经济工作座谈会。参加会议的有州经委领导，各科室负责人，各县市经济局领导、办公室主任及相关股室负责人。会议由州经委岳太湘副主任主持。会议传达全省工业经济、工业固定资产投资和节能工作座谈会精神，通报上半年全州工业经济运行、非电工业投资和节能降耗情况；各县市经济局作交流发言；州经委主任闫生赞对下半年全州经委系统的工作提出具体要求，各位副主任分别就有关工作作了安排。

【安全生产】　2010年，德宏州经委系统认真贯彻落实国家、省、州关于加强安全生产工作的一系列方针政策和安全生产“一岗双责”，把安全生产工作摆在重要议事日程，州经委与各县市经济局、各县市区经济局与企业、企业与车间、车间与班组、班组与职工层层签订安全生产目标管理责任书，并在经委系统内组织开展3次大的安全检查活动，对全州工业园区和重点技改项目认真进行安全检查。经过全州上下一致的共同努力，全州经委系统责任范围内未发生死亡事故，保证了全州工业企业生产的安全。同时，加大对市场食盐的监管和私盐、假盐的打击力度，不断净化市场，让老百姓吃上放心盐、安全盐，确保人民群众的身体健康。全年全州出动盐政执法人员738人/次，出动车辆192辆/次，发放各类宣传材料14730份，查处涉盐违法案件12起，查获各类违法盐产品732.8千克。

【职称评定】　2010年，德宏州经委系统完成工程、经济系列中初职评委的换届工作，并组织开展全州工程系列高、中、初级专业技术职务的资格审查、推荐、评定工作。年内，向省高评委推荐高职18人、工艺美术大师3人，自评中职66人，其中高职参评通过15人，中职参评通过60人；2名玉雕工艺美术大师获得通过，并改写全州近几年省工艺美术大师评审没有一人通过的历史。

【报废汽车补贴】　2010年，德宏州完成报废汽车补助26辆，发放补助资金23万元；完成汽车以旧换新补助134辆，发放补助资金156.6万元；印发汽车以旧换新宣传资料300份。

【乡镇企业】　2010年，德宏州围绕加快农产品加工业发展、提升乡镇企业发展水平、服务三农，认真做好调研、指导和服务工作，抓好农民工培训、企村结对等工作，促进乡镇企业的快速发展，有力地支持了新农村建设。全州乡镇企业完成增加值15.11亿元，比上年增13.48%；出口产品交货值4.33亿元，增6.8倍；上交税金2.46亿元，增10.81%。农产品完成现价工业总产值35.86亿元，比上年增43.44%。

【水泥生产】 2010年，德宏州有水泥生产企业9户，生产线11条，总产能442万吨。其中：已建成投产生产线6条，产能232万吨；在建水泥生产线3条，设计产能150万吨；已批待建水泥生产线2条，总设计产能60万吨。全年生产水泥168.639万吨，比上年的137.295万吨增加18.59%；散装水泥17.73万吨，散装率10.51%。

（《经委》撰稿 毕 鸣）

（见“州情概览·州经委” 页）

招商引资

【召开全州招商引资工作会】 2010年3月26日，德宏州招商合作局在芒市宾馆召开全州招商引资工作会。州委书记赵金、副书记州长孟必光、州委常委常务副州长柳五三、州委常委州委秘书长番跃平等7名常委出席会议。州委书记赵金作重要指示，州长孟必光作主题发言，并代表州政府与各县（市）区政府签订《2010年招商引资目标责任书》。会上还对上年完成招商引资目标任务的县市区和10家州级招商引资优质服务单位进行了表彰奖励。

【参加第八届东盟华商会】 2010年6月5日，德宏州组织参加在昆明举办的由国务院侨办主办，省政府承办的第八届东盟华商会。会前将德宏州2010年招商引资筛选出的53个项目，以电子邮件的形式在会前20天发给参会的华商。经过前期与东盟华商联系，省组委会确定德宏州推介洽谈的项目有33个，进入VIP洽谈区面对面洽谈的有15个。6月4日，州招商局领导提前到昆明主动与部分东盟华商进行对接，对东盟华商感兴趣的一些项目进行洽谈。6月5日下午在第八届东盟华商会上，德宏州组成州局和县市招商局的23人，参加了东盟华商会的推介和洽谈，州招商局做好VIP洽谈及保障工作。此次推介会，德宏州与东盟华商洽谈100多人次，很好的宣传推介德宏州投资优势和项目，部分项目与华商达到初步投资意向。

【参加第18届昆交会】 2010年6月5至10日，德宏州组织参加在昆明举办的第18届昆交会。德宏州设立专门的招商引资资料展台，聘请4名在校大学生发放招商引资项目宣传资料。期间，向各类客商发放招商引资项目册和地方优惠政策资料及宣传资料2500多份；接受泰国、新加坡、马来西亚、香港、台湾等国家和地区的1500多人次的客商咨询。德宏州内资签约项目6个，签约资金115473万元，外资签约项目1个，合同利用外资2000万美元；馆外签约项目15个，签约资金794574万元，馆内馆外共签约项目21个，协议引进和利用外资924047万元。签约项目涉及商贸、旅游地产、轻工、电力、农产品加工、林产品加工、房地产等。

【举办“魅力德宏合作发展”招商推介会】 2010年7月23日，德宏州政府和云南省青联在昆明官渡大酒店联合举办“魅力德宏合作发展”主题招商引资项目推介会。18家省级异地驻滇的商会和省青联近120位企业家参加推介会。德宏州人民政府副州长高铁英在推介会上介绍了德宏州情、投资环境和产业发展战略。会议期间，北京天润新能有限公司与梁河县就风力发电达成初步的投资意向；云南福建总商会、昆明工商联宁德商会、昆明温州总商会、世界五百强企业台湾台塑世界集团、贵州商会、湖南商会、广东商会、上海商会等对推介的矿冶、工业园区基础设施建设、旅游景区景点建设以及投融资项目表达了初步的投资意向，表示近期将组团到德宏项目所在县市进行实地考察。

【“云南省异地在滇商会推介及洽谈活动”在芒市举办】 2010年12月15至18日，德宏州人民政府与云南省招商合作局为深入贯彻胡锦涛总书记在云南考察工作时提出的要“使云南成为中国向西南开放的重要桥头堡”的重大战略思想，加快推进国家沿边开放步伐，吸引更多的投资商参与德宏桥头堡黄金口岸建设，在芒市举办“云南省异地在滇商会桥头堡黄金口岸建设招商推介及洽谈活动”。德宏州委书记赵金在会上作“推进招商引资工作构建桥头堡黄金口岸”重要讲话；省招商合作局杜勇局长在会上对德宏州近年来的招商引资工作给予了较高的评价，并就加强德宏州的投资环境建设、加快产业结构调整、做好招商引资工作、促进经济社会平稳较快发展等方面提出了宝贵意见；孟必光州长和各县市市长分别就如何发挥桥头堡黄金口岸优势，营造良好的投资环境，作了发言和招商推介。

【国内合作项目】 2010年，德宏州招商合作局紧紧围绕州委提出的“五个百亿元工程”建设和桥头堡黄金口岸建设的战略部署，围绕年度招商引资的目标任务，统一思想，真抓实干，开拓创新，进一步拓宽招商领域，完善招商机制，提高服务质量，加大对外交流与合作，加强项目推介工作，全面推进各项工作的实施，顺利完成国内合作项目实施的目标任务。全年全州实施国内合作项目124项，其中上年结转项目63项，新增项目61项；项目协议总投资4636642万元，其中结转项目总投资1558186万元，新增项目总投资3078456万元。年内，实际到位资金549967万元，比上年增190963万元，增53.19%。完成州政府下达引进州外资金43亿目标任务的127.54%，其中省内到位资金192576万元，占到位资金的35.16%；省外到位资金357391万元，占到位资金的64.84%，超额完成省下达引进省外资金22亿元目标任务的162.45%。实施项目按县市区划分：潞西35项，到位资金201621万元，占全州到位资金的36.66%；畹町13项，到位资金5107万元，占0.93%；瑞丽27项，到位资金114117万元，占20.75%；姐告2项，到位资金15092万元，占2.74%；陇川22项，到位资金31336万元，占5.70%；盈江10项，到位资金152425万元，占27.72%；梁河13项，到位资金30238万元，占5.50%。实施项目按行业划分：农业4项，林业4项，畜牧业1项，渔业1项，电力工业14项，轻工业及食品加工业19项，商贸服务业23项，矿业13项，房地产6项，医药卫生3项，其他行业36项。全州招商引资在册国内外来投资企业140户，注册资金229767万元。其中：省外投资企业注册资金142558万元，省内投资企业注册资金87209万元。已开工项目实现营业收入99514万元，增加工业产值86058万元，征收税金14153万元，增加就业岗位6748个。项目涉及农、林、畜牧业及其产品成品等加工、商贸、基础设施建设、载能工业、生物产业、旅游开发、现代物流、现代服务业、房地产等行业，出现了外来投资多元化的新格局。

【建立招商项目库】 2010年，德宏州招商合作局积极建设招商项目库项目工作：一是按照州委提出的“苦干实干年”的要求，在项目编制上下功夫，围绕全州特色经济，大力发展生物产业、文化旅游产业、加快中低产林改造，大力发展边境贸易，打造五个百亿元工程。从全州征集招商项目200多个，州招商局经筛选确定60个重点项目，并编印《2010年德宏州重点招商项目册》。二是完善签约项目报送制度。州政府下发《关于实行招商引资签约项目报送制度的通知》，要求相关部门做好相关签约项目收集报送统计工作，便于各级领导动态掌握好项目实施进展情况。三是抓好社会资本投资项目开发编制工作。州政府下发《关于认真抓好社会资本投资项目前期工作的通知》，要求各相关部门和县市要围绕工矿业、生物特色产业、商贸物流、旅游文化、教育卫生等行业重点，抓好社会资本投资项目开发。编制投资额在5000万元以上达到预期目标的社会资本投资项目32个，由州招商局汇总编制后进入项目库储备。

【招商引资项目】 2010年，德宏州招商合作局按照年初制定的工作目标，紧紧围绕产业规划，在招大引强上狠下功夫，不断创新招商方式，“走出去、请进来”区域招商模式迈出了实质性的步伐，成效显著，一批大项目相继落户德宏。全年全州引进上亿元的项目有23个，其中省内投资项目15个，省外投资项目8个。按行业划分：主要涉及林业2个、电力工业1个、轻工业及食品加工业3个、商贸服务业2个、矿业4个、房地产业4个、其他行业7个。按县市分：瑞丽实施的瑞丽江生态旅游休闲中心项目；潞西实施的芒别康体休闲温泉度假区、孔雀湖旅游开发、亚豪木业等16个项目；梁河实施的有康丰旅游综合开发、中亚硅业开发2个项目；盈江实施的勐乃河那邦水电站；陇川实施的油茶、优质稻种植及产品精深加工项目2个；姐告实施的皇家商务旅游度假中心项目。这些大项目的实施，成为拉动全州经济发展的新引擎。

【优化投资环境】 2010年，德宏州招商部门把加强和优化投资环境建设作为招商工作的重要内容抓紧抓好。一是完善招商政策环境。深入贯彻实施《州委州政府关于进一步加强招商引资工作的决定》、《州委州政府关于加强软环境建设的实施意见》、《州政府鼓励投资办法（试行）》，督促有关部门坚决落实好州委州人民政府的决定，对有关政策进行广泛宣传，提高执行力和知晓率。二是抓好外来投资企业的后续服务工作。建立和完善外来投资企业档案数据库，对已签约项目进行跟踪服务，主动上门服务；对重大投资项目跟踪走访；对重点项目、重点企业、重点领域的投资项目全程服务，及时协调解决项目落地、实施推进、生产经营中的实际困难和问题。三是提供优质高效的信息查询服务。认真办好德宏招商引资网，及时受理政务信息查询，及时解答客商疑问，为客商提供良好的服务环境。四是畅通客商诉求渠道。利用州外资工作领导小组的平台，积极做好对外来投资企业的后续服务工作，及时受理企业投诉举报。五是主动接受监督，推进投资环境建设。州政协主席会议、州人大常委会组织执法检查组，对全州招商引资工作情况进行检查和评议，进一步督促有关部门对工作中存在问题进行整改落实，推动了全州投资环境的建设。

【创新招商方式】 2010年，德宏州招商合作局在招商引资工作中，进一步创新招商方式，更好的拓展招商渠道。年内在昆交会、珠洽会、厦洽、东盟华商会等会展招商的基础上，坚持多措并举，拓宽招商渠道，网络招商、招商、联合社会团体招商、专题招商、小分队招商等招商方式得到迅速推进，并取得实效。一是开展中介招商。与云南省青年联合会、上海文成商会等社会团体加强合作，开展招商推介和委托招商活动；二是开展小分队招商。组织到昆明、上海、杭州、福州、厦门、深圳、广州、成都、重庆、温州等地开展专题招商推介活动；三是开展网上招商。与北京、上海、深圳3家知名招商专业网站签订合作协议，开展网络代理招商。同时，围绕州委、政府的中心工作，服务“桥头堡”黄金口岸建设。一是开展以桥头堡黄金口岸建设相关专题内容的学习活动，进一步把握好工作的主动权；二是在“十二五”招商规划项目编制布局中，突出口岸物流、旅游服务、优势产业等项目服务于桥头堡建设；三是召开桥头堡黄金口岸建设全州异地商会、行业协会招商引资恳谈会，集思广益；四是多次组织到沿海沿江开放发达地区城市开展的招商引资专题推介活动，加强与长三角、珠三角等地区知名企业的对接，推动德宏州经济结构和产业结构的优化和转型；五是积极承接和邀请有关商会企业家到德宏州考察推介活动。

（《招商引资》撰稿　陈玉田）

对外经济贸易

【召开全州商务工作会】 2010年3月，德宏州人民政府召开全州商务工作会议。会议传达全省商务工作会议精神，总结上年全州商务工作；表彰奖励了4个完成和超额完成进出口目标任务的县市（区）政府、21个外经贸优质服务单位、8个商务工作先进管理单位和4个先进口岸管理单位，对39户先进内外贸易流通企业进行表彰。会议分析面临的形势，制定工作措施，安排布置年内全州商务工作任务，确定国内市场社会消费品零售总额增幅达22%以上，对外贸易进出口额增长20%以上，对外经济技术合作营业额、对外实际投资分别实现12%以上的增长，利用外资继续保持稳定增长，外商投资不断优化；口岸建设明显加快，口岸综合服务功能显著跃升，各项指标平均增长10%以上的工作目标。

【“十一五”商务指标快速增长】 2010年是德宏州商务“十一五”规划最关健的一年，“十一五”期间各项商务指标快速增长。一是外贸进出口总值连年快速增长。按海关统计，进出口额从2005年的3.9亿美元增长到2010年的11.4亿美元，增192.31%，年平均增幅达25.22%，超额完成“十一五”规划确定的年增长12%的目标。5年累计完成进出口总额36.48亿美元，是“十五”期间的2.2倍。按商务部门业务统计，全州进出口总额从“十五”末期的51亿元增长到2010年的113亿元人民币，增121.57%，5年累计完成进出口总额430亿元，是“十五”期间的2.37倍。二是“走出去”取得实质性成果。“十一五”期间全州实施对外承包工程77个，完成金额10678万美元，是“十五”期间的1.2倍；实施境外投资项目9个，实际完成投资1715万美元，是“十五”期间的3.7倍。5年来境外替代种植企业发展到28户，累计实施种植面积43.16万亩，替代工作成效明显。三是利用外资工作取得新进展。5年新批利用外资项目18个，比“十五”期间减少62.5%，实际利用外资11285万美元，是“十五”期间的5.8倍。四是口岸基础设施建设得到加强，口岸功能不断完善。完成“十五”期间规划和动工的口岸工程；完成4个口岸经济区总体发展规划，并通过省级审批；实施8个口岸联检设施建设工程；推进芒市机场申报为国际口岸机场，章凤口岸申报为一类口岸相关工作；加大通道改造建设和规划工作力度；开展4个口岸边民互市市场建设工程和试点运行工作。全州各口岸的基础设施条件得到不断改善，通关便利化水平日益提高。全年全州口岸出入境人员、出入境交通工具、进出口货运量、口岸通关货值分别是“十五”末期的1.37倍、2.1倍、1.54倍和3.4倍。五是内贸流通市场平稳发展，城乡市场建设稳步推进。“万村千乡市场工程”在2005年一个试点县的基础上全面推广覆盖全州各县市区，共建设8个配送中心，643个农资农家店；做好生猪定点屠宰的推广和定点屠宰场的管理和普及；抓好全州成品油市场监管和整顿，做好市场成品油供应和新建加油站的审批、验收、服务工作，加强对成品油市场供需情况的监测分析和市场保障；认真实施“家电下乡”惠民工程；做好市场整顿规范，全州流通重点监管行业的管理和重要社会消费品市场供求监测得到加强；实施“双百市场工程”建设项目2个，农贸市场建设项目10个；完成商贸流通市场中长期规划的编制工作。5年来，全州社会消费品零售总额实现了年均20%的增长，年内完成社会消费品零售总额54.3亿元，是“十五”末期的2.4倍。

【内贸流通市场管理】 2010年，德宏州商务系统精心组织，编制全州商贸流通“十二五”规划、成品油“十二五”行业发展规划；做好全州城乡商品流通保障，抓好城乡肉食品供应和安全保障工作，加强生猪屠宰企业管理，规范城乡肉食品流通市场秩序；抓好城乡市场建设项目的争取，获得农贸（集贸）市场和特色农产品批发市场建设改造项目6个，“万村千乡”市场工程配送中心建设项目1个，农资农家店建设指标50个；加强对内贸流通工作的调研、工作考核和培训，构筑市场运行监测体系，加强生活必须品的市场监测工作，市场调控不断完善；落实好“家电下乡”惠民政策，全年全州销售家电下乡产品58891台，销售额12174万元，兑现补贴1508万元。抓好全州成品油市场管理工作，完成成品油经营企业的年检和换证工作。整顿规范成品油市场，新批加油站建设项目7个，对不合格企业要求停业整顿10户，取消经营资格1户。全年完成成品油供应17万吨，在柴油供应出现紧张的情况下，通过加大资源协调，规范销售秩序，紧急协调解决柴油供给，保障了供需平衡。全年全州社会消费品零售总额保持较快增长，累计完成54.3亿元，比上年增长22%。

【外贸进出口额首次突破11亿美元】 2010年，德宏州外贸进出口额首次突破11亿美元的大关，达到113860万美元，增幅达49.27%。全州商务系统在发展对外贸易工作中，主要采取如下有效措施：一是认真学习和贯彻实施国家对外贸易政策法规，把国家和省的有关外贸促进政策宣传好、贯彻好、落实好，用好政策。二是加强与上级部门的协调，努力为企业争取外贸扶持项目和扶持资金1119万元，帮助企业加快发展。三是做好对外贸易进出口经营权的备案登记工作，不断壮大外经贸经营队伍。全州具备进出口经营权的企业达829户。四是加强行业管理，完善贸易发展管理政策，努力规范和拓展对外贸易市场，引导全州对外贸易行业朝着规范化方向发展。五是全面取消全州对外贸进出口的地方性行政收费，有效促进口岸的繁荣。六是针对中国—东盟自贸区的建成，协调省相关部门，举办业务培训班，对全州外贸经营管理队伍进行中国—东盟自贸区相关政策和业务培训。

【实施“走出去”战略】 2010年，德宏州“走出去”工作不断向纵深发展，对外经济技术合作、对外工程承包、境外投资、替代种植成为“走出去”发展的重点。全年全州执行对外承包工程项目合同29个，合同总额7890万美元，完成金额2948万美元，项目下带出金额2114万美元；执行对外投资项目5个，计划投资总额1445万美元，年内完成投资261万美元。同时，通过做好替代种植企业的业务指导和服务，加强对企业的培训和引导，认真研究，积极反映和努力解决替代发展工作中的问题，替代种植得到规范发展，境外罂粟禁种成效日益明显，替代种植示范项目稳步推进，返销指标困难的问题得到有效改善。截至年末，全州有境外替代种植企业28户，累计协议种植面积259万亩，已实施核查的种植面积43.16万亩。年内，全州返销替代项下商品22.05万吨，带出化肥2.98万吨。

【利用外资】 2010年，德宏州商务系统通过积极拓展引资渠道，加大外资引进力度，努力改善投资环境，做好外资企业的审批服务管理。全年全州新批外商投资项目3个，增资项目1个，合同利用外资2086万美元，实际到位外资2382万美元，比上年增79.9%，完成省政府下达德宏州全年实际利用外资任务1000万美元的2.38倍。截至年末，全州实存外资企业39户，投资国分别有缅甸、日本、韩国、新加坡、马来西亚、泰国、美国、英国、加拿大9个国家和香港、台湾地区。行业分布于农、林、牧、渔业、制造业、硅矿冶炼业、电力业、宾馆服务业、房地产业、仓储物流等。

【口岸建设管理】 2010年，德宏州商务系统积极抓好口岸综合管理，优化通关管理，促进口岸服务便利化。一是在全省率先实施瑞丽、畹町、盈江、章凤口岸4个边民互市贸易市场试点建设，畹町、盈江口岸2个边民互市市场通过省级验收；二是争取口岸建设资金5200多万元，认真组织实施瑞丽口岸查验货场建设工程、一国门两通道功能完善工程，畹町口岸旅检通道改造工程、物流查验场建设工程，章凤口岸联检楼及查验货场建设工程，盈江口岸中心货场功能完善工程、那邦通道联检楼及查验货场建设工程；三是积极参与推进中缅瑞丽-木姐跨境经济合作区、瑞丽开发开放试验区建设的前期工作，努力推进德宏芒市机场、章凤口岸、盈江口岸开放的申报工作，积极参与向西南开放的桥头堡黄金口岸建设战略研究和中缅油气管道建设的相关工作。经过努力，全州口岸基础设施条件、管理服务水平和经营环境得到不断改善，口岸流量全面增长。年内全州各口岸出入境人员1073.13万人次，比上年增长7.46%，占全省总量的55.74%；出入境交通工具226.91万辆次，增长28.56%，占全省总量的70.03%；进出口货运量179.54万吨，增长31.15%，占全省总量的19.93%；口岸进出口额173234万美元，增长49.28%，占全省总量的32.48%。

【参加昆明进出口商品交易会】 2010年，德宏州商务局根据昆交会的展馆设置，在生物资源馆认购16个展位，设置了德宏展馆和后谷咖啡展馆进行集中宣传和展示。期间重点展示德宏州面向西南开放重要桥头堡黄金口岸的建设新貌和面向西南开放的区位优势。全州40多户企业参加了展会，参展商品以德宏本地区自产产品为主。经过5天的展洽，全州在本届昆交会取得了可喜的成绩：一是签约项目内容丰富。德宏州签约项目有32个，项目总金额939316.7万元，属历届之最。其中：内资项目21个，项目总金额910047万元；外资项目1个，项目总金额13640万元；进出口项目10个，项目总金额15629.7万元。二是贸易成交多。昆交会期间，德宏参展团进出口成交额达2510.87万美元（出口2109.88万美元，进口400.99万美元）。其中：馆内成交50.58万美元（均为出口）；馆外成交2460.29万美元（出口2059.3万美元，进口400.99万美元）。三是现场销售取得突破。德宏企业现场销售19万元，与省内外多家客商达成80多万元的销售协议，商品主要包括咖啡、柠檬制品、食用菌类、食品、坚果等。本届昆交会期间，德宏州取得丰硕成果，被昆交会组委会授予最佳组织奖。

【队伍建设】 2010年，德宏州商务系统通过建制度、抓学习、抓作风、抓廉政，加强业务培训，使商务队伍的政治思想、业务知识和学习创新能力不断提高，服务质量和工作作风不断改善，勤政廉政意识不断增强，风清气正的工作氛围更加浓厚。全年全州商务部门先后组织出境考察学习和参加境外会展5批次，出境人员260余人次，其中机关干部50多人次，企业经营管理人员200多人次；组织全系统机关干部和到省和外地学习、参加会展和商贸活动120余人次。

【桥头堡建设课题研究】 2010年，德宏州商务系统根据州委、州政府的安排部署，与州委党校配合完成了桥头堡黄金口岸建设基地、平台研究报告和近40个子课题报告；组织干部撰写桥头堡黄金口岸建设有关文章，其中《关于德宏国际物流中心建设的战略构想》在州政协组织的评选中获一等奖，多篇文章在州社科联征文评选中获奖，并在刊物上发表，为全州桥头堡建设和瑞丽开发开放试验区建设提供了丰富的资料。

（《对外经济贸易》撰稿　尚正宠）

（见“州情概览·对外经济贸易”72页）

粮油购销

【粮食行政首长负责制】 2010年，德宏州粮食部门按照州人民政府与省人民政府签订的粮食行政首长负责制规定，认真履行办公室职能职责，不断加强与相关部门联系，粮食在面积、总产量和兑付种粮直补方面取得好成效。全年全州粮食种植面积达203.54万亩，粮食产量达5.8亿千克，国家粮食种植补贴、良种补贴、大型农机补贴等各项补贴到位，极大的调动了农民种粮的积极性，确保了粮食安全。

【粮食库存检查】 2010年，德宏州、县（市、区）两级粮食主管部门按照国家、省粮食局《关于开展2010年全省粮食库存检查工作的通知》精神，在州人民政府的领导和省粮食局的业务指导下，在州、县（市、区）两级粮食、发改、财政、农发行行政主管部门的协作、中储粮德宏直属库的配合下，抽调70余人、出动800余人次，进行粮食库存检查。通过努力，在上级规定的时限内按时、按质完成了自查工作任务。从自查、抽查、复查结果看，库存粮食“三账”相符、质量可靠。

【粮油市场预警监测】 2010年，德宏州粮食部门为确保粮油市场安全，除芒市、盈江、瑞丽3县市将粮油市场价格监测直报省粮食局外，州粮食局向州政府、发改委等相关部门收集上报了粮油价格监测信息70余期，专题分析报告6期，为政府及时决策、宏观调控提供了决策依据。

【粮油市场监督检查】 2010年，德宏州两级粮食行政主管部门依照《粮食流通管理条例》的相关规定，切实发挥对粮食经营者的“指导、服务、监督、协调”力度。年内，在收购资格年检、安全责任书签订、最低最高库存量告知书等方面加强监督履职。在面对自然灾害面前，有效防止全州粮食市场的有序经营、杜绝了经营者囤积居奇、哄抬粮价等现象，最大程度的维护了正常的粮食经营秩序，确保做到市场粮油供应不断档，价格基本稳定。

【军供基础设施】 2010年，德宏州为改变军粮基础设施建设，进一步提升综合服务功能，加强军粮基础设施建设工程。全年向上级争取网点建设资金330万元，项目顺利开工建设，网点得到有效维护，为边疆驻军提供完善的购粮基础设施打下坚实的物质基础。

【安装储粮小粮仓】 2010年，德宏州县两级粮食行政主管部门为最大程度的减少种粮农户的产后损失，减少“第二田间”的粮食浪费，安排德宏9600户农户科学储粮小型粮仓指标，并按期得到验收。通过此项工作的落实，实实在在给农户带来了实惠，也为节约粮食、增加效益、安全存储得到了保证。

【安全生产】 2010年，德宏州县两级粮食行政主管部门按照安全生产责任书的要求，层层落实安全保管责任制，坚持“横向到边、纵向到底、齐抓共管”的安全生产工作机制。其主要抓好如下工作：一、做好超前防范工作，及时消除不安全隐患，防止发生安全事故。二、加强对储粮化学药剂的管理、严格化学约剂领用制度。三、对防火、防盗、防事故工作做到警钟长鸣，对重点部位和薄弱环节实行轮流值班制度，有效防止各类事故的发生。四、结合创造平安单位及机关安全保卫工作的实际，确保办公区、家属区安全稳定。全年系统内无重大安全责任事故发生。

【储备粮油抽检】 2010年，德宏州县两级粮食行政主管部门按照州食安委的部署，对承储的地方（省州县）三级储备粮油依照储备粮管理办法进行定期一年两次的质量抽检，确保各级储备粮油长期处于宜存品质，对军供粮油坚持做到一批一检一报告和建立质量档案和索证索票制。对粮食经营企业每年进行按一定比例（随机抽取10%的户数）送检，确保市场上销售的粮油质量符合国家规定标准。同时，借每年的世界粮食日、食品安全宣传周、法定节假日以及重大活动之机，加强对粮油质量的宣传、介绍，使广大消费者认识和了解粮油质量的基本知识和如何识别真假粮油的知识。

【表彰先进】 2010年，芒市军粮供应站被国家粮食局、总后勤部评为全国军粮供应先进单位。德宏州参加首次云南省粮食局举办的“云南省粮食行业职业技能大赛”，德宏州获优秀团体三等奖，在粮油质检项目上，德宏州选送的杨天翠获得第8名。芒市、梁河、瑞丽3家国有粮食购销企业和贡米公司、源洋公司、长兴大米厂3家民营企业获得国家级产业化龙头企业称号，为企业做强做大提供前提条件。

【储备油脂】 2010年，德宏州随着“米袋子”、“油瓶子”各级行政首长负责制的强化，为进一步加大调控力度，增加州级储备油脂，在2008年承储州级食用油脂10万千克的基础上，年内按照省安排，增加30万千克储备油脂规模。为此，德宏州食用油脂储备规模已达到40万千克，为应对油脂市场变化打下了坚实的基础。

【社会粮食统计】 2010年，德宏州社会粮食流通统计工作得到加强。在《粮食流通管理条例》实施以来，州、县两级粮食行政主管部门经过对全州国家粮情调查户110户的调查和对70余户有收购资格的非国有粮食企业抽查。通过抽查表明，粮食企业所提供的数据、台帐基本上客观、真实；社会粮食流通统计的重要性、必要性也逐渐被经营者理解、接受和支持。

（《粮油购销》撰稿　杨恩杰）

（见“州情概览·粮油购销”72页）

供销合作

【省供销社主任和润培到德宏调研】 2010年5月18至19日，云南省供销社主任和润培、副主任单昆生到德宏州调研供销社改革发展工作情况。5月19日上午，和润培一行在副州长板岩过及相关部门负责人陪同下，深入德宏玉然商贸有限公司、景山农资有限公司、陇川县集强林竹有限公司、陇把市场服务有限公司和陇把镇户岛枇杷专业合作社，认真查看了仓储设施、网点分布和网点标志的规范情况，了解流通环节的质量、价格标准、风险责任等，对存在的困难和问题给予了现场指导和科学规划。和润培指出：要强化管理措施，努力提升陇川特色产品品质；加强政府引导、市场运作的力度，积极消除各自为政、对市场盲目屈从的弊端，充分整合农户、各专业合作社的组织化程度，实现统一品牌、统一管理、统一销售的管理制度；积极提高地方特色产品的深加工技术水平和探索系列产品的开发，努力拓展市场空间；专业合作社要与农民结成利益的共同体，搞好合作；树好供销社这块金字牌子，充分利用供销社的流通平台，实现网上异地销售。下午和润培一行听取德宏州的工作情况汇报后，对全州供销社改革发展工作取得的成绩给予了充分肯定。德宏供销社的改革发展工作进展很快，各项工作上了一个新台阶，主要表现在：州委、州政府高度重视、积极推进供销社改革，全面贯彻国家和省关于推进供销社改革发展的有关精神，力度大、措施硬、效果显著；积极推进“乡村流通工程”建设，改造新建了一批配送中心、农贸市场，并发挥了很好的作用，有效阻止了假冒伪劣农资流入农村；加快了农村经济合作社组织的发展，一些农村经济合作社组织发挥的效果非常不错，如陇把户岛枇杷专业合作社；供销社改革发展各项指标快速增长；农村经纪人队伍取得成效，培训5000多人；工作中探索了一些好的方法，做了一些很好的尝试。虽然德宏供销社改革发展工作起步较晚，但目前已经甩掉了沉重的历史包袱，进入了轻装上阵、全面发展的新阶段，在“三农”工作中发挥了积极的作用。同时要求：进一步加快实施“乡村流通工程”，州和各县市相关部门要提高认识，做好规划，确立好目标，逐年实施；全力打造“大流通”的建设思路，利用、发挥好社会资源，动员社会力量，积极打造配送中心、网络，供销社要做好协调、指导、服务、管理工作；全力推进农村经济合作社组织建设，明确责任，抓好落实，层层签订责任书，使之在数量上提升，质量上突破；做好农资供应工作，做到按时、按质、不断档，为党委、政府分忧，为农民解难；现代流通项目申报工作方面要认真开展项目前期工作，争取多立项。

【全国供销合作总社主任李成玉到德宏考察】 2010年6月29日至7月1日，中华全国供销合作总社党组书记、理事会主任李成玉，党组成员、理事会副主任戴公兴一行，到德宏州考察调研供销社改革发展状况，以及新农村现代流通网络工程建设情况。省政府副秘书长李琳玻、省供销社主任和润培、副州长板岩过等陪同调研。李成玉一行先后视察了陇川县玉然商贸有限公司日用品配送中心、景山农资有限责任公司配送中心和集强林竹产业有限责任公司，并到勐巴娜西珍奇园、芒市体育运动中心、姐告口岸实地考察。李成玉重点了解了供销社改制后下岗工人就业状况和退休干部职工的医疗、养老等保障制度的落实情况，并要求供销社妥善处理好改制过程中遗留的问题，安置好干部职工生活、养老保险等问题，在保民生、保稳定的基础上轻装上阵，谋求发展。李成玉指出：供销社要坚持为农服务宗旨，坚持社会主义市场经济改革方向，坚持合作制基本原则，大力推进经营创新、组织创新、服务创新，加快构建运转高效、功能完备、城乡并举、工贸并重的农村现代经营服务新体系，努力成为农业社会化服务的骨干力量、农村现代流通的主导力量、农民专业合作的带动力量，真正办成农民的合作经济组织。具体要抓好如下工作：一、加快发展农业生产资料现代经营服务网络、农村日用消费品现代经营网络、农副产品现代购销网络、再生资源回收利用网络建设，着重加强县级配送中心和乡村两级连锁网点建设，加快构建县有配送中心、乡有中心超市、村有便民店的县乡村三级现代经营服务网络；二、立足当地优势资源和特色产业，利用供销合作社人才、网络、设施等条件，采取多种方式积极领办农民专业合作社，带动农民专业合作社开展信息、营销、技术、农产品加工储运等服务，推进规模化种养、标准化生产、品牌化经营，提高农产品质量安全水平和市场竞争力，帮助农民专业合作社开拓市场，开辟合作社产品进超市、进社区、进批发市场的便捷通道。专业合作社通过订单或合同等契约形式使产品销售与龙头企业对接，形成“龙头企业+专业合作社+农户”的农产品经营格局，建立农产品产销风险分担机制。

【举办少数民族农产品经纪人培训班】 2010年8月10日至10月27日，德宏州供销社与德宏州民宗局分别在芒市、梁河、盈江、陇川、瑞丽，举办5期少数民族农产品经纪人培训班。培训班对全州人口较少民族特困民族进行业务知识培训。有232名符合条件的人员参加培训。培训主要内容是学习农产品市场营销、农产品基础、农产品市场信息采集与分析、相关经济法律等知识。经考试，有231人获得由国家人力资源和社会保障部授权中华全国供销合作总社颁发的农产品经纪人职业资格证书。

【参加“千社千品”展】 2010年9月12至20日，德宏州供销合作社组织参加云南省供销社在昆明举办的首届“带领农民闯市场、构建农村致富路”，“千社千品”暨农特产品展示展销会。德宏州供销社为抓好部署，按照组织领导、参展企业、参展商品、参展人员四到位的原则，经过认真筛选，确定潞西市遮放贡米有限责任公司、瑞丽红瑞柠檬开放有限责任公司、瑞丽江酒业有限公司、陇川县集强林竹产业有限责任公司、盈江县勐弄山茶叶有限责任公司、梁河县兆宗茶叶专业合作社、梁河县平山茶畜专业合作社、梁河县南甸葫芦丝专业合作社8个企业参展。展品涉及大米、白酒、柠檬系列产品、竹笋、食用菌、茶叶、葫芦丝等7个品种，20余项产品。展销期间销售产品36000元。通过参展，充分展示了德宏州供销合作社改革发展的成就。

【业务完成情况】 2010年，德宏州供销合作社认真贯彻落实国发〔2009〕40号、云发〔2008〕14号、德发〔2009〕5号文件和全国供销合作社第五次代表大会、全国县级供销合作社曲靖经验现场会及全省供销合作社改革发展曲靖现场推进会议精神，紧紧围绕年初确定的各项目标任务，认真抓好各项工作措施的落实，圆满完成了州委、州政府和省供销社下达的各项主要指标及工作任务。全年经营总额完成7.7亿元，完成省社下达指标任务的128.3%，比上年增45.3%；利润总额完成342万元，完成指标任务的114%，增62.1%。农村合作经济组织发展：省社下达任务135个，完成155个，其中专业合作社80个、综合服务社60个、农产品协会2个，完成指标任务的114.8%，比上年的152个增2%。化肥销售：省社下达任务10万吨，完成销售15万吨，完成指标任务的150%，比上年增12.8%。人员培训：省社下达任务1020人，培训1446人，完成指标任务的141.8%，比上年增9%。新建、提升配送中心：省社下达任务4个，完成5个，完成指标任务的125%。新建、改扩乡村集贸市场：省社下达任务数4个，完成5个，完成指标任务的125%。引进合作项目：省社下达任务数3个，完成5个，完成指标任务的166.7%。

【贯彻国发40号和云发14号文件】 2010年，德宏州供销合作社继续深入学习贯彻国发40号、省委14号文件精神，并采取了一系列措施，组织学习贯彻会议精神。一是及时召开全州供销合作社改革发展推进会。3月16日，在充分准备的基础上，德宏州委、州人民政府召开了全州供销合作社改革发展推进会，会议学习了国发40号文件、省委14号文件精神，传达了曲靖现场推进会精神。同时，为发挥典型的示范带头作用，3月23日，德宏州供销社又在省、州两级“乡村流通工程”试点示范县—陇川县召开现场推进会，现场参观学习陇川县“乡村流通工程”的做法、经验及取得的成果。按照省社的安排部署，9月28日召开梁河县供销合作社改革发展推进会，邀请全州县市供销合作社主任列会。通过上述措施，提高供销社干部职工的感性认识，全州供销社系统干部职工进一步明确了供销合作社改革发展的根本任务、目标方向及实施方法，从而统一了思想，增强了信心。二是进一步理清工作思路。在认真学习“两个文件”、“两次曲靖会议”的前提下，结合总社李成玉主任、省社和润培主任到德宏视察所提的工作要求及德宏实际，确立并立足边疆民族地区的实际，坚持为农服务的宗旨，坚持合作理念，充分利用党委政府的扶持政策，着力推进农村流通服务体系，农民合作经济组织服务体系建设，同步实现经济效益与社会效益双丰收，实现供销社的“二次创业”发展思路。三是建立督查机制。州委、州政府把深化改革推进供销合作社“二次创业”工作列入重点督查的工作之一，采取定期与适时派出督查组进行督查方式对供销合作社的改革发展工作进行督查，了解掌握供销社工作进展情况，及时协调解决改革中遇到的困难和问题，同时把供销合作社“二次创业”工作、“乡村流通工程”建设工作列为州委、州政府对各县市委、政府目标考核任务，督促各级各部门采取措施落实相关工作任务。

【农资供应】 2010年，德宏州供销系统在遭受60年一遇的严重旱灾时，采取各项措施做好春耕备耕工作，确保化肥等农资供应。一是成立“抗旱救灾农资供应领导小组”，统一协调指导和应急处理化肥供应中的相关工作。二是州、县两级供销社主任、农资公司经理深入基层，深入一线调研及时掌握本区域化肥等农资供应情况，督促农资经营企业做好储备、调运和供应工作。三是充分发挥全州供销社12户农资龙头企业的骨干作用。利用已发展的农资流通经营服务网络，拓展连锁经营范围，采取直销、送货上门等形式，减少中间环节，降低经营费用，让利农民。据测算农资企业采取连锁经营和送货上门的营销形式，每吨化肥可为农民减少开支20至30元，减轻了农民的负担。经努力在抗旱保春耕期间，全州化肥供应未断档、脱销，价格未出现大的波动，满足了生产需要。

【乡村流通工程建设】 2010年，德宏州供销合作社按照云南省供销社的要求，结合自身的工作特点，积极做好项目申报工作。充分利用“乡村流通工程”和“新网工程”建设项目来发展壮大供销合作社，增强为“三农”服务的实力，推动供销合作社的“二次创业”。全年全系统申报15个项目，内容涵盖农资配送中心、日用品配送中心、乡村集贸市场改扩建、食用菌种植及深加工，并获得项目资金扶持。全年全州获资金340万元，比上年增44.7%。年内，全州“乡村流通工程”实现了三个突破。一是陇川县景山农资有限责任公司、梁河县华联商贸有限责任公司分获国家级项目“新网工程”资金补助50万元，在德宏州尚属首次，项目申报实现新的突破；二是德宏州供销社流通网于2010年10月开通，并试运行，信息服务实现新突破；三是盈江县供销社、陇川县供销社分别重新组建再生资源公司，再生资源经营业务得到恢复，乡村流通工程建设项目实现新的突破。

【农民合作经济组织】 2010年，德宏州供销系统紧紧围绕德宏州“六树一草”（竹子、咖啡、柠檬、坚果、油茶、核桃、番麻）7个特色产业的发展目标，以合作理念发挥供销合作社在网络、资源、人才方面的优势，强化宣传发动和沟通协调，加快农民专业合作社的发展，发挥供销合作社在全州特色创业发展中的积极作用。全年全系统发展农民专业合作社93个。截至年底，全州发展农民专业合作社243个。农民专业合作社带动农民增收成效明显，潞西市红木崖咖啡专业合作社收购鲜果销售后，按交易量返利给社员，社员收入比非入社农民每吨多增加300元，带动了农民入社的积极性。

【社有资产管理】 2010年，德宏州供销合作系统为正确行使本级社有资产出资人代表职能，理顺供销社经营管理及项目投资机制，确保社有资产保值增值，并把成立社有资产管理公司做为一项重要工作抓紧、抓好、抓实。年内潞西、瑞丽、陇川3县市供销社已到工商部门注册登记，并领取营业执照，盈江、梁河2县的工作正在进行中。

（《供销合作》撰稿 赵新宏）

烟草专卖

【举行工商协同营销恳谈会】 2010年4月22日，德宏州烟草专卖局（公司）与红云红河集团在潞西市召开“一路同行感恩有你”工商协同营销恳谈会。双方就协同营销、品牌培育等工作进行了深入交流。德宏州局（公司）党组书记、局长、经理赵强，党组成员、副经理吴庭发，红云红河集团副总裁和国刚，营销中心副总监杨斌等相关人员121人参加会议。红云红河集团副总裁和国刚感谢德宏公司对红云红河集团给予的良好政策环境，畅通的渠道支持，共享的市场信息，广阔的宣传平台，为红云红河集团进一步扩大和延伸集团品牌的影响力奠定坚实的基础；介绍集团经营情况及围绕“卷烟上水平”的思考与感受，并对提高协同营销水平，市场营销水平进行了深入阐述。会议希望工商零三方就提高工商协同营销工作、提高零售客户销售积极性、引导消费，并谈了10项工作建议。德宏州局（公司）党组书记、局长、经理赵强感谢红云红河集团及广大零售客户多年来对德宏烟草的关心、帮助和支持，德宏市场的发展壮大正是由于红云红河集团强大的人才、市场、品牌、技术、战略、决策、服务等多方面优势支持下的结果，也得益于广大零售客户的长期配合。德宏公司要在两个战略目标下与红云红河集团进行深入协同，即品牌发展战略协同，要紧紧围绕国家局提出的“532、461”发展战略，云南中烟提出的“5321”的规划目标，从公司税利目标，结构提升上做好品牌规划，将红云红河集团品牌作为重中之重来发展与培育；围绕零售客户利益形成战略协同，通过工商零三方的共同努力，确保市场价格平稳，社会库存合理，在上结构的同时保持零售客户获利平稳。还表示德宏将在思想理念、品牌发展、品牌培育、精准营销上与红云红河集团进行多方位的深度协同，同时希望红云红河集团在考虑到德宏市场的特殊性，给予更多的关心与支持。

【国家局专卖监督管理司魏树琦司长一行到德宏调研】 2010年5月22至23日，国家烟草专卖局专卖监督管理司魏树琦司长一行3人，在省局专卖监督管理处胡玉昆副总队长的陪同下莅临德宏进行调研。魏司长一行听取了德宏州局的工作汇报，并视察瑞丽姐告经济贸易区烟草专卖分局，调研经济贸易区内的现行政策、卷烟市场、烟草专卖管理等情况，重点了解了烟草专卖品的进出口情况。随后又前往中免公司瑞丽免税店对其卷烟经营情况进行现场调研，与免税店的营业员进行交谈，询问卷烟购进的品牌、规格和数量，卷烟销售的方式、价格、数量和对象等。通过调研，魏司长对姐告经济贸易区特殊的境内关外地区的烟草专卖管理工作给以充分肯定。同时，要求姐告分局要紧紧依靠姐告工委、管委和其他相关部门的支持，加强对特区卷烟市场的监管，特别是对免税店的监管，维护好贸易区内的卷烟市场秩序，守好国门，为烟草行业和地方经济的健康发展作出积极的贡献。

【召开全州“两烟”打假打私工作会】 2010年6月23日，德宏州人民政府在州府芒市组织召开全州“两烟”打假打私工作会议。州人民政府副州长孔勒干作重要讲话，充分肯定上年全州“两烟”打假打私工作所取得的成绩，分析当前打假打私工作面临的形势和存在问题，并对全州“两烟”打假打私工作的深入开展提出新的要求和指示。指出：全州卷烟市场流通秩序明显好转，公开销售假冒卷烟、走私卷烟的行为得到有效遏制，卷烟市场得到有效净化，有力地维护国家利益和消费者利益，促进德宏烟草的持续稳定健康发展。在肯定成绩的同时，要清醒地看到“两烟”打假打私斗争的长期性、复杂性和艰巨性，充分认识到打假打私工作任重而道远，重点要做到六个“坚持不懈”：一是坚持不懈地推进机制建设；二是坚持不懈地强化市场监管；三是坚持不懈地打击犯罪网络；四是坚持不懈地加强流通管控；五是坚持不懈地抓好司法惩治；六是坚持不懈地搞好环境建设。会上，对上年打假打私工作责任状完成情况和网络专案进行了表彰，孔勒干副州长代表州人民政府与各县（市、区）人民政府领导签订年内德宏州“两烟”打假打私工作责任书。

【召开2010年第二届客户经理论坛暨首届技能竞赛】 2010年11月17日，德宏州烟草专卖局（公司）召开第二届客户经理论坛暨首届技能竞赛。全州35位客户经理全部参加论坛和竞赛。本次客户经理论坛和技能竞赛得到州局（公司）领导的高度重视，在认真研究客户经理论坛与技能竞赛的结合点后，采取论坛与技能竞赛相结合的方式进行。选手们认真准备，紧张备赛，亮点频显。一是竞赛打破常规模式，采取笔试和市场表现相结合的模式，以理论和政策指导工作，极大促进市场服务工作的开展；二是笔试内容囊括营销理论、行业相关政策和营销实操，对提升客户经理综合素质起到极大的促进作用；三是更加注重客户经理片区市场表现与服务客户的能力，为各项工作的有序开展建立了第二套行之有效的保障机制。

【表彰先进】 2010年11月，德宏州烟草专卖局（公司）被云南省烟草专卖局（公司）授予云南省卷烟销售网建先进单位，这是续2009年后连续2年被省局（公司）授予此项殊荣。成功破获达到国家局网络案件标准的“德宏‘3·03’假冒卷烟网络案件”，受到云南省局、国家局的表彰，专卖管理工作连续多年受到表彰。

【召开卷烟零售点合理布局规定听证会】 2010年，德宏州各县（市）烟草专卖局为推动卷烟零售点的布局和适应市场发展的需要，有针对性地解决《烟草专卖零售许可证》核发不平衡、无证经营等问题，进一步合理布局卷烟零售点，为消费者提供更优质、便捷的消费服务。全州各县（市）烟草专卖局分别于3月16日（潞西）、4月30日（陇川）、5月17日（瑞丽）、5月19日（盈江）、5月20日（梁河）召开卷烟零售点合理布局听证会。会议邀请人大法工委、政协提案委、政府法制局和相关监督部门的领导，以及卷烟零售户代表、许可证申请人代表、利害关系人代表、消费者代表等参加。代表们就如何布局卷烟零售点开展积极讨论，特别是针对全社会共同关注的中小学校附近，如何布局卷烟零售点的问题进行了激烈辩论，属地烟草专卖局认真听取参会代表提出的各项意见和建议，并就代表们关注的问题进行一一答复。听证会后，德宏州各县市烟草专卖局根据代表们的合理意见和建议，修订《卷烟零售点合理布局规定》，并将“规定”（草案）在政府网站上向社会公布，广泛征求社会各界意见，接受人民群众监督，以保障人民群众的知情权、参与权、表达权和监督权，取得社会各界的充分理解和支持，营造良好的社会舆论气氛，推动“规定”的顺利实施，促进行政权力公开透明运行。

【卷烟营销】 2010年，德宏烟草科学营销策略体系的建立，卷烟营销由原先的“被市场牵着走”逐步转变为“强化宏观调控、满足市场需求”；德宏卷烟零售终端建设工作取得突破性发展，“七彩服务、情系你我”服务品牌的打造，大力提升全州烟草零售窗口整体服务形象，使卷烟零售终端建设不断向“六统一”迈进；全州卷烟营销人员综合素质得到大幅提升，通过客户经理论坛、营销技能竞赛、“千问千答”、“献一策”、营销人员培训等工作的开展，卷烟营销人员（不含物流和督察）卷烟营销师持证上岗率突破性达98.18%；全州卷烟物流配送在全省率先实现“T+2”，正努力向“T+1”迈进；全州考评体系更加完善，更加注重全程考评，督察考评由事后考评向事中控制过渡。

全年卷烟销售40356箱，完成年计划40300箱的100.14%，比上年同期的39087箱增加1269箱，增长3.25%；卷烟销售单箱收入17446.9元（含税），比上年增加2624.6元，增幅17.7%。

【烤烟试种取得成功】 2010年，德宏州烟草专卖局按照特色、优质烟叶生产发展的思路，统一规划种植津巴布韦特色品种KRK26，落实种植面积9000亩，完成收购烟叶24100担，完成省局（公司）下达的收购计划，实现总产值1774.71万元，烟叶税390万元，其中上等烟比例占48.44%，中等烟比例占37.83%，下低等烟比例占13.73%，均价14.73元/千克，平均亩产值1971.91元/亩，工商交接合格率65.12%，实现销售收入3387万元，完成了烤烟生产各项目标任务。德宏烟叶经取样送郑州烟草研究院和云南省烟草农业科学研究院进行检验，化学成分、外观质量、物理特性分析检测和烟叶感官质量综合表现较好，具备了特色优质烟叶的特点，在全省多点试验中，德宏区域的烟叶质量最为接近和相似国际最佳品质的津巴布韦烟叶，经卷烟工业配方组合打叶复烤加工后，具有烟叶成熟度好、出片率高、颜色均匀、叶片组织结构疏松、配伍性好、品质良好等特点，得到科研院专家及工业企业的好评。德宏烟叶具备了规模化发展与工业企业长期合作的发展前景，烤烟试种工作通过3年的实践与探索，取得了成功。

【“守国门、打网络”专卖管理】 2010年，德宏州烟草“守国门、打网络”专卖管理工作成效显著。年内，出动打假打私人员1759人次，车辆584车次；查处行政案件203起；查获涉案卷烟572.63万支，烟叶4.18吨，烟丝0.33吨；罚没款合计5.34万元；鉴别检验卷烟样品78个；销毁卷烟955.75万支。公安机关立案22起，其中符合国家局网络案件标准1起；刑拘39人，逮捕16人，劳教5人。成功破获了达到国家局网络案件标准的“德宏‘3·03’假冒卷烟网络案件”，涉案金额高达280余万元，斩断境内、外假烟销售途径16条，捣毁假烟存储仓库9个，查处省内假烟分销零售网点33个，抓获犯罪嫌疑人15人，查获各类假冒卷烟12个品牌规格495万支，缴获运输车辆5辆。

（《烟草专卖》撰稿　王　婧）

口岸管理

瑞丽海关

【正式启动出口分类通关改革】 2010年4月1日，瑞丽海关以选择查验试点工作为契机，正式启动出口分类通关改革的先试先行工作。该工作是以企业分类管理为基础，货物分流管理为保障，监管货场通道分开管理为手段，对辖区企业根据其守法状况、内部管理以及通关质量等方面实际情况，将其划分为便捷快速通关企业、重点布控企业、一般查验企业3类，构建差别化的海关作业流程，并注重关、警之间以及业务科室之间的信息互通，加强与地方工商、商务等部门的联系，对企业分类实行动态管理。同时，根据联检中心进出口查验货场落成后的实际，将进出口查验货场的停车场和车道进行科学划分，装载不同货物的车辆各停其位、各行其道，既减少拥堵，又缩短了滞留口岸的时间。6月，国务院副总理王岐山视察瑞丽口岸时，对瑞丽海关实施分类通关、加快通关速度的做法给予好评。

【口岸外贸发展】 2010年，瑞丽海关按照总关党组“继续推进三个重点”、“着力强化五项建设”的工作要求，结合瑞丽国家重点开发开放试验区建设，进一步优化监管与服务，主动服务地方经济建设，努力建设“让中央放心，让人民满意”的现代新边关，密切与地方党政、相关部门的配合，积极营造良好外部执法环境，努力促进口岸外贸平稳较快增长。一是密切联系地方党政。3月，瑞丽海关片区党组领导赴芒市拜会州委书记赵金，专题汇报两级关长会议精神，积极配合做好昆明海关关长张金城、副关长李立源在瑞丽调研期间与州、市党政领导的会谈工作，继续坚持《瑞丽海关信息专报》制度，定期向市委、政府通报海关工作和相关政策调整情况，目前已报送10期。二是全力支持桥头堡建设。结合云南省全面启动中国向西南开放的重要桥头堡建设，围绕瑞丽建设开发开放试验区的目标，积极协助地方做好中央、省领导到瑞丽的调研论证工作，成立课题组，开展课题研究，形成《迎接桥头堡和重点开发开放试验区建设重大机遇，不断优化海关监管与服务，为瑞丽口岸经济大发展再立新功》的课题报告。三是强化与相关部门的配合，推动形成口岸管理合力。继续落实与检验检疫、商务等部门的MOU协议，加强数据交换和执法协作，立足法制宣传和政务公开，努力提升公众对海关工作的认知和了解。通过做好统计分析、全天候值守支持姐告边境贸易区发展、开展边民互市交易场所规范化建设的调研论证等，积极促进地方经济健康发展，努力营造良好外部环境。四是坚持通关便捷措施，促进外贸健康发展。深入落实《昆明海关关于支持西部大开发，促进云南经济社会发展的40项措施》、《海关总署关于支持扩大内需促进经济增长的十项措施》和《昆明海关关于促进云南省经济快速增长九条措施》，积极将海关工作置于地方经济社会发展大格局中。五是继续推行重大项目专人负责制。全力保障中缅油气管道等重点项目所需建设物资、工程机械设备快捷通关。六是积极开展法制宣传。紧紧围绕海关依法行政、政务公开等主题，结合“8.8”、“12.4”等法制宣传日，采取发放宣传单、深入关民共建小学举办法制讲座等多种形式，努力增进公众对海关工作的了解和认知。

【口岸管理】 2010年，瑞丽海关加强口岸管理。坚持处长巡视和科长带班制。年内，4名处级领导现场巡视174次，8名科级领导带班1128次，进一步加强对业务现场工作的掌控。加强货运监管。坚持“三到”原则，继续巩固边民互市规范管理成果。全年监管边民互市进出口物品5.67万吨，比上年增390.63%，总值人民币3.44亿元，增557.17%；在H986设备首次试运行期间，查获涉嫌走私进口的海参220千克，价值约4.5万元人民币，是瑞丽口岸启用H986以来首次查获。在打击货运渠道毒品专项行动中，在货运渠道查获走私出口易制毒化学品氢氧化钠案件3起，缴获易制毒化学品38吨，价值约人民币19万元；全年监管货运车辆8.79万辆次，比上年增长37.99%。严厉打击侵犯知识产权行为。全年查获涉嫌侵犯知识产权案件26起，案值约180余万元，得到国际足联发来感谢信，荷兰皇家飞利浦（中国）公司副总裁亲自送来“国门卫士维权楷模”的匾牌。严密联检中心非货运通道的管理。4月1日，电子口岸进出境车辆瑞丽车道系统开始启用。借助该系统对进出姐告边境贸易区的非货运车辆实施分类管理，根据风险分析实施重点查验，努力实现快速验放、快速通关，针对姐告边境贸易区的特殊性，加强对口岸联检中心非货运通道的夜间管理，继续实施大夜班制度，机关后勤及其他业务科室全部参与联检中心的夜间值守，形成每晚2名关员、1名保安值守的值班模式。全年查验进出境非货运车辆2.57万辆次，查验进出境人员7.23万人次；监管进出境邮包11968件；办理外籍商务自用车备案手续38辆、注销手续20辆、进出境申报1638辆次；查处违规情事1972起，其中补办海关手续138起，教育退运姐告1813起，移交缉私部门处理21（毒品案件2起，违法违规案件19起）起。

【综合治税】 2010年，瑞丽海关努力推进综合治税管理工作。一是严把报关单数据质量关。全年审核进出口报关单35882票，比上年增长27.17%。二是加强价格管理。上报调整参数建议45次，开展价格调研5次；审价补税107宗，补征税款109万元。特别是对中色镍业有限公司上年出口的22份应税钢材报关单审价补税36.6万元，是首次针对出口货物运费实施的审价补税，形成海关估价案例被关区转发。三是努力挖掘税源。加强与云南电网、中色镍业等税源大户的联系和沟通，建立税源大户企业的专人联系制度。四是积极推广网上税费支付业务。全年网上支付报关单1366份，支付6719万元，实现企业快速缴税，货物快速流通，降低了企业经营成本。五是严格替代种植商品的减免税审批。全年办理替代种植减免税审批1133宗，依法减免关税和增值税13409.7万元。认真落实中国——东盟自由贸易区建成后的政策优惠，办理原产地证明3623份，比上年增6.2%。全年监管进出口货物111.48万吨，比上年增24.7%，其中进口60.36万吨，增14.4%，出口51.12万吨，增39.4%；进出口货值12.27亿美元，增47.5%，其中进口货值2.61亿美元，增34.2%，出口货值9.66亿美元，增51.5%；征收税款2.23亿元，增34%，完成2.2亿元税收计划的101.3%。

【企业稽查】 2010年，瑞丽海关实施企业稽查工作，继续深化一线监管与二线验证的联系配合，及时将各企业违法、违规情况反馈至通关、监管部门，以及芒市海关木康验证点，进一步加强对企业进口货物及外调的管理。年内，开展企业稽查8家，其中专项稽查3家，常规稽查5家，涉及稽查补税1家，追征税款1619.16元。同时，发挥风险平台预警功能，上报风险信息20条，分析报告3篇，典型案例2篇，风险信息转化率为12.2%，超出任务指标比率。

【打私缉毒】 2010年，瑞丽海关提高缉私工作整体效能，加大情报调研力度和巡查力度，加强对口岸走私形势的掌控。年内，先后开展“打击出口骗退税”等7个专项行动，并取得明显效果。全年受理行政案件120起，比上年增长62.16%，立案108起，增54.29%，案值人民币906.56万元，涉税人民币107.87万元；受理各类刑事案件9起，立案8起，案值人民币436.3万元，查获各类毒品3327克，易制毒化学品36.85吨，抓获犯罪嫌疑人18名。

（《瑞丽海关》撰稿　林　丽）

瑞丽缉毒犬基地

【表彰先进】 2010年5月，海关总署缉私局瑞丽缉毒犬基地被云南省委、省政府表彰为第十二批云南省文明单位；6月7日，中共中央政治局委员、国务院副总理王岐山视察基地时，对海关工作犬科研、培训和查缉工作取得的成绩给予肯定；基地教研室主任彭永新被云南省委宣传部确定为首批“云岭楷模”称号。

【教学培训】 2010年，海关总署缉私局瑞丽缉毒犬基地重点研究解决训练与使用衔接不够紧密的问题，深入犬队进行调研、论证，找出存在问题的症结，提出解决的措施与方法，营造科研氛围，并进行缉毒犬培训，使学术水平得到提升。年内，基地举办3期缉毒犬培训（复训）班，培训（复训）训导员21名，其中香港海关学员3名；缉毒犬21头。

【现场用犬】 2010年，海关总

署缉私局瑞丽缉毒犬基地完成上海世博会、“2010年云南国际公园定向赛德宏站（畹町）”、“中国·瑞丽第十届中缅胞波狂欢节暨第三届国际珠宝文化节”等涉及国家及地方的安全保卫工作。全年基地工作犬出勤718次，工作3260小时，检查旅客104445人次，行李物品122632件次，车辆5811辆次，邮包76013件，陆路进口货物286吨，空港货运132吨；查获香烟2000条，烟丝1.15吨；查获毒品案件10起，缴获各类毒品6839.9克，协助抓获犯罪嫌疑人15名。

【犬只养护】 2010年，海关总署缉私局瑞丽缉毒犬基地贯彻“预防为主”的工作方针，制定犬只防疫计划，利用现有技术设备，开展相关科研工作，提高整体防病、治病水平。年内，基地汇编《犬只养护工作实战手册》和《瑞丽缉毒犬基地犬只养护细化标准(暂行)》，并针对内地多省份出现的蜱虫中毒疫情，有针对性地采取应急措施，确保海关工作犬及训导员的健康安全。

（《瑞丽缉毒犬基地》撰稿　冷　聪）

瑞丽海关缉私分局

【打私缉毒】 2010年，瑞丽海关缉私分局认真贯彻落实两级关长会议、昆明海关缉私局局长政委会议精神，认真研究制定工作总体思路，加大案件查处力度，强化沿边地区掌控和反走私综合治理力度，保持打私高压态势，认真组织开展“打击玉米化肥走私”、“以打促税”、“打击重点商品和重点渠道走私”、“打击出口骗退税”、“打击废物矿渣走私”、“整顿口岸通道秩序、打击走私违法”、“公开查缉毒品”、“打击走私贩枪犯罪”等8个专项行动和整治工作。全年受理行政案件121起，行政立案105起，自查案件55起，立案案值801.206万元，涉及偷逃税款122.35万元，上缴罚没款203.1万元，补税13.1万元；受理各类刑事案件12起、立案10起，抓获犯罪嫌疑人20人，查获各类毒品2972.5克，椰壳活性炭33.85吨，氢氧化钠3吨，橡胶178.53吨，废旧金属105.533吨，废旧电瓶13.48吨，象牙1140克、象皮966克，案值940.6万元人民币，偷逃税款89.99万元人民币。查获涉嫌走私入境的废铜废铝等废旧金属105.533吨，案值达283.68万元，偷逃税款达42.9万元。

【表彰先进】 2010年，瑞丽海关缉私分局有3人荣立三等功，3人获得嘉奖，2人被评为优秀党员，1人被评为优秀党务工作者；分局荣获第二届“中国边境野生生物卫士”优秀卫士奖。

（《瑞丽海关缉私分局》撰稿　赵颖慧）

畹町海关

【进出口业务】 2010年，畹町海关严格执行《昆明海关2010年通关监管二级质量管理要点》和《昆明海关2010年查验工作指导方案》的规定，全面履行海关职能，发挥综合治税整体合力，确保税收应收尽收，实施了“5+2”工作制和鲜活产品24小时预约通关制，保障口岸进出口货物快捷通关。全年征缴入库税款3124万元，比上年增长67%，超额完成全年税收计划任务。全年办理进出口货物报关单3214票，监管进出口货物总量14.29万吨，比上年增长29%，价值5.18亿元，增长58%；监管进出境人员32.58万人次，进出境车辆3.23万辆次；办理边民互市10027票，监管互市货物1.4万吨，价值9723.3万元（人民币），互市贸易比上年同期增长4.4倍。

【打私缉毒】 2010年，畹町海关加强正面监管，加大打击走私力度，完善“一线监管、后续管理、打击走私”三位一体监管模式的措施，有效整合三支力量，防止税收“跑、冒、滴、漏”，严格规范申报审核，积极开展稽查行动，严厉打击价格瞒骗、伪瞒报和骗取出口退税等行为，加大巡查力度，构建情报网络，严厉打击逃避海关监管走私活动。年内，查获移交申报不实案件2起，移交边民互市贸易违规案件1起；走访企业18户，清查规范企业2户，查出存在问题并移交缉私部门处理企业1户；开展巡查250次，出警900人次，查获走私案件14起，案值38.75万元，罚没收入缴库24.5万元，有效打击走私活动，维护了口岸进出口贸易秩序稳定规范。

（《畹町海关》办公室供稿）

盈江海关

【进出口业务】 2010年，盈江海关按照昆明海关党组工作部署的要求，认真开展调研，全面分析业务管理和队伍发展现状，明确以“抓基础促发展”为重点，着力夯实基础工作，强化整体工作效能和管理水平，提升把关服务能力，努力实现基层基础建设“争先创优”工作目标，围绕大监管体系建设，结合盈江口岸实际，积极研究、探索和实践盈江海关业务规范管理，着力推进业务规范化建设，进一步优化海关监管和服务。一是强化税收征管，确保税收应收尽收。对税收连年呈下降态势，口岸边境缅方政策不稳，影响进出贸易因素增多等税收征管严峻形势，根据“质量为先，综合治税，应收尽收，多做贡献”的指导思想，积极应对，扎实开展税收征管工作。二是完善监管业务，增强实际监管。对监管基础工作薄弱，监管现场高度分散，监管设施滞后，监管效能不高、人力资源不足等状况进行深入研究，有效整合资源，优化监管模式，创新工作机制，增强了监管效能。三是增强风险运用，强化后续管理。以风险分析为先导，以高风险行业、企业和主要税源商品为重点，以服务分类通关为目标，认真开展后续管理工作。四是注重整体效能，保持打私高压态势。盈江口岸边境线长、进出便道多，加之缉私人力资源不足，更加凸显工作困难，为保证打私工作有效开展，注重发挥整体效能，向管理要效率，确保打私力量不减弱，做到减员不减力。全年办理进出口货物报关单 3068 票，监管进出口货物 36.24 万吨，其中进口 20.88 万吨，出口 15.36 万吨；进出口货运总值 1.6 亿美元，其中进口 3718.07 万美元，出口 1.2 亿美元；征收税款 1769.77 万元，其中进口关税 67.13 万元，出口关税 177.14 万元，进口增值税 1513.82 万元，进口消费税 11.68 万元。年内，受理行政案件 25 起，立案调查 32 起，立案案值达 272.97 万元，自侦刑事案件 4 起；查获涉嫌走私进口缅甸龟 354 只、甲鱼 9 只，总计重量 346.5 千克（该批野生动物中有系 CITES 附录 II 中列明的缅甸陆龟 222 只、安布闭壳龟 14 只、缘板鳖 1 只）。象牙 2 只，净重 1146 克（CITES 附录 I），大象皮（干）5.7 千克（CITES 附录 I）、穿山甲片 CITES 附录ii）1.8 千克；抓获犯罪嫌疑人 2 人。

（《盈江海关》办公室供稿）

芒市海关

【进出口管理】 2010 年，芒市海关办理进出口报关单 138 票，其中进口报关单 135 票，出口报关单 3 票；监管进出口货物 16960 吨，其中进口 16944 吨，出口 16 吨，出口电力 880655 千瓦时；进出口总值 1290 万元，其中进口 1201 万元，出口 88 万元；征收税款 156 万元，其中关税 4 万元，增值税 152 万元，超额完成全年税收任务。

【打私缉毒】 2010 年，芒市海关根据辖区的特点和规律，确实树立“以打促税”的意识。全年受理行政案件 6 起，案值 103.02 万元人民币；立案 7 起，案值 112.49 万元，罚没实际入库 41.89 万元。同时，认真落实《昆明海关 2010 年统一公开查缉毒品专项行动方案》，立足口岸、通道，加大对物流、货运渠道的情报调研力度。全年获取毒品走私案线索 4 起，协助瑞丽缉私分局在芒市查获 1 起毒品案，查获毒品海洛因 659 克，抓获犯罪嫌疑人 2 名。落实“联合缉私，统一处理，综合治理”的缉私体制，继续加大与相关职能部门的协作，密切联系工商、公安、安全、木康检查站以及森林公安等部门，相互走访 28 次，通过有效工作获取走私违规线索 8 条，查办案件 5 起。

【“二线”验证工作成效显著】 2010年，芒市海关严格执行“二线”验证工作流程，认真制定每月值班表，定期发布《芒市海关月度木康二线验证数据统计分析》，统筹二线验证点工作，加强口岸一线与二线验证点之间的联系配合，并根据风险信息提示及协查通知要求，加大查验力度，为片区综合治税工作提供保障。全年监管进口外调货物 656297 吨，核验进口报关单 40493 份，监管运输进口外调货物车辆 29024 辆次；通过二线验证工作发现案件线索 6 起。

【表彰先进】 2010 年，芒市海关荣获“德宏州 2010 年度全州对外贸易工作优质服务单位”荣誉称号；芒市海关被评为 2009 年度潞西市综治维稳先进集体二等奖。

（《芒市海关》撰稿　曾　志）

章凤海关

【进出口业务】 2010 年，章凤海关以构建大监管体系为核心，进一步优化海关监管与服务，努力提升综合治税和打击走私的能力和水平，进出口贸易呈现大幅增长，业务数据再创历史新高。全年进出口货运量 16.79 万吨，比上年增长 55.61%；进出口总值 22526.2 万美元，增长 73.37%；征收税款 255.73 万元，下降 21.45%。

【境外罂粟替代种植】 2010 年，章凤海关积极采取措施为替代种植的可持续发展营造通关便利化平台。一是“强化监管”。通过货场验货、口岸巡查等手段，加强对替代种植返销进口产品的实际监管；二是“支持禁毒”。加大政策宣传力度，积极动员企业为禁毒人民战争出力；三是“依法行政”。鉴于商务部门未能及时核发核准证的实际，及时凭保证金、保证函先行验放，从而使企业减少成本，提高市场竞争力；四是“热情服务”。鉴于甘蔗和西瓜均属鲜活易腐货物，海关主动采取“5+2”预约通关模式，保证企业高效便捷通关。全年验放替代种植项下返销进口甘蔗 82478 吨，价值 1980.93 万元；验放替代种植项下返销进口西瓜 6613 吨，价值 198.39 万元；依法减免进口关税、进口增值税合计 773.7 万元。

【打私缉毒】 2010 年，章凤海关以推进关警融合为动力，始终保持打击走私高压态势，深入开展以打促税、以打促管的反走私综合治理，积极开展口岸通道巡查工作，积极应对海关非传统职能的挑战，打击毒品走私犯罪取得新突破。全年查处案件 20 起，案值 202.93 万元，查获毒品冰毒 315.9 克、海洛因 50 克，抓获犯罪嫌疑人 2 名，收缴“法轮功”反动宣传品 2 份。

【表彰先进】 2010 年，章凤海关受到地、市级各类表彰 3 次，缉私科被授予“德宏州青年文明号”称号，3 人荣立个人三等功，1 人被评为“云南省青年岗位能手”，2 人荣获个人嘉奖，1 名党员被评为地市级“优秀共产党员”。

（《章凤海关》撰稿　王　波）

德宏出入境检验检疫局

【机构设置】 2010 年，德宏出入境检验检疫局属云南出入境检验检疫局管辖的一个分支局，辖 3 个派出机构，即盈江（副处级）、章凤（副处级）、芒海（正科级）3 个办事处；局机关设置综合技术服务中心（副处级）、办公室、财务科、综合业务科、检验检疫监管科。有在职干部职工 44 人（男职工 26 人、女职工 18 人），其中行政人员 37 人；局机关 19 人，盈江办事处 9 人，章凤办事处 7 人，芒海办事处 2 人，事业人员 7 人。业务管辖区域为芒市、陇川县、盈江县、梁河县，辖区边境线长 333.73 公里，有盈江、章凤 2 个国家二类口岸，大小监管通道 43 条。为有效履行检验检疫职责，经云南检验检疫局审定，除拉影、盈江口岸外，还设有那邦、卡场、拉勐 3 个主要通道监管工作点。

【出入境检疫】 2010 年，德宏出入境检验检疫局抓住中国-东盟自贸区建设的大好机遇，围绕“提升质量安全水平、服务经济发展方式转变”这一条主线，以大质量工作机制建立、大质检文化建设为两个重点，强化“3+1”防线建设、“一岗双责”和落实云南局与州政府《合作备忘录》三个抓手，继续在“提高六个有效性上下功夫见实效”，以质量为基础，以安全为底线，攻坚克难，开拓创新，团结进取，全面做好各项工作。全年接受入出境货物报检 3348 批次，货值 126380.7 万元，比上年批次增加 811 批，增长 31.97%；货值增加 85659.3 万元，增长 210.35%。截获有害生物和疫情 18 批，货值 342.06 万元；检出不合格商品 4 批，货值 70.6 万元。查验入出境人员 15058 人次，对 1031 名入出境人员及从业人员进行健康体检监测，其中入境人员 678 人，出境人员 341 人，从业人员 12 人，共检出阳性数 71 人，其中 HIV 阳性 10 例，澳抗阳性 37 例，性病 18 例，肝炎 2 例，肺结核 1 例，其他传染病 3 例。对 15058 辆入境运输工具进行检疫及卫生处理。签发各类检验检疫证单 8617 份，其中边贸单证 7249 份、一般贸易单证 1368 份；全年检验检疫边民互市产品 8179 批、32913 吨，货值 1.63 亿元；帮助林业部门扑灭木材疫情 1 次，为企业挽回经济损失 28 万元。

【实验室建设】 2010 年，德宏出入境检验检疫局加强实验室能力建设。一是加强资金、设备和人员投入，拓展实验室检测项目，通过综合实验室二合一评审。9 月 15 至 16 日，接受 CNAS 专家组的现场评审，并获得通过，新增 34 个检测项目。全年检测 195 批样品，完成 2186 项的检测工作；二是加强人员技能培训和考核，积极参加食品检测、害虫鉴定、传染病血清学检测等能力验证，均取得良好成绩；三是参加检测技能大比武活动，并取得优异成绩。

【“3+1”防线建设】 2010 年，德宏出入境检验检疫局继续推进“3+1”防线建设，维护口岸安全。一是继续做好甲型 H1N1 流感防控工作。全年对 67350 人次的入出境人员进行体温监测，散发相关宣传资料 14200 份；二是对境外疫区入境人员、外派出国劳务人员等重点人员加强检疫、监测和风险管理工作；三是加强与地方卫生等部门合作，完善口岸疾病监测防控网络，重点强化口岸艾滋病、登革热、疟疾等重点传染病的监测和防控工作。在开展工作中，设置宣传展台3个，悬挂横幅标语6幅，设固定宣传牌6块，向出入境人员发放印有中缅文疟疾防治知识的记事本、通信录、环保袋、餐巾纸、宣传画等材料40000余份，接受咨询160余人次，举办疟疾、艾滋病防治等培训，有234人次参加培训；四是参与和列席地方卫生部门的疫情通报及分析会12次；五是做好传染病及传播媒介生物监控工作。全年布放实蝇监测诱捕器46个，捕获实蝇9种14469只；六是严密监管。全年退运出境非法入境偶蹄动物25批次、273头；七是加大口岸疫情调查，提高疫情检出率。全年上报植物疫情19批次。

【质量监管】 2010年，德宏出入境检验检疫局加强质量监管，开展好“质量提升”工作。一、认真组织开展“质量提升年”活动。一是认真开展进出境食品安全专项整治和打击在食品中添加非食用物质和滥用食品添加剂违法行为的专项整治行动，查验出境食品292批，货物总值754.34万美元。二是做好“质量提升”宣传活动。采取发放相关宣传材料、粘贴宣传画和以会代训等形式，广泛向社会进行宣传，并结合“食品安全宣传周”、“全国疟疾宣传日”等活动，向社会发放各种宣传材料1万余份。三是做好质量服务工作。为企业提供相关标准信息咨询服务4次，提供检验测试技术服务6次，并多次对企业开展进出口贸易相关知识培训及咨询；五是开展好“检验检疫窗口建设和提升证单质量”活动；六是认真开展认证认可日宣传工作。二、以联合执法和宣传活动为契机，加大对产品质量和食品安全监管及专项整治力度。在春节前夕、“3·15”、“食品安全宣传周”及中秋、国庆两节的执法检查活动中，派出执法人员40余人次，出动车辆15辆次，对辖区内的食品生产企业、饭店、农贸市场、超市、食品销售、批发店等218家单位和企业进行专项执法检查，对查获的假冒伪劣、“三无”和过期变质产品依法进行没收和销毁处理；对环境卫生等条件不达标的企业作出责令限期整改处理。期间悬挂横幅标语6幅，设立展台6个，宣传展板12块，发放宣传资料4种10000余份，接受群众咨询530余人次。三、严密监管，严格执法，确保进出口贸易的健康发展。因货证不符等原因，对货值70.4万元的1批不锈钢餐具、1批棉布、2批毛毯依法采取不准出境的处理。查处漏报、瞒报外调进口木材293.5立方米；查出货证不符水泥20车、1792吨；查获非法入境野生龟7筐357只，并进行野外放生。四、开展进口医疗器械监督检查和进口设备检验工作。一是对14家医疗机构进口的214台（件）医疗器械进行开箱检查，对检查发现的问题，督促医院进行整改；二是对芒市后谷咖啡有限责任公司进口的1.17亿元的3批成套设备，进行开箱检验。

【替代种植返销产品管理】 2010年，德宏出入境检验检疫局加强与相关部门的协调力度，促进替代种植返销产品的进口管理工作。全年检验检疫替代种植返销入境产品：甘蔗49批次、115284吨，西瓜85批次、5140吨，香蕉102批次、53161.975吨。

（《德宏出入境检验检疫局》撰稿 黄学荣）

瑞丽出入境检验检疫局

【检验检疫业务】 2010年，瑞丽出入境检验检疫局认真贯彻国家质检总局、云南检验检疫局的部署和要求，依法对出入境人员、货物和交通工具实施检验检疫及检验检疫处理，开展创先争优、“质量提升”活动、“3+1”防线建设、“大质量机制”建设、“大质检文化”建设、“桥头堡”建设、风险分析等工作，进一步强化服务工作，保护国家安全和口岸安全，促进外贸和地方经济发展。全年检验检疫及监管出入境货物20765批，货值66403万美元，比上年增长8.76%、30.58%。其中：检验检疫出口货物9215批，货值43105万美元，比上年下降3.99%、货值增长29.98%；检验检疫进口货物11550批，货值23298万美元，增长21.66%、31.72%；检验检疫边民互市出入境货物659批；检疫各类入境交通工具70356辆次，对36.27万辆次各类交通工具和9173批、25.47万吨、16.73万立方米动植物产品实施卫生除害处理；依法对出入境人员实施卫生检疫查验429.4万人次。在出口货物检验检疫中，检出不合格商品19批，不合格商品货值43.87万美元。从进境的植物及其产品中截获检疫性有害生物7种105批、一般性有害生物23种1706批，疫情检出率1.2%，有害生物检出率20.8%，比上年降低1.2个百分点，有害生物检出率降低2.1个百分点。从进境的动物产品检验检疫中检出动物致病菌121批，其中沙门氏菌42批次，副溶血性弧菌68批次，大肠杆菌O1579批次，大肠菌群超标1批次，四环素 1 批次。在卫生检疫查验中，发现发热病人及其他可疑患者 128 人次。全年对 1944 人进行传染病监测体检，检出 HIV 抗体初筛阳性 33 例、丙肝 81 例、澳抗阳性 134 例、性病 4 例。

【表彰先进】 2010 年，瑞丽出入境检验检疫局畹町党支部被确定为云南检验检疫系统创先争优活动示范单位，局机关党支部被评为瑞丽市先进基层组织，被确定为瑞丽市创先争优活动示范单位，4 名党员荣获云南检验检疫系统优秀共产党员。

【质量管理】 2010 年，瑞丽出入境检验检疫局先后开展检测工作整顿、食品安全整顿、检验检疫窗口建设和证单质量提升、质量进万企等活动，对进口缅甸蜂蜜增加抗菌素、农药残留等项目检测，对进口鳝鱼增加雌性激素等项目进行检测。通过检测，在进口食品卫生安全监测中，发现一批边民互市进口缅甸鲜竹笋二氧化硫含量严重超标（是标准的 4.9 倍），引起央视、春城晚报等多家媒体的关注；对 129 家进出口企业的 189 人次开展进口矿产品及废物原料检验检疫知识培训、进口木材检验检疫知识培训、认证认可知识培训，进一步增强企业的质量主体意识，提升企业质量管理水平。

【"3+1" 防线建设】 2010 年，瑞丽出入境检验检疫局按云南检验检疫局要求，完成 3+1 防线研究课题任务，进一步加强 3+1 防线建设探索实践工作。推进口岸核心能力建设，发现传染病 248 例，在入境旅客携带物中，截获禽类及其产品、偶蹄动物产品、废旧物品等禁止进境物 369 批次；在入境货物检验检疫中，首次截获有害生物二突异翅长蠹和电缆斜坡长蠹；在口岸实蝇监测中，发现 2 个瑞丽口岸新记录种实蝇—泰实蝇和黑寡鬃实蝇；在姐告边境贸易区伊蚊监测中，发现伊蚊指数超标（布雷图指数达 100），引起政府及相关部门的重视；与林业部门合作及时对 5618 立方米疫木、21.1 万平方米场地进行检疫处理，有效扑灭口岸发生的双钩异翅长蠹疫情，并以此为契机，推动政府召开专题会议，形成《进一步规范进口木材运输管理的专题会议纪要》，建立"先检验检疫后办理运输许可、报关手续"多部门联合把关的进口木材管理机制。全面完成中缅边境鼠蚊传疾病监测课题任务，采集鼠类标本 7 种 77 只、蚊类标本 8 类 5090 只。

【"大质量机制"建设】 2010 年，瑞丽出入境检验检疫局积极推动瑞丽市政府牵头建立瑞丽市质量安全管理机构，进一步加强与质监、工商等部门的工作联合，全面推进对企业的信用管理、许可管理、质量安全管理工作。对口岸所有 24 家进出境植物及其产品生产加工、存放单位，严格进行备案登记管理，口岸 20 家主要进口企业签订《检验检疫处理场地安全承诺书》。作客德宏州人民广播电台"孔雀之声"直播节目，介绍解答有关检验检疫情况和问题；大力加强进口矿产品、进口水果等高风险商品检验检疫监管，查处不合格进口锌矿 5 批 527 吨。

【风险监测】 2010 年，瑞丽出入境检验检疫局对进口粮豆、水果、水产品和出口玩具、摩托等涉及安全卫生环保的进出口货物进行风险监测、分析，实行分类管理，建立健全预警和应急处置机制。对 25 种传染病、6 类核事件、11 种生物突发事件在口岸发生的可能性，进行卫生风险评估和危害程度分析，对口岸很可能发生的霍乱、疟疾、登革热、艾滋病、病毒性肝炎、梅毒等传染病及相关病媒生物鼠、蚊病媒，进行动态监测，全面健全完善突发公共卫生事件预警和应急处置体系；定期开展工作质量专项检查，主动接受上级的有关工作检查，全面开展安全生产大检查，及时发现风险隐患，进一步完善工作风险防范管理体系。

【综合实验用房项目立项】 2010 年，瑞丽出入境检验检疫局完成新建业务综合实验用房申报工作，并获得总局批准立项。该项目总建筑面积 9500 平方米，总投资 3380 万元。此外，全面完成质检总局云南鼠疫检测中心实验室建设工程。

【质检总局王勇局长视察瑞丽】 2010 年 6 月 6 至 7 日，国家质检总局局长王勇陪同中共中央政治局委员、国务院副总理王岐山视察瑞丽。王勇局长先后视察了畹町口岸、瑞丽口岸联检中心、姐告边境贸易区边贸货场、姐告边境贸易区国门通道、瑞丽市珠宝市场。视察期间，王勇局长听取了云南检验检疫局但国义副局长、瑞丽检验检疫局李自飞局长的工作汇报后，对云南检验检疫工作给予了充分肯定，并就贯彻落实王岐山副总理视察瑞丽口岸的指示精神和进一步做好相关工作作出重要讲话。

（《瑞丽出入境检验检疫局》撰稿　李继云）

瑞丽边防检查站

【召开瑞丽边防检查站党委扩大会议】 2010年2月22日上午，瑞丽边防检查站召开党委扩大会议。瑞丽站党委书记何嘉林代表该站党委向大会作题为“乘势而上，求实创新，奋力推进部队全面建设实现新跨越”的工作报告，该站党委成员和全站官兵参加了会议。会议由党委副书记吴勇军主持。会议强调：2010年的工作要坚持以科学发展观为统领，以十七届四中全会精神为主线，紧扣维护稳定和促进发展“两大主题”，突出队伍素质、正规化建设、安心工程“三大重点”，紧紧围绕营造“大保障”机制、构建“大服务”品牌、搭建“大和谐”平台、建立“大发展”格局“四大主攻方向”，全面提高党的建设、服务地方经济建设、维护边境社会稳定、部队正规化管理和科学、安全发展“五种能力”的工作思路和力争实现部队工作任务完成好、公正执法形象好、规范执勤秩序好、便民利民服务好、廉洁自律口碑好、内外和谐环境好以及无职务犯罪案件、无违反“禁令”案件、无严重违纪案件、无行政责任事故、无执勤执法事故、无车辆安全事故、无失泄密事故的工作目标。

【国家交通部部长李盛霖视察瑞丽口岸】 2010年4月13日，国家交通部部长李盛霖在云南省副省长刘平、德宏州委书记赵金、州长孟必光、德宏州委常委、瑞丽市委书记杨跃国、市长刀晓瑞等领导的陪同下到瑞丽口岸视察。期间，听取瑞丽边防检查站关于口岸出入境边防检查，开展提高边检服务水平活动和口岸大通关及口岸改造，边境管控等工作情况汇报，仔细察看并认真询问瑞丽口岸建设、出入境边防检查及瑞丽口岸大通关准备工作和境内外交通等情况。

【桥头堡提案调研组到瑞丽口岸调研】 2010年5月21日，全国政协常委、提案委员会副主任、中共中央直属机关工委常务副书记孙淦率领由外交部、国家发改委、公安部、交通运输部、财政部、商务部6部委和中国人民银行、海关总署及全国政协提案办公室组成的“关于把云南建设成为中国面向西南对外开放的桥头堡提案”调研组，在云南省政协主席王学仁、德宏州委书记赵金、州长孟必光、德宏州委常委、瑞丽市委书记杨跃国等领导的陪同下，到瑞丽口岸调研。孙副书记查看了执勤现场和中缅81号附1号界桩，听取瑞丽边防检查站关于出入境边防检查、口岸建设等情况汇报，详细询问中缅两国边民出入境证件使用类型和瑞丽口岸边境贸易情况。全国政协常委、农工党中央副主席、云南省政协副主席陈勋儒、全国政协提案委员会委员、中共中央台办原副主任王富卿、全国政协提案委员会委员、北京军区原副司令员兼北京卫戍区司令员刘逢君、全国政协提案委员会委员、中华全国总工会原副主席、党组成员、书记处书记苏立清及云南省发改委、工业和信息化委员会、交通厅、商务厅、公安厅等部门相关领导陪同调研。

【云南省委书记白恩培视察瑞丽口岸】 2010年5月22日，云南省委书记、省人大常委会主任白恩培在云南边防总队总队长那顺巴雅尔少将、云南省委副秘书长、省委政研室主任郑维川、德宏州委书记赵金等领导的陪同下，到瑞丽口岸视察，并看望慰问瑞丽边防检查站执勤官兵。白书记在听取瑞丽边防检查站关于口岸建设、出入境边防检查、边境管理及服务“桥头堡”建设等情况汇报，在详细询问瑞丽口岸出入境流量、尤其是今年以来口岸流量情况后指出：要把维护国家安全和搞好边境贸易结合好，边检站在全力维护好国家安全的情况下应积极投身到地方经济建设中。

【政治局委员国务院副总理王岐山视察瑞丽口岸】 2010年6月6日，中共中央政治局委员、国务院副总理王岐山在国务院副秘书长毕井泉、海关总署署长盛光祖、质检总局局长王勇、商务部副部长陈健、人民银行副行长刘士余、国家旅游总局局长邵琪伟、云南省委书记白恩培、云南省委常委、政法委书记、公安厅长孟苏铁、副省长刘平及德宏州委书记赵金、州长孟必光等领导的陪同下到瑞丽口岸视察。王副总理先后视察了口岸出入境验证大厅、官兵执勤现场、中缅81号附1号界桩，听取瑞丽边防检查站政治委员吴勇军关于口岸出入境、开展提高边检服务水平活动和口岸建设等工作情况汇报，并详细询问口岸近年来的出入境人员、车辆流量情况。同时，对瑞丽边防检查站全力保卫国家安全、积极服务地方经济建设等工作给予了充分肯定。

【云南省公安厅禁毒局局长胡祖俊到瑞丽口岸调研】 2010年6月29日，云南省公安厅禁毒局局长胡祖俊在德宏州公安局副局长岳钢、瑞丽市人民政府副市长、市公安局局长蒋元海等领导的陪同下到瑞丽口岸调研。胡祖俊局长实地查看瑞丽口岸国门通道查验设施和中缅 81 号附 1 号界桩，听取瑞丽边防检查站关于出入境边防检查、边境管控和开展提高边检服务水平活动等工作情况汇报，并详细了解口岸动态等情况。胡局长对瑞丽边检站严密口岸管控，不断提升服务水平，全力投入禁毒人民战争等工作给予充分肯定，并希望官兵继续发扬优良作风，密切配合有关职能部门共同抓好辖区的禁毒工作，在维护边疆地区的安全稳定和服务桥头堡黄金口岸建设中做出新的贡献。

【“兴边富民”调研组到瑞丽口岸调研】 2010 年 7 月 15 日上午，由国家民委经济发展司财经处处长王红文带领的“兴边富民”调研组，在省民委副主任张慧星、德宏州委副书记唐文祥等领导的陪同下到瑞丽口岸调研。调研组全线踏查了瑞丽口岸边境线，在了解口岸人员、车辆和货物出入境情况时，对瑞丽边防检查站不断提高通关效率，优化口岸通关环境及倾力推进“桥头堡”建设做出的努力给予充分肯定，并勉励官兵要认清当前口岸建设的大好形势，立足本职岗位，认真履行职责，充分发挥边防军人“特别能吃苦，特别能战斗”的奉献精神和优良传统，为加快“桥头堡”建设作出更大的贡献。

【召开云南边防总队正规化管理现场观摩会】 2010 年 9 月 25 日，瑞丽边防检查站召开云南边防总队正规化管理现场观摩会。公安厅副厅长、总队党委第一书记、第一政委严尚智、公安部边防局警备处处长蒋建卫，云南边防总队总队长那顺巴雅尔、政治委员刘本红及总队正规化管理工作现场会代表 160 余人到瑞丽边防检查站现场观摩。观摩代表参观了口岸执勤现场、勤务指挥中心，并现场观看出入境边防检查勤务组织演练，听取该站站长何嘉林关于瑞丽边检站开展部队正规化管理工作情况汇报，参观该站机关办公大楼、荣誉室、电脑学习室、综合会议室、勤务中队官兵宿舍等场所，认真查阅了相关工作台账。严尚智副厅长对瑞丽站开展正规化工作取得的成效给予充分肯定，并指出，瑞丽站办公大楼虽然老化，但室内物品摆放整齐有序，卫生干净整洁，可看出部队管理正规有序。严副厅长强调：正规化建设是部队建设一项长期工作，是开展好各项工作的基础，要进一步深化，巩固成果。

【国家重点开发经济试验区规划调研组到瑞丽口岸调研】 2010 年 11 月 6 日下午，由国家发改委西部开发司司长秦玉才带领的国家重点开发经济试验区规划调研工作组一行 6 人，在德宏州副州长柳五三、瑞丽市市委书记杨跃国等地方领导的陪同下到瑞丽口岸调研。瑞丽站向工作组详细汇报了瑞丽口岸三条通道出入境旅客、货物流量、口岸通关能力及该站开展的“爱民固边战略”、执法执勤规范化建设、提高边检服务水平、服务地方经济建设、便民利民服务措施等工作情况。

【政治局委员、中央书记处书记、中宣部部长刘云山到瑞丽口岸视察】 2010 年 12 月 14 日，中共中央政治局委员、中央书记处书记、中宣部部长刘云山在中宣部副部长、中央外宣办主任王晨，国家新闻出版总署副署长蒋建国，中宣部出版局局长陶骅和云南省委书记白恩培、省长秦光荣、德宏州委书记赵金、州长孟必光等领导的陪同下到瑞丽口岸视察，并亲切慰问瑞丽站官兵。刘部长先后视察瑞丽口岸出入境人员通道、官兵执勤现场、中缅 81 号界桩，听取瑞丽边防检查站站长何嘉林关于口岸出入境边防检查、维护边境地区稳定、开展提高边检查服务水平活动、服务东盟自由贸易和云南桥头堡建设及口岸建设等情况汇报，并详细询问了口岸管控、人员和车流量等情况。

【口岸管理】 2010 年，瑞丽边防检查站紧扣维护稳定和促进发展两大主题，突出队伍素质、正规化管理、安心工程三大重点建设，围绕营造地方社会经济发展格局、构建边检服务品牌、搭建构建和谐社会平台、建立维稳保障机制的四大主攻方向，全面提高党建水平、服务地方经济发展、维护边境社会稳定、部队正规化管理及科学安全发展“五种能力”，大力加强班子、队伍和业务建设，扎实推进部队正规化管理，积极开展创建“模范边检站”活动和“禁毒人民战争”，推进部队全面建设。全站检查出入境旅客 8039598 人次，交通运输工具 1813121 辆次，比上年增长 12.1% 和 33.2%；破获毒品案件 14 起，缴获毒品 55.2138 千克，抓获犯罪嫌疑人 41 名，贩毒车辆 10 辆，查获毒品数比上年上升 73.14%；查获网上在逃人员 3 名，协助公安机关查获新疆籍涉恐人员 3 名；接收缅方遣返中国公民 18 批 33

人，向缅方遣送缅甸籍公民 *114* 批 *229* 人；查获淫秽光碟、书籍等违禁品 *1151* 张（册），未发生任何案件事故，实现“零违纪、零举报、零投诉、零查处”目标。问卷调查显示，出入境旅客对瑞丽站工作的满意率达 *99.98%*。

【边检服务】 *2010* 年，瑞丽边防检查站以竭力服务“桥头堡”、“黄金口岸”建设为目标，牢固树立“主业”和服务保障意识，自觉把边防检查工作融入地方发展战略中，努力打造“模范边检站”和“云南陆地边检服务品牌”，提高边检服务水平工作取得长足发展。其具体措施：一是注重请示汇报。积极向地方党委、政府汇报创建模范边检站、打造边检服务品牌的工作思路及做法，主动接受地方党委政府的领导，广泛征求意见和建议，客观反映实际困难，最大限度地获取理解与支持，实现边检工作和地方党委政府工作同步合拍。二是坚持“以客为本”。致力于边检服务优质化，通关过程便利化，严格落实 *24* 小时备勤、开设“绿色通道”、简化通关手续等一系列便民利民措施；规范并推行中缅文边检文明执勤用语，成立“爱心服务小组”，在口岸放置了便民车、饮水机、便民箱、雨伞等物品，设置“旅客休息区”，及时跟进服务举措，从细微之处为旅客提供精细化服务。三是注重服务定式培养。组织检查员认真学习《边检服务定式养成》和服务礼仪，规范言谈举止；严格着装要求，狠抓警容仪表；完善培训、奖惩、考评、保障、协作等工作制度，深入开展“一考两评三竞赛”和“边检文明之星”评比，部队服务定式养成由抓检查员的言行举止向抓服务理念的自觉形成转变。四是注重执法监督。通过现场督查、录相倒查、梅沙系统抽查、旅客满意率调查及在口岸设立举报箱、公布投诉电话、“亮证上岗”、召开社会监督员座谈会等形式，对执勤执法工作进行全方位、不间断、立体式监督，进一步规范了官兵执法执勤行为。

【正规化管理】 *2010* 年，瑞丽边防检查站科学制定实施方案和进度表，采取强有力措施狠抓工作落实，部队正规化建设水平明显提高。具体措施：一是注重统一思想认识。组织官兵对总队推进正规化管理工作电视电话会议精神和总队首长讲话精神进行学习，召开会议进行动员，不断强化开展正规化管理的重大意义、目标任务及工作要求，及时澄清模糊认识，统一思想，坚定信心，形成了抓正规化管理的合力。二是注重调查研究。严格按照总队正规化建设标准，分头深入部队进行调查研究，组织官兵以召开排查会等形式，查找出部队在落实一日生活制度不严谨，遵守规章制度时紧时松及办公室设置不统一等 *10* 个方面的问题，为推进正规化管理明确目标。三是注重试点推动。结合实际提出以“提高官兵素质为重点，口岸规范化执勤为中心，姐告分站为样板”的工作思路，集中力量在姐告分站先行试点，筹备召开推进会，总结经验，推广做法，提高工作效率。四是注重财力投入。为确保正规化建设取得实效，特别是现场会的顺利召开，站党委多方筹措资金，积极争取支持，先后 *2* 次追加经费共计 *170* 万元，用于修缮机关办公楼、综合楼和完善相关配套设施，为正规化建设顺利推进提供了保障。五是注重制度机制建设。制定《机关正规化管理规定》、《干部量化考评暂行办法》和《士官量化管理规定》，对部队实行科学、精细管理，极大提高部队的全面建设水平。六是注重以训促管。坚持每季度开展 *1* 次军事业务汇操，突出加强队列动作和服务定式养成训练，严格警容风纪检查，官兵作风养成明显加强。七是注重规范基层基础工作。坚持从基层抓起，从基础工作做起，对基层落实支部七项制度及各类台账设置进行统一；对部队日常管理，计算机、网络、文电管理及经费物资管理等基础性工作进行全面规范，打牢部队基层基础工作。八是注重检查监督。落实目标责任，建立定期督察、适时检查制度，坚持每周派出督察组对全站正规化管理工作进行检查监督，跟踪问效。

【安保任务】 *2010* 年，瑞丽边防检查站扎实做好以“两会”、“世博会”为重点的安全保卫任务。全年与解放军边防部队开展联合巡逻 *7* 次，搜集上报各类情报信息 *117* 条，缅文翻译资料 *11* 份，开展处突演练 *29* 次。*3* 月 *2* 日，同德宏州安全局、瑞丽市公安局联合侦办一起涉恐案件，抓获新疆籍涉恐人员 *3* 名，其中 *1* 人曾在新疆参加过极端宗教组织“伊扎布特”，及时消除了一个重大安全隐患。

【边检爱民“大走访”活动】 *2010* 年，瑞丽边防检查深入联检部门、进出口公司、驻地学校和村寨走访，了解群众和出入境旅客对边防工作的新需求和新期待，及时改进工作方法，跟进服务举措。

同时，积极向群众和出入境旅客宣传边防政策法规，引导群众学法、守法、用法，增强驻地群众的国家意识、主权意识、边防意识和守法意识，执法执勤工作得到驻地群众的广泛理解和支持。全年出动警力 358 人次，走访地方党委、政府和公安机关 6 次；为瑞丽一中、三中、姐告小学开展法制及安全教育讲座 5 次，发放边防法规政策宣传资料 2865 份。

【新闻宣传】 2010 年，瑞丽边防检查站新闻宣传工作走在全省边检站前列。年内在各类报刊、杂志、广播电视上刊发稿件 120 篇，在各类网页上发布信息 504 条，被公安部边防局、云南边防总队网页采用 260 条；开展政治思想教育 240 课时，谈心疏导 3300 余人次；撰写新闻稿件 120 篇，信息 504 条；举办各种文体活动 9 场次，制作宣传标语 85 条，板报 12 块。

【表彰先进】 2010 年，瑞丽边防检查站被公安部边防局评为“提高边检服务水平成绩突出单位”，被云南边防总队评为“安全工作达标单位”、“边防理论研究先进单位”；被德宏州委、州政府评为“对外贸易工作优质服务单位”、“边防工作先进单位”；被瑞丽市委、市政府列为“社会管理创新试点单位”，并评为“民族团结模范集体”、“综治维稳先进单位”、“禁防工作先进单位”、“反邪教警示教育先进单位”。执勤业务二科被共青团云南省委评为“省级青年文明号”，姐告分站被继续认定为“国家级青年文明号”，执勤业务一科和三科被继续认定为“省级青年文明号”，执勤业务三科被总队评为“纪律作风建设先进所队”，执勤业务一科被评为“边防执勤先进单位”，姐告分站、执勤业务一科、机关勤务中队分别被总队荣记集体三等功，姐告分站获总队集体嘉奖。全站有 4 名官兵被联合国授予“和平勋章”，1 人当选“云南省百姓最喜爱的十大人民警察”，1 人荣获“云南省五四青年贡献奖章”，1 人荣立一等功，5 名官兵荣立二等功，24 名官兵荣立三等功。此外，有 10 名官兵分别受到部局、总队和地方党委政府的表彰。

（《瑞丽边防检查站》撰稿　杨晓亮）

畹町边防检查站

【提高边检服务水平】 2010 年，畹町边防检查站以提高边检服务水平工作为载体，提高队伍整体素质，创新服务举措，服务地方发展大局，积极投身“桥头堡”建设，营造优质、高效、便捷、安全的通关环境。全年管理出入境人员 252453 人次，管理出入境交通运输工具 45689 辆次。一是狠抓服务定势养成。加强“梅沙系统”、缅语、行政案件办理和计算机等基本功的培训，提高了检查员业务素质。二是积极服务出入境旅客。落实 24 小时值班备勤制度，简化验证程序，对出入境货运车辆做到随到随检，推出对弱势群体主动引检、急难危重优先特检、政要贵宾靠前迎检等服务举措。上半年为 1000 多名老年旅客、怀孕旅客、残疾旅客提供通关帮助，为 5 名重病患者开通绿色通道。三是全力推进执法规范化建设。制定《畹町站执法规范化建设三年规划（2010–2012）》，明确执法规范化建设 3 年工作目标和职责任务。各单位主官和执法人员逐级、逐人签订执法责任状，严格落实兼职法制员制度和执法过错追究机制，对《执勤执法质量考评实施办法》进行修订，细化考评内容和标准，改进考评方式，摸索建立“个案反馈、每月通报、季度讲评、年度考核”的执法质量综合考评体系，推动全站执法规范化建设向前迈进，实现服务零投诉、执勤零事故。

【表彰先进】 2010 年，畹町边防检查站连续 7 年被德宏州人民政府评为“对外贸易优质服务单位”。年内，有 1 个单位被评为省级“青年文明号”，1 人荣立一等功，3 人荣立二等功，7 人荣立三等功。全年发表各类稿件 222 篇，其中中央级媒体发表 31 篇。承办瑞丽市庆祝建军八十三周年系列活动，受到地方各级领导的好评。

【爱民固边】 2010 年，畹町边防检查站积极开展“边检大走访”爱民实践活动。全年出动警力 140 组 375 人次，走访企业 15 家、地方党委政府及事业单位 6 家、辖区困难群众 8 户、口岸出入境旅客 1000 余人次，帮助企业化解矛盾 2 起，发放《征求意见表》250 余份；开展爱民义诊 1 次，发放药品价值 1500 余元；坚持资助 5 名困难学生上学，针对受资助学生进入高年级需要更多学习和生活费用的情况，成立扶贫助困基金，站党委每年注入资金 1 万元，官兵自愿捐款充实基金。资助的贫困学生上小学初中、高中及大学每年分别可得 1000 元、2000 元、3000 元的资助；为旱灾、地震灾区和困难群众捐款 76015 元；积极配合地方政府做好抗旱救灾应急处置工作，4 月出动官兵为驻地农村抢收烟叶 5

亩，采摘烟叶4000余斤。

【缉　毒】　2010年，畹町边防检查开展多次专项行动，净化边境治安环境，做好上海世博会和广州亚运会安保工作。积极开展打击新疆籍人员偷渡、跨境拐卖妇女、毒品犯罪、整治境外‘三非’人员等专项行动。行动期间，抽调执勤警力225组560人次，车辆92辆次，对边境一线进行巡逻查堵，劝返非法出入境人员1155人次。全年办理非法出入境行政案件39起，处罚非法出入境人员49人；查获误入境内缅籍警员1名，收缴子弹1发；向境外遣返“三非”人员15名。按照禁毒人民战争的统一部署，采取公开查缉与秘密侦查、固定执勤与流动查缉、公开设卡堵截与专案侦查相结合的方式，强化与公安、国家安全机关等部门的协作，全线出击，保持对毒品犯罪的高压态势。全年破获毒品案件13起，抓获犯罪嫌疑人12人，缴获毒品22.465千克。

（《畹町边防检查站》办公室供稿）

工　业

德宏供电有限公司

【安全生产】　2011年，德宏供电有限公司按“安全生产目标三级控制”的原则，进一步强化安全意识，层层签订安全生产责任状，逐级落实责任目标。认真布置开展“安全生产年、责任落实年”活动；进一步完善应急体系，修订15个专项应急预案，开展城区大面积停电事件应急演练；编制完成3年反措实施方案，落实反事故措施；组织开展安全性评价工作，摸清安全生产基本状况和底子；排查、整改安全隐患412项；开展城农网工程、抗旱防山火、汛前、汛期等多次安全大检查活动和防范室内小动物触碰带电设备专项治理工作，协助公安机关破获电力设施盗窃及破坏案件5起；完成“春节”、“两会”、“国庆”、“中国德宏国际目瑙纵歌节”、亚运会、亚残会等重大节日活动的保供电任务。全年未发生因人员责任造成的一般及以上电网事故、设备事故、人身伤亡事故和恶性误操作事故，安全生产形势稳定。生产管理信息系统开通运行，为安全生产管理向信息化管理打下了基础。

【电力营销】　2011年，德宏供电有限公司营销基础管理水平得到较大提高。全年完成购电量29.5亿千瓦时，比上年增长21.6%；累计完成售电量28.18亿千瓦时，增长22.33%，完成年度售电计划28亿千瓦时的100.64%；总网损率4.9%，比上年下降1个百分点，综合供电可靠率99.6%，完成年度计划的100.7%。

【优质服务】　2011年，德宏供电有限公司以客户为中心，以市场为导向，提高供电可靠率、减少客户停电次数、缩短停电时间，积极采取增供扩销措施，加强调度运行管理，密切关注硅冶行业的负荷波动情况，做好电力电量平衡分析工作，确保德宏州内电力供需平衡。同时，进一步规范营销业务、优质服务工作流程和业扩流程，清理并整理28个营销与优质服务类管理制度。通过采取上门服务、分段计时、分段抄表，预缴预存电费、安装预付费电表和POS机收费以及依法催收等有效措施，确保电费回收率达到99.9%。

【电网建设】　2011年，德宏供电有限公司完成全州“十二五”电网规划报告，110千伏及以下部分配网规划和小型基建“十二五”规划报告；完成3个110千伏输变电项目，增加变电容量13万千伏安；投产输电线路26.523千米，4个小型基建等重点项目的建设；实施城农网工程按省年内完成47%的建设投资任务。

【财务管理】　2011年，德宏供电有限公司财务管理严格执行南网依法经营二号令，加强财务集约化管控，从严控制各项费用，严格对计划和预算执行情况进行监督，对各县级分公司的电费实行按日归集，对所有账户进行清理，按要求核销42个低效账户。对资金管理、电费回收管理、物资管理方面进行审计自查和整改。开展客户受电工程专项治理工作，坚决杜绝设计、施工、采购“三指定”行为。组织进行19次、103个标段的招标工作，招标金额达4010.1万元。同时，认真组织开展“小金库”专项治理工作，规范资金管理和经营管理；加强组织绩效考核，坚持每月开展绩效考核，年终完成了对公司17个单位和部门的考核工作。

【基础管理达标】 2011年，德宏供电有限公司在基础管理工作中，按照“管理制度化、制度流程化、流程表单化”的要求，加强一体化管理，梳理和修改完善制度、标准460项。自加压力，主动把梁河和畹町2个县级分公司确定为达标建设单位，并结合实际，制定实施方案、实施细则和绩效考核办法。同时，选派35人到广东江门供电局学习培训基础管理达标工作，组织16人的考察组到楚雄、大理供电局进行学习考察交流，向先进单位学习好的做法和经验。江门供电局选派由15人组成的指导工作组到公司指导帮助基础管理达标工作。

【员工培训】 2011年，德宏供电有限公司按照“先学习、后培训，先普考、后调考”的工作思路，推行生产岗位培训考核制度，抓好一线员工专业知识培训、安规100分考试、三种人资格认定、持证上岗、管理人员培训、技能人员培训、专业技术人员培训、县级供电企业培训等重点工作，参加省公司组织的供电所所长、业扩报装员、抄核收员调考。全年投入职教费用291.9万元，组织和参加各类培训116期，培训人员5455人次，全员培训率达100%，人均受训3次。通过培训，有10人取得一级用电检查合格证，5人取得内审人员从业资格证，2人取得云南电力油气检测合格证，4人取得配网带电作业合格证，有24人取得国家一级人力资源管理师资格证。

【表彰先进】 2011年，德宏供电有限公司获云南电网公司上年度会计报表工作三等奖；获云南电网公司工会“素质杯”配电带电作业技术技能竞赛优秀组织奖；获德宏州人民政府上年度安全生产目标责任状考核优秀单位；获德宏州国家税务局2009至2010年A级纳税信用企业。梁河分公司遮岛供电所获云南电网公司上年度优质服务先进班组。公司寸时建获德宏州政府上年烤烟工作先进个人；罗加沛获云南电网公司上年抗旱救灾先进个人；赵家勇获云南电网公司上年优质服务先进个人；何业松获德宏州人民政府上年劳动模范称号；王起忠获德宏州公安局优秀保卫干部称号。

（《德宏供电有限公司》
撰稿　闫自卫）

云南电网公司德宏供电局

【举行电力行业协会德宏办事处授牌仪式】 2010年8月17日，云南省电力行业协会德宏办事处授牌仪式在德宏供电局隆重举行。德宏州委常委、常务副州长柳五三，云南省工信委处长蒋兴红、省电力行业协会秘书长张祖华，德宏州相关部门领导及德宏州各水电开发企业负责人，德宏州电力建设企业负责人、州电力企业协会负责人，德宏供电局领导班子及德宏供电有限公司领导班子参加授牌仪式。德宏办事处的成立，将更好的推动电力企业科学健康发展。同时搭建电力行业内部沟通交流的平台，增强各电力企业之间的交流与合作，促进形成诚信、负责、合作、创新的行业文化，形成行业合力，把发电、输电、用电三者更好的联系起来，发挥出电力行业最大的力量，为政府和社会服务。

【云南电网公司总经理廖泽龙一行到德宏调研】 2010年11月18日，云南电网公司总经理廖泽龙、副总经理李品清、王文一行到德宏供电局调研。调研期间，云南电网公司就“电力体制改革、电网规划、电力供应”等方面工作与德宏州委州政府领导进行了座谈。座谈会上廖泽龙总经理回答孟州长、唐副书记、柳副州长关于德宏电网建设、电力供应等方面提出的问题，并明确指出：“十二五”云南电网公司的重点项目就放在德宏，将芒市第二座500千伏输变电项目尽快纳入“十二五”规划，同时与州委州政府做好配合工作，推进德宏电网的建设，促进德宏州的经济发展。同时，在电力供应方面将认真贯彻落实“就地平衡、就地吸纳、矿电结合”的原则，最大限度的消纳富余电力，减轻外送压力，提高水电发电能力，使德宏州供电水平得到大幅度的提高，更进一步的将资源优势转化为经济优势。

【表彰先进】 2010年，德宏供电局获德宏州“安全生产先进单位”称号；获云南电网公司“绿色，有你有我”动漫屏保设计大赛优秀奖；获云南电网公司2010年度“安全生产先进单位”称号。德宏供电局德宏城农网工程项目部获云南电网公司“2010年度农网工程管理先进集体”称号；局220千伏盈江集控站获云南电网公司“和谐温馨变电站”称号；局自动化及远动组荣获“云南省工人先锋号”；局工会获省公司“2010年工会目标责任制考核先进单位”称号。

【安全生产】 2010年，云南电网公司德宏供电局下发《德宏供电局2010年安全生产“责任落实年”活动方案》，并将“责任落实年”活动细化分解到部门和班组，切实做好安全生产各项工作，编制落实《2010年德宏电网运行八大安全风险和二十项防范措施》，认真落实反措，在110千伏勐嘎变、盏西变安装小水电解列装置，降低勐嘎变、盏西变全站失压的风险。年内，在变电方面发现155起设备缺陷，其中重大及以上缺陷38起，一般缺陷117起，重大及以上缺陷消缺率100%，综合消缺率88.4%；在线路方面发现设备缺陷373起，其中重大缺陷2起，一般缺陷371起，重大及以上缺陷消缺率100%，综合消缺率90.3%。完成节假日、“两会”及广州亚运会、亚残会保供电工作。同时，推进安全生产风险管理体系和生产管理规范化建设，印发《德宏供电局2010年风险概述报告》、《德宏供电局2010年风险数据库》，并结合实际，对220千伏潞西变电站二期工程和用户接入工程进行风险分析；编制印发《德宏供电局安全生产管理手册》，自上而下进行推广应用；开展安全生产风险管理体系第一次内审，自评分55分，达到两钻水平；修编完善综合预案、专项预案、现场处置方案19个；组织开展应急演练和培训10次，提高了应急处置能力。结合南方电网公司在德宏实施水调管理试点工作的推进，不断完善小水电的管理工作。年内，水调自动化系统开始试运行，并通过该系统可充分利用各流域、各梯级电站的水资源，减少弃水，提高水资源利用效率，优化梯级电站调度。全年安全生产总体保持平稳，连续安全生产365天。

【抗旱保电】 2010年，云南电网公司德宏供电局把抗旱救灾提高到“当前的中心工作”、“头等大事”、“最大的政治”高度，建立与政府及相关部门的协调机制，坚持每天对输电线路的特殊区段开展特巡工作。全年累计投入人员2600人次，车辆218辆次，工具1490件次，避免500千伏德宏博尚I回线因山火导致跳闸或被迫停运；组成47人的“抗旱救灾党员先锋队”和61人的“青年志愿者服务队”，为勐丹爱国小学送水2272瓶，为3个偏远村寨送水100桶，向德宏州民政局捐赠纯净水100箱，为旱情严重的乡村提供抽水机32台，输水管道3090米，建造5口“南网井”；发放节约用水、科学用电、珍惜水资源、抗旱救灾等内容宣传册1000余份。

【电网规划与建设】 2010年，云南电网公司德宏供电局对上年中央扩大内需专项检查第二十四检查组在检查中发现的6个方面、12个问题进行认真整改，整改完成率100%；配合云南省电力设计院编制德宏州“十二五”电网规划初稿，并与地方政府开展联合审查，根据审查意见对初稿进行完善；配合省公司和政府做好500千伏芒市输变电工程前期工作；完成可研项目6个，核准项目7个。全年电网建设总投资为3.73亿元，其中年内投资计划为1.38亿元，包括新建220千伏瑞丽输变电工程、220千伏潞西变二期工程、新建110千伏芒北和芒允输变电工程；新建和改造9个35千伏输变电工程，以及改造10千伏线路562.9公里，安装配变444台，改造低压线路197公里，一户一表改造3544户；实施德宏州“村村亮”工程；220千伏潞西变二期工程于12月14日实现“零缺陷”投产。

【经营管理】 2010年，云南电网公司德宏供电局加强预算管控水平和预算管理体系建设，成立以局长为预算管理第一责任人的预算（资金）管理委员会，制定《德宏供电局预算管理实施细则》等预算管理规定，建立业务预算与现金流预算相结合的预算管理模式。年内，新建、修订财务管理制度22项，制定《项目资金支付风险识别确认单》，并结合德宏州城农网项目工程管理的实际情况，制定《城农网项目财务管理办法》。完成110千伏勐嘎、盏西输变电工程财务决算，开展小水电接入间隔费清收工作，规范基本医疗保险；完成110千伏工程审计4项，35千伏及以下工程审计37项。做好专项审计，开展资金、物质和电费回收专项审计调查和小金库重点检查工作，严格执行小水电上网电价政策，做好电力就地消纳的引导工作，采取矿电结合的方式，大大缓解了汛期外送压力。成立创先工作领导小组，对《德宏供电局电网安全管理提升方案》和《德宏供电局供电可靠率管理提升方案》进行修订，将2个方案的151个细化项目融入日常工作。理清现行有效管理制度183个，制定上年工作任务分解方案，形成部门的年度、季度、月度及周计划，制定《德宏供电局督查督办工作及问责规定》，成立绩效管理委员会，编写《德宏供电局组织绩效管理办法》和《德宏供电局岗位绩效管理办法》，制定《德宏供电局综合计划管理标准》，促进督查督办工作制度化、程序化、规范化。

【人力资源】 2010年，云南电网公司德宏供电局全面提高干部队伍综合素质，完善内部管理制度，建立完善局决策层各项管理制度，严格执行“三重一大”集体决策程序，营造团结协作的良好局面。年内，局领导及中层干部深入一线调研186次，编制《局中层干部管理办法（试行）》和《局竞争上岗管理办法（试行）》，编制员工素质工程项目分解推进计划等，切实把教育培训作为“一把手”工程来抓，按照“干什么，学什么，缺什么，补什么”的原则，开展培训工作，实施“走出去、请进来”的人才培养模式，组织开展“岗位应知应会”竞赛活动，促进员工进一步熟知岗位职责和岗位技术技能。全年进行培训216次，培训1840人次，外送培训103次，培训189人次，全员培训率100%，一线员工持证上岗率达100%，高技能人员占技能人员比例达97%，班组长培训覆盖率达100%。年内，有201篇撰写的文章在各级媒体上刊载，《德宏供电》双月刊出版3期，专题宣传60版。

（《电网公司德宏供电局》办公室供稿）

（见“州情概览·电力”75页）

安全生产

【安全生产目标量化管理】 2010年，德宏州安全生产局严格安全生产指标控制，强化安全生产目标量化管理。省政府下达德宏州各类安全生产控制指标为77人。截至12月，全州发生各类安全事故168起，死亡77人，受伤44人，直接经济损失539万元，比上年同期分别下降5%、下降19%、下降43%、下降65%。其中：道路交通事故45起，死亡48人，受伤34人，直接经济损失5万元，比上年分别下降34%、下降23%、下降48%、下降41%；消防火灾事故83起，无人员伤亡，直接经济损失209万元，比上年事故起数上升22%，死亡人数持平，经济损失上升149%；生产企业事故12起，死亡11人，受伤3人，直接经济损失218万元，下降7%，死亡人数持平，受伤人数下降60，经济损失下降19%。年内没有发生重特大安全事故，各项指标控制在省政府下达的指标范围内，全州安全生产形势保持总体稳定。

【做好安全生产“三件事”】 2010年，德宏州安全生产局认真贯彻落实安全生产“三件事”的工作要求。一是进一步抓好安全生产“一岗双责”工作的贯彻落实。州政府制定下发《德宏州人民政府关于推行安全生产“一岗双责”进一步强化安全生产责任制的意见》，10月11日，州政府第21次常务会，孟州长与新到任的2名副州长签订安全生产“一岗双责”责任书。根据省、州政府的要求，各县市、各乡镇政府主要领导与副职领导分别签订安全生产“一岗双责”责任书。二是加快应急救援队伍的建设，着力提高全州安全生产事故应急救援能力。根据上年州政府第11次政府常务会关于依托云锡矿业公司建立全州矿山应急救援队伍的意见，2月20日，州安监局局长赵兴倬带领有关人员到云锡梁河矿业公司，就组建州矿山应急救援队相关事项作详细研究，报经州政府领导批准；3月3日，州政府办公室印发《关于成立德宏州矿山应急救援队的通知》，德宏州矿山应急救援队队长由云锡梁河矿业公司分管安全生产的副总经理担任，有救护队员15人；4月21日，州政府制定出台《关于加强综合性应急救援队伍建设的通知》，就全州综合性应急救援队伍建设进行部署；5月24至27日，州安委会组织州安监局、梁河县安监局、州矿山救护队（云锡梁河矿业公司救护队）一行11人，赴大理州、楚雄州、保山市考察学习，实地参观考察了大理州祥云县矿山救护队基地、保山市矿山救护队基地；7月6日，德宏州应急救援支队在州公安消防支队正式挂牌成立。该支队在承担消防工作的同时，承担综合性应急救援任务。各县市依托各级消防部队成立综合应急救援队伍，并分别举行了挂牌仪式。三是切实加强安全监管装备建设，不断提高安全监管能力。为切实提高安监部门的安全生产监管能力，州政府拨出20万专款，用于矿山救援队和州安监局的装备建设，瑞丽市政府和潞西市政府为市安监局新增加了工作车辆。

【开展安全生产月宣传活动】 2010年，德宏州安全生产局根据云南省委宣传部、省安监局、省公安局、省广电局、省总工会、共青团云南省委、省妇联《关于开展2010年“安全生产月”活动的通知》文件精神，开展安全生产月宣传活动。一是印发相关文件，制定宣传方案。5月18日以联发文的形式下发《关于开展2010年“安全生产月”活动的通知》的文件。要求全州各县、市（区）、州直有关部门、中央、省驻德宏有关单位紧紧围绕“安全发展、预防为主”这一主题，利用各种方式深入开展“安全生产月”宣传活动。二是发表专题讲话。6月1日州政府孟必光州长在德宏电视台、德宏团结报、德宏广播电台发表《安全发展、预防为主》的安全生产月电视讲话。6月11日上午州安委会召开州安委会成员单位联席会议，安排部署全州“安全生产月”的各项工作及咨询日宣传活动。三是举办咨询日活动。6月13日，州安委会与潞西市人民政府在芒市举行“安全生产月”宣传咨询日活动，州市宣传部、安监等52个单位、278人参加，州人大常委会常务副主任汪宝泉，州政府州长助理刀承贤等领导及州、市安委会相关单位负责人出席宣传活动。发放各类宣传单51000多份，展出展板264块，悬挂布标51条。四是组织召开专题座谈会。按照安全生产宣传教育“五进”即：进机关、进企业、进学校、进社企、农村的要求，在6月安全月活动中，州安委会组织宣传部、纪委监察、工会、共青团、广电局、妇联、安监、交警、消防、政府督察等单位的领导，先后到州农业局、州教育局、州交通局、州糖办、州建设局、芒市总段、德宏供电有限公司、州旅游集团、龙江水电水利枢纽工程、潞西市风平镇政府、盈江县太平镇政府等单位召开安全生产座谈会，听取基层单位意见和建议。五是充分利用新闻媒体开展宣传。6月24至25日，州安委会在德宏电视台黄金时段播放由国家安监总局制作的《安全发展、预防为主》宣传教育片；德宏电视台、德宏人民广播电台开办安全生产月活动新闻专题片4期，播放安全生产新闻题材10余条。六是积极开展应急处置演练活动。为进一步提高应急救援的处置能力，盈江县安委会在大盈江一级电站、中青加油站、红盈公司3家单位，组织开展多部门联动的水电站事故应急演练、加油站火灾事故应急演练、矿山安全事故应急演练；梁河县根据监管工作的重点，组织开展云锡梁河矿业公司炮烟中毒应急演练；州安监局、州交警支队、州消防支队、120急救中心、交通运输集团公司等单位组织多部门联动的安全生产事故应急救援演练。6月14日，州消防支队组织瑞丽、姐告消防大队在姐告东协物流中心举行以处置有毒、易燃易爆物质为对象的跨区联合灭火救援实战演练；州旅游局组织芒市宾馆、德安酒店等宾馆开展酒店火灾事故应急处置演练。开展宣传教育活动3091次，参与人数432261人次。企业与救援队伍签订救援服务协议13个，通过治理整顿关闭和取缔不符合安全生产条件的企业14个，发表安全生产新闻专题报道177篇，安全生产年活动各项工作取得初步成效。全年全州举办生产经营单位负责人、管理人员安全生产资格培训6个班，培训529人；特种作业人员培训10个班，培训746人；举办乡镇安监员执法培训班1期，93名参训人员取得执法资格证。

【开展打击非法生产经营专项行动】 2010年，德宏州安全生产局根据《国务院安委会关于集中开展严厉打击非法违法生产经营建设行为专项行动的通知》、《云南省人民政府办公厅关于集中开展严厉打击非法违法生产经营建设行为专项行动的通知》和《国务院关于进一步加强企业安全生产工作的通知》文件精神，切实抓好专项行动。一是加强领导，周密部署。州政府制定下发关于集中开展严厉打击非法违法生产经营建设行为专项行动的通知，成立以副州长马闻为组长的打击非法违法生产经营建设行为专项行动领导小组，建立完善工作机构及制度，加强对全州范围内打击非法违法生产经营建设行为专项行动的领导。9月8日，州安委会办公室组织召开打击非法违法生产经营建设行为专项行动联席会议，明确各挂钩部门的工作职责。9月10日，州安监局召开县市安监局长会议，安排部署煤矿、非煤矿山、危险化学品、烟花爆竹、冶金等行业、领域集中开展打击非法违法生产经营建设行为专项行动，进一步明确安监系统开展专项行动的总体目标、打击重点、检查内容、时间安排、方法步骤和工作要求。二是突出重点，注重实效。全州各县市、各有关部门重点围绕煤矿、非煤矿山、交通运输、建筑施工、危险化学品、烟花爆竹、民用爆炸物品、冶金、特种设备、道路交通等重点行业领域中存在的非法违法生产经营建设行为，进行全面的“打非治违”专项行动。根据政府的统一安排，专项行动检查各类企业3312户。煤矿方面：

检查生产经营煤矿企业 1 户（全州仅有 1 户煤矿企业）；非煤矿山方面：检查非煤矿山企业 232 户，查处无采矿许可证 127 户，无安全生产许可证 135 户（注：无采矿许可证和安全生产许可证的非煤矿山企业主要为土法烧制的砖瓦窑、个人开采的小沙场和小石场）。查处企业负责人未培训取证 1 人，安全管理人员未培训取证 6 人，特种作业人员未持证上岗 39 人；交通运输方面：检查交通运输企业 27 户，其中客货运输企业 25 户，危险化学品运输企业 2 户，未发现无证生产经营行为；建筑施工方面：检查建筑施工企业 127 户，未发现违法建设行为。查处特种作业人员未持证上岗 11 人；危险化学品方面：检查危险化学品企业 175 户，其中危险化学品生产 18 户，危险化学品经营 157 户。查处无生产许可证 1 户，无经营许可证 2 户，查处特种作业人员未持证上岗 1 人；烟花爆竹方面：检查烟花爆竹生产经营企业 1066 户，其中生产企业 1 户，批发企业 7 户，零售企业 1049 户，查处无证经营（零售）9 户；民用爆炸物品方面：全州无民用爆炸物品生产企业，有经营企业 1 户（下设 4 个销售网点），其中有 1 个销售网点存在重大隐患未按规定期限整治；冶炼方面：检查冶炼企业 33 户，未发现企业存在非法违法生产经营建设行为；特种设备方面：检查特种设备企业 1650 户，未发现非法生产经营建设行为。查处安全管理人员未培训取证 30 人，特种作业人员未持证上岗 61 人；道路交通方面：查处酒后驾车 2 人，超载车辆 1 辆，超速行驶车辆 52 辆，不按规定行驶车辆 3 辆，无证驾驶 35 人，实行经济处罚 0.95 万元；其它：以上行业中全州无违反安全设施“三同时”规定项，无重大隐患隐瞒不报项，无重大隐患未挂牌督办项，无瞒报事故，事故均按规定进行责任追究和落实。

【召开全州安全生产暨道路交通消防安全会议】 2010 年 1 月 29 日，德宏州政府召开全州安全生产暨道路交通、消防安全工作会议。州委、州人大、州政协分管领导出席会议。会议上，副州长马闻安排部署全州安全生产工作，并代表州政府分别与 2 市 3 县政府、畹町经济开发区管委、州直 15 个部门和 20 户重点企业签订 2010 年安全生产责任状。

【煤矿安全专项整治】 2010 年，德宏州安全生产局根据云南省、州政府关于开展煤矿安全生产专项整治的要求，认真制定工作方案，扎实抓好工作落实。一是组织煤矿安全检查组，认真排查煤矿安全隐患。排查出隐患 25 条，已整改 23 条，整改率 92%。二是加大对非法开采小煤窑的打击力度。梁河县囊宋乡、九保乡辖区经常发生私挖滥采煤炭资源的行为，州、县安监局切实加大打击力度，对违法违规开采的小煤矿发现一个取缔一个，坚决防止私挖乱采小煤矿的死灰复燃。炸封取缔非法开采小煤窑 6 户。三是认真做好煤矿整顿关闭工作。年初，全州仅保留 2 户煤矿，即潞西市芒究煤矿和梁河县长坡煤矿，按照整顿关闭要求，8 月，对潞西市芒究煤矿进行关闭。四是按照省政府“煤矿瓦斯专项整治”和建立完善“井下六大系统”的工作要求，督促企业认真整改，梁河长坡煤矿“井下六大系统”建设基本完成，瓦斯排放达到要求。

【非煤矿山专项整治】 2010 年，德宏州有矿山企业 202 户，其中地下矿山 6 户，非煤露天矿山 196 户，取得安全生产许可证的矿山 186 户。全州将非煤矿山专项整治工作列入州政府 2010 年 20 项重点工作督查内容之一。一是建立组织机构，加强领导。州人民政府成立以副州长马闻为组长的非煤露天矿山专项整治工作领导小组；二是及时安排部署，落实工作目标任务。州安委办印发《德宏州安全生产委员会办公室关于印发〈德宏州 2010 年非煤露天矿山安全生产专项整治工作方案〉的通知》文件。3 月 31 日，州政府召开全州矿山安全生产专项整治工作会议，全面安排部署非煤露天矿山安全生产专项整治工作。10 月 11 日，州安监局组织召开全州金属矿山安全生产工作会议，安排部署安全监管和许可证延期工作；三是认真开展专项整治。全州排查企业 170 户，排查安全隐患 693 项，整改 618 项，整改率达 92%，州政府对非煤矿山重大隐患实行挂牌督办 3 项，县市级政府挂牌督办 8 项，责令停产整改矿山 28 座，取缔关闭非煤矿山 9 座。州安监局组织 12 家非煤矿山重点企业签订《非煤矿山企业安全生产承诺书》。

【尾矿库专项整治】 2010 年，德宏州有尾矿库 10 座，其中在用库 4 座、在建库 1 座、已停用库 4 座、已闭库 1 座。根据尾矿库专项整治的工作要求，州安监局专门成立尾矿库专项整治工作领导小组，按照“规范完善一批、停产整顿消除隐患一批、明确监管责任人一批”的工作要求，组织专业人员深入矿山企业，对全州尾矿库进行认真的排查和梳理。经过开展专项整治，全州尾矿库专项整治工作主要取得6方面成效：一、全州尾矿库做到“四清楚”。即做到底数、安全状况、管理运行、下流冲击范围“四清楚”；二、尾矿库安全状况明显改善。在专项整治中，消除尾矿库隐患76项，其中坝体隐患6项、排渗系统隐患12项、截排洪系统隐患18项、调洪库容不足隐患14项、放矿方式不规范隐患16项、干滩长度不够隐患10项。通过整治，全州尾矿库基本做到证件齐全合法、配套设施健全、管理运行规范、坝体稳定安全；三、在专项整治中，取缔关闭不具备基本安全生产条件的尾矿库3座；四、解决历史遗留问题。专项整治后，在用尾矿库的安全生产许可证取证率由整治前的30%提高到100%，生产运行的4个库补做了安全评价；五、尾矿库安全管理明显加强。全州4个尾矿库进一步完善了安全管理规章制度、应急预案和安全管理档案；六、切实加强对云锡梁河矿业公司新建尾矿库的安全监管。

【危险化学品专项整治】 2010年，德宏州有危险化学品经营企业155户，生产企业17户。州安监局根据云南省、州政府关于开展安全生产专项整治的工作要求，制定下发《关于开展危险化学品专项整治工作的通知》，认真组织开展危险化学品专项整治活动，重点对剧毒化学品使用单位，危险化学品生产企业的安全生产、储存、管理和使用情况进行排查整治。年内，检查企业172户，排查隐患251项，已整改237项，整改率94%；对排查出的142处重大危险源落实专人负责，并进行监控。

【烟花爆竹专项整治】 2010年，德宏州有烟花爆竹生产企业1户，批发企业7户，零售企业1050户，从业人员2320多人。根据德宏州烟花爆竹经营单位点多面广，基础设施简陋，批发企业储存仓库条件差，达不到安全要求的实际，认真组织开展烟花爆竹专项检查和治理。全州检查烟花爆竹生产经营单位代表1000多户，排查一般隐患226项，已整改220项，整改率97%；排查重大隐患14项，已整改13项，整改率93%；发出现场整改指令书80份，取缔烟花爆竹无证零售商62户，查处非法经营、私藏烟花爆竹商点1户，查缴违法经营烟花爆竹400箱。按照国家烟花爆竹劳动安全技术规程CB11652-89标准，全州7户烟花爆竹批发企业仓库达不到安全要求，从2009起，要求7户烟花爆竹批发企业对所有仓库进行整改。截至11月，7个烟花爆竹仓库已完成整改，并通过验收。

（《安全生产》撰稿　王继华）

（见“州情概览·安全生产”76页）

旅　游

【编制“旅游规划”】 2010年，德宏州旅游局根据《云南省旅游产业发展和改革规划纲要（2008-2015)》的精神，结合实际，认真制定《德宏州旅游产业发展规划》，编制完成《瑞丽江旅游精品项目集群区域开发建设策划书》和《德宏州旅游产业发展总体规划》，并于8月通过了省级评审。“规划”围绕“两江、两城、两环线、三片区”的总体布局，科学提出德宏州旅游产业发展的指导思想、总体目标、分阶段目标、发展战略等，进一步明晰德宏州旅游产业发展的思路。同时，积极组织“十二五”德宏旅游发展规划编制，从高起点、大手笔、大开放、大发展的角度出发编制“十二五”旅游规划，并结合桥头堡黄金口岸研究旅游业，使思路项目化、项目工程化、工程操作化、操作数据化。

【旅游项目建设】 2010年，德宏州旅游局进一步加强旅游项目建设。一是有序推进旅游资源的整合，初步实现旅游经济的有效调节和资源优化配置。对全州旅游重点县市的核心资源，进行整合成为一个统一体系，并对有关旅游企业采取收购的方式，由德宏旅游集团按照市场化方向加以运作和打造，初步实现旅游经济的有效调节，促成了勐巴娜西珍奇园内“德宏响声”等一批项目的具体实施。德宏响声·东南亚之窗挂牌经营，集团公司的效益初步显现；二是推进旅游重大项目建设，部分旅游精品初见成效。州旅游局实行项目推进责任制，为项目服务和业主服务，提供软环境。景成地海温泉、地海运动场、勐垅沙、孔雀湖生态旅游景区项目，陇川景颇园等精品项目初见成效，部分项目已开始试营业；瑞丽江旅游精品项目集群区的前期规划稳步推进；完成德宏旅游歌舞团组建和大型民族歌舞演员培训任务，“美丽德宏、养生天堂”旅游品牌将得到全面提升。

【旅游宣传营销】 *2010* 年，德宏州旅游局加大旅游宣传营销工作：一是继续巩固和拓展周边省份旅游客源市场，积极与重庆、成都 *2* 地进行紧密合作，在重庆、成都设立办事处，将德宏营销纳入重庆、成都市场进行营销，与重庆航空签订同行协议，并已编入航班时刻，客源市场得到较快发展；二是积极组织参加国家、省、州举办的各种会展活动，不断提升德宏知名度。重点组织参加在重庆举办的中国国内旅游交易会、上海中国国际旅游交易会、中国昆明国际文化旅游节等，充分展示德宏的丰富旅游资源，树立德宏良好的对外形象;三是充分利用假日和节庆经济效应，加强宣传促销。在“春节”、中国德宏国际“目瑙纵歌节”、“泼水节”、“十一”旅游黄金周及各种节庆活动期间，不断创新旅游宣传形式，推出包括自驾车奖励旅游、景区门票优惠等方式，制定出台一系列的促销政策和办法，吸引了大量的游客到德宏观光旅游和参与节日活动；四是积极与“中新网”、“云南旅游信息网”、“假日旅游”、“朝日新闻”、旅游卫视“跟我走”栏目、“云南卫视”等新闻媒体，进行沟通交流，并邀请重庆等地的旅游企业到德宏州进行考察，为本土旅游企业和州外旅游行政管理部门、旅游企业积极牵线搭桥，构建双方合作互赢平台；五是先后投入资金数十万元，在昆明国际机场候机楼、芒市机场候机厅、梁河和腾冲公路交界处分别设立德宏旅游形象大型宣传广告牌，同东方航空公司合作，在上海世博会期间推出德宏旅游文化空中宣传活动；六是编辑出版《德宏响声》系列丛书，第一部《大家的德宏》和第二部《石破天惊》已出版发行。

【旅游管理】 *2010* 年，德宏州旅游局在强化旅游行业管理中，主要做好如下工作。一是指导和支持宾馆酒店业的不断发展，加大“推星提质”进程，努力提升星级酒店的质量。*11* 月 *8* 至 *20* 日开展德宏州星级酒店复核工作。通过推星提质活动及星级酒店复核工作的开展，对现有星级宾馆酒店的硬件建设和软件建设进行认真复核检查，对不注重服务质量提高，不注重宾馆酒店自身建设的星级宾馆酒店，州星评委给予降星或取消星级，加快全州星级饭店规模和服务质量的提高，推进全州旅游星级饭店的发展步伐，提升全州星级评定的权威性，促进全州星级饭店的健康发展。在 *1* 至 *11* 月全州新增二星级酒店 *3* 家，预备三星级酒店 *1* 家。截至年末，全州有星级饭店 *41* 家，其中四星 *1* 家、三星 *14* 家（含预备三星）、二星 *26* 家，正在申报高星级酒店 *2* 家；二是在旅游安全生产工作中，州旅游局同各县市区旅游局签订责任书，并召开安全生产专题会议，组织人员开展安全生产检查。组织春节“黄金周”旅游安全大检查，由州人民政府带领旅游、公安、技术监督、卫生、工商、消防等部门，对全州旅游企业进行安全生产检查，确保德宏州旅游黄金周期间无重大旅游安全事故的发生。定期不定期对全州旅游企业进行安全生产检查和督察。*1* 至 *11* 月开展安全生产检查 *5* 次，督察 *1* 次。*6* 月 *13* 日在芒市街心花园摆摊设点进行《安全生产月》宣传，发放宣传册 *500* 余份；三是从 *1* 月上旬起，州旅游局精心组织，周密部署，定期开展旅游联合执法大检查，坚决遏制各种破坏旅游市场秩序的违法违规行为。*1* 至 *11* 月开展旅游市场检查 *4* 次，分别到景区景点、旅行社、宾馆酒店、机场码头、口岸等地区开展旅游市场检查，主要针对旅行社团队服务质量、规范经营、导游服务质量等方面进行监督检查，较好的维护了德宏州旅游市场秩序；四是按照省旅游局的要求，州旅游局对全州 *21* 家旅行社的统保工作进行培训和投保，除 *3* 家申请歇业的旅行社，未开展旅行社统保外，全州所有旅行社都参加全省旅游统保工作，切实增强了旅行社的抗风性能力；五是为贯彻落实国家旅游局、省旅游局关于推行旅游标准化建设，加强旅游市场监管，推行旅游质量保障体系建设的要求，州旅游局起草制定了德宏州旅游品质保障单位评定标准、管理办法，努力推进标准化建设工作。1至11月评定旅游品质保障单位7家。

【旅游培训】 2010年，德宏州旅游局开展旅游教育培训工作。一是分别与芒市旅游局、梁河县旅游局联合举办宾馆饭店从业人员和中餐宴会摆台服务技能培训班。培训内容涉及接待礼仪、前厅、客房、餐饮服务实际操作等，有676人参加了培训，有效提高了旅游从业人员的综合素质；二是为加强导游的综合素质，培育一支作风优良、业务精湛的高素质导游队伍，促进德宏旅游业健康、持续、稳定发展，举办2期导游年检培训班，有179人参加了培训。6月1日至7月31日，认真开展全国导游资格考试报名、考务工作，全州有159名考生报名参加考试；三是6月3日，德宏州旅游局与德宏高等专科学校联合举办的“旅游管理函授大专班”、“酒店管理函授大专班”成人教育开班典礼在瑞丽景成大酒店举行。大专班主要开设大学语文、计算机基础、政治经济学、旅游概论、旅游经济学、旅游心理学、导游业务与技巧、现代饭店管理、旅游市场营销、旅游政策与法规、旅行社经营管理、云南导游基础知识、模拟导游等19门课程。该班招收旅游管理和酒店管理2个专业，招收学员67名。

【德宏旅游集团】 2010年，德宏旅游集团以整合旅游资源，打造旅游产品，强化市场营销，培育国内一流、国际知名的旅游品牌为核心，推动德宏旅游业的发展。集团总部设置3部门：即行政中心、财务中心和企划中心；拥有4个全资子公司：即畹町海外旅游有限责任公司、南方丝路演艺有限责任公司、胞波景区管理有限责任公司和傣王宫珠宝有限责任公司；总人数为116人。全年集团各子公司营业收入891万元，接待组织旅游者（景区、旅行社）178742人次，成本683万元，费用307万元，上缴税收15.7万元，利润24.4万元。截至年末，集团资产总额为1363万元，负债554万元，净资产809万元。

（《旅游》撰稿　崔继华）

（见“州情概览·旅游”78页）

交　通

公路交通

【召开全州交通运输工作会】 2010年3月12日上午，德宏州交通运输工作会议在芒市召开。德宏州委副书记唐文祥，州委常委、常务副州长柳五三，州政协副主席卜金富等州级领导出席会议，州监察局、州发改委、州财政局、州公安局、州林业局、州建设局、州水利局、州国土资源局、州审计局、州安监局、州农林水纪工委、芒市公路总段、德宏公路路政支队相关领导，州交通局全体干部职工（含抽调指挥部人员），局属各单位党政主要领导，局机关离退休党支部负责人，各县市分管交通工作的领导和交通局局长、交通局负责纪检监察工作的领导，潞梁二级公路各施工项目部项目经理、各监理单位总监代表120余人参加了会议。会上，州委副书记唐文祥和州委常委、州人民政府常务副州长柳五三作了重要讲话；听取州交通局党委书记、局长闫信统所作的交通工作报告。会议对全州交通运输面临的形势和任务进行深刻分析，做出科学判断，总结上年的工作，统一认识，明确年内交通工作的指导思想、主要目标和工作任务。会议指出：交通基础设施薄弱仍然是德宏交通运输发展的主要矛盾，要立足州情，进一步增强机遇意识，千方百计筹集资金，不断掀起德宏交通建设的高潮。要顺应发展要求，把加快交通基础设施建设作为当前首要的中心工作和最大的政治、最硬的任务，集中精力、全力以赴打好龙瑞高速公路和腾陇、潞梁2条二级公路攻坚战，确保各项建设任务按时按质完成。要通过3至5年的艰苦奋斗，使德宏交通基础设施发生一次根本性的改变，为把德宏建成中国面向西南开放桥头堡黄金口岸提供坚强的交通运输保障。要努力解决公路路网结构不合理的问题，让德宏的资源优势、区位优势、生态优势和旅游优势，通过交通更高水平的服务充分显现出来。要围绕年内的工作目标任务，做好如下工作”。一、要牢固“一个意识”。即：进一步牢固时不待我，必须抢抓机遇、奋勇当先的意识，举全行业之力，化挑战为机遇，变压力为动力，克难奋进，形成一心一意谋发展、众志成城保发展之势，推动全州交通运输大建设、大发展。二、做好“两个规划”。一是认真总结分析“十一五”交通各项规划编制的成功经验和存在问题，深入开展调查研究，切实做好基础资料收集工作，在充分理解现行国家相关政策的基础上，切实做好全州交通“十二五”各项发展规划的编制工作。二是从规划编制入手，早部署、早谋划，积极牵头推进分工协作、有机结合、连结贯通、布局合理的德宏综合运输体系发展规划的编制。三、加快“三大建设”。第一抓好交通重点项目建设。重点抓好4个项目建设。一是积极主动配合省公路投资公司的项目建设指挥部，进一步加快龙瑞高速公路项目前期工作审批进度，力争在下半年实现开工建设。二是按照“特事特办”和“不花钱、少花钱”的原则，协调各相关部门，认真履行好支持配合、指导监督等综合服务工作，配合省公路局的建设指挥部全力加快腾陇二级公路建设，确保按时按质完成建设任务。三是统筹协调好设计、施工、监理等单位，精心组织施工，科学合理地安排工期，强化质量监督，狠抓工程质量、安全、廉政建设和施工进度，努力确保潞西至梁河二级公路年内完成投资10亿元，为下年完成全部建设任务打下坚实的基础。四是加快推进瑞丽国家公路运输枢纽规划的审批，按照“政府主导、统一规划、联合建设、共同使用”的原则加快推进建设。第二加快发展农村公路。全年全州计划实施农村公路建设项目36项，其中国边防公路改造项目3项、182公里，通乡油路建设项目5项、140公里，通达工程建设项目15项、326公里，农村客运站点建设项目8项，农村公路渡口改造建设项目5项，计划总投资29633万元。第三积极配合推动中国印度洋国际大通道的建设。紧紧围绕把德宏建成中国面向西南开放桥头堡黄金口岸的目标，以大瑞铁路、龙瑞高速公路、中缅油汽管道、瑞丽至缅甸曼德勒至皎漂港的公路、铁路建设和中缅陆水联运通道为重点，积极配合推动中国印度洋国际大通道的建设。四、深化“四项改革”。一是继续深化农村公路管理养护体制改革；二是深化交通行政管理体制改革；三是深化科技教育管理体制改革；四是深化干部人事制度改革。五、抓好“五项工作”。一是抓好道路、水路运输市场管理工作；二是抓好行业安全监管工作；三是抓好依法治交工作；四是抓好平安和谐行业创建工作；五是抓好党的建设和党风廉政建设工作。

【编制完成德宏州“十二五”公路水路发展规划】 2010年，德宏州交通局围绕服务德宏桥头堡黄金口岸和瑞丽重点开发开放实验区建设，认真总结分析“十一五”交通运输工作的成功经验和存在问题，深入开展调查研究，在充分理解国家现行相关政策的基础上，以干线公路改造提升和通畅、通达工程实施为重点，编制完成《德宏州桥头堡交通运输枢纽和中缅国际大通道研究》、《德宏州“十二五”公路、水路发展规划》、《瑞丽重点开发开放实验区干线公路网建设方案》，明确当前和今后一段时期德宏州交通运输的发展思路、主要目标、主要任务，为德宏交通运输持续、快速发展提供了规划保证。按照德宏桥头堡黄金口岸建设“一个试验区，一个通道枢纽，三个产业基地，三个服务平台，三个交流窗口”的要求，德宏交通运输“十二五”期间的发展思路是：坚持以科学发展观为指导，抓住国家深入实施西部大开发、云南桥头堡建设和瑞丽重点开发开放实验区建设三大历史机遇，围绕构建中国印度洋国际大通道的目标，以加快发展现代交通运输业，提升“三个服务”的能力和水平，全力加快交通运输基础设施建设，深入推进中缅国际便利化运输，积极发展各种运输方式布局合理、优势互补、分工明确、衔接顺畅的现代综合运输体系，把德宏建设成为内连国内腹地，外连南亚、东南亚的综合交通运输枢纽，为德宏桥头堡黄金口岸建设提供强有力的交通运输保障。主要目标：可用“二三四五十”来概括，即：一是用2年时间完成州内骨架路网改造，实现德宏州骨架公路网高等级化；二是用3年时间完成农村公路和边境口岸公路、通道的升级改造，实现农村公路便捷化；三是用4年时间完成龙瑞高速公路建设，实现迅捷的主干道交通；四是配合国家用5年时间实现中缅瑞丽至皎漂公路通道开工建设；五是配合国家用10年时间建成完善、快捷、高效的中缅综合交通运输体系，把德宏建成内联外通的交通枢纽。“十二五”

时期，全州计划完成交通运输建设总投资205.53亿元，其中国省道建设180亿元，农村公路建设25.53亿元。

围绕以上思路和目标，“十二五”期间要全力以赴抓好6项工作，努力推进德宏交通运输实现“六化”。一是加快桥头堡黄金口岸和瑞丽重点开发开放实验区干线公路改造，努力实现干线公路高等级化。二是加快发展农村公共交通，努力实现农村交通运输网络化。三是加快建立现代公路、水路运输服务体系，努力实现运输服务高效化。四是配合国家推进中缅公路、水路运输通道建设，努力实现中缅国际运输便利化。五是加强行业监管工作，努力实现交通运输管理规范化。六是加强交通运输干部队伍和党组织建设，努力实现交通运输队伍高素质化。

【农村公路建设】 2010年，德宏州交通部门以关注民生、解决农民群众出行难问题为重点，积极争取上级部门支持，继续保持农村公路通畅、通达工程和农村客运站、渡口改造及渡改桥项目的建设规模，加快发展农村公共交通，积极为建设社会主义新农村服务；认真贯彻《云南省人民政府关于进一步加快农村公路建设的若干意见》，坚持“谁积极主动就先支持谁”的原则，严格把好“坚持科学民主选择建设项目”的五个条件，按照群众自愿、“一事一议”、竞争立项等方式选择项目，形成自下而上的决策机制，充分调动了社会力量、群众参与农村公路建设的积极性；强化工程建设精细管理，认真组织开展农村公路建设质量年活动，积极推广农村公路建设义务监督员制度，严把农村公路建设质量关；坚持农村公路建设“等级多标准、路面多形式、安保多样化、筹资多渠道”的基本要求，切实加大新技术在全州农村公路建设中的推广应用力度。全年完成农村公路建设投资3.14亿元，新改建农村公路1584公里。截至年末，全州乡镇通沥青（水泥）路比例达92%，与2005年相比增加42个百分点；建制村公路通达率为100%，与2005年相比增加54个百分点。农村公路服务社会主义新农村建设的能力显著提升，农民出行条件大幅改善，乘车难、出行难问题得到有效缓解。

【农村公路管理养护】 2010年，德宏州交通部门按照“深化、完善、创新、巩固、提高”的要求，进一步理顺各级农村公路管理机构、养护企业的关系，完善农村公路管理养护考核评价体系，创新农村公路的管养方式，不断深入推进农村公路管理养护体制改革，做到“有路必管，有路必养”，让群众不断感受到实实在在的实惠；按照“雨季抓水毁，冬季抓养护，平时抓落实，年底抓检查”的思路，坚持“建养并重、协调发展”的方针，全力做好农村公路管理养护工作；以县道为主，适当兼顾乡村道，以路基修复、排水设施、防护工程及路面修复为重点，切实加强农村公路养护大中修工程管理；认真组织开展农村公路养护资金审计工作，加强养护资金的管理，确保专款专用；全面推行插牌养护制度，进一步完善和推广乡村公路“以奖代补”的日常养护和季节性养护制度；加强农村公路应急抢险常设队伍建设，完善应急抢险快速反应机制，切实做好抢险保通工作。全年全州县道路况优良率达48.5%，超过省下达指标8.5个百分点，乡村道通行质量明显提升。

【交通安全管理】 2010年，德宏州交通部门坚持“安全第一、预防为主、综合治理”的方针，加强领导，落实责任，全力抓好行业安全生产工作。按照开展“安全生产年”活动的要求，扎实抓好行业安全生产“三项行动”、“三项建设”，多措并举，加强交通运输重点领域、重点时段、重点环节的监管措施，以“安全发展”为主线，面向基层、面向企业、面向职工，积极开展形式多样、内容丰富的安全教育活动。年内，积极争取资金，不断完善干线公路和农村公路安保工程，并严格施工管理，规范施工组织，切实抓好工程建设和养护作业施工安全，提高公路客运车辆安全监管的科技含量，充分发挥GPS监控平台和车载终端的作用。全州已建成GPS监控二级平台1个、三级平台14个，全州9座以上的客运车辆、旅游客车、危险货物运输车辆全部安装GPS车载终端。同时，认真落实四级承包责任制，完善监管手段，确保了全州水上运输市场的安全、健康、有序发展。全年全州交通运输系统未发生重特大安全生产事故，发生各种重大安全生产事故10起，死亡10人，分别比上年减少5起、8人，减少33%、44%；水上交通持续保持零事故。

【运输管理】 2010年，德宏州交通部门按照“多予、少取、放活”的原则，积极推广“丘北经验”，大力培育农村客运市场，加强农村交通安全管理工作，切实解决农民乘车难、出行难的问题；及时发放农村客运燃油补贴，减轻农村客运经营者负担；加大农村客运运力投放力度，积极培育农村客运市场，引导农村客运个体经营者以班线或片区为单位组建农村客运公司或车队，提高规范化管理水平。在梁河县的曩宋、芒东、勐养3条农村客运班线。开展服务质量招投标试点工作，根据市场需求和群众意愿，通过集中许可，投放农村客运车辆133辆。全州已开通农村客运班线118条，建成农村客运站18个，乡镇班车通达率达100%，行政村班车通达率达85%，分别比2005年增加12个百分点和6个百分点。农村客运网络建设初具规模，农民群众乘车难、出行难、出行安全问题得到有效缓解。

加强运输组织和运力协调，确保粮、蔗、糖、油等重点物资的运输，周密部署，精心安排，圆满完成春运和其他节假日客货运输任务，实现了“安全、优质、有序”的要求。年内，及时兑付燃油补贴308.35万元，减轻了农村客运、城市出租客运和公交客运经营者负担；办理绿色通行证6507份，提高了鲜活农产品运输效率。加强源头管理，严格执行“三不进站，五不出站”规定，强化道路运输市场宏观调控，严把市场准入关、营运车辆技术状况关、从业资格关，认真履行好“三关一监督”职责；继续推进机动车驾驶员素质教育工程，不断提高驾培质量；加大对违规驾校的整治，进一步规范全州驾培市场；认真开展道路运输企业质量信誉考核和道路运输驾驶员诚信考核工作，提高了行业的服务质量；加强城市出租汽车行业管理，确保出租汽车行业稳定；继续规范旅游客运市场，促进旅游业的健康发展；加大道路运输市场整顿工作力度，坚决打击非法营运行为，深入开展打击“黑车”专项行动，进一步净化道路运输市场；积极推进中缅国际便利运输，全州4个口岸与缅方开通跨境货物运输，中方运输车辆在缅境内的纵深里程由原来的15公里增至220公里，中缅国际定线旅游车辆正式开通；加强监管，规范水运市场，维护好水上交通秩序，促进水上运输平稳较快发展。全年全州道路运输完成客运量1545万人次，货运量986万吨，实现道路运输业产值66344万元；水上运输完成客运量61.89万人次，货运量41.32万吨，实现水路运输业产值2624.4万元。

【表彰先进】 2010年，德宏州人民政府被云南省人民政府评为2010年度二级公路建设安全生产一等奖；德宏州交通局被省交通运输厅授予“2010年度农村公路建管养先进单位”和评为“2009至2010年征费工作先进单位”，被省交通运输厅质量监督局评为“2010年度全省交通工程质量监督先进单位”；州交通局被州级授予“2010年度安全生产责任状考核优秀单位”，授予“2010年度党风廉政建设责任制考核优秀单位”，授予“德宏州2010年政务督查工作三等奖”。原盈江交通局局长赵家富被交通运输部授予新中国成立60年来感动交通任务荣誉称号，鲁晓蓉被省交通运输厅评为2009至2010年征收车辆通行费先进工作者。

（《公路交通》撰稿 张立宪）

（见“州情概览·交通”84页）

公路管养

【召开十届五次职代会】 2010年3月20至21日，德宏公路管理总段召开十届五次职代会。会议认真贯彻落实全省公路工作会议精神，确立“133”的工作思路。即：“贯穿一条主线”，全面提高公路养护管理服务水平；“突出三项职能”，全力抓好公路养护不放松，全力抓好公路管理不放松，全力抓好公路建设不放松；“实现三大目标”，实现“通、平、美、绿、安”的公路管养目标，实现全国干线公路养护管理检查达标的目标，实现腾陇二级公路项目建设有力推进的目标。

【交通运输部部长李盛霖视察德宏公路】 2010年4月13日，交通运输部党组书记、部长李盛霖到德宏视察。李部长到德宏公路管理总段瑞丽姐勒公路管理所实地查看站所建设、职工生活、养护机械配备情况，听取德宏公路养护管理工作汇报，看望慰问一线养路征费职工。并要求：德宏公路工作要自觉服务于国际大通道和“桥头堡”黄金口岸建设大局，提高公路养护管理水平，为德宏经济社会发展作出更大贡献。

【芒市公路管理总段更名为德宏公路管理总段】 2010年6月13日，芒市公路管理总段正式更名为德宏公路管理总段，并举行揭牌仪式。根据《云南省机构编制委员会办公室关于调整和规范省公路局所属公路管理机构设置及名称的批复》，芒市公路管理总段更名为德宏公路管理总段，作为区域内公益性以公共服务为主的财政全额拨款事业单位，负责德宏国省干线公路养护管理工作。同时，根据云南省机构编制委员会办公室关于公路管养机构按照“一县一段”设置的要求，成立陇川、梁河2个公路管理段。

【德宏公路网开通】 2010年9月2日，德宏公路管理总段门户网站开通，并运行，将德宏公路步入互联网时代。德宏公路管理总段网站域名为“*www.dhglw.com*”，设有公路要闻、公路管理、公路养护、党建天地等13个版块、44个子栏目，为德宏公路服务社会搭建起一个全方位、多视角的信息发布、咨询交流的平台。

【腾陇二级公路建设项目】 2010年，德宏公路管理总段认真履行业主职责，坚持“高标准起步、高质量建设、高速度推进”，强力推进腾冲至陇川二级公路项目建设。年内，完成投资11.7亿元，完成总投资的80.3%，其中建安工程费6.73亿元，征地拆迁费1.4602亿元、前期工作费4161万元、材料费1.9亿元、项目费9948万元；完成路基土石方1002.03万立方米，涵洞通道9583.7米/600道，防护工程22.44万立方米，排水工程6.18万立方米，桥梁桩基11329米/534棵，墩柱2216米/259棵，梁板预制684片，隧道掘进1340米，二衬1149米，仰拱1229米；路面备料69.05万立方米。在省政协委员视察国际大通道建设、全省交通建设项目管理工作会等活动中，省政协副主席王学智、省交通运输厅厅长杨光成等领导实地视察指导，对该项目建设质量、进度给予充分肯定。

【安全生产管理】 2010年，德宏公路管理总段在安全生产管理方面主要做了如下工作：一、突出“一岗双责”，层层签订安全生产责任制书1176份，纵向到底，横向到边；二、突出“安全生产年”活动，组织开展“安康杯”安全知识竞赛，加强从业人员安全生产宣传教育和技能培训；三、突出安全生产专项治理。围绕重点部位和关键环节，深入开展安全专项检查7次，整改排除安全隐患125起；四、突出自然灾害防治。认真落实上路巡查和雨季“三查”责任制，水毁灾情发生，迅即启动应急预案，就近就地调集机械人员，最大限度缩短阻车时间。发布自然灾害信息12期，清除水毁坍方11.4万立方米/837处。

【参加沥青路面预防性养护劳动竞赛活动】 2010年，德宏公路管理总段组织150公里路段参加全省沥青路面预防性养护劳动竞赛活动。认真组织理论学习，与学习和执行新颁布的《公路养护技术规范》结合起来，举行沥青路面预防性养护知识暨《公路养护技术规范》竞赛，组队参加省公路局预防性养护知识竞赛，获团体第二名；认真组织实践操作，突出“防水防裂、勤防早防”的要求，以预防路面“水损害”为中心，以“六防、六加强”为主要内容，科学组织实施养护生产；认真组织资料建档，突出痕迹管理，采用动静结合、图文并茂的方式，建立完善原始记录和台账资料，制作竞赛专题片。

【迎全国干线公路养护管理检查】 2010年，德宏公路管理总段为迎接交通运输部全国干线公路养护管理大检查，全力以赴做好“迎国检”工作。年内，成立组织领导机构，制定“迎国检”工作方案，严格对照部检方案和标准，细化阶段目标任务，规范内业资料，做到标准样式统一，内容准确完整。整理建立迎检资料档案230余卷、510册、10万余页。按照“全面准备、突出重点”的原则，重点针对干线公路次差等级路段，实施迎检坏路整治项目，整个迎检工作受到云南省模拟检查组“工作扎实、认真细致”的好评。

【完成公路养护管理指标】 2010年，德宏公路管理总段完成养护工程项目投资5305.04万元，其中大中修公路19.5公里1627.5万元，修补沥青路面坑槽55054平方米，罩面27855平方米，修补其他病害533.78平方米，危桥改造8座；公路养护质量指数(MQI) 82.38，其中国道86.79，省道82.59，县道80.66；优良路率64.3%，其中国道82.03%，省道66.19%，县道56.42%，圆满完成和超额完成省公路局下达各项任务指标，公路养护管理保持“通、平、美、绿、安”的良好状况。

【征费治超管理】 2010年，德宏公路管理总段通行费征收工作在提高依法征管能力上着力，在提高便民服务水平上创新，加强队伍建设、票证管理、稽查监管、文明服务工作，营造良好的内外征管环境，做到应征尽收；超限超载运输治理工作在源头治理上下功夫，严格执法程序，加强横向联系，持续开展综合治超、集中整治专项行动。全年累计检测超限运输车辆31.33万辆/次，卸载货物77.24万吨，有效遏制超限超载运输行为。

【创先争优党建工作示范点】 2010年，德宏公路管理总段深入开展创先争优活动。总段党委被云南省直机关工委、省交通运输厅党组、省公路局党委确定为“创先争优党建工作示范点”，瑞丽段党支部姐勒党小组被厅党组、局党委确定为“创先争优党小组示范点”。总段党委确立“完善一套党建工作制度、编印一本党建工作手册、制作一张宣传画、创建一批示范点、建立一套考核评价体系、出一本行业文化书籍、建设一个党员活动室、开办一个外宣网站”的“八个一”创建思路，建立“一述职、二评议、三公开、五结合”的“1235”活动机制，呈现出认识高、启动快、氛围浓、载体新、机制活、典型真、看点多、工作实等特点。10月中旬，省创先争优办组织中央和省级媒体采访团，深入机关、站所、一线工地采访，从多个层面全面反映报道的德宏公路行业创先争优活动，成为全省交通系统创先争优的排头兵。

【表彰先进】 2010年，德宏公路管理总段被云南省公路局评为“工作优秀单位”；姐勒公路管理所被云南省总工会命名为全省“工人先锋号”；遮放收费站副站长邵斌荣获全国交通运输系统“文明标兵”称号。

（《公路管养》撰稿 王 政）

路政管理

【路政巡查】 2010年，德宏公路路政管理支队以路产管理、路面控制为重点，贯彻执行公路路政管理的法律、法规、规章和政策，依法查处各种违反路政管理法律、法规、规章的案件，指导、协调辖区内普通公路及其他公路的路政管理工作，组织实施治理超限运输车辆管理，组织指导辖区内路政部门管理保护公路、公路用地及公路附属设施和公路两侧建筑控制区，组织实施辖区内公路路政巡查、维护公路安全畅通和在建公路、公路养护的保通工作。同时，认真履行路政管理职能，加大路政巡查频次，确保国、省道每天巡查1次，三级以下公路每周3个班次巡查。年内，支队管辖区内国道和省道公路里程881公里；支队投入9333人次进行路政巡查，查处344起侵占路产案，索赔1382198.78元；罚款案件1273起。清除违章布标和非交通标志牌320块；进行路政宣传2179次，受教育人数9582人；及时清除2089处影响行车安全的障碍物；清理堵塞水沟60处；清理被污染路面140处。

【路政宣传】 2010年，德宏公路路政支队切实加大路政法律法规和路政工作的宣传力度，开展多形式、多渠道的宣传活动。年内，依靠支队自身技术力量，进行支队网站开发，制作了德宏公路路政管理支队网站；请德宏州电视台制作《孔雀之声—路政专题》节目；对沿线群众采取发放宣传单和现场宣传相结合的方式，提高广大群众爱路护路的意识，累计发放宣传单35000多份。

【创建“示范路”】 2010年，德宏公路路政管理支队严格按照云南省总队的安排和要求，开展示范路的创建工作。工作中坚持高标准、严要求、强措施、重规范的原则，把支队的示范路选择在国道320线K3518+850米至K3531+400米路段，由支队和潞西大队共同创建。同时，要求瑞丽、陇川、盈江（梁河大队因道路改造无条件进行）3个路政大队在各自管辖范围选择不少于10公里的路段，开展示范路的创建工作。在省总队组织的交叉检查中，德宏路政支队的示范路创建工作得到检查组的好评。

【路政督查】 2010年，德宏公路路政管理支队根据《云南省人民政府关于加强非法超限超载车辆治理工作的实施意见》和《云南省交通运输厅关于治理非法超限车辆专项活动的公告》精神，认真履行职责，做到四个“新突破”，超限运输现象得到明显遏制，有效保护了公路设施，保障公路安全完好畅通。全年开展流动稽查1527人次，上路检测车辆6726辆，其中超限车辆1251辆，责令卸载货物4082.22吨，处罚款34.08万元，办理大件运输车辆168辆次，收取大件运输公路补偿费8400元，发放宣传单2500份，张贴治超公告80份，悬挂治超宣传横幅10条。

（《路政管理》撰稿 朱丽东）

民 航

【运行“三标”体系】 2010年1月13日，德宏芒市机场根据集团公司要求以及“三标”体系运行要求，完成危险源辨识工作。辨识危险源72类、92个危险源，通过评审，其中火灾、雷击、辐射等为机场各部门同类辨识，并已合并；分值低于20分的危险源无需列入管控范围，已作删除，最终识别26类、35项危险源；分值高于70分的重大危险源有3

项，并针对辨识情况制定管控措施和方案。按计划组织内审和外审，3月底开始内审前期准备工作，安排上报内审小组名单；4月底开展“三标”内审工作，内审结束后，根据内审情况下发整改通知，并监督整改完成情况，使“三标”体系持续正常运行；7月底完成“三标”目标指标完成情况半年考核，考核结果均达到要求；8月底圆满完成“三标”外审工作，外审不合格项1项。随后监督跟进机场部整改情况，并及时验证，符合标准。

【召开通航二十周年暨市场营销会】 2010年4月10日是德宏芒市机场通航二十周年纪念日。由中共德宏州委、德宏州人民政府主办，德宏芒市机场承办的德宏芒市机场通航二十周年暨德宏航空市场营销会在德宏州芒市举行。此次营销会，为德宏航空市场的发展奠定了良好的基础，有效提高了德宏芒市机场的知名度，为机场与多方航空公司的合作拓展了广阔的空间。

【综合演练】 2010年4月26日，德宏芒市机场为确保上海世博会期间机场航空安全，组织开展各保障单位参加应急救援处置桌面演练。通过演练，检验了各保障单位的信息传递、通信联络、应急反应、指挥协调、现场处置和协同配合的整体情况，进一步提升机场应急救援综合保障能力。11月18日，机场举办应急救援综合演练，演练内容为模拟航空器紧急着陆后，机场对航空器应急处置过程。此次演练打破以往按部就班的模式，更为灵活、更贴近事故本身，更体现机场内部之间、应急救援协议单位之间默契的配合，充分锻炼了机场员工紧急事件爆发时，对紧急事件做出的快速应变反应。

【安全和保安通过审计】 2010年10月，德宏芒市机场以优异的成绩，顺利通过局方安全审计和保安审计。为确保机场能够顺利通过审计，分别成立安全、保安审计迎审办公室，并编写制定符合机场实际的《德宏芒市机场航空安全保卫方案》、《机场使用手册》，本着“请进来、走出去”的模式，到机场外部进行审计观摩学习，邀请外员对机场员工进行培训。同时，为使审计能够符合贴近标准化和规范化，向集团申请审计所涉及需要的硬件设施，为扩大审计宣传学习范围，机场两审办修编下发了《审计百问》，促动机场全员基本知识的了解。经过细致严格的审计，审计组分别通报了德宏芒市机场安全审计暨航空保安审计结果。德宏芒市机场安全审计符合率为97.86%；航空保安审计的9个大项进行初步结果通报，审计结果表明，机场安保工作基本符合局方要求。

【生产运行情况】 2010年，德宏芒市机场下设9个部门，13个班组，有员工135人。全年保障航班起降4528架次，旅客吞吐量443843人次，货邮吞吐量3654吨，比上年增长113.8%、114.7%、122.2%；机场航班放行正常率为98.27%；夜航灯光、场务设施、航务保障设备正常率100%、完好率100%。

【安全检查】 2010年，德宏芒市机场安全检查航班乘客228386人次，检查旅客随身行李456772件，开包检查228386件，人身补查228386人次，礼仪检查372人次，免检0人次，行李检查旅客托运行李141463件、开包检查65605件，检查货物84303件，检查邮件9157件。查获违禁物品259起，其中冒用他人证件7起、假身份证7起，管制刀具179把、打火机油21瓶、电击器5支、打击器11支、仿真枪4把、手铐2副、警械12支、警用催泪瓦斯2瓶、子弹86枚、子弹壳216发、弹夹1个，烟花1起、腐蚀性化学粉末1袋、医用麻醉剂4瓶，无名香烟60条，假发票20本，货物伪报品名4起，国家保护动物29起，赌具2套、大烟籽2起；查获毒品33起28人，毒品重量18253.2克，其中海洛因17117克、鸦片24克、冰毒154.2克，液体毒品958克，因公安办案原因，部分数据无法统计。

【签订“协议”】 2010年，德宏芒市机场与各部门、各部门与员工签订《航空安全责任书》、《防火安全责任书》、《治安综合治理责任书》；与禁毒防艾挂钩点、森林防火挂钩点潞西市轩岗乡遮相居民委员会签订《2010年森林防火安全责任书》、《2010年综治共建责任书》；与各部门、各驻场单位签订《公共区域安全防控责任书》和《公共区域安全防控协议书》；机场党委和各部门、各支部分别签订《党风建设和领导人员廉洁从业责任书》及《2010年党建目标责任书》。

【安全保障】 2010年，德宏芒市机场进行鸟害问题的整治工作。主要采取的措施有超声波驱鸟设备6套、高空驱鸟弹、捕鸟网、猎枪猎杀、喷洒农药杀虫、多功能驱鸟车，保持飞行区草高度不超过 30cm 等。全年架设捕鸟网 370 张、竹杆 740 棵、燃放高空驱鸟弹 1626 个，捕猎鸟 331 只。机场组织全体党员和部分职工开展机坪、跑道及联络道“FOD”大扫除活动，有力的保障机坪、跑道的安全。

【学习培训】 2010 年，德宏芒市机场为切实提高员工技术业务素质，保证机场持续稳定健康发展，紧紧围绕培训工作的目标，以岗位技能培训、综合素质培训作为培训的重点，做到事先有计划、培训有方案、培训中有评估、培训后有总结，认真组织了各类培训工作。年内，安排员工参加集团公司及政府、民航局、民航院校组织的各项培训、学习任务，收到良好效果。完成培训班 31 个、868 人次的培训学习，培训覆盖机场 9 个部门的每个员工。

【运输服务】 2010 年，德宏芒市机场始终坚持“以人为本、客户至上、诚信服务”的服务宗旨，把标准化、特色化和优质高效服务作为一项重要内容来抓，实行服务承诺制和航班正常责任制，努力在服务方式和服务内容上推陈出新。全年德宏芒市机场客梯车安全为航班服务 355 车次，飞机牵引车服务航班 2025 车次，拖头车、行李传送车运送货、邮、行李 4134 车次，安全完成接待任务 86 次，安全完成重要飞行保障任务 2 次；服务队帮助轮椅旅客 95 人次，担架旅客 6 人次，接待无人陪伴儿童、老人 143 人次，不正常航班服务 205 次，捡到和归还旅客遗失的现金 12239 元人民币、46 美元、外币 11 元，物品价值人民币 51330 元。扶老携幼，拾金不昧，牺牲个人休息时间为旅客排忧解难等好人好事 8 件。医务室接诊病人 487 人次，其中一般患者 408 人次，特殊病残旅客 52 人次，急诊服务 27 人次。

【表彰先进】 2010 年，德宏芒市机场获云南省住房和城乡建设厅颁发的“云南省园林单位”称号；机场安检站行货邮班被授予“全国民航工人先锋号”荣誉称号；德宏芒市机场获德宏州人民政府重点企业安全生产目标责任制考核“优秀单位”荣誉称号，获“爱国拥军”先进单位，获全州按比例安排残疾人就业“先进单位”，获集团公司授予“先进基层党支部”荣誉称号。

（《民航》撰稿　王　羽）

铁路建设

【业务培训】 2010 年，德宏州铁路建设办公室进一步加强队伍建设，增强统筹协调能力。3 月 10 至 13 日，州铁建办组织铁路沿线的潞西、瑞丽 2 市及畹町经济开发区分管铁路建设的领导和重点工作人员一行 25 人赴保山、大理等地州及所属县市，考察学习铁路建设中征地、拆迁工作和相关协调、服务及管理工作。21 至 25 日又组织铁路沿线县市重点工作人员 29 人，参加省政府铁路督导组举办的第三期铁路建设业务培训班。通过考察和学习培训，进一步解放思想，开阔了眼界，启发了思路。工作人员深深感受在推进大瑞铁路建设中，将在承担责任和重担的同时，还要尽一切努力，动员全社会力量支持参与大瑞铁路建设的信心。

【“协议”签订】 2010 年，德宏州铁路建设办加强沿线资源调查，组织做好相关协议的签订工作。为处理好与铁路相交叉关系，会同铁二院、滇西铁路指挥部与潞西市政府、瑞丽市政府和畹町经济开发区及“三线”相关产权单位，对铁路沿线的路网、电网、管网以及水渠、水系、通信、电缆等进行调查，并于 1 月 21 至 24 日对 306 处“三电迁改”，197 条乡村道路，294 条水渠、水系，40 条管道的迁改、改路、改渠与潞西市政府、瑞丽市政府及畹町经济开发区管委会签订拆迁框架协议。5 月 17 至 20 日对铁路沿线取土场、弃土场进行调查，并与滇西铁路指挥部、铁二院与沿线潞西市政府、瑞丽市政府和畹町经济开发区对 47 块弃土场、11 块取土场签订框架协议，确保了项目用地。5 月 21 日，为全面推进大瑞铁路德宏境内段的征地拆迁工作，德宏州政府与滇西铁路建设指挥部签订《征地拆迁协议书》，进一步明确州市政府在征地拆迁工作的职责，保证征地拆迁出资原则的政策连续性，确保铁路建设用地。

【“十二五”规划】 2010 年，德宏州铁路建设办认真做好德宏铁路运输网络研究工作，按照德宏州委、州政府的要求，树立交通就是开放的大动脉，以航空为先导、铁路主骨架、公路成网络、水运做补充以及通信、管道等全方位一体化的综合交通体系，谋划“十二五”规划，绘制宏伟蓝图，进一步加快大瑞铁路德宏段开工建设，解决德宏内联外通制约瓶颈，促进德宏经济跨越式发展。构想德宏州形成“一主一辅一联线” 3 条铁路通道布局。

一、大瑞线保山至瑞丽铁路：

德宏州铁路主通道。保山至瑞丽铁路是中缅铁路通道的重要组成部分。中缅铁路通道起于昆明，经既有成昆铁路、广大铁路，新建大理至瑞丽铁路抵达中国与缅甸边境口岸瑞丽，再经缅甸曼德勒至缅甸港口城市皎漂和仰光。昆明~皎漂港通道全长1529.9公里，其中中国境内628.2公里，缅甸境内901.7公里；支线曼德勒~仰光线路全长593.7公里。目前中国境内的昆明至大理段已建成，大理至保山段已经开工建设，保山至瑞丽段即将开工建设。中缅甸铁路是中国唯一可直入印度洋的陆路通道，向西延伸可与印度铁路相连，形成亚欧大陆桥新陆桥南通道。

二、猴桥至临沧铁路：德宏州铁路辅助通道。芒市至猴桥段位于云南省西部地区，是中缅印铁路通道的重要组成部分，在建大瑞铁路芒市站引出，跨越芒市江、龙江，经盈江、梁河县、腾冲后从猴桥出境。芒市至猴桥线路长度144公里，中缅印铁路通道昆明~芒市~腾冲~猴桥~密支那~卢姆丁，通道全长1265公里，其中中国境内691公里，缅甸境内395公里，印度境内179公里。芒市至临沧铁路是云南西南部沿边铁路的组成部分，云南西南部沿边铁路东起云南省文山壮族苗族自治州，向西经蒙自、元阳、思茅、普洱、江城、景谷、潞西接入芒市是云南重要的沿边铁路通道。

三、瑞丽至猴桥铁路：德宏州铁路沿边联线。瑞丽至猴桥铁路是甘其毛道至瑞丽铁路的组成部分，位于云南省西部沿边地区，甘其毛道至瑞丽铁路北起内蒙古自治区的甘其毛道经临河、银川、兰州、成都、康定至云南的香格里拉，向南经怒江傈僳族自治州的兰坪、泸水至保山市的猴桥，进入德宏州后，经盈江、陇川接入拟建的大瑞铁路瑞丽站。本线是中国西部地区重要的南北铁路通道。

【铁道部审查中缅铁路通道】 2010年8月26至27日，铁道部鉴定中心召开新建瑞丽至缅甸木姐至腊戌线可行性研究评审会。云南省发改委副主任李文冰、省铁建办、州政府孔勒干副州长、州铁建参加评定会。项目位于缅甸北部区撞邦境内，线路自中国境内大瑞线瑞丽站引出，南行跨过中缅边境在木姐市以北4公里处设木姐站，沿滇缅公路紧坡下至楠派站，出站后继续沿滇缅公路东侧南下至腊戌东北设新腊戌北换装站，后修建米轨联络线，引用既有米轨铁路引入腊戌站。线路全长145.72公里，其中中国境内4.122公里，缅甸境内141.598公里，建设工期预计为3年。铁路按国铁Ⅰ级复线、电气化标准修建，设计行车速度200km/h。新建车站7个，改建建瑞丽东站，新建中方边检站。

【启动芒市至腾冲猴桥铁路前期工作】 2010年12月16至18日，德宏州铁路建设办公室为中缅印铁路通道–芒市至腾冲猴桥铁路合理选择线路走向方案和站点设置意见，随同中铁第二设计院的工程师到现场勘查，并和沿线的县市进行座谈和相关资料的收集。中缅印铁路通道–芒市至腾冲（猴桥）铁路是泛亚铁路西线方案的重要组成部分，也是云南省铁路网“四出境、八入滇”的通道之一。线路位于云南省西部地区，沿线是德宏州傣族景颇族自治州芒市、盈江、梁河和保山市的腾冲县。该地区经济较为落后，农业经济在国民经济中占有较大比重。但芒市的民族风情、腾冲的火山热海等旅游资源却不可多得。沿线丰富的铁矿、硅矿和铅锌矿为代表的矿产资源等省内外均占有重要位置。目前，客货交流以公路为主，严重制约该地区的资源开发、经济发展和人员往来。本项目的建设对促进沿线国土资源开发，提高人民生活水平具有十分重要意义，同时可经缅甸通往印度、中东、西欧、北非，形成第三座欧亚非大陆桥，对保证我国能源安全、政治安全、国防安全意义重大。

（《铁路建设》撰稿　孟成钟）

交通运输

【生产经营情况】 2010年，德宏交通运输（集团）有限责任公司以调整经营结构、转变经济增长方式为主线，进一步解放思想、抢抓机遇、强化管理和服务，并为适应德宏经济社会发展和市场竞争需要，进一步改善经营环境，加快生产经营环境，增强了市场竞争能力。年内，投入资金280多万元，先后对畹町客运站、芒市北站、陇川客运站、陇川驾校进行大规模的改造。全年集团公司完成营业总收入1.4亿元，比上年增长3.8%；实现利润425万，增长33.6%；上缴国家各种税金1631万元，增加19.1%；企业资产总额2.3亿元，增长15.2%，企业经济总体保持了持续健康发展的态势。

【安全生产】 2010年，德宏交通运输（集团）有限责任公司坚持从抓源头、抓制度建设、抓教育培训、抓落实责任制上下功夫，确保安全生产的平稳健康发展。年内，为把安全生产理念延伸到家庭和谐上，把家庭和谐与企业安全生产有机的结合起来，举办首届安全生产“贤内助”表彰活动。活动对涌现出的42名安全生产“贤内助”进行表彰，进一步丰富企业安全文化建设的内涵，营造了从干部员工、驾驶从业者到家属“人人讲安全、个个重视安全”的氛围。年内，集团公司发生道路交通事故77车次，比上年下降20车次，百车事故率9次；死亡7人，比上年减少7人，其中负全责2起3人，负主责1起1人，负同责2起2人，负次责1起1人，百车死亡率0.47人；受伤19人，百车受伤率2.25人；经济损失562.7万元，百车赔付率63%，较好的实现了安全生产目标要求。

【制定企业发展“规划纲要”】 2010年，德宏交通运输（集团）有限责任公司抓住德宏桥头堡黄金口岸建设的发展机遇，结合企业实际，凝聚全体干部员工的智慧和力量，制定了企业发展“规划纲要”。“规划纲要”具体规划了客运、物流、液化、宏运水生产、汽车销售、修理、汽车检测、房地产开发、交通旅游等经营及管理目标和实施的具体措施办法。“规划纲要”制定不但结束了长期以来企业没有一套完整的发展规划历史，而且使企业有了较为清晰的发展目标和努力方向。

【员工培训】 2010年，德宏交通运输（集团）有限责任公司进一步树立“企业发展，教育为先，企业竞争，素质为本”的观念，紧紧围绕“三个提升”即提升企业素质、提升企业管理水平、提升干部员工素质的要求，投入资金26万元，采取各种形式对干部员工进行各种业务、技能、服务质量、财务、安全等方面的培训。通过培训，有效促进了广大干部员工思想观念的转变和业务、技能知识等综合素质的提升。年内，集团公司培训620人次，培训面达到85%。

【员工增薪】 2010年，德宏交通运输（集团）有限责任公司坚持把“企业有发展，员工有实惠”的办企方针落到实处，做到企业利益与员工利益同步增长。1月起，公司给副科级以下员工人月均增加工资73元；10月，又按人均200元的绩效工资指标，下发给各经营单位进行绩效分配，同时支付300万元提高员工医疗保险基数，支付20万元对全体员工进行健康体检。员工工资及福利待遇不断得到提高和改善，有效促进了企业全体干部员工爱岗敬业、努力团结拼搏、讲和谐稳定氛围的形成。

【表彰先进】 2010年，德宏交通运输（集团）有限责任公司表彰在两个文明建设中涌现出的瑞丽分公司等6个文明单位、液化公司宏运水厂等7个先进集体、董自云等10位“十佳管理员”、杨培荣等10位“十佳服务员”、李明等10位“十佳文明车驾驶员”，以及谷学鉴等35户“平安家庭”。年内，集团公司综治维稳工作被德宏州综治维稳委评为一等奖。

（《交通运输》撰稿　李　斌）

邮　电

电　信

【云南省检查考核组到德宏检查96128运行情况】 2010年1月4日上午，云南省委省政府检查考核组一行在德宏州信息化办、州无线电管理处负责人的陪同下，到中国电信德宏分公司实地检查96128运行情况。考核组一行实地检查德宏96128政务信息查询专线坐席现场，详细了解了德宏州96128的运行流程及现状，包括德宏96128话务量、群众满意度以及群众关心的热点问题等情况。

【“12315”阳光公示牌】 2010年1月5日，中国电信德宏分公司与德宏州工商局共建“12315”阳光公示牌。由中国电信德宏分公司出资赞助德宏州工商局

"12315"片区责任人阳光公示牌全部通过验收，680块带着中国电信3G标志的公示牌落户全州大街小巷。

【召开电信德宏分公司工作会议】2010年1月16至17日，中国电信德宏分公司召开工作会议。会议传达落实省公司工作会议精神，认真总结德宏分公司上年取得的主要成绩和存在问题，明确了年内的工作思路、目标任务和措施。德宏州委常委、州人民政府常务副州长柳五三亲临会场，并发表了重要讲话，德宏分公司领导、各部门及各县市分公司领导参加了会议。

【首次开展测评考核】2010年1月2至20日，电信德宏分公司首次引进人力咨询公司对中层干部及后备人员开展测评考核。德宏分公司为识别、选拔、培养能力突出、实践经验丰富的优秀后备人才，为锻炼和提高中层干部的管理能力，更好地推进德宏分公司的快速发展，引进人力咨询公司昆明新元咨询公司对公司中层干部和后备干部候选人，进行了"行为风格"测试和"专家访谈"。

【举办信息化演示】2010年，电信德宏分公司借德宏州"两会"的契机，举办信息化演示。向"两会"人大代表及政协代表们展示成熟的现代信息化应用，让各位代表深入了解、体验信息化带来的高效便捷及好处。同时，在"两会"期间，为"两会"代表提供总机查询及信息化演示服务。通过总机服务，"两会"代表可方便在114或德宏信息港查询到会务信息。借此良机，德宏分公司还为"两会"代表准备了"信息化"演示大餐。"两会"代表利用休息时间参观、体验信息化服务的各种便利，如：移动办公、移动全球眼、一卡通、工商E通、水纹监测、教育信息化、烟草E通、数字城管、应急指挥、销售管家、GPS定位等。

【电信e家俱乐部开展"免费看大片"会员活动】2010年，德宏分公司电信e家俱乐部为使电信e家俱乐部会员真实体会到电信会员的专属服务和差异化服务，加强客户与电信公司的联系，开展"免费看大片"会员活动。德宏分公司电信e家俱乐部与德宏州民族影剧院商谈合作事宜，最终选定热播大片《阿凡达》作为本次活动的主题。俱乐部对潞西区域的会员和电信职工代表一一电话邀请，对表示参加活动的会员预留电影票，职工代表凭票入场。623张电影票全部派送完毕。

【表彰先进】2010年2月24日，中国电信德宏分公司获德宏州党风廉政建设责任制考核优秀单位。3月9日，中国电信德宏分公司在2010中国·德宏国际景颇族目瑙纵歌节节庆活动中工作成绩突出，被目瑙纵歌节组委会评为弘扬民族文化优秀企业称号，德宏分公司网络部高尚宇荣获先进个人。3月,中国电信德宏分公司被命名为第十二批省级文明单位，为此，德宏分公司6个单位中，有4个建成省、州级文明单位，其中州分公司自2003年以来连续3次被省委、省政府授予"文明单位"荣誉称号，陇川分公司首次从州级文明单位创建为省级文明单位。电信德宏分公司连续8年荣获德宏州综治维稳工作一等奖，是全州综治成员单位中首家获此殊荣的成员单位。电信德宏分公司团支部荣获2009年度"云南省五四红旗团支部"荣誉称号。中国电信德宏分公司荣获2009年度云南省"劳动关系和谐企业"称号，成为全省通信行业获此殊荣的5家单位之一。

【提供信息服务】2010年2月27日至3月1日，中国电信德宏分公司借中国·德宏国际目瑙纵歌节活动之机，展示德宏电信综合信息服务能力，进一步加强提供商实力。期间，电信德宏分公司承担2010年中国·德宏国际目瑙纵歌节信息使者的责任，并专门成立工作小组，就对外宣传、号码百事通活动日程查询、会务服务及活动奖品赞助等多方面、全方位合作，同时向目瑙纵歌节组委会提交企划方案。彩铃业务得到组委会的一致认同，德宏州委州政府特别下发正式文件，要求全州各机关、企事业单位将办公固定电话彩铃更换为以景颇音乐为背景，宣传本次活动的铃声，并将活动日程、会务联系等相关信息提供公司客户服务中心，通过114号码百事通对外提供活动信息查询和号码查询转接等服务，还在德宏信息港今日头条上刊登2010中国·德宏（国际）目瑙纵歌节"寻找中国最美的景颇姑娘"选秀大赛的公告，配合组委会开展全方位宣传活动。作为德宏唯一一家综合信息服务提供商，中国电信德宏分公司还向目瑙纵歌节组委会免费提供20台189号段的天翼3G手机，作为"寻找中国最美的景颇姑娘"选秀大赛的奖品，并在设计精美的外包装详细介绍天翼3G的优势和套餐推荐。活动期间，德宏分公司在会场搭建了展台，组织经销商进行路演活动，为各族群众现场办理业务，提供便利服务。通过此次盛大的民族节日活动，充分展示了中国电信德宏分公司综合信息服务提供商的实力。

【省公司李洪副总经理到德宏调研】 2010年3月1至3日，云南省公司李洪副总经理、信息化部程众戟总经理、肖洪铭副总经理、政企客户部杨志华副总经理、综合部葛雍鑫一行5人深入德宏分公司，对德宏分公司全业务经营和信息化支撑工作进行调研指导。在德宏调研指导工作期间，李洪副总经理与德宏州委常委、州人民政府常务副州长柳五三，德宏州人民政府副州长、公安局局长马闻进行会晤。

【完成中国·德宏第二届葫芦丝文化节通信保障工作】 2010年4月7至12日，中国·德宏第二届葫芦丝文化节在美丽的葫芦丝之乡梁河县隆重举行。中国电信梁河分公司承担本次活动的通信保障工作。梁河分公司成立应急通信小组，为活动现场安装3个固定电话和3条宽带，保证活动期间的通信畅通，确保云南省电视台、省广播电台的节目直播。中国电信梁河分公司在活动中高效高质量的通信保障工作得到葫芦丝文化节组委会的高度肯定和表扬。

【举办“自力更生勤劳致富感恩思进”演讲比赛】 2010年4月17日，中国电信德宏分公司举办“自力更生勤劳致富感恩思进”主题教育活动演讲比赛。来自全州各单位的18名参赛选手参加了演讲比赛。全州全体员工通过视频电视电话会议同步观看了演讲比赛。经过紧张激励的角逐，梁河分公司参赛选手管国际以9.544的高分一举夺冠，荣获第一名；州分公司市场部杨剑青、党群纪检监察审计部唐阳凤、网络部袁黎黎荣获第二名；瑞丽分公司俞霞、陇川公司王春燕、州分公司财务部郝明安荣获第三名。

【《我的e家》栏目正式开播】 2010年5月10日，德宏人民广播电台“孔雀之声”《我的e家》栏目正式开播。这是继电信德宏分公司与电台共同成功推出《114生活百事通》栏目之后的又一个电信专栏。栏目安排在每周一、三、五下午的17:30分至18:00点黄金时段播出，每期30分钟。《我的e家》栏目经过合作双方的精心设计，共分为4大版块：第一是欢乐e家—结合全省e家超百万主题，推荐e家各种融合套餐组合，介绍针对不同客户群体的个性化方案等；第二是电信橱窗—综合介绍电信的品牌业务和新产品，将商务领航、天翼等品牌和各种新产品应用融入其中，务求服务于电信用户，潜移默化的引导用户认知电信品牌；第三是114号码百事通—打造电信114在吃穿住行娱乐的强大优势，造就一个为签约商家刊登广告的媒体平台；第四是七彩铃音排行榜—介绍当前各种增值业务的使用方法，用排行铃音贯穿节目始终，展现独特个性和品味，普及增值业务知识和有效拉动增值业务收入增长，期间再穿插与听众的有奖互动问答，增强了节目的收听率。

【“创新融合应用、畅享信息未来”巡展团到德宏开展活动】 2010年5月12至13日，为迎接第42届世界电信日的到来，云南省电信公司组织的“创新融合应用、畅享信息未来”行业运用巡展团到德宏开展巡展活动。此次巡展有14个厂家参加，阵容十分强大，主要展示：移动办公应用、IPTV、天翼对讲GOTA应用、教育综合平台、司法e通、智慧医疗、全球眼、GPS全球定位系统、数字化城市管理系统解决方案等23个转型产品。此次行业运用巡展在德宏州芒市会堂举办，通过“产品超市体验+休闲冷餐会”的方式，分上午、下午分别为政企客户和天翼客户俱乐部会员进行业务展示。5月13日上午，接待145家单位、265人次，发放近400多份产品宣传资料，并成功与1家党政军客户签订全球眼车辆定位项目，取得了较好的成绩。5月13日下午，近150名天翼客户俱乐部会员参加了活动。

【召开第二届五次职工代表大会】 2010年5月22日，中国电信德宏分公司召开第二届五次职工代表大会。有51名正式代表、29名列席代表参加了会议。会议认真总结了德宏分公司上年的主要工作得失，深入分析德宏分公司当前工作中存在的问题和所面临的经营发展环境，强调年内的工作思路、目标任务和措施，全面履行了职工代表大会的各项职能，达到了会议预期的目的。

【签订业务合作框架协议】 2010年6月12日下午，中国电信德宏分公司与德宏州邮政局通过视频会议举行业务合作框架协议签字仪式。中国电信德宏分公司和德宏州邮政局的领导班子、中层管理人员出席签字仪式，其他县市的电信及邮政领导班子在当地电视电话会议收看了签字仪式。在德宏分公司与邮政局签订合作协议后，梁河分公司与梁河县邮政局积极商议，利用邮政局营业厅地处县城中心的优势，开设电信与邮政合作营业厅。8月22日，梁河县邮政局电信业务合作营业厅隆重开业。邮政合作营业厅的成功开业，充分显示了邮政局代办电信业务的良好合作前景，为进一步完善社会渠道服务，扩大渠道合作代办奠定了坚实的基础。

【开展“节能周”活动】 2010年6月12至18日，电信德宏分公司为进一步在员工中普及、宣传、推广、培养和树立节能减排、绿色经济、环境保护和低碳生活等相关知识和理念，促进科学发展和资源节约型、环境友好型社会建设奠定广泛的群众基础，紧紧围绕“节能攻坚，全民行动”的主题，组织开展“节能周”活动。活动围绕广泛宣传节约能源、“节能”征文活动、“节能”金点子征集活动、落实节能工作几方面开展。

【开展“安全生产月”活动】 2010年，电信德宏分公司为切实开展好“安全生产月”活动，深入推进“安全生产年”、“三项行动”和“三项建设”各项措施的落实，按照省公司“安全生产月”活动总体部署和要求，紧紧围绕“安全发展、预防为主”的主题，在全州范围内组织开展形式多样，丰富多彩的“安全生产月”活动。一是通过安全宣传条幅及各种会议、版报、安全生产知识竞赛等多种渠道，大张旗鼓地进行安全生产宣传，同时组织全体员工在中国电信网上大学进行安全基础知识和安全知识答题；二是组织开展安全生产大检查，开展安全隐患排查治理工作；三是举办一期安全生产知识培训班；四是在进入汛期前，认真组织开展防汛保通信工作。

【全省教育信息化业务推介会在德宏举办】 2010年8月3至4日，云南省教育信息化业务推介会在德宏举办。省公司政企客户部领导、全省14个地州教育局领导、电信公司领导150多人参加了会议。会议共同探讨如何通过教育信息化，推动教育现代化，如何成功推进、实施教育信息化。

【签订廉洁从业承诺书】 2010年，电信德宏分公司中层管理人员签订廉洁从业承诺书。为进一步强化廉政建设，提高廉洁自律意识，从思想源头上杜绝违纪违规事件的发生，营造廉洁、良好的经营局面，促进德宏分公司协调、健康、可持续发展，按照省公司开展反腐倡廉宣传教育活动的要求，德宏分公司党组统一安排部署，由各县市分公司、州分公司各部门与中层管理人员和关键岗位人员签订廉洁从业承诺书。廉洁从业承诺书主要包括共同承诺部分和个性化承诺部分等相关内容。全州有122人签订了承诺书。

【举行“边疆团建长廊”合作协议签约仪式】 2010年9月13日上午，中国电信德宏分公司与共青团德宏州委在芒市宾馆隆重举行“边疆团建长廊”信息化战略合作协议签约仪式。中共德宏州委常委、军分区政委马福朝，德宏州政协副主席杨庆华，德宏州人民政府秘书长周湛鸿参加签约仪式。德宏分公司将通过充分发挥网络、业务、人力、技术优势，积极支持共青团德宏州委的信息化应用、通信业务应用。

【做客孔雀之声直播间】 2010年5月4日，德宏州正式开通启用12355青少年服务热线咨询电话后，9月13日下午，德宏分公司做客孔雀之声直播间，与主持人和听众就德宏分公司在12355青少年服务热线平台搭建及支撑等环节发挥的作用，以及该热线在陪伴青少年成长方面发挥的作用进行交流互动。12355青少年服务台是共青团德宏州委依托德宏分公司的呼叫平台，结合计算机、通信及Internet技术，为青少年提供咨询服务和实际帮助的工作平台。12355青少年服务台的启动是共青团德宏州委与中国电信德宏分公司加强信息化战略合作的具体体现，为全州青少年的健康成长提供一个诉说困惑烦恼、见证成长道路的有效渠道，为青少年开辟一条成长发展的健康绿色通道。

【农村信息村建设】 2010年，电信德宏分公司在农村营业部推行双轨制运营管理的基础上，以推进农村信息村建设工作为抓手，加快电信品牌、移动、宽带三项重点业务在农村有效益的规模化发展。年内，拟定德宏分公司信息村建设推进方案，强化农村区域经理工作职责，重点解决好村民、村委会、乡镇和农村营业部的利益关系，形成利益共享的农村市场经营机制，从产品、资费、渠道、促销等多个维度入手，发挥电信全业务和信息化优势，加快农村市场用户发展。各县市分公司确定电信信息村的建设目标村，通过与信息目标村举行联欢晚会及卡拉OK比赛的形式，开展电信业务宣传、有奖问答、抽奖活动及文娱表演。全年各县市分公司开展活动7场，现场办理移动用户869户，e家品牌用户469户；全州完成14个“电信信息村”建设。

【举办第五届退休职工运动会】 2010年10月25至26日，电信德宏分公司在芒市举办第五届退休职工运动会。全州各县市分公司派出代表队参加，有62名退休、退养电信员工参加了比赛。此次退休职工运动会设老年门球、地掷球2个比赛项目。在全部24场赛事完成后，瑞丽分公司代表队双双荣获门球比赛、地掷比赛第一名。

【完成“全省深化政务公开现场会”通保任务】 2010年11月3至5日，云南省深化政务公开推进政务服务工作现场会在德宏州举行。中国电信德宏分公司负责德宏州5个基层政务中心和芒市宾馆主会场的现场通信保障，并负责通过传输网络调取各个基层单位政务中心的实时监控图像。为确保会议期间各个基层单位政务中心的图像能随时顺利不中断的被调取浏览，德宏分公司网络部在10月25日前就完成了所有电路的调度测试工作。在10月26日至11月3日期间，每天安排维护人员到客户监控中心机房巡检设备、测试电路、配合信产公司人员调测图像质量；在11月4日和5日安排人员到瑞丽政务中心、姐告口岸服务中心、姐告国门社区、芒市政务中心、德宏州政务中心、芒市宾馆主会场提供现场通信保障。同时，设备维护人员每天做电路测试、设备巡检，线路维护人员每天巡检光缆线路。通过大家齐心协力，确保了参会人员在会场随时可调看到各个基层单位、政务中心实时、清晰的图像，达到德宏州纪委提出的通信保障要求，顺利完成了本次通信保障任务。

【德宏彩信手机报开通】 2010年10月，电信德宏分公司携手德宏团结报社打造的“德宏手机报，精彩与您同行”正式投入商用。由德宏团结报社作为本土新闻资讯提供方、昆明伦宇科技有限公司作为技术服务支撑方，与中国电信德宏分公司3方联合共同打造的德宏手机报彩信增值业务已成功通过上线测试，并正式投入商用推广。德宏彩信手机报由今日导读、天气预报、时政要闻、国内国际、社会、县市、生活、开心驿站和历史上的今天等版块组成。业务自开通以来，得到了广大客户的认可和喜爱。

【举办第二届“天翼杯”电子竞技大赛】 2010年11月17至26日，中国电信德宏分公司在芒市异样空间网城举办全州第二届“天翼杯”电子竞技大赛。电子竞技大赛比赛项目有：CS1.6战队赛、穿越火线战队赛、魔兽争霸3挑战赛、地下城与勇士单人擂台PK赛、QQ斗地主个人赛五项。全州280多个电子竞技爱好者参加了比赛。280多名参赛选手个个骁勇善战，发扬团结拼搏的精神，通过激烈的博弈，赛出风格，赛出了水平，充分展示德宏州电子竞技选手的最高竞技水平。中国电信德宏分公司为各比赛项目前三名的参赛选手颁发了优胜证书及奖品，奖品为中国电信的移动电话、IPTV、充值卡等。

【完成全国电视电话会议通信保障任务】 2010年12月14日，中国电信德宏分公司圆满完成云南省委书记白恩培在德宏参加全国党的基层组织党务公开工作电视电话会议通信保障任务，受到省委和德宏州委的好评。12月10日下午5点，德宏分公司接到德宏州委通知，需在电信电视电话会议室召开重要会议。德宏分公司领导高度重视，立即进行安排布置，由网络部组成通信保障工作组，负责会场通信保障工作；综合部组成协调保卫组，与德宏州公安局警备处、州消防支队联系，全力配合做好会场周边的安全保卫、车辆引导和环境卫生等工作。会议分2场，第一场参加全国的会议，第二场由白恩培书记向全省发表重要讲话，要求2场间隔不能超过五分钟。为保证2场会议的画面快速切换，德宏分公司与省公司相关部门多方沟通，并向德宏州电视台借来专业摄像机，安放在会场最后专门摄取主席台上白书记的讲话画面，最后通过采用S端子连接获得成功。在当天的会议中，从中央到全省的会议画面切换不到10秒，传输画面、声音十分清晰。德宏分公司第一次承担高规格的电视电话会议，各方面的经验不足，通过对此次会议的通信保障，即学到方法，更锻炼了队伍，提升了中国电信的形象。

【开展“云岭平安”专项行动及火灾隐患排查大检查】 从2010年11月20日至2011年2月20日，电信德宏分公司为深刻吸取吉林省吉林市“11.5”重大火灾事故和上海市“11.15”高层建筑特别重大火灾事故教训，紧急行动，坚决预防和遏制重特大火灾事故，确保全州通信畅通，维护企业财产和员工生命安全，在全州开展为期3个月的冬季防火“云岭平安”专项行动和火灾隐患排查整治专项大检查工作。重点对通信机房、无线机站、营业厅、家属区、仓库等火灾隐患重点部位进行整治。

【“三台合一”系统集成项目验收】 2010年12月7至9日，中国电信德宏分公司和德宏州公安局抽调相关技术人员组成验收组，到各县市对德宏州公安机关110、119、122“三台合一”系统建设工程进行验收。通过现场验收，项目建设实现了德宏州110/119/122“三台统一”应急指挥管理、统一派单执勤，提升了干警的工作效率。德宏州公安局负责人对项目的改造建设情况很满意，并在验改报告中签字认可。

【德宏州基本公共卫生服务信息化管理正式启动】 2010年12月23至24日，德宏州基本公共卫生服务信息化管理启动会在芒市举行，标志着德宏州基本公共卫生服务信息化管理正式启动。德宏州卫生局在全省第一家推进卫生信息化系统建设工作，随着基本公共卫生服务信息化管理工作的启动，将建立起一个以居民健康档案及公共卫生为主线，覆盖全州医疗卫生机构比较完善的区域卫生信息平台，在区域内完备个人电子健康档案，利用健康档案一卡通，实现居民健康信息的全面整和、共享和管理，实现面向各级行政主管部门实时监管与辅助决策，全面提升德宏州公共医疗卫生服务水平。

【员工培训及人力资源】 2010年，中国电信德宏分公司针对全州电信员工的业务素质状况，围绕企业管理和经营发展的需要，坚持自办培训和通过网上大学自学相结合的办法学习。年内，举办123期培训班，有4625人次参加培训；外送培训134期，有134人次参加。外送培训人员反回后又进行2次培训，使员工技能得到进一步提升，新进人员培训率达100%。利用网上大学培训资源，组织全州管控支撑、后端、前端和外包人员，开展51期培训班，参加培训人数2066人次。培训结束后，再进行在线培训班评估，参与人数达95%以上。组织全州党员7期、910人次在网上大学进行《党的基础知识（一）-（四）》、《和谐的团队》等党员教育培训。

（《电信》撰稿　钟　珊）

邮　政

【召开全州邮政工作会暨邮政二届二次职工代表会】 2010年1月29至30日，德宏州邮政工作会议暨邮政第二届二次职工（会员）代表大会在芒市召开。州局局领导、州分行领导、州局各部室中层管理人员等74人参加会议。州局局长杜国才作工作报告，州邮政工会主席周斌作工会工作报告，计财部主任何晓安作《德宏州邮政局业务招待费、职工福利费使用情况报告》，人力资源部主任杨庆虎宣读《2010年德宏州邮政企业内部考核分配办法》，州局工会干事王春莲作《工会财务工作报告》。会议套开全州纪检监察工作会议，同时对全州邮政反腐倡廉工作提出明确要求和重要意见。会上，州局党委、行政、工会分别与全州各党支部、各局、各部门、工会签订2010年党风廉政建设、安全生产、创建平安德宏、金融资金安全管理目标责任书，《2010年度集体合同》、《共同约定行动责任书》、《女职工特殊保护专项集体合同》责任书。同时，表彰瑞丽局、陇川局2个先进单位，州局计划财务部、营销中心2个先进部门，梁河局综合营业室等6个先进支局、班组所；表彰芒市局的邵国、瑞丽局的张东波等15个先进个人。

【开展节前安全大检查】 2010年1月18至28日，德宏州邮政局与州分行联合成立安全综合检查组，以资金、邮件、人生、消防安全为重点检查内容，对全州各县市局开展安全生产大检查。安全综合检查组结合常规检查要求，加大对代收货款及年内报刊营收资金的核查，加大对禁限寄物品收寄以及验视制度执行情况的检查，并对各局员工安防意识、用火用电以及消防器材安全进行重点检查。通过检查，有效督促了各类资金款项的上缴，加大各单位欠款催缴力度，整改了一批存在的安全隐患，为企业生产经营保驾护航。

【国家邮政局王渝次副局长到德宏调研】 2010年3月4至5日，国家邮政局王渝次副局长、办公室苏磊处长一行4人，在省邮政管理局李云山局长陪同下到德宏调研。王渝次副局长一行分别听取了梁河县邮政局、瑞丽市邮政局的情况介绍和工作汇报，并就相关农村支局所的经营情况和普遍服务情况进行了解。调研组一行还深入瑞丽市邮政局封发转运部门，查看邮件处理过程，现场了解工作情况。通过调研，王渝次副局长指出：邮政普遍服务是国家公共服务的重要组成部分，关系千家万户，关系人民群众的切身利益，德宏局在承担普遍服务所取得的成绩值得表扬，德宏局从领导到普通职工，工作态度积极严谨、方式科学先进、成果卓越显著，相信德宏局各项工作一定能够取得圆满成功。并希望：德宏局在以后的工作要再接再厉，不断增强职工服务意识，提高服务质量，为邮政普遍服务做出新的贡献。

【参加“感恩思进，放心农资产品下乡”宣传活动】 2010年3月25日，德宏州邮政局作为经营放心农资产品的国有企业应邀参加州政府举办的“感恩思进、放心农资产品下乡”宣传活动。活动中，州市乡相关领导分别作了发言，并希望参加“感恩思进、放心农资下乡”宣传活动的商家和企业，通过充分发挥自身网点优势、产品优势、价格优势和技术优势，将质优价廉的农资产品推向农村市场，积极开展送科技下乡活动，为农民提供技术指导，提高农业生产与农民的生活水平，真正给农民带来实惠，防止假冒伪劣产品在农村市场的流通，坚决杜绝坑农、害农现象，切实维护广大农民的利益。活动现场，德宏邮政摊点被广大农民朋友围得水泄不通，有询问农资产品的、有要宣传材料的、有购买农药的、还有咨询产品使用方法的，对于农民朋友的疑问，邮政工作人员不厌其烦的进行讲解，并通过使用邮政农资产品和未使用邮政农资产品示范种植效果对比展板耐心宣传，得到了广大农民的广泛认可。仅半天时间，德宏邮政宣传点发放宣传材料200余份，赠送和销售农资产品142余袋。通过参与由政府涉农职能部门举办的活动，提高了德宏邮政在农村市场服务“三农”的知名度，扩大了影响力。

【举办代理金融业务培训班】 2010年6月18至20日，德宏州邮政局为进一步增强全州各支局所长的法律意识，有效提高职业道德和业务管理水平，举办全州代理金融业务培训班。为期3天的培训，对全州二类网点和代理网点的22名支局所长重点讲解《银行业金融机构从业人员职业操守指引》、轮换岗位制度、强制休假制度、员工日常行为排查制度、德宏邮政金融员工合规经营积分制考核办法、网点负责人履职规范、金融业务相关规章制度等内容。培训期间，全体学员认真学习相关制度，积极与授课老师讨论有关业务和管理方面的问题，并就此次学习的内容进行考试。通过培训，全州支局所长，充分认识到做好管理工作和落实规章制度不仅是企业发展的需要，而且与自身的利益密切相关，并在风险防范意识方面有了进一步的提高；认识到作为网点的支局长应该怎样履行岗位职责，怎样切实发挥好岗位监督和制约的作用。

【签订“框架合作协议”】 2010年8月18日下午，德宏州邮政局、德宏州农业局在州邮政局四楼会议室签订《德宏州农业特色产业服务框架协议》。该“协议”的签订意味着双方将携手共进、优势互补、协同合作服务“三农”向纵深发展。《德宏州农业特色产业服务框架协议》合作内容涉及政策、农资、运输、银行、技术、宣传等领域，目的是充分发挥邮政服务网点覆盖广大农村地区的系统网络优势，积极构建新型农村流通服务体系，使邮政业在繁荣农村经济、方便农民生产生活、推进特色产业发展、帮助农民增收致富上发挥更大作用，使其更好的服务于农业农村工作。签字仪式上双方领导表示：在德宏州委、州政府的坚强领导下，以此次签字仪式为起点，牢牢抓住农业增产、农民增收这一主线，发挥优势，突出重点，扩大规模，提高效益，多类型、多途径、多层次的开展合作，为服务产业发展、服务农业增产、服务农民增收而努力，为加快推进农业农村经济实现跨越式发展而奋斗。

【省检查组到德宏验收“强化代理金融网点管理”工作】 2010年12月6至13日，由云南省邮政公司、邮储银行省分行精兵强将组成的专项检查组一行到德宏局，对“强化代理金融网点管理”专项活动组织开展情况进行检查验收。检查组以抽查的方式，对德宏州邮政局、芒市邮政局、瑞丽市邮政局3个单位开展“强化代理金融网点管理”专项活动组织情况进行检查验收，并从动员部署情况、学习培训情况、自查自纠情况做认真的检查。在检查验收的14项考评中，专项检查验收小组对德宏局前期工作给予很高的评价。检查验收评定结果分别为：德宏州邮政局99分，芒市邮政局98.5分，瑞丽市邮政局97.5分。通过专项活动的开展，大大提升了全州代理金融基础管理水平、代理金融网点从业人员的素质水平，服务质量及风险管理有了较大的提高。

【省邮政公司副总经理部瑛到德宏

调研】 2010年12月24日，云南省邮政公司副总经理、工会主席部瑛到德宏调研职工小家建设情况。部主席在听取德宏州邮政工会工作开展情况汇报后，深入芒市、瑞丽2局，对在建或已建成的姐告、户拉邮政支局所小家建设基本情况开展深入调研，每到一处，部主席都与支局所长、当班员工进行面对面的座谈，并实地查看小家活动室各种资料台账，现场了解职工娱乐设施、就餐、洗澡、厕所等设施配备到位情况。部主席希望德宏局要进一步总结推广邮政职工小家经验，让更多的支局在享受到职工小家快乐的同时，让职工小家建设惠及到邮政的经营发展上来，使更多的支局所向收入上百万元靠拢。

（《邮政》撰稿　蒋志刚）

移　　动

【表彰先进】 2010年2月8日，德宏移动通信分公司劳动竞赛工作全面达标，二季度获得云南省优胜奖第二名，三、四季度均获云南省优胜奖和第三名。年内，移动通信分公司有9个单位和53名个人获得上年度的先进集体和先进个人。

【市场发展】 2010年2月8日，德宏移动通信分公司主要取得了如下市场发展。一、双节营销：按照全省统一部署，认真组织开展“移动好礼年年送，黄金大奖我来中”活动，形成强大的声势。全州累计参与活动客户22万余户，整体参与率为28%，为完成全年市场发展目标奠定了坚实的基础，实现开门红。二、家庭市场：充分利用客户规模优势，加强家庭产品的宣传推广，快速提升家庭终端产品的渗透率，同时发挥渠道协同，进驻社区进行营销，通过家庭产品资费、终端、实物回馈优惠，实现家庭市场突破性的发展。三、校园市场：通过精心组织第四季“橙人行动”、校园迎新和常态化校园营销工作，有效传播动感地带品牌文化，实现了校园信息化的整体突破。四、农村市场：持续深入推进“农村移动信息富民工程”，取得良好成效。创建信息富民示范村17个，信息富民村117个，信息富民村创建进步奖63个。梁河、芒市分公司在136工程中，分别取得全省区县排名第一、第二的好成绩，获得全省专项评比一等奖。五、集团市场：围绕“固存量、保稳定”的思路，以稳定促发展，突出抓好集团客户单位保有、成员保有和收入保有，集团客户和成员实现了稳步增长，集团客户市场掌控力得到增强。

【渠道建设】 2010年，德宏移动通信分公司按照云南省公司的要求，认真落实渠道扁平化管理，不断拓宽渠道覆盖面。全州累计建设自建自营厅16个，指定专营店、特约代理点、村级服务站、校园直销队等1600余个。

【客户服务】 2010年，德宏移动通信分公司强化宣传“我服务，我快乐”的服务理念，增强服务意识，优化标准服务流程。年内，德宏移动通信分公司服务质量综合满意度得分为78.66分，服务质量在当地继续保持领先地位。

【网络通信建设】 2010年，德宏移动通信分公司以“城区网络做精做细，农村网络做广做深”的网优工作思路，加强网络维护优化。年内，完成节假日、当地庆典活动等10余次通信保障任务，有效解决了信道拥塞、网络质量不稳定的问题，提高了客户对网络质量的感知和满意度。全年网络质量满意度总体评价为77.65分，高于全省平均水平。坚持按照省公司提出的“转变企业发展模式，实现又快又好发展”的原则，积极争取政策支持，降低成本，抓好网络建设。年内，主要实施了41个工程项目的建设，网络通信优势继续保持领先地位。

【举办“歌友会”】 2010年9月27日，德宏移动通信分公司为答谢和回馈广大客户对中国移动的支持，加强对无线音乐俱乐部等业务的推广普及，在芒市体育馆举行“享.玩音乐2010德宏歌友会”。歌友会邀请歌手齐秦、弦子、信乐团到会演唱，有3500位移动客户参与活动。

【三级经理任免】 2010年4月15日，德宏移动通信分公司成立贵宾客户中心，8月18日成立党群工作部。同时于4月16日聘任周丽萍为贵宾客户中心经理，8月23日聘任周丽萍为党群工作部经理，免去贵宾客户中心经理职务；聘任杨安虎为贵宾客户中心经理，免去盈江分公司经理职务；聘任屈云松为盈江分公司经理，免去财务部经理职务；聘任石安焕为财务部副经理（主持工作职务），免去市场经营部副经理职务；8月31日聘任杨艳琼为市场经营部副经理。

（《移动》撰稿　马振宇）

联　　通

【工程建设】 2010年，中国联通德宏州分公司 WCDMA 工程建设完成 44 个基站，并在州内投入运营商用，完成投资 2007.17 万元。全州新建 54 个 GSM 移动通信基站，完成投资 1084.19 万元，GSM 移动通信基站累计达到 324 个。新建本地网光缆 500 公里，全州累计建设光缆 3200 公里；全州新建电缆 3.3 管理，管道 17 公里。建设开通本地 17 条专线，完成 21 个点的大客户接入；宽带 EPON 完成 490 万元投资设计，680 多个设备点（6000 个端口）的建设。ADSL 新建扩容 288 线；EOC 广电合作新建节点 35 个，投资 18.8 万元。中缅国际传输建设完成芒市至木姐 155M 电路开通，可直接提供电路满足中缅国际漫游业务，完成芒市—瑞丽—盈江—梁河—腾冲光缆附挂工程，完成中继站设备安装工程。

【召开联通工作会暨一届二次职代会】 2010 年 2 月 4 日，中国联通德宏州分公司召开联通工作会暨一届二次职代会。州公司领导、中层干部、工会委员、省联通公司刘海鹰副总经理、个客部副总监陈剑峰、网优公司杨谦参加会议。会上，州公司赵杨总经理传达省分工作会会议精神，回顾了德宏分公司上年各项工作，指出工作中存在的不足，分析了当前面临的形势，并就下一步重点工作进行安排和部署。

【召开德宏州首届战备应急通信联席会】 2010 年 2 月 26 日下午，由中国联通德宏州分公司牵头，德宏州首届通信战备联席会在中国联通德宏分公司综合楼六楼会议室召开。德宏州人民政府信息办黄艳芳副主任、德宏移动、德宏电信、德宏联通 3 家分管领导及相关人员参加会议。会议围绕电信营运企业如何做好战备应急通信展开讨论。会议明确：一是德宏联通为本地战备应急通信牵头单位，承担本辖区内战备应急通信工作的日常事务处理，负责与当地政府相关部门的协调、联络工作；二是德宏电信、德宏移动为参加单位，服从牵头单位指挥调度，配合牵头单位做好战备应急通信工作。

【召开 3G 业务客户体验交流会】 2010 年 4 月 9 日，中国联通德宏州分公司召开 3G 业务客户体验交流会。会议现场为用户提供 i-phone 终端、无线上网卡、笔记本电脑，便于用户亲身体验 3G 业务。会议以 iphone 手机为切入点，借助 iphone 对 3G 业务的演示，以及现场各工作人员对 3G 无线上网、iphone 等运用指导，让客户在宣传中体验业务，在体验过程中接受业务宣传。

【3G 客户俱乐部正式成立】 2010 年 5 月 18 日，中国联通德宏州分公司隆重举行 3G 客户俱乐部启动仪式。在网的 3G 用户、集团单位等社会各界人士参加了启动会。公司集团部对俱乐部提供的各项服务进行详细讲解，对当期的各项优惠政策进行介绍，并由专业技术人员对无线网卡、IPHONE 终端进行演示。在进行业务介绍及演示的过程中，穿插了幸运抽奖活动。3G 客户俱乐部的成立，将为 3G 用户提供 VIP 专享会员待遇、iPhone 手机维修保养优惠优先服务、iPhone 应用讲座、iPhone 玩家会系列主题活动的多项服务。

【省公司秦勇副总经理到德宏调研】 2010 年 6 月 5 至 6 日，中国联通云南省分公司秦勇副总经理在省分网络运行维护部彭明安副总监的陪同下，到德宏分公司开展工作调研。调研期间，秦勇副总经理、彭明安副总监在分公司领导及相关部门人员的陪同下到分公司综合机房视察设备运行情况，并深入到陇川、瑞丽县市分公司了解基层生产经营发展状况，对县分公司在市场、服务、网络规划建设、成本投入等方面工作与领导干部员工进行沟通和讨论，对实际工作中存在的问题和方法进行指导和帮助。同时，转达了省公司虞总经理对基层员工为公司又好又快发展辛勤工作表示衷心感谢和慰问。

【召开中层负责人经营管理座谈会】 2010 年 7 月 21 日，中国联通德宏州分公司召开中层干部负责人座谈会。会议上杨晓云书记通报分公司 6 月份生产经营整体业绩在全省完成情况，并结合分公司当前面临的发展严峻形势，对分公司现阶段主要工作重点和今后公司发展思路提出 4 点意见。各部门、各县分公司负责人结合分公司融合以来的工作实际，对经营管理中存在的问题和困难客观地发言，讨论分析了市场各专业经营工作中存在的问题，并对经营管理工作当前努力的方向形成统一共识。分公司副总经理分别在会上作统一思想认识的总结发言，就分管部门主要工作在会上做安排部署。

【开展瑞丽站商务楼宇大赛】 2010 年 9 月 28 至 29 日，中国联通德宏州分公司组织开展瑞丽站商务楼宇大赛。本次活动由州公司集团客户部和 5 个县分公司共同组成 6 个参赛队。6 个参赛队通过现场宣传、客户拜访相结合的方式，对瑞丽市区及姐告市区进行地毯式宣传。活动累计走访客户600多家，成功发展商务客户198户，收取现金总额13.27万元，年合同总额20.75万元。大赛组委会对获得积分前三名的瑞丽分公司（第一名）、集团客户事业部（第二名）、潞西分公司（第三名）参赛队进行表彰奖励。

【省公司虞立勤总经理到德宏调研】 2010年11月19日，中国联通云南省公司虞立勤总经理在省分综合部袁钦总监、企业发展部李跃总监的陪同下，到德宏州分公司进行工作调研。德宏分公司杨晓云党总支书记代表德宏班子向虞立勤总经理一行汇报了分公司1至10月各项财务指标和具体业务发展情况，班子其他成员就其分管的工作也进行汇报。虞立勤总经理对分公司下半年的工作成绩给予充分肯定，并对下步工作提出相关要求。调研期间，虞立勤总经理一行深入一线营业厅向营业员、终端技术员详细了解3G业务办理和终端客户运用情况。

（《联通》由办公室供稿）

（见“州情概览·邮电”84页）

农　业

农业综合开发

【项目结转扫尾工程建设】 2010年5月，德宏州各县（市）严格按照计划批复和项目工程扩初设计的要求，按时、按质、按量地全面完成了上年结转项目工程的各项建设任务。全州投资5803万元，完成上年结转的各项扫尾工程，其中改造中低产田1.34万亩，完成投资1639万元。其主要建设内容：完成修建小型水库1座，衬砌渠道12.34公里，修建渠系建筑物125座，改良土壤0.1万亩，建良种仓库150平方米，建农用晒场10000平方米，购良种700千克，购置农业机械2台，修建机耕路14.62公里，造林0.08万亩，举办农业科技培训0.47万人次，购置仪器设备21台，进行农业科技示范和推广0.16万亩；高标准农田建设示范工程0.9万亩，完成投资1151万元。其主要建设内容：完成衬砌渠道19公里，修建渠系建筑物50座，购置农业机械8台，修建机耕路12公里，造林0.02万亩，举办农业科技培训0.3万人次，进行农业科技示范和推广0.13万亩；农业生态治理0.5万亩，完成投资450万元，修建机耕路4公里，造林0.5万亩；中型灌区节水配套改造工程项目1个，完成投资1340万元。其主要建设内容：完成衬砌渠道33.73公里；产业化经营项目完成投资1223万元，完成盈江县10000亩澳洲坚果种植新建项目、潞西市3万吨遮放贡米加工新建项目，陇川县1000吨茶叶加工扩建项目等产业化经营项目上年结转的各项建设任务。

【检查验收项目实施情况】 2010年6月21至30日，德宏州农业综合开发领导小组组成检查组，深入到各县、市项目工程实地进行州级检查。检查组通过实地察看、查阅财务资料、听取汇报，认真检查各个项目工程的设计布局、建设质量、综合利用及所发挥的效能情况、项目资金使用和财务管理情况等。通过检查，检查组充分肯定了各县、市开发办所取得的工作成效，同时也指出工作中的不足和需要整改完善的内容。认为：各县、市上年度农业综合开发项目实施工作，党委、政府重视，部门协调，项目布局得当，设计合理，完成了各项建设任务，工程质量较好，项目资金如数到位，资金使用合规，管理规范，开发效益明显，基本实现农业增效、农民增收的效益目标。省级验收组于8月10至23日，对德宏州上年度农业综合开发项目进行验收。省验收组通过到德宏州各县市项目工程实地察看、采访农户、查阅财务账本、凭证及文档资料、观看影像、召开座谈会、听取汇报等方式，对德宏州上年度农业综合开发项目工程外业及内业工作进行细致的检查，对各县市在实际工作中所取得的成绩给予充分的肯定，对存在的问题和不足给予明确的指出，为全州不断改进工作起到积极的促进作用。在8月21日召开的德宏州农业综合开发项目工程省级验收情况汇报会上，省验收组对德宏州年度农业综合开发工作进行综合评价，认为德宏州上年度农业综合开发项目规划合理，领导重视，各部门协调配合，开发效益明显，工程质量有保证，宣传工作到位，资金使用合规，档案管理规范，全面完成农业综合开发项目任务，取得了显著的社会效益、经济效益和生态效益。同时也指出存在的不足和需要整改完善的地方：一是项目工程设计要充分考虑便民设施；二是工程竣工图与实际有偏差；三是工程后期管护工作需进一步加强；四是科技推广示范项目的选项需进一步合理、规范，要注重科技推广示范项目的示范带动作用。

【项目投资计划和建设】 2010年，德宏州农业综合开发项目计划总投资10641万元（不含部门项目），其中财政资金7703万元（中央财政资金5149万元、省级财政资金2300万元、州级财政配套资金79万元、县级财政配套资金175万元），自筹资金2773万元，水利部门配套资金165万元。其主要项目投资和建设：一是土地治理项目。围绕优质稻、甘蔗吨糖田、冬早马铃薯、蔬菜等优势产业进行中低产田改造及高标准农田建设，围绕陇川南宛河流域、梁河南甸河流域进行农业生态治理，并围绕陇川麻栗坝水库建设工程继续完善陇川姐乌片区中型灌区节水配套工程建设，围绕热带作物、农业机械、畜牧、茶叶、优质稻、良种甘蔗、水产、核桃等新品种、新技术进行科技推广示范。全年全州土地治理项目计划总投资8068万元，治理面积7.83万亩，其中财政资金6813万元（中央财政资金4539万元、省级财政资金2043万元、州级财政配套资金73元、县级财政配套资金158万元），自筹资金1090万元（群众投工投劳折资1041万元，群众自筹现金及投物折资49万元），水利部门配套资金165万元。1、改造中低产田项目计划投资3557万元，其中财政资金2964万元（中央1974万元、省级889万元、州级配套资金38万元、县级配套资金63万元），自筹资金593万元（群众投工投劳折资559万元，群众自筹现金及投物折资34万元），改造面积3万亩。主要建设内容：建拦河坝6座，开挖疏浚渠道7.46公里，衬砌渠道43.96公里，埋设管道34.9公里，渠系建筑物240座，新建小型蓄排水工程10座，改良土壤0.31万亩，建农用晒场12500平方米，购良种0.62千克，建机耕路29.1公里，购农业机械16台，举办农业技术培训12100人次，购仪器设备13台，示范推广1.09万亩。2、农业生态综合治理项目计划投资902万元，其中财政资金752万元（中央500万元、省级226万元、州级15万元、县级11万元），自筹资金150万元（群众投工投劳折资143万元，群众自筹现金及投物折资7万元）。治理面积1万亩。主要建设内容：建拦河坝31座，衬砌渠道6.4公里，造林0.56万亩，技术培训3500人次。3、中型灌区节水配套改造项目计划投资660万元，其中财政资金495万元（中央330万元、省级148万元、州级4万元、县级13万元），水利部门配套资金165万元，建设面积1.53万亩。主要建设内容：衬砌渠道12.91公里，渠系建筑物233座，其中农桥208座，涵洞5处，进水闸和节制闸6座，渡槽8座，输水管道0.13公里。4、高标准农田建设示范工程计划投资2949万元，其中财政资金2602万元（中央1735万元、省级780万元、州级16万元、县级71万元），建设面积2.3万亩。主要建设内容：衬砌渠道34.67公里，建渠系建筑物216座，改良土壤0.35万亩，购置农业机械8台套，建田间道路35.35公里，其中硬化干道2.2公里，支路33.15公里，技术培训9000人次，示范推广0.7万亩。二是产业化经营项目：全年全州计划总投资2573万元，其中财政资金890万元（中央610万元，省级257万元，州级6万元，县级17万元），企业自筹资金1683万元。计划实施产业化经营财政补助项目5个：盈江县5000亩澳洲坚果种植基地新建项目（重点产业化项目）、潞西市2万吨遮放贡米精米加工改建项目（重点产业化项目）、潞西市1000吨水牛奶加工扩建项目（一般产业化项目）、潞西市1500吨CTC红碎茶加工新建项目（一般产业化项目）、瑞丽市1万吨傣福来生态米加工新建项目（一般产业化项目）；先建后补项目2个：潞西市年出栏500头肉牛养殖基地新建项目、潞西市优质肉羊新式养殖模式示范推广项目；银行贷款中央财政贴息项目5个：潞西市3000吨速溶咖啡纯粉加工项目、潞西市经济林果种植及基础配套设施建设项目、潞西市无公害有机茶产业化出口加工项目、瑞丽市综合农贸市场改扩建项目、瑞丽市糖料生产基地建设项目。

【项目工程实施进度】 2010年，德宏州各县、市开发办接项目计划批复后，及时、认真地完成项目初步设计及实施方案的编制、项目工程建设招投标等工作。截至年末，全州完成投资4431万元，其中土地治理项目完成投资3348万元。1、改造中低产田面积完成1.45万亩，完成投资1702万元。主要建设内容：建拦河坝1座，衬砌渠道20.97公里，渠系建筑物185座，改良土壤0.05万亩，建机耕路12.5公里，购农业机械16台，举办农业技术培训7250人次，购仪器设备13台，示范推广0.91万亩。2、农业生态综合治理项目完成投资451万元，治理面积完成0.5万亩，完成造林0.06万亩。3、高标准农田建设示范工程完成投资1195万元，建设面积完成0.8万亩。主要建设内容完成：衬砌渠道16.97公里，建渠系建筑物108座，改良土壤0.1万亩，建田间道路19.25公里，技术培训4000人次，示范推广0.6万亩。产业化经营项目完成总投资1083万元。

【项目及资金管理】 2010年，德宏州农业综合开发办为保证资金的安全运行和有效使用，认真按照国家农业综合开发项目资金管理的要求，严格执行《国家农业综合开发项目和资金管理暂行办法》，积极抓好全州农业综合开发的资金运行管理、项目实施管理、工程质量监督管理、财务管理、报账制实施管理等各项工作。一是农业综合开发项目资金实行封闭运行、专户管理、专款专用，切实加强全州农业综合开发的项目资金管理工作；二是工程建设全面实行面向社会公开招标制，按规范的程序优选施工队；三是全面推行项目工程监理制。由州开发办统一委托云南城兴建设监理有限公司对瑞丽市、畹町开发区、盈江县和梁河县农业综合开发项目工程的施工建设进行工程监理，委托云南建安水电工程建设监理有限公司对潞西市农业综合开发项目工程的施工建设进行工程监理，委托宜昌三大工程建设监理公司对陇川县农业综合开发项目工程的施工建设进行工程监理，确保工程建设质量。

【申报开发项目】 2010年，德宏州农业综合开发办按照云南省申报下年度农业综合开发项目的通知要求，结合德宏农业产业发展规划，组织各县、市认真进行调研，并组织专家组对各县、市上报的项目进行评估论证。按照省开发办限定的个数，全州向省开发办申报47个竞争类开发项目，其中土地治理项目23个（中低产田改造项目7个、生态治理项目2个、高标准农田建设示范工程项目2个、省级科技示范项目12个）；产业化经营项目24个（龙头企业财政补助项目8个，农民专业合作社财政补助项目8个，银行贷款中央财政贴息项目8个）。

（《农业综合开发》撰稿　杨恩才）

扶贫开发

【扶贫投入】 2010年，德宏州累计安排各类扶贫资金26401.5万元。其中：扶贫部门直接投入18122.5万元（财政专项扶贫资金7622.5万元，信贷资金10500万元），其他部门实施扶贫项目投入8279万元。扶贫资金主要用于贫困乡村的水、电、路等基础设施建设，产业扶贫、易地搬迁、安居工程建设、劳动力培训转移及扶贫救灾、防灾、减灾项目等，扶贫投入的不断加大，为贫困地区经济社会发展注入了活力。全年全州脱贫3.6万人，贫困程度进一步得到缓解，扶贫开发工作取得了明显成效。

【整村推进】 2010年，德宏州安排实施整村推进200个贫困村，投入财政扶贫资金4304.5万元。本着“缺什么补什么”的原则，突出抓好基础设施建设、产业开发、社会公益事业及农民技能培训等重点工作。其中：修建道路64.81公里，人畜饮水工程建设架设管道13.8公里，安居房建设164户；发展经济林果及作物20501亩，养殖牛、猪、羊等9943头只；修建党员活动室、文化活动室62个7533平方米；培训农民6920人次。通过项目实施，为农民增收、改善生产生活条件、进一步推进脱贫进程做出了贡献。

【扶贫开发试点】 2010年，德宏州扶贫开发办主要开展4项扶贫试点工作。一是组织实施梁河县九保阿昌族乡整乡推进试点1个，规划总投资5724万元。其中：省级财政扶贫资金600万元，州级配套财政资金210万元，县级配套财政资金120万元，部门整合及群众自筹4794万元。项目分2个年度实施，2010年12月底以前实施完成。二是以县为单位集中连片开发试点工作。组织申报梁河县“县为单位资金整合整村推进连片开发”项目，规划总投资7842.42万元。其中：中央财政扶贫资金1200万元，州级财政配套资金200万元，县级财政配套资金100万元，部门整合资金3736.96万元，其它扶贫资金255万元，信贷资金1000万元，农户自筹1350.46万元。项目年底启动，实施年限3年。三是互助资金试点。年内，瑞丽市被列为省级贫困村互助资金项目试点工作县，投入资金100万元。项目覆盖4个乡镇、9个行政村、10个村民小组、1241户、5162人。四是开展扶贫开发与农村低保两项制度有效衔接试点工作。为全面推进"两项制度"的有效衔接，安排300万元资金，在梁河县开展2项制度试点工作。

【劳动力转移培训】 2010年，德宏州扶贫部门围绕省委省政府实施农村劳动力转移就业特别行动计划，突出抓好农村贫困劳动力竞争性技能培训，努力确保实现"培训一人、就业一人、脱贫一人、带动一村、影响一方"的目标。年内，启动实施6600人的劳动力转移培训工作。其中：引导性培训在梁河县实施4500人，投入财政扶贫资金90万元；3个技能培训示范基地2100人的劳动力转移培训，投入168万元。全年全州完成培训6600人，占计划数的100%，转移就业5545人，转移就业率为92%。

【信贷与产业扶贫】 2010年，德宏州发放到户小额信贷扶贫资金8500万元，扶持发展粮食作物13810亩、经济作物78637亩、经济林果10468亩；养殖大牲畜13222头，家禽5576只，水产品15800千克；扶持发展73个加工厂等。全年总收入达2054万元，比上年增收487万元，受益农户7116户、31523人，受益农户人均纯收入和人均粮食增10%以上。扶贫到户贷款有效缓解了贫困农户贷款难、发展难、增收难的问题，促进了农村经济的发展。产业开发成效明显。一是加大投入，努力培育脱贫支柱产业。紧紧围绕德宏州农村产业发展规划和重点，充分利用贫困乡村的自然资源、人力资源优势，重点培育群众易接受，市场前景好的产业。全年投入500万元产业扶持资金，对茶叶、坚果、油茶、蔬菜、葛根等种植和猪、牛养殖进行扶持。二是以扶贫贴息贷款为支撑，抓好扶贫龙头企业辐射扶持贫困农户工作。年内，争取到扶贫贴息贷款指标2000万元，获得扶贫贴息贷款的企业充分利用资金、技术、信息、市场和管理优势，采取公司+基地+农户的模式，有效地带动贫困农户增收，促进了贫困地区经济的发展。

【安居工程与易地搬迁】 2010年，德宏州安居工程和易地搬迁工作突出抓好工程质量和配套温饱措施，确保300户贫困户在春节前入住新居。易地搬迁在认真做好上年度1090户、4440人安置工作的同时，启动年内274户、1150人的易地扶贫安置任务。项目正在有序推进。

【定点扶贫】 2010年，德宏州扶贫办继续坚持党政机关定点帮扶工作，坚持以农民增收为中心，以改善基础设施为重点，以提高农民素质为基本途径，同时与新农村建设和禁毒防艾、基层党建工作有机结合。全州组织365个单位，抽调干部1037人组织成工作队，深入365个贫困村开展帮扶工作。据统计，年内各级各部门帮扶投入1588.7万元，协调引进资金3265万元，实施254个定点扶贫项目，受益人数94056人，举办各类培训1543期，培训89522人次，修缮校舍56所，资助学生1771人，组织劳务输出11140人，引进人材58人，党员结对帮扶2393户6386人。中央、省、州、县市帮扶单位多年来凭着高度的责任感和事业心，一如既往支持扶贫开发工作，广泛开展定点帮扶和扶贫济困活动，为贫困地区做了大量的好事、实事。

【扶贫资金监管】 2010年，德宏州扶贫办认真做好扶贫资金监管专项治理工作。一是对扶贫资金管理情况进行自检自查，着力推进扶贫项目廉政承诺制、贫困群众廉政评议制、贫困群众廉政评议员制三项制度；二是认真开展扶贫项目年度绩效考评；三是会同财政、审计、监察部门开展专项检查。通过检查考评，全州扶贫资金项目严格执行各级《财政扶贫资金管理办法》，没有随意调整、变更项目建设内容和规模的行为，对个别需要调整的具体项目及时完善报批手续，项目建设操作规范，未发现违规使用扶贫资金的现象。

【机构改革】 2010年3月，德宏州扶贫办公室根据《中共德宏州人民政府机构改革实施意见》的通知（德办发［2010］43号）文件精神，从州政府议事协调机构改为德宏州人民政府工作部门（正处级）。改革后州扶贫办的职责调整为：取消的职能。一是组织选报热区开发项目，管好、用好热区开发资金，积极开发热区资源；二是组织全州茶叶生产。增加的职能。联系、协调、指导和监督外援扶贫项目和有关扶贫的对外交流与合作。其主要职责是：一、拟定扶贫开发战略规划和政策并组织实施；二、承担扶贫资金管理的责任；三、负责制定贫困地区和贫困群众生产生活条件改善、产业建设、素质提高、灾后扶贫、贫困乡村和片区的整体推进及综合开发、边境及民族等特殊群体的区域扶贫项目规划与年度项目计划，并组织实施和监督管理；四、负责统筹、协调信贷扶贫工作，引导、扶持扶贫龙头企业，促进贫困地区产业发展；五、负责易地扶贫开发工作，组织、指导财政扶贫资金安排的贫困地区劳动力转移培训；六、组织、动员社会各界广泛参与扶贫开发工作，负责协调中央、省国家机关企事业单位定点扶贫工作，负责指导、协调和管理州级机关企事业单位、驻德宏部队定点扶贫工作，促进贫困地区社会事业发展，负责联系、协调外资扶贫项目，组织开展对外交流与合作；七、承办德宏州人民政府交办的其他事项。改革后扶贫办公室设综合科、项目管理科、信贷扶贫开发科、易地扶贫科、社会扶贫科5个内设机构，属正科级。编制人员暂定12名（工勤人员2名），其中主任1名（正处级）、副主任2名（副处级）、科级领导职数6名。通过机构改革，进一步理顺了关系，强化了职能，明确了职责，为德宏州新农村建设、建设小康社会、构建和谐社会、建设生态文明发挥重要的作用。

（《扶贫开发》撰稿　余祖凡）

农经管理与服务

【农民负担监督管理】 2010年，德宏州各级减负部门按照“深化改革，加强监督，防止反弹”的指导思想，积极稳妥推进农民负担监督管理，坚持和完善“谁主管、谁负责”的专项治理部门责任制，在全州范围内加强监管，认真落实“五项制度”，开展专项治理和综合治理，确保强农惠农资金落实到位，促进农村公益事业健康发展，建全制度，规范管理，不断完善减轻农民负担工作机制，自觉接受群众监督。全年全州开展减轻农民负担监督执法检查69次，其中州级5次，县市级64次。全州没有出现因农民负担过重而引发的群体性事件和恶性案件。

（杨惠萍）

【农村土地承包合同管理】 2010年，德宏州各级农经部门进一步加强农村土地承包合同管理工作。全年全州签订家庭承包合同184209份，颁发土地承包经营权证184078份；完成芒市土地承包经营权证补换发工作，向农户发放新的证书60435份。认真落实农业部《农村土地承包经营权流转管理办法》，坚持“依法、自愿、有偿”的原则，积极引导和鼓励农村土地承包经营权合理流转，维护农民土地承包经营权流转的主体地位和自主权。全州土地流转户数19950户，流转人口数73065人，流转面积124199亩，其中转包25321亩，转让10780亩，互换544亩，出租74786亩，股份合作100亩，其它方式12668亩。家庭承包耕地流转去向：流转入农户的面积86713亩；流转入专业合作社的面积6145亩；流转入企业的面积11740亩；流转入其他主体的面积19601亩。流转服务情况：农户间自发流转的面积107644亩；乡村组织提供信息流转的面积8344亩；委托乡村组织流转的面积8211亩。年内进一步加强农村土地承包纠纷的调处力度，应用信访调解、政策解释等多种手段解决纠纷，进一步加快农村土地承包纠纷调处新机制的步伐。全州调解农业承包合同纠纷112件，其中土地承包纠纷105件，土地流转纠纷7件。

（徐品飞）

【农村集体资产和财务管理】 2010年，德宏州各级农经部门继续巩固村组财务公开民主管理制度，严格公开程序，规范公开方式，完善公开内容。全州已实行农村财务公开的村委会336个，公开率为100%，村民小组3808个，公开率为99%。认真开展村级财务审计工作，全年开展村组财务审计单位4000个，其中审计金额24784万元，村干部任期和离任审计431个；审计出违纪单位4个，违纪金额21.4万元；查处贪污案件4件，贪污金额22万元；退赔0.4万元，受处分4人。积极创新机制，规范运作程序，强化民主监督，健全工作机构，完善管理制度，稳步推行村级会计委托代理服务规范化建设，进一步加强村组“三资”管理。全州成立领导机构57个，召开村级会计委托代理服务工作会议160次，出台工作意见7个，制定工作实施方案48个。全州落实工作经费78.07万元，举办各类培训班176期、6341人次，完成村级财务清理的乡镇37个、村委会359个、村民小组3971个，占应完成数的72.55%、99.2%、92.3%；签订委托协议的乡镇46个、村委会294个、村民小组3041个；开展委托代理服务工作的乡镇46个；实行会计电算化的乡镇24个，配备设备15套。全州累计代管集体资金12596万元，代管集体资产28918万元，代管集体资源2576万元。

（曹　英）

【发展农民专业合作组织】 2010年，德宏州各级农经部门进一步加大对《农民专业合作社法》和发展农民专业合作组织政策的贯彻落实和学习、宣传、培训工作力度，重点做好农业部农民专业合作组织统计监测分析，做好上年省级财政扶持农民专业合作组织发展项目的管理和年内项目的申报，以及农民专业合作组织创建、规范化发展的指导服务等工作，切实加强对全州发展农民专业合作组织的指导和管理。全年全州依法登记注册的农民专业合作组织有317个，其中专业合作社265个，各类专业协会52个；成员25165人，其中专业合作社成员18569人，专业协会成员6596人，带动非成员农户75787户。全州统一组织销售农产品总值13765.4万元，统一组织购买农业生产投入品总值5787.98万元，培训成员和农民84857人次，拥有注册商标专业合作社14个，通过农产品质量认证的专业合作社8个。通过项目的申报，争取到各级财政扶持农民专业合作社项目11个，扶持资金127万元，其中获中央财政扶持8个，扶持资金105万元，省级扶持3个，扶持资金22万元。

（王　涛）

【村容村貌整治】 2010年，德宏州农业部门按照“生产发展、生活宽裕、乡风文明、村容整洁、管理民主”的总体要求，完成省级财政扶持的村容村貌整治项目12个，扶持资金120万元；完成主路水泥路硬化27193.93平方米，主路弹石路硬化15164.5平方米，支路硬化6034.27平方米，排水沟支砌2476.51立方米，文化活动室1个。通过村容村貌的整治，农村项目建设成效明显，改变了项目建设村脏、乱、差的面貌，达到预期的效果。

（郭丽娟）

【农村集体经济】 2010年，德宏州农业部门认真贯彻落实省委8号文件精神，积极探索发展壮大农村集体经济的有效途径，增强集体经济的服务功能，加强调研，制定政策措施，做好项目申报和项目管理。全年全州争取到省级财政扶持农村集体经济发展项目7个，争取到扶持资金70万元，有力推动全州农村集体经济的发展壮大，确保了基层组织的正常运转。

（曹　英）

【农村公益事业建设“一事一议”财政奖补试点】 2010年，德宏州各级农业部门根据省、州村级公益事业建设“一事一议”财政奖补试点工作的安排部署，抓住机遇，科学谋划，精心组织，规范运作，配合财政部门扎实推进村级公益事业“一事一议”财政奖补试点工作的开展。年内，全州组织实施村级公益事业建设“一事一议”财政奖补试点项目363个，项目覆盖363个自然村，受益村民12.08万人；项目总投资13834.83万元，其中村民筹资256.26万元，村民捐资899.43万元，村民以物折资244.77万元，村集体投入3391.99万元，村民投工投劳40.72万个，村民以工折资883.95万元，社会捐赠赞助683.81万元，整合其他财政资金2809.81，申请财政奖补资金4665万元。

（王　涛）

【粮食补贴政策】 2010年，德宏州农业部门认真落实粮食补贴政策，其主要补贴如下：全州完成对种粮农民直接补贴面积93.96万亩，补贴资金909.18万元，受益农户130018户，受益农民568496人；良种补贴面积207.04万亩，补贴资金2208.46万元，受益农户196063户，受益农民851085人；农业生产资料增支综合补贴面积160.92万亩，补贴资金6716.36万元，受益农户196149户，受益农民857999人；油菜良种补贴面积11.99万亩，补贴资金52.04万元，受益农户76854户，受益农民331989人。全州农业四项补贴资金达9886.04万元，人均110.94元；召开4项补贴工作会议13339次，参会人数达726388人次，印发简报126期，抽调工作队员6215人次。

【农村经济收益分配】 2010年，德宏州大小春粮豆播种面积201.94万亩，比上年增19.53万亩，增10.71%。全州粮豆总产59.91万吨，比上年增5.05万吨，增9.2%，其中小春粮豆种植面积42.62万亩，增2.39万亩，增5.94%，产量9.52万吨，与上年持平；大春粮豆种植面积159.32万亩，增17.14万亩，增12.06%，产量50.39万吨，增5.05万吨，增11.14%。全州人均生产粮食656千克，经过三者分配后，农民人均占有口粮375千克。全年全州农村经济总收入561546万元，比上年增101885万元，增22.17%，人均6180元，增1022元；农村经济总费用为266543万元，增51611万元，增24.02%；农民所得总额为305767万元，增52567万元，增20.76%，人均纯收入3365元，比上年的2841元增加524元，增18.44%。

（李　黎）

【"数字乡村"工程建设】　2010年，德宏州农业部门认真实施"数字乡村"工程建设，推进农业和农村信息化建设建设，并以乡（镇）为网站维护基点，积极做好村级基础信息更新与维护，加强各级网站的信息发布，全面保障网络平台正常运行，有力推进了全州农业和农村信息化进程。全年完成村级报表更新2381套，文本更新2155套，各级网站累计审核发布信息187825条，制作视频440个。

（革加宽）

种植业

【冬季农业开发】　2010年，德宏州完成冬季农业开发总面积101.28万亩，比上年增9.85万亩，增11%；实现农业产值（不含甘蔗）7.59亿元，比上年增1.48亿元，增24%。全州带动开发区农民72.22万人，开发区农民人均开发收入1051元，比上年增154元，增17%。

【粮食生产】　2010年，德宏州完成农作物播种面积363.29万亩，比上年增34.16万亩，增10.4%，其中粮食作物种植面积200.92万亩，总产60.30万吨，增5.47万吨，增10%；完成水稻种植面积89.86万亩，总产35.62万吨，其中完成优质稻57.32万亩，总产22.3万吨；完成玉米种植面积74.15万亩，总产18.55万吨；完成小麦种植面积11.85万亩，总产2.33万吨；完成豆类种植面积9.76万亩，总产0.71万吨；完成薯类种植面积14.67万亩，总产3.04万吨，其中马铃薯种植面积10.09万亩，总产2.33万吨。

【经济作物生产】　2010年，德宏州完成油料作物面积20.29万亩，总产1.46万吨；完成烟叶面积9.85万亩，总产1.26万吨；完成蔬菜面积18.96万亩，总产13.05万吨；完成瓜果类面积9.08万亩，总产10.88万吨；完成果园面积8.98万亩。

【农业技术推广】　2010年，德宏州完成杂交水稻播种面积53.91万亩；优质稻面积57.32万亩；再生稻面积1.13万亩；完成玉米种植面积74.15万亩，其中杂交玉米面积56.69万亩；完成玉米地膜覆盖面积25.42万亩；无公害蔬菜面积7.27万亩；完成秸杆还田面积80.94万亩，秸杆覆盖面积43.82万亩；完成化肥深施面积121.32万亩；配方深施面积160.30万亩，节水灌溉技术7.87万亩。

【病虫害防治】　2010年，德宏州农业部门完成农作物有害生物防治面积834.50万亩次，其中水稻病虫害防治180.92万亩次，小麦病虫害防治9.72万亩，玉米病虫害防治41.52万亩次，马铃薯病虫害防治13.99万亩次，油菜病虫害防治14.09万亩次，蔬菜病虫害防治28.54万亩次，其它经济作物病虫害防治305.71万亩次，有效控制了各种病虫害的发生，确保了农业增产增收。

（《种植业》撰稿　雷存娣）

特色产业

【特色产业发展】　2010年，德宏州特色产业发展稳步推进。全州完成竹子、咖啡、柠檬、坚果、油茶、核桃、番麻等"六树一草"种植51.7489万亩，占州级下达任务数45.5万亩的114%，其中竹子种植22.8847万亩，咖啡种植4.0962万亩，柠檬种植0.5679万亩，坚果种植3.2959万亩，油茶种植9.6597万亩，核桃种植10.8952万亩，番麻种植0.3492万亩；总面积达150.45万亩；新带动农户9万余户，实现农业总产值1.9043亿元。全州生物特色产业以原料基地开发种植为首的各项工作扎实、稳步推进，为"十二五"期间加快全州生物特色产业发展步伐打下了坚实基础。

【生产加工企业】　2010年，德宏州企业生产加工能力不断增强。截至年末，全州从事"六树一草"7个产业基地开发、生产加工、销售的企业有23户，规模以上的有10户，有生产线38条，实现销售收入7.9亿元，上缴利税2195万元。其中：从事竹产业企业13户，年产竹笋7.1万吨、年产竹筷760吨、年产竹板材5万立方米；从事咖啡产业企业1户，产品深加工生产能力0.3万吨；从事柠檬产业企业1户，生产能力10万吨；从事坚果产业企业3户，生产能力0.15万吨；从事油茶产业企业3户；从事核桃产业企业1户；从事番麻产业企业1户，生产能力0.4万吨。随着原料基地开发种植力度的加大，各项优惠措施的出台，以及"企业+基地+农户"模式的不断成长、成熟，州内、外企业发展特色产业的信心日益增加，企业生产加工能力、带动能力日益增强。

【市场开拓】 2010年，德宏州政府对特色产业进一步重视，改变过去单纯依靠销售原料受益的状况，部分产业产品深加工得到长足发展，市场开拓步伐得到快速发展。以后谷咖啡有限公司为代表的企业，在开拓国际市场方面取得了可喜成绩。1~10月，后谷咖啡有限公司完成出口销售收入2239万美元，并分别与日本、韩国相关咖啡企业签订1900万美元的出口合同。同时，坚果、柠檬等产品在开拓国际市场方面也取得新的突破，特色产业成为德宏州对外贸易的大宗商品之一。德宏已获得“中国咖啡之乡”的称号，并积极为打造“中国澳洲坚果之乡”品牌作充分准备。

【特色产业化发展迅速壮大】 2010年，德宏州以特色产业为主的农业产业化经营，涌现出后谷咖啡、迪思坚果、红瑞柠檬、遮放贡米等一批知名企业和产品品牌。截至年末，全州有农业产业化国家级重点龙头企业1家——德宏后谷咖啡有限公司；农业产业化省级重点龙头企业12家，其中特色产业龙头企业3家——云南红瑞柠檬开发有限、云南迪思企业集团坚果有限公司、潞西市遮放贡米有限责任公司；州级农业产业化重点扶持企业30家，其中特色产业龙头企业9家——德宏州宏天实业（集团）有限公司、云南红瑞柠檬开发有限公司、云南迪思企业实业集团坚果有限公司、陇川县集强麻竹产业公司、潞西市遮放贡米有限责任公司、潞西市柏林名特优水产养殖有限公司、云南海柯生物开发有限公司、德宏贵岚养殖有限公司、德宏祥祥乳业有限公司。全州拥有云南省著名商标达14件，其中特色产业2件，即：德宏州宏天实业（集团）有限公司“后谷”商标、潞西市粮油购销公司“遮放贡”商标。

（《特色产业》由办公室供稿）

（见“州情概览·农业”65页）

农　　机

【农业机械装备总量】 2010年，德宏州农机工作紧紧围绕“农业节本增效工程”，“粮食增产、农业增效、农民增收”的中心任务，抓住发展机遇，整合技术资源，拓宽服务领域，大力推进农业机械化装备的更新换代，不断提升农机化管理水平。截至年末，全州农业机械原值达87450.91万元，比上年增13831.53万元，增18.8%；农业机械总动力104453.08万瓦特，增5588.44万瓦特，增5.7%，其中柴油机动力88934.74万瓦特，增加5473.19万瓦特；汽油机动力1778.4万瓦特，减少191.23万瓦特；电动机动力13739.94万瓦特，增加306.48万瓦特。拖拉机总数达52373台，比上年增加3354台，增6.8%，其中大中型拖拉机达9495台，增加767台；小型拖拉机达42878台，增加2587台；耕整机达2798台，增加126台；农用运输机械达2703辆，减少230辆；农产品初加工动力机械12963台，减少222台；联合收获机械总数达到1377台，增加191台，增16.1%；农机具配套大中型拖拉机达5022部，增加402部，增8.7%；小型拖拉机达53690部，增加2531部，增4.9%；水稻插秧机24台，增加11台，增84.6%。

【农机化作业总量】 2010年，德宏州农机部门围绕冬季农业、大春生产、甘蔗生产、农业运输作业量的工作，农业机械化投入农田作业成效显著。截至年末，机耕面积达150.65万亩，比上年增8.0%；机收面积达39.33万亩，增12.5%，其中机收小麦面积5.36万亩，水稻机收面积53.94万亩；机械脱粒粮食数量26.23万吨，增24.5%；农机运输作业量达14960.11万吨公里，其中农业运输作业量12675.64万吨公里；机械植保面积150.59万亩；机械化秸秆还田面积59.99万亩；机械初加工农产品数量55.61万吨；水稻机插秧面积3203亩。农机跨区作业面积85687亩，其中机耕面积29184亩；机收面积56503亩，其中机收水稻48823亩，小麦7680亩。

【农机购置补贴】 2010年，根据《云南省农业厅、省财政厅关于印发云南省2010年农业机械购置补贴资金使用方案的通知》（云农（计财）字）〔2010〕67号），《云南省农业厅、云南省财政厅关于做好云南省2010年中央第二批农业机械购置补贴工作的通知》（云农计财〔2010〕213号）的文件精神，德宏州的潞西、梁河、盈江、陇川、瑞丽（畹町开发区）被列入中央财政农机购置补贴项目县。年内，省下达中央财政农机补贴配额资金1496万元，其中地方配额资金906万元，农垦系统配额资金40万元，第二批地方配额资金550万元。地方配额资金1456万元，农垦系统配额资金40万元。项目实际完成情况：全州农机补贴资金1472.653万元，受益农户3182户，补贴机具

3561台，其中县市分别为潞西市365.516万元，购置农机具755台（部），受益农户702户；梁河县129.998万元，购置农机具440台（部），受益农户427户；盈江县409.992万元，购置农机具879台（部），受益农户738户；陇川县299.769万元，购置农机具1044台（部），受益农户959户；瑞丽市（畹町）267.378万元，购置农机具443台（部），受益农户356户。按机具品目分类：25马力至80马力拖拉机233台，自走履带式谷物联合收割机（全喂入）96台，自走履带式谷物联合收割机（半喂入）6台，其他拖拉机1003台，耕整机（水田、旱田）628台，微耕机529台，铧式犁115台，旋耕机191台，碾米机58台，离心泵312台，机动喷雾喷粉机（含背负式、担架式、推车式）323台，履带式拖拉机19台，甘蔗收获机1台，茶叶机械（含修剪、杀青、加工、揉捻、炒（烘）13台，饲料粉碎机5台，手扶步进式水稻插秧机10台，挤奶机3台，储奶罐1台，起垄机5台，简易保鲜储藏设备10台。

【农机科技与技术推广】 2010年，德宏州农机部门根据农业部和省农业厅的部署和要求，继续推进水稻机械插秧工程项目。"东洋牌"PF455S型、"碧浪牌"水稻插秧机达24台，比上年增加11台，增长84.6%。水稻机械化插秧技术全面铺开，已成为农民使用的自觉行动。年内农民自己育秧、插秧面积达3203亩，其中潞西市2237亩、盈江县160亩、瑞丽市799亩。农业机械化新机具新技术步入新的起点，陇川农民与英茂集团公司购进1台4GZD-75型甘蔗收获机，成交价格56万元，国家补贴16.8万元。

【农机安全监理】 2010年，德宏州农机部门认真贯彻落实全省安全生产工作会议精神，以及州委、州政府安全生产文件精神，切实加强农机安全生产工作，为保增长、保民生、保稳定，实现德宏经济社会平稳较快发展提供安全保障。州农业局在4月28日召开的"全州农机工作暨农机购置补贴会议"上，局党组书记、局长宋雨发分别与各县市分管副局长签订"德宏州农业系统2010年农机安全生产责任书"，与州农机监理所所长签订"德宏州农业局2010年度农机安全生产管理责任书"；州农机监理所分别与各县市农机监理站签订农机安全生产责任书。截至10月底，全州累计签订农机安全生产责任书8164份。全年全州安全宣传活动出动人员2737人次，车辆658台次，深入乡（镇）村、集市364次，发放宣传资料99954份，张贴标语233条，受教育人数近82200人次；检验各类拖拉机9117台，其中收割机97台；审验拖拉机驾驶证129本。全州培训农机操作人员2435人次，拖拉机驾驶考试合格1399人，其中收割机驾驶人50人。农机监理步入现代装备检测的新起点，潞西市、梁河县、盈江县、陇川县配备5条拖拉机流动检测线，瑞丽市列入明年配置计划，州内在田间、场院未发生农机重大事故，确保了节日期间安全生产。

【农机经营情况】 截至2010年，德宏州农业机械化总投入7047.16万元，其中中央财政投入1496万元（农垦系统40万元）；地方财政投入681.57万元；农民个人投入4863.09万元；其它投入6.5万元。农机经营总收入达34322.97万元，比上年增加2894.78万元，增9.2%，其中农机户343210.8万元，增加2741.96万元，增8.7%。

【全省拖拉机流动检测线操作使用技术人员培训班"在德宏召开】 2010年6月1至2日，云南省拖拉机流动检测线操作使用技术人员培训班在德宏州芒市召开。云南省农业厅农机处副处长段晓辉、云南省农机安全监理总站站长龙云彪、副站长韩昌远、德宏州农业局调研员曹明发等70余人参加了培训会。培训邀请拖拉机流动检测线生产厂家的技术人员对检测线的结构、原理、使用和操作方法等内容进行讲授，并现场演示检测线使用操作方法。培训的主要内容：一是拖拉机流动检测线相关理论知识；二是拖拉机流动检测线的安装、调试；三是拖拉机流动检测线的技术操作和使用。德宏州有26人参加了培训。通过培训，参训人员基本掌握了拖拉机流动检测线操作使用的各项技术，进一步提升拖拉机检验水平和检验质量，促进农机安全生产。

（《农机》撰稿　蚌德启）

畜牧业

【云南省副省长李江到德宏调研畜牧业】 2010年5月16至17日，由云南省副省长李江带领的省政府调研组到德宏调研，并指导水牛产业发展工作。州委赵金书记、州政府板岩过副州长陪同调研。期间，调研组深入德宏祥祥乳业有限公司进行实地调研，详细了解水牛产业发展现状，调研指导水牛产业发展工作，并在德宏祥祥乳业有限公司会议室召开座谈会。通过实地调研，听取汇报后，省调研组对德宏州水牛产业发展取得的成绩给予充分肯定，李江副省长就加快德宏州水牛产业发展作出重要的指示。一是要有一个好的规划。进一步分析研究其可行性和可操作性，完善目标任务和保障措施，制定科学合理的发展规划；二是要有一个好的品牌。积极培育品牌，注重商标的登记注册，打响德宏水牛品牌；三是要有一个好的机制。对全州奶水牛业发展现状进一步调研，重点了解水牛奶加工、直销情况及发展机制问题，积极探索和建立各项机制。

【云南省副省长孔垂柱到德宏调研农业产业化】 2010年9月9至10日，云南省副省长孔垂柱在德宏州板副州长的陪同下，调研德宏农业产业化发展情况。期间，到芒市德宏州彩云琵琶食品有限公司调研，指导肉牛产业发展工作，先后深入肉牛养殖基地和牛肉制品加工厂详细了解基地建设情况和加工厂生产情况。副省长孔垂柱听取汇报后，对德宏州肉牛产业发展提出了要求，并作出指示。

【省农业厅调研组到德宏调研】 2010年10月20至23日，云南省农业厅副厅长、省畜牧兽医局局长寸强带领省农业厅兽医处欧茶海处长、草山饲料处徐祖林处长等一行4人，到德宏州调研水牛产业化发展工作。州政府板岩过副州长，韦德斌副秘书长，州畜牧兽医局局长谢波等陪同调研。调研组一行先后深入梁河县芒陇养牛专业合作社、九保畜牧兽医站、旭东养猪场，盈江县旧城兴发良种猪场、旧城宏发奶水牛养殖小区，陇川县景罕畜牧兽医站、章风镇弄贯天成水牛养殖场，瑞丽市龙宝生态养殖有限公司种猪场、弄岛喊等肉牛养殖示范村，芒市轩岗乡德宏州“百村万头”奶源工程拉哏水牛养殖小区，德宏州彩云琵琶食品有限公司牛肉加工厂、肉牛养殖场等地开展调研。调研组详细询问和了解畜禽养殖情况和畜牧业发展情况，特别注重对德宏水牛产业化发展和动物疫病防控进行深入调研。副州长板岩过向调研组汇报了德宏州水牛产业化发展的现状，并强调州政府决定把德宏水牛产业作为“十二五”规划中的亮点工程来抓，在中央和省的支持下，按照全州一盘棋的思想，把德宏水牛产业做成大产业，惠及全州各族人民，并请省厅对德宏水牛产业化发展和州、县、乡、村四级动物防疫体系建设给予重点支持。调研组认为：德宏州水牛产业化发展，州、县、乡党委、政府高度重视，德宏水牛品种资源好，饲草饲料资源丰富，特别是蔗稍、玉米秸秆等优质饲料量大质优，又有较全的州、县、乡、村四级技术服务体系，德宏已具备把水牛产业做成特色大产业的条件，省农业厅将会一如既往的支持德宏州大力发展水牛产业化和动物防疫体系建设。

【组织领导】 2010年，德宏州加强对畜牧产业发展的领导，保障畜牧产业平稳较快的发展。年内，出台《中共德宏州委德宏州人民政府关于加快发展农业特色产业的实施意见》（德发〔2010〕28）和《德宏州人民政府关于实施“百村万头”奶水牛养殖小区场建设的意见》（德政发〔2010〕187号），加大对德宏水牛产业化开发的力度。州政府继续与各县市政府签订《德宏州重大动物疫病防控责任书》和《德宏州畜牧产业发展责任书》，明确目标，细化措施，强化责任，加强管理，为全州畜牧业健康发展提供了保障。州畜牧局制定年度工作计划，细化各县市（区）目标任务，加强督促检查，进一步明确了责任，加强了指导。

【畜牧业发展资金】 2010年，德宏州及各县市（区）畜牧兽医部门积极争取项目扶持，以项目促发展，进一步加大畜牧业发展资金的投入。据不完全统计，全年全州争取各级财政项目资金3625.87万元，其中中央资金2023万元，省级资金547.81万元，州级资金407万元，县市级资金648.06万元。中央资金主要包括：年内中央现代农业生产发展项目牛产业项目1000万元，其中潞西、陇川各500万元；德宏州动物防疫检疫设施建设项目200万元；生猪标准化规模养殖小区建设项目300万元；奶牛标准化规模养殖场（小区）建设项目150万元；中央自然灾害生活补助及抗旱救灾资金60万元；中央基层动物防疫工作补助经费64.32万元；中央基层动物防疫工作补助经费79.84万元；能繁母猪和奶牛保险保费补助资金168.84万元。省级资金包括：年内优质畜产品基地建设等畜牧专项资金180万元；省级动物疫病防治专项事业经费71万元；省级重大动物疫病强制免疫应激反应补助经费及工作经费75万元；畜产品质量安全体系和动物标示及疫病可追溯体系建设经费20万元；现代农业产业技术体系建设资金45万元；云南奶业发展专项资金10万元；能繁母猪和奶牛保险保费补助资金93.51万元；重大动物疫病扑杀补助经费11.3万元；生猪（奶牛）贷款担保财政补贴资金17万元；畜禽标准化养殖扶持资金25万元。州级资金包括：畜牧产业发展贷款贴息资金100万元；“百村万头”奶水牛养殖小区建设补助经费125万元；畜牧产业发展工作经费33万元；重大动物疫病防控工作经费30万元；乡镇畜牧兽医站基础设施建设补助经费60万元；畜牧产业发展和重大动物疫病防控责任制考核奖励经费20万元；水牛改良工作经费10万元；直属州动物疫病预防控制中心、州畜牧站、州动物卫生监督所畜牧兽医技术推广、监测经费29万元。

【落实惠农政策】 2010年，德宏州各级畜牧兽医部门采取有力措施，认真落实国家强农惠农政策，实施好能繁母猪保险保费补贴、奶牛良种补贴、重大动物疫病疫苗资金补助、基层动物防疫补助等政策，推动畜牧业的快速发展。一是国家能繁母猪政策性保险政策继续实施。全年全州实际参保数为51753头，各级财政补贴资金248.41万元；出险立案4653头，出险率9%，赔付保险赔款391.61万元。二是落实强制免疫补助政策。中央、省用于重大动物疫病强制免疫疫苗补助经费600万元，其中中央80%，省20%。三是落实奶牛良种补贴政策。中央用于奶牛良种补贴经费24万元。四是落实中央基层动物防疫补助114.16万元。

【规模养殖】 2010年，德宏州各级畜牧兽医部门以实施国家扶持的奶牛标准化规模养殖场（小区）、生猪标准化规模养殖场（小区）、国家现代农业生猪、肉牛养殖项目、“百村万头”奶水牛养殖小区（场）建设工程、正大一条龙肉鸡养殖、羊舍饲圈养等一大批项目为重点，在州县畜牧产业发展贷款贴息资金的推动下，积极扶持畜禽规模养殖发展，努力推进畜牧业生产方式转变，提高养殖效益，促进农民增收，推动新农村建设的步伐。全年全州畜禽规模养殖场（小区）1597户，其中年出栏肉猪50头以上的养殖场（小区）706户，比上年增71户、增11.2%，出栏肉猪10.06万头，占全州出栏量的15.5%；年出栏肉牛10头以上的养殖场（小区）342户，增62户、增22.1%，出栏肉牛1.6万头，占全州出栏量的23.9%；年出栏肉羊30只以上的养殖场（小区）349户，增44户、增14.4%，出栏肉羊2.46万只，占全州肉羊出栏量的49.9%；年出栏肉鸡2000只以上的养殖场（小区）188户，增2户、增1%，出栏肉鸡231.05万只，占全州肉鸡出栏478.92万只的48.2%。年存栏蛋鸡2000只以上的养殖场（小区）12户，增1户、增8.3%，鸡蛋产量1200吨，占全州鸡蛋产量3506吨的34.2%。畜牧业生产方式的逐步转变，规模养殖场（小区）建设的不断发展，其“四位一体”的功能日趋凸显（即：规模养殖场，具有肉蛋奶生产、秸秆蔗稍转化、有机粪肥料生产、标准化养殖示范的功能），千家万户传统的分散养殖方式逐步向现代畜牧业生产方式转变，为农村经济发展，建设社会主义新农村起到了积极的促进作用。

【畜牧龙头企业和养殖协会】 2010年，德宏州各级党委、政府加大扶持力度，采取有力措施，畜牧龙头企业和养殖协会（合作社）不断发展。一是有德宏州祥祥乳业等乳制品加工企业投资开发水牛奶加工业。全年加工处理生鲜乳1070吨，其中水牛奶366吨，黑白花乳704吨，比上年减595吨、减35.7%，实现销售收入819.6万元，减360.4万元、减30.5%；有芒市彩云琵琶、盈瑞、泰华、金纯，瑞丽的孔府、傣旺、傣香等水牛肉精深加工企业11个，莫家、郗家等传统牛肉制品企业（户）12个，全年精深加工牛肉制品1525吨、产值10128万元，分别比上年增805吨和5790万元，分别增111.8%和133.5%；有芒市圣丰公司、瑞丽市龙宝公司等多家企业投资种猪饲养、仔猪销售、商品猪养殖等。二是全州有各类养殖协会（合作社）68个，会员（社员）1669人，其中养猪协会（合作社）32个、622人，水牛协会（合作社）26个、752人，其他协会（合作社）10个、295人。规模养殖、协会、企业的不断发展，推动全州“公司+基地”、“公司+农户”、“公司+基地（协会）+农户”的畜牧产业化发展雏形的形成，并呈现出良性发展的趋势。

【动物防疫】 2010年，德宏州畜牧兽医部门按照“加强领导、密切配合，依靠科学、依法防治，群防群治、果断处置”的防控方针，认真落实国家、省、州重大动物疫病防控工作精神和要求，切实抓好动物疫病防控工作，全年无重大动物疫情发生。一是免疫工作扎实推进。按照“政府部门保免疫密度，业务部门保免疫质量”和“分片包干、集中免疫、整村推进”的工作要求，全年全州免疫重大动物疫病1667.96万头（只、羽），比上年多免疫128.35万头（只、羽），增7.5%，应免畜禽免疫密度达100%，群体免疫密度常年达90%，其中高致病性禽流感（H5N1）672.58万羽，比上年多免100.68万羽；口蹄疫175.64万头（只），免疫反应11536头（只），反应死亡440头，其中猪422头、牛18头、羊2只；猪瘟121.37万头，免疫反应3265头，反应死亡192头；高致病性猪蓝耳病122.55万头，免疫反应7118头，反应死亡255头；鸡新城疫575.82万羽，比上年多免48.78万羽。同时，各县（市、区）还结合动物疫病防控的实际，有针对性的开展了下列动物疫病免疫工作。狂犬病3.1万只，扑杀犬1876只；猪肺疫41.49万头；猪伪狂犬病1.28万头；仔猪副伤寒5.45万头；牛出败18.92万头，免疫反应475头，反应死亡2头；牛气肿疽5.1万头。二是加强免疫效果监测，确保免疫质量。全年全州开展高致病性禽流感、牲畜口蹄疫、鸡新城疫、猪瘟等免疫效果监测9138头（只、羽），免疫合格6843头（只、羽），总免疫合格率74.89%。其中：高致病性禽流感免疫抗体共监测禽2632羽，免疫合格1986羽，免疫合格率为75.5%。牲畜口蹄疫免疫抗体监测偶蹄动物3102头（只），免疫合格2349头（只），免疫合格率为75.73%，其中猪1218头，免疫合格869头，免疫合格率为71.13%；牛1300头，免疫合格1057头，免疫合格率为81.3%；羊584只，合格423只，合格率为72.4%。猪瘟免疫抗体监测772头，免疫合格546头，免疫合格率为70.7%。鸡新城疫免疫抗体监测2632羽，免疫合格1962羽，免疫合格率为74.5%。三是加强动物疫病病原学监测和动物疫情监测，切实开展高致病性禽流感、牲畜口蹄疫、猪瘟、高致病性猪蓝耳病、狂犬病、猪圆环病毒、奶牛（奶水牛）结核等病原学监测，共采样5240份。对蓝舌病、布病、猪伪狂犬病等开展动物疫情监测，共采集样本7685头（只）份，重点是规模养殖场和部分散养户，为全州动物疫病防控及时提供预警信息。四是开展畜禽驱虫和消毒灭源工作。全州驱畜禽寄生虫354.59万头（只、羽），投入消毒药47.3吨，实施畜禽厩舍、畜禽交易市场、屠宰场等消毒209.49万平方米。五是开展畜禽死亡率调查。在全州五县（市）11个乡（镇）、23个行政村、490户养殖户开展畜禽死亡调查，调查畜禽15140头（只、羽），其中猪总死亡率2.1%，牛总死亡率0.27%，羊总死亡率0.7%，禽总死亡率4.9%，低于省下达的死亡率控制线。

【动物卫生执法监管】 2010年，德宏州各级畜牧兽医部门按照“全程监管、重点监控、及时处置”的原则，以专项整治活动为重点，加大畜牧兽医行政执法监管力度，依法严厉打击畜产品生产过程中的违法违规行为。全年开展执法活动1100次，比上年增9.1%，出动执法人员4130人次，执法车辆819辆次，处理违法行为40次，处理违法案件4次，查获过期、不合格兽药、饲料、病害畜产品货值10.2万元。年内，州各级畜牧兽医部门做了如下执法监管工作：一是检查各类生产经营场所3078户次，其中检查兽药经营户614户次，检查饲料及饲料添加剂生产经营户1075户次，检查动物定点屠宰场（点）148场次，检查规模养殖场734场次，检查活畜（禽）交易市场262场次，检查肉类市场245场次，检查疫苗经营8户次，并对查获的不合格、违法产品全部按有关规定进行无害化处理。二是强化措施，努力推进动物产地检疫工作。全州设置动物产地检疫申报点53个。全州6个县（市、区）、50个乡镇、364个村全部开展猪、牛、禽的产地检疫，开展面为100%；6个县市区、41个乡镇、247个村开展羊产地检疫工作，开展面分别为82%、67%，比上年有较大的提高。全州有规模养殖场541个，其中猪规模养殖场273个，牛规模养殖场118个，羊规模养殖场15个，禽类养殖场135个，全部开展产地检疫，规模养殖场产地检疫率为100%；农村散养户产地检疫率达到76%。三是强化动物定点屠宰场点的宰前宰后检疫工作，确保上市畜产品的安全。全州有动物定点屠宰场（点）82个，其中有生猪定点屠宰场（点）48个，牛羊定点屠宰场（点）16个，禽类定点屠宰点18个，全部由动物卫生监督机构进行检疫，检疫率达100%。四是加强交易市场的监督管理工作。全州有交易场所126个，其中经营场所111个，仓储场所7个，加工场所8个，全部纳入监管。全年监督检查动物192.5416万头（只），其中畜类监督检查28.5631万头（只），禽类163.9785万只；检查动物产品34200.51吨。五是加强兽药、饲料、畜产品及生鲜乳的监管，确保畜产品质量安全。全年全州检查饲料生产、经营企业、兽药经营企业（户）、生鲜乳收购站1699户次，其中有饲料生产企业36户、饲料经营户284户、兽药经营户208户，2个生鲜乳收购站，合计530户，平均每户检查3.2户次，检查覆盖率达100%。六是做好饲料安全抽检及畜产品兽药残留监测，强化监管，维护畜产品安全。1、配合农业部畜产品质量安全监督检验测试中心（成都）完成畜产品抽样工作，对芒市地区2个屠宰场、3个农贸市场、1个超市进行畜禽及畜产品抽样，抽猪肝、猪尿、猪肉、牛肉、禽肉、鸡蛋、羊肉7个品种，33个批次进行检测，检测结果显示，全州抽检的样品检测指标全部合格，没有抗菌素、违禁药品超标的现象，畜产品检测合格率达100%。2、完成省农业厅安排德宏州饲料样品抽样、饲料标签抽查等检测检查工作。全州抽饲料样品40个、猪尿检测200头份、饲料标签抽查100个，经检测40个饲料批次，合格34批次，不合格6批次，合格率85%；抽取100个饲料标签，合格标签98个，合格率96%。3、在全州16个屠宰场及18个规模养猪场开展盐酸克伦特罗快速检测，检测猪尿200头份，未发现残留盐酸克伦特罗。

【兽医资格考试和培训】 2010年，德宏州畜牧兽医部门进一步加强干部队伍建设，积极参加全国执业兽医资格考试工作，组织举办乡村兽医技能培训班。全年全州有207人报名参加全国执业兽医资格考试，符合报名资格条件有196人，设置7个考场，实际参加考试考生183人。经国家阅卷评分认定，全州取得执业兽医师资格4人，执业助理兽医师资格18人，并获农业部执业兽医师、助理执业兽医师资格证书。全年组织基层村级动物防疫员开展乡村兽医技能培训2期，培训村防疫员321人次。

【畜牧技术推广及培训】 2010年，德宏州各级畜牧兽医部门努力加强畜牧兽医科技推广工作，畜牧业生产水平不断提高。一是继续加大品种改良工作力度。全州完成猪杂交改良配种68232窝，比上年增2.5%，其中本交48622窝，人工授精19610窝，产仔猪52.47万头，仔猪自给率39.6%；积极组织实施国家奶水牛良种补贴项目，全州水牛改良配种13080头，增2.6%；完成黄牛改良2351头，增39.7%；完成山羊改良5963只，推广良种禽381.19万羽，增16.47%。二是加大畜牧兽医科技培训力度，人工种草和青贮饲料工作稳步推进。全州新增人工种草面积5.31万亩，其中农田种草2.43万亩，比上年增16.1%；全州推广青贮饲料52924吨，增25.5%。举办各类技术培训班280期，培训人员23508人次。

【科技成果和技术职称】 2010年，德宏州各级畜牧兽医部门认真做好科技成果推荐和技术职称评定，促进畜牧业科学发展水平。一是认真做好年内省贴和德宏州第二届“突出贡献奖”推荐工作。有1人享受省政府特殊津贴，2人通过德宏州“突出贡献奖”公示，待奖励。二是推荐申报上年省农业技术推广奖3项，获奖3项，其中二等奖1项，三等奖2项；推荐申报州政府科学技术奖6项，获奖5项，其中一等奖1项，三等奖4项。三是受理申报专业技术职称32人，认定32人，其中副高级技术职称13人，中级技术职称15人，初级职称4人。四是抓好畜牧兽医工作资料的收集、整理和编印工作。编印《德宏州畜牧兽医资料汇编》2册，收集畜牧兽医专题文章24篇；与州政府研究室合作，在《德宏发展研究》刊物（2010年第3期）上发表畜牧兽医专题文章15篇。

【“百村万头”奶水牛养殖小区建设工程】 2010年，德宏州“百村万头”养殖场（小区）建设及德宏水牛地理标志证明商标登记工作，纳入州政府重点督查的20项重要工作之一。在上年建设完成并通过验收20个“百村万头”养殖场（小区）的基础上，州政府安排25个“百村万头”养殖场（小区）建设，已全部建设完成，并通过州级验收。同时，编制审定《德宏水牛品种标准》（草案），对德宏水牛的相关技术指标和内容提出参考指标；收集整理有关德宏水牛的相关史志、文献、专业技术文章等18篇，为申报工作提供佐证资料；与云南恒润商标代理公司签订《关于申请注册“德宏水牛”证明商标的代理合同》，申报的材料整理完毕，已向国家工商总局申报注册。

【成立州、县市（区）畜牧兽医综合执法机构】 2010年，德宏州畜牧兽医局根据《农业部关于全面加强农业执法扎实推进综合执法的意见》（农政发〔2008〕2号）、《农业部办公厅关于扎实推进基层畜牧兽医综合执法的意见》（农办牧〔2010〕4号）和《云南省农业厅关于加快推进农业综合执法确保三年目标任务如期完成的通知》〈云农（法）字〔2010〕5号〉文件要求，为切实整合德宏州畜牧兽医执法资源，提高德宏州畜牧兽医综合执法能力和水平，进一步加大畜牧兽医执法力度，保障畜产品质量安全，促进全州畜牧业健康、快速发展，维护边境社会和谐稳定。同时，根据州编制委员会《关于在州县（市）动物卫生监督所加挂牌子的批复》（德机编〔2010〕21号），同意在德宏州动物卫生监督所加挂“德宏州畜牧兽医综合执法大队”牌子，各县市及畹町经济开发区动物卫生监督所加挂“××县市区畜牧兽医综合执法队”牌子。根据《中华人民共和国行政处罚法》、《中华人民共和国行政许可法》、《农业行政处罚程序规定》等相关法律法规，分别与州动物卫生监督所和州畜牧站签订行政执法委托书，将单位职责范围内的行政执法事项委托其办理。州动物卫生监督所于2010年9月15日举行加挂“德宏州畜牧兽医综合执法大队”牌子仪式，各县市区也相继挂牌，并按职责开展工作。其主要职责是：按照“行政处罚职能统一行使、执法人员统一管理、执法力量统一调度、执法文书统一规范”的要求，进一步规范畜牧兽医执法行为，提高执法水平；依法实施动物防疫监督、动物及动物产品检疫，承担兽药、饲料、生鲜乳、种畜禽生产经营、畜禽养殖环节、草山草坡、畜产品质量监管等畜牧兽医行政执法工作。

（《畜牧兽医》撰稿　毋保生）

（见“州情概览·畜牧业”67页）

渔　业

【渔业生产】　2010年，德宏州水产养殖面积45887亩，比上年增3356亩，增7.9%；水产品产量23880吨，增3090吨，增14.86%；鱼苗生产8.64亿尾，鱼种生产3557吨，大规格鱼种投放3413吨，分别增5.3%、7.4%和4.1%；全社会渔业总产值41800.65万元，增4897.83万元，增13.27%；水产品人均占有量达18千克。年内，渔业生产主要做了如下工作。一、加大以池塘精养高产技术为重点，加快池塘养鱼新技术的推广应用。全州2.88万亩池塘养鱼总产达17368吨，平均单产603千克，每亩单产比上年提高72千克，新增产量2023吨，新增产值2000余万元。二、继续稳定稻田养鱼面积。全州以山区半山区为主推广稻田养鱼12.44万亩，参与农户达23800余户，其中稻鱼工程面积达1.2万亩，参与农户达3482户；稻田养鱼产量3445吨，平均单产27.6千克，实现产值5380余万元，取得了较好的经济、社会和生态效益。三、大力推广普及水产优良品种，提高良种覆盖率。全年组织放养全雄性罗非鱼种7660余万尾，推广面积达1.6万余亩。四、调整优化水产养殖品种结构，积极开展名优品种的试验、示范、推广工作。全年繁殖生产本地胡子鲶鱼苗2000余万尾供应养殖户；继续抓好名优品种斑点叉尾鮰人工繁殖试验、示范工作，斑点叉尾鮰人工繁殖的产卵率、孵化率得到明显提高，繁殖生产苗种20余万尾。9月份，州鱼种站通过省级苗种场资格认定，取得省级苗种场资质。五、继续开展罗氏沼虾养殖推广工作。以瑞丽、潞西为重点，全州组织引进罗氏沼虾苗种2000多万只，推广面积近1600余亩。六、认真抓好鱼苗鱼种生产及大规格鱼种投放工作。全年鱼苗生产8.6亿尾，鱼种生产3557吨，大规格鱼种投放量达3413吨。七、特种水产养殖初见成效。年内，畹町稼富农业科技园泰国湾鳄鱼引进养殖成功，已有100余尾商品鳄鱼在畹町、瑞丽、芒市等市场销售。八、加大渔业科技服务力度。结合“科技三下乡”活动，围绕渔业产业结构调整、水产品生产安全、增殖放流、健康养殖、大水域养殖、稻田养殖、养殖证、苗种生产许可证发放等，开展了一系列科技服务活动。

【渔业灾情】　2010年，德宏州遭遇60年一遇的特大旱灾，给德宏州渔业造成严重损失。全州渔业受灾面积6949亩，造成水产品损失1154吨，直接经济损失1235万余元。

【水产养殖面积】　2010年，德宏州水产养殖面积45887亩，比上年增3357亩，增7.9%，其中池塘养鱼面积28825亩，增213亩，增0.74%；水库养殖面积16991亩，增3400亩；稻田养殖面积124485亩，其中稻鱼工程面积12000余亩，与上年基本持平；水库网箱养鱼面积10203平方米。

【水产品产量】　2010年，德宏州水产品产量23880吨，比上年增3090吨，增14.86%，其中养殖产量22833吨，增2614吨，增12.93%，自然捕捞1047吨。按养殖水域和养殖方式分：池塘养殖17368吨，比上年增2014吨，增13.12%；稻田养鱼3445吨，减少85吨；水库养鱼产量1796吨，增641吨。在养殖产量22833吨中，按品种分：鱼类产量22524吨，甲壳类17吨，其它类152吨。

【渔政管理】　2010年，德宏州各级渔政管理部门为确保“春节”、“五一”、“十一”等节假日能吃上放心鱼，认真贯彻执行《渔业法》，开展多种形式的渔业安全生产及安全生产隐患排查治理、渔业法律法规宣传教育活动。渔政执法人员深入案件多发区开展执法工作，对苗种生产、渔药、饲料、添加剂的销售、使用等进行监管，严厉查处电、毒、炸、盗鱼等违法活动。年内，发放《关于严禁炸鱼、毒鱼及非法电触捕鱼的通知》、《水产苗种管理办法》、《水产养殖禁用药物名录》、《水产标准化健康养殖技术》等宣传资料16100余份，开展127次打击非法捕鱼专项行动和26次安全生产、渔业法律法规宣传活动，参加执法人数685人次，查处电捕鱼案件183起，查处炸鱼案件14起，协查毒鱼案件11起，协查偷鱼案件25起，收缴自制电捕鱼器241台，没收非法渔获物1243千克，警告178人次，没收违法财物178起，折合人民币28600余元，有效打击了非法捕鱼和破坏渔业生态环境的违法行为。

【“水产健康养殖示范场”获省级资质】 2010年9月，德宏州鱼种站申报的“农业部水产健康养殖示范场通过省级苗种场资格认定，并取得省级苗种场资质。根据农业部办公厅“农办渔〔2010〕121号”文件和《农业部办公厅关于公布农业部水产健康养殖示范场（第一、二批复查合格名单和第五批名单）的通知》精神，芒市渔友水产专业合作社向农业部申报的“水产健康养殖示范场”建设项目，经农业部委托省、州渔业行政主管部门综合考核验收，报农业部审批后获得通过，并授予芒市渔友水产专业合作社（所属水产养殖基地）“农业部水产健康养殖示范场（第五批）”称号。7月28日，省级专家组根据鱼种站基建工程（生产设施、仪器设备、生活、办公、档案、实验场地配套），环境（水源、水质、通电、通路、通邮、场容、场貌），原良种质量（原良种来源、种质、培育苗种质量），生产经营状况，管理工作情况，技术工作（技术队伍、良种培育理论与操作规程掌握程度、理论与技术培训制度、技术依托单位合作情况）等多方面进行综合评审后，确定德宏州鱼种站苗种繁育基地符合省级良种场标准；7月30日，云南省农业厅批准德宏州鱼种站为云南省四大家鱼省级良种场，为全省仅有3家当中的一家。该示范场有效期自2011年1月1日至2013年12月31日。

【增殖放流】 2010年，德宏州各级渔政管理部门为扩大水域鱼类种群规模、增殖渔业资源、保护水生生物多样性、维护生态平衡，进行增殖放流工作。全州各县市渔政部门在州内的主要湖泊、库区、江河流域开展12次人工增殖放流，放流各类大规格鱼种207万尾，以补充天然资源，其中鲢鳙鱼200万尾，其他7万尾；放流合计金额66.5万元，其中政府补贴10万元。

【潞西市伯林罗非鱼速冻加工厂建成】 2010年，潞西市伯林名优水产养殖有限责任公司（德宏州兴聚鲜食品有限公司）在潞西市帕底工业园区新建成年产1万吨罗非鱼速冻鲜鱼片加工厂。罗非鱼速冻加工厂位于芒市帕底芒市工业园区，占地面积17亩，属私营企业。2008年8月开始建设，至年末已完成厂房、冷库、办公室、工人住房、污物净化车间等工程。该厂房屋建设面积3540平方米，其中厂房2260平方米；工厂总投资2350万元，其中冷库680万元，加工生产线2条、250万元/条，厂房及其它1170万元。预计2011年开始加工生产，年加工鲜罗非鱼2至3万吨，成品6千吨；解决本地就业人员200人左右。

（《渔业》撰稿　乔小新）

茶　叶

【茶叶产值】 2010年，德宏州新植茶园2213.6亩。全州有茶园栽培面积355942.9亩，采摘面积233502.2亩，其中芒市151601亩，梁河县51611亩，盈江县100773亩，陇川县45583.5亩，瑞丽市6374.4亩；茶叶产量达16276.66吨，产值达24307.24万元。全州通过绿色食品认证面积达18000亩，有机茶园认证面积7849.5亩，无公害茶园面积103510.6亩。同时，全州有41家茶叶企业全部获得QS认证，其中“孔雀公主”、“勐巴娜”、“德凤”、“云宏”、“南甸”等品牌已见成效。茶产业覆盖全州50个乡（镇）、涉茶农户8.4万余户，涉茶人口33.4万余人，茶农人均收入373元；全年全州各县（市）购置各种茶叶机械13台，茶产业已经成为全州支撑农民增收、农村经济发展的重要民生产业。

【中国农业科学院茶叶研究所德宏实验基地成立】 2010年12月9日，由财政部投资818万元，中国农业科学院茶叶研究所与潞西市志成茶业有限公司合作建设的

“中国农业科学院茶叶研究所德宏实验基地”正式成立。该“基地”是经中国农业科学院茶叶研究所在云南德宏州建立的农业实验基地。“基地”位于德宏州芒市，包括实验室（含常规分析测定、审评和加工等）、试验茶园、加工中试车间、交流培训室、技术人员办公和住宿用房等。成立“基地”管理领导小组，由茶叶所、农业局和公司组成，负责基地重大事项的协调及制定相关制度等，领导小组下设基地管理办公室，由茶叶所科技处、德宏州茶叶办和公司负责人组成，负责协调处理基地日常事务，包括协调基地所在地相关部门的有关事宜，管理基地专业技术人员，培训人员，协调提供必要的工作和生活条件。基地的建设为茶叶所科研试验基地、技术示范、成果转化基地和野外观测试验台站，以及技术人员的实践煅炼基地，同时也为德宏州及公司茶叶技术人员的培训和茶叶技术示范、推广、生产基地起到很好的作用。

（《茶叶》撰稿　杨　涛）

蔗　糖

【州委书记赵金到芒市糖厂调研】 2010年1月4日，德宏州委书记赵金在副州长板岩过，州糖办、州环保局及潞西市相关领导陪同下到德宏力量生物公司芒市糖厂调研。在实地查看生产流程和污染减排工程运行情况，详细了解原料收购、产品质量和销售情况，并与企业负责人和随行领导分析研究企业在发展中存在的困难和问题后指出：蔗糖产业是德宏州传统优势支柱产业，经过50余年的发展，产业涵盖全州各县市，涉及蔗农和企业职工70余万人，对推动扶贫攻坚、解决“三农”问题发挥了重要作用，为全州经济社会发展作出了重要贡献。赵金强调，历届州委、州政府都高度重视蔗糖产业，始终将之作为加快农村经济发展的一个重要支柱产业来抓。各级各部门要按照州委确定的当前和今后一段时期经济社会发展的基本思路，牢固树立产业富州的战略理念，巩固提升蔗糖等传统优势产业，努力建设优质高产原料基地，推进传统优势产业向规模化、区域化、优质化发展。要认真搞好蔗糖业与“六棵树一棵草”新兴特色产业的区域、面积规划，提高农业综合效益，促使全州产业化发展快速推进。并要求始终坚持思想认识统一，组织领导有力，执行政策到位，提高广大蔗农的种蔗积极性，上下同心、齐抓共管，确保蔗糖产业健康、稳定、持续发展。赵书记要求各级各部门在今后一段时期重点做好6方面的工作：一要科学规划，合理布局，正确处理特色产业发展之间的关系。坚持全州一盘棋思想，统一规划，既要把粮食、蔗糖、茶叶等传统优势产业做大做强，也要抓好竹子、咖啡、坚果、柠檬、油茶、核桃、番麻等新兴特色产业；努力培养新的支柱产业和经济增长点；把职责任务落实到各县市，落实到田间地头；全力扶持特色产业发展。二是建立产业发展的长效机制。以农民增收为核心，以建设优质高产原料基地为重点，以专业合作社为纽带，以先进科技为支撑，以延伸产业链为目标，提高甘蔗单产和效益，提高糖业的循环经济和综合利用程度，拉长产业链，提升生产经营的质量和水平。三要正确处理好政府、企业、农民的关系。政府要制定扶持政策，抓好规划，做好服务；企业要正确处理企农关系，真正形成“利益共享、风险共担”的利益共同体，实现“农民增收、企业增效、财政增长”。四是加强蔗区基础设施建设，改善生产条件，发掘增产潜力。紧紧抓住中低产田改造的机遇，解决基地建设水、电、路、通讯等问题，加大“吨糖田”和“高优蔗园”建设力度，提高蔗区生产能力和抵御自然灾害能力；鼓励扶持群众购置使用农机器具，提高甘蔗耕作机械化水平。五是正确处理企业效益与环境保护的关系，以对人民高度负责的态度，增强环保意识，强化治理责任，建设资源节约型社会，实现可持续发展。六是加强安全生产和职工队伍建设，严把产品质量关，确保圆满完成榨季各项目标任务。

【召开"品学兼优"表彰会】 2011年1月28日，德宏州蔗糖办关心下一代工作领导小组召开"品学兼优"表彰会。州蔗糖办全体干部职工、老体协成员和受表彰未成年学生参加会议，州人大巡视员、州关工委主任赵家培、副主任、州直老体协主席赵友仙应邀到会指导。会议对21名被评为"努力学习、品学兼优、争当先进"未成年学生进行表彰奖励。会上州关工委赵家培主任、赵友仙副主任为获奖学生颁奖，并充分肯定州蔗糖办多年来关心下一代工作，对此项工作认识到位，工作有创新，尽管经费困难，仍安排资金奖励未成年学生，难能可贵，要认真总结并在全州系统推广。

【召开打造"云南糖业第一强县"咨询汇报会】 2010年6月11日，陇川县委政府在芒市会堂新闻发布厅召开打造"云南糖业第一强县"咨询汇报会。会议邀请州人大主任余麻约，州委常委、州政法委书记郭志德，副州长板岩过，州直相关部门负责人，州内部分农业专家为陇川蔗糖产业发展出谋划策。陇川县4班子主要领导，在陇川工作过的部分退休老领导，省级媒体驻德宏记者站记者，州级媒体记者，陇川县直相关单位负责人，英茂糖业领导等70余人出席了会议。会上，与会人员观看了陇川县蔗糖产业发展专题片，县委书记杨世庄重点汇报陇川县打造"云南糖业第一强县"工作情况。汇报中认真分析陇川糖业发展的现状和支撑打造"云南糖业第一强县"、促进蔗糖产业发展的有利条件，提出打造"云南糖业第一强县"的具体目标和保障措施。强调：县委政府立足县情，认真分析糖业发展的形势，审时度势，充分发挥陇川良好的气候和土地资源，切实加强组织领导，加大扶持力度，不断改善生产条件，大力发展循环经济，促进甘蔗产业提质增效，做大做强蔗糖产业，全力打造"云南糖业第一强县"。听取汇报后，与会领导和专家围绕陇川县打造"云南糖业第一强县"积极建言献策。大家认为：陇川县提出要打造"云南糖业第一强县"，把蔗糖产业作为全县的发展战略，明确发展目标，表明县委政府对蔗糖产业的高度重视，充分体现科学发展观的要求。同时建议：一是要对打造"云南糖业第一强县"进行充分调研和论证，结合"十二五"规划确定具体目标，积极争取政策、项目、技术、资金、人才支持，做好专题规划和申报工作；二是要正确处理好发展蔗糖产业与其它产业的关系，加强引导和宣传，认真执行糖价联动机制，制定出台相应的配套政策和措施，充分调动群众发展甘蔗生产的积极性，提高甘蔗总产量；三是要提高科技水平，引进和加快良种推广，对甘蔗生产整个环节进行精细化管理，不断提高单产，增加效益；四是延伸蔗糖产业链，推进造纸等蔗糖化工建设，由单一食糖生产向糖化工方向发展，大力发展循环经利用率，提高资源综合利用率。

【州政协领导到州蔗糖办调研】 2010年7月9日上午，德宏州政协主席龚敬政、副主席卜金富、秘书长管国照等一行5人到州蔗糖办对《如何加强蔗糖产业的发展》进行调研。蔗糖办机关全体干部职工及州制糖研究所所长、副所长参加调研座谈会。会上，州蔗糖办刀忠明主任就蔗糖产业发展的情况、2009/10年度蔗糖生产情况、"十一五"期间蔗糖发展的情况、当前蔗糖产业发展中存在的主要困难和问题、以及"十二五"蔗糖产业规划目标和巩固提升蔗糖产业的政策措施作了简要汇报。调研组听取汇报后，充分肯定蔗糖产业在德宏经济社会发展中的地位和作用，并指出：新兴产业要发展，蔗糖产业作传统支柱产业的信心不能动摇，要求蔗糖办的干部职工要履行好职责。一是要坚定信心，围绕产业提质增效；二是要加强科技培训力度，依靠科技创效益；三是要继续加大优新良种的推广，优化品种结构；四是要督促企业兑现，落实好政策措施，加大蔗区基础设施的建设；五是要提高蔗糖业资源的综合利用水平，增加产品附加值，积极延伸和扩展产业链，转变德宏州糖业发展方式，优化产业结构，加快推进甘蔗农业产业化、制糖工业现代化、食糖流通信息化的进程，实现环境与经济的协调发展。最后，龚敬政主席指出：德宏州蔗糖产业发展50多年，已经成为德宏州改革开放以来最富成效、也是发挥热区优势最成功、产业结构调整最显著的产业，在德宏经济中的地位和作用举足轻重，是近期和今后相当一段时期地方经济发展不可缺少和替代的骨干产业，多年来支撑着德宏经济的"半壁江山"，对农民增收、财税增长、企业增效、边疆社会和谐与稳定起到举足轻重的作用。蔗糖产业是"丢不得也不能丢"的产业，是过去、现在、将来都要发展的传统支柱产业，要坚定信心发展好、巩固好蔗糖产业。要求：一要在业内强化、提升、扩张；二要在科技管理方面强化产业；三是甘蔗种植要进一步向优势区域集中、向专业合作社集中、向种植大户集中；四要进一步提高种植亩效益，增加农民收入；五要适当把政府的压力转到企业来承担，向多元化深加工发展。

【甘蔗中耕管理检查及总结】 2010年7月12至17日，德宏州蔗糖办组织各县市蔗糖办主任、甘蔗站站长，各糖业公司分管原料领导、原料部经理，陇川农场分管原料领导、生产科科长，州甘科所领导及技术员对全州甘蔗中耕管理工作进行实地检查。7月18日，在盈江县进行全州甘蔗中耕管理工作会议总结。会议听取各县市中耕管理情况汇报，州甘科所技术人员在会上指出中耕管理中存在的问题，并提出下一步中耕管理的建议。会上，州蔗糖办主任刀忠明在强调开展甘蔗中耕管理检查的目的和意义，指出中耕管理工作存在问题，并对下一步工作提出要求：一是认清形势，统一思想，加强领导，明确任务。各县市糖办、各制糖企业回去后要认真分析当前甘蔗生产的形势；进一步统一思想，提高认识，加强领导，把甘蔗中耕管理工作作为当前蔗糖工作的首要工作来抓，以利于巩固面积，提高单产，最大限度确保下一榨季的规模榨量。二是积极组织，抓实中耕管理工作。根据当前甘蔗生产形势，各制糖企业要精心组织，作好宣传工作，并利用各种现场会的形势，加以培训，以点带面，掀起二次甘蔗中耕管理高潮；各制糖企业要克服困难，多方面、多渠道筹措资金，积极组织、落实各种化肥、农药及其物资的供应，保证蔗农的需要，为蔗农解除后顾之忧；州甘科所要及时派出技术人员，到各县市蔗区进行巡回检查、指导，确保中耕管理工作顺利完成。三是继续加强甘蔗地下、地上害虫防治工作。州蔗糖办副主任余忠在会议小结中要求：一、各县市蔗糖办、各糖业公司把此次会议精神及时传达下去；二、各县市蔗糖办领导认识到位，积极组织甘蔗站技术人员到植蔗乡镇指导中耕管理工作；三、深入基层，狠抓落实，把中耕管理工作作为当前主要工作抓实抓好，抓出成效；四、各县市蔗糖办、甘蔗站加强与制糖企业的合作，抓好中耕管理工作。

【全州蔗糖工作会议】 2010年8月26日，德宏州委、州政府召开全州蔗糖工作会议。会议主要任务：一是总结2009/2010年度全州蔗糖生产情况；二是兑现甘蔗种植奖励；三是安排2010/2011年度全州蔗糖工作任务。会上，州委副书记唐文祥作“统一思想，坚定信心，明确任务，扎实推进全州蔗糖产业健康持续稳定发展，努力开创德宏州蔗糖产业发展新局面”的讲话，并充分肯定本年度全州蔗糖工作取得的成绩，分析国际国内食糖形势和德宏州蔗糖产业发展面临的困难和问题。指出：经过近60年的发展，德宏州蔗糖产业已成为覆盖全州48个乡镇和农场、涉及70万农民、种植面积80万亩左右的第一大农产品加工产业，全州13座糖厂曾经是德宏州工业的骨干企业。现有4家制糖企业14条生产线，其加工规模和食糖、酒精产量居全省第二位。德宏州发展蔗糖产业的历史进程，特别是改革开放30年来的探索实践充分证明，蔗糖产业是德宏州热区资源开发和农业产业化发展最成功的产业，为全州农业增效、农民增收、农村发展和劳动就业、工业发展作出巨大贡献。发展蔗糖产业是一条符合德宏边疆民族地区实际的路子，是解决全州初级发展阶段吃饭问题的大事，在今后相当长一个时期，蔗糖产业仍将是全州经济社会发展的重要支柱产业之一，不能丢也丢不起。要求各级党委政府、各有关部门务必统一思想，坚定发展蔗糖产业的信心和决心，高度认识蔗糖产业是全州必须长期坚持发展的传统优势产业，坚定不移地把蔗糖产业发展作为全州一项重要的工作抓好抓实，把握蔗糖产业发展的良好机遇，以稳定面积为基础，以科技创新为依托，以提质增效为核心，以持续发展为目标，全力做好蔗糖产业各项工作。强调：一要科学规划，加大投入，确保甘蔗农业稳定发展。根据蔗糖产业发展要求和制糖企业生产规模，各县市政府要科学合理地调整农业产业结构，搞好产业规划布局，促进不同产业的协调发展。科学编制蔗糖产业“十二五”发展规划，围绕全州甘蔗种植面积稳定在85万亩的规划目标，走政府主导、企业主体、市场运作、公司+科技+基地+农户的产业发展模式，狠抓蔗糖产业发展工作。二要继续深化改革，提质增效，促进制糖龙头企业做强做优。要支持制糖企业强强联合、重组，鼓励以大型制糖企业为骨干，以资产为纽带组建规模更大、实力更强的糖业集团，充分利用规模、成本、效益等优势增强企业竞争实力和生存能力。以科技为先导，实施以提高产品质量为中心的技术改造，走新型工业化道路，发展循环经济，提高综合利用水平。按照“拉长产业链、拓宽产业带”的结构调整思路，加快推进“甘蔗—制糖—糖蜜—酒精—酒精废液—制复合肥—还田种蔗”的循环产业链建设，发展与蔗糖产业相互促进的新型循环畜牧产业，形成绿色农业经济循环产业链，走良性发展的道路。三要强化宣传，搞好服务，充分发挥政策的效应作用。各县市政府、各糖业公司要继续宣传、贯彻、执行好去年以来的蔗糖产业政策，并结合实际认真研究制定相应的生产扶持、奖励措施，最大限度地发挥政策推动产业发展的效应作用。加大《德宏州糖料生产管理办法》的宣传力度，坚持“谁管理、谁投资，谁扶持、谁受益”的原则，科学有效地规范甘蔗收购秩序，坚决制止局部地区非法小机榨扰乱砍运榨秩序的行为，维护好蔗糖生产秩序和企业、蔗农双方的利益。四要重视人才，创新机制，促进蔗糖产业持续发展。深化人才战略思想，加强蔗糖产业人才培养，着力培养懂技术、善管理的复合型人才，构建蔗糖科技人才队伍，为产业发展提供人才资源保障；强化制糖行业的监测预测和运行调节，提高企业防范市场风险的能力；加强银企合作关系，积极争取银行的支持，拓宽融资渠道，确保企业保持足够的运行资金；切实做好甘蔗农业政策性保险试点工作，把中央和省的扶农、惠农政策落到实处。副州长板岩过总结2009/2010年本年度全州蔗糖生产经营情况，部署2010/2011年度全州蔗糖生产工作，并代表州政府与各县市政府签订2010/2011年度甘蔗生产目标考核责任书。州农业局局长宋雨发主持会议，并宣读《州政府关于兑现2009/2010年度秋冬春甘蔗完成种植任务奖励的决定》，颁发本年度秋冬春甘蔗完成种植任务奖励资金。州4套班子领导、各县市党委政府分管领导、州蔗糖产业工作领导小组成员单位领导、州和各县市蔗糖生产办公室主要领导、州甘科所、州制糖研究所领导以及各新闻单位参加会议。

【“央企入滇”工作组考察德宏糖业】 2010年12月2日，云南省“央企入滇”工作领导小组专职副组长牛绍尧一行5人，在德宏州人民政府州长孟必光陪同下深入德宏州考察调研，力促中粮集团收购整合云南力量生物制品集团在德宏州的制糖企业。领导小组到芒市糖厂，参观芒市糖厂的生产车间，仔细询问该厂的主要产品、生产量、负债及现有员工等情况；到陇川糖厂实地考察后，并在该厂进行座谈交流。座谈会上，州长孟必光介绍了德宏州央企入滇工作进展和蔗糖产业发展情况，并指出德宏州蔗糖产业当前存在的主要困难和问题。孟必光说，德宏州高度重视，切实贯彻落实省委、省政府引进央企入滇加快全省新型工业化、城镇化重点工作的具体战略部署和要求，并将桥头堡黄金口岸和瑞丽重点开发开放试验区的建设结合起来共同谋划。州委、州政府及时成立州央企入滇工作领导小组，抽调骨干人员负责开展工作。州政府特别下发《关于成立中粮集团有限公司进入德宏投资开发协调领导小组的通知》，明确职责，多次召开专题会议，全力配合支持中粮集团推进此项工作。目前，双方正在就收购价格进行协商。通过实地调研，并听取相关汇报后，牛绍尧对德宏州的央企入滇工作和蔗糖产业工作给予充分肯定。指出：德宏生物资源丰富，但产业链较短、产品附加值不高，德宏应该紧紧抓住中粮集团进入德宏整合蔗糖产业的机遇，利用好央企强大的技术、资金和广阔的国内外市场等资源，带动德宏工业的产业化发展，推动德宏生物产业发展。德宏州表示将从4个方面抓好“央企入滇”及整合德宏蔗糖产业工作：一是统一思想，达成共识，形成合力。深刻认识引入中粮集团整合德宏州蔗糖产业是做大、做强、做优蔗糖产业的重要机遇。二是讲政治、顾大局。服从服务于党委政府的工作大局，大力支持配合央企中粮集团进入德宏。三是加强对话和协调工作，深入细致地做好整合的各项工作。四是州直及县市相关部门的省央企工作领导小组积极服务、主动作为，坚定不移地配合省委省政府“央企入滇”战略，为中粮集团整合德宏州蔗糖产业创造良好环境，提供优质服务。

【产品质量】 2010年，德宏州制糖企业始终紧紧抓住产品质量的牛鼻子，不断进行技术改造。特别是德宏糖业整合以来，各制糖企业认真执行新的白砂糖国家标准，并积极向用食糖国际标准严格要求。一是对操作人员进行业务技术培训，不断提升员工制糖过程的操作技能，同时适应新设备的操作与控制，为提高产品质量提供人才保证；二是加大投入，引进应用先进高效的制糖装备和控制技术，为提高产品质量提供技术和设备保证；三是对产品的包装、运输、仓储等全方位严格把关，确保产品质量安全。年内，云南省质量技术监督局组织对德宏州蔗糖产业进行专项执法检查，经对各制糖企业生产、储运仓库的一级、二级蔗糖进行抽样检查，产品抽样合格率达100%。7月召开的全国糖业质量会议上，对来自全国各制糖省区的数百个食糖、酒精产品进行行评，有食糖、酒精160家企业获得产品质量优秀奖，149家企业获得产品质量优良奖。其中：云南德宏英茂糖业有限公司景罕糖厂的精制白砂全国排名第二；德宏梁河力量生物制品有限公司勐养糖厂、德宏力量生物制品有限公司、遮放糖厂、芒市糖厂、云南德宏英茂糖业有限公司的弄璋糖厂、景罕糖厂、龙江糖厂等榜上有名。

【防治甘蔗新型虫害】 2010年，德宏州甘蔗不断发生新型虫害，直接影响到甘蔗单产和品质，给蔗农和企业带来不同程度的伤害。德宏州蔗糖系统采取了如下措施：一是全州多措并举，职能部门督促，科研部门组织，企业投资，农民投劳，以药物、生物、农业、物理等多种办法进行综合防治，使全州蔗区范围内的地下害虫危害得到有效控制；二是积极防治甘蔗螟虫及叶面害虫。为能有效遏制甘蔗虫害，确保蔗农利益尽可能少受伤害，由州甘科所先后与先正达、杜邦、江苏宝灵等公司合作，进行《15%毒.辛挤压缓释粒剂防治甘蔗害虫试验》、《康宽TM200SC对甘蔗蛴螬的防治试验》、《福戈防治甘蔗害虫多点试验》、《70%胺唑草酮WG防治杂草试验》及《甘蔗锈病防治试验》，筛选出一批经济、有效、安全的药剂推广应用，如用40%福戈WG防治甘蔗螟虫及叶面害虫，用20%康宽悬浮剂进行甘蔗螟虫阻断，收到了较好防治效果；三是组织对全州蔗区进行危险性害虫甘蔗赭色鸟喙象发生危害情况调查研究。甘蔗赭色鸟喙象是云南蔗区近几年发生的一种严重蛀食蔗茎的新害虫，年内，由州甘科所组织相关人员对全州各蔗区进行系统调查。调查结果显示，全州各县市蔗区都有赭色鸟喙象的分布及危害，其中危害较重的主要是盈江弄璋糖厂蔗区，涉及的区域较广，旱地水田都有危害；其次是瑞丽糖厂蔗区。通过调查分析，为下一步研究甘蔗赭色鸟喙象的防治奠定了基础。

【《粤糖86-368在德宏蔗区的引进及推广应用》获奖】 2010年，《粤糖86-368在德宏蔗区的引进及推广应用》获德宏州科学技术三等奖。旱地甘蔗是德宏州甘蔗生产的重要组成部分，种植面积占全州甘蔗总面积的50%以上。由于旱地甘蔗优新良种缺乏，导致长期以来旱地甘蔗单产低、糖分低，严重制约德宏州甘蔗生产的持续稳定健康发展。1997年，州甘科所从广东引进粤糖86-368进行观察，该品种是广州甘蔗糖业研究所湛江甘蔗试验站育成，属中晚熟中高糖丰产品种，中大茎、直立、株型紧凑、叶姿挺拔、蔗茎隐蔽部分淡紫红色、曝光后紫红色过渡到褐红色；节间圆筒形，芽卵圆形或近圆形，芽翼窄、无芽沟；叶片宽大而略短、散生，叶色浓绿，叶鞘青绿而略带紫红色斑纹，鞘背无57号毛群，内叶耳短钩形，无外叶耳，叶鞘包茎松、脱叶性一般。1998至2000年进入德宏州甘科所外引品比试验，2000至2002年参加云南省第七套甘蔗品种区域化比较试验，2007至2009年参加德宏州第三轮甘蔗品种旱地区试品比。经多年多点试验及生产示范，该品种适应性广、高产稳产、宿根性好、抗旱性强、适应旱地种植，并且萌芽快而整齐，宿根发株多，成茎率高，蔗茎均匀，内容物充实，榨出汁高，纯度高，品质好，平均亩产6956.1千克，比对照桂11增21.93%，平均糖分14.25%，平均亩含糖量991.25千克，比对照增16.20%。2001年开始大面积推广，种植面积逐年增加，到2009年止，全州累计推广60多万亩，平均亩产比CK（桂11）增1251.2千克，平均亩含糖量比CK（桂11）增160.62千克/亩。按每吨甘蔗230元、每吨食糖3500元计，蔗农每亩增收287.8元（1251.2千克×230元/吨÷1000），新增农业产值17293.56万元（60.0888万亩×287.8元），新增食糖产量8203.74万千克（60.0888万亩×160.62千克/亩×85%），新增工业产值28713.09万元（8203.74万千克×3500元/吨÷1000），新增工农业产值46006.65万元（17293.56万元+28713.09万元）。在2009年特大秋冬春连续干旱的年景，该品种仍然生长旺盛，充分显示出该品种很强的耐旱性，是目前德宏州在旱地上推广应用最理想的中晚熟，高产、抗旱甘蔗品种之一。同时，该品种还被列为云南省下一步主推旱地品种之一。粤糖86-368推广应用，较好的解决了旱坡地甘蔗单产低的问题，填补了旱坡地高产优质抗旱甘蔗品种缺乏的空白，促进德宏州旱坡地甘蔗单产和产糖率的提高，降低吨糖耗蔗量，节约生产成本，经济效益、社会效益和生态效益明显。

【盏西糖厂首次遇霜冻灾害】 2009/10榨季，盏西糖厂蔗区气温急剧下降（室内温度下降到10℃，室外温度8℃左右，地表温度0℃），造成甘蔗大面积受冻。全蔗区受害面积达28402亩，占植蔗总面积32687亩的86.89%，这是盏西糖厂建厂以来首次遇到如此严重的霜冻灾害。面对严重的灾情，盈江县委、县政府、各职能部门、受灾乡镇党委政府、以及制糖企业采取措施积极应对：一是根据县委政府主要领导和分管领导的要求，及时由英茂公司原料部、县蔗糖办、盏西糖厂、支那乡、盏西镇、芒章乡组成多个救灾领导小组，全面进行救灾组织领导工作；二为快速抢收甘蔗，尽可能减少灾害造成的损失。德宏英茂糖业公司利用集团化优势，组织盈江县内3个糖厂的60辆车投入甘蔗调运，其中弄璋糖厂30辆、平原糖厂15辆、盏西糖厂15辆，每天处理霜冻甘蔗2000吨以上，盏西糖厂开足马力，日处理甘蔗1300吨的满负荷生产。同时，每天调运弄璋、平原2厂800吨左右，至1月底弄璋、平原2厂外调入榨受灾甘蔗2万吨，对抢收霜冻甘蔗做出了积极的贡献；三是在砍收上，要求支那、盏西、芒章3乡镇党委政府全体干部，取消节假日，以乡镇为主体，按照“无灾帮有灾、轻灾帮重灾、无蔗帮有蔗”的要求，负责最大限度地组织劳力砍蔗，形成合力；四是德宏英茂糖业公司不计成本向县内其他2个糖厂拉运霜冻甘蔗共同抢榨，不仅不让蔗农多承担一分钱运费，并且处处为蔗农着想，对霜冻甘蔗收购不降价，对全县甘蔗种植任务的顺利完成起到了积极的促进作用。

【抗旱减灾】 2010年，德宏州在遭遇百年不遇的旱灾时，为减少企业和蔗农的经济损失，多措并举应对旱灾帮扶蔗农。一是制糖企业组织提前开榨，尽量减少蔗农损失。全州48.2万亩甘蔗不同程度受损，大面积山地蔗长势很差，甚至出现晒死枯死绝收局面。为最大限度降低灾害损失，企业比往年提前半个月开榨，并采取先榨山地蔗，后榨田蔗的方式，组织蔗农抢砍抢收，与旱灾争时间，夺产量，把旱灾带来的损失降到最低。二是上调甘蔗收购价，保护蔗农利益。旱灾中，蔗农损失最大。本榨季入榨甘蔗380万吨，比前年榨季减少近百万吨，以每吨250元计蔗农收入减少约2.5亿元。为弥补旱灾对蔗农的损失，企业每吨收购价由上年最高210元调至最高280元，比上年每吨增加70元，有效保护蔗农的根本利益。三是积极购买抗旱设备，全力调水保苗。全州制糖企业投入5811万元购买抽水机、塑料管、薄膜、水管、水带、地膜、柴油等抗旱物资，免费供给蔗农抗旱保苗和新种甘蔗。四是流转土地，扩大甘蔗面积。企业积极争取政策支持，确保全州冬春蔗种植面积达26万亩，比上年增加9.2万亩。据了解，虽然旱灾直接影响了来年宿根蔗和新植蔗的产量，但由于抗旱措施得当，在种植冬春蔗的同时补种秋蔗，使全州冬春蔗种植面积达25万亩，完成种植计划的96%，减少了下个榨季的后顾之忧。五是加大扶持力度，降低种蔗成本。政府和制糖企业制定了各种扶持政策，鼓励蔗农扩大种植面积，在新种甘蔗面积、预留秧包、地膜、专用肥、机耕机耙、套种等项目上大幅度提高补助标准，并在瑞丽、盈江实施甘蔗种植性保险，切实帮助农户解决燃眉之急。六是帮助蔗农科学种蔗，提高抗旱能力。对甘蔗实行快锄低砍技术，收砍后实行蔗叶覆盖，不烧蔗叶，有效提高了宿根蔗的抗旱能力；以保苗为重点，组织企业科技人员深入田间地头、甘蔗专业村等重点区域，开展抗旱技术要点等技术培训，向蔗农推广抗旱先进实用地膜覆盖技术、深埋板土、机械深耕深松技术以及测土配方施肥技术，积极推广宽行窄株技术和高产、高糖、耐旱、耐寒、抗病、抗倒伏强的优良品种。

【业务培训】 2010年，德宏州蔗糖系统结合产业发展实际，强化队伍素质提升：一是认真抓好干部职工专业理论知识的更新提高。一方面鼓励支持干部职工自学深造。年内，有在州委党校学习深造，有在云南农大专升本函授学习；另一方面创造条件，采取请进来送出去的办法，积极派人参加省、州各类专业技术人员继续教育培训学习。二是针对干旱易引发病虫害爆发的突出问题，召开防治技术现场培训会。3月4日下午，针对当前甘蔗大田生产中螟虫危害枯心苗形成初期，召开防治甘蔗枯心苗拔灌技术现场培训会。培训对植保人员进行枯心苗拔灌、如何进行枯心苗拔灌，如何配药做了详细介绍，并现场进行拔灌技术操作培训，并要求在3至6月份每10天进行1次枯心苗拔灌，降低螟虫危害。同时，通过各种会议强化对农务员、辅导员及蔗农进行现场技术培训。全年召开甘蔗科技培训会60场次，培训人员5000余人。三是充分发挥云南省第109职业技能鉴定所及德宏州糖业职业技能培训站的职能作用，不断提高全州制糖企业员工素质。年内，对德宏英茂公司轩岗糖厂中层以上管理人员，进行计算机基础知识、网络基础知识、微机病毒防治和办公应用技能等知识的系统培训。通过培训，使参训人员基本掌握计算机基础知识，提高了计算机办公应用技能，为轩岗糖厂信息化建设提供了人力资源保障，夯实了本厂及公司的信息化建设基础。此次培训有60人参加，其中有56人通过考核，并领取结业证书。

【《十万亩甘蔗“超吨糖田”创建》获奖】 2010年，由德宏州甘科所创建的《十万亩甘蔗“超吨糖田”创建》获州人民政府科学技术三等奖。随着农业产业结构调整，甘蔗种植面积的减少，甘蔗上山种植困难，为稳定水田蔗面积，保证制糖企业的原料，2005年在实施“甘蔗吨糖田”建设成功的基础上，提出创建“甘蔗超吨糖田”，进一步提高水田种蔗效益，增加单位面积的收入，充分调动农民、制糖企业两个主体种植田蔗的积极性，从而达到提质增效、增强水田种蔗的竞争力。为实施好该项目，围绕优化产业、提质增效这一目标，在提高甘蔗单产和糖料品质上下功夫，由州甘科所制定创建“甘蔗超吨糖田”技术方案，州蔗糖办以文件下发《德宏州创建“甘蔗超吨糖田”技术方案》，即采用合理选地，深耕细耙；按照行距110—120厘米，沟深30—35厘米，沟底宽25—30厘米，4周开挖排灌沟渠；选择推广粤糖93/159、新台糖20号等优良品种，种植时进行必要的种苗处理；提早植期，适时下种并进行地膜覆盖；强化田间管理，增施施分蘖肥；适时收获，提高收砍质量；收砍后及时宿根蔗的管理等技术措施。通过加强领导，精心组织、层层培训，提高素质、推广良种，调优结构。2006至2009年，全州累计创建甘蔗“超吨糖田”108463亩，（1）全州平均甘蔗单产10.82吨，比全州水田蔗平均单产7.42吨提高3.4吨。（2）平均蔗糖份15.37%，比全州平均蔗糖份14.94%提高0.43个百分点。（3）优新良种率达99%，比全州平均。同时，创建“甘蔗超吨糖田”还取得较好的经济、社会和生态效益。一是平均单产比全州水田平均单产提高3.4吨，新增甘蔗368774.2吨，按平均收购价230元计，蔗农增加收入8481.81万元；二是由于单产提高新增甘蔗368774.2吨，产糖率按12.5%计算，新增白糖46096.78吨，平均销售价按3500元/吨计算，企业新增收入16133.87万元，并且由于平均蔗糖份提高0.42个百分点，按85%收回率计算，新增白糖1316.52吨，平均销售价按3500元/吨计算，企业新增收入460.78万元。2项合计，企业增收16594.65万元；三是由于甘蔗增产，白糖产量增加47413.30吨，可新增财政收入2411.19万元。此外，由于“甘蔗超吨糖田”建设的推广，提高了蔗农科学种蔗的水平，提高单产，以较少的蔗区面积获稳定的产量，既满足制糖企业对优质原料的需求，又可把海拔高、坡度大的山地蔗退耕还林，绿化了荒山，对保护生态环境意义重大。由于立项目的明确，技术措施科学合理，综合效益明显，三性突出，获州人民政府科学技术三等奖。

【《实施甘蔗品种改良工程》获奖】 2010年，《实施甘蔗品种改良工程》获德宏州科学技术二等奖。德宏州地处少数民族地区，受自然条件和社会经济状况的制约，甘蔗新品种引进、推广滞后，品种更新慢，导致种植品种多、乱、杂，早、中、晚熟品种搭配不合理，品种布局不科学，原料蔗品质差。2004年全州平均含糖份13.88%，比全省平均含糖份14.29%低0.41个百分点；平均产糖率11.73%，比全省平均产糖率12.27%低0.54个百分点；平均吨糖耗蔗8.53吨，比全省平均吨糖耗蔗8.15吨高0.38吨，在全省产糖地区处于中下水平，制约德宏州蔗糖产业健康发展。同年9月州政府提出加快农业产业结构调整，《实施甘蔗品种改良工程》，用3至5年推广甘蔗优新良种，提高单产和含糖份，实现全州蔗糖产业的可持续发展。其目标任务一是平均单产提高0.5吨；二是平均含糖份达14.5%以上；三是优新良种率达85%以上；四是早、中、晚熟品种比例达3∶5∶2；五是平均产糖率达12.5%以上；六是蔗区人均甘蔗收入达1400元以上；七是水田蔗种植比例占植蔗总面积的50%以上。通过专家论证，综合推进；加强科技培训，提高科技人员素质，提高综合管理水平，增强农民的种管意识；开展州级甘蔗品种区域试验，筛选适宜不同蔗区种植的品种；改革栽培制度，推行水田冬植地膜覆盖，旱地以秋植为主的栽培制度，达到良种良法；调整品种结构，加快甘蔗优新良种的推广；实施甘蔗“吨糖田”建设，加快优新良种的推广；制定惠农政策措施，加快甘蔗品种改良的进程；推广应用新技术，促进优新良种地推广。通过5年的实施，取得了明显效果，甘蔗优新良种率、单产、含糖份、产糖率等指标有新突破，取得较好的经济、社会和生态效益。一是优新良种率增幅较大，品种搭配趋于合理。二是全州甘蔗平均单产从2004年的3.95吨/亩，提高到4.85吨/亩，提高0.9吨/亩；三是全州平均甘蔗含糖份从2004年的13.61%提高到14.94%，提高1.33个百分点；四是全州平均产糖率从2004的11.73%提高到13.29%，提高1.56个百分点；五是水田蔗种植比例从2004年的45.14%，提高到54.67%，2005至2009年水田蔗比例累计为51.49%；六是蔗区人均甘蔗收入从2004年的922元，增加到2009年的1460元，增538元。

由于实施甘蔗品种改良工程，加快品种更新速度，提高优新良种率，扭转了种植品种多、乱、杂、差，早、中、晚熟搭配不合理局面，蔗农科学种植良种的意识明显增强，甘蔗单产和品质提高，宿根年限延长，降低了种植成本，增加了种蔗收入。2005至2009年，全州累计种植甘蔗面积4023574亩，平均亩增1吨，按甘蔗收购价格230元计，新增农业产值92542.20万元，增加企业效益，一、甘蔗含糖份提高0.49个百分点，按85%总收回率计算，新增白糖16748.35吨，每吨按销价3500元计算，企业新增产值5861.91万元；二、产糖率提高0.92个百分点，新增白糖182883.26吨，每吨按销价3500元计算，企业新增产值64009.13万元。2项合计新增产值69871.04万元；财政增税，由于制糖企业新增产值69871.04万元，新增税收10152.17万元。同时，逐步把运距远、海拔高、坡度大的旱地蔗区退耕还林、还草，绿化了荒山；利用黑光灯诱杀甘蔗害虫，减少农药施用量，降低农药污染；推广蔗叶还田，减轻燃烧对空气的污染；甘蔗的蔗稍又为畜牧业提供优质的饲料，促进生态的发展和资源的良性循环，促进了农业的可持续发展。该项目立项目的明确，技术措施得力，具有较强的科学性、先进性、适用性，经济社会效益显著。

【《国家和云南甘蔗体系科技抗旱保生产指导会议》在德宏召开】 2010年3月2日，在德宏州甘科所（德宏州甘蔗体系建设综合试验站）召开《国家和云南甘蔗体系科技抗旱保生产工作指导会议》。2009/10榨季，德宏州遭受60年一遇的严重旱灾，给甘蔗生产造成重大损失。截止2010年2月25日，德宏州甘蔗干旱成灾面积达367147亩，其中绝收甘蔗面积2678亩，预计产量损失211385吨，造成经济损失5496.10万元。并随时间推移，旱情呈不断加重趋势，直接影响来年宿根和新植的产量。国家和省甘蔗产业体系营养与栽培研究室和遗传育种研究室刘少春研究员、陈学宽研究员2位专家到会，并简要介绍云南省其它蔗区的甘蔗受灾情况和抗旱工作情况，在听取德宏综合试验站、陇川县区域推广站和盈江县区域推广站体系工作情况和抗旱救灾工作情况后，深入蔗区实地查看受灾情况，并提出以下抗旱救灾抢种措施：一是对于宿根甘蔗采用蔗叶还田覆盖，减轻蔗田土壤水分蒸发，推迟管理；二是推广抗旱良种；三是选择具有灌溉条件的水田或水浇地甘蔗集中留种，保证年内新植甘蔗用种种苗；四是针对当前旱情推迟种植期，在雨水来临之时，进行抢种；五是大力推广应用深沟板土槽植多芽抗旱栽培技术。同时，要求德宏综合试验站、区域推广站做好灾情跟踪调查统计和抗旱救灾技术宣传指导工作。

【《制糖生产综合节能技术改造》获奖】 2010年，云南德宏英茂糖业有限公司《制糖生产综合节能技术改造》获德宏州人民政府科学技术三等奖。云南德宏英茂糖业有限公司为彻底扭转高耗能局面，按照国家通过充分的论证，决定对所属各单元糖厂进行节能降耗技术改造。通过反复调查研究，按照节能降耗减排的总体要求，根据各单元糖厂实际，确定公司所属7单元厂工业锅炉及耗能较高的制糖设备技术改造方案。自2004年开始，逐年分厂实施。到2009年，一是完成13台锅炉的改造，做到完全不烧煤，锅炉尾部烟气SO2气体0排放，综合能耗总体达到《清洁生产标准甘蔗糖业》二级水平。二是新增切撕机静态进相无功功率补偿器19套和压榨机动态跟踪无功功率补偿柜7套。三是采用节能高效甲糕高心机取替原高能耗离心机，7个糖厂共更换15台。四是对7个糖厂的锅炉汽凝水回收系统和蒸发热力系统进行改造。项目技术改造于09/10榨季全部完成，在逐年分项完成的过程中，通过06/07、07/08、08/09、09/10榨季的运行检验，综合能耗大幅下降，13台锅炉完全达到不烧原煤，6个糖厂7条生产线，年节约能源33000tce，其中节约燃料28932tce，节电

952.08 万千瓦时，百吨蔗综合能耗达 4.80tce，尾部烟气 SO2 气体零排放，达到预期的目的。项目引进的多项技术处于全国领先水平，具有较强的适应性和推广应用价值，同时具有良好的经济、社会和生态效益。

（《蔗糖》撰稿　李晓全）

（见“州情概览·蔗糖”68 页）

林　业

【《云南德宏州高等植物》出版发行】　2010 年 3 月 12 日，德宏州林业局组织编写的《云南德宏州高等植物》正式出版发行，并举行首发式。州林业局自 1997 开始，统一领导、统一规划，组织全州林业科技人员对全州各县市进行高等植物调查摸底，实地采集 1 万多份标本，进行标本鉴定，在参考引用相关文献资料的基础上，通过 5 年的努力，基本摸清全州的植物资源，形成《德宏州高等植物名图》，并于 2003 年获得云南省政府科技成果三等奖和德宏州政府科技成果一等奖。为使该成果广泛的推广应用，2007 年德宏州林业局开始聘请省内外专家，组织专门的修编组进行全面修编，2009 年 12 月由国家权威出版集团科学出版社正式命名为《云南德宏州高等植物》。《云南德宏州高等植物》是云南省唯一在科学出版社出版的地州级植物专著。州和潞西市 4 大机关领导、德宏军分区、州纪委，州及潞西市关工委、团委、林业、科技、教育共 60 余个单位的 300 余人参加该书首发式。

【德宏州生态文明教育基地举行挂牌仪式】　2010 年 3 月 12 日，德宏州生态文明教育基地在州野生动物收容救护中心举行挂牌仪式。州委常委、州委秘书长番跃平和原州人大巡视员、州关工委主任赵家培为生态文明教育基地揭牌。挂牌仪式由州委副秘书长、州委办公室副主任、州关工委副主任李枝济主持。州和潞西市 4 大机关、德宏军分区、州纪委领导，州及潞西市关工委、团委、林业、科技、教育 61 家单位 372 人参加挂牌仪式。2009 年 11 月经州关工委、州林业局、州文明办、州教育局、团州委联合向州政府提出《关于将德宏州野生动物收容救护中心命名为德宏州生态文明教育基地请示》，12 月，经州政府讨论研究，同意将德宏州野生动物收容救护中心命名为德宏州生态文明教育基地。挂牌仪式上，州委常委、州委秘书长番跃平代表州委、州政府作有关生态文明建设重要讲话；州政府副秘书长刀保信宣读《德宏州人民政府关于将德宏州野生动物收容救护中心命名为德宏州生态文明教育基地的批复》（德政复〔2009〕192 号）和德宏州生态文明教育基地领导小组及办公室组成人员名单；德宏州林业局调研员赵家健介绍德宏州生态文明教育基地情况。仪式上发放《德宏州生态文明教育基地宣传册》1800 份。仪式结束后，州委、人大、政府、政协、军分区等单位领导种植纪念树，全体人员参观生态文明教育基地。德宏州生态文明教育基地的成立，标志着德宏州生态文明教育工作有了新的进展，为进一步开展生态文明教育活动增加新的活动场所，对普及生态知识，增强公众，特别是青少年生态意识，树立正确的生态道德观，促进人与自然的和谐发展，开展野生动物、植物、人类相互关系研究，加快构建繁荣的生态文化体系，推动全州经济持续发展将发挥积极的作用。

【省林业厅专家组到陇川指导抗旱保苗工作】　2010 年 4 月 14 至 15 日，由云南省种苗站、省林科院抽调组成的省林业厅抗旱保苗专家组一行 4 人，在州林业局营林站技术人员的陪同下，到陇川进行抗旱保苗检查指导。专家组先后深入到章凤油茶育苗基地、景坎胜德核桃育苗基地、景罕西南桦新造林基地、林场油茶大树移植采穗圃和核桃采穗圃等地，实地查看受灾情况和抗旱保苗工作开展情况。在实地查看和指导过程中，县林业局杨廷荣副局长就全县林业受灾情况、抗旱保苗工作开展情况和存在的困难问题向专家组进行汇报。专家组对陇川抗旱保苗工作取得的成绩给予了充分肯定。认为：陇川抗旱保苗领导到位，工作扎实，措施有力。专家组每到一个点，对陇川县技术人员在抗旱保苗遇到的技术性问题做了解答和指导，对全县结合实际创新性采取的部分措施进行了交流，并对陇川县下一步继续抓好抗旱保苗工作，专家组提出三点要求：一是要认真贯彻落实好全省林业抗旱工作会议精神，继续提高认识，思想不能有半点松懈，坚决打赢这场攻坚战；二是要进一步加强技术指导，随着苗木长大，蒸发量和需水量加大，要加强灌溉、遮荫和病虫害防治工作；三是要认真核实统计新造林地受灾情况，提前做好规划和种苗准备，年内雨季及时进行补植补造。

【义务植树】 2010年6月18日，德宏州党政军领导参加纪念全民义务植树30周年活动。德宏州组织州和芒市绿化委员会部分成员单位开展义务植树30周年活动，全面掀起全州义务植树活动的高潮。有来自州和芒市的党委、人大、政府、政协、德宏军分区、77332部队、武警德宏边防支队，州、市林业局21家单位的600余名干部职工参加植树活动。活动累计种植澳洲坚果250亩，共计5500余株。

【省政府考核组到德宏检查考核】 2010年7月14至16日，云南省政府考核组对德宏州森林防火目标管理责任状执行情况进行检查考核。考核主要采取听、查、看、问、座谈等方法，重点查看州防火办和梁河县防火办内业建设、4个物资储备库，县级防火专业队、乡镇、学校、村委会和三岔河林场，同时走访了3家农户。经过检查考核，考核组一致认为：德宏州森林防火工作各级党委、政府高度重视，森防指、驻军部队、成员单位和各有关部门及全州各族人民大力支持，防火战线广大干部职工扎实工作和努力拼搏，紧紧围绕“抗大旱、保民生、保稳定、促发展”的工作目标，在安排部署、检查督促、宣传教育、火源管理、经费保障、队伍培训、安全扑救、防火责任、火案查处等方面做了大量艰苦细致的工作，在百年不遇的干旱气候条件下取得无重特大森林火灾和人员无伤亡事故的好成绩，并给予充分的肯定。同时，对在森林防火工作中存在的问题，考核组要求：一是严格按照野外火源管理“五个百分之百”制度，最大程度的降低火情火灾的发生率；二是继续扩大森林防火宣传力度、广度和深度，努力营造人人防火的浓厚氛围；三是加强基层森林防扑火工作，按照省政府要求筹建专业队伍，储备足够物资，加强内业管理；四是做好中缅边境森林防火工作，确保沟通顺畅，及时通报边境森林火情。

【亚太森林网络林改国际培训研讨班到德宏考察】 2010年7月12至15日，由西南林业大学、国家高原湿地研究中心承办的APFNet“亚太森林网络林权改革培训研讨班”学员到德宏州考察林权制度改革工作。考察团由加拿大、泰国、印度、孟加拉、蒙古、老挝、越南、柬埔寨、菲律宾、斯里兰卡、马来西亚、巴比亚新几内亚、缅甸等13个国家林业部门的决策者、规划者、管理者和专家及西南林业大学、国家湿地研究中心的专家、学者20人组成。13日上午，考察启动仪式在芒市举行。副州长高铁英代表州人民政府致欢迎辞，并向来宾简要介绍了德宏州情；州林业局局长钱强介绍德宏州集体林权制度改革、林业管理工作、林产业发展等方面的情况，并与考察团成员进行友好交流。13至15日，考察团分别到潞西市、瑞丽市及陇川县进行了实地考察，参观了林权流转中心、林业局中心苗圃、植物园、国家生态公益林、经济林果种植区、农户竹林立体种植区、林农自发管理林及中低产林改造基地等，听取工作人员及农户的情况介绍。考察团各国官员对中国宏观政策、资金、技术的投入与支持，当地林业部门的投入与实施情况和林农态度与行动的转变等方面问题产生了浓厚的兴趣，与现场工作人员及农户进行交流。在了解德宏州自2007年实施林改以来，各级政府、林业部门高度重视，坚持“保护优先、开发有序”的原则，加大生态环境与自然资源的保护力度；建立林业服务中心，提供林地资产评估、林权流转、林业抵押贷款等方面的咨询与服务，并为农户提供资金、苗木、技术扶持；开展中低产林改造、荒山造林、林地立体种植等方面的措施提高了森林利用价值，取得“林产业得到长足发展、生态环境得到有效保护、林农生活得到极大改善”的喜人成效后，考察团成员惊叹不已，对农村集体林权制度改革工作给予了高度赞扬。纷纷表示，通过此次野外考察，进一步了解中国林权改革、资源保护及产业建设的实际情况，学到了许多宝贵经验，特别是山区开发与林权改革的经验，将有利于他们提高林业发展和改善林区社区发展的能力，使林区社区更好地参与森林经营，为区域和全球森林资源管理做出积极贡献，促进亚太地区森林的恢复和可持续经营。州政府副秘书长韦德斌参加了考察启动仪式，州林改办常务副主任杨从宽及工作人员全程陪同考察。陇川县委副书记陈绍昌，陇川县委常委、副县长李兴庄，潞西市副市长李奇等领导分别陪同相应县市的考察活动。

【国家林业局到德宏检查资金使用情况】 2010年8月6至8日，由国家林业局林产工业规划设计院办公室主任唐景全一行5人，到德宏检查核查2008年、2009年野生动物肇事试点补偿中央财政补偿补助资金使用情况。省野生动植物保护与自然保护区管理处副处长子世泽、德宏州林业局副局长谭新贵、州林业局保护办负责人陪同检查。检查组采取对事件当事人进行电话访谈、现场走访当事人、与主管部门工作人员座谈等方式，先后到芒市、梁河县对近2年野生动物肇事试点补偿工作进行检查核查。通过对2试点县（市）、3个乡镇、81起案件的抽查，核实了当事人基本信息、事件细节、受损情况、损失认定与补偿金发放情况以及当事人对补偿工作的意见，了解试点县（市）中央财政补偿补助资金及地方各级财政补偿经费使用范围和方向，补偿标准、程序和条件执行情况，实际到位和补偿经费缺口情况及补偿工作制度建设等情况，检查了州级和试点县（市）林业局保护办案例卷宗（档案）、补偿电子信息管理系统建设情况，了解案例登录信息的真实性、完整性以及补偿工作开展、运行机制。检查工作结束后，州林业局在梁河县召开全州野生动物肇事补偿工作座谈会，各县（市）林业局保护办负责人汇报了工作，国家林业局、省林业厅和州林业局领导就野生动物肇事试点补偿工作中存在的问题及解决办法进行了探讨。检查组对德宏州下一步野生动物肇事补偿工作提出建议：一是进一步开展宣传和培训工作，普及防范野生动物伤害知识和技巧，提高人民群众主动防范意识和能力，减少伤亡损失；二是力争在州、县（市）财政配套资金部分适当安排工作经费；三是在补偿机制上积极探索创新；四是在现场调查的具体工作中，应强调重点案件县级以上林业主管部门要有勘验；五是电子文档和卷宗要避免批次处理现象的发生。

【《西南桦栽培技术规程》通过省级审查】 2010年8月12日，德宏州林业局《西南桦栽培技术规程》地方标准通过省级审查。由云南省标准化研究院组织云南省林木种苗总站、云南省林业技术推广总站、西南林业大学、云南省林业职业技术学院等专家组成的《西南桦栽培技术规程》地方标准审查小组，本着科学、严谨、客观、公正的原则，按照标准审查的方法、程序和要求，围绕着宏观性、协调性、完整性、统一性、内容、文字、数字、图形、格式等9方面内容，对《西南桦栽培技术规程》云南省地方标准进行技术审查。通过专家的认真审查，原则同意《西南桦栽培技术规程》地方标准通过技术审查，建议作为云南省推荐性地方标准审批发布。

【省政府督查组对德宏进行专项督查】 2010年8月26至29日，由云南省林业厅纪检组长拉玛·兴高任组长，省林业厅资源林政处副处长王绍彬、省中低产办杨荣飞、省林业科学院工会主席姜远标、省林业调查规划院段宏刚一行4人组成的省政府督查组，深入盈江县、陇川县及潞西市中低产林改造地块进行专项督查。督查组现场听取了各县市工作汇报、改造大户和林农的情况介绍，并查阅了相关资料。29日上午，在潞西市政府会议室召开德宏州中低产林改造工作情况汇报会。会议由州政府副秘书长韦德斌主持，州人民政府副州长板岩过出席了会议，潞西市人民政府、州林业局、州林改办、潞西市林业局相关领导及新闻媒体记者20余人参加了会议。会上，板副州长汇报德宏州中低产林改造工作情况，州林业局局长钱强作补充汇报，督查组成员对督查情况作了发言。拉玛·兴高组长在汇报会上，充分肯定了德宏州中低产林改造取得的成效：一是加强领导，强势推进；二是抢抓机遇，强化落实；三是狠抓规划，科学推进；四是示范带动，全面改造；五是结合产业，尊重民意。并指出德宏州中低产林改造工作存在的不足和问题；对下一步工作提出要求：一是进一步提高认识，加快推进中低产林改造工作；二是规范操作，依法依规进行改造；三是加强采伐剩余物利用，加快培育和引进改造剩余物利用的龙头企业；四是按照“高标准建样板林基地、以示范带动中低产林改造”的原则，加大样板林基地投入，加快中低产林改造步伐；五是加强技术指导及培训，为改造的顺利推进提供技术保障。板副州长代表州委、州政府向督查组作了表态发言，表示此次督查是对德宏州中低产林改造工作的一次检阅，更是一次帮助德宏州发现问题、改进工作的难得机会，德宏将根据省督查组提出的意见和建议，提高认识，规范操作，加快工作进度，确保德宏州中低产林改造任务目标的圆满完成。

【省林检局领导到德宏检查指导】 2010年12月7至10日，云南省林业有害生物防治检疫局局长刘宏屏率领省林检局检疫科、云南省林业科学研究院及西南林业大学等有关专家7人，在德宏州林业局李发良副局长和州林检局周平阳局长的陪同下，到德宏州检查指导林业有害生物防治工作。刘宏屏局长一行认真检查了全州各县市（区）主要林业有害生物发生防治现场，听取各县市（区）主要林业有害生物防治工作汇报，在对德宏州主要林业有害生物防治工作取得成绩肯定的基础上，就今后德宏州如何进一步加强松材线虫病监测预报；加强检疫执法，严防危险性和检疫有害生物入侵扩散；加强宣传动员和培训，积极开展主要林业有害生物监测和防治工作，全面提高主要林业有害生物综合防治工作；多方筹集防治经费，有效防控主要林业有害生物，减少危害损失等方面工作进行安排布置。同时，表示省林检局将一如既往支持和帮助德宏州开展好主要林业有害生物综合防治工作，保护好森林资源和国土生态安全。

【完成集体林权制度改革】 2010年，德宏州各县市（区）认真做好技术服务，严格按技术要求和法定程序搞好确权、发证工作，切实保护林农的合法利益。全州投入林改经费5876.44万元。截至年末，全州确权面积743.66万亩；林地确权率为98.66%；已确权149926户；确权宗地328802宗；发证宗地326131宗，已核发林权证138376本，发证面积700.06万亩，发证率99.19%；确权到户面积588.71万亩，确权到户率98.43%；公益林均山面积122.80万亩，公益林均山到户率89.12%；商品林均山面积543.84万亩，商品林均山到户率88.29%；集体林均山面积666.64万亩，集体林均山到户率88.44%；全州排查林权纠纷累计8211起，涉及面积64.82万亩，已调处7951起，已调处面积58.72万亩，面积调处率96.8%；协议调处7906起，行政裁决45起，协议调处率90.6%。2009年9月和2010年4月分别通过省级重点检查和复查，标志着德宏州集体林权制度主体改革已基本完成。

【中低产林改造】 2010年德宏州委、州政府下达中低产林改造任务60万亩（德宏州中低产林改造规划用3年2010至2012年时间，完成182.92万亩低效林改造），其中含省级下达10万亩。全年全州完成中低产林改造60.65万亩，完成年度改造任务的101.1%。按改造方式分为：采伐更新27.32万亩、补植补造2.98万亩、封山育林8.59万亩、森林抚育14.30万亩、结构调整4.03万亩、复壮改造1.79万亩、综合改造1.64万亩。

【特色林产业发展】 2010年，德宏州委、州政府下达特色林产业发展任务40万亩，其中竹子20万亩，核桃11万亩，油茶6万亩，澳洲坚果3万亩。截至12月初，全州通过森林采伐更新、中低产林改造、退耕还林、四旁种植等措施，大力发展竹子、油茶、坚果、核桃、乡土用材、林下资源等产业，完成特色林产业48.19万亩，完成任务的120.5%。其中：竹子23.85万亩，完成119.3%；核桃11.11万亩，完成101%；油茶10.09万亩，完成168.1%；澳洲坚果3.14万亩，完成104.7%。

【森林防火】 2010年，德宏州投入防火资金814万元，其中省级328万元，占总投入的40.3%；州级82万元，占总投入的10.1%；县市级404万元，占总投入的49.6%。全州有季节性扑火队8支、320人；乡（镇）、农场民兵应急扑火队57支、1140人；村民义务扑火队310支、9300人。省州、县（市）森林防火资金足额到位，为森林防火工作的开展提供了有力保障。全年全州发生森林火灾25起，其中一般森林火灾7次，较大森林火灾18次，占省下达控制指标的51%；火场总面积410.23公顷，森林受害面积82.03公顷，占省下达控制指标的16.7%；受害率为0.1‰，低于省下达控制指标0.9个千分点；火灾案件查处23起，查处率为92%，高于省下达控制指标12个百分点；林火当日扑灭率为96.2%，高于省下达控制指标1.2个百分点；省通报卫星热点136个，其中农事用火90个；烧造林地24个；林火5个，查无火15个，境外火2个。各项森林防火指标均在省下达控制之内，圆满完成了州政府确定的森林防火目标和任务。

【造林绿化】 2010年，德宏州完成人工造林51.98万亩。按造林树种分：完成竹子23.85万亩，核桃7.95万亩，油茶10.09万亩，澳洲坚果3.14万亩，西南桦4.4万亩，旱冬瓜1.82万亩，杉木0.67万亩，橡胶0.06万亩；完成种植面积0.71万亩，完成68%。

【种苗生产】 2010年，德宏州备种261195千克，穗条432.2万条；育苗5387亩，可提供造林苗木7627万株；采种基地2个、5250亩，其中柚木2250亩，西南桦3000亩；采穗圃7个、970.5亩，其中坚果1个200亩，核桃2个、20.5亩（高密度），油茶4个、750亩。

【义务植树】 2010年，德宏州完成义务植树138.66万株，完成115.6%；有42.39万人履行植树义务，其中有0.75万人“以资代劳”缴纳义务植树绿化费9.29万元；建立领导义务植树样板林2片，面积0.071万亩。

【林木采伐】 2010年，云南省厅下达德宏州商品材采伐量233.39万立方米，实际完成商品材采伐量97.2万立方米，其中商品材采伐蓄积量91.9万立方米，比上年升112.7%；非商品材采伐蓄积量5.3万立方米。实际采伐量占年采伐限额的41.6%。

【木材加工】 2010年，德宏州持有经依法审核合格换发及新审批的木材经营加工许可证1004户，其中木材经营许可证259户（国内木材21户，边贸木材156户，边贸木炭4户，国内木炭1户，石斛72户，木制品5户）。木材加工许可证745户，其中民用材来料加工点152户、国内材加工193户、边贸材加工192户、竹材加工41户、木雕工艺品加工46户、木制成品家具加工84户、边贸木炭加工8户、国内木炭加工4户，国内材中密度纤维板加工2户、边贸材中密度纤维板加工1户，剩余物加工22户。全年全州生产木地板条等木制品29.5万立方米，销售28.9万立方米；生产竹制品1243吨，销售1088吨。现价工业总产值60563.6万元，产品销售收入56947.5万元，交税金9826.5万元，利润总额11248.1万元。

【林地管理】 2010年，德宏州各级林业主管部门积极依法做好腾陇、潞梁二级公路等重点工程征占用林地、林木采伐审批相关的咨询、指导、服务工作，确保重点工程建设征占用林地审批手续在州委、州政府要求的时限内审批完毕，使重点工程建设依法依规、健康、有序进行。年内，上报省林业厅审批的建设征占用林地项目61宗，征占用林地面积242.2公顷，其中永久性征占用林地232.1公顷，临时性占用林地10.1公顷，需采伐林木蓄积4988.1立方米，预收森林植被恢复费971.2万元。

【木材运输及检查】 2010年，德宏州办理云南省国内木材运输证19.8万立方米，办理边贸木材运输证34.5万立方米，办理再次运输证3.7万立方米，办理剩余物运输证2.1万立方米，办理林产品运输证0.9万吨。查验运输木材51595车次，检查木材85.2万立方米，处罚466车（次）0.13万立方米，没收木材0.1万立方米，罚款2.3万元，木材变价款131.7万元。

【林政案件】 2010年，德宏州发生林政案件1503起，林政案件比上年下降2.5%。其中：盗伐林木45起，滥伐林木143起，违法征占用林地44起，违法运输木材1177起，非法收购经营加工木材86起，其它案件8起，查处1503起，查处率100%，受处罚人数1522人，为国家挽回经济损失390.5万元。

【森林公安】 2010年，德宏州森林公安系统紧紧围绕服务林业中心工作，根据省林业厅、省森林公安局的统一部署和要求，先后组织开展“春季行动”、“冬季行动、“冬季铁拳”一系列专项行动，严厉打击破坏森林资源、野生动物资源及林区各类违法犯罪。全年全州森林公安出动车辆16634辆次，警力18755人次。依法查处各类森林和野生动物案件1221起，比上年同期多查处456起，上升59.6%，其中森林刑事案件98起，多查处33起，上升50.8%，森林行政案件1094起，多查处492起，上升64.5%，野生动物刑事案件17起，少查处4起，下降19%，野生动物行政案件12起，少查处2起，下降14.3%；查处违法犯罪嫌疑人1282人，比上年多查处452人，上升54.5%，其中刑事拘留62人，移送起诉49人，取保候审78人，逮捕36人，监视居住2人，治安处罚2人，林政处罚1124人；查处涉案活立木蓄积2658.226立方米，依法收缴木材1099.21立方米，石斛24757.2千克，木炭944.702吨，红豆杉0.43立方米，钝刀木8.5吨，木制品93件，锯末粉52吨，青树

4株，小叶榕10株，鸡蛋花树3株，紫薇2株，油茶树176株，铁道木树根75棵，芒果树6株，兰科野生植物（节节高）840千克，菠萝蜜树12棵，白花树3株，百老树81株，蛇类2619.2千克，黑熊6头，蟒蛇皮101张，象牙4根，穿山甲活体11只，穿山甲片341千克，象皮172千克，果子狸2只，熊掌8只，熊油1千克，水鹿脚4只，水鹿心脏2个，水鹿尾1根，水鹿角1架，羚羊角1架，炸药3千克，香烟3598条，金钱豹骨2架和皮2张，绯胸鹦鹉24只，蜂猴2只，云豹头盖骨1个，灰叶猴骨架1副，黑熊下牙床1副，肩甲骨1块，动物死体53.2千克，累计为国家挽回直接经济损失556.251万元。

【林业有害生物防治检疫】 2010年，德宏州林业局按照“预防为主，科学防控，依法治理，促进健康”的林业有害生物防治方针，结合德宏州林业产业发展规划，继续加大主要林业有害生物的基础研究，重点是开展松材线虫病、薇甘菊等危险性和检疫性林业有害生物的预防和综合治理。经过6年2期综合治理，顺利完成瑞丽市和畹町经济开发区松材线虫病的预防和综合治理任务。经监测，各项综合治理指标达到国家和省下达的要求标准。州政府于8月26日召开薇甘菊防控工作会，对全州薇甘菊除治作了部署；州林业局于9月26日及时召开林地薇甘菊防控推进会，启动林地薇甘菊灾害应急预案，印发德宏州林地薇甘菊预防和除治工作方案，成立德宏州林地薇甘菊预防和除治工作领导小组，全面开展德宏州林地薇甘菊除治工作。全年全州完成林地薇甘菊除治29303.42亩，其中人工除治21699.92亩，化学除治6177.5亩，人工＋化学除治1426亩。州林业局印发林地薇甘菊除治宣传资料40000份，宣传展板7块。省、州投入林地薇甘菊治理经费181.6万元。

全年全州林业有害生物发生面积10.7013万亩，发生率为1.1%，成灾率为0；防治面积10.122万亩，无公害防治率为81.23%。全州应施产地检疫种苗面积4736.6亩，实施产地检疫种苗面积4736.6亩，种苗产地检疫率100%。全州投入防治经费513.24万元，其中省财政投入100.56万元（含国债资金投入45.56万元），州级投入197.12万元，县市级投入72.75万元，群众自筹142.81万元。全州调运检疫商品木材78.7526万立方米，苗木110.464万株，竹材535.46吨，药材9161.71吨，花卉3.7688万株，果品13067.4吨，林产品38233.04吨；收取检疫费163.12万元。全州有测报站点99个，其中国家级中心测报点1个，州级中心测报点10个，一般测报点89个；有测报人员131人，其中专职22人，兼职109人；发布预报次数18次，份数205份。

【农村能源建设】 2010年，德宏州新建农村户用沼气池3364户，其中省级项目完成1244户，巩固退耕还林成果项目完成462户，国债项目完成1658户，占州政府年目标任务3000户的112.13%；农村改灶1479户，其中省级项目完成1429户，巩固退耕还林成果项目完成50户，占州政府年目标任务1000户的147.90%。年内农村能源建设在农户的正常使用下，可节约9216吨薪柴，相当于保护2300多亩林地，可为农户提供约150多万立方米优质清洁能源，相当于节约1080吨标煤，可为农户提供20000多吨的优质有机肥，可为农户节支增收约300多万元，年约20000多农村人口受益。

【退耕还林】 2010年，德宏州林业局按照“巩固成果，确保质量，完善政策，稳步推进”的要求，围绕“生态建设产业化、产业发展生态化”的思路，开展退耕还林工作。年内，云南省下达德宏州退耕还林工程荒山荒地造林20000亩，巩固退耕还林成果基本口粮田建设4200亩，农村能源建设沼气467口、节柴灶50眼，种植业90200亩，养殖业棚厩建设8400平方米、青贮窖2100立方米、饲料地建设3400亩，技术培训6300人，补植补造2645亩。全年完成荒山荒地造林20000亩；巩固退耕还林成果项目种植业90200亩，补植补造2645亩，完成率均达100%。年内省下达德宏州退耕还林工程补助资金4501.53万元，其中种苗补助400万元；生活补助费315.51万元；粮食折现补助3312.76万元；粮食调运费473.26万元。各项资金兑现率达100%。

【林业科技】 2010年，德宏州林业局紧紧围绕“科技兴州、科技兴林”的主题，以“满足需求，突出重点，立足当前，讲求实用，考虑长远，提升素质”为原则，重点围绕“六棵树一棵草”特色产业、木本油料产业建设、中低产林改造、病虫害防治等技术，开展基础研究和科技推广。年内，争取国家级推广项目《滇西油茶丰产栽培技术集成与示范》、《高效丰产西南桦混交林培育试验与示范》等3个，省级示范项目《萝芙木良种繁育及造林技术推广》、《麻竹笋用林丰产栽培技术推广应用》、《油茶良种繁育及技术示范》等5个，安排州级科研及推广项目《德宏州珍贵乡土树种混交造林模式研究》、《澳洲坚果丰产管理示范》、《龙竹缅竹丰产栽培技术研究》、《涉林产业病虫害综合防治技术》《西南桦栽培技术地方标准制定》等11个，投入科技推广经费300余万元。通过研究，示范及标准化建设，促进林业产业化关键实用技术推广和产业化示范工程建设，为把林业优势产业培育成全州经济的重要产业提供技术支撑和科技储备保障。

【表彰先进】 2010年7月27日，德宏州林业局主体改革目标考核被云南省委、省政府评为二等奖；州林改办、州档案局等12个先进集体和钱强、杨世庄等16名先进个人受到省委、省政府的表彰。州森林防火工作被省政府考核为优秀。州森林防火指挥部办公室聂永生荣获2010年度全国森林防火工作先进个人；州林业局长钱强等9人荣获2010年度全省森林防火工作先进个人。州森林防火办公室、瑞丽市森林防火办公室、梁河县森林防火指挥部荣获全省森林防火工作先进单位。德宏州2009年森林生态效益补偿基金及2008年至2009年中央财政森林生态效益补偿基金使用管理荣获省林业厅、省财政厅一等奖。州林业局高级工程师刘世龙获“德宏州第二届突出贡献奖”一等奖，杨正华入选省级第10期技术创新人才，郗三旺团获全国林木种苗管理先进工作者。州退耕还林办公室被省政府表彰为2010年云南省巩固退耕还林成果先进州(市)，并荣获二等奖。

【林业宣传】 2010年，德宏州林业局紧紧围绕林产业发展的重点，组织科技人员开展科研和科普培训、宣传活动。年内，更新(更换)10块林业宣传展板；利用《中国绿色时报》、《云南林业》、《云南科技报》、《德宏团结报》、《德宏林业简报》、《德宏林业》会刊、《德宏科普》以及德宏电视台、德宏林业信息网、德宏林改网、德宏森林防火网等各种媒介报道宣传林业工作动态；组织开展形式多样、内容丰富的林业法律法规、政策宣传，发放宣传材料30余万份。全州通过电视、电影宣传林改600场次，广播3500次，发放资料53096册、宣传标语83404条，报刊、简报、板报报道1800多期，召开各类会议和培训班12789次，培训人员211410人次；发森林防火户主通知书21万张，德宏州人民政府森林防火令8000张，《省长令》4000张，广播、电视宣传4705次；出动宣传车138辆次，出森林防火版报162期；发宣传语5428条，半永久性宣传标语3920块，建永久性宣传标牌122块；张贴《森林防火条例》塑料板4000块，发放森林防火知识手册2万本，《森林防火条例》手册2000本。林区学校广泛开展“五个一”宣传教育活动，给学生上防火课1964课时，给小学生发放印有森林防火宣传标语的作业本9万本。制作竹子、油茶、坚果、核桃特色林产业栽培技术专题片，从6月下旬在德宏电视台一套节目播出；在德宏团结报刊出林业文章150篇、3万余字，编发《德宏林业简报》95期、4万余字，在省林业厅网站、州政府政务网站、德宏林业信息发布信息300多条，受宣传人数达10万多人(次)。

【省集中检查考核组到德宏考核】 2010年1月7日，在德宏州司法局副局长张云华等领导的陪同下，云南省司法厅公证处处长黄书庚一行代表云南省委省政府2009年度集中检查考核组，到州林业局检查考核普法与依法治理工作。州林业局、州森林公安局、州林业局法规科、林改办、防火办等相关科室负责人参加考核会。州林业局局长钱强结合州林业局上年普法与依法治理工作开展情况、法制宣传教育取得的成效、存在的问题和年内工作计划向考核组作了汇报。德宏州林业局紧紧围绕“五五”普法规划总体要求，结合林业工作实际，开展普法与依法治理工作。一是加强组织领导，建立健全林业法制机构；二是强化学习，加大法制宣传；三是切实加强党风廉政建设，预防涉林职务犯罪和反腐败工作力度；四是规范林业行政管理，加大执法力度；五是积极推进阳光政府四项制度建设工作。考核组经过听取汇报、查阅痕迹资料、详细询问后，对州林业局上年度普法依法治理工作给予充分肯定。认为：州林业局尽其所能，投入大量经费开展普法依法治理工作；作为执法单位，同时又受其他部门监督，学法、执法、普法工作量很大；局领导重视普法依法治理工作，机构健全、措施有力，培训宣传工作取得很好的成绩，有很多地方值得学习。针对林业行政执法工作中出现的困难问题和工作建议，考核组表示将向省委、省政府集中考核组反映。

【省林业厅副厅长刘一丹一行到德宏调研】 2010年1月6至9日，由云南省林业厅副厅长刘一丹一行3人组成的调研组，到德宏州调研林业综合工作。州人民政府副州长板岩过、州林业局局长钱强等相关领导陪同调研。调研组先后对陇川、瑞丽、芒市3县市林产业发展、林改、木本油料发展、中低产林改造及森林防火等工作进行调研，并分别听取各县市的工作情况汇报，实地视察了油茶、核桃、竹子繁育基地，油茶、澳洲坚果种植基地及木材加工企业。8日下午，调研组在州林业局听取州和潞西市关于集体林权制度改革、木本油料建设、林产业发展、森林防火、中低产林改造等工作情况汇报。听取汇报后，调研组充分肯定德宏州林业发展取得的成绩。认为：德宏州委、州政府高度重视林产业发展，各县市和林业部门做了很多工作，整个林业产业正在推进，效果很好。德宏州在“六棵树”产业发展上，涉及林业的“四棵树”符合德宏实际，既克服了产业发展上的“多、乱、杂”，又和省林业产业发展总体导向相对接，思路清楚，基础工作扎实，重点突出，科技含量高。品种的选育和油茶嫁接在全省走在前列，产业发展有新的思路和突破。潞西和陇川的竹子、油茶和核桃苗圃基地非常规范，且面积大，为产业发展提供了很好的保障，林产业发展已经形成很好的发展态势。同时，刘副厅长对德宏林业下步工作提出了相关要求：一、林改工作要注意解决两个问题：一是要高度重视村民小组发大证和家庭发大证的问题。基层干部要提高认识，让群众有知情权、所有权、经营权和处置权，只要群众要求分到户的，一定要分到户，不能因为小利益而影响群众的大利益。二是处置权交易比较繁琐。林权只有流转起来才能抵押，只有抵押才能融资，只有融资才能发展，林业服务中心下一步要结合配套改革，简化林权的流转手续，使林权流转既符合要求又快捷。在今后工作中要加强对如何实现资源优化配置问题的研究。二、森林防火。通过听汇报和查阅资料，德宏近年来没有发生大的火灾，尤其是潞西11年没有火灾，要认真总结经验。德宏有“两个常规特点和两个特殊特点”。常规特点：一是与缅甸接壤，要特别注意境外火源，不能掉以轻心；二是甘蔗开榨，群众生产用火较多。特殊特点：一是年内比较干旱，中低产林改造期间，剩余物、废弃物较多，火灾隐患较大，用火必须有人值守，要落实好责任；二是没有森警和防火专业队伍。三、木本油料发展。德宏涉及的主要是油茶、核桃和坚果。油茶产业发展基础打得好，要抓住油茶被列为全省三个重点发展产业之一的机遇，加大力度，加快实施；核桃和澳洲坚果的发展问题将带回去认真研究，帮助争取更多的扶持。四、中低产林改造。一是中低产林改造要与主导产业挂钩。主导产业有政策扶持，中低产林改造为主导产业发展提供林地支撑。二是中低产林改造要走规模化路子，既体现产业上的规模化，又简化审批手续。针对中低产林改造中育林基金的征收问题，将带回去进行研究。五、林产业发展。林产业发展要结合中低产林改造，形成规模、突出重点。要主打好“六棵树”中涉及林业的“四棵树”以及西南桦和旱冬瓜等用材林，其它的要做好政策引导；产业设置上要注意对产业链的研究；要加大招商引资力度，对龙头企业，既要扶持，又要尊重。

【州林业局到各县市调研】 2010年1月17至22日，德宏州林业局党组率州局各科室及下属单位负责人到各县市（区）开展林业工作综合调研。州政府办张景虎科长应邀参加调研。调研期间，各县市（区）林业局向调研组汇报了上年林业工作开展情况、取得的成绩和经验、存在的问题以及年内工作计划。调研组实地视察各县市（区）特色林产业发展基地、中低产林改造基地、木本油料建设基地、林业加工企业，并对森林防火责任制的落实及防火物资储备情况进行检查指导。通过调研，调研组对各县市（区）上年林业工作给予了充分肯定，就如何做好年内林业工作，调研组结合各县市（区）工作实际提出具体要求。一是要认真贯彻落实好州委、州政府提出特色产业发展的各项任务，并确保完成；二是要加强党风廉政建设工作，增强林业干部职工拒腐防变的能力和意识；三是要继续完善集体林权制度主体改革工作，大力推进配套改革；四是要落实好森林防火责任制，做好森林防火物资及经费保障，加大森林防火宣传力度，扎实抓好森林防火工作；五是要加强林业有害生物的监测预报和综合防治工作，建立重大有害生物防治应急预案；六是要采取强有力的措施，加强林木种苗培育工作，为林产业发展提供优质的种苗；七是要严格执法，加大对森林资源的管护和野生动物的收容救护工作，认真抓好国家、省级重点公益林的管护工作，落实好两级生态效益补偿金；八是要做好林业加工企业的排查、整合，做强做大林业加工企业，提高产品的附加值和市场竞争力；九是要做好农村能源建设的管理和村级服务队的指导工作；十是要积极发展石斛等特色林产业专业合作社，促进特色林产业的发展和林农的增收；十一是要认真做好“十二五”森林采伐限额编制工作；十二是要做好林区矛盾纠纷的排查和调处工作，切实维护林区社会稳定。

【完成国家级公益林分级区划】2010年，德宏州林业局按照《国家级公益林区划界定办法》和《云南省国家级公益林分级区划操作细则》，以2004年国家重点公益林区划界定成果及2008年两类林调整结果为基础，结合新的二类资源调查基础资料以及集体林权制度主体改革资料，利用地理信息软件（ARCMAP）制作了国家级公益林分级区划图和公益林事权等级分布图，对全州266.21万亩国家级公益林进行分级区划。按区划的保护等级统计，一级217.58万亩，二级47.15万亩，三级1.48万亩。目前，国家级公益林分级区划成果经州人民政府审核同意，并上报省林业厅和省财政厅。

（《林业》撰稿　赵俊峰）

（见“州情概览·林业”72页）

水利水文

水　　利

【启动德宏抗旱应急预案】2010年3月17日，德宏州发生有史料记载以来最为严重的百年一遇旱灾，造成小春农作物受旱面积达全州已种小春作物面积的57.7%，按照《德宏州防汛抗旱应急预案》有关规定，州防汛抗旱指挥部及时启动抗旱重大级（II级）应急响应。州防汛抗旱指挥部各成员单位、各县市（区）防汛抗旱指挥部按照《德宏州防汛抗旱应急预案》明确的职责和要求，全力协调配合，完成抗旱救灾各项工作任务。同时，结合抗旱应急预案，及时研究切实可行的对策和措施。1月25日，德宏州水利局召开全州抗旱工作座谈会，认真分析研究当前及下一阶段旱情形势，安排部署抗旱工作。2月23日，州水利局专门成立以胡琦龙局长为组长、周云生、段兆雄副局长为副组长、州局各科室、直属单位负责人为成员的德宏州水利局抗旱救灾领导小组，集中力量抓好全州水利抗旱救灾工作。2月21至23日，段兆雄副局长带领有关人员，到畹町、瑞丽、陇川及盈江指导抗旱减灾工作。2月28日，胡琦龙局长带领州防汛办主任到潞西市检查指导抗旱救灾工作。3月5日上午，州水利局召开局务会，会上胡琦龙局长传达全省抗旱救灾及森林防火电视电话会议精神，并针对当前德宏州的旱情形势，周密部署，开展抗旱救灾工作措施，决定迅速派出由胡琦龙局长、周云生副局长及段兆雄副局长分别带队的3个抗旱救灾工作组，分赴各县市旱灾一线指导抗旱救灾工作。3月2至5日，陇川县水利局成立3个抗旱救灾工作组，分别由局长李学宏、副局长线家华、许洪达带队，成员由局办公室、县防洪办、水利工程管理站、水政水保股、水电股等主要人员组成，深入到各乡镇，组织、指导群众开展抗旱救灾工作。2月20日，盈江县水利局召开抗旱救灾紧急会议，成立以局长杨华为组长的抗旱救灾工作领导小组，局领导班子成员和工程技术人员分片联系各乡镇指导抗旱救灾工作。潞西市水利局及时成立以局长为组长，副局长、副书记为副组长，各科室负责人为成员的抗旱救灾领导小组，并下发《潞西市水利局关于下派抗旱救灾工作组的通知》，建立局领导分片联系制度。梁河县水利局于3月3日成立抗旱救灾工作领导小组，局长孙任宗任组长、副局长徐开田、莫立梅任副组长，各股队站负责人为成员，分乡镇指导水利抗旱救灾工作。2月8日，瑞丽市水利局成立以局长杨从柱为组长的抗旱救灾领导小组，明确工作职责和任务目标。畹町水利局3月5日成立抗旱救灾领导小组，分片联系指导水利抗旱救灾工作。5月27日，全州各县市（区）进入雨季，除部分山区外，德宏旱情基本解除，州防汛抗旱指挥部决定即日起终止抗旱重大级（Ⅱ级）应急响应。

【梁河县油竹坝水库除险加固工程下闸蓄水验收】 2010年11月24日，梁河县油竹坝水库除险加固工程通过下闸蓄水验收。梁河县油竹坝水库是一座具有灌溉、防洪、供水等综合效益的小（一）型水库，坝高22米，总库容158万立方米，兴利库容134.57万立方米，设计灌溉面积0.225万亩。工程于1956年动工兴建，1958年扩建。水库自建成以来，就出现病情，一直处于限制蓄水，带病运行状态，工程效益不能正常发挥。梁河县油竹坝水库除险加固工程概算总投资为826.44万元，于2008年12月3日开工，至2009年9月26日主体工程完工。

【潞西市蚌相水库除险加固工程竣工验收】 2010年12月6日，潞西市蚌相水库除险加固工程通过竣工验收。潞西市蚌相水库位于潞西市芒市镇蚌相村，是一座以灌溉为主，人畜饮水为辅的小（一）型水库。该水库于1990年建成，总库容102.75万立方米，主坝最大坝高30米，左副坝最大坝高20米，右副坝最大坝高18米。蚌相小（一）型水库除险加固工程投资为864万元，工程于2009年2月1日开工建设，至2009年5月按批准的设计规模、建设内容全部完工。

【陇川县红卫水库除险加固工程竣工验收】 2010年12月8日，陇川县红卫水库除险加固工程通过竣工验收。陇川县红卫水库是一座具有灌溉、防洪、供水、水产养殖等综合效益的小（一）型水库，坝高20.43米，总库容827万立方米，设计灌溉面积1.67万亩。红卫水库除险加固工程投资1058万元，工程于上年1月正式开工建设，至2010年11月按批准的设计规模、建设内容全部完工。

【潞西市草坝水库除险加固工程竣工验收】 2010年12月8日，潞西市草坝水库除险加固工程通过竣工验收。潞西市草坝水库位于潞西市江东乡。该水库于1978年建成，有主坝和副坝，主坝高30米，副坝高20米，径流面积1.34平方公里，总库容233万立方米。潞西市草坝小（一）型水库除险加固工程，概算总投资1018万元，于2010年4月1日开工，至同年12月按批准的设计规模、建设内容全部完工。

【水库建设】 2010年，德宏州水利部门主要完成如下水库建设投资任务。一、麻栗坝水库完成投资5482万元，水库枢纽工程已完工，灌溉干渠工程正在紧张施工；二、瑞丽市芒林中型水库完成投资5520万元，完成水库大坝建设，渠道工程全线开工；三、盈江县回龙河水库完成投资5500万元，畹町红石河水库完成投资161万元；四、梁河县丛岗水库3月开工建设，至年底完成投资260万元。

【江河治理工程】 2010年，德宏州实施陇川县界河防洪治理工程（即一期南洼河2009年度第二批工程）、芒市勐古河芒海通道界河整治工程（即2009年度第二批）和芒市大河芒市坝段治理工程一期工程建设。年内，完成投资2500万元，完成主要工程建设内容为：新筑堤防长2.051公里，加固堤防0.928公里，新建护岸5.444公里，新建交叉建筑物1座。完成盈江县那邦通道界河治理工程（2010年第一批）和陇川县界河防洪治理工程（2010年第一批）建设前期工作。陇川界河防洪治理工程（一期）概算总投资2896.33万元，累计完成投资1025万元，其中年内完成投资500.15万元；勐古河芒海通道界河治理工程总投资2967万元，累计完成投资375万元，其中年内完成投资250万元；芒市大河芒市坝段治理工程一期概算总投资2985万元，年内完成投资2000万元。

【农村人畜饮水工程】 2010年，德宏州水利部门为进一步改善农民群众生活条件，进一步明确目标任务，强化工作措施，积极争取国家和省的支持，多渠道筹集建设资金，继续加快农村人饮的建设步伐。全年全州农村饮水安全工程完成投资2727.28万元，解决5.69万人的饮水安全问题。

【干支渠建设】 2010年，德宏州继续加快干支渠建设的步伐，进一步实施盈江县大型灌区和陇川县麻栗坝灌区建设。年内，盈江大型灌区下达投资2000万元，施工单位已进场，完成投资1407万元；陇川县麻栗坝灌区完成投资1935万元；相继实施梁河县油竹坝干渠防渗工程、瑞丽市姐勒水库西沟干渠防渗工程、芒市那目水库南干渠防渗工程、陇川县城海岗水库北干渠防渗工程、盈江县东大沟等11件干支渠防渗工程，计划总投资4340万元，累计到位资金1430万元，完成投资1430万元，完成干渠防渗61.649公里；改造中低产田0.51万亩，完成投资734.4万元。

【“五小水利”工程建设】 2010年，德宏州水利部门坚持巩固坝区，加强山区的原则，实行“民办公助”，抓好山区“五小水利”建设，引导农民群众积极兴建小型蓄水、引水、提水等水源设施和灌溉设施。全年全州共建“五小水利”1088件，超额完成了省厅下达的“五小水利”工程建设任务。

【水土生态环境建设】 2010年，德宏州水利部门以生态环境建设为核心，采取工程与生物措施相结合，加大水土流失区和生产开发建设项目水土流失治理力度。年内，实施中央水保工程项目有：芒市南懒河小流域和梁河南庆河小流域综合治理工程，工程计划投资898.4万元，综合治理面积1666.2公顷。截止12月31日，到位资金300万元，已完成投资300万元，治理面积9平方公里，其中坡改梯50公顷，建成以谷坊为主的小型水土保持工程16座，封禁治理469公顷，种植水土保持林133公顷。

【中小水电建设】 2010年，德宏州有10座水电站建成并投产发电，新增装机容量40.8万千瓦。截至年末，全州总装机容量257.2万千瓦，在建水电站25座，总装机容量60.75万千瓦。瑞丽市、芒市、陇川县、盈江县的“十一五”水电农村电气化县建设，达到了水利部《水电农村电气化标准》要求的经济、社会、生态和管理目标，并先后通过省级达标验收。

【水资源管理】 2010年，德宏州水利部门在开发利用水资源的同时，依法行政，切实加强水资源管理保护工作。广泛进行水法宣传，完善水行政执法体系，以水资源优化配置、节约、保护为核心，认真落实取水许可制度，严把新建工程项目的水资源论证审查关，依法进行水资源论证、水土保持设施方案的审查，把水量水质的监管落到实处。全州审查水资源论证9项，征收水资源费6050余万元，超额完成省水利厅下达的目标任务。在水行政执法方面，开展以河道采砂、水工程安全、水资源保护和水土保持监督为重点的执法监督活动。全州发生各类水事案件66起，其中现场处理65起，立案查处1起。

（《水利》撰稿　罕兴生）

（见“州情概览·水利”74页）

水　　文

【中小河流一期水文（雨量）站点建设】 2010年1月26日至2月5日，德宏州水文水资源局完成中小河流一期水文（雨量）站点的勘察，3月5至23日完成站点的安装调试，4月21至30日德宏中小河流（洪水易发区）水文监测自动测系统建成，实现水情信息的自动采集、传输、处理，为开展水文测验、资料整编、水文预报、对外水情信息服务等工作提供了强有力的技术支撑。

【办公自动化（OA）系统】 2010年3月16日，德宏州水文局（OA）系统顺利通过验收并移交使用。该系统于上年12月底起建。为更好的使用该系统，举行办公自动化（OA）系统验收仪式及OA系统使用培训会，由中国电信德宏分公司技术人员，就OA系统的操作使用进行演示及培训，顺利通过验收，并移交使用。

【全省水情水资源工作会议在德宏召开】 2010年3月24日，云南省水情水资源工作会议在芒市召开。省水文局党委书记、局长李苦峰，州人大副主任王兴才、州人民政府副州长板岩过、水利部水文局水情处处长章四龙、省水文局副局长伍立群、总工朱远高出席会议，潞西市领导、州、县（市）水利局领导，德宏州各中型水库负责人、省水情处领导及14个水文局领导100余人参加会议。会议总结2008至2009年度水情水资源工作，安排布置今后一段时期内的水情工作任务，并表彰2008至2009年度先进集体和先进个人。会议上，德宏、玉溪等7个分局作交流发言。

【表彰先进】 2010年，德宏州水文水资源局被潞西市委、市政府评为综治维稳工作先进集体一等奖，总支部书记、局长张正强被评为先进个人。

【德宏水环境监测分中心顺利通过国家认证评审】 2010年7月5日，德宏水环境监测分中心顺利通过国家级计量认证监督评审。国家级计量认证水利评审专家刘祥栋和康金栓，在省中心技术负责人毛建忠的陪同下，对德宏分中心实施监督评审。2位专家对分中心软、硬件进行认真细致的检查，对相关人员进行现场询问和盲样考核。评审组充分肯定分中心人员素质高、业务强、工作积极主动，认为分中心管理到位，质量体系运行正常，同意通过评审，延续了资质。

【省水利厅副厅长程海云到德宏检查】 2010年8月14至16日，云南省水利厅副厅长程海云在省水文局党委书记、局长李苦峰的陪同下，深入基层一线，到戛中水文站看望测站职工，了解测验设施、防洪报汛及生产、生活情况，并要求测站职工掌握河流特性，熟悉先进仪器，使用安全、可靠、高精度的技术手段进行水文测验和防洪报汛。16日，程副厅长视察德宏州水文局基地，看望干部职工，观看了自动测报系统的现场演示。州水文局党总支部书记、局长张正强详细介绍了站网建设、人员编制和工作情况。程副厅长对州水文局取得的成绩给予了充分肯定，并提出希望和要求。

【瑞丽江雨量自动测报系统建成】 2010年11月，瑞丽江雨量自动测报系统建成，原有德宏水文遥测系统全面升级改造工作完成。德宏辖区内水文测站雨量站全部实现水情信息的自动采集、传输、处理，系统可以实现自动报汛及自动生成南方片资料整汇编软件所要求的雨量数据和水位数据格式文件，真正实现了测、报、整一体化。

【参加云南省第三届“水文杯”运动会】 2010年11月15至20日，德宏州水文水资源局组织参加云南省第三届“水文杯”运动会。州水文水资源局组织17人参加男子篮球和女子羽毛球（双打）项目的比赛。通过比赛，州水文水资源局获得“优秀组织奖”和女子羽毛球双打第四名的成绩。

【成立州水文水资源局党委】 2010年，德宏州水文水资源局党委成立。局党委的成立是州水文水资源局向云南省水文局党委和州直机关工委请示，并经9月2日五届州委第72次常委会议同意，成立的中共云南省水文水资源局德宏分局党委。按照《党章》和《中国共产党基层党组织选举暂行条例》等有关规定，于12月13日召开党员大会，选举产生新一届中共云南省水文水资源局德宏分局委员会。新一届党委书记为张正强，党委副书记为张国清，党委委员为张正强、张国清、穆成山、杨明亮、孙自安组成。

（《水文》撰稿　杨惠玲）

麻栗坝水库

【领导调研】 2010年3月12日，德宏州委书记赵金一行在陇川县李正环县长的陪同下，深入麻栗坝水库灌溉干渠工地，就灌溉干渠工程存在的困难展开调研；4月9日，云南省省委副书记李纪恒一行，在德宏州委赵金书记、陇川县县委书记、县长等的陪同下，深入麻栗坝水库工程建设一线，视察麻栗坝水库工程建设。李副书记肯定麻栗坝工程建设的成绩，同时对水库的运行管理提出指导性意见；8月19日，云南省水利厅周运龙厅长、德宏州孟必光州长、板岩过副州长一行在陇川县委书记、县长等领导的陪同下，检查指导麻栗坝水库工程建设情况，并召开办公会议，就德宏州水利系统工作和麻栗坝水库工程建设取得的成绩作出肯定，提出希望和建议；9月10日，云南省政府孔垂柱副省长一行在德宏州政府板岩过副州长、陇川县政府李正环县长以及相关单位的陪同下，冒雨深入麻栗坝水库枢纽工程工地，就灌溉干渠工程存在的困难展开调研。11月4日，云南省委常委、统战部黄毅部长一行在州委唐文祥副书记、陇川县县委书记、县长以及相关单位的陪同下，深入麻栗坝水库枢纽工程，视察麻栗坝水库工程。

【工程建设情况】 2010年，麻栗坝水库完成如下工程建设任务。一、枢纽工程完成扫尾工作。2009年12月29日水库枢纽工程顺利通过云南省水利厅组织的下闸蓄水验收。2010年，枢纽工程全面完成扫尾工程和机电设备的调试运行工作。主要完成拦河坝坝顶公路沥青路面铺筑，输水建筑物闸室的装饰装修，枢纽区围墙的砌筑，机电设备的安装、调试和维护工作，水情自动测报系统的数据检测工作和拦河坝安全监测工作。二、库区管理。枢纽工程下闸蓄水后，蓄水抗旱和防洪度汛成效显著，提前完成年内蓄水6000万立方米任务。5月，与陇川县政府联合印发《麻栗坝水库库区和干渠管理的联合通告》，加强库区运行管理，美化枢纽工程建筑环境，枢纽工程及水库库区面貌一新。三、工程验收。水库枢纽工程划为大坝、西低隧洞、西高涵、溢洪道和坝后电站5个单位工程、51个分部工程、10个合同工程。完成50个（年内完成21个）分部工程验收工作，完成西高涵、溢洪道2个单位工程的验收工作，完成5个合同工程的决算和验收工作。四、坝后电站发电。4月27日，2台机组并网发电成功。截至年底，发电913万度。五、灌溉干渠工程全面建设。已招标灌溉干渠工程49.267千米，灌溉干渠工程标志性建筑物城子渡槽工程（全长2214米）历经几次重大设计变更，完成跨河拱、1002棵总长4666米混凝土灌注桩、169个承台、167榀排架，106榀预制槽身的施工。其它合同段呈现全线开工、重点建设的局面，完成15千米的建设，进展基本顺利。六、设计变更和概算调整工作。由于受设计漏项、设计变更、新增交叉建筑物、物价上涨、移民安置征地补偿标准提高等影响，造成建筑工程部分、水库淹没安置处理和工程占地征地拆迁补偿部分均有不同程度的超概。8月完成《云南省德宏州麻栗坝水库枢纽工程设计变更专题报告》的编制上报工作，水利部水规总院已同意枢纽工程设计变更。灌溉干渠工程设计变更报告，目前正在进行补充完善。七、完成投资。工程开工至今累计完成投资54688万元，其中本年度实际完成投资5482万元。

（《麻栗坝水库》办公室供稿）

财税金融

财政

【召开州级政府采购供应商座谈会】 2010年1月7日，德宏州财政局为进一步加强对州级政府采购供应商的管理，努力搭建一个公平、和谐的市场竞争环境，召开州级政府采购供应商座谈会。州纪委执法室、州财政局相关人员及州级公务用车定点维修企业、办公耗材定点企业、公务用车定点保险企业、汽车经销商和办公自动化企业负责人30人参加了会议。会议对上年州级政府采购工作认真进行了总结回顾，并对年内的政府采购工作进一步做出要求，强调在政府采购中心应注意的事项，提出今后政府采购工作的重点及相关的管理措施和办法；各供应商就政府采购中遇到的问题和困难提出自己的意见和建议；政府采购中心与州级定点采购中标企业签订合同，并对标准企业进行了授牌。通过召开座谈会，进一步促使各供应商在政府采购中遵守各项规定进行公平、合理的竞争，对政府采购行为有了更进一步的认识，供应商纷纷表示今后一定诚信经营，遵守各项采购制度，共同营造一个良好的市场环境。

【召开全州财政系统办公室工作会议】 2010年1月9至10日，德宏州财政系统办公室工作会议在盈江召开。全州财政系统办公室93名人员参加了会议。会议盈江县县委副书记、代县长卫岗到会致欢迎词，对全州财政系统办公室工作会议在盈江县召开表示欢迎，同时向与会人员介绍了盈江县的基本情况；州财政局党组书记、局长刘新光作重要讲话。指出：一年来，全州财政系统办公室工作人员紧紧围绕财政增收节支等中心工作服务，求真务实，开拓进取，创造性地开展工作，为财政履行职能，完成各项工作任务发挥了重要的作用，为全州经济社会发展做出积极贡献。同时，要求办公室人员一要加强学习，提高服务意识和水平；二要不计较个人得失，进一步发扬奉献精神；三要言行一致，廉洁自律；四要充分发挥桥梁、纽带沟通协调作用；五要进一步提高办文、办会水平。要求全州财政系统办公室今后要围绕财政中心工作，进一步充分发挥职能作用，加强沟通协调作用，确保财政各项工作的顺利开展。州财政局办公室主任许华开总结回顾上年办公室工作和安排部署年内工作，同时各县市财政局办公室分别就如何进一步做好新形势下的财政系统办公室工作做交流发言。会议还对上年全州财政系统先进办公室进行表彰奖励，对全州财政系统办公室工作人员进行公务员礼仪培训。此次会议的召开，为大家互相借鉴好的工作方法和措施提供了一个学习的平台，对今后进一步做好财政系统办公室工作具有重要意义。

【召开州级预算单位公务卡改革动员大会】 2010年1月14日，德宏州财政局根据《德宏州人民政府办公室关于在全州推行〈德宏州预算单位公务卡管理暂行办法〉的通知》要求，为深化完善国库集中支付制度改革，规范财政财务管理，提高公务支出的透明度，减少现金支付结算，营造良好的舆论氛围和社会环境，确保公务卡改革的顺利推行，召开州级公务卡改革动员大会。安排部署推行公务卡改革工作。州直132个单位的财会人员、中国人民银行德宏州分行、州财政局有关业务科室人员及代理公务卡业务的中国银行德宏州分行、中国建设银行德宏州分行相关人员240多人参加了会议。会上，德宏州财政局党组成员、总会计师徐祖林从公务卡改革的意义、内容、工作安排作了动员讲话。要求各预算单位要予以高度重视，加强领导，精心组织，周密部署，通力协作，切实做好改革准备工作，确保州级公务卡改革工作2010年2月1日正式实施；中国银行德宏州分行副行长何建富和中国建设银行德宏州分行副行长梁二麟分别讲话，明确表态积极支持财政部门的公务卡改革工作，强调公务卡改革是推动德宏州银行卡产业发展的新动力，银行将主动上门服务，积极努力做好公务卡的培训工作，使用卡预算单位尽快了解和掌握公务卡的操作规则及用卡安全知识，确保推行公务卡改革工作的有序进行。会议还要求预算单位和代理银行要积极协调配合，共同做好公务卡改革实施工作，确保公务卡尽快投入使用。动员大会后，中国银行德宏州分行特邀省分行相关业务人员作公务卡查询系统使用说明知识培训，并对公务卡查询系统的具体业务操作流程进行实际演示。动员大会的及时召开，统一了思想，为做好公务卡改革宣传工作创造了良好的改革环境，并通过培训，使预算单位准确把握了实施公务卡改革的意义和公务卡具体业务操作内容及流程。随着公务卡改革的启动，必将对加强预算单位财政支出管理，强化财政监督，建立“阳光财政”，推进源头防腐产生重要的作用。此次州本级预算单位公务卡改革动员大会的召开，标志着德宏州公务卡改革工作的正式启动。

【做客“德宏热线”栏目】 2010年1月20日，德宏州财政局党组书记、局长刘新光到“德宏热线”栏目与听众进行交流。为进一步加强财政部门的党风廉政建设工作，倾听群众的心声，让广大群众了解财政工作，增加财政工作的透明度，同时为接受群众的监督，更好地做好财政工作，促进财政部门的党风廉政建设，州财政局党组书记、局长刘新光受邀到“德宏热线”栏目与听众进行交流。刘局长一是向听众介绍德宏州上年度的收支情况。二是向听众介绍上年州财政局采取包括扩大内需在内的各种措施，把财政这块“蛋糕”做大做强，为德宏州经济的发展保驾护航，在支持地方经济发展发挥了不可替代的作用。三是介绍德宏州财政对涉及到民生，社会保障问题的高度重视，在分配过程中尽量向弱势群体倾斜做了很多工作。四是介绍德宏州财政加大“三农”投入，并取得了很好的效果。五是介绍年内的财政主要工作。

【召开农业综合开发工作会议】 2010年1月28至31日，德宏州农业综合开发工作会议在潞西召开。全州农业综合开发工作人员40余人参加了会议。德宏州人民政府副州长板岩过到会并作重要讲话，对近年来全州农业综合开发工作取得的成绩给予充分肯定，并对今后的农业综合开发工作提出要求：一要正确估价农业综合开发取得的成效和经验；二要进一步强化农业综合开发的机遇意识和责任意识，将项目申报好、组织实施好；三要切实抓好上年度的项目实施工作，各县市招投标尽可能立足于本地实际，做到廉洁自律，无欲则刚；四要及时报送信息；五要继续加强项目资金管理，进一步提高管理水平。德宏州农业综合开发办主任雷宝才认真总结上年全州农业综合开发工作，全面分析农业综合开发面临的新形势，并围绕国家和云南关于农业综合开发的要求对全州年内农业综合开发工作做了安排部署。此次会议的召开，对提高工作水平、进一步做好全州农业综合开发工作起到积极的促进作用。

【表彰先进】 2010年2月，德宏州财政局被中共德宏州委评为“2009年度落实党风廉政建设责任制优秀单位”；3月被中共德宏州委、德宏州人民政府评为“德宏州第三批新农村建设工作队及指导员工作先进派出单位”；3月被德宏州人民政府评为“2009年德宏州政府信息公开一等奖”；3月被中共德宏州委、德宏州人民政府评为“2009年度招商引资工作优质服务单位”；3月被中共德宏州委、德宏州人民政府评为“德宏州2009年度禁毒防艾工作州县禁毒防艾挂钩先进单位”；3月被云南省妇女联合会评为“云南省三八红旗集体”；6月被德宏州人民政府评为“德宏州2009年度公共机构节能工作先进单位”；6月被云南省关心下一代工作委员会评为“爱心奉献先进集体”；9月被云南省委、省人民政府评为“云南省第三批新农村建设工作队指导员工作先进派出单位”；10月被中共德宏州委组织部、中共德宏州委老干部局评为“德宏州离退休干部老有所为先进集体”；9月被中共德宏州委、德宏州人民政府评为“人口和计划生育工作先进集体”；12月被德宏州人民政府评为“2006至2010年森林防火先进单位”；12月被国家粮食局、财政部、总后勤部评为“全国军粮供应管理工作先进单位”，被云南省财政厅评为“全省会计管理工作二等奖”、“会计管理工作先进集体”、“注册会计师全国统一考试组织管理工作一等奖”、“2009年度大中型水库库区基金征收工作先进集体”、“2009年预算执行分析二等奖”、“2009年度全省决算工作第二名、部门决算第三名”、“2009年度全省财政国际金融组织合作信息工作先进单位”、“2009年农村综合改革信息宣传工作二等奖”。州财政局长刘新光被德宏州人民政府评为2010中国·德宏国际景颇族目瑙纵歌节“先进个人荣誉称号”，被中共德宏州委、德宏州人民政府被评为“2009年度综治维稳优秀领导干部”；许华开被云南省财政厅评为2009年度全省财政信息工作先进组织者；罗洪启被云南省财政厅评为2009年度全省财政信息优秀信息员；段生喜被德宏州人民政府评为“2010年度烤烟生产工作先进个人”；高广源被省财政厅评为“2009年农村综合改革信息宣传工作先进个人”；赵江、李继红、姚渭玲、史婷、王宏汝被德宏州人民政府评为“2010年度先进会计工作者”。

【省中低改办主任胡朝碧一行到梁河检查】 2010年2月25日，云南省中低产田地改造综合协调领导小组办公室主任胡朝碧一行2人，到梁河县检查指导中低产田地改造工作。检查组深入到梁河县2009年农业综合开发中低改项目区检查了工程的实施情况，听取梁河县中低产田地改造的机构组成情况和工作情况汇报和2009年农业综合开发中低产田改造完成情况和2010年农业综合开发土地治理项目计划申报情况。通过实地查看，听取汇报，胡朝碧主任高度评价了梁河县的中低产田地改造工作：梁河县的中低产田地改造工作在项目实施过程中，通过资金整合、项目整合，在同一片区，各职能部门分工协作，进一步完善以“路渠配套”为主的农田基础设施，并在项目区大力发展甘蔗这一优势产业，结合县情，符合政策，工作有亮点，开发效益显著，群众得到实惠。

【省财政厅副厅长陈建国到德宏督查抗旱工作】 2010年2月24至27日，云南省财政厅党组副书记、副厅长陈建国率省委、省政府抗大旱保民生促春耕专项督查组一行3人，到德宏州督查抗旱工作。州委常委李燕兰，副州长板岩过，州政协副主席卜金富等陪同督查。督查组一行先后到潞西市、瑞丽市、陇川县督查抗旱工作，深入各乡镇，实地了解旱情，聆听群众的呼声，认真听取各县市负责人的情况汇报。在27日下午州政府举行的情况汇报会上，陈建国充分肯定德宏州的抗旱工作，认为德宏州的抗旱工作领导重视，措施有力，成效明显。要求：要充分认识旱情的严峻性和抗旱工作的艰巨性，切实做到思想认识到位、领导责任到位、工作措施到位、检查督导到位、行政问责到位；要在原有工作的基础上，多措并举，形成强大合力，做到缺水不缺精神、不缺措施、不缺技术、不缺物资、不缺人力；要突出重点，加大投入，确保损失降到最低；要更加重视春耕备耕工作，做好资金、技术的保障工作；要切实加强森林防火工作。根据德宏州防汛抗旱指挥部统计，全州灌区作物受灾24.58万亩，轻旱22.69万亩，重旱1.87万亩，干枯132亩，缺水缺墒6.19万亩，其中水田缺水0.61万亩，旱地缺墒5.58万亩。截至2月23日，全州累计投入抗旱资金2028.94万元，投入抗旱人数24.95万人次，投入抗旱设备14257台套，抗旱用电0.35万度，抗旱用油58.41吨；临时解决31457人和6577头大牲畜的人畜饮水困难；累计抗旱浇灌面积118.02万亩；组织发放粮食200吨，救灾棉被18000多床、大衣6000余件，确保灾区群众安全度过春荒。

【签订党风廉政建设责任书】 2010年3月15日，德宏州财政局党组为进一步认真开展好党风廉政建设工作，确保将党风廉政工作抓好、抓实，积极根据财政自身实际，认真制定《德宏州财政局2010年党风廉政建设责任书》，并与各科室签订“2010年党风廉政建设责任书”。“责任书”要求财政局下属各科室要进一步加强思想政治建设和能力、工作作风建设，强化服务意识，提高工作效率，认真履行财政监督职责、教育和监督干部职工遵守廉洁自律的规定，切实做好财政工作，杜绝违反财经纪律现象的发生，认真贯彻执行“四项制度”；要求各科室充分发挥职能作用，认真履行岗位职责，并将各科室开展党风廉政建设情况纳入量化考核。

【省综改办调研组到德宏调研】 2010年3月22至25日，云南省农村综合改革领导小组办公室副主任杜炜一行到德宏，对德宏州农村综合改革及一事一议财政奖补试点工作情况进行调研。调研组通过听取汇报、实地查看、入户询问的方式对德宏州农村综合改革进展情况、一事一议财政奖补项目实施情况、乡镇财政工作情况、乡村债务情况等方面进行全面了解。调研组首先听取州农村综合改革情况汇报，并先后到陇川县章凤镇拉勐村委会和潞西市风平镇芒掌村实地查看村级公益事业一事一议财政奖补项目建设情况，充分肯定州农村综合改革取得的成效，对潞西市村级公益事业一事一议财政奖补项目及乡村债务化解工作给予高度评价。调研组意向性选取潞西市3个项目的相关资料，作为全省示范推广的范本，并对州农村综合改革工作提出了3点要求：一要进一步做实基础工作。对项目的申报、审批、组织实施、验收及数据统计、信息录入等基础工作一定要做扎实。二要进一步做好宣传总结工作。三要做细准备工作，做好项目资金的预拨、清算兑现，为项目的申报做好准备工作。

【召开全州财税工作会议】 2010年3月29日，德宏州财税工作会议召开。参加会议的有州政府州长孟必光、州政协副主席董成宝，各县市财税三局局长及相关科室负责人，州直各单位，省属、中央属各单位主要领导和会计，州财税三局的全体干部职工700多人。州长孟必光作题为《求真务实，锐意进取，努力开创全州财税工作新局面》的重要讲话。孟必光州长指出：上年全州各级财税部门紧紧抓住国家实施积极财政政策和适度宽松货币政策的重大机遇，开拓创新，扎实工作，积极培植税源，挖掘潜力，争取国家和省支持，千方百计确保财税收入稳定增长；创新财政资金管理方式，整合财政资金，优化支出结构，加强监督检查，努力提高财政资金使用效益；更加关注民生，努力增加“三农”投入，大力支持以促进就业和社会事业发展为重点的民生项目建设，千方百计确保社会的和谐稳定；确保“两个20项”重大工程建设和重要工作的支出需要；严格依法理财治税，深化财政改革，狠抓增收节支，强化支出管理，全州经济保持高速发展，社会各项事业全面进步，取得了显著成绩。孟必光州长强调：要紧紧围绕建设富裕开放、和谐安宁的社会主义新边疆和中国面向西南开放的重要桥头堡黄金口岸的目标，按照“增加总量、提高质量、突出重点、服务发展”的要求，坚持向上争取与强化征管相统一，推动财政收支双双再上新台阶；坚持支出责任与强化监管相统一，确保财政资金安全；坚持突出重点与整合资金相统一，着力提高财政资金使用效益，力求在促进发展方式转变和经济结构调整上迈出新步伐，在加强基础设施和生态文明建设上实现新突破，在改善民生和保持社会稳定上取得新成绩。此次会议是州政府在“十一五”即将结束召开的一次重要会议，对做好年内的财税工作具有十分重要的意义。

【召开全州杰出会计工作者表彰大会】 2010年3月29日，德宏州人民政府召开全州杰出（先进）会计工作者表彰大会。表彰改革开放三十年来，在德宏州各行各业会计岗位上涌现出的先进工作者；同时，部署当前和今后一个时期会计管理工作的主要目标任务。参加会议的领导有州政府副州长孔勒干、州人大财经委主任向光泽、州政协财经委主任何方、州政府副秘书长办公室主任袁少全、各县市区财政局领导、会计科股长、先进代表及新闻媒体100余人。州政府副州长孔勒干作重要讲话。指出：全州各级会计管理工作，一要按照国家财务制度的规定，认真编制并严格执行财务预决算，切实掌握经费开支的范围与标准，严格控制经费使用，提高资金使用效能；二要认真执行会计制度，做好记账、算账、报账工作，如实、全面地反映各项资金活动情况，做到手续完备、内容真实、账目清楚、数字准确、按期结报，并及时汇报经费动态；三要遵照《会计法》规定，加强财务监督，拒办违反财务纪律的收支和不真实、不合法、不准确、不完整的凭证；四要按照核算原则，定期检查分析预算执行情况，考核资金效果，总结经验，揭示存在问题，提出建议，当好参谋助手；五要定期进行业务学习，开展业务交流，提高业务水平；六要加强会计档案的整理和归档工作。州财政局副局长尚立雄代表局党组，总结全州会计工作管理情况。与会领导为 10 名荣获杰出会计工作者和 71 名先进会计工作者颁奖。

【召开珠算协会二届五次常务理事扩大会议】 2010 年 4 月 9 日下午，德宏州召开珠算协会、财政会计学会第二届五次常务理事扩大会议。德宏州财政局、教育局、科协、关工委、共青团、妇联有关领导、珠算协会、会计学会常务理事、协会实验基地和大中专院校教师共 27 人参加会议。会议，一是总结协会、学会上年工作，讨论年内工作计划；二是审议通过增补珠算协会常务理事，增补会计学会常务理事；三是宣读《关于在大中专院校、州级珠心算实验基地举办参加“第 19 届海峡两岸珠心算通信比赛”的通知》，安排“第 19 届海峡两岸珠心算通信比赛、州第四次珠算与珠心算比赛”活动事宜。协会希望通过组织比赛活动，达到鼓励研究学习中国固有的优秀传统文化精粹—珠算；发动德宏学习珠算和珠心算学子及热爱珠算的人员参与比赛，提高学习珠算、珠心算兴趣；向社会各界宣传珠算、珠心算和加强两岸学术交流，增进两岸民间友谊的目的。会议采取局域网通信形式与现场会结合的方式对协会、学会的 23 位常务理事征求意见，取得了较好的效果，为协会、学会今后工作的顺利实施提供了有力保障。

【中央扩大内需检查组到德宏检查】 2010 年 4 月 7 至 11 日，由原辽宁省委副书记、省纪委书记王唯众带队的中央检查组到德宏州，就贯彻落实中央扩大内需促进经济增长政策和治理工程建设领域突出问题工作进行检查指导。检查组一行实地检查了盈江甘蔗糖料基地、云南侨瑞畹町水泥有限公司、瑞丽芒林水库、潞西市残疾人综合服务中心及勐焕街道社区服务中心 5 个项目的建设情况，并听取州长孟必光对德宏州扩大内需促进经济增长政策落实和治理工程建设领域突出问题工作情况汇报。通过现场检查和听取汇报，中央检查组对德宏州贯彻落实中央扩大内需政策和工程建设领域专项治理工作给予了肯定。检查组认为：德宏州委、州政府认真贯彻落实中央扩内需、保增长、保民生、保稳定的重要政策，深入开展工程建设领域突出问题专项治理工作，实现了全州经济平稳较快增长，各项指标明显向好，取得了很好的政治、经济、社会发展效果。在贯彻落实中央政策的过程中，首先是领导高度重视。各级政府纷纷成立工作领导小组，加强对相关工作的领导和协调。其次，全面开展自查自纠。全州各级部门围绕“六查”的要求，深入开展多层次、多方位的自查工作，有力地推动了工程建设领域的专项治理。第三，强化制度保障。结合当地实际，建立健全一批制度，各县市结合实际加强有关制度建设，保障了中央政策的贯彻落实。中央检查组要求：德宏州在下步的工作中，进一步统一思想，提高认识，认真学习中央扩大内需促进经济增长政策落实工作电视电话会议精神，全面领会中央政策精神实质，确保各项工作落到实处；找准工作的薄弱环节，继续按照中央部署的工作重点把工作推向深入，全面做好自查自纠，保证工作质量，为下步工作打好基础；各级党委政府必须把监督检查、自查自纠贯穿落实到中央扩内需促增长的政策和完成专项治理工作的始终，根据监督检查中发现的问题举一反三，全面查找不足，真正把中央政策落到实处。

【全省财政基本情况及十二五财政体制调研组到德宏调研】 2010 年 4 月 19 至 20 日，云南省财政厅预算处副处长常斌率全省财政基本情况及十二五财政体制调研组到德宏州调研，停止收取“口岸三费”对全州财政造成的影响情况。调研组在德宏州调研期间，通过召开座谈会、深入部门查阅“口岸三费”的收支账簿、实地了解口岸基础设施建设及资金安排情况等方式，全面掌握全州财政因停止收取“口岸三费”而受到的影响。由于停止收取“口岸三费”减收额大、减收面广，给德宏州各县市均造成较大的困难，州委、州政府对此高度重视。专题调研组在德宏州调研期间，州委常委、瑞丽市市委书记杨跃国、副州长苏洪涛全程陪同调研，并向调研组全面反映德宏州财政的实际情况和停止收取“口岸三费”后遇到的困难。通过听取汇报和实地调研后，调研组将根据了解到的实际情况，按照相关政策规定，提出解决问题的措施建议。

【举办第19届海峡两岸珠心算暨德宏州第四届珠算珠心算比赛】 2010年5月16日上午9：00，德宏州州直、潞西、梁河3个区域的11所大中专院校、小学、幼儿园、单位的1185名学生、职工参加2010年第19届海峡两岸珠心算比赛暨德宏州第四届珠算珠心算比赛。经过周密的筹备和安排，比赛顺利进行，取得了预期的效果。经过评审，有224名学生荣获中国珠算协会颁发的优胜奖证书。市镇中心校、州中等职业技术学校2个代表队荣获德宏州第四届珠算珠心算比赛一等奖；德宏师专、芒市镇中心小学、梁河赛点3个代表队荣获二等奖；潞西市幼儿园、芒市第四小学、芒市镇发电厂小学、芒市镇芒核小学、芒市镇松树寨小学、州财政局、潞西市职教中心7个代表队荣获三等奖。110名同学分别荣获优秀选手一、二、三等奖。

【省农发办常务副主任李勇民到德宏调研】 2010年5月31日至6月2日，云南省农发办常务副主任李勇民到德宏，对潞西市的亚行建设项目、高标准农田建设示范工程项目及产业化项目进行调研。州人民政府副州长板岩过、州畜牧局局长谢波、州农开办主任雷宝才等领导陪同。李勇民副主任一行首先考察德宏州彩云琵琶食品有限公司、德宏永虹牛奶有限责任公司、德宏州牲畜站牲畜养殖技术试验示范基地，听取企业负责人对产业发展情况的汇报。板岩过副州长就德宏州农业发展情况及存在困难作了介绍。李勇民副主任一行还深入到潞西市遮放镇考察农业综合开发2010年高标准农田建设和亚行贷款建设项目的规划情况，并就进一步做好农业综合开发工作提出要求：一是要积极探索，勇于创新，加大农业综合开发力度，提高建设标准；二是认真钻研国家农业综合开发政策，充分用好用活项目资金，并将农业综合开发与新农村建设有机结合起来，项目建设要有利于农民增收和提高农民生活质量，让农民满意；三是认真总结并借鉴其他州市好的经验和做法；四是创新宣传方式，加大农业综合开发宣传力度，通过宣传农业综合开发政策，激发农民参与的积极性，确保农业综合开发工作顺利开展。

【召开会计宣传活动周暨云南会计节活动动员大会】 2010年6月18日，德宏州在芒市召开会计宣传活动周暨云南会计节活动动员大会。参加动员大会的领导有德宏州财政局党组成员、副局长尚立雄，德宏州会计学会秘书长、州财政局调研员张平，县市（区）财政局分管领导，会计工作人员以及芒市地区行政、企事业、中央省驻德宏部分单位的会计主管等70余人。会上，尚立雄副局长做动员讲话。同时，采取广大会计人员和群众喜闻乐见的方式，举办一系列丰富多彩、形式多样的会计活动，充分展示和宣传会计事业发展前景，振奋人心，鼓舞精神，在全社会努力营造出关心、支持会计工作的良好氛围，大力推进和促进和谐会计建设，以和谐会计建设促进和谐社会建设。要求大家积极主动参与征集云南省会计史料、“云南会计之歌”、“云南会计徽章”等活动，以增强会计人员的责任感、自豪感。最后，由德宏州会计学会秘书长张平，就开展“我的会计情怀”主题征文活动做了具体要求。

【财政部耕地占用税立法调研组到德宏调研】 2010年6月23至24日，财政部耕地占用税立法调研组一行11人到德宏，开展耕地占用税调研工作。调研组深入到瑞丽市，认真听取州政府和市政府开展耕地占用税调研工作的情况汇报，并实地查看瑞丽市国土资源部门农用地转用审批办理点和地税局耕地占用税征收点，调研组一行边看边听汇报，并不时提出一些意见和建议。调研组认真听取德宏州就耕地占用税立法所提的意见建议，并表示回去后认真进行研究。调研组一行还深入瑞丽姐告口岸实地察看，进一步了解耕地占用税征收的情况，圆满完成调研工作。

【召开全州财政监督工作暨企业调查布置培训会】 2010年6月24至25日，德宏州财政局召开全州财政监督工作暨企业所得税税源调查和重点产品国际竞争力调查布置培训会议。全州各县市财政部门分管监督检查工作的领导、监督检查工作人员、负责企业所得税调查和重点产品国际竞争力调查工作的人员20多人参加了会议。会上传达贯彻全省财政监督工作会议精神，回顾和总结2008年以来全州财政监督工作开展情况，研究部署当前和今后一段时期的财政监督工作。会议表彰全州会计信息质量检查十周年先进单位和个人，并以会代训的方式，就企业所得税税源调查工作软件安装、操作说明、企业所得税税源调查抽样方案、代码编制规定、调查指标填报要求和年内重点产品国际竞争力调查表进行了详细讲解和培训。

【检查农业综合开发项目】 2010年6月21至30日，由德宏州人民政府副州长、州农业综合开发领导小组组长、州中低产田改造领导小组副组长板岩过带队，组成德宏州农业综合开发领导小组检查组，对全州各县市上年度农业综合开发项目进行检查验收。检查组分为外业检查组和内业检查组2个组进行检查。外业组主要从项目工程规划布局、建设任务完成、工程质量、工程管护等方面进行检查；内业组主要从项目资金管理、资金拨付、竣工结算、文档资料管理等方面进行检查。在检查过程中，检查组通过深入项目工程实地察看，观看影像、查阅文档资料、召开座谈会、听取汇报等方式，对各县市上年度农业综合开发项目工程外业及内业工作进行了深入细致的检查。针对检查情况及发现的问题，检查组对各县市农业综合开发工作提出具体要求：一是陇川县和盈江县要加大力度，抓紧时间施工，确保按时完成外业及内业工作；梁河县、畹町开发区抓紧时间结束内业工作。二是各县市要按照检查组提出的意见和建议及时整改、补充、完善相关工作。三是各县市农发办要管好用好预提项目工程管护费，并监督项目工程管护单位，做好项目工程后期管护工作，确保项目工程能长期有效的发挥作用。四是各县市农发办要提前准备2010年度项目工程实施前的各项工作。五是各县市农发办要认真总结经验，吸取教训，提前谋划2011年项目规划布局，并将农业综合开发向山区、半山区倾斜。

【召开全州财政部门“两基”迎国检培训会议】 2010年6月29日，德宏州财政局召开全州财政部门“两基”迎国检工作培训会议。各县市财政局分管领导、教科文股、预算股、国库股、经建股的股长等43人参加会议。会议首先由州财政局尚立雄副局长对德宏州实施“两基”工作做了介绍（实现基本普及九年义务教育和基本扫除青壮年文盲简称“两基”），将接受国家教育督导团进行检查验收。对“两基”迎国检工作做了重要指示，要求财政部门要统一思想，高度重视；要统一口径，算好对教育经费的投入；要联动配合，有效推进。州财政局教科文科科长对“两基”迎国检工作提出要求：要加强领导，明确责任；加强资金监督，提高管理水平；要分解任务，抓好工作落实。州财政局预算科长讲解教育经费“三个增长”、教育费附加、教职工工资指标口径；中央税费改革转移支付资金等口径，对县市义务教育债务的清理、剥离及化解工作提出要求。州国库科、州经建科对“两基”国检指标口径进行讲解，各县市还对“两基”国检指标进行了提问和答疑。通过以会代训，提高对“两基”国检的认识。

【召开清理化解其他公益性乡村债务试点工作会】 2010年7月8日，德宏州召开清理化解其他公益性乡村债务试点工作安排布置会。州、县、市农村综合改革领导小组办公室、审计、农业部门相关人员40多人参加了会议。会上传达学习《云南省清理化解其他公益性乡村债务工作实施意见》，从业务层面安排部署全州清理化解其他公益性乡村债务工作任务，对全州债务清理范围、时限、内容、对象等作了相关要求，州审计局、州农业局相关科、站就清理化解其他公益性乡村债务工作做了说明。会议明确全州开展清理化解其他公益性乡村债务工作的总体思路和方法，提出3点要求：一是加强组织领导和部门配合，成立组织机构，保障清理化解工作顺利实施；二是制定清理化解工作计划、方案、措施；三是认真贯彻执行《云南省清理化解其他公益性乡村债务工作实施意见》，客观真实、按质按量完成全州清理化解其他公益性乡村债务工作。

【省联合检查组到陇川检查】 2010年7月12至13日，云南省财政厅和省教育厅组成的绩效评价联合检查组，对陇川县上年度农村义务教育贫困寄宿学生生活费补助金项目绩效自评工作进行专项抽查。上年陇川县得到中央、省农村义务教育贫困寄宿学生生活费补助资金564万元，其中中央282.01万元、省281.99万元，补助标准为小学每生每年500元，初中每生每年750元，补助小学生4105人、初中生4737人、特殊教育学校学生56人，占全县应补贫困寄宿学生9006人的98.8%。联合检查组一行7人对资金到位及拨付情况进行检查，并深入到县教育局对上年度农村义务教育贫困寄宿学生生活费补助金项目资金详细使用情况和项目实施管理情况进行专项核查，到陇川县二中、陇川县城子镇中心校和陇川县民族小学进行实地查看。省级联合检查组认为：陇川县上年度农村义务教育贫困寄宿学生生活费补助金项目资金拨付到位及时，制度措施落实到位，体现了国家对贫困寄宿学生的关爱，对陇川的工作给予充分肯定。从经济效益看，减轻了学生家长的经济负担；从政治效益看，中央惠民政策落到实处，群众得到实惠；从社会效益看，贫困家庭学生不再因贫困而辍学。该项目的实施，为陇川教育事业的发展提供了更好的保障和支持。

【召开全州财政企业工作暨家电下乡清算会议】 *2010* 年 *7* 月 *19* 至 *20* 日，德宏州召开全州财政企业工作暨家电下乡和汽车摩托车下乡清算会议。全州各县市财政部门分管企业工作的领导、企业股股长、负责家电下乡和汽车摩托车下乡工作人员 *20* 多人参加了会议。会上传达贯彻全省财政企业工作会议精神，回顾和总结上年全州财政企业工作开展情况，研究部署当前和今后一段时期的财政企业工作，并对全州家电下乡和摩托车下乡的总体情况进行通报。截止 *6* 月 *30* 日，全州累计销售家电下乡产品 *32769* 台，销售金额 *5949.7* 万元；发放补贴 *26703* 台，金额 *629.5* 万元；下乡汽车、摩托车已发放补贴 *26261* 辆，金额 *23948.2* 万元，发放补贴金额 *2463.13* 万元，并针对全州家电下乡兑付率处于全省较低水平的问题，大家献计献策，一起寻找解决问题的办法，力争下半年提高家电下乡兑付率，努力把工作做得更上一层楼。对各县市的家电下乡和汽车、摩托车下乡资金进行清算。会议特别强调对申报专项资金项目管理，要求各县市要严格认真核，特别是特色产业专项资金更要严格把关，要充分发挥财政资金“四两拨千斤”的激励和引导作用。

【全省农村综合改革主任会议在德宏召开】 *2010* 年 *7* 月 *20* 至 *21* 日，云南省农村综合改革领导小组办公室主任会议在德宏芒市召开。全省 *16* 个州市财政局分管领导、综改主任、业务骨干 *100* 余人参加了会议。会议全面总结上年全省农村综合改革工作，重点就如何贯彻落实省综改办年内工作要点，扎实做好全省农村综合改革工作进行安排部署。省财政厅党组成员、副厅长、省农村综合改革领导小组办公室副主任刘德强作了重要讲话，指出：上年全省各级农村综合改革领导小组办公室继续深入推进农村综合改革，进一步总结完善政策，加大村级公益事业建设一事一议财政奖补试点工作力度，取得了可喜成绩。同时，指出当前农村综合改革面临许多不容忽视的困难和问题，工作十分繁重，又非常具体，今后一段时期要扎实做好以下工作：一是进一步完善农村综合改革工作协调机制，认真履行综合、协调、督促、指导和服务职能；二是完善一事一议财政奖补政策，提高财政支农资金的整体效益；三是认真组织完成其他公益性乡村债务清理，确保核查工作质量；四是进一步加大宣传工作力度，发挥电视、媒体、期刊和农村综合改革信息网络的作用，建立信息考核评比制度，营造良好的工作氛围；五是切实加强机构队伍建设，加强学习研究，创新工作思路，提高工作效率，发挥好综改工作政策性、综合性、协调性、创新性、实践性、典型性、服务性的工作特点和职能作用，确保改革顺利推进。会上，省综改办副主任杜炜就如何清理核实其他公益性乡村债务有关事项作了说明，对清理范围、清理核实方案以及工作步骤作了周密布署。省综改办副主任罗颖通报上年一事一议财政奖补专项检查结果及清理兑现一事一议财政奖补资金情况。会后，各位领导及代表深入到潞西市风平镇芒烘自然村参观一事一议财政奖补项目建设情况。

【举办公务卡报销系统培训班】 *2010* 年 *7* 月 *26* 日，德宏州财政局为加快德宏州公务卡结算制度的推行，确保公务卡改革的顺利推进，举办公务卡报销系统培训班。州直各单位财务人员、州县市政府办网管中心人员、各县市财政局国库部门人员、中国建设银行德宏州分行、中国银行德宏州分行、州财政局业务科室 *270* 余人参加培训。对此次培训，州财政局非常重视，从省建设银行请老师至芒市授课。上午对公务卡报销系统进行详细地讲解，下午参训人员进行上机实际操作，并对操作过程中存在的问题或疑问向老师提问，尽量熟悉和掌握公务卡结算、报销的业务流程。通过培训，使参训人员对公务卡和公务卡报销系统有了更深的认识，为确保全面启用公务卡结算，保障公务卡结算制度顺利实施，规范预算单位公务卡财务管理，简化报销程序和公务卡还款手续，提高预算单位财务管理水平奠定良好的基础。

【召开全州行政事业单位资产管理信息化工作会】 *2010* 年 *7* 月 *28* 日，德宏州财政局为进一步加强行政事业单位国有资产管理，推进行政事业单位资产管理信息化工作，实现对资产的动态监管，并根据财政部“金财工程”建设的总体规划和省财政厅推进全省行政事业单位资产管理信息系统实施工作的总体部署要求，组织召开“全州行政事业单位国有资产信息化管理工作会议”。各县、市（区）财政局分管资产的局领导、资产管理负责人和信息系统管理人员、州财政局相关科室负责人50余人参加会议。会上，州财政局党组成员、州非税收入管理局局长杨善武强调加快推进全州行政事业单位资产信息管理系统实施工作的重要意义，安排部署全州资产管理信息系统实施工作。要求各县、市（区）财政部门要高度重视，加强领导，精心组织，周密部署，切实做好各县、市（区）资产信息系统实施前期准备工作，确保全州按省财政厅要求在10月20日前完成数据上报工作。北京久其软件股份有限公司的专业技术人员对参会人员进行了软件的操作演示及相关技术知识培训。通过培训，各县、市（区）资产管理业务人员基本掌握了软件的使用和操作规程，为全州行政事业单位资产管理信息系统顺利开展打下了基础。

【省农业综合开发验收组到德宏验收开发项目】 2010年8月10至23日，由云南省农业综合开发办公室周海波副主任为组长的省级验收组一行5人，到德宏对全州上年度农业综合开发项目进行验收。州政府板岩过副州长、州财政局局长刘新光、州财政局农开办主任雷宝才等领导陪同。验收组通过深入到德宏州各县市项目工程实地察看、走访农户、查阅账务及文档资料、观看影像、召开座谈会、听取汇报等方式，对全州上年度农业综合开发项目进行检查验收。通过深入细致的检查，验收组对德宏州农业综合开发工作给予了充分肯定，认为德宏州的农业综合开发项目规划合理，领导重视，各部门协调配合，开发效益明显，工程质量有保证，宣传工作到位，资金使用合规，档案管理规范，全面完成上年度农业综合开发项目任务，取得了显著的社会效益、经济效益和生态效益。

【电子文档管理培训】 2010年8月26日，德宏州财政局为加强和规范财政部门在电子政务活动中形成的电子公文归档管理及移交档案局的工作，邀请德宏州档案局专业人员对全局24个科室的相关人员进行业务培训。培训内容主要：一是收集电子文件的目的和意义。二是电子文件归档的相关法律法规。主要讲解国家档案局发布的《电子公文归档管理暂行办法》、《云南省电子公文归档管理暂行办法》以及德宏州的相关文件精神。三是电子文件归档与移交的要求，就确定电子公文的归档范围、归档电子文件的分类与保管期限的确定、电子公文的归档步骤、DVD光盘的制作要求、归档电子文件的移交要求等方面进行了培训。四是对文件的版本、格式及电子公文的保存等进行讲解。五是对电子公文的保密知识进行培训。通过开展系统性的培训，对进一步加强和规范财政部门在电子政务活动中，形成的电子公文归档管理及移交工作具有重要的意义。

【省财政厅到德宏检查验收“五·五”普法工作】 2010年8月27日，以云南省财政厅法制处杨景娅副处长为组长的省财政厅“五五”普法考核验收组一行5人，到德宏州财政局考核验收“五五”普法工作。考核验收组首先听取了德宏州财政局党组书记、局长刘新光关于“五·五”普法工作的情况汇报，介绍德宏财政根据上级有关“五五”普法的会议和文件精神扎实有效开展普法工作，积极建立法制机构，加强组织领导，完善制度设施，建立保障机制，落实普法教材，明确教育内容，保证普法经费，加大普法宣传力度，加强《会计法》、《预算法》的宣传落实等情况。其次是考核验收组认真查阅了德宏财政的“五五”普法痕迹档案材料。通过考核验收，考核验收组对德宏财政开展“五五”普法工作给予较高的评价，考核组一致认为：德宏财政在“五五”普法中，领导重视、机构健全、资料齐、措施有力、方法得当、落实到位、效果较好，能够将学法与用法有机结合起来，卓有成效地开展财政工作，促进了财政工作的发展。

【召开“两基”迎国检工作推进会】 2010年9月7日，德宏州财政局召开全州财政系统“两基”迎国检工作推进会议。州财政局尚立雄副局长、预算科、教科文科，各县市财政局分管领导、预算股、教科文股参加了会议。会上尚立雄副局长传达了省财政厅会议精神，强调“两基”迎国检工作的重要性和紧迫性，并对全州财政系统当前“两基”迎国检工作提出4条具体要求：一是进一步提高认识，统一思想，加强“两基”迎国检工作；二是学习领会好财政各项指标体系，切实测算好数据和资金；三是多方筹集资金，确保通过国检；四是主动配合好相关部门，做好迎国检工作。会上预算科还对目前数据测算中存在的重点、难点问题进行讲解。通过此次会议，进一步明确德宏州财政系统当前“两基”迎国检工作的重点，强调“两基”迎国检工作的重要性和紧迫性，进一步提高全州财政系统对“两基”迎国检工作重要性的认识，为下一步顺利迎接国检做好准备。

【省财政厅副厅长陈建国到德宏检查】 2010年11月19日，云南省财政厅党组副书记、副厅长陈建国深入到德宏州财政局检查指导工作。陈建国在听取德宏州财政局党组书记、局长刘新光对德宏州近年来的财政收支运行、财源建设情况和德宏州财政局机构设置、人员配备、办公区建设等情况的汇报后，还深入到德宏州财政局各个科室，逐一了解各科室的工作业务、全年工作完成情况、各科室的人员配备情况和办公环境等。同时，还对相关科室的业务工作进行了指导，并向正在工作的财政干部逐一进行看望和慰问。最后，陈建国就德宏州财政局近年来充分发挥财政部门的职能作用，积极加强财政收入，强化支出管理，努力促进全州经济社会发展，给予了充分肯定。并要求德宏州财政局以创先争优为契机，在今后在工作中，进一步发挥财政部门职能作用，努力增收节支，强化服务意识，努力提高服务水平，为全州经济社会发展做出更大贡献。

【省专项治理“小金库”工作督导组到德宏督导】 2010年11月22至24日，为深入贯彻落实中央和省委、省政府关于开展社会团体和国有及国有控股企业“小金库”专项治理工作的相关文件和会议精神，以云南省国资委副书记、监察室主任和建英为组长，省财政厅监督检查处副处长周燕为副组长的省专项治理工作督导组，到德宏对全州开展社会团体和国有及国有控股企业“小金库”专项治理工作进行督导检查。检查组采取听取汇报与实地查看、全面检查与重点抽查相结合的方式进行检查。检查组除对德宏州“小金库”专项治理情况进行督导检查外，还对州本级的2个单位和瑞丽市进行检查督导。通过检查，督导组对德宏州前一阶段的工作给予充分肯定，认为德宏州认识到位，措施有力，工作扎实。同时，检查组还对下一步工作提出要求：要求今后开展“小金库”专项治理工作要与强化企业管理、完善法人治理结构、深化企业改革发展、建立现代企业制度相结合，进一步完善和加强社会团体、国有及国有控股企业的财政监管、审计监督、税务稽查等工作，形成整体合力建立“小金库”专项治理长效机制。

【省行政成本控制办到德宏调研】 2010年12月1至3日，云南省行政成本控制办公室一行3人到德宏州，对行政成本相关经费控制情况进行调研。调研组先后在瑞丽市政府、州政府组织召开政府办、财政局、发改委、公安局、人保局、统计局、外事办等相关部门参加座谈会，听取各级政府的专题汇报。在座谈会中，调研组认真对德宏州桥头堡建设、会议庆典费用控制、出省考察经费、公务用车购置、公务卡结算制度实施情况、楼堂馆所建设控制、中央政法专项经费购车、机构人员控制、人口普查培训及会议等情况做认真的了解和分析，并对德宏州开展的各项工作给予高度评价，同时提出更高的要求与建议。通过省行政成本控制办此次调研，促进德宏州行政成本控制工作，为今后的工作开展提供了一些新方法和思路，同时对德宏州财政增收节支各项工作开展起到积极的推动作用。

【全省财政企业工作会在瑞丽召开】 2010年12月7至8日，云南省财政企业工作会议在德宏瑞丽召开。参加会议的领导有省财政厅副厅长胡芩菩，德宏州政府副州长板岩过，省属相关企业及中介部门有关人员、各州市财政分管企业工作的领导、企业科长及各县市财政分管企业工作的领导、企业股长和相关业务人员370多人。会议的主要内容是：研究布置企业财务决算、水利水电移民资金管理和国有企业退休教师待遇差补助清算工作，确保圆满完成全年各项工作任务。州政府副州长板岩过致欢迎词，并向参会人员介绍德宏的基本情况，省财政厅副厅长胡芩菩就做好全年财政企业工作做讲话。胡副厅长指出：近两年来，面对不断蔓延的国际金融危机，全州各级财政部门主动应对、措施得力，确保全省企业平稳运行，为全省经济又好又快发展做出应有的贡献。并要求：一是要统一认识，扎实推进全省财政移民管理工作，突出重点，切实做好移民后期扶持工作，加强配合，形成合力，做好移民工作；加强制度建设，抓好财务指导和监督，发挥财政移民工作的重要作用。二是要认真总结，切实做好财政企业信息工作，不断提高企业财务会计信息质量。三是要高效完成企业办中小学退休教师待遇补差工作。省财政厅企业处处长罗敏安排部署全省移民安置补偿、财政企业财务信息、企业办中小学退休教师待遇补差等工作。会议还开展相关的业务知识培训。

【组织收入】 2010年，德宏州各级财税部门紧紧抓住机遇，密切配合，认真分析税源，努力开辟财源，积极挖掘税收潜力，大力加强税收和非税收入征管，狠抓财政增收。一是坚持依法治税，严格执行财税优惠政策，加强税收入库管理，强化征管手段，提高税收征管效率，有效堵塞“跑、冒、滴、漏”。二是稳步推进非税收入管理改革，规范非税收入管理，税收与非税收入做到应收尽收；积极发挥非税收入的支撑作用，确保全年财政收入实现增收。三是拓宽非税收入来源，坚持收支两条线的同时，调动执收单位积极性，增加政府可调控收入。按照全省要求稳步推进行政事业单位国有资产，包括经营性国有资产的管理改革，在摸清家底的基础上，盘活存量资产，变现一部分资产，增加财政收入，或以资产产权作为抵押，促进重大基础设施建设融资，有效缓解财政支出压力。全年国税部门组织收入20154万元，比上年增长26.74%，增收4252万元；地税部门组织收入73194万元，比上年增长37.95%，增收20137万元；财政部门组织非税收入39042万元，增长32.86%，增收9656万元。

【“十一五”财政收入实现倍增】 2010年是“十一五”财政规划的最后一年。“十一五”期间，德宏州委州政府结合德宏实际，提出“在巩固传统产业的基础上，大力发展咖啡、柠檬、竹子、澳洲坚果、白花油茶、核桃、番麻和香料烟等优势特色产业，加快城市建设步伐，促进房地产发展，重点实施水能电冶开发”的产业发展思路。围绕州委、州政府的决策安排，5年来，州级财政投入产业引导扶持资金10684万元，采取贴息、奖励、补助等多种形式，引导社会资金投入上述产业，德宏已初步形成水能电冶、建材、特色产业、蔗糖、外贸、房地产、珠宝、旅游、金融服务等多产业齐头并进的格局，各产业对财政收入的贡献额不断增加，结构也发生较大变化。2009年第一产业对财政收入贡献比重已下降到1%，第二产业为45.07%，第三产业为54.4%。5年来，随着财源的发展壮大，财政收支持续快速增长，收支规模实现翻番，远远超出“十一五”规划预期的目标。2010年全州财政总收入完成217292万元，是“十五”末（2005年73025万元）的3倍，年均增长24.4%；全州财政一般预算收入完成132390万元，是“十五”末（2005年40585万元）的3.3倍，年均增长26.7%。2010年全州财政一般预算支出完成581117万元，是“十五”末（2005年168221万元）的3.5倍，年均增长28.1%。“十一五”争取上级支持成效显著。5年来，德宏财政争取到上级财政转移支付补助146.3亿元，其中专项转移支付75.1亿元，财力性转移支付71.2亿元。上级财政对德宏的政策倾斜和不断增加的资金支持，为缓解全州财政困难，支持经济社会发展，推进公共服务等起到十分重要的作用。“十一五”民生投入实现翻番。州各级党委、政府始终把群众的冷暖放在心上，把改善民生作为各项工作的出发点与落脚点，把“以人为本”的理念落实到财政工作中，全力筹集资金保障民生需要，努力推进“公共服务均等化”目标的实现。一、积极筹措资金落实各项惠农政策，增加三农投入，促进农业增效、农民增收、农村发展。“十一五”期间，全州财政农林水事务支出合计291112万元，其中2010年支出达109677万元，比2005年的23181万元增长3.7倍，增加86496万元，年均增长36.5%；5年来通过不断增加投入，全州农村基础设施条件得到明显改善，农业生产水平显著提高，传统产业获得巩固提升，特色产业规模和品牌初步建立，农业保险范围不断扩大，乡村债务逐步化解，实行“一事一议”，农村焕发新的活力；森林生态效益补偿、退耕还林成果得到巩固，集体林权制度改革迈出新的步伐，林农造林护林的积极性显著提高，农村能源建设成果丰硕，全社会初步树立起“生态立州、环境优先”的思想共识；麻栗坝水库、回龙河水库、芒林水库、盈江大型灌区、两江流域防洪治理等重大水利工程顺利推进，农村饮用水条件极大改善，水资源规划、管理与保护工作取得新的成绩，水资源与水能利用成果喜人。二、“十一五”期间，全州教育支出合计304742万元，其中2010年支出达88728万元，比2005年的31175万元增长1.85倍，增加57553万元，年均增长23.3%。5年来，教育经费主要投向改善办学条件，巩固“两基”成果，加强学前教育、职业教育、高等教育，通过实施农村中小学危房改造、农村远程教育系统建设、多媒体和实验室建设等工程，使农村教育资源加快步伐赶上城市，义务教育阶段向实现均等化的目标不断迈进。学前教育、职业教育、高等教育办学条件也不断改善，就读人数不断增加，全州教育体系更加完备。三、“十一五”期间，全州医疗卫生类支出合计157205万元，其中2010年支出达54787万元，比2005的12183万元增长3.5倍，增加42604万元，年均增长35.1%；医疗卫生支出大幅增加，主要用于建设完善农村卫生所、社区卫生服务站、公立医院、疾控中心、血液检测等医疗基础设施，投入传染病防治，促使全州公共卫生服务水平普遍提高。新型农村合作医疗、农村医疗救助、城镇居民基本医疗、城镇医疗救助、关闭破产国有企业退休人员城镇职工基本医疗保险等惠民政策的实施和扩面，使广大城乡群众得到切实的医疗保障。四、“十一五”期间，全州科学技术类支出合计8523万元，其中2010年支出2346万元，比2005年的635万元增长2.7倍，增加1711万元，年均增长29.9%。通过普及科学技术知识，实施科普惠农兴村计划和建设创新型德宏行动计划，加大对科技人员和科技成果的奖励力度，使全州科技创新积极性不断提高，科技成果加速转化为推进经济发展的重要力量。五、“十一五”期间，全州文化体育传媒支出合计50386万元，其中2010年支出8794万元，比2005年的5086万元增长72.3%，增加3708万元，年均增长11.6%；文化方面资金的投入，使文化馆站、图书馆、农家书屋等硬件设施不断完善，文化艺术创作、民族文化遗产抢救保护得到重视与加强，群众文化生活水平得到丰富与提高，推进全州文化产业加速发展；芒市体育运动中心建成投入使用，以及“七彩云南全民健身基础设施工程”和“德宏州篮球场建设进村工程”的深入推进，使全州城乡体育设施不断完善，并通过成功举办云南省第七届农民运动会和广泛开展群众体育活动，掀起全民健身的热潮，极大的促进了体育事业健康发展；政府投入不断增加，广播、电视、报纸、出版社、政府网站等媒体实力迅速壮大，经济效益和影响力得到显著提高，广播电视“村村通”工程目标基本实现，安全播出得到保障，政府喉舌和舆论导向的作用明显加强。六、“十一五”期间，全州社会保障类支出合计327606万元，其中2010年支出达83188万元，比2005年的27330万元增长2.04倍，增加55858万元，年均增长24.9%。5年来，德宏州初步建立起以城镇职工养老保险、失业保险、农村养老保险、最低生活保障为主的社会保障体系，残疾人、失业人员、收养人员等特殊困难群体医疗、生活得到基本保障，促进就业力度加大，防灾救灾、恢复重建工作成效显著，红十字事业健康发展。

【财政改革】　“十一五”期间，德宏州财政部门结合自身实际，在“依法理财、为民理财、精细理财”的思路指导下，积极稳妥的推进各项财政改革，通过强化基础工作、完善规章制度，努力开拓创新，使财政管理朝着“法制化、科学化、精细化”的方向不断迈进。一、实施部门预算改革，规范预算管理。全州财政从2007年起全面实施部门预算编制改革，至2010年，全州编制预算的部门和单位数已达到488个和909个，编制率达100%，并全部报送同级人大。2006年，组织实施政府收支分类改革，完成预算数据新旧科目转换，实现新旧科目体系的平稳过渡。州本级从2008年起试行“收支脱钩、以奖代补、增收节支”管理办法，经过3年的积累与完善，为调动预算单位增收节支积极性，提高资金使用效益发挥了重要作用。从2008年起连续制定和完善《州级财政预算资金拨付管理暂行办法》，为规范支出管理，强化内部监督提供制度保障。二、国库集中支付改革不断深化。2006年州本级选择州档案局和州司法局启动国库集中支付改革试点工作，2008年全州财政全面实施国库集中支付改革，至2010年，公务卡改革实现全覆盖，工会经费、党报党刊订阅费等支出实现直接支付。通过国库集中支付改革的不断深化，为规范预算执行，强化支出监管，确保财政资金的安全、高效，从源头上和制度上防范腐败提供了重要保障。三、政府采购制度不断完善。2006年，德宏州政府采购工作实现“采管分离”，几年来，财政部门始终严格遵守《政府采购法》、《政府采购货物和服务招标投标管理办法》，按照“行为规范、运转高效”的要求实施政府采购，工作质量和服务水平不断提高，采购范围和规模逐年扩大。通过坚持开展反商业贿赂专项治理工作，促进“阳光采购”目标的实现，使政府采购制度化、规范化、法制化水平不断提高，充分发挥了节约资金、促进廉政建设的作用，为构建公开、公平、公正、和谐的政府采购环境做出积极贡献。四、强化非税收入和国有资产管理，扎实做好“小金库”清查工作。2007年，全州非税收入管理机构相继成立，几年来，充分发挥非税收入征、管、查三大职能，全面清理政府非税收入，进一步完善管理办法，为全面加强和规范政府非税收入管理提供了坚实的保障。拟定《德宏州州本级行政事业单位国有资产管理暂行办法》，对全州行政事业单位的房屋建筑、土地、交通工具、山林、水田、公用设备等国有资产进行全面清查，根据清查结果制定《德宏州州直行政事业单位国有资产处置方案》，扎实推进“小金库”清查工作，通过“自查”和重点“检查”，对查出的“小金库”资金、违纪单位和个人给予处理，严肃了财经纪律。五、完善乡镇财政预算管理体制。按照《云南省人民政府关于深化乡镇财政预算管理方式改革的意见》精神，2008年10月起，在全州范围全面实施乡镇财政预算管理体制改革，全州一盘棋按照省政府“意见”的统一部署，制定实施方案，全面实施改革，在乡镇资金所有权和使用权不变的前提下，由县级财政部门直接管理乡镇财政收支，规范乡镇财政预算管理，转变乡镇财政职能。通过改革，使乡镇财政各项资金管理更加规范，使用更加安全，初步建立起“规范有序、有章可循”的管理体系，乡镇财政主要工作由“抓收入”转向“管支出”，职能由“聚民财”转向“惠民生”。六、财政支出绩效评价初见成效。2008年，制定出台《德宏州州级财政支出绩效评价暂行办法》，几年来，每年组织对财政安排的专项资金和项目进行绩效评价，评价范围包括“村卫生室建设、社会主义新农村建设、扶贫整村推进、畜牧产业发展贷款贴息、新型农村合作医疗、农村中小学校舍维修改造等项目资金，随着经验的累积和业务走向成熟，绩效评价规模和范围不断扩大，初步显现出促进单位加强资金监管，提高支出效益的作用。七、加强会计管理和培训，提高从业人员素质。全州财政部门始终将会计行业管理，作为财政基础性工作来抓。一是坚持开展《会计法》、《云南省会计条例》、《会计基础工作规范》执法检查；二是认真组织年度会计专业技术资格及注册会计师考试和高级会计师考试；三是完成会计师事务所基本信息报备工作；四是开展村级会计委托代理服务工作，并举办培训班，成立理财小组，代管集体资金、资产。

2010年，加快财政改革仍是财政工作的主旋律，按照依法理财、科学理财和透明理财的要求，继续深化各项财政改革，其主要实施了以下改革：一是继续改进部门预算编制方法。编制2010年部门预算的重点是利用软件信息化的优势，加强州级项目库建设，细化项目支出信息，在录入项目信息后，尝试滚动管理，为今后编制项目预算打下基础。同时，不断总结几年来部门预算软件运用取得的经验，分析存的问题，与软件公司沟通联系，改进和完善预算信息系统，为今后的预算编制工作打下坚实的基础。二是继续推进收支脱钩改革，完善制度促进增收节支。在前两年实施增收节支以奖代补管理改革取得经验的基础上，制定2010年州级预算单位增收节支以奖代补管理办法，在2008年预算支出“定员定额，增收节支，以奖代补”考核奖惩办法的基础上，坚持非税收入“收支脱钩”，完善非税收入增收节支激励机制，调动预算单位节支积极性，提高资金的使用效益。三是制定规章制度，加强资金拨付管理。为进一步规范预算管理，严格执行州人大审议通过的预算，公开、透明的安排州级财政预算支出，合理推进预算支出进度，做好项目资金的监督管理和绩效考评，研究制定《德宏州财政局2010年州级财政预算资金拨付管理暂行办法》，公开透明的制定预算内各类资金的审批权限、拨付程序、管理办法，为规范预算支出管理，强化内部监督提供制度保障。四是继续推进乡镇财政预算管理改革。按照《云南省人民政府关于深化乡镇财政预算管理方式改革的意见》的精神，从2009年起在全州范围全面实施乡镇财政管理体制改革，在上年邀请昆明智合力兴信息系统有限公司技术人员对全州乡镇财政管理人员进行培训，并对各县市乡镇财政预算管理软件运用情况进行调研的基础上，于6月份在潞西市组织实施新版全省乡镇财政预算管理综合软件的试点运用，7、8月收集整理全州各县市的意见和建议，改进后推广运用。五是推行公务卡制度改革。为认真贯彻落实《云南省人民政府办公厅关于全面实行公务卡结算制度的通知》，加快德宏州公务卡结算制度推行，确保公务卡改革的顺利推进，德宏州财政局根据《德宏州人民政府办公室关于在全州推行〈德宏州预算单位公务卡管理暂行办法〉的通知》和《德宏州人民政府办公室关于加快推行公务卡结算工作的补充通知》要求，认真实施全州推行公务卡结算制度工作。全州办理公务卡16725张，公务卡办理面达44.24%，其中州级4479张，办理面达77.49%，各县市办理12246张，全面推行公务卡制度。

【落实惠农政策】 2010年，德宏州财政部门按照支农工作的总体思路，把财政支农工作放在重要议事日程，按“多予”、“放活”的原则，加大对“三农”的投入，全面落实“一折通”发放补贴政策，实施了粮食直补、良种补贴、农资综合补贴、农具购置补贴、测土配方施肥补贴、奶牛补贴、退耕还林补贴等。全年兑付良种补贴、农资综合补贴、粮食直补资金9862万元；拨付交通工程项目资金11875万元，主要加强农村基层道路建设；拨付水利工程项目资金22152万元；拨付扶贫资金9186万元；拨付环境保护资金4077万元；拨付城乡社区事务4808万元等。州级财政在不断加大对“三农”的投入力度，年内安排支农资金4101万元。认真实施上年村级公益事业建设一事一议财政奖补项目481个，总投资12116万元，受益农户4.17万户、17.65万人，有力地改善全州农村的生产和生活条件，促进了农村的发展。完成年内一事一议财政奖补283个项目的申报和部门审批工作，项目涉及全州47个乡镇、304年自然村、81510户、365781人，资金投资概算总额10368万元，目前批复立项实施的283个项目已竣工完成110个。

【实施家电下乡惠民工程】 2010年，德宏州财政部门认真做好家电汽车摩托车下乡惠民工作。自2009年3月至2010年，全州累计销售家电下乡产品53279台，销售金额10747万元；发放补贴50308台，金额12917万元。其中：销售汽车摩托车37507辆，销售金额340967万元，发放补贴金额3494万元。通过实施家电、汽车摩托车下乡民心工程，扩大了农村消费，提高了农民生活质量，为德宏州更好的统筹城乡发展，促进全州社会主义新农村建设发挥了重要作用。

【扶持企业推动地方经济发展】 2010年，德宏州财政部门认真做好中央、省级财政支持中小企业发展的资金项目申报工作，加大与上级财政及各部门沟通协调和工作汇报力度，积极争取上级财政支持。全年完成技术改造贷款财政贴息、农村现代流通网络体系建设专项补助资金、非公经济暨中小企业发展专项资金、新型产业化发展专项资金、走出去战略发展专项资金、担保机构贷款项目等16个、135户企业的项目申报工作，有80多家企业获得近5000万元扶持。提高企业核心竞争能力和自主创新能力，鼓励扶持企业做大做强，增强经济发展和财政增收的基础，服务于全州经济又好又快发展的大局。管好用好财政部安排和省级配套的境外罂粟替代种植专项资金，继续支持企业到境外开展罂粟替代种植，发展替代产业，努力推动罂粟替代种植示范基地建设项目的实施，发挥替代示范基地建设项目的带动效应，从源头上有效遏制毒品的蔓延。目前，到位的中央境外罂粟替代种植发展项目前期费用补助和贷款贴息402.9万元。

【抓好农业综合开发工作】 2010年，德宏州农业综合开发工作紧紧抓住增加农民收入这个中心，结合德宏农业优势产业的发展，着力加强农业基础设施建设，改善农业生产条件，土地治理项目按统筹规划、综合开发、突出重点、合理布局、集中连片、持续发展、推进科技进步、不断创新机制的要求，以改造中低产田为重点，着力推进高标准农田建设，对山、水、田、林、路进行综合治理，并大力做好农业科技示范推广和农业生态工程建设，进一步改善和增强农业基础设施条件，巩固农业基础地位。产业化经营项目，突出德宏特色和重点，积极扶持龙头企业和优势产业，推进农业产业化进程，促进农业产业发展和农民增收。一是认真做好上年度结转项目工程，共完成总投资8603万元，其中土地治理投入6719万元，主要是改造中低产田3.64万亩；产业化经营项目投资1575万元，主要完成潞西市3万吨遮放贡米加工扩建、盈江县1万亩澳洲坚果种植新建、陇川县1000吨茶叶加工扩建3个财政补助项目和瑞丽市综合农贸市场、潞西市傣香米加工2个银行贷款中央财政贴息项目。二是认真做好年度项目实施的州级检查和省级验收工作。三是完成年度农业综合开发项目的编制工作，并组织开工建设。全年全州农业综合开发计划总投资11441万元，其中财政资金8198万元、自筹资金3078万元、水利部门配套资金165万元。土地治理项目计划投资8068万元，治理面积7.83万亩；产业化经营项目计划投资2573万元，实施财政补助项目5个、先建后补项目2个、银行贷款中央财政贴息项目5个。

【社会保障工作】 2010年，德宏州财政部门实施积极的财政政策，进一步关注民生，切实加强社会保障。全年拨付社会保障财政专项经费 71920 万元；社会保障财政专户支出 70969 万元，其中就业再就业补助 1888 万元、新型农村合作医疗基金 10815 万元、城市居民最低生活保障 6985 万元、农村最低生活保障 11490 万元、城市贫困医疗救助 247.6 万元、农村贫困医疗救助 1347 万元、城镇居民基本医疗保险金 1350 万元、新型农村社会养老保险 2041 万元。

【政府采购管理工作】 2010 年，德宏州财政局政府采购工作继续认真贯彻落实《政府采购法》、《政府采购货物和服务招标投标管理办法》，不断加大规范采购力度，扩大政府采购范围和规模，努力提高工作质量和服务水平，扎实开展反商业贿赂专项治理工作。全年实现政府采购金额 30428 万元，比上年同期增长 21%，节约资金 4625 万元，节约率为 13%。其中：采购中心采购 7908 万元，单位自行采购 2384 万元；中介机构采购 1411 万元，芒市 5993 万元，梁河 1357 万元，盈江 2944 万元，陇川 3364 万元，瑞丽 4967 万元，畹町 100 万元。通过实施政府采购，提高了财政资金使用效益，维护了国家和社会公共利益，保护了政府采购当事人合法利益，有力地治理商业贿赂和促进党风廉政建设工作的开展，为构建公开、公平、公正、和谐的政府采购环境做出积极贡献。

【财政监督检查与会计培训】 2010 年，德宏州财政部门积极加强财政监督检查工作。对财政资金管理和使用情况进行监管和检查，各科室及各相关部门以此为契机，有针对性地完善、健全各项内部规章制度，形成各个环节、各个工作岗位之间的互相监督、互相制约，切实保障资金的快速、高效、安全运行。在加强会计工作中，一是认真开展《会计法》、《云南省会计条例》、《会计基础工作规范》执法检查，重点检查会计人员是否持有《会计从业资格证》，进一步规范全州会计工作，严肃法纪法规，提高了会计人员的业务素质和法律意识，使会计人员真正能够做到持证上岗、规范会计工作。二是圆满完成会计专业技术资格及注册会计师考试、高级会计师考试工作。三是加强会计后续教育工作。为加强会计人员管理，推进会计人员继续教育科学化、制度化、规范化，培养造就高素质的会计队伍，提高全州会计人员的业务技能。

【筹措项目资金】 2010 年，德宏州财政局积极向云南省厅争取资金，确保州委州政府的重点工程顺利完成和各项事业健康有序发展。全年省厅调入预算资金 576324 万元，其中拨入预算资金 521494 万元，社保资金 8982 万元，预抵税收返还 16233 万元，其它资金 29615 万元。不仅保证德宏州干部职工工资和离退休费发放及机构的正常运转，还将未能纳入本年预算的农村中小学 D 级危房改造、州重点工程建设潞梁二级公路、两校建设、腾陇公路等重点支出，其采取预拨方式拨付，预拨资金 155413 万元；划拨各县市资金 391533 万元，其中芒市 100633 万元、梁河县 57699 万元、盈江县 84626 万元、陇川县 83927 万元、瑞丽市 54288 万元、畹町开发区 10360 万元。

【国有资产管理】 2010 年，德宏州财政局进一步加强国有资产管理，积极采取措施，确保国有资产的保值和增值。一是认真做好国有资产处置工作。及时组织土地、房屋中介机构对将处置的国有资产进行测绘、评估，同时将拍卖基价报政府；积极与宏康投资公司配合开展国有资产注入工作。二是规范行政事业单位国有资产管理。对各单位国有资产的整合、处置、报损等均严格审核，经审核无误后，按相关程序办理。全年批复州直行政事业单位国有资产报废、报损、划拨处置 37 户，资金 2421 万元。

【财政宣传】 2010 年，德宏州财政部门认真做好宣传工作，加大财政工作的对外宣传力度，进一步增强财政工作的透明度。年内，撰写《德宏财政信息》296 期，并及时向州委、州政府及省厅报送，积极向《德宏团结报》和德宏电视台投稿。全年在德宏州人民政府公众信息网上发表 81 篇，《德宏团结报》刊发 63 篇，《云南经济日报》刊发 23 篇，《云南科技报》刊发 45 篇，德宏电视台新闻报道 5 次，《云南财会》刊发 13 篇。

【举办财务软件培训班】 2010 年，德宏州财政局在潞西市江东乡、梁河县九保乡、盈江县新城乡和旧城镇、陇川县陇把镇、瑞丽市勐卯镇和畹町镇举办村级会计委托代理服务州级试点乡镇财务软件培训班。为进一步贯彻落实《云南省人民政府办公厅关于全面推行村级会计委托代理服务工作的通知》和全省推进村级会计委托代理工作会议精神，切实做好全州村级会计委托代理服务工作，并按照试点先行，逐步铺开的要求，经州农业局、州财政局研究，选择潞西市江东乡、梁河县九保乡、盈江县新城乡、盈江县旧城镇、陇川县陇把镇、瑞丽市勐卯镇、瑞丽市畹町镇作为州级开展村级会计委托代理服务试点乡镇，举办村级会计委托代理服务州级试点乡镇财务软件培训班，进行相关知识的培训。各试点县市（区）农经站负责村级会计委托代理服务工作的领导、工作人员及乡镇财务人员等32人参加了培训。培训聘请财务软件资深老师对参训人员进行了相关法律、法规和财务制度等培训。通过培训，使业务人员了解党在农村方针政策、相关法律法规和各项财务制度，熟练掌握软件操作，并处理好相关账务，为开展好全州州级村级会计委托代理服务电算化试点工作奠定基础。

（《财政》撰稿　罗洪启）

（见“州情概览·财政”78页）

税　务

国　税

【税源分析】　2010年，德宏州国家税务系统分税种及行业税源分析。一、影响增值税收入的因素：增收因素主要有，1.制糖业入库增值税1.64亿元，比上年增长39.3%，增收4638万元，增收原因是白糖每吨销售价格平均上涨1300元左右，涨幅达40%。2.电力入库增值税3.2亿元，比上年增长29.7%，增收7332万元，增收原因是电力生产及供应增加，税收增长。年内，建成投运电站113座，装机容量达到245万千瓦，比上年增加109万千瓦，发电总量达103.99亿千瓦小时，增长38.6%。同时，电网建设改造速度加快，供电能力与质量明显提高，州内工业企业用电量增大，仅硅厂用电就达19.13亿度，占德宏供电公司销售电量总额的68%。3.受国际国内市场影响，铝和硅销售价格稳定，金属硅由年初最低每吨8000元（含税）回升至14000元，比上年增3000元，且产量明显增长13.38万吨，增27.68%，铝和硅实现税收有所增长。4.商业入库增值税1.13亿元，比上年增长21.5%，增收1998万元，增收原因是全州居民消费价格总水平比上年上涨3.5%，商品零售价格上涨3.8%，社会消费品零售总额增长22.1%，特别是对外贸易进出口总额增长49.3%，促进了商业增值税增收。减收因素主要是水泥。全年入库1906万元，比上年下降38.6%，减收1196万元，虽然产量达168.3万吨，增长27.95%，主要因为政策因素形成减收。二、影响消费税收入的因素：消费税入库3734万元，酒精消费税比上年增长29.5%，其他增长96.6%，主要是烟草企业批发环节征收5%消费税，使烟草消费税比上年增收1558万元。三、影响企业所得税收入的因素：企业所得税入库8497元，比上年增长67.5%，增收3423万元。增收的主要因素有：1.减免税和进入减半征税期优惠政策到期恢复征税增收2397万元。2.电力和商业企业利润增加增收699万元。3.扭亏为盈企业增32户，增收191万元。4.核定征收企业增加增收60万元。5.纳税评估和稽查查补增收76万元。四、车辆购置税入库1.1亿元，比上年增长66.6%，增收4391万元，主要是受国家优惠政策影响。五、储蓄存款利息所得个人所得税减收的主要因素是受国家暂免征收政策的因素影响。

【税收征管】　2010年，德宏州国家税务系统在税收征管方面主要做了如下工作：一、坚持组织收入原则，提高征管质量和效率。1.落实管理员制度，对纳税人实行巡查，加强户籍管理，杜绝漏征漏管户。全年办理税务登记23261户，登记率达100%；核定税种17728户次，应申报99231户次，已申报99093户次，申报率99.87%；税款入库率100%，做到应收尽收，没有发生新增欠税，欠税增减率为零；滞纳金加收率、处罚率均保持在100%。2.加强六率监控考核力度，利用数据监控系统和综合征管软件查询功能，适时监控全系统税务登记、申报、入库、欠税等数据，对可能出现的问题积极采取预防措施。同时，以征管质量考核为手段，坚持每半年抽查2个县市局，有效提高征管质量和效率。3.对重点税源重点监控和纳税评估，对小规模纳税人坚持核定及核定调整制度，使税源及时足额入库。二、巩固和强化信息化建设，特别是各软件系统运行维护。1.州局机关搬迁新址后同步完成信息化网络主机房搬迁工作。2.召开信息化工作会议，贯彻落实省局会议精神，总结成绩和经验，分析当前信息化建设工作面临的新形势，研究部署今后一个时期工作。3.组织开展信息系统安全检查工作。4.做好运行维护和安全保障工作，不断提高信息系统的应用水平。5月根据州保密委的通知要求，组织检查小组对系统安全相关工作进行部署，并利用周末加班，对所有PC、笔记本电脑、移动介质进行安全检查和病毒查杀，对移动介质进行检查登记，确保顺利通过保密检查。三、加强普通发票日常管理和专项检查工作。1.开展普通发票制假和非法代开发票情况检查，按规定进行印制、领购、保管和使用。2.组织检查组对全系统普通发票管理工作进行专项检查，对发现问题及时纠正和整改落实，要求发票管理人员增强责任感，利用科学管理机制和手段，对发票领用缴销严格把关，达到从严管票、以票管税、以票促廉。四、进一步提高纳税服务的质量和水平。1.坚持日常宣传与集中宣传相结合，把税收宣传从重形式向重实效转变，坚持普遍性服务和个性化服务相结合，通过税收宣传，促进纳税服务工作开展，认真组织开展第19个税收宣传月，围绕“税收·发展·民生”的宣传主题，以“税收促进发展，发展改善民生”为宣传主线，“声势与实效”并举，坚持连续性、针对性、广泛性并重的原则，把宣传与组织收入、优化纳税服务、打击涉税违法行为等相结合，广泛深入地开展宣传活动。在宣传月期间，全系统成立工作领导小组，制定实施方案，印制发放图文并茂的宣传材料8000余份，召开“优化纳税服务共建和谐发展”税企座谈会，充分发挥媒体、互联网等宣传优势，扩大宣传面和实效性。2.建立涉税提醒制度，提高办税服务质量和效率。主要有税收优惠政策提醒、发票领购使用提醒、申报和延期缴税提醒、税务登记变更和注销提醒、最新税收政策提醒等。3.以办税服务厅标准化建设为契机，规范窗口标识设置，按照实际条件和工作需要，以简洁实用、庄重大方为原则，对各类标识规格、材质、字体、颜色、安装方式等进行统一规范和调整，引导纳税人便捷、舒适办税，同时利用政府政务网站开设国税服务窗口，提供政策宣传、业务咨询等业务支持，方便纳税人办理涉税事宜。3.建立完善热点难点问题，咨询及上报制度，公开纳税服务投诉事项，接受社会监督，促进纳税服务工作开展。4.开展纳税信用等级评定工作，评出纳税信用等级A级企业20户、B级企业265户、C级企业5户。

【流转税管理】 2010年，德宏州国家税务系统流转税管理主要做好如下工作：一、强化税源管理，深化纳税评估工作。为加强税源管理，发挥纳税评估促进征管质效的作用，以“降低频率、加大深度、提高质量、注重效益”为目标，建立健全纳税评估分析指标体系，实施多税种联动、征退税联动和征管查联运等综合评估，开展月、季评估，做好案头分析，在继续做好日常纳税评估的基础上，做好运输发票抵扣异常、资源综合利用、福利以及农产品生产加工、汽车经销、药品生产及销售等企业和行业评估工作。年内评估企业148户，发现问题42户，移交稽查6户，经纳税评估补计销项税183.54万元，进项税转出232.5万元，补计消费税0.48万元，力争达到评估一户规范一个行业，使税收管理日趋规范化制度化。二、开展一般纳税人网络抄报税申报推行工作。将工作纳入“一把手”重点工作来抓，做好组织协调，结合实际层层抓落实，于5月征期前，完成省局下达的27户省级重点税源企业增值税网络申报推行工作。三、加强一般纳税人的认定管理工作。通过税收宣传和纳税辅导，深入贯彻落实《增值税一般纳税人纳税辅导期管理办法》、新的《增值税一般纳税人资格认定管理办法》和一般纳税人资格认定流程，确保新管理办法顺利实施。全年有一般纳税人992户，其中正式认定商业531户，正式认定工业372户，暂认定工业企业29户，实行辅导期商业60户，比上年增加189户。

【所得税管理】 2010年，德宏州国家税务系统所得税管理做了如下工作：一、不断强化措施，推进所得税征管工作。1.夯实税基，有效加强所得税管理工作。有序实施分类管理，按征收方式和规模进行分类管理，将纳税人划分为重点纳税人、非重点纳税人和实行核定征收的纳税人，分别采取不同的分类管理办法，加强对核算不规范企业的管理。2.加强对亏损企业管理，努力降低汇算清缴亏损面。在汇算清缴中，转变观念，将纳税评估工作前置，与年度汇算清缴工作相结合，采取企业自查与专项核查相结合的办法，针对亏损企业开展专项核查，准确把握和执行与税法配套的相关政策，做好政策辅导，优化纳税服务，和谐征纳关系，提高纳税人税法遵从度。同时，加强预缴管理工作，确保税款均衡足额入库。3.加强信息化应用，提升管理质效。为促进网络申报推广应用创造条件，有32户企业实现网络申报。4.完善汇总纳税分级管理体制，清理总、分支机构的情况，了解征管中存在的问题，运用信息交换管理系统，加强对企业所得税汇总纳税成员企业管理。二、加强纳税辅导，优化纳税服务，通过送税法上门、纳税辅导、税企座谈、辅导培训等方式优化服务。全年举办各类纳税人培训班5期，培训人员达1000余人次，内部业务培训3期，参训人员达500余人次，有效提高所得税管理人员的业务素质和企业负责人及办税员自觉纳税意识。三、开展所得税纳税评估。筛选189户为重点对象实施纳税评估，为汇算户数的16.5%，评估发现有问题93户，评估调增应纳税所得额2166.59万元，补缴所得税158.54万元，减免企业所得税额31万元，评估减少待弥补亏损486.91万元。四、做好年度汇算清缴工作。有企业1028户，比上年增加206户，增25%，应纳所得额7.76亿元，增加2.91亿元，增59.8%。五、认真做好储蓄存款利息所得个人所得税后续管理工作，做好停征后的管理，按季对利息税收入变化进行分析，确保及时足额入库。

【税收优惠政策】 2010年，德宏州国家税务系统主要实施了如下税收优惠政策。一、按照减免税审批规定，对纳税人报送的申请及相关证据资料进行严格审核，及时按规定时限办理。年内有72户享受减免企业所得税的企业，其中有新增审批减免税企业7户，备案类9户。二、认真及时地完成财产损失税前扣除、亏损弥补项目审批工作。审核企业财产损失税前扣除申请21件，批准企业申请扣除金额4941万元。三、对资源综合利用和民政福利企业达到退税条件申请退税的实行先评估后退税，资源综合利用1户，退税846.02万元；福利企业7户，退税66.99万元。四、始终坚持“服务科学发展、共建和谐税收”，积极增强工作创新能力，不断强化对出口企业出口货物地监管，把更好地服务纳税人与防范骗税工作紧密结合，认真开展出口退税专项检查和出口货物退税评估，促进管理水平提升，强化服务意识，认真履行服务承诺，严格审核办理退税业务。为出口企业办理出口退（免）税6.32亿元，首次突破6亿元，比上年增长78%，其中以人民币结算办理出口退税5.32亿元，为退税总额的84.2%。

【税务稽查】 2010年，德宏州国家税务系统的稽查工作以加大稽查力度和组织稽查收入为中心，以分级分类稽查、专项检查和打击发票违法犯罪活动专项整治为重点，加大培训力度，积极推行查账软件使用，不断提高稽查队伍专业素质和案件查办水平。年内，检查897户纳税户，查补入库税款、罚款及滞纳金1176.26万元。其中：选案准确率98.5%，案件结案率100%，偷税处罚率58.02%，综合处罚率19.2%，入库率99.63%。

【表彰先进】 2010年，德宏州国家税务局、梁河局、盈江局、陇川局、瑞丽局5个单位被云南省委、省政府表彰为第十二批文明单位；潞西和梁河局2个单位被云南省局命名为第十五批文明单位，董保能等4人被省局命名为精神文明建设先进个人；瑞丽局办税厅被省局和省妇联表彰为巾帼文明岗，潞西局王海萍被表彰为巾帼建功标兵。德宏国税系统的张国灿、陈丽萍、滕扬3名选手分别获得云南省第八届业务能手竞赛第二名、第三名和第八名的好成绩，被省局命名为“业务能手”，实现德宏国税参加省局业务能手竞赛的历史性突破。6月，州局第三支部、梁河县局支部、盈江县局机关支部、畹町局支部被中共云南省国家税务局党组表彰为“先进基层党支部”，杨家正等9人被表彰为“优秀共产党员”。7月，德宏州国税局党总支表彰2个党支部、5名优秀党务工作者和28名优秀共产党员。

（《国税》撰稿　郑碧锋）

（见“州情概览·国税”81页）

地方税

【税费收入】 2010年，德宏州地税部门组织税费收入135551万元，比上年同期收入115634万元增长17.2%，增收19917万元。其中：组织地方税收收入100003万元，比上年同期收入82374万元增长21.4%，增收17629万元，完成省局下达年度计划10亿元的100%。组织社会保险费收入31480万元，比上年同期收入28652万元增长9.9%，增收2828万元；组织文化事业建设费收入116万元，增长14.9%，增收15万元；组织旅游宣传促销费收入1万元；组织口岸建设费收入77万元；组织地方教育附加收入1051万元，增长25.3%，增收212万元；税务部门罚没收入88万元；组织工会经费和建会筹备金2735万元，增长57.2%，增收995万元。按州政府下达计划口径考核，完成地方税收收入 95052 万元，完成年度计划的 107.9%，比上年同期收入 77967 万元增长 21.9%，增收 17085 万元。

【税收征管】 2010 年，德宏州地方税务部门在税收征管方面主要做了如下工作：一是组织召开全州建筑业税收管理暂行办法修订研讨会暨腾陇二级公路税收征管现场办公会，对腾陇公路税款征收等问题进行了明确；二是制定《德宏州地方税务局建筑业税收管理暂行办法》，暂行办法的实施将过去实行委托建设方代征税款的方式，转化为自行申报，规范了建筑行业税收管理；三是对全州旅游业和交通运输业地方税收征管情况开展全面调研，完成《德宏州交通运输业税收征管存在的问题及思考》调研报告；四是深入细致地对全州所有分局税收征管工作开展督促检查，对各级地税部门落实州局委托代征、建筑业税收管理暂行办法等工作情况开展重点督查；五是积极推进发票改革，完成普通发票兼并票种统一样式方案，积极配合基层申请鉴定发票真伪 25 份，其中鉴定结果假发票为 25 份。严励打击发票违法犯罪专项行动，全力配合支持发票真伪鉴定 1500 份，其中鉴定结果假发票为 1200 份，切实加强发票管理工作；六是进一步深化纳税服务工作。结合文明行业创建工作，继续巩固优秀办税服务厅创建成果。

【税收政策管理】 2010 年，德宏州地方税务部门积极开展税收政策调研，先后开展耕地占用税立法调研、岩金矿资源税调研、《企业所得税管理操作指南》（餐饮业）应用情况调研以及个人所得税工资薪金与劳务报酬所得项目合并个人所得税政策调研；严格落实各项税收政策，按照法定权限和程序，办理减免税 3133 户，减免税款 9011 万元；不断完善分税种管理措施，建立健全企业所得税减免和税前扣除管理台账，严格审核把关，审批财产损失 9 户，税前扣除金额 3277 万元；认真做好上年企业所得税汇算工作；圆满完成 12 万元以上个人所得税自行纳税申报工作，申报人数 281 人，比上年实际完成人数增加 22 人，应纳税额 9481 万元，已缴扣税额 9451 万元，补税额 30 万元；继续加强与国土、房管部门的联系，完善"先税后证"管理办法，深化了房地产税收一体化管理；开展对保险机构代收代缴车船税情况的检查，进一步规范车船税代收代缴，全年征收车船税 1495 万元，比上年增长 27.2%，增收 320 万元。

【税收法制化建设】 2010 年，德宏州地方税务局组织开展新《税收规范性文件制定管理办法》的系统学习，认真做好规范性文件的备查备案、公告、清理工作。全年制定规范性文件 5 份，废止 1 份；认真办理税收政策执行情况反馈，上报省局 3 件，答复 1 件，加强对行政审批项目的审核，共审核 4 户；严格执行重大税务案件审理，开展年内税收执法督查工作；积极配合财政监察专员对地税系统的专项检查工作，加强执法检查整改落实力度。

【税法宣传】 2010 年，德宏州地方税务部门在开展日常税收法制宣传的同时，重点抓好税收宣传月工作。全年出动宣传车 14 辆次，发放各类税费宣传手册 4000 多份，悬挂宣传布标 50 幅，解答各类税费咨询 3000 多次。各级地税部门一方面积极召开税收宣传座谈会，向企业宣传新法规新政策，为企业作纳税辅导，释疑解难；另一方面开展送税法进企业活动，深入建筑施工现场，对土地增值税、建筑安装营业税、房产税等相关政策进行宣传。通过短信平台送税法，共发送宣传信息 4200 多条，深入宣传地方税收法律法规。全州各级地税部门还抓住大型活动的有利时机，开展宣传，如第二届葫芦丝文化节、2010 年全国沙滩排球巡回赛，全程跟踪比赛开展宣传，收到了预期的宣传效果。

【税务稽查】 2010 年，德宏州地方税务局在税务稽查方面主要做好如下工作：一是认真组织开展好税收专项检查。对销售不动产及转让无形资产、娱乐业、药品经销业、房地产和建筑安装业、交通运输业纳入指令性项目开展税收专项检查，对营利性医疗与教育培训机构、年所得额 12 万元以上个人所得税自行申报等为指导性项目开展专项检查。全年对 53 户纳税企业进行专项检查，查补收入 1067 万元，入库查补收入 905 万元；二是有序开展分级分类稽查工作，为最大限度整合稽查资源，形成执法合力。在年缴纳税款 50 万元以上的各类经济查账征收户中，纳入州局分级分类稽查企业 173 户，全年选取第一批检查对象 23 户，查补地方各税费 455 万元，入库 235 万元；三是积极组织企业开展自查工作。年内，组织 34 户企业开展自查，自查补缴地方税费、滞纳金及罚款 1137 万元；四是认真组织车船使用税自查和重点检查工作。对全州7家从事机动车交通事故责任强制险的保险机构，代扣代缴车船税的纳税情况进行自查。清查2009至2010年6月期间投保交强险的车辆182785辆，应代收代缴164936辆，本次企业自查应补缴车辆48辆、税款2625元。在企业自查的基础上，州局稽查局对中国人民财产保险股份有限公司德宏分公司进行重点检查，重点检查补缴车船税4230元；五是在全州地税系统内，对2008年至今办理的行政案件、违法违纪案件进行自查；六是继续加大对发票违法犯罪活动的打击力度。与州公安局、州国税局联合开展打击发票违法犯罪活动，全州出动税警265人次，清理检查纳税户186户，有问题48户，查出收缴违规生产、使用，取得发票和收款收据共计162419份，违法发票生产模板1套。同时，积极开展对行政事业单位的发票检查工作，选取10个单位进行检查，核查发票10277份，未发现发票违法行为。大力开展整治虚假发票"买方市场"专项行动工作，组织79户纳税人开展自查，自查发票150485份，金额1.68亿元，查获违法发票46137份，金额1.45亿元，自查应补缴税款5.6万元；自查调增企业所得税应纳税所得额1.7万元；七是认真做好举报案件的查实工作，做到件件有回复。全年受理案件3件，查处举报案件4件，其中省局转办1件，查补各项税款及罚款4.13万元。全年全州稽查检查纳税户91户，其中税务稽查检查57户，组织企业自查34户，查补税款、滞纳金、罚款收入2123.45万元（稽查查办税款收入857.16万元，罚款收入92.73万元，滞纳金收入36.47元），企业自查补税收入1137.09万元；实际入库1919.36万元，入库率为90%，处罚率10%。

【规费征收管理】 2010年，德宏州地方税务局主要做好如下规费征收管理：一是加强重点费源管理，对规费的总量、结构、分布、变化等情况进行跟踪管理，做到费源情况清；二是积极协助劳动保障部门和工会做好扩面工作。全州社保费扩面人数13828人，及时将新办企业及已办理税务登记证，但还没有参保或成立工会的企业名单提供给社保部门和工会部门；三是逐步完善户籍档案管理，建立和完善社会保险费缴费档案；四是认真做好取消旅游宣传促销费后，以前年度欠费清理征收工作；五是切实抓好社会保险费欠费管理和清欠工作。全年收回社会保险费欠费6203万元，其中收回本年欠费5548万元，以前年度欠费655万元；收回基本养老保险费以前年度欠费637万元，占清欠计划数300万元的212.3%，超任务337万元；六是认真检查社会保险费票据使用情况；七是圆满完成上年度社会保险费年终清算工作；八是认真做好工会经费代收工作。全年组织工会经费和建会筹备金2735万元，比上年增长57.2%，增收995万元，工会经费代收实现大幅度增长。

【信息化建设】 2010年，德宏州地方税务局做好全局电脑、服务器和中心机房的网络维护工作，及时对有故障的设备进行维修，保证全局计算机和网络的正常运行，指导县局信息化建设工作；加强内网病毒防治工作，及时更新病毒服务器病毒码，有效防止病毒蔓延和扩散；不断深化系统运用，实现货运发票和大集中系统包括节假日在内的24小时网络安全畅通，保障大厅24小时开票的需求，为税款征收提供有力的技术支持；对大集中系统数据进行清理，全州清理完善数据5000余条；完成"两税"比对工作；帮助和指导直征局以及各县市局将地税广域网接入便民中心；进一步加强外部网站建设，定期对网站进行升级和更新；加强系统管理人员的培训，全年选送系统维护人员20人次参加省局举办的技术培训。

【业务培训】 2010年，德宏州地方税务局强化业务培训，组织开展会计基础知识、社会保险费年终清算、政策法规工作交流学习以及建筑安装企业全行业税收自查等业务培训，积极做好选送培训工作。年内选送1名副处级干部参加省局组织的更新知识培训，选送5名干部参加省局组织的注册税务师考前培训，选送2名干部参加省局组织的硕士生入学前考试；组织3名干部参加省局组织的防病毒网关及安全审计系统培训，2名干部参加省局组织稽查业务培训，组织8名干部参加税收执法资格考试，4名新录用公务员参加省局组织的培训考试。开展以"忠诚教育"为核心的教育活动，组织全州地税系统460名公务员进行公务员职业道德与技术培训方法考试。

【地税文化】 2010年10月，德宏州地税系统在芒市体育馆成功举办地税分设16年以来的首次职工运动会；组织开展德宏地税成立16年成就展，集中展出地税系统成立以来所获得的各种荣誉证书、证件和奖牌，同时展出干部职工个人摄影、书法、绘画、十字绣等60余件作品。

【表彰先进】 2010年，德宏州地税系统有6个单位被命名为“省级文明单位”，德宏地税系统被州文明委命名为“州级文明行业”。州地税局被州委州政府授予“感恩思进”先进集体荣誉称号。芒市地税一分局被云南省局表彰评为全省优秀办税服务厅。

（《地方税》撰稿 郑加强）

金 融

人 行

【召开政府金融工作座谈会】 2010年2月2日，德宏州政府召开全州金融工作座谈会。会议总结全州金融系统上年取得的成绩，安排部署年内金融工作，并对金融工作成绩突出的单位进行表彰。州长孟必光、州金融协调领导小组、全州金融单位等领导出席会议。会上孟必光州长对金融工作提出了六点要求：一是要贯彻落实金融政策，促进货币信贷稳步增长。二是要进一步优化信贷结构，突出重点领域和“三农”的信贷投入。三是要促进金融创新能力，提供高效优质的金融服务。四是打造良好金融生态州，从源头注入金融业可持续发展活力。五是要切实履行保险职责，有效发挥保险行业风险管理和补偿职能作用。六是要正确把握四种关系，促进金融经济良性互动。

【召开全州信用体系建设会议】 2010年3月12日，人民银行德宏州中心支行组织召开德宏州社会信用体系建设情况座谈会。德宏州政府、质量技术监督局、工商局、农业局、环境保护局、劳动和社会保障局、人行德宏州中心支行、银监局、小额贷款公司、住房公积金管理中心及各商业银行等15家单位的领导出席会议。此次会议在增强参会单位对社会信用体系建设重要性的认识，为营造一个“守信受益，失信惩戒”的社会氛围夯实基础。

【破获银行卡诈骗案】 2010年6月23日，在云南省打击和预防银行卡犯罪领导小组的正确领导下，通过德宏州打击和预防银行卡犯罪领导小组各成员单位的共同努力，一起全国性银行卡诈骗大案在德宏州成功告破。6月23日人行德宏州中心支行接银联云南分公司通知，一伙常年流窜全国实施银行卡诈骗的犯罪团伙已进入德宏州，人行德宏州中心支行党委高度重视，迅速安排部署防控工作：一是成立防控领导小组，统筹负责预防和打击银行卡诈骗专项行动；二是迅速启动应急机制，第一时间将案情通报公安、银监等德宏州预防和打击银行卡犯罪领导小组成员单位；三是及时部署防控工作，当日上午组织全辖人民银行、各发卡行召开防控工作会议，通报案情，部署防控措施；四是闪电展开防控行动。当日上午即完成对全辖所有POS商户的风险提示。由于行动迅速，措施得当，6月23日晚时在瑞丽市成功将2名案犯抓获。目前案件正在进一步处理中。该团伙主要利用“刷卡撤单”方式实施诈骗，即选择一些规模化经营的超市、百货店，通过银行卡消费便于销脏的高档品，如名贵烟、酒，随即以查询余额等为由，趁收银员不备，实施交易撤单处理，达到骗取消费品的目的。案犯的银行卡交易历史显示，该犯罪团伙常年流窜多省作案，单笔交易金额基本在万元之上。

【召开跨境结算会议】 2010年6月30日，中国人民银行、中国建设银行、中石油集团公司在瑞丽市召开跨境结算会议。会议与缅甸经济银行就中缅跨境人民币结算业务推进进行深入研讨，以期寻求中缅双方金融机构更深层次的合作，进一步促进中缅人民币结算业务的发展。人总行货政二司席钰、建总行国际业务部经理郭梅军、中石油集团公司财务处处长朱冬梅、建行云南省分行行长潘念宁、云南省外汇管理局经常项目处处长文坚、缅甸经济银行总经理吴丹伦伍、人行德宏州中心支行副行长郑艳玲等35人参加会谈。此次会谈搭成如下初步意向：一是在原先中国建设银行与缅甸经济银行签订开立人民币边贸结算账户基础上，结合云南省跨境人民币结算试点政策的推行，在建设银行开立人民币往来清算账户，结算范围由现在的边境贸易项下扩大为一般贸易、服务贸易及资本项下。二是鉴于缅甸经济银行在缅甸国内多机构、多网点、多业务的优势实力，中石油集团公司选择缅甸经济银行作为中缅油气管道项目的结算银行。中石油集团公司在缅甸经济银行木姐支行和建设银行瑞丽市支行同时开立人民币结算账户，专门用于中石油集团公司在中缅两国范围内的人民币结算。三是与中石油集团公司合作的缅甸企业在报经缅甸中央银行批准后，可在缅甸经济银行市级分行开立人民币结算账户。该账户只能转账不能提现，可以提取 *FEC* 兑换券。四是对中石油集团公司资金汇入汇出缅方企业合作银行的结算收费等问题进行磋商，基本畅通了中石油集团公司在缅投资的人民币结算渠道。

此次研讨是在人民银行等六部委将跨境贸易人民币结算试点范围扩大至云南省等 *20* 个省（区、市）的重要时期下，开展的首次中缅银行间会晤，对中缅双边经济交往和人民币跨境结算具有十分重要的战略意义。其主要体现在“三个有利于”：一是有利于支持中缅双边银行的经济发展，拓展银行中间业务，加强“走出去”企业在境内银行的资金管理，切实保障资金安全，提高银行、企业应对国际金融危机的能力。二是有利于帮助边境地区进出口企业节约成本，降低汇率风险，有效的减少货币错配，节约汇兑成本和套期保值费用。三是有利于进一步促进贸易和投资的便利化，密切中国与东盟等周边地区的经贸往来，特别是对德宏州在建设中国面向西南开放重要桥头堡的黄金口岸，搭建区域性金融服务平台，将起到积极的推动作用。

【人民银行昆明中心支行行长到德宏调研】 *2010* 年 *8* 月 *20* 至 *22* 日，人民银行昆明中心支行周振海行长、段会全副行长一行到德宏，就基层人民银行履职以及职工思想状况等情况进行工作调研。调研期间，周行长一行先后深入人行德宏州中心支行和瑞丽市支行，看望慰问干部职工，并听取德宏中支党委的工作汇报。周振海行长对德宏中支工作给予了充分肯定。并提出五点要求：一是继续执行适度宽松的货币政策，助推德宏经济发展。要始终坚持把央行事业的发展寓于经济社会的发展之中，加强对经济金融形势分析，要结合德宏边疆特色，继续执行适度宽松的货币信贷政策，畅通货币政策传导机制，突出信贷投放重点，引导金融机构切实加大对重点企业、重大项目的信贷需求，保障“三农”信贷投入，促进德宏经济金融平稳较快发展。二是加强金融服务工作。要不断创新支付系统和支付工具推广应用，改善支付服务环境，德宏成功建立了云南省二级地市首条信用卡“刷卡无障碍示范街”，服务民生，就很有示范作用；要推动商业银行创新金融产品，如可以结合德宏打造“中国玉都”活动，开办翡翠珠宝抵押信贷业务，服务地方经济发展。三是要关注热点问题，加强调查研究，积极开展跨境人民币结算试点工作。德宏是中国最早的沿边开放城市之一，口岸建设和对外贸易十分活跃，还有独特的“境内关外”模式和区位优势，尤其是德宏结合实际提出的黄金口岸建设，发展潜力很大。人民银行要增强工作针对性，在搭建中缅银行结算合作的基础上，推动中缅金融合作向纵深发展；要关注地方政府融资平台风险，根据财政部、发改委、人总行、银监会发布的《关于贯彻落实国务院加强地方政府融资平台公司管理有关问题的通知相关事项的通知》要求，协助有关部门做好地方融资平台公司债务清理核实工作，及时掌握工作进展情况，深入分析地方融资平台公司债务对金融风险防控的影响，督促商业银行加强风险识别和风险管理工作，切实维护辖区金融稳定。四是加强领导班子建设和干部队伍建设。好的领导班子带出好的队伍，好的队伍创造出好的工作业绩，是推动人民银行各项事业向前发展的根本保证。德宏地理位置特殊，受境外毒品和赌博的危害大，置身于这样的环境，领导班子建设和干部队伍建设尤为重要。要加强领导干部作风建设不放松，充分发挥班子整体合力，增强驾驭工作能力。班子成员要做到廉洁从政，务实为民，要加强干部队伍建设，提高队伍素质，增强履职能力。

【建行与缅甸经济银行签署“协议”】 *2010* 年 *9* 月 *1* 日，中国建设银行云南省分行与缅甸经济银行在德宏州瑞丽市正式签署《人民币代理结算协议》。这是继 *2009* 年 *9* 月 *17* 日双方签署《人民币清算协议》、开立边境人民币结算账户、办理边境贸易人民币结算业务基础上，推动双边人民币结算业务的又一突破，标志着中缅银行间的双边合作迈上新的台阶，取得了突破性的实质进展。《人民币代理结算协议》的签署，疏通了包括中石油等大型中资企业在内的对缅投资资金划转渠道，对中缅两国在电力、石油、天然气等领域的投资及合作具有十分重要的战略意义。

协议签署后，缅甸经济银行

将在建设银行瑞丽支行姐告分理处开立人民币同业往来账户，建设银行与缅甸经济银行的合作将由原来的边境贸易结算，扩大到跨境人民币贸易结算、服务贸易结算、其他经常项目结算乃至资本项目结算，标志着中国对缅跨境人民币资金结算渠道正式建立，对中缅两国在今后的经济金融合作方面具有十分重要的现实意义，开启了中缅两国双边合作的新篇章。

【召开离岸银行业务调研会】 2010年9月1日下午，德宏州委书记赵金与中国人民银行昆明中心支行金融研究处、中国人民银行德宏州中心支行等领导在瑞丽口岸开展离岸银行业务相关调研活动。人民银行相关领导向赵金书记汇报了前期工作进展情况，并提出下一步的工作设想。赵金书记在听取汇报后，对德宏州人民银行近年来在维护边疆金融稳定、促进德宏经济发展方面作出的巨大贡献表示肯定和赞扬，同时对德宏金融下一阶段的工作提出六点希望和要求：一是充分认识桥头堡黄金口岸建设的重大意义，当好排头兵。金融作为现代经济的核心，在将德宏州建设成为中国向西南开放的桥头堡黄金口岸中具有不可或缺的作用。因此，人民银行要充分认识，高度重视，团结和带领全州金融机构履好职、服好务，当好桥头堡黄金口岸建设的排头兵。二是充分发挥成员作用，切实加强金融服务支撑体系和平台建设。金融部门作为德宏州桥头堡黄金口岸建设和瑞丽边境开发开放试验区建设的重要成员之一，要主动加强与地方党委政府的沟通联系，在立足金融、推动经济发展方面积极探索，以德宏州经济金融的发展现状和前景为依托，积极向上争取资金和政策支持，通过双边金融生态建设、人民币跨境贸易服务、“人民币对缅汇款直通车”等特色金融产品的建设，切实建立多渠道、多层次、行之有效、保障有力的金融服务支撑体系。三是加快人民币离岸市场建设，推动人民币区域化进程。德宏桥头堡黄金口岸是推动人民币周边化、区域化乃至国际化的有利区域。要充分把握机遇，推动两国商业银行之间在开拓货币结算领域的进一步交流与合作，继续发挥人民币在双边交往作为结算首选货币，重点推动人民币在桥头堡黄金口岸获得越来越广泛的认同，进而实现人民币国际化“三步走”战略。四是加快金融工具设计，推动金融产品的服务与创新。在信贷需求方面，要探索与“桥头堡”建设相适应的银企合作模式，切实高效地为“桥头堡”建设中的战略性产业、主导性产业、支撑性产业提供服务。在产品服务上，要不断完善支付结算基础设施，以货币兑换便利化、贸易投资便利化为导向，以西南地区国家货币兑换服务为重点，加快外汇服务网点建设，全面提供便捷高效的外汇服务。五是加强金融人才储备和输出，推动中缅金融向前发展。推动中缅金融合作迈出重要步伐，除了争取中缅两国央行签署双边支付与结算协定，畅通结算渠道，鼓励边境地区商业银行、中资银行开展跨境金融合作，拓展境外市场外，还要紧紧围绕全国、全省、全州人才需求和储备大局，积极营造尊重知识、尊重人才的氛围，高薪厚待，广揽人才，着力建设金融研究人才、金融管理人才和金融技术人才3支队伍，为全州金融和经济发展、桥头堡黄金口岸和瑞丽开发开放试验区建设提供智力保障。六是用好用活信贷政策，切实加大信贷投放力度。要着力把握好全州信贷投放的重点、力度和节奏，用好用活信贷政策，努力提高金融支持经济发展的可持续性。要重点加大对德宏基础设施、民生工程等项目的信贷投放力度，着力推进农业农村基础设施、交通能源基础设施和城镇化建设，要积极推进经济结构调整，促进辖区农业发展方式转变，支持全州“六树一草”生物特色产业的发展壮大。

【工行与缅甸经济银行签署“协议”】 2010年9月2日，工商银行德宏州分行在瑞丽市姐告口岸与缅甸经济银行签署《开立人民币结算账户协议》。这是继2009年9月17日州建行、州农行与缅甸经济银行签署《开立人民币结算账户协议》之后，中缅两国金融机构的又一次清算合作，积极推动中缅两国经济金融的深层次交往又向前迈出了坚实的一步。此项“协议”的签署，标志着在国家进一步扩大人民币跨境结算试点政策的趋势下，缅甸国家银行加大与边境商业银行人民币结算往来的合作。目前，德宏州辖内的银行机构已有一半与缅甸经济银行签订《开立人民币结算账户》的协议，“协议”的签署，不仅使德宏州辖内的大多数银行机构都可以办理人民币结算的相关事宜，促使中缅经贸交流合作在更大范围、更广领域和更深层次上得到加强和提升，更为将德宏州建设成为面向西南开放的桥头堡黄金口岸和瑞丽市开发开放试验区建设打下了坚实的基础，完成了搭建金融服务平台和金融支撑体系的初步战略部署。与此同时，瑞丽工商银行下一步还将逐步开办2家个人外币代兑机构，进一步建立健全个人本外币兑换特许业务体系，积极畅通人民币与缅币清算渠道，从而更好地适应中缅边境地区通商、旅游、往来等需求，真正做到“三个便利”（即便利个人小额零星兑换、便利中缅双边往来、便利规范“地摊银行”），为中缅边境贸易和非贸易往来结算发挥重要作用。

【第三国跨境结算实现“零突破”】 2010年9月14日，德宏州成功办理第一笔一般贸易人民币跨境结算业务，金额为130848元。该笔业务是德宏后谷咖啡有限公司通过中国建设银行德宏分行汇往中国建设银行首尔分行的预付货款，主要用途是向韩国ROSCOLIFECOLTD公司购买混合咖啡原料。韩国收款方已于9月16日收到该笔汇款。该笔业务的成功办理，实现了德宏州人民币跨境结算业务的“三个第一笔”，即云南省实施人民币跨境结算以来德宏州商业银行办理的第一笔人民币跨境结算、德宏州对缅边境贸易人民币结算以来的第一笔一般贸易人民币结算、德宏州除对缅贸易人民币结算外同其他国家间的第一笔人民币跨境结算，实现第三国跨境结算取得“零突破”，标志着德宏州实施跨境贸易人民币结算具有完善的金融服务系统，有力地支持德宏州对外开放和实施桥头堡黄金口岸建设战略，积极为地方经济发展提供金融服务平台、综合服务平台、信息沟通服务平台，不断扩大人民币在贸易、旅游等服务和投资领域使用范围，进而推动人民币周边化、区域化乃至国际化。

【批准设立外币代兑机构】 2010年10月25日工商银行瑞丽支行为进一步规范全州货币兑换市场，促进全州旅游和对外经贸发展，经国家外汇管理局德宏州中心支局批准，与大通公司、台丽公司签署《外币代兑协议》。并在瑞丽姐告口岸正式设立外币代兑机构。外币代兑机构的设立，标志着德宏境内各商业银行不再是个人外币兑换的唯一渠道，是中缅银行间跨境结算的有益补充，不仅填补了瑞丽市无正式外币代兑机构的空白，弥补了商业银行未挂牌经营缅币与人民币兑换业务的空缺，更便利了中缅双边经贸、旅游、购物等往来个人小额零星兑换的需求，实现了德宏辖区个人外币兑换业务向企业开放的历史性突破，为瑞丽口岸个人本外币兑换通道建设发挥了积极的作用。

【银行卡优惠试点政策】 2010年12月1日，继在瑞丽市建成全省首条县域银行卡“刷卡无障碍示范街”后，中国人民银行德宏州中心支行又为芒市、盈江两地珠宝市场争取到2%-200元封顶的刷卡消费优惠手续费率试点政策，试点期限为2010年12月1日至2012年1月30日。该政策实施后，凡在认定的珠宝商户通过银行卡消费，无论金额多少最高只需要支付人民币200元的手续费。此举不仅能大大降低交易成本，而且能扩大珠宝销售范围和非现金结算工具的普及，对德宏州珠宝、银行卡两大产业的可持续发展起着积极的促进作用，对德宏州经济发展产生深远等影响。

【召开金融学会第六届会员代表大会】 2010年12月24日，德宏州金融学会在芒市召开第六届会员代表大会。德宏州副州长板岩过、州委副秘书长李枝济、州委政策研究室主任何春嵘、州委宣传部副部长赵云山、州财政局、州民政局等单位代表120多人参加会议。副州长板岩过作重要讲话；金融学会副会长罗本祥代表第五届理事会作了工作报告；会议进行了金融学术交流；对金融学会第二届金融论文获奖者进行表彰；讨论审议并通过德宏州金融学会第六届理事会人员名单。选举罗本祥为会长，刘新光为顾问，孟必光为名誉会长；产生理事121人，常务理事50人，正副秘书长3人，副会长19人。

【货币政策】 2010年，人民银行德宏州中心支行切实发挥政策导向作用，努力推动区域经济发展。一是召开金融形势分析会、政银企联席会、外汇银行工作联席会等，及时传导货币政策，发挥“窗口指导”作用；二是准确把握和执行适度宽松的货币政策，优化信贷结构，确保信贷投放合理增长，在区域经济企稳向好过程中，凸显金融引擎作用；三是立足扩大内需保持经济平稳较快增长的要求，积极贯彻落实扩大内需、促进经济增长十项措施和金融“国九条”、“金融30条”调控政策，进一步发挥宏观货币政策在区域经济的重要作用；四是坚持金融为农服务的方向，加大对农业开发和农村基础设施建设中长期信贷支持，全面提升农业产业化水平，改善农村生产生活条件和农村人居环境，促进贫困地区发展。全年德宏州经济金融运行总体发展态势良好，经济增长明显加快。截至年末，全州金融机构人民币各项存款达2904898.14万元，金融机构人民币各项贷款达1622509.95万元。

【金融稳定】 2010年，人民银行德宏州中心支行认真履行金融稳定职责，切实优化区域金融生态环境。一是完善风险处置预案。及时制定《区域银行业金融机构突发事件应急预案》、《应对缅甸民族武装冲突的紧急预案》等，从制度上规范和指导突发事件的应急处置工作。二是加强境外现金监测工作力度。建立边境地区现金监测工作机制、金融稳定监测联系人制度、营业网点突发事件应急制度等风险防范措施，定责定人定向防控风险。三是构建境内人民币流通状况监测网，合理供应人民币。四是加大对工业景气、商品物价、银行家问卷等制度性调查的工作力度，为维护金融稳定决策提供真实完整的数据保障。五是与政府、监管部门密切合作，形成合力，密切关注和监测辖区金融业的发展态势与运行情况，共同致力于德宏辖区金融风险的防范工作。六是组织开展外汇业务、金融统计数据质量、国库资金、支付结算等执法检查，督促金融机构依法合规经营。

【征信管理】 2010年，人民银行德宏州中心支行以征信宣传为抓手，不断改善区域金融诚信环境。一方面围绕政府“安全生产月”、“金融知识下乡”、“6.26国际禁毒日及大学生暑期禁毒宣传”等活动。先后3次组织开展送征信知识到政府各部门、到乡镇、到大学生和城市居民的宣传活动，进一步提高社会守信意识，巩固和培育守信氛围；另一方面是继续推进中小企业信用体系建设工作。促成州政府出台《德宏州社会信用体系建设实施方案及德宏州社会信用体系建设联系会议制度（试行）》，信用体系建设工作迈向制度化、系统化、规范化。

【信息工作】 2010年，人民银行德宏州中心支行以开展调查研究为基础，为上级行和地方政府决策提供服务。年内，德宏中支在收集把握工作新动态、新进展和新经验，挖掘闪光点的同时，将信息纳入各单位、各部门目标考核中，努力提高调研信息的质量。全年组织编报《德宏金融信息》87期、《内部工作通报》8期、《金融简报》8期。其中：被央办、国办采用1篇，人总行采用1篇，省委、省政府采用5篇，成都分行采用7篇，昆明中心支行采用9篇，州委采用1篇，德宏团结报社采用9篇，并有多篇被收入向国务院上报的建设规划和州委书记工程，5篇论文分别在省、州桥头堡建设论文评比中荣获一等奖。

【反洗钱】 2010年，人民银行德宏州中心支行筑牢反洗钱防线，遏制和预防洗钱犯罪。一方面大力开展反洗钱宣传，发放宣传资料1万余份，开展培训4次，受训千余人次；另一方面积极协助司法部门做好反洗钱侦查工作。全年累计筛查、上报重点可疑交易报告222份，涉及金额16.24亿元。对辖区25家金融机构进行反洗钱非现场监管和现场检查。配合国家安全局、海关、公安等司法部门查办洗钱上游犯罪案件14件，协查58次，涉案金额达1474.57万元。

【国库管理】 2010年，人民银行德宏州中心支行深化结算管理改革，认真履行国库管理职责，坚持“高效履职、服务社会”的理念，认真开展国库横向联网和现代化支付系统改革，不断创新管理手段和服务方式，较好地履行了管理国库职责，在地方经济发展转方式、调结构、保增长、惠民生中发挥了重要作用。全年累计为全州财政、税务、海关等单位办理国库业务281651笔，办理各级预算收入115.74亿元，一般预算支出52.23亿元，出口退税6.31元。

【支农服务】 2010年，人民银行德宏州中心支行大力优化农村金融环境，促进“三农”金融服务。一是坚持“重点在农村”的反假工作部署，建立乡镇反假工作站19个，深入农村乡镇摆摊设点开展宣传人民币防伪知识，全年收缴假币20.1万元。二是利用农户小额信用贷款二次评定和民族节日等机会，开展“金融知识下乡”活动和举办金融知识文艺表演等，进一步加大对农村金融服务宣传。三是积极开展农村支付环境建设试点工作，在广大农村地区推广“惠农卡”、“农民工银行卡”等非现金结算工具。四是认真试点涉农银行卡优惠手续费率政策，为农村经济发展提供优惠、便捷的非现金结算方式。五是加快金融机构三农部改革试点步伐，在农业银行建立了三农金融部，全面启动面向“三农”金融服务的试点工作。

【银行卡管理】 2010年，人民银行德宏州中心支行以银行卡刷卡优惠费率试点为契机，推动珠宝特色产业和银行卡产业并肩发展。继上年在瑞丽市建成全省首条县域银行卡“刷卡无障碍示范街”后，年内成功为芒市、盈江两地争取到黄龙玉珠宝市场和盈江翡翠毛料市场，银行卡刷卡消费优惠手续费率试点政策，进一步促进了德宏州珠宝、银行卡两大产业的发展。年末，德宏州银行卡发卡量、POS 清算交易笔数、清算交易金额均创历史新高，跃居全省第五的好成绩。

【中缅结算】 2010 年，人民银行德宏州中心支行先行先试，探索跨境结算途径取得新突破。率先实现中缅银行间边境货物贸易人民币划转结算；建行云南省分行与缅甸经济银行在德宏签署《人民币代理结算协议》，工行德宏州分行与缅甸经济银行签署开立人民币结算账户协议，中缅银行间合作向纵深发展；个人本外币代兑机构正式落户瑞丽姐告，标志着个人本外币兑换业务向企业开放取得了历史性突破；成功办理第一笔汇往韩国的跨境贸易人民币结算业务，实现德宏州对第三国的跨境结算，标志着德宏州已具备实施跨境贸易人民币结算的金融服务系统。全州有 141 家企业被国家六部委确定为跨境贸易人民币结算试点企业，位居全省第一。

【外汇管理】 2010 年，人民银行德宏州中心支行按照贸易和投资便利化原则，放宽企业外汇账户开立条件和外汇账户限额，扩大企业自有外汇使用权，尽可能满足企业合理用汇需求，支持支柱产业和优势企业扩大外贸出口，积极支持德宏企业实施“走出去”战略。全年结汇收入 17.25 亿美元，比上年增长 92.06%；售汇支出 1.68 亿美元，增长 31.18%。成功向国家争取批准 141 个跨境贸易人民币结算试点企业，试点企业数量位居云南之首。全年完成跨境人民币结算 27.6 亿元，全省占比 33%，为德宏州涉外经济发展提供了良好的外汇金融服务。

【表彰先进】 2010 年，人民银行德宏州中心支行科技科被继续认定为全国青年文明号，宣传群工部被评为云南省“巾帼文明岗”，机关女职委荣获成都分行女职工工作“先进集体”和女职工工作“十佳好事实事”单位；1 名女职工被评为总行级青年岗位能手，1 名女职工被评为成都分行“巾帼建功标兵”，1 个家庭被授予分行“文明家庭”称号。

（《人行》撰稿　熊　凯）

（见“州情概览·人行”81 页）

德宏银监分局

【贯彻宏观政策】 2010 年，德宏银监分局认真贯彻落实中央经济工作会议精神，银监工作会议精神，严格执行宏观调控政策的核心要求和监管底线；围绕促进经济发展方式转变、桥头堡黄金口岸建设和瑞丽开发开放试验区建设的目标，分局先后召开 17 次会议，以经济金融运行分析、季度座谈、监管通报、专业研讨等会议形式，强化政策传导，进行理念灌输，稳步推进实施贷款新规，落实“有保有控”的要求，切实促进银行信贷的均衡、合理、有效投放；重点支持等级公路改造、口岸、能源、城市基础设施、“三农”、中小企业、对外贸易、社会保障、社会福利等领域，有效促进了全州经济社会的协调发展。年末，银行业各项存款余额 290.5 亿元，比上年增长 38.2%；贷款余额 192.2 亿元，增长 32%，存贷款增速分别高于全省平均水平 17.6、11 个百分点，较好地支持了经济的发展。此外，制定《德宏银行业支持民族地区发展规划（2010－2012)》，重点引导银行业为桥头堡黄金口岸建设、瑞丽开发开放试验区建设提供有力的资金支持和优质的金融服务。

【银行业监管】 2010 年，德宏银监分局认真落实“有效监管强化年”的各项工作部署，着力加强监管能力建设，在提升监管的针对性、灵活性和有效性上下功夫，取得了明显成效。通过优化人员组合（调整充实监管科室人员）、提升人员素质（三大模块学习测试率先在全省第一家 100%通过，并在省局内网做经验交流）、创新监管手段（坚持和完善季度分析会议制度，坚持和完善非现场考核机制，坚持和完善动态监管机制，积极推广 East 系统在现场检查中的运用）、实施精确打击（重点对贷款新规、贷款偏离度、信贷资金注入股市、平台公司授信风险等进行现场检查）等项目全方位、多角度的监管，法人机构核心监管指标三年达标的目标顺利实现，银行业金融机构合规经营意识、风险防范意识有了明显提高；在日常监管中推行“三考三承诺”、“三访”、“三谈”和年度履职考核等举措。全年组织高管考试 13 人次，走访机构 180 次，进行提示谈话 70 人次，履职考核 117 人次，高质高效完成 15 项现场检查任务，发现问题 114 个，涉及问题金额 23.1 亿元，提出整改意见 106 条，责成追究责任人41人次，针对不审慎经营行为提示谈话70人次，检查效果更加明显；严格按照国发19号文件精神，完成“逐包打开、逐笔核对、重新评估、整改保全”的清理规范步骤，进一步规范了平台公司管理，加固了信贷资产的保全，为提升平台公司的融投资功能、信贷资产质量和支持经济又好又快发展奠定了坚实的基础，融资平台清理规范工作取得了阶段性成效。

【信息工作】 2010年，德宏银监分局确定专岗、专人，对每日国内外经济金融动态持续跟踪监测，对负面舆情和重大动态舆情及时澄清不实报道和言论，组织各银行业金融机构在德宏主流媒体《德宏团结报》开辟《德宏银行业之窗》。全年刊发25期宣传金融政策法规、银行业支持经济社会发展的信息，深受社会各界的关注和好评。通过完善考核办法、领导挂钩负责、建立激励机制、完善调研手段、加强信息分析等措施，着力提高信息服务水平。全年编报监管信息24期、上报信息31期、动态信息260条，其中被中办采用1条，新华社采用3条、银监会采用16条、省委省政府采用9条、省局采用41条。德宏银监分局信息工作获得全省一等奖。

【风险防控与处置】 2010年，德宏银监分局通过召开专题会议（全年5次案防）、明确责任（与各银行业金融机构“一把手”签订《安全保卫暨平安和谐创建责任书》）、加强检查（对175个网点进行全面安全检查）、打击非法集资（按照“打早打小”的原则配合相关部门对畹町国家森林公园开发有限公司向社会不特定对象筹集资金的行为进行核查，报经上级定性为非法集资），维护了辖区银行业的稳定健康发展。年内，分局认真做好信访工作，建立制度、设立专人、畅通信访渠道，及时快捷地处理来人、来电、来信的各类信访件。全年处理10件信访件，其中通过深入调查、多方协调、专题会议、细致解释，多措并举妥善处理长达7年之久的涉外存款信访件，以及芒市傣族村民群体上访惠农卡使用的信访件，得到旅缅华侨及傣族村民的好评，分局得到“依法监督、公平公正”的锦旗1面。由于工作扎实，消除了傣族村民到政府静坐事件的发生，实现了州委州政府重大活动期间“零上访”的目标。

【银行业服务创新】 2010年，德宏银监分局着力解决金融服务缺失，支持中小企业发展、“三农”服务等提升银行业服务水平支持经济发展。通过深入金融空白乡镇、走访中小企业，与农民、工人面对面交流座谈，详细了解实情，摸清服务需求，提出解决方案，召开专题会议，落实目标责任，争取州政府在省政府补贴的基础上，再加50%给予补助支持的方式，提前2年完成7个乡镇的金融服务缺失问题，“三农”服务及中小企业发展均得到较好支持。全年全州涉农贷款余额比年初增加33.4亿元，增长38.5%，高于各项贷款增速15个百分点；小企业贷款余额比年初增加8.4亿元，增长43.9%，实现了既定的“两个不低于”目标。此外，推动林权抵押贷款取得新成效，切实支持了林农增收致富，金融服务水平的提升，并受到社会各界的高度赞誉，州委州政府对此也给予了高度评价。

【表彰先进】 2010年，德宏银监分局被评为德宏州委党风廉政建设优秀单位；分局财务工作、统计信息工作分别在2010年考核中荣获云南省财务决算工作一等奖、统计工作考核第一名。德宏银监分局先后被德宏州委州政府、云南省委省政府授予文明单位，监管一科被中国金融工会、银监会授予“模范职工小家”称号。在第七届青年论坛征文活动中，德宏银监分局获云南省局优秀组织奖，获个人二等奖1名、三等奖2名、优秀奖7名。

（《德宏银监分局》撰稿 李 娟）

农发行

【经营管理】 2011年，农发行德宏州分行深入贯彻落实党中央、国务院强农惠农的政策措施，大力强化信贷支农，切实防控经营风险，着力加强基础管理、基础行建设和队伍建设，圆满完成全年改革与发展各项目标任务，为德宏“三农”发展和新农村建设贡献显著。全年累计发放贷款173558万元，比上年多发放23854万元；累计收回107320万元，少收回8560万元。各项贷款余额193352万元，是2005年的5.9倍，比年初增加66238万元，增幅52.11%。连续5年保持平均40%以上的增幅，在全州金融机构中的占比由2009年的9.7%上升到11.92%，人均贷款2079万元，比上年增712万元。贷款结构进一步优化，政策性（含准政策性）贷款144672万元、占比74.82%；商业性贷款48680万元、占比25.18%；短期贷款 79872 万元、占比 41.41%，中长期贷款 113480 万元、占比 58.59%，比上年提高 30.81 个百分点。各项存款（含同业存款）余额 78786 万元，比年初增加 37499 万元，增幅 90.83%；日均存款 70947 万元，增加 46726 万元，增幅 192.92%；人均日均存款 759 万元，增加 399 万元，增幅 110.83%。不良贷款余额为零，比年初减少 1480 万元；不良贷款占比为零，实现了不良贷款“双结零”的目标。全年实现账面利润 4196 万元，比上年增加 1886 万元，增幅 81.65%，人均利润 47.75 万元，增加 24.51 万元，增幅 105.46%。全年实现无经济案件、刑事案件、重大责任事故、严重违规违纪行为的“四无”目标。

【政策性主体业务】 2010 年，农发行德宏州分行认真履行政策性银行职能，把做好粮油信贷业务作为最重要的基础业务抓紧抓好，确保政策性信贷资金的及时足额供应，抓好粮油企业收购资金的供应和管理。全年累计发放粮油贷款 21428 万元，支持增加各级储备粮油 90 万千克，支持企业收购粮油 19127 万千克；年末粮油贷款余额 46742 万元，占各项贷款余额的 24.17%，确保国家粮食安全和农民增收的政策效应得到较好发挥。

【政府融资平台贷款】 2010 年，农发行德宏州分行积极推进银政合作，增大政府融资平台贷款（非经营性贷款）投放力度，突出支持德宏农村公路建设。全年累计发放政府融资平台贷款 6.5 亿元，占当年新增贷款的 37.45%。其中：对德宏州潞梁二级公路建设项目发放贷款 4.6 亿元，对盈江县农村公路建设项目发放贷款 1.9 亿元，对德宏农村公路建设的顺利实施提供有力的信贷支持，为改变德宏农村基础设施落后状况做出了应有的贡献。

【农村基础设施建设贷款】 2010 年，农发行德宏州分行结合德宏实际，积极拓展支农领域，大力开展农村基础设施建设中长期政策性信贷业务，积极支持农村基础建设。年内，对 1 个水电站建设项目发放农村基础设施建设中长期贷款 4000 万元，对 1 个农贸市场建设项目发放农村流通体系建设中长期贷款 2000 万元。在有力支持农村基础设施建设的同时，全行信贷资产结构得到进一步优化。

【食糖贷款】 2010 年，农发行德宏州分行把积极支持制糖企业作为信贷业务的重点，针对企业生产的特点，加强向省分行的汇报反映，优化贷款品种组合，用好用活信贷政策，对企业在制糖生产和储备中所需的资金及时给予支持。全年对 3 户制糖企业累计发放贷款 7.3 亿元，其中地方食糖储备贷款 2.5 亿元，支持 3 户制糖企业完成 10 万吨食糖储备计划；糖料短期流动资金贷款 4.7 亿元，保障 09/10 甘蔗入榨期间的流动资金需求和甘蔗款的及时兑付。年末，食糖贷款余额 3.7 万元，占贷款总额的 19.14%，突出了农发行对德宏支柱产业的倾斜支持，为德宏地方经济的平稳发展作出了积极贡献。

【农业产业龙头企业贷款】 2010 年，农发行德宏州分行本着“稳中求进，好中选优，择优扶持”的原则，对 3 农业产业化龙头企业发放贷款 8500 万元，向 2 户农业小企业发放 500 万元贷款，对缓解企业“融资难”问题起到了积极作用。

【存　款】 2010 年，农发行德宏州分行采取存贷同步、以贷引存、以管稳存、以奖促存等措施，全力抓好存款组织工作。年末，全辖各项存款余额 78786 万元，其中同业拆借 33000 万元，比年初增加 37499 万元，增幅 90.83%。全行日均存款 70947 万元，比年初增加 46726 万元，增幅192.92%；人均日均存款 759 万元，增加 399 万元，增幅 110.83%。

【中间业务】 2010 年，农发行德宏州分行进一步抓好与保险公司的合作，积极实施保贷同步，努力抓好中间业务。全年实现中间业务收入 56 万元，比上年增加 19 万元，增幅 51.35%；人均中间业务收入 6013 元，增加 2049 元，增幅 51.69%。累计办理联名信用卡 117 张，安装财务 POS 机 1 台，开立网银账户 4 户，网银账户累计资金往来 103484 万元；成功办理银行承兑汇票 3 笔，金额 105 万元，办理银行承兑汇票贴现 1 笔，金额 130 万元。

【风险防控】 2010 年，农发行德宏州分行加强风险监测监控，狠抓不良贷款清收，不良贷款实现“双结零”目标。一是以行业风险控制为重点，加强分析监测预警，发现苗头及时采取措施，严防新增不良贷款。二是狠抓存量不良贷款的清收。通过不懈努力，成功收回云南南药梁河制药有限公司积欠农发行德宏州分行多年的不良贷款本金 1480 万元。

年末，不良贷款余额和占比为零，实现了不良贷款“双结零”目标。

【基础管理】 2010年，农发行德宏州分行注意抓好“两基”建设，多层次提升管理水平。一是强化信贷管理，规范办贷程序，严格贷款调查、审查、审议和审批，认真开展贷款资格认定、信用等级评定和统一授信管理，认真执行客户经理制和尽职记录，加强贷后管理和贷款质量监测分析，严防信贷风险发生。二是加强资金计划管理，强化资金运营，抓好资金调度，做好财政补贴拨补。全年信贷计划执行率为100%；累计调入资金646笔，金额453532万元；归还资金550笔，金额467476万元；地方财政补贴资金筹措到位率和拨补到位率均为100%。三是加强财会管理，抓好综合业务系统的运行和维护，严格执行财务收支规定，抓好收息工作，控制成本费用，抓好固定资产管理。四是加强内控机制建设，认真开展和接受序时审计和专项检查，做好对检查发现问题的整改。五是加强信息技术工作，做好各种业务系统的运用维护，抓好对网络病毒的监测和防治，切实抓好信息安全保密工作，确保内部信息网络安全、稳定、高效运行。六是深化人力资源改革，与员工签订聘用合同，成立州分行贷款营销评估平台、贷款审查审议平台、资源配置考核平台、员工队伍建设平台和风险案件管控平台。七是层层签订安全保卫责任书，按季抓好安全保卫工作的检查，消除安全隐患，确保安全营运。八是抓好公文公章档案的管理、保密和信息调研工作，业务接待和后勤服务保障工作日益加强，管理进一步规范，服务保障作用和效果明显。

【队伍建设】 2010年，农发行德宏州分行以“四好”班子建设为抓手，带好队伍，促进业务又好又快发展。一是对县级支行领导班子副职空缺岗位进行竞聘选拔，对在一个地方任职满5年的县支行行长进行交流调整，县级支行领导班子建设得到进一步加强。二是抓好业务学习培训工作。全年除参加总行、省分行培训24人（次）外，通过以会代训、视频培训会等形式，培训员工169人（次）。

（《农发行》撰稿　朗恩存）

工　　行

【存　款】 2010年，工行德宏分行全力推进“强行”战略目标，结合云南省“两强一堡”战略和德宏黄金口岸建设的新要求，强化管理，提升服务，加快发展，强化存款在经营工作中的基础地位，各项存款实现了稳步增长。全年人民币各项存款余额274712万元，比上年增加75227万元，增幅37.71%。其中：公司存款比年初增加9628万元，机构存款比年初增加26331万元，储蓄存款比年初增加38983万元。

【贷　款】 2010年，工行德宏分行大力推进以市政建设、电力、边贸、房地产等法人信贷业务，加大小企业贷款、个人住房、个人消费贷款投放力度，探索开办“网贷通”、个人循环贷款等信贷新产品。全年累计发放贷款122550万元，贷款余额193805万元，比上年增加60471万元，增幅45.35%。其中：发放公司贷款76116万元，净增38412万元；发放个人贷款46434万元，净增22059万元。严格信贷审批，强化贷后管理，开展专项治理活动，年末不良贷款余额80万元，不良贷款率0.04%。

【经营效益】 2010年，工行德宏分行高度重视发展中间业务，实现中间业务收入1786万元，比上年增加558万元，增幅45.40%。在经营管理中始终重视全面成本管理，严格控制费用开支，注重增收节支。年末，扣除减值准备前利润比上年增长78.71%，扣除减值准备后利润增长65.95%，净利润增长58.67%。

【机构业务和国际业务】 2010年，工行德宏分行切实加强机构业务发展，签约公务卡客户119户；机构存款增加26331万元；机构中间业务取得新进展，代理保险501万元，签约“银关通”客户23户、新增9户。大力发展国际业务，优化国际结算流程，争取“让点”政策，加强对重点客户营销和融资支持，新增国际结算账户10户，实现国际业务结算量8767万美元。年内，与缅甸经济银行签订人民币结算协议，在边境口岸支持开办外汇兑换点。

【个人业务】 2010年，工行德宏分行加强个人业务发展工作。一是突出个人信贷业务带动，发挥瑞丽口岸优势和边贸优势，积极组织中间业务产品全员营销和个贷业务捆绑营销，实施网点绩效分配办法，实行费用挂钩考核，调动一线市场营销积极性。二是加强个人中间业务，个人结算、个人理财类业务、借据卡、银行卡、电子银行等取得进展，实现中间业务收入428万元。三是以个人金融服务为重点，加强电子银行业务。全辖ATM开机率达到98%以上，正常运转率达95%以上，全年实现网上银行交易额481亿元。四是大力发展银行卡业务。积极营销POS，当年新增POS机43台，实现发卡量、消费额和收益的同步增长。

【网点建设】 2010年，工行德宏分行重视渠道建设，加强服务与品牌管理，增配服务设施，发挥渠道宣传作用，加强大堂经理管理，开展一线服务培训，提高业务素质和服务水平；加强业务创新和服务提升，继续推进电子银行、银行卡、代理业务发展，为方便社会居民消费、扩大内需提供更加快捷、方便的金融支持。全年完成全辖8个网点装修，设施更加齐全，服务功能更加完善。全辖网点配备18台自助设备，ATM开机率达98%，离柜业务占比提高。

（《工行》撰稿　黄　斌）

农　　行

【召开全州农行工作会议】 2010年3月13日，农行德宏分行在芒市召开农行工作会议。出席会议的有州分行领导班子、二级班子及各县（市）支行行长和基层网点主任、部份员工代表近百人参加。大会首先听取州分行主持工作的党委副书记、副行长郑守廉作《认清形势抓机遇聚集全力谋发展进一步夯实德宏分行又好又快发展基础》的工作报告；回顾上年的工作，提出年内工作目标、任务和措施；各县（市）支行在会上汇报上年工作和年内工作打算。会议印发《综合绩交考核办法》、《费用配置办法》、《工资分配办法》、《综合经营计划》。主持工作的副行长郑守廉与各县（市）支行签订《党风廉政建设责任书》、《高级管理人员防范案件责任书》、《反洗钱责任书》、《安全保卫责任书》、《计算机安全责任书》。会议表彰2个先进单位、10个先进集体、23名先进个人、20名岗位标兵、20名岗位能手。

【缅甸经济银行到瑞丽市农行参观考察】 2010年4月21日，缅甸经济银行木姐分行行长吴耶奈登一行到中国农业银行瑞丽市姐告支行，进行电子化银行业务考察。农行瑞丽市支行行长屈永胜对农行整改网络建设做简要介绍，农行经过多年网络建设和数据维护，为客户提供方便、快捷、安全的资金结算服务和金融产品服务；从硬件和软件的安全防范方面介绍了农行整个安全防范流程，并向来宾展示安全防范流程；向缅甸经济银行一行展示自助银行服务功能和电子银行功能。参观考察结束后，双方就上年签署的边境人民币结算业务协议后续工作及今后进一步加强合作进行交流和探讨。缅甸经济银行木姐分行吴行长对中国农业银行强大的电子化网络建设给予高度评价和赞扬，更加增强中缅双方边境人民币结算业务电子化建设的兴趣，表示愿意和中国农业银行在边贸网银方面进一步的推进沟通和交流。

【竞聘派驻风险经理】 2010年5月7日上午，农行德宏分行召开派驻风险经理竞聘演讲大会，公开竞聘州分行派驻各县（市）支行、直属网点3个风险经理岗位。州分行领导班子、二级班子、县（市）支行行长及员工代表近70人参加大会。州分行党委对此次竞聘工作高度重视，召开专题会议，制定《中国农业银行德宏分行派驻风险经理竞聘方案》，成立竞聘演讲答辩评委会和监督委员会。有来自州分行本部、直属网点和梁河县支行、陇川县支行、瑞丽市支行11名员工报名参加竞聘。竞聘以个人演讲、现场抽题答辩的方式进行，演讲时间在10分钟以内，抽题答辩和评委点制记分，其中仪表5分，语言表达20分，演讲内容40分，现场答辩35分，去掉1个最高分和最低分后之和作为演讲答辩者得分。经过紧张的演讲答辩，黄振华、许东、沈洪兴、李发武经党委考核后，分别派驻陇川、盈江、梁河、直属网点负责风险管理工作。

【举办全面推行公务卡专项培训会】 2010年5月27日，农行德宏分行实行公务卡结算制度的通知》精神，切实做好在潞西市全面推行公务卡结算制度的各项工作，在芒市宾馆会议厅举办潞西市财政预算单位使用公务卡专项培训会。潞西市85家财政预算单位的167名相关人员参加培训。潞西市财政局预算科科长伍俊对全面推行公务卡结算制度改革工作的重要意义、工作目标及工作措施进行全面动员，并对为积极配合潞西市人民政府认真落实《关于全面推进工作进行安排：一是要提高认识，强化组织领导。各预算单位把推行公务卡结算制度改革工作作为强化行政成本管理的重头戏来抓，制定工作计划，明确目标任务，加大工作力度，确保市级预算单位在职工作人员人手一张公务卡的目标实现；二是要加大宣传力度。各预算单位要以各种有效方式，加大对推行公务卡结算制度改革工作的宣传力度，为应用、推广公务卡工作创造良好的舆论环境，为全面推行公务卡改革工作奠定坚实的基础；三是要全面清理，不留死角。要求各预算单位对目前公务卡情况进行全面清理，排出已办理和未办理公务卡的人员名单；四是明确全市公务卡发卡代理银行为农行德宏分行。

【举行“践行文化理念学习先进典型”演讲比赛】 2010年5月29日，农行德宏分行为在全行营造优秀文化理念，树立学习先进事迹的良好氛围，举行“践行文化理念学习先进典型”演讲比赛。州分行、县市支行相关领导和州分行机关、直属网点员工150多人聆听演讲比赛。来自全州农行一线的13名选手在演讲比赛中，以身边亲身经历和亲眼目睹的人和事为演讲内容，讴歌一批刻苦钻研业务，苦炼服务本领，勇于开拓创新，积极奋发向上的先进代表；赞扬一群以行为家，爱岗敬业，吃苦耐劳，只求奉献，不计回报的一线员工。一个个真实感人的先进事迹，深深打动了在座员工的心灵，在全行营造了“比、学、赶、帮、超”的良好工作氛围。经过紧张的角逐，来自瑞丽支行的李娜演讲《践行文化理念用奉献谱写赞歌》获得一等奖，瑞丽支行的李丽娟演讲《诚信立行》和梁河支行的李杨演讲《身影》分别获得二等奖。同时，评出三等奖3名，优秀奖7名，分行党委委员、纪委书记、副行长许连存宣布获奖名单，并分别颁发了证书和奖金。

【业务经营情况】 2010年，农行德宏分行以“发展、改革、控险”为主题，以提升价值创造力和市场竞争力为核心，继续实施“发展、转型、创新、控险、强管、增效”的业务经营方针，着力提升风险防控水平，深入推进内部机制改革，各项业务经营实现速度、结构、质量和效益、统一协调发展。全年存款突破100亿元大关，余额1009696万元，比年初增长185627万元；贷款余额391740万元，增长27804万元，实现拨备后利润19366万元。全年实现利息净收入25418万元，各项营业支出10078万元，实现拨备前利润16823万元，完成省分行计划的95.31%；在贷款增量较小的情况下，实现拨备后利润19366万元，完成省分行计划的139.83%，实现经济增加值10198万元，同比增加702万元。

【“春天行动”业务营销】 2010年，农行德宏州各县（市）支行、直属网点及州分行机关各部室在开展“春天行动”以来，均开展一系列的营销活动和采取一系列营销措施，并取得显著成绩，各项指标均超额完成省分行下达的计划。截至3月末，个人存款增加36292万元，完成22000万元的164.96%，市场份额为45.87%；代理基金销售14400万元，完成任务的280.08%，市场份额为89.63%；银期转账92户，完成任务的920%；贷记卡完成1287户，完成任务数的321%；借记卡30097户，完成任务的123%；新增三星级以上客户183户，完成100%；新增钻石客户46户，占任务的575%；非购房类贷款4378万元，占任务的190%；新增POS商户96户，占任务的320%；不良透支收回率7.05万元，占任务的235%；短消息服务14300户，占任务的143%；手机银行2645户，占任务的176%；电话银行10184户，占任务的636%；企业电话银行46户，占任务的112%；代理保费收入4156万元，完成任务的118.7%，代理保险手续费收入154.5万元，完成任务的128.7%；网银个人客户完成5723户，完成任务数的143%，网银企业客户完成48户，完成任务数的145%。

【存款增量和市场份额跃上100亿元】 截至2010年，德宏州农行各项人民币存款突破100亿元大关，达1009696万元，比年初增长185627万元，增22.53%，完成省分行计划的218.38%。其中：储蓄存款余额703690万元，比年初净增124316万元，完成省分行计划的226.03%；对公存款余额304903万元，净增61005万元，完成省分行计划的290.5%。存款存量继续保持当地金融机构、全州四大商业银行和四行一社3个第一；增量位居四大国有商业银行之首，存量份额为51.71%，增量份额为41.41%。外币存款余额69万美元，比年初下降306万美元。

【贷款投放】 2010年，农行德宏分行贷款有效投放稳步增长，信贷结构不断优化。年内，各项贷款余额391740万元，比年初增加27804万元，控制在省分行下达计划内，余额存贷比为38.8%，增量存贷比为14.98%。贷款存量份额29.14%，比年初下降1.56个百分点，增量份额17.48%，上升7.77个百分点，其中公司类贷款277236万元，增加12022万元，占各项贷款的70.77%，个人类贷款113076万元，增加14887万元，占各项贷款的28.87%；短期贷款（含贴现、转贴现、垫款）90278万元，比年初增加12896万元，占比为23.05%，中长期贷款301461万元，增加14908万元，占比为76.95%。年内，累计投放各项贷款208700万元，比上年同期多投9368万元，增加4.7%，新增贷款主要投向公路建设30000万元、电力行业15600万元、制糖企业15000万元、个人经营类79724万元、个人住房10489万元和农户贷款8252万元。其中：向法人客户投放103395万元，占新投放贷款的49.54%，比上年同期少投放10026万元；向小企业客户投放17420万元，占新投放贷款的4.35%，比上年多投放6229万元；向个人客户投放105305万元，占新投放贷款的50.46%，比上年多投放19394万元。全年累计收回贷款172918万元，其中收回法人客户85173万元，收回小企业客户4421万元，收回个人客户87745万元。年内到期贷款5192笔、金额126144万元，其中现金收回5095笔、金额125699万元。

【不良贷款清收】 2010年，农行德宏分行不良贷款清收成效显著，资产质量明显好转。全年自营不良贷款现金清收10907万元，其中清收本金9542万元，清收利息1362万元，账销案存收回3万元，完成省分行计划的194.77%；清收自营不良贷款10577万元，完成省分行计划的189.10%；清收委托不良贷款3012万元，其中清收本金2815万元，清收利息197万元，完成省分行计划的301.2%。年末，不良贷款五级分类余额16671万元，比年初减少9232万元，不良占比4.26%，下降2.86个百分点。

【发放惠农卡】 截至2010年末，农行德宏分行新增发卡29790张，总发卡量达到50740户，新增授信农户2087户，授信总户数7036户，新增授信额度5176万元，授信总额13083万元，新增贷款农户535户，新增贷款1879万元，农户小额贷款余额7214万元。不良率1.05%，在上级行控制线下。惠农卡存款余额1034万元，新增573万元。惠农卡已覆盖全州25个乡镇、148个村民委员会、259个村民小组发放惠农卡，发卡户数占总农户数的23%，授信户数占总农户数的3.2%。

【中间业务收入】 2010年，农行德宏分行实现中间业务收入3551万元，比上年增加422万元，完成省分行下达计划3800万元的93.45%，其中结算业务收入2076万元，完成计划的99%；个人业务收入759万元，完成计划的120.85%；对公业务收入661万元，完成计划的69.71%。

【公司业务】 2010年12月末，德宏州农行公司类存款余额为102413万元，比上年末下降1399万元，占各项存款余额1009696万元的10.14%，完成计划31000万元的–4.51%；全州农行公司类贷款余额为27236万元，比上年增加12022万元，占各项贷款391739万元的70.77%，完成计划30000万元的40.07%。

【机构业务】 截至2010年12月末，德宏州农行机构类存款余额为202489万元，比年初增加62403万元，占各项存款余额1009696万元的20.05%；金融同业存款余额为3236万元，比年初增加28万元；第三方存管业务客户新增928户；银期转账客户新增123户。

【保险业务代理】 截至2010年12月末，农行德宏分行保费收入5585.22万元，其中财险保费收入767.92万元，寿险保费收入4817.3万元，完成手续费收入219.82万元，完成省分行下达任务246万元的89.36%。

【国际业务】 截至2010年末，农行德宏分行国际结算量达37496万美元，比上年的33694万美元增长11.28%，完成省分行下达任务33500万美元的111.93%。其中：结售汇业务量为3947万美元，完成省分行下达任务2700万美元的146.19%；资本项下1600万美元，经常项下35896万美元。办理进口售付汇业务19笔，累计744万美元；出口收汇业务3833笔，累计35152万美元；经常项下非贸易（含外币兑换）431笔，累计257万美元。自缅甸经济银行在农行开立账户以来，与其合作关系良好。截至年末，缅甸经济银行在农行的存款余额为3189万元人民币。年内云南省被批准为跨境贸易人民币结算试点省份，德宏农行积极对外宣传，并成功与70多家客户签订将农行作为主报告行的协议，占领德宏州客户中70%的市场分额。全年人民币结算业务达33598万美元，在全州排名第一。

【对公业务】 截至2010年末，农行德宏分行对公存款余额30.49亿元，净增6.1亿元，增幅25%；

对公贷款余额27.72亿元，净增1.2亿元，增幅4.5%；涉农贷款余额33.4亿元，净增1.9亿元，增幅6.16%，对公客户不良贷款余额1.62亿元，比年初减少9100万元，下降3.71个百分点；全年实现对公贷款利息收入1.64亿元，占全行贷款利息收入的73%。

【个人业务】 截至2010年末，农行德宏分行储蓄存款余额达到703690万元，比上年末净增124314万元，完成任务计划55000万元的226.03%。个人贷款余额为105862万元，比上年末净增13008万元，完成任务计划4300万元的302%。其中：个人住房贷款余额为30085万元，比上年末净增2953万元，完成省分行下达任务数2000万元的147.95%；非住房类贷款比上年末净增10049万元，完成任务数2300万元的439%，其中个人生产经营贷款余额为57100万元，净增11496万元，商用房贷款余额为10822万元，下降1583万元，个人消费贷款余额为7376万元，下降331万元。全年累计销售基金和理财产品35007万元，完成省分行下达任务数9800万元的357%。

【信用卡业务】 截至2010年末，农行德宏分行新增信用卡发卡5941张，完成省分行下达任务数1300张的457%；信用卡透支余额达到1428万元，比年初增长896万元，不良率仅为0.03%。全年新增POS商户达619户，完成省分行下达任务数150户的412%。

【电子银行业务】 截至2010年末，农行德宏分行个人网银新增9874户，完成省分行下达任务数5000户的197%，存量达到25606户；企业网银新增103户，完成任务数59户的175%，存量达1957户；短消息服务新增24845户，完成任务数15000户的166%，存量达到34376户；手机银行新增2858户，完成任务数3000户的95%，存量到3435户；电话银行新增12708户，完成任务数3500户的363%。

【芒市地区农行经营效益】 2010年，农行德宏分行9个直属网点（芒市）各项存款余额为296505万元，比上月减少22229万元，下降6.97%，比年初增加74336万元，增长33.46%。其中：储蓄存款余额为162548万元，比上月增加4442万元，增长2.81%，比年初增加29447万元，增长22.12%，占各项存款存量的54.82%；公司类存款余额133364万元，比上月减26711万元，降16.69%，比年初增44820元，增50.62%。外币存款余额66万元，比年初减250万元，其中个人存款余额16万元，单位存款50万元，比年初减250万元。各项贷款余额104017万元，比上月增3964万元，增3.96%，比年初增9286万元，增9.8%。在各项存贷比中：余额存贷比为35.08%，增量存贷比为12.49%。人民币不良贷款余额五级分类3368万元，比上月减91万元，比年初减6278万元，占各项贷款3.24%。清收自营不良贷款6773万元，完成任务2561万元的264.47%，清收委托资产2365万元，完成任务697万元的339.31%。利息收入9489万元，累计现金收入825889万元，年累计现金支出831786万元，收支相抵投放现金5894万元，实现净利润8512万元。

（《农行》撰稿　何本华）

中　　行

【业务经营情况】 2010年，中国银行德宏州分行紧紧围绕云南省分行“保先、争位、翻番”四年发展战略部署和国家新一轮西部大开发战略、云南省“桥头堡”和德宏黄金口岸建设等政策的实施，以“调结构、扩规模、防风险、上水平”为主线，认真分析市场，剖析自身发展情况，研究制定德宏分行5年发展规划及业务发展措施，不断提升金融服务水平。全年资产质量持续改善，不良贷款继续实现“双降”，年末不良率降至1.09%；外币存款业务发展取得较好成绩；贷记卡发卡和第三方存管账户超额完成省行下达的任务指标；成功办理云南省首笔跨境贸易人民币结算业务。全年中行德宏州分行各项人民币存款余额309656万元，比年初增加122960万元，增幅65.86%，市场占有率10.66%，上升1.77个百分点。其中：公司存款101239万元，比年初增加8667万元，完成省分行下达全年任务指标的20.16%，市场占有率10.41%，下降2.30个百分点；储蓄存款108416万元，增加14359万元，完成省分行下达全年任务指标的67.10%，市场占有率5.92%，下降0.94个百分点；金融机构存款100002万元，增加99935万元。实现人民币税后利润2598.52万元，人均实现利润24.06万元，上缴各项税款1157万元，为国家和德宏经济发展作出贡献。

【外币存款】 2010年，中国银行德宏州分行各项外币存款余额748万美元，比年初增加316万美元，增幅达73.15%，增速在四大国有商业银行中排名第一，完成省分行下达全年任务指标85万美元的371.76%，市场占有率为74.58%，比年初上升34.22个百分点。

【资产业务】 2010年，中国银行德宏州分行各项人民币贷款余额192183万元，比年初增加4392万元，市场占有率11.84%，下降2.43个百分点，不良贷款余额2097万元，减少491万元，完成省分行下达全年指标任务470万元的104.47%，不良率1.09%，下降0.29个百分点。其中：公司贷款余额169905万元，比年初增加943万元，市场占有率17.52%，上升2.94个百分点，不良贷款余额2069万元，下降473万元，完成省分行下达全年指标任务400万元的118.25%，不良率1.22%，下降0.28个百分点；零售贷款余额为22278万元，增加3450万元，完成省分行下达全年任务指标11000万元的31.36%，市场占有率3.41%，下降8.34个百分点，不良贷款余额28万元，下降18万元，完成省分行下达全年指标任务70万元的25.71%，不良率为0.13%，下降0.11个百分点。

【中间业务】 2010年，中国银行德宏州分行累计实现中间业务净收入963.11万元，完成省分行下达全年计划1766万元的54.54%，收入绝对数在全省排名9位，计划完成率在全省排名8位。按人行统计口径，市场份额10.07%，比上年下降1.60个百分点。其中：公司金融板块实现净收入575.62万元，完成全年计划800万元的71.95%，个人金融板块实现净收入387.49万元，完成全年计划966万元的40.11%。

【国际结算】 2010年，中国银行德宏州分行国际结算业务量19850万美元，比上年增加9867万美元，增幅98.84%；市场占有率为22.94%，比上年末上升5.88个百分点。

【IT蓝图上线】 2010年5月3日，中国银行德宏州分行一项规模巨大、复杂和先进的IT蓝图工程成功投产上线。IT蓝图上线对提高中行竞争力、优化业务流程具有十分重要的作用。为按照总行、省行的统一部署和安排，中行认真抓好抓实IT蓝图上线的各项准备工作，保证在IT蓝图上线过程中业务不出错，服务不打折，人员不掉队，采取8个方面的措施，确保IT蓝图成功投产。一是建立强有力的组织架构，成立由“一把手”担任组长的IT蓝图领导小组。二是抓好宣传动员，在州分行院内醒目位置张贴“线前苦一苦，线后业务不受阻；线前累一累，线后效率快一倍；线前搏一搏，线后服务不用说；线前拼一拼，线后则可当先进”的宣传牌和倒计时牌，让全行员工充分认识到IT蓝图上线投产的重要性和艰巨性。三是强化责任意识，实行责任保证金制度和严格的问责制度。四是及时召开IT蓝图专题会议，研究协调解决存在问题。五是强化统筹职能，做到全行整体联动。六是加强督导，提高演练质效，确保IT蓝图投产后对外营业服务质量。七是制作IT蓝图投产倒计时钟，增强全行员工的紧迫感。八是努力把人文关怀贯穿于IT蓝图投产的全过程，让员工感受到关爱。经过4轮迁移演练、3轮切换演练、3轮并行演练和1轮投产演练，使IT蓝图成功投产上线，圆满完成总行“成功切换、正常营业、风险可控”的蓝图投产上线总体目标。

【跨境贸易】 2010年，中国银行德宏州分行为云南德宏后谷咖啡有限公司开出约60万元的人民币信用证，并成功办理了云南省首笔跨境贸易人民币结算业务。该业务的办理，进一步巩固和提高了中行国际结算业务领域的专业品牌优势，为中行未来相关业务的开展实现了良好的开局。

【公务卡发行】 截止2010年，中国银行德宏州分行为57个单位办理公务卡，其中州直预算单位44个、市级单位5个、县级单位8个，超额完成州财政下达中行43家单位的132.55%。有效发卡数为2259张，超额完成省行下达816张指标的276.83%，全部覆盖在中行开户的零余额账户单位。州分行内设6个部门，1个县级支行，4个经营性支行；有员工169人，其中在岗员工108人，内退员工61人。

【风险管控】 2010年，中国银行德宏州分行以“三个办法、一个指引”颁布实施为契机，进一步深化风险管理，提升风险管控水平。一是以悬挂布标、发放宣传单、组织银企座谈会等形式，积极宣传“三个办法、一个指引”，确保“三个办法、一个指引”顺利实施。二是组织员工认真学习，深刻领会“三个办法、一个指引”的含义，并积极参加当地银监局组织的“三个办法、一个指引”知识测试，在实际工作中严格执行“实贷实付”制原则。三是认真清理政府平台融资项目贷款，及时化解政府信用风险。四是进一步调整和优化信贷结构，坚决执行国家产能过剩行业相关政策的要求，严守政策“红线”。五是深化风险监控管理，强化监控手段，提升贷后管理质效，防范和化解潜在风险。六是按省分行计划，实施十三级风险分类管理办法，进一步夯实资产质量。

（《中行》撰稿　蒋丽茜）

建　　行

【经营情况】　2010 年，建行德宏州分行一般性存款余额 363618 万元，比年初新增 64483 万元，增幅 21.56%；四行占比 18.56%，比年初下降 1.26 个百分点。各项贷款余额 197240 万元，比年初新增 4615 万元；四行占比 20.23%，比年初下降 1.72 个百分点。其中：个人贷款余额 45637 万元，比年初新增 6902 万元，增幅 17.82%。全年实现中间业务收入 1875 万元，列同业第二，比年初增加 560.26 万元，增长 45.67%；四行占比 22.78%，增加 4.35 个百分点。拨备前利润 6054 万元，比上年同期的 5301 万元新增 753 万元，增幅为 14.20%。

【公司机构业务】　2010 年，建行德宏州分行在公司机构业务方面主要抓了如下工作。一是认真领会总分行信贷政策，提高营销的针对性，加强项目储备工作。全年累计发放贷款 64215 万元，回收贷款 66501.78 万元。二是加强信贷结构调整，优先发展小企业。争取到省分行对瑞丽支行小企业贷款“速贷通”单户 800 万元（含）和助业贷款单户 200 万元（含）的信贷业务审批权，对发展小企业提供了有利平台。总结原有客户营销经验和模式，在巩固现有客户的基础上，加大对进出口、珠宝、木材加工、特色农业、建筑业客户的营销渗透力度，扩大新增客户的营销覆盖面和投放量。全年新拓展小企业信贷客户 16 户，累计发放小企业贷款 27 笔，金额 16779.2 万元，小企业贷款净增长 8147.42 万元；小企业客户贷款余额占全行对公贷款的 10.79%；储备小企业客户 36 户，金额 4 亿元。三是以抓客户、抓账户为主线，加大公司机构优质客户和账户的营销力度，把握西部大开发、桥头堡战略发展的方向，抢抓对公客户资源，积极营销基本账户开立、资金结算、对公产品，以州内重点工程项目业主和下游施工单位账户、资金结算为目标开展工作。同时，以开放的姿态，加强与央企入滇、滇企入德企业接触，抢抓业务发展机遇。年末，规模以上客户 498 户，占全行对公客户数量的 39.9%；全年新增基本结算账户 62 户，非基本户 23 户。四是加大产品推广运用力度，加快收入结构调整。通过交叉销售和组合营销突出重点产品，实现国内保理业务、国内信用证业务、公司客户信贷承诺业务、工程项目资金监管业务、对公账户收支控制业务等 5 个突破。累计实现对公中间业务收入 852 万元，完成年度计划的 102.24%，在全省建行系统内排名 17 名，比上年上升 3 个位次；当地四行占比达到 26.88%，上升 6.54 个百分点，四行排名第 2，上升 2 个位次。抓住地方政府预算单位公务卡结算制度改革的契机，强化公私联动营销，加大营销力度，持续推广营销预算单位“公务卡”。截至年末，与 146 户预算单位签订公务卡服务协议，办卡 5622 张，公务卡激活率 43.42%。

【个人金融业务】　2010 年，建行德宏州分行在个人金融业务方面主要做好如下工作。一是抢抓机遇，积极开展旺季营销。本着早布置、早安排的工作思路，扎实开展“龙腾虎跃结伴行”营销活动，针对大众客户、潜力客户和 VIP 客户分别制定不同的营销策略，充分抓住岁末年初薪金、奖金集中发放、股市休市资金回笼等时机，狠抓年终收入分配市场，加强营销力度，大力吸收个人存款。一季度个人存款新增 18245 万元，四行占比新增 0.73 个百分点，实现了“开门红”。二是加强网点管理，深化网点转型，提升服务水平。结合实际制定零售网点转型二代项目推广实施方案、实施细则，进一步补充和完善营业网点服务质量检查管理、考核实施细则，定期开展现场和非现场检查，进一步强化大堂经理、客户经理的履职能力。三是顺市而为，紧扣市场，开展多层次营销和劳动竞赛活动，增强客户对建设银行的依赖度和忠诚度。四是通过强化绩效考核来激励各支行、网点拼抢市场的动力。年末，个人存款余额 204738 万元，比年初新增 46516 万元，增幅 29.4%，四行占比 17.10%，比年初增加 0.84 个百分点。五是促进战略性业务产品营销积极性，对战略性业务产品直接挂价，谁营销、谁受益。实现个人中间业务收入 878.38 万元，年度计划完成率 109.8%。

【住房金融与个人信贷业务】　2010 年，建行德宏州分行在住房金融与个人信贷业务方面做了如下工作。一是在房地产开发贷款减少的情况下，抢抓一手房和二手房市场，坚决贯彻“价值创造”经营理念，深入推进差别化定价，丰富贷款定价要素，增强与客户的议价能力，有效带动个人存款、银行卡、信用卡、个人理财和电子银行等各类个人银行产品及有关对公产品的销售。全年发放贷款1093笔，全部实现产品覆盖度4个以上，客户综合贡献不断提高；全行个人贷款平均收益率为5.34%，实现利息收入2192万元，利息实收率为99.95%。二是在提高个贷业务人员综合素质、完善制度的基础上，不断优化个贷业务流程，推广应用个贷催收管理系统和监测分析系统，继续着力解决个贷抵（质）押物登记办理和个贷客户通讯地址信息维护方面存在的问题，规范个贷档案管理；强化拖欠贷款催收，大力压缩关注类贷款和不良贷款，保持关注类贷款、不良贷款稳中有降，实现个贷贷后管理规范化。年末，个人贷款不良额169.95万元，比年初下降105万元；不良贷款率0.37%，下降0.33个百分点；当年新发放贷款实现零不良，未发生“假个贷”。三是委托性住房业务得到巩固。全年发放公积金贷款581笔，计划完成率128.11%；实现委托业务收入15.20万元。年末住房资金归集余额25325.5万元，比年初新增8097万元；年末累计沉淀住房维修资金1970万元。

【风险管理】 2010年，建行德宏州分行认真组织学习“三办法一指引”的学习和贯彻，认真抓好贷款资金用途审查、资金流向监控、贷后监管等基础工作，确保合规经营的同时做好客户关系的维护和管理，进一步加强信贷基础管理工作，持续提高资产质量和风险管理价值创造能力；加大信贷基础管理检查督导工作，每季开展1次全州信贷业务贷中、贷后的现场检查工作，着力解决信贷管理的薄弱环节和工作中不专业、不专职的问题；定期召开贷后管理例会，以例会制度确保贷后管理工作落到实处；积极化解存量不良贷款风险。年末，累计完成个人类不良贷款处置154.75万元，不良贷款处置率达到227.6%，超额完成省分行68万元的处置计划；五级分类不良贷款余额170万元，不良率0.09%，分别比年初下降104万元和0.05个百分点。

【兴边富民工程】 2010年是实施“兴边富民工程”三年计划的最后一年。建行德宏州分行继续推进针对芒市的“兴边富民”对口帮扶协议的落实工作，并从市场化帮扶和公益性帮扶两方面入手。一是对芒市区域内发展前景、效益良好的优质小企业给予大力支持。二是从提高社会保障水平和文化素质等方面落实一揽子公益性帮扶措施，继续援助建行希望学校5万余元的教学设备、教学用具，5000余元的学生用品，出资2.5万元，支持学校10名教师暑假赴北京培训学习；向5所村级“文化室”图书杂志和音像播放设备购置等项目捐助款项5万元；向4所农村卫生室卫生医疗设备购置捐助款项8万元；出资1.5万元继续定向资助芒市中学10名贫困高中生就学；向芒市捐赠计算机设备50台及配套桌椅，用于部分乡村中、小学校建设“电教室”。

（《建行》撰稿 王华明）

农村信用社

【OA办公自动化系统成功上线运行】 2010年6月，德宏州农村信用社OA办公自动化系统成功上线运行。云南省农村信用社OA办公自动化系统是为实现云南省农村信用社内部各级部门以及各州市办事处、县联社之间，通过公文传输系统，实现内部公文流转、无纸化办公而构建的管理系统。该系统采用模块化、岗位化、可定制及面向用户的设计方法，具有完善的功能模块和灵活的设计，其主要由公文管理、会议管理、督办管理、知识中心、新闻管理、审批管理、工作沟通、资源借用、电子期刊、邮件系统、员工论坛等10余个模块构成。该系统的上线运行，基本实现德宏州农信社无纸化办公，规范了办公流程，大大提高了工作效率，且节约了成本。

【瑞丽市农村信用合作联社挂牌开业】 2010年12月28日，瑞丽市农村信用合作联社挂牌开业。瑞丽市农村信用社由于历史问题未能有效解决，一直无法完成统一法人改革，但一直致力于提高管理水平，加快业务发展，积极创造条件争取早日完成统一法人改革。经省联社不断向银监会汇报，与云南监管局沟通、协商，终于同意瑞丽市农村信用社以“7+1”模式，完成统一法人改革工作。瑞丽市农村信用合作联社的挂牌开业，标志着全省农村信用社全面完成以县（市）为单位统一法人改革。

【农信社整体实力增强】 2010年，德宏州农村信用社整体实力显著增强。一是经营规模快速增长。年末，全州农村信用社各项存款余额617293万元，比上年净增190608万元，增长44.67%；各项贷款余额369333万元，净增61747万元，增长20.07%。二是涉农贷款较快增长，实现“三个高于”目标。全年涉农贷款余额313609万元，比年初净增71758万元，增长29.67%，占各项贷款净增额的116.2%，其中涉农贷款净增71758万元，比上年同期63623万元多增8135万元；涉农贷款占比84.91%，比上年74.37%上升10.54个百分点；涉农贷款增速29.67%，比各项贷款增速20.07%上升9.6个百分点，实现“三个高于”的目标。三是资产质量显著提高。年末，全辖不良贷款余额20065万元，占比5.43%，绝对额和不良率比上年同期分别下降8410万元和3.83个百分点，其中呆账核销1847万元，资产质量稳步提高。四是经营效益稳步提高。年末，全辖实现总收入30965万元，比上年同期增加6420万元，实现利润总额4241万元，且所有县联社均实现盈余。五是抗风险能力进一步增强。年末，全辖一般准备金余额5111万元，贷款损失准备余额18791万元；拨备覆盖率为120%，比上年末提高54.25个百分点；贷款损失准备充足率为157.58%，比上年末提高55.8个百分点；资本充足率达9.15%，比上年提高3.43个百分点，抗风险能力进一步增强。

【信贷投入】 2010年，德宏州农村信用社加大信贷投入，支持“三农”和地方经济发展，实现“三个高于”的目标。年末，全辖涉农贷款余额313609万元，比年初净增71758万元，增长29.67%，占净增额的116.2%，完成年初计划34000万元的187.1%。年末，涉农贷款比上年同期63623万元多增8135万元；涉农贷款占比84.91%，比上年74.37%上升10.54个百分点；涉农贷款增速29.67%，比各项贷款增速20.07%上升9.6个百分点，实现“三个高于”的目标，有力支持了“三农”和地方经济的发展。

【“双基工程”建设】 2010年，德宏州农村信用社为加强农村信用社营业网点基础设施和安防建设，提高物防、技防能力，以及农村信用社的对外形象，从2007年开始，各联社加大资金投入，加快“双基工程”建设，并取得显著成效。年末，全州农村信用社有86个营业网点，其中固定网点79个，流动服务点7个，需进行固定网点改造76个，占固定网点总数的96.1%；不需改造的网点3个，占网点总数的3.9%；已改造验收的网点70个，占应改造网点数的92.1%；正在改造的网点4个，占应改造网点数的5.3%；尚未改造网点2个，占应改造网点的2.6%。累计投入改造资金5153.56万元，提高了营业网点物防、技防能力和对外形象。

【实现农村基础金融服务全覆盖】 2010年，德宏州农村信用社及各联社为认真贯彻落实省委、省政府和银监会的安排部署，以及省联社关于认真做好解决111个金融服务缺失乡镇问题工作的意见，积极向政府请示汇报，并加强与有关部门的沟通、联系、协调工作，积极做好各项准备工作。在银监、人行、工商、税务等部门的大力支持下，经过相关联社的共同努力，投入332万元改造资金，认真履行社会职责，提前1年完成了全州7个金融服务缺失乡镇网点的恢复建设工作，实现了农村基础金融服务的全覆盖。

【换届选举】 2010年，梁河和陇川联社顺利完成换届选举工作。根据《梁河县农村信用联社章程》和《陇川县农村信用联社章程》，以及相关监管要求，2个联社的换届选举分别选举产生新一届社员代表、理事会、监事会，聘任了经营班子。新一届社员代表、理事会、监事会成员文化素质、议事能力、决策能力、监督能力有所提高，为今后农信社的发展注入了活力。

【新农保金融服务】 2010年，德宏州农村信用社积极做好新农保金融服务工作。根据《国务院关于开展新型农村社会养老保险试点的指导意见》和《云南省人民政府关于印发云南省新型农村社会养老保险试点实施办法（试行）的通知》精神，潞西市作为全省十六个新型农村社会养老保险试点县之一，盈江县作为第二批试点县，从2009年12月开始启动，而农村信用社作为新农保试点金融服务的承办机构，积极配合做好金融服务工作，确保60岁以上参保人员基础养老金按时发放到位。截至年末，2县16至59周岁参保农户应缴费270554人，已缴费187341人，已缴费金额2938万元；累计兑付60岁以上参保人员基础养老金人数27370人，金额2057.4万元。

（《农村信用社》撰稿　林国钦）

保　险

人保财险

【业务经营情况】 2010年，人保财险德宏州分公司实现签单保费收入11695.29万元，比上年增长14.81%。实收保费11849.89万元，比上年增长13.97%；应收保费278.7万元，应收保费率2.38%，下降35.68%。其中：机动车辆险完成7696.86万元，比上年增长20.55%；企财险完成1368.91万元，减少14.43%；家庭财产险完成154.61万元，增长14.81%；责任险完成284.37万元，增长84.19%；工程险完成17.72万元，减少23.72%；人身意外伤害险完成412.84万元，增长28.78%；健康险完成285.67万元，增长23.54%；农业险完成1354.36万元，增长15.92%；货运险完成77.71万元，减少32.18%。产代寿保费收入480.63万元，完成全年计划的160%。全年已决赔款案件15954件，比上年下降27.22%，赔款金额5067.42万元，减少42.06%，简单赔付率为43.33%，下降42.52个百分点。其中：车险已决案件9808件，赔款金额3211万元，简单赔付率49.02%；非车险已决案件6146件，赔款金额1856.42万元，简单赔付率41.72%（其中能繁母猪已决赔款379.65万元，简单赔付率122.27%，比上年下降8.64%）。全年创利税1803.12万元。

【机动车保险】 2010年，人保财险德宏州分公司在机动车保险方面主要抓好如下工作：一、州县（市）两级公司制定和实施车险业务的考核办法和激励措施，并通过逐级督促检查，确保车险办法的贯彻落实。二、加大对各支公司的督促指导，分公司领导采取分工负责、挂钩督导的办法，一边督导，一边参与展业。结合继续开展“车险1号工程”的各个阶段，进行多角度广泛性分析，重点从方法上注重细节的督促和指导。三、全力进行公关协调，稳住公司的一批标志性业务。四、根据车险的分散性业务特点，要求各支公司必须坚持走发展营销团队的道路。同时与银行、邮政、修理厂等代理渠道加强合作，并努力发展个人代理业务。五、重视拓展车险承保新渠道，下大力开展车险电销，并取得较好效果。自8月开办车险电销业务以来，实现保费收入380万元，完成上级下达任务的345%。六、重视客户资源的收集，力求将更多的客户信息掌握到公司手中。加强“人保车友俱乐部”的建设，通过服务，加强对客户资源的有效掌控。七、带头规范市场。针对车险是各财险公司竞争焦点和主要违规业务的特点，按照市场规范有利于保险发展的原则，充分发挥保险行业协会的自律和协调作用，认真贯彻保监会和省保险行业协会的整治要求，组织各种打击违规经营活动的检查和处罚，对违规行为起到一定的震慑作用。全年打击假赔案39件，金额123.51万元。

【非车险业务】 2010年，人保财险德宏州分公司按照在稳定现有业务的基础上，保持适度增长，积极寻求有效益的发展，积极稳妥地拓展农村保险市场，力求实现有效益增长的非车险业务经营思路。一是充分利用水利水电开发和基础设施建设投资机遇，大力巩固和发展以水电站、水利枢纽企业业标的企业财产保险、工程保险、责任保险、意外险等业务；二是在继续做好农房统保的同时，注重切实提高城镇地区家庭财产保险等分散性业务；三是按照“政策性推动，市场化运作”的原则，积极承担社会责任，努力为政府分忧、为群众解难，积极稳妥地拓宽农村保险服务领域。在继续做好农房统保工作、甘蔗种植保险试点工作的基础上，继续扩大农业保险的业务范围，新保10万亩水稻、1万亩油菜、2.7万亩香料烟，同时在4个县市成功起动了农村小额人身意外保险工作。促进农村财产保险、“五小”车辆保险和小额人身意外保险的持续健康发展，有力地巩固了人保财险在德宏“三农”保险领域的主导地位；四是大力发展意责险业务。各县市支公司充分认识意责险业务发展的重要性和紧迫性，在坚持有效益发展的原则下，巩固挖潜团意险，扩大学幼险承保面，提高了学幼险的承保率。通过加大营销力度、创新承保模式、采取改进承保条件等多种手段，促进了意外险和责任险业务的发展。

【推出“理赔”新举措】 2010年，人保财险德宏州分公司不断提高理赔管控水平，始终致力于“优质、高效、快捷”的理赔服务，并从各种制度规范、内部管控、技术、资金等方面加以保障。

年内，相继推出“车险金牌服务工程”、“理赔无忧-车险快捷服务”、车险理赔程序公示制度及车险限时理赔服务承诺；5月在公司客户服务节，又推出一系列提高服务水平的新举措，在理赔服务方面推出“新理赔无忧工程”，并向社会做出理赔无忧、便捷理赔和四海通行3项重要承诺。一、理赔无忧：5000元以下非人伤案件，材料齐全，1小时通知赔付；二、便捷理赔：优化流程、简化单证，实现一张纸理赔。对于责任清晰，不涉及人伤事故、物损事故，且车辆损失金额在5000元以下的案件，只需填写《机动车辆保险快捷赔案处理单》，不再填写其他索赔单证，实现“一张纸”轻松理赔；三、四海通行：全国异地出险就地理赔服务，以公司遍布31个省、市、自治区4500多个营业机构网点为基础，为在人保财险德宏州分公司投保机动车辆险的异地出险客户，提供“代查勘、代定损和代赔付”服务，使客户无论身处何地，都能享受到从报案到领取赔款全流程的便捷、高效理赔服务。同时，通过强化内部管控，对理赔各环节流程进行时限管控。如要求：从客户报案起要在30分钟内完成所有的调度工作，以客户确定查勘地点和时间；出险后72小时内客户可以在该公司的理赔信息系统上，查询到自己案件的流程情况；5000元以下的1个工作日内完成定损任务，5000至30000元的3个工作日；30000至50000元的5个工作日；50000至100000元的10个工作日；100000元以上的15个工作日；提交理算后必须要达到“2日内核赔通过，3日内付款”的要求等等，目的就是要提高理赔速度、降低理赔周期，为社会提供及时、快速、有力的风险保障。按照上级公司要求开始进行理赔队伍的人事改革工作，实现了车险理赔关键环节、重要节点的省集中和非车险理赔省集中。

【业务培训】 2010年，人保财险德宏州分公司高度重视队伍建设，进一步提高员工的业务素质，不断从思想素质、业务素质上抓好员工队伍的学习、教育和培训。全年先后参加上级公司和本级公司举办的业务培训班，共培训员工900多人（次）。

【财务管控】 2010年，人保财险德宏州分公司加强财务管控，进一步提升整体偿付能力。一是通过考核机制加以引导，最大限度将财务资源倾斜到基层一线。在对支公司财务资源配置中，加大与利润挂钩的力度，将费用、薪酬按比例分别与实收保费及利润双挂钩，制定并执行“德宏州分公司经营性亏损及业务发展滞后支公司管控办法”，引导和鼓励基层公司树立正确的效益观和发展观。二是实施全面预算管理，强化“下管一级”的力度。把成本控制目标落实到每一个环节，推动全员参与成本管理，实现成本管理的日常化。严格将资金划拨与成本预算挂钩，严格执行手续费跟单核算，实现分公司对基层销售费用的有效管控，强化预算执行力。三是坚持经营成果真实性的原则，通过推行“全员、全面、全过程”的数据质量管理机制，将数据质量管理工作贯穿于公司经营的每一环节。全年的数据质量管理工作得到省分公司的充分肯定。下大力气抓应收保费的管控，加强未决赔款准备金的管理，准确计提未决赔款准备金，确保未决数据的准确性和未决赔款准备金的充足率，确保了经营成果的真实性。四是财务工作得到进一步规范。通过财经纪律大检查、学习和实施财会工作“十五条禁令”、清查“小金库”等多项工作的实施，结合国家审计署、省公司财务巡查组对德宏州分公司检查中发现的问题，从抓风险防范、抓基础规范建设入手，进一步加强对各级管理人员财务基础知识的培训，提高了财务人员履职能力，公司的风险防范机制得到进一步完善。全年组织3次财务巡察检查，财经纪律和财务规范得到较好的遵守，杜绝了重大财务案件的发生。9月按照省分公司的安排，顺利完成全州系统财务的省级集中。

【销售渠道建设】 2010年，人保财险德宏州分公司加强销售渠道建设，强化个代营销建设。坚持走“精兵、精良、精英”之路，着力提升营销队伍的整体素质，在贯彻执行和用好用活营销管理基本办法的同时，全系统紧密结合新版营销管理基本办法的推广，加强对销售队伍的团队化管理，有效形成公司的营销文化，促进了销售队伍的发展和人员素质的提高。针对各乡镇网点建设中存在的问题，从职场、资质、设施、人员选配、台账的建立和管理、业务流程等方面，切实加强对“两网”的网络化建设、团队化建设、标准化建设和专业化建设。服务营销以“人保之友”客户俱乐部管理平台建设和统一规范运作、车险电销服务为标志的服务资源整合创新等差异化服务举措的推出，吸纳和扩大了优质客户数量，促进了公司业务的优质增长。

（《人保财险》撰稿　曾广济）

人寿保险

【风险管控】　2010年2月，中国人寿德宏分公司在全州系统开展“降差错、升服务、强管理、防风险、满意在客户”活动。活动以客户最关心的问题为着手点，通过查找问题和改正问题，以达到提高质量、降低差错、防范风险的目的。3月州公司下发《德宏分公司关于进一步规范业务管理的相关规定》，对收付费相关环节风险管理、权限管理、委托办理的退保业务和理赔金业务管理、风险排查和责任追究制度7个容易发生风险方面进行规范；6月公司又下发《中国人寿德宏分公司理赔业务管理规定》，规范理赔的多项环节，对保证公司的规范经营、防范化解风险起到良好的作用；8至9月全州系统开展“依法合规经营自查自纠”活动。通过自查，使公司风险管理程度得到进一步的提升。

【召开职代会暨年度工作会议】　2010年5月5至7日，中国人寿德宏分公司召开职工代表大会暨年度工作会议。会议征集涉及客户服务、理赔服务、队伍建设、薪酬体系、销售支持以及内部管理等方面的提案30个；审议通过《2010年工作报告》、《工会工作报告》、《工会财务工作报告》、《女职工专项集体合同》、《职工疗养制度》及《职工住院探望制度》；签订女职工“专项集体合同”。会议的召开，进一步增强了职工的民主参与、民主管理和民主监督的作用。

【业务经营情况】　2010年，中国人寿保险股份有限公司德宏分公司强化内部管理，提升服务品质，狠抓业务发展，各项工作取得新的进步，很好捍卫了中国人寿在当地市场的领先地位。截止12月31日，公司实现总保费收入20949.7万元，其中股份总保费收入20120.7万元，长险首年新单保费为9064.5万元，其中首年期交保费为2841万元，10年期及以上期交保费1631万元，趸交保费4209.3元；短险保费收入2013.8万元，续期保费收入11056.2万元。全年公司支付死亡、伤残、医疗、满期、年金给付3726万元，公司取得长足的发展和显著的成绩，为地方经济发展与稳定做出积极的贡献。

【学生保险】　截至2010年，中国人寿德宏分公司为提高学生和家庭抵御风险的能力，积极致力于学生保险工作，为德宏州更多的学生提供生命保障。全州有140余所学校承保，承保学生人数152100人，比上年增加3739人，承保率达75%，实现学平险业务收入1081.63万元，首次跃上千万元台阶，比上年增长14.74%。

【保险先进村建设】　2010年，中国人寿德宏分公司为完善农村社会保障体系、提高农民的人身保障水平，积极响应州委号召，把“保险先进村”创建工作作为“一把手”工程来抓，并投入大量人力和物力到保险先进村建设中。全年新增达标保险先进村17个，累计达48个。通过开展新农村建设，将保险服务送到农村，充分发挥保险的“经济助推器”和“社会稳定器”作用，为广大农村居民提供了优惠的保险政策，为农民群众撑起了保障的天空，为构建平安、和谐德宏发挥了积极的作用。

【企业文化】　2010年，中国人寿德宏分公司将“职工书屋”创建作为“职工之家”建设工作的重要内容。年内，争取创建“职工书屋”1个，创建“职工小书屋”1个；公司机关在“先进职工书屋”创建上先后投入1万余元，购买图书1232册、音响制品78册，整理归类后规范上架，并投资2万余元配备电脑、电视机、DVD机等设施设备，制定相应的管理办法，配有专、兼职管理员。分公司“模范职工书屋”、梁河公司“职工小书屋”已经建成，并报经省公司验收合格。创建活动的开展，为广大员工创造和提供方便的学习条件，营造了浓厚的学习氛围，为员工在各自岗位中建功立业提供了精神保障。

（《人寿保险》撰稿　杨　媛）

天安保险

【业务经营情况】　2010年，天安保险德宏中心支公司遵循“诚信理财、服务社会”的经营宗旨，充分发扬“忠诚拼搏、艰苦创业”的企业精神，坚持“风险第一、效益第一”的经营理念和“简单直接”的管理理念，坚守“十八支持、十八反对”的行为准则和“二十推行、二十禁止”经营管理准则，创造公司前所未有的经营业绩。全年承保各类财产总额647376万元，实现保费收入2457万元，其中财产险收入2442万元，人身险收入15万元，完成省分公司下达年度计划任务的106.83%，比上年增长39.49%。

分县市为：潞西业务部完成1352万元，比上年增长72.41%；瑞丽营销服务部完成479万元，增长3.42%；盈江营销服务部完成347万元，增长27.82%；梁河营销服务部完成164万元，增长12.39%；陇川营销服务部完成115万元，增长18.91%，市场份额达11.93%。全年受理各类案件5062件，其中已结案4666件，未结案件396件，结案率为92.18%，支付赔款1261万元，综合赔付率为51.32%。全年缴纳营业税金及附加136多万元，为当地地税部门代收取车船税228多万元。

【优质服务】 2010年，天安保险德宏中心支公司不断提高服务水平，争做有社会责任感的企业。其主要做法：一、以“高效、快捷、热情”的服务理念，随时为客户提供“快速、便捷、优质、高效”的服务，使广大客户充分享受到保险保障，损失得到及时补偿。二、严格执行上级公司全面推行的负责人亲临事故现场制度，加强对重大案件的快速反应机制，提高现场事故处理效率，提高客户满意度。三、继续推出电话预约、送单上门，以及安排专人为客户落户及检审等服务举措，将服务触角延伸到客户所需的方方面面，让广大客户充分享受到最优质的服务。

（《天安保险》办公室供稿）

大地财产保险

【业务经营情况】 截止2010年12月31日，大地财产保险股份有限公司德宏支公司以强化内控管理为抓手，苦练内功，不断完善内部管理机制，提高广大员工依法合规经营意识，经营效益、市场拓展能力有明显的改善和加强。全年承保各类财产总额61.16亿元，比上年增15.07%；完成保费2120万元，增36.7%，满期赔付率48.02%，下降10%。其中：企财险保费收入83.76，减少24.01%；机动车辆险1993.01万元，增长50.06%；人身意外伤害保险43.49万元，减少61.46%。全年处理各种理赔案件16240件，比上年减少8.18%；已决赔款698.97万元，减少7.68%。全年赔款金额698.98万元，比上年减少23.48%，赔付率32.97%，其中企财险赔款32.46万元，减少66.57%，赔付率38.75%；机动车辆险600.73万元，减少22.01%，赔付率30.14%；人身意外伤害险65.79万元，增加43.49%，赔付率151.28%。实现利润131万。

（《大地财产保险》撰稿 罗怀建）

国 土 建 设

国土管理

【表彰先进】 2010年，德宏州国土资源局先后被云南省国土资源厅表彰为“抗旱救灾地下找水突击行动先进单位”、“地质灾害防治工作先进单位”；被德宏州委、州政府表彰为“新农村建设工作先进派出单位”、“社会治安综合治理目标责任制一等奖”；被德宏州政府表彰为“安全生产目标责任制考核优秀单位”；被云南省测绘局评为“年度考核优秀单位”。

【建设用地】 2010年，德宏州国土资源局积极向云南省国土资源厅争取建设用地，将全州2010年度建设用地计划指标由200公顷追加至505公顷，保障了桥头堡建设和重点项目用地需求及落地，确保全州固定资产投资增长。同时，强化对重点建设项目的预审，完成德宏州职业学院等39个建设项目的建设用地预审，用地规模219.62公顷。

【建设用地报批】 2010年，德宏州国土资源局认真贯彻落实云南省国土资源厅8月中旬德宏桥头堡建设调研会议精神，实行倒逼机制。全年全州上报省厅并经受理的用地报件49件，其中批次12件、单选37件；总面积391公顷，新增建设用地367.3公顷，其中农用地359.77公顷（耕地146.35公顷）。

【土地供应】 2010年，德宏州国土资源局审批建设用地613

宗、370.69公顷（新增302.82公顷、存量67.87公顷），其中有偿供地426宗、188.53公顷（新增152.33公顷），成交价款52030.15万元；划拨供地187宗、182.17公顷。有偿供地中协议出让326宗、21.88公顷，成交价款3034.15万元；招拍挂100宗、166.64公顷，成交价款48995.99万元。年内，全面落实经营性用地招拍挂出让制度，招拍挂出让比例达100%。

【规划耕保】 2010年，德宏州国土资源局编制完成州和县市级土地利用总体规划修编，成果已通过省级验收，乡（镇）级成果资料已通过州级评审，正在报请省厅审查。州、县、乡规划成果拟于2011年1月1日正式启用实施。启动德宏州旅游产业土地利用规划编制工作，并正在规划编制阶段，芒市、瑞丽旅游产业土地利用专项规划编制正在开展中。层层签订2010至2015年耕地保护目标责任书，切实确保全州282.9万亩耕地（240.9万亩基本农田）不减少。

【地质灾害防治】 2010年，德宏州国土资源系统扎实做好汛期地质灾害防治工作，进一步完善群测群防网络建设。全州各级落实地灾专项工作经费176万元，争取防灾治理资金1000万元；落实监测人员952名，对761个地灾隐患点（严重隐患点299个）实施有效监测，发放防灾工作明白卡1751份、避险卡14544份。同时，充分利用全州建立的104个自动雨量观测站，加强地质灾害监测预警预报，并会同气象部门每天在德宏电视台、广播电台和州国土资源局网站，发布德宏州地质灾害气象预警预报信息，严格执行汛期值班制度。全年全州发生达到统计标准的地质灾害64起，造成直接经济损失607.53万元，紧急避让转移群众995人，由于防范措施得当，及时转移受威胁群众，未造成人员伤亡。全州收取矿山地质环境恢复治理保证金75.53万元。认真开展抗旱救灾地下找水打井突击行动，在陇川打出1口深150.9米日出水量480立方米的地下水井。

【土地登记】 2010年，德宏州国土资源系统以进驻“政府政务中心”为切入点，依法登记、文明服务，地籍发证工作便捷高效。全年全州办理国有土地使用证12347宗（州局办理3178宗），集体土地使用证5012宗，转让变更登记4995宗（州局办理2090宗），抵押登记4377宗（州局办理269宗）。瑞丽市基准地价更新工作按期完成，并通过省厅验收。

【第二次土地调查】 2010年，德宏州第二次土地调查工作完成农村土地调查、基本农田上图、县城所在地建制镇地籍调查和全州18个一般建制镇调查任务。“二调”项目均通过省、州“二调”办的外业检查验收，一般建制镇调查工作均转入内业建库阶段。农村土地调查数据成果已通过国土资源部核查，各县市县城所在地城镇调查内业数据库已基本建成。

【法律法规宣传】 2010年，德宏州国土资源系统围绕地球日、土地日、安全生产月、测绘日等宣传活动，以地质灾害防治宣传为重点，创新宣传方式，开展有声有色的宣传活动。州局投入20余万元，编制印刷了2.3万册宣传册子、宣传画和0.7万份日历等，进行法律法规宣传；国土资源政务信息工作扎实有效，全系统通讯员在各级各类报刊、网站及媒体报道和发表大量的信息文章，被《中国国土资源报》、《云南国土》等采用340篇，州局网站发布信息331条，信息宣传工作基本做到“报刊有文章、电视有图像、广播有声音、网络有信息”。

【“兴地睦边”项目】 2010年，德宏州申报“兴地睦边”西部农田整治重大项目（中低产田地改造项目）10个，建设规模7269.7公顷，新增耕地400.27公顷，投资24000.71万元。

【矿产资源利用现状调查】 2010年，德宏州涉及调查的矿种有煤炭、锰、铜、铅、锌、镍、锡、稀土、金、硫铁矿（伴生）等10个矿种（类）、24个矿区（矿段、井田），其中上表矿区17个、未上表矿区7个。德宏州从人员、经费、措施等给予保障，确定3家调查作业单位，顺利完成全州24个矿区矿产资源利用现状调查，调查成果已通过省厅评审验收。

【矿业权出让计划管理】 2010年，德宏州国土资源局向云南省厅上报2011年度拟计划出让的6宗探矿权，面积55.96平方公里，涉及金及多金属、硅石、砾石等矿种。根据省厅下达的2010年度矿业权出让计划，对涉及德宏州的14个拟出让探矿权进行认真审核，并按时上报调查表。

【矿产资源开发整合】 2010年，

德宏州国土资源局矿产资源整合在历年工作的基础上，完成整合矿区 19 个。通过整合，对全州矿产资源开发中存在的“小、散、多”现象。破坏性掠夺式开采行为等有明显改善，全州未出现挂牌督办整合矿区。建立和完善矿业权行政合同管理制度，完成全州所有有效探矿权人、采矿权人签订合同及承诺书 286 份。

【矿业权实地核查】 2010 年，德宏州矿业权实地核查工作历经 1 年半时间，共划定测区数 6 个，布设四等基础控制网 6 个，加密四等控制点 6 个，控制面积 3799.58 平方公里，实测矿业权拐点 2084 个，露天采矿权埋桩 817 个，完成 59 个探矿权、190 个采矿权的实地核查。3 月 10 日，核查成果已顺利通过省级检查验收。

【矿政费征缴】 2010 年，云南省国土资源厅下达德宏州矿产资源补偿费征收入库任务数 80 万元，德宏州实际完成征收入库矿产资源补偿费 82.28 万元，有偿使用费 64.05 万元，矿业权价款 32.3 万元，矿业权使用费 5.2 万元。

【涉矿工作】 2010 年，德宏州国土资源局与相关部门联动，开展矿山安全生产和无证无照经营行为查处取缔专项行动，加强矿山动态巡查，对无证私挖滥采、盗采国家矿产资源等违法行为进行严肃查处和严厉打击。全年注销 17 个过期采矿权，办理 35 个采矿权延续登记，协助省厅复核注销 5 个探矿权。

【测绘管理】 2010 年，德宏州国土资源局组织召开全州测绘管理暨协会工作会议，深入贯彻落实李克强副总理对测绘工作的重要指示，强化测绘统一监督管理，安排部署全州测绘工作；抓好日常测绘管理工作，加强测绘市场、地图市场和测绘成果质量监管，强化测绘成果汇交；加强保密测绘成果和地理信息、测量标志保护管理。年内，检查保密图纸 1600 张，地理信息数据 500 个，提供地理信息资料 500 张（个）；完成潞西、瑞丽、陇川 1：5000 测图项目的评审验收，面积 3565 平方公里，数字化地形图 550 幅，该成果资料已运用；开展全州 40 个测绘资质单位复审换证。

【土地卫片执法】 2010 年是土地卫片执法检查在德宏州实现全覆盖的第一年。德宏州结合实际，制定《德宏州 2009 年度土地卫片执法检查工作实施方案》，认真组织开展土地卫片执法检查工作。土地卫片执法检查总图斑 115 个（监测图斑 109 个，增补图斑 6 个），涉及总面积 5508.45 亩（监测图斑 4731.14 亩，增补图斑 777.31 亩）。其中：合法图斑 64 个（监测图斑 58 个，增补图斑 6 个），面积 3122.03 亩（监测图斑 2344.62 亩，增补图斑 777.41亩）；实地伪变化图斑 47 个，面积 2345.46 亩；违法图斑 4 个（为监测图斑），分别是瑞丽 3 宗（33.46 亩，含 0.06 亩耕地），陇川 1 宗 7.5 亩。严格执行国土资源动态巡查责任制，开展动态巡查 360 次，对违法用地做到及时发现、及时制止，发现未报即用案件 1 件，查处 1 件。

【土地市场专项整治】 2010 年，德宏州认真组织开展土地市场专项整治行动。纪检监察与国土部门联动，重拳出击，强势推进，清理闲置土地和私下非法买卖土地工作，并取得成效。全州清理批而未供土地 3654.29 亩，未供地的主要原因是规划调整（2864.29 亩）、城市道路绿化占用（490 亩）、农村集体预留用地安置（300 亩）等；清理闲置土地 1369 宗、5026.72 亩，已处置 1010 宗、4322.05 亩，收取闲置费 125.59 万元，实现土地收益 5447.42 万元，按 600 元平方米估算，盘活土地资产 17.29 亿元，未处置 359 宗、704.67 亩，难处置的主要原因是资金不到位和规划调整等；清理私下非法买卖土地 1380 宗、1893.86 亩，已查处 1062 宗、930.46 亩，收缴罚没款 185.1 万元，未处理 318 宗、963.4 亩。

【被征地合法权益】 2010 年，德宏州依法保障被征地农民及单位的合法权益，严格执行《云南省统一年产值补偿标准与区片综合地价》，最大限度保障被征地农民的合法权益。全年支付征地款 48312.9 万元（含各县市政府承诺征地款），无拖欠挪用现象发生。

【干部培训】 2010 年，德宏州国土资源局举办 3 期业务培训班，培训人员 135 人次；安排和选送 4 人次到国土资源部学习培训，2 人次到省厅跟班学习，5 人次参加地方组织人事部门及党校理论知识培训，5 人报名参加云南干部培训学校在线学习；加大系统内干部交流学习力度，选调 4 名县市局干部到州局机关跟班学习。通过多层次多方式的教育培训，进一步提升了干部队伍的整体素质。

【队伍建设】 2010年，德宏州国土资源局进一步加强干部队伍建设。一是完成梁河、盈江、瑞丽、畹町县市局领导班子7名科级干部的试用期满考核工作；二是完成领导干部个人重大事项报告工作；三是州局安排和招聘1名“4050”工勤人员、2名合同工人；四是积极争取设立矿业权交易中心内设机构，增加1名科级领导职数，接收安置3名退役转业军人。

【打造“阳光国土”】 2010年，德宏州国土资源局以推行“效能政府”四项制度为主线，着力构建“阳光国土”，加强各项重要工作的督查督办力度，扎实推进政务公开各项工作的深入开展。全年在州政府信息公开网站公开政务信息73条（工作动态61条、文件2条、公示公告8条、阳光政府四项制度1条、法律法规1条），发布重大决策听证2件，重点工作通报11件，重要事项公示1件。规范业务办理，以州政府“政务服务中心”为平台，以提高行政效能为突破口，从程序、时限、收费等进行统一规范，全部进入政府行政大厅，实行一站式服务，进一步提升服务质量和水平。继续抓好12336国土资源违法举报电话和96128政务信息专线工作，接听“96128”政务信息查询专线电话21个，未出现无人接听或2次转接现象，对所咨询问题当场给予圆满答复。

（《国土管理》撰稿　安顺川）

（见“州情概览·国土建设”84页）

城乡建设

【城市基础设施建设】 2010年1至11月，德宏州完成市政公用设施建设总投资9.36亿元，完成年初计划8.45亿元的105%，提前1个月超额完成年初的任务，其中市政道路建设完成投资5.61亿元。

【表彰先进】 2010年，德宏州城市建设、禁毒防艾、安全生产、消防安全、综合治理、党风廉政建设等工作分别获得云南省建设厅、德宏州委、州政府先进单位和先进个人等荣誉称号。州住房和城乡建设局的社会治安综合治理工作被州综治委评为先进集体；有7人被评为优秀国家公务员。

【信　访】 2010年，德宏州建设系统牢固树立全心全意为人民服务的思想，进一步加强来信来访接待工作。对来信来访做到热情接待，认真按照政策规定妥善处理好每位信访者反映的问题，凡受理的来信来访，主要领导进行批阅督办，使信访问题妥善解决。全年办理人大、政协提案20件，其中主办17件，协办3件，回复信访及书记、州长信箱20多件，接待来访人员10余人次，有效地实施事前预防、事中监督、事后查处。

【城乡规划管理】 2010年，德宏州住房和城乡建设系统进一步加强规划编制力度，指导城乡快速健康发展。年内，《陇川县城总体规划（修编）》通过省级专家评审，待修改完善后上报州政府审批实施；根据把德宏建设成为国家西南桥头堡黄金口岸的总体要求，启动《瑞丽市总体规划（修改）》的法定程序；完成芒市、盈江县城市绿地系统专项规划；实施芒市“水岸边城”、芒市大河景观瑞丽市弄莫湖公园、盈江新城区10平方公里等项目控制性详细规划编制工作；实施芒市中山乡、江东乡、陇川县户撒乡、盈江县那邦镇等10个集镇总体规划。截至年末，全州50个乡镇，有37个乡镇编制了集镇总体规划，全州覆盖率达到74%。

【一书两证发放】 2010年，德宏州核发建设项目选址意见书86份，拟用地面积225.35万平方米；建设用地规划许可证193份，用地面积326.52万平方米；建设工程规划许可证1295份，建设规模204.75万平方米，拟投资规模29.94亿元。

【“两污”工程建设】 2010年，德宏州城市垃圾处理设施完成投资4236万元。其中：芒市垃圾处理工程二期总投资2572万元，年内完成投资1272万元，工程土建部分已完工，并通过初步验收，其余分项工程也基本完工，12月完成整个项目的审计工作；瑞丽市城市生活垃圾处理工程总投资4559万元，年内完成投资500万元，完成垃圾处理场主体工程，并正在实施进场道路，整个项目在年底投入使用；盈江县城市生活垃圾处理工程总投资3002万元，工程于2010年4月29日开工建设，完成投资1227万元，工程计划在2011年6月完工投入使用；梁河县城市生活垃圾处理工程总投资2497万元，工程于2009年5月30日开工建设，目前完成投资1800万元，完成库区、调节池工程量的85%，收运系统设备正在采购中；畹町城市生活垃圾处理工程项目可研已通过省发改委审批，初步设计正在编制中。年内，全州城市污水处理及配套管网改造项目完成投资

8769万元，其中芒市污水厂改扩建及配套管网工程总投资5732万元，年内完成投资2329万元；瑞丽市城市污水处理二期及配套管网工程总投资13357.9万元，年内完成投资2750万元，安装污水管网25.39公里，1.5万吨/日污水厂区在9月30日前按省政府规定的时限内完成工程建设任务，并实现投入运行目标；陇川县城市污水处理厂及配套管网工程总投资5629万元，年内完成投资2980万元，铺设排污管网20.8公里，污水厂区计划于年底前完成主体工程和设备安装，并实现试运行；盈江县城市污水处理厂及配套管网工程总投资7000万元，近期新建日处理污水1.5万吨1座，污水配套管网26千米，完成与省水务投资公司签订厂区投融资协议，目前正在实施污水处理厂及配套管网工程招标工作；梁河县城市污水处理厂及配套管网工程总投资5760万元，近期新建日处理污水0.5万吨1座，完成与省水务投资公司签订厂区投融资协议，目前已完成施工图设计，进入招标程序。

【园林绿化】 2010年，德宏州完成园林绿化投资2.1571亿元。其中：芒市加大城市绿化美化工程力度，完成投资7472万元，包含芒市大街、团结大街等6个小景点建设、道路绿化改造等工程，芒市被评为"省级园林城市"；瑞丽市完成投资1.10亿元，新增种植绿化树木51600余株，新建绿地25万平方米，改造提升绿地38000平方米，安装绿化供水管12500余米，绿篱6万余平方米，地被植物1.4万余平方米。陇川、盈江、梁河进一步加大园林绿化建设。

【住宅与房地产管理】 2010年，德宏州住房和城乡建设系统加大对房地产市场的监管力度，加强城市房屋拆迁监管力度，继续加大房地产市场管理，规范和调控房地产市场秩序，加强房地产开发企业资质管理和日常监管。截至年末，全州审批备案的房地产开发企业90家，新批准房地产开发资质21家（暂定资质），资质升级3家，新批准外来从事房地产开发企业8家。全州实施开发的项目67个，房地产开发完成投资11.35亿元，房屋施工面积206.91万平方米，其中住宅137.62万平方米；房屋竣工面积12.34万平方米，其中住宅11.74万平方米；商品房屋销售面积44.89万平方米，其中住宅33.01万平方米；商品房屋销售总额10.94亿元，其中住宅7.01亿元。

【城镇住房保障】 2010年，云南省实际下达德宏州廉租住房建设6000平方米、120套，总投资960万元。其中：潞西市2000平方米、40套；瑞丽市2000平方米、40套；盈江县2000平方米、40套。各项目均已完成征地、拆迁、规划方案设计等项目前期工作。截止11月20日，全州完成投资448万元，占总投资的47%，各项目计划在年底前完成总投资额的60%以上。

【规范化物业管理】 2010年，德宏州住房和城乡建设系统进一步规范物业管理工作。全年收到上报申请物业服务管理的企业4家，审查后符合物业资质管理三级暂定资质条件，并核发《物业管理资质证书》。为进一步提高全州物业管理企业从业人员的业务素质，实现规范化管理，举办3120余人物业管理企业从业人员岗位资质继续教育培训班，开展中小学校校舍安全工程排查学校763所，排查建筑物4950幢，总建筑面积140.33万平方米。经排查鉴定：A级建筑为741幢；B级建筑物254幢；C级建筑物135幢；D级建筑物3820幢。

【农村民居地震工程】 2010年，德宏州农村民居地震工程完成州级验收工作。9月26日省政府下达瑞丽市（含畹町）加固改造和拆除重建农村民居1200户（含畹町230户），其中加固改造1000户（含畹町200户），拆除重建200户（含畹町30户），补助资金400万元（按加固改造每户补助2000元、拆除重建每户补助10000元）。截止11月30日，全州建设完成拆除重建户160户，完成率80%；加固改造户800户，完成率80%；其余240户正在紧张的施工建设中。该项目全面进入工程实施扫尾阶段，到12月30日全面完成全州农村民居地震安全工程建设任务。

【农村危房改造】 2010年，云南省政府安排德宏州农村危房改造任务8360户，补助资金8360万元，其中芒市1900户、补助资金1900万元；瑞丽市1440户、补助资金1440万元；畹町经济开发区560户、补助资金560万元；盈江县1880户、补助资金1880万元；梁河县700户、补助资金700万元；陇川县1880户、补助资金1880万元。补助标准拆除重建每户1万元，年内的改造任务全部是拆除重建。至11月，全州完成投资14710万元，竣工1196户，其中芒市完成投资4900万元，竣工327户；瑞丽市（含畹町）完成投资1115万元，竣工523户；盈江县完成投资4000万元，竣工40户；梁河县完成投资1500万元，竣工46户；陇川县完成投资3000万元，竣工260户。

【瑞丽江—大盈江风景名胜区管理】 2010年，德宏州进一步加大对《风景名胜区条例》的宣传工作。为制定好“两江”管理条例，积极配合州人大对“两江”的管理工作进行调研，并针对调研中发现的问题，与各县市进行座谈，对各县市开展风景名胜区管理工作进行指导；协助州人大常委会起草制定《两江风景名胜区管理条例》讨论稿，并送州政府法制局审定。加强对“两江”风景名胜区内建设项目的审查力度，积极帮助配合相关部门做好建设项目选址的审批和报批工作。

（《城乡建设》撰稿　李　燕）

人　防

【全省人防主任座谈会在德宏召开】 2010年7月13至15日，云南省人民防空地州人防办主任座谈会在德宏瑞丽召开。云南省人防办的领导及各地州人防办综合处（科）长100余人参加了会议。会议重点对机构改革、人防基础建设、工程结建、工作作风等方面进行交流，云南省人防办主任周发洪传达国家人防办“十二五”编制工作会议精神，各地州市人防办提出许多制约人防事业发展的问题。会上，州委常委、瑞丽市委书记杨跃国指出：人防建设是国防建设的重要组成部分，是保护人民生命财产安全的有力措施，是法律赋予各级政府的法定职责，做好人防工作，对促进德宏州经济社会的繁荣发展，维护边境地区的长治久安具有十分重要的作用。表示将以此次会议为契机，认真贯彻落实好会议精神，进一步坚定做好人防工作的信心和决心，积极加强州和各县市人防建设工作，强力推进德宏州人防事业更好更快发展，努力为边疆国防建设做出新的更大贡献。最后，全体参会人员参观了瑞丽市人防指挥中心大楼建设情况。

【表彰先进】 2010年，德宏州人防系统有7个先进集体和18位先进个人被德宏州政府表彰奖励。年内，州人防办被评为“全国人民防空先进单位”，调研员段清志被评为“全国人民防空先进个人”。

【创建“准军事化”机关】 2010年，德宏州人防办按照人防军地双重领导和“准军事化”建设的要求，根据国家人防办和省人防办的统一部署，以“政治坚定、业务精湛、纪律严明、作风过硬、廉政高效”为总体目标，开展人防部门“准军事化”建设，从政治思想、业务能力、工作作风、办公秩序等方面入手抓作风转变。一是完善管理制度和措施18项，把完善州办内部规章制度作为工作的一项重要任务，把创建节约型单位作为长期的工作来做。二是以抓作风建设促进工作发展。围绕新时期人防建设的任务和要求，把德宏州“两会”精神及全省人防工作会议精神同全州人防建设工作的实际结合起来，并落实到工作中。

【四项制度】 2010年，德宏州人防办结合当前推行的行政问责制、服务承诺制、首问责任制、限时办结制的贯彻落实，根据实际制定具体的实施办法，杜绝不作为、乱作为及效率低等行为。5月、10月，州人防办分别举办2期业务培训，参加1期州法制局举办的执法培训，干部职工的法律知识有了进一步提高，执法能力得到了增强。同年，州人防办着重做好州政府部署的“96128”专项工作。一是成立以单位一把手为组长，通信科、办公室、指挥宣传科、工程建管科、通信站负责人为成员的人防政务信息公开工作的领导小组；二是明确具体分管人防政务信息公开工作的领导及工作人员、联系人；三是及时解答各种问题和热情主动搞好服务；四是按照保密相关规定和信息公开相关要求，主动公开人民防空办公室的主要职能、职责和机构领导及咨询电话、监督电话等事项。

【“三所”建设】 2010年，德宏州人防办根据州政府〔2009〕181号文件精神，结合德宏州实际情况，开展州直四大机关的疏散地域的征地工作。至年末，落实200亩的基地建设用地，并勘界定桩。该项工作得到省人防办和国家人防办的同意立项批复。根据国发4号、西南战区〔2008〕联字1号、云政发〔2009〕141号文规定，结合《德宏人防“十一五”规划》，积极开展人防指挥所建设。芒市指挥中心地下一等人员掩蔽部分完成施工，地上指挥中心大楼完成浇灌；瑞丽指挥中心一期工程完成，并搬入办公；陇川指挥中心大楼一期工程已施工开建；盈江指挥中心大楼完成地面部分的装修，因“3.10”地震受损拟恢复重建；梁河指挥中心正在进行征地工作。以上工作的推进为“十二五”期间全州人防建设上台阶奠定了基础。

【工程结建】 2010年，德宏州人防办依照法规政策规定，对人防工程结建、审批、检查、验收做了明确规定，对人防工程的防护等级、施工质量、竣工验收等提出更为明确的要求，人防工程纳入依法管理的轨道。人防工作人员进一步提高服务水平，变被动为主动，积极帮助施工方解决实际困难，多次到各县市检查指导工作，促进全州“结建”工作的开展。全年依法征缴的人防易地建设费全部投入州和县市人防事业建设。全州人防系统深入贯彻落实《中华人民共和国人民防空法》及《云南省实施办法》，以开展州县市联合执法、加强执法监督等形式，积极推进全州行政执法和“结建”管理工作，取得了明显效果。截至11月底，全州在建民用防空地下室4项，总面积为11770平方米，全州的“结建”工程有了良好的发展势头。

【指挥通信】 2010年，德宏州人防办为进一步加强人防信息互联互通，投入经费8万余元，新安装1台车载电台和2台警报器，重新架设固定电台的天线，保证了每天出联工作的顺利进行；第二季度，由州人防办牵头，投入经费5万元，对全州防空警报器进行统一的线路更新改造；顺利组织开展“8.15”防空警报鸣放，警报鸣响率为100%，音响覆盖率95%；11月，按省人防办的要求，组织州人防办通信科、通信站、芒市人防办通信业务人员到临沧地区参加全省通信野外训练，圆满完成了任务；州人防办分管组织指挥工作的领导及科长分别参加国家人防办举办的业务培训班，并于11月10至11日在瑞丽召开全州组织指挥业务培训会，参训人员40人，对《防空袭方案》、《十五个保障案》及重要经济目标防护工作进行培训，进一步提高了全州人防组织指挥人员的业务素质；根据成都军区和省军区文件要求，按照州人民政府和军分区部署的任务，成立德宏州重要经济目标审定小组，对云南省人民政府发文确定的德宏州重要经济目标进行了新一轮的审定核实。

【行政执法】 2010年，德宏州人防办根据云南省人防办下发的〔2008〕86号文件要求，以《中华人民共和国人民防空法》、《云南省实施〈中华人民共和国人民防空法〉办法》、《中华人民共和国行政许可法》等法律法规为依据，按照中央、省委、省政府、省军区对进一步推进新时期人民防空工作的决定，结合开展感恩思进、创先争优等活动要求，深入贯彻“四项制度”的落实，依法推进人防法规建设，加大行政执法检查力度。9月，州人防办联合军分区、州纪委在全州范围内开展人民防空执法检查，重点对全州结建工作进行检查。各县市人防办就人防工作开展情况、人防易地建设费的管理和使用情况、存在的困难和问题等方面作了汇报。针对存在的问题，州人防办对各县市办提出如下要求：一要加强学习，掌握政策，汇报到位；二要依法依规，切实履行好职责任务；三要加强协调，规范行为。州党政监察分局强调：任何部门和个人不得将少建、不建防空地下室或减免易地建设费作为招商引资的优惠条件，谁签字谁负责，并追究责任。此次检查及时发现人防结建工作中存在的问题，并提出解决办法，为全州人防行政执法指明方向，积极推进了德宏人防建设事业的发展。

【开展人民防空创立60周年宣传活动】 2010，德宏州人防办按照云南省人防办开展新中国人民防空创立60周年宣传纪念活动的总体安排，紧紧围绕新形势下人防建设的特点更新宣传观念，创新宣传方法，其主要做了如下工作：一是抓好对领导干部的人防知识宣传。与州委宣传部印发《德宏州开展新中国人民防空创立60周年宣传活动方案》，积极向各级领导宣传人防法规政策，及时汇报人防工作情况，提出合理化建议，有力地争取各级领导的支持。二是拓宽对市民的宣传面。全州人防系统在经费十分紧张的情况下，仍然抽出专项资金用于宣传教育工作。通过发放宣传资料、街头展板宣传等多种方式，扩大宣传面。三是积极与教育主管部门协调，并通过“学校带动老师，老师教育学生，学生宣传到户”的宣传方式，把人防知识进校园形成制度化。四是利用警报常规鸣放日前和法规宣传日，请州级领导在德宏电视台发表人防专题讲话，并通过电信、移动、联通等部门发送人防相关短信，在全州机关、事业、企业单位进行人防知识考试，还在《德宏日报》发表相关文章。通过宣传，进一步增强了人民群众的国防观念和人防意识，使人民防空成立60周年活动取得较好的效果。

【机构改革】 2010年，德宏州人民防空办公室根据中共德宏州委办公室德宏州人民政府办公室关于印发《德宏州人民政府机构改革实施意见》的通知（德办发〔2010〕43号），由原来的正处级议事机构列为正处级政府组成部门，既是州政府人民防空工作主管部门，也是承担州国防动员委员会日常工作的办事机构；各县市人民防空办公室由原来的正科级议事机构列为正科级政府组成部门。至年末，全州人防系统有工作人员48人，其中州人防办16人、芒市人防办10人、瑞丽人防办6人、盈江人防办6人、梁河人防办5人、陇川人防办5人。州人防办内设4个科室、1个中心（办公室、法规宣传科、工程建管科、指挥信息科、信息保障中心），各县市人防办内设机构和人员情况已报编办，还未批复。

（《人防》撰稿　尹佩依）

建筑业

【建筑市场管理】 2010年，德宏州住房和城乡建设系统加强建筑市场管理，营造有序的建筑市场环境。年内，对全州34个建筑施工企业、12家设计企业、3个监理公司、5个质量检测机构的资质证书、安全生产许可证，进行年度检审及新核定资质的资料初审和上报工作。2009年4季度至2010年前3季度有1207个项目报建，比上年（838个）增长446%，建筑面积194.08万平方米，总投资77.02亿元，比上年（14.10亿元）增长446%；发放271个项目审查通知书，199个项目的审查备案。同时，进一步完善有形建筑市场，做好招标投标监督管理工作。对全州建设工程招投标工作进行监督管理，在《云南省工程建设信息网》上发布全州公开招标工程公告信息，全州建设工程招标项目154个，建筑面积82.66万平方米，总投资10.42亿万元，招标节约资金2778.93万元。

【安全生产管理】 2010年，德宏州住房和城乡建设系统在做好日常安全生产宣传、教育工作的基础上，紧紧围绕“安全生产年”的总体部署，精心组织全州建设领域“安全生产月”活动。全州下发安全生产文件41份，建筑项目安全报监459项；检查工地1191个次，停工整顿48个工地，下发整改通知书639份，对隐患严重的实施罚金处罚，共处罚金10.95万元。年内没有发生较大事故以上的建筑安全事故。

【建筑工程造价管理】 2010年，德宏州住房和城乡建设系统按时完成《德宏建筑经济信息》的调查、发布及上报联网工作。年内，对全州各县市开展工程造价“三价”备案管理工作进行督促检查；认真做好“云南省2003版建设工程造价计价依据”贯彻实施过程中的解答工作；完成每季度全州建设事业经济运行分析报告；召开德宏州建设工程造价行业协会年会，讨论通过《德宏州工程造价咨询行业自律公约》。

（《建筑业》撰稿　李　燕）

环　保

【制糖业污染物排放监管新措施】 2010年1月，德宏州环保局再一次推出制糖业污染物排放监管新措施。在13家糖厂推出领导干部责任到厂、责任到人的监管新措施，以确保制糖业在榨季期间的环境安全。局机关二级班子以上的领导干部与13家糖厂挂钩，一人一厂，实行责任到厂、责任到人。所有挂钩领导干部每月下所挂钩厂检查环保设施运行情况和污染物排放情况1次，分析汇总驻厂监督员每日上报的在线监测数据、烟尘治理设施、酒精废醪液处理设施、液态肥及沉淀池渣清运等情况，并及时上报。

【启动绿色信贷机制】 2010年1月，德宏州环保局联合人民银行德宏州中心支行启动绿色信贷长效机制。各县市环保部门将企业环境违法、企业建设项目环境影响评价审批、企业建设项目环境保护设施竣工验收、实施强制性生产审核企业等信息，报送州环保局汇总后，每月报送人民银行德宏州中心支行和上级环保部门，人民银行德宏州中心支行每半年将环保部门提供的信息汇总后上报上级金融部门，同时将使用环保信息情况反馈环保部门。通过绿色信贷机制运行，重点关注企业的环境守法信息，防范信贷风险。

【州委书记赵金到制糖企业调研企业环保工作】 2010年1月4日，德宏州委书记赵金在副州长板岩过、州环保局、州糖办及潞西市相关领导陪同下，到德宏力量生物公司芒市糖厂，在实地查看生产流程和污染减排工程运行情况后，赵书记指出：蔗糖产业是德宏州传统优势支柱产业，经过50余年的发展，产业涵盖全州各县市，涉及蔗农和企业职工70余万人，对推动扶贫攻坚、解决“三农”问题发挥了重要作用，为全州经济社会发展作出了重要贡献。强调，历届州委、州政府都高度重视蔗糖产业，始终将之作为加快农村经济发展的一个重要支柱产业来抓。各级各部门要按照州委确定的当前和今后一段时期经济社会发展的基本思路，认真搞好蔗糖业与“六棵树一棵草”新兴特色产业的区域、面积规划，提高农业综合效益，促使全州产业化发展快速推进。要求：要正确处理企业效益与环境保护的关系，以对人民高度负责的态度，增强环保意识，强化治理责任，建设资源节约型环境友好型社会，实现可持续发展。

【召开环境保护工作会】 2010年3月12日，德宏州人民政府召开全州环境保护工作会议。会议部署2010年环境保护工作。会上，州委常委、常务副州长柳五三提出做好当前和今后一段时期的环境保护工作，要做到“一个服务、两个监督、三个保障、四个意识和五个措施”。即：做好对全州经济社会发展，尤其是重点工程和重大项目的服务；按照“重点污染重点监控”的原则，加强对制糖企业榨季生产和对硅、铝、水泥等高污染行业的监管；要完善法制保障、科技保障和人文保障；要不断增强持续发展意识、科学创新意识、生态环保意识和责任义务意识；要落实加强对环保工作的领导，突出抓好作为饮用水源的库区水质监控，确保“十一五”减排目标和2010年减排责任目标的完成，认真编制“十二五”环保规划，加强自身建设，努力打造一支公正执法、业务精良、务实创新、热情激情的环保队伍等5个措施。州人大常委会副主任王兴才、州长助理刀承贤、以及各县市政府分管领导，州环保局、各县市环保局负责人等参加了会议。

【举办环保系统行政执法培训班】 2010年8月13日，德宏州环保局举办环保系统行政执法培训班。来自全州各县市的60多名学员接受了行政执法程序、行政复议程序、环保现场执法和环保行政处罚程序、环境影响评价管理和环境影响评价程序、污染防治执法程序等相关知识的学习。通过培训，使全州环保系统的行政执法更加规范。

【收贮闲置放射源】 2010年9至10月，德宏州环保局配合云南省辐射环境监督站安全收贮潞西市成交水泥有限公司、陇遮水泥厂和德宏州三象通用水泥有限责任公司闲置放射源4枚，盈江县2枚，消除了放射源安全隐患，有效维护了德宏州的辐射环境安全及社会稳定。

【“两江”水污染综合防治规划通过省级评审】 2010年10月15日，德宏州环保局编制的《瑞丽江、大盈江出境河流水污染综合防治规划》通过由省环保厅组织的专家组评审。专家组认为：《瑞丽江、大盈江出境河流水污染综合防治规划》紧扣瑞丽江和大盈江流域主要水污染环境问题，围绕维护“两江”流域生态系统平衡，进行了点源治理、面源污染治理、饮用水源地保护、生态环境保护、监督管理治理等规划，划分了重点水污染防治区、一般水污染防治区、水源保护区，提出治理污染与生态保护的策略，较好地体现了科学性、针对性、可操作性和前瞻性，一致同意通过评审。

【召开全州环保工作重点推进会】 2010年10月19日，德宏州环保局在盈江召开全州环保重点工作推进会。会议传达学习了全省环保重点工作推进会议精神，总结德宏州污染减排工作取得的成效，分析了污染减排工作面临的形势，部署了相关工作。会议提出：采取错施，通力合作，确保圆满完成“十一五”和今年的污染减排任务。

【省政府节能减排专项督查组到德宏督查指导】 2010年11月3至4日，由云南省工业和信息化委、统计局、交通运输、环保等部门组成的节能减排专项督查组，到德宏州督查指导节能减排工作情况。督查组在听取州政府的工作汇报后，深入芒市城郊水泥厂、德宏后谷咖啡2000吨生产线，实地了解企业节能减排工作的开展情况。通过实地走访、查阅资料和听取汇报，督查组充分肯定德宏州在节能减排上开展的工作和取得的成绩，认为德宏州各级各部门高度重视，明确目标，强化监管，切实把节能减排工作落到实处，工作有亮点、有特色。

【举行创建生态州县市启动仪式】 *2010* 年 *11* 月 *4* 日，德宏州人民政府在瑞丽举行创建生态州、县市行动启动仪式。省环保厅厅长王建华、副厅长高正文，州委常委、常务副州长柳五三出席启动仪式，并为德宏州获“云南生物多样性保护教育基地”和“云南环境教育基地”揭牌。仪式上，柳五三要求：各县市政府和相关部门要高度重视生态创建工作，切实加强领导，抓紧编制创建规划，完善工作措施，确保创建工作顺利推进，努力把德宏建设成为“天蓝、水绿、山青、花香”的生态公园，为德宏州经济社会又好又快发展作出新的更大的贡献。王建华代表省委、省政府向德宏州创建生态州、县市表示祝贺。并希望德宏州要进一步完善机制，以科学发展观为基础，以创建生态州、生态县市为契机，紧紧围绕“生态立州”发展战略，抓住德宏州面向西南开放桥头堡黄金口岸和瑞丽重点开发开放试验区的重大机遇，加大环保保护力度，让美丽的德宏越来越迷人。

【开展爱心助学活动】 *2010* 年 *11* 月 *17* 日上午，上海市环境监察总队爱心助学活动在州民一中举行。上海市环境监察总队代表 *15* 人，在德宏州环保局局长杨成礼的陪同下，到州民一中开展爱心助学活动。活动中，州民一中老师向上海代表介绍了许艳娇等 *8* 名捐助对象的学习和家庭生活情况，学生向叔叔阿姨们交流了自己的人生理想和规划，纷纷表示要报考上海所属大学，用优秀的成绩感恩叔叔阿姨们的爱心帮助。最后，上海市环境监察总队向学生们捐赠了生活费和学习机等学习用品。

【表彰先进】 *2010* 年，德宏州环保局在七彩云南保护行动工作中，大力开展绿色学校、绿色社区和环境教育基地创建工作，取得显著成绩，一批单位及个人获奖。州民族初级中学、潞西市职业教育中心等 *13* 所中小学校获省级绿色学校称号；潞西市勐焕街道办事处、瑞丽市勐卯镇卯相社区等 *3* 家社区获省级绿色社区称号；潞西市遮放镇南见村等 *3* 个单位被命名为云南省环境教育基地。瑞丽市环保局谭丽萍等 *4* 人获省级绿色创建活动工作先进个人；德宏州民族初级中学杨茂盛等 *9* 名教师获省级绿色学校环境教育优秀教师称号；王跃辉等 *2* 人获省级绿色社区创建活动先进个人称号；吴筠等 *2* 人获省级绿色社区创建活动先进工作者称号；州环保局等 *3* 家单位获省级绿色社区创建活动优秀组织单位称号，受到省绿色创建领导小组的命名和表彰。*7* 月，德宏州环境监测站组队参加第一届云南省环境监测专业技术人员比武活动暨第一届全国环境监测专业技术人员大比武选拔，代表德宏州参赛的张锦鹏在全省 *51* 名选手中获得第七名（个人三等奖）的好成绩，被授予“云南省环境监测技术能手”。

（《环保》撰稿　郭　静）

（见“州情概览·环保”85 页）

教　　育

教育管理

【梁河县教育工作通过省政府教育督导团县级政府教育工作督导评估】 *2011* 年 *1* 月 *3* 至 *5* 日，以云南省政府督学、省政府教育督导团办公室副主任吕志雄为组长的督导评估组一行 *6* 人，代表省政府对梁河县人民政府教育工作进行督导评估。梁河县顺利通过评估，并被评定为云南省教育工作合格县。

（刘金华）

【组织开展“感恩的心”有奖征文活动】 *2010* 年 *3* 至 *6* 月，德宏州教育局结合州委开展的“感恩思进”主题教育活动，在全州各中小学校开展了“感恩的心”有奖征文活动。全州共有 *3* 万余名中小学生参加了征文活动，评出教育系统优秀征文60余篇，并将50篇优秀征文送州感恩思进办参加州级评选。

【组织开展书法比赛】 2010年4月，德宏州教育局关工委在芒市地区组织开展了“传承文化精粹，振奋民族精神”《论语》书法大赛。通过层层选拔，有35名学生的作品入围；经评审，选送了10份优秀书法作品到云南省参赛，其中有1名学生获得全省第三名的荣誉、有9名学生获得优秀奖。

（郭蔚华）

【开展“两基”迎国检暨第26个教师节系列活动】 2010年7至9月，为庆祝第26个教师节，德宏州教育局举办了主题为“展师风、迎国检、促改革、谋发展、提质量”的系列庆祝活动。一是组织开展首届书法、绘画、摄影比赛。邀请本州知名书画家组成评审团，对参赛的200多件作品进行评审，有36件作品获奖，其中一等奖作品6件，二等奖作品12件，三等奖作品18件。赛后，还在德宏师专艺术楼举办了为期12天的“德宏州教育系统首届书法、绘画、摄影优秀作品展”。二是组织开展了全州教育局机关篮球比赛。全州共12支代表队144名运动员参加本届运动会。经过角逐，瑞丽市教育局男队、潞西市教育局女队喜夺男篮、女篮第一名，陇川县教育局男队、梁河县教育局女队取得男篮、女篮第二名，梁河县教育局男队、盈江县教育局女队取得男篮、女篮第三名；盈江县教育局男队、州教育局女队、州教育局男队、瑞丽教育局女队、潞西市教育局男队、陇川县教育局女队荣获德宏州教育系统首届机关篮球运动会道德风尚奖；12名运动员荣获道德风尚个人奖。三是组织开展了全州优秀多媒体教育软件评选活动。活动共征集到教师制作的多媒体作品182件，经专家评审，盈江县弄璋中心小学的《称象》、州民族一中杨林邦老师的《中国的可持续发展》等11个课件获得一等奖，州初级中学张云刚老师的《电能》等36个课件获得二等奖，芒市四小云绍鹏老师的《分数的意义》等58个课件获得优秀奖。

（冯家柒）

【组织开展“中华魂”主题教育读书活动】 2010年9月，德宏州关工委、州教育局关工委组织开展德宏州“中华魂”主题教育读书活动，2900余名学生参加了《中国精神颂》征文竞赛、主题班会、演讲比赛、主题升旗仪式及辩论赛等主题教育活动。

（郭蔚华）

【“两基”工作顺利通过国检】 2010年12月1日，国家“两基”督导检查组对德宏州“两基”工作进行了督导检查。通过督查，德宏“两基”工作顺利通过国检。同时，国家检查组还给予了德宏较高的评价：德宏的“两基”工作在扩大办学规模，注重内涵发展和“控辍保学”工作；注重薄弱学校建设，促进义务教育均衡发展；关注弱势群体教育问题；建立政府教育目标责任考核制度；重视少数民族教育问题；加大教师补充力度，为边疆民族地区教育教学的正常开展提供师资保障国门学校建设，树立好国家形象；勤工俭学；重视扫盲和农村劳动力技术培训等方面，均呈现出许多亮点。

【教育目标管理考核】 2010年12月25日，根据德宏州人民政府与各县市人民政府签订的2009~2010学年度《教育工作目标管理责任书》，州政府成立“考核领导小组”对各县市（区）教育工作情况进行了综合考核。通过考核，潞西市、陇川县荣获2010年度教育目标管理考核一等奖，梁河县、瑞丽市、盈江县、畹町经济开发区荣获2010年度教育目标管理考核二等奖。

（刘金华）

【中小学校长和教师培训】 2010年，德宏州教育局积极组织开展中小学校长、教师培训：一是持续与国家教育行政学院合作建设“中国教育干部培训网·德宏州中小学校长培训中心”，通过便捷灵活、零时空、零距离的中小学校长培训平台，借助国家教育行政学院的优质资源，对全州各级各类学校605名校长、后备干部进行在线培训；二是邀请中国关工委专家委员会副主任、著名教育专家、原上海市建平中学校长冯恩洪到德宏，对全州教育行政部门、教育科研中心、各级各类学校的458名局长、校长、主任进行了培训；三是云南名校——昆明二中校长罗艳新，副校长贾平春、李跃忠、张海笑到德宏对全州58所初级中学的校长、教学副校长、教务主任共174人进行了为期1天的培训；四是组织全州210名普通高中高一年级9个学科（语文、数学、英语、物理、化学、生物、政治、历史、地理）的任课教师参加高中课改远程同步研修培训，帮助高中各学科教师同步解决新课程推进中遇到的问题；8月，组织全州高一教师参加高中新课程远程通识培训，297人参加培训，确保进入新课程的各学科教师做到先培训，后上岗；五是组织1143名中小学教师参加了“云南省中小学教师国家培训计划”教师培训。

（郑利军）

【教学仪器配备】 2010年，德宏州拥有语音教室25个，多媒体电教室282个，远程教育卫星站点395个，光盘播放点设备1294套，乡镇信息中心3个，管理用计算机854台，中小学教师拥有计算机3212台，计算机教室203个、教学用计算机6899台，生机比为25∶1。全州配备高中一类教学仪器7套，初中一类教学仪器41套，初中二类教学仪器17套，小学一类教学仪器76套，小学二类教学仪器191套；高中配备图书18.36万册，生均15.7册；初中配备图书77.1万册，生均15册，比上年增7.4册；小学配备图书135.3万册，生均12.6册，比上年增4.5册；高初中小学图书共计230.76万册，价值2995万元。

（张正永）

【控辍保学】 2010年，德宏州教育系统坚持不懈地加强控辍保学工作：一是多形式宣传《义务教育法》，提高各族群众依法送子女入学的意识；二是认真落实《德宏州人民政府关于进一步加强义务教育阶段“控辍保学”工作的意见》、《德宏州义务教育段“控辍保学”工作实施方案》和《关于切实做好义务教育段学生“控辍保学”工作的紧急通知》文件精神；三是在全州实行农村小学毕业生升初中整体移交制度；四是严格执行国家、省《课程设置方案》，在中考改革中将毕业考和升学考整合，确保九年级学生完成规定学习时间；五是实施“控辍保学”乡镇、村、组3级联动责任制，将部分惠农政策，新农村建设项目，村、组干部报酬与“控辍保学”工作捆绑考量；六是认真落实国家农村义务教育经费保障机制改革各项政策，杜绝一切乱收费，建立贫困学生救助制度，确保家庭贫困学生完成学业。年内，全州学前1年儿童入园率、学前3年儿童入园率分别为118.44%和60.21%；“普九”水平大幅提高，适龄儿童入学率达99.8%，初中毛入学率达109.73%，初中在校生年辍学率降至1.54%；高中阶段毛入学率达48.77%。

【扫盲工作】 2010年，德宏州教育局在扫盲工作通过云南省验收后，仍做到扫盲工作“机构不撤，人员不散，经费投入不减”，坚持“以堵为主，堵、扫结合，一堵、二扫、三提高”的方针，积极开展剩余文盲扫除、民文脱盲后汉文巩固提高、农村劳动力技术培训等工作。年内，全州开办扫盲班5个，学员107人；开办巩固提高班76个，学员2724人；开办农大班10个，学员513人；开展农村适用技术培训997期，培训农村劳动力84778人次。有15周岁人口16272人，初等教育完成率达99.04%，文盲率达0%；15~24周岁人口199972人，非文盲人口199972人，非文盲率达100%；15~50周岁人口669862人，其中农业人口558362人，农业人口非文盲率99.83%，非农业人口非文盲率99.8%。

【特殊群体教育】 2010年，德宏州教育部门高度重视特殊人群的就学工作，一是对孤儿等特困学生实行集中就学，统一管理，妥善解决了9704名留守儿童入学问题。二是扩大特殊教育学校办学规模，改善办学条件，积极为残疾儿童少年创造受教育机会。目前，投资1120万元的州特殊教育学校扩建工程正在实施中。三是关爱留守儿童，对进城务工农民随迁子女实行属地管理，与当地学生享受同等待遇，全州12848名义务教育段进城务工农民随迁子女都进入公办学校就读。

【少数民族教育】 2010年，德宏州开展“双语双文”教学的小学有124所，在校学生27200人，占学前班和小学在校生数的21.54%。针对全州实际，州教育局还在广大学生中开展禁毒和预防艾滋病宣传教育活动和有重点、分层次、有针对性地加强民族团结教育；同时，结合各地各学校实际，广泛开展民族文化进校园、民族体育进课堂活动，为优秀民族文化传承、学生全面发展搭建平台。年内，下发《关于在全州中小学开展校园文化建设活动的通知》，编创《德宏本土民族韵律操》在全州中小学推广，要求每一位师生会唱1首民族歌、会跳1曲民族舞、会1项民族体育运动。涌现出芒市刀美兰艺术学校等一批民族文化浓郁、富有地方特色的学校。

（张弦清）

【中等职业学校就业招生工作】 2010年，德宏州中等职业学校招生5048人，比上年增932人，在校学生达12133人，中等职业学校在校生与普通高中在校生比例为 1.04∶1；中等职业学校毕业生 2749 人，就业人数 2714 人，就业率 98.73%。

【农村成人文化技术培训】 2010 年，德宏州农村成人文化技术学校共开展各种培训 158 期，培训 14458 人次，其中引导性培训 12410 人次，技能性培训 1106 人次，培训后就业 840 人次。

（袁文武）

普通教育

【教师队伍建设】 2010 年，德宏州民族第一中学有教职工 179 人，专任教师 153 人。其中：中学特级教师 5 人，占教师人数的 3%；中学高级教师 48 人，占 31%；中学一级教师 47 人，占 31%；中学普通教师 53 人，占 35%。在 153 名专任教师中：硕士研究生 9 人，占教师人数的 6%；本科学历 143 人，占 93%；专科 1 人，占 1%。

【师德建设】 2010 年，德宏州民族第一中学以教育教学改革和新课程的实施为突破口，以提高课堂教学效益为中心，以做好教学设计、学案设计为切入点，采取了一系列措施转变教育观念和教学行为。加强学科组建设，强化集体备课，优化教学设计和学案设计；开展上研究课、竞赛课、示范课活动，注重评课环节，共同研讨共同提高。

通过教育教学改革和实施新课程，学校教师与全国名校教师的差距缩小了，与全国发达地区名校（如上海、北京）相比，仅有区位、文化底蕴的差别，观念上的差别越来越小。9 月，学校语文教师李正保等 4 人到北京参加全国民族中学高中语文教学研讨会，李正保老师代表云南省的民族中学在研讨会中献上了一堂高三语文复习课“诗歌鉴赏专题复习课”的典型课例，充分展示了本校近两年来课堂教学改革的优秀成果，课堂教学非常成功，特别是具有本校特色的教学设计和学案设计引起了与会专家及全国各省市语文同行的高度关注，成为本次研讨活动的一个亮点；10 月，学校两位生物、化学教师到上海参加全国“民教杯”电子白扳说课竞赛，分别获二等奖和三等奖；11 月，1 位数学教师到北京参加全国骨干教师培训，在培训会上的交流发言引起同行的关注和专家的认可。

年内，学校积极实施“名师工程”，涌现出一批名师。校长党颖被评为云南省名校长；1 人被评为国家“十一五”教育科研先进工作者；8 人被评为省级骨干教师；2 人被评为州级骨干教师；3 人参加国家级骨干教师培训；4 人参加省级骨干教师培训；4 人被评为省级学科带头人。

【高考情况】 2010 年，德宏州民族第一中学有 42 个高中班、2391 名学生，比上年的 37 个班、2084 人分别提高了 13.5% 和 14.7%，办学规模不断扩大。年内，学校坚持把提升教育教学质量放在学校工作首位，在高中不断扩招、高考试题难度增加的背景下，高考成绩连年攀升。全年全校有 601 名考生参加高考，在 601 名考生中，一本上线 177 人，上线率 29.45%；本科以上 440 人，上线率 73.21%；总上线 594 人，上线率 98.84%。600 分以上考生达 19 人，占全省 600 分以上总人数的 1.45%。在当地少数民族考生中：本科以上达线率 68.6%，总达线率 98.4%。少数民族高考总达线率不断上升，为边疆少数民族教育作出突出贡献，尤其值得一提的是傣族学生蚌绍诗以全省第 5 名 695 分的成绩被清华大学录取。

【德育工作】 2010 年，德宏州民族第一中学从德育、音、体、美等方面提高学生综合素质。一、从严、从细抓学生管理，德育工作成效显著。学校形成了“以思想教育为主线，以养成教育为切入点，注重落实，讲求实效”的德育管理机制。提出“德育与教学并驾齐驱”的指导思想，制定学生德育量化管理考核办法、实行领导 24 小时值班制等规章制度，加强量化管理，开展丰富多彩的德育活动，学生管理工作取得显著成效，尤其是学生寝室管理成为学校文明管理的一道窗口，受到上级领导和同行的高度赞扬。二、加强体育、艺术教学，促进学生全面发展。学校在重视抓高考的同时，还重视体育、艺术教学，注重校园文化建设，积极开展各种文体活动，为学生搭建展示才华的平台，体育和艺术教育硕果累累。年内，学校在州中学生运动会中获田径团体总分第一名，男篮第四名，女篮第三名；在“孔雀杯”比赛中，获男篮第二名，女篮第二名；在第 3 届全国推广普通话宣传周开幕式上，获美术绘画优秀奖。年内，有 31 人参加体育艺术院校招考，本科上线 21 人，专科上线 8 人。

【科技创新】 德宏州民族第一中学青少年科技创新教育活动取得了显著成绩。至 2010 年，荣获国家级奖 8 项（次），省级奖 18 项

（次），州级奖近40多项（次）。尤其是《德宏洞穴透明蛭的发现及其生物学习性研究报告》获教育部和香港周凯旋基金会共同主办的全国青少年“明天小小科学家”奖评选活动全国一等奖。学校的科技创新成绩在云南省名列前茅，在全国屈指可数，成为云南省科技创新教育的一面旗帜，先后被评为云南省青少年科技创新教育示范学校、云南省绿色学校，国家级绿色学校；1名教师获第八届中国青年科技奖。

【教育科研工作】 按照“十一五”教育科研规划及教育科研制度，德宏州民族第一中学组织、落实好学校的各项教育科研工作。至2010年，开展国家级重点课题研究2个（1个结题，1个正在研究中）；省级课题研究5个（2个结题，3个正在研究中）；州级课题研究10个（5个结题，5个正在研究中）。教师撰写论文752篇，有128篇论文在国家、省、州级刊物上发表，其中有10篇获国家级一等奖，26篇获省级一等奖；共编辑教师论文集3册，收录了教师在国家级、省级、州级及校级交流论文260余篇。积极推进教育教学改革，建立集体备课制度，规范学科组管理；紧抓教学设计和学案的编写，共编写教学设计2656份、学案3120份，按照教学内容和教学进度整理、编辑出54册；开展研究课、磨课、评课、竞赛课等活动，磨课324余节，教师听课3200余节，编辑教师课堂教学竞赛作品文集2册；抓好高考复习研究，开展高考试题分析研究，组织教师编题竞赛，以教学设计、学案为抓手做好高考复习的集体备课活动，以落实“讲一讲、练一练、点一点、测一测、评一评”的教学五环节为切入点，抓好高考复习的课堂教学工作。加强青年教师培训，开展新课程教材教法培训、教学反思交流、新老教师经验交流、教学案例评析、教育教学疑难问题求教互帮、听评课和师徒结对等活动。积极组织教师参加各种交流学习活动，先后与广州、山西、北京、上海等省外名校，与曲靖一中、昆十中、禄劝县民中、保山一中、大理一中、腾冲一中等省内名校进行了交流学习；与美国妈妈联谊会合作邀请了美国老师到学校进行义务支教活动。

年内，学校以全州教育教学改革、实施高中新课程和云南省现代化教育示范学校建设为契机，以课堂教学为中心，以转变教师观念、转变教师教学行为为重点，积极开展教育科研工作，成效显著，被州教育局考核为一等奖，评为教育科研先进学校。

【基础设施建设】 德宏州民族第一中学稳步推进基础设施建设，为广大师生营造了一个良好舒适的教学和生活环境。至2010年，共投入资金2374万元，校舍总面积由25340平方米增加到32784.8平方米。一、建成学生宿舍2幢，建筑面积7444.8平方米，投资1354万元（含设施设备）；二、建成了标准塑胶型田径运动场（含看台）、塑胶灯光篮球场、综合器械训练场地，投资720万元。三、完成教学设备采购，投资219.86万元，其中42间多媒体教室，投资124.32万元；2间61座计算机网络教室，投资52万元；理、化、生实验准备室及物理试验室成套设备，投资43.54万元。四、建成了名人雕塑8尊及校园环境的绿化、美化、亮化等校园文化建设，投资80万元。截至当前，正在开工建设的项目还有多功能报告厅（3365平方米）及商业开发教师住房。

（《普通教育》撰稿　李傣静）

职业教育

【召开云南省滇西片技工学校第十届职工运动会暨教学研讨会】 2010年1月，云南省滇西片第十届技工学校职工运动会暨教学研讨会在保山召开，德宏州中等职业学校校长邵维涛率学校34人参加了双扣、男篮、女篮等6个项目比赛，通过激烈的竞赛，取得了双扣比赛团体第一名，女子篮球第二名的好成绩；在教学教研论文交流中，学校有3篇论文荣获一等奖，4篇论文荣获二等奖，3篇论文荣获三等奖。

【申报省部级重点中专学校】 2010年2月，德宏州中等职业学校成立申报省部级重点中专学校领导小组和办公室，申报省部级重点中专学校的各项工作正式启动。年内，召开全校教职工“申重”动员大会，完成各项资料收集汇总，“申重”通过了州政府复评领导小组及专家组复评。复评小组一致认为学校已达到“省部级重点中专”学校评估验收标准，同意报请云南省教育厅组织专家组进行评估验收。

【教师队伍建设】 2010年7月，德宏州教育局、州人事局和德宏州中等职业学校组成选优招聘工作领导小组，到昆明招聘了8名应届毕业大学生，12月通过州人事局考试，新录用1名教师，并从其他学校调入教师2名；选派36名教师到上海、四川、贵州和昆明进行学习深造；有7名教师晋升高一级专业技术职务。9月10日，召开教师节庆祝表彰大会，表彰奖励了30名“十佳教师”、“十佳班主任”、“十佳工作者”和15名招生先进个人、3名公益性岗位先进个人；对创先争优2个示范处室和10名党员先锋岗进行了授牌。

【制度建设】 2010年，德宏州中等职业学校把制度建设作为重要工作来抓。一是根据教育部颁布的《中等职业学校管理规程》，拟定了学校的章程和与之相配套的涉及学校教学、管理、服务等方面的管理规章制度50余项；二是根据办学及班子配备实际，调整了校领导班子的分工和内设机构设置，理顺工作职能，明确工作职责，建立了条块结合的管理新机制；三是积极推进依法治校和民主管理，落实教职工对重大事项的知情权、参与权、选择权、监督权，不断提高决策的科学化、民主化水平；四是制定领导干部问责办法，首问首办负责制，服务承诺制，限时办结制四项制度。

【改善办学条件】 2010年，德宏州中等职业学校加大经费投入，办学条件得到进一步改善。年内，投入150多万元，新建计算机网络教室1间（50台）；新建汽修实训室5间；新建财会模拟实训室1间，购置网络版财会软件2套；新建内外线电工实训室1间；新增客房、餐厅、烹饪实训室4间；修缮了琴房和舞蹈排练厅，购置了电钢琴。对有安全隐患的校舍进行修缮，为2010级新生购置1000套新课桌椅。加强与州政府“两校建设指挥部”的沟通与联系，积极配合州教育局做好项目申报工作。加强与德宏职业学院的协调配合，积极争取800万欧元的外国政府贷款，用于购置新校区教学设备。

【创建平安校园】 2010年，德宏州中等职业学校围绕“创建平安校园”开展了以下工作：一、邀请公安、交警、消防、卫生、禁毒、防艾等部门到学校开展法律法规及安全知识讲座6次，组织开展突发事件应急和防暴演练1次。二、完善社会、家庭与学校三位一体的教育网络，建立健全教职工24小时值班制度，配备6名保安、13名宿管员，在3个校区安装了视频监控设备，严格门卫制度及外来人员登记制度。三、加强校园安全巡查，加强与派出所、校园周边村寨、单位的协调、联系，建立联动机制。四、认真贯彻“预防为主”的方针，积极开展甲型H1N1型流感、红眼病等疾病防治和宣传工作。

【教学教研成果突出】 2010年，德宏州中等职业学校认真做好专业建设规划，整合教学资源，形成了财经贸易、机电工程、信息技术、汽车工程、服务管理5大类专业群。修订完善19个专业课程方案和课程标准，制定了《教师教学常规要求实施细则》、《教师量化考核方案》，建立客观、公正的成绩评价体系，围绕州教育局“教育质量提升年”活动主题，先后组织教师课堂教学竞赛、学生专业技能竞赛、“三生教育”培训、教师优秀教案评选等活动。2月，成立校刊编辑部，由许本成担任主编、朱德江担任副主编；5月，成立绿荫文学社，由朱德江担任总编；10月编印了论文集。全年共完成34个班级、191门课程的教学任务。年内，会计、汽车运用与维修2个专业被评为省级骨干专业；李春萍、汪云、杨旭光3位老师被评为省级学科带头人；曾亚斌老师获云南省第二届黄炎培职业教育奖项中的“黄炎培杰出教师奖”；学校被州教育局评定为教学常规管理先进单位。

【招生与就业】 2010年，德宏州中等职业技术学校以中职为主体，以成人教育和社会培训为补充，把扩大中职招生作为重中之重，加大招生宣传力度，积极探索“送教下乡”、“送教到企”的办学模式，努力扩大办学规模，全年完成常规招生1393人，其中中专招生833人，技工招生196人，脱产大专招生84人，送教下乡招生280人；成人教育招生501人。学校还与重庆工商大学、西南科技大学、云南财经大学、昆明理工大学等省内外高校开展联合办学，开展函授、脱产、网教、自考多种形式的本、专科学历教育，全年完成成人教育招生585人，其中脱产大专（日制生）84人，函授452人，网教49人。在毕业生就业方面，学校积极推进与州内外众多企业合作办学，通过校企合作、“订单培养”、拓宽就业渠道，努力提高毕业生就业率。全年有毕业常规生606人，其中就业594人，就业率98%。

【培训与鉴定】 2010年，德宏州中等职业学校被认定为云南省贫困地区农村劳动力转移培训示范基地。全年在德宏州劳动和社会保障局、州财政局、德宏电力股份有限公司等部门的大力支持下，完成电工、钳工、家用电子产品维修工、汽车维修、计算机操作员、电焊工、管道工、秘书、物业管理、营林工、收费员、挖掘机等各种技能培训和鉴定任务6371人。其中：云南省第36国家职业技能鉴定所完成2994人，比上年增2409人；云南省安全生产教育培训13站完成2388人，增1294人；完成劳动局鉴定培训任务758人，增427人；完成107所鉴定培训任务51人；完成206所鉴定培训任务180人。

【公开选拔副校长】 2010年，根据云南省德宏州公开选拔领导干部公告，德宏州中等职业学校在全州范围内公开召考副校长。通过报名、资格审查、笔试、面试、组织考察、任前公示等环节，11月，学校成教科科长郑海景通过考核，被州委、州人民政府任命为德宏州中等职业学校副校长。

【校园文化建设】 2010年，德宏州中等职业学校以“三生教育”为依托，把德育工作融入教育教学、管理服务的全过程，使德育工作常态化。构建了具有边疆民族特色的校园文化体系，组建了文学社、舞蹈队、礼仪队、珠算、英语等9个学生社团。9月，组织开展新生开学典礼、入学教育、演讲比赛、军训等活动，举办“迎新生·庆国庆”联欢会。12月，举办了第二届冬季运动会，来自不同专业班级的1000多名学生参加铅球、中长跑、跳绳等8个项目的比赛，有16人次打破校记录，215人获得名次。

（《德宏州中等职业学校》撰稿 陆 勇）

高等教育

德宏师范高等专科学校

【德宏师专“十二五”期间升本工作】 为加快德宏州高等教育的建设与发展速度，2010年4月29日，德宏州委常委会第66次会议研究决定德宏师专务必在“十二五”期间升格为本科院校。5月7日，州政府成立了以州长孟必光为组长、副州长孔勒干为副组长，相关职能部门主要负责人为成员的德宏师专“专升本”工作领导小组。为解决“专升本”中学校占地面积不足、校区零散、规划困难等问题，8月3日，州政府召开专题会议，决定新征芒市拉怀村1200亩土地作为德宏师专新校区用地，重新规划建设德宏师专；12月27日，州政府成立了以州长孟必光为指挥部长、副州长孔勒干为常务副指挥部长的德宏师专新校区建设指挥部，德宏师专新校区建设各项工作正在紧张有序地进行。

【高职高专人才培养工作通过省专家组评估】 2010年6月，受教育部委托，云南省教育厅组成专家组对德宏师专的人才培养工作进行实地考察评估。通过实地考察评估，并经云南省高职高专院校人才培养评估委员会审议，德宏师专高职高专人才培养工作顺利通过了评估验收。

【质量工程建设】 2010年，德宏师专认真贯彻落实《云南省教育厅云南省财政厅关于实施云南省高等学校教学质量与教学改革工程的意见》和《云南省高等学校教学质量与教学改革工程项目申报指南》的要求，深入研究和认真思考教学改革，在“更新教育观念是关键，改革人才培养体制是核心，提高人才培养质量和水平是目的”上达成广泛共识，确立了“质量立校”的发展理念。全校上下凝心聚力抓质量，注重内涵发展，切实把提高教育教学质量作为学校改革发展的核心任务。年内，学校积极组织申报“质量工程”项目，经省教育厅专家组评审，德宏师专分别获得：省级教学团队1个（尹可丽教授领军的教育理论基础课程教学团队），省级教学名师1人（周长军教授），省级精品课程1门（寸晓红副教授主持的《大学生心理健康教育》），省级教学改革研究项目1项（刘建平教授主持的《边疆少数民族地区小学教师培养模式研究》），省级小语种教研室1个（缅甸语教研室），省级“十二五”规划教材2门（刘建平教授主编的《大学生职业发展与就业指导》和李木汤讲师编著的《载瓦语基础教程》），省级优秀教材1门（刘建平教授主编的《大学生职业发展与就业指导教程》）。

【招生与就业】 2010年，德宏师专招生工作成绩斐然，招生创造“五个最”：一是招生范围最广，面向云南、四川、贵州、湖北、福建、广东、重庆等7省区招生；二是招生规模最大，招生报到人数1964人（含缅甸华侨学生10人）；三是招生专业最多，招生专业达26个；四是招生班级最多，共45个教学班；五是生源质量最高，上线考生数量多，降分幅度小。至年末，德宏师专有126个全日制教学班，在校全日制学生突破5000人，达5481人。年内，德宏师专加强毕业生就业指导和服务工作，通过各种形式千方百计促进学生就业。全年有毕业生 1237 人，就业率达 98%以上。

【成人教育】 2010 年，德宏师专采取“走出去，请进来”的办法，积极走与行业、企业联合办学的路子，与德宏州旅游局签订了联合办学协议，积极开展招生宣传和现场报名工作，取得了当年报读德宏师专函授专业人数突破 100 人的成绩，成人教育招生专业达到 6 个；在春季电大“一村一名大学生”招生工作方面，根据云南省新农办和德宏州新农办的安排，2 月在盈江、梁河两县下属村镇招收了“一村一名大学生”43 人，“一村一名大学生”在校生达 110 人；在远程教育方面，通过与省内外大学合作办学等形式，多途径开展招生宣传，完成春秋两季远程教育招生 60 多人，远程教育在校生达到了 200 人以上。

【科研工作】 2010 年，德宏师专向国家、省、州成功申报科研项目与课题 33 个（其中自然科学项目 10 个，社会科学项目 15 个）；完成州政府“桥头堡黄金口岸”文化窗口研究子课题 4 个；完成州委宣传部与州社科联“桥头堡建设”课题 3 个；完成上年度 5 个科研项目的结题工作。全年全校教师共发表论文 200 篇，其中发表于核心期刊论文 13 篇，公开刊物论文 119 篇，内部出版物论文 68 篇，公开出版论文集 15 篇，出版专著 6 部。编辑出版了《德宏师范高等专科学校学报》4 期、60 余万字，发表各类论文 120 多篇，其中德宏师专教师论文 60 篇、30 多万字。年内，德宏师专学报参加全省 2010 年度连续性期刊评选获得银奖。德宏师专食用昆虫研究所积极开展支农惠农工作，为当地农民致富提供智力和技术支持。该所与中央电视台《走进科学》栏目组合作拍摄的“竹虫的秘密”与“蜂口夺精”专题片，分别于 9 月和 11 月在中央电视台 10 频道《走进科学》栏目连续播放，在全国引起强烈反响，为宣传学校和提升学校科研工作起到了很好的示范作用。

【教师队伍建设】 2010 年，德宏师专继续加大人才引进力度，本年度共引进教师 14 人，其中博士 1 人，硕士 7 人，本科 6 人。有 25 名教师申报、转评讲师，12 名教师申报、转评为副教授，进一步壮大了中青年骨干教师队伍。年内，有专兼职教师 270 人，其中教授 6 人，副教授及相当职称 59 人，具有博士学位的 6 人，有硕士学历（学位）的 143 人，有省级教学名师 2 人。

【德宏师专被州政府授予“德宏州民族团结进步模范单位”荣誉称号】 2010 年，德宏师专利用各种宣传手段，围绕学校中心工作，开展形式多样的文明创建活动；组织开展感恩思进活动和创先争优活动，营造和谐、奋进的校园风气。不断建立健全学校技防设施，进一步完善学校内部管理工作机制；开展消防安全“四个能力”建设，努力提高消防安全意识，排除火灾隐患；开展普法教育，进一步提高广大师生的法律意识和依法办事的自觉性。学校精神文明建设和综治维稳工作有效促进了安全、文明、和谐校园的建设，被州综治办、州教育局授予“平安校园”创建学校荣誉称号；被州政府授予“德宏州民族团结进步模范单位”荣誉称号。

【德宏师专被省建设厅授予“云南省园林示范单位”荣誉称号】 2010 年，德宏师专加大资金投入力度，加强校园绿化、美化、亮化工作，种植了三角梅、蒲葵、小叶榕等观赏树木 3000 多株，植草皮 90000 多平方米，修建道路 40000 多平方米、运动场 12 块、停车场 3 个，修建大理石池塘花栏 96 米，安装路灯 52 盏；校园绿地率达 36%，绿化覆盖率达 42%，为师生提供了较为舒适的工作、学习、生活环境。年内，学校被省建设厅授予“云南省园林示范单位”荣誉称号。

【扶贫助困】 2010 年，德宏师专为保证学生不因贫困而辍学，进一步加大贫困生资助力度，采取有力措施，扩大受资助学生的覆盖面。全年发放国家奖学金、励志奖学金、助学金 428.15 万元，受资助学生 2131 人；发放省政府奖学金、励志奖学金 23 万元，受资助学生 54 人；发放校内奖学金、助学金 44.28 万元，受资助学生 836 人；发放电大各项奖助学金 7 万元，受资助学生 31 人；向党政机关、企事业单位等社会各界以求助的形式筹集助困资金 108.9 万元，资助特困和较困学生 700 人。

【对外交流与合作】 2010 年，德宏师专选派 1 名班子成员到新西兰 8 所重点大学考察，选派 1 名校级领导、1 名部门领导分别到上海应用技术学院、上海师大挂职锻炼；选派 11 名骨干教师分别到澳大利亚南澳大学、英国拉夫堡大学及浙江大学、复旦大学、华东师大、北京体育大学、中国人民大学等国内外知名高校访学；周长军教授应邀分别参加了在浙江师大和杭州师大召开的2010年《国际数学教育大会暨第12届全国数学教育研究会学术年会》、《数学教育的社会——文化研究》专题国际学术研讨会和在日本东京召开的《第五届东亚数学教育国际会议》。

【德宏师专被评为云南省高等学校惩防体系建设暨党风廉政建设责任制执行情况考核优秀单位】 2010年，德宏师专党委高度重视党风廉政建设和反腐倡廉工作，认真贯彻落实上级和学校有关党风廉政建设的规定，坚持民主集中制，认真履行职责，把党风廉政建设和反腐倡廉工作同学校各项工作一起检查和考评。一是加强学习和宣传教育工作。通过学习和宣传教育，加强了领导干部作风建设，推进了领导干部廉洁自律以及落实党内监督条例和党风廉政建设责任制等工作。二是加强了党风廉政建设工作。校领导与省高校工委书记、教育厅厅长签订《党风廉政建设责任书》后，学校党政主要领导与各部门领导签订《党风廉政建设责任书》，并认真进行监督检查。三是积极推进校园廉洁文化进课堂、进教材、进头脑的"三进工作"。通过开展各种活动，让全校广大党员干部、师生员工受到了深刻的教育，增强了全校党员干部、师生员工遵纪守法、反腐倡廉的意识。四是进一步完善了规章制度。学校先后制定了学校《贯彻实施党员领导干部廉洁从政若干准则的实施意见》和《党员领导干部党风廉政建设谈话暂行规定》等相关制度，用制度管人，管学校。五是加强对全校基本建设工程、大宗物资、教材及图书资料、仪器设备采购以及招生、考试、收费等工作的监督力度，使全体党员干部增强廉洁自律意识，提高拒腐防变能力。年内，学校反腐倡廉工作出现党员无违纪，干部无被举报，教职工无处分的"三无"好现象，在云南省高等学校惩防体系建设暨党风廉政建设责任制执行情况考核中，经省第七检查组认真考核、评比，被评定为优秀单位，受到了省高校工委、省教育厅的表彰和奖励。

（《德宏师范高等专科学校》撰稿 胡 斌）

德宏职业学院

【举行首届护理和首届临床技能大赛】 2010年3至6月，德宏职业学院分别举行首届护理技能大赛和首届临床技能大赛，有11个班170名选手参加比赛。大赛邀请德宏州医疗集团、农垦第二职工医院、潞西市医院专家担任评委。经过制定方案、动员、初赛、决赛4个阶段，在全体参赛选手、评委和工作人员的共同努力，首届护理和首届临床技能大赛圆满完成全部比赛项目。大赛既充分展示了学校职业教育风采及护理、临床专业的办学成果，又对职业教育教学改革起到促进与导向作用，有力地促进了护理、临床教学改革、实验室建设，增强了学生的临床操作能力。

【成功申报临床专业】 2010年，德宏职业学院结合德宏州地理位置特别是德宏州医疗卫生现状及学校实际，决定申报三年制临床医学专业。申报工作于3月23日结束，并顺利通过由中国医科大学教授于晓松、天津医科大学教授刘艳霞、哈尔滨医科大学教授赵光、南方医科大学教授周增生组成的国家教育部评审专家组的审核。4月29日，国家教育部正式发函，同意德宏职业学院招收三年制临床医学专业。9月，德宏职业学院招收首届临床专业学生近200人，招生形势喜人。

【师资队伍】 2010年，德宏职业学院有教职工169人，其中有在职教职工123人，离退休职工46人；有专任教师77人（高称29人），在专任老师中：有研究生13人，在读教育硕士研究生4人，在读博士1人。年内，学院有8个党支部，13个处室，16个内设科室和3个群团组织。

【教　学】 2010年，德宏职业学院有53个班级，3068名学生。其中：全日制专科班23个（省医专2个班、曲靖医专2个班、大理学院3个班、学院专科16个班）1479人，中专班9个（含缅甸留学生班1个）654人，成人教育中专、专科、本科15个班935人，校外中专4个班390人（党校212人，潞西职中178人）。学校开设了临床医学、护理、助产、药学、医学检验技术、医学影像技术等专业，学院注重理论与实际、教学和科研教研相结合，不断加强实验实训基地建设，有附属医院两所（德宏州医疗集团人民医院、云南农垦总局第二职工医院），有实习基地30余家，校内外基地能满足办学的需要。

【招生与就业】 2010年，德宏职业学院共完成大中专招生1060人（大专招生674人，中专招生386人）。高中起点三年制大专完成招生5个专业525人，其中护理3个班183人，临床3个班160人，检验技术1个班70人，影像技术1个班67人，助产1个班45人。初中起点五年制大专完成招生2个班级（护理专业）149人。初中起点三年制中专招生6个班级（护理专业）386人（其中党校教学点3个班级211人，市职中教学点3个班级175人）。在毕业生就业指导方面，按照省教育厅通知要求，组织学院5位涉及和从事就业服务与指导的工作人员，参加了在西双版纳召开的“云南生高校毕业生就业服务指导工作人员培训会”。安排布置本届毕业班班主任填写学生就业统计调查表。本年学院有9个大中专班502名毕业学生（其中：中专4个班292名学生，五年制大专2个班103名学生，三年制大专3个班107名学生）。现已上报3个班级，三年制护理大专两个班级的就业率达到100%，中专检验班初次就业率为74%，从已上报的3个班来看，初次就业率达91.3%。

（《德宏职业学院》撰稿　杨菊芬）

科　学

自然科学

科　技

【建设创新型云南行动计划目标责任工作通过省检查考核组考核并获一等奖】 2010年1月5至12日，云南省委省政府第七检查考核组到德宏州进行集中检查考核。检查考核组成员、省科技发展研究院院长助理普卫东对德宏州建设创新型云南行动计划年度目标责任完成情况进行了检查考核。1月5日下午，省检查考核组到德宏建设创新型云南行动计划的牵头单位——州科技局进行检查，听取州科技局局长何琳的综合汇报，审阅年度目标责任考核自检自查报告，查阅了相关痕迹材料。6至9日，考核组还对潞西、瑞丽、陇川3县（市）实施“云南边疆解‘五难’（学科技难）惠民工程”工作情况进行了抽查，重点察看科技文化活动室建设、农村专业技术协会建设、科技示范基地建设情况。通过检查，考核组认为德宏州委、州政府高度重视创新型云南行动计划目标责任工作，政府一把手和部门主要负责人亲自抓工作落实，并制定出台相关配套政策措施，做到了“组织到位、措施到位、投入到位、落实到位”。1月19日，在云南省科技工作会议上，省科技厅厅长龙江代表省人民政府宣读了2009年全省建设创新型云南行动计划目标责任考核结果，德宏州人民政府荣获考核一等奖，名列16个州市前茅（与昆明市并列）。

【全州科技工作暨州科协五届四次全委会】 2010年3月18日，德宏州科技工作暨州科协五届四次全委会在芒市召开。州委常委、州委秘书长番跃平，州政府副州长孔勒干出席会议并作重要讲话，省科技厅巡视员、省科协副主席徐宝明到会指导。州直有关委办局领导，各县市（区）党委分管联系科技工作的领导，分管科技工作副县市长，州科协第五届委员会委员，县市（区）科技局科协局长（主席）、副局长（副主席）、办公室主任，州及省驻德宏科研所站负责人，有关企业负责人，2009年度州科学技术奖获奖代表，州级学会、协会、研究会负责人及秘书长共计200多人参加会议。州委副秘书长车发云主持会议。番跃平、孔勒干、徐宝明分别做了重要讲话，何琳代表州科技局、州科协作工作报告。孔勒干副州长代表州政府与各县市政府签订了《建设创新型云南行动计划2010年目标责任书》。会议还颁发2009年度州科学技术奖，宣读了关于州科协第五届委员会委员变更的决定，宣读了表彰2009年度州级学会目标管理考核先进集体、先进个人的通知和表彰先进农技协、科普示范基地、农村科普带头人的通知。

【科学养鹅试验获成功】 2010年，德宏州科技局科协新农村建设工作队通过调查研究，提出了科学养鹅试验方案。年内，拨付2000元作为前期试验经费，工作队选择全国有名的狮头鹅、四川白鹅作为试验品种，通过防疫注射、疾病防治、驱虫保健等技术处理，共发放80只鹅苗，在大等喊村民小组7户农户中开展科学养鹅试验。通过与本地品种对比，引进的狮头鹅品种生长快，肉质好，受到农户欢迎。

【“4·26”知识产权宣传活动】 2010年4月26日上午，德宏州科技局（知识产权局）、州工商局、州公安局、芒市海关、州文化局（版权局）、州商务局及有关企业单位在芒市街心花园联合开展了知识产权宣传活动。活动围绕“创造、保护、发展”的主题开展宣传，重点宣传德宏州在贯彻《国家知识产权战略》、《云南省人民政府关于贯彻国家知识产权战略的实施意见》、《商标战略》、《著作权法》及知识产权海关保护等方面的法律知识；公安部门利用有关知识产权保护的案例展开宣传；参展企业则把自己的专利产品及省、州著名商标产品呈现给观众，销售人员还向观众耐心的讲解专利产品的优越性等。本次活动共展出展板32块，展出资料37000多份，展出实物66种，悬挂布标8幅，发放宣传资料3270份，受教育群众达8000余人次，接受现场咨询700余人次。

【科技活动周】 2010年5月24日上午，芒市地区2010年“携手建设创新型国家”科技活动周活动在芒市街心花园举行。德宏州科技局、州科协、潞西市科技局、市科协及州市相关学会、协会、研究会等单位参加了活动。活动着重突出“科技抗旱减灾、节约能源资源、保护生态环境、保障安全健康”这一主线，采取展板、宣传画、宣传资料、现场咨询、现场服务等形式进行宣传。19家协会、学会、研究会参加宣传，展出展板136块，发放各类宣传品87种11350份，接受群众咨询368人次，义诊567人次，受益群众7900人次。

【组织开展“云南省百户知识产权试点企业”验收工作】 2010年6月10至11日，受云南省知识产权局委托，由德宏州知识产权局局长何琳任组长及7名专家组成验收小组，对德宏后谷咖啡有限公司、德宏州芒市特种茶厂、云南红瑞柠檬开发有限公司3家“云南省百户知识产权试点企业”进行考核验收。考核验收采取集中汇报与现场查看相结合的方式，听取了试点企业3年来开展知识产权试点工作的总结汇报，查阅了试点企业知识产权机构人员管理制度、专利申请情况、企业知识产权规划计划、保密制度、奖惩制度等档案资料，现场查看了企业知识产权管理制度体系建设，通过企业自评分、专家打分等形式，3家知识产权试点企业顺利通过验收。

【《德宏热线》谈党政“一把手”科技工程】 2010年7月7日晚8：30至9：00，德宏州科技局局长何琳带领综合管理科负责人参加了由州纪委、州委宣传部、州监察局、州人民政府纠风办、州广电局、德宏人民广播电台联合推出的晚间新闻性直播热线节目《德宏热线》，介绍了德宏州通过实施州市党政“一把手”科技工程促进全州特色产业发展的基本情况。

【州科技系统考察组赴昆明考察高新技术园区建设】 2010年8月9至11日，由德宏州科技局局长何琳带队，州科技局部分科室负责人及各县市科技局局长共13人组成考察组，赴昆明市进行为期3天的考察学习。考察组先后考察了石林县台湾农民创业园、云南省大学科技园、云南留学人员创业园和昆明高新五华科技园。通过对4个不同类别园区的考察，考察组在园区的管理方式、发展模式等方面取得了较好的借鉴。

【州政府与云南农业大学签订州校合作协议】 2010年9月14日上午，德宏州政府与云南农业大学签订了州校合作协议。云南省副省长孔垂柱、省农业厅厅长张玉明、省科技厅副厅长王建华、德宏州委书记赵金、州长孟必光、州委副书记唐文祥、副州长孔勒干、云南农业大学党委书记张海祥、校长朱有勇等领导出席签字仪式。签字仪式在云南农业大学举行，孟必光、朱有勇分别代表州、校签订合作协议。张海祥介绍了农大的办学经验和学校今后的发展情况。赵金对云南农业大学给予德宏的极大支持表示衷心的感谢，希望云南农业大学根据德宏州的农业和相关产业优势，将云南农业大学的新技术和研究成果，以技术转让、咨询、股份制合作等多种形式进行科技成果转化，与州内企业深入开展合作或合资，创办新企业，引进和组装农业高新技术项目，推动德宏州农业产业化的发展。双方商定成立州校合作委员会，负责双方合作的协调、规划制订和督促项目实施等，主任委员由孟必光州长和朱有勇校长担任，合作委员会下设办公室（德宏州设在州科技局、云南农大设在科技管理处）负责州校合作具体日常工作。

【表彰奖励】 2010年9月28日，按照《德宏州专利扶持及奖励的暂行办法》规定，德宏州人民政府对2009年6月19日至2010年6月19日获得国家授权专利的单位和个人给予奖励。奖励专利39件，发放奖励金额7.3万元。其中：发明专利5件，每件奖励5000元；实用新型专利14件，每件奖励2000元；外观设计专利20件，每件奖励1000元。

【州政协主席会议评议全州科技工作】 2010年10月22日上午，德宏州政协十届三十二次主席会议专题听取了州科技局科协关于全州科技工作开展情况的汇报，并进行评议。州政协主席龚敬政，副主席李有升、卜金富，秘书长管国照，教科文卫体专委主任陈川云及相关专门委员会负责人听取汇报并评议。中共德宏州科技局科协党组书记、局长、副主席何琳作工作汇报，州科技局科协二级班子参加汇报。何局长汇报了州科技局科协知识产权局2009年工作开展情况、目前存在的困难和问题、2010年及今后一段时期的工作打算3个方面情况。听取汇报后，李有升、卜金富、管国照、陈川云、包莉海等领导作了发言。龚敬政主席作了总结讲话，从5个方面对全州科技、科协、知识产权工作的开展情况给予了肯定；对下一阶段的工作开展提出了“六个抓”的要求：一是抓普及，使德宏各民族的科技意识、科技素质、科技能力得到提升。二是抓提高，建立和完善科技创新机制、科技奖励机制，激励广大科技工作者创新求发展。三是抓创新，围绕重点产业、特色产业、传统产业发展抓科技创新，引领、支撑产业发展。四是抓重点，围绕特色产业发展的关键点，重点攻关。五是抓试验示范，围绕桥头堡黄金口岸建设，以科技试验示范助推农业产业结构调整，向内地输送更多优质产品。六是抓出谋划策，科技部门要当好党委、政府的参谋助手，围绕重大决策提供必要的科技支撑。

【科技部国家科技创新与技术转移基地建设前期调研组到德宏调研】 2010年10月29至30日，科技部计划司区域处副处长张洪刚、火炬中心技术市场处处长刘志春、火炬中心孵化器管理处隋志强调研员、科技发展战略研究院农村与区域所巨文忠、王书华研究员、傅晋华博士组成的国家科技创新与技术转移基地建设前期调研组到德宏调研。在云南省科技厅纪检组组长赵志武，德宏州科技局局长何琳、副局长江宗宽的陪同下，先后到畹町、瑞丽以及遮放贡米有限责任公司、后谷咖啡有限公司考察调研科技创新与技术转移基地建设。

【厅州科技工作会商会议】 2010年12月7日下午，云南省科技厅、德宏州人民政府科技工作会商会议在昆明举行。省科技厅厅长龙江、中共德宏州委书记赵金、州人大常委会副主任杨红、州政府副州长孔勒干等领导出席会议，省科技厅相关处室和州委办、州政府办、州财政局、州科技局负责人参加会议，省科技厅副厅长李树洁主持会议。赵书记介绍了德宏州科技工作和经济社会发展、建设创新型云南行动计划推进情况，代表州委州政府提出了本次会商的2项重大科技项目、6项重点工作，通报了2010年度德宏州建设创新型云南行动计划的落实情况、州市党政“一把手”工程推进情况。龙厅长介绍了“十一五”期间全省组织实施8大科技创新工程和建设创新型云南行动计划工作所取得的成就，高度评价了德宏州委、州政府对科技工作的重视和加强。对于德宏提出会商的2项重大科技项目和6项重点工作，龙厅长表示将给予积极的支持。相关处室负责人结合项目内容、申报要求、注意事项、工作建议等做了发言。

（《科技》撰稿　汤文耀）

（见“州情概览·科技”86页）

气象工作

【干旱监测及抗旱决策气象服务】 2010年，德宏州气象局将干旱监测及抗旱气象服务工作放在首位，围绕云南省气象局和地方抗旱救灾保春耕工作要求，认真开展抗旱救灾应急气象服务工作，抓好干旱监测预警、决策气象服务、人工增雨、灾情分析评估调查等各项工作，共制作报送干旱决策服务材料36期，通过手机短信发布抗旱天气消息892条，雷达站密切监视有利天气，有效地监测并通报有利增雨作业天气25次，全州及时抓住有利天气实施人工增雨作业30次，圆满完成了抗旱救灾各项工作任务，州局和潞西市局分别受到州委州政府和潞西市委市政府的慰问和奖励。全年全州争取到抗旱经费和人影作业经费共127.28万元，购入5辆作业车和5套车载式火箭发射装置。干旱应急响应解除后，李娟获得省委、省政府表彰，德宏州气象局被省气象局表彰为先进单位，王绍山、於慧玲、梁刚、杨青山、杨文跃、张云、闫信会7人被省气象局表彰为先进个人；德宏州气象台、德宏州气象局人工影响中心、瑞丽气象局科技服务科、陇川县气象局科技服务科、盈江县气象局科技服务科5家单位被州气象局表彰为先进单位，杨宇、董利华、刘春艳等15人被州气象局表彰为先进个人。

【现代气象业务体系建设】 2010年，德宏州气象局主要开展了以下工作：一、德宏新一代天气雷达系统顺利通过了中国气象局业务验收。二、完成了《县级天气预报综合信息集成分析系统》(1.0版)和《综合气象观测系统运行监控平台》的培训和推广应用工作；与天津市悦盛科技有限公司合作开发的德宏州人工影响天气作业指挥系统正式启动，举办了两期人影作业培训班，邀请厂家专家对全州人影作业人员进行了培训。三、积极选派人员参加全省基层台站大气探测资料应用分析队伍建设工作。按省局要求开展了全省气象信息系统调查，制定信息安全责任制，确定责任人员，明确责任范围和工作任务。四、推荐1人参加中国局群众满意气象信息员申报评选。五、认真贯彻落实中国局、省局汛期气象服务要求，完成了各项汛前业务设备、雷达设备的检查，全力做好汛期气象服务和重大节假日和重要活动气象保障服务。

【基础业务指标全面完成】 2010年，德宏州气象局全面完成了基础业务指标。地面气象测报错情率为0.1‰，农业气象测报错情率0.0‰，未发生伪造涂改及自动站实时资料和天气报文异常值事故；芒市农试站按要求完成了土壤水分观测仪器的安装，并已投入业务试运行。年内，按要求开展了全国地面气象测报业务专项检查的自查工作，进一步规范了观测工作，组队参加了全省第四届气象测报技能竞赛。

【气象科研科普工作】 2010年，德宏州气象局开展了以下气象科研科普工作。一、完成了州气象学会第八届理事会换届推选工作。二、隆重举行了“全国科普教育基地”和“全国气象科普教育基地”揭牌仪式。三、与云南省气象学会一道协助中国气象学会在德宏举办了“2010年全国气象科普教育基地培训研讨班”。四、利用“3·23”世界气象日、防灾减灾宣传日、科技周、安全生产宣传月等大型活动开展了科普宣传工作。五、充分发挥国家级科普教育基地的作用，多批次接待了机关、企事业单位和中外学生的参观，分别为瑞丽姐岗小学和芒市四小建了两个红领巾气象站。六、年内有两个科研和科普项目通过了验收，向州科技局申报的两个科研和科普项目获得立项，评审下达了11项自设“短平快”科研项目，申报的《充分发挥科普教育基地优势大力开展科普教育活动》科普成果获得德宏州人民政府2010年年度科技进步一等奖。

【气象文明文化建设】 2010年，德宏州气象局完成了州局全国气象部门文明台站标兵的复查和陇川局的申报工作，州局重新申报州级文明行业，盈江、梁河重新申报州级文明单位并获通过；结合全州各单位大力开展文明文化建设和警民共建活动，开展了春节慰问、三八、五一、五四、六一等纪念活动，丰富了职工的文化生活；在全州范围内组织了气象部门优良传统与作风征文活动，评选优秀文章推荐上报省局；年内，还完成了《德宏气象志》的编纂出版工作。

【安全生产】 2010年，德宏州气象局加大安全生产宣传和监督检查力度，开展了安全生产月咨询活动，按要求多次认真组织了防雷、人影、业务等安全生产大检查，确保安全生产不出问题。较好地完成了地方党委政府安排的禁毒防艾、社会治安综合治理、公共机构节能、创建卫生城市、四项制度建设等方面的工作。

（《气象工作》撰稿 王绍山　李　娟）

地震科研

【震　情】 2010年，德宏州防震减灾部门坚持“预防为主，防御与救助相结合”的防震减灾工作方针，建立健全地震监测预报、地震灾害预防、地震紧急救援和地震科技创新“3+1”工作体系，社会事务管理能力明显提升，制订并实施“1224”防震减灾目标战略工程，进一步强化基础能力建设。年内，德宏州境内共发生$M \geq 1.0$级以上地震103次，其中

1.0~1.9 级 37 次，2.0~2.9 级 54 次，3.0~3.9 级 12 次，无 4.0 以上地震。最大为 2010 年 1 月 12 日 05 时 00 分 43 秒发生在盈江卡场的 3.9 级地震，震中地区有较强震感。

【基础能力建设】 2010 年，德宏州防震减灾部门认真组织实施了以下工程，基础能力建设成效明显。一、组织实施“1224”工程。即：一是潞西市防震减灾业务用房建设项目完成了《建设项目选址意见书》、规划设计方案，并办理了《建设用地规划许可证》、《国有土地使用权供地方案的批复》、《国有建设用地划拨决定书》和《国有土地使用证》等。二是瑞丽市完成了规划、图纸设计、招投标等相关工作，并办理了抗震设防、人防等相关手续并动工兴建；盈江县完成改扩建工程，项目于 12 月份动工兴建。三是芒市防震减灾局进行监测台站选址工作，对南蚌洗澡堂和坝托温泉通过水质样品化验后，撰写了《南蚌地震监测站可行性研究报告》；陇川县防震减灾局初步确定专业台站的选址，并将资料收集上报上级业务主管部门。四是 1 月 29 至 31 日，陇川、盈江、梁河、瑞丽短波电台安装调试完成。二、州局地震应急指挥和业务用房工程。该工程于 7 月 15 日竣工验收并投入使用，总投资 366.28 万元（已完成投资 252.31 万元，缺口资金 113.97 万元）；房屋建筑面积 1156.84 平方米，工程还涉及环境改造、路面硬化、绿化等，截至当前，场地硬化、绿化、修筑围墙、山洞改造等工程也基本完成。

【编制防震减灾十二五规划】 2010 年，德宏州防震减灾部门依据《中华人民共和国防震减灾法》和《云南省防震减灾条例》，按照《国务院关于进一步加强防震减灾工作的意见》（国发〔2010〕18 号）和州委、州政府关于德宏州防震减灾规划编制工作的部署和要求，充分结合全州防震减灾工作实际，以及面临的新形势、新要求和新挑战，编制完成了州防震减灾“十二五”规划，规划实施期为 2011 至 2015 年。总体概括为：“六个中心，一个网络，三个体系，六个节点”；一是在德宏全面实施建立州级地震应急指挥中心和 5 个县市地震应急指挥中心，完善县市防震减灾基础设施及应急指挥系统建设，实现州和县市指挥系统的功能网络对接；二是以德宏中心城区为重点，实施覆盖全州的地震监测网络建设，完成 1 个水位台、3 个前兆台、2 个水化台、2 个测震台和 1 个地磁台的建设，即芒市前兆观测站、瑞丽市水化观测站、陇川县水化观测站、陇川县水位观测站、盈江县前兆观测站、盈江县地磁台、盈江县测震台、梁河县测震台、梁河县前兆观测站；三是形成建立覆盖全州的地震监测预报体系、震灾预防体系和应急救援体系；四是提高全州防震减灾信息网络资源共享能力和水平，建立 1 个州级信息节点和 5 个县市级信息节点。

【地震监测预报】 2010 年，德宏州地震活动相对较弱，但与云南全省地震活动相比明显偏高，面对复杂多变的震情形势，始终加强震情跟踪监视工作，制订震情跟踪工作方案，明确工作职责，制定了四项应急预案；严格按照会商制度，每周召开会商会，每天查看资料，分析处理，每月按时完成“震情分析”和“震情跟踪月报”的编写、上报，全年共召开会商会 63 次，专题会商会 2 次，紧急会商会 2 次，参加省局会商 1 次，滇西地震预报协作区和滇西重点监视区会商会 3 次，电话与周边地震部门会商 18 次。做好重大节日、重要政治活动震情会商和震情上报。通过召开专题会商，研讨震情，给出意见上报材料。全年共组织了春节、德宏“两会”、目瑙纵歌、泼水节、“五一”、“国庆”期间 6 次专题会商，向州委、州政府上报节假日专题震情意见 6 次，较好的把握了全年各大节日和政治活动的地震趋势。同时，进一步强化台站管理，保障仪器正常运转，确保数据真实可靠，为预测预报研究提供前提保障。

【地震灾害预防】 2010 年，德宏州防震减灾部门在地震灾害预防方面主要开展了以下几项工作。一是人员配备得到加强。全州从 2006 年的 31 人增加到 2010 年的 51 人；二是在抗震设防管理方面始终加强同各相关部门联系、协调，抓住抗震设防要求管理关键环节，使抗震设防要求管理工作进一步规范化、制度化。三是加强抗震设防要求审核和地震安全性评价管理工作。年内，全州有 461 项一般工程办理了抗震设防要求审核手续（芒市 100 项、瑞丽 137 项、陇川 41 项、盈江 168 项、梁河 25 项），对陇川鼎金花园、德宏州民族初级中学、德宏州民族中学、德宏州中医院、芒市金塔水乡、芒市水上花园、瑞丽锦福园住宅小区、芒市财富中心、弘安水泥厂 9 项工程进行了地震安全性评价。四是加强行政执法检查，防震减灾法律法规进一步得到贯彻落实。11月8至10日，对瑞丽、陇川、芒市防震减灾局贯彻实施《云南省建设工程抗震设防管理条例》情况开展了执法检查；同时，协同有关部门做好农村民居地震安全工程和中小学校安全工程建设。

【防震减灾社会动员】 2010年，德宏州防震减灾部门在防震减灾社会动员方面开展了以下工作。一、制订《德宏防震减灾网站信息审核发布管理暂行办法》，进一步规范网站管理工作，全面加强对外宣传工作。二、实施家喻户晓工程。云南省地震局共向德宏下发了各种宣传资料45.8万余份，按要求及时将宣传资料下发到各县市局，并督促各县市局将各种宣传资料发放到各类人群中，将防震减灾宣传面覆盖全州。三、加强对外宣传。积极向云南省局网站和各新闻媒体投稿，广泛宣传防震减灾部门工作，提高州防震减灾部门影响力。全年向省防震减灾网投稿52篇。四、组织开展了“防灾减灾日”、“科技周”等宣传活动。

【地震紧急救援】 2010年，德宏州防震减灾部门进一步建立完善了地震应急指挥体系和联席会议制度，根据新修订的《防震减灾法》修订了地震应急响应流程，明确了各部门职责，确保地震应急工作落到实处。同时，将地震应急管理知识教育纳入行政机构培训教学计划和党校干部培训计划，建立各级领导干部地震应急管理知识培训教育机制，提高各级领导干部地震应急指挥能力。进一步完善和更新地震应急基础数据库建设，制定工作方案，明确职责。各企业、社区和学校制定了防震避震应急演练方案，定期开展防震避震应急演练，全面提高社会各界和广大人民群众的应急避灾能力。切实加强各级各类救援队伍及志愿者队伍建设和管理，完善救援队伍联席会议制度，并对救援队伍开展专业培训，提高队伍的整体联动机制、协同作战和快速反应能力。目前已建立救援队伍15支，志愿者队伍6支。

【获州级奖】 2010年，德宏州防震减灾部门提交的《地下流体地震前兆数字化监测系统的建设和应用》获得德宏州人民政府2010年度科学技术三等奖，被德宏州人民政府授予2010年度防震减灾工作先进集体，并在云南省地震趋势研究评比中获优秀奖。

（《地震科研》撰稿　吴昆益）

社会科学

民族语言文字

【专业技术人员培训】 2010年6月，德宏州民语委派出快永胜和穆勒弄2位专业技术人员，前往北京参加了全国第二届民族语文翻译工作业务骨干高级研修班。通过培训，专业技术人员翻译理论水平得到进一步提高。

【开展翻译规范工作】 2010年，德宏州民语委积极开展了翻译规范工作。一是指导、规范、整改了194块牌匾印章和建筑物名称；二是组织召开了2期景颇文新词术语和疑难词条规范会，共规范新词术语和疑难词条1310条。

【民文扫盲工作】 2010年，德宏州民语委与州傣学会共同举办了1期傣语文基础学习培训班，有57名学员参加培训；与州教育局、州景颇学会共同举办了2期景颇文、载瓦文基础学习培训班，有191名学员参加学习培训。

【翻译与出版工作】 2010年，德宏州民语委根据州委、州政府工作安排，努力做好了翻译和编辑出版工作。一、用傣文翻译了543条牌匾印章、391条广告标语和会标、150条《“两基”宣传标语》、《义勇军进行曲》、《光荣啊！中国共青团》、《中国少先队队歌》、《有一个美丽的地方》、《潞西市新型农村合作医疗政策》、《民族宗教政策》、《潞西市农村养老保险政策》、《德宏州财政直接补贴农民资金“一折通”发放管理（暂行）办法摘录》、《保护我们身边的湿地》、《入团誓词》、《总体目标》、《中国共产主义青年团四项基本职能》、《胡锦涛总书记对广大青年提出的四点希望》、《社会主义荣辱观》、《建设社会主义新农村的目标》、《勐焕街道建国社区党支部制度建设制度》、《风平镇党总支制度建设制度》、《人们向往的地方》、《尚座横勐王》。二、用景颇文翻译了543条牌匾印章、391条广告标语和会标、150条《“两基”宣传标语》、《中华人民共和国环境保护法》、《德宏州国家工作人员十条禁令》、《政务中心服务承诺》、《政务中心工作制度》、《政务中心九项工作要素》、《入团誓言》、《共青团四项基本职能》、《胡锦涛总书记对广大青年提出的四点希望》、《胡锦涛总书记对全国少先队员的要求》、《胡锦涛对团干部提出的三点要求》、《地震应急自救互救手册》、《草果栽培技术与无公害加工新技术》、《对缅民宣讲提纲》、《德宏奶水牛饲养技术》、《小学语文五年级下册》、《外出务工100问》、《地震应急自救互救手册》。三、用载瓦文翻译了《国歌》、《团结之歌》、《思恋家乡》、《光荣啊！中国共青团》、《中国少年先锋队队歌》、《入团誓词》、《中国共产主义青年团基本职能》、《胡锦涛总书记对广大青年提出的四点希望》、《进新房颂词》、《小学五年级上册》和《地震应急自救手册》。四、完成了“自力更生、勤劳致富、感恩思进”主题教育活动之一五首歌唱响德宏，即：《中华人民共和国国歌》、《中国共青团之歌》、《中国少先队员队歌》、《团结之歌》以及《思恋家乡》翻译、编辑、编谱、配音工作。五、完成了《2010中国·德宏国际目瑙纵歌节资料汇编》、《载汉词典》和《羌退与勒彪》的编纂、审定、出版工作。

（《民族语言文字》撰稿　杨忠明）

史志工作

【州委第61次常委会研究并同意编纂出版《中共德宏州委执政纪要》和《德宏纵横》】 2010年1月8日，中共德宏州委第61次常委会听取和讨论编辑出版《中共德宏州委执政纪要》、《德宏纵横》有关问题的汇报。会议认为，编辑出版《中共德宏州委执政纪要》和《德宏纵横》，有利于充分展示州委和各级党委团结带领全州各族人民推进科学发展的工作，进一步扩大德宏对内对外宣传；有利于对全州政治、经济、社会等方面的重要论题展开相互探讨、论证、交流、借鉴，及时提供各类信息，正确引导社会；有利于认真总结党的执政规律和成功经验，存史资政，宣传教化，不断提高各级党组织和广大领导干部执政能力和领导水平。会议同意于2010年起，每年编辑出版《中共德宏州委执政纪要》和《德宏纵横》两刊，所需经费由州财政安排列入财政预算。会议要求，州史志办要牵头做好《中共德宏州委执政纪要》和《德宏纵横》编辑出版工作，各级各部门要积极支持，全力配合，确保两刊按时出版发行。

【《德宏纵横》创刊】 2010年1月8日，中共德宏州委61次常委会通过决定编辑出版季刊《德宏纵横》。该刊物由中共德宏州委、州人民政府主办，州史志办承办。集交流党务、政务信息，记录德宏发展历程为一体。旨在对全州政治、经济、社会、文化等方面展开探讨、论证、交流，为进一步提高全州党政干部理论水平提供良好的平台，充分展示州委、州政府团结带领全州各族人民推进科学发展、建设美好德宏所取得的突出成绩，进一步扩大德宏对内对外宣传。该书设有要文要论、文件选登、桥头堡建设、研究与论坛、工作调研、新农村建设、旅游开发、创先争优、史志经纬、德宏大事记等栏目，每期根据时事，适时调整栏目设置。年内，出版2期，20余万字，共发行1000余册。

【《中共德宏州委执政纪要》编纂委员会成立】 2010年1月25日，中共德宏州委办公室发文决定成立《中共德宏州委执政纪要》编纂委员会，进一步明确该书由中共德宏州委主办，州史志办主编，按年编纂出版发行。《2009中共德宏州委执政纪要》编纂委员会主任由州委书记赵金担任，副主任由州委副书记、州长孟必光担任；委员由李兴顺、唐文祥、柳五三、田大余、马福朝、杨跃国、马永福、郭志德、番跃平、陈振冲、李燕兰、赵镇康、何汝利13名常委担任。编纂委员会下设编辑部于州史志办，总编由州史志办主任陈德寿担任，副总编由州史志办副主任杨星明、张保和担任。

【《中共德宏州委执政纪要》召开业务培训会】 2010年3月3至4日，德宏州史志办在芒市召开全州史志工作会暨业务培训会。会议聘请中共云南省委党史研究室副主任赵晓澜、处长杨林兴等领导和专家进行现场授课，就如何编纂“执政纪要”作深入浅出的讲解，州委常委、州委秘书长番跃平，副州长孔勒干到会指导，负责承撰任务的州人大、州政府、州政协、德宏军分区、州法院、州检察院6个党组（党委）、州纪律检查委员会、州委9个职能部门、群团组织、各县市委以及全州史志系统工作者等100余人参加了培训。

【建立图片数据库】 2010年5月，德宏州史志办为加强对各方图片数据的收集和管理，以提高图片资料的科学合理利用，决定组建德宏州史志图片数据库。该项工作由专人负责收集管理，定期定时到德宏团结报、德宏人民政府公众信息网、孔雀之乡网站以及州内摄影爱好者处收集图片，图片内容涉及国家、省、州各级领导在德宏的重大活动、考查、调研情况，反映德宏特色产业、重要工程建设、重要开工庆典、风光旅游、民俗民风以及各行业重大事件的资料等，图片数据库的建立，进一步扩充了资料的储备量。年内，州史志图片数据库共收集到图片数据资料1000余张，为《云南年鉴》组织提供数据图片10余张，为《云南小康年鉴》提供反映德宏州在实施西部大开发战略10年来的发展历程图片20余张，为《德宏年鉴》、《中共德宏州委执政纪要》提供数据图片100余张。

【撰写年鉴续修志稿】 2010年5月，德宏州史志办年鉴科根据《中国地方志工作条例》和《云南省地方志工作规定》的精神，完成《德宏州志续修（1978~2005）》史志篇年鉴部分的撰稿任务，内容涉及德宏年鉴编辑部自1992创办至2005年的全部工作，共0.8万字。

【州委78次常委会研究党史工作】 2010年11月13日，德宏州委书记赵金主持召开五届州委第78次常委（扩大）会议。会议听取了州委常委、州委秘书长番跃平关于全省党史工作会议精神的传达，讨论研究了德宏州的贯彻意见。会议决定：一、原则同意《中共德宏州委关于加强和改进新形势下党史工作的意见》，根据会议意见建议作进一步修改完善后下发；二、同意于2011年2月在芒市召开全州史志工作会议，对有关先进集体和先进个人进行表彰奖励，会议期间套开全省地方志信息期刊会议，所需经费由州财政给予拨付；三、同意将党史工作经费列入每年度州级财政预算，各县市也要将相应的工作经费列入本级财政预算；四、同意州史志办适时增加人员，充实工作力量，并可根据部门编制实际，适当增加科级职数。

【《2009中共德宏州委执政纪要》送审出版】 2010年，根据州委第61次常委会精神，德宏州史志办承担编纂了《2009中共德宏州委执政纪要》。该书设大事纪要彩页、亲切关怀、重要决策、重要活动、执政综述、执政大事、纪检监察工作、党组（党委）工作、群团工作、县（市）工作、执政论坛和附录12个栏目，正文近100万字，主要记述了州委及工作部门、州级党委（党组）、各县市委在执政实践中形成的新认识、新思路和取得的新成就、新经验，探讨总结各级党组织在改革发展中的执政经验和规律，是一本集交流党务信息、记录党史资料、指导执政实践为一体的工具书。年末，该书完成全部编纂任务，交由出版商印刷。该书的出版，填补了德宏州没有全面系统记述州委执政实践书籍的空白，对提高全州各级党组织的执政能力和执政水平，改善党的领导方式、执政方式、执政环境，提高各级党组织的创造力、凝聚力、战斗力，对推进德宏州党的建设发挥了十分重要的作用。

【党史专题研究与指导】 2010年，德宏州史志办围绕党史专题研究与指导主要开展了以下工作：一、完成《抗战时期德宏人口伤亡和财产损失》课题扫尾工作；二、完成省委党史研究室课题《德宏民主改革》撰稿任务；三、编撰整理《德宏抗战历史文化遗产保护与利用》，为州政府向省政协考察组汇报提供材料；四、完成《德宏州革命遗址普查》县市50余份普查、汇总工作；五、审查了《中国共产党潞西历史大事记第一集》、《中共盈江县历史（1949~1979）》、《中共畹町历史（1949~1979）》等稿件。

【圆满完成首轮州志《文化卷》扫尾工作】 2010年，由德宏州史志办编纂的首轮州志《文化卷》进入了扫尾工作阶段。该卷中的珍贵历史照片除了采取发文征集的方式外，同时还积极主动的深入到各县（市）开展收集工作。通过多方努力，共收集到解放前、解放初期珍贵历史照片300余张；该卷刊登了有突出贡献单位的彩页专版44版，通过彩页浓缩志书的形式，将文字说明与照片相结合，充分展示了德宏的主要成就；年内该书完成了志稿修改及最后的定稿，并于12月交付排版。

【《德宏州志续修（1978~2005）》进入编辑阶段】 2010年，根据云南省史志编纂委员会开展下一轮续修志工作要求，德宏州史志办安排部署了本单位的续修工作。在总编统领下设4位执行副主编，分成4个编纂组，每组定人、定任务各自为阵开展编辑工作；同时，根据《中国地方志条例》“专兼职人员结合”的精神，外聘4位文字功底深厚、熟悉行业情况的专家承担续志部分编辑任务。

【指导县市与部门修志】 2010年，德宏州史志办积极开展县（市）与部门志编修指导工作，县（市）志续修除陇川县外均已进入编纂阶段，州史志办认真解答了各县（市）史志办在续修志编纂中遇到的问题；年内，还开展了对部门志的指导工作，通过州史志办终审的部门志有《德宏州教育志》、《德宏州技术培训中心校志》、《德宏州电力工业志》、《德宏州工会志》、《德宏州气象志》、《德宏州疾病预防控制中心志》，其中有3部现已出版。

【《德宏年鉴》2010卷出版发行】 2010年，德宏州史志办编纂完成了《德宏年鉴》2010卷。该卷正文有100万字，由特载、专文、州情概览、大事专题、附录5部分组成，并设有彩页70个版面。该卷编辑仍采用新体式分类编辑法，分类层次清晰，门类齐全、归属得当，文字编辑严格遵守条目编写的规范化要求，标题准确，内容完整。彩页部分由大事回眸、县市专栏、行业风采3块内容组成。该卷的主要特点是彩页从内容到设计风格均有变化，大事专栏内容紧扣德宏州五个百亿元工程这一主题，构图新颖；县市专栏收录的主要内容是各县市最具特色的工作，反映了县市取得的可喜成绩；行业风采选择了最具代表性，并对德宏州经济社会发展做出一定贡献的单位；封面设计突破了以往“塔式”风格，给人一种简洁大方、焕然一新之感。

【完成《云南年鉴》德宏部分撰稿任务】 2010年，德宏州史志办根据《云南年鉴》的撰稿要求，完成撰稿任务0.5万余字，稿件内容涉及行政区划、人口、经济、农业、工业、商贸、物价、旅游、教育、卫生及年内大事等方面。

【表彰奖励】 2010年7月26日，云南省地方志系统先进评选会在昆明召开，通过专家组认真评审，德宏州史志办被评为2008~2009年度全省地方志系统先进集体，盈江县史志办被评为“十佳”先进集体；州史志办主任陈德寿被评为“十佳”先进个人，地方志编纂指导科科长赵家富被评为中国地方志指导小组表彰的全国方志系统先进工作者，盈江县史志办主任李林忠和州史志办地方志编纂指导科尹富才被评为2008~2009年度全省地方志系统先进个人；《德宏年鉴》2009卷被评为优秀成果奖。10月12日，在云南省党史工作会议上，盈江县史志办被评为先进集体；畹町经济开发区史志办主任甫如明、盈江县史志办许元国被评为先进个人；盈江县委书记王明山被评为重视党史工作好领导。

（《史志工作》撰稿 段惠兰 田启云 尹富才 线智林）

文 化

文化工作

【召开驻村工作队启动会暨新农村建设总结表彰会】 2010年2月6日，德宏州文化局在梁河县勐养镇芒轩村棒良村民小组文化活动室召开驻村工作队总结表彰暨启动大会。会上州文化局许局长对驻村工作队提出了明确要求，新派驻芒轩村禁毒防艾工作队和新农村建设指导员在会上做了表态发言。会上表彰了芒轩村新农村建设先进集体5家，禁毒防艾先进集体5家，新农村建设先进个人12人，禁毒防艾先进个人12人。随后，州文化局对芒轩村18户困难户进行春节慰问，送去价值6000多元的各种春节慰问品。

【召开全州文化新闻出版（版权）工作会议】 2010年3月30日，德宏州文化局召开全州文化、新闻出版（版权）工作会议。会议总结上年全州文化、新闻出版（版权）工作取得的成绩，分析了当前面临的新形势、新问题，并对年内的工作作了安排。会议要求：全州各县市（区）文化、新闻出版部门要进一步增强政治意识、责任意识、大局意识、忧患意识，在发展文化事业和文化产业中始终贯彻发展先进文化的要求，以大力推进和谐文化建设为根本任务，以加强农村文化建设为着力点，切实加强文化遗产保护，加强文化市场管理，努力为广大群众提供优质的公共文化产品和文化服务。同时，抓好精品剧目的创作演出，创新民族节庆活动，加大文化艺术人才培养力度，着力推动全州文化的大发展大繁荣。

精品艺术

【《烈焰景颇》通过审查演出】 2010年12月31日，由德宏州民族歌舞剧院创作的大型原创民族舞蹈《烈焰景颇》通过审查演出。《烈焰景颇》取材于景颇族创世史诗《勒包斋娃》，分6个章节，为《回望》（序）、《老家》、《迁徙》、《家园》、《盛世》和尾声《繁衍》，以景颇族"举族南下迁徙"为主线，将景颇族的一曲艰辛迁徙、建设家园之歌有力唱响，同时向观众呈现景颇族独特的人文风貌，展示了景颇族坚强不屈的生命力和积极乐观的生活态度。

【完成目瑙纵歌节文艺演出任务】 德宏州文化局在2010中国·德宏国际目瑙纵歌节中，圆满完成开幕式专场文艺晚会《欢乐景颇山》及《目瑙纵歌民族团结狂欢》群众文艺晚会演出任务。2月27日晚目瑙纵歌节重头戏开幕式专场文艺晚会《欢乐景颇山》隆重上演;3月1日晚《目瑙纵歌民族团结狂欢》群众文艺晚会在景颇族铜管乐队演奏的《目瑙纵歌之声》中拉开序幕，晚会由《胞波情深》、《群文之花争艳》、《欢迎你到德宏来》、《普天同庆万人狂欢》4个章节21个节目组成。晚会最后在中外来宾、中缅两国演员及万余名各族群众共同舞动的目瑙纵歌中结束。

文化市场管理

【召开全州网吧行业协会第一次大会暨成立大会】 2010年3月31日，德宏州网吧行业协会第一次代表大会暨成立大会在芒市召开。会议举行德宏州网吧行业协会授牌仪式；讨论并通过《德宏州网吧行业协会筹备工作报告》和《德宏州网吧行业协会章程（草案）》，选举产生了第一届理事会。理事会第一任会长由异样空间网吧法人唐明鸿当选。许贵荣局长指出：如何加强行业自律，改善网吧形象，已成为当前摆在广大网吧业主面前的严峻课题，也是网吧协会成立后的当务之急。并要求州网协要在企业、用户和政府部门间充分发挥桥梁与纽带作用，要引导网民特别是青少年正确上网，自觉抵制网上不良信息的侵蚀，形成健康文明的上网习惯和上网氛围，为繁荣发展德宏州文化产业、营造未成年人健康成长环境做出积极贡献。

【举办"我的书屋，我的家"农家书屋阅读演讲赛】 2010年4月15日上午，由德宏州新闻出版局、德宏州文化局承办的德宏州"我的书屋，我的家"农家书屋阅读演讲赛在芒市举行。全州各县市选拔的12名选手参加了比赛。经过激烈的角逐和评委的认真评选，最终潞西市选手陆春艳荣获一等奖，盈江县选手韦梦羽、瑞丽市选手夺石锐荣获二等奖，瑞丽市选手喊过、潞西市选手朱晓媛、陇川县选手董爱娟荣获三等奖。评选出的一、二等奖获得者将代表德宏州参加云南省"我的书屋，我的家"农家书屋阅读演讲赛。

【开展安全生产和校园整治检查活动】 2010年5月17日至23日，德宏州文化局市场科、稽查队一行5人对全州各县、市（区）的文化、新闻出版等市场进行清理整治检查。检查网吧57家、印刷厂21家、书报刊点18家、歌舞娱乐场所26家、音像制品31家、电子游戏27家。通过检查，全州各县、市（区）切实加强了文化、新闻出版市场的监管，较好的完成各项工作任务，但仍有一些问题亟待改进。

【举行德宏州文化执法支队成立暨挂牌仪式】 2010年12月20日，德宏州文化市场综合行政执法支队成立暨挂牌仪式在州文化局举行。州委常委、州委秘书长番跃平，州人大常委会副主任杨红，州政协副主席董成宝，州委宣传部常务副部长方桃明出席仪式，并为德宏州文化市场综合行政执法支队揭牌，各相关部门负责人前往祝贺。仪式上，番跃平发表致辞，阐述成立文化市场综合行政执法支队的必要性，并对全州文化市场管理提出了要求。

文化遗产保护

【德宏州"三普"工作通过省级验收】 2010年5月10日，云南省"三普"督察验收组一行3人对德宏州第三次全国文物普查实地调查阶段工作进行全面验收。省验收组认真听取州文化局局长许贵荣、第三次文物普查办公室主任高庆鹤就德宏州"三普"工作的情况汇报，并通过采用现场查阅档案资料、每个县市随机抽取2至5个登录项目进行详细核对等方式，分别对德宏州第二阶段工作中的组织领导、数据质量等进行全面检查。通过检查，省验收组一致同意德宏州第三次全国文物普查实地调查阶段工作通过省级验收，并对德宏州文物普查实地调查阶段工作给予了高度评价。

【举行《傣剧》传承点挂牌仪式】 2010年5月15至18日，德宏州文化局组织人员到傣剧发源地盈江县检查国家级非物质文化项目—傣剧的保护工作开展情况，并把新城乡新城村委会三社、旧城镇旧城村委会大寨自然村、太平镇芒村委会芒峡自然村等3个群众基础好、傣剧活动开展较好的村寨，作为本次国家级非物质文化遗产保护名录《傣剧》的传承点，为其举行了挂牌仪式。

【举行文化遗产日宣传活动】 2010年6月12日，由德宏州文化局主办、州文化馆承办的第五个“文化遗产日”文艺演出及系列宣传活动在芒市镇大湾村隆重举行。州文化馆精心组织的11个节目相继上演，其中有深受傣族群众喜爱的《老傣剧》和《孔雀舞》，有文化馆工作人员辅导大湾村群众表演的《傣族象脚鼓舞》、《长刀与彩帕》、《伞舞》、《泼水粑粑》，以及三台山乡表演的《德昂水鼓舞》。此外，将景颇族器乐文化表现得淋漓尽致的《景颇族器乐独奏》，刚劲有力的景颇族《刀舞》等节目也受到村民的热烈欢迎。期间，州文化馆展出展板20块，州文管所、州图书馆通过展板、资源共享专题影片播放等形式参与本次活动。同时，邀请非物质文化遗产项目传承人现场展示傣族剪纸“绝活”，吸引了众多村民的目光。

【省级“非遗”代表性传承人通过评审】 2010年，德宏州“非遗”代表性传承人经云南省非物质文化遗产保护工程专家委员会评审遴选，并报云南省文化厅和云南省民族事务委员会评审通过，被列为云南省第四批非物质文化遗产代表性传承人。云南省从各州、市上报的300位传承人中评选出156人为云南省第四批非物质文化遗产代表性传承人，其中德宏州有4人获此殊荣，分别是：瑞丽市的张飞为传统舞蹈—水鼓舞的代表性传承人；潞西市的金保、万小散为传统戏剧—傣剧的代表性传承人；陇川县的娄宗培为传统技艺—阿昌族户撒刀锻制技艺的代表性传承人。

群众文化

【开展迎新春群众文艺晚会】 2010年2月9日晚，由德宏州文化馆承办的芒市地区迎新春群众文艺晚会在芒市广场举行。晚会在景颇民间艺术团的合唱节目《同胞之歌》中拉开序幕。群星艺术团、康乐团、金秋艺术团、州卫生老年文体协会共同表演的傈僳族舞蹈《打歌》、州国际舞协会表演的《景颇霞依》、州傣学会表演的《孔雀韵》、潞西市巴扎乐队的器乐合奏、州教育老年文体协会表演的德昂族舞蹈等节目，使晚会高潮迭起、精彩不断，博得了4000余名观众的阵阵掌声。晚会最后在服装展演《民族服饰秀》中落下帷幕。400余名演员的精彩演出为芒市地区各族群众献上了2010年第一道文化大餐。

【《盏西哦嗽》和《目瑙纵歌节》获奖】 2010年5月10至25日，由德宏州文化局组织选送的景颇族音乐节目《盏西哦嗽》、民间习俗项目《目瑙纵歌节》参加由文化部、广东省人民政府主办，广州市人民政府承办的第九届中国艺术节大地情深暨第十五届“群星奖”评奖活动。景颇族音乐节目《盏西哦嗽》、民间习俗项目《目瑙纵歌节》在决赛中，喜获文化部为繁荣群众文艺创作，促进社会文化事业的繁荣发展而设立的全国社会文化艺术政府奖—群星奖。

【举办文化馆（站）及文化信息资源共享工程培训班】 2010年9月11至19日，德宏州文化局分别组织举办全州乡镇综合文化馆（站）培训班和文化信息资源共享工程培训班。各县市文化馆（站）馆长、业务员以及各县支中心负责人、各乡镇基层网点负责人180多人参与培训。培训结束后进行专业测试，并举办了汇报晚会，为学员颁发了证书。

【开展春节文化活动】 2010年，德宏州文化部门积极开展丰富多彩的春节文化活动。州文化馆2月9日晚在芒市广场举办芒市地区迎新春群众文艺晚会；州歌舞团、州傣剧团组织演职人员赴潞西周边乡镇开展送戏下乡演出活动；州图书馆于2月2日，在州十三届人大三次会议、德宏州政协第十届三次会议召开之际，为参会代表提供丰富的图书和文献信息服务。潞西市文体局组织市直各有关单位、乡镇文化站文艺骨干进行民族健身操培训，培训傣、景颇、德昂3种民族健身操；开展历时12天的“电影春风暖村赛”巡回展活动。陇川县文体局2月16至17日在广山景颇园举行目瑙纵歌活动。盈江县文体局于2月1至5日组织春节下乡慰问演出，先后到昔马镇、铜壁关乡、太平镇翁宾村、苏典乡、旧城镇进行慰问演出。2月11日，大盈江文化广场举行“盈江县春节联欢晚会”，组织电影放映，分别到边防武警那帮工作站、平原镇和大盈江文化广场进行放映，共放映6场次。梁河县文体局举办春节游园活动，4000余名群众参与。畹町文化局于2月7至10日分别到畹町泉力啤酒厂、畹町镇广董村、畹町农场、名镇广场开展迎新春下乡慰问演出，参演剧（节）目26个，到场观看群众800余人，义务为群众写春联590余幅。

【参加上海世博会云南宣传周活动】 2010年，由64名舞蹈演员组成的德宏歌舞代表团在州委常委、副州长、州委宣传部部长田大余，州文化局副局长杨韬南等的率领下，参加上海世博会云南宣传周活动。本次赴上海参与演出的演员分别从州景颇歌舞团、潞西市民族歌舞团、畹町歌舞团、德宏师范高等专科学校、德宏职业学院等部门选拔抽调。本次德宏州组团在上海世博会展演的节目全部是景颇族文艺节目，编排了巡演、表演、舞台3节歌舞，全部节目经过多次修改，排练先后通过州委州政府、省委省政府的审核，全部演员将在昆明再次集训后统一由省政府组团到上海世博会展演。

图　　书

【“两会”图书宣传】 2010年2月1至6日，德宏州十三届人大三次会议、德宏州政协第十届三次会议期间，德宏州文化局组织州图书馆做好会议的服务工作。本次活动期间，展出图书700册次，阅览人次852人次。

【开展图书服务宣传周活动】 2010年5月24日至6月3日，盈江县图书馆开展图书服务宣传周活动。一是在县一小举办2期教师电脑运用知识培训班，介绍“文化共享工程”等相关知识。二是举办中小学生QQ飞车个人竞速赛，并向100多位家长和学生介绍“文化共享工程”的服务性质、工作任务、建设目的等相关知识。三是制作电子幻灯片，向那邦小学生宣传“文化共享工程”简介、新农村建设和禁毒防艾等知识，并准备价值1000元的学习用具、书籍给小学生开展“6.1”游园活动，新购价值1280元的学习工具书赠送给那邦小学图书室。

【文化信息共享工程】 2010年9月11日，云南省图书馆馆长、共享工程省分中心主任李有仁一行3人，对全国文化信息资源共享工程德宏支中心、部分乡镇基层服务点的设备安装、经费落实、人员配备、辅导培训及活动开展情况进行检查和验收。检查验收组听取德宏州文化信息资源共享工程的实施进展情况，并对机房、电子阅览室、多媒体室的设备安装及运营情况进行检查验收，对存在的问题进行指导和讲解。12月20日德宏州文化市场综合行政执法支队正式成立。

（《文化》撰稿　李品春）

（见“州情概览·文化”87页）

广播影视

【中国国际目瑙纵歌节宣传报道】 2010年2至3月，德宏电视台倾力打造2010中国·德宏目瑙纵歌节“寻找中国最美的景颇姑娘”选拔比赛等系列电视宣传活动。活动期间，德宏电视台承担寻找中国最美的景颇姑娘半决赛现场录播、2010中国德宏（国际）目瑙纵歌节开幕式暨《欢乐景颇山》文艺晚会现场直播、寻找中国最美的景颇姑娘总决赛现场直播和2010中国德宏（国际）目瑙纵歌民族团结狂欢晚会现场录播4场直录播活动，第一次使用摇臂系统和移动导播数字系统，有效提升了节目的声画质量。

【抗旱救灾宣传】 2010年3月，云南省发生特大旱情后，德宏州广播电台派出记者及时奔赴受灾较为严重的县市采访，用各种民语大力宣传报道抗旱救灾情况。播出“抗大旱、抓春耕、保民生、促发展”相关稿件110条次，专题节目2期。民语频率参与云南人民广播电台“不同的民族语言，共同的宣传主题——万众一心，抗旱救灾”13种少数民族语言广播大型宣传活动，为帮助受灾群众战胜旱灾、度过难关提供舆论支持，为全省抗旱救灾工作营造了良好的舆论氛围。

【节目改版】 2010年3月，德宏电视台实施全新的节目改版，对频道重新定位。将公共频道（DHTV-2）定位为都市生活资讯频道，引入光线传媒资源，开设《记录》、《主题电影院》等文化、休闲类栏目。同时，开办全新的自办栏目《风尚德宏》，迅速提升德宏电视台的知名度和影响力，进一步强化新闻综合频道“新闻立台”的节目理念，扩容《德宏新闻》和《第二视角》，加强民语译播，译播范围扩展至中央、省台的部分新闻和优秀节目，开设《德宏警方》栏目，较好地体现频道特色，风格鲜明，播出时间更趋合理。5月，德宏人民广播电台完成“孔雀之声”频率的节目改版工作，改版在节目编排上更加强化新闻意识，全天分布10个新闻时段，总计时长190分钟。新增转播中国国际广播电台《第一资讯》节目，传递世界的声音，本地新闻更加体现广播短、平、快优势，更好地体现广播新闻以声取胜的优势，增加《边陲风采》栏目与《乡村四季》相辅相成，构成社教节目的综合版块，突出本土人和事，加强了深度报道。

【盈江广电大楼建设】 2010年3月，盈江县广播电视大楼建成，并投入使用。该工程投入资金650万元，建筑面积2387平方米，集村村通办公室、村村通维护中心、社管股、广告中心、节目制作、傣语组、景颇语组、行政办等一体的综合办公楼。大楼的建成，解决了盈江广电局50多年来办公环境差的问题。

【户撒阿昌乡广播电视转播站建设】 2010年4月，陇川县户撒阿昌族乡广播电视转播站建成，并投入使用。户撒转播站占地面积约2亩，机房建设面积200平方米，可转播广播电视节目5套，其中电视节目有中一、中七（50W）、德宏民语电视（300W），广播节目有中国之声（50W）、德宏民语广播节目（300W）。转播总功率达450W，节目基本覆盖户撒坝子4550户、2万余人。

【举行电影行政管理职能调整划转交接仪式】 2010年10月29日，德宏州委、州政府举行电影行政管理职能调整划转交接仪式。即日起，德宏州电影行政管理职能正式由州文化局调整划转到州广播电视局。会上，州委常委、副州长、宣传部长田大余，州人大常委会副主任杨红、州委副秘书长邵强、州政协秘书长管国照以及州直相关部门领导、各县市宣传部部长、州电影公司职工参加了交接仪式。州委常委、副州长、宣传部长田大余作重要讲话；州委副秘书长邵强通报德宏州电影行政管理机构情况及资产清查审计结果；州广电局局长段培相与州文化局局长许贵荣进行交接签字，并作表态发言；参加仪式的领导为德宏州电影发行放映中心和德宏州少数民族语言电影译制中心授牌。

【宣传工作】 2010年，德宏州广播电视始终坚持正确的舆论导向，紧紧围绕州委、州政府的中心工作，深入宣传科学发展观，圆满完成“两会”、“抗震抗旱救灾”、“感恩思进”、“软环境建设”、“创先争优”、“桥头堡黄金口岸建设”等重大宣传报道任务和日常宣传工作。全州播出汉语广播新闻400余期、傣语新闻479期、景颇语新闻379期、载佤语新闻369期；汉语广播专题2684期，民语专题861期；汉语电视新闻892期、傣语新闻376期、景颇语新闻357期、载佤语新闻282期；汉语电视专题642期。

【村村通直播卫星工程】 2010年，德宏州广播电视局组织各县市（区）实施完成村村通直播卫星工程项目。全年完成总投资1199.964万元、631个村、35302户的建设任务（扩大内需投资624.5万元、449个村、23781户），其中芒市111个村、6129户；梁河县127个村、6674户；盈江县291个村、14424户；陇川县70个村、5515户；瑞丽市（含畹町）32个村、2560户，有效解决了偏远地区15万群众看电视、听广播难的问题。

【边境民语广播电视工程】 2010年，德宏州广播电视局认真组织各县市广电局实施完成边境地区民语广播电视发射与插播工程。该工程包括芒市、瑞丽、陇川、盈江4个县（市）的边境台站转播、插播州民语节目、边境互市点有线广播站技术改造等项目，总投资346万元，有效解决了边境地区广播电视的有效覆盖。

【背阴山电视转播台改造】 2010年，德宏州电视转播台投资近80万元，建盖建筑面积为200多平方米、2层6间标准住房的职工宿舍；对背阴山发射机房四周环境进行整治，改造院场；对门口大路约1000平方米的土石地面铺筑火山石地面，修建风化石面的停车场；建盖1幢1层100平方米的职工食堂；投入24万元购置发射机的备品、备件等。通过对背阴山电视转播台的更新改造，为职工营造更加舒适的工作和生活环境，提高了干部职工的工作积极性，安全播出硬性设施得到进一步提高。

【实施调频广播覆盖工程】 2010年，德宏州电台在瑞丽勐秀山安装1台1KW调频发射机，转播汉语节目（104.3MHz），补点覆盖瑞丽市、陇川县、畹町等地区；在盈江卡场镇安装1台100W调频发射机和1台上网电脑，使卡场镇广大景颇族听众收听到州广播电台的节目；分别为芒市五岔路乡、江东乡、允喊村、龙昌移民新村等9个村寨，安装民语广播定时收听系统，进一步解决山区群众听广播难的问题。

【民语电视译制】 2010年，德宏州少数民族语言广播电视译制工作部门认真搞好中央、省及地方新闻译制播出工作，译制播出一批农村实用科技知识节目和影视剧，实实在在把党的路线方针政策和科技知识传达到少数民族群众中，使少数民族群众能够正确理解和贯彻落实党的路线方针政策。全州播出傣语新闻479期、景颇语新闻379期、载佤语新闻369期；播出民语专题861期；播出傣语新闻376期、景颇语新闻357期、载佤语新闻282期。

【节目获奖】 2010年，德宏州举行2次节目推优评审会，德宏州广播电视学会推荐参加上年度“云南广播电视奖”评选节目50件中，有41件作品获奖；各县市广播电视局从上年度播出节目中推荐参加“云南广播电视奖县（市）优秀节目奖”评选的17件作品全部获奖；州直各台、各县市广播电视局从上年度播出节目中推荐参加“德宏广播电视奖”评选的180件节目中，有85件作品获奖。获奖人员达200余人次。

【安全播出】 2010年，德宏州广播电视局多次组织召开安播工作会议，学习贯彻落实国家广电总局、省广电局安播工作的要求，认真安排各项安全播出工作任务。同时，充实和调整安播工作领导小组成员，进一步明确职责，认真组织安全播出应急演练。全州进行安全播出应急演练12次，参与人员50余人次，圆满完成“元旦”、“春节”、“目瑙纵歌”、“两会”、“泼水节”、“上海世博会”、“广州亚运会”等重保期及日常安全播出任务，做到了广播电视安全播出无停播、无黑屏、无劣播、无错播。

【移动多媒体广电建设】 2010年，德宏州广播电视局积极推进移动多媒体广播电视（CMMB）建设项目，项目总投资220万元。6月12、13日在芒市开展CMMB科技大篷车巡展活动，州委办、州委宣传部的相关领导出席（CMMB）手持电视开通仪式，并作讲话。州广电局在云南中广网传播公司的指导下，实施完成芒市、瑞丽市的移动多媒体广播电视建设工程，首次实现广播电视新媒体、新业态在德宏的拓展。

【行业管理】 2010年，德宏州广电系统加大对卫星电视广播地面接收设施的整治力度。全年全州出动车辆132辆次，出动人员496人次，其中工商、国安、公安、610等多部门联合执法13次，出动车辆22辆次，出动人员76人次；拆除非法接收设备45套；取缔销售和安装经营户7家，查扣收缴接收机14台，天线19副，高频头19个。加强广播电视医疗药品广告播放的管理力度，及时纠正医疗药品广告播放违规现象，有效开展电视购物短片、居家购物节目和互联网及手机视听节目低俗之风整治工作，制定《整治互联网及手机视听节目低俗之风工作方案》，有力地打击了非法销售、安装和使用卫星地面接收设施的行为，有效维护了广播电视市场秩序，净化了荧屏声屏。

（《广播电视》撰稿　李勒干）

档　案

【档案服务】 2010年，德宏州各级档案部门紧紧围绕依法治档、科技兴档、强化服务、发挥效益的工作思路，加强部门内部管理，使机关工作作风得到好转，机关凝集力、工作效率大大提高，诚信度得到增强，更好的发挥档案工作为经济社会发展服务。全年全州各综合档案馆接收档案4393卷、37849件，电子公文371盘、10192件；接待查阅2192人次，利用档案8845卷（册）。其中：州档案馆接收文书档案53卷、4116件；永久21卷、2982件；长期32卷、1134件；业务档案38盒、333件；录音录像档案64盒，实物档案2件，接待查阅人数448人，查阅文件1430卷、559件；收集现行公开文件556份，接待现行公开文件查阅人数79人，查阅文件512份，摘抄126页。

【执行参公管理】 2010年8月，德宏州档案部门事业干部全部纳入参公管理。自1990年10月档案部门开始实行局馆合一，部门内部既有参照公务员管理人员，也有专业技术人员和事业单位管理人员，内部关系较难处理。为缓解内部矛盾，理顺工作关系，解决历史遗留问题，让广大干部职工放下思想包袱，集中精力搞好工作，州档案局参照省档案局和其他州市的管理做法，向州委、州政府写请示，请求帮助解决档案部门多年来存在的工作机构不顺、待遇不一的问题。经州委、州政府研究同意，批准全州档案馆事业干部实行参照公务员管理。

【基础设施建设】 2010年，德宏州及县（市）档案局进一步加强基础设施建设，为解决办公设施不全、设备不足等问题，积极向财政争取资金。年内，州局投入资金20余万元，更换了63组图书柜，30组报柜，购置9台电脑，6台防磁柜，打印机和数码照相机等；陇川县投入经费1.4万元，购置除湿机、防磁柜、消毒机各1台；芒市档案局投入经费9万元，添置馆库及办公设备；盈江县档案局投入资金36万元，购置档案密集架231立方米，有效解决了办公设施不全、设备不足等问题，极大地改善档案保管条件和办公条件，为保障档案安全提供更好的条件。

【档案目录数字化建设】 2010年，德宏州档案局购置9台计算机和一些档案管理软件，并参与当地政府电子政务网站平台，加强部门网站、政府信息公开网站的维护、管理、更新、发布等工作。年末，完成第二批开放档案51个全宗、5051卷档案目录的数字化，录入开放档案机读目录114512条；完成民国档案全文数字化加工工作，录入民国档案376卷、目录32070条，全文扫描81894页。陇川档案局投入资金2.5万元，购置4台电脑，积极推进档案信息化建设。梁河县自2009年7月采取档案目录录入工作由档案馆与立档单位共同完成以来，目前已全部完成录入工作53个单位，录入177030条。

【档案抢救保护和民族档案征集】 2010年初，德宏州档案局完成国家重点档案（阿昌族档案）抢救和保护补助费项目的申报工作。向省局争取10万元抢救经费，征集阿昌族相关的文字说明材料93份，图书26本，照片274张，影视资料65碟，服饰实物2套（女装包括银饰），阿昌七星刀1把；征集部分历届阿昌族全国或省人大代表、政协委员、妇女代表、先进人物、非物质文化遗产传承人家庭和个人档案资料。畹町档案局开展革命遗址普查工作，普查“南洋华侨机工回国抗战纪念碑”、“畹町桥”、“畹町抗战陈列室”、“滇缅公路末端”遗址、“黑山门战斗遗址”5处遗址，为抢救保护德宏州少数民族档案和历史做出了积极贡献。

【档案法制化】 2010年，德宏州各级档案部门认真贯彻执行《档案法》、《云南省档案条例》，加大力度强化档案法制建设，确保依法行政。年内，对490家单位、20个乡镇进行抽检，抽检结果优秀122家、合格366家、不合格22家，对在检查中存在问题的单位，提出整改意见，并进行了通报。通过档案执法年检专项活动，进一步增强了立档单位的档案意识和安全保管意识，提高了档案人员的管档水平。

【档案编研】 2010年，德宏州档案局主要完成如下档案编研工作：完成《贝叶经》、《召维萨达拉》的审核、校对工作；开展《贝叶经》第二部《玉托纳》的翻译工作；编撰《德宏州历史人物汇编》；完成档案志《云南省志·德宏篇》稿件编辑工作。

【档案业务指导】 2010年，德宏州档案部门主要做了如下档案业务指导工作：一、全州各县市档案部门协助整理林改档案273719件。二、梁河县档案局在中国·德宏第二届葫芦丝文化节暨2010年梁河县傣族、德昂族泼水节活动中，收集文件156份，照片档案57张，光盘4张，印章3枚，其它实物档案14件。三、盈江县档案馆协助整理“盈江·国际翡翠杯”全国沙滩排球赛重要文书档案资料15卷，照片档案78幅，宣传画册1册，并已接收进馆。据统计，全年全州各县市档案部门对376个单位进行业务指导，帮助指导整理档案4946卷、139284件、5527盒，其中州档案局对21家单位进行指导，帮助整理档案981件。四、8月10日，州局和盈江局协助省局工程档案验收组，对国电大盈江一级水电站工程竣工档案进行了专项验收。

【业务培训】 2010年3月30日，德宏州档案局与民政部门联合，由州档案局业务科在芒市举办1期婚姻档案培训班，培训人数15人；6月22日为认真贯彻落实州委办公室、州政府办公室《关于贯彻〈电子文件管理暂行办法〉的通知》的文件精神，州档案局信息科开始在州直、芒市、瑞丽、盈江、陇川4个县市，举办电子公文归档与移交业务培训5期，培训人数达500余人。通过开展档案业务培训，提高了档案人员的综合业务水平，为做好档案工作打下坚实的基础。

（《档案》撰稿　王文云）

卫　生

卫生管理

【省政府考核德宏卫生工作】 2010年1月6至9日，云南省政府卫生、防艾责任目标考核组一行5人，在省卫生厅巡视员张娅琴的带领下，对德宏州上年度卫生、防艾责任目标工作落实情况进行了考核。考核组先后深入陇川县、潞西市，分别到2个乡镇和2个村卫生室和部分娱乐场所，对各项工作落实情况进行实地检查、考核。9日下午，州政府召开卫生、防艾责任目标工作落实情况汇报会。会议由副州长苏洪涛主持。会上，州卫生局局长田树明受州政府苏洪涛副州长委托，就全州2009年卫生、防艾责任目标落实情况进行了汇报和自评。考核组组长张娅琴对考核情况进行反馈，并肯定了德宏州卫生工作取得的成绩。认为州委、州政府高度重视卫生、防艾工作，各项工作得到较好落实，并针对存在的问题，提出了工作要求：一是加强领导，提高认识，加快步伐，认真抓好医药卫生体制改革工作；二是进一步总结经验，巩固成果，继续打好新一轮禁防人民战争；三是抓好中医和民族医药工作，加大服务能力建设，促进全州中医、民族医药事业的发展；四是加强农村、妇幼卫生工作，强化妇幼系统管理，加大高危孕产妇的筛查力度，进一步提高住院分娩率，降低孕产妇和儿童死亡率。

【召开全州卫生暨防治艾滋病工作会】 2010年2月24日，德宏州政府在芒市召开2010年全州卫生暨防治艾滋病工作会，会议学习贯彻了全国、全省卫生工作会议精神，总结上年度全州工作，安排部署2010年工作任务。各县市政府分管领导、卫生局局长、防艾办主任、州防艾委成员单位和州直医疗卫生单位等共153人参加会议。州人大常委会副主任杨红、州政协副主席董成宝、州委副秘书长车发云出席会议。州政府副秘书长沈澎主持会议。副州长苏洪涛在会上作了题为《坚定信心，迎难而上，努力推进全州医药卫生体制改革》的重要讲话。全州卫生和防艾工作真抓实干，取得新的成绩，以艾滋病为重点的传染病得到有效控制，医药卫生体制改革稳步推进，促进了全州卫生事业快速发展，获得省政府和省卫生厅卫生、防艾工作“三个责任制”一等奖。苏副州长指出，2010年是实施“十一五”规划的最后一年，也是德宏州医改工作的攻坚之年。全州卫生工作的重点和总体要求是，稳步推进医药卫生体制改革，认真实施国家基本药物制度、巩固和完善新农合制度、促进基本公共卫生逐步均等化、健全基本医疗卫生服务体系、加强医疗机构监管等。各级政府、卫生部门要进一步统一思想，认清形势，把握机遇，立足保障和改善民生，提高卫生工作服务水平，为保障全州各族人民身体健康尽职尽责，做出贡献。州卫生局局长田树明作了题为《以深化医药卫生体制改革为中心，努力开创我州卫生事业新局面》的卫生工作报告。总结回顾了2009年全州卫生工作取得的成效、存在问题和面临的形势，就2010年全州卫生工作作了安排部署。一是推进医药卫生体制改革。制定出台德宏州《医改意见》及相关配套政策；二是加强妇幼卫生保健工作。提高住院分娩率，降低孕产妇、婴儿和5岁以下儿童死亡率；三是加快卫生监督执法体系建设。理顺卫生与食药监部门工作职能，做好卫生监督执法工作；四是加强医疗机构管理工作。规范医院内部管理，加强医德医风建设，提高队伍思想和业务素质，向社会提供优质服务；五是促进中医药、民族医药事业发展。加大投入，加强中医人才培养，提高服务水平和质量。六是着力抓好党风廉政和行风建设工作。继续抓好廉政教育，完善制度建设，强化督查、惩戒力度，促进医患和谐。州防艾办主任段祝聪作了全州防治艾滋病工作报告；州卫生局副局长赵兴海、滕云、邵国荣分别作了疾病预防控制和卫生监督、新农合、医教和基妇工作报告。

【省防艾局领导到德宏调研】 2010

年3月7至9日，云南省卫生厅防治艾滋病局对外交流合作处处长解宇及克林顿基金会云南项目经理曹虹女士到德宏州瑞丽市进行防治艾滋病——克林顿基金会项目工作调研。瑞丽市卫生局、防艾办、民族医院、疾病预防控制中心领导陪同检查，市民族医院治疗组临床医生及各乡镇参与防治艾滋病的专业医务人员等30余人参会。解处长首先听取了瑞丽市疾病预防控制中心、民族医院的工作汇报，细致询问了管理当中的有关环节。经过调研，解处长对德宏州防治艾滋病及克林顿基金会项目工作所取得的成绩给予了充分肯定：一是通过积极探索与努力，逐步搭建起了全州一体的防治艾滋病工作平台，为有效开展防治艾滋病工作打下了坚实基础；二是通过不断完善与改进，为全省摸索出一套有效的防艾模式，并逐步建立起了工作长效机制；三是通过关怀救助，较好地解决了艾滋致孤儿童、遗老以及困难感染者和病人的生产生活及学习等问题。并对今后的工作提出了新的要求：一是进一步理顺工作关系，加强信息沟通，尤其加强国家项目与其他项目组织的资源整合及协调、沟通，充分发挥项目职能及团队协作作用，促进防治艾滋病工作的深入推进；二是定期不定期的召开工作进度交流会，及时找出和解决工作中存在的问题及困难，保障工作的顺利推进；三是进一步规范治疗，规范管理，确保各项工作科学有序开展；四是致力于解决问题，并在解决问题的同时，积极探索解决问题的新思路、创新解决问题的科学理念。

【州政协对全州卫生人才队伍建设进行专题调研】 2010年4月20日至5月5日，德宏州政协教科文卫体委和州卫生局抽调人员组成专题调研组，在州政协副主席董成宝的带领下，到全州各县市、州直医疗卫生单位开展卫生人才队伍建设专题调研。调研组以看现场、听汇报、召开座谈会的方式，分别深入州、县两级医疗卫生机构及乡镇卫生院（每县市走访2个卫生院）进行调研。在调研现场，董副主席详细询问了各级医疗卫生单位的房屋建设、人员编制、现有职工、公共卫生、医疗业务开展以及工作存在的困难和问题等情况，重点了解卫生队伍人才培养与引进情况。通过调研，董副主席对全州卫生人才队伍现状有了初步了解，对全州卫生人才队伍建设工作取得的成绩给予了充分的肯定，认为德宏州各级医疗卫生单位在人员总量不足、综合素质不高的情况下，加强领导，采取有效措施，不断提高卫生服务能力，在很大程度上缓解了群众“看病难、看病贵”的问题。针对人才队伍建设中存在的问题和困难，董副主席表示将以调研报告的形式积极进行反映和呼吁，给全州卫生人才队伍建设创造一个宽松环境，引进和培养更多卫生专业技术人员，为边疆民族地区医疗卫生事业更好更快发展做出积极贡献。

【召开纪念建党89周年文艺晚会】 2010年6月25日晚，德宏州卫生局机关党委组织开展纪念建党89周年文艺晚会。州卫生局机关党委下辖的7个党支部全体党员及干部职工200多人参加晚会。州人大常委会副主任杨红、州直机关工委副书记董有湘、州纪委派出教科文卫纪工委副书记杨园林等领导应邀参加晚会。州卫生局党组书记、局长田树明作了讲话；州卫生局副局长滕云宣读了《中共德宏州卫生局机关党委关于表彰2009~2010年先进基层党组织、优秀共产党员和优秀党务工作者的决定》，对工作中取得优异成绩的3个先进基层党组织、8名优秀共产党员和5名优秀党务工作者进行表彰，出席晚会的领导为获得表彰的基层党组织和个人颁发了奖状和证书。一首州卫生机关党支部带来的大合唱《祖国不会忘记我》正式拉开了晚会的序幕，《亲吻祖国》、《红梅赞歌》、演唱《德宏情丝》、《军歌联唱》等精彩节目相继上演。多彩的舞蹈，优美的旋律，赢得场下观众掌声阵阵，演出在激昂的大合唱《红旗飘飘》中结束。

【州政府召开2010年上半年疫情分析会】 2010年7月30日，德宏州召开了上半年传染病疫情分析会，通报全州上半年传染病疫情，分析探讨防控形势，研究部署了下步工作。州政府副州长苏洪涛、州政协副主席董成宝出席会议并作重要指示，州教育局、德宏出入境检验检疫局、州畜牧兽医局领导应邀参加会议。州卫生局副局长赵兴海主持会议并作工作汇报。会议分析了全州的防控形势，充分肯定了上半年传染病防控工作取得的成绩。一致认为，德宏州地理位置特殊、气候环境温和，传染病防控工作将长期面临外防输入、内防传播的双重压力，防控形势十分严峻。上半年，全州卫生系统在州委、州政府的正确领导下，认真开展了联防联控，强化了监督管理，狠抓了措施落实，传染病发病率较上年同期稳步下降，防控工作成效明显。会议安排部署了下一步防控工作。对抓好下半年传染病防控工作提出9点要求：一是认真抓好重点地区灭鼠灭蚤工作，严格执行鼠疫"疫情三报"、"专报"、"零"报告制度，及时发现及时处理，确保不发生人间鼠疫；二是加强以霍乱为主的肠道传染病监测，强化水质卫生监测和二次供水管理工作，落实肠道门诊制度，发现疫情及时处理；三是加大免疫接种工作力度，抓好扩大免疫规划项目，认真开展好消灭脊髓和麻疹工作，有计划的组织开展二类疫苗接种，加快甲型*H1N1*流感疫苗接种速度；四是认真组织实施好疟疾、结核防治项目，强化项目管理和领导，落实防治措施，降低危害，如期实现项目工作任务；五是切实加强组织领导，加大创建卫生城市、乡镇、村寨工作力度，完成验收工作任务，强化督促检查，全面组织实施好改厕项目；六是健全卫生应急工作机构，强化卫生应急物资储备，完善突发公共卫生事件应急处置预案，提高应急处置能力；七是继续加强同教育部门协作，共同抓好各类疫苗接种及常见病防控，进一步强化学校食品、饮用水监督管理，扎实推进学校卫生工作；八是密切与检验检疫部门配合，强化入境人员疾病监测，防范境外疫情输入，防止疫情在境内扩散蔓延；九是进一步强化同畜牧兽医部门的配合，切实推进犬类管理及犬类预防接种工作，降低疫情向人间传播的风险。副州长苏洪涛在听取疫情通报及工作汇报后，肯定了防控工作取得的成绩，对下一步防控工作提出4点要求：一是坚持疫情分析制度。疫情分析有助于各部门掌握疫情态势，查找工作的薄弱环节，促进部门按照职责分工完成好工作任务，各部门要加强协调配合，完善联防联控机制，共同推进全州传染病防控工作；二是加强防控知识宣传。防控知识宣传教育是预防疾病最直接、最有效的方法之一，下一步要积极普及防控知识，推动宣传工作入村、入社区，引导群众养成健康生活习惯，进一步提高民众防病能力；三是力保完成防控任务。下半年要充分估计防控工作面临困难，查找工作薄弱环节，总结防控经验，克服工作困难，切实按照国家部署及责任目标要求开展好工作，确保年终完成各项工作任务；四是严格落实卫生监督管理责任。政府机构改革过程中，部分部门存在工作职责交叉，请各有关部门站在保障民众身体健康、维护社会稳定和谐的高度，切实做好重点人群卫生监督工作，杜绝重大公共卫生安全事故发生。州政协副主席董成宝肯定了德宏州传染病防控工作取得的成绩，勉励卫生部门继续扎实开展工作，为保护全州各族群众身体健康和维护社会稳定作出更大贡献。应邀参加会议的部门领导分别结合部门实际就如何抓好传染病防控工作提出了很好的意见建议。

【州政府召开全州医改工作大会】 2010年9月29日，州政府召开全州深化医药卫生体制改革工作会议，会议传达贯彻全省医改会议精神，安排部署德宏州医改各项工作任务，签订2010年度医改工作责任书。会议强调，深化医药卫生体制改革是一项中央高度重视、社会普遍关注、群众利益相关的重大民生工程，要按照上级文件精神的决策部署，进一步统一思想，提高认识，加大工作力度，确保完成医改各项目标任务。会议指出，相关部门务必认真贯彻省、州医改会议精神，围绕"保基本、强基层、建机制"这一中心任务，切实做好基本医疗保障工作，着力提高保障水平和服务水平，建立国家基本药物制度，加强基层医疗卫生服务体系建设，加快全科医生培养，推动基层医疗卫生队伍建设规划的实施，进一步完善基本公共卫生服务均等化服务工作措施，着力提高公共卫生服务水平，积极做好公立医院改革前的宣传和发动，不断完善相关政策措施，积极推进"五项重点改革"，确保医改工作积极、稳妥、有序推动。会议要求，各县市和有关部门要切实把深化医药卫生体制改革工作摆上重要议事日程，加强部门协调配合，加大资金投入和监管力度，紧紧围绕"五项改革"的目标任务，切实加强领导，精心组织实施，努力探索好的做法，积累有益经验，切实抓好深化医药卫生体制改革，要明确目标、突出重点、加快推进，围绕省、州提出的"保基本、强基层、建机制"三个工作重点，扎实推进，进一步做好政策宣传，营造推进医改工作的舆论环境，加强医改工作的督促检查，形成推进医药卫生体制改革的强大合力，让医改成效切实惠及全州各族人民群众。

【州政协评议卫生工作】 2010年10月21日，德宏州政协第三十一次主席会议对2009年卫生工作进行了评议。州政协主席、副主席、秘书长、相关委员会主任出席评议会，州卫生局科级以上人员参加了评议会。州政协主席龚敬政主持会议。会上，州卫生局副局长邵国荣受局长田树明的委托，向会议汇报了2009年全州卫生工作开展情况。听取汇报后，州政协主席龚敬政对近年来尤其是2009年以来全州卫生工作给予了高度肯定和评价。一是全州防治艾滋病工作成效显著，总结和提炼了一套防艾工作的“德宏模式”，为全省乃至全国开展综合防治艾滋病工作提供了宝贵的工作经验；二是全州传染病防治工作成绩突出，各项防治措施得到较好落实，发病率连续大幅度下降，摘掉了传染病发病率全省第一的帽子，保障了全州各族人民的身体健康；三是农村卫生工作大大加强，尤其是基础设施、队伍建设明显加快，基本满足了农村群众的就医需求；四是新型农村合作医疗制度得到较好落实，巩固了覆盖率、受益率，使广大农民群众真正享受了新农合带来的实惠；五是全州卫生人才队伍建设得到加强，医疗服务水平有所提升，群众健康保障水平得到提高；六是各级卫生机构基础设施得到改善，三级卫生网络明显加强，为全面落实各项卫生工作任务夯实了基础。龚主席还对继续抓好卫生工作提出了要求：一是要认真总结和积累工作经验，全面分析面临的问题和机遇，为突破工作难题探索新的工作思路、方法和措施；二是继续打牢卫生工作的基层、基础、基本（即：以农村卫生工作为重点，加快以基础设施和人才队伍为主的卫生能力建设，坚持“预防为主”的卫生工作方针，落实各项卫生工作任务）；三是积极推进卫生改革工作，以新一轮医药卫生体制改革为契机，抓好卫生五项重点改革任务，努力解决好看病难、看病贵的问题；四是加强向上请示汇报和沟通，及时向党委政府和上级部门汇报工作情况及困难问题，争取最大支持和帮助；五是加强与缅甸相邻地区的沟通、合作，建立中缅疾病联防联控机制，搭建信息互通平台，为边境地区疾病防控工作提供有力的保障和服务。

【州政府副州长苏洪涛调研全州卫生工作】 2010年12月1至6日，德宏州政府副州长苏洪涛先后深入全州5个县市，对各级卫生机构运转现状、医药卫生体制改革、禁毒防艾、传染病防治、医疗服务、妇幼保健、农村基础设施建设、新型农村合作医疗、社区卫生服务、人才队伍建设等工作进行了实地调研，全面调查了解了基层卫生、防艾、医改工作情况。通过调研，苏副州长充分肯定了近年全州卫生、防艾、医改工作所取得的成绩，指出了存在的突出问题，对基层提出的困难及问题作了现场答复，并对各县市下一步工作提出了5个方面的要求：一、要认真对照责任目标书，查缺补漏，狠抓落实，全面完成年度责任目标。二、要认真贯彻落实医药卫生体制改革相关政策，结合实际，超前谋划，积极推进医疗卫生体制改革。三、要进一步提高认识，统一思想，积极做好新形势下全州卫生和禁毒防艾工作，为重要桥头堡建设和瑞丽开发开放试验区建设服好务，并着重抓好以下工作：（一）切实加强卫生基础设施建设，改善工作条件，提高服务能力和水平；（二）切实加强卫生、防艾人才队伍建设，建立人才互动机制，提高队伍综合素质，不断缩小与发达地区差距；（三）认真做好传染病防治及突发公共卫生事件预防控制工作，加强卫生应急能力建设，妥善处置各类突发公共卫生事件；（四）认真做好农垦系统医疗机构移交地方工作，妥善处理各种社会矛盾；（五）切实加强部门配合，通力合作，全面抓好医改和卫生防艾工作；（六）加强医疗安全监管，加大医患纠纷调处力度，妥善处理医患纠纷，促进社会和谐。四、要认清形势，正视存在问题和不足，群策群力，采取扎实有效地工作措施，推动各项工作再上新水平。五、切实加强卫生系统党风廉政建设和行风建设工作，促进卫生事业又好又快发展。

【爱国卫生工作】 2010年，德宏州投入1140.23万元，认真组织实施农村改厕重大公共卫生服务项目，年内新增户厕9213座，全州累计有卫生厕所84061座，卫生厕所普及率45.02%，无害化卫生厕所普及率24.38%。完了126个集中式供水项目水源504份水样水质监测任务。认真组织开展创建卫生城市活动，通过全省第九次卫生城市（县城）检查评比，芒市被评为“甲级卫生城市”，瑞丽市被评为“乙级卫生城市”，陇川县、盈江县被评为“甲级卫生县城”，梁河县被评为“乙级卫生县城”称号，城乡卫生面貌明显改观。

【突发卫生事件处置】 2010年，德宏州卫生部门认真贯彻落实《突发公共卫生事件应急条例》，建立完善了卫生应急组织机构及信息报告系统，认真落实各项预防控制措施，进一步完善卫生应急预案，强化卫生应急队伍建设和人员培训，加强应急物资储备，及时调查处理各类突发公共卫生事件，确保了全州各族人民身体健康和生命安全。全年全州共发生突发公共卫生事件15起，其中甲类传染病1起，乙类传染病1起，丙类传染病10起，食物中毒3起，发病930例，治愈928例，死亡2例。

【新型农村合作医疗】 2010年，德宏州继续加强对新农合工作的领导，加强管理人员培训，提高管理能力，合理调整实施方案，提高就医补偿比例。全州有88.51万人参加新农合，参合率达98.57%（全省第一），筹集新农合资金12421.27万元，补偿209.17万人次10814.8万元，本年资金使用率为87.06%。新农合制度的稳步推进，切实减轻了全州参合农民的就医负担。

【卫生基础设施项目建设】 2010年，德宏州卫生基础设施项目建设主要有：一是扩大内需建设项目。州医疗集团内科住院大楼建设项目、梁河县医院住院楼建设项目、陇川县医院住院楼建设项目、州中医医院业务楼建设项目、芒市医院门诊楼建设项目均已全部启动，并正在有序推进。二是乡镇卫生院建设项目。潞西市勐戛镇中心卫生院，盈江县盏西镇中心卫生院和勐弄乡中心卫生院建设项目已全部竣工并投入使用。同时，正在推进梁河县大厂乡中心卫生院，陇川县清平乡中心卫生院建设项目。

【妇幼卫生工作】 2010年，德宏州卫生部门继续贯彻落实《母婴保健法》和“两纲”规划目标，以实施妇幼卫生项目为龙头，强化县、乡、村妇幼卫生人员业务培训，加强基层医疗机构产科建设，努力提高住院分娩率、降低孕产妇和婴儿死亡率。全年全州产妇总数为15986人，活产婴儿16077人，孕产妇系统管理率为78.39%，住院分娩率为94.72%，新法接生率为98.51%；孕产妇死亡10人，死亡率为62.2/10万；婴儿死亡199人，死亡率为12.38‰。各项指标均控制在省下达的限定范围之内。截至年末，全州有16家县级以上医疗保健机构取得了《母婴保健技术服务许可证》，416名专业技术人员取得了《母婴保健技术服务合格证》。

【基本公共卫生服务均等化工作】 基本公共卫生服务逐步均等化项目工作启动后，各县（市）按照相关要求，规范建立居民健康档案，加强以妇女、儿童、老年人、残疾人、慢性病人等人群为重点的健康管理。2010年，德宏州建立城市居民健康档案139831份，建档率36.86%；建立农村居民健康档案351301份，建档率43.6%；查出并规范管理高血压患者23615人，糖尿病患者4554人，筛查出精神疾病患者793人，诊断重性精神疾病患者582例，实施规范管理532人；积极组织开展健康教育讲座720场次，受教育群众45万人次。通过实施基本公共卫生服务项目，减少了健康危险因素，有效预防和控制了主要的传染病和慢性病，使城乡居民逐步享有均等化的公共卫生服务。

【医疗卫生体制改革】 2010年，德宏州委、州政府高度重视医改工作，及时成立了以州委常委、常务副州长柳五三为组长，分管卫生工作的副州长为副组长，发改、财政、卫生、劳动保障、人口和计划生育等部门组成的深化医药卫生体制改革领导小组（下设办公室在州发改委）。9月，印发了《关于深化医药卫生体制改革的实施意见》；召开全州深化医药卫生体制改革大会，安排部署了全州医改工作任务，与各县市签订了《2010年德宏州深化医药卫生体制改革责任目标书》；州委常委会、州政府常务会分别召开专题会议，认真研究、部署全州医改工作，确保了各项工作任务的落实。州卫生局建立医改工作领导机制，进一步明确了局领导和科室负责人的医改工作职责，确定了医改工作重点，分解、细化了医改工作任务，还与各县市卫生局签订了《德宏州卫生部门深化医改工作责任状》，医改目标任务层层落实。

【党风行风建设】 2010年，德宏州进一步加强卫生系统党风廉政和行业作风建设工作：一是加强廉政教育。组织干部职工观看了《贪婪的代价》、《一念之差》等专题警示教育片，通报了《云南省8个典型案例》等。组织州、县（市）卫生局和州直医疗卫生单位的领导干部50多人到畹町南洋华侨机工纪念馆开展爱国主义教育，增强了反腐倡廉、拒腐防变和预防职务犯罪的意识。二是认真贯彻落实云南省行政问责办法等四项制度，推行政务、党务和院务公开制度，最大限度地维护广大群众的知情权、参与权、表达权、监督权，自觉接受人民群众的监督。三是深入开展医德医风和职业道德教育。全年开展医德教育12场次、1400多人次，全面推行医务人员医德考评制度，增强医务人员的社会责任感，有效改善和缓解了医患关系。四是畅通信访渠道，加强惩戒力度。全年受理投诉53件次，处理行风问题5起，查处违规违纪干部5人。通过大力开展党风廉政和行业作风建设，营造了风清气正的卫生工作环境，人民群众对卫生工作的满意度逐步提高。通过测评，人民群众对全州各级医疗机构七项、卫生单位四项综合满意度分别为92%和93%。

【卫生监督工作】 2010年，德宏州有卫生监督机构7个（其中：州级1个、芒市、瑞丽市、盈江县、梁河县、陇川县各1个、畹町开发区1个），有工作人员111人（其中：在职卫生监督员90人，芒市聘用协管员19人、临时工2人）。在职卫生监督员学历结构为：本科52人，占57.78%；大专28人，占31.11%；中专、高中12人，占13.33%。有男性在职卫生监督员43人，女性49人。年内，全州有餐饮、食堂等消费环节经营单位3949户，从业人员9846人；接受体检、培训7821人，体检培训率95.6%。有公共场所经营单位1995户，从业人员5837人；接受体检、培训5560人，体检培训率95.25%。有医疗卫生机构787个，病床7062张，卫生技术人员5781人；有社会办医（个体诊所）217个，卫生技术人员481人，使用放射装置单位60个，放射从业人员187人，参加放射从业人员培训163人，培训率87.17%；到省体检123人，体检率65.78%。有作业场所危害企业83家，存在职业危害因素21类，接触职业危害因素6427人，职业危害从业人员体检为25人，接受职业防护知识培训1005人。

年内，全州卫生监督支队围绕卫生监督综合责任目标书的各项要求，认真开展了以下几项工作。一、卫生行政处罚。查处各类卫生违法案件109起。（一）查处食品安全违法案件20起。其中：警告12户次，责令改正10户次，销毁过期变质食品99.1千克，取缔非法经营活动15户次，实施卫生行政罚款8户次，处罚金2.57万元；（二）查处公共场所卫生违法案件25起。其中：警告10户次，责令改正7户次，实施卫生行政罚款8户次，处罚金0.89万元；（三）查处医疗卫生违法案件64起。其中：查处医疗机构使用非卫生技术人员6起，非法行医17起，非法义诊1起，非法牙医18起，行政处罚22户次，处罚金3.55万元，没收药品器械价值2.66万元。二、卫生行政许可。全年全州共受理各项卫生行政许可4280件，办结4280件。餐饮服务行政许可：办理餐饮服务许可1948件，其中新发《餐饮服务许可证》1289件，校验、变更《餐饮服务许可证》659件。公共场所卫生行政许可：办理公共场所卫生许可申请959件，新发《公共场所卫生许可证》685份，校验、变更、换发《公共场所卫生许可证》274件。医疗机构执业许可：办理医疗机构执业许可申请728件，新发《医疗机构执业许可证》16件，校验、变更、换发《医疗机构执业许可证》712件；办理放射诊疗许可申请20件，新发《放射诊疗许可证》9件，校验、变更、换发《放射诊疗许可证》11件；办理母婴保健技术服务执业许可申请14件，新发《母婴保健技术服务许可证》7件；办理医师执业注册、变更231件；办理护士注册、变更304件；办理《云南省麻醉药品、第一类精神药品印鉴卡》76件。

（王瑞森）

（《卫生管理》撰稿　李宗旭）

（见“州情概览·卫生”93页）

疾病预防控制

【传染病管理和疫情分析】 2010年，德宏州无甲类传染病发生。报告乙类传染病12种2443例，死亡249例；年发病率为207.38/10万，死亡率为21.14/10万，病死率为10.19%；与上年相比，发病率下降16.36%，死亡率上升2.47%。报告丙类传染病8种3947例，死亡2例（为手足口病实验室确诊病例），发病率335.05/10万，比上年上升4.31%。年内疫情的主要特点为：乙类传染病总发病率稳中有降；报告发病数前5位的疾病是疟疾、病毒性肝炎、肺结核、艾滋病、伤寒+副伤寒，发病占发病总数的89.23%，主导着全州发病率的趋势和走向；报告发病率各县市的位次是瑞丽市、盈江县、陇川县、芒市、梁河县。年内成功处理突发公共卫生事件15起。

【艾滋病监测检测与干预】 2010年，德宏州艾滋病累计监测检测血样202092人份，新发报告艾滋病病毒感染者和艾滋病病人1295例（其中本州834例，外籍356例，外地105例），艾滋病病人593例（当年一发现即为艾滋病病人的279例，既往艾滋病病毒感染者在当年进展成艾滋病病人的314例），报告死亡516人（因艾滋病死亡265人）；2004至2010年免费抗病毒累计治疗3875

人，累计在治3214人；全年全州共进行CD4检测12187人次。年内，对新发现感染者告知率达97.99%；CD4检测率91.03%以上，随访率96.93%，感染者配偶检测率82.79%。全州美沙酮治疗保持率为85.85%。开展了高危人群干预工作：对全州暗娼人群干预覆盖率为98.4%；对男性行为人群干预覆盖率为92.9%；对外来务工人员干预覆盖率为67.2%；对吸毒者人群干预覆盖率为89.3%；对性病就诊者干预覆盖率为60.9%；对其他人群干预覆盖率为81.5%。

【计划免疫及预防接种】 2010年，德宏州疾病预防控制中心认真开展了基础免疫和强化免疫工作。一、基础免疫：疫苗接种率分别为：卡介苗99.16%，脊灰疫苗99.48%，百白破99.12%，麻风疫苗99.42%，乙肝疫苗99.14%，乙脑疫苗99.22%，A群流脑疫苗98.58%，麻腮疫苗99.25%，甲肝疫苗99.02%，A+C群流脑疫苗98.87%，百破疫苗99.19%。二、强化免疫：在全州范围内开展了麻疹疫苗和脊髓灰质炎疫苗强化免疫工作。共对8月龄至6周岁适龄儿童接种麻疹疫苗99551人，接种率为98.66%，达到了实施方案≥95%的目标要求。对2006年以后出生的常住儿童接种脊髓灰质炎疫苗71940人，接种率98.61%；境内流动儿童接种6983人，接种率99.81%；入境儿童接种1132人，接种率100%。本次服苗常住儿童“零”剂次儿童为379人，均为6月龄以下的儿童。三、乙脑疫苗与麻腮风疫苗群体性预防接种：全年全州接种乙脑减毒活疫苗142729人份，麻腮风疫苗23700份，有效控制了相关疾病的发生，收到了明显的社会效果。

【传染病监测检测】 2010年，德宏州疾病预防控制中心认真开展传染病监测检测工作。按照霍乱监测工作要求，认真开展以霍乱为主的肠道传染病监测防治工作，全州共监测上报腹泻病例590例，检测34例，检出霍乱弧菌01群（稻叶型）1株。检验外环境样品234份，海水产品128份，食品68份，生活饮用水28份，均未检出霍乱弧菌；全年共采集腹泻病例大便标本50份进行病原学检测，检出O157：H7阳性1份；完成州级、个体医疗机构医院感染监测检验标本201份，合格196份，合格率97.51%；完成从业人员预防性健康体检2473人，检出戊型病毒性肝炎IgM阳性2人，肺结核3人，实际发放健康证2465人份；完成43份474项各类委托送检样品的检验工作。年内完成各县市疾控中心送检疑似麻疹、风疹血清样本检测各26份，检出麻疹IgM抗体阳性2份、风疹IgM抗体阳性2份；完成疑似乙型脑炎病例血清、脑脊液样本监测检验132份，检出乙型脑炎IgM抗体阳性24份；完成哨点医院咽拭子标本检测293份，检出甲型流感阳性40份，季节性流感阳性29份；完成职业暴露人群高致病性禽流感样本采集及检测60份，检测结果均为阴性；监测采集手足口病患者咽拭子样品71份，进行特异性核酸检测，检出肠道病毒71型核酸阳性7份，柯萨奇A组病毒16型阳性18份。

【结核病防治与管理】 2010年，德宏州疾病预防控制中心按结核病控制项目工作要求，深入开展结核病防治宣传，加大对县乡两级专业人员培训，全面推行现代结核病控制策略，加强肺结核病归口管理，积极发现和规范治疗肺结核病人，加强管理、重点督导等工作。全年全州共接诊初诊病人1781人，确诊初治涂阳病人310例，完成年任务的107.3%；复治涂阳病人16例、初治涂阴病人114例。初（复）治涂阳肺结核病人阴转率2月末、3月末分别为91%、97.1%；治愈率94.8%。年内，继续在HIV感染者/AIDS病人中开展筛查肺结核病工作，共筛查肺结核病人607例，筛查出肺结核病人29例，接受治疗12例。

【鼠疫监测与防治】 2010年，德宏州疾病预防控制中心系统地开展了鼠疫监测和防治工作。无鼠间鼠疫疫情和人间鼠疫病例发生。年内，全州黄胸鼠平均室内笼密2.04%，夹密1.24%；室外黄胸鼠夹密1.18%。活黄胸鼠体表印鼠客蚤指数0.59；地面游离蚤指数0.0006。动物检菌2843份；昆虫检菌735组；血清学检验772份；病原学和血清学检验结果均为阴性。自死鼠报告和零报告制度健全，在陇川、盈江、梁河和芒市收检到自死黄胸鼠7只，均未检出鼠疫菌，未发现鼠疫疫情。按照“重点疾病，重点预防；重点地区，重点防治；重点人群，重点保护”及因地制宜、分类指导的原则，全年各县市认真开展了春秋两季灭鼠工作，通过开展以灭鼠灭蚤为主的综合性爱国卫生运动，有效控制鼠疫宿主和媒介数量，巩固了鼠疫防治联防成效。

【狂犬病防治】 2010年，德宏州疾病预防控制中心开展了狂犬病健康教育和疫情监测，判定输入性人间狂犬病1起，动物狂犬病疫情6起。对犬伤人员预防接种狂犬疫苗6837人份，与畜牧等相关部门对疫区采取“灭、管、免”等综合性防治措施，有效地控制了狂犬病疫情。

【疟疾防治与监测】 2010年，德宏州疟疾发病647例，占全州传染病发病总数的26.48%，比上年降19.23%；发病率为54.92/10万，比上年降19.97%，无死亡病例，比上年（1例）下降100%。年内，全州对5930例恶性疟和间日疟病例进行了规范治疗；开展休止期根治23357人；全州共对出入境流动人员、大型施工队和山区下坝生产人员进行预防服药9564人份。完成发热病人血检51259人份；对19个乡镇、247个自然村、8219户农家、15所学校、2个工地实施浸泡蚊帐工作，共浸泡蚊帐60958顶，完成项目任务的141.76%，受益人口达84262人；对22个乡镇、179个自然村、9469户和3所学校开展杀虫剂喷洒工作，喷洒面积740565平方米，受益人口26473人；同时采用人诱叮人率和人工小时密度调查方法进行定时定点监测。

（《疾病预防控制》撰稿 王光惠）

医疗集团

【州中医医院业务楼建设项目】 2010年10月10日，经德宏州发改委德发改社会（2009）793号文件批准立项的德宏州中医医院业务楼建设项目正式开工建设。该项目为国家扩大内需建设项目，建成后将把原位于胞波路32号的中医医院整体搬迁至勇罕街17号，实现中西医优势互补、互相促进，共同发展的目标。项目建设面积10093.99平方米，框架7层，设门诊、内科、外科、风湿病科、肛肠科、理疗科、针灸推拿科及民族医药研究所等科室；项目总投资2998.86万元，其中中央补助1200万元，省配套160万元，自筹1638.86万元，中央及省配套资金已全部到位。

【医疗服务质量管理】 2010年，德宏州医疗集团深入推进医疗质量管理规范化建设，狠抓各项服务质量管理制度落实。一是坚持门诊处方、住院病历每月检查制度，并按规定实施奖惩。全年共检查门诊处方7111张，合格率96.47%；检查住院病历383份，合格率92.69%。组织院内专家大会诊19次。二是进一步规范输血科管理工作。共使用成分血8661.55μ，其中去白红细胞4663.45μ、去白洗涤红细胞176μ、新鲜冰冻血浆519.75μ、机采血小板1570μ、冷沉淀332μ、普通冰冻血浆1400.35μ。三是重点抓好医院感染管理，预防保健及传染病防治工作。开展消毒隔离查房12次；完成科室紫外线灯管监测51次；重点科室感染检测合格率83.45%；压力容器生物监测39次；处理输液反应19例；对新录用人员、控感员及重点科室人员开展医院感染相关知识培训678人。按季度完成细菌耐药统计表、医院感染表的登统工作。上报各类急性中毒及突发公共卫生事件14例。上报各类传染病2709例（其中：甲类传染病1例，乙类传染病1781例，丙类927例）。每月开展传染病漏报自查工作。完成上级部门安排的AFP疑似病例、麻疹、新生儿破伤风、15岁以下儿童乙肝等哨点检测工作，上报AFP疑似病例30例、麻疹5例。完成脊髓灰质炎抗体调查50例。处理职工职业暴露100例，按要求服用HIV预防药物12例，注射乙肝免疫球蛋白、乙肝疫苗8例，注射青霉素（预防梅毒）5例。开展住院病人现患率调查，现患率3.41%，符合国家标准。开展手术病人感染目标性监测4903人次，其中Ⅰ类切口感染率0.42%，Ⅱ类切口感染率0.32%，Ⅲ类切口感染率3.01%。大规模投放灭鼠药5次，开展敌敌畏喷洒48次。四是加强护理管理，进一步提高护理质量和服务质量。6个护理质控小组共开展各类查房1310科次。护理教研室组织业务学习22次，参加培训人员共2385人次。各科室组织业务学习299次；召开公休座谈会228场次；护理人员服务满意度调查，满意率96.08%。组织病人及家属开展健康教育小讲课228场次，住院病人健康教育覆盖率100%，随机抽查知晓率>82.96%；临床科室编绘健康教育宣传栏99期；门诊发放健康教育处方12087份、宣传册2625份，播放健康教育录像294小时。五是深入抓好医疗服务质量监控工作。严格落实告知义务，进一步完善临床及医技科室各种知情同意书，及时完善记录或履行签字手续。通过远程教育系统和特邀专家授课等形式，开展医疗纠纷防范和服务质量教育培训。年内，医疗服务质量监控办公室共接办投诉60件，处理完毕58件，事故纠纷赔偿金额273.67万元。为在职职工购买执业保险和意外伤害险，年内获执业保险理赔7.95万元。

【艾滋病防治】 2010年，德宏

州医疗集团继续承担全州艾滋病抗病毒治疗及中医药治疗艾滋病试点项目的临床治疗和指导工作。每月及时收集各县市艾滋病病人的相关信息资料，按时将药物治疗信息上报云南省关爱中心和省中医药研究所，全年共审核报表600份，上报60份，无迟报、漏报现象发生。借助“艾滋病抗病毒治疗和机会性感染治疗临床研究”项目的技术支持，对医务人员进行心理压力舒缓，完成心理健康基线调查问卷106份，开展了题为“关注心理健康、提高生命质量”讲座，约150余名职工参加。累计开展抗病毒治疗298人，死亡15人，仍在治疗227人，退出治疗56人，退出率19%；入组中医药治疗艾滋病病人60人，死亡3人，退组23人，转介14人，仍在治疗20人，退组率38%；认真实施“推安防艾”干预工作，对25名HIV感染者进行安全防护知识培训，免费发放安全套4429只。与德宏州中英艾滋病项目办联合开展“爱心园”关爱项目，由专科医务人员和聘请的艾滋病同伴宣传员对艾滋病病毒感染者进行疾病知识宣传和心理支持干预。

【卫生支农工作】 2010年，德宏州医疗集团根据国家卫生部、财政部、中医药管理局《关于实施万名医师支援农村卫生工程的通知》和《云南省2010年万名医师支援农村卫生工程项目执行方案》的要求，医疗集团在继续安排人员支援梁河县人民医院的同时，新增加陇川县人民医院作为对口支援单位。至年末，集团共选派4个批次累计18名卫技人员前往受援单位开展各项专科建设、技术指导及临床带教等工作（分别是梁河县人民医院2批9人次，陇川县人民医院2批9人次）。一是在临床工作方面，派出人员服从受援医院安排，积极参与坐诊、义诊、会诊和抢救等日常工作，指导并参与医院大查房和危重疑难病例讨论等工作，2010年度受援医院转院率有所下降。二是护理工作方面，在陇川县人民医院开展了“肾功能衰竭”、“胸外伤患者的护理”、“泌尿外科导管护理”等护理知识讲座。三是学科建设方面，注重新技术、新项目的开展与学科人才的培养，帮助受援医院开展新技术项目12项（其中梁河6项，陇川6项），同时免费接收受援医院医务人员到集团进修学习。四是医技工作方面，指派影像学（CT）、检验学等专业人员协助对口科室开展日常工作，并帮助梁河县医院建立起《临床检验手册》，开展了“临床医学（实验室检查）在临床工作中的重要性”、“如何保证检验医学质量的可靠性”等专题讲座。年内，派出人员共诊疗患者5962人次（梁河2922人次，陇川3040人次），完成手术988例（梁河78台次，陇川910台次）。

【开展新技术项目】 2010年，德宏州医疗集团开展的新技术、新项目分别是：骨二科——颈椎前路钛板内固定技术，颈椎后路椎弓根钉内固定技术，老年性骨质疏松性压缩骨折椎体成形术，复杂型骨盆骨折内固定技术，退变性椎间盘突出并椎管狭窄后路钉棒系统内固定；妇科——盆底重建术，HPV分型检测；产科——妊娠期糖尿病的筛查和治疗，唐氏综合筛查；普外科——乳腺管内乳头状瘤经乳头植入标志物定位切除术；外二科——软通道治疗高血压脑出血，侧脑室枕角植管V-P分流，小骨窗显微血肿清除术，颅内动脉瘤手术夹闭，颅内肿瘤显微切除术；麻醉科——腰丛、坐骨神经联合阻滞应用于高龄人员麻醉，高浓度7-氟烷应用于麻醉快速诱导；耳鼻喉科——面神经断离吻合术，茎突过长切除术；内一科——心脏同步化治疗（三腔起博器的植入），先心病（动脉导管未闭）的介入治疗；内二科——小脑电刺激仪治疗神经系统疾病，脑梗死应用尿激酶溶栓治疗，小脑电刺激仪治疗头昏、失眠、脑卒中、吞咽障碍；儿科——应用肺表面活性物质治疗新生儿肺透明膜病及胎粪吸入综合症；风湿病科——磁振热治疗仪治疗疼痛；肛肠科——肛门测压；检验科——EB病毒DNA检测，肺炎支原体DNA检测，手足口病-肠道病毒71型检测，抗核抗体谱检测，自身免疫性肝病相关抗体测定，类风湿因子分型测定，抗环瓜氨酸肽抗体测定；急诊科——急性肺栓塞与急性肺梗死的急性溶栓治疗等共38项，其中大部分技术为填补州内空白。

【人才培养及教学】 2010年，德宏州医疗集团共安排外出进修学习24人次（三个月以上）、短期学习培训514人次；卫技人员参加远程继续医学教育187人（含“华医网网站”学习人员）；开展全院性学术活动56次、教研室活动25次；组织申报并实施州级继续医学教育项目6项；获州科学技术奖6项，其中一等奖1项，三等奖5项；邀请院外专家到集团进行讲课、业务技术指导83人次，选派技术骨干到下级医院指导工作20人次；带教实习生172

人次、进修医生42人次。

【后勤保障工作】 2010年，德宏州医疗集团继续抓好后勤服务保障工作。一是基建和总务工作，内科住院大楼于11月8日顺利封顶。中医医院业务楼建设项目于10月10日开工建设。完成日常零星修缮、改扩建，完善后勤物资采购供应等后勤保障工作。二是完善后勤托管工作。委托深圳尚荣医院后勤管理服务有限公司管理已进入第三年，托管的服务性后勤保障工作运行平稳、有序，后勤服务质量得到持续保障。三是抓好工会职工服务中心工作。职工服务中心下设便民一药房、便民二药房、招待所、自选超市、仓库及职工食堂等6部门，主要承担经营性后勤服务保障工作。其中：超市被芒市工商局授予“星级食品示范店”称号，并被云南省工商局列为年度全省食品安全工作现场会示范点，至年末，共有职工58名（其中编制内职工11名，编制外聘用人员47名）。

【老干部工作】 2010年，德宏州医疗集团继续抓好老干部工作。一是认真落实好老干部政治待遇。每月组织处级老干部阅读文件1次，每月分别组织3个离退休党支部开展政治学习1次，重要会议均特邀离退休职工代表参加，向离退休职工通报集团上一年度工作情况及本年度工作计划。二是组织老干部参加有益的文体活动。为老年活动室订阅报刊杂志12份，集团老体协共有地掷球队7个、小金属球队2个、门球队2个，各组活动均正常开展。三是关心老干部日常生活。为离退休职工办理医疗互助手续，组织全体离退休职工健康体检，探望生病住院离退休职工32人次，为住昆老职工办理医药费报销手续，为60岁以上老职工办理老年优待证。

【工会工作】 2010年，德宏州医疗集团工会委员会认真履行工会职责，较好的完成各项工作。一是积极维护职工权益，关心职工身心健康。组织1153名职工参加云南省第四期医疗互助活动，有98名职工获得补助，补助金额12.03万元；协助办理职工亲属丧事42起；慰问看望生病住院职工31人；组织在职职工体检708人次；严格执行《劳动合同法》，按要求为签订劳动合同的编制外聘用人员购买“五险”，按时足额发放工资。4月9日，召开集团第二届职工代表大会第三次会议，审议通过集团形成的重要决议，努力保障职工各项权益。二是开展送温暖、献爱心活动。利用各种节日开展形式多样的活动，向职工子女发放儿童节慰问金；由职工捐款12880元，资助州妇联“春蕾计划”失学女童24人继续学业；年内，为帮助旱情严重地区渡过旱灾，经集团工会倡议，有883名职工向灾区捐款共计14299.7元；9月13日职工罗娴家遭遇火灾，687名职工响应工会号召向其捐款28095元；三是开展丰富多彩的文化活动，增强集团凝聚力。3月3至5日，组织792名职工参加春游登山活动；3月24至25日，协助集团党委开展“感恩思进”主题演讲活动；4月26至29日，举办“迎五一”职工趣味运动会；6月29日，与集团党委联合举办“庆祝建党八十九周年唱红歌、本土歌曲歌咏比赛”；11月15至30日，举办集团第六届职工运动会。

【共青团工作】 2010年，德宏州医疗集团团委设委员7名，下设4个团支部，每个支部设支委3名，团干部均为兼职。至年末，共有团员253名，其中男团员40名，占团员总数的15.8%；女团员213名，占84.1%；少数民族团员80名，占31.6%。集团团委严格按照集团党委和上级团委的工作部署和要求，围绕中心工作，积极开展各项活动，继续发挥好党的助手和后备军作用。一是按规定办理团费的收缴工作，除向上级团委缴纳年度团费外，严格按照团章规定使用团费。二是认真做好团员的注册及超龄离团人员注销工作，为34名超龄离团人员办理离团手续。三是坚持“党建带团建”的工作方针，向党组织推荐优秀团员作为党员培养对象，年内共完成“推优”2人。四是组织开展形式多样的团员活动。5月28日，在集团礼堂举办“青春随行·我心飞翔”主题娱乐晚会；6月25日，组织6名志愿者参加“6·26”国际禁毒日宣传、义诊志愿活动；8月24日，邀请德宏州书法协会主席李正保老师开展硬笔书法知识讲座；12月18日，组织15名志愿者到遮放镇中学为全体教职员工开展健康体检；12月24日，组织40余名团员代表到德宏州强制戒毒所开展篮球友谊赛和“禁毒防艾”教育；12月30日，参与承办“爱心、迎新2011公益文艺晚会”，晚会中与团州委联合举行“关爱农民工子女行动”启动仪式。

【医疗设备购置】 2010年，德宏州医疗集团购置各种医疗设备125台（件），投入资金1449.65万元。其中10万元以上设备22台（件），主要是：PCR检测系统、PB760呼吸机、美迪特冰毯仪、低温等离子灭菌器、经鼻CPAP呼吸机、移动式床旁X线机、生物物理治疗仪、外科手术显微镜、自动血流变测试仪、低温等离子灭菌器、EVE4400电子胃镜、EVE4400电子结肠镜、眼底荧光造影机、血液分析仪、I-ZL-2003II免疫治疗（白细胞回升系统）、HGC-3000肿瘤介入治疗机、体腔热灌注治疗机、水处理机、血透机等，使集团的医疗条件得到进一步改善。

【宁养服务】 2010年，德宏州医疗集团人民医院宁养院严格执行全国宁养办各项管理章程，系统开展了针对晚期癌症病人的镇痛治疗、心理疏导、哀伤辅导、护理指导，以及义工培训等工作。年内，共服务晚期癌症病人529人，其中新增病人373人，目前在册118人；出诊1078次，电话随访4515人次；出诊里程10万余公里；发放宁养服务宣传单1万余份，利用电视等媒体宣传7次；项目运行总费用179.87余万元，其中基金会支出138万余元，集团自筹41.87万余元；开展义工培训9次，培训150人次，建立宁养义工服务队伍，目前有在册义工57人。年内，共收到患者及家属赠送锦旗8面、感谢信14封；宁养院被评为集团"先进科室"；1人被集团评为"先进工作者"；1人被集团党委评为"优秀共产党员"；全国宁养办授予6名义工"先进义工"称号。

【创安工作】 2010年，德宏州医疗集团进一步抓好建设"平安单位"和综治维稳工作。一是巩固、扩大"平安单位、科室"和"平安楼院、家庭"以及"无毒品危害单位、楼院"建设成果，对31个科室开展建设"平安"工作情况进行考评。年内，与集团所有科室、租房户签订内部"平安工作"责任书。电子监控系统第四期安装工程实施完毕，设置电子监控总数达191个，实现了集团各重要部位的全覆盖。通过监控系统配合公安机关抓获犯罪嫌疑人1名，帮助住院患者找回走失儿童6名，及时阻止酗酒闹事、打架斗殴行为8次。二是加大建设"平安单位"宣传及教育力度。3月8日、6月29日分两次邀请潞西市消防大队警官对集团消防控制室人员进行操作技能强化培训。3月12日，组织离退休职工160余名到州强制戒毒所开展禁毒教育观摩活动。6月25日，结合集团人民医院门诊人流量大的特点，利用大厅内部空间及闭路电视条件，开展国际禁毒日宣传活动，共展出反邪教、消防安全、交通安全等各类展板50块，滚动播放禁毒、反邪教、交通安全宣传教育片6场次。10月9日，邀请市公安消防大队警官对集团义务消防队员、科室消防员、护士长和新录用人员进行消防设施操作实地培训。10月26日晚，组织集团工会职工服务中心、尚荣德宏分公司及内驻施工人员开展电教宣传活动，播放警示教育片《没有硝烟的战争》及《远离毒品珍爱生命》。11月6日，联合市公安局消防大队在人民医院外科住院大楼开展"119"消防灭火应急演练。年内，集团保卫科共接警21件次。其中：及时制止治安、刑事隐患事件3起，制止斗殴事件8起；其他突发事件10起。上报综治简报15期。

【潞西市农机公司整体划转工作】 2010年，德宏州医疗集团根据《德宏州人民政府关于将潞西市农机公司整体划转并入州中医医院的批复》（德政复〔2009〕180号）、《潞西市人民政府关于市农机公司整体划转并入德宏州中医医院的通知》（潞政发〔2009〕306号）等文件精神，州、市两级政府决定将潞西市农机公司整体划转并入州中医医院。年内，集团共接收退休职工14名、在职职工17名，经征求个人意愿，为在职职工办理买断工龄10名、离岗休养3名、停薪留职2名、安排工作岗位2名；至10月，整体划转工作基本完成。

（《医疗集团》李文芳　黄益民）

（见"州情概览·医疗集团"93页）

妇幼保健

【开展新技术项目】 2010年4月16至30日，根据《中国卫生改革发展中长期规划纲要（2010~2020年）》战略规划，云南省卫生厅在德宏州开展了云南省15种特有少数民族7岁以下儿童人口健康素质调查及重点干预工作。与云南省保健院联合完成了"15种特有少数民族7岁以下儿童人口健康素质调查研究"课题，并对州内7岁以下2313名较少民族儿童进行了健康素质调查（其中：傣族男550人，女548人；德昂族男179人，女173人；阿昌族男186人，女167人；景颇族男273人，女237人）。并针对营养不良、佝偻病等进行了服药，共服药1188人。

【艾滋病母婴阻断课题】 2010年4月28至30日，云南省妇幼保健院在芒市举办了"十一五科技重大专项云南艾滋病母婴阻断及高效抗病毒规范性治疗研究”培训班，来自大理州、红河州、临沧市、德宏州及13县（市）的50名医务人员参加了培训。截至11月，全州有51名符合条件的HIV感染者进入两种药物方案研究组，目前项目工作进展顺利。

【妇幼保健】 2010年，德宏州有7个妇幼保健机构，有在岗人员233人。其中：管理人员32人，占在岗人员的13.73%；卫生技术人员175人，占75.11%；其他技术人员5人，占2.15%；工勤人员21人，占9.01%。全州妇幼保健机构本科及以上学历56人，占24.03%；大专127人，占54.51%；中专40人，占17.17%；其他10人，占4.29%。有床位219张，比上年增29张；年内，总诊疗342886人次，比上年增67994人次，其中妇女诊疗118505人次，儿童诊疗198035人次，婚检34人次，其他26312人次；出院8819人次，增2039人次，其中妇科1150人次，产科5425人次，儿科2236人次，其他8人次；下基层指导1075人次。全年全州妇幼保健院业务总收入3225万元，比上年增936万元。

【人才培养及教学】 2010年，德宏州级、县（市）保健院共培养学科带头人14名，全院用于人才培养经费为19.3万元，占业务总收入的2.04%。年内，申报《新生儿窒息复苏》继续医学教育项目1项，并按要求完成了培训。积极开展院内专业技术人员“三基本”培训，院内自办培训班4期255人次；年内，有56名专业技术人员参加了州人事局举办的“低碳教育培训”；10名卫技人员参加了远程继续医学教育，继续医学教育的卫技人员占全院卫技人员的19.23%。

【孕产妇保健】 2010年，德宏州有产妇15986人，活产婴儿16077人（其中男性8275人，女性7801人），新法接生率98.51%，住院分娩率94.72%，孕产妇保健覆盖率96.07%，孕产妇系统管理率78.39%。孕产妇死亡10例，死亡率62.22/10万。其中：产科出血2例，妊娠高血压疾病3例，羊水栓塞3例，妊娠合并急慢性肾炎1例，产褥感染1例。经州级孕产妇死亡评审专家组评审，10例死亡孕产妇中6例为可避免死亡，4例为不可避免死亡。

【儿童保健】 2010年，德宏州新生儿访视人数15189人，访视率94.48%；5岁以下儿童死亡数249人，死亡率15.49‰；婴儿死亡199人，死亡率12.38‰。经州级5岁以下儿童死亡评审家组评审，全州5岁以下儿童死亡，可避免死亡77例，占60.16%；不可避免51例，占39.84%。

【“降消”项目工作】 2010年，德宏州“降消”项目工作已覆盖全州3县2市。全州的“降消”项目工作仍然以抓产科基础设施和能力建设为突破口，通过建立健全产科急救“绿色通道”、开展人员培训、社区健康教育、农村孕产妇住院分娩补助、选派专家蹲点等措施，提高住院分娩率，逐步降低孕产妇死亡率和消除新生儿破伤风。5月6至7日，举办了一期50人参加的州级培训，制定下发了《德宏州降低孕产妇死亡率和消除新生儿破伤风项目实施方案（2010年）》，并及时组织召开了州级项目协调会和上、下半年两个死亡评审会议。年内，使用项目补助经费590.59万元，补助农村孕产妇住院分娩达13060人。

【预防艾滋病母婴传播】 2010年，德宏州妇幼保健机构严格按照《德宏州预防艾滋病母婴传播工作实施方案》要求扎实开展全州预防艾滋病母婴传播工作。各县（市）党委、政府主管部门对预防艾滋病母婴传播工作高度重视，建立健全了相关组织管理和技术指导机构，并完善了各项工作管理。采取有效措施，为HIV阳性孕产妇提供母婴阻断服务。年内，检测孕产妇37135人，阳性检出率占0.82%。对阳性孕产妇进行了建档管理，阳性孕产妇服药率99.2%；婴儿服药率99.2%；对已满18个月的婴儿进行HIV抗体检测，检测结果均为阴性。对新婚人群23234人进行了检测，阳性检出率0.79%。接受梅毒检测20153人，阳性检出率0.05%。采取多种形式广泛开展健康教育工作，年内开展了一期55人的培训，将预防艾滋病母婴传播工作与常规妇幼保健工作有机结合。认真做好预防艾滋病母婴传播工作相关物资的接收和发放，保障项目的物资供应，全年共接受到省级下发物资1批6种。

【开展健康教育培训】 2010年，德宏州妇幼保健院在加强农村孕产妇住院分娩率，降低孕产妇死亡率和婴儿死亡率，消除新生儿破伤风和艾滋病母婴传播工作的同时，结合妇幼保健知识，开展了健康教育培训工作。年内，出宣传栏4期12板；母婴天地对

0~1岁婴儿开展早教亲子互动课287人，婴儿被动操、主动操461人；孕妇学校开展对孕期保健、轻松分娩、产褥期保健、胎儿早教、拉梅滋等无痛分娩培训11期210人次。

（《妇幼保健》撰稿　吴瑞萍）

红十字会

【备灾中心综合楼项目通过验收】 2010年1月29日，德宏州红十字会备灾中心综合楼项目通过了州发改委、州财政局、州纪委等有关部门的验收，于5月正式投入使用。德宏州红十字会备灾中心综合楼项目占地4亩，建筑面积1175.2平方米，总投资249万元，该楼的建成有效地解决了德宏州红十字会的仓储能力、培训和办公条件。

【苏洪涛副州长到州红十会调研】 2010年2月8日，德宏州副州长苏洪涛到州红十字会调研，苏副州长就红十字下一步的工作提出了几点建议：一、进一步加强队伍建设，加强对各县市红十字会工作人员的业务素质培训；二、把关爱弱势群体的工作进一步深入拓展；三、进一步加大宣传力度，扩大红十字会的社会知晓率；四、依法做好社会募捐工作，提高救助实力；五、抓好项目工作的申请、实施和管理，一方面可以锻炼队伍，另一方面可以借助项目扩大红十字会的救助面。

【上海浦东区红十字会“东方华润新心启航”救心项目在德宏启动】 2010年3月4日，经云南省红十字会牵线搭桥，上海市浦东新区红十字会在上海华润大东船务有限公司和上海市东方医院帮助下，在德宏开展了“东方华润新心启航”救助贫困家庭先天性心脏病患者红十字爱心项目，全州共上报患者31例，经筛查选定7例，为患者免除医疗费10余万元。

【开心树青少年教育中心在瑞丽市勐卯镇卫生院正式启动】 2010年3月24日，由香港开心树社会服务有限公司援助的“瑞丽市红十字会开心树青少年教育中心”在瑞丽市勐卯镇卫生院正式启动。“中心”是香港开心树社会服务有限公司在德宏州针对孤儿创办的一个以心理支持为主要内容的项目。第一阶段为期3年，计划每年在项目覆盖的地区服务约5000人次，旨在通过项目的实施，让孤儿、特别是艾滋遗孤树立正确的价值观和人生观，能够自立、自强、有爱心，成为一个对社会有用的人。该项目前期主要以瑞丽市三中、团结小学的孤儿为服务对象，将开展健康培训、参加兴趣班、组织游戏等活动。

【开展“青海玉树”抗震救灾募捐工作】 2010年4月14日上午7时49分，青海省玉树县发生7.1级地震，造成了重大人员伤亡和财产损失。灾情发生后，德宏州红十字会及时向社会发出了紧急募捐倡议，得到社会各界的大力支持，接收到来自全州各个单位和个人捐款共计104.65万元，所有捐款已按照捐赠者的意愿，及时送达灾区人民的手中。

【抗旱救灾工作】 2010年4月24日，德宏州红十字会在芒市举行中国红十字基金会“春雨行动”启动仪式。此次“春雨行动”是由中国海洋石油总公司和中国神华能源股份有限公司援助，援助资金175万元（其中140万元用于礼包发放，以每户300元的标准，为受灾群众购买大米和饮用水；35万元用于小型水利工程的建设），具体分配标准为芒市35万元、梁河县45万元、盈江县30万元、陇川县30万元、瑞丽市35万元，此次捐助资金覆盖43个乡镇、4316户村民，捐赠学校80所，受益学生12968人。

【盈江勐弄九年一贯制博爱学校落成】 2010年7月12日，由昆明市红十字会牵线，昆明滇池国家旅游度假区援建的盈江勐弄九年一贯制博爱教学楼在新教学楼前举行了隆重的落成典礼，昆明市红十字会常务副会长张匀、秘书长邵国荣，昆明滇池国家旅游度假区党工委副书记王光华、工会常务副主席宋定文，德宏州红十字会常务副会长张蕾红，盈江县政府相关领导参加了落成典礼。博爱教学楼总投资280.81万元（其中昆明滇池国家旅游度假区捐资129万元），建筑面积1498平方米，3层框架结构，有18个教室，博爱教学楼的落成有效地解决了600多名学生上学难的问题。

【昆明市红十字会筹资援建盈江县弄璋小辛街小学】 2010年，昆明市红十字会筹得爱心捐助款60万元，援建了盈江县弄璋乡小辛街小学。7月12日，昆明市红十字会正式与盈江县政府签订了援建协议，并在弄璋镇小辛街小学举行了奠基仪式。

【红十字与红新月国际联合会心理援助项目考察组到陇川考察】 2010年8月2日，红十字与红新月国际联合会、中国红十字会总会、云南省红十字会自然灾害心理援助项目考察组到德宏州陇川县进行考察。自然灾害心理援助项目主要是帮助受自然灾害危害的人们走出阴影，步入正常的快乐生活，在 08 年“5·12”四川汶川大地震中，该项目发挥了积极重要的作用。此次到德宏考察是希望能够借助项目的实施，摸索出一套针对边疆少数民族进行心理援助的方法，并面向全国进行推广。

【召开第四届理事会第三次会议】 2010 年 8 月 11 日，德宏州红十字会在芒市召开第四届理事会第三次会议，会议根据中国红十字会法和红十字会条例的相关规定和要求，选举州人民政府副州长苏洪涛同志为德宏州红十字会第四届理事会会长，审议变更、增补了 7 名理事和 4 名常务理事。

【红十字卫生救护培训工作正式在全州运转】 2010 年 8 月，德宏州人民政府办公室向全州下发了《德宏州人民政府办公室关于在全州部分行业和系统开展卫生救护培训工作的通知》（德政办发〔2010〕179 号），该文件的下发，标志着州卫生救护培训工作步入正轨。11 月 2 日上午，全州红十字系统卫生救护培训启动会在德宏州红十字会备灾中心召开，下午，各级红十字会与州驾校、运政管理等单位召开了协调会，对如何开展好卫生救护培训工作进行了协调沟通，达成了共识，为下一步顺利开展工作奠定了基础。截至当前，全州开展培训 20 期，共培训卫生救护员 1760 人。

【纪念 2010 年“世界急救日”宣传活动】 2010 年 9 月 9 日，德宏州红十字会联合德宏州公安局交警支队，芒市红十字会、芒市公安局交警大队、芒市顺民汽车旅游出租有限公司协办的纪念 2010 年“世界急救日”宣传活动在芒市广场隆重举行。此次活动的主题是在全州普及卫生救护常识，开展自救互救，确实保护人的生命和健康。活动中，德宏州红十字会为全州 146 辆外勤警车以及部分出租车配备了急救包，并请 120 急救中心专家、红十字会卫生救护师对在场的 40 余名交通民警和 10 余名出租车司机讲解了意外伤害现场救助的处理方式，并详细讲解了急救包的使用方法和要领，以及没有急救包的情况下，如何及时抢救伤员的措施和办法。还现场演示了对伤员进行止血、包扎、固定、搬运等急救技能。通过活动，大家对现场急救的知识有了一定的认识。

（《红十字会》撰稿　李松亮）

体　育

体育管理

【加强机关作风建设】 2010 年 1 月 18 日，芒市体育运动中心为进一步加强机关作风建设，出台关于进一步加强机关作风建设的通知（芒体发〔2010〕04 号）。19 日，体育中心召开全体干部职工会议，专题研究部署机关作风建设工作。会上，全体干部职工认真学习《芒市体育运动中心进一步加强机关作风建设的通知》、《芒市体育运动中心工作规则》、《芒市体育运动中心干部职工管理办法》、《芒市体育运动中心临时工管理办法》等文件。会议要求全体干部职工一是严格执行上下班签到制度（从 2010 年 1 月 25 日开始用考勤机进行考勤）。二是严格执行请销假制度。三是严格执行《云南省公务员八条禁令》、《德宏州国家工作人员十条禁令》、《德宏州国家工作人员“五不准”》。四是着装统一，佩戴工作证。五是工作时间不得外出吃早点、买菜等。六是工作时间严禁不务正业，严禁出现利用电脑玩游戏、看电影、与人吹牛聊天等行为。七是杜绝“门难进、脸难看、事难办”，做到“一张笑脸相迎、一把椅子让座、一杯热茶暖心、一腔热情办事”，严格按照四项制度的要求为民办事。

【开展“体育法”宣传活动】 2010 年 3 月 5 日，德宏州体育事业局为响应德宏州妇儿工委关于开展 2010 年“三·八”维权周法律法规宣传活动的要求，组织干部到芒市街心花园开展妇女权益保护和“感恩思进”主题宣传活动。活动采取发放传单，相关权益咨询的方式进行。本次活动发放《中华人民共和国体育法》、《云南省全民健身条例》和《新中国成立60年来的巨大变化》等宣传资料580份，接受群众咨询32人次，深受大家的欢迎。

【召开德宏州体育工作会议】 2010年3月18日，德宏州体育工作会议在芒市召开。会议传达了全省体育局长会议精神，回顾上年全州体育工作，提出并部署年内体育工作的各项任务，表彰体育工作先进单位和个人。副州长苏洪涛、州政协副主席董成宝、州人大常委会秘书长夏阳等出席会议，并为先进单位和个人颁奖。州体育局调研员何继武被评为全省唯一的1名全国体育系统先进工作者；梁河县文体局副局长张友忠、潞西市芒市中学体育教师尹可德、陇川县文体局体育股股长马春强被评为全国群众体育工作先进工作者；州体育局被评为全国健身气功工作先进单位，并荣获2009年度全国全民健身活动优秀组织奖；陇川县文体局被评为2009年度全国全民健身活动先进单位；瑞丽市姐相乡、盈江县文体局、州老年体协被评为全国群众体育工作先进单位。州体育局还表彰了7个群众体育工作先进单位、8个业余训练工作先进单位和3个体育信息工作先进个人。会上苏洪涛就做好当前和今后一段时期全州体育工作提出要求。

【开展校园安全教育及检查活动】 2010年5月10日，德宏州体育局少体校为深入贯彻全州优化经济社会发展软环境建设，进一步加强对校园周边环境的安全整顿，结合全国学校接连发生几起劣性重大事件，组织“体校班”班主任、管理人员开展校园安全教育及安全大检查活动。对“体校班”全体学生进行感恩教育，强调要做社会有用的人、有良知的人、会感恩的人，并再次要求做好各方面的安全教育工作。活动结束后，对住校生宿舍进行全面检查、清理和整顿，对存在有安全隐患的刀具、火机和铁棒等物品进行收缴，集中保管，为学生创造一个安全、舒适的学习、训练环境。

【开展服务礼仪培训活动】 2010年5月18日，德宏州体育局组织局机关和下属单位全体干部职工开展礼仪服务培训活动。培训采用专人授课与观看“现代礼仪”视频专题讲座的方式进行。培训活动的开展进一步提高州体育局工作人员的综合素质，强化干部职工的服务意识，转变服务观念，提升服务质量，

【德宏州农村体育工作现场会在瑞丽召开】 2010年12月14日，德宏州农村体育工作现场会在瑞丽召开。会议总结“十一五”期间全州农村体育工作，部署“十二五”期间农村体育各项工作任务。副州长苏洪涛出席会议，州体育局和各县市（区）体育（文体）局相关负责人等参加会议。与会人员到姐相乡、弄岛镇参观瑞丽市实施国家“农民体育健身工程”、“云南省村级农村文化体育活动广场”、“德宏州篮球场建设进村工程”建设情况，观摩瑞丽市第四届农民篮球运动会暨第三届“洛嘉杯”农民篮球比赛的组织工作。苏洪涛在工作交流会上作了重要讲话。

竞技体育

【全州中学生运动会在州民一中举行】 2010年2月4至6日，由德宏州教育局、州体育局主办，州民一中承办的全州中学生运动会在芒市举行。有来自全州6个县市（区）和州直2所学校的8支代表队、439名运动员参加了田径、篮球2个大项、58个小项的激烈角逐。本届运动会田径比赛分初中组和高中组进行，设有男女100米、200米、跳高、铅球、铁饼、标枪等56个项目。篮球比赛分男子、女子2个组进行。6日上午，运动会完成了各项比赛，降下了帷幕。田径项目初中组团体第一名被瑞丽代表队获得，潞西代表队获团体第二，盈江代表队获第三。高中组团体前三名分别被州民一中、盈江、潞西代表队夺得。州民一中代表队的喊旺、岳定宏，潞西代表队的杨恩高、盈江代表队的杨恩超等5人分别打破高中女子100米、高中男子100米、800米等6项州青少年纪录，创造了6个项目新的州青少年纪录。篮球项目第一名被州民一中代表队获得，潞西、盈江代表队分获亚军和季军；潞西代表队夺得女子组冠军，州民一中、陇川队名列亚军和季军。州民族初级中学、梁河代表队获得田径项目体育道德风尚奖，陇川、州民一中代表队获得男子、女子篮球比赛的体育道德风尚奖。有45名表现突出的运动员和9名裁判员获得个人体育道德风尚奖。

【参加云南省儿童游泳锦标赛】 2010年2月21至25日，德宏州少体校游泳队参加在昆明市少体校游泳馆举行的云南省儿童游泳

锦标赛。州少体校 29 名游泳运动员参加比赛。在教练员精心组织指挥下，运动员发扬顽强拼搏的精神，在全省游泳比赛中取得 5 金 6 银 4 铜，男子游泳队和女子游泳队分别获得团体总分第二的优异成绩。

【全国沙滩排球巡回赛在盈江举办】 2010 年 4 月 10 至 13 日，全国沙滩排球巡回赛在德宏州盈江县举行。来自山西、上海、浙江、福建、山东、海南、四川、新疆、香港特别行政区、云南等省、市、自治区的代表队以及解放军八一双星名人队 12 支代表队参加了比赛。经过 4 天的角逐，八一双星名人队的周顺、刘伟获得男子组冠军，山东队的李磊、孙元坤获得亚军；八一双星名人队的田佳、王菲获得女子组冠军，山东队的孙燕青、张丹获得亚军。

【芒海边境国门学校田径业余训练点挂牌成立】 2010 年 5 月 29 日，芒海镇举行“芒海边境国门学校田径业余训练点”揭牌暨体育器材捐赠仪式。州少体校、市文体局向训练点捐赠价值 1.3 万元的体育器材。州、市相关部门领导及芒海边境国门学校师生近 500 人参加仪式。该训练点为芒市文体广电旅游局设立的，训练出来的学生可选拔输送到州少体校。

【参加云南省第十三届运动会】 2010 年 8 月 18 至 26 日，由德宏州副州长苏洪涛为团长、2 名副团长，85 名参赛运动员，19 名领队和教练员，2 名联络员，共 112 人组成的代表团，参加在文山州举行的云南省第十三届运动会。参加田径、游泳、排球、网球、举重、击剑、拳击 7 个大项的青少年组比赛，实现总成绩“保十争九”的预期目标。经过顽强拼搏，德宏州代表团以 6.5 枚金牌（州运动员从国家级皮划艇项目带入 1.5 枚）、9 枚银牌、15 枚铜牌，总分 417.5 的成绩名列总分榜第九名，并荣获体育道德风尚奖。本届比赛，德宏州运动员姚海玲在举重女子 58 千克级，张智荣和杨浩在网球男子双打，张再辉在游泳 98 年后男子组自由泳全能，郭成仪在游泳 98 年后男子蝶泳全能，吴光毅在田径青少年男子组铅球项目上获得金牌；在举重、拳击、击剑、田径、排球 5 个项目中获得 9 枚银牌；在举重、游泳、田径、网球 4 个项目中获得 15 枚铜牌；并获得第四名 14 个、第五名 12 个、第六名 4 个、第七名 4 个、第八名 1 个。其中：吴光毅以 16.58 米的成绩打破省运会青少年男子铅球 15.98 米纪录。

【参加云南省首届国标标准舞新秀公开赛】 2010 年 12 月 25 日，德宏代表队参加在昆明举办的 2010 年云南省首届国际标准舞新秀公开赛。德宏州国际标准舞协会的朱湘、严芝芳、许媚兰和杨杨菊 4 位小会员，为德宏代表队收获了拉丁舞业余儿童新秀单人项目组 B、组 R、组 C 和组 S4 个组别的金奖。

群众体育

【举办寒假体育培训班】 2010 年 1 月 18 至 2 月 10 日，由德宏州少体校青少年体育俱乐部和芒市体育运动中心联合举办的寒假体育培训班在芒市体育运动中心顺利举办。本次培训班招收 82 名学员，进行 6 个项目的培训。其中篮球 20 人，羽毛球 13 人，网球 11 人，象棋 12 人，乒乓球 11 人，游泳 15 人。本次培训班不仅达到了预期效果，还得到社会各界的一致认可。在培训过程中，培训主办方将针对本次培训活动中所暴露出的问题和家长的意见建议，进一步加强整改、完善措施，争取在今后的培训工作中取得更好的成绩。

【云南国际公园定向赛德宏站比赛在畹町和潞西举办】 2010 年 4 月 1 至 2 日，云南国际公园定向赛德宏站比赛分别在瑞丽畹町经济开发区和潞西勐巴娜西珍奇园圆满落下帷幕。此次比赛是云南国际公园定向赛在云南开展 10 年来，首次进入德宏州开赛。副州长苏洪涛出席在芒市站的比赛活动，州长助理全洪涛主持芒市站的比赛。为期 2 天的比赛，有来自中国和瑞典、挪威、芬兰、丹麦、瑞士、捷克、俄罗斯、拉脱维亚、德国、泰国 11 个国家的 150 多名选手参加比赛。参赛选手中年龄最大的 75 岁，中国有 14 名选手参赛，分别来自天津和香港。

【举办国家二级社会体育指导员培训班】 2010 年 5 月 8 至 9 日，潞西市文体局举办为期 2 天的国家二级社会体育指导员培训班。德宏师专的 50 名体育专业学生参加了培训。培训邀请州内体育专业人士进行授课，授课内容：一是学习体育法；二是学习健身条列；三是学习指导员等级制度；四是学习编印竞赛秩序册；五是学习如何组织安排运动会开、闭幕式；六是学习一般场地画法等内容。培训结束后进行统一考试，并为考试合格者颁发国家二级社会体育指导员证书。

【芒市地区首届“远翔广告杯”小学生乒乓球和羽毛球比赛】 2010年6月5至20日，芒市地区首届“远翔广告杯”小学生乒乓球、羽毛球比赛在芒市体育运动中心举行。本次比赛为期4天，321名来自芒市一小、民小、三小、四小、华小5所小学的运动员在羽毛球、乒乓球2个大项的8个小项中展开激烈角逐。经过激烈的比拼，刘永泽等64名小运动员获得比赛前8名的奖项，熊紫权等65名小运动员获得鼓励奖，芒市民小、三小获得优秀组织奖。

【潞西举行民族民间体育比赛活动】 2010年8月10日上午，潞西市在勐焕街道文化站举行潞西市民族民间体育比赛活动。来自勐焕街道的11支代表队、200余名群众和民间体育爱好者参加了活动。比赛设置具有农村特色和趣味性、健身性的25米×10人迎面挑谷子比赛、扭棒比赛、拔河比赛3个项目。最后决出前三名和纪念奖等多个奖项。

【参加全省第九届少数民族传统体育运动会】 2010年11月16至23日，德宏州组成以州人民政府副州长孔勒干为团长，州人民政府副秘书长刀保信、州民宗局局长王二软和州体育局副局长段敏为副团长的代表团，参加在普洱市举行的全省第九届少数民族传统体育运动会。代表团有111人，其中团部领导及工作人员18人、领队7人、编导2人、教练12人、表演项目运动员29人和竞技项目运动员43人；代表团成员分别有傣族、景颇族、傈僳族、阿昌族、汉族、纳西族和彝族等民族组成，分别参加竞技项目和表演项目10个小项的角逐。经过代表团全体人员的共同努力，德宏州获得金牌2块，其中竞技项目射弩分别获女子立姿金牌和第六名；武术分别获C组金牌、第六、第七和第八名，以及对练第八名；陀螺获第六名；吹枪分别获第七和第八名；高脚竞速获第六和2个第七名；板鞋竞速分别获第四、女子第七和男子第八名。

【芒市地区首届羽毛球大赛】 2010年11月20日至12月5日，由德宏州体育局主办，芒市体育运动中心承办的芒市地区首届“明瑞达新龙杯”羽毛球大赛在芒市体育运动中心举办。比赛期间，来自各单位、各行业的141名运动员参加了比赛。在5个组别项目中展开激烈的角逐，最终，中年男子组的兰军、中年女子组的张燕云，男子甲组的杨剑涛、女子甲组的冯艳萍，青少年男子组的龚琛辉、汪志明和青年女子组的赵杰分别获得所在各项组别的冠军。

【芒市首届“德宏（国际）珠宝小镇杯”勐焕大金塔登山比赛】 2010年12月18日，由德宏州体育局、德宏州旅游局主办，《春城晚报·新芒市》及德宏（国际）珠宝小镇承办，芒市旅游局、芒市文体局、勐巴娜西珍奇园协办的芒市首届“德宏（国际）珠宝小镇杯”勐焕大金塔登山比赛在芒市大金塔举办。来自社会各界的480人报名参加了比赛。本次比赛决出7位冠军，为军警组冠军付云华，成绩3分16秒；青年男子组冠军杨杰堂，成绩2分46秒；青年女子组冠军周丽华，成绩3分37秒；中年男子组冠军杨昆，成绩3分47秒；中年女子组冠军张瑶芳，成绩4分44秒；老年男子组冠军普金发，成绩5分04秒；老年女子组冠军赵燕莉，成绩5分49秒。速度最快的是男子青年组的冠军杨杰堂（高三学生），为2分46秒的速度，超出军警组冠军30秒。此外，7个组每组评出5个二等奖，20个三等奖，20个鼓励奖。

老年体育

【全州老年人桥牌邀请赛在潞西举行】 2010年3月23至24日，由潞西市文体局、潞西市老年人体育协会组织的全州老年人桥牌邀请赛在潞西市举行。本次比赛有10个老年代表队，44名运动员参加。经过2天9轮的比赛，州直一队、潞西一队、瑞丽一队分别获比赛的前三名，潞西三队获体育道德风尚奖。

【德宏州代表队获全国中老年人柔力球邀请赛金奖】 2010年7月20至23日，潞西市心语健身团代表队代表德宏州参加在楚雄州举办的第三届“斯柏特杯”全国中老年人柔力球邀请赛。来自云南、贵州、四川、福建、山西等省区的42支代表队近500名中老年运动员参加了团体规定套路、团体自选套路、双人自选套路、个人自选套路及交流展演等项目的比赛。通过比赛，潞西市心语健身团代表队获得柔力球邀请赛老年组金奖，为德宏州争得了荣誉。

【举行第二个“全民健身日”庆祝活动】 2010年8月7日，德宏州直机关老年体协在芒市广场举行第二个“全民健身日”庆祝活动。来自芒市地区各老年体协的1500多名老同志，载歌载舞欢聚一堂共庆健身日。活动现场，各老体协代表开展了丰富多彩的展演活动。截至年末，州直机关老体协有基础协会53个，会员3315个。

【举行“百龄乐健杯”德宏门球友谊赛】 2010年11月17至21日，“百龄乐健杯”德宏门球友谊赛在芒市举行。比赛由百龄乐健公司冠名主办，州门球协会承办。经过5天激烈的角逐，州华侨农场代表队和州安全局代表队获得州直小组并列冠军，芒市华侨糖厂代表队获得县市小组冠军。

《体育》撰稿　张　旭)

(见“州情概览·体育”89页)

社会生活

人口计生

【人口计生工作会】 2010年3月19日，德宏州委、州政府召开全州人口和计划生育工作会议，就贯彻落实好全国、全省人口和计划生育工作会议精神和州委五届十一次全会精神，全面推进德宏州人口计生工作进行部署，州党政领导孟必光、杨红、杨丽云出席会议。州人口和计划生育协调领导小组成员单位主要领导，州人大教科文卫委、州政协经济人口资源环境委、教科文卫委纪工委负责人；各县市县市长，分管人口计生工作的副县市长，畹町经济开发区管委主任及分管领导，人事、财政、教育、人口计生部门负责人；各乡镇乡镇长1人以及州人口计生委全体干部共150多人参加会议。孟州长认真总结了德宏州人口和计划生育工作所取得的成绩，指出了面临的发展机遇、挑战以及存在的困难问题，全面部署了年内及今后一段时期全州人口计生工作，并与各县市（区）政府和州人口计生协调领导小组成员单位签订年内目标管理责任书。会议统一了思想、明确了任务、提出了措施和要求，为全面完成“十一五”人口计生目标任务和年度工作任务奠定了基础。

【低生育水平保持稳定】 2010年，德宏州人口计生部门坚持把稳定低生育水平放在工作首位，坚持计划生育基本国策不动摇，严格执行现行生育政策；认真落实效能政府等4个四项制度和政府信息公开制度，全面准确公开办事时限、办理程序、办理流程，公开执法内容、执法依据和执法程序，公开服务承诺，公开服务项目和收费标准。将依法行政和落实计划生育行政执法责任追究制纳入年度责任目标考核，贯穿于人口和计划生育管理的全过程，进一步规范执法行为、执法程序和法律文书，严明执法纪律，依法开展计划生育技术服务，综合治理出生人口性别比偏高问题，努力控制违法多生育，全州保持了低生育水平态势，出生人口性别比趋于正常。根据抽样调查，年内全州人口出生率控制在13.4‰，自然增长率控制在7.3‰，全州计划生育率97.09%，综合避孕率85.85%，优选节育率77.5%。低生育水平保持稳定。全面完成了年内和“十一五”人口发展规划确定的人口发展目标。

【优生促进工程全面推进】 2010年，德宏州人口计生部门积极开展育龄妇女叶酸增补、出生缺陷一级预防、孕前优生健康检查等优生促进工程，在陇川县实施了国家孕前优生健康检查项目，在梁河、陇川2个省级出生缺陷试点县全面开展了孕前培训、孕前健康检查、孕期保健和对农业人口目标人群免费增补叶酸等工作。一是增补叶酸预防神经管缺陷项目稳步实施。全州共发放叶酸44535瓶，应服用人数13366人，叶酸服用11914人，叶酸服用率为89.1%；叶酸服用依从人数8924人，依从率为74.9%；随访叶酸服用对象33451人次，对11636位孕产妇的妊娠结局进行了跟踪随访；调查叶酸服药对象18157人，知晓叶酸增补知识17363人，知晓率为95.6%。二是出生缺陷一级预防工作有效推进。陇川、梁河2个出生缺陷预防试点县应进行孕前检查人数6684人，检查人数4678人，孕前检查率为69.98%，并对3574位孕产妇妊娠结局进行了跟踪随访；三是孕前优生健康检查项目进展顺利。自项目实施到年底，陇川县应进行孕前健康检查人数2752人，检查人数1679人，孕检率为61%。优生促进工程的全面实施，为减少出生缺陷发生、提高出生人口素质、造福各族群众、构建和谐德宏发挥了积极作用。

【计划生育惠民政策】 2010年，德宏州人口计生干部坚持以人为本的科学发展观，认真落实好计划生育奖励扶助政策，自觉维护广大计划生育家庭利益。年内共为符合计划生育“少生快富”奖励条件的1249户家庭申报了“少生快富”奖励金370.3万元；为392人申报了特别扶助金45.22万元；为1345人申报了养老生活补助102.13万元。截至12月底，共有33262个自觉执行计划生育基本国策的家庭优先分享国家改革发展的成果。

【新型生育文化建设】 2010年，德宏州人口计生部门认真贯彻宣传教育为主方针，高度重视并充分发挥宣传教育的先导性作用。结合德宏州民族众多的特点，采取“用民族干部宣传人口计生政策、用民族语言讲解计划生育知识，用民族文字印制人口计生宣传品、用民族歌舞展示人口计生成就”的模式，深入开展人口计生政策法规宣传教育，传播优生优育、避孕节育、生殖健康保健知识，推进科学、文明、进步的社会主义新型婚育文化建设，提高全社会支持、参与人口计生工作的积极性和主动性。以农村村委会和城镇居委会为基础点，以群众的自觉主动参与为聚焦点，以婚育新风进万家示范活动为切入点，以新型生育文明建设为着力点，积极推进“关爱女孩行动”和“婚育新风进万家”示范活动，不断巩固完善宣传网络和阵地，扩大婚育新风宣传的覆盖面，抓好示范引导和宣传品进村入户，全州建成17个富有特色的农村生育文化大院和新家庭文化书屋。

【组织开展中央《公开信》发表30周年系列纪念活动】 2010年9月25日，是《中共中央关于控制我国人口增长问题致全体共产党员、共青团员的公开信》发表30周年。为切实开展好纪念活动，9月16日，德宏州政府下发《德宏州开展〈中共中央关于控制我国人口增长问题致全体共产党员共青团员的公开信〉发表30周年纪念活动方案》（德政办〔2010〕202号），明确了纪念活动指导思想、主题、活动方式、内容和宣传重点。按照州政府的部署，全州开展了一系列纪念活动。一是9月20日，州人民政府组织召开了州委办、州政府办、州人教科文卫工委、州政协人口资源环境委以及人口和计划生育协调领导小组各成员单位领导参加的德宏州纪念《公开信》发表30周年座谈会，对全州集中开展纪念宣传活动各项工作进行了具体安排；各县市（区）政府（管委）也在“9·25”前后分别组织召开了纪念《公开信》发表30周年座谈会。二是开展了系列宣传。9月21至24日，州及县市在各单位大门或临街醒目位置悬挂了纪念《公开信》发表30周年宣传标语；在各村（居）委会、社区张贴纪念《公开信》30周年主题宣传画和宣传品；25日，州人口计生协调领导小组27个成员单位结合各行业实际，在芒市街心花园以悬挂横幅、展出展板，设立政策法规、禁毒防艾、艾滋病预防、优生优育、避孕节育咨询服务点等形式，集中开展《公开信》发表30周年纪念日宣传服务活动；州电信公司向全州手机用户发送了“今天是中共中央关于控制我国人口增长问题致全体共产党员、共青团员的公开信发表30周年纪念日，向所有实行计划生育的人们致敬”的公益短信；德宏团结报、州电视台、州电台、孔雀之乡网站及各县市新闻媒体与计生部门密切配合，开设了“纪念《公开信》发表30周年”专栏，9月21至30日，德宏电视台滚动播出纪念《公开信》发表30周年宣传标语，活动期间新闻媒体共刊播人口计生稿件80条；三是孟州长于25日在德宏电视台发表了德宏州纪念《公开信》发表30周年电视讲话；四是广泛开展寻找“001”活动。联合新闻媒体，组织各县市以最早领取《独生子女证》、《生育服务证》、农业人口独生子女奖励《兑现证》、《计划生育奖励扶助直通车存折》、《农村独生子女奖学金》的大学生、中学生（含初中、高中、中专、技校生）及从事人口计生工作最早最长人物为对象开展寻找“001”活动，共寻找到人口计生“001号”78人，经严格筛选，上报省最早领取《独生子女证》的5户家庭及从事人口计生工作最早最长人物22人。五是深入开展走访慰问活动。10月9至11日，德宏州政府副州长苏洪涛带队，走访慰问了全州5户最早领取《独生子女证》

的家庭和从事人口计生工作最早最长人物的22名代表，发放慰问金10800元；活动期间，州及各县市走访慰问带头实行计划生育的家庭282人，发放慰问金或物品43199元，慰问人口计生老领导老同志118人，发放慰问金或物品39543元。

【优质服务活动提质提速】 2010年，德宏州人口计生部门把优质服务作为实现人口计生工作思路和工作方法，两个根本性转变的重要举措贯穿于人口和计划生育工作的始终，按照“四优一满意”和“六好”、“六化”、“八措施”的要求，全面开展计划生育优质服务达标、创优活动，以创建活动促进优质服务水平提升，在巩固好潞西市达国优，瑞丽、陇川两县市达省优成果的基础上，积极推进盈江县创省优、梁河县达省标活动。不断完善计划生育药具网点，积极推进计划生育药具标准化建设，计划生育药具可及性进一步提高。优质服务工作的全面开展和优质服务能力水平的提升，人口计生系统逐步成为人民群众满意的行业，群众对计划生育工作的满意率保持在95%以上。

【流动人口服务管理】 2010年，德宏州人口计生部门树立全州流动人口服务管理工作“一盘棋”的理念，进一步健全完善“现居住地为主、属地化管理、市民化服务、依法维护权益”的计划生育服务管理体制，使流动人口在生产、生活、生育等方面能够获得居住地市民的待遇。加大综合治理力度，按照“谁用工谁负责，谁受益谁管理，谁管辖谁服务”的原则，落实部门、社区和法定代表人服务管理责任制。推动建立相关部门密切配合、互通信息制度，形成长效机制；大力实施流入地与流出地之间双向管理、协作配合制度，组织开展关怀关爱行动。流出成年育龄妇女办证登记率为84%，流出已婚育龄妇女综合避孕率为85%，流入已婚育龄妇女查证建档率为81%，流动人口计划生育政策知晓率为92%，流动人口出生政策符合率为84.56%，流出（流入）育龄妇女入库率为81%，PADIS全国流动人口计划生育服务管理工作平台应用率为100%，流入已婚育龄群众避孕药具免费发放率为100%，免费孕检率为80%，免费技术服务率为80%，流动人口个案信息离线录入率达85.7%。

【服务体系建设】 2010年，德宏州人口计生部门认真抓好陇川县计划生育服务中心等13个第四批扩大内需计划生育服务站建设项目建设工作。在建设中严把质量关，严格按照国家人口计生委、国家发改委下发的《计划生育服务站建设项目管理办法》及其相关规定，遵循“资金投向不变，配套比例不变，建设标准规模不变”的原则，强化宣传教育、技术服务、优生指导、药具发放、信息咨询、随访服务、生殖保健和人员培训8个功能，围绕群众需求，打造富有行业特色的公共服务品牌，规范服务机构标识和外观形象设计。至年底，13个项目主体工程已全部竣工，10个站已投入使用，总建设面积4755.46平方米，完成投资832万元。

【推套防艾工作】 2010年，德宏州人口计生部门强化目标管理，层层签订目标责任书，切实抓好宣传教育、培训和督促检查，推套防艾工程工作成效显著。年内，全州40家星级宾馆、278家普通宾馆酒店、268家社会旅馆、66家歌舞厅、160家酒吧发廊、227家医疗疾控机构、1家私立门诊、261家零售药店均100%摆放安全套；宾馆、酒店、社会旅馆、娱乐场所等艾滋病防治重点场所摆放德宏州防艾专用免费安全套24.9万只，云南省防艾免费专用安全套108.1万只；宾馆、酒店、社会旅馆等营业性住宿场所、酒吧发廊等娱乐场所、零售药店和自动售套机共营销安全套58.6万只；医疗机构、疾控中心等部门免费发放给HIV/AID人员及其家属和性病患者专用安全套22.5万只。向育龄群众免费发放安全套50.58万只；对流动人口（农民工）免费发放4.74万只，开展宣传服务发放22.65万只。推广使用安全套防治艾滋病工程工作取得了明显成效，据问卷调查，群众对艾滋病预防知识知晓率达到了97%以上，防范意识明显增强；高危人群艾滋病知识知晓率达到98%以上，高危人群最近一个月安全套使用率达95%以上，为有效阻断艾滋病经性途径传播作出了积极贡献。

【禁防工作】 2010年，德宏州人口计生部门高度重视禁毒防艾工作，派出由1名副主任担任队长的禁防工作队，与盈江县平原镇签订社会治安综合治理共建责任书，认真落实禁毒防艾新3年规划，把人口和计划生育、禁毒防艾、法制宣传教育、建设社会主义新农村等与共建工作有机结合起来，积极支持帮助挂钩村进一步抓好禁毒防艾、综治维稳基础建设、社会发展等工作。一是深化群防群治，夯实群众基础。组建了10支共100人的护村队，在下拱别、拱别新社、拱别老社村民小组探索建立了禁防工作村民理事会。二是狠抓禁毒戒吸，巩固禁防成果。年内全村共组织大规模吸毒人员尿检4次，完成打零收戒任务28人，占任务数的112%。州人口计生委筹集2800元对完成打零收戒任务的联防队每完成1例在县禁防办奖励200元的基础上再奖励100元。三是落实防治措施，遏制艾滋蔓延。对村社干、护村队、禁防宣传员等群防群治组织成员进行了业务培训；督促、配合村医建立健全了艾滋病感染者、病人的个人档案，做好对艾滋病感染者及病人的随访及相关管理工作，积极做好安全套发放和关爱工作，走访吸毒和艾滋病家庭221户；建立了新婚孕产妇管理档案，积极宣传动员新婚孕产妇、流动人口自愿进行艾滋病咨询检测。四是强化宣传教育，筑牢思想防线。年内共开展禁防宣传教育活动20多场次，发放各种宣传资料3500份，入户宣传860多户次，接受宣传教育3200多人次；完善宣传广告牌2块，确保每个村民小组有2块永久性的宣传广告牌、有3-4条永久性标语。五是办实事办好事，推进新农村建设。州人口计生委始终把推进富联村经济社会发展作为重要工作内容，积极争取各方支持。4月10日，省委副书记李纪恒再次亲临富联村检查指导工作，对富联村近年来在禁毒防艾、新农村建设、恢复重建、产业发展等方面所取得的成绩给予了充分肯定，同时就富联村今后的工作和发展提出了新的要求，支持100万元资金发展经济产业项目，此项资金已经到位。富联村上拱布弓腰坡20万元的农村一事一议村内户外主路水泥路面硬化建设项目正在开工建设；概算投资10多万元的拱别桥建设项目已经过施工方实地勘察；50万元的拱别新老社农田水利建设项目正待实施。此外，2月5日，州人口计生委组成春节慰问组，对富联村57户特困户、独生子女户、双女户、困难老党员和各村民小组长等群众进行了慰问；7月1日，州人口计生委党支部、禁毒防艾工作队组织党员在富联村开展创先争优、庆祝建党89周年活动，对贫困党员进行了慰问，对优秀党员进行了表彰；9月27日，州人口计生委经过多方筹资，帮助上拱布村民小组解决了1万元的村文化活动室建设欠款。

【出台人口计生综合改革试点工作意见】 2010年，云南省人口和计划生育委员会把德宏确定为全省人口和计划生育综合改革的两个试点地区之一。按照省部署，州人民政府结合实际，制定出台《德宏州人口和计划生育综合改革试点工作实施意见》，并于11月19日以（德政办发〔2010〕237号）印发。《意见》阐述了人口计生综合改革的重要性，提出了指导思想、总体目标、基本原则，明确了综合改革的主要内容是构建“统筹协调、科学管理、优质服务、利益导向、群众自治、人财保障”的六个机制，提出了工作要求，规定工作步骤。12月，德宏州被国家人口计生委正式确定为全国人口和计划生育综合改革示范市（州）。

【人口计生队伍职业化建设】 2010年，德宏州被云南省人口和计划生育委员会列为全省人口和计划生育队伍职业化建设试点示范州。为切实加强组织领导，创新工作思路，积极推进全州人口计生队伍职业化建设，进一步完善人口计生公共服务管理网络，建立完善统筹解决人口问题、促进人口长期均衡发展的工作机制，推动人口计生工作健康发展，同年11月，州委办公室、州人民政府办公室印发《德宏州人口和计划生育队伍职业化建设五年实施方案》。《方案》明确提出了人口计生队伍职业化建设的指导思想、建设目标；强调指出建设的主要任务是建设行政管理、专业技术、群众团体和自治组织“三支队伍”，构建职业标准、学科教材、教育培训、评估认证、职业监管拓展“五个体系”，完善职业准入、人才培养、干部选拔任用、人员退出、人才激励、经费投入、监督评估“七个机制”；明确了实施步骤，提出了工作措施。

【启动计划生育家庭系列保险】 2010年，德宏州人口计生部门为贯彻落实《中国计生协关于开展计划生育家庭意外伤害保险的通知》以及中宣部、中央文明办等国家10部委和中共云南省委宣传部、省文明办等10部门关于广泛开展“生育关怀行动”的有关通知精神，全面落实《中共德宏州委州人民政府关于进一步加强人口和计划生育工作统筹解决人口问题的决定》精神，坚持以人为本的科学发展观，让广大计划生育家庭优先分享国家改革发展的成果，进一步增强广大群众支持和参与计划生育热情，提升人口发展的质量，提高计划生育家庭的发展能力，促进人口长期均衡发展，促进人口与经济、社会、资源、环境的协调和可持续发展，

9月16日，州政府办公室印发《德宏州开展计划生育系列意外伤害保险工作方案》（德政办发〔2010〕201号）。《方案》明确了开展计划生育系列保险工作的指导思想、推动险种、推动范围、推动时间、推动目标，规定了保费筹集的方法、组织推动的方式和工作步骤。按照《方案》的要求，州及各县市人口计生委（局）、计划生育协会、中国人寿保险公司密切配合，积极推动工作，截至12月底，全州近4000个计划生育家庭办理了计划生育家庭保险，享受到了财政补助。

【督促检查】 2010年，德宏州人口计生部门组织开展了3次较大规模的督促检查。一、7月21日至8月11日，州人民政府组成人口和计划生育工作督导评估组，对5县市及畹町开发区上半年人口计生工作进行了全面督导和认真评估。在为期20天的督导评估中，督导评估组先后随机抽取了5县市47个村民小组，进村入户对182户计划生育重点管理户进行了调查，与881人进行了面对面访谈。同时，认真查阅了各县市（区）人口计生局，以及所到20个乡镇（街道办事处）、25个村（居）委会（社区）人口和计划生育工作资料，并针对存在问题，提出了指导性意见。二、9月13至19日，开展了基层文明执法活动进行检查评估验收，对5县市17个乡镇近几年来立案查办的38个计划生育行政处罚案卷进行了质量抽查，访谈了27户接受过处罚的群众，清理了以前年度县乡规范性文件5份，完善修改了3份，清理人口计生公约、村规民约4份，违约协议2份。三、11月10至18日联合相关部门，采取查阅工作资料、现场抽查、面对面访谈、召开座谈会等形式，对各县市推广使用安全套工作进行了督导评估。

（《人口计生》撰稿　宁显流）

劳动和社保

【再就业优惠政策】 2010年，德宏州劳动保障部门认真落实再就业优惠政策。全州共发放宣传资料38000多份，接待咨询服务29000多人次，在主要街道悬挂大幅标语95幅，充分利用各种新闻媒体进行广泛的宣传。开展就业援助工作，促进下岗失业人员再就业。全州共认定“零就业家庭”96户，就业困难人员227人，实现了“零就业家庭”动态清零目标；开展了以“就业援助你我他，真情相助渡难关”为主题的就业援助周活动，共接待失业登记365人，入户走访142户，认定就业困难家庭123户，帮助就业困难人员实现就业389人；开展“春风送岗位”活动，集中举办现场招聘会5场，组织全州13家职业介绍机构为全州进城务工的农村劳动力提供免费职业介绍、职业指导等服务；共为农民工提供适合的就业信息200多条1320多个岗位，入场求职农民工2510人，登记求职1725人，介绍就业成功1362人；举办“为民营企业招聘员工搭桥，为大中专毕业生、农民工就业和创业铺路”为主题的“2010年全国民营企业招聘周”活动，共有民营企业81家参加，提供就业岗位1996个，40多个专业（工种），进场求职人数成绩突出3000人/次。（其中高校毕业生671人、持农民工服务手册农民工5人、持下岗失业证人员36人、其他失业人员938人），现场招聘成功214人，达到招聘意向1456人次，提供现场政策咨询服务1300人次，鉴定职业技能培训人数156人。加大就业培训工作力度，提高劳动者就业技能。全州共培训农村劳动力6798人，共支出培训费339.9万元，继续做好创业促进就业小额担保贷款工作。全州累计发放创业促进就业小额担保贷款63户，发放金额1615万元，有力促进了失业人员自谋职业和自主创业。加大“贷免扶补”宣传，鼓励和扶持创业人员成功创业。全州各承办单位共发放“贷免扶补”宣传资料20000多份，创业计划书1500多份，受理申请（收回创业计划书）1350份。符合贷款扶持条件并推荐创业人数668人，共发放贷款889人，贷款金额4361.5万元。完成省下达德宏州扶持创业“贷免扶补”500人目标任务的110%。健全和完善高校毕业生就业见习制度，确定全州34家用人单位为德宏州高校毕业生就业见习示范基地，提供见习岗位400多个，年底共组织高校毕业生参加就业见习140人，完成年度目标任务100人的140%。德宏州各级就业服务机构认真按照《外国人在中国就业管理规定》，到年底共办理企业聘用外国人就业申请13份，符合聘用条件并核发《外国人入境就业许可证》11份、办理《外国人入境就业证》7本，严格对外籍人员在德宏州的就业服务与管理。

【医疗保险】 2010年，德宏州劳动保障部门以企业、个体工商户、灵活就业人员和农民工为切入点，努力扩大参保覆盖面，强化基金征缴，到年底，全州共有108597人参加基本医疗保险，全州医疗保险基金收入11574万元，医疗保险基金支出10609万元，基金累计结余19527万元。城镇居民基本医疗保险参保覆盖面不断扩大，待遇水平得到提高。全州参保登记的城镇居民为81320人，完成年度下达目标任务86130人的94.4%。城镇居民基本医疗保险费收入577万元，支付城镇居民基本医疗保险费731万元，基金累计结余712万元。及时对城镇居民基本医疗保险待遇进行了调整。将城镇居民基本医疗保险住院最高支付限额由原来的2.2万元提高至3万元，3月出台《德宏州城镇职工基本医疗保险州级统筹实施办法》，8月，德宏州城镇职工基本医疗最高支付限额由原来的3.5万元提高到5万元，新的支付限额从2011年开始实施。对患有癌症、血液透析等四种特殊病的人员，住院费、门诊医疗费最高支付限额提高到2.6万元。是城镇居民可支配收入的2倍左右。加强对定点医疗机构和定点零售药店的管理，与97家定点医疗机构，92家定点零售药店签订了服务协议，明确了医保中心和各定点服务机构的权利和义务，约束和规范双方的行为，保证了参保人员的合理医疗和医疗保险基金的合理使用。积极做好关闭破产退休人员参加基本医疗保险工作，全州各类关闭破产企业退休人员10106人纳入城镇职工基本医疗保险，保障了关破企业退休人员医疗待遇。继续做好离休干部医疗保障统筹工作，全州共有359名离休干部参加医疗保障统筹，共收缴离休干部医疗保障统筹费662万元，年内，应支付离退休干部医疗费612万元，（兑现离休干部奖励医疗费14万元）。为保障离休干部的合理医疗，使离休干部节约的意识得到加强。德宏州开通了网络异地持卡就医购药的管理工作，到年底，参保人员实现异地持卡就医购药7612人次，已结算异地医疗、购药费用52万元。

【社会保险】 2010年，德宏州劳动保障部门加强养老保险扩面征缴，确保养老金按时足额发放。到年底，全州共有46120人参加了基本养老保险，（其中企业职工35825人，完成省厅下达目标任务36800人的97.4%）占省厅下达指标任务的47000人的98%。共征收养老保险费10830万元，确保全州10295名离退休职工养老金按时足额发放，维护了社会稳定。完成省属企业退休人员移交属地管理。全州已有10368名退休人员实现了社会化管理，社会化管理率达100%，其中进入社区管理8615人，社区管理率达83%，社会化发放率100%。省属企业退休人员移交属地社会化管理服务人员达8921人，完成省下达移交人数8559人的104%。加大清欠力度，年底共清欠574万元，占省厅下达300万元清欠任务的191%。加大欺诈冒领养老金工作力度，养老保险局面稽核户数292户，稽核总人数11517人。开展企业退休人员健康资格认证9951人，查出欺诈冒领8人，追回全部冒领金额2.48万元。

【农村养老保险】 2010年，德宏州劳动保障部门加强全面推进农村养老保险工作发展，通过宣传发放，全州有5个县、市50个乡镇242个村开展了农村社会养老保险工作、参保人数2003人，领取养老金164人，同年收取养老金87.7万元，支付养老金17.4万元，基金结余216.4万元。年内州人民政府颁布实施《德宏州被征地农民工基本养老保障实施细则》，使被征地农民利益得到了保障。年底，被征地农民纳入社会保障2432人，增收征地单位缴纳的养老保障金共计14636.4万元，领取养老金488人支付养老金187.3万元。发放被征地农民的基本生活补助费有1758户6535人，发放金额221万元。新型农村社会养老保险试点工作开局良好，成效显著。根据《国务院关于开展新型农村社会养老保险试点的指导意见》和省的《实施意见》，德宏州制定出台了相应政策措施。芒市被列为全国第一批新型农村社会养老保险试点县市结束后，10月，盈江县又被列为全国第二批新型农村社会养老保险试点县、市之一。年底，全县农村参保人数28473人，参保率21.6%，核实60岁以上老人24600人。争取在2013年全州基本实现全覆盖，各项工作正在有条不紊地进行。

【社会保险基金监督检查】 2010年，德宏州劳动保障部门认真做好社会保险基金专项治理整改工作。督促、指导、协调州本级和各县市对已纳入专项治理计划整改的问题进逐项落实整改。原参保已破产、倒闭、关停参保单位的欠缴社会保险费核销问题进一步核实；根据专项治理发现的问题，有针对性地督促社保经办机构修订和完善基金管理的规章制度措施。做好审计查处问题的整改落实工作。积极清理回收欠费359万元；重视社保基金保值增值工作，向各县市收缴调剂金1.7亿元，并全部转入定期存款，确保增值；加强稽核工作，督促补缴社保基金 88.8 万元。医疗保险基金专项检查。制定了《德宏州城镇职工基本医疗保险基金专项检查实施方案》，州政府成立医疗保险基金专项检查领导小组，检查组对德宏州部分“两定”机构进行专项检查，共计查出违规收费金额 109 万元。被检查单位针对存在问题和管理漏洞进行了认真整改，及时收缴入财政专户。对就业再就业资金小金库专项检查。进一步严肃了财经纪律，加强了法制教育，强化经办机构内部管理，建立健全就业再就业资金内控机制。开展社保经办机构内部控制检查评估。对盈江县、梁河县和芒市三县市社保经办机构内控制度进行了检查评估，检查组从组织机构控制、业务运行控制、基金财务控制、信息系统控制、内部控制管理与监督五个方面进行认真检查评估，结果为三县市综合考核评估分值为460.86分，为优秀等级。加强社会保险稽核。年内全州共稽核检查企业 1614 户，稽核人数 82296 人，稽核面达 61%。查出缴费单位少报漏报人数为 274 人，少报漏报缴费基数 2299.8 万元，少缴各项社会保险费共 124.4 万元；查出欺诈冒领社会保险基金 9 人，冒领金额 2.76 万元，追回金额 2.48 万元。

【行政管理工作】 2010 年，德宏州劳动保障部门认真执行国家和省的退休政策，完善和规范企业职工、从业人员退休登记和特殊工种提前退休审批程序。加强正常退休发证登记的管理，坚持认真核实档案，按正常程序规定办理退休人员的审核，坚持按行业和规定的目录工种执行。及时把符合提前退休条件人员向省厅上报公示，做好特殊工种提前退休审核、上报工作，增加提前退休审批的透明度和公正性，接受广大群众的监督。加强对退休人员档案的审查，对原始档案记载不全的，要求用人单位或个人补充相关资料后，方予上报省厅审批。到年底，全州共为 604 名从业人员办理了退休手续。受理工伤申请 188 起，被认定工伤 168 起，正在调查取证 20 起。召开了 6 次鉴定会，为 133 名申请劳动能力鉴定人员进行了鉴定。因工伤残鉴定 72 人，因病做劳动能力鉴定 61 人。

【劳动保障法规监察】 2010 年，德宏州劳动保障部门认真组织开展劳动保障执法年审工作，全州共审查用人单位 2782 户，涉及职工 52325 人，审查合格的单位 2390 户，不合格的 392 户，发放出限期改正指令书 242 份，督促用人单位补签劳动合同 4299 人，督促 331 户用人单位办理了社会保险手续，缴费 958.8 万元。其中：督促 76 户用人单位办理养老保险手续，缴费 713 万元；督促 85 户用人单位办理了失业保险手续，缴费 54 万元；督促 198 户用人单位办理了其他社会保险手续，缴费 191 万元。清退抵押金 4460 元，涉及劳动者 13 人。年审用人单位户数比上的 2700 户增加了 3%，顺利完成年度目标任务。组织实施清理整顿人力资源市场秩序专项行动。全州共出动车辆 26 台次，工作人员 80 人次对 21 个职业介绍所、49 户用人单位进行了检查；向 678 名劳动者进行了调查，未发现违法犯罪现象。开展整治非法用工打击违法犯罪行为专项行动。全州共检查乡村小砖窑、小矿山、小作坊等用人单位 196 户，涉及劳动者 4269 人，出动检查人员 160 人次，发出限期责令改正书 29 份，督促用人单位与 184 名劳动者补签了劳动合，督促用人单位为 15000 名劳动者办理了社会保险，追发劳动者工资 1797 万元，责令企业退还劳动者抵押金 4460 万元。检查中未发现违反女职工、未成年工劳动保护有关规定及拖欠农民工工资的问题，未发现拐骗农民工、限制人身自由、强迫劳动等违法犯罪行为。开展农民工工资支付情况专项检查。全州共检查用人单位 2200 户，涉及工人 12661 人，共为 4061 名农民工解决了被拖欠工资 1797 万元，涉及用人单位 274 户。专项检查共出动车辆 120 辆次，检查人员 173 人次，发放宣传材料 13000 份。全州劳动保障监察机构共受理举报投诉案件 259 件（其中：拖欠农民工工资案件 224 件，涉及农民工 3039 人，均作协调处理，追发民工工资 1221 万元）。全州共作出行政处罚 5 起，共罚款 0.88 万元，均已按规定时限结案。

【信息网络建设】 2010 年，德宏州劳动和社会劳动保障局对全州各县市网络进行升级改造，将各县市改为 2MB 光纤接入，分配置固定的 IP 地址，提高了网络的稳定性和效率，将各县市网络纳入到全省劳动保障体系中来，社保、医保业务经办水平大大提升。完成了全异地就医系统的部署实施工作，部署了异地就医联网结算服务器，完成了全省异地就医系统联调工作。完成了工伤生育保险数据采集工作，完成了工伤生育保险系统的实施工作，实现了工伤生育保险的信息化、网络化管理。定期做好养老保险系统数据备份工作，以确保养老保险数据安全；定期向交换库传养老保险数据，做好养老保险数据的上传工作；及时按照省厅的相关要求做好养老保险系统的升级工作。做好数据中心设备检查、维护工作，确保设备的正常运行。

（《劳动和社保》撰稿　吕伟华）

（见“州情概览·劳动和社保”93 页）

民　　政

【德宏国际化儿童福利示范区】 *2010* 年 *2* 月 *4* 日，民政部社会福利和慈善事业促进司司长王振耀率相关处室及联合国儿童基金会艾滋病处处长卜一田等一行 *6* 人，在云南省民政厅副厅长刘智陪同下，来德宏州开展新春向儿童送温暖活动，并检查指导德宏州艾滋病致孤儿童救助工作。在活动中提出建立儿童福利示范区的设想。紧紧围绕“创建中国第一个国际化儿童福利示范区”的思路，多次深入各县市进行调研，在省厅社会福利和慈善事业促进处的指导下，结合德宏的实际情况，上报“关于创建云南德宏国际化儿童福利示范区工作方案”的报告，并向国家民政部社会福利司上报了相关材料。并于同年 *5* 月 *20* 日正式启动了该项目。德宏州是云南省唯一的一个。*7* 月 *29* 日专家组到达德宏后，专家组每到一个县（市），都召开中国儿童福利示范区项目座谈会，州、县（市）政府领导，民政局、教育局、防艾办等相关部门领导，*10* 个项目村的支书、主任、中小学校长参加了座谈会，专家组在德宏工作期间，入户问卷调查 *1600* 多户，对大病儿童 *79* 人、残疾儿童 *211* 人进行了专访，对 *30* 个项目点的儿童之家进行了选址，制定了下一步的工作计划。同时对 *30* 名儿童福利主任进行了培训，使儿童福利主任增加了知识，掌握了在学中玩、玩中学的培训方法，积累了一定的经验，为今后开展各项工作奠定了基础。

【农村五保供养】 *2010* 年，德宏州民政局认真落实农村五保供养政策。年内，全州共有农村五保供养对象 *10568* 人（集中供养 *340* 人，分散供养 *10228* 人），占农业人口的 *1.3%*，其中老年人 *5346* 人，残疾人 *2687* 人，未成年人 *2535* 人。各县市积极对五保供养对象进行多方面救助，全州五保供养对象的救助标准达到 *1126* 元/年。目前，全州共有 *6* 所敬老院投入使用，集中供养 *340* 人。集中供养率由原来的 *0.3%*增长到 *3.2%*。

【老年人优待工作】 *2010* 年，德宏州累计办理老年人优待证 *15336* 本。年内认真做好了高龄长寿补助金的发放工作，全州共有高龄老人 *10991* 人，其中 *80* 至 *89* 周岁 *9709* 人，*90* 至 *99* 周岁 *1221* 人，*100* 周岁以上 *60* 人。年内共发放高龄补助金 *291.6* 万元，使全州高龄老人及时领到了补助金。具体标准为：*80* 至 *90* 岁每人每月补助 *10* 元，*90* 岁至 *99* 岁每人每月补助 *30* 元，*100* 岁以上每人每月补助 *200* 元。

【瑞丽被列为全国第二次地名普查试点市】 *2010* 年，根据国务院《第二次全国地名普查试点领导小组关于印发第二次全国地名普查试点地区名单的通知》，德宏州瑞丽市被列为全国 *19* 个试点县、市之一，也是云南省唯一一个试点单位。这次的试点单位肩负着第二次全国地名普查工作探索、积累经验的重任。德宏州、市两级党委、政府高度重视瑞丽的试点工作，及时成立了以副州长板岩过任组长、州民政局局长谷忠寿任副组长和相关部门为成员的德宏州第二次全国地名普查试点工作领导小组，*5* 月 *21* 日，在瑞丽市召开普查试点工作启动会，全面部署了各项工作任务，在省民政厅区划地名处的指导下，通过省、州、市三级业务部门的不懈努力，历时 *5* 个月，按照国务院第二次全国地名普查操作规程圆满完成了地名普查试点工作。*11* 月 *6* 至 *9* 日，云南第二次全国地名普查试点工作总结和经验交流会议在瑞丽召开，国家民政部区划地名司、省民政厅负责人以及专家亲临会场，专家组对瑞丽地名普查成果给予了充分肯定和高度赞扬。大家一致认为，瑞丽的做法和经验具有很强的指导性和推广价值。

【边民入境通婚管理】 *2010* 年，德宏州民政局加强边民入境通婚管理工作。德宏州地处中缅边境，长期以来，少数民族跨境而居，两国边民同语言同习俗同宗教信仰，通婚互市由来已久。为了达到有效管理的目的，德宏州民政局与州公安局根据相关要求，在《中华人民婚姻法》和《中国与毗邻国边民婚姻登记管理试行办法》的大原则下，结合边境实际在大量调研的基础上，制定出台《德宏州边民入境通婚备案登记证管理规定（试行）》，对入境通婚边民实行备案登记管理，在涉外婚姻的管理工作中探索出了一套新的管理模式。

【福利彩票销售】 *2010* 年，德宏州共完成各类福彩销售总量

6473 万元，创下历史新高。其中销售电脑票 4674 万元，“刮刮乐”即开票 900 万元，中福在线 899 万元，为国家筹集福利彩票公益金 1996 万元。年内其中使用彩票公益金 19.79 万元，资助州内 181 名特困学子走进大学校园，是历年最多的一年，引起社会的广泛好评。

（《民政》撰稿　李　钢）

（见“州情概览·民政”94 页）

移民开发

【移民情况】　2010 年，德宏州移民工作达到“三满意”（移民群众基本满意、党委政府基本满意、业主基本满意）。一、经调查全州大中小型水利水电工程总移民人口 31570 人，截止年底共安置移民 24869 人。其中：麻栗坝水库 3083 人、弄另水电站 1409 人、龙江水电站枢纽工程 7801 人、瑞丽市芒林水库 465 人、全州小型水利水电工程 12111 人。二、2 月 2 日，云南龙江水电站枢纽工程顺利通过云南省移民开发局下闸蓄水建设征地移民安置专项验收。3 月 1 日举行了下闸蓄水仪式；7 月 21 日首台机组发电；年底三台机组全部投产，年内累计完成发电量 4.65 亿千瓦时，完成年计划的 125%。三、截止年底德宏州享受 20 年每人每年 600 元后期扶持资金直补对象 13448 人，享受 20 年项目扶持指标 18740 人。四、截止年底向上争取后期扶持移民资金 4125.49 万元，其中：后期扶持结余资金 800 万元、库区基金 580 万元、抗震抗旱应急补助资金 210 万元、后期扶持直补资金 2535.49 万元，切实改善移民生活水平。五、年内编制完成“十二五”水利水电工程库区和移民安置区基础设施建设和经济发展规划项目 58 个，总投资规模 44577.74 万元。其中：大中型水利水电工程总投资规模 41815.8 万元、小型水利水电工程“两区”项目总投资规模 2761.94 万元。

【瑞丽芒林水库移民安置】　2010 年，德宏州瑞丽芒林水库移民安置任务基本完成。芒林水库搬迁移民安置现状人口为 118 户 293 人，其中农村 22 户 87 人，农场 96 户 206 人。分别安置在姐相乡茂盛农场和弄岛镇景坎村民小组。安置标准按照户均 250 平方米宅基地、200 平方米自留地供给。安置点总面积为 72.58 亩。安置点房屋建设确定为 5 种户型，建筑面积分别为 80 平方米、116 平方米、150 平方米、165 平方米、189 平方米的平顶房。年底，安置点房屋已建成交由移民户自行装修，安置点内配置完备的道路、供电、水井、公厕、文化活动室等基础设施和公共设施。

【移民工作】　2010 年，德宏州移民工作主要做法是：一、科学选择安置方式。德宏州移民搬迁安置主要以大农业集中外迁和后靠安置为主，投亲靠友分散安置为辅的安置方式。实行充分尊重移民意愿和政府指导把关原则，让移民自愿选择安置方式。二、移民安置点选择和建设遵循“三靠近、两方便、五统一”原则。不论是统建还是自建，均要求统一建房预决算价格，统一建房的质量标准，统一验收标准。三、保障移民家园重建资金投入，提高生产生活水平。移民搬迁安置实行移民搬迁费和个人财产补偿费直接全额兑付给移民，并首先保障补偿资金用于移民住房建设和在安置点附近配置能基本满足移民生产生活需要的耕地和山地。移民在居住水平上彻底告别了杈杈房、茅草房、土坯房时代，住房水平比搬迁前提高了 20 年以上。四、贯彻落实移民后期扶持各项政策，进一步解决好移民民生问题。五、加强移民村组织建设。各级党委政府针对村组实际，为移民建设了学习教育和文化活动场所，丰富精神文化生活，提高生活质量。六、切实开展移民技能培训，转变思想观念，搞好团结，发展生产。为使移民群众适应新的生产生活方式和生活习惯，德宏州由挂钩部门和移民系统认真组织开展移民技能培训，做到邻村之间团结友好、民族与民族之间不歧视，相互尊重，主动学习交流科学的生产生活方式和模式，杜绝违法犯罪，将精力放在发展生产和发家致富上。

（《移民开发》撰稿　杨开纪）

残疾人事业

【康复工作】　2010 年，德宏州残联认真实施国家重点康复项目，免费为 200 名白内障患者施行复明手术。全面启动百万贫困白内障患者复明工程项目，完成白内障复明手术 1000 例；围绕残疾人康复需求，进行各类康复训练 75 人，家长培训 20 人；完成各类辅助用具供应 1100 件。利用爱耳日为 100 多名听障患者进行检测，免费发放 20 台检测助听器和 40 台耳背式助听器，为符合条件的听障患者发放耳膜 65 只，并为 5 名 5 岁以下儿童植入人工耳蜗；为 10-50 岁肢残者安装假肢 40 例，其中小腿 33 例、大腿 7 例。

【教育工作】 2010年，德宏州各级残联与教育部门紧密协作，认真贯彻落实《残疾人教育工作条例》。完成德宏州年内参加普通大、中专院校考试的贫困残疾学生的调查统计工作，州、县（市）残联对考取大、中专院校的8名残疾学生和47名贫困残疾人子女给予资助，发放助学金13.8万元；圆满完成省下达德宏州彩票公益金助学项目任务，资助残疾人学生和贫困残疾人家庭学生95人，资助金6.06万元；协助州特殊教育学校招收盲童2名，聋童3名，补助州特殊教育学校经费2万元；积极组织申报“通向明天——交通银行残疾青少年助学计划项目”，年内完成申报25人，其中在校高中生17人，大学新生8人。

【就业工作】 2010年，德宏州各级残联大力宣传残疾人就业的相关法规和优待政策。认真举办“就业援助月宣传活动”，接待前来咨询的群众100余人次；开展按比例安排残疾人就业情况调查，向州直、中央、省属驻德宏各单位发放调查表167份，5月召开“州直按比例安排残疾人就业工作总结表彰会”，对5年来按比例安排残疾人就业和缴纳残疾人就业保障金工作成绩突出的单位进行表彰；5月举办了德宏州第二届残疾人职业技能竞赛，五县市残联、州特殊教育学校6个代表队、91名选手参加了15个项目的竞赛，赛事取得圆满成功，组委会对取得优异成绩的代表队和选手进行了奖励。8月组队参加了云南省第四届残疾人职业技能竞赛，取得计算机速录、插花两个第一名，CAD制图一个第二名，女服制作、刺绣两个第三名的良好成绩，德宏代表队获优秀组织奖；开展残疾人缝纫、计算机、插花、刺绣、勾针编织等职业技能培训150名，城镇职业技术培训172人次，农村种、养、植适用技术培训984人次，盲人保健按摩跟师随店培训10名，并完成就业求职登记98人。

【扶贫解困工作】 2010年，德宏州残联继续推进社会保障体系建设和城镇养老保险试点工作，积极组织实施农村贫困残疾人危房改造项目。完成省下达德宏州农村贫困残疾人危房改造项目250户，在国家、省及中残联专项彩票公益金补助1.1万元的基础上，州、县（市）按1∶1的比例配套落实每户不低于1000元的补助，州残联共筹措资金25万元；积极帮助福利企业潞西市永金食品加工有限公司、潞西市韵黎纸品厂申请康复扶贫项目贷款100万元，17户残疾人家庭申请康复扶贫到户贷款53万元；组织实施“阳光家园计划”，按时完成省下达德宏州智力、精神和重度残疾人托养服务任务300人，及时下拨经费30万元。

【维权工作】 2010年，德宏州各级残联以加强残疾人维权工作为重点，针对残疾人的特点，最大限度地维护残疾人的合法权益，切实做到“有访必结，有访必处，有访必复”，使之“件件有回音，事事有着落”。全年共接处来信来访243人次，落实率100%；加大无障碍建设的宣传力度，积极推进全州无障碍建设工作；认真草拟《中共德宏州委德宏州人民政府关于促进残疾人事业发展的实施意见》，目前，州委已以“中共德宏州委文件”（德发〔2010〕38号文件）正式颁布执行。

【组织联络工作】 2010年，德宏州各级残联围绕组织建设工作重点，积极搭建康复、教育、就业、扶贫服务建设平台，着力打牢构筑服务残疾人的体系建设的基础。在巩固去年残疾人组织工作规范化建设取得成效的基础上，继续加大残疾人组织建设基础工作落实的力度，积极推进基层残联规范化建设，提高基层残联服务能力；举办各类培训学习16期，培训残疾人工作者近200人次；认真办理核发第二代残疾人证，共受理残疾人办证18270人，已审核发放17843本；7月，德宏州残疾人综合服务中心大楼落成并投入使用，围绕国家重视残疾人“社会保障体系和服务体系”建设的大好机遇，积极将州、县（市）残疾人康复中心和托养中心建设项目纳入“十二五”规划，争取国家资金投入，改善州、县市服务残疾人的环境条件。

（《残疾人事业》撰稿　李碧莹）

民族宗教

【民族专项资金】 2010年，国家及云南省下达德宏州民族专项资金3671万元409个建设项目（不含上海对口帮扶资金及项目），其中扶持人口较少民族发展专项资金1169万元141个项目、兴边富民行动专项资金1535万元166个项目，项目管理费28万元5个项目、散居及边境民族工作专项经费38万元5个项目、省级民族机动金121万元12个项目、边境县人口较少民族聚居村寨整村推进项目550万元58个项目（其中兴边富民工程转移支付240万元28个项目、中央少数民族发展资金 310 万元 30 个项目），省级民族贸易企业贷款贴息补助 22 万元 5 个项目、电脑农业系统推广补助 8 万元 1 个项目、少数民族特色村寨试点建设资金 200 万元 16 个项目。上海对口帮扶资金 607 万元 68 个项目。以上两项合计 4278 万元，477 个项目。“十一五”期间（2006—2010 年），国家和省共下达德宏州民族专项资金 12939.6 万元，1656 个项目；上海对口帮扶德昂族发展资金 2526.91 万元，290 个项目。两项共计 15466.51 万元，1946 个项目。

【民族团结和目标管理责任制】 2010 年，德宏州民宗局按照责任书内容，主要开展了以下工作：一、加强领导，落实责任。3 月 19 日召开全州民族宗教工作会议，州民宗局与各县签订了民族团结目标管理责任书，同时要求将责任书签到各乡镇及村（居）委会。根据德宏州民族、宗教工作实际，州委、州政府正在研究，拟将州委民族宗教工作领导小组成员单位从 2008 年的 28 个调增到 40 多个，以适应新形势、新任务的需要；州、县市、乡镇共落实民族团结稳定经费 416 万元；县市党政分管领导深入民宗部门调研指导，听取民族工作专题汇报，帮助解决工作中遇到的困难和问题，从各方面给予必要的支持；全州 50 个乡镇均配齐了分管领导和民宗工作助理员、村级配齐信息员，保证了民族宗教工作的顺利开展。二、完善工作机制，积极化解影响民族团结稳定的矛盾纠纷和热点难点问题。1 月 15 日，召开了全州民宗系统民族关系暨民族团结稳定工作座谈会，对全年的民族团结稳定工作作了全面的安排部署。年内，办理答复人大代表议案、政协委员提案 5 件，答复网上来信来访 3 件、办理更改民族成份 65 件；进一步完善涉及民族方面突发性事件应急预案，各级民宗和相关部门将大量的矛盾纠纷化解在基层，解决在萌芽装态，一年来全州未发生一起涉及民族方面的群体性事件，切实维护了民族团结和社会稳定。三、积极开展民族团结宣传教育活动。根据州委、州政府关于《德宏州深入开展民族团结宣传教育活动实施方案》要求，主要组织开展了以下工作：一是组织开展全州民族团结宣讲活动。二是组织开展全州“民族团结月活动”。三是组织开展民族团结进步表彰活动。10 月 28 日，州委、州政府在芒市会堂召开了全州民族工作会议暨第六次民族团结进步表彰大会，有 31 个模范集体、72 个模范个人受到表彰和奖励；系统宣传了德宏州民族团结进步事业发展情况，取得了良好效果。年内全省民族团结目标管理责任制责任考核评选中，德宏州民宗局获得完成任务奖（二等奖）。

【参加省第九届少数民族传统体育运动会】 2010 年，云南省第九届民运会上，德宏州组织 111 人代表团前往普洱参赛，共参加了表演、武术、吹枪、蹴球、高脚竞速、板鞋竞速、射弩和陀螺等 8 个项目的比赛。经过 8 天的激烈角逐，德宏州代表团获 3 金、2 铜，集体获组织奖，蹴球、高脚竞速和吹枪三个队获得团体道德风尚奖，16 名运动员获得道德风尚奖。景颇族表演创新项目《谷斯伴》获金奖、女子射弩项目实现金牌零突破、孔雀拳连续三届夺冠。

【德宏州建成第一个德昂族博物馆】 德昂族博物馆位于 320 国道旁三台山德昂族乡境内，始建于 2008 年 7 月 28 日，2010 年 4 月 9 日建成。该馆占地面积 4 亩，整个馆群由 1 个主展馆、1 个动态表演馆、1 个手工展示馆、1 个座谈报告厅和两个附馆组成，建筑面积 760.28 平方米，（主馆 551.12 平方米两个附馆 209.16 平方米）。建设项目总投资 183 万元，其中，中央和省级扶少资金 110 万元，上海对口帮扶资金 33 万元，省财政厅民族教育经费 40 万元。德昂族博物馆建筑设计大气新颖，整体建筑体现了四檐出水、孔明帽、吊脚楼等德昂族民居特色。博物馆的建成，将对拯救、挖掘、保留传承德昂族语言、文字、农耕传统、宗教信仰、饮食、服饰、文学音乐、美术等起到重要作用。

【宗教活动场所管理】 2010 年，德宏州有宗教活动场所 924 所（寺观教堂 915 所，其它固定处所 9 所），其中：佛教寺院 672 所，固定处所 5 所（南传寺院 607 所，固定处所 3 所；汉传寺院 66 所，固定处所 2 所）；道教宫观 1 所；伊斯兰教清真寺 1 所；基督教堂 231 所，固定处所 4 所；天主教堂 9 所。宗教活动场所中有 18 处列入各级文物保护单位，其中：汉传 1 处、南传 4 处列入省级文物保护单位，南传 1 处列为州级文物保护单位，汉传 4 处、南传 7 处列入县级文物保护单位。全州信教群众 504278 人（按国家统计口径，傣族、德昂族、阿昌族和回族为全民信教民族）占全州总人口的 42%，其中：佛教 460420 人（汉传 54548 人，南传 405872 人），道教 452 人，伊斯兰教2278人，基督教38900人，天主教2228人。全州宗教教职人员487人，其中：佛教404人（汉传98人，南传306人），道教1人，伊斯兰教8人，基督教58人，天主教17人。宗教职人员政治安排：县市（区）人大代表2人；省政协委员2人，州政协委员15人，县政协委员31人。全州宗教工作专职干部11人，兼职干部2人。全州宗教团体18个，其中：佛教6个，基督教9个，天主教3个。

【春节慰问】 2010年，德宏民宗局慰问全州宗教界人士92名，发放慰问金3万元。慰问民族上层人士及遗孀9人，发放慰问金0.74万元。

【全国扶持人口较少民族发展“十二五”规划编制会】 2010年10月21至22日，全国扶持人口较少民族发展“十二五”规划编制工作会议在德宏州召开，会议研究、讨论、修改《扶持人口较少民族发展“十二五”规划》（草案）。国家民委经济司副巡视员李钟协等国家民委相关领导，来自内蒙古、辽宁、吉林、黑龙江、福建、江西、广西、贵州、云南、西藏、甘肃、青海、新疆等13个省、自治区民委的相关负责人参加会议。

【参加“云南省首届少数民族农民科技致富带头人”和“云南省首届少数民族优秀民营企业家”评选活动】 2010年12月，云南省民委、云南省工业和信息化委员会联合举办“云南省首届少数民族优秀民营企业家”评选活动，全省评选出50名企业家，德宏州有3名企业家受到表彰和奖励。省民委和省科技厅联合举办“云南省首届少数民族农民科技致富带头人”评选活动，全省评选出200名带头人，德宏州有13名带头人受到表彰和奖励。

（《民族宗教》撰稿　鲍　平）

（见“州情概览·民族宗教”95页）

逝世人物

杨朝芝　男，汉族，云南省施甸县人，1931年2月生，1959年10月参加工作。1962年11月加入中国共产党。历任德宏州民族医院副院长等职。2010年4月14日因病在芒市逝世。

朱建军　男，汉族，湖南省邵东县人，1952年8月生，1978年10月参加工作，1982年10月加入中国共产党。历任德宏州潞西市委副书记、州供销社党组书记、主任、调研员等职。2010年4月14日因病在芒市逝世。

龙永吉　男，彝族，云南省巧家县人，1936年4月生，1951年5月参加工作，1955年11月加入中国共产党。历任德宏州农机局副局长、州农业局副局长、州经济协作办公室主任、州农机局局长等职。2010年4月30日因病在芒市逝世。

范增铭　男，汉族，云南省昆明市人，1932年8月生，1949年7月参加工作，1954年9月加入中国共产党。历任德宏州农业局副局长、州地震局局长等职。2010年6月5日因病在昆明逝世。

王维新　男，白族，云南省剑川县人，1933年10月生，1949年4月参加工作，1977年10月加入中国共产党。历任德宏州卫生局党委副书记等职。2010年6月10日因病在芒市逝世。

（《逝世人物》撰稿　吴　翔）

附　录

关于全州文物保护与利用情况的调研报告

政协德宏州委员会

保护和利用好文物，在民族文化强省建设、桥头堡黄金口岸建设和构建核心价值体系中起到重要而不可替代的作用。根据州政协2011年工作安排，州政协文史委组成了以杨丽云副主席为组长，州政协文史委主任杨常锁、州文化体育局局长许贵荣、州史志办主任陈德寿为副组长，州政协文史委、州文体局、州文物管理所、州史志办等单位负责人和有关人员为成员的调研组，于2011年5月10日至13日对全州文物保护与利用情况进行了调研。调研组深入全州6个县市（区）实地察看了国家级、省级、州级和县市级文物保护单位以及革命遗址等13个点，召开座谈会6次，听取了各县市（区）政府关于文物保护与利用情况的汇报及相关部门的意见建议。现将调研情况报告如下：

一、文物资源和文管机构基本情况

（一）文物资源状况

我州文物资源丰富，包罗万象，既有数十处早至数千年前的新石器文化遗址，又有众多的各历史时期的古城址、古墓葬、关卡隘口、寺塔观宇、名人故居、土司山官衙署等；还有大量不同时期的各类文化实物。目前，全州有馆藏文物4000件，文物资料1500余件，其中国家珍贵一级文物6件、二级文物4件、三级文物52件；州文物管理所收藏的各类文物2000余件。拥有各级文物保护单位110处，其中全国重点文物保护单位2处（梁河南甸宣抚司署、盈江允燕塔），云南省重点文物保护单位8处，德宏州重点文物保护单位32处，各县市级文物保护单位68处。

（二）文管机构基本情况

根据《中华人民共和国文物保护法》的规定和我州文物工作的实际，我州相应设立了州县两级文物管理机构，从事管辖全州的文物工作。我州已设立了专门的文物管理机构7个，专职人员31人，其中州文物管理所有12人。

二、文物保护与利用的主要做法及成效

近年来，全州的文物保护与利用工作，在州委、州政府的领导下，在州、县市文化部门的积极努力和各相关部门的配合支持下，坚持“先保护后利用、保护与利用并重”的工作思路，积极探索文物保护与利用的新路子、新方法，文物保护与利用工作取得了一定成效。

（一）采取有效措施，确保文物保护与利用工作深入人心

我州各级政府十分重视文物工作，在财力非常有限的情况下，投入了一定的资金支持文物工作，基本保证了文物的普查、管理和保护工作。经过多年的努力，文物部门利用文物普查的机会，对全州文物进行大规模、深层次普查，摸清了全州文物资源的分布情况，做到了“家底”清楚。一是经过三次大规模的全州文物普查，特别是2007年的第三次全国文物普查，我州的普查率达到了100%。二是加强民族文物的调查征集，抢救了一批珍贵民族文物。我州文管部门先后组织了民族文物调查组20个，分阶段分片区进行民族文物调查，初步掌握了

我州民族文物的分布状况，并抢救性地征集了一批珍贵民族文物。三是通过申报评审各级文物保护单位，使文物得到有效保护。依照《中华人民共和国文物保护法》有关规定，对全州境内的不可移动文物进行了评审申报工作，选择部分文物价值较高的文物古迹申报为各级重点文物保护单位。四是开展科学考古调查，摸清了德宏史前文化面貌。继2003年11月省考古研究所和州文管所组成联合考古队在梁河县八留地进行了德宏历史上首次科学考古发掘后，又分别在芒市尖山、陇川县麻栗坝进行了两次科学考古发掘；完成了龙江水利枢纽工程淹没区、麻栗坝水库淹没区、腾冲——章凤二级公路德宏段和龙瑞高速公路德宏段沿线文物分布情况等的考古调查。五是开展文物“四有”工作，各级文保单位的管理得到加强。六是加大宣传，提升管理水平。《中华人民共和国文物保护法》和《中华人民共和国文物保护法实施条例》颁布实施以来，我州各级文化、文物部门广泛宣传《文物保护法》和《文物保护条例》。近年来，州文管部门先后组织了德宏州第三次文物实物展、滇西抗战图片巡展、中缅边民联欢大会50周年纪念文物展等大型展览。并充分利用每年的“5·18”国际博物馆日和中国文化遗产日等宣传活动，广泛进行文物保护法规宣传。通过开展各种宣传活动，使热爱、珍视、保存、维护和抢救文化遗产的理念深入到广大民众心中，增强了广大民众对文物保护的认识。

（二）积极探索文物保护利用与旅游开发相结合的路子

我州旅游资源丰富，在旅游开发中坚持“保护中开发、开发中保护”的原则，对文物古迹做到保护与开发兼顾，积极探索文物保护利用与旅游相结合的路子，多方筹集资金，开发文物景点。随着德宏知名度的扩大，德宏旅游业逐步升温。文物保护利用越来越重要，先后筹集数百万资金对国家级、省级、州级文物保护单位进行修缮。

1.对国家级文物保护单位——南甸宣抚司署进行修缮、装修：筹集资金500多万元，组织实施了南甸宣抚司署景点提升改造，使其文化内涵得到进一步提升；2004年，南甸宣抚司署被评为国家AAAA级旅游景点，并成立了南甸宣抚司署景点管理局，结合文物保护工作方针，做了大量对外宣传工作，积极拓展业务，先后与20多家旅游合作商和旅行社签订了景点合作协议，为景区带来了更多的游客，据统计，近三年来共接待海内外游客6.7万人次，游客量比前几年增加了25%。

2.筹资对省级文物保护单位——芒市菩提寺进行修缮：先后投入资金57万元对菩提寺进行修缮，在修缮中，始终坚持“保护为主、抢救第一、合理利用、加强管理”的方针，制定文旅结合的工作思路，年接待游客10多万人次，取得了一定的社会效益和经济效益。

3.筹资对州级文物保护单位——盈江县刀安仁故居进行修缮：2008年，盈江县政府筹资600万元对刀安仁故居进行了全面修缮。近年来，州和各县市十分重视文物保护和利用工作，根据自身财力做了大量工作。如畹町以“先保护后利用、保护与利用并重”为原则，制定并上报了文物保护“十二五”规划，由企业参与文物保护利用工作，发挥其作用。

三、文物保护与利用存在的主要问题

（一）认识不足

文物资源具有唯一性和不可再生性，这种特殊性表明它是一种极为特殊的产品，一旦失去，便不可再得。我们在开发和利用文物资源的同时，存在着“重开发、轻利用”的短期行为。有的部门只考虑眼前的经济利益，掠夺性地开发文物，而缺乏保护和可持续发展的意识。部分领导干部对文化遗产价值、重要作用认识不到位，对国家文物保护的法规不敬畏，造成文物保护工作在城乡建设、旅游开发中得不到应有的前置考虑和充分尊重，存在着重开发、轻保护的现象。一些群众则认为，文物保护是政府的事情，与己无关，主动保护意识较差，损毁、破坏文物的行为时有发生。

（二）政府投入不足

德宏是经济欠发达地区，文物保护需要大量资金投入，需要社会各方给力。《中华人民共和国文物保护法》规定：文物事业经费和文物基建资金列入各级财政预算。但我州在实际工作中，政府只能拨付人头经费及少量的文物保护经费。由于文物经费投入不足，给文物保护工作带来诸多困难：一是缺乏资金，文物的调查、征集、维修等正常活动难以开展；二是文物收藏保管条件极差，防火防盗等基础设施简陋；三是一些文物古迹濒临危险状态，急待抢救维修，但因经费不足，维修工作往往顾此失彼，收效甚微；四是社会流散文物管理薄弱，需要加强；五是文物管理人员的专业水平、业务素质普遍偏低，急需加强培训，但缺乏培训经费。

（三）缺乏文物保护运行机制

文化部门是文物保护的重要部门，其它相关部门也应积极主动配合。在实际工作中，我州各级涉及文物保护的部门之间缺少沟通，文物保护的互动机制没有形成。地方性的基建工程从选址到立项，文物部门往往被规划、审批部门所忽视，文物保护无法从规划上、基建源头上参与介入。

（四）缺乏专业技术人员

我州各县市（区）都成立了文管所，除州所外，其它6县市（区）仅有专职人员19人，多数人员年龄偏大，长期进不了新人，加之资金缺乏没有能力外出培训提高，知识老化。由于严重缺乏文物保护的专业人才，直接造成我州文物研究成果不多、文物价值发挥力度不够的状况，客观上又制约着文化事业、文化旅游产业的跨越发展。

四、文物保护与利用的建议

经过多年的努力，我州的文物保护与利用取得了一定成绩，随着桥头堡建设和瑞丽国家重点开发开放试验区建设的推进，德宏迎来了难得的发展机遇，机遇来之不易，机遇稍纵即逝。在大开发大发展中，我州必须坚持文物保护与利用并重的原则，参与到大开发中。

（一）提高认识，制定出台《德宏州文物古迹保护管理办法》

文物是我州历史文化的丰厚积淀，做好文物保护与开发利用工作，对于弘扬历史文化，促进文化产业发展，实现我州经济和社会文化协调发展，具有特别重要的意义。为此，建议要加强对《中华人民共和国文物保护法》和《中华人民共和国文物保护法实施条例》的宣传，提高各级各部门和广大干部群众的文物保护意识；各级领导要重视文物保护工作，树立“保护文物、守土有责”的意识，充分利用各种媒体和“5·18”国际博物馆日、中国文化遗产日、《文物保护法》及《文物保护实施条例》颁布纪念日宣传活动等形式，向社会各界广泛宣传文物保护法规的重要性、必要性，营造全社会关心支持文物保护工作的良好氛围。同时，依据我国《民族区域自治法》、《文物保护法》、《文物保护实施条例》和我州自治条例，制定出台《德宏州文物古迹保护管理办法》，其内容包含：一是“总则”，包含何为文物、文物的管理权限规定、文物管理机构、文物保护国有资金来源等，强调文物国有观念及文物保护经费纳入当地财政预算；二是“不可移动文物”，强调文物保护单位的申报、管理、维修、利用问题，文物保护纳入城乡建设规划问题，基本建设中必须依法进行勘查工作及文物勘查工作经费来源等问题；三是“馆藏文物”，即国有文物的管理、利用；四是“民间收藏文物”，强调对私人收藏的引导，文物合法交易等；五是“文物出入境管理”；六是“法律责任”，强调对违反《文物保护法》规定的处罚。

（二）完善体制，建立有效的文物保护运行机制

一是建立政府主导、社会参与、全民共建的文物保护机制。州和各县市（区）人民政府应把文物保护工作纳入国民经济和社会发展规划，统筹安排，促使文物保护工作与其他工作协调发展；州和各县市（区）文化管理部门要制定全州和各县市（区）文物古迹的保护和修缮“规划”，对重点文物古迹特别是那些濒危倒塌的文物保护单位，应尽快制定保护个案，抓紧进行修葺抢救；州和各县市（区）文物管理所每年至少要召开一次文物保护工作会议，认真研究解决迫切需要解决的问题，研究部署文物保护工作。二是依法进行文物保护工作，建立健全文物机构。鉴于我州目前文管部门的实际状况和工作需要，根据机构改革的有关规定，要健全我州各级文物管理机构，配齐配全专业技术人员，建议州及县市从大学应届毕业生中分别选拔2至3名专业人才，充实到各级文物保护队伍中来。三是整合文物资源，对现有文物事业部门委托进行文物执法。要大力培植文化旅游经济，把文物保护列入全州旅游开发大格局，坚持文物保护与开发利用并举，依托德宏特有的地理位置、自然风貌、人文条件、产业特色，对全州文物资源进行整合，把文物古迹、古民居、古边寨等建筑资源，按照文化旅游的要素进行保护和利用，着力打造文物景点，展示民族内涵，使之成为新的经济增长点。

（三）加大投入，设立文物保护专项基金

一是加大文物保护专项经费投入。根据《中华人民共和国文物保护法》规定，文物事业经费和文物基建资金列入各级财政预算，并确定适当的比例和增长幅度。鉴于我州各级重点文物保护单位中部分文物古迹年久失修、濒临毁坏、需要进行抢救维修的情况，以及一大批珍贵民族文物需要抢救征集的实情，建议州政府每年安排200万元专项基金，用于文物的保护、维修、征集等工作。二是多方筹措资金，建立州和县市（区）文物保护修缮基金，积极探索市场化运作的路子，尝试实行转让经营权、

使用权的融资模式，按照“谁维修、谁受益”的原则，鼓励和引导社会资金投入文物保护，特别是加强县市（区）内现存的古民居的修缮与合理开发。

（四）统筹规划，加快德宏民族博物馆建设

建设德宏民族博物馆是我州各族人民多年来的期望，也是全州文博工作者一直努力的目标。经过长期不懈的努力，现在博物馆前期筹备工作已进入实质性阶段：省政府下拨的500万元专项资金已到位，省文物部门领导明确表示该项目正式启动后将给予大力支持，州政府常务会议已正式决定启动博物馆建设项目。建议加快德宏民族博物馆建设的前期筹备工作，成立工作班子，尽快把德宏民族博物馆建立起来，使我州的文物有一个向全州各族群众展示的舞台，以发挥文物的社会效应。

全州各级文物保护单位

目前，我州拥有各级文物保护单位110处，其中全国重点文物保护单位2处；云南省重点文物保护单位8处；德宏州重点文物保护单位32处；各县（市）级文物保护单位68处。具体如下：

全国重点文物保护单位：梁河南甸宣抚司署、盈江允燕塔；

云南省重点文物保护单位：梁河李根源故居、盈江刀安仁墓、陇川邦角山官衙署旧址、瑞丽等喊弄奘寺、瑞丽平麓城址、盈江马嘉里事件发生地、芒市菩提寺、陇川户撒皇阁寺；

德宏州重点文物保护单位：芒市三仙寺、瑞丽姐勒佛塔、陇川景坎佛塔、盈江秦力山墓、芒市铁成佛塔、芒市勐戛观音寺、芒市滇西抗战日军侵华罪证——碉堡、芒市安抚司护印府旧址、芒市洞上允佛塔、芒市佛光寺、梁河九保太平寺、梁河河西香云寺、梁河保安寺、梁河芒岗奘房、梁河小厂文笔塔、梁河勐连尹氏墓葬、梁河丙赛江氏墓葬、盈江铜壁关遗址、盈江万仞关遗址、盈江巨石关遗址、盈江神护关遗址、盈江勐乃古碉楼、盈江万象城遗址、盈江刀安仁故居、盈江刀盈廷墓葬、陇川新山坝古塔、陇川芒棒奘房、陇川贺姐奘房、陇川早乐东墓葬、畹町铁桥、畹町中缅边民联欢大会旧址、畹町中缅首次勘界会议旧址；

各县（市）级文物保护单位：芒市五云寺、芒市白水井、芒市缅甸王孙疆括墓、芒市下东丙牙河石拱桥、芒市陶家寨石拱桥、芒市滇缅公路南天门段、芒市芒赛石塔、芒市遮放多氏土司墓群、芒市户闷树包佛、芒市户弄树包塔、芒市黄家寨古墓群、芒市蕨叶坪宝山寺、芒市郎必河花桥、芒市遮放毛主席请示牌、芒市邦外佛爷墓群、芒市大新寨刘友寿老宅、芒市大新寨杨定舟老宅、芒市大新寨杨氏墓、芒市大新寨杨世林老宅、芒市滇缅公路三台山段、芒市小礼堂、芒市囊嘎河石拱桥、芒市勐戛镇莲台山抗战石刻字迹、芒市勐戛番家大院、芒市勐戛土主庙、芒市勐旺地母寺、芒市木城坡高曼牧师墓、瑞丽姐东奘寺、瑞丽芒令榕树、瑞丽喊沙奘寺、瑞丽广贺罕古城遗址、瑞丽召尚弄墓、瑞丽雷允古城遗址、瑞丽芒约雷奘相奘寺、瑞丽弄安佛塔、瑞丽扎多佛掌印石、瑞丽姐东吕古城遗址、瑞丽雷宫山新石器遗址、瑞丽莫里德昂族佛塔遗址、瑞丽芒约古城遗址、瑞丽弄岛古水井、瑞丽等相东古水井、瑞丽等相南古水井、瑞丽芒艾南古水井、瑞丽芒艾中古水井、瑞丽芒艾北古水井、瑞丽南涝古水井、瑞丽弄双古水井、瑞丽芒艾奘寺、瑞丽弄岛奘寺、瑞丽大等贺古水井、瑞丽芒令古水井、瑞丽广拉古水井、瑞丽弄喊古水井、瑞丽巷腮古水井、瑞丽等喊弄古水井、瑞丽暖波古水井、瑞丽勐典景颇族民居、瑞丽雷弄景颇族山官古墓群、瑞丽勐卯安抚使衎衿墓、瑞丽雷允飞机制造厂遗址、瑞丽户瓦抗日战争遗址、陇川宣抚司署、陇川弄糯圈墓塔、陇川户撒东么土城遗址、陇川孔明城遗址、陇川加孔寨奘寺、陇川姐冒奘寺。

曼德勒之行

陈德寿

生活在德宏，与缅甸仅咫尺之隔，过去除了到过附近的棒赛、木姐、南坎外，还没有真正意义上到过缅甸的省级城市。这次，德宏为了申报国际机场，开通昆明—德宏—曼德勒的飞机航线，由政府分批组织旅游考察团前往缅甸第二大城市曼德勒，我终于有幸列入第二批考察名单。毕竟是第一次正式出国，内心的激动不言而喻。曼德勒省位于缅甸中部，它东靠掸邦，南连勃固省，西邻马圭省，北接实阶省，东北与克钦邦为邻。面积约35000平方公里，由29个镇区和1796个村和村组组成。全省人口有791万。海拔76米，气候炎热，雨水稀少，以农业和手工业为主，是缅甸珠宝的聚散地，她的东面盛产红宝石，西北是世界著名的帕敢，盛产翡翠。

2011年4月26日下午12点30分，我们一行从芒市机场登机前往曼德勒。因为芒市至曼德勒的航线还未开通，只能借助昆明至曼德勒的航线经临沧至曼德勒，所以直到一个半小时后的2点05分才在曼德勒机场降落。一走出机舱，踏上异国他乡的新奇从心底油然而生。迎面扑来的是空气中的滚滚热浪。之后我们才真正感受到，更酷热的天气还在后头等着我们呢！环顾四周，曼德勒的空旷与辽阔已在心中定格。机场占地面积15万多亩，位于曼德勒市以南40公里，从机场到市中心需要1小时的车程。机场的航站楼建设还可以，但是内部的设施太简陋，除安检设备和简易的柜台，什么都没有。我跟着中国的导游入关，很顺利的就通过了，等着团队到齐后才听大家纷纷议论安检人员要小费的事，各自在讲着自己的不同“遭遇”。其实四天后返回时，更气愤的事正等着呢。

曼德勒金塔

我们分乘四辆大巴车前往曼德勒市区，沿途有许多空旷的荒地，中途路两边有大片的芒果园，远远望去鸭蛋大小的芒果挂满枝头，导游介绍说：这些芒果就是最好吃的胜得龙芒果，再过一个月就可上市了，这比德宏的成熟期早两个月。离市区不远属于它的主要工业园区，有建材厂、车辆制造厂、木制品加工、轻工业等，还有中国的电力、合资企业。由于是三级柏油路，旅游大巴车从机场到曼德勒市区走了一个多小时。进入市区，我的第一个感觉就象是回到我们的七、八十年代。记得那时，上面的任何一个检查组下来检查工作，有一条意见总是共同的：整个城市脏乱差。就是处在改革开放初期的八十年代的芒市，五层以上的高楼几乎没有，有的路段还是二战后的低矮的老房子。走到任何一条街道，到处可见纸屑、果皮、色彩缤纷的塑料袋。而今走进曼德勒市区看到的就是这幅画面——若大一个市区，45平方公里，常驻人口才91万多人。当年在英国人的设计下，方块井字型的规划很不错，但就是管理跟不上，几十条主街道仅几个路口有红绿灯，有的还坏了，而且交警也很难见到，不过在这种自由穿梭的交通，我们在那里转了两三天也没看到一起交通事故，我们感到很惊奇，导游告诉我们到了医院就知道事故有多少了，他这一说把一车人逗乐了。也真是的，混乱的交通状况能没有交通事故吗？不过我也注意到，在重要的路口，也设有交通岗，在皇城河边的岗哨旁我还拍下了交警检查

世界上最长的柚木桥

车辆的镜头呢；在集会的地方自然也有交警在维护，只是有那么几个而已，就象五六公里的大街就那么一个环卫工人，难怪我也会同样的留下一张照片，因为在曼德勒实在难得一见。从另一个角度讲，我们有那么多的交警，那么多的环卫工人，投入之大，还维护不好一个交通秩序和环境卫生，能说得过去吗？当然，如果不是重大的交通事故，车与车相撞了，双方也不会发火，各自商议一下谁的责任大谁就会主动赔偿一定的费用，问题就这样平和地解决了。这种碰撞了不争不吵，这在我们国内也是少见的。下午三点钟，我们达到85街，在“云泰小馆”一家祖籍龙陵洞山华侨开的“云南家常菜”处吃饭，后来的几天都是在华侨食馆吃的饭，每顿都是五晕三素一汤，在德宏也要五百一桌，而住宿每晚五百元人民币，住的是四星级宾馆，所以我说到缅甸旅游是三好：吃得好、住得好、玩得好，一点也不过分，虽然每天收费达一千元人民币，也就不算冤了。

4月26日是缅甸泼水的最后一天，也是最疯狂的一天。缅甸的泼水节放假十天，全城的商铺全都关门休息。我们经过的街道，都被水泼得湿漉漉的，象被大水淹过一样。吃过饭已是下午四点，导游说先到宾馆休息一个小时，然后再到曼德勒山。我们所住的宾馆是一个姓陈的华侨开的，大门上写着“曼德勒陈”，宾馆的设施还不错，门面虽然不大，走进去是一个院子，可以停三四辆大巴车。四周有许多热带特有的花木，有沙漠玫瑰、菩堤花、花梨木、棕榈树……在花树脚下有一个个土罐，上面盖着玻璃，不知道是作什么用的，有人说是不是供吐槟榔用的，因为缅甸有不少人喜爱嚼槟榔，到了晚上才知道是夜景灯。院子里有一棵高大的花梨木树，上面还悬挂着一大串挂蜂，使我联想到一年前我们办公室背后柏腊树上的那串挂蜂，可惜挂了不到十天就被人掏了，树下死了许多被火熏死的挂蜂，树枝间只剩下些许的残蜂凄惨地寻觅着，不知发生了什么：家呢，哪里去了；蜂王呢，哪儿去了？然而，在这遥远而落后的地方，却没有人去碰，亦如那些树梢头上鸣叫的鸟儿，还有飞来飞去哇哇叫的乌鸦。

仰光时间下午6点30分（比北京时间晚一个半小时），我们乘车从宾馆出发到曼德勒山。到了环城路却无法前行，人山人海挤得水泄不通，路两边几十只洗车用的水龙头交叉不停地喷着水，织成密集的水网，人车通过必成落汤鸡无疑，可见缅甸的泼水节有多疯狂，车队不得不改道前行。座落在城东北的曼德勒山并不高，海拔260米，矗立在曼德勒坝子中间，与其说是山，不如说更像是人工堆起的一座土包。上有许多寺院、宝塔和纪念碑，从山麓到山顶有蜿蜒曲折的走廊，也可乘电梯直达顶楼，说是楼，其实也是空实结合的塔楼，内有佛像，供游人祭拜；四周是回廊，可以环顾俯瞰整个曼德勒坝子；整个曼德勒城隐隐约约掩映在绿树从中，最显眼的是散布在城中错落有致的佛塔，真正让你体会到宗教在这片土地上的辉煌与崇高。山顶庙宇建筑精致。远处的伊洛瓦底江，犹如曼德勒的护城河，在夕阳的照射下泛着银光，由北向南顺着天边蜿蜒而去。夕阳的余辉将竹笋般的塔尖涂摸得更加金碧辉煌，将地上镶嵌的瓷砖也装饰成一面镜子，游人、佛塔的倒影相映成趣——仿佛预示着又一个功德圆满的轮回即将在这里完成。

4月17日上午，我们前往大金佛圣地。导游介绍说，由于这一天是缅甸新年（佛历），人们都集中去朝拜金佛，信徒们还会争先恐后地为金佛贴金薄。赤脚步入长长的回廊，远远地就能看到前来拜佛的男信徒拥挤成堆，后面的跪成长队，前面的纷纷给金佛贴金薄。据说从建佛两百多年来，已贴了20多吨金薄。当我走近佛殿才发现大殿四周是由许多殿塔组合而成，有的是实心的塔群，有的是空心塔，内供着各种菩萨。其实这一天是缅甸百姓诵经拜佛的日子，几乎所有的寺院这一天都格外热闹，寺院内是听经拜佛的信男信女，院外人山人海，各类地摊、小吃做着火爆的生意。缅甸过年的景象都集中在这里展示。随后是前往千人和尚庙，为的就是看

世界上规模最大的《三藏经》石碑塔

塔曼湖辽阔的水面一望无际，远处是曼德勒城，沿岸是高大的树木，把城市遮掩得严丝合缝，只有那些高大的佛塔错落有致的点缀在沿岸的树林间。虽是烈日当空，湖面依然烟雾依稀，游船在湖中穿梭，那些不知名的水鸟在湖面掠过，偶尔传来悦耳的鸣叫声。行人只是这里匆匆的过客，只有陶塔曼湖恒久地悬挂在这里，供游人欣赏……

其实到曼德勒，或者说到缅甸旅游最值得一看的有三大内容，一是宗教，二是自然景色，三是异国情调。所以在我看来首选还是宗教，曼德勒有大小几十座寺院，大小佛塔随处可见，而且建设之精、规模之大是我们望尘莫及的，是个名符其实的佛教国家。全民信教给这个国家带来了不可估量的实惠，这种作用是某些政治手段无法替代的。当我们参观完柚木桥回宾馆休息，我看到了感人的一幕，三位和尚走进了宾馆的大厅，大厅的一角早已铺上了红地毯，上面摆放着几盘水果，三位和尚走到摆放水果的前面坐下，这时宾馆所有的工作人员陆续来到大厅面对和尚跪下，和尚开始念经，讲解经文，时不时还采用交流的方式，有问有答；讲到精彩的地方还让信徒重复一遍两遍。从导游处我才知道，因为这一天是新年，其他人都放假了可以到寺院里听经拜佛，净化心灵，舍功德求菩萨保佑；不能放假的地方，都会请佛爷来讲经，了却自己的心愿。面对此情此景，我似乎对缅甸的国度有了更多的了解。为什么贫富差距如此之大，却没有普遍的仇富心理，大家的心态是这般的平衡；贫穷，那是因为自己前世罪恶深重，所以此世要多作善事，修个来世的幸福。而富人则想着多作好事，来世能够继续富有。听说在另一辆大巴车上，导游与我们团队的人争执激烈。因为我们有的人自然会说到缅甸的封闭、贫穷落后，导游大不赞成，这有点像我们并不能欣然接受西方整天指责我们的不是。信仰决定了国人的心态，也决定了国人的立场。

当天下午，缅甸时间6点30分我们从宾馆出发，去参观世界著名的石刻经书塔。进入宗教圣地都必须脱鞋而入，走进塔林，地上的石板路被阳光烤得滚烫，没一人不跳着前行，让我们真正感受到了40度高温的曼德勒是啥滋味。塔林共由729座空心小塔组成一个巨大的方阵，每个小塔高约3米，基座为正方型，边长约2米，四面为圆拱门，内立

千名和尚进午餐。这是缅甸最大的和尚庙，共有不同年龄的和尚1300多人。和尚们黎明就起床，涮洗完后要练身、上早课，然后托钵集体外出化缘。我们的大巴车上午十点开进寺院，前来观看这一奇景的人不少，还有许多欧洲人。此刻正赶上和尚们排队进餐。虽然排成两行，前面的已进入餐厅，后面还留下几百米的长队。前移的脚步缓慢，慢得听不到脚步声，偶尔风起有簌簌的落叶声；圣地中缓进的长队仿佛向凡人诠释着小乘僧人某种秘笈真谛。从漫漫艰辛到滋润温馨对有些人也许并不遥远，而对很多人也许用一生的辛苦也无法到达；只有这些僧侣无所谓远与近，他们就这样不急不躁地淡然面对。大餐厅有若干间，每间可容纳近百人，每个餐厅一排排摆开，两边就坐，很像是我们傣家的长桌宴。桌上的菜只有两三样素菜，四人一份。饭装在各自的陶罐里，因为是用手抓饭菜，各人的旁边还有一个装水的小罐，供洗手用的。在大厅一角，两位年纪大的和尚，估计是大主持，他们俩坐一桌，菜很丰盛，而且使用的是筷子。小乘佛教外出化缘，吃的是百家饭，人家给什么吃什么，所以不忌荤素，只是不杀牲。不过在寺院里用餐，只能是斋饭罢了。就是这样的素餐，每顿饭也得耗资一万多元。

大巴车带着我们去看世界上最长的柚木桥。位于曼德勒市区南约10余公里处的百年柚木大桥，建于1851年，大桥由1086根实心柚木建成，长达1.2公里，大桥成“之”字形跨越陶塔曼湖，这样可以抵挡湖水对桥的冲击。桥上的木桩和地板虽然已经十分“苍老”，却并不“老朽”。桥上行人非常多，但没感到有一点摇晃，显得非常牢固。站在桥上陶

一块石碑，双面按书页设计，有页码，用梵文刻录着两页《三藏经》的经文，透过前后拱门可供阅读。据说敏东国王曾召集2400多名和尚以接力的方式诵读经文，足足耗费6个多月，才将这本浩大的石刻《三藏经》念完。历史上，缅甸在宗教建筑方面，它的投入、它的精美、它的规模堪与皇宫媲美，从而给世界、给人类留下了宝贵的文化遗产。

今天的最后一站是伊洛瓦底江。大巴车停在江岸上，我们下车向江边走去。江边停靠着许多船只，排出两里多长。夕阳还有两竹杆高，江面辽阔，流水缓漫，江中游船、渔船、运输船来往不断，还有几个半大孩子在江中游泳嬉戏。我们四辆大巴车的人员分别登上两艘游船。游船靠柴油机推动，很简陋，分两层，可容纳几十人。游船开始逆流而上，站在甲板上，凉爽的江风徐徐拂面，火辣辣的太阳终于失去它的淫威。浩浩瀚瀚的水面让你看到的是从天边而来到天边而去。对于它的名字从我识别地图时就熟记于心了，只有此时面对它的时候我才真正感觉它的浩淼与美丽，而且有一种油然而生的亲切感，因为它的源头就是与我们休戚相关、相濡以沫的芒市河、瑞丽江、大盈江……如今在异国与她们不期而遇，能不亲切激动吗？夕阳斜照在水面上，拉出一条金色的带子，往来的船只在光带附近留下优美的剪影。江天一色，归鸟的掠影余音已渐渐消失在远岸的密林深处。当游船掉头返回时，夜幕已悄然张挂，月亮挂在东边的天幕上，水中的月光像一盏聚光灯，一直照射着船头送我们前行。远处的江水泛着幽蓝的光，把曼德勒的灯光、江边的渔火倒映在江水这块蓝色的面料上。

4月18日，是我们这次曼德勒游的最后一天了，景点只有一个——眉苗森林公园。眉苗离曼德勒有70多公里，海拔1600多米，比曼德勒凉爽多了，是华人较为集中的地方。在离眉苗不远的地方我们参观了一处宾馆，可谓是别墅式的宾馆，一幢就是一个套间，每一幢都是用柚木建盖的。一共十多幢有序地排列在半坡上，形成立体感较强的建筑群，配以四周的草地、花坛、绿树，真是雅致极了，特别休闲舒适。听导游介绍，眉苗城由英国人建于1897年，至今英式建筑较多，可惜我们没有到城里逛，而是直接去了眉苗公园，只是在城边看到当年的马车依然悠闲地奔跑在今天的柏油大道上。我们直接到了眉苗公园，那一刻，面对规划优美的池塘、花地、风景树，我还是激动了一会。这样的公园在我们国内多的是，可毕竟就缅甸当前的经济实力，能打造出这么一个上档次的林园真是不容易，它似乎要告诉世人些什么，是某种向往？还是某种决心？另一方面，我还是不得不为这里的环保叫好，你看那一池塘的清水，如今在我们生活的地方已难得一见，还有池水边自由徜徉的野鸭和鸳鸯。

意犹未尽，在曼德勒的旅游就这样结束了。好在我总是利用空隙的时间，拍下了皇宫的外境、街道上成群的鸽子、超市的热闹、农贸市场的嘈杂，还有金铂加工店以及神像制作坊……4月19日，在前往机场之前，我到农贸市场意外发现旁边有座寺院，我匆匆进去竟有了不小的收获，里面的几座佛塔不仅形状各异，而且古老与现代的塔同处一院，透露着不同时代的信息，我激动地匆匆按下快门，留下这难得的邂逅。缅甸时间上午11点我们乘车前往曼德勒机场，在机场足足等了4个小时才开始登机。没想到出关比入关还要让人憋气：海关、安检，一道道关卡最严格的是要小费，或是搜身找缅币，最多的被搜走2万多。而我也没逃脱搜身：第一道关卡检查人员从我的上衣口袋中掏出钱匣子，一看是人民币便递还给我，然后快速扯开我衣袋口勾头一看有缅币，还未等我反映过来，2千缅币已被他的两个手指夹出来丢到柜台。之后的安检工作人员一个劲的念着“小费、小费！”有的只有掏人民币，有的却生气的说“没有，都让你们没收了”。当然也有少数工作人员不收小费，我们有的人主动把小费送上去，都被他（她）拒绝了。依依不舍的曼德勒之旅，到了机场却被这种不文明的举动蒙上了一层晦涩的阴影。是呵，缅甸太美了，美得让人魂牵梦绕，如果人为的晦涩不象40度高温那样灼人，开放的步子再大一点，我相信缅甸将会成为南亚最热闹、最繁华的国家。曼德勒的明天会更加美好！

别了，曼德勒之行；别了，将铭记于我心的曼德勒！

夕辉下的伊洛瓦底江

构建适应桥头堡战略金融支撑体系的设想

杨雁翥

金融是现代经济的核心，德宏桥头堡黄金口岸和瑞丽开发开放实验区建设离不开与之匹配的金融服务支撑和保障。基于此，应按照“规划长远、分步实施”的思路建立多渠道、多层次、保障有力的金融体系，助推德宏经济社会各项目标的顺利实现。

一、构建适应桥头堡战略金融支撑体系的思路

以科学发展观为指导，认真贯彻国家的金融方针政策，按照州委“建设桥头堡前端的金融服务平台”的目标要求，着眼当前，立足长远，高起点、高标准制定《德宏金融业发展战略规划》，大力发展金融产业，逐步建立和完善现代金融服务体系，充分发挥金融在构建现代产业体系中的核心作用。着力深化金融改革，优化金融资源配置，促进金融产业的全面均衡协调发展；着力推动金融创新，扩大金融对外开放，发挥金融业在德宏经济对外开放和产业结构优化升级中的重要作用；着力防范金融风险，优化金融生态环境，实现效益、质量、规模、持续协调发展，实现经济金融之间的良性互动，为德宏桥头堡黄金口岸和瑞丽开发开放实验区建设提供强有力的金融支持。

（一）利用十年的时间初步建立起保障有力的金融服务体系（2011 年—2021 年）。到 2021 年，把德宏初步建设成为金融产业发达，金融综合竞争力强的地区，使之成为全省乃至西南地区的地方金融机构改革先行区、引进外资金融机构重点区、金融生态示范区、金融产品和服务创新区、金融机构聚集区、新型金融机构和民间金融试验区，促使辖区金融机构建立高效、安全、稳健的运行机制，形成资本充足、治理结构合理、内控严密、经营稳健、资产优良、服务高效的管理体制。

一是建成沿边金融机构改革先行区。利用德宏地处中缅边境的优势，积极争取政策支持，让德宏成为云南省乃至全国沿边金融机构改革的先行试点地区，推动现有金融机构合理转变机制，更好更快地发展。

二是建成引进外资金融机构重点区。根据德宏地处中缅边境，连接东南亚、南亚的实际，吸引国外金融机构到德宏设立地区总部或分支机构，争取政策支持，使德宏成为内地引进周边国家金融机构的先行试点和重点地区。

三是建成金融生态示范区。抓住德宏桥头堡黄金口岸和瑞丽开发开放试验区建设的有利时期，进一步推动改善行政环境、信用环境和法治环境，形成云南乃至全国的金融生态示范区。

四是建成金融产品和服务创新区。抓住德宏外源经济特色明显、民营企业迅速发展、客户群体日益壮大且金融服务需求差异大的特点，加快金融改革创新服务等建设，并以此为工作平台，大力推动金融体制、金融组织、金融产品的创新，积极争取上级部门支持，在德宏开展跨境贸易融资产品和服务创新试点，以及外汇专项改革、市政债券、资产证券化、产业投资基金等试点。

五是建成金融机构聚集区。抓住德宏经济社会双转型以及不同经济主体多样化的金融需求，规划建设金融商务区，充分发挥金融集聚效应，加快引进各类金融机构，形成内外资并存，银行、信托、保险、证券、期货、担保等适度竞争、共同发展的金融组织体系。

六是建成新型金融机构和民间金融试验区。积极组建和引进私募基金、贷款公司、产业信托基金、村镇银行等各种新型金融机构，吸引更多的民间资本进入投融资领域，拓宽民间金融渠道，满足德宏各类别的金融服务需求。

（二）再利用十年的时间全面提升现代金融发展水平（2021 年—2031 年）。在完成第一阶段目标的基础上，全面提升德宏金融业发展水平，建立和完善与德宏市场经济发展和产业结构升级相适应的现

代金融机构体系；形成统一、开放、竞争、有序的现代金融市场体系；形成内部控制、行业自律、部门监管、政府协调、社会监督五位一体的金融监管体系；建立良好的金融秩序和信用体系，建立动力强大、机制灵活的金融创新体系。使德宏金融业成为与德宏经济发展相适应，与国际金融发展接轨，间接融资和直接融资互补，融资和服务功能统一，对内对外区位优势明显的支柱产业之一，使德宏金融业在西南地区乃至全国都成为知名优质品牌。

二、构建适应桥头堡战略金融支撑体系的措施

（一）做大做强地方金融机构，树立地方金融品牌。一是积极推动德宏区域性商业银行的设立。基于德宏目前实际，可采取发起设立的方式和募集设立的方式筹集资本，按照《商业银行法》规定的注册资本最低限额的要求（设立城市商业银行的注册资本最低限额为一亿元人民币，设立农村商业银行的注册资本最低限额为五千万元人民币）。分别设立德宏城市商业银行或德宏农村商业银行。通过参股、兼并或设立分支机构等方式，在德宏及周边地区广泛建立营销网络，稳步扩大信贷规模和市场占有率，争取到2021年将德宏银行打造成在西南地区乃至全国有一定影响力的区域性商业银行。二是推动德宏农村信用社发展成为现代化商业银行。在省政府统一领导的前提下，借鉴其他地区农村商业银行的成功经验，提高管理经营能力，加快在产权制度、管理体制等方面的改革，实现德宏农村信用社的转制目标，争取在2021年前转制为农村商业银行；在州政府的统一协调下，加快处置历史遗留的不良贷款，增强资产完整性，优化股权结构，完善公司治理，建立良性的资本金补偿机制，争取在2021年前公开发行上市。三是推动德宏金融类别的广覆盖。通过内引外联，进一步加强与全国性银行、信托、证券、保险机构的合作，利用其营销网络、客户资源销售其产品，丰富金融内涵，促进货币市场、资本市场与保险市场的对接，全面支持德宏经济发展。

（二）发展壮大德宏银行业，强化信贷市场投融资功能。一是提高国有银行竞争力。支持辖内国有商业银行进一步深化各项改革，完善内部管理体制，改善服务，提高竞争力，全面提升综合管理与服务功能，积极争取各上级行对德宏辖区分支机构的资金配置支持。二是推动银行业对外开放。大力引进内外资金融机构，尤其是东南亚、南亚银行业金融机构，加强与外资银行的合作，利用其所在地优势，克服银企信息不对称问题。搭建外资企业信用担保贸易融资平台，为经营状况好、信用可靠的外资企业提供出口信用担保产品及配套的融资服务，逐步提升德宏银行业的国际化水平。三是优化信贷结构，推动产业结构升级。通过加强窗口指导，引导德宏银行业优化信贷结构，加大对支柱产业、高新技术产业、现代服务业以及重点项目的中长期信贷支持力度。健全银企合作长效机制，强化产业政策与信贷政策的协调配合，改善和扩大个人信贷服务，支持城乡居民扩大消费和主动创业。加强担保体系建设，努力为中小企业贷款提供服务，协同环保部门推行绿色信贷，利用信贷杠杆促进产业结构升级，在保证贷款质量的前提下，适度简化贷款手续，减少审批重复环节，逐步探索建立优质企业贷款申请“绿色通道”制度，提高信贷工作效率。四是推进信贷产品创新，满足多样化金融需求。鼓励金融创新，探索开展应收账款质押贷款、租金收入质押贷款、小额循环贷款、无抵押贷款，加大金融机构对中小企业的信贷支持。积极推动知识产权抵押贷款、信贷债券发行、中小企业信用互助计划等金融产品、金融服务的创新，通过采用联保方式、小额信用创业贷款来支持“三农”，推出针对“三农”的信贷、理财、保障类金融业务，以此满足德宏经济社会发展多样化金融需求。

（三）加快保险业发展，完善保险市场体系。一是大力培育保险主体，扩大保险覆盖面。鼓励保险机构健全服务网络，拓展服务领域，扩大保险覆盖面，合理布设经营服务网点，缩小地区差距，完善市场竞争格局，实现全州范围内保险业的协调发展。引导和鼓励国内外大中型企业来德宏设立保险法人机构、区域总部、职能总部和研发中心，引进健康险，农业险等专业保险公司，探索设立再保险金融机构。二是扩大保险规模，提高保险深度。积极引导保险机构推进市场细分化、产品差异化、服务标准化、条款通俗化创新，大力发展中小企业贷款保证保险、民营科技企业技术创新保险、消费信贷保险等保险业务。三是创新保险品种，完善保险服务。开放短期出口信用保险，扩大出口信用保险、出口产品责任险和产品召回险的覆盖面，加强对德宏外向型经济发展的支持力度，加大对重点产业出口信用保险的扶持力度，增强企业产品出口风险意识和抵御出口风险的能力，发展符合公众需要的保险品种。四是加大公共宣传力度，提高保险意识。通过媒体开展保险公益宣传、户外公益广告宣传等方式，

加强对保险功用宣传力度，使更多的民众认识保险、购买保险，从而缓解政府在社会保障方面的压力，较好运用保险手段管理公共事务。

（四）积极探索金融创新，促进产业结构升级。一是创新融资方式，强化对中小企业的金融支持。通过风险补偿、贷款贴息等方式加大对中小企业的扶持力度。积极组建更多的小额贷款公司，引导保险公司设计专门针对小额贷款的小企业贷款保证保险，进一步发挥小额贷款公司的作用。加大对担保机构的支持力度，加强对中小企业的金融支持，积极建立中小企业信用担保基金和区域性再担保机构，努力为中小企业贷款提供服务。二是加大支持力度，推进高新技术产业发展。按照州委州政府确立的经济社会发展目标，大力支持地方科技创新，促进科技与金融的结合，重点解决中小科技企业的融资难题，鼓励个体私营单位参与投资高新技术产业，开拓融资租赁、投资资金、卖方信贷等融资方式，拓宽融资领域。鼓励保险公司开发高新技术保险，中小企业保险等险种，分散中小科技企业从理论研究到新产品开发试制、再到新技术产业化这三个阶段可能存在的风险。三是争取政策支持，筹建新型经济金融组织。积极争取国家和省的政策支持，把德宏列为金融改革和金融创新的试点区，引进或筹建住房储蓄银行、村镇银行、私募基金、贷款公司、消费金融公司、融资租赁公司、中小企业发展信托基金和住房信托基金等，充分利用不同金融组织的信息优势和成本优势，吸引更多的民间资本进入投融资领域，满足德宏多种融资需求。制定和完善各类相关政策措施，积极引进、培育一批经营规范、治理良好、业绩优良的知名股权投资企业和股权投资管理企业，为德宏改善企业的公司治理结构、培育优质上市资源、提高资产管理水平创造良好条件。四是积极发挥民间资本的作用，引导民间金融发展。在法律许可的框架内对民间金融活动所形成的契约给予有效保护，解决相关的纠纷和矛盾，针对德宏珠宝产业、红木产业发达，民间资本相对充裕的特点，积极引导、扶持民间资本参股创业投资公司、担保与再担保公司、小额贷款机构、农村保险公司、村镇银行、消费金融公司等金融机构或与金融业相关的中介机构。五是开展外汇专项改革试点，促进外向型经济发展。积极争取上级部门支持，开展外汇专项改革等试点，争取成为跨境金融产品和服务的试验区域。抓住德宏成为开展跨境贸易人民币结算试点地区的机遇，在国家外汇管理改革的框架下，深化境外投资外汇管理改革，推动企业开展跨境贸易人民币结算。对于开发国外资源和市场、带动出口、获取国外先进技术设备及以市场服务、科技研发为目标的境外投资项目，在用汇上予以优先支持。鼓励商业银行巩固外汇市场优势，拓展外汇市场规模，引进和开发多种外汇市场业务，为企业规避汇率风险，实现套期保值，提供可靠的工具。结合德宏进出口业务量大、业务品种繁多、两头在外等特点，推动服务贸易管理改革，支持优势企业发展和加工贸易转型升级。六是支持州内银行业开展跨境金融服务。鼓励国内商业银行与周边国家商业银行加强联系和合作，建立代理行关系，开设分支机构，畅通结算渠道，为边境贸易和对外投资提供方便、快捷的结算服务，引导贸易结算进入银行体系，推动贸易与投资的快速发展。鼓励边境地区商业银行增加结售汇网点，设立外币代兑点。州内银行业金融机构在深入研究人民币与相关国家货币的汇率形成机制的基础上，加挂人民币兑换毗邻国家货币的牌价，为企业结售汇和兑换外币提供方便。扩大金融机构网点与覆盖面，提高金融服务的效率、质量，扩大正规金融机构人民币兑换数量的规模，掌握人民币兑换活动中的话语权，将人民币的跨境流通纳入商业银行运行体系。

（五）完善金融监管体系，防范和化解金融风险。一是建立健全金融安全稳定长效机制。不断完善“一行一局”（人行、银监）的监管体制，建立健全相互协调的工作机制，强化综合监管，形成良性互动，严控各类风险。坚持全面监管与重点监管相结合，强化金融监管手段，提高现场检查、非现场检查的效率，增强行业监管的系统性、连续性。继续完善金融风险预警指标和金融稳定监测指标体系，健全金融风险应急机制和防控预案，形成迅捷高效的风险通报和信息传递网络，增强化解系统性风险和处理金融突发事件的能力。二是发挥金融同业公会、协会的规范自律作用。在进一步完善“一行一局一办”（人行、银监、金融办）工作协调管理机制的前提下，加快银行、保险等金融同业公会、协会的建设，充分发挥金融行业协会在自我约束、利益协调、信息沟通交流、人才培训、协助监管、改善服务等方面的独特作用。同时，支持和促进建立健全金融中介机构市场准入和退出机制，增强行业自律、规范执业行为，完善中介机构执业标准体系，加快建立中介机构失信惩罚体系，规范金融行业公会和中介机构的建设和管理。

三、构建适应桥头堡战略金融支撑体系政策扶持的建议

（一）研究出台鼓励金融产业发展的优惠政策。一是根据德宏经济社会发展重点和经济结构调整的实际需要，研究出台相应资金导向优惠政策和筹措计划。二是研究金融机构对中小企业贷款的风险补偿办法，对购地自建办公设施的金融机构，政府在土地位置、转让价格、转让方式等方面给予优惠和便利。三是对金融机构开展业务、处置不良资产涉及的各种行政费用、司法费用和地方税收等在事权范围内给予适当优惠。

（二）建立促进金融产业发展的激励制度。一是对全面依法履职、为辖区金融安全作出突出贡献的中央驻德宏调控和监管部门予以奖励。二是对服务优良和产品创新突出的金融企业、金融生态建设的模范机构和对金融发展有特殊贡献的个人给予表彰和奖励。三是对在德宏设立机构总部或区域性总部的金融机构及进驻德宏的金融机构，由州县（市）财政给予一定额度的奖励。

（三）实施吸引金融人才的鼓励政策。一是建立和完善金融专才的公开招聘制度，吸引国内外金融人才到德宏发展，鼓励金融企业通过设立名誉董事、战略发展顾问、投资咨询顾问等方式建立与国内外金融机构和知名国际金融专家的联系、沟通渠道。二是提供便利条件，方便金融机构高管人员在德宏发展。大力吸引金融业急需的熟悉国际金融市场、精通金融衍生工具和金融创新技术的高级管理人才。对来德宏发展的金融机构高级管理人员，在户籍、住房、家属调入、子女就学等方面给予适当优惠和便利支持，切实解决金融高管人员的后顾之忧。对于政绩突出、工作成绩显著的各类人才和高层管理人才实行重奖，并建立与现代企业制度相适应的企业经营管理人员薪酬制度。

（四）争取各类政策的倾斜扶持。一是争取多渠道的扶持政策。争取上级财政部门对瑞丽试验区新设立金融机构和网点给予补助建设经费和运营补助；对试验区银行贷款利率低于基准利率，利差损失由中央财政补贴；对试验区符合国家产业政策的贷款由中央财政给予综合费用补贴；按市场化原则合理规定商业银行和担保机构的代偿比例与贷款担保放大倍数；对试验区农村信用社股金红利免征个人所得税，待完成股权改造，再确定征收比例；对试验区金融机构涉农贷款免征营业税，对中小企业贷款减征营业税。二是争取信贷资金的倾斜支持。积极争取国家政策性银行增加对德宏基础设施项目的信贷倾斜；将试验区列为各商业银行总行、分行信贷支持重点区域；将试验区银行业金融机构列入各银行总行、省分行的重点城市行发展规划，单独配置信贷计划；争取提高试验区银行业金融机构的各类授信业务权限，建立贷款优先审批快速通道；德宏银行业金融机构吸收的存款主要用于德宏的经济建设；争取德宏辖区农村信用社执行资产负债比例管理规定，不受信贷规模限制；加强与省内外金融机构的合作，引入省内外资金支持德宏重大项目建设。

2010年德宏州环境质量公报

水环境质量

根据《2010年云南省环境监测工作实施方案》，2010年州环境监测站对地表水国控监测断面、省控地表水监测断面进行水质监测，监测指标为水温、pH、电导率、DO、高锰酸盐指数、CODcr、BOD5、NH3-N、TP、TN、Cu、Zn、F-、Se、As、Hg、Cd、Cr+6、Pb、CN-、挥发酚、石油类、阴离子表面活性剂、S-2、粪大肠菌群、叶绿素a、透明度、SO42-、Cl-、NO3--N、Fe、Mn等30余项。地表水国控监测断面（大盈江汇流、瑞丽江姐告大桥、南畹河迭撒大桥）、城市集中式饮用水源地（芒市勐板河水库，瑞丽市姐勒水库、勐卯水库）监测频率为每月一次，省控监测断面（芒市大河木康、风平大桥，瑞丽江嘎中大桥）监测频率为逢单月监测。

监测结果与《地表水环境质量标准》（GB3838-2002）及云环控发〔2001〕613号《云南省地表水水环境功能区划（复审）》对照分析详见下表：

地表水环境质量监测情况

监测断面		主要污染物（类别）	地表水水质类别（年平均）		区划的水质类别	有机污染评价	毒物污染评价	变化趋势（与2009年比较）
大盈江汇流（国控）	2009年		Ⅲ	符合要求	Ⅲ（一般鱼类保护、跨国界河流）	较清洁	较清洁	有机、毒物污染指标无明显变化，细菌学指标污染上升
	2010年	粪大肠菌群（V）	V	不符合要求		清洁	较清洁	
南畹河迭撒（国控）	2009年	粪大肠菌群（V）	V	不符合要求		轻污染	较清洁	有机污染指标有所下降，毒物污染指标无明显变化，细菌学指标污染上升
	2010年	粪大肠菌群（劣V）	劣V	不符合要求		较清洁	较清洁	
瑞丽江姐告大桥（国控）	2009年		Ⅲ	符合要求		较清洁	较清洁	有机、毒物、细菌学指标均无明显变化
	2010年		Ⅲ	符合要求		清洁	较清洁	
瑞丽江戛中大桥（省控）	2009年		Ⅲ	符合要求	Ⅲ（一般鱼类保护）	清洁	较清洁	有机、毒物、细菌学指标均无明显变化
	2010年		Ⅲ	符合要求		清洁	较清洁	
芒市大河木康（省控）	2009年		Ⅲ	符合要求	Ⅲ（饮用二级）	清洁	较清洁	有机、毒物、细菌学指标均无明显变化
	2010年		Ⅲ	符合要求		清洁	较清洁	
芒市河风平大(省控)	2009年	粪大肠菌群（劣V类）	劣V类	不符合要求	Ⅳ（工业用水）	较清洁	较清洁	有机污染指标有所下降，毒物污染指标无明显变化，细菌学指标污染下降
	2010年	粪大肠菌群（Ⅳ类）	Ⅳ类	符合要求		清洁	较清洁	
芒究水库（省控）	2009年		Ⅲ	符合要求	Ⅲ（饮用二级）	清洁	较清洁	有机、毒物、细菌学指标均无明显变化
	2010年		Ⅲ	符合要求		清洁	较清洁	

监测断面		主要污染物（类别）	地表水水质类别（年平均）		区划的水质类别	有机污染评价	毒物污染评价	变化趋势（与2009年比较）
勐板河水库（省控）	2009年	总磷（Ⅲ）	Ⅲ	不符合要求	Ⅱ（饮用一级）	清洁	清洁	有机、细菌学指标均无明显变化，毒物污染有所上升
	2010年		Ⅱ	符合要求		清洁	较清洁	
姐勒水库（省控）	2009年	总磷（Ⅲ）	Ⅲ	不符合要求		清洁	清洁	有机、细菌学指标均无明显变化，毒物污染有所上升
	2010年		Ⅱ	符合要求		清洁	较清洁	
勐卯水库（省控）	2009年	总磷（Ⅲ）	Ⅲ	不符合要求		清洁	清洁	有机、细菌学指标均无明显变化，毒物污染有所上升
	2010年		Ⅱ	符合要求		清洁	较清洁	

监测结果显示：2010年芒市、瑞丽两市饮用水源地水质达标率为100%，饮用水源地水体中总磷指标与2009年相比有下降趋势，另外，由于受粪大肠菌群指标的影响，使得一些河流水质受到影响，大盈江汇流电站水体水质较往年变差，由2009年Ⅲ类水质变成V类水质，南碗河选撒大桥监测断面由2009年V类水质变成劣V类水质。

2010年水域功能达标率为80%，较上年上升30个百分点。全州总体水质呈好转趋势。

大气环境质量

芒市 SO_2、NO_2 年平均值在一级标准范围内，PM_{10} 年平均值在二级标准范围内，API≤100的天数所占全年天数的96.16%。监测结果统计见下表。

环境空气监测结果表

考核项目		季日平均 mg/m³（标）				年日平均 mg/m³（标）			API	
		一季度	二季度	三季度	四季度	监测值	一级标准值	二级标准值	天数	占全年%
PM_{10}		0.077	0.043	0.048	0.046	0.057	0.02	0.10		
SO_2		0.013	0.010	0.013	0.057	0.012	0.04	0.06		
NO_2		0.027	0.003	0.003	0.004	0.009	0.04	0.08		
API	API≤50	6	55	53	40				154	42.19
	50<API≤100	84	30	35	48				197	53.97
	API>100	0	6	4	4				14	3.84
	合计	90	91	92	92				365	100

2010年德宏州州府所在地芒市环境空气质量基本稳定，城市空气质量良好，可达到二级标准。二氧化硫检出率继续处在较低水平，可吸入颗粒物（PM_{10}）满足国家标准要求，二氧化氮浓度基本维持不变，影响大气环境质量的主要污染因子为尘类。与2009年相比，环境空气质量无明显变化，环境空气质量优良率96.2%，同比下降0.2%，轻微污染的天数14天，同比增加了1天，主要污染物为可吸入颗粒物（PM10）。无酸雨发生。

城市声环境质量

1、区域环境噪声

2010年，芒市区域环境噪声设测点119个，全市平均等效声级为55.7dB（A），较去年2009年上升了0.5dB（A）。

2、道路交通噪声

全市共监测交通干线5条，共设监测点18个，监测道路总长9.6km，全市交通干线噪声平均值为68.4dB（A），比2009年长升3.3dB（A），平均车流量1653辆/小时，比2009年增加215辆/小时，超过70dB（A）路长为0.55公里。

德宏州环境保护局

主题索引

说　　明

一、本索引采用主题分析索引，索引范围包括特载、专文、州情概览、大事专题及附录。

二、本索引分两部分，第一部分为按首字笔画为序排列，第二部分以首字的汉语拼音为序排列。

三、索引条目后的阿拉伯数字表示该索引内容所在的页码，数字后的字母（a、b、c）表示栏别，即版面从左至右的1、2、3栏。

主题索引

（按首字笔画）

二画

三画

四画

五画

六画

七画

八画

九画

十画

十一画

十二画

十三画

十四画

十五画

主题索引

(按首字汉语拼音)

H

J

K

L

M

N

P

Q